天津市

红桥区志

（1979—2010）

天津市红桥区地方志编修委员会　编纂

方志出版社
Publishing House of Local Records

图书在版编目（CIP）数据

天津市红桥区志：1979-2010/ 天津市红桥区地方志编修委员会编纂，——北京：方志出版社，2017.11
ISBN 978-7-5144-2713-4

Ⅰ. ①天… Ⅱ. ①天… Ⅲ. ①红桥区—地方志—1979-2010 Ⅳ. ① K292.13

中国版本图书馆 CIP 数据核字（2017）第288767号

天津市红桥区志（1979-2010）

编　　者：天津市红桥区地方志编修委员会
责任编辑：黄　彦
出 版 人：冀祥德
出 版 者：方志出版社
地址　北京市朝阳区潘家园东里9号（国家方志馆4号）
邮编　100021
网址　http：//www.fzph.org
发　　行：方志出版社发行中心
电话（010）67110500
经　　销：各地新华书店
印　　刷：天津午阳印刷有限公司
开　　本：889×1194　　1/16
印　　张：51
字　　数：1122千
版　　次：2017年11月第1版　　2017年11月第1次印刷
印　　数：0001～6000册
ISBN　978-7-5144-2713-4　　定价：580.0元

红桥区在天津市区位置示意图
北辰科技园区（北区）
北辰科技园区（南区）
北辰区
河北区
红桥区
南开区
和平区
河西区
河东区
东丽区
天津津南经济开发区（西区）
西青开发区
华苑产业区
大学城
北仓镇
果园新村街
天穆镇
双环邨街（红桥区）
宜兴埠镇
普东街
铁东路街
新开河街
建昌道街
宁园街
月牙河街
红江都路街
王串场街
常州道街
光复道街
鸿顺里街
望海楼街
咸阳北路街
丁字沽街
西于庄街
西沽街
天津西站
邵公庄街
铃铛阁街
三条石街
大胡同街
鼓楼街
春华街
唐家口街
上杭路街
向阳楼街
东新街
大王庄街
长虹街
向阳路街
广开街
兴南街
万兴街
嘉陵道街
南市街
劝业场街
小白楼街
南营门街
体育馆街
学府街
新兴街
大营门街
大直沽街
中山门街
二号桥街
富民路街
下瓦房街
桃园街
挂甲寺街
越秀路街
马场街
尖山街
王顶堤街
水上公园街
水上公园
天津动物园
天津文化中心
市政府
天塔街
友谊路街
梅江街
陈塘庄街
柳林街
东海街
体育中心街
李七庄街
长虹公园
北宁公园
西沽公园
北仓苗园
程林苗园
永金水库
京津公路立交桥
津保立交桥
津蓟高速出入口
宜兴埠出入口
金钟路出入口
滨海国际机场出入口
津沧高速公路天津出入口
外环线
中环线
京津塘高速公路

津S【2003】025号

天津市红桥区行政区划图

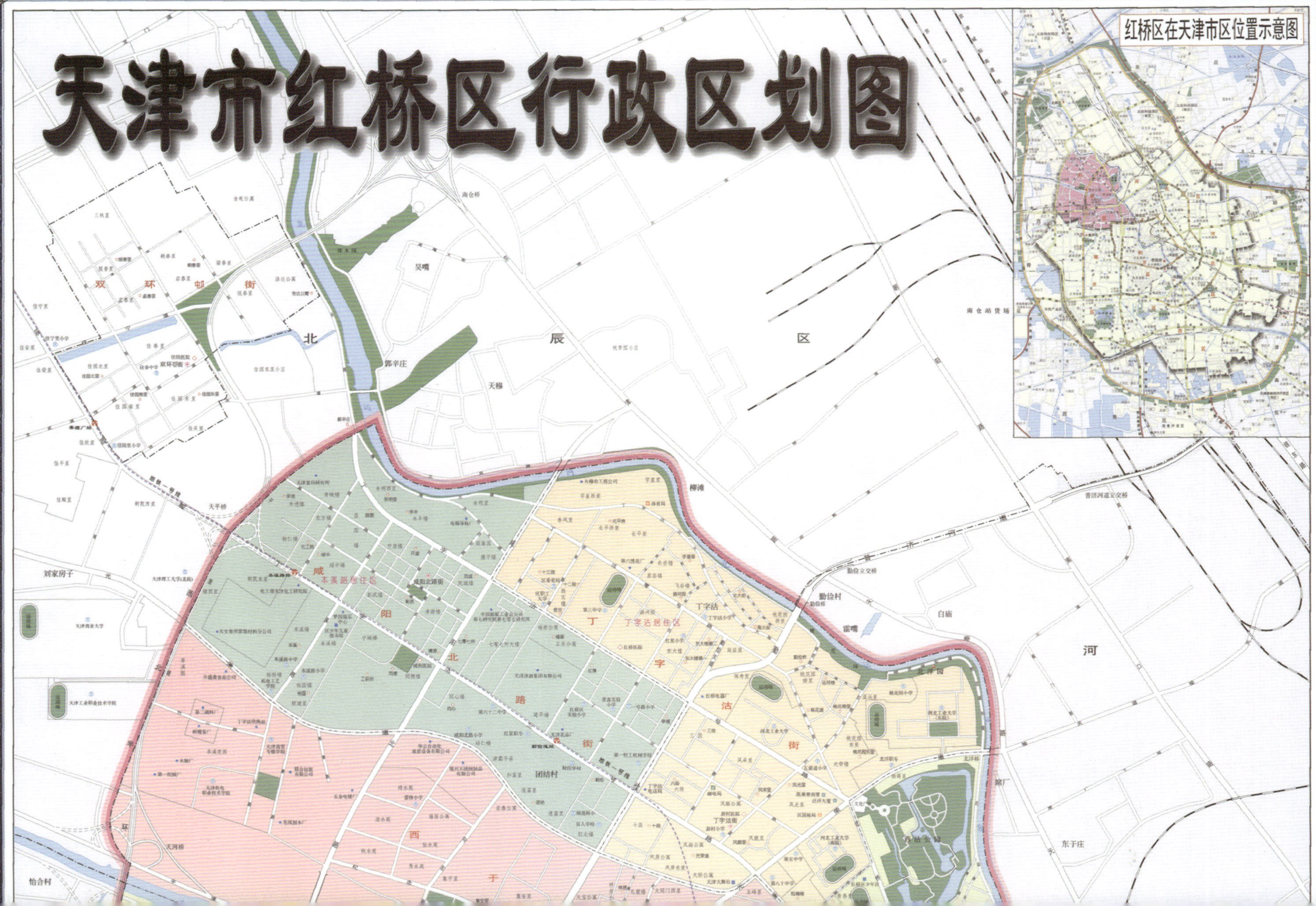

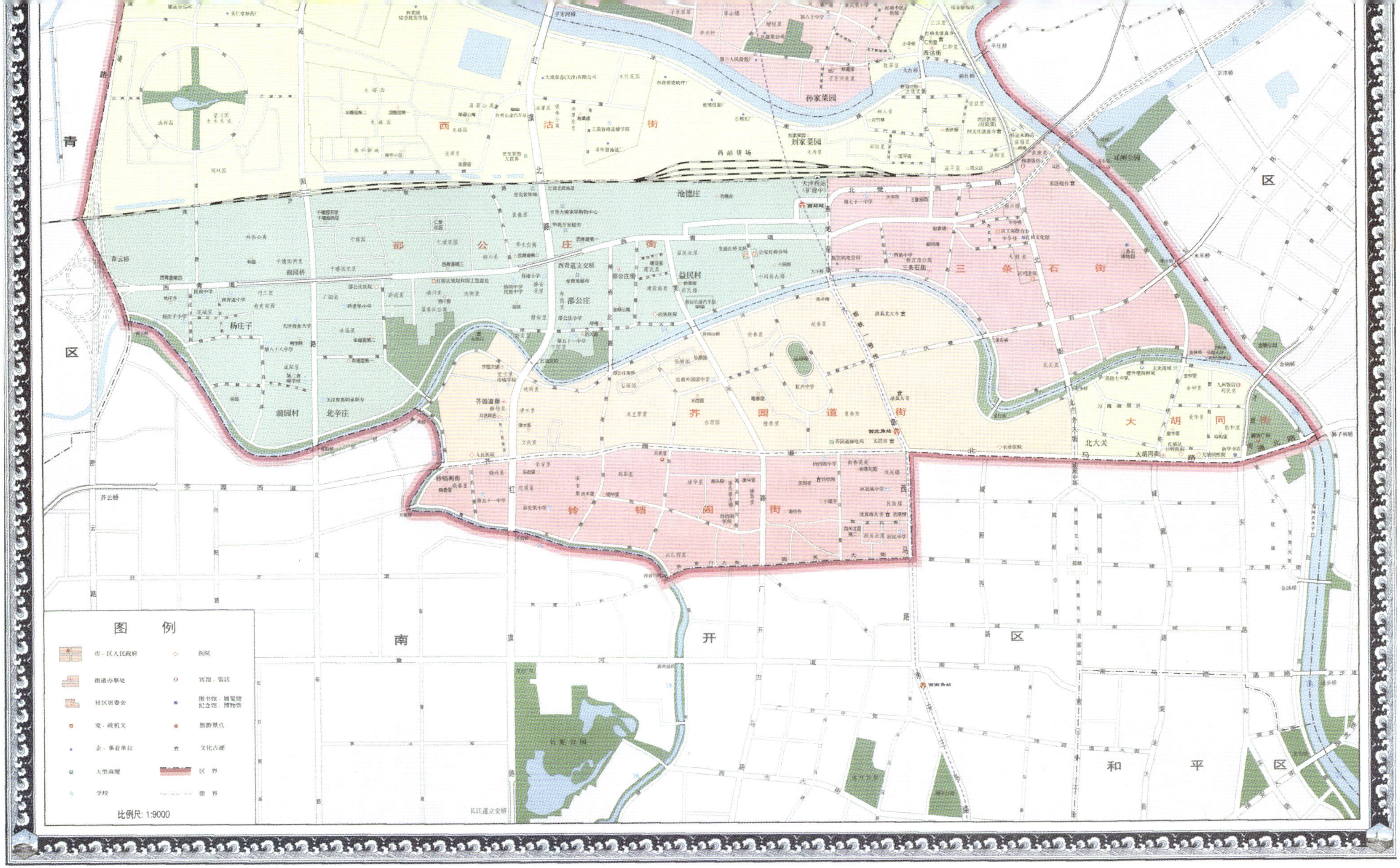

天津市民政局
天津市测绘院　联合编制

天津市红桥区行政区划图

策划：王燕生　李春生
设计：萧天朝　周津镇　责任编辑：王希珍
制图：孙兆华　元绍禹　审校：程艳敏　张　镇
2010年1月第四版　2010年1月第四版第一次印刷
印数：4001—5000

西安地图出版社出版发行
新华书店经销
787×1092毫米·1全开
统一书号：880670·168/(陕)013·b805
审图号：津S【2003】025号
定价：50.00元

天津市红桥区地名图

双环邨街
咸阳北路街
丁字沽街
西于庄街
西沽街
北
河
西
本溪路居住区
丁字沽居住区
吴嘴
郭辛庄
刘家房子
怡合村
北菜园
天河桥
大丰桥
柳滩
勤俭村
霍嘴
白庙
东于庄
北洋园
西沽公园
团结村
勤俭立交桥
普济河道立交桥

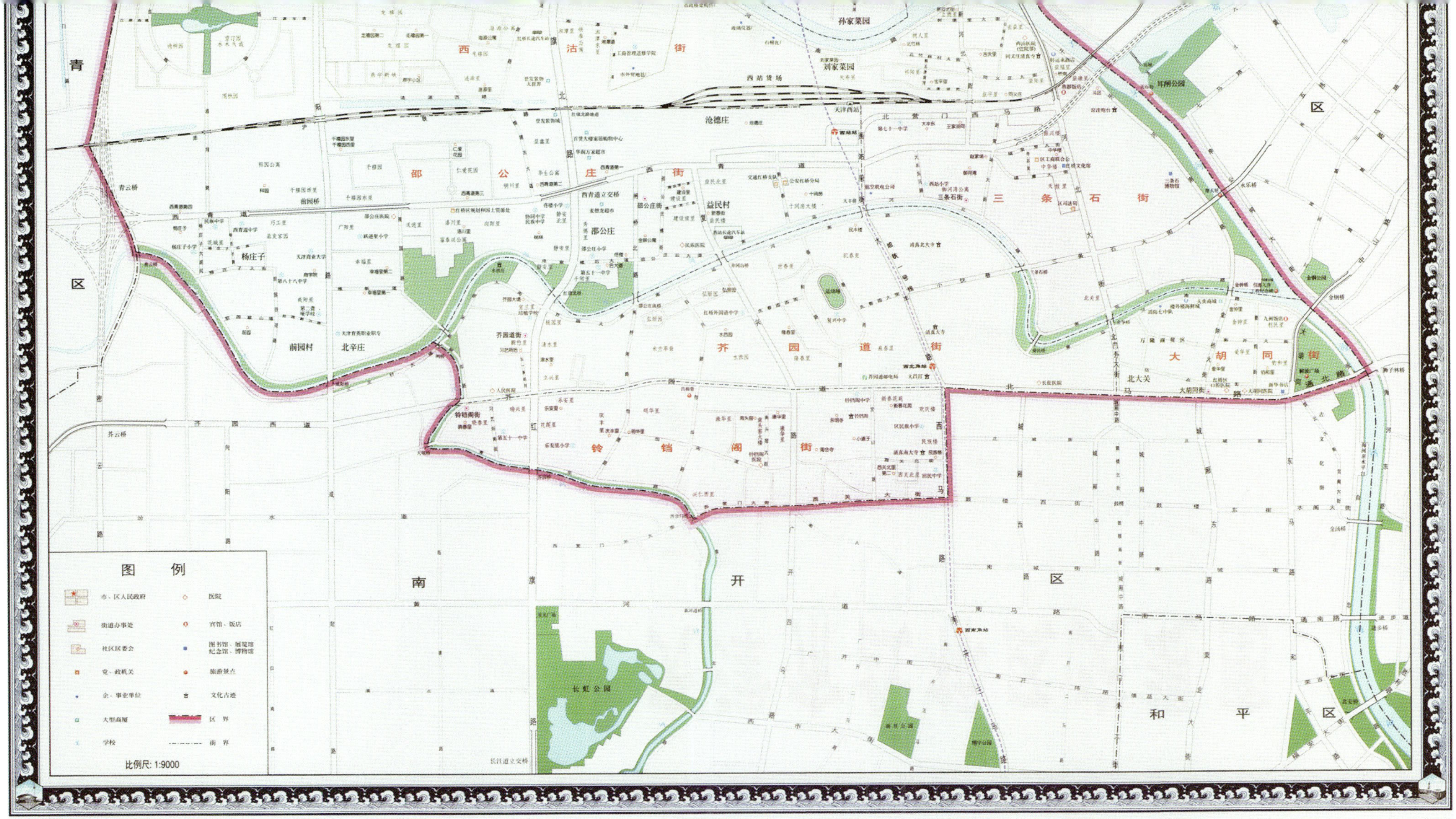

图例
市、区人民政府
医院
街道办事处
宾馆、饭店
社区居委会
图书馆、展览馆
纪念馆、博物馆
党、政机关
旅游景点
企、事业单位
文化古迹
大型商厦
区界
学校
街界
比例尺:1:9000
南
开
区
和
平
区
青
区
区
长虹公园
西沽街
邵公庄街
三条石街
大胡同街
芥园道街
铃铛阁街
西站货场
沧德庄
天津西站
孙家菜园
刘家菜园
耳闸公园
益民村
邵公庄
杨庄子
前园村
北辛庄
北大关
芥园道街
铃铛阁街
青云桥
芥云桥
长江道立交桥
西青道立交桥

津 S【2003】025 号

天津市红桥区交通图

双环邨街
咸阳北路街
丁字沽街
西沽街
西于庄街
本溪路居住区
丁字沽居住区
西沽公园
红桥区人民政府
郭辛庄
吴嘴
刘家房子
天平桥
天河桥
北菜园
怡合村
柳滩
霍嘴
勤俭村
白庙
东于庄
团结村
北洋园

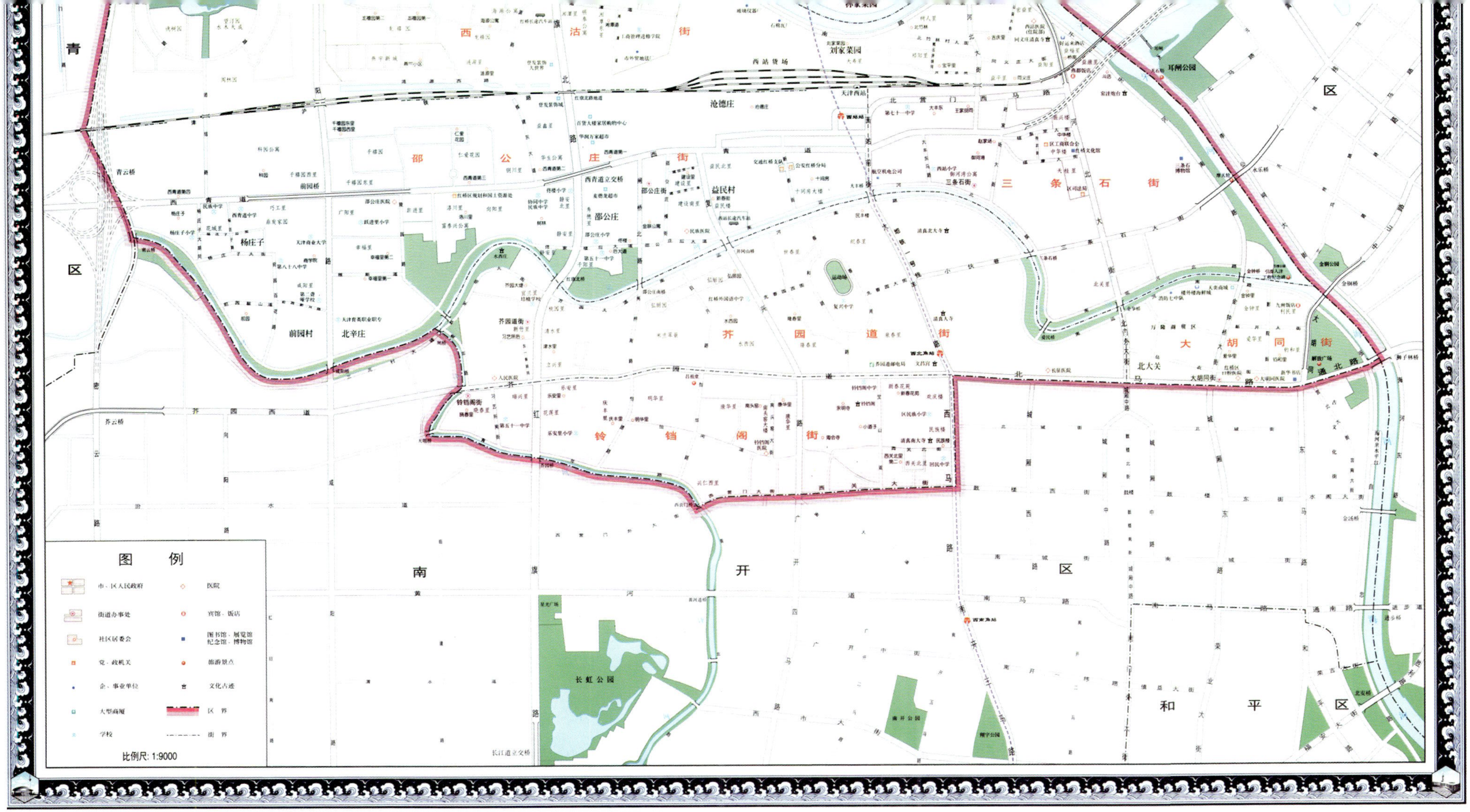
图例
市、区人民政府
医院
街道办事处
宾馆、饭店
社区居委会
图书馆、展览馆
纪念馆、博物馆
党、政机关
旅游景点
企、事业单位
文化古迹
大型商厦
区界
学校
街界
比例尺: 1:9000
三条石街
大胡同街
芥园道街
铃铛阁街
邵公庄街
西沽街
南开区
和平区
长虹公园
耳闸公园
南开公园
刘家菜园
沧德庄
益民村
邵公庄
杨庄子
前园村
北辛庄
北大关
西站货场
西北角站
西南角站
青云桥
芥云桥
长江道立交桥
西青道立交桥
狮子林桥
金钢桥
金钢公园
金汤桥

津S【2003】025号

红桥区鸟瞰图

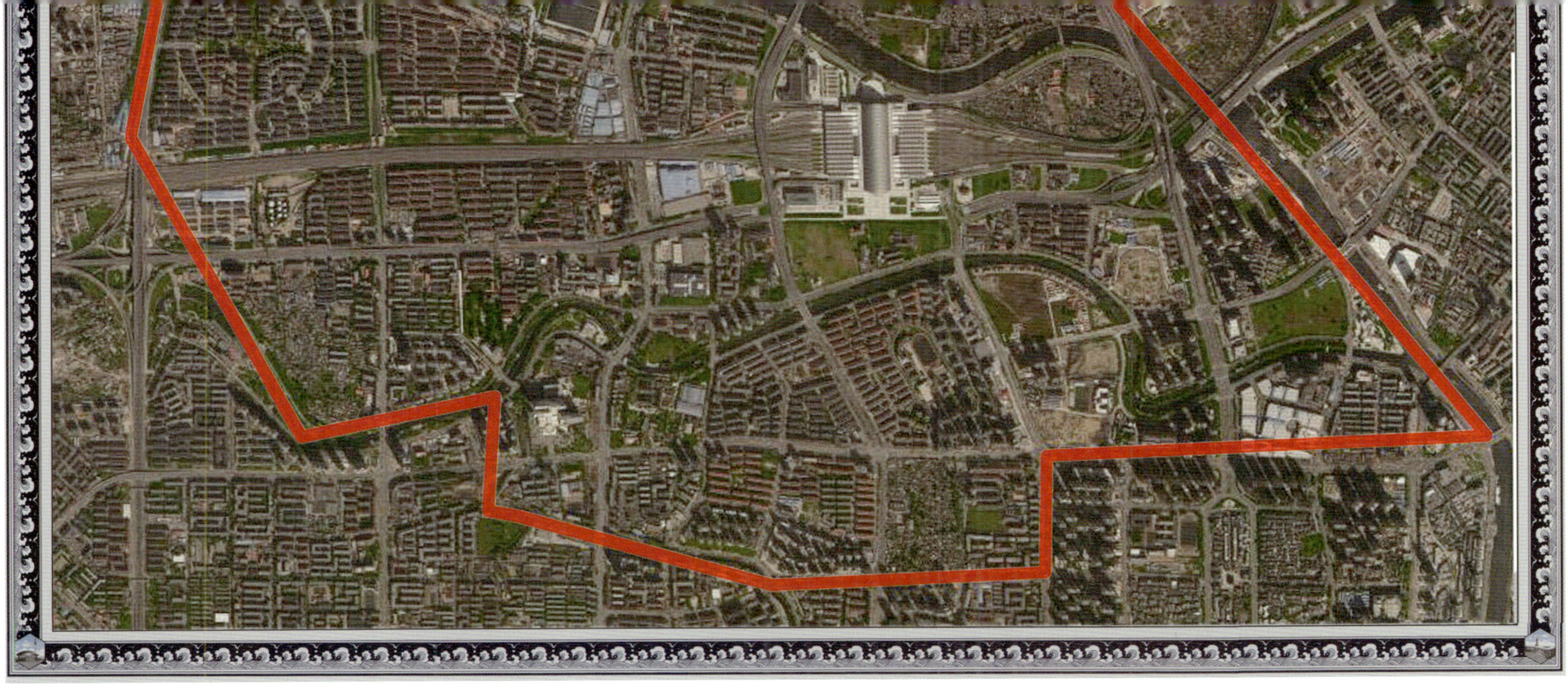

津S【2003】025号

80年代，红桥老城区（张春波摄）

2010年，天津西站城市副中心（张凡摄）

天鸿大厦

2009年，红桥三岔河口（区委宣传部提供）

《红桥区志（1979—2010）》第一届编修委员会名单

（2010 年 8 月—2012 年 5 月）

常务副主任：李红梅　卢志永

副　主　任：刘广理　张静秋　马　平

委　　　员：（以姓氏笔画为序）

于大端　马　政　王　文　王登富　叶铁强　甘永为　杨宏丽
边泽明　任炳胜　刘连泉　刘国光　刘金辉　朱春田　何　斌
张志忠　张树起　张敬禹　李卫东　李丽玲　李泊洋　李瑞海
李德生　杨书苓　陈淑芳　罗永龄　郑丹棣　贺高潮　赵　荣
郝国利　徐炳力　殷　奇　秦大光　贾俊河　贾俊玲　郭宪亮
高自成　韩玉林　穆瑞秋

办公室主任：叶铁强

《红桥区志（1979—2010）》第二届编修委员会名单

（2012 年 5 月—2013 年 7 月）

常务副主任：高树彬　王　禹

副　主　任：刘广理　陈淑芳　马　平

委　　　员：（以姓氏笔画为序）

马文娟　马墨林　王　文　王　虹　王登富　王文君　王文莉
甘永为　边泽明　任炳胜　刘金辉　刘殿良　刘　震　朱春田
何　斌　张志忠　张　建　张树起　张敬禹　李文菊　李丽玲
李泊洋　李德生　杨书苓　杨宏丽　罗永龄　郑丹棣　郭耀明
贺高潮　陈　勇　郝国利　徐炳力　秦大光　贾俊河　贾俊玲
高大勇　韩玉林　穆瑞秋

办公室主任：李文菊

《红桥区志（1979—2010）》第三届编修委员会名单

（2013 年 7 月—2015 年 11 月）

常务副主任：高树彬　王　禹

副　主　任：刘广理　陈淑芳　马　平

委　　　员：（以姓氏笔画为序）

马文娟　马墨林　王亚群　王　文　王　虹　王文君　方　红
甘永为　边泽明　史春明　任炳胜　刘殿良　刘　震　刘　军
何　斌　张志忠　张　建　张树起　张敬禹　李文菊　李丽玲
李泊洋　李德生　杨书苓　杨宏丽　杨永祥　罗永龄　陈　勇
郑丹棣　贺高潮　郝国利　徐炳力　秦大光　贾俊河　贾俊玲
高大勇　郭耀明　路　巍

办公室主任：李文菊

《红桥区志（1979—2010）》第四届编修委员会名单

（2015 年 11 月—2017 年 2 月）

主　　　　任：王　禹

常务副主任：高树彬　刘广理

副　主　任：王晓亮　陈淑芳　马　政

委　　　　员：（以姓氏笔画为序）

于鹏洲　马　勇　马文娟　马墨林　王　文　王文君　王亚群

王怀兴　方　红　边泽明　史春明　邢渤涛　刘　军　刘　健

刘　震　刘越红　刘殿良　齐　蕊　杜海荣　杨书苓　杨永祥

杨克忠　李丽玲　何　斌　张　建　张　巍　张仕伟　张东明

张志忠　武志敏　范宝铭　周　健　郝国利　秦大光　贾俊河

贾俊玲　郭　华　郭耀明　高大勇　韩文华　穆瑞秋

办公室主任：杜海荣

《红桥区志（1979—2010）》第五届编修委员会名单

（2017 年 2 月—）

主　　　　任：袁家健

副　主　任：王晓亮　陈淑芳　刘玉明　张志忠

委　　　　员：（以姓氏笔画为序）

丁新建　于宝平　于鹏洲　马　勇　马墨林　王　文　王　欣

王秀文　石　落　史春明　白　伟　边泽明　邢渤涛　回立群

刘　军　刘春玲　刘殿良　苏　青　杜长来　杜海荣　李　萍

李咸群　李　强　杨书苓　杨永祥　何文晖　张　镇　张万生

张国良　武志敏　范树健　周　鹏　郑丹棣　郝国利　秦　方

郭　华　郭建胜　郭耀明　崔可瑞　穆　岩　穆瑞秋　缴　玥

办公室主任：杜海荣

《红桥区志（1979—2010）》编辑部名单

主　　修：袁家健

主　　编：杜海荣

副 主 编：王　军　任金标

总　　纂：温　鹏

分　　纂：李淑芳　王　莲

特约编辑：陈　克　徐华鑫　张殿成　石廷如　尹树鹏　周醉天　赵永强　刘礼宾

编　　辑：刘儒杰　谢　彦　张　晨　赵焕生　尹淑芬　李玉唐　陈易男　张玉江　部丽蓉　姚　智　施　颖　池莹娜　刘连刚　陈　怡

校　　对：张　晨　部丽蓉　池莹娜　刘连刚

天津市地方志编修委员会
区县志审定验收组名单

主　　审：关树锋

副 主 审：邹积浩

编　　审：杨宝红　韦　恬　余　辉

序

编修地方志作为中华民族的文化传统，在传承文明与社会进步中发挥着不可替代的作用。继2001年第一部《红桥区志》问世之后，时隔十六年，第二部《红桥区志(1979—2010)》又编纂成书，这是红桥区历史上的文化盛事，可喜可贺！

盛世修志，志载盛世。红桥区两部志书的编修，都是在改革开放取得巨大成就背景下实施的，很好地印证了中华民族文化的这一规律和特性。至本轮修志时，改革开放已三十二年，全区人民在党和政府领导下，全面深化改革，不断扩大开放，一心一意谋发展，凝神聚力搞建设，全区党的建设和经济社会发展取得了重大成就、综合实力显著增强、城市功能日益完善、城区面貌日新月异、人民生活水平大幅提高。这三十二年是红桥区经济腾飞、人民安居乐业、社会和谐稳定的盛世。

世界文化遗产—中国大运河流经红桥区，红桥区最宝贵的资源是大运河文化。忆历史，大运河文化在红桥区不仅成就了天津的城市、商业、民族工业、近代教育四大发祥地，还是天津的高雅文化、盐商文化的兴盛之地。看现在，引滦入津纪念公园、天子津渡遗址公园、平津战役纪念馆、新西站、“天津之眼”摩天轮已经成为红桥区新景观、天津城市新亮点。所有这些，都说明红桥区的区位重要、历史悠久、文脉兴盛、潜力巨大。红桥区既有“三河五岸”的自然生态资源优势、又有“一极两区三廊”高端高质高新的经济发展布局、更有在全国知名的大胡同商贸区等。地方志编修把改革开放的红桥区如实地记录下来，做好推介和宣传，为加快区域经济社会更好更快发展提供了解的平台，不断提升红桥区的吸引力，扩大影响力。

怀古以励志，掩卷当奋发。以回望来路，照亮前行灯塔。本部志书客观准确地反映了三十二年来红桥区的建设成就，全面记述了社会变革轨迹。它内涵丰富，具有“存史、资政、教化”和信息传递、对外交流等多种功能，是一部了解红桥、认识红桥、研究红桥的百科全书，具有资料的全面性和权威性。通读它，可以感受到改革旋律的激昂，奋斗意志的强劲，探索精神的坚韧，从中汲取到积极向上的精神食粮，为进一步深化改革、促进红桥区实现新跨越增添强大动力。拥有它，可以获取多方讯息和资料，为社会和谐文明提供借鉴。无论行政人员、科研人员、教育工作者还是普通民众，均可以从中获益。

区委、区政府对修志工作十分重视，在组织实施、编撰队伍组成和财力支持等方面提供了有力保障。在二轮修志编撰过程中，得到市地方志办公室的具体指导和专家学者的鼎力帮助，以及驻区有关单位的大力支持。全区上下积极响应，广泛参与，主动作为，为修志工作做出了重要贡献。特别是编修人员，以高度的历史责任感和为人民负责的敬业精神，历经数个寒暑，付出无数辛劳和汗水，终于完成这一鸿篇巨制。在此，我们代表区委、区政府向所有给予《红桥区志》编撰工作以关怀、帮助和支持的各级领导、专家学者和各界人士及全体编修人员致以崇高的敬意和衷心的感谢！

是为序。

中共红桥区委书记　曲孝丽

红桥区人民政府区长　袁家健

2017年12月

凡　例

一、本志定名为《红桥区志（1979—2010）》，系2001年版首部《红桥区志》（简称前志）基础上的第二部志书。

二、本志以马克思列宁主义、毛泽东思想、邓小平理论、“三个代表”重要思想、科学发展观、习近平新时代中国特色社会主义思想为指导，坚持辩证唯物主义和历史唯物主义的立场、观点和方法。

三、本志全面、系统地记述区域内1979—2010年的发展历程，突出改革开放和民计民生，努力用客观准确的史料揭示发展规律，体现时代特征和地方特色；力求科学性、著述性、资料性的统一，为存史、资政、育人服务。

四、本志时限上起1979年，下至2010年。本志涉及部分内容前志未记述或未作详细记述的，上限追溯至事物发端。

五、本志以红桥区2010年行政区域为记述范围，区内单位、个人在区外与红桥区经济、社会发展密切相关的重大活动作适当收录。

六、本志按类设编，编下设章、节、目，部分目下设子目。

七、本志各编、章下均设无题序，概括、引领正文内容。

八、本志将体现地方特色和时代特征的部分编、章内容作升格处理。如“大胡同商贸区”“精神文明建设”等。

九、本志采用述、记、志、传、图、表、录诸体，以志为主，志前有地图、彩页，图表随文，志后设专记、附录、索引、编修始末。力求史料翔实、文字简练、结构合理、内容全面。

十、本志图、表、照、附按编排号，用“×-×”表示，第一个“×”代表编序号，第二个“×”代表该表（图、照、附）在此编中的序号。

十一、本志采用现代语体文、记述体，述而不论。

十二、本志人物传略和简介收录本籍和客籍对红桥区社会发展有重大影响和突出贡献的人物。本志人物传略严格遵循“生不立传”原则，传主的性别注女不注男，民族只标注少数民族。本志人物传略和简介中的人物排序以卒年为序。人物的字、号、别名、曾用名等，一般只在人物编中予以注明。

十三、本志采用第三人称记述，所记地域、机构、团体、组织、会议、文件等以当时称谓为准，第一次出现时使用全称，之后酌情使用简称。

十四、本志所用地名使用天津市地名办公室规范的地名。

十五、本志采用辛亥革命前用历史纪年，括注公元纪年；未标明世纪的年代，均指20世纪××年代。

十六、街道名称：1998年，红桥区区划调整，由15个街改为10个街道，区划调整前称××街，区划调整后称××街道。

十七、本志标点符号执行《中华人民共和国国家标准标点符号规范用法》（2012年）。计量单位执行《关于在我国统一实行法定计量单位的命令》（1984年），统一使用法定的计量单位，如千克、千米、平方千米等。

十八、本志附录中内容多为原文收录，为保持历史原貌，不按本志正文行文规范的标点、格式等加以改动。

十九、本志对于1979—1995年与前志重合部分的记述，内容不全或有遗漏的，酌情补记或另行撰写；记述较完整的择要简记或用新视角记述。

二十、本志史料主要由各承编单位核实提供。无承编单位的，取材于文献、档案、报刊、书籍、口述史资料和社会专项调查等。所用数据以区统计局公布的为准，其他专业数据以主管部门为准，官方无统计数据的主要参考社会专项调查相关数据。本志所有图片标明摄影者或提供单位。

二十一、区内涉及移送司法机关处理人员，除领导名单记述外其他内容均不予记述。

目录

CONTENTS

第一编　自然环境

第二编　政　区

第三编　人　口

第四编　城市建设

第五编　城市管理

第六编　经济概览

第七编　财税　金融

第八编　经济管理

第九编　工　业

第十编　商业　服务业

第十一编　大胡同商贸区

第十二编　中国共产党红桥区地方组织

第十三编 地方人民代表大会

第十四编 地方人民政府

第十五编　地方政治协商会议

第十六编　民主党派

第十七编　人民团体

第十八编　政　法

第十九编　军　事

第二十编　教　育

第二十一编　科　技

第二十二编　文　化

第二十三编　医药卫生

第二十四编　体　育

第二十五编　民　政

二十六编　民族　宗教

第二十七编　精神文明建设

第二十八编　人　物

专　记

附　录

Contents

Volume 1 Natural Environment

Volume 2 Administrative Region

Volume 3 Population

Volume 4 Urban Construction

Volume 5 Urban Management

Volume 6 Economic Survey

Volume 7 Fiscal Taxation and Finance

Volume 8 Economic Management

Volume 9 Industry

Volume 10 Business and Service Industry

Volume 11 Great Alley Business Area

Volume 12 Local Organization of CCP in Hongqiao District

Volume 13 Local People' s Congresses

Volume 14 Local People' s Government

Volume 15 Local Political Consultative Conference

Volume 16 Democratic Party

Volume 17 People’s Organization

Volume 18 Politics and Law

Volume 19 Military Affairs

Volume 20 Education

Volume 21 Science and Technology

Volume 22 Culture

Volume 23 Medicine and Health

Volume 24 Sports

Volume 25 Civil Administration

Volume 26 Ethnicity and Religion

Volume 27 Spiritual Civilization Construction

Volue 28 Figure

Monographic Description

Appendix

红桥区志

综 述

一

红桥区是天津市中心城区之一。地处市区西北部，东西最长6千米，南北最宽5.6千米，辖区面积约22.31平方千米，是天津市早期城市聚落的发祥地之一。区域南起北马路、西马路，沿西关大街及青年路，与南开区相邻；北部、东部以北运河、海河为界，与北辰区、河北区隔河相望；西至千里堤、西横堤，与北辰区、西青区接壤。政区中心地理坐标为：北纬39°09′56″，东经117°08′45″。地势西北高，东南低，海拔最高为5.34米，最低为2.04米。2010年，辖10个街道办事处，133个社区居委会。常住户籍人口54.23万人，人口密度为2.33万人/平方千米。有33个少数民族，其中回族人口最多，有4.38万人，占区总人口的8.08%。

区域地理位置独特，北运河、子牙河、南运河流经区内，在三岔河口汇入海河，形成"三河五岸"的地貌。区内有跨河桥梁24座，著名的有大红桥、金钢桥等。清乾隆年间《大清河下游情况图》所标之"红桥"，即今红桥位置，可证"大红桥"建成已有270年历史。1956年，天津市人民委员会下发《关于市辖区按地名称呼的通知》，第八区改称红桥区，因界内子牙河上大红桥得名。

红桥区属于暖温带半湿润季风气候，春季少雨多风，夏季温高湿重，秋季天高气爽，冬季寒冷干燥。年平均气温12.2℃，日照时2500~2900小时，降水量520~660毫米，降水日数63~70天。

红桥区历史悠久，明建文二年(1400)，燕王朱棣发动"靖难之役"，在南运河北大关处率军渡河，登基后在直沽设卫赐名"天津"，由此开启天津城市的发展历程。南、北运河与海河交汇的三岔河口，为水运交通枢纽，是京师门户和漕运转输重地，清代名画《潞河督运图》即描绘早年三岔河口盛景。久负盛名的估衣街、针市街、竹竿巷等是天津商业老街典型代表；正兴德、隆顺榕、耳朵眼、狗不理等知名品牌诞生于此，享誉至今，使之成为天津商业的发祥地。三条石铸铁业、机器制造业曾盛极一时；数百家厂店坐落于此，是华北地区的工业摇篮，使之成为天津机械铸造业的发祥地。中国第一所现代大学北洋大学堂、天津第一所官立中学和小学都首建于此，曾培养出朱宪彝、马寅初、张含英、张太雷、马千里等大批学者和社会精英，使之成为天津近代教育的发祥地。红桥区还是天津高雅文化的兴盛之地，建于清康雍年间的艳雪楼和水西庄，汇集过众多文化名流，是当时天津两大文化名胜。红桥区以独特的区位优势和历史地位，成为天津城市发展的"源头"。几十年间，红桥区取得令人瞩目的成就，邓小平、胡锦涛等党和国家领导人曾到区视察。

二

中共十一届三中全会后，区委、区政府把工作重点转移到以经济建设为中心的轨道上，提出"商工建并举，科教先行"思路，制订"科技兴区"战略目标，区属经济由安置型向生产经营型转变，形成商业、区街工业竞相发展态势。城市基础设施建设速度加快，城区面貌发生巨大变化。进入90年代，改革开放全面深化，提出"科工贸建结合，大引进、上项目、靠市场、超常规"的经济发展思路，确定"南商北工"格局，培育全市第一个大型个体小百货批发市场——大胡同，建成凯莱赛商城、泛洋大厦等一批大型商贸设施。2000年前后，以城市建设带动经济发展，跨世纪危陋平房改造(以下简称：危改)工程取得历史性突破，累计拆除危陋平房337万平方米，安置居民9万户。进入21世纪后，根据全面建设小康社会的奋斗目标，调整经济发展战略，以城建带动第三产业，做优做强第二产业，对经济发展布局进行重新部署。2010年，基本形成"一极两区三廊"即：西站地区综合性城市副中心增长极；三岔河口商贸经济区和光荣道都市型产业园区；北运河、子牙河、南运河三条生态经济走廊的经济发展布局，为全区经济腾飞、城市建设和社会事业发展确立长远目标。

经济建设快速发展 制订国民经济发展的第六至第十一个五年计划、规划，经过逐年实施，取得喜人成果，国民经济总量扩大，经济结构优化，非公经济壮大，居民消费水平提高，各类经济快速发展。1980—1986年，建立商业网点2572个。1986年，国营商业营业额完成3.72亿元，利润1525万元；个体工商户发展到5341家，比1980年增长46%。1987—1989年，实现工商收入27.82亿元，利润3.16亿元。1991—1995年，全面完成确定的目标和任务。1995年，实现地区生产总值7.8亿元，实现工商收入23亿元，工商利润1.15亿元。其中，集贸市场成交额23.6亿元，是1990年的10倍；私营企业494家，5年增长54倍；三资企业发展到64家。2000—2010年，进入全面建设小康社会新阶段，深化经济结构调整，大力发展第三产业，优化升级第二产业。2010年，实现地区生产总值93.92亿元，年均增长21.29%；完成区级财政收入10亿元，比1979年增长21.8倍，年均增长10.45%。

市场经济体制改革促进经济发展。2002年，全区采取6种模式实行商业行政性公司产权制度改革，撤销11家国有商业行政性公司，区属15家困难企业退出市场，组建17家符合现代企业制度要求的有限责任公司，国有企业产权制度改革基本完成。2004—2008年，改制后的一大批非公有资本进入商贸经济领域，商贸服务业地区生产总值由40亿元实现每年递增20个百分点。至2010年，形成商业和各类批发零售大型市场、金融服务业、现代服务业、餐饮旅游业、产业园区、特色商贸街区等布局合理、各具特色、功能齐全、完整规范的商贸服务业体系。

民营经济得到快速发展。随着民营资本逐步参与国企改革，数量增加，规模扩大，个体工商户数量大幅提高。至2010年，民营企业和个体工商户注册1.7万家，其中个体工商户1.32万家，私营企业4300家，集体企业490家，注册资本金总额40亿余万元。1983年，大胡同单街子日用工业小商品市场建成，当年商品成交额9000余万元。1992年，大胡同小百货批发商厦建成，吸引10余个省市地区的商家，经营商品23个大类、万余个品种，日平均客流量10万人次。1993年，被市政府列为国际民间贸易市场。1995年，地区销售额10.6亿元，被誉为“小商品大流通，南货北销的宝地”。陆续建成天奕商城、天津都行两座大型商厦，与大胡同小百货批发商厦毗邻而立，标志着大胡同地区发展跨入一个新的历史阶段。1998年，按照现代企业制度要求，组建大胡同集团有限公司，打破所有制界限，与天津市万隆集团合作，联手开发建设大胡同商贸城，形成大胡同地区投资主体多元化、经营业态新型化、市场载体规模化的第三产业发展格局。2009年，实现估衣街提升改造重新开街，被确定为国家AAA级旅游景区。天津都行创建为国家A级市场，首次实现税收超亿元。2010年，百年商贸老街——锅店街完成整修改造。大胡同商贸区持续繁荣发展，实现地区税收1.2亿余元。

对外开放水平全面提高。至1995年，引进内外资项目459个，其中内资390个，外资69个。协议引资额千万元以上项目21个，百万元以上项目15个。至2000年，与40个省市县签订友好协议和建立经济合作关系。2010年，实现内联引资到位总额361.86亿元，吸引外资近3亿美元。上海陆家嘴集团、天津泰达集团等一批国内著名大型企业集团投资参与红桥经济建设。

城市建设日新月异 70年代末震后重建，拉开红桥区旧城改造大幕。80年代，陆续拓宽改造中环线红桥区段、河北大街等10余条道路，新建和改造新红桥、子牙河桥等多座桥梁，打通芥园道、三号路等一批道路，在咸阳北路街建成全国第一个庭院式住宅小区，邓小平、胡锦涛、李先念、万里等党和国家领导人到小区视察。90年代，以城市建设带动经济发展，在全国首创有影响的危改与房改相结合的“以路带危改”“货币还迁安置”做法，受到肯定并在全国推广。至1999年，提前完成拆除危陋房屋177万平方米的危改任务，施工面积722万平方米，竣工面积350万平方米，安置居民6.12万户。居民住房面积由平均6平方米提高到10.44平方米。建成金兴经济联合大厦、平津战役纪念馆等重要建筑。2000年后，编制区域空间发展战略规划和高标准地区总体城市设计。2002年，实施三年热化工程，全区热化覆盖率78%。建成红桥文化广场、天津解放广场、危改纪念广场，启动水游城、海河华鼎、陆家嘴等项目建设。工业博物馆、易买得购物中心等一批公建载体竣工。新建或拓宽改造西纵快速路、西北半环快速路等60余条道路，建成西站西大桥、三号路立交桥、北营门立交桥等11座桥梁。全区基本形成东西贯通、南北畅达的路网格局。建设一批城市公用设施，提高了供水、排水、电力、燃气、通信等保障能力。

城区市容环境面貌全面提升。进入80年代，重点开展环境卫生专项治理，道路绿化，治理铁路沿线，创建卫生城区，连续三年被评为天津市市容卫生先进区。新建中小型公园29座，新建庭院式园林绿化小区34个，西沽公园、桃花园吸引众多游客。园林绿化由主干道路向胡同里巷、单位延伸，由平面绿化向垂直立体绿化发展，形成反映区域地理地貌特点的园林绿化体系。2008—2010年，连续开展大规模市容环境综合整治，对道路两侧1200栋楼体进行立面整修，对685万平方米旧楼区实施综合整修，新建和提升改造绿化536万平方米，绿化覆盖率提高3.4个百分点。提升改造桃花园、西沽公园、南运河沿岸带状公园，使园林档次大为提高。实现垃圾无害化处理率100%，主干道路机扫率100%，新建和增配一大批现代环卫设施。创新城市管理体制，健全区、街、居委会三级长效管理体制，实施网络化、数字化管理，实施环卫、园林作业养护市场化运作。

“科技兴区”战略深入实施　90年代，先后启动科技兴区“123工程”“五个一发展工程”“331创效工程”。1994年，建成科技贸易大楼。1999年，技术市场实现交易总额3.2亿元，年平均增长10%；民营科技企业发展至470家，技工贸总收入4.8亿元，税收1500万余元，留区税收占区财政收入的7%~8%。2000年，制订新科技兴区发展规划，建立中小科技型企业贷款担保中心，促成20个重点企业和30个重点产品成规模、上档次。2002年，相继建成工程机械产业园，河北工业大学创业园和信息技术产业园。2007年，建成天津市意库创意产业园，园区建筑面积2.5万平方米，采取“政府主导，企业运营，市场开发”的创新管理运营模式。2009年，在全国首家通过ISO 9001质量管理体系认证，整合科技载体4.6万平方米，建成国家级企业孵化基地。至2010年，园区引进规划与建筑设计、影视传媒与互联网产业企业235家，其中上市企业3家，外资企业4家，企业注册资金1.19亿元，从业人员1800人，实现年税收1912万元，被评为“中国十强最宜创业开发园区”。全区科技系统民营企业发展到1100余家，其中民营科技企业500余家，国有科技企业600家，从业人员万人以上，各类专业技术人员占40%，年缴税超亿元。

交通、邮电发展迅速　坐落于区内的高铁天津西站是全市较大的铁路交通枢纽站，京津城际，京沪、津保、津秦4条高速铁路在此交会，铁路、公交、地铁、出租、长途客运在此实现“零换乘”，地下直径线将天津西站与天津站紧密相连，形成客运专线、快速铁路、城市轨道多种交通方式有机衔接的现代化大型综合交通枢纽。区内有从事专业长途客运的东北角长途汽车站、西站长途汽车站和红桥长途汽车站。1984年，地铁竣工通车，日载客量3万余人次，区内设有铁路西站终点站。2006年，地铁一号线开通，北辰区刘园站至津南区双林站，区内设多个站点。2010年，西北半环快速路、北横快速路实现通车，两条快速路途经区内，成为天津中心城区最为发达的公共交通网络。

中共十一届三中全会后，随着城市建设发展和居民新区建设，邮政事业发展迅速，邮政系统不断增加服务网点和服务项目，先后增设四新道、萍乡道等7处邮政所。至1995年，区内设北马路、丁字沽邮政支局2处，开办邮政所11处。电信事业快速发展，区内设丁字沽、西站西、佳园里电话分局。手机、计算机迅速普及，业务和收益大幅增加。

三

推进民主政治建设　中共十一届三中全会后，恢复区人民代表大会制度，民主法治建设不断得到加强。1980年，召开第八届人民代表大会第一次会议，设立常务委员会，依照宪法对“一府两院”实行工作监督和法律监督，听取和审议涉及经济、政治、文化、社会事业、环境保护等工作报告。届内听取报告819项，作出决议、决定177项，举办民主法治等讲座千余场，组织人大代表视察、检查、调研等活动1300余次，建立人大代表建言献策畅通网络机制。1980—2010年，人大代表针对经济建设、城市建设、民计民生等方面提出意见和建议1.12万件，移交区政府办理，代表和群众满意率在98%以上。期间，在各街道设立工作委员会，使监督、代表参政和民主法治向基层延伸，开创民主政治全新局面。

1979年，恢复区政协机构设置。1980年，召开政协第五届委员会第一次全体会议。至2010年，召开全体会议33次，主席会议214次，建立10个专门委员会。32年间，区政协坚持围绕中心、服务大局原则和团结与民主两大主题，履行政治协商、民主监督、参政议政职能，组织委员和各界人士开展调研视察、咨询议政，形成调研报告200余篇，提出协商课题700余项，形成全体会议整体协商、常务委员会会议专题协商、主席会议重点协商格局。提出提案6000余件，提案办复率和委员满意率均在98%以上。建立社情民意信息网络，畅通渠道，收集整理和上报社情民意信息1800余条，很好地发挥政协职能作用。

坚持依法治区，打击各种犯罪 1983—1986年，开展从重从快严厉打击严重刑事犯罪活动，处理各类犯罪分子2336人，社会治安秩序显著好转。1990—2005年，政法机关开展打黑除恶、打击“两抢两盗”和治爆缉枪、禁娼禁赌禁毒、扫黄打非等专项整治行动。破获各类重要刑事案件9489件，依法判处各类犯罪分子1.01万人。推进以警防、民防、技防“三防网”为主要内容的社会治安防控体系建设，打击和遏制各种犯罪案件的发生。执行各类安保任务336次，打掉黑恶犯罪团伙14个。2000年，重点加大涉嫌经济犯罪、职务犯罪打击力度，相关案件呈下降趋势。从源头上预防和化解社会矛盾，创建具有红桥特色的工作机制，推进“平安红桥”建设，健全社会治安防控体系，整合民防力量形成“明星平安志愿者队伍”“公益保安”“物业保安”，建立群防群治工作体系。

坚持实施依法治区。1983—1987年，在干部、职工中普及法律常识。1985年始，实施法制宣传教育的第一个五年规划，中小学普遍开设法律课程，区级机关举办普法学习班，职工和居民群众按规划要求全面接受普法教育。1995年，创办全国首家以法制教育为主要内容的外来人口法制夜校。随着依法治区的深入，逐渐形成区、街道、社区人民调解委员会和各楼门院组人民调解员构成的“四级四调解”网络。至2010年，建立142个调解委员会，其中区级2个，街道10个，社区125个，企事业单位和行业性5个，调解员913人，年均受理调处矛盾纠纷3000余件，协调解决矛盾成功率97%以上。

党建再上新水平 中共十一届三中全会后，区委围绕党中央和市委、市政府决策部署，坚持党要管党、从严治党，强化政治责任和党风廉政建设，为社会全面发展提供政治保障。加强政治理论宣传教育，开展“讲学习、讲政治、讲正气”、保持共产党员先进性、深入贯彻落实科学发展观等一系列教育活动。强化基层组织建设，制订加强党的组织建设和党代表常任制工作等制度、规定。1989年，开展“创先争优”活动，推进党建工作向街道社区拓展和延伸。90年代，深化干部人事制度改革，出台民主推荐、差额考察、民主评议等一系列干部选拔任用和管理的制度规定，加强干部监督管理。2000年始，实施“强基创先”和党组织及党建工作全覆盖，党建工作在非公有制企业、新社会组织和重点工程项目中扎实推进。稳步推进基层党务公开和党内民主。

强化反腐倡廉建设。开展以“整顿作风，纯洁组织”的整党工作，至1986年，在各级党组织中建立党风责任制，形成全面抓党风的局面。1998年始，连续开展“以树立廉洁从政，勤政为民良好形象，争做优秀执法集体和执法个人”为主题的“形象建设年”活动，健全完善反腐败案件查处工作领导机制。2003年，落实《中国共产党党内监督条例》《中国共产党纪律处分条例》，举办党员干部参加的各类培训班，6100余人参加考试。2005年，建立惩治和预防腐败体系，落实党风廉政建设责任制责任追究制度，开展反腐倡廉建设进社区活动。至2010年，查处党员干部违法违纪案件169件，分别给予党纪、政纪处分。

精神文明建设成果显著 80年代，开展群众性学雷锋志愿服务和讲文明、讲礼貌、讲卫生、讲秩序、讲道德；心灵美、语言美、行为美、环境美；热爱祖国、热爱社会主义、热爱中国共产党（以下简称："五讲四美三热爱"）活动，群众性文明创建深入到社区楼院和各个行业。90年代，启动以创文明城区、建文明单位、做文明市民为主线，以"绿、净、亮、美、优"为目标的全区总动员，集中开展治理"脏、乱、差"，区容区貌焕然一新。加大思想道德和爱国主义教育，命名2个市级、18个区级爱国主义教育基地。1996年，出台"九五"期间社会主义精神文明建设规划。1997年，评选出精神文明建设"十佳活动、十佳成果、十佳文明"新事。1998年，开展"社区文明服务卡助万家行动"。2000年始，围绕道德建设、志愿服务和社会主义精神文明创建，开展道德模范评选、"迎奥运、讲文明、树新风""送温暖献爱心"等群众性创建活动，首创"文化活动、体育健身、科普知识、卫生医疗、法律知识、环保知识"进社区的"六进"活动，作为典型经验得到中央文明办认可，被整合提炼为"四进社区"和"三下乡"活动在全国推广。至2010年，区内在册志愿者队伍发展到440支2万余人，开展各类服务5万场，服务群众百万人次。评选出1100余家各级文明单位、文明社区和万名文明市民，涌现出红桥医院、王书臣等一批全国文明单位和个人道德典型。

四

文化和旅游兴旺发展 红桥区历史文化底蕴深厚，是天津重点打造的十二个旅游板块之一，非物质文化遗产遗存丰富。至2010年，境内有历史遗迹40余处，其中国家级文物保护单位5处，市级文物保护单位58处，区级文物保护单位46处。15个保护项目被列入区级非物质文化遗产保护名录，其中6项被列入市级保护名录，回族重刀武术被列入国家级保护名录。境内天津义和团纪念馆、近代教育家严修故居、铃铛阁遗址、三条石福聚兴机器厂遗址等遗迹独具韵味。文昌宫民族小学建有文昌博览园，为全市首座建在校园内的民族博览园。

1979—1999年，文化事业得到快速发展。文化馆、图书馆迁入新址，新成立文化宫、本溪路影院、少年儿童图书馆、义和团纪念馆等公办文化单位，各街道办事处陆续建立街道文化站。在每年的桃花节、金秋文化月开展各类群众文化活动，构建起家庭、校园、企业、机关、军营文化为一体的群众文化体系。2000年始，主要文化载体如文化馆、图书馆和福聚兴机器厂旧址等迁入新址或恢复重建。新建梁崎、龚望纪念馆，引进荣宝斋天津分店、圣和轩书画园等文化载体，天津清真大寺大修，曾公祠重建。各街道陆续恢复文化设施，全区形成布局合理、设施先进的公共文化服务体系。连续举办20余届天津运河桃花文化旅游节，成为具有广泛影响的全市性大型文化旅游活动。每年一届的社区文体艺术节成为群众广泛参与文化活动的亮点。估衣街、西沽公园被评为国家AAA景区。荣宝斋、圣和轩书画园等文化载体多次举办系列高品位文化交流活动。特色商贸街区建设初具规模。虹桥新天地、欧陆风情街、南运河美食街、天津创意街为文化旅游产业注入活力。"踩街""迎春送福大拜年"等传统文化活动特色鲜明。促进文艺新品创作，推出一批获国家级、市级奖项的文艺精品力作，舞蹈《踏歌》、小品《邻里之间》和国画《白芳礼》等多个作品获得国家级和省市级大奖。舞蹈《老朋友》获全国第十三届群星奖金奖。有区级文艺团队百余支，涌现响板合唱团、老朋友舞蹈团、服饰表演队、摄影沙龙等在全市具有较高知名度的群众文艺团队，凸显红桥书画、民乐、舞蹈、戏曲、曲艺、合唱、摄影、文学及民间艺术9大类文艺特色。

在文化事业发展的同时，注重发展文化产业。进入21世纪，全区有多元化文化经营企业1118家。挖掘整理漕运文化、高雅文化、民俗文化，形成文化历史、自然生态、休闲购物三位一体的商贸文化旅游产业。推动动漫、演艺等文化产业，意库创意产业园、意库创意街被命名为首批市级文化产业示范园区。

教卫体各业全面提升 教育放在优先发展的战略地位。1979—2010年，校舍建设投资5亿余元，新增、改扩建幼儿园、小学、中学、高中示范校50余所，完成红星职专国家级示范校的改扩建工程和11所学校供热并网改造工作。推进教育改革和中小学布局调整，义务教育学校现代化建设成效显著，教育教学质量连年提升，中、高考屡创佳绩。至2010年，区内有中学10所、小学21所、幼儿园23所、职业教育学校1所、特殊教育学校1所、民办校4所，提前完成普及九年义务教育目标任务，成为全国首批基础知识与基本技能教育达标区。创建市级“三A”校13所，义务教育示范校22所，民族教育和特殊教育被评为全国先进。红星职专晋升为国家级重点职专，成为集职业教育、成人教育、社区教育及各类培训为一体的办学机构。形成学校、家庭、社会三结合的德育教育格局，成为全国社区教育实验区。至2010年，义务教育完成率100%，高中阶段入学率100%，高考录取率91.96%。实施“三名工程”“千百十骨干教师培养工程”，涌现出一批名校长、名教师和名班主任，有市级特级教师14人，区级特级教师27人、区级名师129人。14名教师成为“天津市未来教育家奠基工程”培养对象，“人才强教”战略得到有效落实。

医疗卫生事业长足发展。1979—1991年，筹集资金606.4万元，建成区妇幼保健院、咸阳医院、中医医院等6家医院。红桥医院扩建，成为具有二级甲等规模的医院。1992—2002年，创造具有红桥特色的“三级网络、三级配合、三床循环”，为群众提供入户医疗保健的社区卫生服务新模式，成为全国率先开展社区服务的地区之一。1999年，被评为全国社区卫生服务先进单位。2001年，投资2000余万元，完成社区规范化服务站建设48个，覆盖率100%。红桥医院被评为全国首批“百姓放心医院”。2006年、2009年创建全国社区卫生服务示范区和全国中医药特色社区卫生服务示范区，成为天津市首个国家级双示范区。至2010年，逐步形成以红桥医院为主体，以中医医院和妇幼保健院为特色、社区卫生服务中心为基础的区域医疗救治体系和公共卫生服务体系。累计投入5325.6万元，开展18项社区公共卫生服务项目，免费为35.2万名居民群众提供公共卫生服务。推进妇女儿童健康行动计划，总覆盖率90%。推进医疗卫生体制改革，全区医疗服务机构全部实行药品网上集中招标采购，社区基本用药全部实现“零差率”销售，累计为患者让利4380万元。

体育事业蓬勃发展。1980—1989年，业余体校向国家队、市体工队和市体校输送体育人才21人。在学校中开展“百校”“千队”体育活动。1983—1992年，相继成立老年人体育协会、田径运动协会、职工体育总会，多次被评为全国全民健身活动先进单位。1985—1988年，获全国“田径之乡”先进单位和全国业余体育训练单位。完善体育设施，投资改建红桥体育场，兴建中小学体育场，中学人均活动面积5.7平方米，小学人均活动面积1.5平方米。1993—2000年，开辟区、街级文化体育活动场所，推动全民健身计划，举办文化体育艺术节、全民健身展示运动会。组建健身操协会等9个体育协会。建立163个便于群众参加的体育健身场点，每天有约2万名中老年人参加锻炼。1979—2010年，区工会连续被评为天津市职工体育先进单位，4次被评为全国职工体育先进单位。2008年，举办“全民健身与奥运同行”中华通络操比赛活动。7个社区被评为全国城市体育先进社区。2006年，在市第十一届运动会上获金牌17枚、银牌27枚和铜牌17枚。2007年，在参加国际、国内和市级比赛中获金牌17枚、银牌11枚、铜牌14枚。1980—2010年，区内二级以上国家级运动员4073人，健将级运动员38人。有组织有规模的健身队伍百支，文化健身团队233支，修建健身路径148条。2000—2010年，连续举办11届健康大拜年活动和8届文体艺术节。

五

社会保障体系健全发展 80年代，基层政权建设、社会事务管理、拥军优属安置、社会救助、福利、老龄事业、残疾人事业、社区服务等工作逐步开展。90年代，社会工作日益完善，逐步建成以区为指导、以街道为主体、以居委会为阵地的社区服务网络，形成设施服务与居民服务相结合的社区服务模式。新建、改扩建社区服务中心45处。2004年和2008年，分别被市政府命名为“社区建设实验区”“和谐社区建设示范城区”。2000年始，建立社会救助、基层政权与社区建设、优抚安置与双拥、社会化养老服务、社会专项事业管理五大框架体系，逐步实现传统社会工作向现代社会工作转变。开展“双拥”共建活动，被评为天津市双拥模范城区。1997年，建立低保制度基础上，逐步构建社会救助和优抚安置体系，实现传统社会救济向现代社会救助的跨越。至2000年，企业职工普遍参加养老保险社会统筹。对患大病重病的低保户实施二次救助和临时救助。实行居家养老服务及政府补贴，老龄事业和残疾人保障事业得到新的发展。

民族宗教工作扎实有序 1980年，恢复民族事务委员会，全面贯彻执行党的民族、宗教政策。80年代，筹资150万元，对10座清真寺维修和重建。90年代，投资数千万元，建造占地4万平方米、建筑面积3.5万平方米的天津市民族中学示范校，将原回民中学、回民小学合并成九年义务教育一贯制的回民育才学校，重新扩建文昌宫民族小学校舍。天津五中开办内地新疆高中班。文化体育部门举办社区少数民族群众趣味运动会和书画展等民族文化体育活动，1980—1995年，民族传统体育回族重刀25次参加全国和市少数民族传统体育运动会，取得全国第四届、第五届少数民族体育运动会金奖，2006年，被命名为国家级非物质文化遗产。1995年，伊斯兰教的斋月确定为民族团结月，至2010年连续举办民族团结月活动。2003年，恢复有百年历史的基督教西沽教堂。2005年，新建天津清真大寺，建筑面积7347平方米。2008年，投资近1500万元对小西关清真寺和十间房清真寺两寺合建，建成天津市首家穆斯林养老院。2005—2009年，连续5次被评为全国民族团结进步模范集体，受到党中央和国务院表彰。2010年，区内有民族学校、幼儿园5所，清真寺13座，基督教堂1座。

环境生态建设不断加强 1980—1990年，开展消烟除尘，治理锅炉、工业炉窑、食堂和营业大灶2720台，治理率99.2%；对工业、企业排放废水治理，采取减量、回用、替代和终端净化等方式合并处理，撤关、改造废水处理率和达标率保持在95%以上。治理净化工业废气1.15万立方米。1997—1999年，59项超标污染源得到治理，治理率98.3%。2002年，实施以“蓝天工程”为主的环保六大工程，使煤烟性污染得到有效控制。2005—2010年，治理二氧化硫和化学需氧排放量，二氧化硫排放从900吨基数减至582.31吨，削减比例为35.3%；化学需氧量排放量从535吨基数削减至475.97吨，削减11%，全面完成“十一五削减任务”。开展以街道和企事业单位固定源噪声治理，噪声污染达到控制标准。至1991年，完成超标噪声源治理102个，创建12个噪声达标小区。至2010年，建成安静居住小区12个。

推动生态环境保护宣传教育。80年代中期始，开展全社会环保教育。以创建环境模范城区为目标，创建绿色学校、绿色幼儿园、绿色社区。利用“4・22”地球日、“6・5”世界环境日，开展环境知识和环保法律法规宣传教育、“蓝天・碧水・绿家园”等主题教育。至2010年，有35个单位被授予绿色学校或绿色幼儿园称号，29个社区被评为绿色社区。1996—2008年，加强子牙河饮用水保护区管理，对建有污水处理设施的23家单位重新检定污水处理设施管理卡，发放“排污水许可证”32家。1979—2010年，实现审批建设项目中对环境保护设施与主体工程同时设计、同时施工、同时投产使用的“三同时”项目2091个。2003—2010年，严查生态生活的烟尘、油烟、噪声污染、违法排污、医疗废弃物排放、未依法进行环境评价等问题，检查企业500余家，出动执法人员1500人次。实行法律、行政、经济手段相结合，从源头治理，全程监管。开通“12369”环保热线电话，受理群众环境信访举报和投诉4625件，处理率100%。2007—2008年，完成区第一次全国污染源普查，对1151家符合普查标准的单位和个人进行登记。通过治理，环境空气良好天数从2002年的60%提高至2009年的83.2%。

编制和实施生态城区建设规划，实现天蓝、水清、树绿、环境美目标。1980—1990年，开展环境卫生园林绿化市容市貌综合治理，拆除违法建设和违章棚亭，治理城乡接合部环境。2000年始，城区环境卫生基础设施建设得到加强，环卫保洁水平有明显提高。2008—2010年，实施大规模市容环境卫生整治，构建以生态功能红线、环境质量红线、资源利用红线为核心的生态保护红线体系，全面提升生态文明水平。

六

改革开放32载，斗转星移，春华秋实。红桥区始终坚持改革开放大方向，在共享改革发展成果的同时，更注重创造未来开放发展的广阔空间，以全面建成宽裕型小康社会为目标，深化改革开放，进一步解放和发展生产力，增强综合发展实力，坚持依法治区和社会事业全面协调发展，在经济和社会历史发展中形成诸多优势和发展潜力。这集中表现在：**交通、区位优势**。红桥地处市中心城区西北部，是天津实施“西进战略”的主要通道，为京津冀经济圈中距北京市、河北省廊坊市最近的中心城区，是天津联系华东、东北地区的门户，处于发展的最优位置和拥有辐射天津西北部地区的优势区位。西站立体交通枢纽的资源优势在此汇集，为红桥经济社会发展带来交通上的更多便利。**城市副中心的规划定位优势**。市委、市政府把建设西站地区综合性城市副中心确定为中心城区重要发展战略，实施重点发展现代商务、商贸流通、科技产业、创意产业和文化旅游业5大主导产业，为红桥区构建现代城市副中心产业体系带来巨大优势。**可开发土地资源优势**。全区拥有6平方千米的可开发利用土地资源，储备有20个地块，是加快开发建设重要条件和经济发展的潜在后势储备。**教育科研资源优势**。区内有河北工业大学、天津商业大学，有中铁隧道设计院、化工研究设计院等10余家省部级科研院所，科研和技术力量雄厚，可为红桥区发展提供更多的科技支撑。**自然生态环境优势**。区域“三河五岸”是得天独厚的自然生态资源，有三条河流处海河水系的上游，拥有河流岸线20余千米，大部分未经开发，自然环境清新优美，桃花堤、西沽公园是市内难得的自然生态公园，都是建设宜居创业生态城区宝贵资源。**历史文化优势**。红桥区历史文化积淀深厚，有大量名胜古迹和历史遗存，三岔河口、估衣街、水西庄等具有强大“无形资产”影响力的历史遗址，众多津味小吃和非物质文化遗产，都将成为新世纪红桥区经济社会大发展的重要因素。

回顾32年改革开放的历程，红桥区人民在党和政府的领导下，取得举世瞩目的巨大成就，人民生活水平得到很大提高，将永载史册。展望未来，在千帆竞发的时代洪流中，红桥区54万人民在区委、区政府领导下，必将以更大的热情和干劲拼搏进取，把红桥区建设成高水平的天津市综合性城市副中心、现代商务都市型产业基地、和谐宜居文化生态城区，创造出更大的辉煌！

红桥区志

大事记

1979年

2月15日　红桥区"五七"干校被撤销。

3月16日　中共红桥区委党校成立。

5月2日　经天津市委决定，李栋任红桥区革命委员会主任。

7月4日　红桥区红十字会成立。

9月5日　红桥区人民武装委员会成立，李栋任主任。

10月20日　"实践是检验真理标准"大讨论动员会议召开。

1980年

4月14日　区第五次妇女代表大会在工人俱乐部召开。

4月22日　共青团红桥区第四次代表大会在民族文化宫召开。

5月6—13日　政协红桥区第五届委员会第一次会议在区文化馆剧场召开，选举陈守军为政协主席。

5月7—12日　区第八届人民代表大会第一次会议在民族文化宫召开，会议决定撤销红桥区革命委员会，恢复红桥区人民政府。选举邢志云为红桥区人大常委会主任（兼），李栋为红桥区人民政府区长。

6月5日　区劳动局成立。

6月20日　团中央书记韩英到区大胡同小学考察该校开展"新风尚小红花"活动情况。

10月9日　区政府集体经济办公室、区生产服务管理局、区劳动服务公司成立。

10月10日　区政府下发《维护市场秩序，加强市场管理办法》《交通管理实施细则》《环境卫生管理办法》《食品卫生管理试行办法》等规范性文件。

1981年

1月10日　丁字沽三号路居民区建成，用地87.62万平方米。其中，住宅建筑面积43万平方米，公共建筑6.5万平方米。

3月24日　市政府追认与犯罪分子搏斗牺牲的区房建工程三队职工刘润权为革命烈士。

4月27日　区委在民族文化宫召开深入开展"五讲四美"活动动员大会。

8月30日　河北大街恢复商业一条街特色，挖掘主要传统商品经营，开设土产杂品、竹藤、瓷器等商店。

9月1日　区法律顾问处开办律师业务，为中华人民共和国成立后区内首次开展律师业务。

12月29日　副市长王光英率市政府各委办和工、青、妇及各区有关局负责人60余人视察南运河红桥区段。

1982年

1月　本溪路影院开业。

3月11日　国务院批准义和团吕祖堂坛口遗址为全国重点文物保护单位。

4月3日　连接河北区的三条石便桥竣工通行。

4月18日　天桂后危陋平房改造工程破土动工。

5月1日　中共中央总书记胡耀邦在津召开劳模座谈会，作为天津市劳动模范的小西关煤店送煤工傅德刚参加会议。

6月4日　国务院副总理姚依林考察丁字沽居民区和四远香食品店。

7月1日　市政府公布"红灯照黄莲圣母停船场"和清真大寺为市级文物保护单位。

8月20日　区内第二中心医院、红十字会医院、民族医院划归市卫生局领导。

10月19日　日本群马县洋工大学青年友好之船访华团一行65人，到丁字沽新村参观访问。

10月26日　市政府在区召开托幼工作现场会，副市长白桦参加会议。

11月6日　日本大阪港湾劳协友好访华团一行16人，到丁字沽新村街参观访问。

11月10日　日本杨木县青年友好之船访华团一行71人，到丁字沽新村街参观访问。

12月20日　市政府在红桥区召开园林绿化工作现场会。

1983年

1月18日　区工商联召开第五届会员大会。

2月11日　国务院副总理万里到区考察咸阳北路街绿化小区。

3月13日　市长李瑞环带领市建委等部门及各区政府领导到区考察。

3月16日　日本秋田径法大学高校中国研修之船友好参观团一行121人，到八十九中学参观访问。

5月12日　联合国教科文组织考察团一行3人到天津三中考察资助项目。是年10月14日，联合国官员一行2人到天津三中检查联合国投资落实情况。

5月16日　美国马里兰大学劳卡德教授到区天津三中讲学。全国各省市50余人和本市400余人听课。

7月4日　市委决定调整区领导班子，张椿任区委书记，赵滴土任代区长，孟羽卿任区政协主席。

8月15日　引滦入津工程全线通水。滦河水流入子牙河沉池，向芥园、凌庄子水厂送水。是年9月11日，引滦入津工程纪念碑揭幕式在三岔河口举行，市委第一书记陈伟达出席，市长李瑞环讲话。

8月25日　日本千叶县小学足球友好访华团一行70人，在区体育场与跃进里小学足球队举行友谊赛。市长李瑞环到场观看。

9月12日　中共军委副主席杨尚昆、国防部副部长杨得志、北京军区第一副司令员傅崇碧在市委第一书记陈伟达、书记张再旺、市长李瑞环陪同下，到三岔河口视察引滦工程纪念碑。

9月14日　比利时王国建筑代表团一行4人，由市建委负责人陪同参观咸阳北路街庭院式住宅小区。

9月17日　日本神户市华侨总会访华团一行17人，参观咸阳北路街新建住宅小区。

10月14日　市政府在咸阳北路街召开建设庭院式居民区现场办公会议。

10月19日　市长李瑞环陪同日本神户市市长宫崎展雄率领的日本友好代表团一行30人，到咸阳北路街新建小区参观。

11月2日　日本神户市议会访华团一行10人由议长吉本泰男率领，参观咸阳北路街新建住宅区。

11月29日　市委第一书记陈伟达、副市长吴振及市内各区区长20余人，到区检查验收商业小网点建设。

12月16日　全国人大常委会副委员长廖汉生到区视察咸阳北路街庭院式小区。

12月26日　市政府在西青道煤建二厂召开西青道一条街改造工程现场竣工记者招待会。市长李瑞环、副市长吴振及市区领导和有关委、局负责人参加会议。

1984年

3月1日　中央军委副主席张爱萍为区少年宫儿童乐园题字。

3月12日　市长李瑞环一行到区参加植树活动。

3月28日　联合国教科文组织的英国专家韦丁顿和路易斯到天津三中讲学。

3月29日　区第六次妇女代表大会召开。

4月6日　全国人大常委会副委员长陈丕显到咸阳北路街视察绿化建设。

4月28日　全国政协副主席胡子昂为耳朵眼炸糕店题写店名。

5月4日　中共中央书记处书记胡启立到咸阳北路街视察小区绿化建设。

5月7—10日　政协红桥区第六届委员会第一次会议在工人俱乐部召开。

5月8—12日　区第九届人民代表大会第一次会议在民族文化宫召开，张辉当选为区人大常委会主任，赵滴土为区长。

6月3日　共青团红桥区第五次代表大会召开。

6月18日　市教育局批准天津三中为首批市级重点中学。

6月22日　民政部部长崔乃夫到新村街益寿园考察。

7月4日　全国政协主席邓颖超在津接见红桥服装二厂青年工人。

7月10日　区妇幼保健院正式开诊。

8月23日　全国政协副主席杨静仁为天津市民族中学题写校名。

8月24日　联合国劳工局副局长彼特在劳动人事部和市劳动局领导陪同下，到区职业技术培训中心考察。

9月10日　市政府在咸阳北路街办事处召开庭院式住宅小区绿化现场会。

9月15日　国务院副总理万里到咸阳北路街视察小区绿化建设。

9月28日　新红桥建成通车。市长李瑞环剪彩，市区多位领导参加通车剪彩仪式。

11月5日　区学生联合会成立大会在工人俱乐部召开。

11月13日　大连市西岗区政府同红桥区政府建立协作区关系并举行协议签字仪式。

11月28日　中华体育总会会长、中国奥林匹克委员会主席钟师统一行7人，到区业余体校和跃进里小学视察。

12月25日　天津地铁通车典礼在铁路天津西站举行。市长李瑞环剪彩。

1985年

2月4日　红桥区与邢台市结为友好市区。

3月19日　联合国国际劳工局职业培训处处长艾伦、索尔特和专家克里斯琴、菲希尔到区劳动局技术培训中心考察。

4月5日　桃花园举行落成剪彩仪式。

4月13日　日本秋田经济法科大学附属高校中国研修之船访华团部分团员一行72人，到天津三中参观访问。

4月17日　联合国教科文组织职教科长安特布朗诺，到天津三中进行资助理科教学项目审评。

5月3日　全国政协副主席王首道到咸阳北路街视察绿化小区和老年人活动中心。

5月11日　红桥区和北京宣武区、上海闸北区建立信息交流协作区，协议书在上海闸北区政府签署。

5月29日　红桥区与成都市东城区结为友好区。

6月1日　区少年宫举行落成典礼。

7月1日　中环线西半环红桥区段举行通车典礼。

8月15日　市政府在区召开天津市街道绿化管理经验交流会。

9月10日　区四大机关在民族文化宫举行庆祝首届教师节大会。

10月15日　国务委员谷牧由市长李瑞环陪同，到咸阳北路街视察庭院式绿化小区建设和区老年人活动中心。

11月12—15日　政协红桥区第六届委员会第二次会议召开，幺同乐当选为区政协主席。

11月13—16日　中共红桥区第四次代表大会召开。选举产生区委委员27人，候补委员5人。张椿当选为区委书记。

11月23日　区科委在三条石历史博物馆开办红桥区科学技术市场。

12月20日　西北角文昌宫民族食品街举行建成开业典礼。

12月27日　中共中央书记处书记乔石到区视察咸阳北路街绿化小区建设和区老年人活动中心。

12月31日　丁字沽街东大楼2号楼101号煤气管道爆炸，死2人。楼房遭到严重破坏。

1986年

3月4日　三条石历史博物馆举办中华女英烈纪念展览，全国妇联书记处书记于淑琴、市顾问委员会主任张淮三等出席开幕式。1987年3月4日，赴北京展出。

5月9日　国家主席李先念为市政建设所题“人民城市人民建”在区勤俭桥头完成镌刻。

5月31日　全国政协主席邓颖超为天津三中建立革命烈士于方舟、安幸生纪念碑题写碑文。是年9月14日，天津三中举行于方舟、安幸生烈士纪念碑落成典礼。

6月25日　全国政协副主席刘澜涛到吕祖堂纪念馆视察，市、区有关领导陪同。

8月20日　中央顾问委员会主任邓小平由市长李瑞环陪同，视察咸阳北路街庭院式绿化小区建设。

11月20日　区四大机关和部分局委办、人民团体迁入子牙河桥北两侧新址办公。

12月10日　估衣街整修恢复工程竣工，131家具有晚清建筑风格的商店全部开业。

12月23日　市长李瑞环为大伙巷民族小学少先队题词：“努力学习，加强锻炼，打好基础，准备接班。”

1987年

1月15日　红桥区被命名为天津市“田径之乡”。

2月23—26日　政协红桥区第七届委员会第一次会议在工人俱乐部召开，选举李梦书为区政协主席。

2月24—28日　区第十届人民代表大会第一次会议在区委礼堂召开，选举赵滴土为区人大常委会主任，张柏峰为区长。

2月26日　中共中央政治局委员、书记处书记邓立群到估衣街商业区视察。

4月15日　河北省抚宁县代表团到区签署建立友好区县协议书。

4月17日　共青团红桥区第六次代表大会在民族文化宫召开。

4月26日　北菜园团结路一居民为送女儿出嫁，宴请亲朋，导致32人食物中毒，2人死亡。

5月22日　瑞典教育科学研究所副所长斯德哥摩太纳博士到红星中学参观考察。

5月23日　朝鲜劳动党中央总书记、共和国主席金日成到天津参观访问，参观咸阳北路街小区建设。

5月29日　《中国少年报》、中国青年政治学院、三条石历史博物馆联合主办的《希望之星——中华少年成才之路》展览在三条石历史博物馆开幕，市委书记倪志福、市长李瑞环等出席开幕式。

7月1日　区第一家街办养老院南头窑颐寿园落成。

9月8日　区经营酱制品的一个体户出售变质食品造成40余人食物中毒。

10月15—16日　区第七次妇女代表大会在工人俱乐部召开。

10月22日　苏联社会保障部副部长科捷利尼科夫、干部教育局局长费列捷舍罗夫到区老年人活动中心参观。

12月28日　区中医医院举行建院典礼。

1988年

2月27日　日本新旗郡日中友协事务局长斋藤正雄到咸阳北路街参观访问，区有关领导陪同。

3月31日　贵阳市云岩区少年宫、天津市少年宫、区民委、三条石历史博物馆联合举办《贵州风情》少年书画、摄影、美术、工艺作品展。

4月25日　全国首次民族团结进步表彰大会授予红桥区“全国民族团结进步先进集体”称号。

8月12日　匈牙利建设部规划处一行6人，到咸阳北路街参观园林绿化建设。

8月29日　区妇联主任张秀芹出席全国第六次妇女代表大会，当选为全国妇联执委。

9月6日　捷克总统胡萨克率党政代表团到咸阳北路街参观访问。

9月13日　区首届科技工作会议在区政府礼堂召开。

9月23日　区老年人服务中心在萍乡道落成。

10月19日　本市第一家街办老年公寓在丁字沽新村街落成。

10月20日　日本今治市议会议员访华团一行19人，到区咸阳北路街和天津三中参观访问。

10月23日　英国CZP社会福利考察团一行6人参观考察区老年活动中心和服务中心。

10月26日　科威特大臣到区清真大寺做礼拜。

1989年

2月13日　天津三中被国家体委、国家教委评为1988年度全国体育传统项目先进学校。

4月30日　市委书记李瑞环带领有关部门负责人到区视察工作。

5月16日　市政府在区召开天津市社区教育现场会。副市长钱其璈等领导出席，各区县文教负责人参加。

8月4日　子牙里小学建立。

9月16日　市委书记谭绍文、市长聂璧初到区参加“我爱中华我爱科技”万人科普游园活动。

9月27日　区残疾人联合会召开成立大会。

10月8日　中央政治局常委李瑞环视察双环邨住宅新区。

11月27—30日　区委第五次代表大会召开。选举产生区委委员23人，候补委员4人，纪检委委员11人，张柏峰当选为区委书记。

12月5—6日　市政府在区政府礼堂召开天津市社区服务现场会，民政部部长崔乃夫及市、区有关领导出席。

1990年

2月2日　市长聂璧初带领市有关委办局负责人到丁字沽新村街、咸阳北路街、西关北里平房改造片，开展谈心服务。

2月6日—3月1日　政协红桥区第八届委员会第一次会议在工人俱乐部召开，选举谢喜贵为区政协主席。

2月27日—3月3日　红桥区第十一届人民代表大会第一次会议在区委礼堂召开，选举杨大鹏为区人大常委会主任，王立德为区长。

4月15日　共青团红桥区第七次代表大会在区委礼堂召开。

6月22日　首届"部分省市地区价格信息发布会暨工业品交易会"在金龙饭店召开。

10月17日　市委书记谭绍文复信大胡同小学少先队，祝贺该校开展"小红花"活动十年来取得的成果。

11月28日　区委首次在全区处级和基层现职领导干部中开展评选"人民好公仆"活动。

12月14日　区委召开统战工作联席会第一次会议，通过《红桥区统战工作联席会议制度》。

是年　红桥区首届桃花节开幕。此后每年举办一届。

1991年

2月27日　国务院纠风办主任、监察部副部长徐青到区检查指导工作，区有关领导陪同。

5月13日　国务院社会经济发展研究中心负责人到区考察社会服务工作。

5月30日　全国政协常委王光美到咸阳北路街视察明秀园并到居民家中访问。

6月1日　清源道小学少年军校正式成立，市委书记谭绍文为少年军校题写校名。

6月22日　先锋颂报告会暨《先锋队风采》首发式举行。市委书记谭绍文为该书题写书名。

8月　在第二次全国城市环境保护工作会议上，咸阳北路街环境综合整治被评为国家首批优秀整治项目。

9月25—29日　第三届全国十五城区组织工作信息交流会在九洲饭店召开。

11月　在全国第四届少数民族传统体育运动会上，区内选送的大刀队表演被评为一等奖，红桥区被评为全国民族体育先进单位。

12月　区科委、科协获全国科技咨询工作金牛奖、全国科技市场金桥奖称号。

1992年

1月30日　区首家"跳蚤市场"在红桥体育场开业。

2月13日　美国伊利诺斯大学英凌塔伯教授到区考察社区服务工作。

4月8日　商业部部长胡平到区视察，市、区有关领导陪同。

6月9日　红桥区与山西省灵石县建立友好合作关系。

7月1日　大胡同小百货批发市场举行开业典礼。

8月10日　红桥区与内蒙古扎兰屯市人民政府建立友好城市关系。

8月18日　区政府在满洲里建立驻满洲里办事处。

9月10日　天津市委决定任命王立德为红桥区委书记。

9月22日　区第八次妇女代表大会召开。

10月4日　英语特级教师刘燕茹当选为中国共产党第十四次代表大会代表。

10月22日　红桥区与黑龙江省黑河市缔结友好关系。

11月26—28日　区第六次党代表大会召开，选举产生区委委员25名，候补委员5名。王立德当选为区委书记。

12月26日　区政府聘请驻法兰西共和国一等秘书（商务）张智庭为经济顾问。

1993年

2月23—26日　政协红桥区第九届委员会第一次会议在区政府礼堂召开，选举谢喜贵为区政协主席。

2月24—27日　红桥区第十二届人民代表大会第一次会议在区委礼堂召开，选举杨大鹏为区人大常委会主任，王世新为区长。

3月5日　“雷锋班”代表专程到西于庄小学，与师生共同纪念毛泽东等老一辈无产阶级革命家为雷锋同志题词30周年。

3月28日　俄罗斯布拉格维申斯克市边境区代表团一行6人，到区参观访问。

7月1日　共青团红桥区第八次代表大会召开。

7月8日　市长张立昌到丁字沽新村街一、二段现场办公。

7月20—22日　美国康奈尔大学政治系主任许慧文教授带研究生到区考察社区服务设施及邻里互动、团结互助情况。

7月21日　红桥区与俄罗斯阿穆尔州布拉戈维申斯克市边境区缔结友好关系。

9月15日　红桥区与河北省深县结为友好区县。

10月2日　区建委负责人赴香港参加天津市民间贸易招商洽谈会，向与会者播放反映红桥区房地产开发建设成就的纪录片《再创辉煌》，受到欢迎。

10月19日　红桥区与四川省芦山县建立友好区县。

10月24日　阿联酋驻华大使到区清真南大寺考察。

10月29日　伊朗驻华大使馆17人到区清真大寺礼拜，赠送《古兰经》和5万元人民币。

11月4日　美国加利福尼亚州圣柯拉大学教授琼安到区二号路小学考察。

12月9日　红桥区在湖南省临湘市设立办事处。

1994年

1月2日　市长张立昌、副市长王德惠到区八大里危改工地视察。

1月28日　市长张立昌参加丁字沽新村街一段危改工程开工仪式。

1月29日　区第三届“焦裕禄杯”获得者表彰大会召开，16人获荣誉称号。

2月25日　市委书记高德占视察大胡同小百货批发市场。

3月3日　区委下发《关于调整区级机关党组织机构的通知》，原区直属机关党委和区政府机关党委合并，新组建为区直机关党委。

3月15—16日　区工会第三次会员代表大会第一次会议在区委礼堂召开。

5月14日　市长张立昌到区参加第四届月季花节活动。

5月18日　耳朵眼炸糕获全国“清真名牌风味食品”称号。是年，6月14日，耳朵眼炸糕、耳朵眼精装豆馅获第五届亚太国际贸易博览会金奖和银奖。

5月21日　市长张立昌检查丁字沽新村街一段平房改造情况。

6月18日　红桥区与河北省衡水市建立友好协作关系。

8月6日　市长张立昌到区团结村检查积水情况并看望居民。

8月17日　市长张立昌带队到区检查市容环境卫生。

是月　国务院召开第二次全国民族团结进步表彰大会，红桥被评为全国民族团结进步先进集体。

9月8日　金钟桥落成通车，副市长王德惠剪彩。

10月20日　红桥区与内蒙古自治区额济纳旗建立友好关系。

10月24日　红桥区与内蒙古自治区扎查特旗建立友好关系。

11月3日　红桥区与江苏省宜兴市建立友好关系。

11月7日　红桥区与四川省雅安地区结为友好地区。

12月25日　区少年法庭被最高人民法院授予先进集体称号。

1995年

1月20日　区内14名音乐教师应国务院副总理李岚清邀请，赴北京人民大会堂参加新年音乐会。

2月22日　市长张立昌参加丁字沽街八大里危改住宅示范小区工程开工仪式。

3月20日　区青年志愿者与失足青年共建新生态园揭幕仪式在西沽公园举行。

4月22日　市长张立昌到芥园道工程现场察看平津战役纪念馆选址。是年，4月24日，北京军区司令员李来柱等到区现场察看平津战役纪念馆选址，选定区政府机关大楼西侧植物园为馆址，由北京军区、北京市和天津市共同修建；11月29日，中央军委副主席张万年为平津战役纪念馆工程奠基。1997年7月23日，平津战役纪念馆开馆。中央军委副主席张万年、北京军区司令员李来柱、市委书记高德占、市长张立昌出席开馆仪式。

4月27日　区西青道闸桥北路危改工程举行开工典礼，市政协副主席黄炎智等市、区领导出席。

5月19日　区教育局团委被共青团中央、全国少工委评为全国少先队工作先进集体。

是月　中共中央总书记江泽民为河北工业大学题写新校名。

6月2日　市长张立昌到丁字沽街八大里工地检查质量和进度。

6月6日　区政府召开首届招商大会，国务院有关司局、中央各部委驻津单位、各省市驻津办事处以及外国知名企业约550人参加大会。

6月21日　区政府与河北省蔚县人民政府建立友好关系。

8月8日　区纪念抗日战争和世界反法西斯战争胜利50周年大型座谈会召开。

9月11日　全国政协副主席洪学智到区视察建设平津战役纪念馆馆址，市、区有关领导陪同。

10月17日　区青年联合会召开第二届委员会第一次全体会议，选举产生新一届领导班子。

10月29日　芥园道工程竣工通车，副市长王德惠参加通车典礼。

11月14日　市人大常委会主任聂璧初带队视察大胡同小百货批发市场。

12月23日　四川省雅安地区考察团一行14人到区考察学习。

1996年

1月23—26日　政协红桥区第九届委员会第四次会议在区政府礼堂召开，选举隋文德为区政协主席。

1月24—28日　区人大第十二届代表大会第五次会议在区委礼堂召开。

2月8日　天津市委决定任命曹秀荣为红桥区委书记。

3月1日　市长张立昌及有关部门负责人到平津战役纪念馆察看工程进展情况区有关领导陪同。

3月15日　全国政协副主席洪学智到区视察平津战役纪念馆施工进度。

3月21日　区招商引资新闻发布会召开，市委副书记李盛霖和副市长张好生、叶迪生参加大会。

4月23日　市长张立昌到平津战役纪念馆施工工地现场办公，调研红桥区危改工作。

5月3日　北京军区司令员李来柱、政委谷善庆和市委书记高德占、市长张立昌到平津战役纪念馆工地参加义务劳动。

5月21日　红桥区与广东省河源市、河北省青县友好协议签订仪式及金兴经济联合大厦开工典礼仪式举行。市委书记高德占、副市长张好生参加。

6月11日　区政府召开李培源先进事迹报告会，来自公安、政法系统400余名党员干部参加。

7月30日　中华慈善总会会长崔乃夫率慈善总会专家学者一行14人，到区考察社区服务与慈善事业。

8月5日　天津弈骅房地产开发有限公司与区市场建设服务中心在政府三楼第二会议室举行天奕商城委托管理合同签字仪式。

8月21日　区委、区政府在红桥文化宫召开“严打”斗争表彰大会，1300余人参加大会。

9月5日　市长张立昌、副市长庄公惠为区新建的佳宁里教师公寓剪彩。

9月18日　大胡同小百货批发市场第三期工程举行破土动工仪式。市领导刘文藩、王德惠出席。

10月15日　市长张立昌、副市长王德惠到区观看“1996年城市美容师之声”文艺演出。

10月19日　区首届全民健身运动会在区体育场举行。

11月27日　新疆乌鲁木齐市头屯河区党政代表团到区参观考察。

12月2日　西宁市党政代表团到区参观考察。

1997年

1月3日　香港新世界集团康居发展有限公司与区联合建设开发大胡同“三角”地区项目签约。副市长王德惠和区领导出席签约仪式。

3月31日　市长张立昌、副市长王德惠到区视察三号路拓宽工程进展情况。

4月9日　区委成立精神文明建设委员会，原红桥区精神文明建设协调委员会自行撤销。

6月6日　中华慈善总会会长崔乃夫、副会长杨琛等到区考察社会慈善互助情况，市慈善总会会长陆焕生陪同。

7月1日　西沽公园举行“万民喜庆香港回归”大型游园联欢活动。

7月24日　共青团红桥区第九次代表大会在区委礼堂召开。

8月26日　重庆市南岸区党政代表团一行8人到区进行两地经济合作交流。

8月31日　共青团中央书记处书记周强到咸阳北路街，为全国首批“青年文明社区”示范点揭牌。

9月10日　区委书记曹秀荣赴北京参加中国共产党第十五次代表大会。

10月21日　区首届环卫工人节庆祝大会召开。

11月5日　市长张立昌到区视察三号路拓宽工程进展情况。

12月4日　全国政协经济委员会考察团一行6人到区考察。

12月24日　区第七次党代表大会在区委礼堂召开。

是月　区审计局连续第三次获全国审计机关先进集体称号。

1998年

1月18—21日 政协红桥区第十届委员会第一次会议在区政府礼堂召开，选举隋文德为区政协主席。

1月19—23日 区第十三届人民代表大会第一次会议在区委礼堂召开，选举刘景从为人大常委会主任，王世新为区长。

5月29日 监察部副部长李至伦、卫生部副部长张凤楼一行14人，到区考察社区卫生服务纠风工作。

7月4日 全国妇联主席顾秀莲视察区老年公寓。

7月14日 区委、区政府调整街道行政区划，由15个街办事处调整为10个街道办事处。

9月11—13日 湖南省临湘市代表团到区访问，区政府向临湘市受灾民众捐赠人民币5万元。

9月29日 市长李盛霖视察零号路农贸市场。

是月 全区已拆除危陋房屋12.3万平方米，完成全年15万平方米任务的82%；施工面积90.52万平方米，完成全年110万平方米任务的82.29%；竣工面积16.93万平方米，完成全年40万平方米任务的42.33%；还迁安置居民6085户。

12月8日 亚细亚大酒店（原金龙饭店）宣告企业破产。

12月17日 全市危改工作现场会在红桥区召开。

12月28日 河北省沧州市党政代表团到区就两地经济合作进行友好交流。

12月30日 市长李盛霖考察芥园道先春园片危改工作。

1999年

1月18日 市长李盛霖、市总工会主席孙宝树等到区慰问。

1月21日 区委成立“三讲”（讲政治、讲学习、讲作风）领导小组。

4月8日 红桥区粮食局撤销，组建区政府粮食管理办公室。

4月23日 区委召开第三届“勤政廉政杯”表彰大会，授予10个党政领导班子为红桥区第三届勤政廉政好班子称号。

是日 红桥区首批爱国主义教育基地授牌仪式在天津商会遗址举行，命名4个爱国主义教育基地。

4月30日 区委、区政府在平津战役纪念馆胜利广场前举行“弘扬五四精神，迈向二十一世纪”、纪念五四运动80周年大会。

5月8日 区政府召开芥园道水厂东片拆迁动员誓师大会。

6月9日 区工会第四次代表大会召开。选举主席、副主席和常委。

6月20日 东起勤俭道、西至千里堤，全长2.3千米的三号路二期拓路拆迁工作开始实施。

是月 区级机关领导班子和领导干部集中进行“三讲”教育。

7月7日 市长李盛霖、副市长王德惠等到区检查关上、关下两片危改工作。

7月12日 市委书记张立昌到区视察危改工作并慰问芥园道危改现场干部职工。

8月20日 市委书记张立昌视察新落成的红桥广场。是年9月28日，市委书记张立昌到红桥广场视察庆祝中华人民共和国成立50周年活动情况。

10月1日 西沽公园举办庆祝中华人民共和国成立50周年游园联欢活动。

10月12日 京津沪穗宁渝6城区第十四次区政工作交流会在红桥区召开。

11月18日 红桥区与山东省淄博市淄川区签订友好区协议书。

2000年

1月4日　关上大丰东片危改工程举行开工庆典、御河公寓举行开盘剪彩。区委书记曹秀荣到现场察看施工的情况。

1月20日　市委书记张立昌等领导到区退休职工家中慰问。

1月28日　大胡同集团有限公司成立。

3月17日　天津师范附小"少年科技俱乐部"成立。

4月19日　坐落于东北角的裕翔百货批发市场开业。

4月25日　市长李盛霖、副市长王德惠到南运河清淤现场视察工程进展情况并慰问参战人员。

5月4日　墙子河清淤工程红桥区段提前完工，总清淤量22.05万立方米。

5月20日　区津岛协力公司研制的"集中空调远程监测系统"项目，通过专家鉴定。该系统具全国同行业领先水平。

5月29日　新扩建的大胡同商业中心首期市场举行开业典礼。

7月20日　市委、市人大和市社联、市地方志办公室在区召开"勿忘国耻强我中华"座谈会，纪念义和团运动100周年。

7月29日　10个街道办事处联合执法人员千余名，车辆85部，会同区近万名党政机关干部分赴60余条干、支道路，集中清理私搭乱盖、乱摆乱卖、乱堆杂物。

8月17日　红桥区与青海省西宁市建立友好城区关系。

9月12日　市委书记张立昌、市长李盛霖到墙子河红桥区分会场与群众一起参加竣工庆典。

10月10—13日　京津沪渝绿化协作区第四轮第二次会议在红桥区举行。

10月26日　各街道办事处成立司法调解中心。

11月14日　大胡同、万隆两集团达成投资合作协议。

11月30日　市普教系统推广"构建班集体激励机制的研究与实践"科研大会在区举行。

11月10日　全国首座儿童棋院——华厦未来棋艺院在跃进里小学落成。

2001年

1月1日　区开展第七届民族团结月活动，向民族宗教界群众发放慰问款14万元。

1月8日　红桥区与甘肃省临洮县党政代表团签订友好区县协议。

2月7日　区委、区政府主办"新世纪第一春"元宵灯节文艺大联欢活动。

2月15日　邵公庄街道获"全国城市体育先进社区"称号。

3月22日　区第四批小商业网点拍卖成交的18个网点，以高出起价82.6万元的价位拍卖。

3月29日　区"三讲"教育总结大会召开。

4月11日　市长李盛霖到区视察西于庄农副产品市场等。

4月16日　2000年第五次全国人口普查汇总：红桥区人口为53.91万人，与1990年第四次人口普查相比，减少3.46万人。人口总数在市内6区排第5位。

5月1日　区委、区政府在西沽公园举行庆"五一"游园活动，市委副书记刘胜玉出席。

5月19日　青海省西宁市党政代表团到区进行友好访问。

5月25日　民盟红桥区第四次代表大会召开，大会选举沈奎林为民盟区委第四届委员会主委。

5月29日　新扩建大胡同商业中心首期一、二、三区市场举行开业典礼。

6月22日　由区委、区政府主办的"红桥区纪念建党80周年美术书法作品展"在区政府礼堂开幕，展览汇集并展出各界人士创作的书法、绘画作品近200余件。

6月27日　市长李盛霖、副市长夏宝龙及市商委、商工委领导到万隆大胡同视察。

7月25日　区委、区政府领导慰问在“严打”整治斗争中侦破“11·5”特大绑架杀人案的干警。

8月6日　重庆市北碚区城市规划和城市建设学习考察团到区座谈并考察城市建设。

8月16日　中国国民党革命委员会天津市红桥区委员会第三次代表大会召开。

9月8日　大胡同街凯达通市场开业。

9月21日　市长李盛霖带领市政府办公厅、市铁路分局负责人检查西站广场治理情况。

9月22日　红桥区体育运动委员会承办的“奥赛罗棋杯”家庭趣味运动会暨红桥区第五届家庭趣味运动会在跃进里小学举行。

9月28日　市委书记张立昌、市长李盛霖等到北洋园慰问北运河防洪工程参战人员。

是日　红桥医院急救中心投入使用，中心占地1798平方米，建筑面积6000平方米，主体为6层建筑，为天津市西北城区最大的急救中心。

10月10日　红桥信息科技园举行揭牌仪式。

10月12日　在各街道建立劳动和社会保障服务中心。

10月21日　在中央电视台主办的第一届全国戏迷票友大赛上，区内年仅4岁的刘小源小朋友夺得金奖和组委会特别奖。

10月26日　中共红桥区委员会第七届第十次全体会议在区委礼堂召开，通过《加强和改进作风建设的意见》。

10月29日　香港康复考察团到区考察精神病防治康复情况，中残联康复部主任薄少业、市残联理事长刘洪陪同考察。

10月30日　万隆大胡同商贸城建筑工地挖出150余枚炮弹、50余个火铳和两门火炮。

11月18日　市委书记张立昌陪同中央组织部视察团到北洋园视察北运河改造工程。

11月26日　区暂住人口计算机管理系统正式启动使用。

12月2日　区房地产交易大厦竣工投入使用。大厦坐落于西青道新春街2号，建筑面积7743平方米。

12月8日　团市委、市民委、市教委联合命名区文昌宫回民小学“马本斋中队”。

12月18日　宏翔电梯有限责任公司成立，为区集体企业中第一家改制有限责任公司。

12月20日　区工商联第九次会员代表大会召开。

12月28日　民族医院与天津市医科大学总医院举行签约挂牌仪式，成立全市首家协作医院。

2002年

1月8日　市委书记张立昌到大胡同商业中心调研经营和建设情况。

1月25日　区第六批商业小企业拍卖会举行。推出20家商业网点，经竞买者激烈竞价，有5家商业小网点竞买成功，成交金额116万余元。

1月26日　区戒酒康复中心成立。为国内第一家戒酒康复中心。

1月28日　《红桥区志》首发式暨修志先进集体、先进个人表彰会召开，市地方志办公室领导和区领导出席。

2月26日　红旗饭庄完成产权制度改革，成立红旗饭庄有限责任公司，为区内第一家成功改制的国有商业企业。

3月5日　市委教卫工委、共青团市委、市教委、市少工委、红桥区委、区政府在雷锋小学联合召开天津市青少年“让雷锋精神发扬光大”誓师大会。市委教卫工委书记邢元敏和区委书记王世新为“千万个雷锋在成长”塑像揭幕。

3月6日　在天津市2002年个体私营经济工作会议上，红桥区获2001年度个体私营经济工作优秀区县一等奖，5家私营企业被评为百强企业。

3月9日　天津运河桃花文化旅游节暨运河首游活动在桃花园举行。

3月15日　金钟桥大街拓宽改造工程开工。

3月16日　重庆市南岸区党政代表团到区参观访问。参观走访民政局、社会生活最低保障中心、华云自动化成套设备有限公司和仁爱花园。

4月5日　纪念安幸生烈士诞辰100周年大会在天津三中召开。

4月9日　世界商业企业排名第三的麦德龙集团公司与区政府签约新建天津红桥麦德龙购物中心。中心为中国北方第一家现付自运式商场，总投资1700万美元。

4月15日　区民营科技企业天津市天商冰源科技发展有限公司研制开发的DSJ20血浆速冻机，通过市科委组织的科技成果鉴定。

4月21日　市“科教进社区”活动启动仪式在邵公庄街道仁爱花园举行。市委副书记刘峰岩出席。

4月26日　民族医院与北京大学神经科学研究所合作建立的“北京大学神经科学研究所民族医院临床戒毒基地”正式成立并开诊。

5月10日　区第七批商业小网点拍卖会举行，推出18家网点进行公开拍卖，成交11家，成交总面积1340.7平方米，拍卖成交金额298.2万元。

5月17日　文化部办公厅、国家文物局负责人到区对天津义和团纪念馆（吕祖堂）进行考察。

5月28日　文昌宫回民小学“以英雄的名义”庆“六一”主题大队会召开。抗日英雄马本斋之子、海军某部少将马国超向少先队员捐赠介绍马本斋事迹的《民族英雄》一书。

6月1日　区少年宫围棋教练吴健生获全国围棋育苗“十佳围棋园丁”称号。

6月6日　区科技工业园工程暨招商签字仪式举行，区领导及相关单位负责人出席签字仪式。

6月12日　“数字化红桥”启动仪式举行。

6月18日　区内规模最大的三条石街御河湾“星光老年服务中心”开业。

6月19日　司法部部长张福森、副部长胡泽君及有关负责人到区进行专题考察调研。

6月26日　区首届人民满意公务员表彰大会举行。

6月27日　耳朵眼炸糕餐饮有限责任公司正式组建成立。

7月9日　区政府与著名民营企业红星家具集团签订协议，在西站地区投资1.4亿元人民币，建设6万平方米的天津红星美凯龙国际建材家具广场。

8月6日　调整大胡同街道与芥园街道行政区划，成立大胡同商贸区管理委员会办公室。

8月22日　中共红桥区委七届十五次全委会议召开，决定第八次代表大会于2002年11月召开。

9月2日　市首届“名校长、名教师、名班主任”评选活动揭晓，区内8名校长、37名教师、8名班主任获相应称号。

9月5日　红星中学与澳大利亚悉尼叶坪男校举行签字仪式，缔结为兄弟友好学校。

是日　区青联第四届委员会第一次全体会议召开，选举产生新一届领导班子。

9月8—13日　在全国第三届特奥会上，区8名智障儿童获金牌10枚、银牌10枚、铜牌6枚，奖牌数占天津代表队奖牌总数的1/3。

9月10日　北京市政府秘书长黄承祥一行到大胡同集团参观考察。

9月26日　区第八批商业网点拍卖会举行。拍卖成交面积366.3平方米，成交额142.6万元。

9月28日　区政府主办下岗失业人员免费招聘活动。有41家企业进场招聘，提供就业岗位486个，下岗和失业人员1860人进场院求职，253人现场达成意向。

10月12日　参加全国高中发展建设工作经验交流会的各省市代表到天津三中参观示范校建设情况。

10月18日　红桥科技工业园举行奠基仪式。

10月26日　天津三中举行建校100周年庆典活动，为马千里塑像揭幕。市委书记张立昌为学校题词，市长李盛霖、市委原副书记刘峰岩为学校题写贺词。市、区领导同志、东盟十国大使夫人，海内外友人以及校友代表参加庆典活动。

10月28日　红桥区估衣街改造工程全面竣工，常务副市长夏宝龙出席竣工仪式。

是日　由理想实业公司投资近亿元兴建的华北地区最大的娱乐场所——天津大舞台开业。

11月4—6日　中共红桥区第八次党代表大会在区委礼堂召开。选举王世新为区委书记。

11月12日　区第九批商业网点拍卖会举行。拍卖出售12家小企业网点，拍卖总面积3117平方米。有10家小企业网点在拍卖会上成交，成交总面积1034平方米，拍卖成交额180万元。

11月22日　中共红桥区委八届二次全体会议召开，贯彻落实党的十六大会议精神。

11月29日　区企业改革成果汇报会召开。红旗饭庄有限责任公司等完成改制的9家企业揭牌，成立红桥区商业企业协会和工业企业协会。

12月6—9日　政协红桥区第十一届委员会第一次会议召开。选举魏志祥为政协主席。

12月7—11日　区第十四届人民代表大会第一次会议召开，选举赵金樑为区人大常委会主任、王怀仁为区长。

12月13日　市委书记张立昌到芥园街道听取关于解决困难群众生活问题的情况汇报，检查指导工作并参加捐款活动。

12月19日　锦江麦德龙现购自运有限公司天津红桥商场开业。

12月23日　区中共十六大精神宣讲团成立暨首场报告会召开。

2003年

2月18日　红旗制冷设备有限责任公司正式挂牌成立。

2月22日　由香港新世界集团投资建设的裕翔文体商城开业。

3月3日　天津市少先队员纪念毛主席题词“向雷锋同志学习”发表40周年大会在红桥区雷锋小学举行。

3月4日　公安红桥分局南头窑派出所民警王书臣获“红桥区新时期学雷锋标兵”称号。

3月6日　区妇女法律援助中心举行揭牌仪式，启动维护妇女儿童合法权益周活动。

3月28日　区政府与天津泰达集团签订运河文化商贸区开发协议。

4月9日　区举行第10批商业小网点拍卖，推出12家企业网点，总面积2728平方米，涉及百货、副食、糖果、糕点、饮食、修配等行业。

4月12日　区政协与《今晚报》副刊共同举办“风水宝地三岔河口征文”活动。

4月19日　国家文物局局长单霁翔一行到区，就天津义和团纪念馆改扩建工程调研，提出建设性意见。

4月23日　区全部医疗单位在市内率先建立防治非典型肺炎（下简称“非典”）发热门诊。

4月29日　区成立“非典”（传染性非典型肺炎）防治工作指挥中心。

5月19日　由民族医院15名医护人员组成医疗队奔赴抗击“非典”第一线——市武警医院，承担“非典”患者救治工作。

是日　区委、区政府发出《关于命名表彰第五批专业技术拔尖人才的决定》，命名天津三中特级教师王璐等22人为“红桥区第五批专业技术拔尖人才”并予以表彰。

5月20日　区医学观察所建成并投入使用，首批进入观察所的医护人员在启动仪式上宣誓。

5月26日　区商业联合会成立大会召开。选举产生首届会长、副会长、常务理事等。

5月30日　区国防动员委员会调整组成人员。区委书记王世新任第一主任、区长王怀仁任主任。

7月5日　海河西路红桥区段拓宽动迁工程结束。拆迁范围东起金钢桥、西至金华桥，150户居民和18个公建单位房屋全部搬迁完结，涉及拆迁面积1.05万平方米。

7月11日　区委召开八届四次全体会议，会议确定区经济新的发展布局。

7月24日　区新闻中心成立。

8月4日　公安红桥分局张德海作为全国公安战线代表，参加全国抗击“非典”斗争英雄模范事迹报告团并在天津大礼堂作报告。

8月8日　区政府与美国新能基股份有限公司正式签订协议，新能基公司投资1.8亿美元，在区内建设全市规模最大的高科技现代化工业园区。

8月11日　区举办首届社区文化艺术节开幕式暨天津人民广播电台系列消夏晚会红桥专场文艺演出。

8月15日　天津市首届老年文化艺术节开幕式暨老年美术书法大展在估衣街谦祥益举行。是年9月28日闭幕。

8月21日　中共红桥区委召开八届五次会议，审议通过《中共天津市红桥区代表大会代表实行常任制试行意见》《红桥区实行党代表常任制实施方案》，正式启动党代表常任制。

9月5日　区委召开街道社区党建工作会议，命名仁爱花园等14个社区党（总）支部为首批“红旗社区党组织”。

9月14日　区光荣道教师公寓举行竣工典礼。

9月18日　红桥区与黑龙江省伊春市缔结友好城市。

9月19—21日　由区政府与市房管局、天津日报报业集团共同主办的“服务拆迁居民关爱特困群众”二手房交易会举行。

9月27日　百货大楼家居购物中心开业。建筑面积4万平方米，配有2万平方米空中停车场。

是日　大胡同地区标志性商务建筑——天弈新夏暨天鸿大厦建成开业。

10月8日　在全国第六届残疾人运动会上，区内选手丛蕊在游泳比赛中获金牌3枚、铜牌1枚，其中50米蛙泳破世界纪录，100米蛙泳、400米自由泳破全国纪录；薛雪在游泳比赛中获铜牌2枚。

10月20日　市长戴相龙、副市长陈质枫及市有关部门负责人到区运河经济文化商贸区视察。

10月30日　小伙巷地区首期拆迁正式启动，拆迁范围东至北门外大街、西至大丰路、南至北马路、北至南运河南路，占地41.5万平方米，涉及1.1万户。

10月31日　区科学技术协会第三次代表大会召开。

11月20日　泰国卫生部考察团一行13人到新村医院和中医医院就精神疾病的社区防治进行参观学习。

11月25日　红桥区总工会困难职工帮扶中心成立，市总工会主席散襄军为帮扶中心揭牌。

12月1日　最高人民检察院副检察长胡克惠一行到区就人民监督试点工作进行调研。

12月17日　红桥区糖果糕点公司完成整体改制，组建天津市正鑫商贸有限公司，撤销中共红桥区糖果糕点公司委员会及纪律检查委员会。

2004年

3月2日　区妇女发展研究会成立。

3月3日　区妇女法律志愿者服务中心成立。

3月19日　西青道快速路工程动迁。动迁范围东起西站前街，西至西横堤，南北分别至道路规划线，拆迁路段长3.4千米，拆迁房屋建筑面积19.72万平方米，涉及1152户居民及101家公建单位。

3月29日　红桥区召开重点税源工作座谈会。驻区企业化工研究院等12家单位负责人参加会议。

5月21日　市内六区统战部长联席会议在区召开。市政协副主席、市委统战部部长叶厚荣出席会议并讲话。

5月30日　区人大丁字沽街道工作委员会成立暨揭牌仪式举行，市人大常委会副主任左明及区领导到会祝贺。

是月　区政协与泰达集团联手举办运河经济文化商贸区论坛，市内50余位专家学者应邀参加论证。

7月23日　中共红桥区八届七次全体扩大会议召开。总结区委上半年工作，研究部署下半年工作，通过《中共红桥区委八届七次全体扩大会议决议》。

8月17日　市委书记张立昌到区仁爱花园社区视察，调研社区党建和精神文明建设工作。

8月25日　红桥有线电视中心整建制转入天津广播电视电影集团，更名为天津广播电视网络有限公司红桥分公司。

9月2日　区委与北方网共同组建的“红桥在线”频道合作签约仪式举行。是年9月28日，北方网“红桥在线”频道开通。

9月25日　区选送的老年舞蹈节目《老朋友》在全国第十三届“群星奖”评选中获最高奖金奖。

10月10日　海河开发第一个节点——运河经济文化商贸区项目（泰达城）正式起动，规划总建筑面积150余万平方米，总投资70亿元。其中，住宅110万平方米，公建40万平方米。

11月3—4日　大连西岗区考察团一行17人到区子牙里社区、仁爱花园社区考察党建工作。

12月9日　邵公庄街道获全国文化先进社区称号。

12月20日　大胡同市场完成年交易额86亿元，实现增加值18.92亿元，代征各税1098.4万元，万隆大胡同商业中心市场整体招商率85%以上。

2005年

1月28日　区委在民族中学召开“红桥区保持共产党员先进性教育活动”动员大会。市委督导组成员及区委、区人大、区政府、区政协、区纪检委领导和各单位党政一把手830人参加会议。

1月31日　市长戴相龙带领市委、市政府有关领导一行10人，到区听取保持共产党员先进性教育活动开展情况汇报。

2月2日　在“‘金盾杯’我最喜爱的津城卫士颁奖仪式”上，公安红桥分局南头窑派出所民警王书臣以第二名获此称号。

2月4日　市委书记张立昌到区慰问低保户、困难户、残疾人家庭及环卫局公厕保洁队劳模。

2月16日　总投资6亿元的龙悦·海上国际花园工程首个项目——五星级龙悦大酒店正式开工。

2月19日　市长戴相龙到区检查指导保持共产党员先进性教育活动，为3200余名党员干部讲题为“定信念、办实事、当公仆，努力保持共产党员的先进性”党课。

4月19日　中共红桥区委八届十次全体会议召开。会议通报区第一批保持共产党员先进性教育活动开展情况。

5月27日　红桥区被评为全国第四届民族团结先进集体，受到国务院表彰。

6月3日　市长戴相龙到区指导党员先进性教育工作。

6月17日　区保持共产党员先进性教育活动第一批总结大会在民族中学召开。

7月2日　区第六届“勤政廉政杯”颁奖表彰大会召开。市委副书记邢元敏出席并讲话。

7月5日　红桥区完成创建全国无障碍设施建设示范城区工作。完成无障碍设施建设住宅小区81个、文化设施38个、道路坡道口404个、区属道路盲道4条、高层建筑11座、医院9所、学校36所，商场饭店24家、公厕38个，经市验收全部达标，被评为天津市无障碍设施建设先进区。

7月20日　区第二批“保持共产党员先进性教育活动”正式启动。

7月30日　全区突遭50年来特大暴雨，两个小时降雨113毫米，区大部分平房片受灾。

是月　在2005年全国特奥单项比赛中，区14名残疾人运动员代表天津市参加游泳、滚球比赛，其中游泳获9金4银13铜，滚球获男子组16~21岁团体金牌、个人技术单打金牌、双打铜牌。

8月10日　红桥区被卫生部、民政部、国家中医药管理局评为全国社区卫生服务示范区。

8月22日　区统计局被全国经济普查办公室评为第一次经济普查国家级先进集体。

8月23日　区房屋安全鉴定中心成立。

8月26日　公安红桥分局局长李新建获“任长霞式公安局长”称号。

是月　红桥区社区残疾人工作被中国残联评为“全国社区残疾人工作示范区”。

9月8日　市委书记张立昌到民族中学调研，代表市委向广大教师和教育工作者表示节日的祝贺。

9月24日　民族中学数千名师生、校友和社会各界人士齐聚新建成的天津市民族中学，庆祝建校50周年。

是月　区纪检委创作的小品《鱼藏剑》在市纪检委组织的“海河清波”文艺汇演中获一等奖。

10月14—18日　京津沪穗宁渝6城区第20次区政工作交流会在区召开。

10月19日　区教育局承办的“全国第十四期集体建设理论研讨班开班。

10月28日　邵公庄街道仁爱花园等9个社区被天津市命名为五星级示范社区。

10月31日　区召开第二批“保持共产党员先进性教育活动”总结大会。

11月1日　区文化馆被中央精神文明建设指导委员会评为全国文明单位。

11月11日　邵公庄街道办事处被中国社会工作委员会命名为“全国和谐社区建设示范街道”。

11月18日　配合地铁1号线工程实施的最长旧路丁字沽三号路——辰昌路改造工程竣工。

11月28日　海河综合开发最上游节点——泰达城项目动工建设。

11月30日　天津市基层宣讲活动现场会在区召开，市委副书记刘胜玉、宣传部部长肖怀远出席并讲话。

12月15日　红桥区被评为2003—2004年度全国科技进步先进区。

12月26日　区委八届十二次会议召开。会议通过区委工作报告和区委对“十一五”规划建议。

2006年

2月20—30日　区委组成11个督查组，对全区40个重点部门和单位就近期重点工作开展情况进行督查。

2月20日　区创建国家卫生区动员大会召开，副市长陈质枫出席。24个单位递交《创建国家卫生区目标责任书》。

3月30日　铁道部直属的中国铁路隧道勘测设计院落户红桥区。

是月　天津第一座立体专用停车楼——大胡同停车楼建设基本完成。

4月1日 天津首家区图书馆社区分馆——区图书馆双环邨街道社区分馆在浩达公寓社区正式揭牌开馆。

4月3日　区政府与国家开发银行天津分行正式签订协议，共同搭建红桥区高效便捷的投资平台，用于支持区域内重点企业和重点项目的发展。

4月4—5日　推进全国社区卫生服务示范区建设会议在深圳召开，红桥区被命名为全国社区卫生服务示范区。区创立的社区卫生服务"三级网络、三诊配合、三床循环"无缝式连接模式受到肯定。

4月10日　公安红桥分局看守所被公安部授予"全国标兵看守所、一级看守所"。

4月17日　区政府与河北工业大学正式签订协议，合作建设国家级大学科技园。

4月26日　天津市第一个防灾应急示范社区在红桥区芥园街道隆春里社区揭牌成立。

5月13日　中国伦理学会德育研究会班主任工作研究中心在民族中学召开成立揭牌大会，全国"班主任治班方略"专题论坛开讲。

是日　全国政协"大运河保护与申遗"考察团到区考察北运河、三岔河口等地。全国政协副主席陈奎元、市政协副主席王家瑜一同考察。

5月23日　全国打击非法行医专项行动领导小组组长、卫生部副部长陈啸宏率督查组到区妇幼保健医院、西站医院、红桥医院进行调研指导。

6月4日　京津沪渝四城区第十次纪检监察工作研讨会在区召开。

6月9日　墨西哥卫生部到区参观新村医院。

6月29日　红桥区庆祝中国共产党成立85周年暨总结表彰大会在区委礼堂召开。

是月　红桥区与市纺织控股集团一天元纺织有限公司合作建立都市工业园F区。

7月15日　区政府与河北工业大学、石家庄市高新区联合共建的河北工业大学科技园通过全国专家组的审核验收，被评为国家级大学科技园。

9月6日　红桥区被国家体育总局和教育部命名为首批全国学校体育场馆向社会开放试点区。

9月20日　第二届全国"四进社区"优秀体育健身项目在区西沽街道水木天成社区展演。国家体育总局等10部委领导和12个省市的文明办、体育局及区领导、社区居民800余人观看展演。

9月26日　区践行社会主义荣辱观报告团成立暨首场报告会召开。

10月18日　华北地区最大的清真寺红桥清真大寺建成，市、区各有关部门的领导近千人参加落成庆典仪式。大寺占地5000平方米，总建筑面积7247平方米。

11月16日　团市委在隆春里社区举行以"参与志愿服务，共建和谐天津"社区志愿服务和谐行动为主题的志愿者共建周集体活动。团中央书记处书记贺军科出席。

11月28日　市人大常委会主任刘胜玉率市人大代表到区中医药研究院、清真大寺、龙悦酒店进行视察。

12月5—7日　中共红桥区第九次代表大会在区委礼堂召开。

12月18日　中残联党组书记王新宪和市残联领导到区残疾人穆光复家慰问。

12月20日　中残联副理事长程凯及全国社区康复示范区培育工作会议代表80人到区观摩社区康复工作。

2007年

1月15—18日　政协红桥区第十二届委员会第一次会议在区政府礼堂召开。选举黄禄衡为区政协主席。

1月16—19日　红桥区第十五届人民代表大会第一次会议在区委礼堂召开。选举赵金樑为区人大常委会主任，马广智为区长。

2月4日　红桥文化宫老朋友舞蹈队节目《老朋友》在第十届中国国际友好文化驻华使节新春招待会暨第八届亚洲、大洋洲地区老年学会和老年医学大会开幕式上演出。为全国唯一入选本次演出的老年节目。

2月13日　区加快重点工程拆迁建设推动会召开。副市长陈质枫出席会议并讲话。

2月2日　全国社区商业工作会议代表参观水木天成商业中心。

4月10日　全市首创“法律援助——司法局长接待日”启动仪式在区司法局举行。市司法局领导及部分市、区人大代表、政协委员出席仪式。

4月28日　市委书记张高丽、副市长只升华、市委秘书长苟利军到铃铛阁街道明华里视察社区服务工作。

6月8日　“天津·红桥2007招商项目推介暨签约大会”召开。副市长陈质枫、市政协副主席曹秀荣及区领导出席大会。世界和全国500强在内的近300名海内外企业家和单位参加大会。大会推出19个重点建设和发展项目，正式签约13个项目，协议、意向投资额130余亿元人民币。

6月20日　公安红桥分局警务督察队被公安部记集体一等功一次；警务督察队队长鲁桂福被评为全国督察系统先进个人。

6月30日　“天津市风味小吃节”在南市食品街开幕，区4家餐饮企业60个品种参加天津市风味小吃大赛。8个品种获著名小吃称号，25个品种获知名小吃称号。

7月13—15日　五十一中学承办2007年“利达杯”天津市职工乒乓球比赛。来自全市各系统的40余支代表队，700余名运动员进行500余场比赛。红桥区获女团冠军。

是月　区教育局历时四年承担的英语教学评价实验项目在全国基础教育英语教学评价实验项目第六届年会上获得全国一等奖，并在会上做结题报告，20名教师在全国评价项目年会论文评选中获奖。

9月16日　市委书记张高丽到丁字沽街道桃花园南里社区、邵公庄沧德庄居民区就民心工程进展情况进行调研。

9月28日　天津市意库创意产业园建成并投入运行。园区总占地3万平方米，建筑面积2.5万平方米，总投资2000万元人民币。

10月29日　玻利维亚共和国卫生和体育部部长尼拉、埃雷迪亚女士率团到区考察社区卫生服务工作。

11月1日　区代表天津市承担的社区卫生服务诊断课题研究成果成为全国社区卫生诊断示范样板。

11月9日　中国社会科学院历史研究所副所长、郭沫若纪念馆馆长郭平英（郭沫若之女），到区实验小学为郭沫若曾题写并重新集字制作的新标牌揭牌，受聘担任名誉校长。

11月16日　中医医院“中医诊治精神疾病专科”，被国家中医药管理局确定为中医药发展“十一五”期间的重点专科建设项目。

11月19日　全国第十六届班集体建设年会在昆明召开，区两名校长获得“好校长”称号，两名班主任获“优秀班主任”称号。

是月　西于庄街道永光楼社区王俊荣家庭被中华全国妇女联合会、全国“五好文明”家庭创建活动小组评委第六届全国“五好文明”家庭。

12月13日　红桥区获“全国科普示范城区”称号。

12月29日　区委召开九届七次全体扩大会议，学习贯彻党的十七大和中央经济工作会议精神。

12月31日　中共中央总书记胡锦涛在市委书记张高丽陪同下，走访慰问红桥区西纵快速路拆迁户高会来一家。

是月　西于庄街道办事处获全国双拥工作领导小组命名的“爱国拥军模范单位”称号。

2008年

1月7日　由市规划局、区政府共同主办的西站地区规划方案国际征集工作正式启动。

1月30日　市人大常委会主任刘胜玉到区走访慰问困难职工。

2月13日　在红桥区悦春里二期定向安置经济适用房建设现场举行开工仪式。市建委、市规划局、市国土房管局、市海河办和红桥区委、区政府等单位的有关领导参加开工仪式。

2月18日　区政府举行天津大胡同集团有限公司股权转让新闻发布会，面向全球挂牌转让大胡同集团有限公司100%股权。是年3月29日，大胡同集团股权挂牌转让经过公开竞价，以1.45亿元成功转让。

3月21日　中铁隧道勘测设计院有限公司在区举行企业迁址暨建院30周年庆典仪式，正式落户红桥区。

3月24日　市委书记张高丽到区双环邨街道视察安居房建设情况。

3月28日　区泰达城、中药饮片厂、南头窑地块的交接、开工仪式举行。

4月6日　全国政协原主席李瑞环在市委书记张高丽陪同下，到双环新家园还迁房拆迁现场考察调研。

4月9日　红桥区十五届人民代表大会第四次会议在区委礼堂召开。

4月11日　由区政府主办，意库创意产业园和广告人传播机购承办的“意库·08”天津创意产业高峰论坛在天津意库创意产业园召开。

5月22日　红桥区《生态区建设规划》专家论证会召开。

7月5日　2008年“正本杯”天津市职工乒乓球比赛开幕式在区举行。

8月2日　红桥区圆满完成第29届北京奥运会火炬接力红桥段传递任务。

9月15日　市政协主席邢元敏等到西于庄街道办事处和区政府，就全区社会稳定工作进行调研。

9月21日　红桥职工大学举行建校50周年庆祝活动。

10月3日　市政协主席邢元敏到区清真大寺调研，向全市回族、维吾尔族等少数民族群众表示节日祝贺。市政协副主席刘长喜和市有关部门负责人参加。

10月8日　天津市规划局红桥区规划分局举行成立暨揭牌仪式，区委、区政府领导参加。

12月2日　被列入天津市100个现代服务业重点项目之一、由上海陆家嘴公司投资开发的小伙巷商贸中心项目天津虹桥国际社区一期工程陆家嘴河滨公寓举行开工仪式，副市长熊建平等领导出席。

2009年

1月20日　市人大常委会主任刘胜玉到区慰问退休劳模李希元。

2月4日　天津市20项重大交通项目建设推动会、京沪高铁天津西站开工动员大会、怡和新城定向安置经济适用房项目开工仪式举行。

2月26日　区青年联合会第六届委员会第一次全体会议召开。

3月22日　红桥区深入学习实践科学发展观活动动员大会在区委礼堂召开。

3月27日　区2009招商系列活动房地产项目招商推介会召开，来自海内外50余家房地产投资企业参加推介会，会上推出24个房地产项目，规划可用地面积320万平方米，规划建筑面积1157万平方米。

4月8日　红桥区创建中医药特色社区卫生服务示范区复核汇报会召开。

4月15日　天津·红桥2009系列招商活动之一的经济合作发展座谈会召开。

5月13日　市委书记张高丽视察丁字沽街道六段社区旧楼区提级改造工程和西站改造项目施工的情况。

6月4日　天津市关心群众生活增加群众收入座谈会在区召开，市委书记张高丽主持并讲话。

是日　中国人才研究会妇女人才专业委员会组织开展“走进环渤海经济圈，推动科学发展”主题考察活动。部分委员到区就重点项目推介、重点地块招商等进行考察交流。

6月29日　2009年全国中职美容美发项目技能大赛开幕式在区红星职专举行。

7月12日　估衣街举行开街庆典活动。副市长任学锋出席。

7月14日　在津全国政协委员到区视察工作。

9月22日　红桥区庆祝中国人民政治协商会议成立60周年大会召开。

9月28日　天津创意街正式开街。为红桥区2009年重点打造的本市10条特色街之一，位于红桥区湘潭道，西起红旗北路，东临天津西站，全长544米，建筑面积约1.2万平方米。

是月　国务院授予红桥区全国民族团结进步模范集体荣誉称号。

10月27日　印尼客商一行到区参观意库创意产业园并考察区重点项目。

10月28日　天津西站城市副中心发展论坛举行。市领导及特邀嘉宾79人参加。

11月1日　坐落在芥园清真寺旁的天津市穆斯林养老院举行开业庆典。

是日　天津警备区司令员王小京到区就征兵体检工作督导检查。

11月6日　红桥区芥园清真寺举行落成典礼。

11月25日　中国中小企业总部天津宝能创业中心建设开工奠基。

12月3日　市委书记张高丽到西站交通枢纽建设工地视察。

12月25日　天津陆家嘴广场项目开工仪式举行，副市长熊建平出席。

2010年

1月7日　人民日报社社长张研农、总编辑吴恒权带领《人民日报》“2010年度工作会议”110余人，考察铁路天津西站交通枢纽工程。市委书记张高丽陪同。

1月11日　红桥区获2009年度国家科学技术奖。

1月17日　区政府领导参加在北京人民大会堂湖北厅举行的黄河三角洲生态经济区开发建设恳谈会暨天津(红桥)——山东省(庆云)红云高新技术产业园揭牌仪式并讲话。

1月24日　中共中央政治局常委李长春视察意库创意产业园。市委书记张高丽陪同。

2月1—3日　政协红桥区第十二届委员会第四次会议召开。

2月2—4日　区第十五届人民代表大会第六次会议召开。

3月3日　红桥区深入学习实践科学发展观活动总结大会在民族中学礼堂召开。

3月26日　中央人民广播电台台长王求一行到区视察。市委宣传部部长肖怀远陪同。

3月27日　北京市委书记刘淇视察铁路天津西站交通枢纽工程。市委书记张高丽陪同。

3月30日　中共中央宣传部原部长丁关根视察铁路天津西站交通枢纽工程。市委书记张高丽陪同。

4月16日　全国政协原主席李瑞环视察铁路天津西站交通枢纽工程。

5月6日　吉林省党政代表团一行52人，考察铁路天津西站交通枢纽工程。市委书记张高丽陪同。

5月14日　国务院总理温家宝一行视察铁路天津西站交通枢纽工程。市委书记张高丽陪同。

5月20日　全国人大常委会副委员长王兆国一行视察铁路天津西站交通枢纽工程。市委书记张高丽、市人大常委会主任刘胜玉陪同。

5月29日　全国政协主席贾庆林考察铁路天津西站交通枢纽工程。市四大机关主要领导陪同。

5月31日　市委书记张高丽到区中心小学慰问外来务工人员子女。

6月6日　中组部部长李源潮考察铁路天津西站交通枢纽工程。市委书记张高丽陪同。

6月12日　总政治部主任李继耐率领解放军总政治部学习中心组一行30人考察铁路天津西站交通枢纽工程。市委书记张高丽陪同。

6月26日　全国技能大赛红星职专分赛区开幕式在该校举行。

7月12日　历时9个月的政府机构改革工作完成。工作部门由改革前的29个精简为26个，部门管理机构由改革前的3个精简为1个，清理规划机构1个，精简编制13名。正处级领导职数由40名减少为37名，副处级领导职数由86名减少为81名。

7月14日　中共中央政法委副书记王乐泉一行视察铁路天津西站交通枢纽工程。市委书记张高丽等陪同。

7月19日　中共福建省委书记孙春兰等福建省党政代表团一行80余人视察铁路天津西站交通枢纽工程。市委书记张高丽等陪同。

8月4日　中共山西省委书记袁纯清一行视察铁路天津西站交通枢纽工程。市委书记张高丽等陪同。

8月8日　国务院原副总理吴仪一行视察铁路天津西站交通枢纽工程。市委书记张高丽陪同。

8月10日　市委书记张高丽察看区环卫基础设施建设情况。

8月25日　梁崎、龚望纪念馆开馆，市政协原副主席曹秀荣和区四大机关领导出席。

8月30日　中共青海省委书记强卫、省长骆惠宁一行视察铁路天津西站交通枢纽工程，市委书记张高丽，市政协主席邢元敏陪同。

9月3日　红桥区与河北省雄县签约共建科技产业园。

9月4日　国防大学副校长任海泉中将率武警军师职领导干部培训班一行59人，到区考察铁路天津西站交通枢纽工程。

9月10日　天津惠灵顿国际学校举行竣工庆典仪式。英国安德鲁王子即约克公爵为学校揭牌，副市长张俊芳出席并讲话。

9月18日　中共合肥市委书记孙金龙率合肥市党政代表团一行考察铁路天津西站交通枢纽工程。

9月27日　解放军总参谋长陈炳德上将率总参谋部党委学习中心组一行110人视察铁路天津西站交通枢纽建设项目。

11月11日　亿城·红桥广场项目举行奠基仪式。

12月9日　天津（红桥）—山东省德州市（庆云）合作交流推进会暨金鲁红云高新技术产业开发区投资说明会在天津宾馆举行。

12月30日　区委九届十三次会议召开。

红桥区志

第一编

自然环境

红桥区是天津市中心区之一。在世界地图上的地理坐标为北纬39°09′56″，东经117°08′45″，属于世界标准时区的东八区。中国京杭大运河是世界上开凿最早、里程最长、工程最大、跨河最多、文化底蕴最深的运河，被联合国教科文组织批准列入世界文化遗产名录，是唯一兼具南运河、北运河城区运河典型段落的遗产核心区，是世界最典型的扇形水系——海河水系的“九河下梢”“五河尾闾”的辐聚地——海河干流起始之地。地处世界最大的陆地——亚欧大陆和世界最大的海洋——太平洋的交接部位，独特的海陆位置形成世界最典型的东亚季风气候区和世界暖温带、半湿润、大陆性季风气候型。红桥区作为天津城市副中心典范区，是“中蒙俄经济走廊”主要节点，“丝绸之路经济带与21世纪海上丝绸之路”交汇点、亚欧大陆桥最近的东部起点，区委优势独特，是历史文化名区，是天津城市发祥地、天津近代商业发祥地、华北机械铸造工业发祥地、近代教育的发祥地。吕祖堂是全国重点文物保护单位、天津市爱国主义教育基地。区内有中国北方最大的陆路交通运输枢纽之一，现代化的高铁西站与天津站互联互通，与京沪高铁、京津城际高铁、津保高铁、津秦高铁互连互通，与城市地铁、城际高速公路互连互通，与天津滨海国际机场互连互通，已形成“京津冀协同发展”一体化的交通运输网络，为红桥区经济、社会快速发展、再创辉煌奠定了独特的区位优势。

2010年，改造后的南运河两岸
（区委宣传部提供）

2010年，改造后的西沽公园荷花池
（区委宣传部提供）

2010年，南运河爱民桥一景　（区委宣传部提

2010年，西沽地区全貌　（张凡摄

第一章 地质 地貌

红桥区在中国大地构造单元中，属于新华夏构造体系第二沉降带的华北沉降带。区境横跨新华夏构造体系的“冀中坳陷”和“沧县隆起”两个构造单元。这两个构造单元控制着红桥区地层的年代、类型和岩石的性质、分布。根据与国际接轨编制的《中国地质年代表》《天津区域地质志》《天津市基岩地质图》等资料，区境地面以下地层从老到新分布着太古宇、元古宇、古生界、中生界、新生界地层。在地质构造单元中，坐落在新华夏向（东北—西南走向）的“沧县隆起”（古潜山顶部）及“冀中坳陷”（古构造盆地）之上。二者之间以光荣道至白庙一线地下的“天津断裂”为分界；著名的“海河断裂”（北西西—南东东走向）东西横穿红桥区境中部。

第一节 地 层

一 太古宇（距今36亿—32亿年）

根据《国际地层年表》，红桥区地下最古老的、组成“华北古陆”基岩地层为始于古太古界（Ar1）铷（Rb）锶（Sr）法放射性同位素测年距今36.7亿年，终于中太古界（Ar2）铷（Rb）锶（Sr）法放射性同位素测年距今32亿年的“迁西群”角闪斜长片麻变质杂岩。由基性火山岩、中性火山岩及碎屑岩变质而成，是目前所知红桥区及天津市最早的“陆核”和陆地之根。上覆地层为中、新元古界的河流相及海相的沉积岩地层，其间缺失新太古界及古元古界地层，有一间隔16亿年的明显不整合面。

二 中、新元古界（距今18亿—8.5亿年）

发生在古元古代（早元古代）末期的“吕梁运动”经“钾（K）氩（Ar）法放射性同位素测年”为距今19.5亿年，结束了红桥区及天津市所在“华北古陆”历史。“三河—蓟县深断裂带”以此形成“燕区沉降带”，蓟州区府君山以南成为“华北陆表海”。开创“中、新元古界”地球上最早的陆地→海洋→陆地沉积岩形成历史。在蓟州区城关以北的“燕区沉降带”中堆积厚达9197米的以海相沉积为主的沉积岩地层，被称为“蓟县中、上元古界地质剖面”。在蓟州区城关以南红桥区所在的“华北陆表海”中，沉积千余米厚的“中、新元古界”海相及海陆交互地层。

红桥区地下深处的中、新元古界各地层的岩性分别是：长城系（距今18亿—14亿年）常州沟组为砾岩、砂岩、石英岩；串岭沟组为页岩、砂质页岩；团山子组为白云岩、富钾泥岩；大红峪组为石英砂岩、白云岩、夹火山岩；高于庄组为泥晶白云岩、灰岩；蓟县系（距今13.17亿—12.05亿年）杨庄组为红白相间的泥晶白云岩；雾迷山组为燧石条带白云岩、叠层石灰岩；洪水庄组为页岩；铁岭组为叠层石灰岩；青白口系（距今12.8亿—8.5亿年）下马岭组为页岩、粉砂质页岩；长龙山组为砂质页岩、页岩；景儿峪组为泥晶白云岩、灰岩、砂岩、细砾岩。

三 古生界（距今5.43亿—2.57亿年）

发生在距今8.5亿年前“新元代”末期的“蓟县地质构造运动”结束了蓟州区城关以北“燕辽沉降带”及蓟州区城关以南红桥区所在的“华北陆表海”中、新元古代的海洋环境演化过程，使新元古界青白口系景儿峪组地层与其上的古生界寒武系之间大约有3亿年的不连续，呈不整合接触。红桥区的古生代与其以前的中、新元古代相比，无论是从古生物、古地理、沉积相、地壳运动等特点来看，都有很大差异。

（一）寒武系（距今5.43亿年） 分布在红桥区的寒武系地层岩性主要是海洋环境沉积的厚层细粉晶

灰岩、灰质白云岩、厚层鲕粒状灰岩、竹叶状灰岩、黄绿色页岩、紫褐色泥页岩等。

（二）奥陶系（距今4.9亿年） 分布在红桥区的奥陶系只有下奥陶统、中奥陶统，缺失上奥陶统。地层岩性以海洋环境沉积的碳酸盐类岩石为主。具体是灰色厚层状灰岩夹少量砾屑灰岩、薄层黄绿色页岩、含燧石结核灰岩、白云岩、角砾状灰岩、角砾状白云岩等。

（三）石炭系（距今3.3亿年） 广泛分布于地下，地层岩性主要是海陆交互相的页岩夹砂岩、煤层、石灰岩、灰色泥岩、粉砂岩及滨海湖沼相沉积的紫色含铁锰的泥岩、页岩、黄绿色砂岩等。

（四）二叠系（距今2.95亿年） 地下普遍分布于石炭系地层之上。地层岩性主要是陆地环境沉积的砂岩、页岩、煤层、灰色泥岩、粉砂岩夹煤层及近海平原河湖相沉积的灰绿、杏黄、紫红色粉砂质泥岩、页岩夹煤层等。

四　中生界（距今2.5亿年—6500万年）

发生于距今1.3亿年的中生代侏罗纪和白垩纪的“燕山地质构造运动”是“吕梁运动”之后的最强烈的一次地质构造运动。“燕山运动”对地质地貌的影响巨大，一方面使蓟州区城关以北的太古宇、元古宇地层强烈褶皱、隆起成著名的“燕山山脉”及地下花岗岩浆侵入地表形成“盘山”；另一方面使蓟州区城关以南及京津冀广大地区断裂下降并形成新华夏向的“华北沉降带”及其新华夏向的“冀中坳陷”“沧县隆起”“黄骅坳陷”，奠定了华北平原基底构造轮廓。中生代时期，红桥区境“沧县隆起”为山脉，长期遭受风化、剥蚀、搬运作用，其上缺失中生界三叠系、侏罗系、白垩系地层。而红桥区所在的“冀中坳陷”为断陷盆地，沉积了三叠系、侏罗系、白垩系的堆积地层。

三叠系地层岩性主要为红色泥岩、长石砂岩组成的一套内陆干旱盆地湖相沉积的岩系夹石膏层。

侏罗系地层岩性主要是湖相泥岩、细砂岩、泥灰岩、煤层、油页岩；河流相的砾岩、砂岩夹页岩等。

五　新生界（距今6500万年至今）

受喜马拉雅构造运动和新构造运动影响，北部蓟北山地继承性上升，区所在的南部平原地区继承性沉降、堆积形成新生界第三系、第四系未固结松散地层。区所在的沧县隆起与冀中拗陷地区沉积地层有所不同。

（一）第三系（距今6500万—260万年） 包括下第三系和上第三系。红桥区的冀中拗陷区接受沉积，形成下第三系；红桥区的沧县隆起区为侵蚀、剥蚀、搬运环境，缺失下第三系地层。到上第三系时，受新构造运动影响，冀中拗陷与沧县隆起同样整体强烈下沉，同时接受沉积。红桥区地下普遍分布有上第三系。拗陷区内上第三系的地层厚度比隆起区的上第三系地层厚度大。冀中坳陷内的上第三系的地层厚度约1400~2500米；而沧县隆起上的上第三系地层厚度仅为800~1100米左右。下第三系岩性主要是灰绿色泥岩、砂岩、深灰色泥岩夹油页岩等；上第三系岩性主要是棕红色泥岩夹灰绿色砂岩、灰绿色砂岩、泥岩等。

（二）第四系（距今260万年至今） 分为更新统和全新统。更新统地层岩性为“杨柳青组”冲积、湖积亚黏土、亚砂土夹中细砂、粉砂；“佟楼组”冲积、湖积亚粘土、亚砂土夹砾石、中细砂、粉砂夹海相层；“塘沽组”冲积、湖积、冲海积亚黏土、亚砂土夹中细砂、粉细砂夹海相层。全新统地层岩性为“天津组”冲积、冲海积黏土、亚黏土、亚砂土与粉细砂互层、夹海相层。

第二节 地质构造

一 冀中坳陷（天津红桥区段）

位于新华夏构造体系华北沉降带的东北部，由中、新元古界、古生界、中生界、新生界地层组成，是中生代燕山构造运动影响而形成断陷构造盆地。航磁资料解释其结晶基底为太古宇迁西群和中、新元古界地层。

二 沧县隆起（天津红桥区段）

是中生代燕山构造运动影响形成的隆起带。西以天津断裂与冀中坳陷分界；东以沧东断裂与黄骅坳陷为界。沧县隆起主要由中、新元古界和古生界地层组成。中生界地层大多缺失，新生界沉积厚度为800~1100米，缺失下第三系。航磁资料解释其结晶基底为中、新元古界和花岗岩带。

三 海河断裂

根据地矿部航空物理探遥感中心资料确定的一条断裂带。断裂带沿海河下游—葛沽—红桥区—青光一线展布，向西进入河北省境内。此断裂带的走向沿海河干流为北西西向，经天津市红桥区后转为北西向。该断裂带已断开地壳硅铝层太古宇和元古宇的结晶基底，切割深度大于7000米，切断沧县隆起和冀中坳陷。

海河断裂在1976年唐山大地震时有活动表现，沿断裂走向在深井中有水位异常和大于2%的形变电阻异常。沿海河断裂走向在深部为地幔隆起，它可能是受深部影响的一条地壳型断裂。海河断裂生成后，控制着海河干流的形成发育和海河两岸中生代、新生代第三系、第四系的沉积，这表明它是一条长期活动的断裂构造。

四 天津断裂

该断裂带是根据人工地震资料确定的。位于静海镇—杨柳青镇东—红桥区光荣道—河北区白庙—北辰区宜兴埠西一线，往西经静海而进入河北省。此断裂带走向北至北东，倾向北西，断深一般大于7000米，红桥区境的太古宇和元古宇的结晶基底均被断开。此断裂带在重力、航磁资料上均有反应并控制了地层的分布，古生界顶断距为1089米，新生界底断距为304.5米，这表明该断裂带是中生代"燕山构造运动"的产物。

第三节 成陆过程

红桥区陆地的形成与地球上其他地区一样，经历了漫长而复杂的演变过程。

在距今约30亿年前的太古宙晚期，红桥区属于"华北古陆"的一部分，该古陆保持了地球上长达14亿年的陆地环境，是红桥区及天津市最古老的陆地。

到了距今约19.5亿年前的元古宙时期，中国北方发生了强烈的地质构造运动——"吕梁运动"，受其影响，红桥区及京津冀广大地区在中、新元古代时期（距今18亿—8.5亿年），长期处于构造沉降阶段，海水侵入，成为华北古海洋的一部分。经历长达10余亿年的海洋环境，海洋中藻类植物繁盛，海底沉积千余米厚的碳酸盐类的石灰岩、白云岩及硅酸盐类的石英岩、燧石等，形成重要的基岩地质基础。

在距今8亿年时期，发生蓟县运动，受其影响，华北古海洋海水退出，海底隆起变成陆地环境，并保持2亿余年的时期。

到距今约6亿年下古生代寒武纪时期，由于世界洋面上升，红桥区及京津冀地区遭受海侵沦为海洋环境并一直保持到距今4.6亿年的“中奥陶世”时期。海洋中沉积了一套“寒武系”至“中奥陶统”的海相碳酸盐类的石灰岩和白云岩地层。

“中奥陶世”以后，红桥区及天津平原地区一起又大面积整体抬升，海水退出。从此以后，一直到“新生代第四纪中更新世”早期，红桥区境都是陆地环境，未被海水淹没过。

到距今15万年第四纪中更新世后期，由于世界气候变暖，大陆冰盖和高山冰川融化，海平面上升，大量海水涌入渤海，不仅充满渤海盆地形成渤海，而且海水继续西侵，淹没包括红桥区在内的天津平原大部分地区。海水在红桥区停留约13万年左右。

距今约2万年的第四纪上更新世后期，全球气候变冷，进入新的冰期，地球上的水凝聚陆地，大陆冰盖、冰川发育，覆盖了地球高纬度地区及众多山岳，世界洋面下降，渤海干涸，海水退至海面以下 –125米的地方，华北平原与朝鲜半岛连成一片，红桥区与天津平原又变成陆地环境。

到距今1万年第四纪全新世时期，全球气候进入暖期，当时的年平均气温比现在年平均气温高出8℃左右。大陆冰川消融，海面又上升，渤海恢复海洋面貌并漫溢侵入渤海西岸天津平原海拔8米以下的低平原地区，红桥区与天津平原大部分地区又一次沦为海洋环境。

大约从距今5500年起，世界气候又渐渐变冷，世界洋面开始下降，渤海西岸的天津平原地区，自西向东先后海退成陆。红桥区海退还陆的时间，大致4500年左右，海侵时期2500~3000年，从此成为陆地环境，再未被海水淹没过。

第四节 地 貌

红桥区地貌在天津市地貌分区中，属于天津东南部海积冲积平原区，是古代的海退之地，成陆于距今4500年左右，是中国及世界上最年轻的平原地貌之一。红桥区的地貌形态是在地质构造、海洋作用、河流作用及人为作用等多种因素共同影响下形成的。主要特点是地势低平。地面一般海拔5米左右，最高5.34米，最低2.04米。区境子牙河、南运河堤顶较高，子牙河左堤顶高程8~7.7米；右堤顶高程8.5~7.5米；南运河堤顶高程7米，是红桥区的最高的地带。而子牙河、南运河河床又是红桥区陆地最低地带。子牙河河底高程为 –3.1米；南运河河底高程为0.5~0.0米。

红桥区地势西北高、东南低，地面坡度平缓，坡降在1／5000~1／10000。地貌类型主要是低平地、洼地、微高地、河道、人工堤及坑塘等。

第二章 水 文

流经红桥区的河流有：海河、南运河、北运河、子牙河、津河。海河之名始于明朝末年，意为随天津平原海退成陆而产生的河，是世界上唯一以海命名的河流、是创造天津历史的河、是天津人民的母亲河。海河为正名，别称较多，历史上曾有界河、白河、沽河、潞河、逆河等名称。南运河、北运河、子牙河均为海河支流。南运河是著名的京杭大运河重要组成部分，因位于海河干流以南故称南运河。北运河，史称潞河、白河、沽河。子牙河史称西河，上游主要支流由滹沱河与滏阳河组成，均源于山西省，两支流于河北省献县臧家桥汇合后称子牙河，东北流于静海第十一堡村接纳南运河，于第六埠接纳大清河，流经西青区，于西营门乡怡合村流出进入红桥区境，至新红桥附近汇入北运河。“津河”先后流经红桥区、南开区、和平区、河西区，是天津市政府改善城区居民环境质量的集景观、排沥、排涝、排污多功能的一条河。

第一节 河 流

一 海河

流经红桥区境的海河始于南、北运河汇合的三岔河口（引滦入津工程纪念碑），止于红桥区、河北区、南开区三区交界的狮子林桥。虽然河长仅有388米，河底宽30~40米，岸顶高程6.5米，但她是海河扇形水系“扇柄”起始的段落，是天津城市聚落发祥地，对研究海河水系的形成与演变过程、天津城市的兴起与发展过程具有重要的科学价值。

海河是中国七大水系之一，华北地区最大的流域，由南运河、子牙河、大清河、永定河、北运河等5大支流及其300多条支流，从南、西、北三个方向辐聚于天津市红桥区三岔河口，像一把巨型的芭蕉扇一样斜铺在华北大地上，成为世界上最典型的扇形水系，总流域面积26.5万平方千米，全长1050千米（从漳卫南运河支流浊漳河南源计）。海河是全国河流流域平均宽度最宽的一条河流，约为370千米（流域平均宽度＝流域面积／河长），远远大于长江、黄河、珠江、辽河的流域平均宽度。

海河干流是海河扇形水系的扇柄，也是世界上最年轻的河流。距今8000年前，由于世界气候变暖，比现在年均温高出8℃以上，大陆冰盖和高山冰川融化，洋面上升，渤海漫溢西侵，淹没了红桥区所在的天津市中心城区及近郊区绝大部分地区。据天津电报大楼钻孔资料分析，天津市中心区在距今4000—4500年前，海退成陆，结束了被海洋占据3000多年的历史。受北西西向“海河断裂”下沉作用影响，海河干流开始形成。随着渤海西岸岸线的后退东移，海河干流沿“海河断裂”从红桥区三岔河口向滨海新区大沽口方向缓慢东进。距今3400年前延伸至东丽区崔家码头附近入海；距今2200年前，延至津南区西泥沽入海；距今900年前，延至津南区葛沽镇附近入海；距今700年前，延至塘沽入海；距今500年前，至大沽口入渤海。海河干流从诞生至今，经过大约3500—4000年的历史完成发育过程。

海河干流流经的天津海积冲积平原，地势非常低平，海拔多在4米以下，地面坡度为1／5000~1／10000，河行其上，速度缓慢，下切能力极弱，旁蚀作用强，形成左右摇摆的众多河湾，有“九曲回肠”之称。著名的“天津七十二沽”也与海河干流曲流发育有密切关系。海干干流河湾众多，加上渤海潮汐顶托，极大的影响海河干流的夏季泄洪、排沥及航运。为疏通海河干流尾闾不畅，中华人民共和国成立前后，各级政府对海河干流进行“裁弯取直”治理河道工程。大的“裁弯取直”有七次：第一次裁弯：“自挂甲寺起至杨庄止”，长1524米，“清光绪二十七年（1901年）十月动工至光绪二十八年（1902年）八月通航，缩短航道1829米。”第二次裁弯：“自下河圈起至何庄止”，长1829米，“清光绪二十七年（1901年）十月动工至光绪二十八年（1902年）九月通航，缩短航道5181米”。第三次裁弯：“自李家楼起至邢庄止”，长3526米，“清光绪二十九年（1903年）九月动工，光绪三十年（1904年）七月通航，缩短航道7131米”。

海河干流通过七次较大的“裁弯取直”工程，共缩短河道28.22千米。流自红桥区三岔河口南、北运河汇合处起至滨海新区塘沽大沽口，河长74千米。流域面积2066平方千米，河床宽100~300米，水深一般3~5米，泄洪能力为1250立方米／秒。为蓄存海河淡水，防止海水倒灌，1958年在大沽口建海河防潮闸，1985年在津南区东泥沽村附近建海河二道闸，实现“咸淡分家”。从此海河干流实际上变成“河川水库”，成为泄洪、防潮、蓄水、排沥、灌溉、供水、通航、旅游等多功能河道。如今的海河干流河道经过清淤疏浚、架桥、美化绿化，成为一条生态之河、经济之河、文化之河、风景之河、游览之河，一条“美丽天津”的标志之河。

二 南运河

南运河上游由漳河、卫河组成，均发源于太行山南段，二河于河北省馆陶县称钩湾汇合后称“卫运河”，至山东省临清县以北称“南运河”。河长1031千米，总流域面积4.91万平方千米。流经山西、河南、山东、河北、天津五省市，于红桥区三岔河口和北运河相汇注入海河干流。南运河红桥区段原来河道非常弯曲，民国6年（1917年）3月至民国7年（1918年）11月经过三岔口裁弯取直、大王庙改辟河口和西大弯子裁弯取直工程后，成为今日南、北运河汇流海河干流的状况。

红桥区境南运河起自杨庄子横堤，止于三岔河口南、北运河汇合处，长7.3千米，河底宽15~20米，河底高程0.5~0.0米（大沽高程），堤顶高程7米，地面高程5米，流量20立方米／秒，左岸建防水墙400米，固堤6447米；右岸建防水墙275米，固堤5734米。沿河建扬水站4座，闸3座，涵洞1座。

南运河在历史上曾一度辉煌，历代漕运对中国统一、社会经济发展、南北文化交流起了重要作用，功不可没。现红桥区境南运河三元村至三岔河口段成为“津河”的重要供水通道，不仅是市区排水、蓄水河道，更重要的还是中国大运河世界文化遗产的重要组成部分。

三　北运河

源于北京市昌平区居庸关八达岭，流经北京市昌平区、海淀区、顺义区、通州区，河北省香河县，天津市武清区、北辰区、红桥区、河北区，于红桥区三岔河口与南运河汇合注入海河干流。全长120千米，流域面积5300平方千米。沿途至北京市昌平区沙河镇始称“温榆河”，至北京市通州区北关闸始称“北运河”，因位于海河干流以北故名。至天津市北辰区庞庄子纳永定河，至红桥区新红桥附近子牙河汇入。

红桥区境北运河段始于千里堤，止于三岔河口与南运河汇流处，长6千米，河床宽80米，平均水深2米，最大流量100~184立方米／秒。历史上曾是通往北京的一条重要漕运通道，现为世界文化遗产中国大运河的典型河段，“大运河遗产标志碑”就落户于红桥区北运河畔桃花园，标志碑由基座和主体两部分组成，通高3米，重4吨，高大壮观。正面为中国大运河中英文标题、中国大运河流域图、三岔口段流域图。背面为中国大运河遗产标志和中英文介绍文字，白底黑图，白底绿字，格外醒目。大运河遗产碑的设立，是国家层面系统阐述大运河的遗产构成和文化内涵，突出遗产的历史文化价值的重要举措，为人们提供了全面、客观、准确的遗产信息，同时也是大运河申报世界文化遗产的重要工作之一。

四　子牙河

在红桥区境内子牙河长6.25千米，河底宽25~30米，河底高程 –3.15米，左堤长7.7千米，堤顶高程7.7~8米，堤顶宽2~6米；右堤长6.28千米，堤顶高程7.5~8.5米，堤顶宽6~12米，两堤距80~150米，设计流量800立方米／秒。是南水北调长江中线工程向天津市区输水的重要通道，西河泵水枢纽泵站工程位于红桥区现西河泵站西侧，占地12.16万平方米，主要功能是向市区新开河水厂、芥园水厂、凌庄水厂输送南水北调中线一期工程长江流域来水。供水规模225万立方米／日，包括向新开河水厂供水100万立方米／日、芥园水厂供水50万立方米／日、凌庄水厂供水75万立方米／日。现今的子牙河已成为天津1000多万人民的生命河。

五　津河

“津河”改造治理前原各河段到处是垃圾、污水、鼠洞。夏季蚊蝇滋生，臭气熏天，百姓们叫它“龙须沟”，沿河两岸居民苦不堪言。疏浚、清淤、护坡后，由“引滦入津工程纪念碑”“明珠泵站”抽取海河清水经红桥区南运河段三元村泵站供给“津河”，进行水体循环，水质得到明显改善，实现了中心城区河道水清、水满、水流动，两岸栽植垂柳、碧桃、紫薇、樱花、紫荆、黄刺梅、海棠等进行绿化、美化。津河水清、岸绿，受到市民的称赞。

第二节 地下水

一 水文地质区

红桥区水文地质在天津市水文地质分区中，属冲积、海积平原咸水区。新生界地层厚度一般在1000~4000米，沧县隆起上薄，冀中坳陷中厚。其中第四系厚度在650米左右。大致深度200米以上，以河流相沉积物为主，砂层稳定性较差，厚度和粒度变化均较大；200米以下，以湖相沉积物为主，砂层稳定性较好，厚度及粒度变化相对较小。由于成岩程度不同，200米以上的河流相沉积物较疏松，200米以下的湖相沉积物较紧实。

地下水的补给主要是受大气降水渗入，浅层淡水还接受河水的垂向和侧向补给。深层淡水有一定的越流补给，但数量很少，且上部有咸水体的下移问题。

二 地下水类型

红桥区的地下水有两种类型。

（一）松散地层中的孔隙水 主要赋存在新生界第三系、第四系砂层中，砂层是由发源于太行山、燕山各大河流及黄河搬运来的冲积物。由于河流摆动、冲刷、侵蚀、沉积作用，造成复杂的地层结构和水文地质条件。

（二）基岩地层中的岩溶裂隙水 主要是赋存在新生界第四系、第三系松散地层之下的“古生界寒武系、奥陶系碳酸盐类岩溶裂隙含水岩组”和“中、新元古界碳酸盐类岩溶裂隙含水岩组”之中的岩溶裂隙水。

岩溶裂隙发育很不均匀，其中石灰岩质纯，岩溶裂隙发育较好，白云质灰岩和白云岩岩溶裂隙发育较差。奥陶系钻孔揭露溶洞直径一般在0.5米，大的4~11米，富水性强，钻孔自流量一般为200~400吨／时，大的500吨／时。

三 含水组垂直分布规律

红桥区可利用的地下水含水组自上而下有以下垂直分布规律：

第一含水组属第四系全新统地层，层底深度10~25米，岩性为中细砂，砂层厚度8~20米，水量60~100立方米／时，水位1~3米，水化学类型 HCO3–Cl–Na。

第二含水组属上更新统地层，层底深度67~112米，岩性为中粗砂、中细砂、粉细砂，砂层厚度10~50米，水量60~100立方米／时，水位20~70米，水化学类型 HCO3–Ca–Na。

第三含水组属中更新统上部地层，层底深度150~205米，岩性为粉细砂，砂层厚度10~30米，水量40~60立方米／时，水位25~72米，水化学类型 HCO3–Cl–NaHCO3–Na。

第四含水组属中更新统下部地层，层底深度250~254米，岩性为中细砂、粉细砂，砂层厚度10~40米，水量40~80立方米／时，水位30~89米，水化学类型 HCO3–Cl–Na。

第五含水组属第四系下更新统上部地层，层底深度340~390米，岩性为中细砂、粉细砂，砂层厚度10~30米，水量40~50立方米／时，水位30~90米，水化学类型 HCO3 –Na。

第六含水组属第四系下更新统下部地层，层底深度530~650米，岩性为中细砂、粉细砂，砂层厚度20~40米，水量40~80立方米／时，水位30~90米，水化学类型 HCO3 –Na。

第七含水组属第三系地层，层底深度1000~1300米，岩性为粉细砂岩、砂岩，水量60~80立方米／时，水位30米，水化学类型 HCO3–Cl–Na。

第八含水组属古生界寒武系、奥陶系地层，层底深度1200米，岩性为石灰岩、白云质灰岩为岩溶裂隙水，水量60~100立方米／时，水位为自流，水化学类型 Cl–HCO3–Na、SO4 HCO3–Na。

第九含水组属中、新元古界蓟县系、青白口系基岩地层，层底深度1200~3091米，岩性为白云岩，为岩溶裂隙水，水量0.12~1.49立方米／秒，水位为自流，水化学类型 HCO3–Ca–Mg。

第三章 气 候

根据天津市气象局编著《气象志》资料分析，红桥区的气候属于“中国暖温带半湿润季风型气候”。地处地球北半球中纬度地带，受地理纬度和季风的影响，气候四季分明。春季多风，雨水稀少；夏季炎热，降水多；秋季天高，气爽宜人；冬季寒冷，干燥少雪。一年之中盛行风向受季风环流支配，随季节变化发生明显转换。一年之内各季节降水分配不均，相差非常悬殊。白天气温高，光照强，有利于植物光合作用。夜间气温较低，有利于植物养分的积累和储存。土壤表层温度受大气影响明显，年变化较气温剧烈。地中温度的年变化比较稳定，热量由地表向土壤深层传递。多年平均降水量为562.1毫米，比其他沿海城市年降水量少，属于缺水城区，不能满足经济社会发展与人民生活用水的需要。红桥区位于东亚季风气候区，受季风强弱影响不同，降水量的年际变化较大。太阳高度角较大，日照时数较多，全年日照时数有明显的季节变化，一年中以春季日照时数最多。风向受季风环流影响，季节变化较大。

第一节 特 征

一 季风明显

一年之中盛行风向受季风环流支配，随季节变化发生明显转换。冬季，受蒙古—西伯利亚冷高气压控制，盛行西北风，气候表现为寒冷、多风、干燥；夏季，受太平洋副热带暖高气压支配，盛行东南风，气候表现为高温、高湿、降水多；春季、秋季为过渡季节，风向多变，气候也不同。

季风显著不仅表现在盛行风向冬、夏季节变化上，而且还表现在最冷月平均气温比世界同纬度地区最冷月平均气温低，最热月平均气温比世界同纬度地区最热月平均气温高，气温年较差大，降水的季节变化大，年际变化大也是季风深刻影响的结果。

二 四季分明

红桥区地处地球北半球中纬度地带，受地理纬度和季风的影响，气候四季分明。春季多风，雨水稀少；夏季炎热，降水多；秋季天高，气爽宜人；冬季寒冷，干燥少雪。

气象学上用候（5天为一候）平均气温划分四季。一年之中候平均气温小于10℃的时期为冬季；候平均气温大于22℃的时期为夏季；候平均气温介于10℃~22℃之间的时期为春季和秋季。根据天津市气象局气象台多年观测数据统计，红桥区春季始于4月6日，终于5月25日，计50天；夏季始于5月26日，终于9月5日，计103天；秋季始于9月6日，终于10月31日，计56天；冬季始于11月1日，终于4月5日，计156天。

三 降水集中

红桥区属于中国半湿润气候区，1961—1990年平均降水量为559.4毫米，1991—2000年平均降水量为521.9毫米，有气象观测记录以来的多年平均降水量为562.1毫米。一年之内各季节降水分配不均，相差非常悬殊。夏季6、7、8三个月降水量最多，占全年降水量的75%左右，其中7、8两个月的降水量占全年降水量的65%以上；秋季9、10、11三个月降水量占全年降水量的13%左右；冬季12、1、2三个月降水量最少，仅占全年降水量的2%；春季3、4、5三个月降水量较少，占全年降水量的10%左右。

红桥区的降水量不仅高度集中在夏季，而且还多集中在几场暴雨、大暴雨（气象部门将24小时内降雨量达到50毫米或以上的降雨称为暴雨，达到100毫米及以上的降雨称为大暴雨，达到150毫米及以上的降雨称特大暴雨）。红桥区一日最大降水量达158.1毫米（1962年7月25日），一小时最大降水量达92.9毫米（1960年7月6日4时52分—5时52分）。暴雨、大暴雨常因排水不畅，造成沥涝，给交通带来不便，给经济社会造成损失。

四 雨热同期

红桥区境夏季（6—8月）是全年的高温期，各月平均气温分别是：24.2℃、26.4℃、25.6℃。又是夏季风盛行期，来自热带太平洋的东南季风带来强盛的暖湿气流，降水频繁，雨量集中，形成区境高温期与多雨期相伴出现、协调配合的“雨热同期”，非常有利于区内植物的生长和野生动物的繁育。

第二节 气 温

一 年平均气温

红桥区1961—1990年平均气温12.5℃，1991—2000年平均气温13.6℃，多年平均气温12.2℃，最低年值11.0℃，最高年值14.3℃，最大变化幅度3.3℃。

二 四季气温

四季气温变化，1月代表冬季，平均气温-4℃；4月代表春季，平均气温13.2℃；7月代表夏季，平均气温26.4℃；10月代表秋季，平均气温13.6℃。

三 极端气温

极端最高气温39.7℃，出现在1972年7月4日；极端最低气温-22.9℃，出现在1966年2月22日。

四 气温年较差

气温年较差（一年中最热月均温与最冷月均温之差值）30.4℃，比世界同纬度的大陆东西岸地区都大，与我国东部沿海各省、市相比也较大，这说明渤海对红桥区的气候影响不大。

五 气温日较差

气温日较差（一天中最高气温均值与最低气温均值之差）多年平均值9.8℃，一日最大差值22.9℃。气温日较差一年四季变化较大，其中春季（4月）11.5℃，夏季（7月）8℃，秋季（10月）11.1℃，冬季（1月）9.7℃。昼夜日温差大，对植物生长是一个有利条件。白天气温高，光照强，有利于植物光合作用进行。夜间气温较低，有利于植物养分的积累和储存。

六 生长期

生长期（亦称生长季），日平均气温在0℃以上的时期（即春季日平均气温稳定高于0℃开始，至秋季日平均气温稳定低于0℃终止）是植物能够生长的时期。红桥区的生长期始于3月2日，终于12月1日，平均276天。其间≧0℃的积温达4722℃。

七 无霜期

红桥区多年平均无霜期为195天。初霜日始于当年秋末(10月25日),终霜日止于翌年春季(4月13日)。无霜期可以充分满足一般喜温植物的生长需要。

八 冰冻期与降雪期

红桥区的冰冻期(实际结冻日)平均为76天。结冰期最长的是1956年冬至1957年春 103天;最短的是民国23年(1934年)冬至民国24年(1935年)初48天。结冰期一般在12月中旬至翌年2月中旬。降雪期,一般自11月下旬至翌年3月中旬,最早是清光绪十四年(1888年)10月19日,开始降雪;最晚是(民国8年)1919年,到5月1日最后一场雪。年平均降雪日8天左右,个别多雪年可有20个降雪日,但也有无雪年份。

冬季积雪一般从12月中旬到翌年3月上旬,年平均积雪日9~15天,最多年可有36天。连续积雪的现象少见。积雪深度一般在20厘米以下,个别冬季遇到强盛的暖湿气流,降雪量会突然增大几倍。如1979年2月一次全市性降雪过程,积雪深度达29厘米。

第三节 土壤温度

一 地面温度

土壤表层温度受大气影响明显,年变化较气温剧烈。红桥区自11月至翌年1月,地表温度低于气温,其余各月均高于气温。年平均地表温度14℃,比年平均气温(12.2℃)高1.8℃。地面平均温度全年最高是7月,达29.4℃,1月最低,为–4.5℃。7月以后,地面温度逐月降低,12月到翌年2月均在0℃以下。

二 地中温度

地中温度的年变化比较稳定,热量由地表向土壤深层传递,夏半年(4—9月),地温由表层向深层递减;冬半年(10月—3月),地温由地表向深层逐渐增加,5厘米层年平均为13.3℃;10厘米层年平均为13.4℃;20厘米层年平均地温为13.4℃;40厘米层年平均为14℃。上下两层相差不到1℃。

地中温度在一年中最高和最低出现的时间是随深度的增加而推延,5—20厘米层一年中7月最高,分别是28.1℃;27.7℃;26.7℃,1月最低,分别是–3℃;–2.3℃;–1.2℃。40—80厘米地温是8月最高,2月最低。

三 冻土期

红桥区土壤冻结期开始于11月18日,终止于翌年3月9日,冻结期为112天。最大冻结深度69厘米。

第四节 降水与蒸发

一 降水量

红桥区的多年平均降水量为562.1毫米,比我国沿海城市年降水量少,属于缺水城区,不能满足红桥区经济社会发展与人民生活用水的需要。降水少，而且各月降水量相差悬殊。1—12月各月降水量分别是：2.8毫米、5.4毫米、6.4毫米、21.6毫米、32.2毫米、67.7毫米、184.6毫米、161.6毫米、43毫米、23毫米、9.6毫米、3.9毫米。

二 降水保证率

红桥区年降水量大于200毫米的保证率为100%，大于400毫米的保证率为90%，大于600毫米的保证率为37%，大于800毫米的保证率为9%，大于1000毫米的记录少见。

三 降雨日

一日内降雨量达到0.1毫米，即为降雨日。红桥区多年平均降雨日为69天。雨日的季节分配和降水量的季节分配是一致的，各季很不均匀。夏季最多为35天；秋季次之为15天；春季较少，为13天；冬季最少，仅有6天。

四 雨季

雨季一般指日降雨量大于25毫米的连续时间。红桥区的雨季平均开始日期为6月29日，平均结束日期为8月21日，持续时间为54天。雨季的降水量平均可达400毫米以上，占全年降水量的70%以上。

五 降水强度

降水强度指一次降水过程的降水量的大小。红桥区降水强度较大，一小时最大降水量达92.9毫米（出现在1960年7月6日4点52分至5点52分）；一日最大降水量达158.1毫米，占全年降水量的28%（出现在1962年7月25日）；一月最大降水量达416.2毫米，占全年降水量的74%（出现在1977年7月）；连续三日最大降水量达182.7毫米；连续五日最大降水量达154毫米；连续七日最大降水量达147.6毫米。

六 降水年际变化

红桥区位于东亚季风气候区，受季风强弱影响不同，降水量的年际变化较大。“不患寡而患不均”是红桥区降水的一突出特点。最多雨年降水量可达976.2毫米（1977年），最少雨年降水量仅为269.5毫米（1968年）。最多与最少之差为707毫米，最多年降水量是最少年降水量的3.6倍，是造成旱涝灾害的主要原因。

七 蒸发势与干燥度

红桥区年平均蒸发势为1117.1毫米。蒸发势以5月最大，为176.2毫米；12月最小，为27.2毫米。1—12月各月蒸发势（毫米）分别为：29.7、39.5、84.5、124.6、176.2、169.9、136.5、132.2、101.2、69.5、36.1、27.2。

干燥度为年蒸势与年降水量之比，大致可以反映一个地区空气平均干湿状况。经计算，红桥区干燥度平均值为1.9。年内变化以冬春季较大，夏季较小，其中以7、8月份的干燥度最小，为0.7，其余各月均大于2，尤以3月份最大，达12.1，易发生春旱。全区1—12月的干燥度分别为：9.0、6.0、12.1、5.3、5.9、2.7、0.7、0.7、2.5、2.8、3.4、6.8。

第五节 日照与太阳辐射

一 日照

红桥区一年之中按晨光始至昏影终来说，白昼最长时出现在6月22日夏至前后，可达14小时56分钟；白昼最短时出现在12月22日冬至前后，仅为9小时25分钟，二者相差5小时31分之多。全年总计理论可照时数应为4439小时。

红桥区境实际多年平均日照时数为2661.4小时，日照百分率为61%。全年日照时数有明显的季节变化，一年中以春季日照时数最多，5、6月份为全年最高值，月日照时数分别为287.6小时、275.6小时，进入夏季7、8月份，因受雨季云雨天气影响，日照时数相对较少，分别为246.6小时和243.2小时，冬季因昼短夜长，日照时数最少，12月份是全年最小值，仅有180.6小时。

二 太阳辐射

红桥区地处北半球中纬度，太阳高度角较大，日照时数较多，太阳辐射年总量多年平均为4935兆焦耳／平方米（以天津单站实测资料为准）。太阳辐射的年变化主要取决于太阳高度角的变化。红桥区的太阳高度角以夏至日（6月22日）最大，为74°19′；冬至日（12月22日）最小，仅为27°45′，二者相差48°35′。按理论，红桥区的太阳辐射最高值应在6月底、7月初；太阳辐射最低值应在12月底。而实际上却以5月份最强。1—12月各月太阳辐射值（千卡／平方厘米）分别是：6.2、7.5、11.3、12.8、16.0、15.0、12.7、12.2、11.0、8.9、6.1、5.4。

第六节 风

一 风向

红桥区的风向受季风环流影响，季节变化较大。风向随季节变化明显：冬季气压梯度由蒙古—西伯利亚高气压中心，指向太平洋，区境风向以西北风为主导风向；夏季气压梯度由太平洋副热带高气压中心指向亚洲大陆，区境盛行东南风。春、秋季节是冬夏季风转换季节，风向多变，而以西南风为最多风向。

二 风速

红桥区境年平均风速为2.7米／秒。从全年风速变化来看，春季（3—5月）各月平均风速都在3.0米／秒以上，是一年中风速最大的季节，其中4月平均风速达3.7米／秒；夏季（6—8月）和秋季（9—11月）平均风速为2.3米／秒，是一年中风速最小的季节；冬季（12—2月）平均风速为2.7米／秒。1—12月各月平均风速（米／秒），分别是：3.0、3.1、3.4、3.9、3.6、3.1、2.5、2.2、2.5、2.7、2.8、2.8。

第四章 土 壤

红桥区境土壤的形成和演变是多种自然条件相互影响、相互制约综合作用的结果，同时又受人类活动的影响和制约。自然成土壤条件，包括地形、成土母质、气候、水文、生物等；人为因素，主要指整地改土、翻地施肥、灌溉排水、植树造林、种草等。

第一节　土壤的形成条件

一　地形条件

红桥区境地势沿南运河、子牙河、北运河流向，从西南、西、西北方向往三岔河口缓缓倾斜，地面海拔一般5米左右，三条大河堤顶海拔为7~8.5米，是市内六区中地势最高的地区。地势较高的南运河、子牙河、北运河两岸坡地，排水良好，发育了潮土；地势较低的河间平地，坦荡低平，排水不畅，地下水位较浅，土壤有一定程度盐化现象，发育了盐化潮土。

二　气候条件

红桥区属暖温带半湿润季风性气候。夏季气温高、降雨多，雨热同季，土壤中物理化学和生物化学作用强烈，矿物质和有机质都处在迅速分解和转化的过程中，释放大量养分。秋冬季气温低，土壤中生物活动减缓，生物化学作用也随之减弱，使矿物质和有机质处在稳定状态。土壤冻融可以改变土壤胶体特性和土壤结构，保蓄土壤水分和养分。春季气温、地温回升，土壤微生物活动随之加强，有利养分转化，是土壤速效养分的释放时期。红桥区气温年变化和月变化都较大，也大大促进了土壤物理性质的变化，气温的变化加速了土壤的形成，而且使土壤养分总是处在变化之中。

红桥区降水集中，有明显的干季和湿季，有利于土壤中黏粒和化学物质上下移动。6、7、8三个月，降水高度集中，冲刷和淋溶作用强，使土壤表层黏粒随水下移，在心土层积累；碳酸钙和易溶盐分被淋洗和淋溶，并在土壤剖面一定位置淀积，形成钙积层；暴雨形成地表径流冲刷土壤，对土壤表层起着搬运和分选作用，出现了高地粗、低地细、洼地黏的土壤质地分布特点。同时，地表径流也使土壤中的易溶性盐类发生化学迁移和在低洼处聚集，形成潮土、盐化潮土。

三　母质条件

母质是形成土壤的物质基础，红桥区的土壤母质对土壤的形成、发育、类型及理化性质有直接的影响。主要是冲积物，是由南运河、子牙河、北运河及大清河、永定河等从远距离搬运的较细的物质堆积而成。黄河在历史上曾多次从天津及附近注入渤海，对红桥区土壤母质的堆积也起着重要作用。另外，沙尘暴也从高空携带一定的尘土降落堆积在红桥区境，成为红桥区土壤形成的一部分母质。这些土壤母质堆积在红桥区境，土层深厚，质地较细，地势低平，排水不畅，地下水位较高，发育了肥沃的潮土型土壤。

四　水文条件

红桥区地处海河流域下游，素有“九河下梢”之称，是名副其实的海河五大支流汇流之地。河流与地下水不仅对土壤起着侵蚀、冲刷和分选作用，同时也参与成土过程的物理和化学作用。汇聚的河流既有搬运的冲积物母质为土壤发育奠定基础的有利方面；既有搬运土壤中的化学物质，排盐洗盐降低土壤盐分的作用；也有抬高地下水位，造成低洼地区土壤盐分聚集的不利方面。地下水的季节性上下移动，既有使土壤表层黏粒和盐分淋溶下移的作用，也有因地下水的上下移动形成碳酸钙淀积层和潜育层的作用。

五　植被条件

红桥区是天津城市的发祥地，在天津市六个中心市区中海退成陆最早，聚落形成最早，各种经济活动开发最早，人们的生产、生活活动对原始植被开发利用，影响最深刻。原始植被早已开发殆尽，取而代之的是人们种植的农作物植被、园林绿化植被和河岸防护林植被和人工湖水生湿生植被。在流经红桥区境的几条大河堤上河岸防护林植被下，发育了沙壤质潮土；在大河之间平地上园林绿化植被下，发育了轻壤质潮土和盐化潮土；在人工湖水生、湿生植被下，发育了沼泽土。

第二节　土壤类型与分布

土壤随着地势从南、西、北向东南逐渐降低及从南运河、子牙河、北运河大堤堤顶向两岸逐渐降低，土壤质地由沙变黏，土壤盐化程度由轻变重，土壤呈现由沙壤质潮土→轻壤质潮土→盐化潮土有规律的分布。沙壤质潮土主要分布在南运河、子牙河、北运河等三大河流的河堤地区，地面高程一般在5米以上，土壤表层疏松，为沙壤质，心底土层有沙黏相间的夹层。因大堤堤顶与河底高差较大，土壤淋溶条件较好，土壤中含盐少，这种土壤分布地区，适宜栽植不耐盐碱的河岸防护林及观光林木。轻壤质潮土主要分布在南运河、子牙河、北运河两岸200~500米范围的坡地地区，为河流冲积的轻壤质潮土，呈与几条大河平行排列的条带状分布。土壤表层深厚，心底土层有夹黏，群众习称“壤土”“两合土”，土壤含盐量较低。适宜栽植多种园林花卉植物。

盐化潮土主要分布在南运河、子牙河、北运河之间的地势低洼地区，是地表与地下盐分的汇积地区。土壤和地下水含盐量较高，春季土壤有轻度返盐现象。适宜栽植有耐盐性的园林花卉植物。

沼泽土主要分布在南运河、子牙河、北运河的河道底部地带及西沽公园带状湖泊的湖底地带。这里常年储水，有的地方长有水生、湿生植物。在多年淹水并生长水生、湿生植被的条件下，这些地带便发育了具有潜育层和一定腐殖层的沼泽土。沼泽土分布地带，适宜栽植多种具有观赏价值与净化水质功能的水生、湿生植物。

第三节　土壤的利用与保护

红桥区是天津市中心城区中唯一具有“五河汇流”、地势最高、土壤含盐最低的市区。优越的自然地理环境，是建设生态红桥、美丽红桥、宜居红桥、幸福红桥得天独厚的条件。长远规划、经济社会发展，应充分考虑区境的自然环境优势，科学利用大自然赐予的自然环境优势。

红桥区的土壤是境内自然环境的重要组成部分，是珍贵的自然资源。在开发利用土壤资源时，坚持“生态优先、不破坏、不污染”的原则。在园林绿化、美化时，要用夏季蓄存的雨水浇花、浇林木，不用没有处理过的城市污水浇灌林木、花草；在给林木、花卉防治虫害时，尽量不用对土壤有污染的化学农药，多用生物防治虫害的制剂，以保障土壤好、地表水好、地下水好、空气好。

第五章　自然资源

红桥区为北温带季风性气候，光热资源丰富，降水集中，多雨季贮水和风资源充分。地热资源环境条件得天独厚，地热水贮量丰富，可直接用于取暖等生活之用。区内还蕴藏具有开采价值的煤炭资和煤成气资源，是重要的后备能源矿产资源。植物种类众多，虽天然林已被人工园林、河岸林和行道树替代，少量草本和灌木还留有野生品种。野生植物主要分布在河滩及沿岸地区，公园、学校、工厂及居民小区等。动物种群基本面貌虽早已改变，仍可以见到鸟类、鱼类、昆虫及爬行和两栖类野生动物，家养鸟、鱼也较为常见，为城市生活增添了情趣。

第一节　气候资源

一　光能资源

红桥区境太阳能高度角较大，全年晴天日数较多，因此，日照时间长，太阳辐射强，年平均太阳总辐射能为4935北焦耳/平方米，光能资源十分丰富，可以满足多种对太阳能的需求。是开发利用取之不竭的洁净能源，可以广泛用于太阳能发电、采暖、洗浴、温室养花等，既能节约常规能源，又能净化区域环境，提高环境质量和居民生活质量。

二　热量资源

气温0℃可视为土壤冻结与解冻的起始温度。红桥区日均温稳定超过0℃的日期，始于每年3月2日，终于12月1日，全年有276天，大于0℃的积温4722℃，可以为本区栽植多种乔灌草绿色植物提供热量保障；气温5℃是耐寒植物开始生长与停止生长的界限温度。区境日均温稳定超过5℃的日期，始于3月19日，终于11月14日，持续期240天左右，≥5℃的积温4614℃；气温10℃是植物积极生长的界限温度。区境日均温稳定超过10℃的日期始于4月8日前后，终于10月27日前后，持续期204天左右，≥10℃的积温4279℃；气温15℃是一些植物旺盛生长的界限温度。区境日均温稳定超过15℃的日期始于4月28日，终于10月8日，持续期165天，≥15℃的积温3713℃。

三　降水资源

水是生命之源。降水是地表自产水的决定因素，也是地下水重要的补给源。红桥区境年降水量的多寡与季节分配，对水资源的丰歉有决定性的影响。针对区境降水量季节分配不均，高度集中于夏季，多雨年与少雨年降水量更相差悬殊的特点，应采取多种有效措施在多雨年，多雨季多蓄存天然降水。蓄丰补歉就是建设"海绵城区"好办法。

四　风能资源

风能是自然界取之不尽、用之不竭的"新能源"，被称"蓝煤"。风能是根据有效风速划分的，3米/秒以下风基本不能利用，20米/秒以上的风会带来风灾，也不易利用，有效风速是指3~20米/秒的风速。红桥区地处世界典型的东亚季风区，根据天津市气象部门的观测统计，平均风速≥3米/秒年累计为4555小时，有效风能密度61.1瓦/平方米。

第二节　地热资源

一　地热来源

红桥区地热属于天津市区——王兰庄地热田的一部分。地质构造单元为沧县隆起的北段。东有白塘口西断裂，西有天津北断裂，中有海河断裂，为地热田提供热通道。

红桥区所在的天津市区——王兰庄地热田在大地质背景上，处于亚洲板块与太平洋板块的过渡带上，两大板块相对移动，太平洋板块俯冲于亚洲板块之下摩擦断裂产生热能。红桥区地热属于板块构造热传导型热水地热田的重要组成部分。地球内部丰富的热能通过"海河断裂""天津北断裂""白塘口西断裂"等热通道持续不断地输送到地壳上部的热储层。地热热储层分为上下两部分：下部为中、新元古界、下古生界石灰岩、白云岩等基岩地层，储热条件良好；上部为新生界第三系微胶结河湖相地层。顶部为新生界第四系松散沉积物盖层。有了取之不尽、用之不竭地球内部热源；多条畅通无阻的活动断裂带热通道；良好的中、新元古界、古生界、新生界储热地层；深厚的新生界第四系保温地层以及丰富的深层基岩岩溶裂隙地下水、浅层新生界第三系松散地层孔隙地下水等，为红桥区及天津市区地热资源形成提供了得天独厚的水文地质环境条件。

二 地热梯度

通常把从地表向下每深入100米地温升高3.3℃，称为地温梯度，而把每深入100米地温升高3.5℃以上称为地热梯度并用3.5℃/100米等值线圈划地热异常区。红桥区所在的天津市区——王兰庄地热田，地热梯度等值线从边缘的3.5℃/100米至中心8.5℃/100米。若按3.5℃/100米地热梯度等值线圈划，整个红桥区都位于地热田上，若按5℃/100米地热梯度等值线圈划，红桥区境大部分地区在地热田上。

三 地热储量

经地质勘探查明，区境地热有两种地热水资源：一类是位于上部的新生界第三系碎屑岩孔隙热水，为低温——中低温热水，顶板埋深390~420米；另一类是位于下部的中新元古界、下古生界基岩岩溶裂隙热水，为中低温——中温热水，顶板埋深1000米左右。

第三系孔隙热水，热储层埋藏浅，为经济型地热资源，计算地热能资源总量为20.8889×1018焦耳。中新元古界、古生界基岩岩溶裂隙热水，热储层埋藏较深，如计算深度至2000米，其经济型地热能资源量为18.9195×1018焦耳，其中可回收利用的为2.7535×1018焦耳；如计算深度至3000米，其经济型地热能资源量为45.7870×1018焦耳，其中可回收利用的为6.6192×1018焦耳。红桥区境地热分布面积大，地热梯度高，热储含水层埋藏浅，热水储量丰富，便于开采利用。

四 地热水化学类型

地热水化学类型可分为：浅层低温——中低温孔隙热水，埋藏深度在1000米之内，水温30℃~63℃，硬度低，矿化度在1克/升以下，属HCO3-Na或HCO3-C1-Na型淡水，水质好，是理想的天然低温软水水源；深层中低温——中温基岩岩溶裂隙热水，埋深在1000米以下，水温在58℃~96℃之间，水化学类型为C1-HCO3-Na型淡水，矿化度低，水质好，可直接用于区境取暖供热。

五 地热利用

区境地热资源丰富，70年代开发利用地热资源以来，地热水用于工业生产、居民区及宾馆取暖、洗浴、医疗卫生、副食生产等方面，节省常规能源，净化区境环境，产生了可观的经济效益、社会效益和生态效益。

第三节 煤炭资源

根据石油普查钻孔和地震勘探资料，红桥区境及天津平原地下埋藏着丰富的煤炭资源和煤成气资源。煤和煤成气是红桥区的又一重要的后备能源矿产资源。

含煤地层主要是广泛分布于区境下“冀中坳陷”中的中生界侏罗系含煤建造和古生界石炭系、二叠系含煤建造。侏罗系含煤建造，地层厚度340~760米，含煤7~19层，煤层总厚度30米左右。石炭系、二叠系含煤建造，煤系地层埋深在2000~5000米之间，含煤地层厚度一般为115~700米，最厚值912米。含煤1~25层，煤层总厚度3~40.5米，煤种为烟煤。区境的含煤地层中，除了有开采价值的煤炭资源外，还有更高利用价值的“煤成气”资源。

第四节 植物资源

一 人工植物

（一）木本植物 裸子植物：银杏 (Ginkgo biloba Linn)、油松 (Pirsus tabulaeformis)、雪松 (Cedrus deodara)、落叶松 (Larix principis-rupprechtii)、云杉 (Picea meyeri Rehd)、冷杉 (Abies nephrolepis)、侧柏 (Platycladus orientalis)、桧柏 (Jumipenus formosana)、圆柏 (Sabina chenensis)、龙柏 (Jnniperus chenensis)、铺地柏 (Sabina procumbena)、罗汉松 (Podocarpas nacrophllas)、南洋杉 (Araucana cunninghamil sweer)、苏铁（铁树）(Cycas revoluta Thunb)。

被子植物：毛白杨 (Populus tomentosa)、银白杨 (Populus alba)、小叶杨 (Populus simonii)、青杨 (Populus cathayana)、加拿大杨 (Populus canadensis)、新疆杨 (Populus alba L.Var. pyramdalis Bge)、沙兰杨 [Populus curamericana(Dode)]、旱柳 (Salix matsudana Koidz)、垂柳 (Salix babylonica L.)、馒头柳 (Salix umbraculifera Rehd)、龙爪柳 (Salix tortuosa Rehd)、核桃 (Juglans regia)、枫杨（麻柳）(Pterocarya stenoptera)、家榆 (Ulmus pumila)、春榆 (Ulmus japonica)、刺榆 (Hemiptelea davidii)、金叶榆 (Ulmus pumila CV.jinye)、榔榆 (Ulmus paruifolia)、家桑 (Ulmus alba)、小叶桑（鸡桑）(Morus australis)、构树（楮树）(Broussonetia papyrifera)、无花果 (Ficus carica)、橡皮树 (Ficus elastica)、榕树 (Ficus microcapa linn.f)、国槐 (Sohpora chinensis)、金枝槐（黄金槐）(Sohpora japonica CV.Golden Stem)、紫花槐 (Sophora violacea Carr)、香花槐（富贵树）(Robinia pseudoalacia cv.idoho)、龙爪槐 (Sophora perdula Hort)、五叶槐 (Sophora oligophylla Franch)、紫惠槐 (Amorpha fruticosa)、合欢 (Albizia kalkora)、紫荆 (Cercis chinensis)、皂角 (Gledisia Sinensis)、紫藤 (Wisteria sinensis)、藤萝 (Wisteria Villoss Rehd)、洋槐 (Robinia pseudoacacia)、锦鸡儿 (Caragana sinica)、红宝石海棠 (Malus micromalus CV."Ruby")、西府海棠 (Malus micromalus)、珍珠梅 (sorbaria Kirilowii Maxim)、杜梨 (Pyrus betulifolia)、白梨 (Pyrus bretschneideni)、苹果 (Malas pultiflora Mill)、多花蔷薇 (Rosa multiflora)、月季 (Rosa chinensis)、玫瑰 (Rosa rogasa)、黄刺玫 (Rosa xanathina)、棣棠 (kerria japonica)、红叶李 (Pounus cerasitera Ehrh)、杏 (Prunus armenica)、山楂 (Crataegus pinnatifida)、桃 (Prunus persica)、山里红 (Crataegus pinnatifida Var.major)、白碧桃 (Prunus albo-plena)、红碧桃 (Prunus rabra-plena)、榆叶梅 (Prunus triloha)、樱花 (Prunus yedoensis)、牡丹 (Paeonia suffrutieosa)、芍药 (Paeonia lactiflora)、细叶小檗 (Berberis poiretii)、日本小檗 (Berberis thunbergii)、白玉兰 (Magnolia denudata Desr)、紫玉兰（辛夷）(Magnolia liliflora Desr)、含笑花 (Michelia figo)、蜡梅 (Chimonanthus praecox)、太平花 (Philadelphus pekinensis)、山梅花 (Philadelphus incanus)、东北茶藨子 (Ribes manashuricum)、小叶茶藨子 (Ribes palekellum)、海桐 (Pittosporum tpbira)、悬铃木 (Platanaus acerifolia)、花椒 (Zanthoxylum bungeanum Maxim)、金橘 (Fortunella margarita)、香园 (Citras Wilsonii)、柑橘 (Citrus reticulata Blanco)、臭椿 (ailanthus altissima)、香椿 (Toona Roem)、米兰 (Ahlaia odorata)、黄杨 (Buxus sinica)、雀舌黄杨 (Buxus bodinieri levi)、火炬树 (Rhus typhina)、黄栌 (Cotinus coggygria scop)、冬青卫矛（大叶黄杨）(Euonynus japonicus)、白杜（明开夜合）(Euonynus bungeanus)、元宝槭 (Acer truncatam Bge)、色木槭 (Acer mono Maxim)、鸡爪槭（红枫）(Acer palmatum Atropurpureum)、栾树 (Koelreuteria paniculata)、文冠果 (Xanthoceras sorbifolia)、龙爪枣 (Ziziphus jujuba Mill.Var.jujubacr.Tortusa)、枣 (Ziziphus jujuba)、雀梅 (Saheretia)、酸枣 (Ziziphus jujuba Var. spinosa)、葡萄 (Vitis viaifera)、爬山虎 (Parthenocissus tricuspidata Planch)、五叶地锦 (Partheneissus guinguuefolia)、吊灯花 (Hibiscus schizopetalus)、朱瑾 (Hibiscus rosea-sinensis)、锦葵 (Malva Sinensis Cavan)、梧桐 (Firmiama simplex)、茶花 (Camellia japonica)、紫薇（痒痒树）(Lagerstroemia indica)、石榴 (Punica granatum)、千瓣红 (Var.planiflora Hayne Getr)、千瓣白 (Var.multiplex Sweet hort)、倒挂金钟 (Fuchsia hybrida)、柽柳 (Tamarix chinensis)、黄花夹竹桃 (thevetia peruviana)、夹

竹桃 (Nerium indicum)、长春花 (Catharanthus)、小叶白蜡树 (Fraxinus bungeana)、大叶白蜡树 (Fraxinus rhynchophylla Hee)、茸毛白蜡树 (Fraxinus Velutina Torr)、白蜡树 (Fraxinus chinensis)、雪柳 (Fontanesia fortanci)、连翘 (Forsythia saspensa)、迎春花 (Jasminum nudiflorum Lindl)、金钟花 (Forsythie viridissima)、红丁香(Syringa villosa)、毛叶丁香(Syringa pubescens)、白叶丁香(Var.affinis lingdelsh)、北京丁香(Syringa peuinens Rupr)、暴马丁香 (Syringa areficulata var.mandshurice)、桂花 (Osmanthus fragrans)、小叶女贞 (Ligustaum lucidum)、女贞 (Ligustrum guihoui)、水蜡树 (Ligustrum sambas)、茉莉花 (Jasminum sambas)、素馨花 (Jasminum officinale)、柿树 (Diospyros kaki)、黑枣 (Diospyros lotus)、杜鹃 (Rhododendron simsii)、五色梅(马樱丹)(Lanatama camara)、紫珠 (Callicarpa dichotoma)、海州常山 (Clerodendrum trichotomum)、忍冬 (Lonicera iaponica)、蓝果忍冬 (Lonicera caerulea)、刚毛忍冬 (Lonicera nispida)、金银木 (Lonicera maackii)、锦带花 [Weigela florida(Bunge)A.DC]、凌霄 (Campsis grandiflora)、梓树 (Catalpa ovata)、硬骨凌霄 (Tecomaria Capensis Spach)、黄金树 (Catalpa speciosa)、泡桐 (Paulownia tomentosa)、兰考泡桐 (Paulownia elongata)、楸叶泡桐 (Paulownia catalpifolia)、大果泡桐 (Paulownia forfunei)、枸杞 (Lycium chinense)、夜来香 (Cestrum noeturnum)、红端木 (Swida alba Opiz)、棕竹 (Rhapis excelsa)、蒲葵 (Livistona chinensis)、棕榈 (Trachycarpus fortunei)、佛竹 (Bambusa ventricosa)、斑竹 (Phyllostachys bambusoides Sieh)、紫竹 (Phyllostachys nigra)、花竹 (Phyllostachys nidularia)、淡竹 (Phyllostachys glauca)。结香 (Edgeworthia chrysantha)。

(二)草本植物 仙客来 (Cyclamen persicum Mill)、藏报春 (Primula sinensis)、报春花 (Primula malawides)、四季樱草 (Primuca obconica)、豹皮花 (Stapclia pulchella)、橙红茑萝 (Quamoclit coccinea)、槭叶茑萝 (Quamoclit sloteri)、羽叶茑萝 (Quamoclit pennata)、福禄考 (Phiox paniculata)、天蓝绣球 (Phlox paniculata)、一串红 (Salvia splendens)、一串蓝 (Salvia farinacea)、五彩苏 (Colvia scutellariodes)、鼠尾草 (Salvia japonica Thunha)、朱唇 (Salvia coccinea)、薰衣草 (Lavandula angustifolia Mill.)、薄荷 (Merntha haphocalyx)、荷包花 (Calceolaria crenatiflora)、爆竹花 (Russelia equisetiformis)、草本象牙花 (Pentstemon harbatus)、大岩桐 (Sinnigia speciosa)、珊瑚花 (Cyrtanthera carnea)、虾衣草 (Calliaspidia guttata)、栀子 (Gardenia jasminoides)、葫芦 (Lagenaria siceraria)、栝楼 (Trichasanthes Kirilowii Maxim)、苦瓜 (Momordica charantia)、丝瓜 (Luffa cylindrica)、棱角丝瓜 (Luffa acutanguta)、雏菊 (Bellis perennis)、江西蜡 (Callistephus chinensis)、蜡菊 (Helichrysum bracteatum)、毛叶蜡菊 (Helichrysum bellidiodes)、百日菊 (Zinmia elegans)、金光菊 (Rudbeckia laciniata)、向日葵 (Helianthus annus)、菊芋 (Helianthus tuberosus)、金钮扣 (Spilanthes acmenlla)、龙须海棠(波斯菊、格桑花)(Helianthus annus)、剑叶金鸡菊 (Coreopsis lanceolata)、大丽花 (Dahlia pinnata)、黄秋英 (Cosmos sulphureus)、万寿菊 (Tagetes erecta)、秋菊 (Dendranthema morifolium)、瓜叶菊 (Cineraria cruenta)、金盏菊 (Calendula officinalis)、扶郎花 (Gerbera jamesonli)、龟背竹 (Monstera deliciosa)、绿萝 (Epirennum aureum)、广东万年青 (Aglaonema modestum)、绿巨人(Philodendroncv. Imperial green)、马蹄莲(Zantedeschia aethiopica)、魔芋(Amorphopllus rivieri)、吊竹梅 (Zebrina penduca)、紫露草 (Tradescantia chiensis Raf)、紫万年青 (Rhoeo discolor)、天门冬 (Asparagus densiflorus)、文竹 (Asparagus setaceus)、假叶树 (Ruscus aculeata)、蜘蛛抱蛋 (Aspidistra elatior)、玉簪 (Hosta plantanea)、紫萼 (Hosta ventricosa)、万年青 (Rohdea japonica)、虎尾兰 (Sansevieria trifaseiata)、丝兰 (Yucca smalliana)、凤尾兰 (Yucca gloriosa)、吊兰 (Chlorophytum comosum)、金边吊兰 (Var. variegatum Hort)、银边吊兰 [Chlorophytum comosum(Thunb)Baker]、萱草 (Hemerocallis fulva)、吉祥草 (Reinechia carnes)、山麦冬 (Liriopr spiecta)、朱蕉 (Cordyline fruticosa)、郁金香 (Tulipa gesneriana)、卷丹 (Lilium laneifolium)、麝香百合 (Lilium longifloram)、虎眼万年青 (Ornithogalum caudatum)、芦荟 (Aloe rera var.chinensis)、水仙 (Narcissus tazetta var.chinensis)、文殊兰 (Crinum asiaticum var.sinicum)、朱顶红 (Hipppeastrum rutilum)、韭菜莲 (Zephyranthes grandiflora)、君子兰 (Clivia miniata)、晚香玉

(Polianthes tuberosa)、龙舌兰 (Agavc americana)、德国鸢尾 (Iris germanica)、鸢尾 (Iris tectorum)、矮紫苞鸢尾 (Iris ruthenica)、马蔺 (Iris lacteal Var. chinensis)、香雪兰 (Freesia refracta)、唐菖蒲 (Gladiolus gandavenae)、鹤望兰 (Strelitzia reginae)、大花美人蕉 (Canna generalis)、印度美人蕉 (Canna indiea)、蕙兰 (Cymbidium faberi)、春兰 (Cymbidium goeringii)、虎头兰 (Cymbidium grandiflorum)、建兰 (Cymbidium ensifolium)、石斛 (Dendrobium nobile)、蝴蝶兰 (Phalaenopsis aphrodite Rchb. f.)、蜈蚣草 (Nephrolepis auriculata)、竹节蓼 (Homalocladium platycladium)、鸡冠花 (Celosia Cristata)、青葙子花 (Celosia argentea)、繁穗苋 (Amaranthus paniculatus)、尾穗苋 (Amaranthus caudatus)、三色苋 (Amaranthus tricolor)、五色草 (Alternanthera bettzickiana)、火球花 (Gomphrena globosa)、紫茉莉 (Mirabilis jalapa)、叶子花 (Bougainvillea glabra)、露子花 (Mesembryanthemum cordifolium)、日中花 (Mesembryanthemum spectabile)、土人参 (Talinum paniculatum)、五彩石竹 (Dianthus barbatus)、香石竹 (Dianthus caryophyllus)、荷花 (Nelumbo nucifera)、睡莲 (Nymphaca tetrgona)、红睡莲 (Nymphaca alba)、黄睡莲 (Nymphaca mexicana)、大叶飞燕草 (Delphinium grandiflorum)、飞燕草 (Consolida ajacia)、华北耧斗菜 (Aquilegia yabeana)、南天竹 (Nandina domestica)、十大功劳 (Mahonia fortunei)、醉蝶花 (Cleome spinosa)、二月蓝 (Orychophragmus violaceus)、紫罗兰 (Matthiola incana)、伽蓝菜 (Kalanchoe laciniata)、落地生根 (Bryophyllum pinnatum)、荷花掌 (Aeonium arboreum)、翠花掌 (Aeonium spathulatum)、金钱掌 (Sedum sieboldii)、景天(费菜)(Sedum erythrostictum)、石莲花 (Echeveria glauca)、八宝景天 (Echeveria secunda)、黄花酢浆草 (Oxalis pes-caprae)、大花酢浆草 (Oxalia bowiei)、多花酢浆草 (Oxalia martiana)、盾叶天竺葵 (Pelargonium peltatum)、香叶天竺葵 (Pelargonium graveolens)、马蹄纹天竺葵 (Pelargonium zonale)、麝香天竺葵 (Pelargonium domesticum)、天竺葵 (Pelargonium nortorum)、旱金莲 (Tropacolum majus)、变叶木 (Codiaeum variegatum)、霸王鞭 (Euphorbia antiguorum)、虎刺 (Euphorbia milii)、一品红 (Euphorbia pulcherrima)、猩猩草 (Euphorbia heterophylla)、银边翠 (Euphorbia marginata)、凤仙花 (Impatiens belsamina)、玻璃翠 (Impatiens sultanii Hook)、锦葵 (Malva verticillata)、蜀葵 (Althaea rosea)、黄蜀葵 (Abelmoschus manihot)、秋葵 (Abelmoschus esculentus)、金丝桃 (Hypericum chinense)、三色堇 (Viola tricolor)、香堇菜 (Viola odorata)、秋海棠 (Begonia evansiana)、玻璃秋海棠 (Begonia tuberhybrida)、四季海棠 (Begonia semperflorens)、斑叶秋海棠 (Begonia argenteo-guttata)、蟹爪兰 (Schlumbergera trumcata)、昙花 (Epiphyllum oxypetalum)、令箭荷花 (Nopalxochia ackermannii)、三棱箭 (Hylocereus undatus)、鼠尾鞭 (Aporoeacths flagelliformis)、鹿角柱 (Echinocereus pentalophus)、仙人鞭 (Myctocereus Serpentinus Rritt)、仙人球 (Mammillaria Haw)、明日草 (Angelica keiskei)、落葵薯(藤三七)[Anredera cordifolia (Tenore) Steenis]、巴西木 (Dracaena fragrans)、发财树 (Pachira macrocarpa)、鸭脚木(鹅掌柴)[Schefflera octophylla (Lour.) Harms]、常春藤 [Hedera nepalensis var.sinensis(tobl)Rehd]、碧冬茄(矮牵牛)(Petunia hybrida)、白三叶草 (Trifolium repens L.)、红三叶草 (Trifoliumpratense)、绣球菊 (Spiraea salicifolia)、商陆 (Phytolacca acinosa)。

二 野生植物

红桥区的野生植物主要分布在南运河、子牙河、北运河等河流的河滩及沿岸地区，各类公园、学校、工厂及居民小区等地。经调查区境野生植物主要有以下种类。

(一)蕨类植物 问荆 (Equisetum arvense)、节节草 (Equisetum ramosissimum)、四叶萍 (Marsilea quadrifolia)、槐叶萍 (Salvinia natans)、满江红 (Azolla imbricata)。

(二)被子植物 葎草 (Humulus scandens)、墙草 (Parietaria micrantha)、竹节蓼 (Homalocladium platyeladum)、两栖蓼 (Polygonum amphibium)、萹蓄 (Polygonum aviculare)、红蓼 (Polygonum orientale)、丛枝蓼 (Polygonum eaespitosum)、水蓼 (Polygonum hydropiper)、酸模叶蓼 (Polygonum lapathifolium)、柳叶刺蓼 (Polygonum bungeanum)、长戟叶蓼 (Polygonum maackianum)、西伯利亚蓼 (Polygonum sibiricum)、

翼蓼 (Pteroxygonum giraldii)、毛脉酸模 (Rumex gmelinii)、巴天酸模 (Rumex patientia)、皱叶酸模 (Rumex crispus)、齿果酸模 (Rumex dentatus)、丛生酸模 (Rumex marschallianus)、滨藜 (Atriplex patens)、轴藜 (Axyris amaranthoides)、地肤 (Kochia scoparia)、刺穗藜 (Chenopodium aristatum)、灰绿藜 (Chenopodium glaucum)、云藜 (Chenopodium urbicum)、灰菜 (Chenopodium album)、菊叶秀藜 (Commonalty)、反枝苋 (Amaranthus retroflexus)、野苋 (Amaranthus lividus)、绿苋 (Amaranthus viridis)、马齿苋 (Portulaca oleracea)、大花马齿苋 (Portulaca grandiflora HOOK)、拟漆姑草 (Spergularia salina)、沼繁缕 (Stallaria palustris)、鹅肠菜 (Malachiusm aquaticum)、漆姑草 (Sagina iaporica)、王不留行 (Vacceria segetalis)、毛柄水毛茛 (Batrachium bungei)、长叶水毛茛 (Batrachium kauffmanii)、独行菜 (Lepetalum apetalum)、遏蓝菜 (Thlaspi arvense)、荠菜 (Capsella bursa-pastoris)、风花菜 (Rorippa globosa)、离子草 (Chorispora tenella)、葶苈 (Draba nemorosa)、唐芥菜 (Eryimum bungei)、扯根菜 (Penthorusm chineuse)、龙牙菜 (Agrimonia pilosa)、萎陵菜 (Potontilla chinensis)、翻白草 (Potontilla diacolor)、天蓝苜蓿 (Medicago lupulina)、野苜蓿 (Medicago falcata)、草木犀 (Melilotus suaveolens)、毛柄黄耆 (Astragalus capillipes)、野大豆 (Glycine soja)、酢浆草 (Oxalis corniculata)、铁苋菜（海蚌含珠）(Acalypha australis)、地锦草 (Euphorbia humifusa)、乳浆大戟 (Euphorbia esula)、猫眼草 (Euphorbia lunulata)、苘麻 (Abutilon theophrasti)、野西瓜苗 (Hibiscus trionum)、双花黄堇菜 (Viola biflora)、鸡腿堇菜 (Viola acuminata)、球果堇菜 (Viola collina)、斑叶堇菜 (Viola variegata)、紫花地丁 (Viola yedoensis)、早开堇菜 (Viola prionatha)、水苋菜 (Ammannia baccifera)、千屈菜 (Lythrum salicaria)、沼生柳叶菜 (Epiloium palustre)、柳叶菜 (Epiloium hirsutum)、罗布麻 (Apocynum venetum)、萝藦 (Metaplexis iaponica)、地梢瓜 (Cynanchum thesioides)、白首乌 (Cynanchum bungei)、羊角子草 (Cynanchum cathayense)、鹅绒藤 (Cynanchum chinensis)、牛皮消 (Cynanchum auriculutum)、圆叶牵牛 (Pharbitis purpurea)、裂叶牵牛 (Pharbitis hederacea)、喇叭花 (Pharbitis nil)、田旋花 (Convolvus arvensis)、篱打碗花 (Calystegia hederacea)、菟丝子 (Cuscuta chinensis)、金灯藤 (Cuscuta iaponica)、斑种草 (Bothriospermum chinense)、狭苞班斑种草 (Bothriospermum kusnezowii)、附地菜 (Trigonotis peduncularis)、湿地勿忘草 (Myosotis caespitosa)、毛水苏 (Stachys baicalensis)、龙葵 (Solanum nigrum)、青杞 (Solanum septemlobum)、酸浆 (Physalis alkekengi)、曼陀罗 (Datura stramonium)、地黄 (Rehmannia glutinosa)、母草 (Lindernia procumbens)、水苦荬 (Veronica undulata)、狸藻 (Utricalaria vulgaris)、小车前 (Plantago depressa)、大车前 (Plantago major)、车前 (Plantago asiatica)、茜草 (Rubia cordifolia)、猪殃殃 (Galium aparine)、四叶葎 (Galium bungel)、黄花龙芽 (Patrinia scabiosaefolia)、糙叶败浆 (Patrinia scahra)、异叶败浆 (Patrinia heterophylla)、栝楼 (Trichosanthes kirilowii)、合子草 (Aetinostemma lobatam)、赤雹 (Thladiantha dubia)、泽兰 (Eupatorium lindleyanum)、女菀 (Turezaninowia fastigiata)、三褶脉紫菀 (Aster ageratoides)、碱菀 (Tripolium valgare)、旋复花 (Jnula iaponica)、苍耳 (Xanthium sibiricum)、鳢肠 (Eclipta prostrata)、鬼针草 (Bidens bipinnata)、大籽蒿 (Artemisia sieversiana)、猪毛蒿 (Artemisia scoparia)、黄花蒿 (Artemisia annua)、羽叶千里光 (Senecio arganensis)、刺儿菜 (CIrsium setosum)、细叶鸦葱 (Scarzonera albicaulis)、蒲公英 (Taraxacum asiaticum)、苣荬菜 (Sonchus brachyotus)、苦菜 (lxeris chimensis)、泥胡菜 (Hemistepta lyrata)、泽泻 (Alisma plantagv-aquatica)、白萍 (Hydrocharis dubia)、黑藻 (Hydrilla verticillata)、苦草 (Vallisneria asiatica)、早熟禾 (Poa annua)、白顶早熟禾 (Poa acroleaca)、星星草 (Puccinellia tenuiflora)、碱茅 (Puccinellia distans)、画眉草 (Eragrostis pilosa)、芦苇 (Phragmites australis)、牛筋草 (Eleusine indica)、虎尾草 (Chlonis virgata)、狼尾草 (Pennisetum alopecuroides)、狗尾草 (Sefaria viridia)、长芒棒头草 (Polyogon monspeliensis)、看麦娘 (Alopecurus aequalis)、稗 (Echinochloa crusgallii)、长芒稗 (Echinochloa crusgallii Var.caudata)、无芒稗 (Echinochloa crusgallii Var.mitis)、家稗 (Echinochloa crusgallii Var.frumentacea)、马唐 (Digitaris sanguinalis)、荻 (Miscanthus sacchariflorus)、荩草 (Arthraxon hispidus)、藨草 (Scirpus triquetes)、水葱 (Scirpus tabernaemontani)、荆三棱 (Scirpus yagara)、牛

毛毡 (Eleocharis yokoscensis)、针蔺 (Eleocharis valleculosa)、球柱草 (Bulbostylis barbata)、香附子 (Cyperus rotundus)、球穗莎草 (Cyperus glomeratus)、黄颖莎草 (Cyperus microlria)、水莎草 (Juncellus serotinus)、扁杆苔草 (Carex planiculmis)、沼苔草 (Carex limosa)、鸭跖草 (Commelina communia)、火柴头 (Commelina benghalensis)、鸭舌草 (Monochoria vaginalia)、小灯心草 (Juncus bufonius)、细灯心草 (Juncus gracillimus)。

第五节 动物资源

一 鸟类

普通鹰 (Buteo buteo linnaeus)、雀鹰 (Accipiter nisus Linnaeus)、红脚隼 (Falco vespertinus Linnaeus)、猎隼 (Falco cherrug)、燕鸻 (Glareola maldivarum Forstar)、金眶鸻 (Charadrius dubius scopoli)、斑鸠 (Streptopelia orientalis)、鸽子 (Clumba rupestris Pallas)、大杜鹃 (Cuculus cauerus linnaeus)、四声杜鹃 (Cuculus micropterus Gould)、鹰鹃 (Cuculus sparverioides Vigors)、红角鸮 (Otus scops Linnaeus)、雕鸮 (Bubo Bubo Linnaeus)、领角鸮 (Otus bakkamoena Pennant)、北鸺鹠 (Glaucidium passerinum)、长耳鸮 (Asio otus linnaeus)、楼燕 (Apus apus Linnaeus)、戴胜 (Upupa epops Linnaeus)、绿啄木鸟 (Picus canus Gmelin)、斑啄木鸟 (Dendrocopos major Linnaeus)、白背啄木鸟 (Dendrocopos leucotos bechsteiu)、小星头啄木鸟 (Dendrocopos kizaki)、家燕 (Hirundo rustica Linnaeus)、金腰燕 (Hirundo daurica Linnaeus)、白鹡鸰 (Motacilla alba Linnaeus)、黄腹灰鹡鸰 (Motacilla cinerea Tunstall)、太平鸟 (Bombycilla garvulus Linnaeus)、红尾伯劳 (Lanius crsitatus Linnaeus)、灰伯劳 (Lanius excubitor Eversmann)、黑枕黄鹂 (Oriolus chinensis Linnaeus)、黑卷尾 (Dicrurus macroceras vieillot)、发冠卷尾 (Dicrurus hottentottus Linnaeus)、喜鹊 (Pica pica Linnaeus)、灰喜鹊 (Cyanopica cyana Dallas)、红嘴山鸦 (Pyrrhocorax pyrrhocorax)、大嘴乌鸦 (Conrvus macrohyrnchus Wagler)、红尾歌鸲 (Luscimia sibilans)、红喉歌鸲 (Luscimia calliope)、蓝喉歌鸲 (Luscimia svecica)、红肋蓝尾鸲 (Tarsiger cyanurus)、山噪鹛 (Garrulax davidi)、棕头鸦雀 (Paradoxorais webbiam)、黑头蜡嘴雀 (Eophona personata magnirostris)、长尾雀 (Uragus sibiricus)、黄喉鹀 (Emberiza elegans Temminck)、灰头鹀 (Emberiza spodocephala pallas)、三道眉草鹀 (Emberiza cioides Brandi)、铁爪鹀 (Calcarius lapponidus)、麻雀 (Passer montanus saturatus)、金翅 (Carduelis sinica)、黄雀 (Caeduelis spinus)、大苇莺 (Acrocephalus arundinaceus)、白鹭 (Egretta garzetta Linnaeus)、牛背鹭 (Bubulcus ibis Linnaeus)、池鹭 (Ardeola bacchus)、夜鹭 (Nycticorax nycticorax)、暗绿绣眼鸟 (Zosterops japonica)、黄腰柳莺 (Phylloscopus proregulus)、黄眉柳莺 (Phylloscopus inornatus) 白眉灰柳莺 (Phylloscopus griseolus)。

二 哺乳类

黄鼬 (Mustela sibirica)、刺猬 (Erinaceus europaeus)、蝙蝠 (Pipistrellus abramus)、褐家鼠(Rattus norvegicus)。

三 两栖类

沼蛙 (Rana limmocharis)、青蛙 (Rana nigromaculata)、金线蛙 (Rana plancyi)、北方狭蛙 (Kaloula borealis)、花背蟾蜍 (Bufa raddei)、中华蟾蜍 (Bufa gargarizans)。

四 爬行类

甲鱼 (Trionys sinensis)、北滑蜥 (Leilopisnia septentrinalis)、华北壁虎 (Gekko swinnonis)、华北游蛇 (Sinonatrix percarinata)。

五　鱼类

鲤鱼 (Cyprinus carpio)、鲫鱼 (Carassius auratus)、鲢鱼 (Hypophthalmichthys molitrix)、鳙鱼（胖头）(Aristichthys nobilis)、黄钻 (Elopichthys bamusa)、翘嘴红鲌（撅嘴鲢子）(Erythroculter ilishaeformis)、草鱼（厚子）(Ctenopharyngodon idellus)、麦穗鱼 (Pseudorasbora parva)、棒花鱼 (Abbottina rivularis)、逆鱼 (Acanthobrama simoni)、白条 (Hemiculter leucisculus)、河鲶鱼 (Silurus asotus)、黄颡鱼（嘎鱼）(Pseudobagrus fuluidraco)、乌鳢（黑鱼）(Ophiocephalus argus)、泥鳅 (Misgurnus anguillicaudatus)、黄鳝 (Fluta alba)、青虾 (Macrobrachium nipponense)、草虾 (Caridina denticulata sinensis)、毛虾 (Acetes chinensis)、白虾 (Exopalaemom carinicauda)。

六　昆虫类

蝎子 (Buthus martensi)、蜈蚣 (Scolopendra)、蜘蛛 (Aramea ventricosa)、蜻蜓 (Aeschna melananictera)、螳螂 (Paratenodera sinensis)、马蜂 (Vespa mandarinia)、大黄蜂 (Bumblebee)、中华蜜蜂 (Apis cerana)、蝉 (Nephoterrix bipuncatus cincticeps)、蟋蟀 (Gryllulus chinensis)、红蚂蚁 (Tetramoriumsp.)、黑蚂蚁 (Polyrhachis vicina Roger)、蜗牛 (Fruticicola ravida)、蚂蟥 (Whitmania pigm)、水鳖虫 (Predaci diving beetle)、蚯蚓 (Pheretima)、七星瓢虫 (Coccinella septempunctata)、金龟子 (Serica orientacis Motscchulsky)、蝴蝶 (Rhopalocera)、树天牛 (coniperous long horn beetle)、金花虫 (Aspidomorphe furcata)、美国白蛾 [Hyphantria cunea（Drury）]、蝼蛄 (Gryllotalpidae molecrickets)、蚂蚱 (Acrididae)、蚜虫 (Aphidoidea)。

第六章　自然灾害

红桥区在历史上属灾害多发地区，由于气候区域和降水变化、地势低等原因，旱涝灾害十分突出，多有连续性特点，使灾害损失和后果更为严重。个别年份上游连降暴雨，导致山洪暴发，使区境几乎全部被淹，人民生命财产遭受巨大损失。中华人民共和国成立后，兴修水利，整治河道，洪涝灾害大为减轻。区域冬季大风天气常见，龙卷风历史上十分罕见，有记载以来曾出现两次风力极大、拔力极强的龙卷风，对境内建筑破坏严重、损失巨大。由于地质构造复杂，活动性断裂带多等原因，历史上地震活动较多，但都不处于震中位置，所遇破坏性地震很少，虽多次受周边地震波及，造成一定程度的破坏，大多表现为地震裂缝，地面错位、建筑物位移和地面发生严重形变。地面沉降也带来一些损失和危害，随着近年来采取人工回灌地下水等措施，区内地面沉降得到缓解。

第一节　气象灾害

一　旱涝

红桥区属季风气候区域、降水年际变化很大，旱涝灾害十分突出。据天津市气象局资料，在1470年—2000年的530年中，红桥区的涝年181年，占35.1%；旱年133年，占25.8%；正常年202年，占39.1%，旱涝年的总和多于正常年。旱涝年的发生还有连续性的特点，最长连续涝年11年（1881年—1891年）最长连续旱年为7年（1636年—1643年），更加重了旱涝灾害造成的损失。

据历史记载，明朝万历二十年（1592年）、二十二年（1594年），清朝顺治十年（1653年）、十一年（1654年）、康熙七年（1668年）雍正三年（1725年）、乾隆三十五年（1770年）、嘉庆六年（1801年）、道光三年（1823年）、同治十二年（1873年）、光绪十六年（1890年）、民国时期的民国6年（1917年）、民国

28年（1939年）等都是大涝年，区境及天津市区均遭洪水淹没，特别是民国6年（1917年），民国28年（1939年），海河流域上游连降暴雨，南运河、子牙河、大清河、永定河等几大支流山洪暴发，洪水汇集直逼天津市区，区境几乎全部被淹。一些街道水深达1米多，人民生命财产遭受巨大损失。1954年，中华人民共和国成立后经历了第一次特大暴雨，6月，雨量202.9毫米，为历年同期的3倍。汛期总雨量483毫米，为1939年同期的1.8倍。8月9日以后，海河流域上游普遭暴雨，扇状水系洪水汇集下泄，区境各河水位同时上涨，超过警戒水位1.3米。水量之大、水势之猛、水位之高、洪峰持续时间之久，均超过民国28年（1939年）。1963年8月，南运河、子牙河、大清河上游河南省北部、河北省中南部太行山区连续10天普降大暴雨，一次总雨量达576.8亿立方米，形成径流总量302亿立方米。各河相继出现特大洪峰，红桥区境地处南运河、子牙河、大清河下游，洪水汇集，下泄不及，各河水位急剧上涨，大红桥水位上涨到6.39米。

二 风灾

红桥区及天津市区一年四季均有瞬时风速在17米／秒以上的大风。年大风日数平均在30天以上，最多年可出现89天。清道光二十年至宣统二年（1840—1910年）出现大风灾害14次；宣统三年（1911年）至1969年严重风灾有2次。

1969年8月28日15时35分，红桥区境北运河右岸的西沽公园有龙卷风形成，15时40分向南移至北运河与子牙河汇合处新红桥附近开始加强，然后以高速呈跳跃式的弧形轨迹向南横扫，直径约500米，破坏最大距离200米内，15时43分到北马路后转向，最后在南开区湾兜附近消失。

1969年8月29日19时30分在河北省霸州市诸河港村形成龙卷风，经天津市西青区到南开区黄河道西头天津电缆厂一带加强，20时26分后旋转至红桥区境咸阳路口天津商学院附近消失。

这2次龙卷风在红桥区历史上十分罕见，风力极猛，持续时间很短，危害面积呈一块一块的不连续状，第一次直径500米，第二次直径600米，时间为3~5分钟。风力极大、拔力极强、破坏严重、损失巨大。

三 冰雹

冰雹是红桥区境的气象灾害之一。它的生成和发展是动力、热力、水汽、地形等多种因素综合作用的结果。

区境的冰雹从4—10月均可发生。多年平均雹日1.33个。造成区境冰雹灾害的路径有两条：一条是武清区→北辰区→红桥区；另一条是霸州市→西青区→红桥区。冰雹对区境的危害主要是园林花卉、道路行人及建筑设施等。

四 寒潮

寒潮是北极地区聚集的强冷气流，猛烈南下爆发现象。国家气象局对“寒潮”有特定的标准：某地日平均气温24小时下降7℃或48小时下降9℃、同时当日最低气温小于5℃的天气。

红桥区一般每年出现2次寒潮天气。寒潮天气多发生在每年的晚秋和初春，最早在10月上旬，最晚在4月下旬结束。强寒潮最长持续5~6天，较弱的寒潮一般只维持一天。

寒潮天气的主要影响是常常带来大风及剧烈降温，寒潮到来时，风速可达7~8级以上，气温一日下降7~8℃。大风降温经常造成风灾和冻害。

第二节　地质灾害

一　地震

红桥区境及天津市区地质构造复杂，活动性断裂带较多，受张家口至渤海地震带及河北平原地震带的双重影响，历史上地震活动较多，但震中在天津市区的破坏性地震很少。

据历史记载，天津市区从西晋元康四年(294年)至1976年的1600余年中，发生5级以上地震18次，3~5级地震89次。清光绪二十六年(1900年)至1976年，4级以上地震4次，其中对红桥区造成明显震损的有3次。1917年3月27日16时58分，河北省河间大城县发生6.3级地震，波及天津市区。1976年7月28日3时42分，河北省唐山市丰南区发生7.8级强烈地震，波及天津市区。1976年11月15日21时53分，天津市宁河区发生6.9级地震，波及区境及天津市中心区。

民国6年(1917年)3月27日，河北省河间、大城6.3级地震与1976年7月28日河北省唐山市丰南区7.8级及是年11月15日发生在天津市宁河区的6.9级地震对红桥区境大胡同、南头窑地区有较严重的影响。地震遭受一定程度的破坏，津霸公路东北侧、丁字沽团结村等地，见有两条400~1000余米长、宽20~30厘米的地震裂缝，沿地裂缝南侧有大量喷沙、冒水出现，地裂缝通过的地方房屋外墙和地基基础开裂，地面错位、建筑物位移15~20厘米，电线杆下沉1.1米，地面发生严重变形。

二　地面沉降

地面沉降是天津市中心市区严重的自然灾害之一。天津市区1959—1984年经过精密仪器水准测量，年均沉降量大于200毫米，累计最大沉降量大于1.5米的有5个沉降漏斗中心，其中河北大街位于红桥区境。地面沉降给红桥区的城市建设、工业生产、人民生活造成一些损失和危害。发生建筑物不等量下沉、局部开裂、排水管道被切断和倒坡，地下水井管上升等。沉降漏斗中心区，夏季常常形成积水区，影响工业生产和交通。

造成区境地面沉降因素是多方面的，如地层结构、岩性、水文地质、工程地质、基岩断裂等。引起地面沉降的主要和直接原因是集中地区、集中含水层、集中时间、超量开采第Ⅱ承压含水组。地面沉降中心与承压水的水位下降漏斗中心大体上是相吻合的。地面沉降灾害是天津市中心区急待解决的地质环境问题。历届天津市委、市政府对市区地面沉降问题都高度重视，成立了专门控制地下水开采的办事机构，天津市政府发文决定：在市中心区400平方千米范围内严禁打新井，大力压缩老井地下水开采量，并要求在沉降漏斗中心区打回灌井，进行人工回灌地下水。这样不仅可以缓解地面沉降，而且还可以不断补充地下水，使地下水质明显好转，并使地下水制冷效益大大增加。

红桥区志

第二编

政　区

红桥区为天津早期城市发祥地，是近现代天津市区重要组成部分，历史上为近海滨卤之地，有“九河下梢”之称。区域位置独特，子牙河自西北向东南横贯区域中部，南运河由西向东横贯区域内部，子牙河沿区域东南部汇入北运河后，于三岔河口汇入海河，形成“三河五岸”的地理优势。域内跨河桥梁较多，有金钢桥、大红桥、新红桥、西河桥、北洋桥、子牙河桥等天津著名桥梁，区名据古老的“大红桥”命名，也代表因河而兴、缘路而盛的枢纽地位。进入21世纪，域内有四通八达的交通网络，全市多条重要干线穿区而过，津浦铁路贯通全线，公路可达北京、河北、山东等省市，是天津市区的西北门户，形成经济社会发展的地理优势。

32年间，由于西站地区改造，西站地区被市委、市政府确定为天津城市副中心之一。经区域勘界，重新确定与周边邻区的区域界定。街办事处经过调整，由15个减少为10个。随着社区管理逐渐完善居民自治组织功能不断加强，居委会更名为社区居委会。居民区生活设施和环境质量得到大幅提升，街道办事处办公条件普遍得到改善，使红桥区成为天津市最宜居的地区之一。

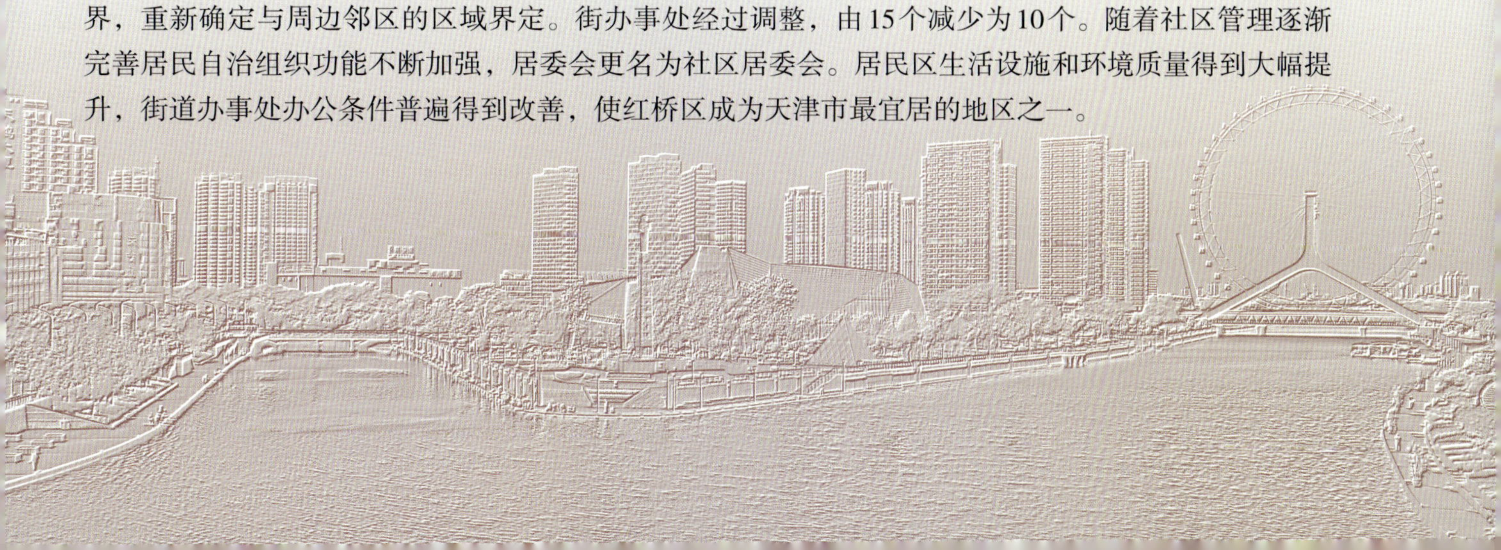

2010年，红桥区委、区政府办公大楼全景　　　　（张凡摄

第一章 区位 区划

1979—2010年，红桥区政区规格未变。完成与河北区、北辰区、西青区、南开区的行政区域界定，勘界工作全面完成。街办事处经过几次撤并调整，于1998年设为10个。各街道不断改善居民居住条件，绿化美化环境，文教、卫生、体育设施齐全，交通便利，居民生活质量和幸福指数都得到大幅提升。

第一节 区 位

一 地理位置

红桥区位于天津市区西北部。地理中心坐标为：北纬39°09′56″，东经117°08′45″。东以海河、北运河为界与河北区隔河相望，南以青年路、西关大街、北马路、西营门大街与南开区毗邻，西至西横堤与西青区接壤，北邻北运河、千里堤与北辰区交界。区域东西向最长6千米，南北向最宽5.6千米，总面积约为22.31平方千米。

二 政区沿革

1952年10月，按照天津市人民政府《关于本市行政区划重新调整及撤销区公所成立区人民政府的命令》，与第八区的16个公安派出所辖区合并，组成新第八区，建立第八区人民政府。1955年3月，依照《中华人民共和国地方各级人民代表大会和地方各级人民委员会组织法》，区人民政府改称区人民委员会。1956年1月，根据天津市人民委员会关于市辖区按地名称呼的通知，第八区因界内子牙河上大红桥得名，改称红桥区。1966年，红桥区改称“红卫区”。1967年12月成立“红卫区革命委员会”。1968年1月，恢复原区名至今。2009年，西站地区被市委、市政府确定为天津城市副中心之一。2010年，区政府为正局级，坐落在勤俭道202号。

三 边界勘定

1996年前，区县行政区域界限不清，时有争议。1997年，按照市统一规定，红桥区启动行政区域勘界调查。至2000年，完成与河北区、北辰区、西青区、南开区的行政区域界定，签订联合勘定行政区域界线协议书。2002—2010年，勘界调查实行依法管理，区域边界无变化，无争议发生。

第二节 区 划

一 街区

1978年，恢复街办事处，全区设置14个街办事处，辖186个居委会。1993年，设15个街办事处，辖345个居委会。15个街办事处为：河北大街办事处、三条石街办事处、大胡同街办事处、大伙巷街办事处、先春园街办事处、春德街办事处、南头窑街办事处、小西关街办事处、西沽街办事处、西于庄街办事处、丁字沽街办事处、丁字沽工人新村街办事处、咸阳北路街办事处、双环邨街办事处、邵公庄街办事处。

1998年，街道撤并调整，设10个街道办事处：双环邨街道办事处、咸阳北路街道办事处、丁字沽街道办事处、西于庄街道办事处、西沽街道办事处、邵公庄街道办事处、芥园街道办事处、铃铛阁街道办事处、三条石街道办事处、大胡同街道办事处(大胡同商贸区管委会办公室)。

二 街道调整

1980年，增设咸阳北路街办事处。全区街办事处增至15个，辖283个居委会。1985年，北辰地界内建佳园里、双环邨两个居民住宅区由红桥区管理。1988年，西沽街、红桥南街合并，设西沽街办事处。1990年，设立双环邨街办事处，同年新建佳园里地区管理处。1993年，佳园里地区管理处并入双环邨街办事处。1998年，街办事处调整，撤销大伙巷街办事处、河北大街办事处、先春园街办事处、春德街办事处、南头窑街办事处。将大伙巷街办事处、河北大街办事处划入三条石街道办事处。先春园街办事处、春德街办事处、南头窑街办事处、小西关街办事处划入铃铛阁街道办事处。丁字沽工人新村街办事处划入丁字沽街道办事处。调整后，10个街道办事处，辖156个社区居委会。

第二章 街 道

1979—2010年，街办事处经过几次撤并调整，于1998年设为10个。2010年，下辖129个居委会。各街道不断改善居民居住条件，绿化美化社区环境，为居民生活创造各种便利，基本实现供气供热入户。文教、卫生、体育设施齐全，商业发达，交通便利，大多建有青少年教育基地、老年活动中心、文化健身广场、社区图书馆、综治警务室、社区工作站、慈善救助站及卫生、物业等服务设施，咸阳北路街道建有全市第一个街道级综合性民生服务平台——数字信息管理中心，使居民生活更加舒适方便。社区居委会建设不断得到加强，各街道坚持居民代表大会制度，完善居民自治体系，居民对社区事务参与度越来越高。历经多次换届选举，街道工作人员年龄逐渐下降，党员和高学历比例越来越高，办公条件得到很大改善。街道普遍制订《居委会工作职责》等制度，成立社区宣讲团，设立理论宣传中心组，开展各种思想教育和评比活动。在社区实行“一站式”挂牌服务，解决居民生活难题。多个社区获国家级庭院式绿化小区和天津市星级示范小区称号。首创居家养老新模式。

第一节 街道概况

一 双环邨街道

成立于1990年，因坐落于外环线与中环线之间而得名。位于区西北部，东靠北运河与咸阳北路街相依，南起佳庆道，西至辰昌路，北至龙泉道与北辰区接壤。2010年，辖区面积1.1平方千米，户籍1.17万户3.17万人。除汉族外，有回族、满族等12个少数民族，其中回族4178人，占总人口的13%。街道办事处坐落在佳园道佳园东里和佳春里之间，下辖6个居委会，521个楼门院。

1984—1992年，在今北辰区界内(属红桥区管理)建成住宅楼66幢，形成佳园南里、佳园北里、佳园东里、佳庆里。1988年，成立佳园里地区管理处，由咸阳北路街办事处代管，辖佳园南里一委、二委和佳园北里一委、二委4个居委会。1989—1990年，在北部建成碧春里、启春里、孟春里、朝春里、报春里、悦春里、益春里、金秋里、中秋里、枫秋里简易商品房居民区，建筑面积1.81万平方米，安置天津市300余个企事业单位住房困难职工家庭7178户，由双环邨街办事处管辖。1992年，下设7个居委会。1993年，佳园里地区管理处所辖地域划归双环邨街办事处，居委会增至11个。

驻街主要单位有：公安红桥防暴支队、公安双环邨派出所、佳园医院、佳园里房管站、佳园里煤气站、佳园里供热站、市政工程监理所、市政排水站、佳春实验中学、佳春小学、佳园里小学、佳宁里小学、亚细亚民办小学、第19幼儿园、第23幼儿园、区都市工业园E区、佳园里商业街。商业网点有：储蓄所2处、便民超市5个、国营餐饮网点1个、邮政网点1个。

1990年，街域仅有60路公交车由本溪路至果酒厂，距平房区较远。是年，837路替代60路公交车直通平房区。至2010年，公交线路增至11条。地铁一号线设有果酒厂站。快速路西北半环途经双环邨地区，立交桥跨北运河与北辰区相连，天平路快速路连接双环邨街道与咸阳北路街道。

街内1986年开始部分供气，1993年开始供热。1990—2002年，对孟春里、恒春里、佳宁道等5300余平方米污水明渠进行改造，“龙须沟”变绿地。1995年建成7600平方米明珠园。1998—2010年，为浩达公寓、佳园东里、佳园南里、佳园北里、佳春里、恒春里及孟春里里巷道路铺装柏油路面36.5万平方米。2004—2005年，实施地铁一号线两侧景观改造。

二 咸阳北路街道

成立于1980年，因界内有咸阳北路而得名。位于红桥区西北部，东至丁字沽一号路与丁字沽街道相靠，南至光荣道与西于庄街道相连，西至千里堤与双环邨街道相依，北临北运河与北辰区隔河相望。1998年，经过区划调整，辖区面积由原来1.5平方千米增加至2.42平方千米。2010年，户籍2.79万户7.92万人，辖社区居委会20个。界内楼房492幢，楼门1323个，平房185排。街道办事处坐落在咸阳北路清源道4号。

驻街主要单位有：中海油化工研究设计院、工程机械研究所、七〇七所和复印技术研究所四大科研单位和空军、武警、消防等四支部队，有天津津酒集团等企业341家。商业及生活设施齐全，有银行8家，邮局3家，医院4家，中小学校13所，幼儿园4所，养老院7家，超市9家，社区商业街1条。界内有咸阳北路、本溪路、丁字沽一号路、丁字沽三号路、光荣道、永明大道等30条道路。北运河桥、天平桥穿行而过。34、47、48、606、800路等27条公交线路在辖区经过，地铁一号线本溪路站和勤俭道站位于界内。

照2-1 2006年，永进社区旧楼改造前
（咸阳北路街道办事处提供）

1978年，在西于庄、郭辛庄、丁字沽生产队农田菜地建设居民楼，煤、水、电等配套设施相继修建。1980年，建成全国第一个庭院式绿化小区——风城小区。1985年，为居民安装煤气灶，5000户居民受益。1986年，咸阳北路街煤气管理所点火试气成功，为全区最早点燃煤气的街道。1987年，对唐家湾拓宽改造650米。1998年，开始安装暖气，2000户居民受益。2004年，自来水抄表到户。2005年，翻修开源道等里巷低洼地段600米。2006年，开始天然气转换，1.5万户居民受益。2010年，全街天然气普及率99%，安装暖气2.5万户，普及率96%，自来水入户率99%，建设庭院式绿化小区19个，面积2.82万平方米。

照2-2 2006年，永进社区旧楼改造后
（咸阳北路街道办事处提供）

1984年，养护苗木千余株。至1991年，建成绿地13万平方米，社区公园11个，绿化覆盖

率39.3%，人均占有绿地3.7平方米，获“全国城市环境综合整治优秀项目”称号。1980—2010年，拆除违章3142处，清理杂土1.02万吨。界内绿化覆盖率为90%，种植各类苗木8509株，建小花园20处，绿地15万平方米。旧楼改造面积166.7万平方米。

1999—2008年，拆除界内车铃厂片、红咸里片、永明里片、光荣道片4大片区，面积8.68万平方米，动迁居民1467户，单位242家。

三　丁字沽街道

成立于1952年，因界内有丁字沽村而得名。位于区北部，东起光荣道经红桥北大街、五中后大道至新红路与西沽街道相邻，南至光荣道与西于庄街道相邻，西与中环线、丁字沽一号路与咸阳北路街道接壤，北靠北运河与河北区、北辰区隔河相望。1980年恢复丁字沽街办事处，1998年与丁字沽工人新村街合并，称丁字沽街道办事处。辖区面积增至2.47平方千米，户籍增至3.22万户9.92万人。2010年，在册户籍2.8万户8.21万人。居委会17个，楼门院1558个。街道办事处坐落在五爱道24号。

界内商业繁荣、交通便利。主要交通干线有丁字沽一号路、三号路、勤俭道、光荣道、咸阳北路，勤俭道、光荣道是市区通往北京的重要路线之一。有二号路、新德道等支线15条，88条胡同里巷，328条楼群甬道。主要桥梁有勤俭桥和北洋桥。有5路公交车终点站，10路、22路等13条公交线路经过。医院有“二甲医院”——红桥医院，丁字沽社区医疗卫生服务中心；商场有天津百货大楼凯莱赛商厦、国美电器、苏宁家电商城；金融机构有交通银行红桥支行；中国邮政储蓄银行丁字沽支行、光荣道支行、四新道支行、潞河园支行；中国农业银行光荣道支行、中国工商银行一号路支行、中国建设银行、三号路分理处、二号路储蓄所。通信机构有中国联通零号路营业厅，中国移动光荣道营业厅，中国电信河北工业大学营业厅。

驻街主要单位有：区国税局、档案局和教育中心；院校有纳入国家“211工程”集教学、科研为一体的河北工业大学、红星职业中等专业学校、北洋职业专科学校、区委党校、天津三中、第八十中学、第八十九中学。

1981年，109条胡同里巷全部铺装沥青路面。1984年，实行道路全天候、全覆盖、全方位清理扫保。2000年，对辖区低压电网增容、3万户居民燃气转换、暖气改网。2002年，区内有桃花园南里、天骄公寓、三段居民区、风貌里等12处街景花园。2003年，对桃花园南里、桃花园东里、风光里、风采里、风貌里5个社区花园进行整修和提升。2006年，对北平房、十段平房区400户居民自来水一户一表改造。

1992年，对丁字沽二段地区1600户进行平房改造。1993年，对丁字沽一段1264户进行平房改造。1994年，对八大里地区1007户进行拆迁改造。1995年，对五段地区930户进行房屋拆迁。2006年，八大里危改住宅示范小区工程开工，小区总建筑面积9.3万平方米，成为全市第一个危改示范小区。是年，启动西纵快速路拆迁，至2010年动迁3572户。

四　西于庄街道

成立于1954年，因界内有西于庄村而得名。位于区中部，东以桥口街、桥口南街、三兴里、纯德里为界，与西沽街道相邻；南临子牙河；西以千里堤为界，与北辰区接壤；北以光荣道为界，与西沽、丁字沽和咸阳北路街相连。1998年调整区划，辖区面积由4.35平方千米减至3.89平方千米。2010年，在册户籍2.39万户6.34万人，楼房268幢，楼门1256个，平房9460间。辖社区居委会16个。街域内有集安里和齐兴村渔业队两个城中村。街道办事处坐落在西于庄后大道28号。

界内交通便利，37、47、48、800路等23条公交线路穿境而过，地铁一号线在街内设有洪湖里站。主要交通干线有勤俭道、光荣道、丁字沽三号路、洪湖东路，主要支路有临水道、增产大街、西于庄后大道，纸厂大街，小辛庄大街，西于庄大街。桥梁有西河桥，子牙河桥。区委、区政府、区人大、区政协均坐落于界内。辖区注册法人单位600家，职业院校2所，中学2所，医疗卫生机构2所。

1979年，引自来水入户。1986年，开始冬季集中供热取暖。1987年，完成煤气通气点火6300户。1992年，翻修增产大街、小辛庄大街、大新街、西于庄后大道共计4.1万平方米，铺设沥青混凝土路面1.23万平方米。1993年，居民使用气化率70%以上。2004年，建成礼貌楼和集平里600余平方米存车棚。2007年，实施旧路改造。2008年，完成增产大街、竹山路、祥居公寓等道路改造工程和西于庄、小辛庄排水改造工程。2009年，对集平里小区平房道路进行硬铺，建起500余延米围墙；完成红勤楼、敦煌楼节能改造工程。

1986年，实施门前三包责任制。至1992年，种植各类树木19万余株，绿化面积9.6万平方米，覆盖率15.12%，人均占有绿地面积1.82平方米。2003年，完成葆节楼、植物园东里、翠山楼、洪湖里等380个楼门的旧楼改造，拆除违建383间。2005年，植树3000余株，铺设草皮2.3万平方米。2010年，进行市容环境专项整治，拆除护栏6536个，规范空调1540个，配备垃圾箱784个，提升改造绿地10万平方米。

五　西沽街道

1952年建街公所，1954年改为西沽街办事处。街道办事处位于区中部。街道办事处坐落在红桥北大街139号。辖区东以北运河为界，与河北区隔河相望；南以津浦铁路为界，与三条石街道、邵公庄街道相连；西至西横堤，与西青区相邻；北面以子牙河为界，与西于庄街道隔河相望，以光荣道、新红路为界，与丁字沽街道、西于庄街道相依。1988年，红桥南街并入。1990年，西沽街和三条石街以津浦铁路为界，铁路以北部分居民区划归西沽街办事处，铁路以南孙家胡同片划归三条石街办事处。1998年，西于庄街道办事处西开洼片、大新街片、当铺西片划归西沽街道办事处管辖。居委会由33个增至36个，面积4.77平方千米。2010年，辖26个社区居委会，在册户籍4.14万户11.7万人，有港澳台和外籍人口85人。

西沽街道商业及生活设施齐全，有银行3家，邮局1家，医院1家，中小学校3所，大型超市1家，摊群市场2个。界内桥梁有新红桥、大红桥、子牙河桥、西河桥、北洋桥，快速路天平桥。道路有红桥北大街、光荣道、子牙河南路、勤俭道、新红路、咸阳路、西纵快速路等；有铁路天津西站、红桥长途客运站、水木天成公交站及40余条公交线路。天津五中、天津师范学校附属小学等中小学，河北省港航管理局、红桥区园林管理局、交警新红桥大队等坐落界内。有天津宏仁堂药业有限公司、中铁隧道勘测设计院等企业4026家。宗教活动场所有同义庄清真寺、桥北清真寺、基督教西沽堂。

六　邵公庄街道

1952年成立街公所，1954年改为街办事处，1960年成立人民公社，1962年恢复邵公庄街办事处，因坐落在邵公庄而得名。位于区西南部，东至西站前街与三条石街为邻，南至南运河与芥园街隔河相望，西至西横堤与西青区接壤，北靠津浦铁路，与西沽街接壤。辖区面积3.12平方千米。2010年，在册户籍2.91万户7.85万人，有回、满、维吾尔族等9个少数民族4371人，辖17个社区居委会。街道办事处坐落在西青道闸北路5号。

界内文教、卫生、体育设施齐全，商业发达，交通便利。有民族中学、西青道中学等中小学校6所，邵公庄医院等3家医院，银行7家，华润万家、麦德龙等大型超市5家，西青道市场、泊胜达农贸市场和龙悦路市场。南运河流经界内，中环线和西青道贯穿街境，有西站西大桥、前园桥和南运河桥等10座桥梁。有道路31条，里巷44条。铁路西站、地铁西站、西站长途汽车站，公交47、48、153路等29条公交线路在界内通行。

1979—1981年，邵公庄街对杨庄子等社区进行道路维修8次，面积1980平方米。1986—1989年，完成邵公庄横街2万平方米土路提级和2000米长下水道铺设。至1993年，完成2300余户煤气灶安装和通气点火。1998年，对社区进行自来水调压，自来水入户安装率95%。2008年，西青道第三社区铜川道11号楼进行房顶平改坡改造，912户居民受益。2009年，为建设里社区横街楼解决暖气问题，全街暖气普及率达96%。2010年，为西四委、建设里、幸福里社区进行自来水管道全面更新改造，将水表更换为一户一表，2298户居民受益。

2008年，小西关清真寺和十间房清真寺合建为芥园清真寺。2010年，建成近2000平方米的千禧健身广场和星光老年之家。

七　芥园街道

1998年，成立芥园街道办事处，位于区南部。东至北门外大街与大胡同商贸区相邻，南以北马路芥园道为界，西至青年路与南开区毗邻，北临南运河与邵公庄街道、三条石街道隔河相望。2010年，辖区面积1.64平方千米。在册户籍1.9万户4.38万人，社区居委会7个，拆迁片管理组1个。其中回族5053人，蒙古族28人，满族114人，土家族6人，朝鲜族8人，布依族2人，维吾尔族5人，其余为汉族。街道办事处坐落在春和路3号。

界内有市人民医院、天津鹏欣水游城、假日酒店、市中医药研究院附属医院、红桥区地税局、米兰超市、芥园道邮政局、天津中法泰科水务有限公司、文昌宫民族小学、复兴中学、天津清真大寺、民族文化宫坐落界内。中环线（红旗北路段）、复兴路、大丰路、芥园道、北马路、北门外大街、南运河南路是界内重要的交通要道。地铁一号线和676、800等28条公交线路在界内均设站点。

芥园街道是回族聚居地，界内有梁家嘴清真寺和红桥清真大寺。2005年，由洋楼清真寺、小杨庄清真寺、清真女寺、清真北寺“四寺合一”组建红桥清真大寺。2008年，在邵公庄界内组建芥园清真寺。

1999—2009年，对先春园地区、水厂东地区、小伙巷地区和小西关部分地区进行平房改造，安置居民3.26万户，建成弘丽园、紫芥园、隆春里、水西园、世春里、泉春里、纪春里居民区和高档居民住宅区。

八　铃铛阁街道

1998年成立，因天津三宗宝之一的“铃铛阁”坐落于界内而得名。位于区南部。东起西马路，南至西关街、西营门外大街，西至青年路、三元桥，与南开区接壤；北至芥园道，与芥园街道相连。面积1.1平方千米。1998年，将原春德街、南头窑街、小西关街合并组成铃铛阁街道办事处。2010年，辖10个社区居委会，界内楼房121幢，里巷胡同67条。户籍2.42万户6.1万人。有回族、汉族、满族等5个民族，其中回族9326人。街道办事处坐落在怡闲道32号。

界内有区房管局、天津市浩地集团、南头窑派出所等单位180个，银行及金融机构网点9个，餐饮服务网点6个，大型娱乐场所2个。有清真寺2座、中小学5所、回民幼儿园1所、

照2-3　2008年，民族团结月期间为清真两寺的阿訇、民管会成员义务查体

（铃铛阁街道办事处提供）

社区医院1家。有主干道路9条，里巷胡同61条。

1998—2010年，每年举办一次民族团结月活动。2004年，对清真南大寺牌坊和大殿进行建造维修，翻盖阿訇居室，礼拜大殿。2008年，对南大寺牌坊进行油漆彩画粉刷。2009年，完成维修寺内600平方米地面石材铺设。翌年，对南大寺内礼拜大殿顶子进行维修。

1998—2000年，整修花莲里、小道子、海会寺平房区排水管道。2004—2008年，对南头窑等地区进行暖气管道铺装改造，供热面积16万平方米2620户居民受益。对习艺所南街、青年路、无名路道路进行翻修。

1999—2010年，拆除界内两大片区。2009年，建成怡和家园、万华里、睦华里、新春花苑三期住宅区。建新楼34幢，面积15.15万平方米。是年，启动铃铛阁片动迁，2010年安置1257户。

九 三条石街道

1968年，成立三条石街革命委员会。1978年，恢复三条石街办事处。1979年，三条石街有17个居委会。1991年，孙家胡同居委会由西沽街办事处划归三条石街。1998年，三条石街与河北大街合并成为三条石街道，位于区东南部，因界内有三条石大街而得名。东临三岔河口，与河北区隔河相望；南邻南运河，与大胡同街道隔河相望；西至西站前街中心线，与邵公庄街道相连；北依津浦铁路，与西沽街道相邻。面积增至1.46平方千米，居委会增至41个。2000年，撤销光辉楼居委会。2002年，成立御河湾居委会。是年，大胡同街道爱华里、金钟里、钧和里居委会划归三条石街道办事处代管，居委会增至23个，街域面积增至1.47平方千米。2005年，因拆迁将23个居委会合并为6个居委会。至2010年，三条石街在册户籍1.64万户4.4万人，常住居民6556户2.63万人。辖6个居委会和1个综合组。街办事处坐落在南运河北路（御河湾小区旁）。

1979—1983年，公共水站全部撤销，实现自来水全部入户。1986—1992年，三条石地区2412户居民完成煤气管道安装工程。1988年，全街16.47万平方米的路面铺设柏油。1993年，胡同里巷道路翻修2.6万平方米。1997年，河北大街西侧南起隆昌海货店、北至营门西马路实施拆迁拓路，全长3100米，拆迁非住宅3.74万平方米，住宅3.84万平方米。1998年，河北大街路面铺装后正式通车。1999年，东起赵家场大街，南至南运河北路，西起大丰东马路东侧，北至新马路拆迁改造。至2010年，拆迁面积21.77万平方米，居民8157户，公建102处，建成金领国际、万通上游国际尚都家园、北开花园、河与海住宅区，建新楼48幢。西纵快速路、河北大街、三条石大街、估衣街等19条街道纵横贯穿辖区，界内还有德生东里、通衢里等11条胡同。南运河和子牙河流经三条石境内。

驻街单位有：区司法局、天津泰达城市开发有限公司、易买得超市、三条石街社区卫生服务中心、泰达实验中学和天津银行河北大街支行等5家银行。

十 大胡同街道（大胡同商贸区管委会办公室）

1968年，成立大胡同街革命委员会，1978年恢复大胡同街办事处。街道因界内有大胡同地名而得名。位于区东南部。东至三岔河口汇合处，与河北区隔河相毗邻；南至北马路中心线与南开区接壤；西接北门外大街与芥园街道相靠；北至南运河与三条石街道隔河相望。2010年，辖区面积0.5平方千米。

界内有小百货批发商场、天奕商城、天津都行、万隆大胡同等大型商贸设施和清真燕春楼饭庄、九州饭店、正兴德茶庄、宝林祥食品店等。著名的红桥饭店和耳朵眼炸糕铺均坐落在北门外大街两侧。有商户3266家。有4个居民区。10余条主要干线穿境而过。有43条胡同、里巷。有市管企业23个、中学1所、小学3所、书店1个、卫生院3家，还有历史悠久的金钟桥、金华桥。8条公交线路设终点站。40余条通往河南、河北、浙江等地长途汽车有始发站。

1979年，实施居民引自来水入户。1981年，新建和翻修下水道480米；新建和增建检井95套。

1981年，修建59条胡同里巷路面1.1万平方米，实现道路柏油化。1982年，兰家胡同修建污水管道178米、污水池3个。369户居民自来水入院。1983年，大胡同街全部实现排水管网化，实现全街路面柏油化无裸露。1987年，张自忠路红桥段维修改造。2952户居民安装煤气管道。1989年，自来水全部入户。2000年，重新铺设150米铅锌水管。2002年，街道办事处职能转变，不再下辖居民区。街道办事处坐落在北马路90号。

第二节　社区居委会建设

一　双环邨街道

1990年，成立启春里等7个居委会筹委会。1992年，设立启春里等7个居委会。1993年，双环邨街与佳园里地区管理处合并，居委会增至11个。1994—2010年，社区居委会历经6次换届、改选和招聘，社区工作者队伍平均年龄由57岁降至45岁，党员比例提高至41.5%，高中以上学历占100%。1995年，召开首届居民代表大会，成立佳园东里居委会筹委会。1996年，成立佳园东里一委、二委，居委会增至13个。1999年，居委会经两次合并，减至7个。是年，成立7个居民区党支部。2000年，居委会更名为社区居委会。2001年，在居委会建立综合档案室。是年，街办事处投资10万余元创建3个精品居委会。2002年，成立浩达公寓社区居委会。2003年，建成星级居委会4个，其中五星级1个、四星级2个、三星级1个。2004年，建成8个星级居委会。2009年，因拆迁将孟春里社区居委会、朝春里社区居委会、报春里社区居委会合并为孟春里联合社区居委会。2010年，有居委会6个。

照2-4　2008年，双环邨街道建成600平方米浩达社区居委会　（双环邨街道办事处提供）

1990—2003年，社区居委会办公场所为单元楼和平房小院。2004—2006年，社区居委会配备电话、计算机，建成社区劳动保障工作站。建成青少年教育基地6个、老年活动中心6个、文化健身场地21处、社区图书馆1个、综治警务室6个、社区工作站6个、慈善救助站6个及卫生、物业等服务设施。2010年，浩达和佳园东里两个社区居委会改扩建完成，面积分别由原来的130平方米和20平方米增至600平方米和300平方米。建成100平方米、400平方米、600平方米社区居委会各1个。

二　咸阳北路街道

1980年，设立居委会18个，筹委会7个，工作人员由退休工人、干部、教师和家庭妇女组成。社区办公场所为单元楼和平房小院。居委会设主任1名，副主任5名，分管卫生、调解、妇联、治保、民政、计划生育等工作。1998年，区划调整原新村街管辖的四段居委会划归咸阳北路街道办事处管辖。2002年，配齐低保主任。经历2003年、2006年、2009年社区居委会换届选举，社区工作者队伍平均年龄由62岁降至46岁，党员比例提高至70%，大专以上文化程度占80%。2010年，有社区居委会20个，建立党委4个、总支15个、支部342个，制订《居委会工作职责》及制度20余项。有600平方米的居委会办公场所1个，300平方米的2个，100平方米的2个，均配备现代办公设施。

2009年，建成天津市首个街道级综合性民生服务平台暨咸阳北路街数字信息管理中心。至2010年，中心接受居民咨询92件，配送商品110次，解决居民生活难题18件。

照2-5　2008年，咸阳北路街道在服务大厅举办新生力量推介会　　（咸阳北路街道办事处提供）

三　丁字沽街道

1979—1992年，设31个居委会。1993年，调整为23个居委会。1996年，创建精品居委会2个。1998—2006年，居委会增至46个。2000年，装修改造5个居委会，创5个精品居委会。2001年，公开选拔招聘社区居委会主任23人。2002年，调整社区居委会20个，成员13人。2003年，建成桃花堤、运河精品社区居委会。2004年，成立社区宣讲团，设立理论宣传中心组，制订规章制度。2006年，将原十二段居委会划归到胜灾居委会，社区居委会调整为17个。2008年，风光里、胜灾社区居委会建成首批300~500平方米办公场所。2009年，招录26名公益岗大学生派到各社区居委会。是年，在全街18个社区居委会全部实行“一站式”挂牌服务。2010年，对胜灾社区居委会、十三段社区居委会、三段社区居委会完成120平方米办公用房改扩建。2006—2009年，经两次换届，选举社区居委会成员平均年龄为47岁，大专以上学历17人，中共党员47人。至2010年，建成500平方米社区居委会1个，300平方米社区居委会1个，300平方米以下15个。

照2-6　2010年6月7日，区社区宣讲工作现场推动会在丁字沽街道召开　　（丁字沽街道办事处提供）

2004年，成立丁字沽街道社区宣讲团，宣讲受益400人次。2010年，为全街60名宣讲员、17个基层党校、16个市民学校建立档案。至2010年，宣讲450余场，近5万人受益。

四　西于庄街道

1979年，恢复居委会。1981年，义务制居委会建立，组织业务培训12次，772人次参加。1982年，配齐居委会班子。1983年，居委会成员增至127人。1984年，为5个居委会安装电话。1985年，新增子牙里、植物园东里、敦煌楼、天宝公寓、祥居公寓5个居委会。1987年，实行居民代表会议制度。1988年，有市级文明居委会3个、区级文明居委会7个。1989年，召开首届居民代表大会，建立居委会主任例会制度。1990年，整修10个居委会办公用房，配齐办公设施，文明里居委会选址重建。1992年，全街有市级文明示范居委会1个，达标居委会11个，团结互助楼院10个。1993年，有居委会34个，主任184人，平均年龄56岁。1996年，统一更换标牌，一级居委会6个，二级居委会8个，三级居委会2个。1998年，居委会调整为30个。2000年，居委会换届选举，主任平均年龄45岁，党员40人，占40.4%。2001年，居务公开，成立18个议事会。2006年，成立社区教育学院。2007

年，评选“十佳居委会”“十佳居委会主任”。2008年，翠溪园、礼貌楼、子牙里居委会办公用房新建和改扩建。2009年，完成15个社区居委会换届选举，招聘14名大学生到社区居委会任职。2010年，招收公益岗大学生14名。是年，西于庄社区居委会150平方米办公用房完工。

2006年，在全国率先开通街道“党员博客”系统。至2010年，发表日志1200篇。2007年，创立怡康苑居家养老服务中心，内有文化娱乐设施、卫生保健场所，月送餐2000余份。2010年，改造居家养老第二服务基地。

照2-7　2009年，西于庄街道在翠溪园社区举办迎接建国60周年联欢晚会　（西于庄街道办事处提供）

五　西沽街道

1980年，居委会由6个调整为10个。1984年，维修7个老旧居委会。1985年，调充13名主任。1987年，为三江里、仁和里配齐居委会班子。2001年，为21个居委会安装电话。2009年，社区工作者平均年龄由55岁降至48岁，党员比例提高至60%，大专以上文化程度占80%。2005年，26个社区居委会调整为20个。2006年，为水木天成社区、水竹花园社区提供居委会及卫生服务用房。2010年，建立河怡花园社区居委会，整修、建设居委会办公用房和功能室。2010年，有社区居委会26个，工作人员134人，平均年龄50岁。全街100平方米以上的居委会有6个，办公设备齐全。

六　邵公庄街道

1979年，有居委会12个。居委会工作人员55岁以上占80%，初中以下学历人员占90%以上。1980—1982年，成立12个社区服务协调委员会。1983—1985年，对居委会进行调整，将10个居委会划分为23个居委会，选出936名积极分子从事居委会工作。1990—1992年，对幸福里和跃进里居委会进行民主选举。2000—2001年，公开招聘社区居委会主任17人。2003年，社区居委会换届选举，工作人员平均年龄由58岁降至51岁，党员比例提高至42%。2006年，17个社区居委会换届选举，成员平均年龄下降2岁，党员比例45%。2008年，制订《社区自治章程》等规章制度。2009年，招聘22名大学生任社区居委会主任。社区居委会成员平均年龄为45.5岁；党员比例43%，大专以上学历占21.62%。2010年，为全街17个居委会配置计算机等办公设施和宣传读报栏及党员活动室。办公面积300平方米以上2个，200平方米以上2个。

1979—1982年，在12个居委会建立调解委员会，调解委员50人。1984年，增加50名社区调解委员并进行业务培训。1986—1989年，与公安派出所配合，建立街、居委会、居民组三级综合治理网络，辖

照2-8　2008年3月7日，红桥区法律援助志愿者组织成立暨街道法律援助工作站揭牌仪式在邵公庄街道仁爱花园社区举行　（邵公庄街道办事处提供）

区社会治安达标率98%。1998年，成立法律服务所，调解纠纷2352件。2005年，构建应急处理突发事件工作机制，调解矛盾纠纷104件。2008年，创建“双十佳”平安示范社区和平安示范单位15个。2009年，成立义务定期巡逻队17支。是年，综治信访服务中心成立，排查矛盾纠纷89起。2010年，邵公庄街道调解居民纠纷201起，排查重点人12名，下访、约访31次。

七　芥园街道

1998年，居委会分布在平房院落中，最小办公用房12平方米。1999年，居委会撤并重组，经2次调整，办公总面积增至147平方米，房屋增至4间，办公设备现代化。居委会优化组合，平均年龄由59.3岁下降至55岁，党员占10%，初中以上文化程度占40%。2000—2009年，经4次换届选举，平均年龄由55岁下降至47岁。党员比例提高至36%，大专以上文化占60%。选举后居委会建章立制13项。2010年，有社区居委会7个，党委1个，党总支部5个，党支部2个。

照2-9　2009年，芥园街道世春里社区居委会换届选举（芥园街道办事处提供）

2001年，隆春里小区建成，建设文化长廊30米，安装健身器械6件。2008年，建立泉春里社区居委会，办公用房面积480平方米，投资10万余元购置现代的办公设备，在小区院中安装电子显示屏。2010年，社区居委会办公用房100~200平方米5个，480平方米1个，特色楼门22个。

八　铃铛阁街道

1998年，有居委会40个，办公用房多为平房。1999年，调整为18个，成员72人，平均年龄52岁，党员11人占15%，高中以上文化程度100%。2002年，制订《居委会守则》和居委会工作百分制考核制度。建立明华里、康华里新型社区居委会，在明华里建立180平方米老年人活动中心、图书阅览室、社区服务站。2004—2005年，获全国文化先进社区称号。2006年，将18个社区居委会调整为13个。开展“争创示范和谐社区”活动，明华里、康华里社区被评为天津市和谐社区。2007年，将13个居委会调整为10个。2009年，康华里社区创建“新型生育文化”特色楼门，被评为全国示范社区。2003—2009年，历经3次换届，面向社会公开招聘选拔年轻、学历高的50人进入社区居委会工作，平均年龄降至46.9岁，党员增至23人，大专以上学历19人，少数民族11人。2010年，有社区居委会10个，工作人员66人，平均年龄46.9岁。全街100平方米以上的居委会2个，配备先进办公设备。

九　三条石街道

1979年，社区工作者多为中小学学历、50~60岁的退休人员或失业家庭妇女。居委会办公用房多在低矮平房中，设施仅有桌椅。1987年，开展“六好”居委会竞赛活动，17个居委会均达到标准。1988年，首届居民代表大会召开，130名居民代表参会，对147件民生关注的热点问题进行商议，办结率达98%。1999年，开展爱国主义教育活动，组织参观中华人民共和国成立50周年成就展、天津50年成果展和看津城活动。2005年，因拆迁，23个社区居委会合并为8个社区居委会和一个拆迁社区综合组。

1997—2009年，经5次居委会换届选举，社区工作者队伍平均年龄由56.8岁降至48岁，大专以上学历占16%。2010年，社区工作者有61人，党员21人，平均年龄48岁，大专以上学历10人。400平方米居委会1个，配有现代办公设备。

2000年，开展“科普大篷车进社区”活动。2004年，御河湾社区成立合唱团和晨练队。2008年，举办迎北京奥运会书画展览。2009年，举办庆祝中华人民共和国成立60周年大型文艺晚会。2010年，将御河湾存车棚屋顶空地打造成“空中花园”，面积2000平方米，成为居民休闲场所和健身场地。

照2-10　2010年，社区居民在御河湾空中花园健身锻炼　（三条石街道办事处提供）

十　大胡同街道

1979年，社区办公用房多为单元楼房和平房小院。1982年，居委会由原来的12个调整为17个。1985年，居委会改选，调整领导班子成员9人。1989年，成立社区服务协调委员会。1995年，居委会调整为16个，1999年合并为12个。2000年，居委会换届，采取公开招聘选举的方式调整社区居委会班子，居委会主任平均年龄下降10岁，党员22人，占居委会主任总人数的96%，大专以上学历占70%。2001年，12名街道干部到各社区居委会任职。2002年，居委会办公用房由原来的10平方米扩大到40平方米。是年，大寺前等9个社区居委会移交芥园街道办事处代管，爱华里、金钟里、钧合里3个居委会移交三条石街道办事处代管。

红桥区志

第三编

人　口

1979—2010年，区人口总量维持在50万人左右，人口出生率与死亡率呈阶段性变化：70年代末，人口不足50万人，80年代为上升期，超过50万人，90年代达到高峰，近58万人。80年代初，人口机械变动大于自然增长，中期后虽有大量知青返城，但由于实行计划生育政策，人口自然增长率仍大幅下降。90年代以1993年为分界，人口出现持续负增长，总体呈“低出生、低死亡、低自然增长”趋势，后一直稳定低生育水平。进入21世纪，人口增长率一直处于负增长、低增长和负增长之间。出生率与死亡率均高于90年代中期水平。年龄构成为成年型，老年人口比例增加，开始步入老年型社会。多有百岁以上长寿老人。老年人口中，女性略高于男性。区内民族人口构成以汉族为主，回族其次。随着社会进程，其他少数民族不断落户，呈现多民族融合状态。2010年，全区民族由1995年的20个增加到33个，少数民族人口呈上升趋势。在业人口比重占绝大多数，逐渐向新兴产业转移，其中商业、服务业增幅最大。全区人口性别结构趋于正常，全社会人口身体、文化素质和文明程度明显提高，特别是高学历人口比例越来越大，各方面人力资源充足。

2003年9月29日，区人口计生委举办红桥区人口与计划生育法律、法规知识竞赛 （区卫计委提供）

2004年，区人口计生委举办“红桥区新生育文化超市”宣传活动 （区卫计委提供）

2006年，区人口计划生育楼门院管理工程启动 （区卫计委提供）

2010年，区人口计生委举办新婚生育知识讲座 （区卫计委提供）

第一章　人口规模与分布

1979年，红桥区总人口为49.88万人，后在自然增长的同时，随着经济社会发展和城市建设不断发生变化，至2010年，总人口为54.23万人。在70年代末，人口分布主要在原街道里巷，从80年代起开辟和建新居民区，后兴建新楼房区，人口分布比较均衡。90年代大面积街区改造和危陋平房改造，至2010年街道人口密度以丁字沽街道最高，三条石街道最低。

第一节　人口总量

1979年，全区总户数为12.85万户，总人口为49.88万人。其中，男性人口25.26万人，女性人口24.62万人。1982年，总户数为14.55万户，总人口52.74万人。1983—1990年，增加3.9万人，年均增长4879人。1990年，总户数为18.41万户，总人口为57.15万人。1995年，总户数为19.67万户，总人口为57.58万人。其中，男性29.1万人，女性28.48万人。2005年，总户数为20.23万户，总人口为55.16万人。其中，男性27.88万人，女性27.28万人。2010年，总户数为20.84万户，总人口为54.23万人。其中，男性27.37万人，女性26.86万人。

1979—2010年红桥区常住人口总人数及增长状况表

表3-1

年份	总户数（户）	总人口数（人）			出生		死亡		自然增长	
		合计	男	女	人数（人）	出生率‰	人数（人）	死亡率‰	人数（人）	增长率‰
1979	128499	498834	252587	246247	4600	9.22	3211	6.44	1389	2.78
1980	133474	512338	259355	252983	5874	11.47	3250	6.34	2624	5.12
1981	139345	519129	263131	255998	7814	15.05	3446	6.64	4368	8.41
1982	145502	527383	267513	259870	10555	20.01	3217	6.10	7338	13.91
1983	151419	533307	270619	262688	10773	20.20	3412	6.40	7361	13.80
1984	157795	542651	275447	267204	10072	18.56	3264	6.01	6808	12.55
1985	162481	547579	278338	269241	8935	16.32	3636	6.64	5299	9.68
1986	165326	553611	281820	271791	8534	15.42	3568	6.44	4966	8.97
1987	170958	557793	284059	273734	8444	15.14	3590	6.44	4854	8.70
1988	176159	559859	284892	274967	7610	13.59	3502	6.26	4108	7.34
1989	179344	565248	287628	277620	7476	13.23	3775	6.68	3701	6.55
1990	184067	571537	290605	280932	5880	10.29	3941	6.90	1939	3.39
1991	186094	573464	291001	282463	3922	6.84	3683	6.42	239	0.42
1992	188148	572132	290009	202123	4243	7.42	4042	7.06	201	0.35
1993	190778	574351	290902	283449	3217	5.60	3849	6.70	−632	−1.10
1994	194170	574847	291385	283462	2865	4.98	3831	6.65	−966	−1.68
1995	196655	575822	291024	284798	2703	4.69	3474	6.03	−771	−1.34
1996	197983	574777	290262	284515	2352	4.09	3591	6.25	−1239	−2.16
1997	199015	573127	289666	283461	2342	4.09	4498	7.85	−2156	−3.76
1998	201369	571193	288856	282337	2470	4.32	4634	8.11	−2164	−3.79
1999	201624	570390	288403	281987	2158	3.78	3162	5.54	−1004	−1.76
2000	199058	560601	283453	277148	2201	3.92	4330	7.71	−2129	−3.79
2001	198541	557915	282299	275616	2234	4.00	3716	6.66	−1482	−2.66
2002	201146	556692	281426	275266	2368	4.25	3427	6.16	−1059	−1.90
2003	201764	555512	280830	274682	2139	3.85	3541	6.37	−1402	−2.52
2004	200953	549631	277763	271868	2448	4.45	3594	6.54	−1146	−2.09
2005	202260	551582	278828	272754	2440	4.42	3564	6.46	−1124	−2.04

续表

年份	总户数（户）	总人口数（人）			出生		死亡		自然增长	
		合计	男	女	人数（人）	出生率‰	人数（人）	死亡率‰	人数（人）	增长率‰
2006	204207	555592	280744	274848	2248	4.03	2894	5.19	-646	-1.16
2007	205642	559071	283663	275408	2179	3.90	2636	4.71	-457	-0.82
2008	207003	553731	280284	273447	2935	5.30	2583	4.66	352	0.64
2009	207781	549778	277897	271881	3116	5.67	2712	4.93	404	0.73
2010	208449	542308	273659	268649	3203	5.91	4504	8.30	-1301	-2.40
合计	5887009	17741785	8988348	8753437	150350	–	114077	–	36273	–

第二节　人口分布　密度

一　分布

70年代末，人口主要分布于原街区。80年代初，开辟咸阳北路、西于庄新居民区和兴建西青道北侧新楼区；80年代末又建设双环邨新区，人口分布渐趋均衡。

1990年，总人口57万人中，西北部人口分布32.34万人，占全区人口56.59%；东南部和西南部人口合计24.81万人，占全区人口43.41%。至1995年，西北部面积为16.67平方千米，占全区总面积78.22%，人口密度为2.02万人/平方千米；东南、西南部面积仅4.64平方千米，占全区总面积21.78%，人口达到23.89万人。90年代大面积街区改建和危陋平房改造，至2000年西南部芥园街道人口数降至1.19万人，而人口在5万人以上街道集中于西北部。2000—2010年，东南部三条石街道、大胡同街道进行街区改建和危陋平房改造，机械变动迁出人口较多，人口比重由2000年的9.15%和5.63%下降至2010年的3.62%和1.55%。

二　密度

1979年，全区人口密度每平方千米（下同）21400人。1980年，为21979人。1990年，为24518人。1995年，为24702人，是32年中人口密度最高的一年。2000年，为24088人。2010年，为23265人。

32年间，除1979年外，从1980年人口总数突破50万人后，至2010年人口密度变化不大。

2010年，街道人口密度以丁字沽街道最高，为39940人；三条石街道最少，为14055人。

2010年红桥区常住人口地区分布与密度统计表

表3-2

地区	人口数（人）	比重（%）		人口密度（人/平方千米）
		2000年	2010年	
全区总计	542308	–	–	23265
西于庄街道	80888	12.62	15.22	20794
双环邨街道	35348	9.34	6.65	32135
咸阳北路街道	74799	14.89	14.07	30909
丁字沽街道	98652	17.80	18.56	39940
西沽街道	86971	10.89	16.36	18233
三条石街道	19255	9.15	3.62	14055
邵公庄街道	54413	10.91	10.24	17440
芥园街道	33212	2.21	6.24	20251
铃铛阁街道	39157	6.56	7.37	35597
大胡同街道	8239	5.63	1.55	16478
和苑新城小区	592	–	0.11	–

第二章 人口变动

80年代初，全区人口机械变动迁出大于自然增长，人口自然增长率逐年下降，至2010年人口自然增长率由1995年的-1.34‰，下降到-2.40‰；人口死亡率8.30‰。1979—2010年全区出生15.04万人、死亡11.41万人，增加4.40万人。人口机械变动70年代末以回迁性迁入为主导，后随着城市改造、建设，迁入迁出成常态。90年代中期起，市内人口净迁移相对稳定。

第一节 自然变动

1982年，人口总量比1964年全国第二次人口普查时减少4669人，人口自然增长5.02万人，迁出人口5.49万人，机械变动迁出大于自然增长。

1983—1990年，增加3.9万人，年均增长4879人。期间，虽有上山下乡知识青年返城、落实政策回迁等许多因素，由于加强人口控制，人口自然增长率逐年下降，由1983年的13.8‰下降到1990年的3.39‰。

1995年，出生人数2703人，出生率4.69‰，死亡人数3474人，死亡率6.03‰。1998年出生人数2470人，出生率4.32‰；1999年出生人数2158人，出生率3.78‰；2003年出生人数2139人，出生率3.85‰。比对出生人数及出生率，1998年最高，1999年出生率最低，2003年出生人数最低。2005年，出生人数2440人，出生率4.42‰，死亡人数3564人，死亡率6.46‰。

2006—2010年，减少15284人，平均每年减少3056人。1996—2010年，人口总量减少32469人，平均每年减少2319人，人口自然增长率由1995年的-1.34‰，下降至2010年的-2.4‰，全区人口呈下降趋势。

2006—2010年出生状况对比：2007年出生人数2179人，出生率3.9‰；2010年出生人数3203人，出生率5.91‰。经比对出生人数及出生率，2010年最高，2007年最低。1996—2010年出生状况总体比对，2010年出生人数及出生率最高，2003年出生人数最低，1999年出生率最低。

1996—2005年死亡状况对比：最高1998年死亡人数4634人，死亡率8.11‰；最低1999年死亡人数3162人，死亡率5.54‰。2006—2010年死亡状况对比，最高2010年死亡人数4504人，死亡率8.3‰；最低2008年死亡人数2583人，死亡率4.66‰。1996—2010年死亡状况总体比对，死亡人数及死亡率1998年最高，2008年最低。

1979—2010年全区出生15.04万人、死亡11.41万人，总计增加4.4万人。

第二节 机械变动

一 市际迁移

1971—1992年，区内净迁移增加6.64万人，相当于1951年总人口40%。迁移增长对象主要是青壮年，迁入比重占全部净迁移增加人口49%。1978年，知识青年选调、病退、困退、顶替等迁入7066人，落实政策迁入422人，净迁移率为15.9‰。1979年，返城回区人员为1.51万人。其中知青选调、病退、困退、顶替1.42万人，落实政策900人，净迁移率为27.2‰。1979—1981年，净移入1.13万人，净移动率为7.4‰，移入状态由于60年代移出人口大量回返造成。

1981—1995年，迁入13.52万人，迁出6.46万人，净迁移增加7.06万人，年平均迁移率为5. 39‰。其中，回返性迁入在70年代后半期占主导地位。1996—2005年，全区迁入2.39万人，平均每年迁入

2389人。迁出1.43万人，平均每年迁出1428人。其中，2005年迁入6352人最多，1996年迁入1151人最少；2004年迁出2271人最多，1999年迁出984人最少。2006—2010年，全区迁入2.91万人，平均每年迁入5823人；迁出2.62万人，平均每年迁出5239人。比较上10年（1996—2005年），迁入人口数多5222人，迁出人口数多1.19万人。其中，2006年迁入9385人最多，2010年迁入3855人最少；2008年迁出6182人最多，2006年迁出3802人最少。

1996—2010年红桥区市际迁移统计表

表3-3 单位：人

年份	迁入	迁出	年份	迁入	迁出
1996	1151	1006	2004	4259	2271
1997	1503	1054	2005	6352	2084
1998	1604	1123	2006	9385	3802
1999	2055	984	2007	4532	4756
2000	1565	1018	2008	4534	6182
2001	2229	1365	2009	6808	6147
2002	1433	1646	2010	3855	5308
2003	1741	1725	合计	53006	40471

二 市内移动

1982—1992年，除了1983年、1984年微量增加外，其余年度净移动减少11.5万人，净移动率为-3‰。1993—1995年，人口净迁移增加6975人，仍为相对稳定的低水平增长阶段，趋于正常。1996—2005年，全区移入25.25万人，平均每年移入2.53万人；移出28.67万人，平均每年移出2.87万人。其中，2005年移入4.67万人最多，1996年移入1.43万人最少；2005年移出4.85万人最多，1996年移出1.55万人最少。2006—2010年，全区移入7.81万人，平均每年移入1.56万人；移出8.55万人，平均每年移出1.71万人。比较上10年（1996—2005年），移入人口数少17.45万人，移出人口数少20.12万人。其中，2006年移入2.17万人最多，2009年移入1.2万人最少；2006年移出2.07万人最多，2007年移出1.36万人最少。

1996—2010年红桥区人口市区移动统计表

表3-4 单位：人

年份	移入	移出	年份	移入	移出
1996	14280	15507	2004	35641	42521
1997	22936	24839	2005	46689	48486
1998	27678	29861	2006	21690	20658
1999	20832	24391	2007	18938	13633
2000	20935	29259	2008	12276	15740
2001	20249	24607	2009	12024	16933
2002	23499	25063	2010	13158	18488
2003	19802	22124	合计	330627	372110

第三章 人口构成

1982—2010年，1982年民族有16个，整体最少；2009年有民族35个，整体最多。2010年，有民族33个，占中华56个民族的58.93%。红桥区为多民族聚居区，除汉族外，回族人口所占比重最大，分布遍及全区各个街道，以春德街、大伙巷街最为集中，有回族居民1.93万人，占全区回族人口总数的42.83%。其他少数民族人口散住在各街道。

第一节 性别 年龄 民族

一 性别构成

1979年，男性25.26万人，占50.64%；女性24.62万人，占49.36%，性别比为102.6:100。1982年，男性26.75万人，占50.72%；女性25.99万人，占49.28%，性别比为102.9:100。1990年，男性29.06万人，占50.85%；女性28.09万人，占49.15%，性别比为103.4:100。1996年，男性29.03万人，占50.5%；女性28.45万人，占49.5%，性别比为102.02:100。2005年，男性27.88万人，占50.55%；女性27.28万人，占49.45%，性别比为102.23:100，比1996年上升0.21个百分点。2006年，男性28.07万人，占50.53%；女性27.48万人，占49.47%，性别比为102.15:100。2010年，男性27.37万人，占50.46%；女性26.86万人，占49.54%，性别比为101.87:100。比2006年下降0.28个百分点，比1996年下降0.15个百分点。1979—2010年，各年度性别比一直稳定在102:100~103:100的水平上。期间历年出生婴儿的性别比，一般在103:100~108:100之间。

1979—2010年红桥区人口性别构成统计表

表3-5

年份	总数(人)	男(人)	比重%	女(人)	比重%	性别比 女=100
1979	498834	252587	50.64	246247	49.36	102.60
1980	512338	259355	50.62	252983	49.38	102.50
1981	519129	263131	50.69	255998	49.31	102.80
1982	527383	267513	50.72	259870	49.28	102.90
1983	533307	270619	50.74	262688	49.26	103.00
1984	542651	275447	50.76	267204	49.24	103.10
1985	547579	278338	50.83	269241	49.17	103.40
1986	553611	281820	50.91	271791	49.09	103.70
1987	557793	284059	50.92	273734	49.08	103.80
1988	559859	284892	50.89	274967	49.11	103.60
1989	565248	287628	50.88	277620	49.12	103.60
1990	571537	290605	50.85	280932	49.15	103.40
1991	573464	291001	50.74	282463	49.26	103.40
1992	572132	290009	50.69	282123	49.31	102.30
1993	574351	290902	50.65	283449	49.35	102.60
1994	575747	291385	50.61	283462	49.39	102.50
1995	575822	291024	50.54	284798	49.46	103.20
1996	574777	290262	50.50	284515	49.50	102.00
1997	573127	289666	50.54	283461	49.46	102.20
1998	571193	288856	50.57	282337	49.43	102.30
1999	570390	288403	50.56	281987	49.44	102.30
2000	561501	283453	50.28	277148	49.36	101.90
2001	557915	282299	50.60	275616	49.40	102.40
2002	556692	281426	50.55	275266	49.45	102.20
2003	555512	280830	50.55	274682	49.45	102.20
2004	549631	277763	50.54	271868	49.46	102.20
2005	551582	278828	50.55	272754	49.45	102.20

续表

年份	总数(人)	男(人)	比重%	女(人)	比重%	性别比 女=100
2006	555592	280744	50.53	274848	49.47	102.10
2007	559071	283663	50.74	275408	49.26	103.00
2008	553731	280284	50.62	273447	49.38	102.50
2009	549778	277897	50.55	271881	49.45	102.20
2010	542308	273659	50.46	268649	49.54	101.90
合计	17741785	8988348	–	8753437	–	–

二　年龄构成

1982年，第三次全国人口普查，区内少年儿童系数为16.91%，比1964年第二次人口普查时少年儿童系数下降27.18%。老年系数为6.12%，比第二次人口普查时老年系数提高2.77%。年龄中位数为28.44岁，比第二次人口普查时年龄中位数后移8.6岁。人口年龄构成由“年轻型”变成“成年型”。1990年，第四次人口普查时，少年儿童系数为19.57%，老年系数为7.57%，年龄中位数为32.71岁，与1982年相比，少年儿童系数回升2.66%，老年系数提高1.45%。人口结构类型仍为“成年型”。1999年，第五次人口普查时，0~14岁人群占总人口数的12.48%；15~64岁人群占总人口数的412739人，占76.56%；65岁以上人群占总人口数的10.96%。2005年总人口55.16万人中，17岁以下人群占总人口数的10.57%；18~34岁人群占总人口数的25.38%；35~59岁人群占总人口数的45.74%；60岁以上人群占总人口数的18.32%。2010年第六次全国人口普查，总人口为54.23万人，男性27.37万人、女性26.86万人。17岁人群占总人口数的7.65%；18~34岁人群占总人口数的25.44%；35~59岁人群占总人口数的44.7%；60岁以上人群占总人口数的22.21%，100周岁以上有12人。2005年与2010年相差5年，两个年度比对。17岁以下：2010年比2005年减少2.92%；18~34岁：2010年比2005年增加0.06%；35~59岁以下：2010年比2005年减少1.04%；60岁以上：2010年比2005年增加3.89%。4个年龄段比对，从整体看35~59周岁人居多占首位，60岁以上老年人略少于18~34岁之间年龄段，逐渐进入老龄化社会。

2010年红桥区常住人口年龄统计表

表3-6　　单位：人

年龄段(周岁)	总人口数	男	女
0-10	23837	12324	11513
11-20	34090	17331	16759
21-30	97503	50789	46714
31-40	55714	29594	26120
41-50	98365	50436	47929
51-60	120170	60391	59779
61-70	50407	25038	25369
71-80	41213	18458	22755
81-90	18189	8050	10139
91-99	2808	1243	1565
100以上	12	5	7
总计人口数	542308	273659	268649

三　民族构成

1982年，区内有16个民族。在总人口中，汉族48.7万人，占总人口的91.87%。少数民族人口4.31万人，占总人口的8.13%。其中，回族4.25万人，满族504人，蒙古族56人，朝鲜族23人，壮族13人，维吾尔族8人，布依族3人，侗族3人，瑶族3人，土家族3人，锡伯族2人，达斡尔族2人，藏族1人，白族1人，俄罗斯族1人。与1964年人口普查时比，民族增加4个，汉族减少2133人，其他少数民族增加169人。

1990年，全区有18个民族。在总人口中，汉族52.76万人，占总人口的91.95%，少数民族人口4.62万人，占总人口的8.05%。红桥区少数民族人口占全市少数民族人口总数22.49%。其中，回族人口所占比重最大，占全区少数民族人口97.53%，占全市回族人口21.3%。其次为满族、蒙古族，人口数分别为841人、151人，分别占全区少数民族人口1.82%、0.32%。朝鲜族53人，维吾尔族30人，壮族22人，藏族12人，土家族11人。另外有9个民族均在10人以下。与1982年人口普查时比，汉族人口增加40589人，民族由16个增为18个，少数民族人口由4.31万人增至4.62万人，净增3066人。

2000年，全区有22个民族。其中，汉族51.47万人、回族4.48万人、满族1544人、蒙古族297人、朝鲜族51人、维吾尔族11人、藏族3人。汉族占全区人口总数91.66%，回族占全区总数7.97%。与1990年人口普查时比，汉族人口减少1.29万人，民族成份由18个增为22个，少数民族人口增加660人。

2010年，全区有33个民族。其中，汉族49.51万人、回族4.38万人、满族2323人、蒙古族542人、朝鲜族135人、壮族87人、苗族36人、瑶族17人、维吾尔族12人、藏族10人。汉族占全区人口总数的91.3%、回族占全区人口总数的8.08%。与2000年人口普查时比，汉族人口减少19537人，少数民族增加344人。

2010年红桥区民族构成统计表

表3-7

民族	户数(户)	人口数(人)			民族	户数(户)	人口数(人)		
		合计	男	女			合计	男	女
总 计	208382	542305	273657	268648	傣 族	0	2	1	1
汉 族	190984	495139	250166	244973	黎 族	4	21	10	11
蒙古族	84	542	285	257	佤 族	0	1	0	1
回 族	16755	43836	21762	22074	畲 族	0	4	2	2
藏 族	2	10	6	4	东乡族	0	1	1	0
维吾尔族	3	12	4	8	纳西族	0	2	1	1
苗 族	5	36	21	15	景颇族	0	1	1	0
壮 族	15	87	53	34	土 族	0	3	1	2
彝 族	1	8	4	4	达斡尔族	3	22	12	10
布依族	0	14	11	3	仫佬族	1	2	1	1
朝鲜族	33	135	71	64	羌 族	0	1	1	0
满 族	474	2323	1186	1137	仡佬族	0	1	1	0
侗 族	0	8	5	3	锡伯族	2	9	5	4
瑶 族	1	17	8	9	俄罗斯族	1	4	1	3
白 族	2	10	4	6	鄂温克族	1	1	0	1
土家族	11	51	31	20	鄂伦春族	0	2	2	0
哈萨克族	0	1	0	1	基诺族	0	1	1	0

第二节 职 业

一 行业分布

1990年，人口普查全区劳动年龄人口为37.51万人。在业人口为32.21万人，占总人口的56.14%；占劳动年龄人口85.87%。其中男性17.88万人，占在业人口的55.52%，女性14.33万人，占在业人口的44.48%。在业总人口男女性别比为124.83∶100。

在业人口按行业分：从事农、林、牧、渔和工业、建筑业及其他行业21.11万人，占在业总人口的65.53%；从事交通运输、邮电通信、饮食服务、物资储运、房地产及卫生、体育、福利、教育、文化艺术、广播电视、科研、综合技术服务、金融保险、党政机关、群众团体等行业在业人口11.1万人，占在业总人口的34.47%。

各行业在业人口的比重为：农、林、牧、渔和水利业1148人，占在业总人口的0.36%；工业19.62万人，占在业总人口的60.92%；建筑业1.36万人，占在业总人口的4.24%；地质和勘探业36人，占在业总人口的0.01%；交通运输、邮电通信业1.34万人，占在业总人口的4.16%；商业饮食、物资供销和仓储业3.91万人，占在业总人口的12.15%；教育、文化艺术和广播电视业1.74万人，占在业总人口的5.4%；党政机关、群众团体1.3万人，占在业总人口的4.04%；卫生、体育和社会福利事业5859人，占在业总人口的1.82%；房地产、公用事业、居民服务和咨询服务业1.51万人，占在业总人口的4.69%；金融保险业1680人，占在业总人口的0.52%；科学研究和综合技术服务事业5472人，占在业总人口的1.7%。

2000年10%人口普查数据资料汇总显示：在15岁及以上的4.35万人中，在业人口有1.91万人，占43.8%；未工作人口有2.44万人，占56.2%。在业人口中，从事第一产业人口有32人，占0.2%；从事第二产业的人口有9892人，占51.9%；从事第三产业人口有9140人，占47.9%。与第四次人口普查相比，有工作人口比重下降26个百分点；未工作人口比重则上升26个百分点。从事第一产业人口比重下降0.2个百分点；从事第二产业人口比重下降13.3个百分点；从事第三产业人口比重则上升13.5个百分点。

二　职业分布

1990年，在业人口按职业分，共8个大类，各类专业技术人员5.27万人，占在业总人口的16.36%；党政机关、群众团体、企事业单位负责人1.5万人，占4.65%；办事人员和有关人员1.7万人，占5.27%；商业工作人员2.79万人，占8.68%；服务性工作人员3.16万人，占9.83%；农林牧渔劳动者580人，占0.18%；生产运输及有关人员17.7万人，占54.96%；其他劳动者276人，占0.08%。

2000年，从各职业人口分布情况看：在国家机关、党群组织工作和担任企、事业单位负责人的人口有708人，占3.7%；各类专业技术人员有3258人，占17.1%；从事商业服务人员有4857人，占25.5%；从事其他职业人口有1.02万人，占53.7%。

2010年10%的人口普查数据资料汇总显示：在16岁及以上的4.49万人中，参与经济活动人口2.12万人，非经济活动人口2.36万人，劳动参与率47.3%。在16岁及以上的人口中，就业人口1.91万人，就业人口比例为42.7%。在经济活动人口中，在业人口1.91万人，失业人口2101人，失业率9.89%。在非经济活动人口中，离退休人口1.4万人，占59.3%；在校学生4604人，占19.5%；料理家务人口1517人，占6.4%；丧失劳动能力人口720人，占3%；因各种原因未工作人口2779人，占11.8%。

第四章　人口控制

1979—1990年，计划生育以严格控制人口增长为主。2000—2010年，人口出生一直保持低生育水平。进入21世纪，计划生育政策进行方向性调整，统筹解决人口问题，由单纯控制人口数量，转变为提高人口素质、注重人的全面发展。通过加强人口政策、科学知识、婚育观念宣传教育，引导群众自觉实行计划生育，树立晚婚晚育、少生优生的婚育观念。同时，计划生育服务不断完善，使20余万人享受到科学规范的优生优育、生殖健康等计划生育服务。32年间，全区人口生产类型实现从高出生、低死亡、高增长向低出生、低死亡、低增长转变，有效缓解人口过快增长对区域经济、社会发展带来的压力。

第一节 机 构

一 计划生育委员会

1978年，红桥区计划生育领导小组成立（1984年撤销，1987年恢复）。1982年，设立计划生育办公室（简称区计生办），为区政府直属科室。1987年，成立计划生育委员会（简称计生委），内设办公室、宣教科、基层工作科，保留原计生办行政编制7人、事业编制4人。1990年，增加行政编制3人。1989年，建立药具管理站，为计生委下属事业单位。1997年，基层工作科调整为法规管理科。是年，增设技术服务科。

2002年，更名为人口和计划生育委员会（简称人口计生委），内设办公室、法规管理科、宣传教育科、药具管理站。行政编制10名、事业编制4名。至2010年，未发生变化。

二 计划生育协会

1984年，区计划生育协会成立。1987年，部分街道建基层计划生育协会。1991年，区内15个街、20个局、37个居委会和68个基层单位建立计生协会，会员1.7万人。1997年，在大胡同小百批发商厦建立流动人口计划生育协会。2007年，建立私营企业计划生育协会和社区流动人口协会。2010年，全区有195个计划生育协会，会员3.75万人、会员小组7769个、会员联系户8.54万户。

第二节 政策法规

一 奖励政策

1979年，落实天津市《关于计划生育问题的补充规定》有关奖励一胎，提倡晚婚、晚育、少生、优生。1982年，推广教育局经验，对新领取“独生子女证”教职工一次性奖励20元。是年，各基层单位召开表彰会，对领证人员给予一次性奖励，“六一”儿童节为独生子女赠送纪念品、儿童玩具食品等，街道在安排待业青年劳动、就业时对领证青年给予照顾。1990年，推行晚婚、晚育、少生、优生。1992年，对响应晚婚晚育者给予精神和物质奖励。

2006年，对待业、残疾、特困育龄人群，流动人口，实行免费康检和手术费减免。2007年，实施“生殖健康真情关爱行动”。2008年，教育、民政、劳动保障、残联相继出台有关政策对计划生育家庭实行优先优惠，启动计划生育家庭特别扶助，发放特别扶助金。至2010年，累计发放扶助金814.27万元。

二 惩处政策

1982年，实行对未经批准生育二胎的教职工实行行政处分、扣发工资、不予调资升级等措施。1988年，制订超生子女费的征收及管理使用问题的有关规定。1990年，推行减少超计划怀孕，禁止超计划和非婚生育，对超计划生育单位、非婚生育者处以罚款，其中国家干部和职工超生给予行政处分。1991年，建立三级监督网，举报计划外怀孕奖励机制。1999年，超生费按照收支两条线规定上缴财政。依照法律程序征收生育费，对确有困难的家庭，根据经济实力可分期征收。对确有困难又能主动落实长效措施的，经本人申请批准后减免。2003年，实行计划生育有奖举报制度和计划生育行政责任追究制度。

第三节　宣传教育

一　人口理论教育

1979—1983年，开展国策国情宣传教育活动。1984年，聘请专家学者讲座。1985—1992年，人口理论教育普及到基层。1993年，区委党校和34所基层党校把人口教育纳入教学计划，在9所高中、3所职校开设人口理论课。

1999年，建立区委宣传部、党校和计生委联席会制度。2000年，收编18篇论文，出版《红桥区人口理论论文集》作为计生系统干部学习教材。2003年，成立区人口发展理论研究会。2005年，出版《人口理论简明教程》。2007年，举办人口发展问题论坛，完成研究成果54篇。2010年，建立人口理论教育师资信息库。

二　社会宣传

1979年，落实“一对夫妻只生一个孩子”要求，1.08万对夫妻领取独生子女证，全区93.66%的育龄妇女落实节育措施。1984年，人口出生情况得到有效控制。1987年，编印《婚育知识手册》，开办婚前教育讲座并扩大为婚前教育学校。1988年，9000人接受婚前教育。

1991年，落实区、街两级教员145人，党校教员34人，对党员干部进行国情国策教育。1992年，组织随访慰问育龄妇女。1993年，15个街组建婚育学校。1994年，丁字沽工人新村街开办家庭教育中心。1997年，组织生殖健康“华联杯”和“恩威杯”知识竞赛。1999年，启动“婚育新风进万家”活动。组建142名宣讲员入户，宣传计划生育政策、婚育知识。

照3-1　2010年，区人口计生委在凯莱赛商场前开展“甜蜜的事业，辉煌的历程”千人签名大型宣传活动　（区卫计委提供）

2003—2005年，开展第二轮“婚育新风进万家”活动，联合治理非医学需要的胎儿性别鉴定和有性别选择的人工终止妊娠行为。2006—2010年，开展第三轮“婚育新风进万家”活动。2009年，创刊《红桥人口文化报》。2010年，编印女性疾病防控宣传册3万份、《新婚必读》等系列读本3万册，印制10种宣传折页10万份，发放8种宣传品5万份。

第四节　计划生育管理

一　基层管理

1983年，由街办事处负责户口在管界的育龄妇女、基层单位负责职工计划生育工作。全区282个居委会中258个达到无计划外生育标准，17个局、公司、总店，324个基层单位中311个达标，139个达到无计划外生育。至1993年，全区15个街，19个局、公司全部达标。

1991年，解决辖区无上级主管单位的下岗、人户分离育龄妇女管理问题，实行居委会计生主任对育龄妇女访视、送药、宣传服务上门，每月各街和派出所、卫生院核对人口出生和户口变动情况等制度。1992年，在三条石街实现各种制度、文件材料管理档案化、制度化、经常化试点，召开现场会，在全区推行，对1.9万余人户分离的育龄妇女落实管理。1993年，确定小西关街为区域化管理试点，探索对育龄人员实行户籍地管理与企事业单位属地管理相结合机制。1994年，开展企业基本情况调查，区内有市管单位426个、育龄妇女5.06万人，区属单位1137个、育龄妇女2.24万人，对育龄妇女登记造册，建立基础台账，出台无上级主管单位计划生育管理意见，街道与企事业单位签订责任状，对下岗及市、区管企事业单位育龄群众计划生育管理，逐步实行区域化管理。1996年，对人户分离、下岗育龄职工计划生育管理现状，流动人口、历年计划外生育处罚情况，育龄妇女现居住地管理，城郊接合部农业大队计划生育情况，新建居民区计划生育现状等开展调查研究，印发加强区域化管理意见、加强拆迁片育龄妇女计划生育管理意见、加强城乡接合部地区计划生育管理的意见。实行户籍地街道委托居住地街道代管区内户居分离中无业、个体和再婚育龄妇女孕情、药具供应、节育措施落实等管理服务，户籍地负责发放一孩生育服务证、审批计划内二孩及资料保管，委托方和代管方加强信息交换共同管理。1997年，在婚姻登记处设计划生育服务岗，对结婚登记的群众建立计划生育卡片，发放"计划生育服务证"，开展咨询服务。建立街、居两级委托代管信息传递记录，制订实行区内委托代管意见，将人户分离育龄妇女全部纳入委托代管范围，对676人建账立卡、纳入管理。1998年，制订物业小区人户分离、空挂户管理意见，实行现居住地管理。

2003年，计划生育内容、要求、标准纳入《居民自治章程》，119个居委会实行居民计划生育自治。2004年，社区全部实行自治。2007年，城乡接合部将红桥区户籍未纳入区域管理的人员落实管理。2010年，开展创建人口和计划生育示范社区活动，评选示范社区25个，邵公庄街道仁爱社区被评为国家级人口和计划生育基层群众自治示范社区。

二　目标管理

1988年，实行目标管理责任制，每3年为一轮承包周期，局、公司计划外生育由1987年的10例减少为2例。1989年，计划生育工作正式列入各单位、各部门工作目标之一，纳入年终考核。1992年，计划生育工作实行"一票否决制"。2001年，各街道办事处与界内的市、区管及其他类型的单位签订《计划生育目标管理责任书》，落实企业法定代表人责任制。至2002年，766家区域化管理单位落实签状。2003—2010年，除责任书外，另发评估细则，按内容逐项考核具体工作。

照3-2　2007年10月，红桥区开展计划生育业务知识培训　（区卫计委提供）

2004年始，每年进行半年人口和计划生育形势分析，研究、预测全年人口发展趋势。2005年，增加新婚情况分析，开始预测未来人口发展趋势，主要针对新婚生育旺盛期育龄妇女（20~29岁）变化情况。2008年，增加征集计划外生育情况。2009年，征集情况调整为政策内二孩审批情况，增加已婚育龄妇女信息系统应用、计划生育家庭特别扶助工作，增加对人口流动与转移、老龄人口高峰的预测。2010年，加强全员人口信息化建设，每年分析人口形势，查找存在问题及原因予以解决。

三　育龄人口统计

1988年，全国妇女生育节育抽样调查，对区内重点育龄妇女947人开展调查。全区13个样本点全部达到国家、市级规定标准。1999年始，每10年进行一次出生人口统计清理清查。清理清查1990—1998年全区出生人口、党员干部超生、计划外生育费的征收与使用等情况，登记出生人口2.92万人。

2005年，清理清查2000年10月1日至2005年9月30日出生人口，对已生育育龄妇女登记造册。2009年，清理清查2000—2009年出生人口，清查计划内外一孩、二孩、多孩1.42万人。

1979—2010年红桥区育龄和计划生育统计表

表3-8

年份	已婚育龄妇女人数（人）	计划生育率（%）	女性初婚人数（人）	晚婚率（%）	领取独生子女证人数（人）	独生子女领证率（%）
1979	56224	95.98	7853	98.84	10803	19.01
1980	63914	98.98	7685	98.50	17921	28.04
1981	71833	98.47	15482	88.01	25136	34.99
1982	78261	99.68	10537	83.94	34431	44.00
1983	71648	99.92	10464	81.36	41519	57.95
1984	78745	99.86	9106	79.31	49857	63.31
1985	83396	99.86	6153	72.76	57088	68.45
1986	88367	99.67	7096	78.82	61009	69.14
1987	93203	99.67	–	–	68064	73.03
1988	94266	99.58	–	–	74582	80.07
1989	96199	99.64	5366	76.48	80034	83.20
1990	103636	99.81	3996	70.55	88046	84.96
1991	105433	99.84	4539	66.70	90358	85.70
1992	112595	99.90	3603	67.17	91101	80.91
1993	122530	99.88	2940	74.66	95714	78.11
1994	127348	99.77	2827	75.88	98064	77.00
1995	127365	99.75	2650	79.25	94954	74.55
1996	–	99.83	2578	85.61	–	–
1997	125642	99.62	2389	83.13	84665	67.39
1998	126007	99.54	2491	81.85	80311	63.74
1999	122837	99.34	2248	84.21	80358	65.42
2000	119604	99.50	2389	85.06	73430	61.39
2001	118683	99.39	2294	84.22	64951	54.73
2002	118027	99.29	2260	83.98	62132	52.64
2003	109288	99.25	2023	83.93	–	–
2004	107426	99.42	2897	87.78	–	–
2005	103695	99.65	2411	85.36	–	–
2006	93943	99.34	3297	90.08	–	–
2007	94047	99.85	3625	88.69	–	–
2008	93148	99.82	3886	91.53	–	–
2009	91405	99.67	4117	93.39	–	–
2010	87911	99.61	3686	92.84	–	–

四 流动人口管理

1992年，制订流动人口计划生育管理办法。1993年，为户籍在红桥区、长期外出的育龄妇女26人发放“婚育登记证”。1994年，实行流动人口育龄妇女登记、发证、收费、管理和服务工作经常化。1997年，大胡同小百货批发商厦市场计划生育协会组织流动人口自我管理、服务。1999年，以“流动人口计划生育服务证”替代“天津市流动人口婚育登记证”。

2002年，建立以流入地管理为主的流动人口计划生育管理服务机制。2003年，建立区属五大医院每季度向人口计生委报送流动人口出生情况和信息反馈制度。2004年，对流动人口实行送药具、送服务、送宣传、送政策上门，列入康检、孕检范围。2006年，建立流动人口综合维权、服务、管理制度。2009年，向流动人口提供与户籍人口同等免费计划生育服务。

照3-3 2009年6月，区人口计生委和区司法局在西站建设工地联合举办“法律进工地，服务建设者，人民调解在身边”宣传活动（区卫计委提供）

五 区域协作管理

2003年，建立流动人口省际流入情况月报制度，实现跨省市流动人口计划生育信息的异地交流、查询。2008年，建立户籍地与现居住地流动人口双向管理机制，与浙江省台州市签署《流动人口计划生育区域合作协议书》。至2010年，与12个省市地区签订《流动人口计划生育双向协作协议》，双向协作、信息交换、通报制度不断完善，利用专业系统录入流出、流入人口信息3805条，反馈信息1232条。

六 信息化建设

1995年，实行计算机统计管理。1996年，全区10个街办事处置办计算机，清理育龄妇女卡片。1997年，15个街道办事处分期分批落实计算机统计管理的工作目标。1998年，各街道办事处进行录入、计算机调试验收正式报表。2005年，实现区街两级计算机联网。2007年，启动已婚育龄妇女信息系统，核查、补充转换、录入15万条15~49岁育龄妇女基础信息。2008年，实现市、区、街三级联网。2009年，启动全员人口信息管理系统基础信息采集。2009—2010年，各街道办事处采集录入户籍人口、已婚育龄妇女（含外嫁入）、流动人口基础信息66万余条。

照3-4 2009年，红桥区全员人口信息采集工作启动会现场（区卫计委提供）

第五节　技术服务

一　优生优育

1979—1982年，逐步开展优生优育工作。1983—1990年，开展婚前卫生，新婚、孕前保健，优生、优育教育。1991年，开始开办婚前、孕期保健班。1997年，开展新婚期、孕产期、哺乳期、育儿期等知识培训。2001年，开展出生缺陷干预工程。为孕妇检测弓形虫、风疹病毒，提升至“四毒”（风疹病毒、巨细胞病毒、带状疱疹、弓形虫）检测。跟踪监测孕妇患者。2004—2009年，为8000余名孕妇进行“四毒”检测。2010年，开展优生促进工程，为3180对新婚、孕期人员和生育过病残儿以及35岁以上准备怀孕的高危人群，进行优生优育科学指导，建立高危人群档案86份，为2332名孕妇进行孕前优生健康筛查。

照3-5　2010年5月，区人口计生委开展纪念中国计划生育协会成立三十周年宣传活动

（区卫计委提供）

二　生殖健康

1980年，开展孕情普查，计划生育由孕后型管理转向孕前型管理。1990年，加强群众生殖健康服务。1996年，开始进行宫内节育器监测、孕情普查。1997年，孕情普查提升至生殖健康检查。同时开设男性讲座及门诊，更年期咨询、治疗门诊，向流动人口提供孕情监测及出具证明等服务。

2001年，落实避孕节育知情选择、生殖道感染防治、出生缺陷干预工程。2005年，建立“检查、指导、预防、治疗”全程服务模式。2008年，开办惠民健康大讲堂，设置出生缺陷预防、孕产期保健等课程。2001—2009年，为育龄群众查体服务16.6万人次。

2010年，开展生殖健康促进工程。为育龄妇女免费查体8628人次，男性查体502人次，育龄群众免费享受基本项目技术服务率100%。为流动人口提供免费查体和孕期检查服务788人次。

红桥区志

第四编

城市建设

1979—2010年，红桥区城市建设发生巨大变化，实施大规模平房改造工程，城区高楼林立，面貌一新，尽显现代化大都市风采。

70年代末，住宅建设步伐有所加快。由于1976年唐山地震波及，区内部分住宅受到损坏，随即建起一批抗震楼，多为4至6层，少量沿街楼房最高为8层。80年代，住宅楼建设进入高峰，建住宅楼828座。其中，咸阳北路街住宅小区设计为庭院式楼房住宅，庭院广铺绿地，楼群中央建花园，成为全国住宅建设的典范。这一时期住宅建设数量超过中华人民共和国成立后30年住宅建设的总和。城市建设经历“抗震恢复重建”“三级跳坑改造”“危楼房屋改造”“平房改造”几个阶段，解困房住宅建设向综合大型居民区发展，桃花园南里住宅楼45座。80年代后期，在实施平房改造工程中，对多处平房进行拆除，改建楼房。90年代初期，制订“力争用五至七年的时间基本完成市区成片危陋房屋改造”目标，开始大规模危陋平房改造，全区列入危改房屋27片177万平方米，大量住宅房和企业拆迁，于计划时间内完成既定目标。21世纪前10年，建筑面积673万平方米，住宅楼建设总面积超过八九十年代建设的总和。在大规模城市建设的同时，按照城区总体规划，开始调整土地布局，规划各类产业园区，利用土地置换解决企业污染问题。配备各种设施对建设环境合理布局和美化、绿化。

2010年，市容改造后的先春园居住区　　（区委宣传部提供）

2010年，新建的西站西大桥
（区委宣传部提供）

2010年，平改坡工程完工后的居住区（区委宣传部提供）

2010年，西于庄、西沽地区全貌　　（张凡摄

第一章 城区规划

1985—2010年，红桥区城区规划进入新的历史阶段，成立专门机构，职能数次调整，作为常设机构主要承担城市规划管理。在全市总体规划框架内，全区实施总体和分区规划，制订控制性和修建性详细规划，定位为区域交通枢纽、市级商务商业副中心、滨水宜居城区，“一心、双核、五带、八区”的功能布局。规划发展目标、规模和空间，为城区长远发展制订出蓝图。期间，对区内地名进行普查，出版《天津市地名志·红桥区卷》，地名管理进入常态化。

第一节 机 构

1985年，组建红桥区规划管理处，作为天津市规划局的派出机构，负责城市规划管理工作。内设综合管理科、规划管理科、建设管理科、地证管理科、土地市场管理科、监察科。1987年，增加土地管理职能，更名为红桥区规划土地管理处，作为市规划土地管理局派出机构。1998年，规划管理科和建设管理科合并，成立规划建设管理科。2000年，更名为红桥区规划和国土资源处。是年，监察科划归红桥区城市管理综合执法大队，新组建证后管理和监察科。2006年，红桥区规划和国土资源处变更为红桥区规划处，国土资源管理职能移出，划归市房管局。地证管理科、土地市场管理科划归市区国土资源分局。2008年，规划处更名为红桥区规划分局，受市规划局和区政府双重领导。业务管理和处级干部任免由市规划局负责；人事和财务接受区政府管理。2009年，地名管理职能由区建委划归规划分局。2010年，分局内设办公室、综合业务科（地名管理科）、规划管理科、建设用地科、建设管理科（市政工程科）、执法监察科（信访办公室）。

第二节 城市规划

一 总体规划

1985年，在天津市城市总体规划方案中，红桥区作为外围区6个综合分区之一的西北区，丁字沽被列入外围区的重点商业中心。北马路、估衣街等作为恢复有传统特点的原有商业街和地段。

1999年，公共设施规划重点是建设西站市级商业中心和丁字沽区级中心。适当压缩西站西仓储用地。规划建设南运河、北运河绿化带。估衣街规划为传统商业风貌保护区。

2006年，公共设施规划在子牙河湾、西沽和西站地区，依托优越的交通和环境优势，建设以文化、商贸与商务职能为主的综合性市级副中心；丁字沽为区级副中心。重点规划大胡同小商品世界市级商贸区和西站市级商务区。西站规划为京沪高铁引入站和津秦高铁出线站。规划估衣街历史文化保护区。

二 分区规划

1990年，进行分区规划提高红桥区各项城市功能，严格控制和疏解行政区人口，统筹安排逐步实施，调整土地使用功能，完善和改造基础设施，增加住宅、公建、绿化、道路用地，发展轻机加工、第三产业、住宅、商业、城乡贸易、信息服务、技术开发，有利生产方便生活。

红桥综合分区位于市区西北部，由现红桥行政区全部和外环线内属北辰区、西青区的部分地区构成，东起海河，西、北至外环线，南到老铁桥大街、北马路、西关外大街，辖15个街、320个居委会、21个自然村（其中西青区1个，北辰区20个）、两个镇（天穆、北仓），红桥行政区占地21.28平方千米，综合分区规划占地66.59平方千米，人口66.17万人，规划人口54万人。规划向南开、河北综合分区疏解人口12.17万人。

2010年，综合分区规划结构为天穆分区以京山铁路、北运河、普济河道、外环线为界，规划用地2275.5万平方米，主要发展成工业区、住宅区；西横堤外分区以北运河、外环线、子牙河为界，规划用地2256万平方米，主要发展成居住区、高教区；丁字沽分区以北运河、千里堤、津浦线为界，规划用地1353万平方米，主要发展成区行政中心、住宅区；西站分区以海河、千里堤、北马路、津浦线、南运河为界，规划用地775万平方米，主要发展成民族工业区、商业区。

2010年红桥区综合分区居住区规划统计表

表4-1

居住区名称	居住用地（万平方米）	建筑面积（万平方米）	规划人口（万人）	容积率（万平方米/公顷）	建筑密度（%）	平均层数	居住水平（平方米/人）
新村居住区	29.30	40.33	2.24	1.38	24.80	5.54	9
丁字沽居住区	45.84	70.39	3.94	1.55	24.50	6.27	9
西于庄居住区	60.83	78.85	4.36	1.29	22	6	9
西沽居住区	22.33	42.62	2.37	1.91	33	5.80	9
咸阳北居住区	50.52	73.29	4.07	1.45	24.20	6	9
三河居住区	37.08	63.93	3.76	1.72	28.70	6	8.50
邵公庄居住区	65.02	108.91	6.41	1.68	28	6	8.50
先春园居住区	25.71	63.47	3.73	2.47	41.10	6	8.50
两大居住区	29.19	42.68	2.51	1.46	20	6.30	8.50
小南居住区	50.42	87.56	5.15	1.74	27.50	6.30	8.50
怡和村居住区	87.20	104.65	5.23	1.20	20	6	10
横堤外一区	67.10	79.66	3.98	1.18	20	6	10
横堤外二区	34	40.80	2.04	1.20	20	6	10
横堤外三区	39.50	47.40	2.37	1.20	20	6	10
横堤外四区	38.90	46.68	2.33	1.20	20	6	10

1999年，分区规划以子牙河为界限将行政辖区划分为南北两个部分即：(02~1)(02~2)。发展目标和规模：红桥分区（02~1）四至范围：北至北运河，东至北运河、西至天平北路，规划用地9.88平方千米。发展目标，充分发挥区域优势以总体规划为依据以现状为基础，将分区建成为行政、办公、文化、教育中心，旅游，居住环境优美的分区，人口规模16.12万人。

空间结构：根据红桥区(02~1)全区的区位特征及天津市城市总体规划对红桥区(02~1)分区要求，未来的红桥区（02~1）是“两岸、两心、三线”为依据的发展格局。两岸：北运河南岸及子牙河北岸风景景观轴线。两心：光荣道、咸阳北路交口处地区商业中心和凯莱赛商城、泛洋商城地区区级商业中心。三线：丁字沽三号路、光荣道、勤俭道三条发展轴线。功能布局：行政、文娱、旅游区，文教科研区、高新技术工业区、居住区。

红桥分区（02~2）四至范围：东侧至海河，南侧至北马路，西关大街，西侧至西横堤南路，北侧至子牙河。总占地为11.35平方千米。

发展目标和规模：将分区建设成为市级商务、交通副中心，辐射华北地区的小商品集散地，居住环境优美的分区，规划人口22万人。

空间结构：根据红桥区(02~2)分区的区位特征及天津市城市总体规划对红桥区(02~2)分区要求，未来红桥区(02~2)呈现“三岸、两心、三线”为依托的发展格局。三岸：南运河两岸及子牙河南岸风景景观轴线。两心：大胡同商贸区物资集散中心和天津西站交通副中心。三线：西青道、红旗路、河北大街三条发展轴线。功能布局：商贸物资集散中心、交通副中心、新型居住区。

2010年，综合分区商业街有大丰路民族商业街，建设项目有大型民族饭店、综合商场；西关街商业街，建设项目为大型公建一条街；咸阳路西青道商业街，建设项目为大型商业市场；河北大街商业街，建设项目为大型商业楼群；红桥北大街商肆，建设项目为大型综合性商贸大楼。

三 控制性详细规划

1990年，河北大街、西站前、丁字沽进行控制性详细规划的试点与编制工作，规划用地面积最小14万平方米，最大1平方千米。

2000年，控制性详细规划将全区划分为18个控规性详细规划单元，总规划面积20.77平方千米，每个规划单元以文本方式制订总则、土地使用性质、土地开发强度、配套设施、道路交通、道路沿线、建筑退让、城市绿化及绿化带、建筑高度控制、城市设计要求及其他有关规定组成，成为城市建设管理和开发建设规划编制依据。

2005年，控制性详细规划采取现状调查、条块结合，提出控制性详细规划修编意见，进一步明确红桥区功能定位。

2008年，对控制性详细规划进行修编。对202个地块提出修编意见，占全区949个控规地块的21.3%。全区调整用地性质40个地块，89万平方米。对5个地区进行城市设计。有96个地块提高容积率指标，规划平均容积率为1.7。79个地块增加各类区街级配套设施。安排76处中小学和幼儿园用地；安排社区医院9座，社区卫生服务站36个；安排9个集体健身、文化娱乐和商业服务功能为一体的街道综合文体中心；安排区社区服务中心1处，街道社区服务12处，敬老院12座；安排社区居委会109个；安排菜市场36座。此外还对环卫市政园林、文教卫生、公安消防中心交通等基础设施重新进行安排。

四 修建性详细规划

（一）居住区详细规划 80年代后期和90年代，区内建造商品房的规划布局大多采用大院式，增加转角单元以提高出房率，住宅层数增加到8层。

1986年，开始筹划平房改造规划，1987年进行具体规划，至1989年完成500万平方米的详细规划。2007—2010年，开发建设成片商品房，南头窑地区的万华里、睦华里，海河三岔河口地区的北开花园、金领花园、尚都家园建成入住。虹都名苑、西河名邸等商品房根据规划开工建设。2008年，和苑新城项目总规划用地面积70万平方米，规划可用地面积56.26万平方米，规划总建筑面积144万平方米，其中住宅面积100万平方米，可安置1.8万户，居住人口约5万人。

1991—2007年红桥区规划编制修建性详细规划成果一览表

表4-2

序号	项目名称	占地（平方米）	建筑面积（平方米）
1	西于庄子牙里西住宅规划	-	11500
2	天津工业缝纫机厂住宅规划	12000	7218
3	河北工学院宿舍区规划	28150	65320.50
4	红星小学旁平房改造	1215	3240
5	八塑改建住宅规划	5000	9367
6	营门西马路南侧平改住宅规划	7000	17332.60
7	南运河南路住宅规划	5300	23286
8	西沽仁和里调整住宅规划	14000	8500
9	丁字沽七段规划	5600	9640.92
10	小西关四玻璃改建住宅规划	7000	5500

续表

序号	项目名称	占地（平方米）	建筑面积（平方米）
11	河北大街二一三街坊	31600	143662
12	小西关教军场规划	4000	22000
13	华北木材住宅规划	25500	52500
14	天津商学院住宅规划	9500	54956
15	西于庄详细规划	13630	30797
	合计	169495	464820.02

（二）工业区详细规划　1987年，重新制订29个工业街坊。划定的原则是：在内环线以内地区不划工业街坊，在内环线以外地区将现状工业较多并有发展的独立工业集中地段划为工业街坊，进行定量规划，对工业街坊内其他用地，在允许的范围内可以适当为工业让步，作为规划工业发展用地。

（三）重点地段、重点工程详细规划　1981年，海河轴线规划沿线包含红桥区大胡同地区，保留及发展传统和地方特色的商业街、商业点。拓宽沿河两岸道路，同时组织水上客运以分担陆地交通量。在大型公共建筑附近安排停车场。至1990年，对中环线沿线综合规划。

五　城市设计

2008年，总体城市设计将红桥区定位为：区域交通枢纽、市级商务商业副中心、滨水宜居城区。确定红桥区“一心、双核、五带、八区”功能布局。一心，即西站地区市级商务商业副中心；双核，即大胡同商贸流通中心和光荣道科技产业园；五带，即北运河历史文化景观带，光荣道综合经济发展带，子牙河行政、休闲、文化带，西青道交通发展辐射带，南运河生态滨水宜居带；八区，即西站副中心片区、大胡同商贸流通片区、芥园道金融滨水居住片区、西沽潞河风情片区、丁字沽居住片区、光荣道科技产业片区、子牙河文化休闲服务区、西青道居住片区。

第三节　地名管理

一　机构

1981年，成立地名普查领导小组，隶属区政府，下设办公室，行政编制3人，后增加至4人。为政府地名标准化的行政管理部门，初设在区城建局，1984年归属区规划处，1986年归属区建委。1990年，撤销地名领导小组及办公室，成立区地名委员会，下设办公室。2008年，归属区规划分局。

二　地名普查

1982年，成立地名普查领导小组顾问组，开展地名普查工作。1988年始，收集首次地名普查漏查的地名，更新补充已有地名资料变化、缺项，1989年完成。地名补查更新总条数2115条，其中第一次地名普查漏查地名45条，新增地名289条，资料更新地名1673条，未变地名41条。另外，有67条地名注销。

三　地名编辑出版物

1986年开始编辑《红桥区地名录》，下限为1986年，1988年出版。

该书收录标准名称2441条，其中行政区划名称326条（包括居委会），街道165条，胡同里巷1248条，区片12条，居民区113条，行政单位44条，事业单位181条，企业单位302条，历史地名2条，古遗址6条，寺庙4条，纪念地2条，桥梁15条，河流4条，渡口2条，游览地文化场所10条，建筑物

2条，地道2条。收录红桥区标准地名图1幅，各街办事处标准地名图15幅，多幅地名照片等。

《天津市地名志·红桥区卷》分册，以全国1987年地名补查和资料更新红桥区成果为基础编辑成书。下限为1993年12月31日。收录各类地名2996条，每条地名都有文字介绍，是一部翔实的地名工具书。该书于1997年6月出版。

第二章 城区住宅改造

2003—2009年，红桥区对旧楼房实施改造工程，主要进行住宅小区综合整修，改善居住环境和文体活动场所，添置设施。对基础较好的楼房进行接层改造，扩充空间利用率。实施建筑物“平改坡”改造工程。近200幢平顶楼房改成更利于保温和泄水的坡顶。这些工程的实施，使社区环境和居民生活条件都得到改善。

第一节 楼房接层与旧楼改造

一 楼房接层

1991年，在全市率先引进楼房接层技术，对旧楼中一部分设计合理、施工质量较好、具备接层潜力的建筑，进行技术鉴定和可行性研究，实施接层，大胡同小马路1、2号和12号楼为接层工程试点，将原来5层平顶油毡屋面改为6层坡屋顶瓦屋面。对接层下的1~5层楼房进行全面综合维修。至1994年，接层楼房68幢5.26万平方米。

二 旧楼改造

2003年，开始对旧楼房住宅小区进行改造，有33片旧楼区改造工程开工，拆除违法建设、治理环境卫生、明线全部入地、实施绿化、修建小区围墙、更换补建路灯楼道灯、修建小区甬路、补建自行车棚、规范停车车位、修建文体活动设施及场所、修整粉刷楼体楼道、更换部分楼房管线。全区整修面积100.3万平方米。

2004年，综合整修面积50万平方米。2005年，旧楼区改造19片，综合整修面积46.08万平方米。2006年，改造14片，综合整修面积50万平方米。2007年，改造17片，综合整修面积60.91万平方米。2008年，改造37片，综合整修面积98万平方米。2009年，改造22片，综合整修面积33.94万平方米。

第二节 住宅防水节能改造

一 平顶改坡顶工程

2001年，以勤俭道子牙河桥至光荣道一段为试点实施建筑物平顶改坡顶工程，改造12幢楼8.36万平方米。2007年，大面积实施楼房“平改坡”改造工程，改造10幢楼8.18万平方米。2008年，“平改坡”改造工程围绕北京奥运会在区内火炬传递路线进行，完成17幢楼9.39万平方米。2009年，“平改坡”工程105幢6.45万平方米。2010年，“平改坡”改造工程主要在丁字沽三号路，完成30幢1.97万平方米。

二 建筑节能改造工程

2006年，实施建筑节能改造工程试点，外墙保温面积2.6万平方米。改造后，室内温度均达到20℃

以上，采暖能耗平均为32瓦特/平方米。2007年，改造面积3万平方米。2008年，砖混结构住宅楼改造面积33.43万平方米。2009年，完成改造面积22万平方米。2010年，改造大板楼、砖混结构楼43万平方米。

第三章　工程项目拆迁

从80年代起至2010年，区内多条道路进拓宽改造，桥梁进行加宽，包括中环线、快速路涉及红桥区段的住宅和非住宅拆迁，使区内交通条件大为改观。90年代中期，对区内大型商业设施进行扩建改造，拆除大量公私产住房，动迁一些周边企业。根据区内通信、医院、学校及其他民生工程所需，实施大规模拆迁，为人民生活创造更好的外部环境。

2000—2010年，配合重点工程天津铁路西站改扩建和天津地铁改造，区内实施多项拆迁工程，为铁路运输和全市交通建设提供基础保障。

第一节　拓改道路桥梁拆迁

一　河北大街拓宽

1981年，从河北大街西侧北端开始拆迁改造，北段路面增至宽约20米。1985年，改造、拆除住宅和公建单位1826户，建筑面积约5.7万平方米。1986年，南端拆除原区文化馆、交通十四中队等单位建筑及肉架子胡同东侧住宅。1990年，拆除住宅107户，公建单位42个、万余平方米。2002年，河北大街进入新一轮改造。拆除南段危旧民宅、公建单位、商铺及部分住宅楼，加宽金华桥。2009年，随着西纵快速路、北横快速路建设，京沪高速铁路建设及西站周边地区提升改造，河北大街北段再次拓宽改造。

照4-1　拓宽后的河北大街
（区市政局提供）

二　中环线拓路

1981年，对勤俭道进行拓宽改造，拓宽后路面宽约30米。1983年，对红旗路红桥区段实施拓宽改造，拓宽后路面宽40米，部分路段设有隔离设施。1985年，对部分路段拓宽改造，拆除592户，建筑面积1.66万平方米；非住宅18户，建筑面积1029平方米。

三　咸阳路、咸阳北路打通拓宽

1998年，咸阳路红桥区段原北起西青道，南至咸阳桥长720米进行拓宽拆迁。2002—2003年，北段拆除住宅100户108间，面积1977平方米；拆除非住宅15户30间，建筑面积2.14万平方米。南段拆除住宅65户70间，建筑面积2984平方米。对子牙河南路拆除住宅69户126间，建筑面积5064平方米。对咸阳北路实施拓宽改造，拆除非住宅120户257间，建筑面积1.1万平方米。

四　芥园道拓路

1994年，实施打通芥园道"以路带房"老城西危改工程，拆迁面积80万平方米。工程东起西马路北端，西至红旗路，南北至规划线，占地7.6万平方米，拆除住宅1910户2555间，建筑面积3.04万平方米，拆除非住宅公建单位69家，建筑面积1.3万平方米。

2002年，开始芥园道西段红旗路至闸桥南路路段的改造拆迁。该路段长270米，宽6米，改造规划宽40米。拆除住宅250户342间，建筑面积5034平方米。

五 快速路红桥区段建设工程

2005—2006年，西纵快速红桥区路段拆除住宅267户，建筑面积1.22万平方米；非住宅9户，建筑面积2393平方米。2007—2008年，天河桥建设工程项目拆除住宅380户420间，建筑面积1.48万平方米。2009—2010年，西青道下沉工程拆除住宅364户，建筑面积1.71万平方米。快速路涉及界内的西北半环快速路、北横快速路、西纵快速红桥区路段实施拆迁。北段拆除住宅1060户，建筑面积2.86万平方米；非住宅82户，建筑面积4137平方米。快速路西纵联络线立交工程南段拆除住宅1365户，面积4.33万平方米；非住宅48户，建筑面积2.15万平方米。

照4-2 西青道下沉隧道 （区市政局提供）

六 南运河北路拓宽

1999—2000年，南运河北路金华桥至大丰桥段道路改造拆迁，拆除房屋建筑占地4.1万平方米，建筑面积3.2万平方米，其中住宅1682户1915间，建筑面积2.5万平方米；非住宅21户407间，建筑面积7640平方米。2003年，拆除住宅140户，建筑面积5743平方米；拆除非住宅22户，建筑面积7670平方米。2005年，拆除住宅317户，建筑面积1.63万平方米；非住宅9户，建筑面积1万平方米。2006—2007年，拆除房屋建筑465户2.89万平方米，其中住宅448户462间，建筑面积约9488平方米，均为平房；非住宅17户87间，建筑面积1.94万平方米。

七 桥梁改造

2004年，青云桥工程拆除非住宅用房2.63万平方米，住宅楼房9594平方米，平房862平方米。金钢桥改造工程拆除住宅286户343间，建筑面积5302平方米，拆除公建单位26户175间，建筑面积5481平方米。2006年，北营门立交桥工程拆除住宅8417户，建筑面积23.15万平方米，非住宅221户，面积5.81万平方米。2007—2008年，天平路子牙河桥建设工程项目拆除住宅380户420间，建筑面积1.48万平方米。天河桥拆迁改造工程拆除住宅380户，建筑面积1.48万平方米。2009—2010年，复兴路高架桥建设项目拆除住宅1057户，建筑面积3.9万平方米。

第二节 铁路地铁扩建拆迁

一 铁路西站改扩建及西站地区改造工程

2008—2009年，京沪高铁京津城际西站联络线益康里片拆除住宅237户，建筑面积1.01万平方米；拆除非住宅2户，建筑面积7747平方米。2009年，铁路西站改扩建工程拆除住宅3924户，建筑面积11.93万平方米；拆除非住宅80户，建筑面积13.21万平方米。2009—2010年，京沪高铁天津西站铁路以北片拆除住宅1434户，建筑面积3.65万平方米。西于庄地区基础设施建设拆迁项目拆除住宅1274户，建筑面积4.1万平方米；拆除非住宅30户，建筑面积5481平方米。

2010年，子牙河南路北马路小学一期拆迁工程拆除住宅888户，面积1.85万平方米；拆除非住宅68户，面积9200平方米。子牙河南路旱桥小学一期东侧拆迁工程拆除住宅1075户，建筑面积1.98万平方米；拆除非住宅23户，建筑面积2996平方米。

二　天津地铁改造和建设

2000—2001年，地铁一号线子牙河下穿工程拆迁占地2400平方米。拆除住宅18户21间，建筑面积370平方米；非住宅1户23间，建筑面积671平方米。2001—2002年，地铁一号线西站至洪湖里段拆迁面积2.25万平方米，拆除住宅508户650间，面积9131平方米；非住宅18户，建筑面积1.34万平方米。2002—2003年，地铁西站改造项目拆除住宅35户42间，建筑面积686平方米；非住宅9户176间，建筑面积5616平方米。西北角地铁站改造项目拆除住宅552户700间，建筑面积1.32万平方米；非住宅面积3636平方米。2003—2004年，地铁一号线沿线拆除住宅498户799间，建筑面积2.18万平方米；非住宅26户64间，建筑面积1.07万平方米。

第三节　其他建设工程拆迁

一　商业设施改造

1996年，金兴大厦建设项目拆除企业产住宅60户63间，建筑面积1104平方米。拆厂房4900平方米。2001年，桥北大街拆除私产住宅14户15间，面积325平方米。2002—2003年，红星美凯龙建材家居广场建设项目拆除住宅601户783间，建筑面积1.75万平方米，非住宅15户45间，建筑面积1.44万平方米。2003年，运河经济文化商贸区项目一期、三期拆除住宅1.13万户2.27万间，建筑面积27.2万平方米；非住宅面积16.2万平方米。二期拆除住宅9330户1.22万间，建筑面积17.45万平方米；非住宅57户328间，建筑面积2.93万平方米。

二　公共设施改造

1995年，芥园道电话局工程拆除住宅36户37间，建筑面积2530平方米。芥园道变电站拆迁东起樊家胡同，西至慈惠寺大街；北起永明寺大街，南至翟家胡同，占地7500平方米。拆除住宅348户415间，建筑面积5420平方米。1996年，芥园道邮电支局建设项目拆除公产房79户92间，建筑面积1410平方米。邵公庄新春街改造拆迁，拆除私产住宅10户12间，建筑面积198平方米。1997年，消防七中队新址拆迁项目拆除住宅195户263间，建筑面积3423平方米。1998—1999年，芥园桥加油站改造拆除非住宅523平方米。2000年，小西关煤气抢修基地改造项目拆除住宅20户，建筑面积292平方米，拆除非住宅2408平方米。新春街改造拆除私产住宅7户8间，建筑面积132平方米；企业产住宅21户22间，建筑面积307平方米；企业产非住宅1户10间，建筑面积948平方米。2003年，天津市第四十九中学片拆迁项目拆除公产住宅46户70间，建筑面积782平方米。水厂西片拆除公产住宅256户305间，建筑面积3548平方米。芥园大堤片拆除公产住宅64户112间，建筑面积896平方米。佟家楼片拆除公产住宅楼89户156间，建筑面积2911平方米。静安里拆除公产平房158户202间，建筑面积2212平方米。2009—2010年，人民医院东侧地块拆迁项目拆除住宅170户231间，建筑面积2588平方米。

第四章 危陋房屋改造拆迁

80年代初，红桥区确定危陋平房改造工程实施规划，对城区内老旧危陋平房进行拆除，为城区改造创造条件。至20世纪末，拆除危陋平房177万平方米。通过对平房拆迁，又确定对重点区域进行改造，对土地进行整理，实施安居工程，建设大批居民住宅楼。至2010年，施工722.25万平方米，竣工300万平方米，还迁安置居民6.12万户。危改使红桥区居民住宅和基础设施落后的状况得到明显改善。

第一节 平房拆迁 重点区域改造

一 平房拆迁

1983年，大丰西大楼拆迁片占地3500平方米，拆除原天津粮油研究所修建队部分建筑。1983—1984年，先后拆除粉汤刘胡同北侧，新城里东侧平房。1983—1989年，宜兰里拆迁片拆除芥园大堤1~3条胡同、野茶馆胡同和张家胡同各一部分及富兴花局胡同、教军场大街、芥园大堤一条胡同。仁和里拆迁片占地9500平方米，拆除郭家胡同、福寿里、仁和里东侧部分平房。

1984年，欢庆楼拆迁片占地约1万平方米，拆除西马路北段西侧、二道街北段、欢庆西胡同东侧居民住房。1984年，桃园里拆迁片占地1000平方米，拆除青龙庙胡同北段，芥园大街31号院平房。立兴里拆迁片占地约650平方米，拆除北聚德里、野茶馆胡同及立兴里西侧部分平房。千阳里拆迁片占地3700平方米，拆除界内建筑里巷。五峰里拆迁片占地4500平方米，拆除区教育局设备厂。静安里拆迁片占地约4.8万平方米，拆除范围内平房里巷。子牙里拆迁片总占地9.4万平方米，拆除地面原有设施。延益里拆迁片占地9000平方米，拆除公所胡同平房。宏益里拆迁片占地4600平方米，拆除天津第一织绒厂和陈家胡同、季家胡同、邹家胡同各一部分。1984—1985年，瑞兴里拆迁片占地6400平方米，拆除瑞兴里原平房住宅。飞岳楼拆迁片占地1100平方米，拆除物资回收仓库及沿街部分平房住宅。长平里拆迁片占地8900平方米，拆除原前进工具厂部分建筑。

1985年，晓春里拆迁片占地2万平方米，拆除地块内天津监狱员工宿舍平房、监狱。益阳里拆迁片占地850平方米，拆除肖家胡同、翟家胡同。湘潭里拆迁片包括湘潭里和湘潭东里，总占地8500平方米，拆除西侧原八一面粉厂仓库及八一粮油仓库、第一木箱厂部分建筑。1988年平改期间，在湘潭里东侧相隔70米处拆除原化工轻工二公司及纸盒五厂、纸盒五厂宿舍部分建筑。建平楼拆迁片占地约7000平方米，拆除天津酿酒厂部分厂区。

1986年，增产里拆迁片占地1.1万平方米，拆除平房建楼，至平房改造工程拆除平房12排。北关里拆迁片占地5200平方米，拆除区文化馆、交通十四中队、津香食品店、肉架子南胡同东侧部分平房住宅。

1987年，大同门西里拆迁片占地6000平方米，拆除盛锡福制帽厂部分厂区。通富里拆迁片占地3000平方米，拆除天津第三床单厂仓库。长益里拆迁片占地2700平方米，拆除区科委礼堂及办公用房。桃花园南里拆迁片占地11.2万平方米，拆除市政构件厂。

1988年初，益鑫里拆迁片占地2.6万平方米，拆除平房150余间。立德里拆迁片占地800平方米，拆除新河北大街北段平房及立德里一条胡同东侧平房。宁城楼拆迁片占地1.8万平方米，拆除原天津机床厂企业平房182间2340平方米及程光里平房16排。程光里拆迁片占地4200平方米，拆除机床染整厂宿舍1~4条平房。

1989年，益平里拆迁片占地4000平方米，拆除墙子河胡同西段南侧平房。天寿里拆迁片占地1000平方米，拆除刘家菜园东部南侧平房住宅。花城里拆迁片占地800平方米，拆除原杨庄子后街平房住宅。亚运里拆迁片占地1400平方米，拆除原河北工学院东院部分操场。1990年，树人里拆迁片大红桥以南，占地5100平方米，拆除河北省港航局仓库。1991年，连富里拆迁片占地9000平方米，拆除原天津家具六厂生产车间。新凯西里拆迁片占地530平方米，拆除天津警备区后勤修械所。

1992年，拆除吴家实胡同和小红桥胡同的全部平房及荫福里东侧，福康大街东段南侧的平房，涉及居民600户2200人，河北大街菜市场、桂发祥麻花店、天顺德包子铺等商铺被拆除。宇星里拆迁片占地7200平方米，拆除北部平房3排43间。风采里拆迁片占地7万平方米，拆除二段平房住宅6行及三层住宅楼4幢。1993年，北营门东马路5~15号拆迁片拆除北营门东马路沿街的庆厚里、山春里部分平房。萍乡里拆迁片拆除胡同两侧平房4103平方米，用于建礼貌东里。北辛庄拆迁片占地5.6万平方米，拆除部分平房。

二　重点区域改造拆迁

1988年，春德街"三角地"拆除1489户1822间，建筑面积2.2万平方米。1992年，启动二段拆迁，拆除住宅1600户，建筑面积2.69万平方米；非住宅面积2858平方米。1993年，启动一段拆迁，拆除住宅1264户。1994年，丁字沽"八大里"拆除住宅1007户1216间，建筑面积2.05平方米。

1995年，铃铛阁东片首期拆迁住宅549户665间，面积9751平方米；非住宅3户32间，建筑面积1350平方米。首期扩拆房屋466间，建筑面积6443平方米；非住宅6户18间，建筑面积584平方米。启动丁字沽工人新村五段居民区拆迁改造，拆除住宅730户942间，建筑面积1.96万平方米。非住宅18户63间，建筑面积2859平方米。

1997—1998年，铃铛阁东片二期拆除住宅2156户2302间，建筑面积3.38万平方米；非住宅15户54间，建筑面积1308平方米。

1999年，南头窑拆迁分两期进行。拆除公产住宅3732户，建筑面积5.98万平方米；拆除公产非住宅38户，建筑面积1.69万平方米。拆除私产房8211户，建筑面积12.92万平方米。拆除企业产住宅499户，建筑面积8900平方米；非住宅224户，建筑面积10.03万平方米。总计拆除住宅1.24万户，建筑面积19.79万平方米；非住宅262户，建筑面积11.72万平方米。水厂东拆迁片拆除公产住宅1790户2114间，建筑面积2.85万平方米，私产住宅5528户7343间，建筑面积9.52万平方米，企业产住宅374户436间，建筑面积6143平方米。拆除非住宅57户，建筑面积3.2万平方米。先春园拆迁片拆除私产住宅7673户8794间，建筑面积12.09万平方米，企业产住宅789户926间，建筑面积1.47万平方米。非住宅152户，建筑面积10.98万平方米。

2003年，关下片拆除住宅1.13万户2.27万间，面积27.2万平方米；拆除非住宅面积16.2万平方米。关上片拆除住宅9330户1.22万间，建筑面积17.45万平方米；拆除非住宅57户328间，面积2.93万平方米。大丰路东改造拆除住宅3437户4391间，建筑面积6.77万平方米；非住宅73户，建筑面积3.5万平方米。2009年，铃铛阁片拆除住宅5742户6575间，建筑面积10.24万平方米。

第二节　其他拆迁

一　土地整理拆迁

1982年，光荣道红咸里拆除住宅1409户1512间，建筑面积3.98万平方米。2007—2008年，光荣道团结村片拆除住宅803户，建筑面积2.29万平方米；非住宅6户，建筑面积2611平方米。勤俭道梧桐里片拆除住宅134户，建筑面积9882平方米；非住宅13户，建筑面积1105平方米。本溪路联建里片拆除住宅596户，面积2万平方米；非住宅2户，建筑面积3728平方米。双环邨片拆迁项目拆除住宅7400户，面积30.4万平方米；非住宅115户，建筑面积2.6万平方米，拆除双环北里煤店仓库等公建单位。2008—2009年，单家面铺拆迁项目拆除住宅438户，建筑面积8204平方米；公产非住宅3户，建筑面积946平方米。

2009—2010年，芥园道晓春里拆除住宅39户，建筑面积3617平方米，全部为企业产；平房38户70间；非住宅1户6间，建筑面积524平方米。南运河北路平房拆迁项目拆除住宅78户94间，建筑面积1395平方米；非住宅1户20间，建筑面积2017平方米。西沽公园东侧平房片拆除非住宅平房6户31间，建筑面积803平方米。

二　安居工程住宅建设拆迁

1997年，大明印刷厂改造拆迁拆除非住宅1户17间，建筑面积1600平方米。1998—1999年，丁字沽零号路西片改造拆除企业3家，建筑面积1.12万平方米。1999年，商学院筒子楼改造拆迁拆除公产非住宅1户6间，建筑面积3625平方米。西于庄增产道蔬菜公司片拆迁拆除旧平房和简易库房，建筑面积5890平方米。1999—2000年，小西关监狱南院干警住宅改造，拆除非住宅2000平方米。二期拆除住宅12户13间，建筑面积351平方米。2000年，西青道东大道片改造拆迁拆除企业产住宅70户78间，面积1250平方米；非住宅1户，建筑面积1.48万平方米。天津木材一公司改造拆迁非住宅1户，建筑面积3.32万平方米。中国木材华北公司西菜园改造，拆除非住宅1户39间，建筑面积1.12万平方米。天津标准件三厂拆除非住宅面积1929平方米。光荣道50号拆迁非住宅平房10户19间，建筑面积5266平方米。

2000—2001年，光荣道141号拆除企业产住宅32户40间，建筑面积646平方米；非住宅3户，面积2.04万平方米。2001年，西青道家具一厂改造拆迁，拆除私产住宅26户41间，建筑面积1077平方米，拆除企业产住宅56户35间，建筑面积1255平方米，拆除企业产非住宅1户，建筑面积9588平方米。西菜园30号院拆除非住宅1户，建筑面积3960平方米。八一面粉厂宿舍片改造拆迁项目，拆除企业产住宅170户195间，建筑面积2960平方米；非住宅9户，建筑面积3.2万平方米。向东道空调器厂改造拆迁拆除住宅12户，房屋200平方米，空调器厂非住宅企业房屋44间，建筑面积600平方米。

2007年，西于庄液压附件厂拆除住宅11户19间，面积232平方米；非住宅6户，面积1.47万平方米。绥中路自来水公司津水厂改造拆迁拆除非住宅房屋6间，建筑面积263平方米。

第五章　城区建设

改革开放32年间，红桥区迎来史上最大规模的城区建设高潮，其中危陋平房拆迁和新式高层住宅、大型商用楼建设，成为这一时期城市建设的最大亮点，城市面貌得以大为改观。受1976年唐山大地震波及，房屋多有损毁，1979年进行震后住宅小区建设，至80年代初建成咸阳北路等4个小区，成为居民住宅小区化的开始。这期间，一些企业自建福利住宅，主要是工厂建工人新村和科研单位建科研楼，分配时均带有福利性质。随着老旧平房的拆迁，主管部门统一建造定向安置房，分配给拆迁户。新小区以二三十层楼层为主。建筑结构也由砖混向框架、框剪转化，楼房趋向多层化。从80年代起，商业设施大型化，超市、广场、一条街式经营方式大量出现，建筑风格大型化和西式化，使城区更显宏伟壮阔。随着城区建设步伐加快，市政配套设施建设跟进到位，各居民区普遍增设文娱设施，扩大休闲空间，教育医疗机构建筑水平普遍得到提升，人民生活舒适方便。

第一节　福利住宅　震后住宅

一　企业福利住宅建设

1981年，城防里大街80~82号占地6674平方米，建成砖混结构住宅楼1幢，面积2100平方米。丁字沽工人新村十一段占地7.5万平方米，建成预制板结构住宅楼19幢，建筑面积3.92万平方米。松楠楼占地7068平方米，建成砖混结构住宅楼5幢。福源楼占地8890平方米，建成砖混结构住宅楼10幢。商学院宿舍建成砖混结构住宅楼8幢，建筑面积5.06万平方米。

1982年，十家房大楼竣工，占地1.49万平方米，建成砖混结构住宅楼4幢。涟源西里占地5600平方米，续建住宅楼2幢，建成砖混结构住宅楼5幢，建筑面积1.25万平方米。

1983年，程光楼续建住宅楼2幢，命名“工研”居民区。东起虹溪公寓、程光里，西至宁城楼、本溪楼，南起光荣道，北至丁字沽一号路，占地1.38万平方米，原址为工程机械研究所用地。2004年，建地铁一号线拆除住宅楼1幢，保留砖混结构住宅楼7幢。北岳楼占地4500平方米，建成砖混结构住宅楼4幢，建筑面积7340平方米。民丰楼占地8000平方米，建成砖混结构住宅楼3幢，建筑面积6.14万平方米。

1985年，建平楼竣工，占地7072平方米，建成砖混结构6层住宅楼4幢，面积4.09万平方米。1986年，大丰西大楼竣工，占地5209平方米，建成砖混结构4层住宅楼4幢，建筑面积5880平方米。铜川里占地2420平方米，建成砖混结构住宅楼7幢，建筑面积7052平方米。保寿里占地1.08万平方米，建成砖混结构住宅楼8幢。晓春里占地2112平方米，建成砖混结构住宅楼11幢。

1987年，丁字沽工人新村七段第三次续建，占地9.6万平方米，建成砖混结构住宅楼5幢。湘潭里占地1.1万平方米，建成砖混结构6层住宅楼6幢。建设南里占地6877平方米，建成砖混结构6层住宅楼1幢，建筑面积1.39万平方米。红光三号楼占地1632平方米，建成砖混结构住宅楼1幢，建筑面积2446平方米。巧工里占地936平方米，建成砖混结构6层住宅楼3幢，建筑面积7344平方米。西青道157~161号占地520平方米，建成砖混结构住宅楼1幢，建筑面积2.9万平方米。

1994年，丁字沽工人新村十二段再建6层砖混结构住宅楼2幢，占地2.5万平方米。1995年，中国船舶重工集团公司第七〇七所（以下简称：七〇七所）大楼续建14幢，占地4.3万平方米。1998年，跃进里改建6幢住宅楼，占地2万平方米。

二　震后住宅建设

（一）咸阳北路居住区　1979年，清源楼竣工，占地4.41万平方米，建成预制板结构五至六层住宅楼19幢，建筑面积6.14万平方米。彰武楼占地9.96万平方米，建成砖混结构五至六层住宅楼30幢，建筑面积8.07万平方米。

1980年，爱华里竣工，占地3.49万平方米，建成砖混结构住宅楼17幢，建筑面积4212平方米。钧和里占地1900平方米，建成砖混结构住宅楼14幢36个门，建筑面积3.86万平方米。金钟里占地2.21万平方米，建成砖混结构6层住宅楼6幢。利民里大楼占地2.28万平方米，建成砖混结构住宅楼8幢。三条石横街大楼占地1672平方米，建成砖混结构住宅楼3幢。

1978—1981年，咸阳北路居住区一期工程竣工，建成多层住宅楼17幢，建筑面积47.2万平方米，安置受灾居民和市政建设拆迁居民9197户。

1981年，凤城楼竣工，占地6.13万平方米，建成砖混结构住宅楼23幢，建筑面积4.42万平方米。开源楼占地3.23万平方米，建成砖混结构6层住宅楼14幢。昌图楼占地6.82万平方米，建成砖混结构住宅楼15幢，建筑面积3.59万平方米。东方楼占地6178平方米，建成砖混结构五至六层住宅楼6幢，建筑面积1.95万平方米。同心楼占地2.99万平方米，建成砖混结构住宅楼15幢，建筑面积5.35万平方米。本溪楼占地1.06万平方米，建成砖混结构住宅楼26幢，建筑面积4.9万平方米。永丰楼占地2.84万平方米，原址为天穆乡丁字沽大队农田，建成砖混结构住宅楼13幢，建筑面积6552平方米。同德楼占地1.69万平方米，建成砖混结构住宅楼10幢，建筑面积2.09万平方米。

1982年，润厚里竣工，占地4440平方米，建成砖混结构住宅楼3幢，建筑面积1.27万平方米。秀德里占地1.87万平方米，建成砖混结构住宅楼4幢。草原楼占地1.28万平方米，建成砖混结构住宅楼5幢，建筑面积2.31万平方米。绥中楼占地3.85万平方米，建成预制板结构住宅楼16幢，建筑面积4.09万平方米。裕国楼占地1.05万平方米，建成砖混结构住宅楼10幢及平房一排。1983年，同福庄竣工，占地2万平方米，建成砖混结构住宅楼5幢。永进楼占地2.8万平方米，建成砖混结构住宅楼13幢，建筑面积3.55万平方米。1985年，宁城楼竣工，建成砖混结构住宅楼3幢。1985年，康平楼竣工，占地6140平方米，建成砖混结构住宅楼4幢，建筑面积1.2万平方米。1986年，青城楼竣工，占地7020平方米，建成砖混结构住宅楼4幢。咸阳北路居住区二期工程竣工，占地64万平方米，建成多层住宅楼44幢，建筑面积约10万平方米。

（二）西于庄居住区 1980年，礼貌楼竣工，占地1.61万平方米，建成砖混结构住宅楼13幢，建筑面积3.15万平方米。1983年，永光楼竣工，占地2.56万平方米，建成砖混结构住宅楼5幢。济津楼占地1.65万平方米，建成砖混结构6层住宅楼7幢。1984年，红勤楼竣工，占地1.49万平方米，建成砖混结构住宅楼6幢，建筑面积2.69万平方米。子牙里占地7.35万平方米，建成砖混结构住宅楼12幢，建筑面积10万平方米。1985年，子牙西里竣工，占地8352平方米，建成砖混结构住宅楼2幢。萍乡楼占地816平方米，建成砖混结构住宅楼5幢。植物园东里占地2.18万平方米，建成砖混结构六至七层住宅楼4幢，建筑面积为3.1万平方米。1986年，葆节楼竣工，建成砖混结构住宅楼9幢。1987年，翠山楼竣工，占地2.64万平方米，建成砖混结构住宅楼9幢，建筑面积3.79万平方米。

（三）桃花园居住区 1981年，光荣楼竣工，占地1.43万平方米，建成预制板结构住宅楼12幢，建筑面积1.64万平方米。1983年，桃花园南里竣工，占地11.23万平方米，建成砖混结构预制板结构住宅楼46幢。桃花园南里初建时命名运河楼，1985年更名为桃花园南里。

（四）佳园里居住区 1984年，佳园里居住区建设，先期建设为市内“三级跳坑”居民易地安置房。1985年，佳园南里竣工，占地8.1万平方米，建成砖混结构住宅楼18幢，建筑面积8.81万平方米。1986年，佳园北里竣工，占地7.6万平方米，建成砖混结构住宅楼23幢，建筑面积8万平方米。

三 市政建设配套住宅楼建设

1983年，民族楼竣工，占地9048平方米，建成砖混结构住宅楼5幢。族谊里占地7700平方米，建成砖混结构住宅楼5幢。

1984年，欢庆楼竣工，占地1.02万平方米，建成砖混结构住宅楼3幢，建筑面积5.49万平方米。仁和里占地9263平方米，建成砖混结构住宅楼6幢。益福里建成砖混结构住宅楼3幢。教堂前住宅建成砖混结构住宅楼5幢。宏益里占地4550平方米，建成砖混结构住宅楼3幢。千阳里占地8400平方米，建成砖混结构住宅楼4幢。小西关新竹里占地1500平方米，建成砖混结构住宅楼1幢。静安里占地4.8万平方米，建成砖混结构6层住宅楼3幢。立兴里占地6300平方米，建成砖混结构住宅楼1幢及部分平房，建筑面积2.43万平方米。花莲里占地9940平方米，建成砖混结构住宅楼6幢。桃园里占地1000平方米，建成砖混结构住宅楼2幢，建筑面积5.63万平方米。1985年，三江里竣工，占地3450平方米，建成砖混结构住宅楼3幢。

第二节 定向安置房 商品房

一 定向安置房建设

照4-3 2010年，泉富家园竣工 （区建委提供）

2006—2010年，建成和春里、河怡花园和泉富家园定向安置住宅小区，作为拆迁户还迁住房。

2006年，和春里竣工，占地7165平方米，建成砖混结构6层住宅楼3幢，建筑面积1.28万平方米。新凯东里占地1.28万平方米，建成砖混结构6层住宅楼8幢，建筑面积2.97万平方米。愿景家园占地1.16万平方米，建成砖混结构住宅楼5幢，建筑面积2.22万平方米。

2007年，河怡花园竣工，占地5.61万平方米，建成框架结构十二至二十四层住宅楼25幢，建筑面积12.07万平方米。2008年，悦春里竣工，占地2.17万平方米，建成框架结构五至十七层住宅楼11幢，建筑面积4.75万平方米。河通花园占地1.42万平方米，建成框架结构26层住宅楼4幢，建筑面积5.43万平方米。2009年，益春里竣工，占地2.17万平方米，建成框架结构十八至二十二层住宅楼5幢，建筑面积3.86万平方米。畅景家园占地1.24平方米，建成框架结构十八至二十四层住宅楼4幢，建筑面积3.7万平方米。

2010年，泉富家园竣工，占地2.41万平方米，建成框架结构六至十八层住宅楼9幢，建筑面积4.82万平方米。民畅园占地5.15万平方米，建成框架结构十八至三十二层住宅楼14幢，建筑面积15.44万平方米。

二 商品住宅建设

2000年，益博公寓竣工，占地9000平方米，建成砖混结构住宅楼4幢，建筑面积1.96万平方米。端阳里占地6666平方米，建成砖混结构住宅楼1幢，建筑面积8500平方米。2001年，弘丽园竣工，占地8.5万平方米，建成砖混结构住宅楼20幢，建筑面积1.4万平方米。宏泰公寓占地3.2万平方米，建成砖混结构住宅楼11幢，建筑面积6.5万平方米。富泰兴公寓占地8100平方米，建成轻框结构住宅楼4幢，建筑面积1.98万平方米。金潞园占地1.56万平方米，建成砖混结构住宅楼3幢，建筑面积1.87万平方米。丽泰公寓占地1.23万平方米，建成砖混结构住宅楼4幢，建筑面积2万平方米。

2002年，水竹花园竣工，占地5万平方米，建成砖混结构住宅楼20幢，建筑面积7万平方米。鼎发家园占地2.08万平方米，建成轻框结构住宅楼8幢，建筑面积3.1万平方米。风顺公寓占地1.39万平方米，建成砖混结构住宅楼6幢，建筑面积3万平方米。2003年，世春里竣工，占地9.21万平方米，建成轻型框架结构住宅楼34幢，建筑面积15.7万平方米。锦西南里占地1.99万平方米，建成砖混结构住宅楼5幢，建筑面积1.91万平方米。望汀园占地3.84万平方米，建成轻框结构5层住宅楼18幢，建筑面积5.46万平方米。

2004年，阁林园竣工，占地13.18万平方米，建成轻框结构住宅楼45幢，建筑面积15.06万平方米。临湾园占地10.32万平方米，建成轻框结构住宅楼29幢，建筑面积11.79万平方米。翠杨园占地3.75万平方米，建成砖混结构住宅楼16幢，建筑面积3.35万平方米。紫芥园占地7万平方米，建成轻框结构五至九层住宅楼25幢，建筑面积11.8万平方米。2005年，纪春里竣工，占地2.8万平方米，建成框架结构九至十五层住宅楼7幢，建筑面积4.48万平方米。泉春里占地6.6万平方米，建成轻框结构十一至二十八层住宅楼17幢，建筑面积14.88万平方米。水木天成小区闻涛园占地12.83万平方米，建成砖混结构住宅楼36幢，建筑面积12.69万平方米。水木天成小区依湖园占地4.03万平方米，建成砖混结构住宅楼17幢，建筑面积4.1万平方米。

照4-4 北岸潞园外景 （区建委提供）

2006年，水木天成小区逸树园竣工，占地4.18万平方米，建成轻框结构住宅楼16幢，建筑面积4.12万平方米。云兴家园占地1.66万平方米，建成框架结构五至十六层住宅楼4幢，建筑面积3万平方米。2006年，北岸潞园占地1.99万平方米，建成砖混结构住宅楼6幢，建筑面积3.17万平方米。2007年，欧澜家园竣工，占地7033平方米，建成砖混结构住宅楼8幢，建筑面积3.16万平方米。2007年，龙悦花园占地4.89万平方米，建成框架结构四至十八层住宅楼23幢，建筑面积10.45万平方米。洪湖雅园占地1.83万平方米，建成框剪结构29层住宅楼3幢，建筑面积7.32万平方米。

2008年，碧杉园竣工，占地7.09万平方米，建成砖混结构5层住宅楼15幢，建筑面积4.43万平方米。金领花园占地6.06万平方米，建成框架结构二十二至三十二层住宅楼13幢，建筑面积17.82万平方米。尚都家园占地2.55万平方米，建成框架结构十八至二十八层住宅楼12幢，建筑面积7.64万平方米。金筑家园占地4.65万平方米，建成砖混结构住宅楼19幢建筑，面积5.82万平方米。怡和家园占地3.66万平方米，建成框架结构六至二十四层住宅楼6幢，建筑面积4.16万平方米。

2009年，万华里竣工，占地7.75万平方米，建成框架结构18层住宅楼26幢，建筑面积20万平方米。北开花园占地4.2万平方米，建成框架结构32层住宅楼8幢，建筑面积15.81万平方米。2010年，睦华里竣工，占地4.85万平方米，建成框架结构18层住宅楼15幢，建筑面积10.54平方米。

第三节 科技工业园区

一 光荣道工业园建设

位于区西北部。北至丁字沽三号路，南至子牙河北岸，西至天平路接西纵快速路，东至咸阳北路，规划用地14万平方米，2002年开始规划建设。光荣道工业园分为都市工业园、科技工业园。都市工业园东起向东南路，西至千里堤，南起纪念馆路规划线，北至光荣道南侧。都市工业园为天津市“十一五”工业规划项目。科技工业园集科技、工业、商贸功能于一体，包括科技研发、生产经营、会展中心、办公大楼、星级酒店、文化娱乐、金融信息、中介服务、购物和生活服务等设施的现代化高科技产业园区。东起中环线勤俭道，西至千里堤，南起子牙河北路，北至光荣道。该园区内有各类企业212家，工业基础较为完备，发展潜力巨大，通过招商引资，引进高科技产业，调整产业结构，嫁接改造发展为以高科技引资的企业。

二 意库创意产业园建设

位于区中部，由区供热总公司、天津市建苑房地产开发公司承建，2007年竣工。东起卓朗科技公司、西至湘潭中路、南起京沪铁路、北至湘潭道，占地3万平方米，原地为天津市外贸地毯厂部分厂区。园区以主路为界划分为A、B区，路右为A区，路左为B区。A区 由北至南依次排列为A1-A6办公楼和工作间。A1为砖混结构3层办公楼。A2原为混合结构2层厂房，改建为通道式工作间，出入口改为玻璃大门。A3–A6为框架结构3层厂房，改建为通道式工作间。A3和A4之间、A5和A6之间设有玻璃幕墙，天桥相连。B区B1–B4为原地毯厂生产车间，改建为独立工作间，窗户改为落地式。B5、B6为框架结构3层厂房，改建为通道式工作间，出入口为玻璃幕墙。A7为平房外部加建玻璃走廊，A8为新建平房200平方米。园区现存砖混结构3层8幢，2层1幢，平房10间，建筑总面积2.5万平方米。

照4–5　2007年，湘潭道意库创意产业园正式开园（区建委提供）

第四节　商业设施

一　综合商厦建设

2000年，泛洋大厦开工建设，2002年竣工，位于区东部，东起丁字沽一号路，西至区国家税务局，南起光荣道，北至凯莱赛商厦，占地2300平方米。建成砖混结构4层商业大厦，建筑面积1.58万平方米。

2007年，水游城购物中心开工，2009年竣工。位于区中南部，由上海鹏欣集团投资，天津市第二建筑公司、三建筑公司、四建筑公司承建。东起大丰路，西至假日酒店、纪春里、泉春里，南起芥园道，北至如家快捷酒店，占地3.78万平方米。建成框架结构四层地下一层购物中心，建筑面积7.04万平方米。

二　家居装饰城建设

1998年，登发装饰大世界竣工，建成框架结构1层、以销售建筑装饰产品为主的家居装饰商场。位于区中部。东起红旗北路，西至西站长途客运站，南起京沪高铁，北至涟源路。经营面积2万平方米。

2003年，红星美凯龙国际家居广场开工，2004年竣工。由红星美凯龙国际集团投资承建，位于区中部。东起闸桥路、西至红旗路、南起秀德里、北至麦德龙超市，占地3.3万平方米。原地为红桥体育场及部分平房里巷，建成钢结构建筑1幢，建筑面积6.7万平方米。

三　酒店　写字楼建设

1985年，九州饭店、金龙饭店相继开工，分别于1987年、1988年竣工。九州饭店位于区东南部，由红桥区房产总公司投资承建，东起大胡同、西至利民里、南起利民里、北至南运河南路，原地为平房里巷。建成框架结构12层、局部15层饭店1幢，建筑面积7803平方米。金龙饭店位于区中部，由区建设开发公司投资，工房建设公司承建。东起子牙河北路、西至新红桥、南起益福里、北至子牙河北路，原地为平房里巷。建成框轻结构14层饭店1幢，建筑面积1.12万平方米。

1996年，金兴经济联合大厦开工，1999年竣工。由天津金大地房地产开发有限公司投资，建工集团三建一分公司承建，位于区中南部。东起金丰公寓、西至闸桥北路、南起金丰公寓、北至西青道，占地5700平方米。建成框架结构29层，高101米大厦1幢，建筑面积3.5万平方米。

2005年，锦江之星酒店开工建设，2006年竣工。由锦江集团和吉昌房地产开发有限公司投资，由北京金港机场建设有限责任公司承建，位于区中部。东起光荣道，西至长安商城、祥居公寓、南起祥居公寓、北至勤俭道，占地2291平方米。建成轻型框架结构主体9层、局部7层综合楼1幢，建筑面积9118平方米。

四 大中型超市建设

2000年，华润万家西青道超市开工，2001年竣工。由华润集团投资，天津三建承建，位于区中部。东起天津西站国家粮食储备库、西至红旗北路、南起西青道、北至欧亚达家居广场。建成钢结构一层卖场1幢，建筑面积9898平方米。

照4-6 物美超市咸阳路店

（区市容园林委提供）

2002年，由天津锦江麦德龙现购自运有限公司投资的麦德龙自选超市红桥店建成。位于区中部，东起邵公庄横街、西至红旗路、北起红星美凯龙、南至西青道，占地2万平方米。原地为红桥体育场，建成框架结构主体1层、局部2层，建筑面积1.2万平方米。

2005年，物美超市咸阳路店竣工，位于区西部咸阳北路与海源道交口。东起咸阳北路、西至水木天成社区、北至海源道、南至水木天成社区，占地7000平方米，建成砖混结构4层卖场，建筑面积2.4万平方米，营业面积1.5万平方米。

第五节 教育设施

一 学校建设

1981年，清源道小学建成砖混结构4层教学楼1幢，建筑面积2476平方米。外国语小学建成砖混结构4层教学楼1幢，建筑面积2476平方米。1983年，红桥区少年宫建成砖混结构4层局部5层教学楼1幢，建筑面积2040平方米，5层为圆顶天文台。1984年，洪湖里小学建成砖混结构4层教学楼1幢，建筑面积2686平方米。欢庆里小学建成砖混结构4层教学楼1幢，建筑面积2003平方米。邵公庄小学建成砖混结构4层教学楼1幢，建筑面积2008平方米。1992年，红桥区体校建成砖混结构4层教学楼1幢，建筑面积2070平方米。

1986年，二号路小学建教学楼1幢，砖混结构4层，建筑面积3176平方米。1986—2001年，天津五中相继建成砖混结构5层教学楼1幢，建筑面积4421平方米；5层实验楼1幢，建筑面积4210平方米；体育馆1座，建筑面积4258平方米；学生餐厅1个，建筑面积1100平方米；5层宿舍楼1幢，建筑面积3170平方米。1989年，新村小学建成砖混结构4层教学楼1幢，建筑面积5500平方米。佳园里小学建成砖混结构4层教学楼1幢，建筑面积2610平方米。1990年，桃花园小学建成砖混结构4层教学楼1幢，建筑面积4188平方米。五十一中学分校建成砖混结构3层教学楼1幢，建筑面积2507平方米。

1992年，佳春中学建成教学楼1幢，砖混结构5层；综合楼1幢，砖混结构4层，设有办公室、实验室、图书馆、会议室，建筑总面积6771平方米。佳春里小学建成4层教学楼1幢，建筑面积3232平方米。佳宁里小学建成砖混结构4层教学楼1幢，建筑面积5322平方米。

照4-7　城市学院红桥分院　　　　　　　　（区建委提供）

1995—2001年，天津三中相继建成框架结构5层图书馆楼1幢，建筑面积8340平方米；4层教学楼1幢，建筑面积8789平方米；多功能报告厅1幢；4层宿舍楼1幢，建筑面积2020平方米；体育艺术中心1幢，框架结构3层，建筑面积1.14万平方米。1996年，实验小学建东教学楼1幢，砖混结构4层，建筑面积2197平方米。教育中心建成砖混结构4层教学楼1幢，建筑面积3809平方米。1999年，雷锋小学建成砖混结构4层教学楼1幢，建筑面积6320平方米。2000年，北洋职专建框架结构4层局部5层教学楼1幢，建筑面积4865平方米。跃进里小学建成砖混结构4层教学楼1幢，建筑面积5657平方米。文昌宫民族小学建成砖混结构4层教学楼1幢，建筑面积9147平方米。

2004年，天津市民族中学竣工。东起红旗路、西至向阳里、南起北辛道、北至西青道，占地3.78万平方米。建成框架结构5层局部9层教学楼办公楼5幢，建筑面积3.62万平方米。2007年，天津师范学校附属小学竣工。东起团结路、西至水木天成公交站、南起团结环路、北至海源道，占地2500平方米，建成框架结构3层主教学楼1幢，3层艺体楼1幢，建筑面积1.24万平方米。2009年，城市学院红桥分院竣工。东起向东道、西至同心楼、南起和富里、北至丁字沽三号楼，占地6.93万平方米，建成框架结构19层教学综合楼1幢、4层教学楼2幢、3层报告厅1幢、2层体育馆1幢，建筑面积6.41万平方米。校区内由南至北依次为体育馆、教学综合楼、教学楼和标准跑道足球场。体育馆可容纳观众2800人，建筑面积1.12万平方米。

二　幼儿园建设

1988年，第十九幼儿园教养楼竣工，建成砖混结构3层教学楼1幢，位于区北部佳园里佳园道17号，建筑面积2688平方米。1992年，西北角回民幼儿园竣工，建成砖混结构4层教养楼1幢，建筑面积2783平方米。2001年，第八幼儿园竣工，占地3982平方米，建成砖混结构3层教养楼1幢，建筑面积2312平方米。2003年，红桥区少年宫艺术体育幼儿园竣工，建成砖混结构3层教养楼1幢，位于湘潭路68号，属教育配套工程，建筑面积2460平方米。2007年，第三幼儿园竣工，占地3939平方米，原地为平房里巷，建成砖混结构教养楼3层1幢，建筑面积2952平方米。2008年，第一幼儿园实验园建成砖混结构4层教养楼1幢，建筑面积3188平方米。

第六章　市政建设

70年代末，道路、桥梁和排水管网建设与养护都进入新的历史时期。80年代初，道路建设集中在震损道路重建，中期与新建居民片相配套，修筑数十条新路。90年代，重点进行道路和桥梁的改造拓宽。进入21世纪，配合北京奥运会和天津西站改扩建工程，加大路桥建设力度，提升桥梁功能，城区道路、桥梁普遍得到拓宽、加固。尤以新式大型桥梁建设最为引人注目，普遍采用钢结构，出现箱型、合箱型、悬索型等多种式样。其中，投资5亿元的永乐桥，为世界上首座将桥梁和摩天轮建造在一起的建筑，集交通、商业、观光、游乐多功能于一体，被誉为“天津之眼”，入选“天津市十大标志性建筑”。32年中，不断开明沟、挖雨井、建水池、修闸门、改造排水管道、实施防汛工程，使城区排水系统日趋完整高效，确保人民生活便利和汛期安全。

第一节 机 构

1978年，撤销负责区城市建设的市政组，组建区城市建设管理局。内设政工科、规划建管科、市政管理科、财务劳资科、办公室和市容办公室。1980年，增设园林科，下设道路工程队、排水管理队、园林队和城建局建筑工程队等4个基层单位，有地名办、节水办、引滦工程办公室和防汛指挥部4个临时机构。1978年，组建市政管理科，为区城市建设管理局内设科室。1985年，组建市政工程管理处。1987年，撤销管理局、市政处，成立区市政工程局。

1997年，市政工程局正式更名为市政工程管理局。2002年，内设生产管理科、财务劳资科、行政办公室和党委办公室。2010年，内设生产计划科、市政监察科、工程配套科、技术质量科、财务科、劳动人事科、行政办公室和党委办公室。

第二节 道路建设

一 市修建道路

1979年，开工修建大丰路工程1.79万平方米，当年竣工通车。改造河北大街，道路拓宽至32米，其中行车道宽13米。1980年，翻修大丰路。1981年，拓宽红旗路红桥区段522米，路面由原10.5米拓宽成50米。后又拓宽红旗地道。1982年，丁字沽三号路（勤俭道至千里堤）路段加宽至31米，长2360米，铺筑沥青混凝土路面。1983年，西青道拓宽改造工程开工，当年竣工通车。1984年，将光荣道从勤俭道延长至千里堤，修建8米宽的沥青混凝土路面。1985年，动工修建中环线西半环，在红桥区界内北起勤俭桥、南至红旗北路，路宽40~50米。1992年，改造光荣道。改建后宽19~40米。1995年，芥园道建设工程开工。打通后芥园道全长1950米，路宽40米。1997年，丁字沽三号路拓宽改造工程竣工通车。改造后宽40米，机动车道宽16米，两侧非机动车道和人行道分别宽6米、4.5米，分隔带宽1.5米。改造后，新红桥至光荣道路段更名为新红路。1998年，丁字沽三号路延长线工程开工。1999年竣工。改造后路宽43米，横断面为双幅式。1999年，丁字沽三号路道路工程开工，改建后宽40~43米。光荣道（东段）拓宽改造工程竣工通车。改建后宽19~40米。2001年，芥园西道一期工程开工。2002年，咸阳路道路工程一期开工。2003年，芥园西道二期排水道路工程开工。2004年，咸阳北路综合改造工程全线贯通。全长8.5千米、宽40米。2008年，光荣道改造工程竣工。改造路段全长2100米，宽40米，总面积10万平方米。2008年，西站前街、大丰路改造工程全线完工。道路拓宽改造为西站前街60米，大丰路40米，修筑道路全长1353米，总面积约5万平方米。2009年，丁字沽一号路和本溪路道路改造工程竣工。完成整修道路4000米，翻修路基58厘米，铺筑路面16万余平方米，清除一号路两侧机非绿化隔离带，将路面结构三块板改为一块板，调整双向车行道宽度，提升道路通行能力。市容环境景观重点道路咸阳路、咸阳北路整修工程竣工。北起北运河桥，南至南运河咸阳桥，全长4400米。

照4-8 2008年7月，大丰路改造工程竣工（区市政局提供）

2010年红桥区域内市管道路一览表

表4-3

道路名称	起点	终点	道路长度(米)	道路面积(平方米)
大胡同	金钢桥	北马路	467	11119
大丰路	大丰桥	北马路	864	22479
西站前街	北营门西马路	大丰桥	446	19536
西青道	西站前街	西横堤	3445	105408
红桥北大街	光荣道	大红桥	1418	21938
老红桥北大街	红桥北大街	新红桥	340	7783
北营门外大街	子牙河南路	北营门旱桥	298	4754
河北大街	北营门旱桥	金华桥	1471	34374
北门外大街	金华桥	北马路	351	11820
新河北大街	大红桥	北营门西马路	532	6516
北营门西马路	西站前街	河北大街	855	11740
煤建东大道	子牙河南路	西青道	1297	9984
光荣道	北洋桥	外环线	4568	120542
丁字沽一号路	千里堤	光荣道	3067	90742
红旗路	复康路	子牙河桥	7370	278188
勤俭道	京津公路	子牙河桥	2734	100879
芥园道	青年路	西马路	2265	69917
新红路	新红桥	光荣道	1495	34243
芥园西道	青年路	外环线	3576	113152

二　区修建道路

1979年，区管道路149.52万平方米，其中车行道133.49万平方米，人行道16.03万平方米。养护维修道路面积4.49万平方米。修建金钟路道路工程1.8万平方米。1980年，天津市第一条三块板式断面型道路丁字沽一号路竣工通车，铺筑有彩色沥青路面。1981年，丁字沽三号路开工兴建，长1.5千米，宽30米。1982年，建成本溪路。西南起津霸公路，东北至丁字沽一号路，长1050米，宽25米。1983年，拓宽大丰路。1985年，丁字沽一号路向西延长至千里堤，改建为行车道宽31米沥青混凝土路面，在两侧各建3米宽沥青混凝土人行道。1988年始，里巷道路翻修，至1990年，市、区两级翻修里巷道路9万平方米。1994年，北马路道路拓宽工程竣工通车，全长1947米，宽40米，总面积9.69万平方米。至此，内环线全线贯通。1996年，北门外大街改造工程开工，拓宽至40米。2000年，南头窑片道路配套工程开工。新辟先春园地区道路工程，总长1730米，路宽12~20米。2001年，南运河北路改造工程开工，全长1546米，宽20米。2002年，改造金钟桥大街、佳宁道。填埋污水明沟，铺设排水管道，整修改造路面。2003年，整修洪湖东路等11条区管道路，总面积约18万平方米。2004年，修建水木天成小区，配套道路5条。行车道为沥青混凝土道路，人行道为水泥砖道路。2005年，建设江源东道等11条道路。2006年，海源道延长至咸阳路，使水木天成、龙禧园、正源公寓等小区居民通往咸阳路出行通畅。2007年，翻修、新建咸阳北路等28条道路，延长四新道，翻修里巷道路30.24万平方米。2008年，竹山路改造工程竣工。新三条石大街竣工，总施工面积3万余平方米。2009年，京沪高铁天津西站工程配套项目之一、区重点工程湘潭道道路改造全线竣工。全长538米，原行车道宽18米，道路改造后车行道保留14米。北侧人行道大幅度加宽，采用高等级环保砖铺设，侧石首次采用芝麻白天然石材码砌。调整、更换人行道环保砖500余平方米，铺筑沥青混凝土1万平方米。向东南路工程竣工，全长2460米，沿线与9条相交道路，成为连接北运河与子牙河之间重要道路。是年，完成道路维修112条9.2万平方米，调整树穴41个，更新侧石1594延米，更新缘石1168延米，完成冬季灌油缝

5125米。2010年，龙禧道改造工程竣工，总工程量1.73万平方米，成为连接咸阳路与中环线之间主要交通干线。道路设施养护维修率3%，养护维修道路9.47万平方米。

2010年，区管道路130条，长9.45万米，面积141.9万平方米；街坊路1174条，长10.5万米，面积72.18万平方米；里巷道路4091条，长29.23万米，面积101.52万平方米。

三 道路养管

1979年，采用民办公助方式，胡同、里巷提升改造。铺设排水管道，撤销公用污水池。胡同、里巷全部铺上沥青路面。1981—1982年，拆除震后地震棚，对占压损坏人行道翻修提级。修建丁字沽二号路、四新道等人行道，分为沥青混凝土和混凝土九格砖两种形式。1982—1984年，开展里巷道路柏油化工程，完成15个街里巷道路柏油化提级改造。1985年，新建居民小区道路配套施工，完成咸阳北路片等道路配套工程。1986年，改造"三级跳坑"，对春德街、河北大街、小西关街等街的胡同里巷进行改造。1991年，购置500千克乘坐式压路机和振动夯板用于道路施工。1994年，新建小区的道路配套施工，完成风采里、风光里、风貌里、潞河园、西关北里等配套工程。

2010年，养护维修道路9.47万平方米，其中次干路33条38.97千米，面积76.01万平方米；支路97条55.54千米，面积65.89万平方米；里巷路4091条292.34千米，面积101.52万平方米。

第三节　桥梁　地道

一 桥梁

1981年，金钢桥人行便桥工程开工，全长76.44米，宽8.4米。1982年，金华桥改建成钢筋混凝土预制空心板梁、钢筋混凝土灌注桩结构的平面桥，桥面铺筑沥青混凝土。桥长40米，宽36米，承重20吨，重修后桥梁上部结构为预应力钢筋混凝土空心板梁，下部为钢筋混凝土灌注桩。三条石便桥竣工，该桥为3孔钢架结构，全长88.19米，净宽3.7米，只供行人通过。大红桥附属工程人行便桥动工兴建，坐落于北运河与子牙河汇流处，长78米，宽3.7米。1984年，跨越子牙河的新红桥开工。主桥为两跨连续钢桥，双孔连续梁，主孔路径87米，承重20吨，桥长176米，宽30米。1985年，建子牙河桥，原桥保留，两侧各建一桥，承重20吨。1989年，建成西青道立交桥，长304.2米，桥宽16.5米，上部结构为预应力钢筋混凝土三跨连续箱型梁，最大跨径43米。1994年，跨南运河金钟桥重建落成通车。桥长40.6米，宽24米，其中行车道宽18米，人行道各宽2米。上部结构为10米钢筋混凝土空心板梁，下部结构为钻孔混凝土灌注桩。1996年，金钢桥拆除重建。新桥为双层跨海河三跨连拱无推力系杆拱桥，全长466米，加引路桥为848米，上层主跨长101米，边跨25米，宽18.4米。下层利用旧桥墩改建为钢筋混凝土组合箱梁。采用专用聚氨酯高分子防水材料和光导纤维、高亮度灯具。1999年，改建北洋桥。改建后长72.65米，宽40米，面积2880平方米。2004年，咸阳路与咸阳北路改造工程西河桥建成通车。西河桥跨越子牙河，结构为钢箱梁自锚式悬索桥，全长553.1米，主跨115米。桥宽42米，桥梁面积2.32万平方米。2005年，北运河桥和咸阳路桥竣工通车。西北半环快速路、西纵快速路红桥段北横快速路建设工程全面展开，在西青道、子牙河、三号路和北运河建3座立交桥。2007年，西北半环快速路子牙河桥（天河桥）竣工通车。2008年，横贯西青区、红桥区、河北区的快速路北横通道工程主线完成。有互通式立交3座，区内有青云立交桥、北营门立交桥；分离式立交2座，前园立交桥、中环线西青道立交桥，建西站前广场西青道下沉地道一处。北营门立交桥建成通车，主跨145米，跨径为145+48+42米，主桥宽36.8米，结构为塔梁固结体系，斜独塔钢斜拉桥，主塔85米，倾角75度，采用钢结构拱形斜塔，主梁从塔中穿过，拉索采用扇形索形式，形似竖琴，为华北地区

照4-9 “天津之眼”夜景
（区委宣传部提供）

最高独塔斜拉桥和天津市唯一拱形跨河斜拉桥，工程总投资1.82亿元。新三条石桥正式通车，为机非混行桥，机动车双向6车道，桥宽36米。造型简约，桥两头的6根钢柱吊杆属钢索斜拉式桥梁。是年，永乐桥建成通车。全长204米，桥梁面积1.45万平方米，为世界上首座将桥梁和摩天轮建造在一起的建筑，集交通、商业、观光、游乐多功能于一体，设计分上下两层，上层桥面用于机动车通行，桥面总宽31米，双向6车道，下层用于行人通行，总宽38米。摩天轮入口餐饮、购物、娱乐、休闲等设施安置于人行道和行车道之间的“夹层”中。摩天轮直径达110米，由两个高62米的人字形钢结构塔架支撑，通透的48个座舱可容纳300余位游客同时观光，摩天轮最高点距地面高度达约120米，方圆40千米景致可尽收眼底，被誉为“天津之眼”，入选“天津市十大标志性建筑”。工程总投资5.03亿元，2009年娱乐设施正式开放。2010年，西北半环快速路青云桥、天平桥竣工。

1979—2010年红桥区桥梁一览表

表4-4 单位：米

桥梁名称	地点	产权单位	长度	宽度	跨越地物类型
狮子林桥	通北路 狮子林大街	道桥处桥管所	96.60	39.80	海河
金刚桥	大胡同 中山路	道桥处桥管所	96.60	39.80	海河
金钟桥	子牙河南路 金钟桥大街	道桥处桥管所	40.60	24	南运河
金华桥	河北大街 北门外大街	道桥处桥管所	44.90	60	南运河
小伙巷桥	三条石大街 小伙巷	道桥处桥管所	46.70	39	南运河
大丰桥	西站前街 大丰路	道桥处桥管所	39.60	36.60	南运河
井冈山桥	复兴路跨南运河	道桥处桥管所	46.60	36	南运河
邵公庄桥	闸桥北路 闸桥南路	市政建设开发公司	53.00	27	南运河
南运河桥	红旗北路	道桥处桥管所	40.40	44	南运河
咸阳桥	咸阳路	道桥处桥管所	46.80	38	南运河
三元村桥	芥园西道河	道桥处桥管所	42.30	40	津河
红旗北桥	红旗北路	道桥处桥管所	44.10	44	津河
永乐桥	三条石大街 河北五马路	道桥处桥管所	603.80	25-31	海河
新红桥	新红路 河北大街	道桥处桥管所	696.40	30.50	子牙河
大红桥	新河北大街	道桥处桥管所	80.70	12.70	子牙河
子牙河桥	勤俭道 红旗北路河	道桥处桥管所	154.70	18.90+17.90	子牙河
西河桥	咸阳北路、咸阳路	道桥处桥管所	862.00	42	子牙河
辛庄桥	新红桥桥下	道桥处桥管所	75.70	10.50	北运河
北洋桥	光荣道 榆关道	道桥处桥管所	84.00	40	北运河
勤俭桥	勤俭道 普济河道	道桥处桥管所	71.10	58.28	北运河
北运河桥	咸阳路	市政建设开发公司	760.50	35-39	北运河
天平桥	西北半环快速路 丁字沽三号路相交	道桥处桥管所	727.70	33.50	丁字沽三号路
天河桥	西北半环快速路	道桥处桥管所	2000	30	子牙河
前园桥立交桥	西青道与咸阳路相交	道桥处桥管所	600	12.75	咸阳路
中环西青道立交桥	西青道与红旗北路相交	道桥处桥管所	638.30	26	红旗北路
西站西大桥	洪湖东路 复兴路	道桥处桥管所	2000	23	跨子牙河、铁路
北营门立交桥	北横快速路与西纵快速路通道相交	道桥处桥管所	3104.70	26-42	子牙河等
佳园东里人行天桥	佳园东里小区	滨海市政建设公司	78	4.40	佳宁道

续表

桥梁名称	地点	产权单位	长度	宽度	跨越地物类型
大明道人行天桥	西北半环快速路与大明道相交	道桥处桥管所	78	4.40	西北半环快速路
团结路人行天桥	西青道与团结路相交	道桥处桥管所	66	4.90	西青道
龙悦路人行天桥	西青道与龙悦路相交	道桥处桥管所	68	5.40	西青道
育苗路人行天桥	红旗北路与育苗路相交	道桥处桥管所	50	3	红旗北路

二　地道

1980年，地道建成通车。地道由3孔方涵组成，洞体长39.6米，中孔快车道宽16.2米，两边孔各宽8米，其中慢车道各6米，人行道各2米。位于中环线红旗北路与津浦铁路交叉处。该处原为平交，结构为钢筋混凝土箱型方涵，用顶进法施工。

第四节　城市排水　防汛

一　排水工程

1978年，区内有54条支路、313条平房胡同，263片居民区范围内的雨水、污水管道以及各型检查井、收水井，对总长度433千米排水设施养护、维护和管理。

照4-10　新三条石大街排水工程（区市政局提供）

1979年，修建丁字沽一号路排水管道763米。修建丁字沽、咸阳路排水管道886米。是年，丁字沽居民区配套排水等市政工程开工。1980年，西站排水泵站建成，为雨水泵站，设2台机组，装机容量1.2立方米/秒。西站前雨季积水工程完工，铺设雨水管道762米。老河口大街积水点改善工程完工，铺设排水管道101米，修建闸门、收水井，金钟路地区积水点得到改善，排水能力比原来提高2.7倍。1982年，修建丁字沽零号路雨水、污水工程。勤俭道排水工程开工，均于是年竣工。1983年，修建红旗北路排水工程，是年竣工。1984年，新红桥排水工程开工，长3.8千米，年底完工。五爱道排水工程开工。西于庄排水工程开工，长1.2千米。1985—1986年，建排水管道3.43千米，改善中环线红桥区界两侧雨水、污水排放，修建补缺排水设施。17片楼房住宅区建雨水管道15.94千米、污水管道42.96千米，雨水、污水合流管道1.3千米。建雨水泵站7座，排水能力23.46立方米/秒。1990年，双环邨地区污水明渠排放改为暗管排放。1992年，建排水系统泵站18座，排水能力40.46立方米/秒。1997年，铺设雨水、污水管道9938米。1998年，铺设雨水、污水管道6900米。1999年，铺设雨水、污水管道1.36万米。2001年，芥园西道一期工程开工，改造、建设排水设施。2003年，芥园西道二期排水道路工程开工。2008年，建排水管道1227米，各型检查井96座。1995—2010年，完成市容环境综合整治工程、铁路沿线排水改造工程等14项大小排水工程，新建管道53.05万米、检查井3.88万座、收水井8997座。

二 排水管理

1979—1989年，疏通管道413.2万米，掏挖各型井327万座，维修各型井1.23万座。1990—1999年，疏通管道451.9万米，掏挖各型井357.26万座，维修各型井1.48万座。2000—2010年，疏通管道756.29万米，掏挖各型井435.25万座，维修各型井2.27万座。

2010年红桥区各街道辖区排水管网一览表

表4-5 单位：米

单位名称	全长	雨水管	污水管	合流管
双环邨街道	92381	18109	21473	52799
咸阳北街道	71124	56149	12181	2794
丁字沽街道	72564	26762	38806	6996
西于庄街道	59456	25683	28815	4958
西沽街道	34309	18590	9081	6638
邵公庄街道	29931	15861	11920	2150
芥园街道	23278	8343	8790	6145
铃铛阁街道	22074	11661	8430	1983
三条石街道	10187	1736	6883	1568
大胡同街道	13050	2195	8901	1954
合计	428354	185089	155280	87985

三 防汛

1980年，建红桥南、红桥北泵站。1981年，西站排水泵站建成，为雨水泵站，设2台机组，装机容量1.2立方米/秒。西站前铺设雨水管道762米。丁字沽防汛工程完工，铺设管道1500余米，开明沟200余米，新建各型井25座。西站外排水工程开工，翌年竣工。

1982年，修建丁字沽零号路雨污水工程，勤俭道排水工程开工，是年竣工。1983年，开工修建红旗北路排水工程，是年竣工。1984年，新红桥排水工程开工，长3.8千米，年底完工。五爱道排水工程开工。西于庄排水工程开工，长1.2千米。1985—1986年，在区内新建排水管道3.43千米，在西于庄雨后积水地区修建排水设施补缺工程。1990年，区内雨后积水片由原来12片降到7片。界内有排水干管219.22千米，检查井8307座、雨水井3848座；里巷支管237.93千米，检查井、收水井3.55万座。1992年，将雨水、污水提升排入赵沽里排水系统的泵站4座、排水能力为16.23立方米/秒；排入咸阳路排水系统的泵站14座、能力为24.23立方米/秒。1997年，丁字沽三号路拓宽改造工程中铺设雨水、污水管道9938米。1998年，复兴路广开四马路道路改造工程中铺设雨水、污水管道6900米。1999年，丁字沽三号路延长线工程中铺设雨水、污水管道1.36万米。2000年，墙子河北线清淤工程开工，竣工后命名为“津河”。2001年，芥园西道一期工程按照雨污分流原则，改造、建设该道路排水设施。2003年，芥园西道二期排水道路工程开工。2006年，维修西菜园临时雨水泵站，更换水泵，改建进水池；安装市区防汛视频调度电话，增容西菜园，新建湘潭道、丁字沽十一段，排水管道改造洛川里等地排水管道。2007年，改造永明西里等排水管道。2008年，疏通排水管道44.18万米，掏挖各型井18.72万座，新建排水管道5.36万米，检查井1938座，收水井2968座。2009年，新建排水管道2.59万米，检查井1591座，收水井449座。2010年，区内有雨水、污水收水泵站32所，沿河闸门92座。新建排水管道7792米，检查井416座，收水井122座。2007—2010年，改造66处成片积水点，新建排水管道10.93万延米。

2010年红桥区汛期收水设施单位一览表

表4-6 单位：立方米/秒

设施管理单位	设施地点	泵站性质	排水量	设施管理单位	设施地点	泵站性质	排水量
天津市排水管理二所	三元村	雨	6.92	天津市排水管理六所	光荣道	污	1.58
天津市排水管理二所	西姜井	雨	9.28	天津市排水管理六所	本溪路	雨	6.84
天津市排水管理六所	西站西	雨	8.60	天津市排水管理六所	红塔寺	雨	6.84
天津市排水管理六所	西站西	雨	2.20	天津市排水管理六所	西于庄	雨	6.66
天津市排水管理六所	西站前	雨	1.20	天津市排水管理六所	红桥北	雨	1.20
天津市排水管理六所	旱桥	合	0.21	天津市排水管理六所	西营门	合	2.21
天津市排水管理六所	大红桥	雨	0.92	天津市排水管理六所	杨庄子	污	0.45
天津市排水管理六所	八一	雨	2.40	天津市排水管理六所	平津纪念馆	雨	0.67
天津市排水管理六所	西河桥	污	0.27	天津市排水管理六所	芥园西道	雨	2.40
天津市排水管理六所	千里堤	污	1.44	天津市排水管理六所	子牙河南	雨	7.92
天津市排水管理六所	咸阳桥	雨	3.90	天津市排水管理六所	子牙河北	雨	7.92
天津市排水管理六所	西横堤	污	0.07	天津市排水管理六所	北营门地道	雨	0.65
天津市排水管理六所	红旗北路地道	雨	0.74	天津市排水管理六所	西青道地道	雨	1.47
天津市排水管理六所	团结路	污	0.16	天津市排水管理六所	柳家胡同	雨	10
天津市排水管理六所	团结路	污	2.40	天津市排水管理六所	金华桥	雨	4.02
天津市排水管理六所	红桥南	雨	2.68	天津市排水管理七所	佳宁道	雨	2.40
天津市排水管理六所	新春街	污	0.16	–	–	–	–

第七章　公共设施建设

32年间，供水、供电、供气、供热等公共设施建设水平不断提升，居民生活质量明显改善。80年代，对承担主供水任务的水厂进行提升改造，水源由“引滦入津”，补以“引黄济津”，水质标准不断提升。实施居民自来水入户工程后，公共水站用水方式结束，随着不断进行网管建设和低压片改造、高层住宅二次供水加压，确保居民生活用水。90年代，进行节水管理，开展节水宣传，创建节水单位，提高全民节水意识，推广节水型器具，对用水大户实行指标管理。随着社会用电量的增长，变电站不断增容，实现高压线入地，杜绝用电超负荷掉闸。80年代中期实现管道燃气供应，经历罐装液化气、煤制气阶段，于2006年转换为天然气。集中采暖开始限于企业职工宿舍，社会性集中供热始于1992年，主要是旧楼区供热建设，期间有民营供热站成立。进入21世纪，对小型供热站并网改造，至2010年基本实现统一管网供热。燃料也以燃煤为主向热电供热转化。

第一节　供　水

一　水厂

区内水厂主要为芥园水厂，即天津中法芥园水务有限公司，为天津市自来水集团有限公司下属单位。1979年，水厂水源来自海河水系。80年代初，引滦入津。1983年日供水量54万立方米。90年代后期，以“引黄济津”补充水源不足。期间，对水厂老旧设施进行多次改造，相继新建加氨、加氯、加药等设施，安装遥测等自动化设备。2007年，建成出水50万立方米的气浮净化车间。

80年代，饮水质量执行国家二级企业水质标准。90年代，水厂浊度指标逐步降低，水质标准不断提升。2006年，水厂浊度指标和管网水浊度指标达到要求。2010年，建成环保节能污泥处理车间，设计标准为50万立方米旧规模工艺排水（泥），实现滤池反冲洗用水全部回流使用，污泥全部处理。供水范围包括红桥区、南开区、和平区及西青区、北辰区一部分，供水面积130余平方千米，供水60万户180万人。

二　设施改造与节水宣传

1978年，区内有380余处自来水供水站。1979年，开始自来水入户。1985年，3.86万户居民实现自来水入户，基本结束公用水站供水模式。原水费收缴方式为楼门或院落，居住小区安装总水表，以总表为收费单位。2001年，自来水开始抄表到户改造，3年完成15万户，达到入户抄表收费经营方式。

照4-11　2007年，建成的气浮净化车间内景（区建委提供）

1985—1990年，完成97处自来水低压片改造。1991年，完成44处自来水低压片改造，解决1957户居民吃水困难。1992年，有25处自来水低压片改造，解决1578户居民吃水困难。2006年开始，连续6年实施管网建设工程，无低压供水片区。

照4-12　2002年，自来水抄表到户改造工程启动（区建委提供）

2008年，开始对风采里、风光里、风貌里及桃花园东里5537户进行一次供水设施、二次供水设施、户管及加压设施改造，完成小区外网、顶层盘管以及楼道内立管7幢高层336户居民的二次供水设施改造。完成天骄公寓等12处居民小区一次供水改造、二次供水的增压改造和户管改造。2009—2010年，连续实施50处二次供水改造。

1993年后，每年12月22日世界水日，区节水办利用有线电视台等宣传媒体，在黄金时段播放宣传片及节约用水相关知识。采访热心节水的居民，宣传日常生活中积极做好节约用水典型案例。各居民小区悬挂宣传条幅和标语。从1997年始，对各用水单位进行用水计划和节水指导计划。至2010年，未有超出计划的现象发生。

从2007年起，每年7月1—7日“中国水周”在道路、公园、机关院内悬挂节约用水宣传布标，在各社区宣传橱窗张贴节水宣传画报，黑板报同时编写利用保护水资源知识，节约用水生活小常识以及居民节约用水典型事迹。在各社区进行“节水宣传进社区”科普巡回展。是年，对咸阳北路街凤城楼小区、彰武楼小区、福源楼小区120个楼门1957户旧用水器具进行改造，新装水箱824个，水龙头3612个。2008年对西于庄街子牙里一片、子牙里三片、敦煌小区118个楼门4177户旧用水器具进行改造，新装水箱1402个，水龙头5355个。两年受益居民6134户。

第二节　供　电

一　变电站建设

1990年，西站变电站增容改造，供西站地区、子牙河周边地区用电。1996年，建成丁字沽35千伏变电站，供丁字沽一、二、三号路周边地区用电。2000年，建成吴嘴35千伏变电站，供西北半环快速路千里堤段及光荣道周边地区用电。2009年，建成勤俭道35千伏临时变电站，供纪念馆路、中环线红旗路周边地区用电。2007年，建成大胡同35千伏变电站，供大胡同周边地区用电。2006年，建成西站西35千伏变电站，供西青道、西北半环快速路、西横堤段周边地区用电。2010年，西站建成35千伏变电站。

二　电网改造

2003年，区内城市道路（含构筑物）绿化带不得增设新的架空线缆。至2010年，架空电缆切改入地和电缆迁移工程有：西站周边地区、西青道、南运河北路、南运河南路35千伏电缆迁移切改入地，西北半环35千伏架空线入地工程、丁字沽三号路35千伏电缆迁移切改入地工程。

三　电价调整

2002—2010年，电价上调4次。2002年3月，居民用户不满1千伏到户电价每千瓦时电0.41元，1千伏以上每千瓦时电0.4元。2005年5月，居民用户不满1千伏到户电价每千瓦时0.45元，1千伏以上0.44元。2006年，居民用户不满1千伏到户电价每千瓦时0.49元，1千伏以上0.48元。2007年，执行阶梯电价，每千瓦时一档0.49元，每千瓦时二档0.54元，每千瓦时三档0.79元。非居民用户（学校）每千瓦时0.515元，城镇合用表0.51元，用表每千瓦时0.51元，千伏以上分别为0.505~0.5元。

第三节　供　气

一　罐装液化气供应

70年代末，政府推动居民使用罐装液化气。气罐按行点单位进行分配，凭供气本供应，供应量很少。1986年，液化气罐用户为2.7万户。后随管道供气入户，90年代中期液化气罐用户减少至3000户。

二　管道燃气供应

1985年，成立区煤气化工程指挥部，开始居民区煤气管道施工，从西向东、从北向南推进。建成9个调压站，安装低压管道、庭院管道98.4千米，入户安装煤气表灶2.9万户，并点火通气。1986年，建成15个调压站，安装中低压和庭院管道185千米，入户安装室内表灶6.5万户，有4万户正式点火通气。1987年，有9万余户用上煤气，楼房居民区基本上实现煤气管道化。

2010年，区内有3个燃气服务站，外环线以南到子牙河以北均有燃气用户15.6万户，其中14万普通表用户，1.6万磁卡表用户。

三　燃气改造工程

1999年，燃气改造169户。2006年，开始将煤制气逐步转换为天然气，完成供热改燃单位11家，燃气锅炉33座，年用气量156万立方米。2010年，改造燃气锅炉11台。

第四节 供 热

一 沿革

80年代初，区内少数单位建有暖气设备，均为单独安装锅炉，供本单位生产和冬季取暖。1984年，粮食局、公用局、物资局在西青道建7幢高层住宅配有采暖设施，开始在住宅中集体供热。后大胡同钧和里、子牙南里、建设里居民区和中海油化工研究设计院、七〇七所、武警六支队等驻区单位职工宿舍相继集中供热。1992年，建立直属供热站17个，换热站69个，协调社会供热机构建供热站7个，引进杨柳青电厂热源，在新建住宅区供热，开展老住宅区补建供热，集中供热面积21.6万平方米，供热户数4300户，热化率3.81%，约占全市的7%。2010年，供热面积1468万平方米，供热户数14.6万户，供热率96%。室温合格率、故障排除率99%。

二 供热站

（一）丁字沽供热站 位于丁字沽光荣道与本溪路交口处，占地2.3万平方米，建筑面积1.4万平方米，供热能力700万平方米，安装70兆瓦大型锅炉5台。供热范围：北起北运河，南至子牙河、津浦铁路，西起千里堤，东至北运河，供热面积445.68平方米7.18万户。

（二）湘潭里供热站 1996年建成，位于湘潭道湘潭东里小区，供热范围北起子牙河，南至津浦铁路，东起复兴路高架桥，西至中环线。供热面积11.75万平方米1869户，包括湘潭里、湘潭东里、银泰公寓、红桥少年宫幼儿园、意库创意园。

（三）西横堤供热站 位于北辰区辰运路601号，占地4.8万平方米，供热能力240兆瓦，安装58兆瓦锅炉1台，64兆瓦锅炉2台，29兆瓦锅炉2台。供热范围北起外环线，南至千里堤，东起北运河，西至津霸公路，供热面积27.5万平方米4.3万户。

（四）房产总公司供热站 1988年组建，负责东北角钧和里居民区住宅和底商冬季集中供热，有4吨、2吨供热锅炉，供热面积6万平方米。1999年，供热面积78.5万平方米。2007年，大胡同供热站、建设里供热站并入津安热电公司。2010年，并入丁字沽供热站。

（五）乐康供热站 民营供热站，2001年建成并投入使用，位于水木天成团结路2号，供热范围千禧园、龙禧园、水木天成小区，供热面积125万平方米1.76万户，建有锅炉5台，换热站8个。

三 供热设施输配

（一）供热输配 1992年，建成第一台单台10t/n热水锅炉。2001年，在新建小区尝试使用燃气锅炉，有效提高热效率，降低空气污染。2007年，开始在部分供热站使用微纳米耐高温红外节能涂料技术，因其节能效果明显，2009年在所有直属供热站推广使用，获专项扶持资金。

（二）自动控制 1999年，中嘉供热站安装先进分散控制系统，对供热实行计算机控制。2000年，丁字沽站安装分布式变频二级泵系统，中嘉站和丁字沽站安装可编程控制器，提升供热自动控制和过程管理水平。2004年，在瑞景供热中心采用分散控制系统，在鼓风机上安装变频调速器，使之高效节能。

（三）小锅炉并网 2000年起，分阶段对规模较小、较分散的供热站、锅炉房整合并网。至2008年，73个单位的76座小锅炉并入区直属供热站。子牙河以南10个供热站并入津安热电供热管网。2009年，子牙里等9个规模较小的直属供热站并入丁字沽供热站。

（四）供热补建 1992年，补建子牙里供热站，对子牙里住宅区9.75万平方米供热。至2010年，丁字沽八段筒子楼5.1万平方米供热补建，实现全区直属供热站供热全覆盖。

（五）单户供热设备改造 2002年始，直属范围内老住宅实施“一户一环”单户供热设施改造，原串联管线改为并联管线，至2010年改造数十片老住宅区2.6万余户99.6万平方米。

第八章 公路 铁路运输

长途客运主要有西站长途客运站、红桥客运站。长途货运单位为汽车运输六厂。天津西站始建于1909年8月，老车站站房建于天津城西，建筑风格为德式新古典主义，为天津市重点保护单位、红桥区百年标志性建筑。2009年2月4日，京沪高速铁路天津西站正式动工建设，天津西站经历百年沧桑后迎来一次全新的变化，是京沪高速铁路五大始发站之一，是一个拥有京沪、津保、津秦、京津城际5个车场24个站台，26条列车到发线路的现代化大型综合铁路交通枢纽。

第一节 长途客运

一 西站长途客运站

坐落于西青道东端，2010年随高铁西站重建，占地1.4万平方米，建筑面积2.6万平方米。车站每日发班近400个班次，主要发往河北省、山东省、山西省、河南省、浙江省、江苏省等地。

二 红桥客运站

坐落于中环线红旗北路北端西侧登发装饰城旁，1963年建成，是一个综合性客货运输场，2009年划归天津市长途汽车公司。车站每日发班70余个班次，主要发往河北省的安国、深泽、平山、任丘、吴桥等地。

第二节 长途货运

一 汽车运输六厂

坐落于红桥区西青道杨庄子。2008年，按照市政府104号文件的要求，汽车运输六场实施困难企业退出市场，汽车运输六场始建于1956年至2009年经营43年。2009年9月1日，成立天津市交通集团金陆通运业有限公司，隶属天津市交通集团第一运输公司，是国有专业运输企业。公司拥有总资产5539万元，客、货运输车辆110余部，年综合经营收入1.3亿元。主要业务有载客运输、货物运输、汽车维修、汽车检测。

二 运输范围

1956年，运输六厂由多家私人车行合营原有车辆，品牌繁杂，有福特、道奇、星牌等。1958年国家进口160部苏联嘎斯牌汽车。1969年前企业车辆主要车型为单机、带斗、半挂车，1969年进口近百部日本产五十铃自卸车辆。1982年，开发零担运输业务，与全国近20个省市建立了密切的业务关系。1985年，开通天津市第一家京津城际客运班车运输业务。

90年代初，建立红桥区机动车技术性能检测站，定期对车辆进行技术性能检测。检测车辆达1.5万余部。1996年10月，成立天津市第一家货运配载服务中心，配载中心共引进国有、集体、个体经营户达50余户，开设货运专线金20条，货运线路辐射全国近30各省市、自治区。

90年代末，实现由传统运输企业向综合性专业物流企业的转化，与奥的斯电梯、大冢制药、北京现代、三星电子、利达集团、北海粮油、海河乳业、旺旺食品、津工超市等多家企业进行多种形式的诚信合作，开创工业物流先河。

三　抢险救灾运输

1998年，南方和东北先后发生特大水灾，企业紧急调派车辆承担抢运防汛物资任务。2003年，春季"非典"疫情，出动车辆，将急需的药品送往疫区。2008年，汶川大地震，5月18日凌晨3点，接到抢运第一批救灾物资任务，一直到25日连续抢运上站的救灾物资，投入80车次，抢运药品、发电设备260吨，活动板房500套。28日下午3点，迅速抽调12部车辆向四川绵竹地区抢运102套活动房的任务。2010年，西南地区发生罕见的大旱灾情，市政府紧急调运抗旱物资，支援贵州省贵阳市抗旱救灾，金陆通公司组织车辆装运物资，行驶3000余千米路程，仅用48个小时。

第三节　铁路西站

一　历史沿革

清光绪三十四年（1908年），督办铁路大臣吕海寰派人调查适合建站的地方。津浦铁路北段开工8个多月后，吕海寰派出的调查员报送了一份极有价值的材料："河北赵家场以北有空地二顷有余，地势平坦，既无庐舍，又无坟墓，堪为建设总站之用。"

当年津浦铁路分为南北两段施工，津浦北段在光绪三十四年（1908年）6月开工建设，从天津到山东的韩庄为北段管理范围。但是与众不同的是，津浦铁路北段当时从半截开始施工，从静海县良王庄向天津市内修筑，这样做是因为天津起点的地址始终未定。

天津西站始建于宣统元年（1909年）8月，宣统二年（1910年）12月14日投入运营，站房亦由德国的建筑师设计，建筑材料也由海外运来。建成后的天津西站站房为砖混结构二层楼房，建筑整体坐南朝北，是一座具有典型折中主义风格的德国新古典主义建筑。

民国元年（1912年）11月，津浦铁路全线开通，天津西站成为最早联结中国南北干线铁路的车站和国际通关口岸站。天津西站初建时，站内有4条股道、2座站台、1座天桥、1座站房，年发送旅客12.7万人、运输货物5.1万吨。民国26年（1937年），天津西站被侵华日军占领后，车站的线路被改成5条股道并另建了1个南货场。同时期，在西站前街紧邻西站的位置修建了1座工厂。

中华人民共和国成立后，天津西站被铁道部核定为三等站。1955年，天津西站升格为二等站。1962年，随着旅客和货物发送量的持续增长，天津西站再次升格为一等站。1984年，天津地铁既有线延伸至天津西站，使天津西站与北京站在同一年成为全国最早有地铁接驳的两座火车站。1993年1月，天津西站进行过一次改建工程，于1995年年底基本建成。天津西站一站台是国际通关口岸站。2003年下半年天津市政府出资766万元再次大修。

2009年2月4日，作为京沪高速铁路五大始发站之一的天津西站开始进行改造扩建。为配合改造工程的展开，2009年5月4日零时起，天津西站停止办理客运业务，同日停止售票；杨柳青站作为临时客运站，接替天津西站所有旅客列车接发。2011年6月30日，高铁天津西站落成并投入使用。与此同时，天津地铁一号线西站站也重新开放。2012年春运，天津西站普速场投入使用，取代天津站成为天津市最大的交通枢纽中心。

二 西站货场

天津西站下辖西站货场、西营门货场、陈塘庄货场（包括陈塘支线），其中下辖的西营门货场是铁道部批准的中俄大吨位集装箱的办理站。担负天津市红桥区、南开区、河西区、西青区、大港区部分工厂、企业、港口生产原料、燃料及建筑材料、民用必需品的到达和部分产品外运的运输业务。其大宗货物运输主要有石油、煤、炭、矿建等。

车站上行场北侧建有西站货场，占地10.22万平方米，有装卸作业线4条、有效货位400个。防湿雨棚5324平方米。货物积散场地1.14万吨并有5条铁路专用线即粮食专用线2条、油脂专用线1条、机务折返段1条、廊坊驻津土产专用线1条。

三 德式楼

西站主楼老站房采用滑动摩擦平移方法向东南方向整体迁移140米，其中向南135米，向东40米，同时整体抬升2.5米。西站老候车楼是全国铁路枢纽站中修建最早、保留最完整、规模最大的哥特式建筑，主站楼为砖木混合结构的三层建筑，建筑面积2058平方米，占地930平方米。主站楼坐北朝南，正立面中部前凸，呈凸字形。该楼东西长37.24米，南北宽31.42米，高约25米，其中一层净高3米，二层大厅净高10.4米，其他部分5.4米，三层净高3.6米。建筑总重量约为5500吨。天津西站老站房为天津市文物保护单位和特殊保护等级的历史风貌建筑。

照4－13 天津西站主楼老站房

（区建委提供）

第四节 高铁西站

一 天津西站改扩建工程

2009年2月4日，京沪高速铁路天津西站正式动工建设，天津西站经历百年沧桑后迎来全新的变化。京津城际、京沪、津保、津秦4条高速铁路在西站交会，铁路、公交、地铁、出租汽车、长途汽车实现“零换乘”，地下直径线将天津西站与天津站紧密相连，形成包括客运专线、快速铁路、城市轨道线和道路交通等多种交通方式有机衔接的现代化大型综合交通枢纽。按照建设方案，占地约68万平方米，站房主体结构为地上二层、地下三层，建筑总面积为18万平方米。站房为圆拱形结构，南北长380米，东西跨度126米，高50米。高架候车大厅绝对标高16.5米，东西面宽135米，南北进深336米，横跨铁路车场。地下一层为出站厅，东西两侧为出租汽车出站车道，候车平台长126米。中央24米通廊南北贯通。天津西站采用高架层、地面层、地下层及站房四角配合设置辅楼的布局方式，上进下出的进出站模式。站房10.4万平方米、雨棚7.6万平方米，总面积18万平方米。站房主体高57米，辅楼高20米。跨度达114米的巨大拱形结构创造出南北长395米的宏大高架进站候车空间。南广场位于西站客运站站房南侧，规划范围东至西站前街、西至复兴路、南至南运河北路、北至西青道。规划总占地20万平方米，总开发量30万平方米。整体方案设计立意于西站站房的“光辉”主题，整体几何构图采取以站房为圆心、逐层向外辐射的手法。景观设计与主站房“光辉”主题相呼应；下沉广场的布局

照4-14　改扩建中的高铁西站　（区建委提供）

增加商业的直接采光面；强化自由通廊与南广场的联系。南广场主要由集散广场、景观公园、特色商业区三部分构成。集散广场的设计以津味文化地面浮雕及标志塔为主，体现天津西站的文化意蕴。景观公园以绿地和各种灌木为主，保证视线通透。特色商业区业态以主力卖场、餐饮、大型超市、站前特色商业、酒店为主。

北广场位于天津西站站房北侧，规划范围南至基本站台、北至子牙河、西至复兴路，规划总占地16.5万平方米，总开发量10万平方米。设计在满足公交车、出租汽车、社会车等交通需求的前提下，对广场进行优化，旨在创造一个“多维、亲切、宜人”的广场空间。主要由交通广场、景观休闲广场、枢纽控制中心、公交车首末站、出租汽车蓄车场、社会停车库和自行车库组成。

二　京沪高铁建设项目

京沪高速铁路，简称京沪高铁、又名京沪客运专线，作为京沪快速客运通道，是中国“四纵四横”客运专线网的其中“一纵”，也是中国《中长期铁路网规划》中建设里程长、投资规模大、技术水平高的一项工程。总投资2009.4亿元。线路由北京南站至上海虹桥站，全长1318千米，纵贯北京市、天津市、上海市和河北省、山东省、安徽省、江苏省，连接环渤海和长江三角洲经济区。2008年4月18日正式开工，北京到上海最快只需4时48分。京沪高速铁路客运专线是全国第四条引进国际先进技术的高速铁路，正线全长约1318千米，与既有京沪铁路的走向大体并行，全线为新建双线，设计速度目标值380千米/小时，目前最高运营时速为310千米，设置23个客运车站。桥梁长度约1140千米，占正线长度的86.5%；隧道长度约16千米，占正线长度的1.2%；路基长度162千米，占正线长度的12.3%；全线铺设无砟正线约1268千米，占线路长度的96.2%。有砟轨道正线约50千米，占线路长度的3.8%。全线用地总计5000平方千米（不包括北京南站、北京动车段、大胜关桥及相关工程）。

第九章　邮政　通信

32年间，随着城市建设发展和居民区建设，邮电事业得到快速发展。邮政系统在传统邮寄函件、集邮和储蓄业务的基础上，不断增加服务网点和服务项目，拓展代理保险、电子商务和快递业务，各项业务收入不断攀升。电信设施迅速实现现代化。80年代，居民开始安装家庭电话，区内开通程控交换机，实现电话自动化。90年代，家庭固定电话数量达到高峰，全部进入长话自动网并直拨国际。进入21世纪，实施“光进铜退”（即光缆代替铜线）工程，发展光纤通信。随着3G移动通信投入市场，宽带用户大幅增加，手机、计算机迅速普及，网络交流十分便捷。

第一节 邮 政

一 机构

1979—2006年，红桥区邮电与南开区为同一机构，由天津市邮电局直辖。2006年，红桥邮电局成立，下设办公室、市场部、计财部和储汇分局、函件分局、集邮分公司、电信部。下属丁字沽、芥园道、佳安里、凤城楼、西青道、萍乡道、估衣街7个支局，邮电所20个。2007年，成立邮政储蓄银行，原储汇分局业务由市场部负责。2008年，成立速递物流部，电信部改为电子商务局。成立函件营销局，归函件分局管理。

是年，邮政电信分设，邮政独立设置。成立邮政储蓄银行。2009年，成立金融业务部。翌年更名为金融业务局。设四新道邮电支局，原凤城楼邮电支局更名为凤城楼邮电所。2010年，邮电局有对外服务窗口22个，有职工284名。

二 基层营业局所

1979年，红桥邮政系统下设邮电支局2个，邮电所5个。1995年，增设北马路、丁字沽邮政支局，开办邮政所11处。2006年，有支局7个，邮电所20个，至2010年未变。2010年，各邮电支局对邮件、信件、报刊、汇票等业务操作全部实现信息化管理。2006年，有信筒信箱31个，其中室外14个，室内17个。2010年，有邮政营业车辆38辆，其中，夏利27辆，其他邮运车辆11辆。

2010年红桥区邮政营业网点一览表

表4-7

名 称	地 址	邮 编	联系电话
丁字沽邮电支局	丁字沽二号路27号	300130	86521389
仁和里邮电所	桥北大街仁和里3门底商	300132	86552763
光荣道邮电所	丁字沽风貌里底商44-57门102号	300130	86512156
芥园道邮电支局	芥园道中段(铃铛阁中学对过)	300120	87722005
明华里邮电所	芥园道怡华园明华里7-103号	300121	87722217
佳安里邮电支局	三号路延长线佳安里小区底商2号	300134	26691260
佳宁道邮电所	佳宁道浩达公寓17-105号	300134	26692600
奥园邮电所	辰昌路奥林匹克花园商业街103号	300134	26692602
商大邮电所	津霸公路北刘房子商业街8号	300134	26685190
瑞景邮电所	辰昌路瑞景新天地商厦内	300134	26666763
工职学院邮电所	天津商业大学院内	300134	26688245
四新道邮电支局	丁字沽一号路与四新道交口	300131	26373548
凤城楼邮电所	丁字沽一号路咸阳北路交口底商	300131	86526219
潞河园邮电所	潞河园11栋首层18号	300131	86512155
西青道邮电支局	西青道120号增1号	300122	27725770
咸阳北路邮电所	团结路乐康小区1-17-106	300122	87781717
江源西道邮电所	水木天成文涛园36号楼江源西道15号	300122	87785213
估衣街邮电支局	万隆大胡同商业中心11号	300091	87735996
大胡同邮电所	大胡同天鸿大厦B座底商	300091	87731763
萍乡道邮电支局	洪湖南路18号	300130	26560926
纪念馆路邮电所	纪念馆路中嘉华园底商	300131	86570427

三 邮政业务

（一）函件 2006年，业务收入448.71万元。2007年，业务收入602.64万元。2008年，业务收入799.93万元。2009年，业务收入1043.76万元。2010年，业务收入1056.76万元；结算收入753.52万元，完成全年预算目标的111.63%。

（二）集邮 2006年，业务收入383.03万元。2007年，集邮业务收入637.52万元。2008年，芥园道邮电支局销售奥运邮品加盖火炬传递纪念章，首次制作连体章11枚。集邮业务收入1198.22万元。2009年，完成集邮业务收入1090.55万元。2010年，集邮业务收入1124.1万元，同比增长3.08%；结算收入377.49万元，完成全年预算目标的95.33%。

（三）电子商务 2006年，电信业务收入205.78万元。2007年，业务收入235万元。2008年，业务收入319.62万元。其中，代理票务完成收入36.63万元。2009年，业务收入349.72万元。2010年，业务收入386.08万元，结算收入244.62万元，完成全年预算目标97.46%。

第二节 通 信

一 机构

2006年，中国联合网络通信集团有限公司天津市红桥区分公司成立，设丁字沽、西站西、佳园里3处电话分局。下设芥园道、西站西、南门里、丁字沽、佳园里5个营业厅。

二 业务

80年代后期，固定电话进入家庭。90年代，家用电话迅速普及，出现早期手机和计算机，相关业务成为电信部门的主体业务。进入21世纪，电信事业快速发展，家庭和公用电话渐渐退出，手机、计算机迅速普及，业务量和收益大幅增加。

2003年，邮政系统启动小灵通业务，在分公司开展基站建设，确保信号覆盖，当年有用户20余万人。2006年，开展“亲情1+1”融合业务，参与用户4万人。2009年，“灵通升级”，用户转网至2G业务，小灵通通信业务逐渐退出电信业。

90年代后，电信设施设备不断更新，电信业务用户规模迅速扩大。1999年，界内ISDN用户5000户。2001年，ADSL用户近10万户。2009年，实施“光进铜退”工程，进行铜线改换光缆改造。2010年，小区光纤改造73个7.4万户。接入光缆达648条2952.64芯千米。建设OLT设备局站12处，PON口642个，建设备间33个，交换机容量27万线，实占19万线。宽带容量为15万线，实占11万线。2010年，移动业务迈入3G时代，客户扩大至5万户。是年，推出合约计划业务。

第五编

城市管理

32年间，城市建设发生巨大变化，对城市管理提出更多新的课题。城管工作以更好发挥城市功能、服务居民生活为宗旨，实施系统管理措施，逐步将城市管理纳入法治建设轨道，为居民生活和城市运转创造优良环境与机制。

环境保护观念逐步形成，强化各种污染源治理，采取系列措施进行综合治理，使环境保护步入常态化管理，通过实施蓝天、碧水、安静小区等工程，环境质量大幅提升。居民住房由租住公房向商品化转变，对居民住房进行产权产籍和档案统一管理，住宅小区实现物业化管理。开启房地产交易市场，对交易中介进行规范管理。环卫队伍不断扩大，设施和设备不断增置更新，环境卫生整治水平大为提高。市容管理重点整顿市容卫生，开展环境卫生专项治理和突击清整，实施街道综合整修，城市面貌得到明显提升。城区绿化以新建住宅楼和平房改造配套绿化为起点，小区绿化、环境绿化和公园绿化得到全面提升。庭院式绿化取得突出成绩，受到党和国家领导人高度评价。历年进行植树造林，营造多处特色林区。长期开展群众性爱国卫生运动，发动干部群众参加环境卫生义务清整，环卫设施档次和机械化程度大为提高。综合执法树立服务城市、服务经济理念，开展主干道、主干线、繁华地区违法建设专项治理，服务重点工程建设，为文明城市、文明市场和经济社会建设保驾护航。

2010年，改造后的⺀
街景　（区委宣传部

2010年，市容改造后的洪湖里商铺　（区委宣传部提供）

2010年，旧楼改造后的子牙里社区　（区委宣传部提供

2010年，改造后的街景花园　（区委宣传部提

第一章　房产管理

32年间，居民住房经历由租住公房向商品化住房转变，房地产管理随之发生改变。80年代初，对居民住房进行产权产籍登记换证和产籍档案统一管理。90年代，开启房地产交易市场，允许二手房交易。住房制度改革，开始缴纳公积金。进入21世纪，推行住房货币化分配，商品房和二手房同时进入交易市场，对低收入人群实行保障政策，核减公产住房租金，发放租房补贴。随着商品房市场化规模的扩大，成立房地产交易管理机构，对房地产中介进行管理。2003—2009年，旧楼区综合整修，实行物业管理服务。包括楼内、外公共环境保洁，小区门岗执勤，小区公共秩序巡逻。服务标准：独单6元/户/月，偏单8元/户/月，三室10元/户/月。2010年，区内有物业服务企业36家，其中一级资质企业2家，二级资质企业6家，三级资质企业23家，三级暂定企业5家。2010年，新旧住宅小区实行物业化管理。

第一节　机　构

1979年，房管局内设办公室、房产管理科、房屋调配科、房屋修缮科、计划财务科、器材科、劳动工资科、政工科、武装保卫科、工会、团委。下设12个房管站、4个工程队、3个后勤生产厂和修缮服务队。1982年，房管局“一分为三”，划出房产公司、修建公司两个独立机构。内设办公室、产权地政科、房产管理科、政工科、计划财务科，下属单位有住宅管理科和私房管理所、房产交易所、土地管理所和测绘队。1986年，公用公房管理所移交房管局。1988年，土地管理所移交规划土地管理处。1992年，增设住房制度改革办公室。1993年，增设房屋安全查勘鉴定室。1994年，增设房屋销售服务中心。1996年，增设物业管理办公室。1997年，撤销产权地政科、政工科、私房管理所、房产交易所、测绘队，增设产权管理科、房地产市场管理科、危陋房管理办公室、行政执法监察室、行政科、党总支办公室、人事保卫科。2002年，撤销产权管理科、住宅建设管理科、危陋房管理办公室、行政科、人事保卫科，增设房地产权属管理科、科技信息科、人事教育科。2003年，住房制度改革办公室更名为住房委员会办公室。房地产登记发证交易中心成立。2005年，撤销房屋销售服务中心。房屋安全鉴定办公室更名为房屋安全鉴定中心。2006年，公用房屋管理所隶属房管局。2007年，房屋拆迁管理办公室移交房管局管理。2010年，内设办公室、房产管理科、住房委员会办公室、物业管理办公室、行政执法监察室、房地产权属管理科、房地产市场管理科、信访接待科、计划财务科、党委办公室、人事教育科。撤销科技信息科。

第二节　住房改革　保障政策

一　住房制度改革

1990年，启动住房制度改革。1991年，进行房改模拟运转，核定本单位参加和不参加资格，测算职工和单位提供公积金缴额。1992年，在区属单位自管产公积金职工与参加职工标准工人中，选200人对房改情况进行跟踪调查。采取“谁经营管理的住宅，谁负责组织检查”办法，对区属单位自管公房租金进行评定。是年，区属单位实缴公积金399.8万元，发放住房补贴83.4万元，收取871户认购住房债券24.09万元。直属公产租金由0.136元/平方米，调整为0.3元/平方米，每月增收27万余元。多数单位对新建住宅和新购住宅实行先售后租和有偿分配制度，增收的租金主要用于住房修缮。

1991年，实行住房公积金制度。住房补贴以1990年12月的职工标准工资为基数，一次核定，按月发放。1992年起，3年内住房投资方向调节税和房产税列入市住房基金。1995年，推行住房公积金制度、住房租金改革，出售公有住房，加快解困房、合作建房建设，以企业为重点，加快转变住房制度。

1995年，公有住房租金调整为使用面积每平方米平均月租金0.78元。公有住房租金每年调整一次。是年，向年收入2.5万元以上职工家庭出售公有租房，实行市场价；向年收入2.5万元以下的职工家庭出售公有租房，实行成本价和标准价。1999年，停止住房实物分配，实行住房分配货币化。2003年，全面推进住房货币分配工作，区级机关和全额事业单位建立补充住房公积金制度，缴存比例按上年度职工月均工资总额30%确定。资金来源由区财政列入预算。

1992—2010年红桥区深化住房改革变化前后明细表

表5-1

调整时间	在职职工住房公积金缴存率	公有住房月租金
1992年以前	无	每平方米使用面积0.136元
1992年	由职工月标准工资的5%调整为1993年12月职工月工资总额的3%	每平方米使用面积0.30元
1995年4月	-	每平方米使用面积0.78元
1996年	每年7月1日增长一个百分点	每平方米使用面积1.00元
1997年	-	每平方米使用面积1.40元
1998年	-	每平方米使用面积2.10元
1999年	-	-
2000—2010年	达到职工月工资总额的10%	家庭平均工资的12%~15%

二 保障政策

2003年，辖区享受“低保”和“优抚”对象承租公有住房纳入廉租住房统一管理。公房租金核减后，平均月租金为使用面积每平方米0.83元。至2010年，累计审批公房核减租金63个单位4594户。2004年，对拆迁中生活、住房“双困户”实施廉租住房配租申请、审核。至2010年，组织15批廉租住房摇号配租，为最低收入住房困难家庭配租廉租住房943套。2006年，实施廉租住房租房补贴申请对象的资格审核、发证。租房补贴标准使用面积每平方米每月20元。租房补贴面积标准按人均使用面积10平方米。2005年，开展定向销售经济适用房申请、审核，至2009年核发购买资格证明9200户。2007年，进行定向安置经济适用房申请、审核，至2010年核发资格证明8066户。2005—2010年，累计核发经济租赁房租房补贴资格证明1640户。2006—2010年，累计受理廉租住房租房补贴申请9806户，核发资格证明9424户，发放存折9593户。向1151户出租方核发廉租住房租房补贴出租人奖励。

第三节 产权产籍管理

一 产权管理

1982年，启动居民房屋登记，对产权产籍实行统一管理。1983年，开展清查换证。制订清查换证实施细则、办理房地产登记换证程序。至1989年，私产清查换证登记收件4.2万件，发证4.12万件，占应发证的98.03%。其中单位自有房产清查登记4184件，换发新证4133件，占应发证的98.78%；民用公房清查换证9619件；公用公房换发新证304件，完成应发证100%。

1991年，办理商品房产权登记移转手续。对16处24万平方米商品房进行复审、丈量、测绘、登记、发证。后逐年对商品房产权进行登记。

二　产籍档案管理

1983年，各类房地产清查换证。1988年，各类房产产权、产籍资料输入计算机，实现产籍资料信息管理。2008年，房屋权属档案信息入库率95%。档案室对外全面开放，设置产权产籍档案对外查询窗口。2010年，档案室有公产、私产、企业产类权属档案23万余卷。主库电子信息档案16万条，期房抵押3万条，备案信息8万条，历史库信息8万余条。

第四节　房地产市场

一　房地产交易

1989年，举办首届房地产交易大会，成交额1009万元。实施对房屋交易中介机构管理。1992年，增加土地出让金，制订房屋买卖价格评估办法。1995年，召开房交会，成交800户。1997年，承办“97中国（天津）房地产交易会红桥分会场”，办理交易240件，商品房发证145户。售出商品房32套，成交600万元。1999年，举办天津市新旧住宅展销会，推出各类经济适用房、安居房，旧房110万余平方米，成交246户；售出商品房1.56万平方米，成交额3003.95万元；旧房37间1781平方米，成交额325万元。2001年，举办夏季让利房交会夜市，开发商、中介机构38家参展，成交商品房235套，面积1.97万平方米；二手房18套，面积480.96平方米，总销售金额4400万元。2003年，承办“服务拆迁居民，关爱特困群众”二手房交易会，推出房源信息8000套、低价房源847套，为50户特困户提供101套低价特惠房。2008年，规定普通住房指导价格为7800元/平方米。2009年，举办春季房地产交易会，成交5套。2010年，对普通住房指导价格做出相对调整，指导价格为8800元/平方米。有15个项目经营性用地进入监管程序。

1979—2010年红桥区商品房、二手房交易情况统计表

表5-2

年份	类别	件数（件）	建筑面积（平方米）	成交价（万元）	平方米均价（元）
1979	二手房	898	–	43.08	–
1980	二手房	847	–	55.31	–
1981	二手房	814	–	84.03	–
1982	二手房	1123	–	166.06	–
1983	二手房	1235	–	191.91	–
1984	二手房	1226	–	209.40	–
1985	二手房	975	–	284.83	–
1986	二手房	933	–	353.25	–
1987	二手房	1066	–	1686.62	–
1988	二手房	1118	–	5204.65	–
1989	二手房	787	12191	619.70	508
1990	二手房	971	19876	974.43	490
1991	二手房	1066	18972	786.14	414
1992	二手房	1169	20031	1113.86	556
1993	二手房	626	10010	557.41	557
1994	二手房	388	7676	544.59	709
1995	二手房	318	–	70.00	–
1996	二手房	406	–	97.00	–
1997	二手房	488	–	–	–
1999	二手房	446	26548	4794.48	1806

续表

年份	类别	件数(件)	建筑面积(平方米)	成交价(万元)	平方米均价(元)
2000	商品房	2635	–	–	–
	二手房	793	36215	6699.77	1850
2001	商品房	3642	282000	–	–
	二手房	773	45811	7071.31	1544
2002	商品房	5859	446000	–	–
	二手房	975	52911	8016.43	1515
2003	商品房	5165	445889	107236.53	2405
	二手房	1524	94164	1675.23	1780
2004	商品房	4465	447079	145881.88	3263
	二手房	2976	195918	52609.35	2685
2005	商品房	4130	408725	174770.96	4276
	二手房	3463	261630	92329.89	3529
2006	商品房	2654	284664	149591.44	5255
	二手房	3551	248368	97109.93	3910
2007	商品房	2701	299074	213269.85	7131
	二手房	1696	114271	50112.34	4385
2008	商品房	2998	221654	147156.19	6639
	二手房	1769	130034	77463.43	5957
2009	商品房	4086	394750	372644.26	9440
	二手房	5065	372047	244831.57	6581
2010	商品房	3770	317088	329866.74	10403
	二手房	3372	277759	243837.33	8779

二　房地产租赁

1987年，租赁备案手续费按年租金的5%计收，由租赁双方各承担一半。1995年，房屋租赁实行登记备案制度，经红桥区房管局房管科审查合格后颁发“房屋租赁证”。2002年，实行房屋租赁合同订立或变更后30日内办理房屋租赁登记备案手续。2005年，非住宅租赁交易手续费收费标准按租期租金的1%计收，由租赁双方各负担50%。

1988—2010年红桥区房屋租赁备案统计表

表5-3

年份	件数(件)	备案手续费(元)	年份	件数(件)	备案手续费(万元)
1988	19	2115.80	2000	55	3.14
1989	19	3458.60	2001	64	3.56
1990	23	4073.50	2002	88	4.24
1991	16	4060	2003	95	4.99
1992	13	9318.10	2004	125	5.98
1993	22	8896	2005	297	39.98
1994	26	9808	2006	999	58.25
1995	25	12104	2007	915	75.26
1996	31	15773	2008	1512	78.92
1997	28	16898	2009	4718	60.18
1998	35	17989	2010	2921	56.96
1999	40	21325	合计	12086	424.79

第五节 房屋安全管理

一 私产房屋使用管理

1982年，对私产有房屋实行“三清一建”（清产权、清使用、清租赁和建档），涉及私产房5.8万户9.27万间。1985年，核清全区有私产房7.93万间，建筑面积113.37万平方米，其中楼房730.5间，平房7.78万间5.17万户，居住人口18.17万人。改造“三级跳坑”私产房2159.5间。1982—1992年，修缮各类危陋房屋1.67万间。1993年始，面向全区提供房屋查勘服务。1995年，对全区住宅进行普查。2004年，对全区历史风貌建筑进行普查，涉及建筑物23处，后经市政府挂牌确定历史风貌建筑11处。2006年，核定零散住宅平房37大片100.48万平方米，63小片5.9万平方米。2008年，承担北京奥运会火炬传递路线沿线楼房“平改坡”工程，涉及私产、企业产楼房17幢。2009年，建立既有房屋安全使用档案。

1993—2010年红桥区私产房屋鉴定统计表

表5-4　　单位：平方米

年份	项目量		年份	项目量	
	数量（件）	建筑面积		数量（件）	建筑面积
1993	26	4215	2003	115	15081
1994	27	11111	2004	58	7262
1995	32	16337	2005	12	1766
1996	126	33170	2006	11	2118
1997	186	51691	2007	5	658
1998	226	39107	2008	6	419
1999	152	13049	2009	12	1464
2000	233	30842	2010	994	85894
2001	118	8198	合计	2455	339347
2002	116	16965	–	–	–

二 公产房屋安全使用管理

1982年，房产公司负责公产房屋维修养护和安全使用管理。1986年，由各单位进行房屋分配和修缮查勘。1987年，各单位建立户册、处册、租赁清册和房屋卡。1990年，进行危房普查。查出企业产危房5处25间530平方米。1992年，危房2处12间315平方米。2001年，调整企业产住房租金，维修公房。2009—2010年，开展既有房屋企业产房屋安全使用情况清查，建立安全使用档案。2010年，对企业产房屋进行提租。

1996—2008年部分年份红桥区企业产房屋基本情况统计表

表5-5

年份	总户数（户）	总间数（间）	总建筑面积（万平方米）	住宅				非住宅			
				楼房		平房		楼房		平房	
				间	面积（万平方米）	间	面积（万平方米）	间	面积（万平方米）	间	面积（万平方米）
1996	1361	117252	389.47	26975	98.44	14437	24.38	23169	112.43	52671	154.22
1997	1358	90237	382.24	39235	116.55	12047	20.45	16688	102.89	22267	142.35
1998	1183	99143	381.77	41112	117.33	12124	23.83	19841	106.79	26066	133.82

续表

年份	总户数（户）	总间数（间）	总建筑面积（万平方米）	住宅				非住宅			
				楼房		平房		楼房		平房	
				间	面积（万平方米）	间	面积（万平方米）	间	面积（万平方米）	间	面积（万平方米）
1999	1095	91252	364.34	36740	109.84	10739	20.93	20657	107.67	23116	125.90
2000	579	109248	385.92	54634	132.41	11070	21.38	20512	106.69	23032	125.44
2002	5071	51175	371.17	4612	195.35	5844	12.94	19413	80.56	21306	82.32
2003	4772	66814	347.43	22834	189.37	5479	7.28	19412	88.56	19089	62.22
2004	14156	66324	346.96	22834	189.38	5479	7.29	19412	88.57	18599	61.72
2005	46872	66961	281.03	22024	129.45	10549	14.02	17963	82.46	16425	55.10
2006	55430	65380	268.17	21858	128.86	10232	12	17942	80.64	15348	46.67
2007	56339	73606	272.54	21106	126.87	19983	23	17169	76	15348	46.67
2008	12885	73014	271.28	20924	126.16	19573	22.45	17169	76	15348	46.67
合计	201101	970406	4062.32	334888	1660.01	137556	209.95	229347	1109.26	268615	1083.10

三　公用公房安全使用管理

1980年，公用公房184处8880间，建筑面积37.25万平方米。1985年，全区直管公房开展全面调查和房质分析：总面积5万平方米直管公房中，完好的占18.34%，基本完好的占69.43%，一般损坏的占11.29%，严重损坏的占0.94%。1992年，公用公房268处1.31万间，总面积57.35万平方米。2006年，公用公房年租金额增加到154.68万元。建立公用公房信息管理系统。2009年，对公用公房进行全面调查，直管公房50处、建筑面积7.93万平方米，保管自修公房118处、建筑面积52.62万平方米。2010年，公用公房172处，建筑面积56万平方米。

照5-1　区房管局住房保障服务中心公租房受理接待现场　（区房管局提供）

第六节　物业管理

一　旧楼区物业管理模式

2007年，采取以街道办事处（居委会）管理为主、专业公司和企业产单位管理相结合管理模式。对经过整修实行物业管理旧楼区按每户每月2元补贴扶持资金。

二　住宅专项维修资金管理

2004年，对1996—2003年出售的住宅进行公共设施维修基金追缴。2004—2010年，追缴维修资金802.3万元。2005—2010年，维修资金使用55.26万元，受益业主650户。

2010年，设立房屋应急解危专项资金，用于已建立房屋专项维修资金物业项目共用部位维修。是年，使用金额4.7万元，1691户业主受益。

第七节 民用公产房管理

一 房产经营管理

（一）产业管理 1979—1994年，接管新房屋建筑面积124.46万平方米，其中住宅112.39万平方米，非住宅1.27万平方米。1980—1993年，移交宗教产19处201间3644平方米。交由市宗教管理局管理。1995—2010年，接管住宅8.88万平方米，非住宅6617.25平方米。1993—2010年，因公房出售减少公产6460户，减少建筑面积34.26万平方米。1996年，将城镇国有粮油零售网点的房产划转至粮食部门统一管理，移交房屋53处1.03万平方米。

（二）普查 1985年，对全区直管公房进行第一次普查，普查14.69万户，房屋建筑面积799.64万平方米。1995年，第二次普查，普查8.08万户，建筑面积301.14万平方米。2001年，第三次普查，普查6.81万户，建筑面积241.88万平方米。2009年，第四次普查，普查4.41万户，房屋建筑面积198.52万平方米。

（三）置换 1982—1994年，举办17届换房大会。2000年，房产总公司非住宅楼房进行房屋产权置换。置换房屋按区域由临近房管站经营管理。2004年，成立津房置换连锁店，办理房屋置换1.4万户。至2010年，办理4088户房屋置换手续。

（四）出售 1993年，正式开始公房出售。至2010年，出售直管公房6460套，注销建筑面积34.26万平方米，售房资金6924.66万元，减少公房当月租金30.09万元。

1993—2010年红桥区直管公房出售情况统计表

表5-6

年份	售房（套）	建筑面积（平方米）	售房款（元）	注销月租金（元）	年份	售房（套）	建筑面积（平方米）	售房款（元）	注销月租金（元）
1993	26	1335.92	302712	332.65	2003	88	4983.44	992796	5074.48
1994	–	–	–	–	2004	93	4940.43	1044712	6081.50
1995	10	468.75	115302	246.77	2005	171	8819.43	1838260	10579.50
1996	788	40413.57	7389732	25534.64	2006	201	10596.50	2164340	12854.60
1997	697	37385.11	6778339	24322.67	2007	214	11135.27	2217836	13168.20
1998	146	7662.54	1569303	6376.71	2008	197	10099.61	1943450	12092.60
1999	822	44858.59	9568400	36680.70	2009	217	11660.80	2229164	13812.90
2000	2254	120415.96	25555766	98231.96	2010	425	21900.94	4247537	29130.10
2001	51	2706.52	572679	2633.20	合计	6460	342606.61	69246589	300942.28
2002	60	3223.23	716261	3789.10	–	–	–	–	–

（五）租赁管理 1979—2010年，住宅调租7次，非住宅调租3次。住宅调租从1992年前的单位租金0.14元/平方米调整到2010年的1.94元/平方米，非住宅从1987年前的不足0.89元/平方米均价，提高到2002年的单位租金3.3元/平方米。

1979—2010年红桥区直管公房掌管经营租金统计表

表5-7

年份	掌管公房（间）	建筑面积（平方米）	年租金收入（元）	单位租金（元/平方米）	
				住宅	非住宅
1979	92782	1482385.46	2718725.30	0.14	0.89
1980	115483	1769906.39	2942724.17	–	–
1981	118753	1813080.55	3356219.93	–	–

续表

年份	掌管公房（间）	建筑面积（平方米）	年租金收入（元）	单位租金（元/平方米）	
				住宅	非住宅
1982	141742.50	2065481.17	3814738.25	–	–
1983	155380.50	2250627.79	4130237.22	–	–
1984	152888	1960567.44	5942096.24	–	–
1985	156204	2295816.82	6023132.10	–	–
1986	157150	2309250.60	6075948.56	–	–
1987	157454.50	2310612.52	6858362.62	–	1.78
1988	156682.50	2298931.15	9011209.78	–	–
1989	157511.50	2299061.94	9038449.17	–	–
1990	201975.50	2938582.00	11055016.13	–	–
1991	211185.50	3078563.09	11281606.47	–	–
1992	213277.50	3107480.47	14351368.49	0.30	–
1993	213884.50	3114060.71	14385393.36	–	–
1994	209612.50	3059175.52	13986206.00	–	–
1995	209871.50	3057372.71	21928045.63	0.63	2.82
1996	206848	3034592.77	27493076.25	0.86	–
1997	201206	2953552.00	31270677.31	1.11	–
1998	198067	2898101.58	32687257.62	–	–
1999	181408	2632099.39	31846055.57	–	–
2000	172536	2507523.94	28170152.62	–	–
2001	182531	2648041.00	32937858.22	1.45	–
2002	181087	2623458.33	37120789.49	1.67	3.30
2003	179528	2595486.24	40074337.03	–	–
2004	177925	2569944.98	31519135.09	–	–
2005	177138	2560761.88	31470867.52	–	–
2006	161520	2312531.52	29593551.29	–	–
2007	160710	2301055.95	28793785.96	–	–
2008	159945	2290599.65	28275878.31	–	–
2009	159181	2280099.58	27009786.34	–	–
2010	146327	2083984.14	21314394.59	1.94	–
合计	5467795.50	79502789.28	606477082.63	–	–

二　房屋修缮

1977—1981年，震损房屋拆除重建和修复加固21.14万间。1982年，重点安排综合维修项目及一般维修、碎修工程。1987—1989年，拆除重建760间、大修拆换部分主体构件9100间。1990—1994年，确定重点工程及一般工程，以危房和严重损坏房屋维修为主。1995—1998年，房屋维修以扩大受益面，解决房屋危险、严重漏雨、黑皮管上水管及烟道不畅为重点。1999—2007年，加大资金投入和修房力度，由维修房屋数量向维修房屋质量转变，以重点专项工程为主，维修、养护为辅。2008—2010年，修缮重点为雨季前解决危房漏雨问题。根据修缮项目的难易程度，按照季节性、阶段性进行。

第二章　环境卫生

80年代，随着城市建设快速发展，环境卫生任务加大，区成立专门环卫管理机构，作业队伍人数增加，设施和设备不断增置更新，区内各条道路坚持每天卫生作业，清扫模式由人力逐渐向人机结合转变，主要道路实现机械化清扫，积雪消除全部实行盐水融雪。每天进行垃圾无害化处理，处理方式由堆放掩土等简单处理改为专门进行填埋处理。公厕基础设施逐步改善，对各种厕所实行统一管理，制订保洁制度。成立环境卫生监察和义务监督员队伍，重点对城乡接合部和基建施工地区进行监察，实行“一站式”管理和规范化管理。进入21世纪，全区环境卫生达到规定标准，整体质量优良。

第一节 机 构

一 沿革

1979年，区清洁大队内设办公室、业务科、财务基建科、政工科。下设8个中队。1980年，成立环境卫生局，内设办公室、业务科、环管科、政工科、财务基建科。下设汽车一队、汽车二队、粪便清除队、大胡同扫道队、营门西扫道队、三元村扫道队、机扫队、修理厂。1981年，建立党委，增设党委办公室、团委。基层增设环境设施修建队、四新道扫道队、西青道扫道队、大丰路扫道队、咸阳北路扫道队。1982年，基层设汽车队、清扫队、清除队、修建队。

1983年，环境卫生局更名为环境卫生管理局(简称环卫局)。下设4个基层队更名为垃圾清运队、道路清扫队、粪便清除队、环卫修建队。垃圾清运队分为垃圾清运一队、垃圾清运二队、环卫工具修理厂。道路清扫队分为道路清扫一队、道路清扫二队、道路清扫三队。1986年，增设技术设备科、审计科。基层增设机械清扫队、环卫系统后勤服务管理队。1987年，撤销杂土垃圾收运队，将其人员、业务并入垃圾清运队。1989年，增设垃圾综合处理队、环境卫生管理队。1990年，环境卫生管理队更名为环境卫生监察队。1991年，增设监察科。1992年，撤销机扫队。1993年，调整科室，内设办公室、业务科、财务科、基建科、安技科、人事劳资科、环卫监察科、保卫科、组干科、宣传科、工会。1994年，增设建设工程渣土管理所，恢复杂土垃圾收运队、机扫队。1994年，增设纪检监察科。1995年，成立社会公厕管理所、城市垃圾管理所。1998年，撤销机扫队将其并入杂土垃圾收运队。成立环境卫生监察大队。2001年，在丁字沽街道、铃铛阁街道组建环境卫生管理所。2002年，在其他8个街道均成立环境卫生管理所。是年，撤销大胡同街道环境卫生管理所。2004年，道路清扫三队更名为环境卫生清洁服务中心，粪便清除队更名为街道环境卫生管理所。2007年，基层设道路清扫一队、道路清扫二队、公厕保洁队、垃圾清运队、环卫监察队、街道环境卫生管理所、环境卫生清洁服务中心、环卫设备制造厂、环卫系统后勤服务管理队。

二 人员

1980年，有干部职工1186人。2010年，有职工1368人，其中正式职工747人，临时工621人。

第二节 道路卫生

一 废物箱

1979年，垃圾收运采用汽车、小机动车、人力车摇铃收运。大部分居民居住平房区，自备土盆、土筐，各单位、商户放置容器。1980—1984年，在部分路段摆放封闭桶1750个，配合封闭车使用，与叉车配合使用的垃圾箱200个。平房区放置垃圾桶、箱，后逐年减少。1985年，摆放封闭桶282个，摆放在主干线、重点地区果皮箱680个。1987年，垃圾箱、桶全部撤销。

2003年，摆放果皮箱700个。2005年，更新主干线和部分居民区垃圾容器1050个，23条主干线、重点地区果皮箱配置913个。2010年，主干道摆放果皮箱1124个，新增、更换垃圾容器2670个。

二　环境作业车辆

1979年，有收运垃圾汽车50辆，小机动车40辆。1980—1984年，对收运垃圾车辆添置和更新。部分地区摆放封闭桶、垃圾箱，配备封闭车14辆、叉车4辆。1984年，垃圾收运方式以垃圾转运站、收运垃圾车辆以5吨自卸车为主。1987年，收运垃圾车84辆。2000—2010年，大中型压缩车逐步取代小吨位自卸车。

1987—2010年红桥区环卫机动车辆统计一览表

表5-8

年度	车辆总数	垃圾车			吸尘车	中转车	吸粪车	洒水车	铲车	叉车	推土车	油车	杂土车	非业务车	执法车	其他
		卡车	封闭车	挤压车												
1987	132	84	1	–	5	–	12	6	7	1	2	1	–	–	–	13
1992	117	61	–	–	5	–	6	7	6	1	2	1	–	14	–	14
1997	106	38	–	1	3	–	8	4	5	–	1	1	14	22	–	9
2000	114	48	–	3	2	–	7	5	3	–	2	1	9	13	3	11
2010	147	11	1	43	17	8	11	20	7	–	–	–	–	–	–	29
合计	609	242	2	47	32	8	44	42	28	2	7	4	23	49	3	76

三　道路清扫保洁

1979年，清扫马路主要靠人力。1981年，在16条主干线中实行夜扫和白天保洁操作。1983年，实行岗位经济责任制，完成清扫面积142.09万平方米，比1982年增加清扫面积28.06万平方米，年平方米成本由0.53元降到0.426元。

1983—1987年，推行机械清扫和人工清扫相结合，白天保洁巡回拾脏、骑三轮车和步行相结合，实行“风天”“雨天”作业法。1987年，有吸尘扫道车5辆。1989年，使用喷水、收土、吸尘一体扫道机。1990年，在扫道工种推行拾脏保洁法。1991—1999年，添置三轮车159辆。扫道工种作业指标由人均7890平方米/日提高到9117.8平方米/日，提高工效15.47%。实行机扫、水洗、人工推水一条龙作业法。

照5-2　2010年，机械化清扫车清扫主干道路（路河环境公司提供）

2002年始，对重点地区、重点路段延长作业时间，分班连续作业16小时。2007—2010年，实施主次干道448万平方米清扫保洁。2009年，将机械清扫作业从扫道队中分离，重建机扫队，实行机扫车辆集中管理，每天发动10个机扫班次，实行夜间普扫，白天保洁。2010年，有吸尘扫道车17辆，主干道路全部实行机械化清扫。

1979—2010年红桥区环卫清扫保洁面积一览表

表5-9　　　单位：万平方米

年份	清扫保洁面积	年份	清扫保洁面积	年份	清扫保洁面积
1979	95.60	1990	216.24	2001	259.46
1980	97.97	1991	216.24	2002	259.46

续表

年份	清扫保洁面积	年份	清扫保洁面积	年份	清扫保洁面积
1981	156.99	1992	216.30	2003	298.65
1982	114.03	1993	216.30	2004	362.15
1983	142.06	1994	216.30	2005	365.65
1984	164	1995	216.30	2006	365.65
1985	167	1996	223	2007	365.65
1986	172.55	1997	234.30	2008	365.65
1987	188.67	1998	242.89	2009	310.16
1988	192.62	1999	254.69	2010	328.16
1989	215.68	2000	259.05	合计	7499.42

二 积雪清除

1985年，在煤建东大道14号院建成溶盐站，1998年拆除。1989年，白酒厂大道溶盐站建成使用。2009年，白酒厂大道溶盐站拆除，建成咸阳北路溶盐站，占地300平方米，建筑面积342平方米，有溶盐设备2套，上水口2个，有存盐库。是年，建成西青道溶盐站，占地600平方米，建筑面积596平方米，溶盐设备2套，上水口2个，有存盐库。

第三节 公厕管理

一 粪便清运

1979年前，清除粪便由马车运输。区内公厕多为掏坑或沟式旱厕，建有8座储粪池。1983年，粪便清除量4.03万吨，达到日产日清。1985—1987年，改造旱厕62座，至2010年区内162座旱厕改成水冲厕后，旱厕改造完成405座。

二 粪井清理

1986—1990年，非自管公厕化粪井清理110处（座）。2010年，除清理160座自管公厕粪井外，维持清理20座非自管化粪井。

三 公厕保洁

1979年，保洁公厕251座。1983年，公厕保洁面积1.07万平方米。1990年，对全区354座公厕进行维修、粉刷。1992—1995年，在居民中设监督员，形成监督网络。1995年，成立社会厕管理所，对单位厕所、工地临时厕所进行统一管理。1998年，维修粉刷公厕100座。1999年，维修油饰公厕35座，安装服务牌400个。2006—2010年，每天对主干线两侧公厕进行“两刷一保”，对一般道路两侧和胡同里巷公厕进行“一刷一保”。夏季坚持每日消毒，冬季使用盐水刷地。

照5-3 2010年，各类新型公厕
（潞河环境公司提供）

第四节　垃圾清运处理

一　垃圾中转站

1979年，有大丰路、营门西、营门东、慈惠寺和49中学5座垃圾转运站，均系小斗式转运车。1984年，研制成功集装箱垃圾转运站。1985年，研制新型集装箱垃圾转运站，至2010年建有36座垃圾转运站。拆除18座，停用2座，使用15座，1座改造成班队点。

二　垃圾处置场

1979年，垃圾处置场设在北辰区刘家房子村北侧，占地6.67万平方米。建场投资8.6万元，建筑面积810平方米。1979—2000年，垃圾处置场承担生活垃圾及粪便处理任务。2000年，协议租用北辰区京福公路以西天津警备区青光农场一分场一号地10万平方米用作建设垃圾处置场。2000—2005年，生活垃圾运往北辰区双街废窑坑、西青区邢庄坑地和杨柳青农场废弃鱼坑堆放，覆盖黄土进行简易处理。2010年，生活垃圾全部送往双口垃圾填埋场。

三　垃圾收集清运

1979年，在主干线为汽车收运，居民区由小拉车、小机动车倒运。1980—1984年，试用密封桶、卫生箱收运垃圾。1984年，在部分路段摆放密封桶1750个，配有密封车14辆，摆放由叉车装载的卫生箱100个。1984年，建成集装箱式垃圾转运站，桶箱收集垃圾逐步停止。1986年，建有垃圾转运站23座。在每站标配1车3箱基础上，增配周转集装箱50个。1989年，建成集装箱垃圾转运站28座，15个街都建有垃圾转运站区。2002年，在部分居民区实行垃圾直运收集、压缩运输方式。2004年，在垃圾清运队院内建成一座压缩式垃圾中转站。2005年，对压缩式垃圾中转站进行扩建，增加1套设备。新建1座专供机扫车使用的垃圾转运站，2个垃圾收集点。29辆集装箱垃圾运输车，32辆垃圾压缩车投入使用。2006—2010年，建成4座垃圾转运站。投入使用垃圾转运站18座。

四　垃圾处理

1980—1988年，对垃圾采取堆闷发热、高温封肥无害化处理。1989年，对入场生活垃圾进行无害化处理。1995年，采取城乡结合处理清理垃圾。2000—2004年，关闭刘家房子处置场，生活垃圾均卸往北辰区双街废窑坑、西青区中北镇邢庄坑地和杨柳青农场废弃鱼坑堆放，覆盖渣土进行简易处理。2005—2010年，生活垃圾全部进双口填埋场进行无害化处理，处理率100%。

第五节　卫生监察管理

一　环境卫生监察队伍

1979年，组成清洁队员检查组，在城郊接合部设立卡口，加强流动检查。1980年，建立队伍，实行科队一体制。1986年，增加管理员20人。1989年，成立环境卫生管理队，设环境卫生管理员86人。1990年，环境卫生管理队更名为环境卫生管理监察队。1994年，成立环境卫生监察分队。2010年，环境卫生监察管理队划归城市管理综合执法局管理。

二 环境卫生管理

1984年，接管杂土集中点12个，实行晚倒夜运。1987年，实行居民房杂土按规定时间、指定垃圾转运站，直接将杂土倒进转运站。1988—1989年，在城乡接合部地区，设立检查站实行巡回管理。1994年，对区内大中型工地和施工单位，建立环境卫生制度进行管理。1995年，配合主干道两侧拆违法建设、拆违章棚亭，清理“双拆”土2.47万吨。2000年，调往墙子河清淤工程堆山渣土3000吨，填清淤现场渣土1200吨。1998—2001年，在重点地区发展百名环境卫生义务监督员，对重点地区环境卫生质量进行监督。实行“一站式”管理，有效控制渣土运输和堆放944起18.1万吨，施工工地达标率100%。2003年，对18条道路上1496个单位、商业门脸统一管理，落实沿街单位垃圾袋装。2009年，对28处工地围墙围挡进行规范。2010年，在主要入市口设立监督岗，检查过往运输车辆。出动执法管理人员2800人，检查60次，巡查主干道25条5520次，检查违章1670辆，罚款1300元。

第三章 市容管理

70年代末，开始有组织、有计划、分期分批拆除居民在道路上搭建的临时建棚，至80年代初5000余间临建棚被全部拆除。市容管理重点转向整顿市容卫生突击清整活动，开展环境卫生专项治理，撤销渣土点、打通防火通道、拆除违法建设和违章棚亭、整顿道路秩序、治理城市环境、治理铁路沿线、治理城郊接合部地区。进入21世纪，实施街道综合整修、规范提升沿街门脸牌匾、推动夜景灯光建设，通过市级卫生区检查验收。2010年，实施街道景观整修，对西站铁路、估衣街、大丰路主次干支道路建筑立面实施整修，恢复建筑原貌。经长期整治，全区城市面貌得到大幅提升。

第一节 管理机构

一 沿革

1984年，成立市容管理委员会。1987年，内设办公室、环境管理科、街容管理科、综合治理科(街道综合整修办公室)、爱卫会办公室。1990年，成立估衣街地区管委会，归口市容委统一管理。1998年，增设协调科。2002年，内设办公室、环境秩序协调科、环境卫生指导科、街景管理科、爱国卫生管理科。2008年，成立区城市管理委员会，内设办公室、计划财务（审计）科、综合协调管理科、综合监督考评科、政策法规科、爱国卫生管理科、街景管理科。

2010年，市容管理委员会、园林管理局、环境卫生管理局合并，成立市容和园林管理委员会。内设办公室、人事劳资科（退管会）、财务（内审）科、政策法制科（研究室）、规划（计划）科、市容建设工程管理科、环境秩序协调管理科、街容管理科、爱国卫生管理科（爱卫办）、环境卫生管理科、综合监督考评科（考核办）、园林建设管理科、园林养护管理科、群众绿化管理科、市场建设管理科、设施设备管理科、渣土管理科(废弃物管理)、行政许可审批科、社会宣传教育科。

二 人员

1984年，行政编制16人。1990年，增加编制6人。2002年，人员编制13人。2008年，人员编制26人。2010年，人员编制67人。

第二节　市容环境综合整治

一　“门前三包”管理

1985年，推行“门前三包”（包卫生、包绿化、包市容环境秩序）责任制管理办法。1990年，各街办事处与沿街单位签订“门前三包”责任书。1991年，有26个路段1089个沿街单位实施“门前三包”责任制并签订责任书。设市容卫生维护监督员128人。1993年，评出“门前三包”达标先进街11个，优秀市容卫生维护监督员15人。1995年，建立街级协调联系制度规定，明确专业包项、块块包面责任。1998年，签订“门前三包”责任制单位1618个。“门前三包”纳入环境卫生日常管理。

二　重点地区治理

（一）大胡同地区　1993年，集中清理垃圾、炉灰、杂土。1998年，组织联合执法队40余人连续5天开展清理占路回潮活动，取缔流动经营小摊近600余个，拆除沿街门脸私自搭设遮阳铁架40余处，规范沿街百余个里空外卖门脸。2001年，拆除大胡同东片地区居民区、支线道路上违法建设和违章棚亭569间2670平方米。清运垃圾渣土，进行道路整修和绿化补栽。2002年，拆除大胡同单街子占路市场。2003年，取缔大胡同商贸区与万隆商贸区之间无名路盒饭摆卖占路市场。2004年，规范管理商城疏散通道、用电用火、建筑消防设施及商城周边环境。2007年，组建大胡同地区综合执法队伍。

（二）平津战役纪念馆地区　1997年，对周边道路、违法建设建筑、卡墙、绿化、灯光进行综合治理和整修。2001年，治理周边环境，拆除违法建设、违章棚亭，取缔废品收购站。纪念馆北路北侧立面整修，“双拆”后的空地实施绿化。2007年，实施纪念馆地区市容环境综合整治。清除沿街建筑二层以上窗户护栏及阳台护栏、鸽子窝、放物栏、破旧遮阳罩，清理立面挂物1007个。规范首层塑钢窗及护栏，规范牌匾96块，拆除违法建设1.16万平方米，整修楼房4.31万平方米，平房及围墙1830平方米。园林绿化5.68万平方米，道路铺装1200平方米。2008年，拆除纪念馆以西900间违法建设，拆除违章棚亭179个。

（三）铁路沿线　1988年，清整铁路沿线。拆除铁路沿线两侧违法建设192间1728平方米，清除杂物1100处2000吨，清理违章占地48处1460平方米，清运多年堆积的杂土344处8300吨。种植乔木、爬藤1.13万余株，新辟绿地300平方米。整修沿线楼房111幢、平房2990间，整修和新建围墙4290平方米。2004—2005年，实施津浦铁路（红桥区段）两侧32米控制线内拆迁、清整、绿化及立面整修工程。拆除各类违法建设、违章棚亭1400间2万平方米，拆除废旧围墙3000延米，清运垃圾杂土12.4万吨，清除破旧广告、指示牌350块。实施铁路沿线绿化20万平方米，新建园林景点6处，新铺甬路3000米，新建景观墙和路基护坡3000延米，整修粉刷沿线建筑11万平方米。

三　道路环境综合整治

1981年，清理南运河两岸堆物35处40吨，腾空占地1.3万平方米，平整河坡9120平方米。1982—1984年，拆除单位内违法建设，清除脏乱死角。1984—1990年，拆除违法建设2.49万间，清除易燃杂物5.12万吨，清运渣土8.44万吨，打通防火通道6948条。1989—1990年，清理整顿道路103条，拆除各类违章棚亭925个，拆除违法建设259间，处理

照5-4　2009年，综合整治后的北门外大街（区市容园林委提供）

违章新辟门脸67个，清理乱摆摊点7746个，清理乱堆乱放杂物7089处。1992年，在道路两侧统一规划早点车摊、烟摊、自行车修理等零散摊位，安置摊点364个。1993年，制订三类道路管理办法。

1994—1999年，拆除南运河北路等14条主干道路上违法建设、违章棚亭1034间。清除违章占路市场2个，取缔摊贩非法集中摆卖点12个。2000—2003年，拆除干支道路、重点地区、城乡接合部和居民区各类违法建设和违章棚亭1.55万间12万平方米，清运杂物和多年积存垃圾杂土80万吨。2001—2005年，实施"建厅退路"工程。撤除占路市场34处，退出市场占路41条，新建28个市场。2006年，组织大规模全民义务清整活动20次，清整脏乱点位1000处次，清运垃圾杂土30万吨。2008年，对6条迎北京奥运会道路实施市容环境综合整治。2009年，治理17条道路环境秩序。改造10条道路排水管道和13片里巷道路。治理煤建东大道、洪湖东路18个脏乱点。对丁字沽一号路、本溪路实施旧路改造，建成2条带有欧式风格精品大道。拔除主干道路废弃线杆217根。更换报刊亭，配置邮政报亭、电话亭、果皮箱和休闲椅。

2010年，对60个社区实施综合整修，治理54处机动车占路停车场。治理21处非法占路经营聚集点，整改104处环境脏乱点。拆除私搭乱建1.5万平方米，清理杂土、杂物5540吨，封堵垃圾窑门2050处。更换垃圾容器2670个，清拖违停机动车2573辆，清理非法占路经营2.93万处。

第三节 街道景观整修与建设

一 街道景观整修

1984年，对咸阳北路小区进行综合整修，建起各式各样景门和装饰花墙，分割成65座庭院式住宅小区，遍植花草树木，建假山、喷泉、花架、亭台、曲桥、雕塑。1986—1997年，对西站地区分段实施整修。粉刷楼房26幢1.63万余平方米，平房216间6391平方米，围墙790延米。西站主楼及两侧建筑物安装泛光灯具。1997年，调整广场平面布局，修复广场内透视墙、铁护栏。

照5-5 2009年，改造后的估衣街
（区市容园林委提供）

1986—2009年，实施估衣街整修，施工面积4.1万平方米，其中恢复建筑原貌5335平方米，重建仿古建筑106处3277平方米，部分拆除941平方米。2009年，新建南北通道月亮门，改造东西牌楼，更换街内门窗、牌楼、幌子，清整外立面，街道配置灯光。

1994年，对大丰路整修。复修原有的邦克楼、花瓶、旋木栏杆式女儿墙，半圆顶、圆顶、桃形顶外墙圆柱、桃嘴拱门、窗套花饰刷新，突出伊斯兰风格。

2008年，实施中环线、三号路、西青道等主干道路沿线建筑物首层门脸的装饰线、口套、窗台、阳台线整修。2009年，实施楼房改造工程，楼房平改坡工程105幢，大板楼节能工程5个，建筑改型工程308个。2010年，对天平路等14条主次干支道路建筑立面实施整修。

1984—2010年红桥区街道综合整修工程情况统计表

表5-10

年份	整修道路（地区）	长度（千米）	楼房（幢）	面积（平方米）	平房（间）	面积	围墙（延米）	
							整修	新（拆）建
1984	咸阳北路小区	–	–	–	–	–	–	–
1985—1992	西站地区、津浦铁路沿线红桥区段及43条街道	–	–	–	–	–	–	–
1993—1997	海河西路、北马路等25条道路、1个地区、2个景观点	34.83	409	416617	3100	50899	10446	125
1998	勤俭道 植物园东里	2.86	35	66459	104	2393	853	–
1999	新红桥北、红旗北路、丁字沽三号路拓宽段	7.59	94	133782	658	11143	2446	–
2000	南运河、河北大街、北门外大街、丁字沽三号路	8.10	115	102361	1570	36308	3658	306
2001	津浦铁路沿线、丁字沽三号路、北门外大街	7.20	255	27975	2024	39100	9660	1189
2002	西青道、新红路、千里堤	4.65	73	115950	551	11100	1600	90
2003	勤俭道、红旗北路、咸阳路、金钟桥大街	6.14	120	161912	85	1882	2982	417
2004	铁路沿线、咸阳路	10.30	191	258426	228	4858	3090	2360
2005	西青道、北马路	5.20	83	185845	12	258	80	–
2006	丁字沽三号路、西北角地铁站	2.99	59	105267	125	2558	85	1424
2007	红桥客运站周边地区	–	5	7300	6	180	120	–
2008	北马路、本溪路等13条道路	21.26	182	338995	4	1062	12037	–
2009	红旗北路、光荣道等14条道路	29.71	371	679254	24	4033	7798	–
2010	复兴路、光荣道等14条道路	33.92	265	486002	21	5077	8925	–
合计	整修、复修道路134条、4个地区、3个景观点	174.75	2257	3086145	8512	170851	63780	5911

二　夜景灯光建设

1994—1998年，实施“一条光带连接南北两个光环”灯光布局，596个单位装灯。1996年，区委、区政府院装灯光。1997年，实施“一团、一线”灯光建设。1998年，“中环明珠”光团向南北延伸。2000年，河北大街沿街新装灯光126个，新装灯箱35个。2002年，25个点位灯光按时开启。2005年，17个单位安装夜景灯光设施。2009年，在海河沿岸19幢高层建筑物安装夜景灯光。

2010年，实施南运河北路夜景灯、海河红桥区段公用及民用建筑25幢高层楼夜景灯光提升改造。

照5-6　2010年，滨水饭店夜景灯光建设工程（区市容园林委提供）

照5-7　2010年，三岔河口夜景灯光建设工程（区市容园林委提供）

三 户外广告设置

1998年，审批9处大型灯光户外广告，安装造型美观、统一标准灯箱式牌匾83个。2003—2006年，规范信息牌、整治大型广告，28条主干道路达到示范路标准。2007年，整治中环线640块牌匾。2009年，宜兰里等55处底商牌匾实施统一整改，更新牌匾1457个。2010年，统一改造洪湖南路两侧93户商业门脸、牌匾888块。

照5-8 2009年，提升改造后的光荣道牌匾实景 （区市容园林委提供）

第四节 城市数字化管理

一 数字化管理

2009年，成立数字化城市管理监督指挥中心，主管城市管理工作考核、数字化城市管理监督指挥。监控系统设有40个监控探头，覆盖到各街道重要交通路口、景观场所。专人负责8小时实时监控。设12名信息采集员到各街道及主干道工作网格，受理市、区案件。各街道办事处、综合执法局、天津市潞河环境建设有限公司利用平台实施接案、办复、核查。2010年，开通群众监督举报热线，专门受理各种投诉件。

二 数字化考评

2009年，对街道办事处、大胡同管委会办公室、综合执法局、天津市潞河环境建设邮箱公司实行数字化考评。内容包括全面联查、数字化城市管理、社会投诉办理情况、市场商业街及周边管理情况。考核方法包括分级考评、公开考评、社会监督、公布成绩4项。每月区考核办对考评成绩进行通报。

第四章 园林绿化

80年代，确立地震后新建住宅楼和平房改造配套为绿化工作新起点，以建“三小”（小游园、小街景、小绿地）作为美化、绿化环境的重点，开展园林绿化工作。90年代，园林绿化由新建小区向老旧住宅区辐射，由主干道路向胡同里巷、单位、居民住宅小区延伸，由平面绿化向垂直立体绿化发展，形成反映红桥区地理地貌特点的园林绿化体系。咸阳北路居民区建成第一个庭院式绿化小区。邓小平、李先念等党和国家领导人亲临视察，给予高度评价。每年组织党政机关、社会各界、社区居民开展全民义务植树活动。实施南运河、光荣道街景和迎北京奥运会火炬传递路线河北大街等重点绿化工程建设。进入21世纪，小区绿化、环境绿化和公园社区绿化得到全面提升改造，景观公园工程注入历史文化元素，成为靓丽的风景线、迎宾线。期间，4次获市绿化先进区称号。

第一节　机　构

一　沿革

1978年，园林队和公园管理所为区城建局下设单位。1980年，恢复“文化大革命”中撤销的绿化委员会。1981年，园林队划分为园林工程队和西沽公园管理所。1985年，成立园林绿化工程管理处，内设行政办公室、劳动工资科、绿化管理科、公园管理科、技术施工科。1986年，成立园林管理局，内设办公室、生产计划科、劳资财务科、多种经营科，下设西沽公园管理所、绿化管理所、群众绿化管理所。1997年，组建园林监察管理所、园林绿化工程管理所，撤销绿化管理所，组建绿化管理一所、二所。2009年，内设办公室、综合科、绿化管理科、工程管理科、园林监察管理科、资金管理科，下设绿化管理一所、群众绿化管理所、园林监察管理所。2010年，城管体制改革，实行大部制管理，园林局合并到市容和园林管理委员会。

二　人员

1979年，工作人员32人。1986年，干部职工44人。1997年，园林监察管理所编制30人。园林绿化工程管理所编制20人。2009年，编制310人。

第二节　公　园

一　西沽公园

西沽公园是天津市四大公园之一，位于红桥区西沽街，占地32万平方米，以绿化覆盖率居天津市各大公园之首而著称。园内栽植各类树木8万余株。每值酷暑，园内气温比园外低5度以上。1980年，公园中心岛竣工后，配以新颖别致的游廊、花架、异型三角凉亭和湖滨水榭长廊，湖内还放养各类鱼5万尾，供游人观赏垂钓。1982年，园内建设1万平方米的“动物乐园”，猴岛景区饲养猕猴、鹿、马、孔雀、鸸鹋等10余种动物。公园内建有跑马场，儿童电动游艺。公园内高大乔木6000余株，果树500株，常绿树2000株，花灌木2300株，绿篱6000延米，草皮2万平方米，花坛3000平方米。公园二门、南山、北山一带有雪松片林、龙柏片林、桧柏林和小片竹林；有水杉、银杏、核桃、柿子、梨、桃、红果树；有观叶、观形树种龙爪枣、龙爪槐、花椒、黄杨、皂角、卫矛、五角枫；有芍药、樱花各类花卉品种；有白杨、新疆杨、垂柳、悬铃木等多种树木。

南山北山和孤岛种植常绿阔叶树木。岛上栽有黄栌、常绿树和乔木，高处建有古式亭。园内水塘栽种莲藕，环塘建有石砌小路，塘边建有白色小亭和水上厅、亭、榭。园内有花卉基地，设有大型花窖3处5排，有草花园区、温室区。培植名花异草数千株及一些名贵盛景雅卉。园内有综合性花展室，经常举办大型花卉展览活动。每年秋季，园内举办全市大型菊展，每年夏季接待游人5万人。1985年，园内建松园老干部活动中心，系专为老干部、老年人服务活动场所。园中有水面六万余平方米，环绕全园。湖滨廊依水取势，曲桥、拱桥、亭桥连接各景区。园内设有湖滨廊景区、秋枫岛、秋枫桥景区、荷花池景区。

1999年9月，建成红桥文化广场，占地2.9万平方米，由外广场、副广场和主广场组成。主广场喷泉安装摇摆旋转喷头2500个，水下控制设备110台，水下彩灯1040盏，由计算机统一控制，可通过声控演示上千种喷泉造型，是当时天津市市区规模最大的音乐喷泉广场。在外广场矗立一对汉白玉华表和两座花岗石浮雕墙构成主景。2003年，建成翠芳秀实园、映山红园两个园中园。园内栽植乔木、红果、桃等果木树、花苗木658株，铺草皮1115平方米，大叶黄杨500延米，铺设路面2万平方米，摆放菊花4800盆，串红2000盆，彩叶草900盆。

2005年，园内河流、园路、广场、湖滨廊等处进行大规模改造。在保留河流原有自然景观基础上，建造卵石滩亲水平台、天然景石河岸、湖心小岛、大型卵石汀步桥等园林景观。安装公园路灯40盏，新建河坡绿地4000平方米，栽植时令花卉2000株，新建花架1300延米，改建小路4000平方米。引进白玉兰、金枝槐、灯台树、雪松等观赏树种，在河道湖泊种植萱草、马蔺等地被植物，充实具有较强观赏性水生植物。

2007年，公园北山种植紫叶矮樱、红宝石海棠、红栌、黄栌、栾树、五角枫等6000株以彩叶为主的树种。原有毛石堤岸进行生态改造，完成生态带护坡工程3000延米，修建汉白玉石桥3座，摆放各种景石700余组，重修公园园路。根据公园得天独厚的土壤自然条件及小气候特点，引种雪松、白皮松、洒金柏、黄金槐、白玉兰等树种，铺设草皮1万平方米。2009年，举行"侨心公益示范工程"揭牌仪式暨西沽公园湖水净化设备捐赠仪式，日本兴商株式会社向西沽公园捐赠价值20万元的湖水净化设备。

二 桃花园

1984年，恢复重建桃花园，其中桃柳堤占地1.3万平方米，栽植山桃、碧桃、寿星桃等800株。园内建有牌楼、阁亭、廊榭、山石、喷泉造景。长廊环抱桃花亭，清水碧波衬托荷花亭。园中还有"麻姑献寿"雕塑、迎春洞、迎宾阁、九龙泉、玉龙壁等景观。1991年，建园中园、御码头、乾隆皇帝登临处景石。桃花亭中竖《桃柳堤题记》碑，记载昔日乾隆皇帝观赏桃花胜景。公园大门牌坊匾额"桃花园"，油彩塑制的"五龙壁"背雕刻有"津沽逢盛世，长堤醉桃红，江山生春色，园中滕蛟龙"诗句。

2007年，改造维修桃花园，把原有400米封闭围墙改建为透景式围栏。安装草皮灯、照树灯、景观灯90盏，维修园路，对园内古建筑进行油漆彩画。2010年，开展桃花堤景观公园工程项目建设，绿化提升改造6.3万平方米，栽植乔木426株，常绿14株，栽植鸳鸯桃、碧桃、山桃等桃树及各类花灌木2000株，栽植宿根花卉、月季3126株。

三 小型公园

（一）滨河公园 1990年建，位于子牙河北岸勤俭道与洪湖东路之间，占地3.6万平方米。栽植有乔木、常绿、花灌木、组球、藤本植物和月季等2060株，草坪8300平方米，绿篱1362平方米。公园凭借子牙河堤岸林带和北侧错台式居民楼群借景造园，分春、夏、秋、冬4个景园，分别栽植有季节特色花卉、植物和园林小品。春园以山桃、碧桃、垂柳为主；夏园以蝴蝶槐、紫薇为主；秋园以五角枫树作为主景植物；冬园遍栽油松、云杉、雪松。全园围墙采用常绿植物做绿篱。2002年，在滨河公园子牙河桥头建8700平方米绿化广场。

（二）引滦公园 位于红桥区三岔河口，占地2800平方米，于1983年为纪念引滦入津工程而建。园内矗立引滦入津工程纪念碑，碑高24米，大理石质地，顶端耸立着用汉白玉雕成的妇女抱婴塑像。碑座一侧设置喷泉，另外三侧建月季花坛。纪念碑周围栽植松柏和花卉。园内栽种小龙柏、白蜡、垂柳、龙爪槐、小叶黄杨等植物1100株。2007年，海河景观工程改造，占地扩建到4万平方米，更名为"思源广场"。

（三）明秀园 位于咸阳北路凤城楼间，1983年建，占地2057平方米。水面100平方米，铺草皮960平方米，小园四周以矮、高两层铁栏做围墙，爬山虎、金银花等植物攀缘其间。进门迎面建有透窗龙墙，左面以太湖石砌成假山，有洞峰山道。园内有甬道、汉白玉拱桥、小湖、金鱼、荷花构成多处景观，有廊亭和沿廊长椅供游人休憩。园中种植垂柳、果木树、花灌木229株，花坛中栽植月季。

2004年，绿化提升改造，恢复江南景观特色。

（四）桃诗园 位于北运河畔，与桃花园相通，1995年建成，占地4400平方米。栽植草皮1800平方米，园内种植以山桃、碧桃、垂柳为主的各种树木、花卉894株。公园大门匾额"桃诗园"三字出自书法家龚望之手。大门迎面有白色大理石浮雕"二龙壁"，壁背刻清代康熙皇帝词《点绛唇》一首。园内围墙两侧建有大型碑廊，集唐朝以来历代名人咏桃佳句诗文50首。

（五）北洋园 位于丁字沽北运河畔，2001年竣工，占地6万平方米，其中绿地4万平方米。园内栽植常绿、雪松等各类花灌木1.02万株，草坪2.78万平方米，绿篱1.03万平方米。与桃花园、桃诗园连成一线，从北洋桥延伸至勤俭桥，成为全市最大的依河傍水、桃红柳绿、景观独特的带状公园。从北洋桥头作为起端，依次布局雕塑、团城广场、西沽武库土炮、琴键广场、西学走廊、游船码头、中心舞台、名人墙等12个景观。

在团城遗址处出土西沽武库土炮，修建成西沽武库土炮景点。在团城前方立有名人墙，在墙山上镶嵌建北洋大学以来盛宣怀、丁家立、茅以升等校长、学者头像雕塑。有江泽民、李瑞环题词和北洋大学老校友、国民党元老陈立夫题字。

（六）红桥公园 位于平津战役纪念馆北侧，2004年对游人开放，绿地4万平方米，是一座集休闲、健身、娱乐、观赏为一体的综合性开敞式公园。公园分为文化娱乐区、玉湖景区、儿童活动区、安静休闲区有供游人休闲的迎宾广场、健身广场、日新广场、儿童游乐广场等多种形式的休憩场所。园内栽植乔木、常绿和各类花灌木1322株。采用群植、丛植的方式，结合园林小品作垂直绿化。主要出入口安装景观灯，在主干道两侧设置高杆庭院灯，在次路和小径两侧设置草坪灯，在绿地中设置照树灯，在广场设置地灯。

（七）竹园 原址为天津市烈士陵园，位于陵园路与北辛道交口东侧。占地3.6万平方米，以栽植竹子为主，园内种植竹林5000平方米，栽植大量乔木。竹叶、竹节、竹篱笆直线构成公园景观。景观以画竹、赏竹、咏竹三大景观区为主，将竹的文化景观观赏与公园景观观赏内容相结合。栽植雪松、桧柏等树木1180株，草坪2万平方米。

（八）水趣园 位于南运河南岸与红旗路交口处，是一座展示水文化、宣传科普知识的开敞式主题公园，通过现代园林造景手法，把水文化、水发展史和水专业工艺流程表现出来，体现水文化深刻内涵和天津水文化历史渊源。园内栽植树木8393株，草坪2.27万平方米。绿树成荫，乔灌花草结合，配以雪松等常绿树种。有开壁亭、四角亭、单臂花架、山石等小景。

1979—2010年红桥区公园绿地一览表

表5-11

类别	序号	名称	面积（平方米）	坐落地点	建成时间
区域性公园	1	西沽公园	320000	桥北大街与光荣道交口	1958
	2	滨河公园	36000	子牙河北岸	1990
	3	红桥公园	40000	平津战役纪念馆北侧	2004
	4	竹园	36000	陵园路与北辛道交口东侧	2007
	5	水趣园	33400	南运河与红旗路交口处	2007
带状公园	1	北洋园	40000	丁字沽北运河畔	2001
公园景观	1	桃花园	13000	西沽北运河畔	1984
	2	凤城公园	4131	咸阳北路街办事处旁	1982
	3	引滦公园	2800	三岔河口	1993
	4	明秀园	2057	咸阳北路街凤城楼小区	1983
	5	光明里公园	1912	丁字沽街十三段小区	1981
	6	曲亭园	2890	咸阳北路街本溪楼	1983
	7	永进楼园	2950	咸阳北路街永进楼小区	1970
	8	六段公园	2800	丁字沽街六段小区	1982

续表

类别	序号	名称	面积(平方米)	坐落地点	建成时间
公园景观	9	竹石园	1988	西于庄街植物园东里	1986
	10	新蕾园	2047	西于庄街植物园东里	1986
	11	西耳环公园	6573	政府楼前	1986
	12	中心园	4213	西于庄街子牙里小区	1987
	13	鹿园	2775	西于庄街子牙里小区	1986
	14	肖园	2100	西于庄街子牙里小区	1987
	15	芳草园	2810	西于庄街子牙里小区	1986
	16	正则园	2474	西于庄街子牙里小区	1987
	17	春花园	1428	西于庄街子牙里小区	1987
	18	邵公庄公园	2298	邵公庄街幸福里小区	1983
	19	东耳环公园	6575	区委楼前	1986
	20	松鹤园	2532	西于庄街葆节楼小区	1986
	21	东大楼园	985	丁字沽街东大楼小区	1982
	22	三段老人园	941	丁字沽街三段小区	1984
	23	铁道钢园	1890	咸阳北路街本溪楼	1982
	24	月季园	1418	咸阳北路街同心楼	1984
	25	家乐园	1104	咸阳北路街和富里小区	1992
	26	酒厂园	1044	一号路与向东道交口	1984
	27	同心楼园	1294	咸阳北路街同心楼	1983
	28	永明园	1159	咸阳北路街永明里小区	1992
	29	勤俭桥园	1158	勤俭道勤俭桥西侧	1985
	30	蘑菇园	1040	西于庄街葆节楼小区	1980
	31	三段园	1132	丁字沽街三段小区	1981
	32	怡乐园	2520	丁字沽街四段小区	1990
	33	彰武园	524	咸阳北路街彰武楼	1989
	34	开源楼园	972	咸阳北路街开源楼	1983
	35	葆节园	1139	西于庄街葆节楼小区	1985
	36	红勤园	1231	西于庄街红勤楼小区	1986
	37	石榴园	1500	西于庄街葆节楼小区	1988
	38	楼中园	2013	邵公庄街益鑫里高层后	1987
	39	儿童乐园	663	大胡同街爱华里小区	1983
	40	益寿里	412	大胡同街爱华里小区	1983
	41	湄园	749	西沽街大红桥旁	1988
	42	三里游园	1853	邵公庄街幸福里小区	1950
	43	松园	500	西沽公园内	1984
	44	益鑫里园	3712	邵公庄街益鑫里	1980
	合计	45	606706	–	–

四　广场

(一)解放广场　位于三岔河口海河上游西岸，邻古文化街、大胡同商业区和老城区。1999年建，面积1.05万平方米。四周为大片绿地，中间为大型解放塑像，解放军战士吹响冲锋号把长枪刺向天空。雕像周围喷泉为旱式环行水池，池底由花岗岩装饰而成，广场上镶有网格状大理石地面。广场公园内种有合欢、银杏、紫叶李等大型乔木，西南角与东面绿化带连成一体，形成绿色屏障，将公园与闹市隔开。

照5-9　2010年，解放广场全景
（区市容园林委提供）

（二）红桥广场 位于中环线勤俭道西侧、光荣道至纪念馆北路交口之间，建于2008年，绿化面积2.7万平方米，是一处带状休闲景观广场，也是一座综合开敞式公园。栽植树木5600株，草花和宿根花卉1000平方米，绿篱3000延米。绿地内植物组团层次丰富，品种多样，绿树成荫。设置健身广场、休憩廊架、卵石步道、休闲座椅等景观服务设施。2010年，建成园林示范区。

第三节　社区绿化

一　咸阳北路小区绿化

小区占地64万平方米，绿地面积15万平方米，是天津市第一个采用庭院式布局的绿化小区。采用“分、隔、挡、通”的园林艺术手法，楼与楼之间建景门、卡墙形成庭院。建景门242道，卡墙4035延米，栽植苗木13万株，铺草皮7万平方米。建楼间明秀园、凤城公园、曲亭园、润蕾园等小游园11个，花坛737个，户养盆花8万盆。20个街坊小区建成100个庭院式绿化小区。形成幢幢成院、院院有景、景景相连、整洁幽雅、景观优美的新式住宅小区。邓小平、李先念、万里等党和国家领导人先后到此视察。小区曾接待国内外大量宾客，在全国较有影响。

二　子牙里小区绿化

位于西于庄街，1987年建成，包括子牙里、子牙东里、子牙南里、子牙西里4部分，小区绿化面积2.43万平方米，是天津市第一个采用周边组团式布局的绿化小区。小区内建有中心园、芳草园、春华园、鹿园、正则园、薇园和肖园。

中心园分东西两部分，中间以大理石拱桥相接，东侧以假山为景，西侧设荷花仙子雕塑，与建筑、植物协调有致，其他小园各有特色，艺术造型风格各异。2003年，栽植常绿、乔灌木、果木树、藤本植物100株。2010年，绿化提升改造，栽植月季、宿根花卉等5000株，改造后成为精品社区。

三　旧楼区绿化

1992年，旧楼区开展园林绿化建设，新建小公园56座，庭院式绿化小区60个，占地50万平方米。1994年，建成庭院式绿化小区5片1.77万平方米。1995年，建成庭院式绿化小区5片2.27万平方米。其中桃花园东里小区栽植乔木、花灌木，以草皮及白沙叶为绿铺装，辅以点缀亭、花廊、假山等小品。2003年，实施植物园东里等22个小区、公园28万平方米旧楼区绿化充实，栽植乔灌木、果木树、常绿、藤本植物500株，绿篱1500延米，月季3100株。2004年，祥居公寓等23片25万平方米旧楼区周边绿化。改造67个中小公园156个坡道5000平方米。2005年，南头窑大楼等19片23万平方米居住区、小公园绿化改造。2006年，燕宇等15个小区24万平方米旧楼区绿化改造。2007年，爱华里等17个小区25万平方米旧楼区绿化改造。2008年，佳庆里等37片46万平方米旧楼区绿化改造。

第四节　环境绿化

一　河岸绿化

（一）子牙河景观绿化 1980年，子牙河右岸有紫穗槐10.2万株，洋槐4.8万株。子牙河左岸有片林10万株。1983年，子牙河左岸植树6000株，营造风景林。1990年，子牙河岸边栽植101株参军纪念树。1990年，在子牙河畔建滨河公园。2002年，滨河公园、子牙河桥畔建绿化广场。2003年，实施子牙河南路、子牙河背水坡75.5万平方米沿河绿化景观长廊工程。2005年，子牙河南路水竹花园栽植乔木、果木树1000株、各类花灌木1万株。2010年，子牙河北路栽植乔木1200株。子牙河堤岸栽植柳树、洋槐、白蜡等10个树种，堤顶为林荫小路，堤坡是林荫道路。

（二）北运河景观绿化　1979年，北运河堤、郭辛庄、唐家湾栽植洋槐6950株，紫穗槐2.93万株，国槐200株。1980年，北运河河坡栽植洋槐、白蜡、垂柳、新疆杨3700株。1985年，西沽北运河畔建桃花园，栽植各种桃树800株。1986年，北运河畔红桥区段栽植乔木、果木树1.6万株，平均每百米地段有树木265株。1995年，北运河畔建桃诗园。2001年，北运河畔建西沽公园三号门绿化广场和6万平方米北洋园。

（三）南运河景观绿化　2000年，实施南运河红桥区段6.8千米12.8万平方米绿化改造工程，植树2.9万株。2004年，南运河三元村泵站两岸栽植桃树1000株，移植补植乔木、黄杨1万株。南运河南岸种植碧桃100株。

照5-10　2008年，改造后的南运河两岸
（区市容园林委提供）

二　铁路沿线绿化

1979—1987年，津浦铁路沿线红桥区段栽植白蜡、垂柳、毛白杨、新疆杨5.54万株，栽植花灌木2.1万株。1988年，津浦铁路沿线综合治理，栽植白蜡、柳树、常绿、花灌木2300株。1992年，津浦铁路沿线红桥区段栽植树木6566株。2003年，建成津浦铁路沿线6万平方米绿化带。2004年，实施津浦铁路沿线红桥区段营门西马路标段绿化工程，面积20万平方米，草皮10.2万平方米，栽植云杉等常绿、乔木、花灌木1.8万株。2005年，津浦铁路沿线绿化5.6万平方米，建园林景点6处，铺甬路3000平方米，建景观墙和路基护坡3000延米。

三　道路绿化

（一）中环线（红桥区段）　1985年，第一期工程建2条分车隔离带1.28万平方米，路边花池7000平方米，桥头、路口、小游园6615平方米，建成街景绿地2万平方米，栽植月季4.5万株，草花4300平方米，铺草皮2.9万平方米，栽植各类苗木2.1万株，1986年竣工。1988年，第二期工程栽植树木4.7万株月季2.3万株，重点路口建设花坛，栽植河南桧柏，配置常绿植物组团。利用沿线大墙，栽种爬藤植物。1989年，扩充绿地建设，增加以月季花为主的街景绿化，植树3.3万株，栽植月季14.8万株。1992年，中环线月季花池补栽月季3万株。1995年，中环线铺草皮1.36万平方米，植树2.55万株，栽植绿篱6830延米，月季13.34万株。2008年，中环线栽植美人蕉170株。2009年，中环线栽植月季、宿根花卉等1万株。

（二）西青道　1984年实施道路绿化改造工程，建成街景绿地4.95万平方米，小游园1个2600平方米，植树5.54万株，铺草皮1.4万平方米。主要栽植绿篱、花灌木和常绿植物，有云杉、雪松、珍珠梅、大叶黄杨等，建有花坛、园林小品。1988年，西青道建绿地4万平方米，栽植白蜡、国槐、毛白杨等乔木650株，花灌木700株，榆树2.3万株，月季5000株。1993年，栽种月季1万株。2008年，西青道高层下绿地内苗木补栽，换草皮1000平方米。

（三）丁字沽三号路　1995年，栽植常绿、乔木192株。三号路与四新道交口两侧街景绿地，栽植常绿、桧柏、大黄杨球、爬墙植物1万株。2008年，迎北京奥运会期间，栽植大黄杨1.5万株，金叶女贞5000株，美人梅82株。2010年，栽植月季、宿根花卉1万株，移栽大树20株。

（四）光荣道 80年代，绿化面积6.4万平方米。道路两侧栽植行道树880株，栽植雪松、油松、华山松、蜀松等常绿植物276株，栽植法桐、国槐、毛白杨、栗子树等乔木、果木树2094株，栽植紫叶李、西府海棠、锦带、木槿、紫薇、丁香等花灌木9171株，栽植绿篱7400延米。栽植月季、美人蕉、万寿菊等草花、宿根花卉5000平方米，栽植竹子140平方米。

第五节 义务植树 绿化监察

一 全民义务植树

1981年，开展全民义务植树活动，植树7.8万株。1982年，全区300名共青团员、青年在咸阳桥运河北岸义务植树，建造第一个“青年林”。全区栽植乔木2.47万株，常绿、花灌木、爬藤等树木4.04万株。1988年，各街办事处和园林专业队在各街道和主干道路植树，离退休老干部与少先队员在白酒厂大道开展共植纪念树活动，栽植常绿、乔木、果木树、花灌木、藤本植物11.78万株。2001年，5000名机关干部、大中专学生、武警官兵在光荣道、千里堤、佳宁道等处植树8000株。百名区人大代表集体栽植“新世纪纪念林”。百名群众栽植情侣树、家庭树和长寿树等纪念树282株。2004年，怡得路、怡闲道栽植红花槐350株，一号路、怡华路栽植柿子树450株，复兴路栽植杏树290株。河北大街栽植紫叶李140株，津河两岸栽植碧桃、山桃1000株。

2008年，机关干部、武警官兵、大中专学生、居民群众1000人在原造纸三厂等地区开展以“迎奥运盛会，共建绿色家园”为主题的春季全民义务植树活动，栽植国槐、香花槐等树木3000株。组织机关干部、武警官兵、居民、青年学生和绿化志愿者3000人，开展秋季植树活动，栽植乔木、果木、花灌木1万株。

附5–1

百年古树

1993年，区内古树经市园林局认证，挂牌36株，其中A级10株，B级26株。坐落居民区内26株，占挂牌树木的64%。2001年，在永明寺大街38号大院内、西沽大街、北洋园、工程机械研究所宿舍院内，为4株生长200余年枣树举行百年古树挂牌仪式。

2010年，经古树名木健康普查登记，有古树名木35株，主要为法桐、榆树、国槐、海棠、白蜡、藤萝、洋槐、枣树等。每月专人定期巡护，定期为树木“体检”，除虫打药。

二 园林绿化监察

1997年，对违法案件进行处理，发挥街道居委会和聘请的社会监督员作用，对损坏绿地事件做到早发现、早处理。2000年，与有关单位签订绿化配套工程协议书9份，接洽联系26个危改房地产开发商公司，为铃铛阁拆迁片等41个单位办理迁砍树木、占用绿地批件67件，实地勘察服务105次。是年，监理所对家具一厂等8个单位重点监理，对私自砍伐大树的案件交公安分局处理。2001年，为61个单位办理树木迁砍91件，现场勘察服务222次，清理占压绿地经营户10户，对芥园道、复兴路绿地内违章设置标志牌行为实行24小时监理，对违章行为进行有效控制和处理。

2004年，为74个单位办理树木迁移砍伐批件109件，现场勘察服务437次，查处各类违章106起。

2005年，处理各类违章122起。为重点工程涉及23个单位办理迁移砍伐批件37件，现场勘察服务74次。2006年，为区重点工程涉及的60个单位办理迁砍批件76件，现场勘察服务174次，查处各类违章58起，建立违章勘察电子档案38件。2008年，为市自来水旧网改造、天然气改造涉及的37个单位办理迁移砍伐批件56件，现场勘察服务168次，与南运河改造拆迁指挥部、海河公司等14个单位签订绿化施工卫生协议书。2009年，行政许可中心设置园林审批窗口，依法办理树木迁移砍伐审批手续，为天津西站重点工程、陆家嘴、深圳宝能、金领国际、城西供电、滨海市政等76个单位办理迁移砍伐批件98件，现场勘察服务160次。

第五章　城市管理综合执法

1983—2010年，综合执法队伍树立服务城市、服务经济理念，投入“畅通工程”“退路进厅”“抗击非典”、清脏治乱、综合执法、街景立面综合整治及区拆迁拆违和重点工程施工保障任务，开展区内主干道、主要干线、繁华地区违章专项治理，服务重点工程建设。在严格依法办案的同时，利用各种媒体，开展多种宣传活动，提高全社会城管法制观念，为文明城市、文明市场和全区经济社会建设保驾护航。

第一节　机　构

1983年，成立城市建设管理监察中队，内设监察一班，监察二班，监察三班。1985年，增设办公室、监察科、灯光科，监察班(一班、二班、三班)调整为南片分队、北片分队。1986年，增设直属队、外勤分队，下设西站综合治理指挥部。1988年，撤销外勤分队。1996年，增设人事教育科。2000年，组建城市管理综合执法大队，内设办公室、法制科、监察科，下设城市管理综合执法直属中队和12个地区中队。2003年，增设直属二中队。2004年，增设督察科。2007年，成立区城市管理综合执法局(简称执法局)，内设党委办公室、行政办公室、法制科、执法督查科(指挥中心)，下设单位有城市管理综合执法大队8个。2008年，2个大队调整为咸阳北和铃铛阁综合执法大队。2009年，原8个大队调整为直属一队、直属二队和11个地区大队。

2010年，城市管理综合执法局内设党委办公室、行政办公室、执法督查科、法制科。下设直属一大队、直属二大队和大胡同地区、西站地区及三条石、芥园、铃铛阁、邵公庄、西沽、西于庄、丁字沽、咸阳北、双环邨综合执法大队。核定编制260人。

第二节　道路街景环境治理

一　综合治理

1981—1985年，实施“三级跳坑”改造工程，清理堆物堆料2190吨。1985年，市容环境卫生集中整治，拆除违法建设和炉档杂屋200间，拆除南运河违法建设583间，处理家禽7140只，清运拆棚后的杂土10万吨。1986—1988年，推行目标管理，11条街道综合整治，评选8个街、245个小区基本达到无违建居民区标准。1989—1990年，开展治理脏乱清整活动，在12条主干道路上实行分段，定人定岗定责的路段管理责任承包。拆除各种摊亭899个，清理违章乱摆乱卖427处，里空外卖146处。清理乱堆乱放杂物214处，拆除违法建设12.6万平方米。1991—1992年，综合整修桃花园小区和15条旧街道。

1993年，市场专项治理，清理个体摊贩围堵学校现象。1994—1995年，为迎办43届世乒赛，拆除违法建设、违章棚亭1000间，整顿46个停车场(处)，清理摊群市场违章占压损坏树木123处，清理圈树经营167户，清除乱贴乱画3万张。1995年，开展创建达标活动，创建达标路10条、达标小区10个、达标市场10个、达标楼院30个。1996—1998年，重点整治西青道和光荣道两侧16条主干道路和大胡同、平津战役纪念馆路，解决“脏、乱、差”问题。

1999—2001年，对马路餐桌、乱摆乱卖、乱堆乱放、违章信息牌治理，每天16时至24时进行专项治理。1999—2000年，清理外卖、乱摆乱卖7688处，乱贴乱画1.53万处，违章信息牌1830块，布标幔帐580幅。2001年，清理乱摆乱卖3.56万处，里空外卖6310处，马路餐桌、烧烤、占路加工作业1811处，乱堆乱放4149处。

1999—2010年红桥区道路治理统计表

表5-12

年份	马路餐桌(处)	里空外卖(处)	乱摆乱卖(处)	乱堆乱放(处)	马路作业(处)	清理家禽家畜(只)
1999—2000	–	–	7688	2133	6374	–
2001	1811	6310	35598	4149	–	–
2002	964	8326	37191	3870	336	–
2003	900	12880	38470	4360	600	–
2004	290	27460	12880	4360	650	1500
2005	330	15300	33700	28900	510	2717
2006	620	11210	29400	9300	450	433
2007	520	8800	61400	7800	390	910
2008	320	3287	21879	1812	330	129
2009	780	2987	48200	3700	850	–
2010	3330	3330	43820	2300	3200	–
合计	9865	99890	370226	72684	13690	5689

二　专项治理

2000年，全面治理“白色污染”。发放宣传品3000份，查处“白色污染”案件6起，查处销售批发个体经营户8户，没收超薄和不可降解塑料袋25吨，在双环邨地区铲除销售窝点2个，不可降解塑料袋21吨。毁林、破坏绿地等专项治理，查处毁林案件2起，破坏绿地案件4起。

2003—2005年，治理建筑工地运输车辆出入市口及沿途抛撒。2003年，查处运输洒漏、污染道路2.57万处。2005年，查处未采取密闭装置道路污染等违章车辆3800辆。督促施工单位在工地出入口设置除泥设施，安排专人及时清扫工地门口及周围地面，检查运输车辆密闭改装。

2000—2006年，取缔占路市场。2000年，拆除营门西占路市场，清理大丰桥、西站前街、南运河北路一带违章占路鸟市。2001年，下发通告、告知书、拆违通知书等各类执法文书3000份。清除26处占路市场，拆除市场棚亭、摊位等设施6000个。退出原市场占用道路28条。解决民族医院“120通道”被占路市场堵塞的问题。解决营门西马路、本溪路、洪湖里地区、子牙河两侧等占路市场。2002年，拆除10个占路市场，拆除市场棚亭、摊位2575间1.4万平方米。2003—2006年，拆除开源道、四新道、彰武路和零号路占路市场，违章棚亭、摊位4900余间8.6万平方米。

2007年，对长途客运站周边违法建设进行调查，集中拆除违法建设56间，违章广告牌匾35块，拆除平津战役纪念馆地区932间2.2万余平方米的违法建设、棚亭。2008年，迎北京奥运会，实施道路整修，清整勤俭道、红旗北路、芥园道、复兴路、咸阳路两侧商家门脸即时贴、乱张贴等违章。对“奥运”火炬传递路线沿途道路两侧违章进行治理，拆除天桂里三楼外延搭建护栏、遮阳罩147处，拆除阳台搭建11处115平方米，拆除营门东马路长期占路从事黑白铁经营的14间违章棚亭。2009年，治理区内主干道路、重点支路及重点地区。专项治理夜间马路餐桌、露天烧烤。拆除齐兴村、洪湖东路、纪念馆路与怡水苑之间，煤建东大道86处485平方米违章棚亭。2010年，专项联合整治千里堤唐家湾地区、绥中路、南运河北路、鸟市等21处非法占路经营聚集点及91条重点治理道路。组织150余人的清理队伍，治理露天烧烤的主、支道路。

三　查处违法建设

1988—2010年，拆除违法棚亭1.1万间7.11万平方米，违法建设6.4万间115.65万平方米。2000—2006年，实施“畅通工程”，23条主干道路违法建设棚亭基本拆除。2000年，拆除西站、大胡同两个重点地区违法建设房屋14间150平方米。2006年，拆除违法建设1.35万处9.1万平方米。2010年，拆除违法建设1446处1.41万平方米。

1988—2010年拆除违法棚亭和违法建设统计表

表5-13

年份	违法棚亭		违法建设		年份	违法棚亭		违法建设	
	立案拆除（间）	面积（平方米）	立案拆除（间）	面积（平方米）		立案拆除（间）	面积（平方米）	立案拆除（间）	面积（平方米）
1988	–	–	1425	8370	2000	3305	16500	3187	19254
1989	237	1300	1912	17314	2001	–	–	9138	135130
1990	60	520	1280	4311	2002	120	950	4213	432456
1991	–	–	21	1650	2003	520	6300	3140	162620
1992	–	–	–	–	2004	310	1450	3798	22591
1993	–	–	610	3350	2005	290	3600	3931	67900
1994	300	1820	520	3250	2006	365	3310	13485	90990
1995	–	–	570	3620	2007	500	3000	2852	35300
1996	303	2200	590	3450	2008	191	1600	4564	80550
1997	–	–	490	3120	2009	610	6020	1546	16800
1998	1508	9550	2270	12300	2010	168	1820	1446	14120
1999	2239	11200	3020	18100	合计	11026	71140	64008	1156546

四　街景立面治理

2000—2010年，清理违章信息牌6.86万块，乱贴乱画31.35万张。2007年，对主干道路特别是对大胡同地区、中环线洪湖里段、益鑫里段、纪念馆路段的立面违章广告、牌匾以及各商家门脸即时贴清理、规范，拆除各类违章户外广告设施209块，拆除长安商城、红星美凯龙、麦德龙3处大型立柱式户外广告违章设施。

2000—2010年清理和规范违章设置统计表

表5-14

年份	信息牌（块）	乱贴乱画（张）	年份	信息牌（块）	乱贴乱画（张）
2000	1830	15300	2006	4162	61420
2001	13372	15378	2007	7520	61050
2002	8816	16580	2008	672	34815
2003	7560	9160	2009	4980	35600
2004	7560	8800	2010	5710	8650
2005	6430	46800	总计	68612	313553

五　服务重点工程

2001—2004年，拆除北运河南岸违法建筑物260户6210平方米，其他建筑物180处2100余平方米。在铁路沿线两期拆迁中，拆除非住宅房屋4053间10余万平方米。在区重点工程子牙河南路拆违工作中，完成全长2千米，拆除150户174间4000余平方米违法建设。

2005—2007年，协助小伙巷地区和南运河二期拆迁，出动执法人员3000余人次、执法车辆千余次，动迁居民3008户3910间，公建21个单位。出动执法车辆500余台次，投入人力2000余人次，拆除违法建设639间1.24万平方米。2008年，拆除光荣道改造等拆迁片违法建设。2009年，西站沧德庄等拆迁片32万平方米内违法建设拆除，拆除各类违法建设436间5780平方米。2010年，配合西站改扩建工程，拆除违法建设3580余平方米。

第三节　法治服务

一　服务群众

2002—2010年，接待群众上访6021余人次，接听举报电话1.6万人次，收到信访140余件，办结率98.5%，受理人大建议、政协提案197件。期间，人大建议政协提案办结率、满意率和基本满意率100%。

2002—2010年红桥区综合执法局群众接待服务统计表

表5-15

年份	接听举报电话（人次）	接待群众上访（人次）	环境秩序投诉（件）	人大建议、政协提案（件）
2002	2000	350	116	33
2003	5000	1700	12	47
2004	1230	230	48	23
2005	865	286	84	14
2006	1240	450	125	13
2007	1350	1200	195	30
2008	1857	660	157	24
2009	1660	570	140	6
2010	760	575	197	7
合计	15962	6021	1074	197

二　依法办案

2001年，出动宣传车辆20余台次，设立宣传教育点50余处次，发放宣传材料1.3万份，向群众宣传教育和解答有关问题2万余人次。执法大队收集宣传报道稿件500余件，出简报67期，向新闻媒体、各报社和区有线电视台投稿70余件，刊发和播放50余次。2010年，下达拆违程序700余份，拆除各类违法建设4000余平方米，出动执法人员1600人次，出动车辆200余台次。2001—2010年，开展宣传教育65万人次，办结一般行政处罚案3449件，简易行政处罚案件119万件。

2001—2010年红桥区综合执法局受理案件统计表

表5-16

年份	宣传教育（万人次）	一般性案件（件）	简易处罚案件（件）	年份	宣传教育（万人次）	一般性案件（件）	简易处罚案件（件）
2001	2	101	110000	2007	8	296	124000
2002	10	433	160000	2008	4	300	94978

续表

年份	宣传教育（万人次）	一般性案件（件）	简易处罚案件（件）	年份	宣传教育（万人次）	一般性案件（件）	简易处罚案件（件）
2003	15	665	185078	2009	5	254	69057
2004	3	472	80000	2010	6	83	117909
2005	5	355	123758	合计	65	3449	1189780
2006	7	490	125000	–	–	–	–

第六章　爱国卫生运动

80年代，常年开展群众性爱国卫生运动，利用宣传布标和宣传牌、公益广告、发放宣传材料等方式进行爱国卫生宣传。1989—2010年，每年4月开展爱国卫生月活动，发动干部群众，参加环境卫生义务清整活动，自觉摒弃"随地吐痰、乱扔垃圾"等恶习，带动全区健康教育，改善环境和提高生活质量。2007年，被市政府命名为市级卫生区。2009年，复验达标。

第一节　机　构

一　爱国卫生运动委员会

1979年，爱国卫生运动委员会下设办公室（简称爱卫办），规格为副处级，挂靠在市容管理委员会。行政编制3人。2008年，成立病媒生物密度监测站，为爱卫会管理下的社会公益性检测机构。设站长1人、检测员3人。2010年，成立除害消杀服务管理站，设事业编制6人。

二　基层组织

2010年，各街道办事处成立街道爱卫会，设兼职主任、副主任。委员从有关科室、驻街单位、学校、医院、社区居委会中产生，10人左右。全区9个街道办事处设消毒服务站，从下岗失业人员中聘用消毒员68人。

第二节　爱国卫生活动

一　爱国卫生宣传

1987年始，全区中小学校运用讲课、团队活动、组织兴趣小组，开展第二课堂进行启蒙教育，传授爱国卫生方面知识，增强环境意识，提高文明素质。组织学生走上街头参加护绿、捕蝇、清除乱贴乱画、乱扔乱弃等维护市容活动。爱国卫生教育从儿童、中小学生抓起。开展"弯弯腰让红桥更美丽"，清除"白色污染"活动。1988年，开展"双禁"宣传日活动，在西站、长途汽车站等单位设立宣传站，西站综合市场60个摊位门前挂起"不准随地吐痰""不准乱扔瓜果皮核"等内容宣传牌。1989年，文化馆创作演出"祝您健康"幽默小品文艺专场。

1990年，开展"四迎"（迎全国城市卫生检查、迎国庆、迎亚运、迎国际友好城市艺术节）整治活动，区领导、机关干部和居民7000余人参加宣传周活动，入户宣传5.72万户，入场入店2646家，发放宣传材料4.35万份，设立宣传站、咨询点48个，出动宣传车10辆，出黑板报255块，幔帐394幅，标语1443条。1992年4月，掀起爱国卫生运动高潮，挂横幅838幅，发放宣传品2.7万张，出动5.24万人次清理环境卫生。56所中小学开设环境意识宣传教育课，普及率100%。2003年，动员群众除四害、讲卫生，做好防护。抗击"非典"期间，利用164个居民区设立宣传栏，刊登关于SARS症状、传染性、传播途径及预防措施等预防非典型肺炎知识。2006年，启动创建市级卫生区，举办"创建卫生城市，做文明红桥人"格言警句征集活动。3000名社区居民和中小学生参与，对收到的3600条作品进行评选，将获奖作品印制在万把文明扇上，发放到各单位、社区群众手中。举办大型"学雷锋、讲公德、创卫万人承诺"签名活动，在繁华地段发布9000平方米宣传创卫公益广告，印制各类宣传布标300幅，发放各类宣传材料5万份，举办创卫专场文艺演出。

2007年，启动爱国卫生法规宣传周活动。事业单位干部1500人分别参加对口街道办事处开展宣传实践活动。2009年，以市民学校为载体，开展各类健康教育专题讲座，利用黑板报、标语等形式宣传卫生知识，印发预防甲型流感问答卷1500份、漫画2000套、设置健康教育宣传栏550块。2010年，拓展社会宣传教育工作覆盖面。开展系列宣传教育活动，摆放《市场环境管理规范》宣传牌17块，发放《临时疏导线环境管理规范》宣传单2000份、《社区居民爱护环境行为规范》宣传海报120份、《文明施工、保护环境行为规范》宣传海报50份、《商业、服务业单位爱护城市环境行为规范》2360份、《中小学生爱护环境行为规范》宣传单150份、《企事业单位爱护环境文明规范》宣传单400份。区有线电视中心开辟"同在一方热土，共建美好家园"专栏，编排播出10期《市容环境综合整治300天》系列专题报道。

二　爱国卫生月

1989年始，每年4月定为"爱国卫生月"，开展以爱国卫生为主要内容实践活动。发动群众参与爱国卫生活动，清理整治机关、企事业单位的室内外环境卫生，清除各种垃圾、污物、白色污染，消除死角，健全和落实各项卫生管理制度。是年，第一个爱国卫生月，动员机关干部，驻街单位职工、居民、学生3万人集中清理子牙河、南运河、北运河以及千里堤、津霸公路、西横堤等城郊接合部，清运垃圾杂土1400吨，清除堆物170吨，清理卫生死角287个。1991年，组织灭犬队捕杀违章犬1109只。1994年，评选30个"门内卫生达标"居委会和70个"门内卫生达标"企事业单位，作为样板推广。1995年，在油脂储炼厂召开"天津市迎世乒赛、开展门内卫生达标活动"现场会，推广该厂经验。

1997年，开展"红桥是我家，创建文明城区靠大家""家家门前净起来"活动，大搞环境卫生。开展"人人参与，做一天光荣清洁工"清整活动。2003年，组织干部群众2.8万人，出动铲车、汽车150辆，清理乱堆乱放杂物361处，清理杂土1354吨，清理居民楼道1923个，清理花坛绿地5万平方米。突发"非典"疫情后，组织消毒队伍对1万个居民住宅楼门、600条胡同里巷、8000个垃圾窑，实施消毒打药。至6月，使用消毒药9106千克，外环境用药3160千克、遏制疫情发展。发动干部群众40万人次，开展11次大型义务清整活动，清整164个居民区。2005年，中小学生在复兴中学、佳春中学等学校周边开展"弯弯腰拾捡白色垃圾"活动，清理绿地白色垃圾9万平方米。2007年，第十九个爱国卫生月，开展以"人人动手，清洁家园""让周边环境净起来"主题实践活动。组织干部群众消除卫生死角500余处，清除垃圾死角1870个，使用消杀药品10吨。

2008年，以开展"清洁家园，健康奥运"为主题，组织上万名群众走上街头，清洁城市迎奥运，以津浦铁路沿线红桥区段为重点集中整治，清除卫生死角。2009年，开展"迎接建国60周年城郊清洁行动"主题实践活动，集中整治城中村和城郊接合部各种垃圾、污物及卫生死角。至2010年，开展22届爱国卫生月活动。

三　卫生单位创建

1985—2010年，开展卫生单位检查评比活动，评选市级卫生红旗单位、市级卫生先进单位。民族中学等单位获市级卫生红旗单位称号，工商局等单位获市级卫生先进单位称号。1992年，大伙巷街办事处被评为全国爱国卫生红旗单位。2010年，开展单位内部卫生达标检查，对各单位进行复查，评出市级卫生红旗单位6个、市级卫生先进单位80个。

四　城市卫生检查

1990年，第一次全国城市卫生检查。对道路、居民区环境卫生、垃圾粪便处理、食品卫生、公共场所卫生环境保护等项目进行检查，所有被查点位全部达标。1992年，第二次全国城市卫生检查。被检点72个，全部达标。1995年，第三次全国城市卫生检查评比，区市容建设、城市管理、防病除害全部达标。1999年，第四次全国城市卫生综合检查，被检点23个。对宝林祥食品店、红旗饭庄、西青道长途客运门前个体摊位等食品卫生点位和植物园垃圾转运站等单位进行检查，全部达标。

第三节　病媒生物防治

一　灭鼠

80年代，每年开展常规性灭鼠，坚持区、街三条监测线（单位自测线、固定监测线、专业监测线）每月、每季度定期监测，春、秋季集中投药灭鼠，控制鼠密度。1987年，被市爱卫会命名为“灭鼠达标区”。1991—1996年，灭鼠连续达标。1997年、2002年鼠密度明显上升，鼠患状况比较严重，对重点地区、重点部门投药灭鼠。1997年，全年投放鼠药25.5吨，放鼠夹1500把，粘鼠板1800块，堵鼠洞2869个，清理死鼠1.99万只，鼠密度由灭前19.46%降至1.05%。2002年，投放鼠药7.5吨，鼠密度由灭前17.08%降至0.85%，灭效95%，有效控制“出血热”发生。2003—2006年，投放鼠药30吨，鼠密度控制在国标范围内。2006年，被市爱卫会命名为灭鼠达标区。2007年，组织上万人队伍投药灭鼠，投放各类鼠药、蜡块30吨，封堵鼠洞鼠道8152个，清理鼠咬痕370处，健全防鼠挡板760处，新建防鼠网348处，制作毒鼠盒3万个，清理四害滋生地598处。至2010年，鼠密度保持在国标水平。

二　灭蚊灭蝇

80年代，每年从4月份开始，对第一代成蝇进行药物消杀。定期对居民区垃圾桶、下水井口、农贸市场、建筑工地、公厕、垃圾转运站及食品重点行业、重点部位进行经常性药物消杀。夏季对绿地、防空洞、地下室、空闲房等易滋生蚊蝇场所实施药物喷杀。1991年，开展夏季百日灭蝇积分竞赛活动，消毒110万处250万平方米。每处年平均消毒38次，用药5吨，扑打捕捉苍蝇230万只，蝇密度下降至0.69%。1992年，出动干部2646人，动员群众4.67万人，清理蚊蝇滋生地1.17万处，清理污物441.8吨，灭蚊蝇消毒15.4万处，用药11吨，覆盖率95%。全区设8条扑蝇带摆放3000个捕蝇笼，进行长效药物滞留消杀。1994年，被市爱卫会命名为灭蝇达标区。1995—2007年，连续开展夏季百日灭蝇达标活动，控制蚊蝇密度。2008—2010年，对居民区、城中村和城郊接合部环境卫生进行综合整治，清除低洼地积水和各种容器积水。6—8月密度高峰期每周消杀4次，降低蚊蝇密度70%以上。

三　灭蟑螂

80年代，采取“蟑情投药”方式灭蟑螂，以居民区、食品加工制售单位和医院、宾馆、学校为灭蟑螂重点。1991年，先春园街承包民族医院灭蟑螂消毒，使该院成为全市医疗系统无蟑螂单位。1992年，采用喷洒、药粉、涂封、扑打、水烫等方法，蟑螂侵害率由灭前40.52%下降至1.42%，密度指数由8.46只/间降至2.7只/间，灭效97.2%，达到基本“无蟑害区”标准。1993年，被市爱卫会命名为灭蟑达标区。1997年，对4.43万户开展灭蟑螂户普查活动，堵缝隙3385处，投放灭蟑药304千克。1999年，全区投放长效灭蟑药475千克，灭蟑粉5800袋。2005—2010年，开展集中灭蟑活动。有蟑单位及有蟑户投药覆盖率100%，灭效率90%以上。

第七章　环境保护

区内出现环境污染始于70年代后期，主要原因为工业生产和生活中排出废水、废气和废渣逐渐增多。1976年成立专职保护机构，开始对环保进行监管。70年代末，开始对大气环境进行常规性监测，逐渐形成比较完善的组织机构，具备有效运行的管理体系，拥有各类环境监测仪器，具有对水、废水、空气和废气、室内环境空气、噪声等6大项环境要素82项环境指标的监测能力。80年代后环保任务加重，队伍逐步扩大，机构设置趋于合理，环保工作步入常态化。进入21世纪，环保工作以改善环境质量、保障环境安全为主，实施蓝天、碧水、安静、生态污染防治工程。2005年，通过天津市环境监测系统标准化建设验收。环保治理中，加强环保机构工作职能，严格依法行政，注重污染源防治，各项治理取得明显效果，为红桥区经济发展和人民生活健康提供了良好的环境保障。

第一节　机　构

一　机构

1979年，环境保护办公室（下简称环保办）设在综合计划局。1980年，环保办成为独立单位。1983年，建立环境保护监测站，设立排污收费监理站。1984年，环保办和科学技术协会联合成立环境保护技术研究会。1990年，环保办内设综合规划科、污染管理科、征收监理科。1997年，更名为环境保护局（下简称环保局）内设办公室、污染管理科、环境监理科、宣传法制科、监测站。2000年，成立环保技术服务部。2003年，环境监理科更名为环境监察支队。2010年，内设办公室、污染防治科、辐射应急科、环境影响评价科、法规监察科、宣传教育科；下设环境保护监测站、环境监察支队。

二　人员

1979年，环保办编制5人，1980年定编8~10人。1983年，环境保护监测站定编17人。排污收费监理站定编4人。1990年，环保局定编8~10人。2010年，机关行政编制14人，机关工勤编制1人。另有环境监察事业编制15人，环境监测事业编制20人。

第二节　环境监测

一　大气环境质量监测

1979年，对大气总悬浮颗粒物、二氧化硫、氮氧化物、一氧化碳进行常规监测，为季度监测。至2010年，取得监测数据3.13万个。1982年，增加降尘采样监测。至2010年，降尘采集样品2480个。1986年，增加硫酸盐化速率采样监测，至2010年，硫酸盐化速率采集样品2076个。1998年，建立具有国际水平的空气质量自动监测系统。2002年，开始增加可吸入颗粒物的监测。至2010年，取得监测数据3287个。

32年间，监测部门定期对区内国控点环境空气质量的可吸入颗粒物、二氧化硫、二氧化氮参数的监测结果进行统计分析，掌握环境空气质量总体状况变化。

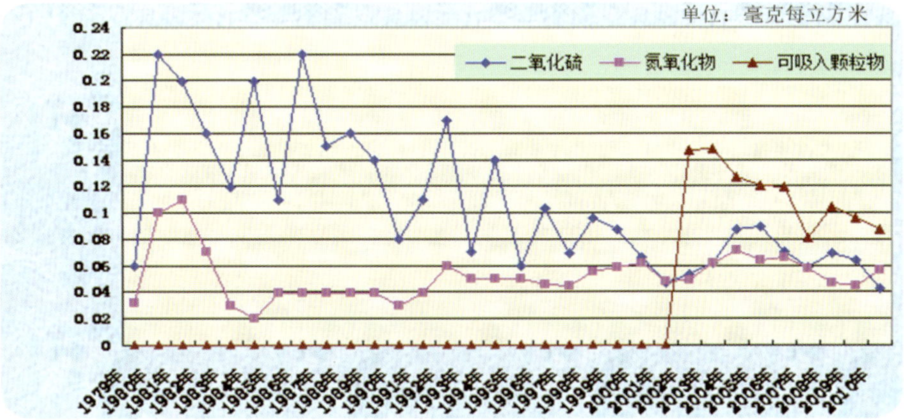

图5-1　1979—2010年红桥区环境空气质量指标浓度年均值变化图

二　水环境质量监测

1979年始，对域内地表水环境质量进行监测。至2010年，对全盐量等32个项目进行监测分析，每年根据市监测中心下达工作计划调整监测项目监测点位。

以子牙河大红桥断面为例，对水环境质量进行评价。

1979—2010年红桥区地表水环境质量监测点位表

表5-17

年份	监测点位	年份	监测点位
1979	大红桥	1986—1987	大红桥　红卫桥　北运河
1980	大红桥　金刚桥　北运河　南运河　子牙河	1988	大红桥　南运河（闸口桥由于没水全年没测）
1981—1982	大红桥　金刚桥　北运河　南运河　子牙河　大丰桥	1989	大红桥　井冈山桥
1983	大红桥　金刚桥　南运河　子牙河　大丰桥	1990—2005	大红桥　大丰桥
1984—1985	大红桥　红卫桥	2006—2010	大红桥　井冈山桥　咸阳桥　西沽湖

三　噪声环境质量监测

1985年，对功能区噪声进行监测。1989年，对区域环境噪声和道路交通噪声进行监测。1989—2010年，全区21个网格增至25个网格，每个网格中心位置为噪声监测点位。

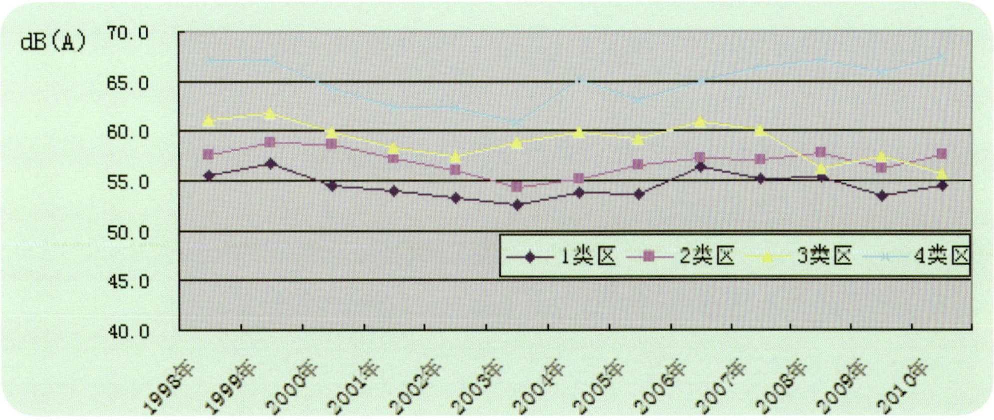

图5-2　1998—2010年红桥区功能区噪声昼间监测情况趋势图

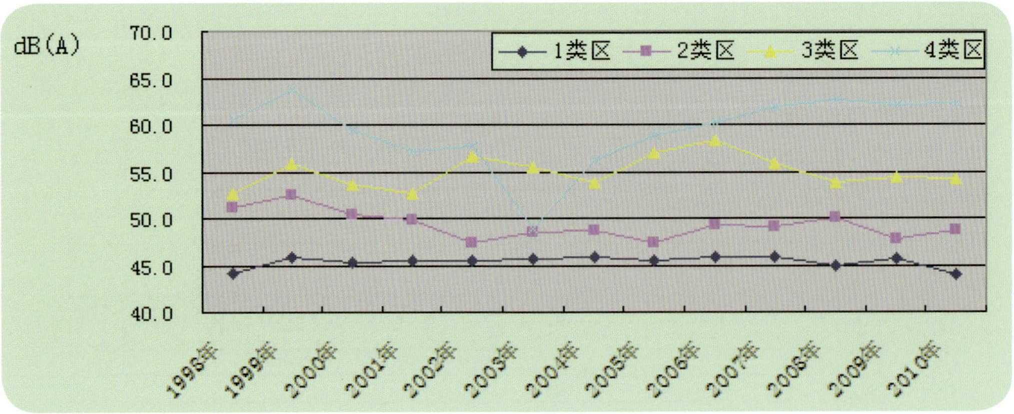

图5-3　1998—2010年红桥区功能区噪声夜间监测情况趋势图

1985—1987年，监测划分为4个功能区，分别为居民文教区、居民文教工业混杂区、工业区和交通干线。其中居民文教区和工业区分别设有两个监测点位，进行昼间监测。1985年，居民文教区对一个噪声点位进行监测。

1995年，重新划分成居民文教区、居住商业工业混合区、工业区、交通干线功能区，每个功能区内设一个监测点位。1998年，按照4个类别功能区分昼间、夜间分别进行监测。1989—2010年，城市道路交通噪声监测点位由原来的21个增加到29个，监测道路由21条增加到29条。1989—2010年，全区从21个网格增至25个网格，每个网格中心位置为噪声监测点位。

第三节　污染治理

一　大气污染治理

1979年，颁布治理“三废”（废气、废水、废渣）初步意见，开展“三废”治理。1991年，对14台低效淘汰型除尘器进行改造。更新改造率56%。1992年，提升至60%以上。1993—1994年，淘汰型除尘器，更新率提升至70%以上。1995年，提升至75%以上。1996年，加强消烟除尘设施管理，将治理率提升至80%。1997年，对全区超标污染源下达3年限期治理任务，超标污染源限期治理59项，完成率达到98.3%。

2000—2002年，开展污染物排放总量和环境质量与污染源排放达标控制。2000年，完成1.2平方千米无燃煤区创建验收，注册登记1096台（眼）茶炉、大灶等小型燃煤设备，全部改用清洁能源或固硫型煤。2005年，对二氧化硫和化学需氧量两项污染物实行污染减排。2006—2010年，化学需氧量排放量从535吨基数削减至475.97吨，削减为11%；二氧化硫排放量从900吨的基数削减到582.31吨，削减为35.3%。

1979—2010年红桥区大气污染治理情况一览表

表5-18

年份	开展工作	主要成果
1979—1982	实行机械化燃烧和有消烟除尘措施的锅炉	改造锅炉222台
1983	小型锅炉消烟除尘改造工作	改造锅炉433台
1984	小型锅炉消烟除尘改造工作	改造锅炉74台
1985	全区锅炉改造率达到95%	改造锅炉、炉窑11台
1986	三条石街河北街和咸阳北路街两个烟尘小区锅炉治理	治理率100%

续表

年份	开展工作	主要成果
1987	建立新村、丁字沽、西于庄、西沽、桥南、南头窑、邵公庄街及西站地区等8个烟尘控制区	治理锅炉、炉窑、茶炉、大灶共698台，治理率99.40%
1988	创建大伙巷、春德街、先春园、大胡同街4个烟尘控制区	治理率100%
1989	全区21.31平方千米，15个街全部实行烟尘控制	–
1991	14台低效淘汰型除尘器进行改造	更新改造率由1990年的47%提升到56%
1992	持续改造	改造率提升至60%以上
1993—1994	更新淘汰型除尘器	更新率提升至70%以上
1995	更新淘汰型除尘器，积极推广新型茶炉	提升至75%以上
1996	加强严控区建设，加强消烟除尘设施的管理	将治理率提升至80%
1997—1999	贯彻落实《国务院关于环境保护若干问题的决定》，对全区超标污染源下达三年限期治理任务	完成超标污染源限期治理任务59项，完成率达到98.30%，使区域环境质量得到明显改善
2000—2004	污染物排放总量控制和环境质量与污染源排放达标	完成区1.20平方千米无燃煤区创建验收工作，在区注册登记的1096台(眼)茶炉、大灶等小型燃煤设备全部改用清洁能源或固硫型煤
2005	对二氧化硫和化学需氧量两项污染物实行污染减排	要求到"十一五"末，二氧化硫和化学需氧量两项污染物指标分别削减10%
2006—2010	实施15台402蒸吨的燃煤锅炉高效脱硫治理技术改造项目，关停1台、并网3台10吨/小时以上的燃煤锅炉，完成10吨/小时下燃煤锅炉改燃10台，并网30台，完成工业、医疗废水治理工程项目5个	化学需氧量削减比例为11%、二氧化硫削减比例为35.30%，超额完成市政府下达的主要污染物减排计划

1982—1990年部分年份红桥区部分企业粉尘和废气治理情况一览表

表5-19

年份	治理项目	单位	治理对象	治理方式
1982	粉尘	东风化工厂	立德粉	旋风除尘及水喷淋方法
		煤建二厂	煤粉	水喷淋装置
		天津电气控制设备厂	硝酸废气	活性炭吸附装置
		天津制锁厂	氮氧化物废气	碱液吸收
		天津自行车铃厂	铬气	F—53铬雾抑制剂
		自行车一零件厂	–	–
		自行车闸厂	–	–
		天津纺织针织厂	铅烟	静电吸附装置
1985	废气	杨庄子化工厂	硝酸烟雾	硝酸烟雾治理装置
1986	废气	第二打火机厂	氮氧化物	氮氧化物治理装置
		自动仪表七厂	铅烟、二甲苯	活性炭吸附法
		第二轻工包装机械厂	二甲苯	–
		玻璃模具厂	铸造砂尘	
		低碳十厂	毛尘	–
		天津锁厂	金属铁尘	–
1988	废气	第二灯泡厂	二甲苯	活性炭吸附法
		五金电镀厂	氮氧化物	氮氧化物废气净化设施
		杨庄子化工厂硫酸提纯车间	–	责令停产
1989		自行车二厂	喷漆废气	喷漆废气治理设施
		前园汽车装配厂	喷漆工艺	经协调予以搬迁
		第四中药厂	工业粉尘	–
1990		东风化工厂	含硫酸废气	–
1982—1990	全区治理净化工业废气11458万立方米			

1980—1990年，开展锅炉、工业炉窑、食堂和营业性大灶治理。治理完成2720台，治理率达到99.2%。削减烟尘排放量9.45万吨，平均每年削减1.05万吨，阶段性完成烟尘污染控制。

1980—1990年红桥区炉窑治理统计表

表5-20

年份	炉窑治理（台）	炉窑累计（台）	治理率（%）	节煤量（万吨）	烟尘消减量（万吨）	民用气化消减量（万吨）	消尘总量（万吨）
1980	104	104	15.18	1.44	0.23	-	0.23
1981	103	207	30.32	2.87	0.45	-	0.45
1982	110	317	46.28	4.40	0.69	-	0.69
1983	115	432	63.07	5.99	0.94	-	0.94
1984	74	506	73.87	7.02	1.10	-	1.10
1985	43	549	80.15	7.61	1.30	0.02	1.32
1986	70	619	90.36	8.58	1.47	0.03	1.50
1987	51	670	97.81	9.29	1.58	0.04	1.62
1988	15	685	100	9.50	1.62	0.04	1.66
1989	-	-	-	9.50	1.74	0.04	1.81
1990	-	-	-	9.50	1.94	0.04	1.98
合计	685	-	-	75.71	13.06	0.21	13.30

二　水污染治理

1980年，开展电镀行业改造，对电镀废水、印染废水、医疗废水和工业废水进行无害化处理。2010年，水环境质量符合规定标准。

1980—2010年部分年份红桥区水污染治理主要成果一览表

表5-21

年份	开展工作	主要成果
1980	撤销10个电镀厂点，余下的13个电镀厂点，有11个分别采用离子交换、活性炭吸附电解法、过滤器、薄膜蒸发器等措施	有效控制电镀废水中重金属的污染
1984	自行车闸厂、自行车一厂、自行车一零件厂、一O五厂电镀治理；毛巾一厂、织袜六厂、漂染二厂废水治理	电镀废水的治理率达到87% 印染废水治理效果显著
1985	天津东风化工厂用中和法治理锌废水	全区治理电镀废水11项，电镀废水治理率达到96%
1986	杨庄子化工厂改革工艺，冷拔模具厂搬迁，第二打火机厂停产外加工	含锌废水污染得到解决
1987	自行车厂扩建气浮治理设施	含锌、铬废水达标率得到解决，废水达标率提高到87%
1988	天津市第三金属制品厂、向阳拔丝厂采用高效治理器治理含锌、铜废水	含重金属废水得到综合治理
1989	对已建成的废水处理设施进行了两次大检查，检查17个单位42套	电镀废水达标率达到90.00%
1990	外贸地毯厂洗染废水，红旗油厂含油废水，织袜二厂染色废水治理	新增废水治理能力21.90万吨，区废水处理设施运转率达到97.70%，处理合格率达到97.80%
1991	利和毛巾厂废水、民族医院医疗废水深度治理	投资58万元，新增废水治理能力11.60万吨/年。全年抽查28个单位，废水处理设施运转良好。设施处理率和合格率分别为99%和96.90%
1992	-	废水处理率和达标率继续保持在95%以上
1993	-	工业废水处理设施处理率与达标率分别为98%和96%
1994	贯彻《中华人民共和国水污染防治法》和《水污染防治实施细则》	-
1995	实施新开餐饮业必须安装油水分离器的新举措，开始实施《海河流域污染防治规则》	地面水环境质量保持较好水平
1996—2000	加强红桥区境内海河水系管理工作，加强子牙河饮用水保护区管理	-
2001—2004	定期对重点源单位及全区医疗单位的废水进行现场执法检查	实施《天津市水污染防治管理办法》，加强区域水环境保护，改善水环境质量

续表

年份	开展工作	主要成果
2005	继续实施"碧水工程"，贯彻落实《海河流域天津市水污染防治规划》《天津市水污染防治管理办法》和《天津市景观河道环境保护管理办法》	对建有污水处理设施的23家单位重新核定污水处理设施管理卡。完成关于海河十一五规划基础信息报表填写
2006	继续对市、区重点源加强监管	完成工业、医疗废水治理工程项目5个，化学需氧量排放量从535吨的基数削减至475.97吨，削减比例为11%，超额完成市政府下达的主要污染物减排削减10%的计划
2007	开始排污(水)许可证发放工作，为红桥区工业企业和医疗单位免费发放许可证	–
2008	全面实施《天津市"十一五"水污染防治实施方案》，确保2008年COD削减控制计划不超740吨/年共发放排污(水)许可证32家，批准COD343.861吨	–
2009—2010	继续做好重点源的监管工作	–

三　噪声污染治理

1984—2010年，开展噪声限期治理、创建噪声控制示范小区、创建环境噪声达标区、创建天津市安静居住小区，使环境噪声源得到治理，多数小区噪声达标。

1984—2010年部分年份红桥区噪声污染治理情况统计表

表5-22

年份	开展工作	主要成果	备注
1984	贯彻《天津市噪声管理暂行条例》，发出限期治理通知	治理15个超标噪声源	–
1985	–	治理15户噪声源	–
1986—1987	创建咸阳北路《噪声控制示范小区》，综合治理小区内噪声	治理固定噪声源30个	–
1988	创建丁字沽、新村噪声综合控制小区	治理固定噪声源26个	–
1989	创建西沽、西于庄噪声控制小区，加强小区内市场和交通管理	制订防噪公约2000余份，治理固定噪声源31个，取消室外音响50余个	–
1990	创建完成邵公庄、河北街、三条石、小西关4个街5.23平方千米噪声控制区	–	–
1991	创建咸阳北路植物园、邢家台、丁字沽、新村、西沽、子牙河南、河北街、三条石街、津坝南、津浦北等10噪声达标小区	区域环境噪声平均值为59.30分贝比1992年下降0.50分贝，城市道路交通噪声平均值，71.02分贝	制订创建噪声达标区明细
1994	创建先春园街、春德街、南头窑街、小西关街、杨庄子片等噪声达标区	–	–
1995	创建邢家台噪声达标区0.79平方千米	–	–
1996	创建河北街、三条石街1.37平方千米噪声达标区	–	–
1998	创建津霸南、津浦北4.38平方千米噪声达标区，并对1994、1996年创建的噪声达标区进行复测	–	1991—1998年，开展创建环境噪声达标区
2003	西沽街流霞里小区成为天津市首批命名表彰的天津市安静居住小区	–	启动天津市安静居住小区创建
2004	创建仁爱花园、隆春里和水西园小区为天津市安静居住小区	–	–
2005	创建康华里、明华里小区为安静居住小区	–	–
2006	创建金潞园和益博公寓为天津市安静居住小区	–	–
2007	创建水竹花园为天津市安静居住小区	–	–
2008	创建宏泰公寓为天津市安静居住小区	–	–
2009	–	创建紫芥园和泉春里为天津市安静居住小区	–
2010	–	创建金领花园为天津市安静居住小区	–

四　建设项目环境管理

1979年始，实行环境影响评价制度，开展建设项目环境管理。

1979—2010年红桥区建设项目审批、验收情况统计表

表5-23

年份	审批项目数（件）	验收项目数（件）	年份	审批项目数（件）	验收项目数（件）	年份	审批项目数（件）	验收项目数（件）
1979	20	-	1990	24	11	2001	125	-
1980	53	-	1991	100	10	2002	199	110
1981	69	-	1992	44	13	2003	64	58
1982	57	-	1993	48	7	2004	25	60
1983	83	-	1994	36	10	2005	30	15
1984	115	-	1995	32	11	2006	19	14
1985	74	-	1996	73	19	2007	19	23
1986	101	-	1997	52	6	2008	27	12
1987	56	-	1998	74	-	2009	40	13
1988	62	14	1999	102	-	2010	71	29
1989	95	2	2000	79	13	合计	2068	450

五　创建环保模范城区

2002年，开展创建国家环境保护模范城区活动。2005年，红桥区通过国家环保总局技术核查和“创模”考核验收。

红桥区创建国家环境保护模范城市指标完成情况表

表5-24

项目	考核项目	标准	完成情况
基本条件	城市环境综合整治定量考核	连续3年名列全国前列	完成
	达到国家卫生城市标准	达标	达标
	环境保护投资指数	大于1.50%	完成
社会经济	人口自然增长率	低于国家计划指标	完成
	单位 GDP 能耗	低于全国平均水平	完成
	单位 GDP 用水量	低于全国平均水平	完成
环境质量	全年空气污染指数	小于100的天数大于全年天数的80%	完成
	城市水域功能区水质达标率	100%，且市内无劣Ⅴ类水体	完成
	区域环境噪声平均值	小于60分贝	完成
	交通干线噪声平均值	小于70分贝	完成
环境建设	建成区绿化覆盖率	大于35%	完成
	工业废水排放达标率	大于95%	完成
	生活垃圾无害化处理率	大于80%	完成
环境建设	工业固体废物处置利用率和危险废物排放情况	大于70%，无危险废物排放	完成
	烟尘控制区覆盖率	大于90%	完成
	噪声达标区覆盖率	大于60%	完成
环境管理	公众对城市环境的满意率	大于80%	完成
	总量控制计划	达标	完成

第四节 创建宣传活动

一 绿色学校创建

2000年，环保局与有关单位共同组织推动创建绿色学校。至2010年，有35个单位被授予绿色学校或绿色幼儿园荣誉称号，占总数83%。

2000—2010年红桥区绿色学校、幼儿园统计表

表5-25

类别	单位
国家级	天津三中、天津市民族中学
市级	天津五中、五十一中学、八十中学、红星职专、天津师范学校附属小学、文昌宫民族小学、红桥区实验小学、培英外国语小学、佳园里小学、北马路小学、邵公庄小学、雷锋小学、清源道小学、佳春里小学、第一幼儿园、第十八幼儿园、第二十三幼儿园、第八幼儿园、第二十幼儿园、第十四幼儿园
区级	方舟中学、协同中学、求知中学、仁和中学、红桥区外国语中学、北洋职专、跃进里小学、求真小学、新村小学、咸阳北路小学、桃花园小学、红星小学、洪湖里小学

二 绿色社区创建

2001年，环境保护法律法规宣传教育作为全民法制宣传教育的重要内容，纳入年度法制教育计划。2002年，开展绿色社区创建。至2010年，有29个社区单位被评为绿色社区。

三 社会宣传活动

七八十年代，区内环保宣传主要以干部内部学习为主。1997—2010年，定期组织开展以集中宣传、培训讲座等形式的宣传活动。

第五节 执法监察

一 专项行动

2003年，制订严查专项行动方案，组成由环境管理、环境监察、环境监测、开发管理参加的执法队伍，对存在环境违法行为的企事业单位开展全面检查。对色织六厂等违法排污行为依法进行行政处罚，责令有燃煤设备的28家企事业单位实施改燃并网。2004年，启动整治违法排污企业保障群众健康环保专项行动，对地铁一号线沿线重点工程施工现场进行防止扬尘污染专项检查；组织查处违法排污专项执法检查小组，对重点源单位及佳园医院、邵公庄医院等4家区属医院的废水和医疗垃圾处理、处置情况进行现场执法检查；对国控点周边30台在用燃煤锅炉单位烟气处理设施运行情况进行检查。2005年，重点检查4家纺织印染企业。对辖区内底商包括餐饮、洗浴、洗车、美容美发等行业开展环保专项检查，查处8家企业。2006年，对域内“引黄”河道水源区域的违法排污问题进行整治，查处两个水质超标排放单位；对15家医院进行检查，对医疗废水超标单位正在进行限期整治；清查建设项目71个，对未依法履行建设项目手续的单位进行行政处罚。2007年，对域内“引黄”河道水源区域的违法排污和群众反映强烈的问题进行专项检查。检查企业288家，对10家单位进行立案查处。2008年，对区域内“引黄”河道水源区域违法排污问题进行整治，对两个有水质超标排放问题单位进行处罚并责令停产整治。2009年，对产生有毒有害物质的工业项目和储存化学品的点位进行拉网式检查，检查企业单位63家，排查出3家危化品使用企业。2010年，排查铅蓄电池生产处置单位，检查企业68家。

二　案件受理

2001年，开通“12369”环保热线电话，受理环境信访举报与投诉。受理有关水污染、大气污染、噪声污染问题以及其他涉及环保问题的咨询和投诉。至2010年，受理信访举报和投诉4625件次。

三　排污收费管理

1982年，规范排污费收费。1991年，提高污水超标排污费收费标准，统一噪声超标排污费收费标准。1998年，征收二氧化硫排污费。2003年，执行国务院《排污费征收使用管理条例》，规范区内排污费的征收、使用和管理标准。

四　全国第一次污染源普查

2007年，启动红桥区第一次全国污染源普查。2008年，对普查对象进行现场调查，填报普查表，普查机构完成普查表审核、录入、复录和核审。2009年，污染源普查结束。对1151家符合普查标准的单位或个人进行登记，其中工业源136家、生活源1015家。产生有效数据8.54万个，其中填报数据7.83万个、系统生成数据1735个、普查监测数据5394个，填写《普查表》3910张。

照5-11　2008年3月，全国第一次污染源普查期间，区环境保护监测技术人员对空气质量进行采样监测　（区环保局提供）

红桥区志

第六编

经济概览

1979—2010年，红桥区连续制订6个国民经济和社会发展五年规划，确定不同时期的目标和任务，逐步加以落实和推进。32年间，全面落实国家发展个体经济政策，大力扶持个体私营企业，使之得到重新恢复和迅速发展，成为区内最具活力、增幅最快的经济增长点，为全区经济总量的提升做出重要贡献。随着经济体制改革的全面展开，贯彻落实全民所有制和集体所有制工业企业转换经营机制，实行多种形式经济责任制，采取租赁、承包、集体和个人经营等方式，使商品生产者和经营者成为市场主体。制订发展经济优惠政策，加大招商引资力度，扩大固定资产投入，完善基础设施，为经济快速发展创造条件，同时不断调整经济结构，使产业结构、发展布局趋于合理，推动各种经济体稳步快速发展。随着经济的持续发展，居民家庭收入构成呈现多元化，收入水平逐年提高，居住条件明显改善，社会成员受教育程度普遍提高；居民消费结构正在向享受型和发展型转变，结构趋于优化，总体生活质量显著提高。

改革开放的32年，全区经济始终处于快速发展态势，人们生活品质不断提升，是红桥区历史上经济和社会综合实力增加最快、人民群众得到实惠最多的时期。

2010年，欧亚达家居购物中心外景　　（区委宣传部提供）

2008年4月19日，天津·红桥2008系列招商活动周重点项目推介暨签约大会召开

（区委宣传部提供）

2010年，北营门立交桥全景　　（区委宣传部提供

第一章 国民经济

中共十一届三中全会后，红桥区经济持续快速发展，综合实力迅速增强，人民群众得到很多实惠。80年代初，制订“六五”期间人民生活和社会发展计划，此后每五年制订一次计划（规划）并实施，使区内经济社会发展向规划目标逐步落实。1979年，国家就发展个体经济问题制订一系列方针政策后，区内个体私营经济起步，当年有个体工商户122家，后逐年增加。1986年，私营企业开始涌现，当年有47家，至2010年发展到3810家，增长81倍。民营企业注册资本金40亿元，实现税收总额9亿元，年增长15.9%。个体民营经济为全区经济发展做出重要贡献。32年间，全区经济结构不断调整，产业结构、发展布局日趋合理，加大招商引资力度，加大固定资产投入，综合实力显著增强。2010年，经济总量实现地区生产总值93.92亿元。

第一节 规划编制

一 中长期计划（规划）

1981年，区计划管理部门开始编制中长期国民经济与社会发展计划。全区安排573个项目，总投资2.87亿元。其中，属于市管项目65项，投资4710万元；区管项目508个，投资2.4亿元。新建项目187个，投资6943万元；改扩建项目386个，投资2.18亿元。具体计划项目：震损重建和房屋改造、新建住宅、市政建设、教育事业、医疗卫生事业、文化体育事业、科技事业、环境保护、环境卫生、商业网点、金融事业、农副市场、个体经济、区街生产和生活服务事业、待业青年安置、人防工程、计划生育和人口、区直属机关办公用房。

1986年，编制《红桥区经济发展第七个五年计划》（1986—1990年），1987年下达。主要是从城市建设，区、街集体经济，商业、财政、金融，教育事业，科学技术，卫生保健事业，体育事业，文化事业和民主法治建设，劳动工作，社会保障事业和人口对区1986—1990年发展作出具体计划。主要任务：以经济工作为中心，建设和管理好城市，组织安排好人民生活；发展经济，增强经济实力；发展各项社会事业，提高社会效益。

1990年，编制《红桥区国民经济和社会发展第八个五年计划》（1991—1995年），1991年下达。主要任务是巩固发展改革和经济建设的成果；发展教育事业，推动科技进步；努力提高人民生活水平；加强社会主义精神文明和民主法治建设。阶段目标：前2年以提高经济效益为中心，优化产品结构，提高经营管理水平；后3年在此基础上争取经济有一个更快的发展。从经济发展，城市建设发展，科技教育发展，人民生活和社会保障，民族工作，社会主义精神文明建设等部署具体计划。

1994年，编制《红桥区国民经济和社会发展“九五”计划及2010年远景目标》（1996—2000年），1996年下达。总目标：力争到2010年，把红桥区建设成与天津市现代化国际大都市相适应的商贸发达、工业先进、城市功能完善、居住舒适、环境优雅、繁荣、文明、和谐、进步的新兴城区。基本形成具备商贸中心区、工业发展区、科学文化区、新型居住区不同功能的城市中心区。主要经济发展目标：国内生产总值年均增长25%，至2000年达到24亿元；工业总产值年均增长15%，到2000年达到6.15亿元；社会消费品零售总额，年均增长20%，到2000年达到42.3亿元；财政收入，年均增长15%，5年实现翻一番；市场成交额，到2000年实现百亿元。

1999年，编制《红桥区国民经济和社会发展第十个五年计划》（2001—2005年），2001年审议通过。奋斗目标：第三产业进一步繁荣，第二产业进一步优化，生产总值年均增长16%，财政收入年均增长13%，力争财政5年翻一番。至2010年，把红桥区初步建设成与天津市现代化港口城市和国家北方重要经济中心相适应的商务、交通副中心，辐射国内外的商品集散区，成为商贸繁荣、科教发达、工业先进、功能完备的中心城区。发展战略有：大胡同商城发展战略、科技创新发展战略、城市建设发展战略、非公有制经济发展战略。

2004年始，编制《红桥区国民经济和社会发展第十一个五年规划》（2006—2010年）。2006年审议通过。主要预期目标：在优化结构、提高效益和降低消耗基础上，实现地区生产总值4年翻一番；财政收入3年翻一番，5年增长2倍，年均增长25%的战略目标。构建现代化城市交通体系、新兴现代化产业体系、社会保障体系、中心城区空间体系、社会公共服务和安全体系等支撑体系；建设运河经济文化商贸区、科技工业园区、西纵快速路、北横快速路、文化中心、公共安全应急管理指挥系统等30个大项目。

二　短期计划

1979—1986年，经济工作重点在地震后重建。短期计划主要下达基本建设计划。主要包括：统建宿舍、河北大街改造、商业配套网点、商业网点、一般基建等。1987—1991年，着眼点转移到经济计划。主要经济指标：工业销售收入，商、饮、服、劳销售收入，工业销售利润，商、饮、服、劳销售利润，工业总绝对值，基本建设总投资，技措技改等。1988年，重点放到治理整顿经济环境和经济秩序。1992年，制订8个主要指标4个经济效益指标。1993年，逐步向以国民生产总值为核心的指标体系靠拢，计划包括13项主要经济指标。1994年，对主要经济指标实行经济目标管理和考核，考核指标为部分经济指标和工作责任目标。主要计划指标22项，主要考核目标18项。1995年，首次将生产总值分解到有关单位。该指标体系沿用到1999年。2000—2002年，经济发展计划主要指标包括14类。2003年，增加工业技措技改项目，不再统计技措技改项目数量、改扩建市场数量和重点项目数量三项指标。该指标体系沿用至2005年。2006年，主要指标涉及13类25项。2007年，在原有指标体系基础上增加引进税源金额和万元地区生产总值能耗指标，去除外贸出口总值，内联引资指标，包括协议额、到位额，个体私营经济新增注册资金，同时去除污染物排放指标中的粉尘排放量和氨氮排放量。该指标体系沿用到2008年。2009年，指标体系调整为10类29项。2010年，沿用2009年指标体系。

第二节　经济总量

一　地区生产总值（GDP）

1993年，实现地区生产总值3.53亿元。1994年，实现地区生产总值5.6亿元，同比增长58.6%。2001年，实现地区生产总值25.96亿元，同比增长20.3%。2006年，实现地区生产总值46.66亿元，同比增长19.3%。2010年，实现地区生产总值93.92亿元，同比增长15.9%，比1993年增长26.6倍，年均增长21.29%。

二　固定资产投资

1995—2001年，由统计“基本建设投资总额”变为统计“全年新增固定资产”。2002—2006年，统计“全年新增固定资产投资”。2007—2010年，统计“全年固定资产投资累计完成”。具体数值仅反映当年投资情况，由于统计口径不一，数据不可相比。

1979—1994年红桥区基本建设投资总额完成情况统计表

表6-1 单位：万元

年份	基本建设投资总额	年份	基本建设投资总额
1979	411.14	1987	4104
1980	379.63	1988	6668
1981	2139	1989	8250.90
1982	3219.30	1990	3734
1983	5165.40	1991	4151
1984	4798	1992	4154
1985	12800	1993	21100
1986	9253.30	1994	107

1995—2001年红桥区全年新增固定资产完成情况统计表

表6-2 单位：万元

年份	完成情况	年份	完成情况
1995	890	1999	776
1996	946	2000	373
1997	369	2001	2461
1998	413	合计	6228

2002—2006年红桥区全年新增固定资产投资完成情况统计表

表6-3 单位：亿元

年份	完成情况	年份	完成情况
2002	0.56	2005	2.04
2003	1.32	2006	26.76（大口径）
2004	1.67	合计	32.35

2007—2010年红桥区全年固定资产投资累计完成情况统计表

表6-4 单位：亿元

年份	完成情况	同比增长(%)	年份	完成情况	同比增长(%)
2007	37.40（大口径）	30	2009	60.36	72.10
2008	35.07	46.40	2010	86.92	44

第三节 经济结构

一 地区生产总值结构

1993年，经济总值采用地区生产总值(GDP)指标对国民经济进行核算，地区生产总值增加值（第二、第三产业构成）3.53亿元。1994年，地区生产总值增加值5.6亿元，第二、第三产业增加值结构比例17.67:82.32。1995年，第二产业增加值上升，突破1亿元，第二、第三产业增加值结构比例为14.16:85.84。2006年起，受中心城区工业外迁的影响，第二产业增加值大幅下滑，增加值1.72亿元；第三产业增加值上升，由1993年的2.74亿元增加至44.94亿元，提高16.41%。第二、第三产业增加值结构比例3.69:96.31。2010年，第三产业增加值89.94亿元，比1993年增长32.82倍，第二、第三产业增加值结构比例4.24:95.76。

1993—2010年红桥区第二、三产业增加值所占比例情况统计表

表6-5　　增加值单位：亿元

年份	地区生产总值		第二产业		第三产业	
	增加值	结构 %	增加值	所占比例 %	增加值	所占比例 %
1993	3.53	100	0.79	22.38	2.74	77.62
1994	5.60	100	0.99	17.67	4.61	82.32
1995	7.84	100	1.11	14.16	6.73	85.84
1996	10.98	100	1.27	11.57	9.71	88.43
1997	13.64	100	1.94	14.22	11.70	85.78
1998	15.72	100	2.40	15.27	13.32	84.73
1999	18.33	100	3.00	16.37	15.33	83.63
2000	21.58	100	2.87	13.30	18.71	86.70
2001	25.96	100	3.54	13.64	22.42	86.36
2002	30.20	100	3.59	11.89	26.61	88.11
2003	37.15	100	3.85	10.36	33.30	89.64
2004	44.78	100	4.40	9.83	40.38	90.17
2005	40.35	100	5.19	12.82	35.16	87.14
2006	46.66	100	1.72	3.69	44.94	96.31
2007	57.07	100	1.96	3.43	55.11	96.57
2008	67.35	100	1.92	2.85	65.43	97.15
2009	81.05	100	6	7.40	75.05	92.60
2010	93.92	100	3.98	4.24	89.94	95.76
合计	621.71	-	50.52	-	571.19	-

二　产业结构

（一）第二产业结构　90年代，第二产业以工业为主，工业占第二产业增加值比重平均85%左右。1994年，第二产业增加值9920万元，其中工业增加值8448万元，建筑业增加值1472万元，所占比例85.16:14.84。1998年，建筑业在第二产业中的比重逐年上升，第二产业增加值2.39亿元，其中工业增加值2.02亿元，建筑业增加值3766万元，比1994年增加2294万元，工业、建筑业所占比例84.25:15.75。2006年，第二产业增加值1.72亿元，其中工业增加值7700万元，建筑业增加值9500万元，超过工业增加值1800万元，所占比例44.77:55.23，建筑业增加值所占比重比1994年上升40.39个百分点。2010年，第二产业增加值3.98亿元，其中工业增加值2.45亿元，建筑业增加值1.53亿元，所占比例61.56:38.44。

1994—2010年红桥区第二产业增加值构成统计表

表6-6　　增加值单位：万元

年份	合计		工业		建筑业	
	增加值	结构（%）	增加值	所占比例（%）	增加值	所占比例（%）
1994	9920	100	8448	85.16	1472	14.84
1995	11042	100	9230	83.59	1812	16.41
1996	12715	100	11452	90.07	1263	9.93
1997	19314	100	17979	93.09	1335	6.91
1998	23917	100	20151	84.25	3766	15.75
1999	30018	100	22392	74.60	7626	25.40
2000	28742	100	18796	65.40	9946	34.60
2001	35401	100	23143	65.37	12258	34.63
2002	35862	100	22047	61.48	13815	38.52
2003	38515	100	22604	58.69	15911	41.31
2004	83200	100	21239	25.53	22737	27.33
2005	51900	100	26500	51.06	25400	48.94
2006	17200	100	7700	44.77	9500	55.23

续表

年份	合计		工业		建筑业	
	增加值	结构(%)	增加值	所占比例(%)	增加值	所占比例(%)
2007	14600	100	9000	61.64	5600	38.36
2008	52600	100	29000	55.13	23600	44.87
2009	60000	100	29200	48.67	30800	51.33
2010	39800	100	24500	61.56	15300	38.44
合计	564746	–	323381	–	202141	–

（二）第三产业结构 1992年，确定下一个5年以市场经济为导向，加快第三产业发展。1994年，增加值4.61亿元，比1993年增长1.7倍。其中，运输业增加值3646万元，占第三产业增加值总额的7.91%；商业、饮食业增加值2.34亿元，占总额的50.68%；金融业增加值2626万元，占总额的5.7%；房地产业增加值37万元，占总额的0.08%；其他行业增加值1.64亿元，占总额的35.63%。1997年始，不再统计金融业。至2006年，商业、饮食业发展迅速，绝对值增长9.7倍，占第三产业比重增加到75.45%；运输业的绝对值总体呈下降趋势；房地产业绝对值增长276倍。2006年，商业实现增加值是2004年的1.89倍；住宿餐饮业增加值是2004年的3.1倍；房地产业增加值是2004年的1.1倍。2007—2010年，交通仓储邮电业增加值和比重显著下降，增加值下降82%，占第三产业比重由6.04%下降到0.67%。2010年，全区第三产业增加值89.94亿元，其中交通、仓储邮电业增加值6000万元，占总额的0.67%；批发零售业增加值34.02亿元，占总额的37.83%；社会服务业增加值32.41亿元，占总额的36.04%；金融业成为第三产业发展新亮点，实现增加值7.26亿元，是2007年的1.8倍。

1993—2003年红桥区第三产业增加值构成情况统计表

表6-7　　增加值单位：万元

年份	合计		运输业		商、饮业		金融业		房地产业		其他行业	
	增加值	结构（%）	增加值	占比（%）	增加值	占比（%）	增加值	占比（%）	增加值	占比（%）	增加值	占比（%）
1993	27400	100	–	–	–	–	–	–	–	–	–	–
1994	46080	100	3646	7.91	23353	50.68	2626	5.70	37	0.08	16418	35.63
1995	67319	100	6800	10.10	34327	50.99	5050	7.50	–	–	21142	31.41
1996	97083	100	8801	9.07	58816	60.58	5724	5.90	–	–	23742	24.46
1997	107890	100	10645	9.87	64346	59.64	–	–	140	0.13	32759	30.36
1998	133236	100	13228	9.93	79123	59.39	–	–	1404	1.05	39481	29.63
1999	153311	100	10479	6.84	95059	62.00	–	–	2436	1.59	45337	29.57
2000	187095	100	7321	3.91	132817	70.99	–	–	2852	1.52	44105	23.57
2001	224186	100	4676	2.09	170476	76.04	–	–	1409	0.63	47625	21.24
2002	266138	100	3685	1.38	209449	78.70	–	–	1893	0.71	51111	19.20
2003	332954	100	1805	0.54	251210	75.45	–	–	10245	3.08	69694	20.93

2004—2006年红桥区第三产业增加值构成情况统计表

表6-8　　增加值单位：万元

年份	合计		运输业		商业		住宿、餐饮业		金融业		房地产业		其他行业	
	增加值	结构（%）	增加值	占比（%）	增加值	占比（%）	增加值	占比（%）	增加值	占比（%）	增加值	占比（%）	增加值	占比（%）
2004	237000	100	29600	12.49	72600	30.63	15000	6.33	–	–	38300	16.16	81500	34.39
2005	351600	100	2300	0.65	216900	61.69	7700	2.19	–	–	32900	9.36	91800	26.11
2006	449400	100	31200	6.94	238700	53.12	47000	10.46	–	–	40700	9.06	91800	20.43

说明：2004年始，市统计局由统计“商、饮业”变为统计“商业”和“住宿、餐饮业”

2007—2010年红桥区第三产业增加值构成情况统计表

表6-9　　增加值单位：万元

年份	合计		交通仓储邮电业		批发零售业		住宿、餐饮业		金融业		房地产业		社会服务业	
	增加值	结构（%）	增加值	占比（%）	增加值	占比（%）	增加值	占比（%）	增加值	占比（%）	增加值	占比（%）	增加值	占比（%）
2007	546300	100	33000	6.04	269500	49.33	80500	14.74	39900	7.30	123400	22.59	–	–
2008	677600	100	16800	2.48	300300	44.32	63100	9.31	48300	7.13	67400	9.95	181700	26.82
2009	750500	100	3400	0.45	290300	38.68	73000	9.73	55300	7.37	57100	7.61	271400	36.16
2010	899400	100	6000	0.67	340200	37.83	60900	6.77	72600	8.07	95600	10.63	324100	36.04

说明：2007年始，市统计局由统计“运输业”变为统计“交通仓储邮电业”；不再统计“商业”变为统计“批发零售业”；不再统计“其他行业”变为统计“社会服务业”

三 固定资产投资结构

1979—2010年，固定资产投资主体由过去国家、集体单一投资转向国家、集体、个人多元化投资结构；投资项目由基本建设、更新改造转向基础设施、房地产开发项目。固定资产结构分三个阶段：起步阶段（1979—1993年），基本建设总投资额8.9亿元，年均5935.32万元。其中，1982—1985年，建设重点赈灾重建面积9.9万平方米，投资2.6亿元。1985—1986年，“三级跳坑”改造工程，投资3336.42万元。社会固定资产建设发展阶段（1994—2001年），危陋房屋改造项目。1994年，确定用5~7年的时间基本完成市区危陋平房改造，至2001年完成危改、平改、翻建项目387.7万平方米，总投资额25.58万元。社会固定资产建设迅速发展阶段（2002—2010年），主要固定资产投资统计口径为重点项目投资情况，期间投资固定资产和重点项目投资212.31万元，施工总面积65.38万平方米，年均投资23.59万元。

1979—1993年红桥区基本建设投资情况统计表

表6-10　　　　单位：万元

年份	固定投资总额	实际投资类别	金额
1979	411.14	统建宿舍	206.74
		河北大街改造	85.70
		商业配套网点	41
		商业网点	71.66
		一般基建	6
1980	366.75	统建宿舍	142.65
		河北大街改造	172.52
		商业配套网点	3
		商业网点	30.28
		一般基建	18.30
1981	900	统建宿舍	160
		河北大街改造	698
		商业配套网点	25
		商业网点	5
		一般基建	12
1982	3219.30	震灾重建	1072.57
		低洼危陋改造	730.64
		道路拓宽	800.38
		行政事业住宅	216
		自筹住宅	149.91
		自筹住宅网点配套	88.62
		一般基建	97.18
		自筹市政配套	64
1983	5165.40	一般基建项目	556
		震灾重建项目	3948.20
		集体自筹	82
		自筹住宅网点配套费	579.20
1984	4798	一般基建	215
		震灾重建	1875
		集体自筹	192
		自筹住宅网点配套	866
		联建	421
		开发	257
		红旗路改造	972

年份	固定投资总额	实际投资类别	金额
1987	4104	区计委计划项目	1613
		区建设开发公司项目	931
		房产开发公司旧城改造	1037
		区平改办建房	329
		区教育局项目	146
		其他计划渠道	48
1988	6668	市计委计划项目	540
		市建委计划项目	1038
		市平改办计划项目	3068
		市房产开发计划项目	1603
		市房地产综合维修项目	265
		其他部门计划项目	154
1989	8250.90	商业饮食服务业	681.50
		城市公用	329
		文教卫生	522.70
		统建	6616.30
		其他	101.40
1990	3734	商业饮食服务业	109
		文教卫生	558
		统建	2295
		其他	772
1991	4150.65	区计委计划项目	1067
		区教育局项目	97.80
		区开发总公司项目	1645
		平改办计划项目	60
		市建委配套项目	258.20
		市建委配套市政	20
		庭院绿化	70
		区房产公司项目	932.65
1992	4153.80	计经委项目	995
		教育局项目	209.40
		房产开发总公司	360
		平改办计划项目	1016
		建设开发总公司	307

续表

年份	固定投资总额	实际投资类别	金额	年份	固定投资总额	实际投资类别	金额
1985	12782	震灾重建	1095	1992	4153.80	庭院绿化	56.60
		集体自筹	541			市政排水	65
		配套公建	294			市建委配套项目	152.10
		中环线集资建房	7474			房产公司项目	992.73
		开发建房	534	1993	21072.60	全民自筹	739
		三级跳坑建房	2844			区教育局	197
1986	9253.27	一般基建	391			商品房	6443
		震灾重建	1979.40			合作建房	30
		集体自筹住宅	176			配套公建	85
		配套公建	340.90			平房改造	5130
		中环线集资建房	5505.10			市政	340
		军队离退休附房	6.70			供热锅炉	900
		丁字沽东大楼	40			区房产公司	7208.62
		开发建房	189			–	–
		三级跳坑建房	492.42			–	–
		房产开发建房	160.25			–	–
		其他渠道建房	42.50			–	–

2002—2010年红桥区固定资产投资情况统计表

表6-11

年份	投资总额（万元）	施工总面积（平方米）	项目	金额（万元）	施工面积（平方米）
2002	5622	13880	红桥区人民法院审判庭	280	1980
			天奕新厦过街天桥	60	600
			天津五中田径看台	52	300
			天津大舞台	5230	11000
2003	13207	32594	民族医院门诊急症综合楼	2652	12969
			中小学饮用水供应服务中心	80	–
			丁字沽街道改建社区服务中心	51	–
			西于庄街道建助万家服务中心	90	–
			万荣化工公司6号仓库	150	3770
			麦德龙红桥商场	10184	15855
2004	16723	79590	红桥区现代服务业促进中心	2800	8520
			九州大厦改造	850	7800
			西于庄街道扩建社区服务中心	30	–
			咸阳北路街道改建社区服务中心	53	870
			大胡同天奕商城改造	190	1900
			红星美凯龙国际家具建材广场	12800	60500
2005	20377	50100	税务红桥分局新建办公楼	2817	9800
			九州大厦改造	1545	–
			红桥区有线电视中心改造	272	–
			大胡同燃煤锅炉改造	298	–
			杨庄子国家粮库改造	350	3800
			翰升住宅小区	4308	24800
			红桥医院投资购置旧厂房等固定资产	1440	–
			锦江之星综合楼	797	–
			隆金五金公司新建厂房及办公楼	1500	11700
			上林印刷公司购置进口设备	450	–
			恒远印刷公司购置进口设备	600	–
			米兰购物广场投资固定资产及改造	6000	–

续表

年份	投资总额（万元）	施工总面积（平方米）	项目	金额（万元）	施工面积（平方米）
2006	4650	30608	清真寺及附属房项目	1535	14638
			红桥区行政许可服务中心	215	9000
			米兰购物广场投资固定资产及改造	2000	-
			红桥医院改造	400	6970
			华云公司技术改造	500	-
2007	239000	446992	基础设施项目	162642	446992
			拆迁项目	76358	-
2008	350703	-	工业	8014	-
		-	社会事业	17558	-
		-	基础设施	5158	-
		-	商贸服务	27449	-
		-	房地产	292524	-
2009	603600	-	工业	10679	-
		-	商贸服务业项目	24132	-
		-	基础设施和社会事业项目	269836	-
		-	房地产项目	298953	-
2010	869191	-	工业	3905	-
		-	商贸服务业项目	23043	-
		-	基础设施项目	564677	-
		-	社会事业	55331	-
		-	房地产项目	222235	-
合计	2123073	653764	-	2123073	653764

第二章 居民生活

随着经济的发展，居民收入水平逐年提高。家庭收入内部构成呈现多元化，工资及补贴收入比重有所下降，转移性收入、财产性收入和个体经营收入比重呈上升趋势。居民的消费结构正在向享受型和发展型转变，消费结构趋于优化，由吃、穿、用逐步向住、行、休闲娱乐、健康方向转化，居民生活质量显著提高。居住条件改善明显，居民住房面积增加；家庭结构呈现诸多新特点，家庭规模日趋小型化，多数家庭2~3名成员；家庭成员受教育程度普遍提高。

第一节 居民收入

1999年，据居民家庭收入情况调查显示：人均可支配收入6480元。2004年，人均可支配收入10041元，首次突破万元大关，比1999年增加3561元。2006—2010年，社会经济和综合实力高速稳步发展，居民收入平稳增长，生活水平和质量明显提高。抽样调查资料显示：“十一五”时期，城镇居民人均可支配收入由2005年的1.12万元增长到2010年的2.12万元。

1999—2010年红桥区居民抽样调查人均可支配收入统计表

表6-12

年份	调查户数（个）	户均就业人数（人）	人均可支配收入（元）	年份	调查户数	户均就业人数（人）	人均可支配收入（元）
1999	200	-	6480	2005	200	1.54	11223
2000	200	-	7128	2006	200	1.48	12877
2001	200	-	8019	2007	200	-	14836
2002	200	-	7915	2008	200	1.58	17087
2003	200	-	8956	2009	200	1.56	19001
2004	200	1.51	10041	2010	200	1.63	21243

第二节　居民支出

一　食品支出

2010年，居民人均食品消费支出5423元，比2005年增加2057元，增长61.1%，年均增长10%。随着居民生活水平提升，更加注重膳食结构，追求科学、合理、均衡的饮食，支出由2005年的37.3%下降到2010年的36.1%，下降1.2个百分点。

二　衣着支出

随着生活水平的提高和衣着服饰日趋品牌化、多样化、时尚化，居民对穿着不仅在数量上有所增加，对服饰品质也有更高的要求，衣着消费理念不断更新转型。2010年，居民人均衣着支出1275元，比2005年增长1.2倍。

三　居住支出

“十一五”时期，随着住房条件的改善，居民人均居住消费由833.52元上升到1212.75元，增长45.5%，年均增长7.79%；商品房拥有率由39%上升到66%，年均增长11.1%；人均物业管理费支出由10.08元上升到42.68元，增长3.2倍，年均增长33.46%。

四　家庭设备用品支出

2010年，居民人均家庭设备用品及服务支出1150元，比2005年增长96.2%，年均增长14.4%。主要家庭耐用消费品如冰箱、彩色电视机等基本处于饱和状态，高档消费品逐渐走入百姓家。2010年每百户居民家庭拥有摄像机、计算机、家用汽车10.6台91台和15.4辆，分别比2005年增长2.1倍、93.6倍和9.3倍。

五　交通和通信支出

随着私家车拥有量和手机拥有量的不断上升，居民家庭交通和通信支出逐年提高，同时也带动相关行业的发展，汽车维修、车用燃料、车险支出、通信费用等均有不同程度增长。2010年居民家庭用于交通和通信支出2493元，比2005年增长1.91倍，年均增长23.8%。

2005—2010年红桥区居民抽样调查人均支出情况统计表

表6-13 单位：元/人

年份	总支出	食品	衣着	家庭设备用品及服务	医疗保健	交通和通信	教育文化娱乐服务	居住	其他商品及服务
2005	9020	3366	573	518	727	857	1187	1492	300
2006	9656	3655	695	466	961	1111	1234	1174	360
2007	10745	4161	829	613	1063	1016	1407	1321	335
2008	12795	4932	1006	695	888	1831	1530	1429	484
2009	13125	5058	1059	1016	1042	1455	1579	1303	613
2010	15033	5423	1275	1150	833	2493	1653	1625	581
合计	70374	26595	5437	4458	5514	8763	8590	8344	2673

第三章 民营经济

改革开放后，区民营经济经历恢复、推进、发展的过程。1979—1985年，国民经济实行“调整、改革、整顿、提高”方针，随着国家相继出台发展个体经济系列政策，区个体私营经济得到重新恢复发展。1986—1995年，经济体制改革全面展开，实行多种形式经济责任制，采取租赁、承包、集体及个人经营等方式，商品生产者和经营者成为市场主体。1996—2005年，扶植民营企业和个体工商户创业。2006—2010年，民营企业在参与国企改革，扩大就业安置下岗职工，走科技型道路发展中，数量增加，规模增强，个体工商户数量大幅增加。2010年，民营企业和个体工商户注册1.7万家，注册资本金总额40亿元，民营经济快速发展，为总体经济发展做出重要贡献。

第一节 经济发展

一 沿革

1979年，个体工商户122家124人。1980年，个体工商户1140家1259人。1985年，执行国家发展个体经济的系列方针政策，个体私营企业经济发展。个体工商户6489家7265人。

1986—1995年，促进企业所有权和经营权分离，推行租赁、承包、集体或个体经营，企业逐步成为自主经营、自负盈亏、自我发展、自我约束的商品生产者和经营者，成为市场主体。1995年，个体工商户1.29万家，是1979年的105倍；从业人员1.5万人，是1979年的121倍。

1996年，放宽企业市场准入简化登记审批，制订各项优惠政策，促进民营企业向规模化、集团化发展。1999年，万隆大胡同商贸有限公司和登发装饰大世界有限公司列入市私企百强行列。2000年，个体工商户6633家，私营企业1500家，注册资本金在50万元以上的私营企业345家，百万元和千万元以上的分别为20家和10家，私营企业注册资金总额9.2亿元，个体工商户注册资金总额1.8亿元，个体私营经济年纳税额留区比例占区财政收入25%以上。一批国有、集体企业改革为有限责任公司，民营经济规模不断扩大。2005年，个体私营经济注册总户数1.1万家，其中民营企业1842家，个体工商户9120家；民营企业注册资金18亿元；实现增加值35.78亿元，占全区增加值的67.8%；税收总额2.19亿元，同比增长44.4%；私营科技型企业642家，年销售收入26亿元，税收7200万元。2010年，民营企业和个体工商户1.7万家，其中民营企业3860家、个体工商户1.32万家，民营企业注册资本金40亿元。民营经济实现税收总额9亿元，年增长15.9%。

二　培育私营“小巨人”企业

2006—2010年，重点扶植、培育个体私营“小巨人”企业，使民营经济快速发展。2010年，全区民营企业和个体工商户中注册资金100万元以上的488家。其中，1亿元以上的4家，5000万元以上的13家，1000万元以上的83家，500万元以上的138家，2006年，天骄集团和华一有限责任公司获市“百强私企”称号。2007年，正罡科技有限公司、天科玻璃仪器制造有限公司等8家民营企业获区“优秀民营企业”称号。

1992—2010年部分年份红桥区民营企业发展情况统计表

表6-14

年份	户数(户)	从业人数(人)	年份	户数(户)	从业人数(人)
1992	47	559	2005	1842	15500
1995	526	4820	2010	3860	45000
2000	1500	12000	合计	7775	77879

1979—2010年部分年份红桥区个体工商户发展情况表

表6-15

年份	户数(户)	从业人数(人)	年份	户数(户)	从业人数(人)
1979	122	124	2000	6633	22000
1980	1140	1259	2005	9120	35000
1986	5796	6496	2010	13238	65000
1995	12946	15002	合计	48995	144881

第二节　民营经济管理

一　管理机制

2002年，成立个体私营经济发展领导小组，下设办公室于经贸委。形成以区民营经济发展领导小组决策规划、办公室指导协调、各成员单位工作联动、区政府督查的“四位一体”管理机制。建成中小企业红桥网，建立50家重点企业信息终端。中小企业网和工业企业协会专刊发布企业信息，宣传企业产品、沟通企业间的联系。组织驻区中行、工行、建行、农行等10家银行机构，每年召开联席会，对区域经济发展的重点项目、重点产品融资信贷对接。召开融资机构支企服务会、银企对接会。每年度根据企业需求，确定培训计划，组织百名企业厂长(经理)和管理人员、专业技术人员专业培训，帮助有需求民营企业专题培训。

二　优化服务

2008年，建立行政许可中心，为企业提供全方位“一站式”服务，快捷办理工商营业执照、税务登记证、企业代码证手续，办理时限由5个工作日压缩到1.5个工作日。引进银行、法律、税务、会计、贷款担保、商务中心等金融和中介服务机构，为企业和投资人提供全面服务。

第四章 开放合作

32年间，坚持对外经济开放与合作交流，强化横向经济联合和招商引资，促进经济总量规模，制订出台系列优惠政策，推动基础设施建设，优化投资软硬件环境。90年代，坚持合理规划，加大旧城改造，完善城区基础设施建设，优化土地资源配置，整治市容环境，改善道路秩序，优化投资软硬件环境。创新招商方式，利用招商推介大会、参展津洽会、重点地块项目招商等形式招商引资。至2010年，实现内联引资到位总额361.86亿元，吸引外资2.83亿美元。经过30余年经济对外开放和合作交流，为区经济注入活力，综合经济实力显著增强。

第一节 管理机构

一 沿革

1986年，成立经济协作领导小组下设办公室。1987年，成立区政府经济协作办公室。1994年，成立招商委员会，成员单位22个，下设办公室，日常工作由经济协作办公室负责，实行一套人马，两块牌子。内设公关部、协调部、调研部、综合部、实业部。1997年，加挂招商工作委员会办公室牌子，内设联络科、调研科、综合科。组建对外经济贸易委员会，与经济协作办公室合署办公。内设外资科、外企科。2002年，经济协作办公室机构调整为联络科、综合科。2005年，招商委员会成员调整，成员单位30个，特邀成员单位8个。2010年，经济协作办公室更名为合作交流办公室，加挂招商办公室牌子，对外经济贸易委员会划入商务委员会。内设合作发展科、招商联络科、综合科。

二 人员

1986年，编制5人。1994年，编制14人。1997年，编制16人。2002年，编制减为7人。2010年，行政编制12人，机关工勤事业编制1人。

第二节 经济合作交流

一 经济联合

1985年始，横向经济联合发展迅速，短期临时联合向长期的相对稳定的联合发展，单一的补偿贸易形式向多种生产要素、多种合作方式相结合的联合发展。1987—1992年，建立联营企业58家，实现生产总值1.6亿元，创利税1400万元，形成以生产或经营为特点的经营、联营实体。1993年后，由于计划经济逐步向市场经济转变，联营企业形式逐渐减少，外地单位设驻津办事机构逐步增加。2004年，外地办事机构216家。

二 友好省市

1985—2000年，区政府注重与外省市县的经济合作与交流，与15个省市的40余个市区县缔结经济友好关系。

1985—2000年红桥区与外省市地区建立经济友好关系一览表

表6-16

年份	友好地区	签约地点
1985	河北省邢台市	红桥区
	四川省成都市东城区	
	河北省坝县府	
1986	武清县	
1987	河北省抚宁县	
1988	河北省涞源县	河北省涞源县
1989	内蒙古自治区牙克石市	红桥区
	重庆市南岸区	
1991	河北省保定地区	
	河北省廊坊市	
	河北省大城县	
	河北省永清县	
	河北省隆化县	
	湖南省双牌县	
	安徽省亳州市	安徽省亳州市
1992	宁夏回族自治区银川市	红桥区
	山西省灵石县	
	内蒙古自治区扎兰屯府	内蒙古自治区扎兰屯
	湖南省临湘县	湖南省临湘县
1993	山西省太原市河西区	红桥区
	河北省深县	
	四川省芦山县	
1994	四川省西昌市	
	河北省衡水市	
	新疆维吾尔自治区呼图壁县	
	内蒙古自治区额济纳旗	
	内蒙古自治区扎特旗	
	江苏省宜兴市	
	四川省雅安地区	
	山西省霍州市	
1995	河北省衡水地区	
	河北省蔚县	
1996	广东省河源市	
	河北省青县	
	甘肃省白银市	
1997	河北省沧州市	
	河北省孟村回族自治县	
	河北省秦皇岛市海港区	
1998	甘肃省临洮县	甘肃省兰州市
2000	青海省西宁市	红桥区

三　出访来访

1987—2007年，区政府加强与域外地区的经济合作与交流，外省市县不断进行经济往来专访，签订友好协议、合作意向，组织招商推介活动。

1987—2007年红桥区与外省市地区间经济往来一览表

表6-17

时间	来（出）访地区	签订协议项目
1987年4月	河北省抚宁县	签订友好协议，包括农副产品、旅游开发等5个项合作意向
1988年10月	河北省涞源县	就双方经济联合与协作相关问题进行洽谈磋商
1988年11月	赴河北省涞源县	签订区县友好协议，就钼矿开采、石英石购销等4个问题达成合作意向
1989年1月	内蒙古自治区牙克石市	签订友好协议，其中针织、零件、毛皮、羊绒的合作意向4份
1989年8月	河北省张北县张家口桥东区	签订五多羊绒等合同和意向4份
1989年8月	重庆市南岸区	签订友好协议
1990年6月	赴内蒙古自治区牙克石市	达成7项合作意向和协议
1990年8月	赴内蒙古自治区牙克石市	签订边贸皮革、野生红豆产品购销5项协议书、委托书
1990年10月	赴黑龙江省哈尔滨市、黑河地区	随天津市经济协作代表团出访考察对苏边贸情况
1991年3月	河北省保定市	签订友好协议
	河北省徐水县	
	河北省荣城县	
	河北省大城县	
	河北省廊坊市	
	河北省霸州市	
	河北省永清县	
	安徽省	签订合作意向
	湖南省	参加红桥区大型经济活动，并洽谈合作类意向52项
1991年6月	湖南省双牌县	签订友好协议并达成合作项目10项
	赴安徽省亳州州市	签订食品、中药、化肥等16个方面21类82个技术协作、商品贸易和新产品开发项目协议
	赴河北省承德地区隆化县	签订红山楂、牛羊肉等技术协作销售意向
1991年7月	安徽省亳州市	洽谈签订酒类食品等物资购销意向15个
1992年8月	赴内蒙古自治区满洲里	筹建红桥区驻满洲里办事处及边贸公司有关事宜
1993年8月	赴四川省芦山县	经济考察
1993年10月	四川省芦山县	考察洽谈，签订友好区县协议
1993年11月	吉林省延边自治州	组建天津五洲集团公司
1994年1月	河北省张家口市	建立经济技术关系协议
1995年4月	河北省	成立大津狮房地产开发有限公司
1996年10月	赴甘肃省白银市	进行友好访问
1997年4月	河北省沧州市	签订友好协议
1998年8月	赴甘肃省兰州市	参加兰交会，与临洮县建立友好关系
2000年	赴青海省西宁市	签署友好市区协议
2001年4月	甘肃省兰州市	签订加强两地经济技术协作协议书
2001年5月	青海省西宁市	召开“青海西宁市招商引资信息发布会暨项目洽谈会”
2007年	上海市、浙江省、江苏省等	进行投资考察

四　外事活动

改革开放后，区内外向型经济从无到有，与俄罗斯、日本、韩国等国家地区政府缔结友好关系，投资合作。组建区外经贸联合公司，在满洲里市、黑河市、海拉尔市等地设立办事处，边境经济实体开始运行。德国麦德龙超市等一批知名企业落户红桥。

1990—2004年红桥区外事活动一览表

表6-18

时间	来(出)访国家、地区	签订协议项目
1990年10月	苏联阿穆尔州府布拉戈维申斯克	考察苏联阿穆尔州府布拉戈维申斯克的市场情况
1993年	赴俄罗斯	考察投资环境
1993年7月	赴俄罗斯阿穆尔州布拉戈维申斯克市政府	缔结友好关系
1993年10月	伊朗	捐资修建清真南大寺，考察经济合作项目
1994年1月	韩国	建立韩国巨星对华投资咨询公司天津办事处
1994年5月	马来西亚	委托红桥区伊斯兰教协会招商引资，发展伊斯兰经济文化事业
1995年3月	赴阿曼苏丹马斯珂特	洽谈合资兴办企业
1995年3月	香港	洽谈招商合作事宜
1995年6月	美国、法国、日本、澳大利亚、韩国	参加红桥区招商大会
1995年11月	赴加拿大	商贸项目谈判
2001年	赴乌兹别克斯坦	在乌兹别克斯坦合资设立纸箱公司和丽沃施天宝啤酒公司
2001年6月	赴埃及	应埃及通用石油服务公司邀请进行考察
2002年4月	俄罗斯	参观考察
2002年6月	赴乌兹别克斯坦	就合作项目考察洽谈，决定与乌兹别克斯坦津都实业发展公司在乌合资设立恩德—哈姆高乐有限公司
2003年	赴埃及	成立长金不锈钢制品有限责任公司
2004年	赴澳大利亚	商务考察并筹建公司驻澳大利亚办事处

第三节　招商引资

一　招商环境

1994年，成立招商委员会，出台系列招商优惠政策措施，吸引符合区域规划的企业到区投资发展。1995年，制订出台鼓励区外客商投资的暂行办法，规定区外客商到区投资，税收留区部分的50%作为对投资者的奖励，对中介人给予奖励。是年，召开优惠政策兑现大会，兑现奖励近25万元。建红桥科技贸易发展园区，出台鼓励客商投资的暂行办法。1996年，对投资承建危改工程的房地产开发企业，3年内将其缴纳的商品房营业税留区部分全部以奖励方式返还。2002年，出台优化经济发展外部环境的意见，召开治理外部环境工作推动会，制订新的服务措施。2007年，出台对引进区外小税种税收奖励办法和引进税源奖励办法。2008年，出台存量税源税收奖励办法和税收奖励政策指导意见。2009年，试行促进税收工作奖励办法，对招商引资奖励范围、标准和程序详尽规定。1996年始，开展服务管理季和支企服务月等活动。2000年，组成招商引资“一门式”服务中心，在企业运行后提供全程协调服务。2002年，出台优化经济发展外部环境的工作意见，多次召开治理外部环境工作推动会，制订新的服务措施。2004年，开展“服务月”活动，分别下企业走访问需，开展区内企业接待日活动。2005年，开通“服务月”行风建设专线电话，组织专业人员为企业提供咨询服务，帮助企业解决实际困

照6-1　2008年，天津创业产业高峰论坛在区召开　（区招商局提供）

难。建立并完善招商引资的组织、决策、信息、责任、服务、激励工作机制。2007年，加强内部招商项目目标责任考核和跟踪，及时协调服务。2008年，开展以“简化办事程序，提高服务效率”为主题的服务月活动。

二 招商形式

1994年，召开中央各部委及外省市驻津办招商座谈会、外埠驻区办事机构座谈会、驻区大中型企业发展经济恳谈会，宣传红桥经济优势、投资环境和优惠政策，邀请驻美、驻法大使馆经济参赞为区经济顾问。1995年，召开首届招商大会，吸引国内外客商和来宾参加。1996年，召开红桥区扩大开放，招商引资信息发布会，推出百余项合作合资项目，邀请海内外客商参加。召开金兴经济联合大厦招商引资大会。参加在厦门召开的全国性招商大会和在大连召开的中国北方地区招商引资暨房地产交易洽谈会，发布10余个招商项目，吸引全国500强企业到区洽谈合作项目。1997—1999年，在危改期间，吸引房地产开发商落户红桥。2000年，召开部分驻区企业座谈会、外省市驻津办交流会，走访20余个省市驻津办。组织招商办代表团赴重庆、成都、西安学习考察，推介招商项目。2001年，编印招商资料，建立红桥招商网站，开展网络招商。2002—2003年，举行重点地块项目招商、载体盘活，组织招商推介大会和参加津洽会。2005年，召开招商宣传推介大会和参展津洽会，宣传推介区域优势和政策，包装推介重点项目，邀请国内外客商到区洽谈合作投资。2007年，推进闲置载体招商，利达家居广场、泛洋大厦等10余万平方米载体被重新启用。2010年，盘活泛洋大厦等闲置载体，引进知名商贸服务业企业。规划建设创新企业总部集群、科技金融会议中心、软件服务外包中心、创新企业孵化中心和生活配套服务中心。

2005—2010年红桥区召开招商推介会情况一览表

表6-19

年份	地点	活动名称	成 果
2005	香港	赴香港招商推介活动	就投资建设芯片生产基地和研发中心、投资开发西于庄、流霞里房地产项目等与香港方面达成合作意向
2006	红桥区	区招商工作委员会全委扩大会暨项目签约、信息发布会	中国隧道勘测设计院、红星二期、长安大厦、洪湖里地铁、4S店、河北大学科技园、国家开发银行天津分行等7个建设合作项目签约，发布几十项招商信息
2007	红桥区	天津·红桥2007招商项目推介暨签约大会	推出西站前广场商务中心、水西庄历史名园休闲旅游区、红桥科技创业园等重点招商项目19项，投资总额420亿元人民币，建筑面积550万平方米。正式签约13个项目协议、意向投资额130余亿元人民币
2008	红桥区	天津·红桥2008系列招商活动周重点项目推介暨签约大会 水西庄历史文化名园复建项目高端论坛 意库创业园动漫创意产业高峰论坛	加拿大亿万豪剑桥投资有限公司、深圳宝能集团、香港显迅投资有限公司等著名企业到区投资签约，签约资金总额为本区历史之最
2009	香港 上海	专题招商推介会	与海内外一批知名企业加强沟通与合作
2010	红桥区	水游城项目向台资企业招商推介会	来自台湾的15家知名企业参加，4家达成投资意向
2010	红桥区	光荣道科技产业园招商推介大会	全国各地的83家知名企业、32家商会、200余位工商界人士参加大会。会议介绍园区概况，推介光荣道经济发展带招商项目、相关政策和服务措施，众多企业对该地区的发展前景产生浓厚兴趣，表达投资意向

三 招商成果

1994—2010年，实现内联引资到位总额361.86亿元，吸引外资2.83亿美元。上海陆家嘴集团、天津泰达集团等一批大型企业集团投资参与红桥建设，中铁隧道研究院、德国麦德龙超市、红星美凯龙家居广场等一批知名企业落户红桥。

1994—2010年红桥区内联引资情况统计表

表6-20

年份	内联引资（亿元）		引进外资（万美元）		年份	内联引资（亿元）		引进外资（万美元）	
	协议投资额	实际到位额	协议投资额	实际到位额		协议投资额	实际到位额	协议投资额	实际到位额
1994	9.32	–	868	569	2003	45	25	2390	810
1995	11.70	3.98	500.60	526	2004	14.91	17.12	3500	860
1996	13.78	4.45	417	269.80	2005	29	21	4734	1100
1997	14	4.30	1653	1133	2006	35.50	28	4500	2500
1998	16.01	5.20	403.40	404	2007	35.72	31.41	6000	6000
1999	16.15	6.32	440	220	2008	47.46	47.74	8996	8383
2000	18.28	7.24	494	247	2009	62.40	62.90	4430	3109
2001	19.58	7.85	500.80	406.80	2010	–	81.07	–	23
2002	20.70	8.28	650	1700	合计	409.51	361.86	40476.80	28260.60

红桥区志

第七编
财税　金融

32年间，财政管理体制日趋完善，由“定收定支、收入上缴、支出下拨”，逐步实行“分税制”管理，财政对经济宏观调控增强。财税征管手段和方式不断创新，适应信息化管理要求，建立以计算机征管为依托、集中征收和稽核检查相结合的税收征管方式，利用征管信息和网络功能，实现稽查选案、审理、登记、缴款书填开计算机操作规范化管理。金融业聚集效应增强，业务量不断加大。银行、证券、保险等金融机构从无到有、从小到大，呈现快速发展态势。至2010年，金融业务机构14家，成为财政收入新增长点。

1982—2010年，推进行政事业财务管理制度，改变统收统支管理模式，保障行政性支出。实行自收自支、差额预算方式，压缩一般性支出、消耗性开支，控制新增支出。统筹安排、合理调度各项资金，健全失业保险、养老保险、抚恤救济等在内的社会保障体系。在支出安排上，保证政权建设、科技教育、社会保障、基础设施建设等公共支出资金需要。

2009年4月10日，区地税局纪检监察工作会议召开
（区委宣传部提供）

2009年4月1日，税务工作人员在办税大厅为纳税人服务
（区委宣传部提供）

2006年4月25日，区国税局到企业宣传《税法》
（区委宣传部提供）

第一章 财 政

1979—1989年，财政按照“以收定支，收支平衡，略有结余”预算原则，收支基本平衡，略有结余。至1989年，财政滚存结余1809万元。1990—2002年，政策性支出增多，财政资金供需矛盾加大，按照规定安排和调度财政资金，控制财政拨款的行政、事业单位人员编制，按编制人数核拨单位经费。帮助预算单位编制好收支预算，从严控制支出。2003—2010年，培植和壮大财源，扩大财政收入总量。由“保稳定、保运转”转移为“促发展、构和谐”。加大公共事业投入，控制和压缩一般性支出，确保预算收支平衡。

32年中，逐步形成以经济增财力、财力促经济的良性循环。为促进全区经济增长、优化资源配置、调节收入分配、保障改善民生、支持各项事业发展、维护社会和谐稳定等方面提供财力支持，推动各项事业健康稳定协调发展。

第一节 机 构

一 沿革

1979年，财政局、税务局合署办公，对外称财政局。内设办公室、预算科、监察科、工业科、商业科、地方税科、查抄办、政工科。1980年，加挂税务局牌子，对内财税为一套机构。1983年，分为财政局、天津市税务局红桥分局。财政局内设办公室、预算管理科、监察科。是年，撤销监察科。1984年，加挂区政府控制社会集团购买力办公室牌子，增设综合计划科、公费医疗管理办公室。1986年，增设企业财务管理科、资金管理所、会计事务管理科，成立天津市中华会计函授学校红桥分校，为自收自支事业编制。1989年，成立天津市会计师事务所红桥分所，为自收自支、自负盈亏事业单位。1990年，公费医疗管理办公室划归卫生局。增设人事监察科、会计事务管理科，预算外资金管理科与资金管理所合署办公，对外加挂两个牌子，增设行政事业财务管理科，综合计划科改为综合管理科。成立财务、税收、物价大检查办公室（挂靠财政局）。1991年，增设国有资产管理科，国债服务部与国库券办公室合署办公。1992年，国有资产管理局成立，与财政局为一套人马两块牌子。1998年，大检查办公室更名为财政监督科。2000年，会计师事务所与财政局脱钩。2002年，国有资产管理局并入财政局，加挂国有资产管理办公室牌子。撤销企业财务管理科、资金管理和综合管理科，预算外资金管理科更名为综合科。增设国库科、社会保障科。

2004年，中小企业信用担保中心成立，为财政局管理自收自支事业单位。撤销国债服务部。2006年，成立区政府采购中心。2010年，财政局内设办公室、预算管理科、行政事业科、国库科、税源管理科、财政监督科、会计事务管理科、国有资产监督管理科（国资委办公室）、综合科、政府采购管理科、社会保障科、金融服务科，下设中小企业信用担保中心、政府采购中心、会计服务中心。

二 人员

1979年，有干部97人。1983年，有干部20人。1984年，增编4人。1986年，增编4人。1989年，增加会计师事务所事业编6人。1990年，减事业编4人。2010年，编制44人。

第二节　财政收支

一　财政收入

1979—1987年，财政实行工商统一税、集体企业所得税、产品税、增值税、营业税、所得税和上缴利润。其中1982年由于实行利改税，取消上缴利润改为上缴所得税。1988—1996年，实行工商税收、企业收入。1997—2010年实行税收收入、非税收收入。

1979—1987年，年财政收入平均增长8.24%，主要收入来源于区内各公司。1981—1985年，年财政收入平均增长12.28%。1982年，利改税后，将国有企业财政缴款中上缴利润改为缴纳所得税。1986—1989年，年财政收入平均增长10.52%。1990年，财政收入出现负增长，比1989年减少847万元；5年间收入总计4.78亿元，比前5年增收2.09亿元，增长77.82%。1988年，将百货公司等5家公司所得税和调节税收入划为区级收入，参与总额分成，当年财政收入突破亿元，增长16.78%。

1991—1995年，为经济发展较困难时期。财政收入比前5年减少6179万元，减幅12.93%。1996—2000年，经济开始复苏，财政收入逐年增长，5年增收6661万元，平均增长16.32%。2001—2005年，除2002年财政收入略有减少外，其他年份均持续稳定增长。2001—2005年，年平均增长14.12%。比前5年计划时期增加5.51亿元，增长1.01倍。2006—2010年，财政收入平均增长27.97%。比前5年计划时期增长2.04倍，增长4.39亿元。

1979—2010年红桥区财政收入统计表

表7-1　单位：万元

年份	收入合计	工商税收	企业收入	其他收入	年份	收入合计	税收收入	非税收入
1979	4588	4543	14	31	1997	8757	7960	797
1980	4588	4585	-3	6	1998	10920	9464	1456
1981	4520	4497	-2	25	1999	12037	10732	1305
1982	4806	4786	1	19	2000	14679	13353	1326
1983	5105	5079	3	23	2001	17913	16271	1642
1984	5262	5227	4	31	2002	17156	14982	2174
1985	7184	7081	-1	104	2003	19273	17132	2141
1986	8082	7869	-	213	2004	24809	21782	3027
1987	8643	8466	-	177	2005	30382	27368	3014
1988	10093	9640	204	249	2006	37302	4020	33282
1989	10911	10333	171	407	2007	47464	38970	8494
1990	10064	9568	234	262	2008	68069	54934	13135
1991	10720	10390	194	136	2009	80384	62071	18313
1992	8716	8426	192	98	2010	100041	81207	18834
1993	9007	8580	157	270	-	-	-	-
1994	5795	4249	1140	406	-	-	-	-
1995	7376	5397	1297	682	-	-	-	-
1996	8018	5954	1098	966	-	-	-	-

二　财政支出

1979—1993年，财政支出管理实行“定支”和“包干”。1990—2002年，加强财政资金管理，控制社会集团购买力，推进行政事业单位财务改革。

1979年，财政支出主要用于基建、文教科卫、行政管理、抚恤和社会福利救济、农村水利气象、城市维护，其中文教科卫支出占总支出的71.55%，行政管理占12.5%。1981—1985年，财政支出平均递增14.6%；减少农村水利气象支出，增加公检法支出。其中，文教科卫支出占总支出的70.3%，行政管理占总支出的8.86%。1985年，用于城市维护的支出骤增。1986—1990年，平均递增支出13%，与前5年相比增加170亿元，增长1.4倍。其中，文教科卫支出占总支出的56.89%，行政管理占6.91%，相比分别下降13.4、2.0个百分点。城市维护费增幅较大，占总支出的14.26%。1990年，首次增加价格补贴支出。

1991—1995年，财政支出逐年递增。1992年，首次出现负增长，比上年支出减少232万元。1994年，财政支出突破亿元，与前5年相比增加支出2.33亿元，增长80.05%。支出结构与前5年基本相同，公检法支出增幅较大。1996—2000年，财政支出逐年增长，与前5年相比增加6.04亿元，增长1.15倍主要用于教育、卫生、城市维护、公检法司、行政管理、抚恤和社会福利救济费、行政事业单位离退休费、政策性补贴等几方面支出。

2001—2005年，年平均递增13.56%，与前5年相比增加12.66亿元，增长1.12倍。2006—2010年，年平均递增22.17%，与前5年相比增加39.2亿元，增长1.64倍。教育支出23.6亿元，占总支出的37.38%，平均递增27.84%，呈现逐年递增态势。

1979—1995年红桥区财政支出统计表

表7-2　　单位：万元

年份	基本建设支出	企业挖潜改造资金	科技三项费用	其他部门流动资金	农村水利气象部门事业费	工业交通等部门事业费	城市维护费	城市青年就业经费	文教科学卫生事业费	科学事业费	其他部门事业费	抚恤和社会福利救济	国防支出	行政管理费	公检法支出	价格补贴支出	其他支出	总预备费	本年支出合计
1979	44	–	3	–	22	–	4	1	1146	2	–	84	–	188	–	–	74	–	1568
1980	123	–	–	2	5	–	5	16	1293	3	–	113	–	238	–	–	43	–	1841
1981	3	–	–	–	–	–	13	75	1492	2	–	152	–	228	–	–	25	–	1990
1982	73	–	–	2	–	–	10	–	1551	9	45	178	–	242	–	–	23	–	2133
1983	15	–	–	–	–	–	6	–	1634	9	8	159	–	165	109	–	38	–	2143
1984	67	–	–	–	–	–	21	–	1721	7	13	176	–	226	125	–	69	–	2425
1985	188	–	–	–	–	–	493	–	2134	4	23	120	–	214	160	–	87	–	3243
1986	111	–	10	–	–	–	685	–	2802	18	38	148	–	284	203	–	196	–	4495
1987	183	219	5	–	–	–	735	–	2635	23	39	165	393	238	–	–	636	–	5271
1988	261	104	6	–	–	–	784	–	3219	9	40	219	–	462	284	–	142	–	5530
1989	206	99	46	–	–	20	844	–	3772	13	53	224	–	475	339	–	376	–	6467
1990	67	217	–	–	–	19	1100	–	4125	10	90	260	–	552	407	28	453	–	7328
1991	81	142	–	–	–	40	1126	–	4575	13	60	274	–	575	460	29	424	226	8025
1992	20	38	–	–	–	25	1078	–	4458	12	89	336	–	644	541	28	295	229	7793
1993	–	5	–	–	–	27	1303	–	5148	8	65	385	–	637	723	229	875	393	9798
1994	12	–	–	–	–		1484	–	6981	13	37	527	–	906	1107	308	392	643	12410
1995	–	–	–	–	–	–	1913	–	7772	14	46	580	–	1235	1300	280	679	490	14309

1996—2006年红桥区财政支出统计表

表7-3

单位：万元

年份	基本建设支出	企业挖潜改造资金	科技三项费用	工业交通等部门事业费	文体广播事业费（文教事业费）	教育事业费	科学事业费	卫生经费	其他部门事业费	抚恤和社会福利救济	行政事业单位离退休经费	社会保障补助支出	国防支出	行政管理费	公检法司支出	城市维护费	政策性补贴支出	专项支出	其他支出	总预备费	本年支出合计
1996	6	–	–	24	8359	–	15	1350	28	371	316	–	–	1441	1694	4615	241	991	1202	–	20653
1997	–	–	52	30	8622	–	17	1476	41	308	330	–	–	1648	1598	2515	254	–	1266	–	18157
1998	–	–	10	35	351	8819	19	1663	45	556	298	6	–	1751	2015	2784	242	300	1788	–	20682
1999	10	–	–	38	385	10079	19	2171	76	753	289	25	–	1913	2659	2458	247	350	2701	–	24173
2000	5	200	–	52	417	12299	437	2342	102	822	265	74	–	2567	3069	2730	220	350	3122	–	29073
2001	–	1351	–	107	538	15353	109	2668	65	911	329	453	–	3496	4075	3452	210	402	2895	–	36414
2002	–	1905	–	113	601	15126	221	3817	55	3095	351	1086	–	4140	4466	4058	198	400	3172	–	42804
2003	75	1643	528	68	743	16821	815	4293	69	3995	446	346	–	4410	4583	4045	182	400	4043	–	47505
2004	15	1113	589	73	819	19208	63	4963	113	4039	457	834	–	5006	5236	4740	173	750	3902	–	52093
2005	–	2069	620	35	1074	20879	54	5803	114	4737	422	1402	–	6361	5941	5825	161	820	4249	–	60566
2006	–	3326	808	80	1239	26581	78	7660	113	5684	328	1760	–	7266	7126	5590	150	824	8242	–	76855

2007—2010年红桥区财政支出统计表

表7-4

单位：万元

年份	一般公共服务	公共安全	教育	科学技术	文化体育与传媒	社会保障和就业	医疗卫生	节能保护	城乡社区事务	资源勘探电力信息等事务	商业服务业等事务	国土资源气象等事务	储备事务支出	总　计
2007	11114	11993	34043	509	967	10065	9570	629	14397	2937	–	–	–	96224
2008	14705	15103	45084	2426	1191	13511	11832	500	10914	9351	–	–	–	124617
2009	19816	16558	59323	2671	1400	17310	15397	454	16086	9282	–	–	728	159025
2010	19935	18024	71004	2333	2002	16849	13836	380	13848	9743	931	413	532	169830

第三节　财政结余

1979年，财政收支赤字39万元，用历年结余弥补后，年终滚存结余为474万元。1981—1985年，除1984年外，滚存结余逐年增长，财政结余增加787万元，平均增长22.85%。其中，1981年结余调整，新增国库券收入25万元列入年终结余。1986—1990年，财政结余呈现不稳定态势，全区滚存结余时增时减。1991—1995年，经济发展困难，基本形成财政赤字。1994—1995年，被市财政确定为补助区，每年定额补助4020万元。“八五计划”末全区滚存结余比“七五计划”末减少405万元。1996—2000年，经济开始复苏，除2000年外，全区滚存结余逐年增长。“九五计划”末全区滚存结余比“八五计划”末大幅提高，增加2525万元，增长近39倍。

2005年，当年结余4912万元，滚存结余首次突破亿元，达1.04亿元。“十五计划”末全区滚存结余比“九五计划”末增加7776万元，增长3倍。2006—2010年，财政收支显著增长，除2009年外，全区滚存结余逐年增长，均突破亿元，平均增长16.35%。“十一五规划”末全区滚存结余比“十五计划”末增加9336万元，增长90.06%。

第四节　财政管理

一　预算管理

1983年，安排投入59.87万元解决文教、卫生、体育、科技等急需。1984年，教育、卫生系统安排预算。1985年，财政预算支出指标改为分类拨款在控制指标内，由区统筹安排办法。

照7-1　2006年6月，区财政局“政府收支分类改革”培训工作会议召开　（区财政局提供）

1986年，实行“核定基数、总额分成、比例包干”财政管理体制。1988年，按照“量入为出、统筹安排、突出重点、保证急需”原则，提出预算分配草案。1989年，调整预算定额，采取预算内、外资金统筹安排，对11个行政单位和14个街办事处书报费、洗理费实行预算外资金抵支，减少财政预算内资金拨款13.3万元，压缩行政经费5%。增设教育、科技、经济发展基金146万元。

1996—1999年，在预算资金安排上，实行“保证重点、压缩一般”原则，保证工资资金安排。对有收入事业单位，实行差额供给或自收自支减轻财政压力。实行“零基预算”管理，严格控制和压缩非生产性支出，加大对教育、科技、公检法等部门重点倾斜。控制行政经费过快增长，强化检查监督机制。2000年，将市政府采购中心下发的3家中标单位购买卡发放到一级预算单位，享受价格优惠以节约办公费用。2003—2010年，本着“量入为出，收支平衡”原则安排收支。收入预算项目主要包括国税、地税、契税、行政性收费及罚没收入、专项收入和其他收入，超额完成预算指标。安排预算细化到二级预算单位，建立各项支出数据库，增加支出透明度。按预算、程序和进度拨付预算支出资金。

二　行政事业财务管理

1983—1995年，行政事业单位发展到一级预算单位59个、二级预算单位182个，采取全额预算、差额预算、自收自支管理办法。

1988年，各街税收完成1396.32万元，完成下达指标的123.83%。1989年，深化街办事处财政改革，各街办事处成立财政科。街办企事业单位完成税收1248.84万元，比上年增收115.8万元，增长10.22%（不含零散税收）。是年，改进事业费管理办法，以收抵支向自收自支过渡，抵支金额14.66万元，实现公用经费自给。1992年，清理整顿支出范围，把不属于行政事业开支项目从预算中剔除，凡有收入单位书报费、洗理费、奖金不足额核定，公用经费不提高定额，以减少财政支出，全年压缩支出近500万元。鼓励行政事业单位发展第三产业，结合自身业务，利用场地、人才、设施等条件增加财源，实行自收自支或差额预算。1993—1994年，在事业单位中贯彻全额、差额、自收自支财务管理办法，实行自收自支单位15家，实行差额预算管理17家，抵顶经费支出约110万元。1995年，对10个有收入来源单位实行自收自支管理，重点保证教育、公安等部门支出。1997年，依据行政事业单位机构改革方案确定人员编制，对经费实行定编、定员、定额管理，对超编人员一律不核拨经费。有11个行政事业单位实行自收自支，15个单位实行差额预算。

1998—2007年，健全待业、养老保险、抚恤救济社会保障体系。2009—2010年，制订行政事业单位资金管理暂行办法，制止公务消费中奢侈浪费行为，严格控制会议费、差旅费、招待费支出，控制新批由财政供给的机构和人员经费支出。

三　国库资金管理

2002年，对区级单位在银行及其他金融机构开设账户进行审批、清理、备案，取消不符合国家规定银行账户，防范和杜绝"小金库"。2003年，对各党政机关、人民团体及实行预算管理的行政事业单位进行公务卡推广和使用。2007年，实施政府收支分类科目改革，对行政事业单位银行账户设置审批管理，建立以国库单一账户体系为基础、国库集中收付为主要形式的财政国库管理制度，逐步实行工资统一发放。对区一级预算单位陆续实行工资统发，至2010年，区一级预算单位全部实行工资统发，推动区二级预算单位试行工资统发。

照7-2　2006年12月，区财政决算编审工作会议召开　　（区财政局提供）

2008年，在财政局等4个试点单位推行国库集中支付试点。2010年，45个一级预算单位全部纳入国库集中支付管理范围。

四　社会保障资金管理

1982—1983年，公费医疗实行"定额管理、包干使用、超支不补、节余留用"办法。对公费医疗开支情况进行调查，全年市拨指标62.4万元，区机动财政补助42.7万元，执行107.6万元，占年计划的102.38%。1984—1985年，对公费医疗开支情况进行调查，制订"归口管理、定额包干、结余留用、超支不补、适当和个人挂钩"办法。2010年，区社保资金实行财政专户管理改革，各街道办事处在银行开立社保专户。

五 预算外资金管理

1983年，对区属单位预算外资金进行调查和统计。1988年，组建区资金管理所，筹集预算外资金。1989年，采取单位按月报项目进度，财政按进度拨款办法，安排专项资金583.55万元，完成423.05万元。对预算外资金调查摸底，筹集预算外资金567.45万元，筹集955.55万元。查出截留罚违纪没收金额69.88万元。1992年，实行财政预算外资金专户储存和信用贷款制度。筹集财政专户储存1528.67万元，工商企业提供借款5357万元。1993年，预算外资金专户储存1033.99万元。1994年，财政专户储存688万元。1995年，行政事业单位有209户实行预算外资金专户储存和收支两条线管理，存入预算外代管资金7000万元，沉淀资金2000余万元。

1997—1998年，实行统一收费项目、统一收费标准、统一票据管理、统一纳入财政预算。建立预算外资金开立账户审批规定，清理多头开户。1999年，行政性收费单位277个，清理撤销不符合规定开设的预算外账户12个。是年，预算外资金实行收支两条线管理，纳入财政专项资金代管账户单位232家，预算外总收入1.61亿元，预算外资金总支出1.64亿元。2001年，对行政事业性收费项目进行清理，文化市场管理费等11项收费项目被取消，45项行政收费项目转为经营服务性收费。2002年，在财政专户上实行收支两条线管理的收费单位224家。2003年，沉淀资金高峰时1.3亿元，实现历史性突破。在财政专户上实行收支两条线管理收费单位222家，将各预算单位预算外资金10%~15%提出，纳入预算内统一调配使用。2004年，实现行政罚款银行代收网点、收支两条线财政专户计算机网络化管理，一次性入库行政性收费900万元，入库其他收入500万元。

2005年，建立网上工作平台，实施与各行政事业单位网上办公。全年财政专户收入2.8亿元，拨付2.5亿元。2004年，参加预算外资金收支决算编报单位154家，纳入财政专户管理154家，入户率100%。区行政事业单位2004年度预算外资金征缴总额1.94亿元，预算外财政专户资金总支出1.93亿元。2006—2007年，对全区行政事业单位非税收入调查统计，清理乱收费。2008年，出台非税收入管理暂行办法和加强非税收入管理通知，纳入财政专户管理非税收入1.81亿元。全年非税收入收缴2.4亿元。

2009年，调整取消或停收一、二、三级37项收费项目调整7项收费项目。全年非税收入收缴2.2亿元。2010年，组织拆迁类资金收入1.3亿元，财政专户收入3.83亿元。财政专户沉淀资金最高极值2.02亿。行政事业单位资金往来结算票据启用，清理184个单位。

六 财政监督

1982年，查出9个企事业单位违反财经纪律问题，违纪金额172万元，挽回损失6.09万元。1983年，财务大检查，发现违纪问题227家24.65万元。1984年，对15个街办事处逐家审查。将漏交1.3万元追补入库，将4家欠款6713元清理入账。1985—1986年，查出违纪问题1820件51.18万元。1986年，225个行政事业单位和国营企业自查，查出违纪金额3.65万元；重点检查7家，查出违纪金额6.95万元。

1988—1990年，实施经常性监督检查与财务大检查相结合，检查30个单位，查出违纪金额71.3万元。1992年，开展"堵漏、查冒"财税物价大检查及治理"三乱"，对1931户企事业单位及个人进行重点检查，查出违纪金额575.9万元。1993年，重点检查偷漏各种税款，侵占、挪用、截留、隐瞒应上缴利润和其他收入，查出违纪金额1091.5万元，应入库金额1013.4万元，已入库金额957.7万元。审批专项控制品申请217件833万元，批驳38件36.15万元。

1994—1995年，检查9172家企业，查出违纪金额589万元。1995年，检查2240个单位，其中60个单位存在"小金库"问题，发现违纪金额94.8万元。对100家重点单位进行重点检查，违纪18家110.2万元。除按规定补交各种税款外，处罚13.4万元。查补税款1748.8万元，入区库522.7万元。1996年，清理检查预算外资金，对60家一级、二级预算单位重点检查，3000余家企事业单位进行整顿。重点检查3591家，查出各种违纪问题金额1077.3万元，入库金额1017.3万元。1997年，检查4153个单位，查补各类应入库金额604万元，入库539万元。对全区237家预算单位、90家非预算单位及驻区单位、存车行业178家收费年检。催缴逾期资金百余万元。1998—1999年，查出违纪金额7.1万元，查补各类税款6085万元。对576家持证单位进行年检。对财政信用借款债权债务检查，清理20个单位百余万元逾期资金。

2000—2002年，对区属行政事业单位和街道系统重点检查。清理整顿行政事业性收费项目128项，取消11项收费项目，有45项收费项目转为服务价格收费，保留行政事业性一级收费项目69项。对216家预算外资金专户进行检查，对17家纳税情况进行检查，追缴个人所得税2.4万元。

2003—2004年，审验收费单位241家。筹集行政事业性收费资金约300万元，收回欠款200万元。2008年，检查10家行政事业单位，发现问题资金700余万元、应纳税216万元，入库税款3.63亿元。2009—2010年，开展“小金库”专项治理。查处“小金库”12个，涉及资金787万元。对29个国有及国有控股企业和18家社会团体单位“小金库”专项治理。

七　会计事务管理

1989年，接收77个单位委托验资查账业务。开展国营企业会计达标升级，是年达标单位21个，达标率26.58%。1990年，国营企业43家达标。首批会计人员审核发放会计证1077个。委托验资545家，查账36家。1991年，企事业单位培训会计2300人，发放会计证1386个，验收会计达标单位23家。

1992年，对街办幼儿园财务进行管理。对12个公司、总店所属189个核算单位400人，14个行政事业单位所属106个基层单位297人进行会计证年检。1993年，举办7次培训班，培训500人。1994年，取得会计证的会计人员有1500人，占会计总数的65.79%。

1995年，为6000个会计证进行年检。1997年，为社会、企业培训会计人员千余人。建立办理会计证服务窗口，发放会计证2600余个。1998年，办理会计证年检5000余个，办理会计证千余个。1999年，对1996年度颁发会计证进行年检，对不合格的吊销会计证。组织2000余人参加会计资格考试，为700余名考试合格人员颁发新证。举办培训班10次，培训财会人员1100余人。2000年，举办《中华人民共和国会计法》培训班10余期，培训财会人员2000余人次。2007年，一级预算单位推行会计信息化管理。2009年，实现所有一级预算单位全部实行网上记账。2010年，实行从业资格证无纸化考试考场建设，有2507人参加考试。

第五节　国有资产管理

一　管理对象

80年代，国有资产管理对象主要为市划归区管理企业单位。90年代初期，区内企业列入管理范围。中期后，事业单位列入。末期，驻区军队、武警、政法及所有国有和集体企业被列入管理范围。进入21世纪，范围扩大到所有行政机关、群众团体。

二　管理内容

80年代末，管理内容主要是企业单位财务。90年代，开展企业国有资产保值增值考核，对国有资产进行统计核算，为企业办理产权登记和资产年检，进行脱钩划转、资产登记。进入21世纪，对企业、行政事业单位进行资产年检，办理产权登记、变更、注销。

三 资产清查

照7-3 2009年10月13日，区国有资产清查工作会议召开（区财政局提供）

2002年，拟定预算单位清产核资工作方案，完成企业清产核资报表审核、录入、汇总。2004年，对部分行政事业单位国有资产进行检查。办理资产评估备案，资产评估核准批复，挽回国有资产490万元。2005—2006年，制订"国有、集体捆绑"改制方案，对行政事业单位和国有企业国有资产进行监管。2006年，清查盘盈资产1527万元，盘亏资产961万元，损溢相抵为盘盈565万元。2007年，对区属42个行政机关、133个事业单位及社会团体资产清查。2008年，对46个一级预算单位国有资产进行企业产权登记和年检，通过监督和清查，保证国有资产安全，促进国有资产退出市场。2009—2010年，对区行政事业单位依法实施产权管理，实现国有资产的保值增值。

第二章 税 收

80年代，进行两次"利改税"和工商税制改革，将盈利国营企业上缴利润改为征收所得税和国营企业缴纳企业所得税制度，逐步完成市属全民所有制和中央驻区工业税收划归区税务征管。90年代，进行税收征管改革，实行税收征管与检查两分离新征管模式。工商税制税种由原来31个减少至18个，其中中央税2种，中央与地方共享税2种，国税征收有增值税、消费税和驻津企业非银行系统金融企业所得税、个体户、集贸市场各项税收及滞罚收入。地方税有14种，初步实现税制简化、规范和高效统一，建立适应市场经济体制需要税收制度。形成"集中征收、重点稽查"征管模式，在纳税人中实行自行申报纳税，集中征收。21世纪初，国有企业所得税逐步实行税收属地化管理，形成"三位一体"税收征管模式。至2010年，计算机系统对税收执法行为进行制约，税收征管进一步规范化。

第一节 税务改革

一 利改税

1983年，开始实行"利改税"第一步改革，对有盈利国营企业上缴利润改为征收所得税。1984年，实施第二步"利改税"和工商税制改革，将中华人民共和国成立后实行30多年的国营企业向国家上缴利润制度改为缴纳企业所得税制度，发布征收国营企业所得税、国营企业调节税、产品税、增值税、营业税、盐税、资源税等税收行政法规。1986年，初步建立比较完整、统一的税收征收管理制度。

1990年，税务分局负责征收税种5类19种，负责征收"税、金、费、罚"25种。1991年，实行税收征管与检查两分离的新征管模式，负责税收业务的科、所，划分为征管与稽查两大系列。1992年，税收征收管理制度进入法治化、规范化。1994年，对税收制度进行调整和完善，实施新税制改革，以"简税制、宽税基、低税率、严征管"为原则，改革出口退税制度，统一各类企业税收制度，增值税由生产型改为消费型，将设备投资纳入增值税抵扣范围，完善消费税，适当扩大税基。

二　征管体系改革

1996年，国税局建立以纳税申报和优化服务为基础，以计算机网络为依托，集中征收，重点稽查新的征管模式。建立内部4个系列专业化管理模式，确定各个系列职责范围。将一楼改建为办税服务室，内设税务登记、纳税申报、领购发票、税收政策宣传咨询以及办理其他税务事项等一系列服务窗口，使办税人员办理各项纳税一次完成。形成征收、管理、稽查三位一体相互联系、相互制约的征收管理体系。1998年，确立税收征管新格局，开通与市局之间计算机广域网，加强税源管理。成立重点税源户管理小组，与企业建立必要联系制度，掌握税收变化。将市国家税务局代市地方税务局征管的集贸市场和个体工商户营业税、个人所得税和其他地方税收，调整为地方负责征管。将市国家税务局代市地方税务局征收的各类纳税人随增值税和消费税缴纳的城建税、教育费附加、防洪工程维护费，调整为地方税务局负责征管。

2000年，地税局接管国有企业所得税，实行税收属地化管理。2009年，国税局将所辖企业划分为重点服务型、重点监控管理型和重点评估稽查型三类，实施分类管理。2010年，地税局启动楼宇经济税源监管，建立纳税评估科和属地管理所两级纳税评估工作。

第二节　国家税务

一　机构

1980年，财政局加挂税务局牌子。1983年，财政、税务正式分设，成立天津税务局红桥区分局，内设7个征管业务科室，下设4个税务稽查队、5个税务所，人员编制300人。1992年，内设5个业务综合科室和6个行政管理科室，下设1个税务咨询事务所。人员编制500人。1994年，全局在编354人。1995年，成立工会。1997年，组建征收所和管理所。1998年，成立国家税务局稽查局，内设税务稽查综合科、税务稽查审理科；下设6个税务稽查所。1999年，调整部分内设科室，将原有5个税务所合并为4个。2005年，内设机构调整，设办公室、政策法规科、税政管理科、进出口税收管理科、征收管理科、计划统计科、财务管理科、人事教育科、监察室机关党总支办公室、直属机构稽查局、派出机构13个，其中信息中心和机关服务中心为事业单位。2009年，内设办公室、政策法规科、税政科、收入核算科、纳税评估科、征收管理科、进出口税收管理科、财务管理科、人事教育科、监察室。新增纳税评估科。税政管理科更名为税政科。计划统计科更名为收入核算科，撤销机关党总支办公室。下设第一、二、三、四税务所和大胡同、丁字沽、西站税务所。直属机构稽查局内设综合科、案件审理科、检查一科、检查二科、检查三科、案件执行科；事业单位2个：信息中心、机关服务中心。2010年，人员编制268人。

二　税种　税率

1979年，开始税制改革试点，国营企业推行增值税。至1981年，对中外合资企业、外国企业和外国人继续征收工商统一税、城市房地产税和车船牌照使用税。1984年，实行关于征收国营企业所得税、调节税、产品税、增值税、营业税、盐税、资源税等税收行政法规。

1990年，征收税种5类19种。即：流转税类的产品税、增值税、营业税；所得税类的集体企业所得税、私营企业所得税、城乡个体工商业所得税、个人收入调节税；特定目税类的国营企业工资调节税、奖金税、建筑税、烧油特别税、城市维护建设税、特别消费税；财产和行为税类的房产税、车船使用税、印花税、屠宰税；资源税类的资源税、城镇土地使用税。同时征集国家预算调节基金，国家能源交通重点建设基金以及滞纳金、罚款、没收收入等。1993年，工商税37种。其中，国税局征收的税种24种。

1994年，实施新税制改革，国税局征收税种有增值税、消费税和驻津企业非银行系统金融企业的所得税，以及个体户、集贸市场各项税收及滞罚收入。另有零税率适用于出口商品，对小规模企业实行6%和4%的征收率；消费税设有11个税目，分别采用比例税率和定额税率两种形式；企业所得税实行统一33%的比例税率，给予利润水平较低企业照顾，对年应纳税所得额在3万元以下企业，暂减按18%税率征收，年应纳税所得额在3万元~10万元企业，暂减按27%税率征收。

2006年，对消费税制度进行调整，调整消费税税目，将一些高档消费品和资源性产品纳入征税范围，停止对护肤护发品征收消费税；调整部分消费品税率；调整卷烟征收环节；相应调整出口退税和进口征税政策。2008年，统一内外资企业所得税，规定企业所得税税率为25%，符合规定小型微利企业，减按20%税率征收，国家需要重点扶持高新技术企业，减按15%税率征收。2009年，共征收增值税、消费税、企业所得税3个税种。

三 税收入库

1979年，国营企业开始推行增值税。1980年，实行税务机构单设。1984年，市机械局等系统全民企业划归区税务分局管辖，市级税收收入增长，年度税收3亿元~4亿元。1987年，增至7亿元~8亿元。是年，中央驻津工业、物资等系统企业划归税务分局征管，年度税收3亿元~4亿元。年总税收突破10亿元。1992年，税收收入13.5亿元。其中，中央级税收7960万元，市级税收11.96亿元，区级税收8426万元。

1994年，工商税收收入21.35亿元，超收4.98亿元。其中，增值税、消费税合计19.89亿元，区级收入2179.1万元。1995—1999年，年税收由13.42亿元增至15.82亿元，连续5年持续增长。2000年，地税局接管国有企业所得税，国税局税收同比下降，完成工商税收10.22亿元。2003年，1—9月税收12.3亿元，全年清理欠税1.22亿元。转出企业484家，转出税款11.39亿元，转入2.46亿元。2004年，各项税收收入2.17亿元。其中，增值税1.86亿元，消费税2173万元，企业所得税848万元，外资企业所得税48万元；完成区级收入3691万元。2008年，各项税收4.04亿元，超收5353万元；区级收入7793万元，超收293万元。2010年，实现税收5.39亿元。2004—2010年，国税税收收入连续6年增长。

1994—2010年红桥区国税分税种税收收入统计表

表7-5　　单位：万元

年份	增值税	营业税	消费税	个人所得税	企业所得税	外商和外资企业所得税	城建税	滞罚收入	合计	区级收入
1994	148224	76	50704	442	780	–	13281	13	213520	2179
1995	100511	72	22996	437	1263	–	8868	53	134200	2221
1996	108754	174	23101	539	1260	–	9095	100	143023	2598
1997	118318	1464	28506	711	1307	–	10301	197	160804	2906
1998	117245	1128	34075	–	890	–	–	–	153338	2075
1999	127961	1102	28233	14	875	–	–	–	158185	2309
2000	83608	1137	13050	2004	2443	–	–	–	102242	2599
2001	100073	757	17397	4497	4132	–	–	–	126856	3110
2002	102170	438	40853	4678	2321	–	–	–	150460	3542
2003	21013	10	1840	–	505	1967	–	–	25335	3121
2004	18610	–	2173	–	848	48	–	–	21679	3691
2005	19086	–	2395	–	967	211	9	–	22668	4104
2006	19909	–	2797	–	1551	485	18	–	24760	4503

续表

年份	增值税	营业税	消费税	个人所得税	企业所得税	外商和外资企业所得税	城建税	滞罚收入	合计	区级收入
2007	21389	-	3162	-	5829	591	19	-	30990	6131
2008	26933	-	4852	-	8609	-	24	-	40418	7793
2009	26126	-	12904	-	10008	-	32	-	49070	8033
2010	27229	-	10430	-	16199	-	38	-	53896	9973
合计	1187159	6358	299468	13322	59787	3302	41685	363	161144	70888

四　税收征管

照7-4　2010年8月，区国税局办税服务大厅办税服务　（区地税局提供）

1994年，举办新税法培训讲座87场，培训5600余人。按行业分片设立税收咨询辅导站205个，开展活动177次，解决新税制运行中各类问题550个，组织“税收与改革”主题税收宣传月活动。完成增值税专用发票3次换版，开展增值税专用发票自查和检查，检查企业2652家，补税罚款76.2万元。1996年，建立以纳税申报和优化服务为基础，以计算机网络为依托，集中征收、重点稽查的新征管模式。在所管3463家征税户纳税企业中，申报率98.06%，采用录入器等电子申报一次录入率70%以上。2003年，统一办理防伪税控磁卡报税，专用发票抵扣联认证和纳税申报。推行增值税一般纳税人纳税申报“一窗式”管理模式。2004年，开展纳税信誉等级评定，对不同等级纳税人采取各种管理和服务举措。是年，区A、B级企业835家，占总数的71%。税款增加4341.6万元。2005年，实行税收管理员制度，推出“一站式”服务，将税务登记、发票改版、一般纳税人认定等多个涉税事项整合到办税服务厅集中办理，对纳税人所有资料实行一户式存储，实现信息共享。2009年，对纳税人分类管理，强化税源监控，对所管企业进行分类，将所辖企业划分为重点服务型、重点监控管理型和重点评估稽查型三类。

五　信息化建设

1996年，区国税局建立计算机中心，对计算机系统模式、计算机硬件保养和管理及税收征管软件进行维护管理。2002年，研发运行稽查档案管理应用软件，实现税务稽查档案的信息化管理。2006年，推广应用综合征管软件系统，涵盖包括增值税管理在内的国税系统全面业务。2010年，税源管理平台任务执行子系统上线。以传递电子信息方式办理税收业务事项，进行电子签名以及满足各税务应用系统之间自动切换和数据传输等功能。

六　税务稽查

1994年，全面实施新税制，对重点行业、重点户进行检查。开展稽查明细账制度，采取集中分析选案，检查各类企业及个体户6334户，查补入库税款1953万元。1995—1996年，修订完善国税局稽查工作程序，规范稽查人员执法行为。开展“无税户”专项检查，进行纳税检查及增值税专用发票检查，查补税款2000余万元。1997年，对各类工商企业及个体户税收检查，查补罚税款3100万元。1998年，建立新型税务稽查工作体制，规范税务稽查文书填报，加强稽查业务培训与考核，对典型行业和典型户加强检查，查补入库税款4272万元。2003年，完成对煤炭行业及“三区户”检查，商贸企业、建筑安装业、房地产行业及生产企业出口货物“免、抵、退”税专项检查。对注销清税、信访及金税协查次数较为频繁企业进行专项检查，入库572万元。组织近千家企业对增值税发票自查，补交税款378万元。

2004年，清理稽查欠税，各税入库447万元。专项检查合计入库税款136.06万元。2005年，对废旧物资经营企业及用废企业、生产企业出口货物“免、抵、退”税7项专项检查，对低税赋企业专项检查。检查纳税户319家，查补税款、滞纳金、罚款合计560.7万元。查处一批大要案，向市稽查局报批备案7件，移送公安机关5件。2006年，建立稽查“三级汇报”机制，修改完善税务稽查工作规程。2007年，开展税收日常检查、专项检查、重点行业检查、普通发票检查、群众举报案件及协查案件检查。查结329户，有问题299户，入库税款、滞纳金、罚款合计467万元。2008年，规范税收执法，完善目标考核。入库税款780万元，检查大案要案5件，入库309万元。对77家企业开展专项检查。2009年，查处大要案6件，入库税款、滞纳金、罚款538万元。查补入库税款、滞纳金、罚款1111万元。2010年，开展专项检查、专案检查、日常检查、金税协查，自查、检查312家，入库税款、滞纳金、罚款803万元。查结5件举报案件，移送涉税案件2件。

照7-5　1997年4月，区国税局在红旗油厂进行税法税收宣传咨询　（区国税局提供）

第三节　地　税

一　机构

1994年，天津市地方税务局红桥分局开始对外挂牌办公，内设办公室、党办、税收管理科、人教科、监察科、计会科；下设五个税务所，编制157人。1995年，成立稽查所。1997年，增设稽查科，将原有5个所和稽查所设置为征收所、管理所、稽查1~4所。内设办公室、人事科、监察科、税管科、稽查科、计会科；下设征收所、管理所、稽查1~5所，人员202人。1998年，成立单街子市场、大胡同、红桥北、西站、西头税务所，编制246人。2001年，将原管理所设为管理一所，成立管理二所。增设信息技术科。撤销单街子税务所、大胡同税务所、桥北税务所、西站税务所、西头税务所。成立管理三所，稽查六所，稽查七所。调整后，内设7个综合科室、11个业务科所，在册人员251人。2004年，撤销稽查六所、稽查七所，成立管理四所、管理五所。2005年，分局更名为红桥区地方税务局，加挂红桥区地方税务局稽查局牌子。内设办公室、人事教育科、监察科（纪检组）、税管科、计会科、稽查科、信息技术科；下设征收所，管理1~5所，稽查1~5所。编制238人。2006年，撤销稽查五所，成立管理六所。编制240人。2010年，增设纳税评估科；下设管理七所。调整后，内设办公室、人教科、监察科、税管科、计会科、信息科、稽查科、纳税评估科、征收所、管理1~7所、稽查1~4所。编制234人。

二　税种　税率

1994年，实施新税制，征收营业税、地方企业所得税、个人所得税、固定投资方向调节税、城市维护建设税、土地增值税、车船使用税、土地使用税、印花税及滞罚收入。2000年，暂停征收固定投资方向调节税。

（一）营业税 按税目实行有差别比例税率，设三档税率分别为3%、5%和20%。2004年，对属于娱乐业的台球、保龄球减按5%税率征收营业税。

（二）企业所得税 税率25%，非居民企业使用税率20%。2000年，对个人独资企业和合伙企业停征企业所得税，只对其投资者经营所得征收个人所得税。暂停征收固定资产投资方向调节税。2006年，实施新企业所得税，将工资、薪金所得减除费用标准由800元/月提高至1600元/月。2008年，提高到2000元/月。

（三）个人所得税 税率为：工资、薪金所得，适用5%~45%的超额累进税率；个体工商户生产、经营所得，企事业单位承包经营、承租经营所得，个人独资企业和合伙企业投资者生产经营所得，适用5%~35%超额累进税率；稿酬所得，适用比例税率，税率为20%，按应纳税额减征30%；劳务报酬所得，使用比例税率，税率为20%。个人取得劳务报酬收入应纳税所得额一次超过2万元~5万元部分，按照税法规定计算税额，加征5成，超过5万元部分，加征10成；特许权使用费所得，利息、股息、红利所得，财产租赁所得，财产转让所得，偶然所得和其他所得，适用比例税率，税率为20%。

（四）房产税 房产税采用比例税率按房产余值计征税率为1.2%，按租金收入计征税率为12%。

城镇土地税：2007年，区域土地分五等，按一等25元、二等20元、三等15元、四等10元、五等5元收取。

（五）土地增值税 2005年，征收土地增值税。销售普通住宅预征率0.5%；销售非普通住宅及高档写字楼、公寓、别墅、度假村预征率1%。2006年，契税、耕地占用税征管税率3%~5%。2010年，统一调整为2%。

（六）车船税 按年税额大型客车540元、中型客车510元、小型客车420元、微型客车300元，载货汽车、三轮汽车、低速货车、专项作业车和轮式专用机械车按自重每吨90元、摩托车180元征税。

（七）印花税 采用比例税率和定额税率两种。比例税率共分四档：千分之一、万分之五、万分之三、万分之零点五。定额税率为每件5元。

三 税收入库

1994—2010年，区级税收总体呈逐年递增趋势。1994—1997年，区级税收收入总计1.54亿元。1999年，增长12%。2000—2001年，增长24%。2002年减少13%。2003年减少9%。2004—2010年，年增长率分别为36%、26%、59%、14%、37%、15%、32%。

1998-2003年红桥区地税区级税收收入统计表

表7-6　　　　单位：万元

年份	合计	税收小计	营业税	企业所得税	个人所得税	固定资产投资方向调节税	城市维护建设税	房产税	印花税	城镇土地税	土地增值税	车船税	其他收入小计	教育费附加	教育事业发展费	城市补偿费	城市集体服务事业费
1998	11244	7396	4770	1212	962	–	–	252	–	57	–	143	736	604	60	–	72
1999	9070	8431	5225	1107	1500	–	–	437	–	64	–	98	639	557	31	–	51
2000	11244	10775	6587	1570	1969	–	–	431	–	79	–	139	469	434	3	–	32
2001	13904	13171	7961	1966	2574	–	–	501	–	39	–	130	733	495	207	–	31
2002	12032	11441	7761	1368	1528	–	–	519	–	47	–	218	591	469	99	–	23
2003	10961	10512	5970	616	817	27	1012	1535	249	150	–	136	449	433	–	–	16

2004—2010年红桥区地税区级税收收入统计表

表7-7　　　　　　　　　　　　　　　　　　　　　　　　　　　　　　单位：万元

年份	合计	税收小计	营业税	企业所得税	个人所得税	城市维护建设税	房产税	印花税	城镇土地税	土地增值税	车船税	其他收入小计	教育费附加	城市集体服务事业费	契税	地税罚没收入
2004	14874	13857	7265	1281	918	2328	1486	337	155	–	87	1017	1001	16	–	–
2005	18821	17660	9223	2219	979	2659	1931	304	156	29	160	–	1161	19	–	3
2006	29926	17737	8867	2087	834	2634	2131	427	224	335	198	12189	1128	17	11041	3
2007	34190	24171	10054	2973	1355	3113	2267	2299	921	640	549	10019	1332	18	8666	3
2008	46934	32153	14887	1885	2043	4274	2878	2373	1919	578	1316	14781	1826	18	12935	2
2009	53926	40306	17853	2124	2105	5325	5458	1476	2970	1349	1646	13620	2277	–	11342	1
2010	70917	48490	24320	1643	2556	6528	5896	1941	2049	1418	2139	22427	2798	–	19627	2

四　税收征管

（一）纳税申报　1997年，开始集中受理纳税人纳税申报。纳税人可自行选择键盘申报、软盘申报和录入器申报方式。2000年，开始推行网上申报。2001年，对部分企业实行网上申报。筛选出96家企业首批网上申报纳税。是年，176家企业实行网上申报纳税，申报纳税额2.25亿元。2006年，区房地产开发企业按开发项目属地办理登记备案和纳税申报。至2010年，远程申报户2382户，占总户数的68.57%。

（二）税源管理　1997年，建立计算机管理监控系统，实施税务专管员职能转变，变“专管户”为“专管事”。建立纳税人档案，填写纳税人基本信息表，逐户审核。引入工商银行红桥支行缴税窗口，使纳税人在税务机关办理各项涉税事务都能够在厅内同时办理。1998年，建立个人所得税代扣管理230户，建立企业单位代扣关系1800家。选取68家企业，建立联系制度。2000年，接管国有企业所得税，接收220家企业所得税征收。为400余家非独立核算企业办理税务登记，纳入正常管理。将邮政储汇局、电信局、移动通信局收费票据纳入发票管理。2003年，实行税收属地化管理。迁出企业686家，迁入企业335家。2004年，按户办理税务登记，按户核定税款，按户征收管理，4000余家企业界定所属行政街道，将个体户管理纳入大征管中。2008年，建筑业缴纳营业税及附征税费由工程项目坐落地地方税务局负责征收管理，其他税种按现行规定执行。零散税收实行委托代征。2009年，出台地方税务局关于加强网格化区域税源管理工作规程。2010年，启动楼宇经济税源监管。

（三）发票管理　1994年，实行办理税务登记单位和个人向区地税局申请领购发票制度。2004年，推行天津市饮食行业定额有奖发票，饮食定额有奖发票发售采取先缴税、再购票制度。是年，启用全国统一公路、内河货物运输业统一发票和公路、内河货物运输业统一发票（代开）两种发票。2005年，办税服务厅对纳税人申请代开发票，除建筑安装、公路内河货物运输和保险中介行业专用发票外，启用全国统一税务机关代开统一发票，启用新版增加防伪措施有奖发票。2010年，普通发票换版。保留部分统一发票、专用发票及公园、景区、文化体育门票。

五　信息化建设

1997年，建立计算机管理系统，范围覆盖税收征管稽查全部业务。1999年，更换主服务器，调配备份服务器，对录入器升级初始化，实现“信息发布”文件局域网内传递。研发红桥地税信息港网站，在局域网启用“财税信息”“查阅文件”“办税指南”小板块。2000—2001年，编制稽查管理信息系统实施办法，建立分局所管纳税户基本信息库，开通电子邮件系统，实现与市局和其他分局之间的邮件传递。2002年，设置“数字红桥”地税红桥分局网站。2003年，稽查选案、审理，查前、查后登记，缴款书实行计算机填开操作。定期定额纳税人实行委托银行划转税款纳税方式。2005年，应用“财税关库行横向联网系统”实现财政、国税、地税、海关、国库及商业银行通过计算机互联跨系统数据和信息共享。2006年，“津税系统”软件进行修改、测试和完善，对数据库395张表的数据导入、28个语义层和45个查询模板移植、建立1个查询网站。2008年，使用建筑业网上实时开票系统。2009年，实现属地税源点、线、面结合全方位管理，开通行政许可中心网络专线，实现与市局津税系统宽带网连接。2010年，新增建筑业税收管理功能上线。

六　税务稽查

1997年，出台税务稽查工作实施办法。1998—2004年，出台调整部分稽查文书及有关问题的通知和调账检查办法。成立稽查复查小组，复查28家企业，补交税款3.06万元。2005年，启用津税系统中的稽查模块（新稽查软件），编制地方税务局稽查手册，建立稽查电子监控系统，量化稽查指标，规范稽查规程。2006年，实施稽查案件一户一档。2007年，成立重点户稽查小组，代表性和典型性企业纳入稽查对象，进行重点稽查。2008年，实行稽查导航系统。2009年，对38家重点企业运用导航系统查找问题。2010年，安排自查291户。全年发票检查38户，补税45.12万元，罚款2.39万元。

第三章　金　融

32年间，区内金融得到迅速发展，新建和增加多个机构，设立众多网点，不断扩大营业范围，提高服务质量，为经济建设和人民生活提供更多便利。银行开辟更多业务领域，拓展个人存贷款和外汇存储业务，开办网上和昼夜延时银行，推出信用卡和电子流动业务，开办中间业务产品和代理保险等。建立客户营销和管理新模式，实现柜面会计核算电算化。建设银行设立房改金融业务，天津银行为企业和重点建设项目提供专门贷款，均立足于为民和经济建设所需。保险发展势头强劲，人保、财保、人寿保等保险业务范围不断扩大，承保和赔付数额不断增加。证券业务从无到有，经营多种业务，提供多种委托、顾问和专业服务。

第一节　银　行

一　工商银行天津红桥支行

（一）机构　1979年，中国人民银行天津市分行在红桥区设办事处。1984年，更名为中国工商银行天津市红桥区办事处。1992年，更名为中国工商银行天津红桥支行。内设储蓄科、会计科、出纳科、信贷科、人事科、工会、团委、办公室。2000年，内设综合管理部、运行管理部、市场营销一部、市场营销二部、市场营销三部、信贷管理部；下设10个营业网。2005年，股份制改革，名称变更为中国工商银行股份有限公司天津红桥支行。2006—2010年，支行拆分为红桥支行、新村支行、光荣道支行。

中国工商银行红桥支行网点分布一览表

表7-8

机构名称（营业网点）	地址
中国工商银行股份有限公司天津北马路支行	南开区北城街299号、305号
中国工商银行股份有限公司天津西青道支行	红桥区西青道94号
中国工商银行股份有限公司天津大丰路支行	红桥区大丰路西端
中国工商银行股份有限公司天津先春园支行	红桥区芥园道与复兴路交口隆春里丙四

续表

机构名称(营业网点)	地址
中国工商银行股份有限公司天津青年路支行	南开区芥园西道10号水郡花园A座底商一层商铺2
中国工商银行股份有限公司天津金钟桥支行	红桥区大胡同批发市场天津都行内
中国工商银行股份有限公司天津逸仙园支行	经济技术开发区逸仙科学工业园
中国工商银行股份有限公司天津西关街支行	红桥区西关街
中国工商银行股份有限公司天津虹畔支行	南开区黄河道虹畔大厦底商东侧
中国工商银行股份有限公司天津复兴路支行	红桥区芥园道与复兴路交口怡华园康华里11楼底商

(二)业务发展 1979—1985年，实行信贷计划管理体制。1985年，调整为“统一计划、划分资金、实贷实存、相互融通”管理办法。1986年，开始发行金融债券，收入资金全部用于发放特种贷款。1988年，拓展银行信贷业务。

90年代初，19个大中型企业新增贷款13亿元。对企业贷款实行抵押贷款管理办法。1995年，新增贷款支持效益优先，重点支持有市场、有效益、能还款、不欠息国有企业生产和销售。确定为汽车公司龙头企业和冶金重点企业贷款。1996—2000年，为工商业企业转型提供支柱。2000年，实施个人住房“筑巢计划”房屋贷款，发展对公存款业务。2005年，开始办理网上银行、电话银行、手机银行业务，足不出户办理金融。2005—2010年，发展低风险贴现业务。与百余家公司客户建立业务关系，办理贴现业务40亿元，储蓄存款余额20余亿元。

1979—2010年中国工商银行红桥支行贷款余额统计表

表7-9 单位：万元

年份	贷款余额	年份	贷款余额	年份	贷款余额
1979	20567	1990	167056	2001	271368
1980	27030	1991	186115	2002	215983
1981	38518	1992	220282	2003	232712
1982	40600	1993	161928	2004	103028
1983	39069	1994	192921	2005	118271
1984	51305	1995	242440	2006	87758
1985	60296	1996	243140	2007	108502
1986	80926	1997	292002	2008	114964
1987	97519	1998	298160	2009	128263
1988	105721	1999	313103	2010	153819
1989	91634	2000	291748	合计	4796748

1979—2010年中国工商银行红桥支行储蓄存款余额统计表

表7-10 单位：万元

年份	储蓄存款余额	年份	储蓄存款余额	年份	储蓄存款余额
1979	5047	1990	75667	2001	416733
1980	7118	1991	90428	2002	451696
1981	8357	1992	105681	2003	512118
1982	10831	1993	133716	2004	433669
1983	14029	1994	175681	2005	173546
1984	18554	1995	230287	2006	161998
1985	24201	1996	319478	2007	239071
1986	32148	1997	326091	2008	186978
1987	41425	1998	366802	2009	226357
1988	42514	1999	397835	2010	239467
1989	57889	2000	402108	合计	5927515

二　建设银行天津红桥支行

（一）机构　前身为中国人民建设银行天津市分行第四支行，承担财政、银行双重职能。1988年，成立建设银行天津红桥支行，内设办公室、投资信贷科、建筑经济科、预算审查科、财务会计科、集资储蓄科、项目审查科、人事科、保卫科9个科室；下设北马路储蓄所、红旗北储蓄所、古文化街营业所。1989年，自办、联办营业网点9个。1990年，开办营业网点13个。1991年，设10个管理科室，3个业务科室，1个营业部，8个营业所，24个储蓄所，全行职工223人。1996年，更名为中国建设银行天津红桥支行。2004年，更名为中国建设银行股份有限公司天津红桥支行（简称红桥建行）。2010年，红桥建行设8个管理部门，5个经营部门，营业网点13个。全行职工315人。

2010年建设银行红桥支行网点分布一览表

表7-11

网点名称	地址	网点名称	地址
支行储蓄专柜	红桥区勤俭道192号	本溪路储蓄所	红桥区本溪路红桥房产总公司办公楼底商
先春园分理处	红桥区芥园道隆春里戊座底商	二号路储蓄所	红桥区风光里21-24门底商105
米兰翠景	红桥区芥园道紫芥园25号楼底商98号	水木天成储蓄所	红桥区水木天成阁林园19号楼底商107
南门外支行	和平区南门外大街305号	佳园里储蓄所	红桥区佳园里中心路商业街
万德庄储蓄所	南开区万德庄南北街10号	三号路分理处	红桥区桃花园东里2号楼底商107-112
黄河道储蓄所	南开区黄河道60号	陵园路储蓄所	红桥区西青道131号
咸阳北路储蓄所	红桥区三号路同心楼28-31门	-	-

（二）信贷业务　1988—2010年，为合资企业和重点项目提供信贷支持，重点支持天津市重点项目。2006—2010年，为医疗、教育及安居房建设提供信贷支持，为天津物资集团及多家下属企业提供金融服务，与人民医院等机构建立合作关系。开展工程造价业务，包括结算类、代理类、咨询类、衍生类等10大类近百余项。

1988—2010年建设银行红桥支行贷款余额统计表

表7-12　　单位：万元

年份	贷款余额	年份	贷款余额	年份	贷款余额
1988	23763	1996	90011	2004	162538
1989	25227	1997	113950	2005	149330
1990	30796	1998	131533	2006	116800
1991	33864	1999	139016	2007	109425
1992	38495	2000	204471	2008	104713
1993	39700	2001	236335	2009	152825
1994	61268	2002	212106	2010	184816
1995	68843	2003	202707	合计	2632532

（三）存贷业务　1988年，开办个人储蓄和外汇存款业务，实现柜面会计核算电算化。开辟定活两便、贴花、高档消费品购买储蓄等储种，发行有奖有息存单。1993年，储蓄一期工程实现活期储蓄的通存通兑。1996年，储蓄二期工程实现定期储蓄通存通兑，实现一本通、一卡通，陆续开辟有奖储蓄存单、小额存单质押贷款、代收付业务、证银转账、银证通等业务。开辟个人消费额度贷款、个人汽车消费贷款、个人助业贷款等资产业务；开办各类中间业务产品，如黄金销售、理财产品、基金销售、保险代理等多种中间业务产品。1996年，推出储蓄所"一米线服务"，统一工作服装，实行站立服务。1997年，开办昼夜延时银行，推出电子流动银行服务，在大胡同分理处首次开展传真汇款业务。1998年，开办个人电子汇款业务。2001年，开办网上银行业务，代理基金销售。2003年，推出电话银行业务，开始代理保险业务。2004年，开办中德住房储蓄银行业务，开始销售商联卡，客户经理制。

2005年，开始发售个人人民币、外币理财产品，代理销售信托产品。2006年，网点内增设大堂经理和贵宾窗口。

1988—2010年建设银行红桥支行储蓄存款余额统计表

表7-13　　单位：万元

年份	储蓄存款余额	年份	储蓄存款余额	年份	储蓄存款余额
1988	10532	1996	100016	2004	239112
1989	12375	1997	148016	2005	230077
1990	16763	1998	152852	2006	265302
1991	20424	1999	166475	2007	290036
1992	32002	2000	190052	2008	342716
1993	33588	2001	182597	2009	467220
1994	45314	2002	194912	2010	499809
1995	62069	2003	281384	合计	3983643

（四）房改金融业务　1989年，红桥支行建立房地产信贷部，为房地产开发企业提供资金支持。发售平房改造集资奖券，办理住房有奖储蓄。1992年，开办个人购房公积金贷款业务。1995年，推出个人住房贷款。2005年，开办网上缴存公积金业务，实现自动化业务流程，为居民提供房地产金融服务。2006年，推出住房公积金多功能龙卡，实现一张卡同时拥有储蓄账户和公积金账户功能。2009年，开办公积金余额冲还贷业务，可提取公积金余额偿还住房公积金贷款。

1992—2010年建设银行红桥支行公积金存款余额统计表

表7-14　　单位：万元

年份	公积金存款余额	年份	公积金存款余额	年份	公积金存款余额	年份	公积金存款余额
1992	–	1997	9833	2002	54227	2007	123067
1993	–	1998	9935	2003	61406	2008	150015
1994	1059	1999	12278	2004	70056	2009	173367
1995	3201	2000	33395	2005	75693	2010	224611
1996	7986	2001	46522	2006	98138	合计	1154789

（五）信用卡业务　1991年，开办龙卡信用卡业务。1997年，龙卡信用卡加入天津金卡工程，实现信用卡、储蓄卡在全市跨行结算。2003年，发行国际贷记卡。

三　中国农业银行股份有限公司天津红桥支行

（一）机构　1993年，中国农业银行天津红桥支行成立。内设办公室、业务科、会计科等4个内设机构。下设3个外设机构。在职员工52人。1994年，成立北洋、闸北分理处。1996年，成立北马路、二号路分理处，增设青年路、咸阳北路、西马路储蓄所和国际业务部、信用卡部。1998年，成立光荣道、大胡同商城分理处，增设业务拓展部、资产保全部。2002年，光荣道分理处升格为支行。2009年，红桥支行改制为中国农业银行股份有限公司天津红桥支行。2010年，有员工300人。内设业务部、信贷管理部、个人金融部等8个职能管理部室和营业部；下设北洋支行等11个对外营业网点。

2010年中国农业银行天津红桥支行网点分布一览表

表7-15

网点名称	网点地址	网点名称	网点地址
营业部	红桥区芥园道46号	大胡同支行	红桥区万隆大胡同七区底商
洪湖支行	红桥区湘潭道11号	盛达园分理处	南开区黄河道290.292号

续表

网点名称	网点地址	网点名称	网点地址
北洋支行	红桥区丁字沽一号路325号浩澜商业楼底商	秀水苑分理处	红桥区纪念馆路中嘉花园1号楼1门101底商
中嘉支行	红桥区水木天成小区1区1号楼101-106	西青道支行	红桥区西青道仁爱商场底商
光荣道支行	红桥区丁字沽三号路风貌里小区底商17号	广开四马路分理处	南开区广开四马路兴云里1号楼底商
正东支行	红桥区丁字沽一号路正东公寓底商	–	–

（二）存贷业务 1993—2010年，支行开办储蓄种类有活期、定期、定活两便、零存整取、通知存款、分期付款、个人贷款、信用卡及各种代收代付业务、国际业务。其中，2000年增加“金融超市”消费信贷业务，2002年增加代理保险业务。2005年增加特约商户等高附加值产品，2007年增加对公对私理财业务，2008年增加“金钥匙”“金e顺”等系列产品，2009年增加电子商务，2010年开办电子银行、基金、黄金业务。负责教育局“折换卡”工程，代收出租司机管理费，以大胡同地区商户为营销重点代收税费等高附加值中间业务。为河北工业大学开办电子商务。各网点由遍布居民区转向进入各大商业区，在繁华地段开设自助银行。

1994年，支行存款1.74亿元，贷款0.99亿元。2010年，支行存款73.04亿元，贷款37.87亿元。拨备前利润1.02亿元；本外币储蓄存款增加4.91亿元；本外币对公存款增加3.69亿元；中间业务收入比上年增长近800万元；理财产品销售13.3亿元；个人贷款投放1.96亿元。

四　中国邮政储蓄银行有限责任公司天津红桥区支行

（一）机构 2007年，中国邮政储蓄银行有限责任公司天津红桥区支行挂牌成立。员工由邮电局储汇分局及各邮政储蓄所调入。内设综合管理部、会计部、个人业务部、公司业务部、信贷业务部，下设佳安里储蓄所、凤城楼储蓄所、萍乡道储蓄所、估衣街储蓄所、明华里储蓄所、光荣道储蓄所、西青道储蓄所。邮政储蓄所升格为二级支行。2010年，编制85人。

（二）业务经营 2006年，全局储蓄完成业务收入2942.74万元，余额实现净增7.53亿元，累计余额22.63亿元。代理保险实现业务收入296.39万元，代理保额7046.51万元。2007年，开办第一笔基金“定期定投”业务。完成业务收入4251.48万元，储蓄余额实现净增4.46亿元，全局累计余额22.96亿元。代理保险实现业务收入317.99万元，代理保额9047万元。2008年，发行“绿卡淘宝联名卡”，扩充绿卡网上支付功能。邮储估衣街支行在大胡同商贸区开办“商易通”业务。对接天津分行公司业务与储蓄业务互联系统。2008年，完成储蓄收入3535万元，同比下降18.17%。储蓄余额实现净增3.41亿元，累计余额30.5亿元。代理保险实现业务收入453.88万元，代理保额9938.48万元。2009年，完成代理金融业务收入2347.18万元。储蓄余额实现净增3.1万元，累计余额19.36亿元。2010年，完成代理金融业务收入3118.51万元；结算收入完成3133.54万元，完成全年预算目标的112.27%。

五　天津银行红桥支行

（一）机构 1986年，成立金融服务股份有限公司。1987年，更名为城市信用合作社。1996年，更名为天津城市合作银行红桥支行。1998年，更名为天津市商业银行红桥支行。2007年，更名为天津银行红桥支行。2010年，实施机构改革，组建6家中心支行，形成“总分支”三级管理机构，红桥支行成为天津银行第六中心支行辖属一级支行。内设公司银行部、零售银行部、营业室；下设天津银行红旗路支行、天津银行河北大街支行、天津银行新宜白大道支行。

（二）单位贷款 1988—2010年，发放贷款近万笔、金额40余亿元。为区内外科技型企业创业、中小微企业发展、市区重点项目建设等提供信贷资金支持。为区域内基础设施建设、供热系统升级、危陋房屋改造等提供资金支持和金融服务。推出“金太阳”“金种子”“金链条”三大融资服务。

1987—2010年天津银行红桥支行信贷款余额统计表

表7-16 单位：万元

年份	贷款余额	年份	贷款余额	年份	贷款余额	年份	贷款余额
1987	1980	1993	9209	1999	33032	2005	22346
1988	3910	1994	14200	2000	31468	2006	24717
1989	4035	1995	18795	2001	32192	2007	20830
1990	4243	1996	22349	2002	29894	2008	11433
1991	3513	1997	29964	2003	35558	2009	86313
1992	6404	1998	32766	2004	17898	2010	83793

（三）个人贷款 1998年，承办首笔个人定期存单质押自然人贷款。1999年，推出一手房贷款、二手房贷款。2003年，开办个人住房公积金贷款业务。2006年，推出“转按揭”贷款。2007年，推出个人消费“循环贷”。2010年，开办个人消费贷款存抵贷业务。

（四）储蓄存款业务 1987年，为工商银行代办储蓄业务，期间代办活期、定期、零存整取、贴花、代理发售各种证券等业务。1991年，实现储蓄业务自营。1999年，实现储蓄业务电算化和通存通兑。2005年，开办网上银行业务。2008年，推出电话银行业务、津卡通等卡种，推出系列理财产品、代理保险等业务。开办代收房租、私产房交易资金代收代付、代收社会保险缴费、代收话费等业务。2010年，推出“日增利”理财账户产品。

1987—2010年天津银行红桥支行储蓄存款余额统计表

表7-17 单位：万元

年份	储蓄存款余额	年份	储蓄存款余额	年份	储蓄存款余额	年份	储蓄存款余额
1987	324	1993	4673	1999	–	2005	35416
1988	681	1994	7493	2000	–	2006	37223
1989	1898	1995	8082	2001	17643	2007	37339
1990	2796	1996	9971	2002	22221	2008	41520
1991	3096	1997	11727	2003	28918	2009	50230
1992	3339	1998	12642	2004	31416	2010	51537

第二节　保　险

一　机构

1980年，成立中国人民银行天津市分行红桥区办事处保险科，正式对外营业。1984年，成立中国人民保险公司天津市分公司，受人民银行红桥区办事处和中国人民保险公司天津市分公司双重领导，业务管理以保险公司为主。1986年，与办事处分离，成立中国人民保险公司天津市红桥区公司，隶属于中国人民保险公司天津市分公司。内设办公室、人事科、计财科、财产险科、人寿险科。有员工26人。1996年，分别成立中保人寿保险有限责任公司天津市红桥区公司和中保财产保险有限责任公司天津市红桥区公司。1998年，中保公司更名为红桥支公司。2003年，更名为中国人民财产保险股份有限公司天津市红桥支公司，内设业务一部、业务二部、办公室、财务部。有员工40人。

二　保险业务

1980年，承保242笔业务，收取保费111.8万元，发生赔付1万元。2010年，保费收入3550万元，赔付1429万元。

1980—2010年中保红桥支公司业务收入统计表

表7-18 单位：万元

年份	保费收入	赔款支出	上缴营业税	年份	保费收入	赔款支出	上缴营业税
1980	112	1	6.22	1996	1589	998	88.19
1981	148	8	8.21	1997	2026	803	112.44
1982	163	48	9.05	1998	2522	1330	139.97
1983	179	36	9.93	1999	2713	1333	150.57
1984	203	27	11.27	2000	2864	1782	158.95
1985	273	18	15.15	2001	2956	1127	164.06
1986	756	86	41.96	2002	3397	1437	188.53
1987	671	78	37.24	2003	3717	1905	214.28
1988	703	87	39.02	2004	3993	3026	240.41
1989	875	102	48.56	2005	2476	2602	145.33
1990	1037	111	57.55	2006	3489	2340	194.96
1991	994	146	55.17	2007	4861	4039	275.14
1992	1171	198	64.99	2008	2332	3740	134.20
1993	1437	404	79.75	2009	2422	2071	139.84
1994	1615	641	89.63	2010	3550	1429	198.18
1995	1905	876	105.73	合计	57149	32829	3224.48

第三节 证 券

一 机构

2006年，华泰证券股份有限公司天津勤俭道营业部成立，面积1208平方米。内设营销部、客服部、运行部。人员编制40人。

二 业务

2006年，拥有客户5万余户。经营范围包括：沪深A股、B股、债券、基金、股指期货IB、融资融券、资金理财产品、资产管理、投资银行以及直接投资等多种业务，提供柜面、热键、刷卡、电话、网上、手机等多种委托方式。推出的“涨乐”移动理财平台，结合全新的移动通信技术，将手机移动理财业务推广普及。随时了解市场动向，针对不同的风险提供“竞航、远航、护航”三个级别的专业投资顾问服务，从“通道式服务”向“专家理财服务”转变，为投资者提供一对一专业服务。2007年，在首次券商分类评级中被中国证监会评定为A类券商。2008年，被评为A类AA级券商。2010年，客户资产总额24.29亿元，客户数3.9万户。

2007—2010年华泰证券有限责任公司天津勤俭道证券营业部证券业务统计表

表7-19 单位：万元

年份	客户数	占比‰	营业收入	天津地区排名	年份	客户数	占比‰	营业收入	天津地区排名
2007	36891	0.39	6475.40	7	2009	44173	0.42	6436.41	5
2008	37114	0.46	4498.87	5	2010	39011	0.31	3390.46	6

红桥区志

第八编

经济管理

中共十一届三中全会后，红桥区以经济建设为中心，改革计划经济体制，转变政府职能，逐步建立和完善社会主义市场经济体制。各经济管理部门发挥各自职能，为经济发展提供服务，对市场流通进行监督和管理，为经济发展和社会稳定发挥起到保驾护航作用。

80年代初期，由指令性计划为主逐步过渡到指导性计划为主，扩大市场调节范围，为市场经济起步和发展奠定基础。90年代，扩大市场调节范围，指令性计划缩小，政府对经济发展的服务性功能进一步增强。进入21世纪，突出经济杠杆作用，立足于服务经济建设的需要，为计划制订、国民经济统计和物价调控等方面搭建服务平台，创造便利条件。工商部门对新兴企业进行扶持、实行经济监督和市场管理，规范和维护市场经济秩序、促进公平竞争。加强价格管理、价格监督检查，基本建立并逐步完善价格调控体系，保持市场价格基本稳定，维护公平竞争的市场秩序，优化经济社会发展的价格环境。审计由单纯监督型逐步转化为监督服务型，形成国家审计、内部审计、社会审计共同发展格局，建立起为经济社会发展和改革开放服务的完整“免疫系统”。计量和安全监管等部门对全区经济活动和市场实行制度化监督和有序行政管理，确保经济建设快速、良性发展和市场健康运行。32年中，区内经济得到迅速发展，取得辉煌成就。

2010年6月24日，区消协与移动、铁通在大胡同地区举行服务对接签字仪式

（区委宣传部提供）

2004年，区内审协会举办《内部审计准则》专题培训

（区审计局提供）

2009年12月30日，工商红桥分局执法人员到超市检查

（区委宣传部提供）

2010年，区召开实施商标战略促进经济发展推动会

（区委宣传部提供）

第一章 国民经济发展规划管理

1979—2010年，按不同时期编制国民经济和社会发展计划（规划），进行战略性、纲领性、综合性规划和特定领域细化，指导该领域发展以及审批、核准重大项目，安排政府投资和财政支出预算，制订特定领域相关政策。规划期一般为5年，可展望10年以上。具体规划不同时期的主要任务和奋斗目标、预期目标，根据需要对指标系列进行调整。经济结构结合所有制和经济建设需要，调整思路和工作重心，实施新的发展战略。2010年，以发展第三产业作为主轨道。

第一节 机 构

一 沿革

（一）发展和改革委员会 1979年，计划局内设办公室、环境保护办公室、统计科、劳动安置科和增产节约办公室。1980年，撤销计划局，成立计划委员会。内设计划统计科、基建计划科、物资计划科、增产节约办公室和行政办公室。1983年，增产节约办公室合并到物资计划科。1986年，增设生产资料服务公司。1987年，增设综合计划科。1989年，增设对外经济贸易办公室。1990年，增设经济计划科、综合统计科和经济统计科。1992年，计划委员会与集体经济办公室调整组建计划经济委员会。1995年，内设办公室、综合计划科、外经贸科、基建计划科、区域经济科、经贸科、综合统计科、经济统计科。1996年，增设工业科，成立减负工作办公室。1997年，外经贸科划出计划经济委员会。

2002年，计划委员会更名为发展计划委员会，内设办公室、综合计划科、项目投资科（加挂国民经济动员办公室牌子）、经济信息科、经济协调科。2007年，发展计划委员会改组为发展和改革委员会（简称发展改革委），原经济体制改革办公室职能划入发展改革委，增设体制改革科。组建区政府信息化办公室，设在发展改革委。撤销发展改革委经济信息科。2010年，发展改革委加挂物价局、政府粮食办公室牌子。内设办公室、人事监察科、综合计划科、项目投资科、体制改革科（加挂国民经济动员办公室牌子）、经济协调科、服务业办公室、价格管理科、物价检查科、价格综合法制科、价格信息科、价格举报中心、粮食办公室。

1979年，编制22人。1990年，编制24人。1992年，编制44人。2002年，编制15人。2010年，行政编制44人，事业编制6人。

（二）粮食局 1979—1993年，粮食局内设15个科室。下设9个基层单位、76个粮店。1994年，粮食局由管理经营型变成独立经营企业。1995年，内设7个科室，下设7个粮油管理站、3个加工厂、3个经营子公司，管辖105个零售粮店。1996年，内设6个科室。撤销开发部，增设粮贸公司（子公司）。咸阳北路与新村2个粮管站合并，更名为金桥粮油连锁经营中心。河北大街粮管站并入桥南粮管站、邵公庄粮管站并入大胡同粮管站，撤销2个加工厂。1998年，公司管辖4个零售站、4个子公司、8个基层单位。

1999年，粮食局更名为粮食总公司。内设5个科室，下设5个基层单位为子公司。原大胡同、桥南、南头窑3个粮管站并入金桥粮油连锁经营中心。2001年，公司内设7个科室，下辖金桥粮油贸易中心、油脂公司，其他3个子公司撤销。2003年，粮食总公司改为粮油贸易有限公司，内设6个科室。2004年，撤销油脂公司，设金桥粮油贸易中心，后更名为粮油贸易有限公司食品添加剂经营中心。2010年，区粮油贸易有限公司内设行政办公室、党务办公室、劳资部、财务部和业务部。

1979—1993年，基层单位和粮店干部163人，职工974人。1995年，干部33人，下设单位职工1320人。1998年，干部33人。1999年，粮食总公司人员23人。2002年，科室人员30人。2003年，科室人员31人。2010年，粮油贸易有限公司人员29人。

第二节 结构调整

1979年，知识青年回城，把扩大就业门路同改善所有制结构结合，发展集体经济和个体经济。1983年，推行以集体承包为主的各种经济责任制。1984年，赈灾工作进入收尾阶段，基础建设重点转到城市建设和城市改造。1985年，全区集体经济收入和利润同比增长30%。1986年，经济建设主要集中在震后重建工作上。1990—1995年，确定“科工贸建结合，大引进、上项目、靠市场、超常规”经济发展思路，提出“以房产开发促进第三产业发展，以政府职能转变促进企业经营机制转变”措施，确定“南商北工”地域经济分工格局，以子牙河为界，以北主要发展工业，以南主要发展商业。1996—2000年，提出“以路带城，贸文兴区，培育主导产业，构造产业群落”思路。1998年，提出实施“振兴第三产业，优化第二产业”经济发展战略；经济布局上，提出“一三五”发展布局（一城：大胡同商城；三区：西北角民族商贸区、西站商贸区、丁字沽副中心；五路：北马路、估衣街、芥园道、大丰路、河北街商业路）。

2001—2005年，实施4个发展战略：大胡同商城发展战略、科技创新发展战略、城市建设发展战略、非公有制经济发展战略。2006—2010年，发展战略调整为“城建带动，强三优二”（做强第三产业，做优第二产业），在发展布局上形成“一三二一”区域经济发展布局，建设打造“一区三圈二园一带”（一区：运河经济文化商贸区；三圈：大胡同商圈、西站商圈和丁字沽商圈；二园：光荣道科技工业园和西菜园都市工业园；“一带”：咸阳北路经济带）。

2007年，对区域发展布局重新定位。“十一五”规划中期，“一三二一”发展战略调整为“一二三六”区域经济发展布局（重点打造一个中心、两条综合经济带、三条绿色生态走廊和六个经济功能区。一个中心：西站交通商务中心；两条综合经济带：光荣道综合经济带和勤俭道综合经济带；三条绿色生态走廊：子牙河绿色生态走廊、北运河绿色生态走廊、南运河绿色生态走廊；六个功能区：泰达城商务会展功能区、大胡同商贸集散物流功能区、大丰路现代商务功能区、丁字沽商贸服务功能区、西沽文化旅游休闲功能区、水木天成商业服务功能区）。2010年，经济结构以第三产业为主。

第二章 统计管理

80年代始，实行统计报表制度，对相关部门和单位规定按年、季、月上报统计表。至2010年，报表种类上百种，填报内容根据实际和发展需要适时调整，为经济社会发展和统计调研分析服务。出版有统计资料汇编和历次人口统计、经济普查汇编。

1996—2010年，结合“三五”“四五”“五五”普法，进行统计普法宣传教育，定期进行执法检查，处罚违法行为。1982—2010年，完成4次人口普查，对人口基本情况进行详细数据统计；完成2次经济普查，对区内二、三产业主要情况和数据进行统计，以掌握基本属性、就业人员、财务及经营情况。进行2次基本单位普查，得出基本标识、经济属性、分类结构及活动等相关数据。

第一节 机 构

一 沿革

1979年，计划局内设计划统计科。1980年，撤销计划局，成立计划委员会，内设计划统计科。

1988年，成立区政府统计办公室。1990年，内设综合统计科、经济统计科。1997年，更名为统计局，内设办公室、综合统计科、经济统计科、统计法规检查科。2002年，内设综合统计科、经济统计科、统计法规检查科。2003年，成立普查中心。在各街道办事处成立统计办公室。2007年，在大胡同地区管委办补建统计办公室。2010年，内设综合统计科、经济统计科、统计法规检查科。下设普查中心。

二　人员

1979年，编制4人。1980年，编制5人。1988年，编制7人。1990年，编制11人。1997年，行政编制11人。2002年，行政编制9人。2003年，增加普查中心编制7人。各街道办事处统计办公室增加事业编制20人。2007年，街道统计办公室、居委会聘用合同或兼职171人。2010年，行政编制9人，普查中心编制7人。

第二节　普法教育与执法检查

一　普法教育

1996—2000年，开展“三五”普法宣传教育、验收、统计法制宣传教育活动。1200余个单位领导、统计人员参加普法学习，普法率100%，通过市、区两级考核验收。开展“统计法实施细则”宣传，发放学习宣传册1000余本。2000年，与红桥区职工大学达成联合办学协议，建立一整套教学体系，110余名统计人员报名参加上岗培训。2001—2005年，开展“四五”普查宣传教育活动，制订“四五”统计普法工作规划。专、兼职统计人员参加宣传教育活动，普法率100%。2006—2010年，制订“五五”普法规划，举办统计法讲座、培训班、函授、知识竞赛等形式宣传教育活动，900人次参加。

二　执法检查

1989年，对区属企业统计基础工作执法检查。1990年，以自查和抽查形式，定期开展统计法规执行情况大检查。1991—1992年，对统计数据质量和统计报表检查。1993年，分组抽查统计法规执行情况。1994—1997年，以自查和抽查相结合方式进行统计执法检查。1998年，对统计弄虚作假情况执法检查。对统计数据质量、统计相关人员、统计调查对象全面检查。2001年，重点检查依法设置统计机构、依法进行统计调查以及统计原始记录和统计台账等基础工作。2003年，700余家企事业单位千余人参加自查，重点抽查15家企业。2004年，568个企事业单位、社会团体登记。2005年，下发“统计报表催报通知书”20余份，“统计行政处罚事先告知书”2份。2008年，对30个单位实行书面统计执法检查，对统计违法行为做限期责令改正处罚。查出有统计违法行为的单位13个，对其中2家企业做出警告处罚决定，其余11家企业下发责令整改通知书，限期整改。2010年，各委、办、局下属企事业单位和限额以上企业300余家统计执法自查。对30个限额以上企事业单位进行重点抽查。

第三节　统计调查

一　重点普查

（一）人口普查　1982年7月1日零时作为第三次全国人口普查计算标准时点。1987年7月，以1990年7月1日零时作为第四次全国人口普查计算标准时点。1999年7月，成立第五次人口普查办公室。组成综合组、宣传组、普查登记组、编码组，负责组织实施人口普查。2000年1月，各街道成立人口普查领导小组，街道办事处、派出所、驻街单位成立街人口普查办公室，负责人口普查组织实施。区域划分、户口整顿与调查摸底、入户普查登记、快速汇总、普查表编码等各阶段工作，通过市人口普查办公室质量抽查验收。2000年11月1日零时作为第五次全国人口计算标准时点。2010年4月，成立第六次人口普查领导小组，组织实施人口普查。9月，召开第六次人口普查工作部署和遥感影像系统区域划分方法、绘制过程培训会议。2010年11月1日零时作为第六次全国人口计算标准时点。人口普查采用按现住地登记原则，采用普查员入户查点询问、当场填报的方式进行。

（二）经济普查　2004年，成立区第一次经济普查领导小组和办公室，建立区、街、居委会三级普查工作机构，启动清查摸底工作。2005年，启动普查登记，录入数据核实评审。2006年6月，完成普查工作。普查标准时点为2004年12月31日，时期资料为2004年度。普查对象是在行政区域内从事二、三产业的全部法人单位、产业活动单位和个体经营户。普查主要内容包括单位基本属性、就业人员、财务状况、生产经营情况、科技活动情况等。普查数据资料编纂成《天津市红桥区第一次经济普查汇编》。

2008年，拟定《红桥区第二次经济普查实施方案》，普查分三个阶段：是年12月前为普查准备阶段，对各类普查对象进行清查摸底；2009年1—6月为普查登记、数据处理阶段；是年6月为数据发布、开发使用、总结和表彰阶段。统一组织普查标准时点2008年12月31日，时期资料为2008年度，普查对象为辖区内从事二、三产业的全部法人单位、产业活动单位和个体经营户。普查的主要内容为单位基本属性、从业人员、财务状况、生产经营情况、生产能力、能源消耗、科技活动情况等。

红桥区第一次经济普查主要数据表

表8-1

类别	单位总数(个)	从业总人数(万人)	指标	单位数(个)	从业人数(万人)
全部法人单位	3009	-	企业法人	2417	-
			机关、事业法人	313	-
			社会团体法人	25	-
			其他法人	254	-
全部产业活动单位	847	10.61	第二产业	95	2.99
			第三产业	752	7.62
个体经营户	15826	2.75	第二产业	226	-
			第三产业	15600	-

红桥区第二次经济普查主要数据表

表8-2

类别	单位总数(个)	从业总人数(万人)	指标	单位数(个)	从业人数(万人)
全部法人单位	6135	82278	企业法人	5426	55963
			机关、事业法人	341	23687
			社会团体法人	90	451
			民办非企业法人	86	920
			其他法人	192	1257
全部产业活动单位	6775	91153	第二产业	800	19408
			第三产业	5975	71745
个体经营户	33925	58299	第二产业	348	775
			第三产业	33577	57524

（三）基本单位普查　1996年，组织全区进行第一次基本单位普查。普查对象为行政区域内全部法人单位和产业活动单位。普查标准时点为1996年8月31日，调查资料年度为1996年。主要普查单位基本标识、主要社会经济属性、主要经济活动规模及其分类结构等。普查有关数据为：全区各类法人

3589个，其中第一产业1个，第二产业1111个，第三产业2477个。4300个单位参加。

2001年，开展第二次基本单位普查工作，时点是10月31日，调查资料年度为2001年。普查内容包括基本标识、主要社会经济属性、主要经济活动规模分类结构。

二　抽样调查

（一）1%人口抽样调查　1987年，抽样调查全区1%人口变动情况。1988—2010年，每年组织1%人口变动情况抽样调查。11月1日零时为调查标准时点，涉及全区各街居委会，项目为人口数量、构成、居住等方面变化情况，外来人口规模、分布及结构，为制订全区经济社会发展规划和有关政策，提供依据。

（二）城镇住户基本情况抽样调查　2004年，开展城镇住户基本情况抽样调查，涉及26个居委会1040户居民。2007年，调查涉及46个居委会1840户居民。2010年，调查涉及30个居委会1500户居民。

第四节　统计服务

一　统计报表

1981—1988年，每年上报包括区街集体工业、商业、饮食业、服务业等专业定期统计报表，区属企事业、行政机关单位劳动工资等专业年、季、月定期统计报表30余种。主要包括人口、计划生育、城市建设、文教、科技、卫生、社会福利、环境、劳动等方面的统计报表80余种。1989年，工业统计年报增加工业企业能源消耗情况表和反映经济效益统计表，商业统计增加反映企业经营情况的年、季定期统计报表。1992年，工业统计月报表新增加工业产品生产、销售、库存月报表和工业主要经济指标月报表。增加三资企业综合统计月报表。1993年，实行工业企业基层一套表。主要包括工业企业基本情况，工业生产、销售与库存，财务状况，劳动情况，原材料、能源消耗与库存，技术开发以及工业企业经营业务情况等。行政事业及服务业单位首次填报统计年报表，实行服务业年报全行业超级汇总。年报基本内容分为行政事业单位和服务业企业财务状况表。1996年，批发零售贸易、餐饮业统计由之前的全面调查方法改为抽样调查。2001年，工业综合表单独设置主要工业产品产量表，基层表增加工业企业主要经济指标表。增加重点商场“黄金周”营业情况调查、限额以上连锁餐饮业经营情况统计。2003年，“非典”时期对部分餐饮企业进行3个月重点调查。2005年，工业统计报表为年报、定期报表和全国联网直报，年报范围为全部规模以上工业企业，实行全国统一统计分类标准和统一编码。2010年，涉及各专业统计报表170余种。其中，定期统计报表70余种，用于统计调研分析及社会经济统计资料汇编百余种。

二　统计资料

1976年，恢复出版统计资料汇编，以后逐年出版。汇编收录区国民经济和社会发展统计公报及人口、计划生育、婚姻、财政、经济发展、城市建设和管理、教育科学文化、体育卫生等方面统计数据资料。1997年始，统计数据资料公开发布。历年统计资料有《红桥区历年人口普查资料》《红桥区2000年人口普查资料》《红桥区2010年第六次人口普查资料》《红桥区第一次经济普查资料汇编》。

三　统计分析

1981—1988年，撰写各类统计监测、经济运行、专项统计等分析文章80余篇，以情况简报的形式发送给区党政领导及区属有关单位，发挥统计职能作用。1989—1992年，撰写各类统计监测、经济运行、专项统计、论文资料50余篇。1993—1998年，撰写各类统计监测、经济运行、专项统计等分析文章100余篇。1999—2002年，撰写各类统计监测、经济运行、专项统计等分析文章近百篇。2003—2010年，撰写各类统计分析资料250余篇。

四　部门统计

1989年始，全区各有关单位统计报表资料抄报区统计局。2005—2010年，增加税收、科技、就业、投资、社会保障等统计。

第三章　工商行政管理

改革开放后，随着经济发展和市场繁荣，工商部门对新兴企业进行扶持和管理，实行经济监督和市场管理，扶持各种所有制经济的持续发展，维护公平有序的市场交易环境。进入21世纪后，随着集贸市场逐渐发展壮大，工商部门职能调整为单一商场管理，工作重心立足服务经济发展、维护消费者权益、打击假冒伪劣产品等不法市场行为，规范和维护市场经济秩序、促进公平竞争，确保全区工商业健康有序发展。

第一节　机　构

一　沿革

1978年，工商科从财政局划出，成立工商行政管理局。内设办公室、政工科、市场科。1981年，增设合同科、打击投机倒把科、行政科。1982年，增设广告科。1984年，增设个体经济管理科。政工科更名为人事科。撤销行政科，企业登记管理科和商标广告管理科。1988年，成立市场检查中队。1990年，增设法制科。1992年，人事科与监察科合并为人事监察科，行政科更名为行政财务科，个体经济管理科更名为个体私营经济管理科。1993年，成立咸阳北工商所、三条石工商所和先春园工商所。1999年，改制为天津市工商行政管理局红桥分局，实行垂直管理。2000年，将彰武路农贸市场所并入咸阳北工商所，单街子市场所合并到大胡同工商所。增设分局信息中心。2001年，零号路市场所更名为零号路工商所，水产批发市场管理所更名为专业市场管理所。2002年，撤销个体科、企业科，增设企业注册登记科、企业监督管理科。2003年，零号路工商所更名为桃园工商所，南头窑工商所更名为铃铛阁工商所，咸阳北工商所更名为咸阳工商所，新村工商所更名为丁字沽工商所。增设外资企业管理科、消费者权益保护科；合同科并入市场科，宣教科并入人事科，外资科并入注册科，消保科并入经检科。撤销三条石工商所。2010年，内设办公室、人事科、宣传教育科（党组办公室）、监察科、行政财务科、法制科、市场（合同）科、企业管理科、注册科（外资科）、商标广告科、消费者权益保护科、信息中心、经济检查执法局；下设咸阳工商所、桃园工商所、丁字沽工商所、大红桥工商所、大胡同工商所、大胡同小百批发市场工商所、专业工商所、西站工商所、铃铛阁工商所，个体私营企业协会、消费者协会、招商办。

二　人员

1981年，编制28人。1984年，编制126人。1988年，编制307人。2003年，编制309人。2010年，编制267人。

第二节 企业登记注册

一 国家集体企业登记

1979—1992年，工商企业登记从逐步恢复到全面确立。1992—2002年，以确认市场主体资格为主，企业登记范围逐步拓宽。2003—2010年，严格掌握市场主体准入关。

1979年，全区零售商业企业全面登记，核发营业执照336家。1980年，开展工业企业整顿和注册登记，核发企业营业执照192个。1981年，办理各类工商企业开业登记注册923家。1982年，集中注册登记153个小型集体商业网点。1983年，换发营业执照377个，新发营业执照141个；集体企业换发营业执照565个，新发营业执照31个。1984年，商业、饮食、服务、修理等行业企业核发营业执照232家。1985年，注册登记国营、集体工商企业299家。1986年，清理党政机关经办企业9家，整顿企业公司10家，注册登记国营、集体工商企业134家。1987年，注册登记国营、集体工商企业2651家。1988年，实施《企业法人登记条例》。1989—1990年，全区工商企业有3279家。1991年，新注册登记企业392家，注销登记145家，办理变更456家，全年注册登记工商企业3289家。1992年，企业登记注册809家，对2649家企业公告年检。1993年，办理开业登记工商企业1708家，全区企业5354家。初审登记外资企业14家，全区外资企业43家。1994年，办理开业登记内资企业827家，全区企业5644家。1995年，注册登记工商企业717家，变更登记1917家，注销登记589家。1996年，办理开业登记内资企业700家，变更登记2793家。1997年，实行办理证照工商企业名称核准服务，实现工商登记许可和银行开户、刻章“一站式”服务。办理登记注册企业456家，变更1725家，注销888家，全区登记注册企业5310家。1998—1999年，办理登记注册企业238家，注销741家，登记注册企业3972家。2000年，办理登记注册企业248家，注销登记657家。2001年，办理注册登记企业99家，依法注销营业执照463家。2002年，对金融证券、药品及医疗器械、化学危险品、成品油、娱乐业等11个行业进行年检，审查、督促办理变更手续百余家。新开业内资企业87家，办理变更469家。2003年，实行“并联审批”行政审批模式，审批餐饮、食品生产、公路运输、印刷等经营项目27个，办理登记企业64家。2004年，328家企业涉及变更法定代表人、股东、注册资本等重大事项申请，实行“一审一核”登记制度。2005年，推行工商与其他部分行政许可部门“并联审批”和登记受理人员“一人核准”制，注册登记工商企业68家，注册资本百万元以上企业31家。2006年，办理注册登记企业85家，取缔无照经营1600余家。2007年，疏导企业注册1605家，取缔54家，责令停业256家。登记注册国有、集体企业80家，全区登记注册企业1496家。2008年，登记注册国有、集体企业49家，增注册资本7.19亿元。2009年，登记注册国有、集体企业35家，注册资金22.59亿元。2010年，登记注册国有、集体企业56户，注册资金14.23亿元。

照8-1 区行政许可服务大厅服务接待日活动
（工商红桥分局提供）

1979—1984年红桥区工商企业基本情况登记表

表8-3　　单位：户

年份	总户数	资金总额（万元）	行业分类						
			工业	建筑业	交通运输业	商业	饮食业	服务业	修理业
1979	91	16544	17	14	7	28	12	3	10
1980	170	166847	34	8	5	92	13	10	8
1981	2023	48947.26	457	32	17	1033	204	280	–
1982	2147	71666.17	567	40	22	976	247	163	132
1983	1039	58581.52	294	7	8	552	90	73	15
1984	1100	66180.99	302	8	8	591	107	72	12
合计	6570	428766.94	1671	109	67	3272	673	601	177

二　私营企业、个体工商户登记

1979年，登记考核批准157个37种手工行业和修配服务业，批准17家生产厂开设所属门市部。对339个售货车、摊、亭发放证照，实行持证经营。1980年，个体工商户1140家，从事行业27种1259人从业。1981年，个体工商户分成205个组管理。1983年，新开个体工商户1656家。1984年，换发全国统一个体营业执照。为个体工商户发放经营胸章。1986年，对个体工商户进行贴花验照。1987年，实行领取营业执照前培训，761人参加。1988年，换发新照5730家。126家理发、照相、服装裁剪技术等级评定。1991年，制订促进个体、私营经济健康发展意见和加快第三产业发展补充意见，治理886家个体坐商、828家个体运输户，规范260家坐商亮照经营，取缔无照经营175家。1992年，允许“一业为主兼营多项”。1993年，私营企业个数增至109家，从业1704人，注册资金1999.86万元。1995年，建立个体私营经济发展基金，个体私营企业向生产型、科技型转变。1998年，首家私营企业集团——天骄集团注册登记，注册资金8000万元。2002年，引进第一家资产上亿私营企业天津极玖贸易发展有限公司，创办天津大舞台。2004年，个体工商户经营秩序规范整治，对不亮照经营责令改正和处罚。

2005年，引导、帮扶下岗、无业从事个、私经营1225人。2007年，新增个体工商户2407个，新增私营企业296家。2008年，新增个体工商户3332个，新增各类私营企业36家。2009年，新增个体工商户1430个，新增各类私营企业380家。2010年，新增个体工商户1893个，新增各类私营企业472家。

1985—1995年红桥区工商企业基本情况登记表

表8-4

单位：户

年份	总户数	资金总额（万元）	农、林、牧、渔、水利业	工业	地质普查和勘探业	建筑业	交通运输邮电信讯业	商业公共饮食物资供销和仓储业	房地产管理公共事业居民服务和咨询服务业	卫生体育和社会福利事业	教育文化和广播电视业	科学研究和综合技术服务事业	金融保险	其他行业
1985	1030	63632.56	–	223	–	5	11	699	83	–	9	–	–	–
1986	1043	70620.9	–	223	–	3	13	716	75	–	10	1	2	–
1987	2648	104319.22	–	647	–	63	52	1606	264	–	10	1	4	1
1988	3034	111417	1	714	–	83	55	1840	278	–	11	2	44	6
1989	3276	116937	1	785	–	80	56	2005	279	–	11	4	48	7
1990	3279	119025	1	799	–	78	52	1990	272	–	15	12	52	8
1991	3289	148619	2	834	–	75	42	1969	254	–	19	34	52	8
1992	4025	167955	2	1001	–	102	53	2393	284	1	20	101	54	14
1993	5367	–	1	1240	–	153	91	3202	363	1	24	209	58	25
1994	5678	–	1	1318	2	178	99	3386	347	1	27	221	64	34
1995	5426	214912	–	1287	2	242	95	3157	21	300	13	229	78	2
合计	38095	1117437.68	9	9071	4	1062	619	22963	2520	303	169	814	456	105

1996—2010年红桥区工商企业基本情况登记表

表8-5

单位：户

年份	总户数	资金总额（万元）	电力、热力、燃气及水生产和供应业	房地产业	建筑业	交通运输仓储和邮政业	金融业	居民服务、修理和其他服务业	科学研究和技术服务业	农林牧渔业	批发和零售业	水利、环境和公共设施管理业	文化体育和娱乐业	卫生和社会工作	租赁和商务服务业	住宿和餐饮业	制造业	软件信息技术信息传输
1996	6634	397411	3	56	319	131	64	162	326	4	2999	5	29	1	151	450	1933	1
1997	7790	437458	3	81	362	138	71	171	368	4	3785	6	35	1	204	457	2098	6
1998	8361	488746	4	121	395	143	74	183	408	4	4024	7	38	2	225	485	2240	8
1999	6280	3443388	3	394	462	112	153	259	963	1	2142	31	90	5	669	97	786	113
2000	9189	640514	4	154	463	151	77	200	542	5	4337	9	38	2	255	503	2436	13
2001	10023	684408	4	169	473	157	80	206	592	5	4460	13	29	3	271	1006	2508	47
2002	9954	725780	4	183	490	165	84	216	639	5	4632	14	42	3	296	510	2600	71
2003	9438	754361	4	208	491	165	88	200	754	4	4380	15	41	2	281	510	2237	58
2004	9633	807731	4	247	516	177	90	219	697	4	4483	16	44	2	304	514	2297	19
2005	9982	860652	4	270	540	180	100	336	733	4	4571	18	42	2	322	516	2316	28
2006	10876	1003380	6	367	616	194	125	283	875	4	4895	18	46	2	398	527	2483	37
2007	11180	1119658	6	391	652	201	148	291	931	4	4964	18	50	2	435	532	2516	39
2008	11569	1487282	6	418	691	214	157	301	995	4	5100	20	53	2	485	535	2545	43
2009	12020	1594658	6	445	732	225	167	322	1092	4	5243	27	60	2	548	540	2560	47
2010	12474	1794462	6	487	770	231	191	331	1159	4	5392	30	76	2	621	548	2577	49
合计	145403	16239889	67	3991	7972	2584	1669	3680	11074	60	65407	247	713	33	5465	7730	34132	579

1979—1995年红桥区个体工商户登记情况统计表

表8-6

年份	总户数(户)	总人数(人)	资金总额（万元）	行业分类											
				手工业		交通运输业		商业		饮食业		服务业		修理业	
				（户）	（人）	（户）	（人）	（户）	（人）	（户）	（人）	（户）	（人）	（户）	（人）
1979	581	594	–	278	283	–	–	122	124	–	–	–	–	181	187
1980	1140	1259	13.9	206	254	21	21	383	408	54	69	79	81	397	426
1981	2058	2377	31.4	387	516	102	103	926	987	146	167	126	146	371	458
1982	2255	2617	35.8	458	589	133	134	971	1038	166	191	142	166	385	499
1983	3430	3893	67.7	551	694	162	163	1883	2011	295	335	148	171	391	519
1984	4155	4587	119.3	591	699	253	254	2459	2643	346	379	138	159	368	453
1985	6393	7165	271.4	656	787	254	260	4246	4635	677	787	177	219	383	477
1986	5796	6496	258	600	720	401	405	3515	3820	737	884	166	197	377	470
1987	6700	7531	417	590	709	522	529	4091	4452	925	1149	192	221	380	471
1988	5975	6886	926	392	466	635	682	3548	4012	932	1147	186	234	282	345
1989	6993	8088	1398	427	508	854	919	3998	4495	1168	1493	234	290	312	383
1990	6062	6815	1234	408	480	707	744	3355	3640	1069	1382	233	257	290	312
1991	6189	6962	1456	428	512	779	814	3365	3651	1101	1427	245	268	271	290
1992	5335	5694	2050	277	300	916	925	2867	2926	686	868	363	437	226	238
1993	7898	8819	6840	334	371	1906	1941	3831	4305	1009	1298	548	624	270	280
1994	11442	13352	11071	434	482	2279	2326	6094	7463	1440	1798	762	838	433	445
1995	12924	14978	13379	331	410	2350	2670	7072	8218	1584	2008	962	1007	625	665
合计	59326	108113	39568.5	7348	8780	12274	12890	52726	58828	12335	15382	4701	5315	5942	6918

1996—2010年红桥区个体工商户登记情况统计表

表8-7

年份	总户数（户）	总人数（人）	资金总额（万元）	行业分类																			
				建筑业		交通运输、仓储和邮政业		居民服务、修理和其他服务业		科学研究和技术服务业		批发和零售业		文化、体育和娱乐业		信息传输、软件和信息技术服务业		制造业		住宿和餐饮业		租赁和商务服务业	
				户	人	户	人	户	人	户	人	户	人	户	人	户	人	户	人	户	人	户	人
1996	1643	1777	3158	2	2	134	162	80	95	13	17	1306	1346	7	7	1	1	41	53	57	91	2	3
1997	2097	2280	4310	3	3	242	291	96	111	20	24	1585	1632	11	13	1	1	60	75	74	123	5	7
1998	2689	3127	5599	6	6	337	403	150	174	24	28	1947	2015	16	18	1	1	88	108	112	364	8	10
1999	3500	3841	7266	8	8	447	534	194	220	37	45	2484	2568	24	26	1	1	133	156	159	268	13	15
2000	5656	6155	11097	47	48	550	652	323	370	56	63	4174	4355	29	32	33	33	216	242	209	332	19	28
2001	12966	14101	22380	68	69	2532	2891	861	933	126	138	7772	8062	91	103	54	58	547	610	836	1153	79	84
2002	13902	15086	25056	77	78	2678	3055	947	1021	137	153	8355	8660	95	107	54	58	594	657	883	1209	82	88
2003	15252	26072	28870	89	90	2751	3136	1053	1132	150	166	9343	19265	96	108	58	62	697	762	928	1258	87	93
2004	18333	19779	36707	127	138	3159	3613	1285	1386	180	197	11528	11924	101	113	62	66	804	900	982	1329	105	113
2005	20572	22040	57475	162	174	3294	3769	1683	1773	200	216	13030	13419	103	115	65	68	892	991	1023	1387	120	128
2006	22894	24359	64395	197	209	3403	3893	2041	2156	223	243	14724	15052	103	115	65	68	943	1047	1054	1427	141	149
2007	25173	26350	70087	212	226	3482	3990	2242	2361	241	262	16570	17079	104	117	65	68	979	1083	1114	1490	164	174
2008	29106	30348	78042	228	242	3548	4072	2463	2589	279	305	19938	20279	116	132	69	72	1035	1140	1212	1588	218	229
2009	30746	32408	86376	240	255	3610	4141	2612	2741	206	332	21276	21623	131	148	71	74	1064	1169	1269	1646	267	279
2010	32870	34455	93740	264	279	3656	4192	2746	2882	339	367	22920	23272	141	158	72	75	1097	1203	1313	1692	322	335
合计	237399	262978	594558	1730	1827	33823	38794	18776	19944	2231	2556	156952	170551	1168	1312	672	706	9190	10196	11225	15357	1632	1735

三　外资企业管理

1984年，天津(中日)华意电子有限公司成为区内第一家登记注册的中外合资企业。1993年，对外资企业进行后期监督管理。1995年，注册外资企业80家，投资总额3118.5万美元，注册资本2509.5万美元，其中工业比重最大，占96%。至2001年，实有外商投资企业64家，合资企业33家，合作企业3家，独资企业28家，总投资5256.36万美元。至2010年，对外资企业开展注册资金缴付情况调查，对未按期缴付的企业催缴。累计外商投资企业35家，外资分支机构79家，投资总额3.85亿美元。

1984—2010年红桥区部分外资企业注册登记情况统计表

表8-8　　　　单位：个

年份	企业数	资金总额（万元）	行业分类									
			房地产业	建筑业	居民服务修理和其他服务业	科学研究和技术服务业	农、林、牧、渔业	批发和零售业	信息传输、软件和信息技术服务业	制造业	住宿和餐饮业	租赁和商务服务业
1984	1	70	–	–	–	–	–	–	–	1	–	–
1985	3	195	–	–	–	–	–	–	–	3	–	–
1986	3	195	–	–	–	–	–	–	–	3	–	–
1987	3	195	–	–	–	–	–	–	–	3	–	–
1988	3	195	–	–	–	–	–	–	–	3	–	–
1989	3	195	–	–	–	–	–	–	–	3	–	–
1990	7	360	–	–	–	–	–	–	–	7	–	–
1991	10	595	–	–	–	–	–	–	–	10	–	–
1992	27	1151	–	1	–	–	–	–	1	23	1	1
1993	51	2514	–	1	–	–	–	3	2	42	1	2
1994	82	4511	1	2	1	1	–	5	3	66	1	2
1995	111	7159	1	3	1	1	–	6	3	89	2	5
1996	121	11020	1	3	1	1	–	7	3	98	2	5
1997	139	16646	2	3	2	1	1	11	3	109	2	5
1998	152	17419	3	4	2	1	2	18	3	112	2	5
1999	156	17466	3	4	2	1	2	20	3	114	2	5
2000	168	17726	4	4	2	1	2	23	4	120	2	6
2001	177	18258	6	4	2	1	2	25	4	124	3	6
2002	193	19973	9	4	2	1	2	27	5	132	4	7
2003	206	22129	14	4	2	1	2	32	5	135	4	7
2004	219	22689	22	4	2	3	2	32	5	137	5	7
2005	236	26523	25	4	2	3	2	34	10	143	5	8
2006	244	29523	29	4	2	5	2	35	11	143	5	8
2007	262	98129	30	4	2	5	2	39	11	156	5	8
2008	282	123109	31	5	2	5	2	53	11	158	5	10
2009	304	127119	34	5	2	6	2	64	12	159	9	11
2010	314	127180	39	5	2	7	2	66	11	159	9	14
合计	3477	712244	254	68	31	44	27	500	110	2252	69	122

第三节 市场建设 市场监管

一 市场建设

照8-2 五爱道市场 （区市场监管局提供）

1979年，建成五爱道、大伙巷、陵园路集贸市场，以出售农副产品为主。1980年，集贸市场改、扩建。1981年，建成营门北开旧家具、旧木材市场，上市摊位9100个次。1983年，建成四新道、咸阳北农贸市场，单街子小商品市场增加摊位800个。1984年，建成营门西综合市场、河北大街早市、西站广场前夜市。1985年，建成文昌宫民族食品一条街。农副产品成交量3万吨，成交额2400余万元，工业品成交额2484万元。1986年，大胡同新开路建成全封闭日用小商品批发市场，开设摊群市场34个。1987年，建成大胡同工业品批发市场。上市摊位128个次，商品成交额突破亿元。1989年，建成占地1889平方米的零号路农贸市场。街办事处陆续建成摊群市场17个。年上市摊位63万余个次，农副产品成交量3.64万吨，成交额1.9亿元。1990年，建成齐兴村农副产品批发市场。上市摊位67万个次，成交额2.02亿元。1991年，成交量5.17万吨，成交额2.97亿元。1992年，大胡同小商品批发市场建成开业，1100个摊位实现成交额1.5亿元。全区各类市场48个，成交量5万吨，成交额4.2亿元。1993年，开办三号路食品、大胡同食品批发市场，年集贸市场成交额5.45亿元。1994年，建成大胡同市场，年成交额12.4亿元。1995年，全区48个市场登记，颁发“市场登记证”。年成交额18.95亿元。1996年，大胡同批发市场二期——天奕商城建成开业。1997年，民营企业在红旗北路旁投资开办登发装饰大世界市场，年成交额39亿元。1998年，实施占路市场退路进厅。1999年，在中环线与光荣道交口，指导兴建百乐装饰城。全区年成交额45亿元。2000年，大胡同小百货批发市场、彰武路市场、零号路市场、五爱道市场、陵园路市场、大伙巷市场移交大胡同集团。营门西综合市场等12处占路市场退路进厅，清退摊位3000余个次。

2001年，组建集贸市场发展协会。2002年，西青道农贸市场、万隆百货批发市场、永丰楼农贸市场、中嘉花园市场、一号路食品批发市场建设，单街子等8个占路市场退出，实现占路市场退路进厅。2004年，区集贸市场协会注销，工商部门完全剥离对市场建设的管理，只负责市场经营管理和服务。

2010年红桥区商品市场基本情况一览表

表8-9

市场名称	地址	面积（平方米）	开业年份	经营项目	摊位数（个）
大胡同小百货批发市场	金钟桥大街	1706397	1992	服装、小百货	560
天奕商城	南运河南路9号	60000	1996	服装、小百货	1800
大胡同南方小商品市场	大胡同商业街12号	5200	1997	电器、百货	84
都行商城	归贾大街8号	58000	1997	服装、玩具	1501
登发装饰大世界	红旗北路10号	53000	1997	装饰建材、家电	550
万隆大胡同商业中心	北马路138号	197704	1999	服装、小百货	4457
凯通达服装市场	爱华里	1000	2002	服装、小百货	80
红星美凯龙家具建材广场	红旗路1号	50000	2004	装饰建材、家具	281
泊胜达农副产品市场	西青道煤建东大道6号	2900	2005	农副产品	350

续表

市场名称	地址	面积（平方米）	开业年份	经营项目	摊位数（个）
富凯鑫服装市场	金钟桥大街5号	622	2005	服装、小百货	100
桃花园农贸市场	红塔寺邢台里1号	3004	2006	农副产品	200
子牙里菜市场	西于庄增产大街158号	10530	2006	农副产品	130
西青道农副产品市场	西青道4号	8000	–	农副产品	120
潞源农副产品市场	开源道与本溪路交口	1400	2006	农副产品	188
天隆达小商品市场	北马路23号	30000	–	小百货	2000
水木天成服装市场	红旗北路10号	3000	2006	服装	70
大同门农贸市场	光荣道	10000	2007	农副产品	327
香泉茶叶市场	西青道94号	4000	–	茶叶	38
泰日丰茶叶市场	芥园道10号	15000	2010	茶叶	120
欧亚达家具建材广场	西青道58号	39000	–	装饰建材、家具	300

二　市场管理

八九十年代，查处市场违法行为，采取罚没现金、没收粮票等形式查处各种市场违章、违法案件。进入21世纪，对市场实行制度化管理，创建文明市场，开展专项治理，对违章违法案件加大打击力度，市场发展健康有序。

照8-3　1983年，区工商局执法人员在五爱道市场对衡器进行“验称”

（区市场监管局提供）

2001年，出动执法干部1500余人次，检查店、点、摊8000个，查处各类违章违法案件328件。节日期间受理消费者投诉76件，新发各类集贸市场证照173家，取缔占路市场经营户300余家，取缔无照经营280家，挽回经济损失万余元。2002年，对大胡同地区57家“总代理”“总经销”“专卖店”按照“一照三证一书”标准进行逐户审核，对33家手续不全经营户责令摘牌。2003年，265个生产销售清真食品企业、商店、摊点和19个市场主办单位380家食品经营户，登记建档立卡，签订承诺书和保证书。2004年，大胡同地区、登发装饰城建立联系点，实行“总经销”“总代理”备案制度。建立709家食品行业管理台账，对超市实行索证索票制度。2005年，查办一般程序案件197件，简易程序案件1201件，其中万元以上案件81件。立案查处假冒服装11件、卫生系统“120”商业贿赂及“强制保险案”等案件，罚没百余万元。2006年，创建2个市级文明市场，建立4个诚信经营示范区。核减49家不具备经营条件企业经营范围；对粮食、菜、酱制品、调料等食品检查和检测20余次；查处假冒、欺诈、商业贿赂等案件41件，罚没60万元，查处取缔无照经营1600余家。2007年，大型市场商城建立消费者投诉站11个。2008年，开展“治理侵犯奥林匹克标志专用权和假冒世界知名品牌”专项行动，查扣假冒商品3.5万件，涉及10余个世界知名商标。2009年，信用监管分级管理各类市场经营主体信息集中采集，信息录入22个市场7000余个商户。2010年，7个市场1300余个无照经营者办理营业执照。

第四节 商标监督 广告监督

一 商标监督

1981年，申请商标注册64个，核准47个，批驳9家企业。139个商标按照规定使用。保留26个，撤销20个。1983年始，实施《中华人民共和国商标法》。1995年，312家企业注册商标488种。查结假冒侵权案件18件，销毁假冒商标标识46.49万个，罚款5577元。至1999年，全区有效注册商标301个。2000—2002年，津酒集团等单位申报全国驰名商标，中药饮片厂等6家企业天津市著名商标复审。2007年，正本电器有限公司开关板被市工商局认定为著名商标，为区首家拥有著名商标的私营企业。2008年，清理检查旅游、丧葬用品、危险品、文化出版物、手机、洗涤用品市场，查扣3.5万件假冒商品，涉及10个世界知名商标。天津敬一堂制药有限公司"敬一堂"牌商标，中英保健品有限公司"中英"牌商标，华一有限公司图形商标被认定为天津市著名商标。2009年，"华一""华云"等品牌申报天津市著名商标。2010年，"小李烧鸡"制订商标许可合同和商标使用授权，实现规模化连锁经营，为红桥首个拥有天津市著名商标个体工商户。是年，一批老字号被认定为天津市著名商标，进行商品保护注册。全区商标注册461个。

1999—2010年红桥区市政府认定著名商标企业一览表

表8-10

企业名称	企业类别	商标名称	认定商品	认定时间(年)	商标类别
天津津酒集团	国有独资	津酒	白酒	1999	第33类
天津东方气体工程工程技术开发有限公司	私营有限公司	东方	减压器及压力表	1999	第7类
天津利金粮油股份有限公司	国有	利达	小麦粉	1999	第30类
天津利金粮油股份有限公司	国有	月季花	食用植物油	1999	第29类
天津耳朵眼炸糕餐饮有限公司	有限责任公司	耳朵眼	炸糕	1999	第42类
天津中药饮片厂	国有	津春	中药饮片	2001	第5类
天津市津久起重工具厂	国有	津久	手扳葫芦	2001	第7类
天津津酒集团	国有独资	直沽	白酒	2001	第33类
天津万荣化工工业公司	集体	303	涂料	2001	第2类
天津万荣化工工业公司	集体	万嵘	涂料	2003	第2类
天津宏仁堂药业有限公司	国有控股	红花	中成药	2004	第5类
天津津酒集团	国有独资	玉羊	果露酒	2006	第33类
天津小李烧鸡店	个体	小李	烧鸡	2006	第29类
天津华一有限公司	私营有限公司	图形(华一)	食品及卷烟包装机械	2006	第7类
天津市正本电器有限公司	私营有限公司	图形	电站自动化装置、电力装置等	2007	第9类
天津敬一堂药业	私营有限公司	敬一堂	中药饮片	2008	第5类
天津华一有限公司	私营有限公司	图形	食品包装机械；包装机	2009	第7类
天津华云自动化有限公司	私企有限公司	图形	空气开关、低压电器、控制柜	2009	第9类
天津华云自动化有限公司	私企有限公司	华云	计算机器控制设备装置	2009	第9类
天津市红桥区饮食公司新村基层店	国有	大福来	谷类制品	2010	第30类
天津市中英保健食品有限公司	私企有限公司	中英	调味品、酱油	2010	第30类
天津市中英保健食品有限公司	私企有限公司	中英	调味品	2010	第30类
天津市天骄化工有限公司	私企有限公司	图形	化学试剂；工业用化学品	2010	第1类
天津市嘉杰电子有限公司	私企有限公司	嘉杰	电子监控设备	2010	第9类
天津市古兰斋清真食品有限公司	私企有限公司	古兰斋	糕点、面包	2010	第30类
天津大胡同集团有限公司	有限责任公司	大胡同	不动产出租、不动产管理	2010	第36类

二　广告监管

1983年，对经营及兼营广告业务企业进行清理登记，为4个单位发放经营许可证。刊登广告期刊6种，霓虹灯广告81块，路牌广告9块，门前广告4块，商业橱窗广告4块。1984年，广告媒体单位有社会广告栏128块，橱窗广告85处，霓虹灯广告9块，路牌广告25块。1985年，重点查处假冒商标、滥用商标和虚假广告案件56件。1986—1992年，实施《广告管理条例》《广告管理条例实施细则》。1993年，核准广告经营单位19家，有广告经营单位39家。1995—1999年，有定点印刷单位82家。有霓虹灯广告95块，路牌广告86块，车体广告307块。2000年，对企业、店铺名称、字号规范检查。2001—2004年，“二十强百佳”广告经营单位3家。2005—2007年，查处网络违法广告11件，立案查处虚假宣传案件10件，罚没款17.5万元。2008年，对使用奥林匹克标志作为商业广告进行纠正，调整12块户外广告牌。2009年，对区电视台、5家杂志社广告宣传规范管理。摘掉25家误导消费的“总经销”“总代理”牌匾。

2010年，专项整治虚假违法广告。对药店、医院、广告公司等广告重点监控单位，推行广告责任人定向承诺签约制度。大型连锁药店8家、社会办医企业9家、广告经营单位59家，签订定向承诺书76份。

1984—2010年红桥区商标、广告业务基本情况统计表

表8-11

年份	注册商标(件)	广告经营单位(个)	年份	注册商标(件)	广告经营单位(个)	年份	注册商标(件)	广告经营单位(个)
1984	258	6	1993	425	39	2002	287	114
1985	273	8	1994	429	53	2003	301	125
1986	275	13	1995	488	57	2004	296	148
1987	316	14	1996	399	63	2005	330	160
1988	344	19	1997	275	65	2006	288	169
1989	351	17	1998	263	82	2007	223	181
1990	341	18	1999	301	101	2008	168	180
1991	367	16	2000	385	103	2009	446	169
1992	402	22	2001	367	122	2010	461	105

第五节　经济合同管理

一　合同签订与检查

1979年始，管理经济合同，调解仲裁纠纷，调查20余家工商企业。1980年，94家工贸关系工业企业中82家签订合同；商贸关系94家工业企业中91家签订合同。1981年，91家企业签订合同。1983年，82家企业签订合同，其中加工合同21份，总价值28万元；购销合同398份，总价值1.69亿元。1984—1986年，检查各类经济合同633份。1987年，确认无效合同2份。1988—1989年，开展经济合同普查，自查677家，抽查33家，涉及合同8238份，金额3.9亿元，确认无效合同2份，发现违法合同10份，金额170万元，为企业追回货款547.19万元。1990—1991年，立案检查51件，合同金额31.45万元，争议金额11.26万元。结案59件，合同金额43.75万元，争议金额20.19万元。1992—1996年，对区属1101家企业实现经济合同管理“三落实”。检查经济合同3581份，吊销63家企业。1997—2003年，企业签订经济合同4713份，合同金额8484万元，办理动产抵押登记517件，抵押物价值9.96亿元，协

助企业解决贷款8.53亿元。2004—2005年，检查企业50家。

2009年，推行示范合同文本，规范合同文本使用。2010年，推行“行政合同”管理模式，与4家企业签订《行政合同》。为企业开展各类指导1.02万次。办理股权出质登记企业7家，股权出质数额7.1亿元，被担保债权数额17.5亿元。

1979—2007年部分年份红桥区经济合同签订统计表

表8-12

年份	总计		抵押登记(件)	抵押物价值(亿元)	贷款额(亿元)
	份数(件)	金额(万元)			
1979	8	70	–	–	–
1980	1018	21000	–	–	–
1982	821	20000	–	–	–
1983	419	16900	–	–	–
1984—1986	38	983.39	–	–	–
1987—1989	8	90	–	–	–
1990—1991	4	460400	–	–	–
1992—1996	113	–	25	0.43	0.29
1997	–	–	121	–	1.85
1998	756	2252	135	1.68	2.30
1999	873	1388	92	2.44	1.34
2000	1631	863	44	1.63	0.84
2001	905	1307	51	1.23	0.73
2002	479	2232	43	1.68	0.81
2003	69	442	31	1.30	0.66
2004—2005	50	–	16	1.04	0.12
2006	–	–	5	0.18	–
2007	–	–	5	0.08	–
合计	7192	508000	568	11.69	8.94

二 仲裁纠纷调处

1984年，受理合同纠纷9件。1985年，受理合同纠纷19件，争议金额52万余元，调解、仲裁15件。1986年，受理合同纠纷11件，争议金额14.47万元；调解仲裁9件，合同价值24.47万元。1987年，调解仲裁合同纠纷8件。1988年，派出仲裁庭就地办案，简易程序调解，仲裁经济合同纠纷，为企业追回货款20万元。1989年，调解仲裁经济纠纷案件33件，争议金额88万元，确认无效合同6份，金额162万元。1990—1992年，办结经济合同纠纷案件64件，合同金额145.16万元，解决争议金额15.62万元。1993年，调解、仲裁合同纠纷69件，解决争议金额18.92万元。1994年，调解仲裁合同纠纷36件，解决争议金额3.94万元。1996年，调解经济合同纠纷42件，解决争议金额23.08万元。1997年，调解经济合同纠纷47件，解决争议金额62.4万元。1998年，调解经济合同纠纷147件，解决争议金额1.36亿元。1999—2005年，调解经济纠纷201件。挽回经济损失300余万元。2006—2010年，受理纠纷72件，合同金额310万元。

三 评选活动

1985年，在企业中开展“重合同、守信誉”单位评选活动，对申请单位考核验收后报市工商管理局和市政府审批命名。1985—1995年，每年开展1次评选活动。1996年始，改为2年评选1次。2001年，对区内“重合同、守信誉”企业进行考核验收。2008年，该项活动停止。

第六节 经济监督检查

1978年，经济监督检查重点是打击经济犯罪、打击投机倒把，重点领域是工业产品、轻工业产品、粮票等票据等。1980年，清理一般场外违法交易3857件。1982年，重点打击经济犯罪。1983—1986年，规范市场经济秩序，打击走私贩私和销售假冒伪劣商品。1988—1992年，重点打击违法倒买倒卖紧俏商品，查获违法物资包括：成品油、家电、钢材、煤、假冒化工原料、粮食、日用品等。

照8-4 1988年，市场检查中队成立，加强对流通领域违法行为的打击力度
（区市场监管局提供）

1993年，实施《中华人民共和国反不正当竞争法》，案件查处以打假治劣、维护消费者权益为主。1994—1996年，检查汽车配件行业。针对医院、药店、医疗器械经销单位开展打击非法回扣专项治理，查处万元以上案件22件。1998年，开展酒类市场专项治理，出动196人次，对摊群农贸市场、食品批发市场和烟酒摊位进行检查。1999年，查处各类违章违法案件3412件，罚没款43万元。查扣假冒伪劣商品总价值300余万元。2000年，开展对不法行为专项检查。查处各类违章违法案件2604件，罚没款108万元。2001年，开展两次“红盾执法行动”，取缔无照经营175户。查处各类违章违法案件1873件，罚没款212万元。销毁假冒伪劣商品价值40余万元。2002年，查处各类违章违法案件2191件，罚没款309万元。2003年，“非典”期间，对265个生产销售清真食品企业、商店、摊点进行登记建档立卡，与19个市场2380家食品经营户签订承诺和保证书。2004年，查扣“三无食品”、过期食品千余箱，对网吧等互联网服务营业场所专项治理。2006年，查处假冒、欺诈、商业贿赂等案件41件，罚没款60余万元。2007年，开展无照治理、打假维权整治活动，捣毁制假窝点3个，查扣大批假冒名牌产品。2008年，加强奥运期间食品监管，26个供货商90种商品严禁索证索票；核查蔬菜、水果53种，干果、调料37种。开展“治理侵犯奥林匹克标志专用权和假冒世界知名品牌”专项行动。对天津赛区奥运食品定点采购商麦德龙红桥商场26个供货商检查，查办经营假冒伪劣食品案件23件，专项清理450个总经销、总代理、专卖、专营店，查扣价值400万元伪劣食品500千克，为30余家新增经营者建立档案。2009年，对11个食品添加剂经营单位和危险化学品行业集中整治。2010年，以大胡同地区为重点开展“打击侵犯知识产权和制售假冒伪劣商品”专项行动。

第七节 消费者权益保护

一 机构

1991年，成立区消费者协会，理事单位40余个。1992年，内设办公室、投诉调解部、宣传监督部，依托工商所和工商企业、农贸、摊群市场组建9个地区协会。2003年，成立消费者权益保护科。2010年，增加电信、文化等8个理事单位，理事单位增至29个。

二 保护消费者权益

1993年，实施《中华人民共和国反不正当竞争法》，以打假治劣、维护消费者权益为主线查处各类违章违法案件1815件，罚没款7.42万元。

1998年，实行辖区外投诉结转单制度。受理投诉、申诉2700余件，办结率98%以上，挽回经济损失200余万元。1999年，设受理消费者申诉、投诉网络中心，颁布受理消费者申诉、投诉工作暂行规定。2000年，承担“12315”投诉、申诉、举报专线接待、分流任务，实现全天候受理消费者投诉。组织“3·15”宣传活动，发放各种宣传材料2万余份，设61个分会场进行宣传、咨询。查获假冒、走私香烟30余箱，无证批发4家交送烟草专卖处理。2001年，编制消协规章制度汇编，制订和规范管理投诉接待程序、受理投诉范围等14项制度。“3·15”当日在西沽公园设主会场接待咨询，设10个分会场，发放宣传材料2万余份，接待咨询1500余人次，受理投诉51件。2002年，建成“12315”指挥中心。配合“3·15”宣传，组织科学消费宣传活动，发信息9条，简报8期，报刊登载15篇。2003年，围绕营造放心消费环境开展宣传活动。对原有30个投诉联络站进行调整，撤销3个，新建5个。2004年，开展消费者权益保护条例培训，对172家“双信”单位监督检查，推荐消费者信得过商品。2005年，开展“健康维权八大公用服务行业消费者满意调查”活动，调查问卷600份。简报、信息及各类文章25篇。2006年，“3·15”期间，在红星美凯龙家居广场开展咨询宣传活动，发放材料5万余份，接待消费者咨询500余人次，编发简报17期。2007年，“3·15”期间在米兰超市和红星美凯龙家居广场设咨询服务台，20家知名企业的商品展示和咨询服务，出动干部2000余人次，车辆30台次，解决投诉62件，为消费者挽回经济损失5800余元。2008年，“3·15”期间，组织消费维权特聘员对区内大卖场维权情况集中检查。接待消费者投诉18件。出动干部26人次，车辆15台次，发放宣传材料4万余份。在各卖场开展问卷调查，对卖场售后服务人员培训。2009年，建成2个“12315”消费维权示范站。受理申诉举报684件，挽回经济损失11.98万元。

照8-5　1993年，《中华人民共和国消费者权益保护法》宣传活动在白酒厂大道举行
（区市场监管局提供）

2010年，实现消协分会与经营厅、营业网点层层对接。建立商事巡回法庭，组织开展向社会公开承诺和诚信商户评选活动。

第八节　个体私营企业协会

一　机构

1981年，成立个体工商业联合会。1984年，更名为个体劳动者协会。1994年，成立私营企业协会。个体劳动者协会、私营企业协会合署办公。2005年，设10个分会。2010年，内设综合办公室、秘书长办公室、会员服务组和财务组。编制15人。

二　活动

2003年，抗击“非典”期间，会员捐款2万元，送2万元慰问品，助困扶贫捐款1.1万元。为会员企业协调解决拆迁纠纷3起，介绍生产场地10余处。为112个单位发放光彩之星、文明单位、质量信得过单位证书。4次组织主题座谈会。承办红桥区第五次非公经济代表人士培训班。2004年，组织160

照8-6　2010年，区个私协会组织召开"五个平台"建设工作推动会　　（区发展改革委提供）

名私企会员参观学习。2005年，成立区私营企业协会科贸园区分会。创建为会员服务信息栏，为会员提供投资洽谈会等信息13条。2006年，接收新入会企业156家。举办区个体、私营企业理事法律、法规知识培训班和创业培训班，宣讲《中华人民共和国民法通则》《中华人民共和国合同法》。2007年，与工商联等7个部门联合对工商业户开展《中华人民共和国物权法》培训。2008年，组织"迎奥运，讲诚信、创名牌"宣传月活动。组织会员为汶川地震灾区捐款90.16万元。2010年，搭建融资、用工、资政、维权服务平台，为会员企业发展提供帮助，帮助融资贷款1907万元，为30家企业介绍用工190余人次。接待咨询服务136人次。

第四章　物价管理

随着改革开放深化，经济市场化程度不断提高，价格逐步放开，物价主管部门工作职能和价格体系、管理体制相应调整。加强价格管理和监督检查，基本建立并逐步完善价格调控体系，保持市场价格基本稳定，维护公平竞争的市场秩序，优化经济社会发展的价格环境。在特定情况下，对市场物价进行干预，对政府指导价进行调整，实行最高限价，以促进国民经济发展、市场体系建设和社会和谐稳定。

第一节　管理机构

一　沿革

1980年，工商局物价科成立物价委员会。1984年，物价委员会更名为物价局，内设办公室、价格管理科、价格检查科（对外为区物价检查所）；下设河北大街、南头窑、新村街物价检查所。1988年，撤销检查所，增设工业检查科、商业检查科、收费检查科。1989年，内设办公室、人事监察科、工业检查科、商业检查科、价格信息科、价格管理科、收费检查科、综合科。1993年，内设办公室、价格管理科、社会监督科、物价检查科（原工业检查科、商业检查科、收费检查科合并）、价格事务所。1995年，内设办公室，检查一科（工业）、检查二科（商业）、检查三科（收费）、价格管理科、社会监督科、物价检查科；下设价格事务所。1997年，内设办公室、人事监察科、收费管理科、市场管理科、价格信息科、综合法制科；下设物价检查一所、二所、三所、四所，流动检查所。2000年，内设办公室、人事监察科、价格管理科、房地产价格管理科、综合法制科、检查一科、检查二科、社会监督科、价格评估科；下设价格事务所。成立价格举报中心。2006年，撤销价格事务所，成立价格认证中心，为独立事业法人单位。2010年，物价局职能并入发展改革委，加挂物价局牌子，承担物价局职能。内设综合法制科、价格管理科、物价检查科；下设价格举报中心，价格认证中心（独立事业法人单位）。

二　人员

1980年，编制7人。1984年，编制37人。1988年，物价所扩编为52人。1990年，减编1人，划归消费者协会，编制51人。1993年，编制50人，行政编为22人，事业编为28人。2006年，成立价格认证中心，编制6人。2010年，编制44人。

第二节　价格管理

一　定价

1978年，价格管理体制改革，除原有国家定价以外，增加指导性价格和市场调节价格。1993年，废止有关物价管理行政规章规范性文件200件。1995年，区内3种价格形式按社会商品零售额计算比率，国家定价占5.41%，国家指导价格占9.8%，市场调节价占84.8%。1998年，制订政府指导价、政府定价，接受市物价局委托对部分商品和服务定价。

2001—2009年，对113家三、四级小区物业服务收费标准定价。对174处非机动车站点收费进行定价，规范非机动车存车收费。2010年，未作任何定价。

二　审核

1986年，组织百货、五金家电、餐饮、旅店、运输行业主要单位成立行业物价委员会，引导行业实行行业自主定价。1987—1992年，为404家餐饮企业、旅店业等收费单位等级审验，核发物价核定证、收费许可证；审核出租车定价238辆，办理各类手续变更442项。1992年，发放826套“企业定价合格证”，2590套“企业定价证”。1995年，对持有物价局核发“收费许可证”收费单位年度审验。2005年，实行收费公示制度。2007年，完成收费情况年度统计表填报和收费情况年度分析报告。2009年，对区内持有“收费许可证”“行政事业单位经营服务性收费登记（审核）证”收费单位年度收费审验。对持证单位收费和收费票证使用情况等审验。

1989年，清理行政事业性收费项目，不合格收费1300余项。1998年，对从事经营性服务事业单位审查，对合格单位发放经营性“收费许可证”。1999—2000年，对18家房地产企业价格初审。至2010年，清理、转项经营性收费项目，注销经营服务性收费许可证143个。

三　监测

1988年，开展对价格监测工作。1994年，建立价格监测网络，对市场物价监测。1997年，加强对价格监测。1998年，对重要商品、服务价格的变动监测。2001年，专人负责对粮食类和其他11大类主要商品价格实行逐日监测、信息上报。2003年，监测数据以日、月、季上报。2004—2010年，每年向市、区政府报送信息百余条。

第三节　价格监督检查

一　价格行为检查

1979年，物价由各业务主管部门管理检查。1980年，物价部门直接对各个经营单位和市场物价进行监督检查，以对零售市场商品检查为主。1981—1983年，检查范围扩大到批发、企业投料标准、进销差率、作价办法等执行情况。1984—1987年，价格行政执法体系初步形成。1990—2010年，开展各类专项检查和日常巡查1.02万次。

二　价格举报投诉

1992—1993年，接待群众举报、投诉，查处案件7609件，罚没款377.75万元，退还消费者5766元。1995年始，每年3月15日、5月1日和12月4日在区内重点商贸区开展宣传活动，受理举报咨询，向群众发放价格法律法规材料。2000年，成立区价格举报中心，负责群众投诉电话的接待、落实，夜间实行举报电话录音，专人负责收集、整理、登记和检查落实。2001年，开通“12358”价格举报电话，实行24小时值班。2004年，执行国家发展改革委《价格违法行为的举报规定》，价格举报进入法治化轨道。至2010年，接受各类举报投诉8000件，落实举报退还消费者价款200余万元。

照8-7　2008年，“3.15”期间区物价局在物美超市进行普法活动　（区发展改革委提供）

三　社会价格监督

1989年，组成街道、群众义务物价检查站，进驻7个集贸市场、29个摊群市场。在10个国营财贸局、公司建立物价科（组），负责行业内部价格监督。选聘物价监督员，组建义务物价监督站，形成区站、各基层街站、厂站、局公司委办配合的网络化价格监督体系。2002年，开展群众义务物价检查活动。2005年，开展推进价格诚信，打击价格欺诈宣传执法月活动。

1985—2005年红桥区物价检查统计表

表8-13　单位：万元

年份	案件数（件）	罚没款	退还款	总额	备注	年份	案件数（件）	罚没款	退还款	总额	备注
1985	87	59.20	–	59.20	–	1996	1980	11.70	39.73	51.43	–
1986	899	151.50	–	151.50	–	1997	3351	25.90	20.25	46.15	–
1987	1279	116.30	–	116.30	–	1998	–	31.70	1.15	32.85	–
1988	7834	122.80	–	122.80	–	1999	3285	62.00	48.40	110.40	–
1989	1180	171.60	–	171.60	–	2000	–	–	–	–	–
1990	3372	135.10	–	135.10	–	2001	209	24. 20	20. 60	44.80	–
1991	858	215.20	0.10	215.30	–	2002	46	27.20	26.02	53.22	–
1992	497	8.00	0.30	8.30	–	2003	810	10.40	9.77	20.17	–
1993	2254	8.20	0.20	8.40	–	2004	20	566.90	558.41	1125.31	其中罚款8.45万元
1994	2885	7.30	0.30	7.60	–	2005	177	58.40	57.24	115.64	其中罚款2.20万元
1995	2064	52.40	0.20	52.60	–	合计	33087	1866	782.67	2648.67	–

第四节 价格事务服务

一 价格咨询与服务

1985—1986年，接受各类政策咨询5000余次，解答价格法律知识，为群众现场解决价格争议。组织法制培训千余次，受益群众万余人。1988年，利用价格信息网络收集全国各地价格行情和政策规定，编印《红桥价格信息》指导市场活动。1990年，针对区属企业制订16条措施。举办部分省市地区价格信息发布会暨工业品交易大会，成交额500余万元。1991年，举办“红桥纺织品秋季交易会”。参展单位26家，展出纺织品600余种，成交额288万余元，70个单位400余人参观。1992年，举办“红桥区春季商品交易会”。31家企业700余人到会，参展商品包括纺织、轻工等6大类500余种，成交额219.5万元。1999—2010年，开展对企业“支、帮、促”活动，通过赠送刊物、政策指导等帮助企业搞活经营。

二 物品价格评估与认证

1992年始，涉及物品评估。1993年，价格事务所负责价格评估。1994年，制订开展商品、财产价格评估的意见，扩展价格评估范围。1996年，规范财产物品评估。1997年，受公安机关委托对扣押、追缴、没收物品进行价格鉴定。1998年，与公检法等部门建立价格鉴定制度。1999年，建立车损评估拆解定点企业。2001年，接受司法机关、行政执法机关和仲裁机构委托，对刑事、民事、行政、经济等案件进行价格评估认定。2006年，估价统一由价格认证中心承担。建立专家库，专业性强的业务在专家指导下进行鉴定和认证。2010年，评估8917件，评估价值4635万元。

第五章 质量技术监督

80年代中期，实施计量管理，整顿计量市场，规范计量器械，进行产品质量监督检验稽查，对不合格企业关停取缔，对特种设备进行安全监督管理，减少违法生产和事故发生。进入21世纪，逐步扩大职能范围，对质量技术标准和计量工作进行综合管理，加强行政执法监督职能，规范质量技术监管，形成综合管理、行政执法和安全监察三位一体工作格局。行政执法水平逐渐提高，查处违法行为严格依法行政，保障社会经济建设发展。

第一节 管理机构

一 沿革

1988年，成立计量管理局，内设办公室、计量监督科、计量技术管理科。1989年，成立计量检定所。1990年，计量管理局改为技术监督局。内设办公室、计量监督科（原计量监督科与计量技术管理科合并），增设标准化科、质量监督科。成立产品质量监督检验所。1995年，增设综合执法科。成立质量计量标准化咨询服务中心。2000年，技术监督局隶属天津市质量技术监督局（简称质监局）。增设锅炉压力容器安全监察科。2002年，增设质量管理科，综合执法科更名为执法稽查科。2004年，锅炉压力容器安全监察科更名为特种设备安全监察科。2007年，增设食品生产监管科。2010年，内设办公室（含人事监察科）、质量管理科、质量监督科、食品生产监管科、标准化科（含编码办公室）、计量科、特种设备安全监察科、执法稽查科（含政策法规科）。

二　人员

1988年，编制10人。1989年，增加计量检定所编制10人。1990年，编制20人。增加产品质量监督检验所编制10人。2010年，编制30人。

第二节　计量监督管理

一　计量监管

1988年，开展贯彻实施《中华人民共和国计量法》检查，发放计量单位换算表4万余份。对国营、集体和个体摊位开展计量器具抽查，检查单位42个，抽查计量器具79台(件)，抽查复秤商品7次。摸清使用的强检计量器具9000余台(件)。1989年，形成三级计量管理网络763个单位809人。制订印发《摊群市场计量管理办法》，在15个街20个摊群市场设立由计量局统一监制"公平秤"28台。发放宣传资料10余种3000余份，举办学习培训5次500余人参加。1990年，对1096个企事业单位器具计量监督检查，检查计量器具4384台(件)；检查农贸摊群市场个体工商户1850家，检查计量器具2013台(件)，没收非法计量器具1083台(件)，经济处罚10余家，罚款2537元。对千余个单位和部门检查验收，为1394个合格单位发放法定计量单位合格证书，全区完成向法定计量单位过渡。1991—1992年，检查摊位3497个，检查337家次，计量器具7905台(件)，没收不合格计量器具38件，责令停止使用计量器具45件，处罚11家，罚款1081.5元，对13家立案处罚，罚款5958元。为落实《中华人民共和国计量法》，在工业商业及医疗卫生单位开展计量达标活动，累计验收合格691个计量达标单位。1993—1995年，开展淘汰杆秤工作，出动执法人员1750余人次，检查经销单位300个，市场28个，路边摊群59处，检查摊位5800个，检查计量器具1.2万台(件)，收缴300余台(件)，处罚2730元，立案9起。为群众复秤300余次，查出不合格计量器具176台(件)，全部依法处理。实现商店、农贸市场固定摊位淘汰杆秤，改用电子秤或度盘秤称重。1996年，与区物价局配合开展"物价、计量信得过单位"评选活动，评出149个。1998年，出动执法人员720余人次，监督检查生产、经销及企事业单位480余家，农贸摊群市场25个，检查计量器具8000余台(件)，查处不合格计量器具及"鬼秤" 142余台(件)。对16个单位进行行政处罚，罚款6.64万元。1999—2001年，在全区抽查商品房面积3.27万平方米，对计量检测合格的流霞东里二号楼颁发商品房销售面积公正计量信誉楼铜牌。2002年，为5个"计量合格市场" 颁发合格铜牌。2003—2006年，开展对强检计量器具检查和定量包装商品的抽查，对无许可证制售计量器具违法行为进行查处。2007—2009年，对超市、商场和集贸市场进行检查，打击"缺斤短两" 违法行为。检查集贸市场6个，医疗单位10个，眼镜店15个，进社区8次，检查计量器具1018台(件)。在社区举办民生计量相关讲座4期，免费为社区群众检测、维修血压计数百余台(件)。2010年，检查计量器具1463台(件)，检查经销定量包装商品企业10家，定量包装商品15种，15个批次，其中净含量不合格3家，净含量标注不合格5家，抽检合格率60%。对5家标注不合格企业下达责令整改通知书，3家净含量不合格企业进行立案处理，

照8-8　1998年，区质监局执法人员检查农贸市场在用计量器具　　（区市场监管局提供）

罚款2724元。

二 计量器具检定

1989年，依法对区内强制检查计量器具进行周期检查，为实施计量监督管理提供技术支持。检定项目为最初长度和力学检定，应用于计量、质检、公交、医疗、商贸、电力等领域。2009年，强制检定计量器具17.01万台（件），计量仪器检定18.65万台（件）。2010年，与市计量院合并统计，数据由市计量院汇总。

1989—2009年红桥区强制检定计量器具台（件）统计表

表8-14　　单位：台（件）

年份	工作计量器具				强检总数	年份	工作计量器具				强检总数
	贸易结算	安全防护	医疗卫生	环境监测			贸易结算	安全防护	医疗卫生	环境监测	
1989	–	–	–	–	2444	2000	2595	3700	2090	0	8385
1990	–	–	–	–	20	2001	1500	5200	1000	0	7700
1991	–	–	–	–	15318	2002	2545	2670	462	45	5722
1992	3158	10160	535	0	13853	2003	3260	2500	1140	0	6900
1993	–	–	–	–	5071	2004	1140	2840	880	0	4860
1994	1480	13567	422	3	15472	2005	2320	2188	661	20	5189
1995	2405	13923	421	0	16749	2006	1448	3000	552	0	5000
1996	3205	5685	422	0	9312	2007	595	1241	556	0	2392
1997	2002	11100	380	0	13482	2008	2057	1426	1037	0	4520
1998	1560	7610	1192	110	10472	2009	349	0	709	36	1094
1999	9160	5260	1680	0	16100	合计	40779	92070	14139	214	170055

说明：1989—1991年、1993年未分项统计，2010年数据合并统计到市计量院

1989—2009年红桥区计量仪器检定台（件）统计表

表8-15　　单位：台（件）

年份	合计	长度	温度	力学		电学	电离辐射	无线电	其他
					其中：衡器				
1989	2444	30	0	2406	2406	0	0	0	0
1990	20	400	0	7560	4880	0	0	60	0
1991	15318	109	0	15149	4778	0	0	60	0
1992	15853	20	0	13768	3085	0	0	57	0
1993	14611	0	0	14496	1200	0	35	80	0
1994	15472	0	0	15384	1324	0	27	61	0
1995	16749	0	0	16643	1405	71	35	0	0
1996	9321	0	0	9195	2160	78	39	0	0
1997	13482	0	0	13383	1535	81	18	0	0
1998	10472	0	0	6230	1440	100	42	0	4100
1999	16100	0	0	11978	9654	0	42	80	4000
2000	8397	0	0	3755	2975	80	50	0	4512
2001	8871	0	2733	6000	1300	92	46	0	0
2002	6687	0	0	3370	2500	90	27	0	3200
2003	6900	0	0	6760	2550	110	30	0	0
2004	4860	0	0	4700	800	100	60	0	0
2005	5189	0	0	3796	600	107	86	0	1200
2006	5000	0	0	4918	1588	61	21	0	0
2007	4576	0	0	4455	1690	64	57	0	0
2008	4524	0	0	4379	1680	0	61	84	0

续表

年份	合计	长度	温度	力学		电学	电离辐射	无线电	其他
					其中：衡器				
2009	1656	0	0	1595	685	0	27	34	0
合计	186502	559	2733	169920	50235	1034	703	516	17012

说明：2010年数据合并统计到市计量院

第三节　质量监督管理

一　生产许可证与证后监管

1992年，成立生产许可证办公室，负责许可证考核、发证和商品执行生产许可证情况监督检查。为11家企业13个品种发放生产许可证。1993—1994年，为26家生产糕点、肠类食品企业发放生产许可证。1995年，宏翔电梯公司取得首批国家级电梯生产许可证。1997年，对13家取得地方生产许可证企业实施年度审查，查处无生产许可证电梯47台，价值6000余万元，罚款8.7万元。至2001年，颁发、换发生产许可证241个，年审110个单位。2002年，对获证企业实施证后监督管理。至2010年，对全区获证企业保持发证必备条件情况检查。许可证取证种类由最初轻工、机电类为主逐步转为眼镜、电线电缆和劳保用品类。

二　食品生产监督管理

2007年，对辖区食品生产加工企业进行日常监督检查、质量安全等级评价、食品生产许可证申请受理及年审。对食品生产加工企业10家、食品生产加工小作坊3家、食品用塑料包装企业1家调查摸底，建立纸质及电子档案，9家企业取得12个食品生产许可证。

2007—2010年红桥区质监局食品生产监管企业种类统计表

表8-16　　单位：个

年份	食品生产加工	食品相关	化妆品	小作坊	食品添加剂
2007	10	1	–	3	–
2008	13	1	1	0	1
2009	10	1	1	0	1
2010	10	1	1	0	0
合计	43	4	3	3	2

2007—2010年红桥区食品生产许可证取证产品种类统计表

表8-17　　单位：种

年份	小麦粉	其他类预配粉	白酒	分装食用油	分装大米	糕点	桶装水	肉制品	分装茶叶	分装炒货	分装蜜饯	分装水产品	配制酒
2007	2	1	2	1	1	6	1	1	1	1	1	1	0
2008	2	1	2	1	1	5	1	1	1	1	1	1	0
2009	2	1	2	1	1	3	1	1	1	1	1	1	0
2010	2	1	2	1	1	2	1	1	1	1	1	1	1
合计	8	4	8	4	4	16	4	4	4	4	4	4	1

2007—2010年红桥区食品生产加工及相关企业巡查情况统计表

表8-18

年份	巡查企业(家次)	出动执法人员(人次)	年审企业(家)
2007	65	130	10
2008	66	132	9
2009	80	160	11
2010	70	141	11
合计	281	563	41

三 产品质量监督检验

1991—1993年，承担食品、服装、家具检验项目，检验22家经销、展销企业108件木制家具、钢制家具及沙发类家具，检验122批次，出具检验报告145份，总合格率76.2%；与42家食品生产企业签订委托检验协议书，全年质量检测31家企业产品，检验样品169个，合格率80%。1994—1997年，产品质量检验273批次，受检单位57个，其中食品合格率76%，家具所检项目合格率97%。1998—2000年，委托检验5家食品厂，合格率100%。2001年，检测食品类4个分项。区质检所不再承担产品检验或委托检验项目。

四 强制性认证监督管理

2003年，对强制性认证（简称3C认证）产品实施证后监管。2005年始，对强制性产品认证进行综合执法检查。

2005—2010年红桥区强制性产品认证综合执法检查统计表

表8-19

年份	执法(人次)	检查场所(家)	违法案件(件)	罚没收入(万元)	年份	执法(人次)	检查场所(家)	违法案件(件)	罚没收入(万元)
2005	32	15	13	34.14	2008	84	39	0	0
2006	34	16	9	29.21	2009	63	30	1	0.50
2007	22	11	1	1	2010	50	21	2	0.46

五 产品质量监督检查

1998年，对区内食品、皮革、面粉、食用油、机械、电缆生产企业实施定期检验。检查60个单位68批次产品，合格率96%。1999年，安排13类119批次产品定期抽查，合格率90%。2000年，安排13类150批次产品定期抽查，合格率90%。2001年，安排82家100批次产品定期抽查，合格率90%以上。2002—2010年，抽查企业560家，合格率基本保持90%以上。

2002—2010年红桥区定期监督检查情况统计表

表8-20

年份	抽查企业数(户)	不合格企业数(户)	检验产品/批数(批次)	合格产品/批数(批次)	合格率(%)
2002	82	11	130	118	90.80
2003	58	5	102	97	95.10
2004	98	12	139	127	91.40
2005	92	11	114	103	90.40
2006	75	9	96	87	90.60

续表

年份	抽查企业数（户）	不合格企业数（户）	检验产品/批数（批次）	合格产品/批数（批次）	合格率（%）
2007	68	8	77	69	89.60
2008	46	2	41	39	95.10
2009	26	1	27	26	96.30
2010	15	0	16	16	100
合计	560	59	742	682	-

第四节　标准化监督管理

一　标准监管

1990年，全区应有标准产品89个，采用企业产品标准备案49个。1991—1996年，帮助企业制订产品标准并备案15个，采用国家标准、行业标准8个，采用国际标准1个，全区261个产品制订新标准，在大胡同街、大伙巷街和劳动服务公司等单位消灭无标准生产现象。1997年，为248家企业577个产品办理执标登记手续，协助企业查询标准219个，全区标准覆盖率96.97%。1998年，出动140余人次，检查220个单位，主要检查燃气灶具、食品标签和插头插座。立案6起，没收不符合强制性标准的插头、插座448件。检查37个单位122种产品，产品标识合格率87%。1999—2000年，清理企业备案标准，到期企业废止62个，修订25个。2001年，对产品标准审验。联合天津市信息所核实企业533家，103家企业参加审验，审验各类标准385个，合格率87%。为127家企业151人宣讲新标准。2002年，530余家企业、经销商办理装饰材料市场准入手续。查处10种明令停止销售装修材料。2003—2004年，督促150余家企业对标准时效性审验。审验载明标准139个，其中国标74个，行标63个，地标2个，审验合格率84%。2005年，废止193家食品企业产品中108个企业产品标准。保留食品生产、加工企业39家，食品产品241个，其中执行国家标准81个，行业标准75个，企业标准85个。

1993—2010年红桥区企业产品标准备案情况统计表

表8-21　　单位：个

年份	制订	修订	废止	年份	制订	修订	废止
1993	13	0	0	2003	67	17	0
1994	45	0	0	2004	26	10	0
1995	30	0	1	2005	30	26	113
1996	67	0	4	2006	37	17	0
1997	57	1	0	2007	27	30	0
1998	54	11	1	2008	7	33	0
1999	59	20	52	2009	2	11	2
2000	89	3	0	2010	11	7	5
2001	32	34	2	合计	675	283	180
2002	22	63	0	-			

二 编码赋码

1990年，建立企事业单位和社会团体办理组织机构标识代码制度，被赋予编码单位1881个。1991年，2852个单位编码验收。其中，区属企业1598个、事业单位261个，市属企业990个、社团3个。1993年，办理全区组织机构统一代码3145个，其中企业2928个，机关、事业单位198个，社团19个。至1997年，为机关、企事业单位发放代码8113个。1999年，单位代码年审1445个。全年办理新发、换证1712个。2008年，受理代码进驻区行政许可中心办公。

照8-9 2009年，区代码办工作人员为企业换发代码证书 （区市场监管局提供）

第五节 执法检查与专项整治

一 执法检查

1992年，查处假冒伪劣联合执法，检查生产、经销企业525家，检查商品3500余批1857种，其中不合格商品280批190种。1993年，查处并没收销毁假冒伪劣商品18批75种。立案处罚37家，罚款8926元。1994年，出动执法4000余人次，监督检查工商企业633家，查出假冒伪劣商品2.5万件，标价10万余元，无标商品价值650万元，没收销毁假冒伪劣商品1.5万件，标价2万余元，立案29起，罚款13.25万元。1995年，出动执法人员2000余次，监督检查覆盖全区25个市场700余个生产、经销单位，查获假冒伪劣商品170余种，标值240万元，收缴“鬼秤”60余台（件）。1996年，检查350家企业，捣毁生产经销假冒伪劣商品黑窝点4个，立案27起，现场处罚13起。1997年，出动执法人员百余人次，对生产、经销副食调料企业和摊位普查，捣毁造假醋窝点8个，没收假冒标签及造假工具，查获大批假“天立”醋，假“光荣”、回民、津酿、鲜味汁等酱油。1998年，重点在涉及人体健康和生命财产安全产品领域开展打假工作。检查各类企业及施工单位510个，各类市场20个，捣毁造假黑窝点16个，没收假酒百余瓶、劣质棉被140床、假冒车条1400包50余万根、无碘盐2余吨，销毁假冒唐山水泥厂的假水泥18吨。1999年，查处5起案件。2000年，查没违法商品20余万元。2001年，大胡同地区市场中重要产品专项抽查，查获违法货值金额90.29万元。2002—2003年，出动执法人员580人次，对78家生产销售单位、药店、五金土产，2家个体工商户检查，查处违法行为8起，货物价值50余万元，罚款97万元。2004年，出动执法人员4126人次，检查企业1010余家。查处冒用认证标识案件7起，查处冒用标准编号、无标生产等违法案件14起，违法货值107.53万元，查处不合格“酒丐”酒2500箱，货值20万元，查处无证生产案件5起，货值175.6万元等。至2010年，受理案件2123件。

1991—2003年红桥区质量监督行政执法情况统计表

表8-22 单位：件

年份	受理案件	处罚案件	结案案件	罚没金额（万元）	年份	受理案件	处罚案件	结案案件	罚没金额（万元）
1991	16	16	16	0.35	1998	46	40	40	18.00
1992	37	37	37	0.89	1999	78	61	61	32.14
1993	–	–	–	–	2000	52	44	47	50.00

续表

年份	受理案件	处罚案件	结案案件	罚没金额（万元）	年份	受理案件	处罚案件	结案案件	罚没金额（万元）
1994	333	–	333	15.28	2001	37	36	36	36.00
1995	56	47	47	13.00	2002	202	194	194	91.48
1996	78	49	49	12.00	2003	164	164	164	111.19
1997	12	12	12	2.59	合计	1111	700	1036	382.92

2004—2010年红桥区质量监督行政执法情况统计表

表8-23　　单位：件

年份	受理案件	立案	查处万元以上案件	执法检查（人次）	年份	受理案件	立案	查处万元以上案件	执法检查（人次）
2004	302	69	20	6522	2008	105	0	0	1968
2005	266	156	28	7006	2009	8	7	0	1516
2006	251	87	18	5428	2010	8	9	1	1245
2007	72	14	0	1280	合计	1012	342	67	24965

二　专项整治

1995年，以淘汰杆秤为重点，打击缺斤短两违法行为。对28个医疗卫生单位进行医用计量器具检查，查处10家。检查200余个企事业单位，查处违法单位。1996年，对食品标签、防盗门标准化监督检查，检查生产、经销企业50余家，立案处罚9家。1997年，对19个卫生医疗机构使用计量器具专项检查，查出2家医院未进行依法检定，对经销计量器具企业抽查计量器具30台（件），查出不合格品8台（件），没收杆秤40件。1998年，检查生产经销淘汰产品、无计量器具制造许可证、无工业产品生产许可证、无标准等10余个单位，产品总值800余万元。1999年，对销售润滑油、制动液11个单位12批次产品质量抽查，有10个单位11批次产品不合格，产品合格率为9%，进行依法处理。2000年，开展“查建材、保建设”专项执法检查，对建筑工地使用的水泥、钢筋、电器开关等检查，查获假冒水泥560吨，货值13.44万元，不合格电线电缆14万米。

照8-10　2010年，区特种设备安全监察人员深入西站特种设备安装现场进行监督检查（区市场监管局提供）

2001年，对生产、销售一次性输液器专项检查。出动执法人员65人次，检查5个医疗单位、29个药店及经销单位，检查57个批次5210支。2002年，检查22个集贸市场、加油站，16个验光配镜单位使用的532台计量器具，受检率99%；对定量包装商品350批次抽检，合格315批次，合格率90%。2004年，检查单位320个，检查设备1315台，对39台设备下达30份“特种设备安全监察指令书”。逾期未改的5个单位给予行政处罚，1个单位由法院强制执行。2005年，节日期间对销售假冒伪劣商品专项执法检查。检查40余家零售、批发企业。对集贸市场、超市、大胡同商贸城、估衣街等重点监督，涉猎小家电、粮油、食品、奶粉、烟酒、儿童用品等。

2006年，开展小作坊专项整治，对未申办食品生产许可证的进行法律法规宣传，提出整改建议。2007年，开展特种设备隐患排查和起重机械专项整治，抽查31家，检验有效期内104台，超期1台。

2008年，开展食品生产加工企业专项治理，出动执法人员60余人次，抽查食品生产加工企业30余家。2009年，开展打击违法添加非食用物质和滥用食品添加剂专项整治，为区内10家食品企业11个生产场点，制作使用食品添加剂最大限量明示牌。2010年，开展地沟油专项整治，出动执法人员8人次，对2家企业食用油重点检查。

第六章　审计监督

80年代中期，开始财务收支审计尝试，重点“查错防弊”，建立对预算单位定期审计制度。在下属单位较多的主管部门建立内部审计制度。全民所有制企业改革启动后，国家审计以企业经济效益审计为突破口，服务企业转换机制，向企业提出合理化建议，促进提高经济效益。90年代中期，以财政预算执行审计为龙头，国家审计突出对重点领域、重点部门、重点资金、重点企业审计监督，加大跟踪审计和审计调查力度。固定资产投资审计、经济责任审计逐步成为审计工作重要内容。进入21世纪，形成国家审计、内部审计、社会审计共同发展格局。审计由单纯监督型转为监督服务型，审计监督为经济社会发展和改革开放服务的“免疫系统”功能得到充分发挥。

第一节　管理机构

一　沿革

1983年，成立审计局，内设办事组、审计一组、审计二组。1984年，增设办公室、工业审计科、商业审计科、行政事业审计科。1987年，增设综合审计科。1988年，成立红桥审计事务所。1989年，增设人事教育科。1991年，增设基建金融审计科和指导科。1993年，组建宏通经济咨询服务公司、方正财务公司。1994年，红桥审计事务所，更名为方正审计事务所内设咨询部、验资部、查证部、评估部、办公室。1997年，内设办公室、人事教育科、综合法制科、内审指导科、工业审计科、商业审计科、行政事业审计科、基建金融审计科。2010年，审计局职能调整，不再核查社会审计机构。内设办公室、人事科、法制科、内审指导科、企业审计科、财政审计科、行政事业审计科、基建金融审计科、经济责任审计科。

二　人员

1984年，编制25人，实有18人。1988年，增加审计事务所编制14人。1994年，方正审计事务所从业人员49人。1996年，从业人员34人。1997年，编制56人。2002年，编制44人。2010年，编制38人。

第二节　国家审计

一　财政预算执行审计

1995—2010年，财政预算执行情况审计259个预算单位，纠正违规行为金额3.85亿元。1995年，首次开展对本级财政预算执行情况试审计，制订开展财政预算执行情况审计实施意见，将行政事业审计纳入财政审计范围。1996—1999年，审计一级预算单位，延伸二级预算单位。2000年，开展对1999年度预算执行情况及其他财政资金审计，延伸审计27个一级预算单位，查出违纪违规金额628万元，收回国债资金1580万元。

照8-11 2009年，区人大财经工委听取区审计局财政审计工作情况汇报（区审计局提供）

2001年，对专项资金投入和使用效果实施延伸审计，涉及区民政局等14个单位，查出违规行为金额757万元。2002年，对财政预算执行情况和11个主管预算部门审计，延伸审计二、三级预算单位。查出违规行为金额1781万元，归还原渠道资金28万元。2003年始，对财政预算执行情况采用计算机辅助审计。除对区财政总预算和10个主管预算单位财政预算资金、预算外资金审计外，增加最低生活保障资金和“非典”专项资金审计调查。财政审计查出违规行为金额1940万元，管理不规范金额3568万元。2004年，重点延伸9个主管预算部门，对拆迁项目资金使用、7个投资项目专项审计，查出违规金额7443万元，上缴财政46万元。2005年，审查财政部门预算支出审批程序，延伸审计13个行政事业单位6个基本建设投资项目。2006年，财政预算资金及预算外资金、财政信用资金审计，结合预算外资金审计调查和领导干部任期经济责任审计，重点延伸审计9个预算单位和3个固定资产投资项目，对建厅退路865万元财政专项周转资金效益审计。2007年，财政预算执行审计与财政预算外资金审计调查、领导干部任期经济责任审计相结合，延伸审计10个一级预算单位。2008年，审计2007年财政预算资金和预算外资金、财政信用资金等其他财政资金，延伸审计10个主管预算单位、重点国有企业。监督民生民计资金，就业补助资金、国债转贷资金专项审计调查。2009年，延伸审计10个单位。2010年，审计2009年度财政预算资金和预算外资金、财政信用资金等，重点延伸审计4个主管预算单位。对6782万元市容综合整治资金、1643万元社区卫生财政专项补贴、5000万元担保资金审计调查。

二　行政事业审计

1983年，财务大检查部分单位抽审，查出收入不入账，私设“小钱柜”，以“补助”为名私分公款等问题，移交区纪检委进行处理。1985年，对行政事业单位预算外资金收支情况专项审计，向区政府提出全面清理核实专项借款建议。1986年，结合财务大检查及对罚没收入专项审计，对40余个行政事业单位预算外资金来源、使用和管理情况审计。向区政府提出对预算外资金清理整顿、建立管理制度、加强监督的审计建议。1987年，采取选点试行、扩大试点、全面铺开3个步骤，摸清全区行政事业单位资金收支状况和会计基础工作底数，查出截留财政收入、漏缴税款、挤占挪用专项资金等8方面问题，违纪金额75.06万元，分别予以处理。1988年，审计行政事业单位57个，审计总金额10214万元。1989年，对58个行政事业单位定期审计，审计总金额4274万元。1990年，对教育系统6所中小学预算外资金收支及管理情况审计，查出收费项目多等问题。

1994年，对56个行政事业单位1993年预算执行及预算外资金使用情况审计，摸清预算外资金底数，查出预算资金收支与财政决算不实问题。提出审核财务决算、加强预算外资金管理意见。把全区预算外资金纳入单位财务收入计划。1995年，行政事业审计并入财政审计。

三　企业审计

1983年，配合财务税收物价大检查，开展财经法纪审计。对蔬菜副食品公司进行经济效益审计，提出4项建议。1984年，采取效益审计、分析报表资料、抓重点项目审计、联合审计、专项审计调查分析法。对财政经济、来信来访进行重点审计。1985年，对粮食局所属食品加工厂、粮油议购议销经营以及粮食局平转议销粮审计，对查出的购销环节存在不正之风、隐瞒大米销售情况、库存弄虚作假、销售不做账、截留税款等问题作出处理。对国营企业开办的集体企业转移国家收入审计。1986—1989年，对效益下降或亏损的利税大户企业重点“审、帮、促”，延伸内控制度审计和经济效益审计。1990年，为企业提出116条建议。1991年，对10家市属集体企业经济效益审计，提出37条审计建议，企业实现效益198万元。1992年，对9家企业开展经济效益审计，提出审帮促建议119条，实现效益328万元。1993年，4个商业公司所属基层店财务收支审计。查出问题分别作出审计决定处理。1994年，将企业租赁承包作为重要审计内容，审计34个单位，向区政府提出4项审计建议。1995年，审计47个单位财务收支、资产负债损益，查出违纪金额243万元。1996年，查出私设小金库22个，发生额172万元，查出37个单位偷漏税款213万元，依法作出处理。1997年，将无税户、长期亏损户、财务管理相对薄弱的小型集体企业作为审计重点，查处小金库、偷漏税等问题。提出有针对性、可操作的审计建议，促进企业提高经济效益157万元。1998年，开展对市转区企业资产、负债、损益的真实性审计，摸清企业现状，向区政府反映企业存在的财务不实、国有资产流失等问题。1999年，对78家企业进行审计，查出违规行为金额1.13亿元，应交财政416万元，上缴财政180万元。对查出的偷漏税138万元、私设小金库169万元依法收缴和处罚。发现房地产开发企业违纪金额和上缴财政金额分别占全年审计成果79%和40%。2000年，对68个单位审计，查出违规行为金额1272万元，百万元违规单位4个。2001年，对29家企业审计，查出违规行为金额1.8亿元。2002年，对3家企业审计，查出违规行为金额1.7亿元，百万元案件4起，提出整改建议33条，纠正财务核算不规范问题4762万元。2003年，对10个商业公司资产、负债、损益情况审计，向区政府提出对改制后企业国有资产加强监管建议。2004年，对商业服务、房管、供热和街道实业公司系统开展行业审计，查出虚报隐瞒转移收入825万元，虚增资产415万元，虚增负债223万元。2005年，对9家商业公司企业审计调查，查出下属企业上交管理费和收取所属企业转让费80万元漏缴税金，个别单位将公产房变为住宅、违规骗取拆迁补偿费116.69万元等问题，分别作出收缴财政审计决定。2006年，对9个改制公司审计，查出财务收支不真实等问题金额1732万元。2007年，对企业资产、负债、损益情况审计，延伸审计到下属单位，审计查出违规对外借款、资金体外循环、存量资产严重不实等深层次问题，通过审计直接增加区财政收入2137万元。2008年，开展区属国有重点企业年度审计。2009—2010年，对国有企业资产、负债、损益情况审计，查出虚增资本公积、房产转让收入核算不规范、投资资金存在风险等问题。

照8-12 2010年4月，区向重点单位（项目）派驻审计组工作座谈会召开 （区审计局提供）

四 经济责任审计

1986年，逐步开展经济责任审计。尝试对存在较大失误、造成一定经济损失的有关领导部门作出相应处理。1987年，厂长（经理）任期目标经济责任审计，审计范围扩展到市属单位，对24个实行任期目标的国营工业企业调查摸底，为任期期满审计做准备。1988年，对14位厂长任期目标经济责任、2个租赁承包企业负责人经济责任、2个经理负责制企业负责人审计。对实现利润不真实，账务不符企业虚盈实亏企业，作出免除该厂长职务决定。1989年，对15个承包租赁经营企业负责人、2个届满厂长（经理）经济责任审计。1990年，经济责任审计4项，下发审计评议书。

1991年，对4家工业企业、5家商业企业经营责任审计，审计资金总额9552万元。1992年，对同仁堂制药厂、纺织针布厂承包经营责任审计，对副食品公司负责人经济责任审计，审计资金总额2260万元。1993年，对部分公司经理任期经济责任审计。1994年，对6名处级干部经济责任审计。1995年，审计范围由企业负责人扩大到党政机关负责人。1998年，规范经济责任审计，对15个街道办事处和党政主要负责人经济责任审计。1999年，对4个单位预算负责人离任经济责任审计。2000年，对7个单位负责人任期或离任经济责任审计，分别作出审计决定。

2001年，经济责任审计15项，查出违规行为金额9238万元。2002年，经济责任审计14项，查出违规行为金额1.7亿元。2003年，对政府换届后离任的9个处级单位党政主要负责人及4个国有商业公司负责人进行离任或任期经济责任审计，对查出的隐瞒截留财政收入、虚列专项资金支出、设账外账等违规问题进行处理。2004年，对党政负责人和企业负责人实施经济责任审计，延伸审计6个基层单位，查出违规金额7998万元，管理不规范金额3507万元。2005年，对16个部门主要负责人经济责任审计，查出隐瞒截留收入556万元、部分企业漏缴税金、资产严重不实等问题。2006年，对8名党政负责人和3名企业负责人实施经济责任审计，查出违规问题金额1137万元，管理不规范金额270万元，对设置“小金库”等违纪问题进行处理。2007年，利用计算机进行辅助审计，运用AO现场审计实施系统。对27个单位主要负责人经济责任审计，查出违规问题金额6609万元，管理不规范金额6564万元。2008年，对11个部门主要负责人干部经济责任审计。2009年，对党政主要负责人任期内经济责任审计，把专项资金、重点资金审计纳入审计内容，对4家单位负责人经济责任审计，查出的自谋职业安置补偿金和复员退伍人员补助金12.87万元问题，全部追缴财政。2010年，党政主要负责人和企业负责人经济责任审计项目18个，查出管理不规范金额3931万元。

五 固定资产投资审计

1987—2010年，44个固定资产投资项目审计，审计投资额1.4亿元，核减工程造价887.8万元，核减率6.34%。

1987年，对固定资产投资项目审计。对17个自筹基建项目事前审计，砍掉3个项目，缓建4个项目，压缩1个项目的内装修，收回长期闲置资金，压缩节约基建费用170万元。1988—1992年，4个基本建设项目审计，审计项目投资总额4117万元，查处违规金额31万元。1993—1996年，3个文教卫生设施、城市公用设施竣工项目审计，审计项目投资总额863万元，查处高估冒算金额15万元。1997—2001年，对红星职业中等专业学校实验楼工程竣工决算审计。2002年，对1个建设项目预（概）算执行情况及财务收支审计，审计投资额2922.63万元。2003年，对基建预决算审计及资金跟踪审计。审计投资额1499.11万元。2004年，对5个投资项目进行审计，审核投资额3100万元，核减资金403万元。2005年，4个项目审计，审计工程总造价1059万元，审减工程造价129万元，为投资方节约建设资金129万元。2006—2007年，4个建设、装修项目竣工决算审计，审计工程造价971万元，审减工程造价168万元。2008年，审计1个土建工程决算情况，审核工程结算价13.42万元，核减工程造价3.95万元。2009年，审核工程结算价395.48万元，核减工程造价13.85万元。2009—2010年，开展工程建设领域突出问题专项治理，对40个重点工程建设实施定期跟踪审计检查，督促被检查单位及时整改存在的问题。

六 专项审计

1984年始，对特定事项及上级机关交办事项开展专项审计。处理部分卫生院任意扩大收费范围、提高增收标准和乱挤乱用增收资金等问题。1985年，对上2个年度计划生育事业费收、支、余及使用效果审计。1986—1989年，对执法机关罚没收入、教育事业费及修配公司、空调器厂基本建设自筹资金专项审计，审计涉及13个单位，查出各类问题金额170万元，应上缴财政3.8万元。1990年，对3个单位账外“小金库”问题进行查处。1991—1994年，对1990年度社会福利有奖募捐资金和民政局赈灾募捐资金专项审计。对法院办案收费罚没款物、公安分局罚没财物收缴管理专项审计，针对罚没款未上缴财政等问题作出审计决定。1995年，对区人民法院1994年办案收费、罚没款物情况审计，查出罚没款未上缴财政问题作出审计决定。1996年，对区1995年失业保险基金收支及管理情况专项审计，延伸审计7个单位，对存在问题出具审计报告。1998年，对接受管理救灾款物情况专项审计。1999—2001年，对南运河北路拓路拆迁工程审计。

2002—2003年，3462万元城市居民最低生活保障资金收支及管理情况专项审计，审计查处挪用拆迁资金500万元，漏交税款765万元等问题，应上缴国库收入全部追缴入库。2005年，实施对整顿治理铁路沿线二期工程、体育场南片、西青道快速路红桥段等拆迁专项资金全程跟踪审计，重点审计资金使用和发放，查出借出拆迁资金百万元及未按时拨付资金928万元等违规问题。2006年，对3条道路改造工程拆迁资金使用情况跟踪审计，审计资金额24亿元，查出违规金额3244万元，经审计处理归还原渠道资金2673.5万元。2007年，对南运河治理工程、快速路系统的河北大街立交工程、西纵北段工程资金审计，审计金额10.85亿元。审计对拆迁费用支出超标、收支无规范性依据、安置房管理存在漏洞等问题督促整改。2008年，对接收管理和使用790.76万元汶川地震救灾捐赠资金和物资实行分阶段全程跟踪审计。对138万元“特殊党费”收支管用情况专项审计。2009年，对京沪高铁西站交通枢纽、单家面铺拆迁资金进行全程跟踪审计。2010年，对南运河治理一期二期工程拆迁资金使用情况审计，审计拆迁资金7192万元。清理治理“小金库”专项检查，对5家单位2个社团组织重点检查。

照8-13　2001年，区审计局在勤俭道开展《中华人民共和国审计法》宣传　　（区审计局提供）

七　审计调查

1985年始，把微观审计调查发现的问题提高到宏观经济的高度分析研究，为宏观经济管理提供决策依据。1986年，对行政事业单位80余项685万元预算外资金开展审计调查，违纪金额419.6万元。1987年，部分租赁企业审计调查，提出深化改革等建议。1988年，开展企业厂长任期目标责任制、企业租赁承包等情况审计调查。1989年，对承包租赁企业、市属集体企业利润滑坡审计调查。1990年，对市属集体企业中亏损和效益下降重点企业经济效益审计调查。1991年，开展区行政事业单位预算外资金审计调查，查清13个科目110项400余万元闲置资金，提出建设性审计意见和建议。1992年，对20个行政单位预算外收入弥补经费情况开展审计调查，有10个单位弥补180万元经费。对区属10个商业公司潜亏情况审计调查，查出潜亏余额940余万元。1993年，开展政府部门经费自收自支状况、行政事业单位往来款项、校办企业经济效益、行政机关固定资产购置管理等审计调查16项，向区政府提交审计调查报告12篇。1994—1996年，开展行政事业单位预算外往来款等9个项目审计调查。1997年，对第一批纳税人预算管理的200个单位行政性收费等开展审计调查，提交调查报告7篇。1998年，对预算外资金收支情况分别开展审计调查，审计调查涉及67个单位。对收入漏缴税金问题作出审计决定，全部追缴财政。1999年，对市转区属集体企业审计项目调查，涉及96个单位。2000年，审计调查50个单位。2001年，国有商业公司资产现状审计调查，向区政府提出合理调配资源配置建议。

2002年，重点对10个单位预算外资金收支及管理情况审计调查，发现3个单位预算外资金在账外核算形成“小金库” 574余万元，向区政府提出严格账户审批制度审计建议，对31个街道所属及区直属企业经营状况审计调查。2003年，对9个商业公司网点拍卖、拆迁、转制取得6201万元及资金使用情况调查。2004年，对上年财政预算执行情况及其他财政资金审计调查涉及单位17个，审计调查金额6.02亿元，调查发现问题金额1.75亿元。向区政府提交审计调查报告3篇，分别提出审计意见和建议。2005年，对建厅退路865万元专项周转资金效益审计调查，审计涉及资金2141万元，封闭市场13个。2006年，对就业补助资金运作管理情况、房产专项基金审计调查。2007年，对区热力建设发展有限公司国债转贷资金审计调查，涉及资金总额1.22亿元，其中国债转贷资金9200万元。2008年，对上年1864万元就业补助资金管理使用情况审计调查，沿资金拨付渠道，对区劳动和社会保障局、3个街道社保中心、6个公益性公司资金使用情况抽审，追踪调查2006年调查中发现的不规范问题整改情况。2009年，对担保企业的5000万元财政资金投入使用情况和运行管理情况审计调查。2010年，对市容环境综合整治专项资金、卫生系统18项财政专项资金开展专项审计调查。

1983—2010年红桥区国家审计成果统计表

表8-24

年份	审计调查单位（个）	查出违规行为金额（万元）	查出管理不规范金额（万元）	已上缴财政（万元）	归还原渠道资金（万元）	报送审计报告、信（篇）	被批示、采用（篇次）
1983	5	4.70	-	0	-	-	-
1984	112	51.30	-	12.70	-	-	-
1985	34	173	-	37.80	-	-	-
1986	33	1216.30	-	368	-	-	-
1987	140	324.30	-	99.60	-	-	-
1988	126	354	-	37	-	-	-
1989	147	730	-	138	-	-	-
1990	131	538	-	158.70	-	-	-
1991	149	225	-	144.60	-	-	-
1992	132	187.90	-	53.70	-	-	-
1993	135	71.10	-	11	0	45	23
1994	112	240.10	-	9	0	87	61
1995	124	584	-	37	206.20	76	43
1996	178	1221.20	-	97	0	94	85
1997	181	1820	-	188	0	89	60
1998	111	3167	-	176	0	120	55
1999	115	11861	-	189	0	85	60
2000	101	2264	-	47	0	80	49
2001	73	27000	-	85	0	82	32
2002	53	20633	-	97	28	69	44
2003	40	13916	5666	59	0	77	39
2004	47	28066	4795	95	500	60	40
2005	44	6957	2831	61	269	67	36
2006	58	8272	689	56	2674	49	31
2007	44	9987	19000	2207	2085	90	62
2008	37	10700	36600	80.97	0	94	74
2009	31	36	5924	97	0	76	75
2010	27	9873	6161	20	0	78	84
合计	2520	160472.90	81666	4662.07	5762.20	1418	953

第三节 内部审计

1984—2010年，对9289个单位进行审计，查出损失浪费金额2949.71万元，纠正违规金额3520.1万元，促进增收节支1707.19万元，查出贪污案39件80.2万元、追回资金637.5万元、向司法机关移送30人。

1984年，对240名专兼职审计人员和会计培训，指导开展内部审计。18个单位内审机构查出各类问题金额57.66万元。1985年，建立内审联席例会制度，内审机构以效益审计为主，严肃财经纪律，在36个单位开展审计监督，查出各类问题金额44.34万元。1987年，24个单位建立内部审计机构，开展审计项目110个。全区内审机构审计169个单位，查出违纪问题金额98万元，促进增收节支73万元。1988年，开展定期审计196项，审计覆盖面100%。各商业公司建立经济责任审计、租赁承包企业年度审计及离任审计制度。1989年，建立年度内审工作考核评比制度，修改完善考评标准和办法。1990年，围绕经济效益开展内审工作。1991年，审计451家，其中效益审计14家、管理审计41家、合同审计7家、定期审计183家次，促进增收节支118万元，查出损失浪费141万元。1992年，对456个单位实施审计，查出损失浪费金额128.9万元，纠正违纪违规金额31.5万元，查出贪污案件6起。1993年，开展审计项目374个，查出损失浪费金额198万元，纠正违纪金额近70万元，促进经济效益提高43.19万元，查出贪污案件2起，帮助企业健全制度26项。1996年，审计项目503项，查出损失浪费360万元，纠正违纪金额255万元，促进经济效益93.9万元，帮助企业索回资金27.4万元，健全制度234项，提出建议被采纳379条。1998年，审计491个单位，其中财务收支审计268个、经济效益审计112个、经济责任审计56个、其他审计55个。2000年，内审机构增至48个。配备138人，审计236个单位。2001年，审计92个单位。2002年，审计388个单位。2004年，审计金额5845.54万元，纠正违规金额286万元。2005年，内审机构审计557项，查出违规金额70万元，提出建议被采纳362条。2006年，开展内部审计理论研讨，收集论文10篇。2007年，各类审计266项，帮助企业规范财务管理及纠正违规金额588万元，健全制度21项，提出合理化建议166条。2008年，对63个内审机构情况摸底调查。对14个居委会财务收支审计，提出合理化建议5条，健全制度4项。2009年，各类审计334项，纠正违规金额41.4万元，健全制度70项，提出合理化建议305条。2010年，各类审计205项，纠正违规金额750万元，提出合理化建议269条。

照8-14　2007年，区内部审计工作会议召开　（区审计局提供）

1984—2010年红桥区内部审计成果统计表

表8-25

年份	已审单位(个)	查出损失（万元）	纠正违纪违规金额(万元)	增收节支（万元）	查出贪污案			
					件数	金额(万元)	追回资金（万元）	移送人数
1984	34	-	57.70	-	1	0.20	0.10	1
1985	36	-	44.30	-	2	1.60	1.60	2
1986	110	-	12.30	-	4	2.50	2.50	2
1987	169	29	98	73	2	1	-	1

续表

年份	已审单位(个)	查出损失(万元)	纠正违纪违规金额(万元)	增收节支(万元)	查出贪污案			
					件数	金额(万元)	追回资金(万元)	移送人数
1988	446	64	104	90	2	2	2	2
1989	516	73	39	30	2	2	2	1
1990	445	21	57	66	3	4	3.60	3
1991	451	141	33	118	2	5.60	5	2
1992	456	128.90	31.50	69	6	18	11.20	7
1993	374	198	69.80	43.20	2	-	49.80	-
1994	463	264.90	89	85	3	-	65.40	-
1995	389	276.10	122.30	252.30	2	-	204.40	-
1996	503	359.60	255.40	202.40	-	-	42	-
1997	570	502.20	383.00	262.50	5	45.10	163.60	7
1998	491	376.70	163.70	73	2	-	54.50	2
1999	277	157	159.30	84.30	1	-	23.20	-
2000	236	118	37	50	-	-	-	-
2001	92	75	24	-	-	-	-	-
2002	388	0.50	15	-	-	-	1.40	-
2003	237	52.80	186.80	119.50	-	-	6.90	-
2004	273	2	286	5	-	-	-	-
2005	557	30	70	41	-	-	-	-
2006	534	64	86	43	-	-	-	-
2007	266	8	330	-	-	-	-	-
2008	437	-	77	-	-	-	-	-
2009	334	-	41	-	-	-	-	-
2010	205	8	750	-	-	-	-	-
合计	9289	2949.70	3520.10	1707.20	39	80.20	637.50	30

第四节　社会审计

1988年，审计项目17项，查证金额3526万元，验资445家，审验资金1.6亿元，查出资金不实151家，核减金额2085万元。1989年，审验资金402家，申报资金总额8138万元，核实查出104家有不实资金1022万元，承接并完成16项审计查证业务，查证资金总额1.18亿元。1990年，查证事项765项，查证总金额2.49亿元，其中核定注册资金2.25亿元，核减1526万元。1991年，查验总金额1.04亿元。1992年，委托事项837项，其中验资年检754项、财务收支审计1项、承包离任审计1项、清理债权债务5项、经济案件鉴定1项、咨询服务建章建制49项。1993年，完成委托事项1319项，其中财务收支审计18项、经济案件鉴定1项、验资年检1009项、资产评估10项、咨询服务建章建制5项、担任常年顾问257家、其他19项。鉴定金额7.45亿元、签证金额3.33亿元，核减虚假注册资金金额1825万元。1994年，完成委托审计事项1161项，其中财务收支审计26项、清理债权债务3项、经济案件鉴定11项、验资年检649项、资产评估11项、基建预决算验证8项、咨询服务建章建制130项、担任常年顾问323家。查验总金额19.17亿元，其中查证总金额15.27亿元，申验资金总额3.9亿元，核减虚假注册资金金额1459万元，核减基建预决算44万元，为委托单位追回损失金额513万元，年业务收入103.31万元，上缴税费43.5万元。1995年，接受委托事项1176项，与510家企业建立常年咨询关系。1996年，完成委托事项985项，其中财务收支审计23项、国有企业审计查证1项、经济案件鉴定1项、验资年检550项、资产评估8项、基建项目审计2项、提供顾问服务400项。验资金额11.8亿元，核减基建预决算11万元，查出违纪金额280万元，查出贪污受贿3人，为委托单位挽回损失520万元。1999年，会计师事务所脱钩改制。2000年，会计师事务所撤销。

第七章　安全生产监督管理

2005年，区安全监管局成立后贯彻执行安全生产法律法规，落实安全生产责任制，消除安全生产中重点、难点问题，依法实施对烟花爆竹经营（零售）许可、部分非药品易制毒化学生产、经营备案证明，危险化学品的从业单位以及重大危险源（点）的安全监督检查工作。协调重点部门联合推动重点行业和区域开展安全生产隐患自查自纠、联查督查，发现隐患、及时整改。

第一节　管理机构

一　沿革

2001年，安全生产监督与管理由劳动管理局内设机构劳动保护科承担。安全生产监督与管理工作职责划归经济贸易委员会，设安全生产监督管理局，与安全生产委员会办公室为一个机构两块牌子，内设安全生产管理科、安全生产宣传科。2005年，调整为区政府正处级工作部门，加挂区安全生产委员会办公室牌子。2010年，内设办公室、综合管理科、监督检查科。

二　人员

2001年，编制5人。2010年，行政编制9人，机关工勤编制1人。

第二节　安全生产监管

一　综合监督管理

2005年，开展安全生产暨“百日安全无事故”活动，出动执法干部80余人次，检查企业、建筑工地及商户215家，查出并整改隐患326处，提出整改意见37条，全区没有发生重大伤亡事故。开展装载加固、危险品运输、施工等专项治理，控制重点部位关键问题的顽症，解决老估衣街消防安全隐患，对估衣街东段进行全方位综合治理。清除私拉乱接电线85米、碘钨灯35个，清理2家企业超负荷用电、占压消防设施乱摆乱卖20处，重新更换电线150米。2006年，对天奕商城小百一期、天津都行等经济场所重点部位安全检查，对摊位外溢、重点部位操作规程、特种作业人员关闭及部分地方杂物、电话线杂乱等问题提出整改意见43条，整改隐患134处。2007年，开展“安全生产隐患排查治理专项行动”联合检查，对12个单位20余处重点地区（部位）重点检查，消除隐患243处（条），下达整改通知（不含口头）45份。组织复查18次，243条隐患全部整改。2008年，开展安全生产“隐患治理年”活动，检查生产经营企业243家，查出隐患102处。提出整改意见47条，整改隐患102处。全区51个单位编制应急预案。

2009年，开展安全生产隐患排查“百日督查”及治理，排查单位（场所）409家，查出各类隐患197项，下达隐患整改通知书18份，42家签订安全保证责任书。2010年，开展工程建设行业安全隐患专项治理排查。排查40个建设项目落实安全生产责任制，签订40份责任书。721个各类生产经营单位自查自纠，发现并消除安全隐患479处。

二　重点行业监管

2005年，为22个经销单位颁发“烟花爆竹零售摊点销售许可证”，对40余个单位进行调查登记。10个企事业单位被列为重大隐患单位。2006年，为24个危险化学品经营单位，10个危险化学品使用、储存单位办理年审登记手续。为28个危险化学品经营单位，办理非药品类易制毒化学品经营备案证明。对天津红旗油厂下达《隐患整改指令书》。2007年，对34家危险化学品从业单位进行拉网式检查。2008年，对57个危险化学品使用单位及经营单位核查登记，其中危险化学品使用单位14个，经营单位43个(含加油站10个)。烟花爆竹零售(临时)经营单位39个。

2009年，检查危化从业单位202个，签订42份安保责任书，发现一般隐患134项，下达隐患通知书18份。2010年，开展危险化学品生产经营企业安全生产承诺活动，7家重点企业、57个危化从业单位法人代表签订春节期间安全生产责任书。对54个危险化学品从业单位和8家五金土产、日用百货经营户经营的鞭炮进行检查，查出各类隐患38处(个)，隐患整改率100%。

第三节　宣传与培训

一　法律法规宣传

2005年，“遵章守法、关爱生命”第15次安全生产月活动，进行2次大规模消防救护演练和宣传。2006年，“安全发展、国泰民安”第16次安全生产月活动，设台进行咨询宣传活动，悬挂条幅14条，发安全生产宣传挂图400余套，摆放展板。“五五”普法活动中，发放《中华人民共和国安全生产法》《天津市从业人员安全生产知识读本》、试卷等万余份(册)，30余个单位，5000余名群众参与。2007年，“综合治理，保障平安”第17次安全生产月活动，进入企业、上街发放安全生产宣传资料万余份。2008年，“治理隐患、防范事故——携手共筑奥运平安”第18次安全生产月宣传活动。2009年，“关爱生命、安全发展”、安全生产年活动，第19次安全生产月全民安全生产宣传教育和咨询活动，大胡同商贸区制作展出各类宣传展板238块，发放各类宣传资料2万余份；举办安全生产大讲堂，220个生产经营单位参加活动。2010年，“安全发展，预防为主”第20次安全生产月活动。大胡同商贸区组织安全生产咨询日活动，发放《中华人民共和国安全生产法》等各类宣传资料万余份。

二　安全生产教育培训

2005—2010年，组织安全生产培训59批次4891人参加。其中，安全管理人员7批次547人，电工32批次2418人，焊接工14批次1019人，烟花爆竹从业人员6批次907人。

2005—2010年红桥区安全生产培训统计表

表8-26

年份	总人数(人)	总批次(批)	分类							
			安全管理人员		电工		焊接		烟花爆竹从业人员	
			人数(人)	批次(批)	人数(人)	批次(批)	人数(人)	批次(批)	人数(人)	批次(批)
2005	844	6	34	1	500	3	200	1	110	1
2006	650	8	105	1	325	3	100	3	120	1
2007	1196	11	76	1	425	5	500	4	195	1
2008	777	11	185	2	312	7	105	1	175	1
2009	852	12	81	1	562	7	54	3	155	1
2010	572	11	66	1	294	7	60	2	152	1
合计	4891	59	547	7	2418	32	1019	14	907	6

红桥区志

第九编
工　业

中共十一届三中全会后，区内工业逐步推行股份合作、风险承包和资产重组改革。进入21世纪，推行政企分开、产权制度和困难企业退出市场改革。

八九十年代，形成区办、街办、校办、商办、劳服办、民福办工业等多种类型新兴工业。区属工业、驻区工业和三资工业形成发展态势，工业重新起步。进入21世纪，实施二次创业，结构调整，择优扶强，支持重点企业和重点产品发展。一些国有、集体企业退出市场，民营企业迅速发展，数量快速增加，成为区属工业经济主体。这一时期，注重发展特色产业，推进产品技术、设备改造、技措技改项目，突出培育行业规模。三资工业经过起步、形成和发展，成为工业经济新增长点。利用现有资源条件推进载体建设，建成多个都市型工业园，规划建设光荣道科技产业园，提升工业发展空间。驻区企业经过改革和调整，部分成为行业龙头，部分退出市场，部分东移其他区县，总体数量减少，但存量资产可观，技术力量雄厚，品牌优势明显，仍是区工业重要组成部分和工业经济重要支撑。

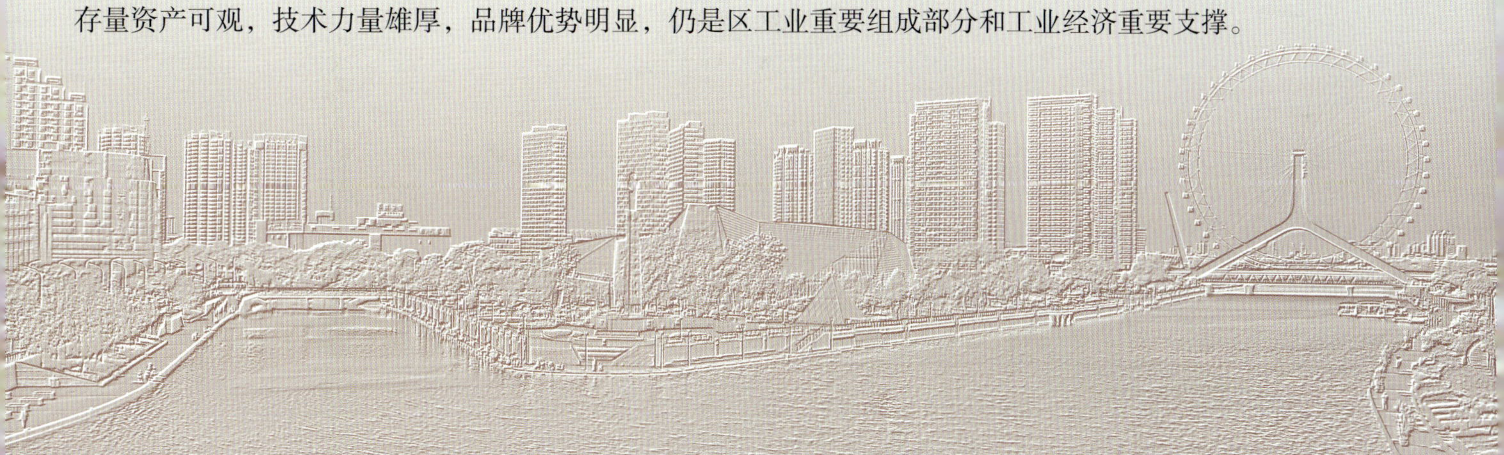

2010年，天津津酒集团外景
（区商务委提供）

2010年，天津华一有限责任公司外景 （区商务委提供）

2010年，银泰大厦外景
（区商务委提供）

2010年，圣威科技公司外景 （区商务委提

第一章 区属工业

70年代末，区属工业重新起步，各街成立生产服务管理处，自办加工型企业。80年代初，成立劳动服务公司，兴办生产型工业企业，安置待业青年。80年代中期，各学校纷纷开办工业公司，发展校办企业。民政系统成立福利工业公司，统筹管理并发展民福系统工业企业。80年代末，全区逐步形成区办、街办、校办、劳服办、民福办工业共同发展格局。90年代至2010年，区属工业经历二次创业、深化改革、结构调整、转型升级发展过程。工业企业以推进企业改革，实施资产重组，实现资源优化配置。“抓大放小”放开搞活微小企业；通过改革和调整解决体制、机制不适应经济发展问题，区属工业稳步发展。

第一节 企业体制改革

一 股份合作制改革

1981—1990年，部分工业企业推行转换企业经营机制、集体企业股份合作制改革试点。选择规模适中企业为首批试点，组织企业进行清产核资、资产评估、产权界定、方案制订、发动职工入股、召开股东大会等。标准件三厂、宏翔电梯厂等14家企业全部实现股份制经营。1990年，14家企业实现销售额9939万元，是改革前的3.7倍；实现利润1549万元，是改革前的3.2倍。

二 经营风险承包改革

1991—1995年，推行企业经营风险承包责任制改革，解决企业在经营过程中只负盈不负亏问题，在部分企业中实行经营风险抵押承包。校办工业公司对所属企业采取与科室责任挂钩，与企业厂长承担目标挂钩，全区279家企业实行风险抵押承包，效益普遍增长。1995年，实现销售收入4亿元，利润3700万元。

三 企业资产重组改革

1996—2000年，实行放开搞活小企业、实施企业资产重组、资源优化配置，对23家小型企业进行改革。以资源优化配置为目标实行资产重组，实现以重点企业、重点产品资源配置重组。按照“抓大放小”方针，促进以营造规模经营、放开搞活小企业为目标企业改革，实施拍卖、兼并、股份合作制、公有民营、承包等多种形式企业，完成改革146家。

四 政企分开机制改革

90年代后期，对企业提出产权清晰、责权明确、政企分开、管理科学的要求，推进企业经营机制改革。推行街道工商实业公司企业化管理机制，对行政管理为模式的生产服务管理进行改革。1999年，组建宏图经济发展总公司，由行政管理型向经营型转变。2000年，各街道成立15个工商实业公司，实行企业化管理，理顺公司与街道办事处在资产、责权、经济利益分配方面关系，实现政企分开。各公司在机构设置、用工制度、利益分配、考核约束机制方面实施一系列改革。改革后街道工业经济发展较快，当年实现工业总产值2.1亿元，是1996年的6.7倍。

五 企业产权制度改革

2001—2004年，对区属工业企业推行产权制度改革。初期确定35家为改制试点企业，其中10家企业完成改制。后相继对产品无市场、技术工艺落后、长期亏损扭亏无望企业实行“关停并转”，对“挂靠”在国有、集体性质企业名下的民营企业实行“摘帽”改革。按产权清晰原则，77家企业“摘帽”成为民营企业。2005年，工业企业完成产权制度改革276家，占总数的70%。

六　困难企业退出市场

2006—2010年，对16家无产品、无市场、无生产经营场地的困难企业推行退出市场改革。至2010年，16家困难企业关闭养老保险账户，完成困难企业退市，9030名职工得到安置。

第二节　工业概况

1978—1995年，形成区办、街办、校办、商办、劳服办、民福办工业。1999—2000年，实施二次创业，调整产品结构，择优扶强，支持重点企业和重点产品发展。2001—2005年，一些国有、集体企业退出市场，民营企业迅速发展。2006—2010年，发展特色产业，推进产品技术、设备改造、技措技改项目，突出培育行业规模。

一　工业企业创业发展

（一）区办工业　1980年，兴办装卸队、起重安装队、建筑工程队、工艺美术厂。1981—1995年，采取“选准产品，抓住重点，滚动发展”方式，每年新建一个企业，培植1~2个拳头产品，企业由安置加工型转变成生产经营型。期间，5家骨干企业发展外向型经济，与港商合资创办2家企业。1993—1995年，区直属企业局变更为天宝工贸集团公司，下属工业企业15家，年实现工业总产值2784万元。

（二）街办工业　1979年，各街成立生产服务管理处，街办工业在原基础上发展到186家。1980—1990年，街办企业由单纯加工型向自产自销过渡。1995年，15个街有工业企业86家，实现工业总产值6626万元。1999年，街生产服务管理处改组为工商实业公司。

（三）校办工业　1984—1987年，组建校办工业公司，校办企业逐步发展到65家。1988—1991年，推行经济承包责任制，实行学校所有权与企业经营权分离，扩大企业经营自主权，校办企业发展到69家。1992—1995年，校办工业调整产业结构，开发新产品，引进新项目，发展至150家，实现工业总产值1.06亿元。

（四）商办工业　1979年，商办工业有企业11家，年工业总产值2379万元。产品有粮食制品、服装、变压器、轮胎等。1980—1992年，发展到35家。由于结构、经营管理等问题，出现停滞。1993—1994年，商办工业进行调整、收缩，合并为5家，1995年减少为4家，年实现工业总产值1352万元。

（五）劳服工业　1981—1986年，各街成立劳动服务公司，安置待业青年和知识青年就业。1987—1992年，劳服企业发展到10家。1993—1995年，有企业7家，3年实现工业总产值708万元。

（六）民福工业　1988年，成立民政福利企业公司，兴办福利型企业。1992年，福利企业发展到14家。1990—1992年，产值、利润持续增长。1993年后，保持稳定发展。1995年，企业发展到24家，实现工业总产值3028万元。依靠科技进步，引进开发新产品324个。1988—1995年，企业发展到286家，年实现工业总产值2.98亿元，实现利润3654万元。1996—1998年，区属工业结构调整，引进开发新产品161个，培育扶持20个重点产品，形成一批龙头企业。

二　工业企业创新发展

1999—2010年，接收市属企业17家，增加占地24.7万平方米，建筑面积12.6万平方米，工业载体得到补充。全区国有、集体工业企业90%以上改制。针对资金短缺情况，盘活存量资产，置换7块土地，街道所属公司置换街道里巷企业房产，累计盘活资金1亿元。开展“企业管理季”“企业管理效益年”“企业管理达标”活动，全区工业产品98%达标，6家企业取得ISO 9000质量体系认证，5家企业实现工艺管理达标，15家企业推行5S现场管理。2000年，区属工业企业394家，从业人员9879人，实现销售收入8.73亿元，实现利润3225万元。2001—2005年，推进产品技术、工艺、设备改造、技措技改项目，总投资6724万元，改造项目59项，开发新产品100项。2006—2010年，工业经济总量、结构发生变化，因城市改造拆迁，区属工业走向萎缩，民营工业企业逐渐成为工业经济发展主体，政府管理从区属企业向区域企业拓宽，发展特色产业，培育行业规模。2010年，区规模以上工业企业实现销售收入8.5亿元，实现增加值2亿元，纳税3400万元，增长113%。累计完成技改项目58项，总投资6.7亿元，扶持重点项目27项。

2010年红桥区属工业重点企业一览表

表9-1

重点企业名称	地址	重点企业名称	地址
天津中冷暖通洁净有限公司	咸阳北路凤城楼花园旁	天津市中英保健品制造有限公司	竹山路6号
天津市华云自控股份有限公司	西青区西营门街营玉路1号	303化工建材有限公司	光荣道147号
天津市华跃模具制造有限公司	北辰区王庄鹏安工业园	天津市圣威科技发展有限公司	西青道中北工业园北园三星路6号
天津市顶佳工业泵制造厂	丁字沽三号路35号	天津工大镀锌设备有限公司	光荣道8号
天津市红旗制冷设备有限公司	光荣道187号	天津市新华电线塑料制品厂	光荣道187号
天津市宏翔电梯有限公司	光荣道207号	天津市聚源儿童用品有限公司	光荣道151号
天津市三条石有色金属铸造有限公司	北辰区张献庄村东	中国中英集团	西青道金兴大厦12楼
天津市恒远印刷有限公司	北营门西马路荣茂里1号	天津市天鼓机械制造有限公司	北辰区万科新城花园2-12
天骄化工医药有限公司	北辰区普济河道	天津市新铝电器有限公司	津南区长江道118号
天津市正本电气有限公司	北辰区科技园区环东发展区华泰道6号	天津市鑫沃铜管工贸有限公司	东丽区华明镇
天津市丰和电气有限公司	北辰区宜兴埠科技园景运路	天津市金明钢管有限公司	西青道电信路
天津隆金五金工具有限公司	保康路5号	天津市精特机电有限公司	西青区杨庄子玉门路
天津天骄工业有限公司	北辰区普济河道	天津市三阳衬布有限公司	南开区密云路津杨路6-3号
天津市柏益风动工具有限公司	保康路5号	天津市丰德科技发展有限公司	北辰区铁东路

三　三资工业发展

80年代，区内三资工业经历平稳发展、较快发展、逐步减少的过程。1991年，开始兴办三资工业，批准第一家中日合资企业天惠办公自动化有限公司，注册资金20万美元，生产销售复印机、图文传真机、零部件产品和技术服务。1992—1993年，由外经委管理投资额在500万元以下三资企业审批权，当年批准立项14项，协议投资258万美元，其中外资额178万美元。三资企业发展到20家，注册资金628万美元。1994—2010年，西站地区功能定位为天津市城市商业副中心，一部分三资企业迁移到其他区县，使区内生产经营三资企业仅存14家。其中，合资企业4家，独资企业10家，主要来自日本、韩国、美国等国家和中国港、台地区，投资总额2322.3万美元，涉及电子、办公用品、纺织机械、机电等10余个行业。

1993—2010年红桥区三资工业经济情况统计表

表9-2

年份	批准企业户数	注册资本（万美元）	开业数（个）	工业生产总值（万元）	销售收入（万元）	税金（万）	出口额（万美元）
1993	25	628	12	1710	1828	117	339
1994	20	848	13	6546	7563	139	493
1995	22	499	18	7590	6803	163	430
1996	11	422	28	8286	7860	174	518
1997	6	240	28	25029	24645	1179	1440
1998	7	564	25	26331	24373	2230	1189
1999	6	784	18	10457	9804	143	961
2000	4	576	18	12133	10126	97	877
2001	1	500.80	17	20872	16630	270	1386
2002	9	720	17	19018	13316	295	648
2003	3	2390	16	22525	16612	571	558
2004	7	3500	15	6912	7035	122	707
2005	0	0	15	8766	8877	995	817
2006	0	0	12	6987	7089	970	668
2007	1	10	11	8813	9954	2353	646
2008	0	0	11	22875	22675	4605	557
2009	0	0	14	15051	17058	596	584
2010	0	0	14	17771	19947	315	420
合计	122	11681.80	302	247672	232195	15334	13238

附9-1

联合事务用品（天津）有限公司

始建于1992年，为日本联合化学株式会社在天津投资的外商独资企业。坐落在红桥区勤俭道21号，占地3680平方米。主要生产和经营打印耗材。该公司采用先进日本技术及品质保证体系，使用日本原装大型分切设备，保证生产成品内在品质，公司产品经国家认定测试检测，符合欧盟及美国环保标准。1994年，获市优秀企业称号，被评为全国外商投资“双优”企业。产品销往日本和中国香港地区。2010年，出口额411万美元。

津兴金属制品有限公司

始建于1992年，为红桥区天宝集团公司与中国香港利维那商业发展有限公司共同投资建立的合资企业。坐落在津坝公路刘家房子北侧。主要产品有各种规格型号自行车、助力车车把及相关配套零件，产品大部分销往天津周边地区。1995年，实现利润400万元人民币。1994—1995年连续两年获区优秀企业称号。1998年，港方撤资，企业转为区属企业。后由于生产场所需要，迁往北辰区。

第二章　驻区企业

32年间，驻区企业经过改革和调整，部分通过自身努力成为行业龙头，部分企业逐步退出市场，部分企业由于城市改造和工业战略东移等原因迁移到其他区县。总体上，驻区企业存量资产可观，技术力量雄厚，工艺装备精良，管理水平较高，品牌优势明显，发展潜力大，是区工业重要组成部分和工业经济重要支撑。

第一节 市属企业划转

1979年，区管64家工业企业按行业划归市各有关工业局隶属管理，区工业局撤销，市属工业企业变为驻区企业。1980—1995年，区内有驻区工业企业446家，其中直属中央企业4家，市属企业421家，外省市企业21家。有冶金、机电、电子仪表、化工、纺织、服装、轻工等20余个行业，上万种产品，绝大多数为小型企业。1996—1998年，天津市进行工业调整，部分驻区企业划转红桥区管理，接收企业17家，占地24.7万余平方米，建筑面积12.6万余平方米。累计总资产1.93亿元，职工5347人。

1998年红桥区接收市属企业一览表

表9-3

企业名称	职工人数(人)	面积(平方米)		资产总额(万元)	区管理单位
		占地	建筑		
紧固件公司	902	21839	9401	4942	天宝集团
标准件三厂	214	12386	6036	914	天宝集团
标准件四厂	235	5728	2989	324	天宝集团
螺帽四厂	256	23712	7870	796	民政局民福公司
中建螺丝厂	640	25033	10062	2491	天宝集团
紧固件经营部	22	–	–	–	天宝集团
标准件机床厂	246	22751	8509	694	天宝集团
红旗垫圈厂	170	4170	2523	123	天宝集团
液压件一厂	505	15091	9473	1318	天宝集团
液压附件厂	379	13606	10809	665	西于庄街宏远公司
继电器厂	153	17126	10400	816	天宝集团
起重电器厂	517	12000	6000	2197	天宝集团
天津果酒厂	385	43419	24893	2477	计经委代管
市烟酒第六批发公司	19	13000	6000	8	计经委代管
市百通食品开发中心	20	–	–	163	计经委代管
市第二调料厂	437	14184	9119	1025	区副食公司
市文教用品四厂	247	3431	2143	356	邵公庄街
合计	5347	247476	126227	1.93亿	–

第二节 驻区企业变迁

2004年，驻区工业企业有106家，占全区工业企业总数的13.1%。2005—2009年，天津市实施工业战略东移，驻区国有困难企业退出市场，红桥区拆迁范围逐步扩大，市电力电子设备公司等21家知名企业迁出。驻区工业企业减少至74家。2010年，区内有22家重点企业，20个重点产品创新发展，实现工业总产值21亿元，利税1.9亿元，主要为机械、纺织、食品、医药、印刷、科研等。

2010年驻区重点企业和重点产品表

表9-4

企业名称	地 址	产品名称
天津津酒集团有限公司	丁字沽三号路	“津牌”津酒帝王系列
		“津牌”津酒扁壶系列
		“玉洋”人参酒、露酒、海马酒

续表

企业名称	地　址	产品名称
天津华一有限责任公司	丁字沽三号路	“华一”牌卷烟包装机系列
		“华一”牌食品包装机系列
		“华一”牌加碘盐包装机
		“华一”牌无菌鲜奶包装机
天津市航空机电有限公司	西站前街	NBJ185S 食品包装机系列
		PXT 建筑电器产品系列
		煤矿漏电互感口
		断零开关
国营建津机器厂（4508）	大新街177号	B49-1Y/L 型30KG 封闭轨悬挂传送机、15-350KG 空中、台式、地面物流设备
利金粮油股份公司	西青道58号	“利达”牌面粉系列
		“利达”牌食品系列
天津市红旗油厂	西青道49号	“红旗”牌高级烹调油系列
		“红旗”牌色拉油系列
天津宏仁堂药业有限公司	涟源西路32号	“红花”牌血府逐淤胶囊
		“红花”牌养血生发胶囊
		“红花”牌冠心苏合胶囊
天津同仁堂股份有限公司	西于庄城防里大街126号	“同仁堂”中成药
天津七零七所	丁字沽一号路	-
天津化工设计研究院	丁字沽三号路85号	-
化工研究院精细化工技术开发公司	丁字沽三号路85号	-
天津市津久起重工具厂	竹山路7号	-
天津市新华印刷三厂	西沽三合街16号	-
天津市胜利玻璃制造有限公司	子牙河南路104号	-
中药饮片厂	西青道团结路11号	-
天津隆成五金制品集团有限公司	光荣道211号	-
联合事物用品（天津）有限公司	保康路7号	-
天津市天科玻璃仪器有限公司	子牙河南路104号	-
天津昆森工贸有限公司	竹山路13号	-
天津鼎成科技有限公司	光荣道102号	-
天津海马催化技术有限公司	丁字沽三号路85号	-
天津正罡科技有限公司	光荣道102号	-

附9-2

津酒集团有限公司

始建于1952年。1999年，天津酿酒厂更名为津酒集团有限公司，坐落在丁字沽三号路，总占地10万平方米，是天津最大酿酒企业，也是华北地区唯一列入国家重点项目酿酒企业。职工千余人，为国家二级企业。产品有白酒“津牌”几十个品种；红酒“贵族庄园系列”和滋补保健型“玉羊”牌人参酒、海马酒、露酒等。“津牌”系列产品在天津市场占有率90%，畅销国内市场，部分产品销往港、澳、台地区，远销东南亚、欧美，日本、韩国、澳大利亚等国家。2010年，销售收入8.40亿元，实现利润6248万元，工业总产值6.20亿元。

1984年，集团获国家银奖。1991—1993年，列为中国500家最大企业之一。1993—1995年，获天津市百强企业、明星企业称号。1997年，被市政府授予天津市名牌产品。1999年，被评为中国白酒行业50家最佳效益企业。2010年，获“中华老字号”称号。

宏仁堂药业有限公司

天津宏仁堂有近百年历史。2003年，恢复“宏仁堂”老字号，成立宏仁堂药业有限公司，坐落在涟源西路32号，占地5万平方米，职工200余人，全面通过GMP认证，产品按卫生部标准规范生产。2004—2006年，引进具有国际先进生产设备，实现半自动化和自动化生产。主要产品50余个品种，其中“血府逐瘀胶囊”“养血生发胶囊”通过中国医药保健品进出口商会药用植物及制剂进出口绿色行业标准品质认证。1994年，被国家正式授予“中华老字号”称号。2010年，“红花”牌中药成药商标被国家工商总局认定为“中国驰名商标”。2010年，销售收入1.5亿元，利税2000万元，产品遍及30个省市自治区，部分打入国际市场。

华一有限责任公司

占地3.20万平方米，职工244人。拥有国内外领先的精密加工设备和质量检测仪器，集科、工、贸为一体，是具有综合配套能力的机械加工企业，坐落在丁字沽三号路8号。主要产品有卷烟包装机、食品包装机、绿色食品包装机等系列产品，还有无菌鲜奶包装生产线、金属制罐设备、不成性锌锰电池生产线等。国内市场占有率80%，出口欧、美、亚等15个国家和地区。1995年，通过IS 09001质量体系认证。1991—1995年，获全国“守合同、重信用”和天津市“八五立功”单位称号；1996—2000年，获市优秀企业和“九五立功”单位称号；2001—2005年，平均年产值7500万元，利税1000万元。

利金粮油集团有限公司

1999年，专用粉试验厂与金牛面粉厂、福兴面粉厂进行联合重组，成立天津利金粮油集团有限公司，注册资本6.53亿元，坐落于西青道58号，是集面粉加工、粮食仓储、商贸开发为一体综合型国有控股企业。拥有500吨瑞士布勒生产线、800吨意大利GBS公司生产线和500吨无锡布勒生产线，年处理小麦60万吨，跨入全国特大型面粉企业行列，在天津市场占有率80%以上。2004年，公司研发中心通过国家实验室资格认定。2005年，“利达”牌系列面粉被认定为国家免检产品，获“中国名牌”称号。2008年，利润4119万元。2010年，实现利润7110万元，同比增长25.22%。

第三节 工业园区

一 都市工业园

2003—2007年，危陋平房拆迁改造使工业用地急剧减少，区政府利用一些企业闲置厂房资源，改造创建都市工业小区，联合创建8个都市工业园，占地22.5万平方米，建筑面积11.98万平方米，引进企业200余家。2007年，实现工业总产值1.8亿元，利税1600万元，从业人员1280余人。

2007年红桥区都市工业园一览表

表9-5 面积单位：平方米

名称	挂牌时间（年）	产权单位	占地面积	建筑面积	入驻企业
A区	2003	外贸药材加工厂	115000	49800	美雅服装有限公司、美妙床上用品有限公司等
B区	2003	天津市东风制本厂	12000	6400	天津市双环电容器有限公司、天津市金纬纺织机械有限公司等
C区	2005	天津市万荣化工有限公司	6500	3400	天津君德工贸有限公司等

续表

名称	挂牌时间（年）	产权单位	占地面积	建筑面积	入驻企业
D区	2005	天津市隆金五金工具公司	10600	12000	天津市柏益风动工具有限公司等
E区	2005	天津市仕川工贸有限公司	5000	5000	江山医药贸易有限公司、天津通博水泵厂等
F区	2006	天津市天园纺织有限公司	33000	26000	天津市崑森工贸有限公司、天津市红桥区鑫丰染整厂等
G区	2007	天津市五金电镀厂	13200	5200	新光照明器材厂、天津市仁益液压设备有限公司等
H区	2007	天津复印技术研究所	29700	12000	天津市大明制冷空调设备工程有限公司、天津市嘉海电子有限公司等
合　计			225000	119800	-

二　科技产业园

科技产业园北至丁字沽三号路，南至子牙河北岸，西至天平路快速路，东至咸阳北路，规划用地1.4平方千米。包括科研产业基地、科研培训基地、中小企业总部基地、商务休闲广场4大功能区。2008年，启动由天津市银泰投资集团有限公司投资建设，总建筑面积9.2万平方米的科研、商务企业总部综合楼宇。启动由区供热办投资建设，总建筑面积2.5万平方米的城建服务大厦。

2006—2007年，陆续完成科技产业园首期启动地块24万平方米土地整理。2009—2010年，启动总建筑面积5万平方米的宝能中小企业创业中心大厦。

红桥区志

第十编

商业　服务业

70年代，商业经历发展、繁荣、萧条又经历恢复、发展、改革、调整变化，保持重要地位。80年代，商业零售业重新恢复，改造扩建商业网点，恢复一批传统风味食品，开放农副产品市场，商业得到恢复发展。90年代末，推行以集体或个人承包多种形式的经济责任制，增加大批商业网点，新建一批农贸、批发、摊群市场，商业经济稳步发展。进入21世纪，实施“商业圈、经济带”经济发展战略，对商业布局进行调整，形成“点、线、面”完整规范商业体系。国有商业企业经过3次大的改革，从放权让利调整为转换机制和制度创新，完全转入市场经济模式经营，商业机构由行政管理型向生产经营型转变，基层精简人员得到妥善安置。服务业得到快速发展，民营、股份制、外来和个体经营逐渐成为餐饮市场主体，经营体系日渐完备，服务项目和水平不断提升。主要物资供应随着农产品、建材价格和经营权放开，国企独家经营局面被打破，机构和经营方式随之发生改变，基层场所多有合并，建立众多连锁经营中心，以新的方式在市场经济中求生存、求发展。石油化工业随着汽车的普及得到迅速发展，销量大增，仓储、供应能力大为增强，效益和经营前景在物资领域“一枝独秀”。

2010年，红星美凯龙红桥店外景
（区商务委提供）

2004年，欧亚达家居前身雅神电器酒店用品总汇外景（区商务委提供）

2010年，易买得超市红桥店外景
（区商务委提供）

2010年，登发装饰大世界外景
（区商务委提供）

第一章 商 业

80年代初，商业国有企业经历3次重大改革，从80年代中期推行集体承包为主的多种形式经济责任制放开企业经营权，到实行经营承包责任制，发展到90年代初的国有民营，商业机构从行政管理型向生产经营型转变。进入21世纪，推进以股份制为主要形式的国有商业行政公司产权制度改革，建立现代企业制度，出现多种自主管理模式。随着改革深入，进行商业布局调整，采取投资新建、招商引资、改扩建方法，批发市场、大型超市、农贸市场、专业市场、社区商业街相继建立，逐步形成多种类型的商业载体，使“面、点、线”商业体系完整规范，商业经济得到平稳发展，在全市的重要商业地位得以保持。

第一节 商品流通体制改革

一 经营机制改革

1984年，推行以集体承包为主的多种形式经济责任制，自发组成小集体，开辟新网点。1986年，放开企业经营权，企业所有权和经营权分离，国营商业、服务业等小型企业实行“改转租”，推行租赁、承包经营，部分小型零售商业、服务业企业出售给集体或个人经营。1988年，112个局、公司和基层店有93个实行经理负责制。局、公司科室由原来144个合并为105个，机关精简人员开办实体18个。

1989年，实行经营承包责任制。1991年，小型零售企业推行国有民营，实行个人承包租赁经营，263家企业实行国有民营。商业两级机构由行政管理型向生产经营型转变，精简科室和干部分别为35%和40%。国有商业较大型企业推行经营、价格、用工、分配、投资和管理机构自主，中型企业全面放开放活，小型企业实行租赁、风险抵押承包或拍卖。允许在职人员辞职、停薪留职、内部提前退休。粮、棉、油等大多数农产品价格和经营放开，实行市场供应。国有企业改革从放权让利调整为转换机制和制度创新。饮食公司、副食公司分别成立经营型总公司。百货公司组建有限责任公司。五金公司所属商场等实行股份合作经营。对各局、公司领导班子实行风险抵押承包，各门市部向所属局、公司上缴风险抵押金。1995年，组建股份合作制企业，431家小型国有集体企业实行国有民营，290家国有商业企业、区街集体企业推行风险抵押承包，区商业各公司由行政管理型向经营服务型转变。

1996年，副食、饮食、糖果行业实行连锁经营，进行劳动用工和分配制度改革，推行全员劳动合同制。1998—2001年，国有商业行政性公司体制难以适应市场竞争新形势，大部分企业面临主营业务削弱、经营亏损增加，引发产权制度改革。

二 产权制度改革

2002—2005年，推进以股份制为主要形式的国有商业行政性公司产权制度改革。有6种模式：

（一）整体改制 粮食总公司从评估后净资产中抵扣安置职工费用，抵扣后剩余国有净资产的41.6%为国有资本，由区商业国投公司投入到新公司。剩余作为经营者期股，由公司经营管理人员，在3~5年内用分得的红利或自筹资金将期股买成实股。改制后，国有法人股8.77%，中层以上经营管理人员股44.75%，职工持股46.48%，实现股权多元化，改制为粮油贸易有限公司。土产公司改制为仁义和商贸有限公司。

（二）分块改制 饮食公司将原公司1分为5，由区商业国投公司、企业经营管理人员及职工出资入股，组建红旗饭庄有限公司，国有股20%，经营管理人员持股36%，职工持股44%。组建耳朵眼炸糕餐饮有限公司，国有股15.43%，经营管理人员持股25.46%，职工持股59.11%。组建庆发德餐饮有限公司，经营管理人员持股49.14%，职工持股50.86%。饮食公司集体总店组建金立丰餐饮商贸有限公司，经营管理人员持股31.82%，职工持股68.18%。饮食公司撤销，剩余网点、资产、人员由金桥餐饮商贸总公司承接，与新村基层店共同投资成立大福来餐饮有限公司。

（三）国有和集体企业合并改制 服务公司原国有和集体企业资产、人员合并，改制成立有限责任公司。由经营管理人员和职工出资入股组建增禾工贸有限公司，经营管理人员持股78.5%，职工持股21.5%。五金公司组建金聚成商贸有限公司，经营管理人员持股80.89%，职工持股19.11%。修配公司组建天津顺义成工贸有限公司，经营管理人员持股64%，职工持股36%。

（四）国有和集体企业分开改制 糖果公司将国有和集体企业分别改制为有限责任公司。组建北方糖酒食品有限公司，经营管理人员持股66.42%，职工持股33.58%。一品香、宝林祥、正兴德等老字号和知名品牌加入到正鑫商贸有限公司，国有股25.7%，经营管理人员持股32.7%，职工持股41.6%。区百货公司组建兴百商贸有限公司，经营管理人员持股64.7 %，职工持股35.3%，组建红百商贸有限公司，经营管理人员持股79.1%，职工持股20.9%。国有资本全部退出。

（五）非公有资本参与改制 副食公司所属企业改制为团结调味品和齐发商贸有限公司，与北京物美集团天津物美公司合作，成立天津虹桥物美便利超市有限公司，天津物美与区商业国投公司各占51%和49%的股份。嫁接改造副食公司整体进入，盘活公司存量资产。

（六）剥离资产改制 双星公司剥离优质资产，以产品为龙头，吸收法人和职工入股，组建中冷暖通洁净工程技术有限公司。国有股占11.4%，企业法人股占9.4%，职工股占79.2%。

三 股权结构改革

2008年，推行商业企业股权结构改革。是年，转让商业国投公司所持大胡同集团100%国有股权，经过拍卖，成功转让。粮油贸易有限公司、中冷暖通洁净工程技术有限公司、奇建电器安装有限公司、红旗饭庄有限公司所持国有股权从企业中退出，实现国有资产保值增值。2009年，引进深圳宝能集团天津市宝能置业有限公司，开发大胡同地区。宝能公司收购天隆达公司其他股东45%股权。2010年，经市产权交易中心挂牌转让，宝能公司购买区商业国投公司所持天隆达公司55%国有股权。宝能公司拥有天隆达公司100%股权，国有股权退出。

第二节 商贸管理机构

一 沿革

1978年，在财贸部基础上建立财贸组。1980年，恢复财贸部。1981年，建立财贸办公室。1986年，成立商业委员会，内设办公室、网点管理办公室、企管科、市场科、商业科。2002年，商业委员会更名为经济贸易委员会，内设办公室、财务审计科、资产监管科、工业科、商业科、市场科、企改科、粮食管理办公室、个体私营经济办公室。2010年，经济贸易委员会更名为商务委员会，内设办公室、财务审计科、资产监管科、企业改革科、工业科、中小企业和民营经济科、商业科、市场科、外企科、外资科。

二 人员

1986年，编制18人。2002年，行政编制23人。2010年，行政编制24人，工勤事业编制1人。

第三节 商业载体

一 布局调整

1979—1988年，第一次调整。对商品进、销、存合理衔接，保证均衡供应。建立52个集体经济单位，其中饮食服务业30个。改造扩建网点13处，新建网点80处，“以小为主、经济、合理、便民”的商业网点增加到167个。大胡同地区建成单街子日用工业小商品市场，入驻个体摊位240个，后建立大胡同工业小商品批发市场。

1989—2000年，第二次调整。通过“拆小换大、连线成片、破旧建新、拆墙连体、统筹布局”，完成30个商业网点装修改造，恢复北门外商业街。提升改造网点101个，集贸摊群市场48个；新建大胡同小百货批发市场。信息咨询、劳务、技术、人才、物资等专业市场陆续形成，商品市场体系逐渐完善。

2001—2005年，第三次调整。大胡同等地段继续新建新增商业网点，形成50万平方米的大胡同商圈。铁路枢纽站、地铁站、长途客运站、公交车站汇聚一处，形成以现代服务业为主要特色的西站商圈。人口稠密居民区和大专院校、科研院所相对集中的天津第二高教区，形成丁字沽商圈。总体形成区域内从东向西发展的商业服务业。

2006—2010年，第四次调整。形成以市级、区级、社区级三级商业中心为“面”，大胡同商业区为市级商业中心，西站、丁字沽为区级商业中心，复兴路等13条商业街为社区商业中心，形成“面、线、点”商业格局。2010年，有各类批发零售企业2200余家，总营业面积90万平方米，年交易额121.5亿元。其中，批发交易市场4家，大型超市5家，大型专业市场7家，各类餐饮企业160家，总营业面积6.5万平方米，年营业额2.5亿元；住宿企业40家，床位数3000张，年营业额5000万元；娱乐休闲场所40家；市、区级社区商业街13个。形成以大型商场为龙头，大型购物超市、专业品牌店为支撑，中小型购物便利店、住宿餐饮娱乐等现代服务业为链条，功能完备、业态齐全、购物便捷现代商业格局，业态实现多元化、高档化。

二 载体建设

（一）批发市场 1979—1989年，有批发企业26家，其中市属15家，均为国营。经营百货、粮油、农副产品、烟酒茶糖食品、五金化工、中药等。多集中在估衣街、针市街、西青道等处。

1990—2010年，一批新国营批发企业经过改建扩建投入运营。通过招商引资、投资新建非国有批发企业，以批发市场为主，建成大胡同百货类小商品批发基地。批发企业（不含大胡同）从1979年的26家发展到2008年的603家。2010年，批发成交额47.76亿元，其中私营个体批发成交额36.2亿元，个体私营批发企业成为批发市场主体。

（二）超市 1990年，日资大荣超市建成开业，为区内首家超市。后有乐购、家居等大型超市相继开业。2001年，华润万家进驻（家居超市原址），经改建开业。后又有米兰、麦德龙、物美水木天成和易买得超市相继落户红桥。2010年，全区有5家大型超市、25家中型超市、347家小微型超市便利店。

华润万家西青道店坐落在西青道58号，占地1.3万平方米，建筑面积8600平方米，营业面积6700平方米，有机动车泊位100个，设非机动车存车处。2001年开业，主营生鲜食品及日用百货等，从业人员200人。2010年，营业收入1.75亿元。

米兰购物广场坐落在复兴路与芥园道交口，占地6000平方米，建筑面积2.1万平方米，其中一层、二层和地下一层用作超市，营业面积6300平方米，有机动车泊位30个。2002年建成开业，主营生鲜食品及日用百货等，从业人员200人。2010年，营业收入5961万元。

锦江麦德龙天津红桥商场坐落在西青道75号，占地2万平方米，建筑面积1.2万平方米，营业面积8000平方米，机动车泊位100个。2002年开业，主营生鲜食品及日用百货，从业人员200人，消费群体以团体购买及批发为主。2010年，营业收入2亿元。

物美水木天成店坐落在咸阳北路与海源道交口，占地7000平方米，主体建筑4层，建筑面积2.4万平方米，营业面积1.5万平方米，一层为大卖场，主要经营各种品牌服装、金银首饰，二三层为超市，四层为办公区。另有150个机动车泊位的地下停车场。物美水木天成店是物美集团与乐康置业有限公司合办，2005年开业，从业人员250人。2010年，营业收入1.5亿元。

易买得红桥店坐落在河北大街与新三条石大街交口，建筑面积2.5万平方米，营业面积1.2万平方米，机动车泊位200个。为天津泰达集团有限公司与韩国株式会社新世界集团合资的大型超市零售企业，经营品牌丰富，突出商品差异化。经营高档化妆品、服装、进口食品，突出韩国特色商品。2009年开业，经营商品3万余种，从业人员400人。2010年，营业额1.3亿元。

（三）农贸市场 1979—1982年，开放五爱道、大伙巷、陵园路3个农贸市场。1983—1990年，新建彰武路等摊群市场，恢复13个农贸市场。1991—2010年，农贸摊群市场退路进厅，建设半封闭、全封闭农贸市场11个，营业面积3.1万平方米，摊位1947个。农贸市场商品大部分直接从农村菜地、大棚、果园、瓜地、养殖场、鱼塘直接供应。2010年，成交额10亿元。

桃花园菜市场坐落在丁字沽邢家台1号，由天津宏图经济发展总公司投资主办，建筑面积3200平方米，2001年开业，设摊位212个。2010年，成交额1807万元。

子牙里菜市场坐落在西于庄增产大街158号，由建设开发总公司投资主办，建筑面积5553平方米，2005年开业，设摊位140个。2010年，成交额1242万元。

水木天成菜市场坐落在咸阳北路西侧团结路交口，由天津圣金川生鲜超市投资主办，建筑面积3300平方米，2008年开业，有经营摊位100个。2010年，成交额985万元。

佳园里菜市场坐落在辰昌路佳园北里与佳园南里之间，由天津瀚博农副市场有限公司投资主办，2008年开业，设摊位785个。2010年，成交额6000万元。

洪湖里菜市场坐落在西于庄洪湖南路，由茂达工商实业公司投资主办，1988年3月开业，设摊位116个。2010年，成交额680万元。

（四）家居建材专业市场 改革开放后，随着商品房建设，新房装修、添置更换家具大量出现，家居建材装饰材料形成专业市场。

1990—2010年，家居建材装饰专业市场相继推出，主要集中在红旗地道周边，从中环线子牙河桥南侧至西青道口，自北向南汇集登发、欧亚达、红星美凯龙三家特大型家居建材装饰商场。每家营业面积在4万平方米以上，经营上万种商品，家具、洁具、建筑材料、装饰材料一应俱全，一站式购物。

登发装饰大世界坐落在中环线红旗北路10号，占地6万平方米，营业面积4万平方米，停车泊位100个，1998年开业，可容纳600余家商户。登发装饰大世界曾获天津市创新发展突出贡献单位、文明市场、质量监督示范单位、光彩之星等称号。从业人员120人。2010年，营业收入1.3亿元。

欧亚达家居红桥店坐落在红旗地道南端路东，营业面积5万平方米，停车泊位200个，2010年开业。该店以档次高、品牌优、环境佳、服务好为特色，成为建材家居市场领军者。从业人员60人，

红星美凯龙坐落在中环线与西青道交口，建筑面积62471平方米，营业面积4.79万平方米，停车泊位200个，2004年开业，主营家具、建筑装饰材料，兼营金属材料等。连续五年跻身中国民营企业500强前50位，获国内影响力品牌领袖大奖、家居家装行业影响力品牌领袖大奖、市级诚信市场、环保家具销售示范商场、文明市场标兵、优秀民营企业等称号。2010年，从业人员130人，营业收入2亿元。

（五）社区商业街 1979年，各街居委会组织待业青年开办商业服务网点241个，其中代营食堂53

个、代销点46个、缝纫17个、拆洗缝补45个、托儿所53个、物资回收27个，安置1533人。1980—1994年，设立售货车、摊、亭，区饮食公司有11个售货亭、104个售货车、43个售货摊点进社区，在一些社区网点开办学生午餐食堂；蔬菜副食品公司组织出车下街道售货，开辟临时摊位方便群众购买蔬菜，北马路为民商店24小时营业；煤建公司送煤到户。1995—2003年，危改拆迁使国营商业网点锐减287个。2003年，社区商业网点399个，平均每个社区不到3个。2004—2010年，新建、改扩建早点快餐、超市便利店、洗染、物回、美容美发、物品维修、家政服务等各种社区商业服务网点339个，加上原有399个，共738个，营业面积6.8万平方米，基本满足社区居民消费需求。对网点进行调配、集中、业态配套，改建5个社区商业街。2010年，有社区商业街13条，总长9240米，营业店铺1625个，原有早点快餐、美容美发等增加主副食、生鲜食品、照相、邮政储蓄、药店、书籍音像等业态。

（六）商务楼宇　2006年，虹桥科贸大厦建成并投入使用，总建筑面积1.5万平方米，是区内第一家商务楼宇式建筑。入驻企业14家。金兴科技大厦投入使用，总建筑面积3.65万平方米，入驻企业104家。2010年，纳税1768万元。2007年，总建筑面积2.8万平方米的意库创意产业园投入使用，入驻企业105家。天鸿大厦建成使用，总建筑面积8.5万平方米，入驻企业43家。2009年，天津宝能中小企业总部开工。2010年，银泰大厦完成主体工程装修、招商，总建筑面积9.9万平方米。是年，卓郎科技服务中心、科教产业大厦、水游城科技大厦、水游城商务大厦相继建成并投入使用。

第四节　商品零售

一　蔬菜副食

1979—1991年，有副食店183个，营业面积4.35万平方米，从业人员3031人，年营业额5764万元。零售商品多数凭本凭票计划限量供应。1992—1994年，国有蔬菜副食品公司面向市场自主经营，在副食品零售市场占据主体地位。新建扩建大型副食商场，拓展主营。1995年，在部分大型副食商场实行连锁经营，区国营副食网点198个，营业面积4.95万平方米，从业人员2258人，年营业额1.62亿元，经营规模和经济效益均为1979年的3倍。1996—2004年，农贸市场、超市增多，国营副食零售经营市场逐步缩小，经营陷入低谷。23家零售企业兴办多种经济实体20个，后在市场竞争中被淘汰。198个国营副食网点，115个对外租赁、拍卖、拆迁，公司网点减至63个，营业面积2.1万平万米，从业人员679人，年营业额1036万元。2005年，公司转制，与北京物美集团合作，组建天津虹桥物美便利超市有限公司。2010年，营业额2524万元。

照10-1　2001年，蔬菜副食品公司八段副食商场外景　（区商务委提供）

二　糖果糕点

1979年，糖果糕点公司有经营网点83个，营业面积6275平方米，从业人员1853人，年营业额2731万元。经营烟、酒、茶，延续凭本凭票计划供应政策。1994年，

照10-2　2010年，糖果糕点公司宝林祥食品商场外景　（区商务委提供）

企业经营自主权增大，8个糕点店恢复前店后厂，经营名优特产。1995年，零售网点97个，遍布全区主干线，形成零售经营网络，方便群众购买，年营业额1.14亿元。1996—2002年，国有零售商店独家经营格局被打破，桂顺斋、五福、好利来、津乐园等品牌进入糖果糕点市场；农贸市场以果农和个体户为主体的干鲜果品摊点增多；大小超市、个体食品店、烟酒茶专卖店和个体烟摊遍布街头，国营糖果糕点零售业受到冲击。2003—2009年，公司经营面积5885平方米，从业人员479人（在岗193人），营业额722万元。2010年，公司经营面积4240平方米，从业人员149人（在岗115人）。营业额2114万元，实现利税158万元。

三　日用百货

1979—1987年，百货公司有营业网点41个，营业面积1.84万平方米，从业人员1082人，年营业额6089万元，多聚集在估衣街、大胡同、河北大街一带，多为不足百平方米的小型商店。延续棉布、手表、自行车、缝纫机等18类39种商品凭票供应。1988—2009年，百货行业经营所有商品取消票证，全部放开供应。先后兴建裕华、佳园里百货商场，改扩建大胡同百货商店，经营面积1.42万平方米。1995年，有营业网点57个，营业面积3.26万平方米，从业人员2020人，年营业额9315万元，创利税384万元。随着改革开放深入，百货行业大型家电商场和批发市场受到冲击，国营百货零售市场处于低谷。公司以“点撤人散”思路置换网点，大幅减员。通过整体出租和拆迁，2005年转制时，零售网点有14个，职工342人，年营业额206万元。2010年，有营业网点5个，营业面积9068平方米，从业人员136人，年营业额157.22万元。

四　土产杂品

1979—1983年，土产杂品总店有零售网点24个，营业面积9000平方米，从业人员336人，主要经营瓷器、竹藤、南纸、铁器、檀木制品、草制品、土产杂品7大类商品。1984—1995年，部分商品限量供应政策取消。1984年，增加炊事机械等几十个品种。1990年，增加化工、油脂等商品销售。1995年，土产公司有零售网点18个，从业人员200人，年营业额3446万元。1996—2009年，超市、个体土产商店，经营土杂商品，卖场规模、商品品种、价格占优势，国营土产公司零售经营滞销。公司采取“抓大放小”措施，将大商店组建成4个专业公司，将小门店实行个人风险抵押承包经营。2005年，公司转制为民营企业，成立天津仁义和商贸有限公司，有零售经营网点8个，营业面积1616平方米，从业人员65人，年营业额90.6万元。2010年，公司有营业网点5个，营业面积1145平方米，从业人员23人，年营业额130万元。

照10-3　90年代土产公司仁义和棕藤门市部外景
（区商务委提供）

五　五金交电

1979—1994年，五金交电总店有零售网点13个，营业面积1293平方米，从业人员665人，经营五金、水暖器材、工具、电料等生产生活资料，兼营油漆化工和家电等28类商品，年营业额2330万元。1995—1999年，有零售网点18个，从业人员356人，年营业额2222万元，年创利税269万元。2000—2009年，工业生产设备市场需求量越来越小，大型商场、超市、小型专卖店占据市场，国营五金交电零售业务萎缩。2004年，企业转制时，公司有零售网点10个，营业面积3055平方米，从业人员333人，营业额279万元，后陆续5个网点出租、拍卖、拆迁。2010年，公司有营业网点5个，多数转型经营餐饮等其他行业，营业面积1184平方米，从业人员33人，年营业额4.8万元。

六 粮油

1979年，粮食系统有经营网点76个，从业人员1204人，营业面积1.35万平方米，年营业额4835万元。1991年，粮、棉、油等大多数农产品价格和经营放开，实行市场供应。1994年，粮油市场全面放开，粮食局成为独立面对市场粮油经营企业。1996年，粮食行业实行连锁经营，进行劳动用工和分配制度改革，推行全员劳动合同制。1998年，有105个零售粮店、3个加工厂、3个经营子公司，从业人员1320人，营业额1.69亿元。1999年，粮库、面粉厂、农贸市场、超市和个体粮店开始经营粮油及加工食品，农民进城市搞粮油直销，原国有粮店独家经营格局被打破。粮食局增加食品销售，下属店经拍卖、租赁、拆迁，减少至22个。2000年，粮油贸易有限公司有营业网点4个，营业面积830平方米，从业人员113人。2010年，营业收入1066万元，实现利润2.14万元，缴纳税金71.44万元。

七 煤炭建材

1979—1993年，煤建公司有经营网点79个，营业面积5万平方米，从业人员865人，负责全区生活供煤以及建筑材料，年营业额1312万元。1994—1995年，凭本限量供应政策取消，煤建公司有经营网点61个，营业面积3.86万平方米，从业人员812人，年营业额4629万元。1995—2010年，煤建零售市场出现变化。液化气、管道燃气、电炊具普及和居民住宅集中供热的实现，煤炭市场需求量减少、竞争增多，国有建材市场萎缩。零售网点部分改成水产食品公司和加油站。2010年，公司有经营网点7个(煤店5个、建材2个)，转轨变型6个，营业面积8587平方米，从业人员72人，营业额311万元。

第二章 服务业

改革开放后，生活服务业得到快速发展，政府推动国营服务企业、扶植非国有服务企业兴起和发展，引导国有服务企业深化改革，以国有民营承包租赁等多种经营方式，确保服务项目不断档，服务水平提高。还恢复典当、拍卖等特种行业，使服务业体系更加完备。80年代初，餐饮业加大网点建设，售货由街头进入社区，恢复传统菜肴和风味小吃，一些老字号纷纷挂起原牌匾。首批个体餐饮、非公有制餐饮业进入区域餐饮市场，打破国有餐饮独家经营格局。90年代起，一批名店和外国、外地餐饮连锁企业入驻，多个菜系及西餐、日韩料理进入区内。21世纪，民营、股份制、外来和个体经营成为全区餐饮市场主体。近百家大型餐饮企业遍布主要街道，个体早点店、个体早餐车摊亭遍及大街小巷。

第一节 餐 饮

1979年，有餐饮网点百余个。1980年，加大网点建设，增置售货亭、售货车进社区，恢复传统菜肴和风味小吃。首批54家个体餐饮、非公有制餐饮企业进入区域餐饮市场，打破国有餐饮独家经营格局。90年代起，一批名店和外国、外地餐饮连锁企业入驻。2010年，有较大型餐饮企业近百家，个体早点店、个体早餐车摊亭遍布大街小巷。

一 正餐

1979—1980年，增设售货亭11个，售货车104个，售货摊43个进社区。1981—1999年，一批饭馆、小吃店和早点部进行改造、重建，接收西站包子铺、春华楼饭庄等网点，国营餐饮店增至224家。

1999年，营业收入3263万元。2002年，国营餐饮网点已减至27个，民营餐饮企业、股份制餐饮企业、外来餐饮企业、个体餐饮饭店增加，成为全区餐饮市场主体。2010年，原27家国营餐饮网点，有23家改制为股份制企业，国营餐饮网点为8家。

1988年，新建15家餐馆，其中甲级4家，乙级6家，丙级5家。1990年，非国有餐馆川粤等多个菜系以及西餐、日韩料理进入区内。

附10-1

红旗饭庄

大型天津风味甲级餐馆，有近80年历史，坐落在临水道。菜品由烧茄子之类简单低档大众菜向多档次发展，有7个菜品获市优称号。1996年，恢复红旗饭庄老字号，进行津菜发展研究和“振兴津菜”活动。挖掘恢复“八大碗”“四大扒”等传统津味菜品，吸收其他菜系之精华，创新普及发展津菜。1998年，被市政府确定为“津菜基地”，代表菜品有玉兔烧肉等数十种。拥有烹饪大师8人、服务大师2人、服务名师4人、高级技师10人、中级技师25人。多次在全国烹饪大赛获金银铜牌。2010年，有3个连锁店，经营规模6000平方米，年营业收入3690万元，先后被评为国家级特级酒家（五钻级）、天津市餐饮名店、中华餐饮名店、中华老字号、津门老字号、天津市津菜特色店。

照10-4　2007年，红旗饭庄外景
（区商务委提供）

宝轩渔府大宅门酒楼

坐落在芥园道11号，为“渔文化”特色酒楼。2006年建成开业，营业面积2000平方米，餐位626个。经营天津风味菜品，热、凉、烧烤、面点，代表菜品有OK龙头鱼、清蒸带鱼、醋熘黄鱼、宝轩坛子肉等，以“大众特色餐饮、中低价位消费”为特点。2008年被评为国家特级酒家。2010年，营业收入85万元。

照10-5　2010年，宝轩渔府饭店外景
（区商务委提供）

东方之珠海鲜酒楼红桥店

坐落在红桥区新三条石大街与河北大街交口，为区内规模最大酒店。2009年开业，营业面积4000平方米，餐位800个，备有风格迥异豪华VIP包间。酒楼特聘广东名厨料理，经营粤湘风味菜肴，代表菜品有葱烧海参、芹香炸虾枣等。2010年，营业收入1518万元，创税137万元。

燕春楼饭庄

坐落在金钢桥与张自忠路交口，是一座有80多年历史的清真餐饮老字号。营业面积1500平方米，内设8个高级雅间、2个大厅、500个餐位。经营正宗天津清真菜肴250余种，代表菜品有芫爆散旦、红烧牛尾、锦绣虾球等。2010年营业收入500万元，创税50万元。

会宾楼饭庄

坐落在西青道87号，营业面积2000平方米，餐位800个，从业人员58人，经营天津传统清真菜肴，代表菜品有炒虾球、红烧牛尾、杏仁豆腐等。2010年，营业收入786万元，创税64万元。曾获“津门老字号”称号和首届清真菜品展评金奖。

2010年红桥区餐饮企业一览表

表10-1

名称	地点	营业面积(平方米)	菜系	开业时间(年份)
华鼎轩	南运河南路	3600	粤、津	2010
正泰福轩	向东道与三号路交口	2100	津菜	2010
宽庭酒店	一号路与中环线交口	3000	粤、津	2010
隆锦添淮扬菜馆	南运河南路与龙悦道交口	8000	淮扬官府菜	2011
小肥羊一号路店	一号路泛洋大厦4楼东侧	2000	涮羊肉	2011
小肥羊西青道店	西青道金兴大厦1楼	3000	涮羊肉	2008
聚德楼	咸阳北路	2000	清真菜	2007

二 特色小吃

1979年，恢复传统风味小吃、老字号经营，扩建小吃网点，耳朵眼、大福来、庆发德等老字号先后挂起原牌匾。各小吃店增添品种：卷圈、糕干、茶汤、爆肚、盆糕、花样烧饼等。80年代，建成多个大型综合性特色小吃部，改造、新建老字号蒸食店、包子铺、饺子馆、锅饼店及窗口售货的小吃部，小吃店进入食品街。耳朵眼炸糕获商业部部优产品金鼎奖。90年代，传统小吃继续繁荣发展。耳朵眼炸糕、大福来锅巴菜、陆记烫面炸糕和庆发德烫面蒸饺4个品种被认定为首批“中华名小吃”。耳朵眼炸糕、大福来锅巴菜被认定为“津门十大名小吃”。

红桥区小吃历史悠久，尤其是清真小吃形成品牌，长盛不衰。改革开放后，小吃恢复传统工艺、传统风味，改良创新系列品种，生产工艺改进，实行机械化产业化。一批小吃获“中华名小吃”“中华名牌商品”等荣誉称号，大福来锅巴菜制作工艺被列入市、区级非物质文化遗产名录。

附10-2

耳朵眼炸糕

耳朵眼炸糕是天津“三绝”食品之一。以糯米面包上豆馅，用大槽油(生香油)炸制而成。成品为扁球状、浅金黄色、外皮酥脆内软粘，馅心黑红细腻，香甜适口。严格选料，精细操作，独特的皮发酵和豆馅炒制工艺，确保耳朵眼炸糕百年独特风味。

照10-6 2005年，耳朵眼炸糕店外景 (区商务委提供)

1978年，耳朵眼炸糕店开业。1993年，成立耳朵眼炸糕公司。1995年，建食品厂，开始规模化经营。2002年，组建天津耳朵眼炸糕餐饮有限公司。2005年，以直营与加盟经营。2007年，重建耳朵眼食品厂。2010年，耳朵眼公司拥有1个食品厂、11个直营店、19个特许加盟店、108个特许专卖店，实现品种系列化、生产机械化、营销连锁网络化，辐射三北，商品畅销，直营收入1621万元。企业先后被评为市级先进企业、全国清真名牌风味食品、中华名小吃、中国名牌商品等称号。

陆记烫面炸糕

70年代末，有近百年历史的陆记烫面炸糕并入民族饭庄。1984年，进入南市食品街经营。1992年，在营门西马路独立专营。2002年，划归为耳朵眼公司，转制为股份制企业。2004年，归耳朵眼炸糕店兼营。2009年，在咸阳北路光荣道口重新建立陆记烫面炸糕店。先后获天津市最佳食品、中华名小吃等称号。

天盛号酱制品

坐落在纪念馆路中嘉花园。有90年历史，是加工制售猪、鸡、鸭类酱制品的老字号商店。1979年，天盛号恢复原名，增添素肠类、炸肉类、粉制品类等近30个新品种。2002年，组建天盛号饭庄有限公司，成为民营股份制企业。形成烧、烤、熏、炸4个系列40余种产品，创制天盛号特色菜品天盛扒肉条、天盛肘子等金牌菜。2005年，营业面积由原200平方米扩大到580平方米。获津门老字号、中国名小吃等荣誉称号。

照10-7　2010年，天盛号饭庄外景
（区商务委提供）

大福来锅巴菜

为区内历史最为悠久餐饮业著名老品牌，天津锅巴菜市场第一品牌。坐落在佳园里商业街。金桥餐饮商贸总公司是经营大福来锅巴菜专营企业。“大福来”锅巴菜是将切成柳叶形绿豆煎饼小条浸在素卤之中，盛碗，点上芝麻酱、腐乳汁、辣油、辣糊，撒上卤香干片、香菜末等6种小料制成。1980年，恢复大福来字号。1991年，“大福来”正式成为国家注册商标。2010年，发展成为1个配送中心、7个直营店、13个特许加盟店的连锁经营企业。

照10-8　2010年，大福来早点部外景
（区商务委提供）

庆发德烫面蒸饺

坐落在西马路20号。有80多年历史，以薄皮大馅、风味独特著称。1979年，恢复传统制作工艺，由原单一品种发展成牛肉、羊肉、三鲜、素三鲜、冬瓜虾皮等11个品种，形成系列。蒸制由大笼改为小笼。2002年企业改制，组建庆发德餐饮有限责任公司。2010年，拥有4个连锁直营店，是集经营蒸饺小吃、正餐菜品、旅店住宿于一体的企业。经营面积达3300平方米，年营业收入930万元。获中华名小吃、优秀菜点等称号。

照10-9　2010年，至美斋总店外景
（区商务委提供）

至美斋酱牛肉

为著名清真酱制品，有近百年历史。“至美斋”酱牛肉选用回屠黄牛腱肉，洗净切块后加入老汤、牛棒骨和

配料包，经大火、温火炖煮后，再加黄酱、盐、糖小火焖精制而成。1979年，对工艺创新，在调料包中添加黄芪等数味名贵草药，强化酱牛肉传统口味，增进食疗保健功能。1985年，“至美斋”进西北角文昌宫民族食品街营业。2004年，成立至美斋食品有限公司，添置高压灭菌锅、咸度计等先进设备，建成生产流水线，实现机械化。建立10个连锁直营店，在山东创立子公司。研制出真空包装酱牛肉，产品通过国家食品质量安全QS认证，年产2500吨，远销国内外。2007年，“至美斋”被评为中国著名品牌。

第二节　生活服务

1979—1986年，服务公司经营网点，旅店30个、理发41个、洗浴11个、照相8个、洗染6个，营业面积2.23万平方米，从业人员1519人，年营业额422万元。1987—1993年，对服务水平，服务标准进行修改、完善和调整，加强网点建设。1987—1988年，相继建成九州饭店、金龙饭店，成为区住宿龙头企业。至1993年，有营业网点66个，营业面积3.14万平方米，从业人员1259人，年营业收入1631万元。1994年，民营及股份制企业进入市场，成为便民服务业市场主体。2009年，国营照相、洗浴、洗染、旅店等相继退出市场。2010年，有营业网点5个，营业面积308平方米，从业人员16人，年营业额65万元。大型旅店19家，全部为民营企业，客房1072间，床位2085张，年营业额1.25亿元，创利税4733万元。

照10-10　90年代的九州饭店外景
（区商务委提供）

第三节　特种行业

一　酒类

1979年以前，糖业、酒类、烟草、果品公司统一划归市糖业烟酒公司领导，由区糖业烟酒公司实施管理。1992年，区糖业烟酒公司设食品糖酒批发部和北方糖酒食品公司。

1979—1986年，对区商业网点进行改革和调整，改变小门小户格局，有8家专卖酒馆和烟店并入综合经营。1980—1986年，酒类生产、收购、调拨和销售，统由市专卖事业管理局实行专卖管理。经营酒类零售业务单位和个体户，凭“烟酒专卖许可证”申请登记，经核准发给“营业执照”后经营。1987—1999年，实施“卫生许可”制度，对酒类生产、经营等环节食品检验、抽查管理。2000年，实行经营者备案制度和溯源制度，商务主管部门负责区内酒类监督管理。2006年，实行经营者备案登记和随附单管理制度，区主管部门拥有酒类流通管理权和初审权。2010年，对10家公司发放备案登记证。

二　典当拍卖

1990—2010年，有典当行3处，注册资金3100万元，年业务收入240万元，年创利税18万元。

2003—2006年，设立拍卖行3家，君瑞麟拍卖有限公司、金亮拍卖有限公司和天和拍卖行有限责任公司。注册资金300万元。2006年，拍卖会8场，成交金额569.47万元。

第四节　其他服务

1979年，修配公司有经营网点119个，营业面积1.52万平方米，从业人员2942人，年营业额1204万元。主要经营黑白铁加工、玻璃加工、自行车修理、服装裁剪加工、修绱鞋、修表、修半导体、修笼屉、弹棉花等业务。1980—1995年，个体修表匠打入各商场、超市，个体黑白铁加工、个体电子配钥匙、个体家电维修、个体计算机刻字店在大街小巷开张。自行加工生产乙炔发生器等13种产品；增加铜版印刷、广告绘制等16个加工项目；销售自行车及零件、工业电器等5类商品。对经营结构进行调整优化，淘汰弹棉花、修笼屉、修绱鞋、修自行车项目，发展新项目。先后组建中冷、制冷联合公司、津穗进口摩托车联合经营部，改建津友汽车修理厂和锅炉安装经营部。1995年，修配公司营业网点116个，营业面积1.45万平方米，从业人员982人，年营业额3046万元，是1979年的2.5倍。双星公司子公司——中冷公司拓展业务，由只销售冰柜、空调到销售国内外200多个厂家各种制冷机组、配件、冷冻冷藏设备、空调机组等1500多个品种，工程由原来只维修冰箱、安装家用冰箱到承揽大中型中央空调、冷库等工程，成为天津制冷空调专业一级施工单位。1995年，双星公司有经营网点12个，营业面积7748平方米，从业人员751人，年营业额4282万元，创双星公司最佳效益。1996—2009年，修配公司网点减少，效益下滑。

2005年，公司转制组建顺义成工贸有限公司，有经营网点38个，营业面积5067平方米，从业人员182人（其中在岗155人），年营业额68万元。

2010年，房产总公司有偿收回义泰成纺织服装商店房屋使用权，顺义成公司有营业网点11个，营业面积2426平方米，从业人员42人（其中在岗18人），年营业额132万元。

红桥区志

第十一编

大胡同商贸区

大胡同商贸区地处三岔河口，具有得天独厚的历史商埠传统优势。估衣街、锅店街、单街子曾是天津商家必居地和小商品集散地。改革开放后，区委、区政府决定大力发展第三产业，利用大胡同优势，打造现代化商贸物流基地，对大胡同商贸区进行规划、改造、提升和完善。

早期商贸区建设定位为日用工业小商品市场，设立固定和临时摊位，以零售为主，兼有批发。中期重点扶持工业小商品批发市场建设，柜台和商品种类大幅增加，大胡同商贸区形成。90年代，开始投资兴建大型商业载体。商贸区发挥载体资源集中、商业氛围浓郁、消费潜力大、路网交通发达、配套设施齐全的优势，建成商城、特色街、专业批发市场，快速发展成辐射三北面向全国，小商品大市场、大批发、大流通，南货北销的宝地。2010年，大胡同商贸区实现向大型商厦转变，从单一到综合，发展成为多层次、多业态、多类型商贸综合体集聚区，有摊位1.5万个，成交额121.5亿元，纳税1.24亿元，享有“南有温州城、中有汉正街、北有大胡同”之誉。

2010年，大胡同商贸区天津都行商厦外景
（区委宣传部提供）

2010年，大胡同商贸区万隆大胡同商贸中心外景
（区委宣传部提供）

1992年，估衣街街景
（区商务委提供）

2010年，大胡同商贸区全景
（区委宣传部提供）

第一章 商贸区形成与建设

大胡同商贸区经历地摊、柜台、大棚到商厦的发展过程。由70年代末起始的地摊，建成柜台并成立大胡同工业小商品市场，后建为大棚，发展成大胡同日用工业小商品批发市场，形成北方最初的小商品集散地和大胡同商贸区。90年代，不断完善设施，加强软件建设，提升功能。进入21世纪，在大规模、大批发、大影响决策指引下，发展成拥有6座商业大厦2条特色街，摊位1.5万余个，布局合理、业态齐全、以批发业务为主，逐步完成加工、仓储、运输、金融、信息、通信、餐饮配套完善的服务体系，形成立足天津，面向东北、华北、西北地区，服务全国的大型综合性市场。

第一节 商贸区形成

一 自发摊位市场

1979—1982年，随着市场开放，单街子、锅店街一带自发形成以路为集经营小百货的摊位市场。主要经营儿童玩具，学生用铅笔、钢笔、橡皮，玻璃球、橡皮筋、头绳卡、扣子、帽子、鞋、炊事用具、针线等。后不用布票的裤衩和南方带有明显“港味”的商品出现在市场上，受到人们的欢迎。周边地摊增多，商品交易逐渐繁忙。区政府因势利导，采取“先放活、后管理、再规范”，放管结合，形成“大胡同模式”。随着地摊经营扩大，大胡同市场上出现数十个小商品经营户，每天天不亮就开始批发商品，到天亮时大多已完成交易。以三轮车、手拉车、自行车、行军床、门板、折叠桌、柳条筐、纸盒子为摊位连成一个庞大市场。

二 小商品市场

1983年，成立大胡同单街子日用工业小商品市场。1985年，把第一代地摊市场占地1500平方米300个摊位改造为露天柜台经营，称为第二代市场，占地2000平方米、摊位400个，以批发为主，兼有零售。新成立大胡同工业小商品批发市场，吸引南北客商蜂拥而至，浙江黄岩、义乌、温岭，江苏常州、无锡和福州、广州等南方批发商将打火机、耳环、项链、头饰、发卡、手包、化妆品等运至销售，商品品种20大类6000余个，辐射全国20余个省、市、自治区。工业小商品批发市场成为最早商贸区，年商品成交额9000余万元，纳税120余万元。小商品批发市场形成后，客流量越聚越大，受气候影响，“刮风一半、下雨全无”，人走巷空，不适应市场发展。

三 半封闭市场

1988年，将露天柜台市场改造为半封闭大棚市场，扩大占地2000平方米，摊位增至600个。大胡同小商品批发市场形成第三代市场。期间，南货北销是大胡同商品主要来源。城市热销商品在大胡同均能销售。上海、安徽、广州、福州、温州、无锡等10余个省市商贩，把南方时髦商品在大胡同批发。浙江商户为适应市场需求，租赁房屋，组织人力、物力开办小型加工厂，制作南方流行畅销的各式服装、鞋帽。从各地采集信息、源头取样，就地加工、生产、销售，以低于市场零售价格20%~40%批发价格交易，生意越做越活。

四 综合性市场

1985—1990年，大胡同东侧拓宽改造，重新建立百货、塑料、食品、饮食等22个商店，250米长街道从10米拓宽到20米，由单行路变为双行街道。经过整修的北门外大街、北马路繁华街道上商店扩大至51家，有住宿、会议、餐饮、休闲、娱乐等服务设施齐全的九州饭店和全市最大的东北角新华书店；有谦祥益、瑞蚨祥、成记丝绸、同陞和、宝林祥、正兴德等老字号；有大胡同商场、红百经营部、天祥纺织经营部等商店；有津鲁火烧、回民小吃、传统风味食品；有天津风味的红桥饭店，津门三绝之一的耳朵眼炸糕店等。

五　商业门店选介

（一）隆祥绸缎店　坐落在估衣街，建于1983年，店内面积30平方米，有职工24人，经营绸缎，以批发为主。2010年，以消化库存商品为主。曾被市联社命名为“明星企业”，区“振兴红桥标兵先进企业”和“双十佳”单位。

（二）东北角回民小吃餐厅　坐落在东北角，47名职工。是一个有50多年历史的名店，小吃品种达50多种，年营业额达100万元。2010年，销售收入1621万元。

第二节　商贸区建设

一　市场载体

80年代，随着市场经济发展，区委、区政府提出“大规模、大批发、大影响”发展思路。实施“南北拓展，东西延伸，层次分明，提升规模，形成集聚”，广泛招商，内引外联，新建扩建市场载体，实现大胡同商贸区向大型商厦转变。

1991年，在大胡同地区拆大棚建商厦，个体经营者集资千余万元，房产开发公司投资千余万元，政府贷款筹资，共同承建小百货批发商厦。1992年7月1日，位于金钟桥大街西侧大胡同小百货批发商厦建成开业，占地5000平方米，建筑面积1.83万平方米，职工百余人，设计摊位1300个，使用960个，库房83个。以“小、多、全、新、廉”为特色，商品有23大类上万种，以批发为主。吸引10余个省市地区批发商进场经营。1993年，俄罗斯、乌克兰、墨西哥等国商人到此上货。被市政府命名为国际民间贸易市场。年销售额3.2亿元，为全国近8万家市场中交易额过亿元的300家之一。1994年、1995年被评为“全国十大批发市场”。被誉为“小商品大流通，南货北销宝地”。

二　后续工程

1995年，筹建大胡同小百批发二期工程（天奕商城），商城由区政府和奕骅房地产开发有限公司合资兴建，被列为市政府重点工程项目之一，占地7891平方米，总建筑面积5.18万平方米，2000余个摊位。主营小家电、小百货、化妆品、不锈钢系列产品，有30余个大类近万商品。

1996年，市场三期工程（天津都行）作为天津市20件实事之一，组建拆迁指挥部，动迁619户，占地1.2万平方米。1998年，天津都行商城正式开业纳客，建筑面积5.9万平方米，店铺1600个，主要经营文教、小百、童装、五金、服装、化妆品等，商城店铺出租率100%，日均客流量5万人次，年销售额8亿元。

第二章　商贸区经济

32年间，大胡同商贸区实现向大型商厦转变。从单一到综合，发展成为多层次、多业态、多类型商贸综合体集聚区。2010年，实现交易额121.5亿元，是1979年20.7亿元的5.87倍，2010年纳税额1.24亿元，是1979年0.21亿元的5.9倍。

第一节　商厦经营布局

一　小商品批发商厦

位于金钟桥大街西侧，占地5000平方米，建筑面积1.83万平方米，职工百余人，摊位1300个，使用960个，库房83个，最大28平方米，最小7平方米。一至四层为营业厅，五层为仓库，六层为食堂和管理部门办公室。经营商品有成人服装、儿童服装、针棉织品、鞋帽袜子、服装辅料、箱包等23大类上万商品，以批发为主。吸引上海、河北省、安徽省、江苏省等10余个省市地区小商品批发商进场经营。1993年，大胡同小百货批发市场被市政府命名为国际民间贸易市场，俄罗斯、乌克兰、墨西哥等国家商人到此上货，年销售额3.2亿元。1994年、1995年被评为全国十大批发市场之一，被誉为“小商品大流通，南货北销宝地”。

照11-1　1992年，大胡同小百货批发市场外景（区商务委提供）

二　天奕商城

1995年，由红桥区和奕华房地产开发有限公司共同建设，与大胡同小百货批发商厦相连，1996年正式开业，占地7891平方米，营业面积6万平方米，为地下2层地上8层建筑。注册资金6700万元，从业人员197人。一至六层为经营摊位和精品屋，七至八层为管理部门办公室和综合性商务中心，摊位2000余个。主营小家电、小百货、化妆品、不锈钢等30余个大类，近万个品种。2010年，交易额28亿元，年上缴及代征税金3000万元。

照11-2　1996年，大胡同天奕商城建成开业（区商务委提供）

三　天津都行

1998年，由红桥区人民政府与天津泰丰置业有限公司共同建成，是年正式开业，营业面积5.9万平方米，摊位1600个。注册资金2.4亿元，从业人员2000余个。主营小百货、文教用品、童装、化妆品等商品。2010年，销售额7.68亿元。

四　金摇篮商厦

1996年，由红桥区商业委员会与宏商发展有限公司共同建设，2000年竣工并投入使用，建筑面积2.71万平方米，为地下1层，地上7层建筑，是商住、办公、仓储、零售为一体的大型综合商厦。2010年，新一轮商业规划，红桥区与深圳宝能集团合作，盘活闲置的金摇篮商厦，更名为天隆达商厦（天津眼镜城）。营业面积2万平方米，主营小百货、服装、食品、礼品、婚庆用品等近万种商品。商厦优化空间布局，增设餐饮区、娱乐区，年销售额近亿元。

第二节　商业中心经营布局

一　一般商品类

2001年，服装类、鞋类、通信器材类、文体用品类经营区域正式开业。服装类经营分布在商业中心2区、4区、6区、11区，经营面积3.09万平方米1171家商户1279间店面。鞋类经营分布在商业中心4区、6区、9区，经营面积1.14万平方米364家商户380间店面。通信器材类经营分布在商业中心1区、6区、7区，经营面积8429.43平方米307家商户356间店面。文体用品类经营分布在商业中心8区、9区，经营面积1.25万平方米357家商户496间店面。2002年，轻纺类经营区域正式开业，主要分布在商业中心5区，经营面积8609.72平方米158家商户331间门面。

二　其他类

2005年，餐饮类、医药类经营分部区域正式开业。餐饮类经营分部在商业中心1区、6区、7区、9区，经营面积838.65平方米，5家商户5间店面。医药类经营分部在商业中心6区，经营面积192.34平方米1家商户1间店面。

第三节　特色商贸街

一　估衣街

估衣街在清康熙年间以众多当铺、估衣铺、估衣摊在此地聚集而得名。随着典当行业逐渐衰退，街内店铺以经营皮货、毛毯商品居多。因距离三岔河口近，水路交通发达，逐步发展成为华北地区享有盛名的纺织品市场。以百年老店谦祥益、瑞蚨祥、敦庆隆等绸缎庄而闻名。经营商品花样齐全，货真价实，服务周到，誉满津京，经久不衰。

80年代初，区政府投资220万元，综合整修估衣街，建成步行街。恢复估衣街建筑106处，安装中式牌坊、灯笼、壁挂、幌子、串灯、福寿喜字牌，仿清建筑、欧式建筑和现代建筑风格交融。整修后，估衣街从原100个商店增加到126个，其中国营28个，集体52个，个体46个，突出丝绸、棉布、百货经营特色，重现老街繁荣。80年代中期，隆祥绸缎店、天祥针纺经营部建成开业，泰隆商场完成扩建。估衣街进行整修改造，130余家敞开式大小店铺装上宫灯，亮起金字匾额和楹联，挂起幌子和装饰品，一些著名老字号整修一新。1999年，估衣街进行拆迁重建。2002年，重新建成集休闲、观光、购物为一体的新商业街，由60余间古色古香明清建筑组成。

2003年，修整估衣街建筑，改善道路等基础设施，完善估衣街商业载体功能，改造后的估衣街全长350米，南临北马路，北靠南运河南岸，东至北大关，西为北门外大街。有店铺60间，可商用面积6705平方米。2009年，估衣街再次修整，再现清末民初时期商业古街，对东西口牌楼，建筑外檐、门窗、南北通道、牌匾、幌子等进行装饰；在牌楼、商铺门口两侧增设对联，设立估衣街商俗展示馆，通过文字、照片、图像、实物等多种形式介绍估衣街和名商铺历史；街内各位置配备霓虹灯设施，夜晚形成主题灯光效果；街道两侧新增休闲椅、雕塑和花坛；新落成马三立、骆玉笙、李润杰、王毓宝4位曲艺大师雕像，增添文化气息。新估衣街保留富有特色原瑞蚨祥、谦祥益、瑞春祥、同陞和等老字号商户，引进耳朵眼、正兴德、大光明眼镜等老字号品牌，引进泥人张、蔚县剪纸等非物质文化遗产项目。成为集旅游、购物、娱乐、休闲、品味历史文化为一体的天津特色民俗商贸街，被评为国家AAA级景区。

二 锅店街

1979—1998年，锅店街原与估衣街同属一条街。1999年，筹建万隆大胡同商业中心，锅店街正式与估衣街分离，独立成为一条街，全长200余米，东西走向，南至北马路，北靠南运河南岸，东穿单街子与大胡同衔接，西为北大关。以小门、小户、小商店为特色，全街云集上百商户，主要经营估衣、服装、鞋帽、箱包等，以零售为主，兼营批发。

照11-3 2010年，锅店街重现老街历史风貌 （区商务委提供）

2010年，投资近百万元，重现老街历史风貌，对锅店街实施整修改造，重点对街内道路及两侧建筑物外沿进行提升装修。改造后，商铺牌匾以木雕石刻为主，重现老街的古朴；商铺门前的布幌和木雕幌蕴含中国历史特色；古朴的浮雕，搭配深灰色墙体给人以历史感。改造后的锅店街全长230余米，对各种老建筑、老店铺、老牌匾等维护，保留原有风格；对一些具有历史文化价值的木、石、砖刻雕、浮雕及铁艺龙纹等保护、清洗，重现往日风采，街内有大小店铺百余家，经营服装、鞋帽、箱包、眼镜、估衣、寿衣、化妆品，锅店街成为新旅游景点。

第三章 管理与服务

21世纪初，组建由综合执法、公安、交管及消防等部门组成的地区联合执法大队，维护商贸区环境秩序工作。实行岗勤制，对金钟桥大街、无名路、估衣街重点地区秩序加强管理，维护商贸区良好的经营秩序；开展打击明火作业摊点专项治理活动；规范商贸区内公交车停车秩序；解决聚集在东北角的流动商贩占道乱摆乱卖问题。

第一节 商贸区管理

一 机构

2002年，大胡同商贸区管理委员会组建，办公室设在大胡同街道办事处，内设党委办公室、武装部、妇联、办公室、财政科、综合办公室、民族科、计划生育办公室、文卫科、城管科、劳服科。2004年，机构调整，内设行政办公室（党总支办公室）、社会治安综合治理办公室、市场管理科、财政科、环境管理科、监察科。2006年，财政科更名为财务审计科。2009年，增设组织宣传科、信访办公室，司法科与综合治理委员会办公室合署办公。2010年，大胡同管委会办公室内设党委办公室、行政办公室、组织宣传科、监察科、信访办公室、综合治理委员会办公室（司法科）、市场管理科、环境秩序科、财务科。

二 消防安全管理

2005年，对18处火灾隐患进行督促整改。2006年，成立大胡同商贸区消防安全领导小组，由管委会组织、协调大胡同商贸区各项管理和消防安全工作。对估衣街胡同里巷的照明线路进行彻底改造，更换电线600米。2007年，组织相关单位落实《商贸区消防安全规定》。开展地区消防安全全面大检查，及时发现火灾隐患，限期进行整改，清理占压消防设施16处、清理占压消防通道2处，责令整改3处。调处各类纠纷212件，达成调解协议97件。2008年，建立健全目标管理、工作联动等各项工作机制和制度。针对大胡同商贸区人流、物流密度高的特点，加强地区社会治安综合治理。对商贸区内各市场的消防安全隐患进行全面拉网式的排查，发现电闸破旧、灭火器过期、不按要求使用低温射灯、电线老化错乱等各类消防安全隐患，当场开出安全检查提示单，督促立刻整改，对相关单位下达限期整改通知书287份并持续监控，全力督办，直到整改完成为止。

三　建章立制

2009年，修订《大胡同商贸区应急（疏散）预案》《大胡同商贸区突发事件应急预案》《商贸区重特大火灾事故应急预案》，制订《大胡同商贸区反恐防恐应急预案》《大胡同商贸区地震应急预案》《大胡同抗震救灾综合协调保障计划》等，加强商贸区各商城内部安全管理。编辑、印制、发放万册《安全手册》，商户人手一册。组织2次各市场管理者及商户代表参加的消防安全、防火自救知识讲座、消防演练及反恐演练等。发放新《中华人民共和国消防法》《大胡同地区安全经营十严禁》等宣传材料，开展讲座和咨询活动，提高防火自救能力。2010年，建立和完善应急管理机制，查处各类隐患110余处，罚款7万余元，下发整改通知单9份限期整改。深入商户1200余家，联合检查消防安全隐患327处，更换灭火器300余具，更换电器线路、开关260个（处）。成立各大商厦企业自身调委会，建立健全预警信息员网络组织；编辑、印刷、发放10万册《安全手册》；逐级签订《大胡同商贸区社会治安综合治理目标责任书》《大胡同商贸区消防安全目标责任书》；组建商贸区义务消防队和消防警务室；坚持对二次供水系统进行巡防，做到日查日报，督促有关单位落实制度和责任。

第二节　商贸区服务

2006年，投入资金上千万元对商贸区消防安全设施进行优化升级，兴建覆盖商贸区各条道路的大胡同智能监控系统。在各主要路口、货物主要集散地、商场入口等架设16对监控摄像头，对商贸区进行全天候、无死角监控。通过整合各大商城监控系统，对商贸区45万平方米范围内进行现代化、区域化管理，形成集治安、消防、数字化城管为一体的资源共享电子监控中心，提高商贸区现代科技安全防范管理能力和综合防控功能。重新规划和改造商贸区内停车秩序，实行按区域分类停放。2007年，投资30万元，拓宽无名路11米、长150米、总面积1650平方米。打开防火通道，取消马路仓库，取缔占路摆卖。两节期间，举办“吊钱儿市场”，解决钧和里居民区自发形成的年货市场扰民问题。打开金钟桥大街一侧防火通道，保证交通畅通。2008年，对万隆全部场区实施物业化管理，建立管理中心，组建保安队伍，在商贸区实行全方位物业管理。2009年，管委会发挥组织协调作用，推动主办单位参与创建国家A级市场。2010年，大胡同管委会组织力量，筹措百余万元资金，对存在严重安全隐患的老估衣街——锅店街进行综合提升改造。

红桥区志

第十二编

中国共产党红桥区地方组织

中共十一届三中全会后，区委全面落实“调整、改革、整顿、提高”八字方针，把工作重点转移到经济建设上来，不断解放思想、深化改革、扩大开放，各项工作取得显著成绩，经济平稳较快增长，群众生活水平明显提高，城市面貌发生巨大变化。

历届区委始终坚持党要管党、从严治党，全面推进党的思想、组织、作风、反腐倡廉和制度建设，为经济社会发展提供坚强政治保证。注重加强理论宣传教育，开展“讲学习、讲政治、讲正气”、保持共产党员先进性、深入学习实践科学发展观等一系列主题教育活动，使全区广大党员干部思想政治水平得到提高。坚持正确的用人导向，不断深化干部人事制度改革，出台民主推荐、差额考察、票决制、民主评议等一系列干部选拔任用和管理制度规定，加大从严监督干部力度，有效提升领导班子整体功能和干部队伍生机活力。推进社区党建工作，实施党组织和党的工作全覆盖工程，发挥基层党组织推动发展、服务群众、凝聚人心、促进和谐的作用。加强反腐倡廉建设，落实党风廉政建设责任制，建立健全惩治和预防腐败体系，严肃查处违纪违法案件，有力维护党和政府在群众心目中的形象。

1992年11月24日，中国共产党天津市红桥区第六次代表大会召开　　　　（区委办提供）

2010年1月28日，区宣传思想工作会议召开
（区委宣传部提供）

2003年1月5日，区纪检委党风廉政和反腐败工作会议召开
（区纪检委提供）

2010年5月31日，区老干部协会第十次会员大会召开
（区委宣传部提供）

第一章　中共红桥区委员会

1979—2010年，召开7次党代表大会。每次会议均由基层党组织依据《中国共产党章程》，推选出正式代表，代表全体党员参加大会。会议由区委、区纪检委主要领导向大会作工作报告，交由大会讨论通过，选举区委委员、候补委员和纪检委委员，会后召开第一次会议，选举常委、书记、副书记。每届党委任期内，根据需要召开若干次全体会议，决定重大事项。常委会日常行使全委会职权，以会议的方式研究制订发展规划、目标，确定经济社会发展战略，从政治、经济、文化、民生、社会和组织、干部队伍建设等方面做出重要决策，发挥领导核心作用。

第一节　党代表大会

一　历次党代表大会

（一）第三次代表大会　1970年10月12—15日，中共红桥区第三次代表大会召开，选举产生第三届委员会，出席大会代表401人，代表全区3999名党员，任期至1985年11月。

（二）第四次代表大会　1985年11月13—16日，中共红桥区第四次代表大会召开。出席大会正式代表331人，代表全区51个党委（党组）、700个基层党支部的8772名党员，列席代表161人。区委书记张椿作题为《奋发图强，锐意改革，进一步开创红桥区各项工作新局面》工作报告。会议通过区委、区纪检委工作报告。选举产生中共红桥区第四届委员会和纪律检查委员会。选举产生区委委员27人、候补委员5人，纪检委委员15人。会后，两委分别召开第一次全体会议。选举区委常委、书记、副书记，纪检委常委、书记、副书记。期间，召开14次全体（扩大）会议。

（三）第五次代表大会　1989年11月27—30日，中共红桥区第五次代表大会召开。出席大会代表296人，代表全区44个党委（党组）、775个党支部的1.09万名党员。区委书记张椿作题为《坚持党的基本路线，在治理整顿中把我区两个文明建设继续推向前进》工作报告。报告回顾和总结区第四次党代会以来，坚持以经济建设为中心，建设管理好城市，组织安排好人民生活为重点，确定商工建并举、科技先行经济发展思路，加强对经济工作领导和宏观调控，改善对经济工作综合管理和服务协调，全区经济稳步发展的成绩和经验。提出新一届区委工作任务，坚持十三大确定的基本路线，搞好治理整顿和深化改革，大力加强党的建设和宣传思想工作，加强民主法治建设。会议通过区委、区纪检委工作报告。选举产生中共红桥区第五届委员会和中共红桥区纪律检查委员会，选举产生区委委员23人、候补委员4人，纪检委委员11人。会后，两委分别召开第一次全体会议。选举区委常委、书记、副书记，纪检委常委、书记、副书记。期间，召开9次全体（扩大）会议。

照12-1　1989年11月27日，中共红桥区第五次代表大会召开　（区委办提供）

（四）第六次代表大会　1992年11月24—28日，中共红桥区第六次代表大会召开。出席大会代表295人，代表全区35个党委、20个党总支、867个党支部的1.27万名党员。区委书记王立德作题为《解放思想，大胆实践，为加快我区改革开放和发展而奋斗》工作报告。报告回顾和总结第五次党代会以来，全区经济稳步回升，改革继续深化，宣传思想工作活跃，民主与法治建设不断加强，安定团结局面继续巩固，党组织战斗力不断增强的成绩。提出新一届区委工作任务，坚持用建设有中国特色社会主义理论武装全党，指导改革开放发展具体实践；加快改革开放步伐，使经济发展速度与实力上一个新台阶；加强精神文明和民主法治建设，为改革开放创造良好社会政治环境；加强党的建设，改善党的领导，提高党组织在改革和建设中的战斗力。会议通过区委、区纪检委工作报告。选举产生中共红桥区第六届委员会和中共红桥区纪律检查委员会，选举产生区委委员25人、候补委员5人，纪检委委员11人。会后，两委分别召开第一次全体会议。选举区委常委、书记、副书记，纪检委常委、书记、副书记。期间，召开11次全体(扩大)会议。

(五)第七次代表大会 1997年12月24—26日，中共红桥区第七次代表大会召开。出席大会正式代表330人，列席代表16人，代表全区51个党委(党组)、914个党支部的1.49万名党员。区委书记曹秀荣作题为《在邓小平理论伟大旗帜指引下，奋力开创红桥区繁荣发展新局面》工作报告。报告回顾和总结第六次党代会以来，坚持党的基本路线，牢牢把握"抓住机遇、深化改革、扩大开放、促进发展、保持稳定"基本方针，各项工作取得的显著成绩。提出新一届区委工作目标，从现在到21世纪初，是红桥区经济发展步入良性循环，社会各项事业取得全面进步关键时刻。要把红桥区建设成为中心市区商务、交通副中心，辐射国内外规模宏大的小商品物资集散地，商贸繁荣、科教发达、工业先进、城市功能完备的新型文明城区。会议通过区委、区纪检委工作报告。选举产生中共红桥区第七届委员会和中共红桥区纪律检查委员会，选举产生区委委员30人、候补委员5人，纪检委委员17人。会后，两委分别召开第一次全体会议。选举区委常委、书记、副书记，纪检委常委、书记、副书记。期间，召开16次全体(扩大)会议。

(六)第八次代表大会 2002年11月4—6日，中共红桥区第八次代表大会召开。出席大会代表340人，代表全区35个党委、64个党总支、825个党支部的2.31万名党员。区委书记王世新作题为《认真实践"三个代表"重要思想，全面推进红桥区现代化建设》工作报告。回顾总结第七次党代会以来，综合经济实力显著增强，城市建设创造历史最高水平，世纪危改取得历史性突破，基础设施建设成绩斐然，城市景观发生可喜变化，精神文明建设与各项社会事业稳步发展。提出新一届区委奋斗目标，努力实现主要经济指标再翻番，社会各项事业发展再上新水平，全面推进红桥区现代化建设。全力培育大胡同、西站、丁字沽三大商圈，精心建设光荣道、西菜园两个都市型工业园区，努力实现国内生产总值和财政收入比2002年翻一番。会议通过区委、纪检委工作报告。选举产生中共红桥区第八届委员会和中共红桥区纪律检查委员会，选举产生区委委员33人、候补委员6人，纪检委委员19人。会后，两委分别召开第一次全体会议。选举区委常委、书记、副书记，纪检委常委、书记、副书记。期间，召开16次(全体)会议。

(七)第九次代表大会 2006年12月5—7日，中共红桥区第九次代表大会召开。出席大会代表280人，代表全区44个党委(党组)、148个党总支、1017个党支部的2.61万名党员。区委书记作题为《认真落实科学发展观，全面推进和谐红桥建设》工作报告。报告回顾和总结区第八次党代会以来，各项经济指标均提前一年实现第八次党代会提出的翻一番目标，精神文明建设和各项社会事业取得新进展，民主政治建设进一步完善和党的建设不断加强。提出新一届区委奋斗目标，到2011年实现地区增加值120亿元，年均增长20%，实现区级财政收入11亿元，年均增长25%，力争在实际运行中速度更快一些。会议通过区委、区纪检委工作报告。选举产生中共红桥区第九届委员会和中共红桥区纪律检查委员会，选举产生区委委员35人，候补委员7人，纪检委委员21人。至2010年，召开13次全体(扩大)会议。

二　区委常委会

常委会在全委会闭会期间行使全委会职权，向全委会负责，接受全委会的监督。一般每月召开1次，遇有重要情况随时召开。1986—2010年召开常委会663次。

四届常委会召开134次会议。重点围绕区经济和社会发展第七个五年计划，落实知识分子政策，党群系统推动“增产节约、增收节支”运动开展情况，依法治区三年规划，确定区委党校为事业单位，建立区工会委员会等重大问题集体讨论。

五届常委会召开92次会议。重点围绕区经济和社会发展第八个五年计划，在各街建立工商实业公司试点的意见，选聘干警到街任职，发展第三产业实施计划，第二个五年普法规划，《区科技兴区实施纲要》《关于加快改革开放发展的意见》等重大问题集体讨论。

六届常委会召开139次会议。重点围绕区经济和社会发展第九个五年计划，危陋房屋改造，加速区科技进步实施意见，金摇篮商厦项目，大胡同地区整改规划，打通三号路工程等重大问题集体讨论。

七届常委会召开145次会议。重点围绕区经济和社会发展第十个五年计划，街办事处调整，“三讲”教育，民族医院划转问题，区副食公司改革，粮食系统改革，先春园危改，墙子河改造，迎接新世纪活动方案等重大问题集体讨论。

八届常委会召开68次会议。重点围绕区经济和社会发展第十一个五年规划，传达贯彻市委“三五八十”回顾总结情况，快速路规划建设情况，抗击“非典”受表彰先进党组织优秀共产党员、区党代表常任制代表情况，先进性教育准备情况，建立新闻中心等重大问题集体讨论。

九届常委会召开85次会议。重点围绕区经济和社会发展第十二个五年计划，区委常委会贯彻落实科学发展观情况，成立机要局，制订《红桥区关于加快科技型中小企业发展中加强处级干部考核工作办法》，成立西站地区综合管理工作委员会、西站地区综合管理办公室的工作方案等重大问题集体讨论。

1976—2010年中共红桥区委历届书记、副书记名表

表12-1

届次	职务	姓名	任职时间
1983年调整前（1976. 10-1983. 7）	书　记	李　涛	1977年2月—1978年6月
		邢志云	1978年6月—1983年7月
	副书记	刘　玉	1976年10月—1983年7月
		李俊民	1976年10月—1983年7月
		李　涛	1976年10月—1977年2月
		刘露霙（女，回族）	1976年10月—1979年2月
		张新发	1976年10月—1979年2月
		邢志云	1977年7月—1978年6月
		陈守军	1979年2月—1981年12月
		高连瑞	1979年2月—1980年3月
		高宝华	1979年2月—1983年7月
		李　栋	1979年5月—1983年7月
1983年调整前（1976. 10-1983. 7）	常　委	李　涛	1976年10月—1978年6月
		邢志云	1976年10月—1983年7月
		刘　玉	1976年10月—1983年7月
		李俊民	1976年10月—1983年7月

续表一

届次	职务	姓名	任职时间
1983年调整前(1976. 10-1983. 7)	常　委	刘露霙(女，回族)	1976年10月—1979年2月
		张新发	1976年10月—1979年2月
		陈守军	1977年7月—1981年12月
		高连瑞	1976年10月—1980年3月
		高宝华	1976年10月—1983年7月
		李　栋	1979年5月—1983年7月
		张庆海	1976年10月—1979年2月
		路旭晨	1976年10月—1983年7月
		刘　火(回族)	1976年10月—1979年2月
		李梦书	1976年10月—1983年7月
		杜宝荣	1979年2月—1983年7月
		王　英	1979年2月—1983年7月
		高德明	1981年9月—1983年7月
1983年调整后	书　记	张　椿	1983年7月—1985年11月
	副书记	赵滴土	1983年7月—1985年11月
		张柏峰	1983年7月—1985年11月
		罗远鹏	1983年7月—1985年11月
	常　委	张　椿	1983年7月—1985年11月
		赵滴土	1983年7月—1985年11月
		张柏峰	1983年7月—1985年11月
		罗远鹏	1985年5月—1985年11月
		高宝华	1983年7月—1985年11月
		王金惠	1983年7月—1985年11月
		雷实和	1983年7月—1985年11月
		毛瑞峰	1983年7月—1985年11月
第四届	书　记	张　椿	1985年11月—1989年11月
	副书记	赵滴土	1985年11月—1987年7月
		张柏峰	1985年11月—1989年11月
		罗远鹏	1985年11月—1988年12月
		杨大鹏	1987年1月—1989年11月
	常　委	张　椿	1985年11月—1989年11月
		赵滴土	1985年11月—1987年7月
		张柏峰	1985年11月—1989年11月
		罗远鹏	1985年11月—1988年12月
		杨大鹏	1987年1月—1989年11月
		高宝华	1985年11月—1986年2月
		雷实和	1985年11月—1989年3月
		王世新	1985年11月—1989年11月
		张俊滨	1985年11月—1989年11月
		毛瑞峰	1985年11月—1986年7月
		齐立秋	1986年7月—1989年11月
		王立德	1987年6月—1989年11月
第五届	书　记	张柏峰	1989年11月—1992年9月
		王立德	1992年8月—1992年11月
	副书记	杨大鹏	1989年11月—1992年11月
		王立德	1989年11月—1992年9月
		王世新	1989年11月—1992年11月

续表二

届次	职务	姓名	任职时间
第五届	常　委	张柏峰	1989年11月—1992年9月
		杨大鹏	1989年11月—1992年11月
		王立德	1989年11月—1992年9月
		王世新	1989年11月—1992年11月
		隋文德	1989年11月—1992年11月
		张俊滨	1989年11月—1992年11月
		刘景从	1989年11月—1992年11月
		黄禄衡	1989年11月—1992年11月
		高考昌	1989年11月—1992年11月
第六届	书　记	王立德	1992年11月—1996年1月
		曹秀荣(女)	1996年2月—1997年12月
	副书记	王世新	1992年11月—1997年12月
		隋文德	1992年11月—1996年1月
		张俊滨	1992年11月—1997年12月
	常　委	王立德	1992年11月—1996年1月
		曹秀荣(女)	1996年2月—1997年12月
		王世新	1992年11月—1997年12月
		隋文德	1992年11月—1996年1月
		张俊滨	1992年11月—1997年12月
		刘景从	1992年11月—1997年12月
		黄禄衡	1992年11月—1997年12月
		高考昌	1992年11月—1997年12月
		王怀仁	1992年11月—1997年12月
		李仁智(回族)	1992年11月—1996年10月
		吴荣平	1992年11月—1997年12月
		穆万敏(女)	1992年11月—1997年12月
		尹学文	1995年3月—1997年12月
第七届	书　记	曹秀荣(女)	1997年12月—2001年12月
		王世新	2001年12月—2002年11月
	副书记	王世新	1997年12月—2001年12月
		张俊滨	1997年12月—2002年1月
		吴荣平	1997年12月—2001年7月
		王怀仁	2001年12月—2002年11月
		赵金樑	2001年12月—2002年11月
		穆万敏(女)	2001年12月—2002年5月
		迟承镇	2002年5月—2002年11月
	常　委	曹秀荣(女)	1997年12月—2002年1月
		王世新	1997年12月—2002年11月
		张俊滨	1997年12月—2002年1月
		吴荣平	1997年12月—2001年7月
		王怀仁	1997年12月—2002年11月
		赵金樑	1997年12月—2002年11月
		迟承镇	2002年5月—2002年11月
		穆万敏(女)	1997年12月—2002年5月
		黄禄衡	1997年12月—2002年11月
		高考昌	1997年12月—2000年7月
		尹学文	1997年12月—2002年2月
		赵金樑	1997年12月—2002年11月
		张少华	1997年12月—2002年11月
		李惠莲(女)	1997年12月—2002年11月

续表三

届次	职务	姓名	任职时间
第七届	常　委	姬俊英（女）	1997年12月—2002年11月
		李学良	2000年5月—2002年11月
		任雨来	2001年12月—2002年11月
		李新建	2002年2月—2002年11月
第八届	书　记	王世新	2002年11月—2006年8月
		赵建国	2006年8月—2006年12月
	副书记	王怀仁	2002年11月—2006年12月
		赵金樑	2002年11月—2006年12月
		迟承镇	2002年11月—2006年11月
		姬俊英（女）	2002年11月—2006年12月
	常　委	王世新	2002年11月—2006年8月
		赵建国	2006年8月—2006年12月
		王怀仁	2002年11月—2006年12月
		赵金樑	2002年11月—2006年12月
		迟承镇	2002年11月—2006年11月
		姬俊英（女）	2002年11月—2006年12月
		任雨来	2002年11月—2003年2月
		黄禄衡	2002年11月—2006年12月
		李惠莲（女）	2002年11月—2006年12月
		卢志永	2006年9月—2006年12月
		李学良	2002年11月—2006年12月
		李新建	2002年11月—2006年7月
		马广智（回族）	2003年9月—2006年12月
		李金城	2002年11月—2006年12月
		姚建军	2002年11月—2006年12月
		张学信	2002年11月—2006年12月
		刘克建	2006年7月—2006年12月
第九届	书　记	赵建国	2006年12月
	副书记	马广智（回族）	2006年12月—2008年3月
		张泉芬（女）	2008年3月—2010年12月
		姬俊英（女）	2006年12月—2010年1月
		李红梅（女）	2010年1月
	常　委	赵建国	2006年12月
		张泉芬（女）	2008年3月
		马广智（回族）	2006年12月—2008年3月
		姬俊英（女）	2006年12月—2010年2月
		李红梅（女）	2006年12月
		李学良	2006年12月—2010年9月
		卢志永	2006年12月
		李金城	2006年12月—2010年2月
		高树彬	2010年2月
		姚建军	2006年12月
		张学信	2006年12月
		刘克建	2006年12月
		刘广理	2006年12月
		吴　成	2010年9月

第二节 工作机构

1979年，恢复区委党校；撤销党政合署办公室，区委、区革委分别设立办公室，撤销“五七”干校，设立纪律检查委员会筹备组，设立人民群众来信来访办公室，成立区委党总支委员会。1980年，撤销财贸组，恢复财贸工作部，区委党总支更名为机关党总支。1981年，撤销文教组，成立文教工作部。1983年，档案馆改为区委直属机构。1984年，成立纪律检查委员会，成立老干部局、政法委员会办公室，撤销街道工作部、文教工作部、财贸工作部。1986年，区人民武装部党委归属区委领导，成立商业工作委员会。1987年，成立街道工作委员会。1988年，成立调研室、党史资料征集委员会。1989年，成立台湾工作办公室。1990年，机关党总支改为直属机关委员会和区政府直属机关委员会。1991年，成立保密局，成立区社会治安综合治理委员会办公室（与区委政法委合署办公），纪律检查委员会与监察局合署办公。1994年，撤销区委和区政府直属机关委员会，成立区直属机关委员会。1996年，人民武装部恢复军队建制。1998年，党史资料征集委员会改称党史研究室。

2001年，区委工作机构调整，常设工作机构办公室（管理保密委员会办公室）、组织部（管理老干部局）、宣传部（管理精神文明委员会办公室）、统战部（管理台湾工作办公室）、纪律检查委员会与监察局合署办公、政法委员会（管理社会治安综合治理委员会办公室）、研究室、区直属机关委员会、信访办、档案局（馆）。党校、党史研究室为区委直属事业单位。2003年，区直属机关委员会更名为区直属机关工作委员会。2009年，成立区委机要局（区密码管理局）。

2010年，区委机构改革，常设工作机构：办公室（管理保密委员会办公室、机要局）、组织部（管理老干部局）、宣传部（管理精神文明委员会办公室）、统战部（管理台湾工作办公室）、纪律检查委员会与监察局合署办公、政法委员会（管理社会治安综合治理委员会办公室、防范和处理邪教问题领导小组办公室）、研究室、直属机关工作委员会、档案局（馆）。党校、党史研究室为参照公务员管理事业单位。

第二章 重要决策

中共十一届三中全会后，区委按照中央和市委部署，推进政治上的拨乱反正，落实“调整、改革、整顿、提高”方针，迈出改革开放步伐。政治上加强党的建设，高举邓小平理论伟大旗帜，确定党建发展思路。经济社会建设上，贯彻市委、市政府要求，结合工作实际，作出多项重要科学决策并推动实施。在工作中确定重点、设计推进载体、总结经验特点，全力推进经济社会又好又快发展，使这一时期成为红桥区政通人和、经济快速发展的历史最好时期。

第一节 政治方面

一 拨乱反正

1979年，开展拨乱反正工作，平反冤假错案。在“文化大革命”中遭到破坏的党的各项政策陆续得到恢复和落实。是年，设立区人民检察委员会，发出恢复政协组织及其办事机构的通知。1980年，设立选举委员会、设立法院审判委员会、撤销法院核心小组、设立党组，区人大常委会、区政府、区政协设立党组，工会设党组。1981年，恢复工商联。召开落实政策工作会议，复查“文化大革命”中遭受迫害的干部群众7816人，使冤假错案得到平反，改正错划的273名右派，复查“反右倾”中37个案件，纠正错案，为起义投诚人员35人落实政策，从原工商业者3922人中区分出劳动者3349人，复查一批

"四清"和历史遗留问题。要求把非党干部选拔作为干部工作重要组成部分。1983年，就复查区清理指挥部所办案件提出意见，要求彻底平反一切冤假错案，做好落实政策善终工作。

二　制订规划

1989年，制订依法治区三年规划。召开领导干部会议，传达市委常委（扩大）会议精神和市委书记李瑞环讲话。要求全区各级党组织把思想统一到中央精神上来，同党中央在政治上保持高度一致，团结一致，振奋精神，维护社会安定。提出选配党外干部和设立非党后备干部队伍的意见。制订开展清查清理工作意见，要求把严重危害社会治安的犯罪分子彻底清查出来，依法从严惩处。

1990年，出台加强政法和统一战线工作意见，制订坚持和完善中国共产党领导的多党合作和政治协商制度意见的实施细则，明确区委与区各民主党派协商程序和形式，民主党派成员、无党派人士在区政协发挥作用的主要形式和主要渠道，基层党组织与民主党派的基层组织及无党派人士座谈协商意见，支持民主党派加强自身建设。

1993年，制订5年培养选拔党外干部工作规划。1994年，作出加强"双拥"工作决定。1995年，下发统战政策实行归口管理的工作意见、干部考察任免和管理工作规范。1998年，制订培养、选拔党外干部规划。提出组建街道工会组织的意见。2001年，制订加强统一战线工作意见。2002年，下发加强街道、社区团组织建设工作若干意见。2005年，转发进一步加强多党合作和政治协商制度建设的意见，提出进一步完善政治协商工作意见。2007年，提出加强人民政协工作意见和进一步加强和改善党对政协工作领导的意见。2008年，制订培养选拔党外干部工作规划。2010年，就加强和改进区人大代表工作，为依法履职搞好服务、提供保障等方面提出意见。

第二节　经济方面

一　确定方针

1979年，区委工作职能由"建设管理城市，安排人民生活，相应发展经济"扩展为"建设管理城市，安排人民生活，发展区街经济，建设精神文明，维护社会稳定"。1984年，贯彻落实中共中央关于经济体制改革的决定，确定"从实际出发，不等、不靠、不要，以提高效益为出发点，看准一点改一点"工作思路，开始打破"大锅饭"，放开各行业管理自主权，使改革由被动逐步变为主动。1987年，提出"商工贸并举，科教先行"经济发展思路。1988年，决定以稳定物价为中心，搞好治理整顿。

1991年，提出区国民经济和社会发展第八个五年计划的建议，制订发展第三产业实施计划。1993年，加快改革开放，遵循"以房地产开发促进第三产业发展，以政府职能转变促进企业经营机制转换"和"科工贸建结合，大引进、上项目、靠市场、超常规"经济发展思路，实现工商业销售额年增长14%经济发展目标。1995年，转发市委关于加快发展个体私营经济的若干意见，执行以公有制为主体，多种经济成分并存和发展的方针，支持个体私营经济发展。1996年，审议通过国民经济和社会发展"九五"及2010年远景目标。1997年，提出区城市功能定位，把红桥区建设成"中心市区商务、交通副中心，辐射国内外规模宏大的小商品物资集散地，商贸繁荣、科教发达、工业先进、城市功能完备的新型文明城区"。

二　调整战略

1998年，提出实施"城建带动，兴三优二"区域经济发展战略。对加快个体私营经济发展提出实施意见。出台扶持个体私营经济发展措施汇编。审议通过红桥区国民经济和社会发展第十个五年计划。

2002年，下发大力推进国有商业企业产权制度改革的实施意见，决定用两年左右时间基本完成国有企业产权制度改革。制订优化经济发展外部环境的工作意见。2003年，确定经济发展布局为“一区、三圈、二园、一带”。2004年，制订推进街道工商实业公司产权制度改革的实施意见。2005年，审议通过国民经济和社会发展第十一个五年规划。2007年，调整区域经济发展布局。印发加快民营经济发展的实施意见。2008年，确定“保增长，保投入，保民生，保稳定”思路。发布区重点规划编制工作实施意见。

2009年，贯彻落实市委、市政府决策部署，强化全区城市副中心意识、树立副中心标准。2010年，召开加快科技型中小企业发展动员大会。召开九届十二次全体会议，审议通过国民经济和社会发展第十二个五年规划。

第三节 社会方面

一 民计民生

1980年，召开全区劳动就业工作会议，就搞好劳动就业作出安排。1981年，贯彻市普教工作会议精神，提出十二条实施意见。决定年底前全部拆除区内1976年唐山大地震后的临建棚。1985年，落实市委、市政府建成中环线部署，作出拓宽改造勤俭道、红旗北路的决定，把拓宽改造勤俭道、红旗北路和扩建勤俭桥、红卫桥工程任务作为城市建设“突破口”，列入当年重点工作完成。实施“三级跳坑”改造。落实“三年实现煤气化”工作部署，作出《关于实施煤气化工程的安排意见》。1993年，决定用5~7年时间完成危陋房屋改造。2006年，提出把加快危陋房屋改造作为全面提升中心城区载体功能、改善民计民生、实现红桥跨越发展战略举措。2007年，决定启动双环新苑土地资金自求平衡试点项目。实施光荣道拓宽改造工程，带动子牙河以北地区发展。2008年，决定启动建设和苑居住区，拓展异地安置新空间。

二 教育科技卫生

1981年，贯彻市普教工作会议精神，提出十二条实施意见。下发区中小学教育五年规划纲要。1984年，召开普通教育工作会议，提出加强中学生思想政治教育工作，进一步提高普通中学、小学和幼教工作质量；加强师资培训，巩固勤工俭学基地等9个方面意见。1988年，制订《关于加强科技工作，促进经济发展的意见（试行）》。设立科技发展基金和奖励基金等。1991年，制订《红桥区科技兴区实施纲要》。1992年，制订教育总体改革方案。1995年，制订《关于贯彻落实科教兴市战略，加速我区科技进步的实施意见》。1998年，制订《红桥区社区卫生服务规则》，召开“社区文明服务卡助万家行”推动大会。2000年，印发《关于深化教育改革全面推进素质教育的若干意见》，召开教育工作会议，决定区级教育经费支出占区财政支出比例平均每年至少提高1个百分点，确保教育费附加征管和使用。

第四节 党建方面

一 学习教育

1982年，通过《关于改进领导作风提高工作效率的意见》。1988年，区委决定在党员和干部中开展生产力标准学习讨论。印发《关于对党员进行社会主义初级阶段、统一战线教育》通知。1994年始，用三年时间组织全区党员干部对建设有中国特色社会主义理论学习活动。1999—2001年，开展以“讲学习、讲政治、讲正气”为主要内容的党性党风教育。2000年，下发《关于加强和改进社区思想政治工作若干意见》，开展“三讲”教育“回头看”活动。下发《关于认真学习贯彻〈中共天津市委关于深入学习贯彻江泽民“三个代表”重要思想的决定〉的安排意见》《关于深入学习贯彻江泽民同志“三个代表”重要思想进一步加强党的建设几个重要问题的意见》。2003年，开展“牢记‘两个务必’，大力发扬艰苦奋斗作风”学习教育活动，印发《关于认真学习〈“三个代表”重要思想学习纲要〉的通知》，在全区兴起学习“三个代表”重要思想高潮。2005年，开展保持共产党员先进性教育活动。印发《关于设立健全教育、制度、监督并重的惩治和预防腐败体系的实施意见》。2008年，开展“解放思想、干事创业、科学发展”大讨论活动。印发《进一步加强反腐倡廉制度建设的实施意见》。2009—2010年，以“攻坚克难抓机遇，务实创新促发展，加速实现新崛起”为总载体，开展学习实践科学发展观活动。

二　领导班子建设

1981年，通过《干部任免实施细则》《关于加强区委班子建设的几点措施》。1983年，作出《关于加强区委领导班子建设的几项具体规定》。首次运用民主办法推荐区四大机关中层领导班子成员。1984—1986年，分4个阶段充实调整领导班子。出台《关于改革我区干部管理体制的意见》《关于进一步改革我区干部管理体制的意见》，作出《关于加强区委领导班子建设的几项规定》。1986年，区委决定，凡属重大问题都要由党委会进行民主讨论。1989年，召开民主推荐区级领导班子成员会议。1991年，对区委、区政府两套班子和区委常委、正副区长、区纪检委书记开展民主评议。2002年，下发《关于加强区委领导班子自身建设的意见》。2006年，作出《加强区委常委会自身建设的决定》。2010年，制订《深化学习型领导班子建设的意见》《加强处级领导班子思想政治建设的若干准则》。

三　制度建设

1990年，出台加强党同人民群众联系的实施意见。1991年，通过《关于进一步发挥区委委员作用的意见》《关于我区党和国家机关干部交流的规定》《区委常委抓党风廉政建设责任制》《关于干部挂职锻炼的暂行办法》。1993年，出台《关于完善我区党组织同领导干部谈话制度的意见》《领导干部个人重要问题报告制度》《关于加强领导干部理论学习的规定》《关于做好经常性民主推荐干部工作几项规定》。1995年，印发《中共红桥区委加强党的组织建设三年（1995—1997）实施规划》，修订下发《关于处级党政领导干部职务任免审批工作程序的规定》。1999—2001年，下发《关于设立红桥区思想政治工作联席会议制度的意见》，印发《关于进一步落实我区党组织同领导干部谈话制度的意见》，下发《落实党风廉政建设责任制责任追究实施细则》。是年，全面推进社区党建工作。2000年，下发《关于加强街道、社区党的建设工作若干意见》《关于实行思想政治工作责任制的规定》《关于领导干部考察预告制暂行规定（讨论稿）》《关于实行领导干部任前公示制的办法》。2001年，下发《关于在非公有制经济组织中加强党的建设工作意见》《关于加强和改进党的作风建设的实施意见》。印发《有关干部工作制度》。2004年，印发《红桥区党代表常任制工作制度（试行）的通知》。2007年，下发《关于在全区党政机关设立健全决策目标体系的实施意见》《关于在全区党政机关设立健全执行责任体系的实施意见》《关于设立和完善党政领导班子和领导干部综合考核指标体系的实施意见》。

第三章　组织建设

1979—2010年，深化干部管理制度改革，探索党管干部新途径；壮大党员队伍，强化党员、干部的教育和培训；加强基层组织建设，强化社区党建工作，开展非公有制经济组织党建工作；从思想、组织、作风和制度上推进各级党组织、领导班子、党员干部队伍、人才队伍以及组织部门自身建设。

2010年，全区党的各级基层组织1504个，党员2.84万人，基本形成科学的干部选拔、任用、考评体系和较为健全完善的组织体系。

第一节 组织工作

一 党员发展

1979年，发展新党员82人，其中教学、业务、生产一线42人。1981年，发出《关于发展党员、审理被取消预备党员资格申诉工作中几个问题的通知》。1982年，发出《关于接收新党员几个问题的通知》。1984年，召开党员发展工作会议，注重在生产一线、知识分子和青年中发展党员。1985年，发展党员359人，其中高中以上文化程度274人。1987年，开展发展党员质量调查。1988年，举办申请入党积极分子培训班，79名积极分子参加培训。1991年，制订加强青年申请入党人培养教育和推荐优秀青年做入党积极分子的意见和加强在一线职工中发展党员工作意见。1991—1993年，发展党员717人。1994年，发展党员259人。1995年，发展党员264人，其中妇女127人。1997年，发展党员307人，其中35岁下青年146人。1998年，发展党员307人，其中一线199人，妇女138人。1999年，实行发展新党员公示制。2000年，推行发展党员公示制度，部分单位试行预备党员转正考试和考察答辩制度。2001年，调整区委组织员队伍，表彰5个组织员小组和14名优秀组织员。2004年，建立发展党员工作台账和发展党员工作计划批复制度。大胡同集团党委发展2名个体经营者入党，实现新社会阶层中发展党员"零"突破。2005年，召开优秀组织员表彰暨发展党员工作研讨交流会。2006年，建立"阳光型"发展党员工作机制，试行发展党员民主测评工作制和票决制。2007年，开展发展党员工作专项检查。2009年，实施入党积极分子公开推荐制度和发展党员责任追究制度。2010年，发展党员239人，其中35岁下青年133人。全区有党员2.84万人，其中女党员1.11万人，研究生296人，大学本科4885人。

二 党员教育管理

1979年，恢复党员年终鉴定制度。制订党员教育计划，以党课和轮训形式，对3943名党员进行党内政治生活准则和基本知识教育。组织党员开展"实践是检验真理的唯一标准"问题大讨论。1980年，举办优秀党员先进事迹报告会。1981年，各级党组织把学习《关于建国以来党的若干历史问题的决议》作为中心任务。1982年，在党员中普遍进行以新党章为主要内容的共产主义教育。开展"创先争优"活动。1984—1986年，结合整党对党员进行党性教育和基本知识教育。1988年，开展民主评议党员活动。1989年，基层党校发展到23所。举办党员轮训班120期，建立民主评议党员、党员联系群众和"党员奉献日"制度。1992年，开展向优秀共产党员胡崇瑞学习活动。1993年，制订《加强流动党员管理的意见》。1994年，开展以"提倡五种精神，投身市场经济，争做'双超'带头人"为主题的党性实践活动，9022名党员参加。1995年，组织学习《中共中央关于加强党的建设几个重大问题的决定》，开展大讨论活动，1.28万名党员参加。1996年，制订下发《党员管理条例》。1998年，开展以"学理论、

照12-2 2004年，区第八届"焦裕禄杯"获得者表彰大会召开 （区委组织部提供）

树形象、当先锋、做模范”为主题的党性实践活动。2002年，制订《加强党员电化教育的工作意见》，基层党组织电化教育网点普及率95%。2003年，开展“学习贯彻十六大，坚定信心促发展”知识竞赛活动，全区43个基层党组织、6287名党员、216名区处级干部、522名入党申请人参加。2004年，开展建立全区党组织、党员队伍情况台账和工作联系制度、工作情况周报制度，查找出隐性党员2041名。2005年，组织开展保持共产党员先进性教育活动。2006年，实施《关于实施党员教育“八重”管理的意见》等18项制度。2009年，开展学习实践科学发展观活动。2010年，启动党员轮训工程。成立区党员教育培训中心，开设党员轮训班次36个，培训党员3.2万人次。

三　领导干部思想政治建设

1979年，采取轮训方式，端正干部、党员党的方针政策和真理标准问题认识。重点抓领导班子生活会制度。1981年，组织学习《关于建国以来党的若干历史问题的决议》，使党员、干部思想认识统一到《决议》结论上来。1984—1986年整党中，建立研究思想政治工作制度，成立研究会。建立领导干部访谈制度。1987年，健全中心组学习制度、领导干部过双重组织生活制度。1990年，在领导干部中开展第一届“焦裕禄杯”评选活动。1991年，下发《加强处级领导班子思想作风建设的意见》，出台《思想政治工作制度》等6项配套制度规定。1995年，召开首届“勤政廉政杯”表彰大会，10个单位获表彰。1996年，制订《加强处级领导班子民主集中制建设的意见》。召开“做人民好公仆”领导班子思想政治建设成果汇报会。1998年，举办民主集中制建设一把手研修班。修订下发领导班子《议事规则》。1999—2001年，实施党政机关处级领导班子、领导干部综合考核评价。2008年，开展“学习型、创新型、实干型、高效型、和谐型”领导班子创建活动，命名首批21个“五型”领导班子。“焦裕禄杯”评选活动表彰优秀干部128人。

四　干部教育培训

1979年，干部教育培训走向正轨，轮训511人。领导干部1208人进市、区委党校学习。1980年，干部教育培训工作全面展开。1981年，举办经济理论学习班，基层领导干部756人参加轮训。1982年，选送37名中青年干部到市、区委党校培训。1984年，组织多类以文化补习和继续教育为内容的干部培训班，培训干部1006人次。1986年，以宏观管理、定期检查方式重点培训后备干部。举办首期中青年干部培训班，至2010年，举办26期，培养中青年干部近千名。

1991年，制订《干部挂职锻炼暂行办法》。首批选派20人挂职锻炼。组织处级以上领导干部参加“党史、党建理论”脱产轮训，举办专题讲座。1993年，抽调党政部门负责人下基层锻炼，交流挂职，代职处、科级干部46人。1994年，组织2568名干部参加“现代经济管理知识”学习和考试。1998年，开展新任职处级公务员培训、非公有制企业经营管理人员培训和党外领导干部培训。1999年，组织7名处级领导干部赴上海、南京挂职锻炼。2002年，14名区、处级领导干部参加市组织的英语知识学习。2004年，举办以科学发展观为主题的处级领导干部理论培训班和读书班，500余人次参加培训。2005年，领导干部学习培训情况管理，建立领导干部学分制档案。2006年，出台干部学习培训档案规定，462名区、处级领导干部培训情况实行电子档案管理。

照12-3　1999年，区第13期中青年干部培训班结业式　（区委组织部提供）

至2008年，选派18批350名干部挂职锻炼。创办“红桥大讲堂”，培训1500余人次。2010年，引入以提升应对突发事件能力为目的的案例教学课程。举办各类理论和业务培训70余班次，近5000人受训。

五　干部选拔与任用

1979年，调整和充实领导班子25个，选拔21名懂技术、会管理的业务骨干担任领导职务，提拔17名年富力强的干部进入领导班子。1980年，开始实行民主推荐领导干部，发动区直机关干部和街、局、公司推荐各级领导干部86人。1981年，推荐选定后备干部80人，其中45岁以下49人。1984年，按照干部“四化”要求，全区处级领导班子实现普遍调整。对大、中专毕业生767人进行摸底调查，推进第三梯队建设。1989年，在区级班子换届中，实行处级以上领导干部民主推荐区级领导班子成员及法院院长、检察院检察长人选。1990年，提出培养和选配党外干部、女干部和少数民族干部。1992年，首次尝试面向社会公开选拔副处级领导干部，至2008年分三批公开选拔处级领导干部33人。1993年，全区妇女、少数民族、非党干部人数分别比上年增长21%、71.4%、33%。1998年，在街道系统班子副职中进行考核竞争试点。2002年，党政机关内设机构和企事业单位领导职位出现空缺，实行竞争上岗。2004年，出台党政领导干部选拔任用有关制度。实施讨论任用干部任免全委会票决制。2008年，制订《关于实行区委委员、区级领导干部推荐领导干部工作暂行办法》，组织实施首批初始提名推荐。2010年，制订《科级干部选拔任用工作实施办法》。

照12-4　1992年，区公开选拔副处级领导干部和企业副职面试答辩会召开（区委组织部提供）

六　干部管理监督

1978年，监督工作以审查干部、处理历史问题为重点。各级党组织着手落实干部政策。是年，成立“右派”摘帽领导小组，全区立案8446件，至1981年全部复查审批结案。1984—1986年，处级领导班子调整11个，充实3个；基层领导班子调整92个，充实99个。核查“三种人”9人定为严重错误，49人定为一般性错误。通过组织处理和党员登记，开除党籍2人、留党察看4人，撤销党内职务2人、党内严重警告12人，留党察看4人。

1986年，明确规定干部选定、考察、任免、审批、调配原则、方法等问题，提出科级机构设置审批权限和配备职数。1993年，制订《领导干部个人重大问题报告制度》。1995年，制订《干部考察工作责任制》，对干部考察者应具备的素质和工作作风、工作职责、工作职权、监督检查作出规定。1998年，建立在任审计制度，下发《关于党政机关主要负责人经济责任审计办法》，对12名负有经济责任的领导干部进行审计。自2002年，定期组织《党政领导干部选拔任用工作条例》执行情况的检查。2003年，建立干部监督工作联席会议制度。对有干部任免权的处级单位选拔任用科级干部延伸检查。2004年，组织开展以《党内监督条例（试行）》《纪律处分条例》为主要内容的百日学习宣传教育活动。开通12380干部监督专线举报电话。2005年，实行提前委托审计制度，对提前离任处级一把手进行经济责任审计。2006年，实行处级干部选拔任用记实登记制度，制订选拔任用科级干部记实登记制度。2007年，组织完成《干部任用条例》知识测试。2009年，开通“12380”信访举报网站，形成电话举报、信访举报、网络举报“三位一体”干部监督工作网络。2010年，建立“四项监督制度”。实施干部选拔任用工作“一报告两评议”制度。

七　干部人事制度改革

1983年起，设立调研员职务，促进新老干部交替。1987年，在处级领导班子中试行代理、助理职务。1991年，制订《党政机关干部交流的暂行规定》。1992年，采取登报公开招聘的办法，选拔处级领导干部。1994年，推行选拔任用领导干部任期制、聘任制、试用制及公开推荐与考试考核相结合考任制。1998年，采用任前公示制。建立试行领导干部正常解职制度，对接近退休年龄的领导干部，党政一把手男年满58岁、女年满54岁，副职男年满57岁、女年满53岁，原则上提前退出领导班子，改任非领导职务。1999年，实行任职试用期制度，推行拟提任处级领导干部任职前公示制。2000年，公示制范围由拟提拔副职领导干部扩大到正职，公示范围扩大到全区，开设24小时专线录音电话随时听取群众意见。2002年，出台优惠政策，吸引和鼓励领导干部提前退休或改任非领导职务。2003年，扩大试用期制度适用范围并简化任免程序。2004年，出台《关于实行处级党政领导干部任期试用期的有关规定》，凡提拔的处级领导干部采取一年试用期。2009年，制订《差额任用处级领导干部实施办法》，在街道党政正职提拔任用中试行。2010年，出台《科级干部竞争上岗工作实施办法》。

第二节　重大教育活动

一　真理标准大讨论

1978年，开展关于真理标准问题大讨论。宣传部发出《认真开展学习、讨论真理标准问题的通知》，举办“实践是检验真理的唯一标准”报告会，开始系列思想建设方面工作，以肃清“左”倾思想和教条主义束缚。在干部、理论骨干和各企事业单位开展真理的唯一标准问题讨论，开始摆脱“两个凡是”的束缚，各项政策开始得到落实。

二　三讲教育

1998年，拟定《关于在区级领导班子和领导干部中开展“三讲”教育实施方案》，成立区“三讲”（讲学习、讲政治、讲正气）办公室。1999年，召开区级领导班子和领导干部“三讲”教育动员大会，对区级四大机关领导班子和领导干部“三讲”教育动员部署。历时两年的“三讲”教育从此开始。

处级单位领导班子和领导干部分三批按4个阶段（思想发动、学习提高阶段；自我剖析、听取意见阶段；交流思想、开展批评阶段；认真整改、巩固成果阶段）进行。从1999年10月15日—1999年11月26日，第一批教育集中47天进行；从2000年3月2日—2000年5月12日，第二批教育集中70天进行；从2000年8月15日—2000年10月10日，第三批教育集中56天进行。各单位集中“三讲”教育结束后，用一个月左右时间组织学习，提高认识，自看自查，完善整改措施；通报整改情况，听取群众意见，开展“回头看”活动。

2001年，“三讲”教育活动结束，全区参加“三讲”教育处级以上领导班子78个，处级以上领导干部318人。

三　党员先进性教育

2005年，召开全区保持共产党员先进性教育活动动员大会。集中教育分学习动员、分析评议、整改提高三个阶段。第一批从2005年1月—2005年6月，包括党政机关及其所属部门，人大、政协机关，法院、检察院和人民团体机关，区级机关管理的部分事业单位。第二批从2005年7月—2005年12月，包括街道机关、社区、企事业单位、社会团体、社会中介组织。集中学习教育结束后，各单位根据教育活动情况，继续巩固和扩大整改成果，开展“回头看”活动。举办8场专题报告会和先进事迹报告会，评选262个优秀党员典型。

四 学习实践科学发展观活动

2009年3月—2010年3月，全区291个单位，1507个党组织、369名党员领导干部、2.75万余名党员，分两批开展深入学习实践科学发展观活动。区委派出若干个指导检查组，指导全区各单位开展活动。第一批从2009年3月—2009年8月底完成。包括区委、区人大、区政府、区政协机关；区纪检委、区人民法院、区人民检察院和各人民团体机关；区属各部委办局机关；区直属企事业单位和区属各部委办局机关管理的事业单位。第二批从2009年9月—2010年2月底完成。包括街道机关、社区；中小学校、职校、幼儿园及各教育机构；卫生院所；未参加第一批活动的企事业单位、社会团体、社会中介组织等。按照学习调研、分析检查和整改落实三个阶段进行。

第三节 基层党组织建设

一 街道社区党建

1979年，改选基层支部280个，占应改选的50%。1980—1981年，南头窑街作为试点先后实行党政分设、常委制改成委员制。1983年，全区14个街全部建立党校。1994年，制订《加强党的组织建设三年实施规划》。1998年，街道党的建设工作逐步向社区拓展，出台《进一步加强居民区党支部建设意见》。全区居委会80%消灭无党员空白点。1999年，西于庄街道试点成立社区党建工作联席会和党风廉政建设监督站。制订《街道党建向社区延伸和拓展的工作意见》《关于开展社区党建的总体规划》。2000年，街道党委统一改为街道党工委。制订《关于加强街道、社区党建工作若干意见》，完成从试点起步到全区展开。2001年，在居民社区党组织中开展标准化支部创建活动，命名标准化党支部352个。2002年，开展创建“红旗社区党组织”活动，2003年，14个社区党支部被区委命名为“红旗社区党组织”。2004年，5个社区党组织获天津市先进社区党组织称号。组建街道社区党建工作指导委员会。制订《关于加强区属各单位党组织和在职党员参与街道社区党建工作意见》。2005年，建立拆迁社区工作组党总支，全区社区党组织实现全覆盖。2006年，117个社区党组织进行换届选举，114个社区党组织配备专职副书记。2007年，评选区级党建工作示范社区6个，创建区级“红旗社区党组织”72个。2008年，召开街道社区党建工作会议，开始对街道社区基层党建工作实行目标考核。2009年，5个社区党组织被命名为市级先进党组织。2010年，制订《关于开展楼门（院）特色党建活动的实施意见》。形成社区党组织领导下的居委会、物业管理部门、业主管理委员会“四位一体”和网格化管理模式。

二 国有（集体）企业党建

1998年，制订《关于进一步加强国有企业党的建设的意见》。2000年，调整组织设置，理顺领导关系。2002年，围绕区属企业改革，推进国有（集体）企业党建工作。2003年，完善国有企业党组织参与重大问题决策途径和方法，明确区经贸工委、国投公司临时党委工作职责。2006年，将改制企业党组织归区委经贸工委管理；对已经由街道党工委管理的企业党组织，根据双方意愿重新确定隶属关系。

三 非公企业和社会组织党建

1993年，开始在合资企业、股份合作制企业和私营企业中探索党组织建设和党员管理工作。1998

年，成立工商联党总支，负责管理私营企业党组织。是年，3家私营企业建立党支部。1999年，天骄集团组建全区第一个私营企业党委。2001年，制订《关于在非公有制经济组织中加强党的建设工作意见》，组建非公经济组织党支部10个。2003年，成立非公经济组织党建工作领导小组。建立非公经济组织党建"党政共抓、党群共管"运行机制，有正式党员3名以上的非公企业全部建立党组织和党员教育管理的规章制度。2004年，百人以上的非公经济组织建立党组织。在科贸发展园区建立党总支。2007年，在非公企业党组织中开展以创建"领导班子好、党员队伍好、工作机制好、发展业绩好、群众反映好"活动。至2008年，新建非公企业党组织12个，实现员工50人以上、高新技术和经济实力强的非公企业100%建立党组织。2008年，表彰全区首批"五好企业党组织"21个。2009—2010年，万隆大胡同置业有限公司党委、天骄集团党委被命名为市级"五个好"非公企业党组织。

第四节　机关党建

一　组织建设

1998年，召开区直机关党员代表大会，完成机关党委换届工作。1999年，完成中共十五大代表候选人和出席区第七次党代会代表提名推荐。2000年，机关党建向社区延伸拓展。2001年，增补4名机关党工委委员和机关纪工委委员。制订《区直机关党工委议事规则》。2002年，召开机关党员代表大会，45个基层党组织1021名党员推选出94名代表出席会议。选举产生69名出席区第八次党代会正式代表。2007年，召开区直属机关党员代表大会，选举52名出席区第九次党代会代表，组织机关代表学习、代表团讨论等配合性工作。2007—2009年，落实和深化"五好"党组织创建达标工作，所属41个党支部全部达标。2010年，制订《区直机关党建工作责任制》。

二　主要活动

1995年，所属41个机关党支部与41户困难家庭开展"结亲戚、送温暖"活动。至1999年，机关党员干部为困难家庭捐款2万余元，捐衣物1500余件，送去各类慰问品折合人民币6000余元。机关党员干部千余人次到困难户中走访慰问，解决困难1200余件。2000年，拓展为"双争双联"。2002年，开展以"双迎双比双争创"为主题的学习实践活动。2003年，"非典"防控过程中，督查组到所属45个总支部督查，参加抗击"非典"的医务工作者"奉献爱心捐赠"，捐款4.02万元。2005年，在入党积极分子中开展征文和演讲比赛，开展创"五好"党组织活动。区直机关第一批17个单位先进性教育活动正式启动。2006年，拍摄电视专题片《红桥区直属机关围绕中心开展党建工作纪实》。举办"党在我心中"书画摄影展，成立"爱心救助会"暨爱心妈妈捐款仪式。2007年，开展"迎奥运促发展、讲文明促和谐"系列主题实践活动。2007—2009年，落实和深化"五好"党组织创建达标工作，所属41个党支部全部达标。2008年，四川汶川地区地震后，组织区直机关党员干部开展捐助活动，捐款额7.31万元及棉被毛毯等生活物资。在全国哀悼日当天，缴纳特殊党费18.44万元。2009年，开展"共画祖国新貌 同书红桥风采"书画摄影展、"唱响主旋律，颂歌献祖国"红歌会、"爱党爱国爱天津"百题知识竞赛活动、区直机关纪念中华人民共和国成立60周年庆祝大会等活动。组织机关党员干部开展"看天津新貌，促红桥发展"活动。2010年，玉树地区发生地震后，组织开展区直属机关党员干部"情系玉树，奉献爱心"捐款活动，党员干部捐款4713元。甘肃省舟曲县发生特大山洪泥石流灾害后，组织区直机关党员干部捐款3.69万元。

第五节　老干部工作

一　老干部管理

1988年，对1952年年底以前参加工作并曾任副处职以上的退休干部，由老干部局统一管理。1991年，曾任正处级及以上职务的退休干部，均由老干部局统一管理。2010年，有离休干部218人，其中易地代管5人，退休干部290人。

（一）政治待遇　坚持每年农历正月十五前举办老干部“正月正”团拜会，请区委主要领导作区情报告，给老同志拜年。1985年，举办第一次老干部“正月正”团拜会，建立老干部联席会。2000年，举办离退休干部党支部书记、党小组长培训班。2001年，“七一”前夕，组织老同志赴革命老区西柏坡写生。2003年，组织老干部党支部成员学习贯彻中共十六大精神、“三个代表”重要思想。2004年，有40人参加市老干部局举办的老干部党支部书记培训班。2004年，组织开展“热爱家乡、建设天津、建设红桥”老干部征文活动，对评选出的28篇优秀论文进行表彰。2005年，为73名抗日战争时期老同志颁发抗日战争胜利60周年纪念章。评选表彰56名老干部“文明家庭”。2006年，表彰10个老干部先进党支部、61位优秀老党员。2007年，举办离退休干部党支部书记培训班，38名离退休干部党支部书记参加培训。2008年，开展“特色党日”活动，创建区老干部特色党校。2009年，开展创建“五好离退休干部党支部”活动。组织50名党支部书记参加市举办的老干部理论大课堂。2010年，举办两期离退休党支部书记培训班，学习先进交流体会。开展“四好老干部党员”评选活动。评选出14个“五好”离退休干部党支部、109名“四好”老干部党员。

（二）生活待遇　1982年，在3家医院设立老干部病房。1984—1988年，为老干部105人次解决住房问题。1984年，每逢春节，各级党委领导带队对离退休干部进行慰问。1985—2007年，组织千余名老干部赴北戴河等地进行健康休养。2000年，为47名老同志健康体检，举办健康知识培训班。2002年，开展为老干部送健康活动，发送心脑血管专家编写的《健康指南》。2003年，为94名老干部清欠药费137万元，带动基层自清资金58万元。2004年，为101人次老干部清欠药费近134万元。2005年，申请财政支持资金263万元，为百人次老干部清欠药费427万元，带动基层自清资金164万元。2006年，将离休干部医疗备用金每年4000元调整为6000元。申请财政支持资金196万元，为百余人次老干部清欠药费，带动基层自清资金43万元。2007年，清欠老干部药费近153万元。2008年，清欠老干部药费200万元，建立大病救助机制，药费按规定实报实销。2009年，清欠老干部药费400万元，为7名大病老干部拨款90.68万元。2010年，清欠离休干部药费380万元，帮助基层单位解决4名离休干部支出大额医药费16万元。为13家企业、68名离休干部准备医疗备用金40.8万元。

照12-5　2009年，区举行党政机关退休干部庆祝中华人民共和国成立60周年演唱会

（区人社局提供）

二　活动场所建设

1984年，建成区老干部活动中心，占地1600平方米，建筑面积800平方米，设有功能齐全的活动室。2001年，修建卫生间，实现集中供热。2005年，投资3.9万元维修活动中心。2008年，投资5万元，添置健身设备，建立乒乓球室、图书馆等，进一步提升活动中心硬件设

施水平。

1988年，组织撰写14篇回忆文章，编印《壮心集》。1989年，创建革命荣誉室，展示受奖证书、纪念品等实物。1994年，组织老干部参观天塔。2000年，开办老年大学老干部活动中心分校。评选70岁以上110名离退休干部为“跨世纪健康老人”。2001年，“七一”前夕，绘制纪念建党80周年的80尺长卷。2002年，老干部绘制和拍摄作品280余幅迎接中共十六大召开。2003年，为老干部“非典”期间发送慰问信520封，配送消毒药品500余份。2004年，举办庆祝新中国成立55周年、天津建城600周年文艺联欢会，老干部自编自演10余个节目。2006年，召开纪念红军长征胜利70周年大会。2007年，举办纪念建党86周年老干部摄影展，展出百幅作品。2008年，组织老干部向汶川地震灾区捐款2.4万元。举办“颂歌献给党”文艺演唱会。2009年，组织老干部慰问西站重点工程建设一线人员。举办庆祝新中国成立60周年老干部摄影展和联欢会、诗歌朗诵会以及图片展等系列活动。2010年，组织学习中共十七届五中全会精神。老干部向玉树灾区捐款1万元。

三　发挥余热

1993年，部分老同志组建咨询服务中心、北海实业公司两个经营实体。1995年，成立关心下一代工作委员会(简称关工委)。1998年，搭建活动平台，建立11个少儿体操、体育训练基地，每年培训少儿2000人次。2000年，组织青少年开展“绿色承诺”活动，编辑出版绿色承诺计算机绘画册。2004年，在9个街道成立关工委。2006年，全区成立关工站，各街道成立文体领导小组，开展“少儿健康行动计划”活动。2008年，成立关工委“五老”(老党员、老干部、老军人、老模范、老教师)宣讲团，进社区学校宣讲 1000余场，发挥自我教育和教育他人作用。是年，推动“少儿健康行动计划”。 2009年，老干部向汶川地震灾区捐款2.4万元。2010年，向玉树灾区捐款1万元。

第四章　宣　传

1979—2010年，宣传思想战线坚持以邓小平理论、“三个代表”重要思想、科学发展观为指导，与党中央保持高度一致，坚持围绕中心、服务大局，唱响主旋律。坚持不懈地抓好理论武装，建立完善各级党委(党组)中心组建设，以读书活动为载体，推进学习型组织建设，引导全区党员干部、居民群众多读书、读好书，不断更新观念，强化战略思维、辩证思维、底线思维，提高统筹协调和开拓创新能力，勇于破除制约发展的体制机制障碍，更好地适应建设新红桥新形势。坚持贴近实际、贴近生活、贴近群众，开展宣传宣讲，推动社会主义核心价值观落地落实。组织基层社区宣讲员紧紧围绕重大会议、重要工作、重点工程和群众普遍关心的热点、难点和焦点问题开展宣传宣讲，宣传引导群众、教育启发群众，提高群众对中央和市、区委各项决策部署的认知认同，形成干事创业思想合力。巩固壮大主流思想舆论，坚持团结鼓劲、正面宣传，把握好时、度、效，敢于发声、主动发声，组建创刊红桥有线电视中心、《红桥报》等媒体平台，强化舆论宣传吸引力与可信度，抢占宣传制高点，凝聚舆论正能量。加大对外宣传，推介中心工作，展示特色亮点，提高知名度和影响力，为经济社会和各项事业发展提供思想舆论支持。

第一节　理论教育　宣传教育

一　理论教育

1978—1981年，组织学习中共十一届三中全会文件，开展真理标准大讨论，明确实践是检验真理唯一标准的思想路线。学习《关于建国以来党的若干历史问题的决议》，统一对毛泽东历史地位、作用及党的重点工作转移战略决策认识。1982—1987年，组织学习《中国共产党第十二次全国代表大会文件》《邓小平文选》《中共中央十一届三中全会以来重要文献选编》《中共中央关于经济体制改革的决定》等，开展生产力标准大讨论。1986年，召开理论教育工作会议，传达中共中央总书记胡耀邦关于理论工作问题的讲话，部署理论教育任务。1987年，举办"坚持四项基本原则，反对资产阶级自由化"领导干部读书班。1988年，召开生产力标准大讨论辅导报告会。1989年，举办中共十三届四中全会精神辅导报告会。1988—1990年，组织系统学习马克思主义哲学基本观点，轮训处级干部331人。

1990—1994年，组织学习《关于加强党同人民群众联系的决定》《关于社会主义若干问题学习纲要》。1992年，组织学习中共第十四次代表大会文件、邓小平视察南方重要谈话、《邓小平文选》《党的十四届三中全会的决定》。1995年，印发《处级领导干部加强理论学习考勤制度》《处级领导干部参加脱产轮训制度》《处级领导干部理论学习交流制度》。召开区领导干部"求知奖"读书活动心得交流会和"翻番进位兴区"大讨论座谈会。举办两期处级党政领导干部脱产学习邓小平理论轮训班，93名处级干部参加。1996—1998年，以学习《邓小平同志建设有中国特色社会主义理论学习纲要》为重点，举办4期学习特色理论轮训班，161名处级干部参加。1997年，举办两期轮训班，90名处级干部参加。1998年，印发《中共中央关于在全党深入学习邓小平理论的通知》精神，召开理论工作会议，动员部署深入学习邓小平理论。2001—2004年，组织干部学习领会中共中央总书记江泽民"七一"讲话精神、中共十六大精神，举办集中读书班。2002年，举办处级干部学习中共十六大精神读书班，开展中共十六大精神宣讲活动。2003年，开展学习贯彻中共十六大精神征文活动，撰写论文百余篇。2004年，举办处级干部学习读书班，促进理论学习。2005年，制订方案和宣传提纲，对党员干部进行思想教育。2008年，开展主题大讨论活动。2009年，编发学习实践科学发展观活动专题党课宣讲材料，发动党员干部学习实践科学发展观。2010年，开展建设学习型党组织理论与实践征文活动。

二 宣传教育

1979—1982年，宣传中共十一届三中全会精神，帮助干部群众从思想上肃清"左"的错误影响。1980年，召开党员教育工作会议，总结党委领导班子对照检查和党员轮训的经验。1982年，召开对外对台宣传工作会议。1985年，召开党员教育工作经验交流会。1986年，召开端正党风报告会。1984—1986年，举办党员轮训班，全区党员普遍得到轮训。1987年，举办宣传干部轮训班，学习《坚持四项基本原则，反对资产阶级自由化》《建设有中国特色的社会主义》。宣传党的"一个中心、两个基本点"基本路线，"三步走"经济战略和改革开放方针政策。1988年，召开关于生产力标准大讨论工作会议。1989年，举办4场《明确改革开放的历史必然性，坚持改革开放的总方针》系列讲座。举办"话改革、评摆红桥十大变化"活动。1987—1991年，学习中共十三大理论和路线，开展以推行廉政纪律为主要内容的党性、党风、党纪宣传教育。1991年，针对东欧局势巨变在全区开展坚定走中国特色社会主义道路宣传教育。1992—1994年，宣传中共十四大和邓小平视察南方重要谈话精神。1995年，召开党员学理论学党章汇报交流会。召开学习孔繁森做人民好公仆大会和劳模事迹报告会。1995—1997年，推动党员"学理论、学党章"活动。1997年，利用基层党校举办"双学"培训班180余期，3万余名党员参加。1998年，开展"双抓双增"专题讨论，召开动员会、座谈会、研讨会174次。举办学习邓小平理论师资培训班，集中开展党性实践周活动。2000年，开展学习"三个代表"重要思想活动。2001年，成立学习"七一讲话"宣讲团，开展学习"七一"重要讲话活动。2003年，组织开展中共十六大精神宣讲活动和以基层党校为阵地"千名书记讲党课"活动。2004年，组织开展向民族中学校长马世威学习活动。2005年，开展"统一思想、振奋精神、加速发展"专题讨论活动，编发《形势任务教育材料》，组建区情报告团巡回报告。开展保持共产党员先进性教育活动宣传。2007年，推动"开拓创新强实力，真抓实干促发展”主题学习实践活动。2008年，启动“更新观念、创新发展”主题学习实践活动，开展“解放思想、干事创业、科学发展”大讨论活动。2009年，开展学习实践科学发展观活动宣传。

第二节　思想政治工作

1983年，召开工作会议传达贯彻全国和市委职工思想政治工作会议精神，部署贯彻意见。召开优秀思想政治工作者座谈会，表彰48名先进工作者。在基层开展端正政治思想大讨论。全区38个街、局、公司、人民团体开展思想政治工作调查研究。1985年，召开改革中的思想政治工作座谈会。1986年，14个街、局、公司成立思想政治工作研究会。召开中学共青团政治思想工作座谈会。召开全区思想政治工作会议，党政领导干部、基层党支部书记350余人参加。1987年，召开区思想政治工作研究会成立大会，通过《红桥区思想政治工作研究会章程》、聘请第一届理事会会员，选举领导机构。1988年，召开思想政治工作调研座谈会，围绕基层思想政治工作体制改革进行研讨。1989年，会同团区委授予20名优秀青年思想政治工作者称号。1991年，组织全区干部开展“振兴经济、振奋精神”专题讨论。1992年，召开企事业单位思想政治工作经验交流会。1994年，印发《开展爱国主义教育实施意见》。1995年，开展推动全年改革和建设任务专题讨论。1996年，召开先进人物先进事迹报告会。1998年，组织开展“回顾二十年，贯彻十五大，迈向新世纪”主题教育活动。2000年，制订《关于进一步加强和改进思想政治工作若干意见》等制度。2001年，召开社区思想政治工作经验交流会。组建社区舆情调查队，编辑出版思想政治工作论文集《研究与实践》。2002年，开展向南头窑派出所民警王书臣学习活动。2003年，开展“非典”专题新闻宣传，激发干部群众抗击“非典”。2004年，在9个街道创建社区宣讲团，229名社区党员被聘为宣讲员。2006年，开展社会主义荣辱观宣传教育实践活动，组建报告团，深入基层巡回报告。2007年，开展区情教育，由12个部门组成区情巡回报告团，编辑15万余字材料，举办区情报告会。2008年，组织社区宣讲员编发《认识红桥——我区经济社会发展基本情况》《热点难点——红桥区探索实施拆迁安置新模式》，在社区党员群众中开展宣讲。2009年，开展理论教育和形势任务教育、“爱党爱国爱天津”知识竞赛活动。2010年，召开社区宣讲工作现场推动会，制作专题片，编写宣讲员风采录，建立宣讲团和基层党校档案数据库。

第三节　媒体宣传

一　报刊

1993年，全区第一份综合性报纸《红桥报》创刊，为区委和区政府机关报，四开四版，一版为要闻、二版为综合新闻、三版为电视节目预告、四版为副刊。从创刊至1994年12月为半月刊，1995年改为周刊。是年，《文汇报》《天津日报》和天津电视台等媒体介绍本区招商引资讯息。1997年，在《天津日报》刊登文稿，报道本区为环卫工人办实事情况。1999年1月1日，《红桥报》由内部报刊改为内部资料，更名为《今日红桥》，10月，由四开四版改为对开四版，恢复使用《红桥报》名称。2004年，《红桥报》停刊，总发行518期。

2006年，《红桥在线》月刊创刊，为区委机关刊物，由宣传部主办。2007年，更名为《红桥》月刊，由区委主办，宣传部承办。至2010年，发行60期。

二　有线电视

1993年，建设有线电视台。是年，4个街2000户居民收看到18个频道电视节目。1994年，红桥有线电视台举行落成开播仪式。至1995年，区有线电视台开播24个频道，收视用户2.5万户。2004年，在天津市有线电视网络整合中，区有线电视台整建制划转至天津广播电视网络有限公司，改为广电网络红桥分公司，保留红桥有线电视中心名称。红桥有线电视中心有《红桥新闻》《区域视点》等8个栏目及服务娱乐类节目，每天节目播出18个小时。与天津北方网股份有限公司共同建立北方网·红桥在线频道启动。2006年和2008年，对北方网·红桥在线进行两次改版。改版后为全屏主页面，图片更加清晰，视频栏目更丰富。增加"天津新闻"栏目，突出红桥要闻、经济发展、城市建设3个栏目。

第五章 纪律检查与行政监察

中共十一届三中全会后，建立纪律检查委员会筹备组，审理历史案件，对在"文化大革命"和历次政治运动中受到波及的党员干部和群众复查，为错划"右派"平反。80年代，把端正党风作为工作重点，解决以权谋私和官僚主义等问题，打击经济领域犯罪。成立区纪律检查委员会后，开展以整顿作风、纯洁组织为主要内容的整党工作。建立全区党风责任制，将党风建设与查处经济犯罪和纠正行业不正之风相结合，初步形成全党抓党风局面。对党员干部进行以为政清廉为内容的廉政教育。区纪检委和监察局合署办公后，履行党的纪律检查和政府行政监察两项职能。至2010年，党风廉政建设和反腐败工作不断规范化、制度化、科学化。推进惩治和预防腐败体系建设，拓展从源头防治腐败工作领域，制订多项反腐倡廉制度，健全完善反腐败案件查处工作领导体制和工作机制，形成查处腐败案件整体合力，查处一批党员干部违纪违法案件，对涉案人给予党纪和政纪处分。

第一节 纪律检查机构

一 纪检监察组织机构

1979年，建立中共红桥区纪律检查委员会（下简称区纪检委）筹备组。1984年，撤销筹备组，成立区纪律检查委员会，内设办公室、案件检查科和审理调研科，人员编制18人。1985年升格为区级党的纪律检查领导机关。1987年，确立国家行政监察体制，翌年设立监察局。1988年，正式组建区监察局，内设监察一科、监察二科、办公室和举报室，人员编制16人，1989年增编至21人。1989年，区纪检委内设办公室、纪律检查室、案件审理室和教育室，撤销案件检查科和审理调研科。人员编制19人。1993年，区纪检委和监察局合署办公，履行党的纪律检查和政府行政监察两项职能。是年，区纪检委、区监察局合署办公，内设办公室、信访室、案件审理室、教育调研室、纪检监察室、执法监察室、党风廉政建设室。各室都兼有党的纪律检查和行政监察两种职能，人员编制39人。1997年，内设办公室、信访室、案件审理室、教育调研室、纪检监察室、执法监察室和党风廉政建设室（区纠正行业不正之风办公室），人员编制31人。2002年，内设办公室、信访室（监察局举报中心）、案件审理室、宣传教育室、纪检监察室、执法监察室（区纠正行业不正之风办公室）、党风廉政建设室（区领导干部廉洁自律办公室），行政编制25人。2007年，增设红桥区纠正行业不正之风办公室，撤销挂靠在执法监察室的区纠正行业不正之风办公室牌子。2008年，增设案件管理室（由纪检监察室履行其职能）。2010年，行政编制30人，工勤事业编制1人。

二 基层组织

1982—1983年，区内18个基层党委建立纪检委，15个单位成立临时纪检委。1985年，30个街、局、公司全部建立纪检委，其他单位党组织设纪检委员。1989年，纪检委调整为28个。1990年，增加区直机关纪检委、区政府机关纪检委和区五金公司纪检委。1993年，基层纪检组织32个。

1988年，工商局、教育局、审计局、房产公司设监察科。区政府所属有关部门设专、兼职监察干部。2000年，街道、区属企业等相继合并或退出，基层纪检监察组织减少。将各街道纪检委改称为纪工委，为区纪检委派出机构。2001—2009年，调整充实各街道纪工委书记和副书记。2010年，全区有基层纪检监察组织24个，其中纪检委10个，纪工委12个，纪检组2个。

第二节　领导干部廉洁自律

一　制度建设

1990年，建立处级党员干部廉政档案制度，出台《关于处级领导干部上下班使用公车的规定》《关于处级领导干部外出参观学习需经审批的规定》等规章制度。1991年，完善处级党员干部廉政档案，填写《党风和廉政情况自报表》。1995年，制订《关于党政机关汽车配备、换乘和使用管理的规定》。区委、区政府制订《关于党和国家机关工作人员在国内交往中收受礼品实行登记制度的规定的实施办法》。1996年，建立领导干部住房报告审批制度。印发《关于提拔任用领导干部征求同级纪检委意见的规定》《关于对新任领导职务干部廉政谈话的制度》。1998年，制订《领导干部任期经济责任审计办法》，对审计的范围、内容、方法和程序等作出明确规定。1999年，制订《红桥区述廉考察和一把手报告制度（试行）》。2007年，制订出台多项纪律规定，制止奢侈浪费行为和不正之风。

二　检查惩处

1993年，组织副处级以上干部对照中共中央提出的廉洁自律五条规定进行自查自纠，52人全部辞去兼职职务，有14名领导干部将接受礼金上交，7人将购买的股票转出或托管。1994年，召开民主生活会，对照中共中央提出的廉洁自律新五条规定进行自查自纠，更换3辆超标小汽车，退还2辆从基层或企业调换、借用的小汽车。收缴2名干部公款出国三费3100元。1994—1995年，治理公款吃喝玩乐、交易性吃喝玩乐，公款接待得到控制，对3名干部和2个处级领导班子进行纪律处分或限期整改。1995年，对中共中央提出的廉洁自律补充规定开展检查，4辆超标、违规小汽车全部改作生产经营用车。对会议、活动进行精简。在元旦春节期间发出严禁铺张浪费通知，对3名干部违反规定吃喝玩乐问题给予严肃处理。1996年，明令禁止公车私用等不正之风，清理2名干部住房超标问题。1997年，落实中共中央制止奢侈浪费八项规定，全区464部用公款安装的住宅公务电话全部转移到个人名下，178名正处级以上领导干部履行审批手续，停发486部电话补贴，对党政机关移动电话逐机审查，封存28部。取消外出学习、考察10余起，节约经费20万元。纠正处理5件住房违纪问题，挽回经济损失49万余元。1998年，取消各种会议、庆典、评比活动30余次，实行公务招待费单独列支和定点招待，公务招待费下降22%。2000年，对全区处级以上领导干部借用单位和私人小汽车问题进行自查和检查，将结果向群众公示。2001年，组织廉洁自律“回头看”工作。对领导干部配偶子女经商办企业、本人退（离）休后从业等情况进行调查登记和规范。2002年，规定领导干部遇有婚丧嫁娶事宜向同级党委和区纪检委报告。2003年，领导干部使用手机估价归个人所有，明确通信费补贴范围及标准。实行述廉评廉考廉，对84个处级领导班子和520名党员领导干部进行廉政测评，对评议结果差的领导干部进行廉政谈话。对67名领导干部进行经济责任审计，查出违规或不实金额1348万元。2004年，撤销7名领导干部兼职。2007年，精简、压缩各类会议19个，取消大型庆典活动3个，压缩出国（境）团组17批，调剂使用小汽车5辆。2008年，开展廉洁自律专项治理工作，压缩出国（境）团组8批，精简、压缩全区性会议22个，取消大型庆典活动3个，调剂使用小汽车15辆，驳回8辆不符合条件公车申请。对52

名新任处级领导干部集体廉政谈话和廉政测试。2009年，开展"五查五讲五比"活动，落实中央厉行节约八项要求，开展党政机关厉行节约工作专项治理。精简、压缩各类会议38个，取消大型庆典活动3个，取消评比达标表彰活动26项，压缩出国（境）团组8批，纠正一起公款出境旅游问题。驳回8项不符合条件公车购置申请。对全区50个一级预算单位、168个基本账户进行"小金库"专项治理和自查自纠。2010年，加强公款出国（境）旅游、公务用车、"小金库"专项治理，驳回5辆公车购置申请。组织各级党员领导干部签订廉政承诺近万份。严格落实重大事项报告、节日告知、述职述廉、经济责任审计等制度。

第三节　党风廉政制度建设

一　党风党纪和反腐倡廉教育

1979—1980年，通过举办轮训班和讲党课等形式，开展党性党风党纪教育。1982年，组织学文件、剖析案例、上党课提高党员拒腐防变能力。1984—1986年整党中，定期开展党员领导干部对照检查活动和党风状况分析，有针对性进行教育。

照12-6　2009年，区纪检委召开红桥区领导干部廉洁自律工作联席会议　　（区纪检委提供）

1987年始，进行反腐倡廉教育。以违反市场供应秩序、请客送礼、铺张浪费为重点，开展预防性教育。1989年始，每季度组织党员开展一次党风党纪活动。1990年，开展维护党的集中统一教育。1991年，开展党纪规定学习和普及教育，组织处级干部轮流到区委党校学习。1992年，开展继承和发扬党的优良传统作风教育，举办"廉洁奉公勤政为民事迹演讲会"。1993年，拍摄电视教育片《廉政篇》进行播放。1994年，开展评选"勤政廉政杯"活动。1995年，开展廉洁自律系统教育。1996年，开展以廉政准则为基本教材的系统教育。1997年，开展以学习贯彻中共中央《党员领导干部廉洁从政若干准则（试行）》为主的教育活动。两级领导讲党课180余次，基层领导讲党课435次。1998年，组建党风廉政教育讲师团，党员干部讲党课545次。1999年，举办全区党风廉政建设责任制暨党纪条规知识竞赛。2000年，开展以胡长清、成克杰案件为例的警示教育活动。2001年，以实践"三个代表"重要思想为主线开展教育。2002年，开展"树立正确权力观，永葆党的先进性"学习教育活动。2003年，组织年轻处级干部50人到天津监狱进行说法教育，编发《案件通报》《违纪案件综合分析》开展警示教育。2004年，组织《中国共产党党内监督条例（试行）》《中国共产党纪律处分条例》培训班，举办区级领导干部学习报告会。2005年，开展家庭助廉活动。制作反腐倡廉台历，赠送给处、科级党员干部。2006年，开展"党章学习教育月"和"八荣八耻"教育活动，开展"勤政廉政典型百日宣传教育"，对先进典型事迹进行宣传。2007年，开展"弘扬新风正气，正确行使权力"作风建设主题教育活动。各党委中心组理论学习178次，班子成员逐级讲廉政党课156次。2008年，开展"讲党性、重品行、做表率"主题教育活动。编印《领导干部廉政手册》，制成口袋书发放处级以上干部。2009年，构建反腐倡廉宣传教育大格局，坚持宣教联席会议制度。组织党员干部参观新中国反腐败第一大案展馆、《党风楷模—周恩来》展馆和平津战役纪念馆，在纪念馆建立反腐倡廉教育基地。坚持每月一课教育形式，以典型案例进行警示教育。2010年，突出重点岗位、重点人群，构建廉政教育“套餐”模式。开展“党风廉政教育月”活动。

二　廉政文化建设

1994年，反腐倡廉列入群众文化工作，组织反腐倡廉小品专场演出活动，创作小品节目11个，演出13场，受教育群众1.2万人。1996—1998年，组织群众创作20余首廉政歌曲，举办廉政之声演唱会，印发千份《廉政歌曲选》。2000年，开展创作征集“做廉内助、把廉政关”廉政警句、治家格言教育活动，征集格言警句1335条，评选出245条优秀作品，编辑出版《廉政警句、治家格言集锦》，制作展牌在全区巡展。2005年，开展廉政文化进机关、进企业、进学校、进社区、进家庭活动。举办反腐倡廉漫画展，举办17场廉政文化专场演出。2006年，召开家庭助廉座谈会，向400余名干部家属赠送廉政纸杯。在学校开展“我承诺、我示范”诚信教育评比活动。2007年，组织召开廉政文化进校园现场推动会，编印制作《清风沐校园》系列成果集、《廉花绽校园》画册和《让廉洁之花绽放红桥校园》专题片等。2008年，在民族中学建立青少年廉洁教育基地。在社区安装廉政公益广告栏，建立“助廉”和“倡廉”特色楼门，组织创作廉政漫画，建立文化长廊，修建廉政图书室，举办文艺小品演出。2009年，确定平津战役纪念馆为反腐倡廉教育基地，举办纪念中华人民共和国成立60周年暨反腐倡廉书画展。将优秀作品编印成作品集，在全区开展廉政文化“进学校、进家庭、进机关、进企业、进社区”创建活动。2010年，以《廉政准则》专题教育为重点，加大对党员干部培训力度，将各项法规教育“进党校、入课表、上课堂”，纳入各级培训教学内容，宣教主题党课12场，受教育4787人，组织创编“52个不准”漫画释义手册。

三　党风廉政建设责任制

照12-7　2005年9月27日，区纪检委举办庆祝中华人民共和国成立56周年暨廉政文化专场文艺演出　（区纪检委提供）

1986年，成立端正党风工作领导小组，建立全区党风责任制，发出《关于建立和健全抓党风责任制的通知》。1988年，修订党风责任制。1989年，成立惩治腐败加强廉政建设领导小组，将廉政作为重要内容纳入党风责任制。1991年，重新修订常委抓党风和廉政建设责任制。1999年，制订《关于实行党风廉政建设责任制的意见》，成立贯彻党风廉政建设责任制领导小组，制发《党风廉政建设目标管理制度》《述廉考廉一把手报告制度》《党风廉政责任制检查考核制度》《党风廉政责任追究制度》。2005年，把教育、制度、监督、改革、惩处细化为48个大项，分解到44个责任部门。2006年，全区签订《党风廉政建设目标责任书》，实行领导干部责任签状、重点工作目标签状和纪检监察机关内部任务分解签状，将反腐倡廉单独纳入党政目标考核。2007年，制订《党风廉政建设和反腐败工作任务分工意见》《红桥区党风廉政建设目标考核实施办法》，确定7项考核内容，通过自查和检查对各单位进行考核。2008年，成立惩治和预防腐败体系建设领导小组，确定32个单位作为办公室成员单位，制订纪检委协助区委组织协调反腐败工作实施办法。2009年，区、处两级建立由书记任组长的落实党风廉政建设责任制工作领导小组，签责任状1419份。对责任制落实和惩防体系建设情况进行专项检查。2010年，建立责任分工机制，将反腐倡廉任务细化分解为12个大方面40大项76小项，由42个牵头部门78个责任单位负责推动落实。

第四节　案件查处

一　制度机制

1982年，成立打击经济领域犯罪活动领导小组，下设查处重大经济案件办公室。1984年，纪检委负责重大经济犯罪案件查处工作。1992年，完善案件查处工作领导体制和工作机制。1993年，建立反腐败案件查处工作领导小组，负责反腐败案件查处。下设由区纪检委、公安红桥分局、区人民检察院、区人民法院人员参与的办公室，形成协同办案工作机制。1999年，出台《纪检监察机关案件督办及重要案件线索报告、备案制度》《纪检监察机关领导办案制度》《案件查结跟踪制度》。2003年，制订《关于区纪检委、区监察局、区政法委、司法机关、行政执法及组织人事部门建立健全协调大案要案联席会议制度的意见》。2004—2010年，完善案件检查制度机制，制订工作流程，规范日常工作程序，相继制订《党政纪处分决定执行工作规定》《关于查办违纪案件工作中实行"五个一"制度的规定》《关于查办违纪案件工作中实行"一案三报告"制度的规定》《关于加强反腐败案件查处工作联系制度的规定》。

二　查处违纪案件

1979年，受理历史遗留申诉案件38件，对在"文化大革命"中被审查处理的党员、干部和群众7816人进行复查，平反冤假错案。对在"文化大革命"前历次政治运动中被处理的636人的问题复查复议，解决历史遗留问题。为错划为"右派分子"的398人平反纠正。1981年，查处拆棚分房工作中虚报、重报、谎报等违纪问题29起。1982—1988年，重点查处各类经济案件。1989—1991年，重点查处党员贪污受贿。1992年，以查处经济违纪案件为主。1993年，坚持重点查办党政机关、行政执法机关、经济执法机关、经济管理部门和处级以上干部案件。1994—2010年，主要查处违反党纪政纪案件。

第五节　纠正不正之风

一　纠风治理

1980年，重点解决以权谋私和官僚主义等问题。对招工、招干、转非、转正等工作中不正之风进行治理。1981年，对拆除临建中弄虚作假要房的典型案件进行处理。1982—1983年，狠刹建房分房中的不正之风。1984年，清理13个党政机关所办18个商业网点。对领导干部配偶、子女经商办企业情况进行统计。对生产资料和基本消费资料乱涨价、乱摊派进行检查。1985年，处理一些单位动用公款制发服装、违反规定滥发奖金和实物，倒买倒卖基建材料和紧俏商品问题。1988年，要求党政机关和党政干部不得经商办企业。1990年，下发《加强廉政建设纠正不正之风工作检查标准》，20个重点单位自查自纠。1993年，集中开展对乱收费和公款变相出国（境）旅游专项治理，清理取消收费项目113项，取消公费出国37批75人，行政罚款250万元转入区财政。1994年，落实"收支两条线"，处理超标收费18件，收缴14万元。在全区58家重点企业建立纪检监察保护服务岗，对18家企业实行挂牌服务，实施双向监督制度。1995年，对重点小学收费进行把关，对中小学办班、代售代销物品建立审批备案制度。取消、停办不符合规定提高班、培训班90余个。1996年，开展清理预算外资金。1997年，对行政事业单位131项收费25项罚款逐项检查清理。1998年，在卫生系统开辟社区服务新模式，解决收受"红包"、以物充药不正之风。1999—2002年，查处执法人员违纪案件13件，对14名执法干部予以开除或辞退。对14家药品生产、批发单位62个药品经销点和21家卫生医疗单位进行检查。2001年，开展纠风"回头看"，对涉及35个部门488项审批项目撤销或改为审核、备案，对保留的126项进行公示。2002年，开展创建“百姓放心医院”活动，推行“三公开一承诺”制。2003年，在中小学开展3次“拉网”检查，没收违规收费66万元，退还学生家长14万余元，减免困难学生学杂费120万元。2004年，清理未经批准着装部门9个361人。开展对执收执罚部门和企事业单位双向调查，规范执收执罚行为。2005年，对党政机关及所属单位乱办班、乱收费、乱发证，行业组织和社会中介机构不规范、违法排污等进行专项治理。2006年，开展治理商业贿赂专项工作。2007年，查处2起破坏市场秩序和损害群众利益的商业贿赂案件。2008年，规范学校收费行为，纠正医药购销和医疗服务中不正之风。2009年，开展对教育乱收费、医药购销和医疗服务中不正之风等16项专项治理整顿。清理评比达标表彰活动33项，废止26项。2010年，对义务教育阶段公办学校“一费制”监督检查，落实收费公示等制度，查处各类变相收费行为。

二　政风行风评议

1988年，在区工商局等19个行政执法部门开展执法监察活动。在行政管理、执法监督和公共事业单位推行以“公开业务制度、公开保持廉洁措施”为内容的公开办事制度。1995年，对公安红桥分局等5个部门进行行风评议。1998年，在执法单位和执法干部中开展教育整顿，培训考核，建章立制和评估推优活动。1998年，对18个行业开展行风评议。1999年，开展企业评议执法部门，群众评议执法干部“双评”活动。表彰优秀执法集体10个，优秀执法干部20名。2001年，对7个行业54家基层单位开展行风评议，提出评议意见228条。2002年，建立健全政务公开评议制度和职务公开考评追究制度。对区工商局等6个部门进行评议，提出153条意见和建议。2007年，对343个基层科所队站和公共服务行业进行民主评议，对上年评议靠后的9个单位跟踪整改。2008年，开通《网上评议》窗口，开设“纠风博客”，发放“纠风联系卡”，受理群众行政效能投诉26件，办结22件。开通网络版《红桥纠风快报》、“纠风博客”“政风行风之窗”栏目。2010年，受理群众各类投诉57件。

照12-8　2008年3月13日，区整肃政风行风优化发展环境工作会议召开　（区纪检委提供）

第六节　监督检查

一　党内监督检查

1979年，对落实干部政策、违背中共中央重要规定等问题开展检查。1980年始，开展对《党内政治生活的若干准则》执行情况监督检查。1982年，检查各级党组织贯彻执行经济体制改革决策情况。1983年，组织各级党委对执行党中央路线方针政策情况、民主集中制落实情况等进行对照检查。1984年，开展财经纪律大检查。1987年，着重检查钻改革空子谋取私利问题，纠正有令不行、有禁不止现象。1989年，按照政治纪律要求，检查基层党组织和党员在春夏之交北京政治风波中的态度和表现。1991年，对贯彻落实廉政建设“十条规定”情况进行监督检查。1994年，对领导干部廉洁自律、查处腐败案件和纠正部门行业不正之风进行督查。2002—2006年，对贯彻落实中共十六大精神和保持党员先进性教育进行督查。2007年，开展《中共中央纪检委关于严格禁止利用职务上的便利谋取不正当利益的若干规定》宣传教育和专项清理活动。2008年，组织开展处级领导班子和领导干部述职述廉。2009年，10个重点单位50个重大建设项目和17个社区中，建立廉政风险防范管理机制试点，制订相关配套制度规定6个。各单位梳理制度883个、业务流程1158项，查找风险点8125个，制订防范措施1.41万条，制订廉政承诺4608条。2010年，推行廉政风险防范管理，对29名处级领导干部进行任前廉政谈话。

照12-9　2009年，区纪检委召开红桥区廉政风险防范管理试点工作会议　（区纪检委提供）

二　执法和效能监察

（一）执法监察　1988年，开展对区属部分企业有关对外经济合同调查。1989—1992年，对执行政府集中预算外资金进行监督检查，对行政执法队伍状况进行监督检查，对罚没款使用和领导干部利用职权侵占公款问题开展专项监察。进行清理整顿公司大检查、财税物价大检查，推行依法行政责任制落实情况监督检查。1993年，开展对贯彻执行经济宏观调控决策情况执法监察。1994年，对危陋平房改造实施全程监督和职能服务。在58家重点企业建立纪检监察保护服务岗。1999年，对建筑市场公开招投标情况进行执法监察，处理2个建设单位。2002年，对下岗再就业享受优抚政策落实情况，扶贫济困开展情况、四项资金落实情况等开展执法监察。2004—2006年，对拆迁“双困”家庭廉租房配租、重点地区消防隐患排查、清欠农民工工资和政府采购开展专项监察。2007年，在执法部门开展教育活动。2008年，对房地产交易市场及住房保障政策落实进行执法监察。2009年，向拆迁指挥部派驻纪检核查组实行现场监督。2010年，成立10个专项工作组，对41个中央投资和市、区政府投资建设项目进行自查排查和监督检查，对排查问题现场督查督促整改。

（二）效能监察　1998年，在4个单位开展行政效能监察试点，成立效能监察领导小组，制订《行政效能监察考核评估标准》。1999年，在22个重点执法部门开展行政效能监察。2003年，成立行政效能投诉中心。2004年，出台《行政效能监察实施细则》。2007年，制订《行政效能责任追究办法》《行政机关工作人员不作为问责办法》。2008年，在行政许可服务中心设立效能监察室，处理群众和企业投诉。2009年，落实领导干部联系企业制度。聘请纪检委委员、基层单位纪检委书记和118名社区党组织书记、居委会主任为服务企业监督员。2010年，推进“效能建设年”活动，开展创建效能建设示范单位、服务发展示范科室、模范服务示范岗活动。采取现场监察、网络监察和电子监察措施，加强对进驻大厅各审批窗口的效能监察。实行24小时开门服务活动和首问负责制。

第六章　统一战线

32年间，区内各民主党派、工商联先后恢复组织活动。中共红桥区委认真贯彻落实《中共中央关于坚持和完善中国共产党领导的多党合作和政治协商的意见》，加强对统一战线工作的领导。在区委领导下，各组织充分发挥政治协商、参政议政作用，不断出谋献策，对经济社会建设提出大量意见和建议，受到各级党委、政府部门高度重视，一些可行性强的建议得到落实。统一战线工作活跃，对台联络和海外交流、联谊活动不断，为促进大陆与台湾民间关系和招商引资发挥作用。组织自身建设得到持续发展，在人大代表、政协委员中的人员比例逐渐增加，地位和作用不断提高。

第一节　政治协商　参政议政

一　政治协商

1979—1980年，区内各民主党派、工商联先后恢复组织活动，恢复民主党派负责人联席会议制度，就区大政方针进行协商讨论。1983年，区委邀请各民主党派、工商联领导人及各界代表人士，举行首次见面会，求贤问策。1985年，完善合作共事、民主协商、互相监督制度，对涉及政治、经济、文化及人民群众生活中重大问题，由区委主要负责人与民主党派、无党派民主人士进行协商，每年2~3次；对统一战线内部问题、人事安排、调整关系、合作共事等，由统战部与民主党派、工商联、无党派民主人士进行协商，每年2~4次；对民主党派工作方面的问题，由统战部与民主党派进行协商，每月1次。1987年，为各民主党派落实办公用房、办公用具及经费。1988年，制订《关于党领导下多党合作和政治协商制度的暂行规定》，提出建立区、街局、基层三级定期协商制度，形式包括座谈会、对话会、通报会、专题论证会等。1990年，制订坚持和完善中国共产党领导的多党合作和政治协商制度的实施细则，对协商形式制度化、规范化，协商内容明确具体，召开17次协商会。1991年，邀请各民主党派、工商联召开发展经济恳谈会、协商会18次。1992年，推动各民主党派、工商联开展“岗位奉献”活动，召开协商会16次，收到信息46条、建议5条。举办各类培训班334班次，培训学员1.41万余人次，兴办经济实体15个，经济咨询33项，促成2项。1994年，制订协商工作制度等6条意见。1998年，就人大、政府、政协换届人事安排与各民主党派、工商联协商，召开协商会、联席会、座谈会11次。2001年，制订《关于加强统一战线工作意见》。2002年，召开10次民主协商会，各民主党派、工商联、无党派代表人士对政协委员和人大代表人选提出推荐意见、建议和要求。2005年，召开9次协商会、座谈会，听取各民主党派、工商联、无党派人士意见。2007年，确定9人政治面貌为“无党派”，称谓为无党派人士。2009年，区委向区各民主党派、工商联、无党派人士通报开展学习实践科学发展观活动情况，听取各民主党派、工商联、无党派人士的意见建议。2010年，围绕制订“十二五”规划召开3次协商会、座谈会，听取各民主党派、工商联意见。

二　参政议政

中共十一届三中全会后，党外人士在人大代表、政协委员中均占有一定比例。1989年，出台《关于选配党外干部和建立非党后备干部的意见》，制订培养选拔党外干部规划。2010年，制订《2010—2020年党外代表人士教育培训改革和发展纲要》。

在历届人民代表大会上，都有党外人士被选举为代表。1980年，9名党外人士被选举为市八届人大代表。1984年，15名党外人士被选举为市九届人大代表。1987年，选举党外人士10人为市十一届人大代表。1993年，选举党外人士16人为市十二届人大代表。1998年，选举党外人士11人为市十三届人大代表。2002年，选举党外人士13人为市十四届人大代表。2007年，选举党外人士8人为市十五届人大代表。

在历届政协委员会议上，都有党外人士被聘为政协委员或当选为常委。1980年，安排党外人士3人任市七届政协委员。1988年，安排党外人士8人任市八届政协委员。1998年，安排党外人士10人任市十届政协委员，其中3人当选为常委。2003年，安排党外人士1人任全国七届政协委员。是年，安排党外人士11人任市十一届政协委员，其中1人当选为常委。2008年，安排党外人士2人任全国十一届政协委员。是年，安排党外人士10人任市十二届政协委员，其中1人当选为常委。

第二节　对台工作　海外联谊

一　对台工作

1979年，开展对台联谊活动。1981年，建立区委对台工作领导小组。区属各单位建立对台工作机构，通过举办台情报告会、赴台探亲观感报告会，向台胞台属介绍台湾形势、两岸发展状况，宣传涉台知识和对台政策。1985年，组队参加市台办涉台知识竞赛。1987年，接待来津探亲台胞31人。1996年，在2所中学、4所小学开展对台方针政策和台湾问题教育活动试点。2000年，编写《台湾是中国领土不可分割的一部分》等教育参考资料。2001年，涉台教育向社区延伸，印发学习资料、简报6期。举办报告会、讲座、播放台情录像片10余场次。2002年，制订《涉台教育工作规则》，编发《涉台教育参考资料》。组织"中国台湾问题知识有奖竞答"活动。2003年，编发6期涉台教育参考资料。2004年，编发9期涉台教育资料，举办11次台情报告会。2005年，组织参加市台办举办的海峡两岸楹联大赛。2007年，组织开展涉台知识普及教育活动，663名领导干部参加答卷。举办以《对台工作资料》为基本教材的学习辅导会、心得交流会213场次，8560人参加。举办台海形势报告会81场。至2010年，接待探亲台胞近百人次。

二　交流交往

1988年，成立区海外联谊会，理事35人。为两岸同胞交流交往牵线搭桥。1990年，编发《台胞来津投资有关政策选编》，不定期采访有经贸意向的在津台属。1993年，配合拍摄《海河潮》纪录片。1999年，台湾大地震后，海联会向全区的台属发去慰问信并走访问需。2003年，促成台资企业乐购超市在区落户。2004年，台资企业宝岛眼镜有限公司在丁字沽一号路开设分店。台北县穀保家商学校与天津三中开展文化教育交流活动，签约建立友好联谊校。2006年，成立海峡两岸文化教育交流协会，产生协会领导机构。是年，统战部代表团赴台湾参加台北县文化教育学会"加强学校文化艺术教育，传承发展中华传统文化"研讨会。2007年，举办红桥区和台北县中小学师生书画展。2008年，市台胞投资企业协会组织企业到区慰问残疾困难家庭，举行捐赠仪式。接待台湾台北县文化交流发展协会，对今后两岸文化教育交流交换意见。组建五十一中学教育团组赴台开展交流活动。召开海峡两岸文化教育交流协会工作会议。2009年，台湾投资企业协会副会长、天津康农食品有限公司董事长到区考察投资环境。台湾时代电视台到区录制"谦祥益""耳朵眼""红旗饭庄"等老字号和义和团纪念馆（吕祖堂）专题片。台资企业天津鲜巧食餐饮有限公司开业。2010年，举办红桥区水游城项目向台资企业招商推介会、"共话两岸情、双赢在红桥"中秋联谊会。接待台湾大学教授、台湾中华智能型运输系统协会一行9人考察天津西站。国台办所属九州传媒与台湾非凡电视台对"耳朵眼""大福来""红旗饭庄""谦祥益"等中华传统老字号录制宣传片。

第七章　政策研究

区委政策研究室自1989年成立后，始终坚持围绕中心、服务大局，坚持立足职能，注重发挥调研先导作用，推动全区深入开展调查研究，形成一大批高质量、高水平调研报告，提出具有可操作性对策建议，为区委、区政府科学决策提供参考。

第一节　调查研究

一　推动全区调研

每年负责起草全区调研工作要点，编制区、处两级领导干部重点课题调研台账。采取走访、经验交流、信息反馈、电话沟通等多种方式，掌握调研工作进展情况，有针对性地进行业务指导。1989年，组织优秀调研成果评选。是年起，每两年组织一次优秀调研成果评选活动。1996年，区委常委会专题研究全区调研工作，提出加强调研工作意见，推动处级以上领导干部深入基层开展调研。建立调研工作联络网，聘请联络员。对调研工作信息员、联络员开展业务培训。编辑出刊《〈调查与研究〉集萃（2005—2007）》，为调研提供参考。在《调查与研究》刊物上设立“调研要情”专栏，反映各单位调研情况，为基层单位搭建展示交流平台。

二　重点调研

1990年，开展街基层党建、校办经济发展调研。1991年，开展密切党群联系、社会发展实验区调研。1992年，开展新形势下党建、机关作风建设、改革开放开发、“三引进”政策研究。1993年，开展区委领导经济工作研究。1994年，开展新形势下党群工作、经济发展规划研究。1995年，开展财税、翻番进位、商业网点建设与发展结合、统战工作、党群工作、工会工作、党建责任制、财源建设重要措施、发展区域经济有关问题研究。1996—1997年，开展财源建设研究。1998年，起草发展大胡同地区国际民间贸易的建议报告。1999年，撰写街道党的建设中主要问题与对策调研报告，组织召开社区党建研讨会暨调研成果交流汇报会、社区党建工作会议暨试点推动大会。2000年，撰写《义和团运动百年纪念，开发吕祖堂旅游资源》等调研报告。2001年，完成《加强区县联合协作，促进区域经济的跨越式发展》调研报告。2002年，完成市重点调研课题《开展“六进社区”创建活动的实践与思考》。2003年，撰写《放大海河源头带动效应，加快发展红桥区服务业》，对全区经济发展布局进行深入研究并形成调研报告。对“非典”引发的对经济短期影响进行调研，形成系列调研报告。2004年，形成《关于红桥区“两园”建设中相关问题的情况汇报》。2005年，撰写《探索新的“三会一站”社区管理模式的做法与成效》等调研文章。2006年，起草《关于在建房地产项目和路、桥建设税收属地征管的意见》。2007年，对全区产业结构调整问题进行研究，撰写《关于全面提升中心城区功能和建设特色街区的情况及建议》等建议文章。2008年，撰写《发展电气产业的调查与思考》等调研报告。2009年，对创意产业、飞地问题进行深入研究，撰写《关于加快发展商贸旅游业的研究》等调研报告。2010年，撰写《加快天津西站城市副中心建设，促进中心城区全面提升》《关于城市品牌建设的思考》。对建设现代服务业集聚区、加快楼宇经济发展、数字化城管、新型社区、老旧小区物业管理、社区卫生服务进行深入调研，形成调研成果。

第二节　服务决策

一　重要文稿

每年负责起草年度区委工作要点，以文件形式下发。每年第四季度组织开展总结研讨，推动总结年度工作，研讨下一年度目标、重点任务和具体举措。参与起草区第五至第九次党代会工作报告和每年年底全委会工作报告。1997年，总结天宝集团等企业改革经验，上报市有关部门。1998年，起草《加快我区个体私营经济发展的意见》和区领导会议发言材料。1999年，撰写《不等不靠，创新发展》文稿。起草领导干部“三讲”教育动员报告。2001年，起草《关于加强和改进作风建设的意见》。2002年，起草《区委常委班子加强自身建设的意见》。2003年，起草《深化改革要在“活”字上下工夫》等文稿。2004年，完成纪念邓小平诞辰100周年纪念文章《牢记小平嘱托，造福一方百姓》。撰写《在促进经济、社会协调发展的实践中锻炼提高为民执政的能力》文稿。2005年，起草《抓住机遇期，再上新水平》《以民为本，努力构建和谐城区》《完善社会保障，落实好困难群众生产生活》。2006年，撰写《大力扶持发展民营科技企业》《坚持科学发展，增强综合实力》。2007年，起草《关于建立健全党政机关决策目标体系的实施意见（试行）》，形成文件下发。起草建立健全“三个体系”工作动员部署会上讲话，审定经验介绍材料。撰写《关于理顺市区权责关系的调研情况及建议》《为促进红桥加快发展向市里提出的几点建议》。2008年，起草《国际金融危机对区域经济发展的影响及思考》。起草改革开放30周年区县领导访谈稿。2009年，起草区委领导在经济工作中期推动会上讲话稿。2010年，起草《加快天津西站城市副中心建设，推动红桥各项工作实现新跨越》。

二　重点工作

1993年，组建新达科技开发研究所，为区街企业提供服务。1994年，组建干部现代办公技术进修学校，面向机关干部开展计算机培训。2002年，组织召开“加强税源建设，扩大招商引资”“城建带动加快城市建设步伐”专题座谈会。2003年，调研个体私营经济，提出促进加快发展建议。2004年，对税源建设和规划建设进行专题研究。配合组织部专题调研组对实行党代表常任制试点工作进行系列研究。2005年，参与建立税源和招商引资工作联动机制和信息共享机制、商业改革、街道工商实业公司改革研究，提出对策和建议。2006年，协同经济部门对大型市场税收情况进行调研，推动大胡同商圈税收征管工作。2007年，汇总区未来开发重点项目，理出有近6平方千米可开发和待开发规划建设用地，对发展预期收益进行估算。2008年，向市委提出加快天津西站地区改造建设建议和建设城市副中心建议，在市委《专报件》《参阅件》上刊发。2010年，完成《关于红桥区“十二五”规划加快建设西站城市副中心及其产业发展重点的研究》《关于加快推进红桥区拆迁安置工作调研》，在市委《参阅件》上刊发。

三　战略研究

1997年，开展经济与社会发展战略研究。初步形成《红桥区城市功能定位和发展战略研究报告》，完成5个子课题研究报告。召开城市功能定位和发展战略研讨会。1999年，撰写《创新大讨论加快了大胡同地区战略构想的实施》。2000年，组织召开面向21世纪大胡同发展研讨会。撰写《大胡同地区现状及展望》《大胡同地区在全市经济发展中的地位与作用》《把大胡同建成北方商贸中心的重要支撑点》。2009年，参与筹备举办天津西站城市副中心发展论坛，编印《建设城市副中心，实现红桥新崛起》一书。

第八章　党史　保密　编制

1988—2010年，党史办以解放战争时期、解放初期党的工作史料为重点，广泛征集革命遗址和党史人物，革命人物事迹和活动史，党组织发展，活动情况等资料，通过走访、座谈，查阅档案，征文等多种形式，编纂出版地方党史资料和专题性资料书籍，举办宣传展览，制作党史专题宣传片，进行各种形式的研究宣传。保密部门以宣传《中华人民共和国保密法》为重点，进行保密法制教育，制订普法规划，开展普法宣传周等活动，普及相关信息安全保密知识。定期进行普查和专项检查，对违法现象下发限期整改责任书，使保密工作长效机制逐步健全完善。随着机构改革，区街两级确立机构编制和人员职数，初步建成编制管理体系。

第一节 党 史

一 党史征集

1982—1988年，征集整理红桥区大事摘要及大事记（1949—1966年）。编辑完成组织史资料（1949—1984年）。撰写工作经验材料在市《党史通讯》刊发。1989年，通过召开天津三中校友座谈会，走访老同志，理清解放战争时期三中学生运动情况，征集到部分校友读书笔记、照片等有价值实物。掌握大红桥码头内河航运工人中地下党组织情况。1990年，征集整理民主革命时期官立中学、北洋大学学运史资料。编写药材行业、内河航运地下党组织情况和少数民族地下斗争史。开展革命遗址和党史人物相关资料的征集研究。先后征集北洋大学、义顺和成衣局、大众照相馆、天津市立美术馆等革命遗址和张太雷、于方舟等一批革命志士生平事迹和活动史。1992年，以专题研究为重点，征集编写解放初期八、九区各界人民代表会议，解放初期土地改革概况等专题资料。2000年，征集建党以来，在红桥地区从事过革命活动、为中国革命和建设做出突出贡献的共产党人代表的事迹材料。

二 整理编研

1995年，编写解放初期党在红桥地区开展社会秩序整治和土地改革专题资料，整理红桥地区抗日斗争史实资料10余篇。1996年，开展新中国成立初期红桥区社会秩序整治、区委历次代表会议和重要会议等专题研究。1998年，撰写《周恩来为三条石博物馆题写馆名》专题回忆文章，被收录到《周恩来与天津》纪念集。1999年，编辑完成《红桥区大事记》（1949—1999年）。2000年，撰写70余位名在红桥地区从事过革命活动、为中国革命和建设做出突出贡献的共产党员事迹材料。2001年，研究撰写《第三代中央领导集体对邓小平同志可持续发展思想的丰富和发展》《中国共产党的德治法治观》专题文章。2002年，开展人民政权建立巩固、恢复时期，社会主义改造和过渡时期、全面建设社会主义时期、十年“文化大革命”时期、拨乱反正时期、改革开放和社会主义现代化建设新时期党史的综合性研究。2003年，编纂《中国共产党天津志》（红桥区）资料。2005年，创刊《党史资政参考》，围绕区委关注的重点、热点、难点问题进行资政研究，出刊42期。完成《中国抗日战争时期人口伤亡和财产损失》课题中红桥区相关内容的专题调研任务。2007年，收集整理五四运动后各个时期革命团体活动场所，学运、工运发生地，与革命旧址有关历史人物、事件等史实。官立中学、刘清扬故居等10个旧址资料编入市委党史研究室出版《红色印迹》画册。2009年，启动《中国共产党红桥区历史》（1949—2010年）编辑工作。2010年，续编完成《红桥区党史大事记》（2000—2010年）初稿。形成红桥区革命遗址普查报告。

三 党史资料出版

经过征集、走访、撰写和整理编辑，1987年出版党史资料《壮心集》，至2010年，出版各类书籍13本，约321万余字。

1987—2010年党史研究室出版的各类书籍一览表

表12-2

书 名	出版时间	字数（千字）	书 号
《壮心集》	1987年12月	105	-

续表

书名	出版时间	字数(千字)	书号
《中国共产党天津市红桥区组织史资料》(1949—1987年)	1992年9月	441	ISBN 7-201-01271-1/K.170
《红桥党史资料汇编》(1919—1949年)	1997年5月	243	津新出图字[1997]第0097016号
《中共天津市红桥区大事记》(1949年1月—1999年6月)	1999年9月	530	津新出图字[1999]第002940号
《红桥共产党人》	2001年6月	190	津新出图字[2001]第003332号
《奋斗的历程》(1949—1956年)(红桥区卷)	2003年10月	230	图字第03308号
《三河五岸怒潮涌》	2005年8月	45	-
《中国共产党天津市红桥区历次代表大会文献汇编》	2006年11月	200	-
《奋斗的历程》(1957—1966年)(红桥区卷)	2007年5月	220	图字第03308号
《民主革命时期红桥区中国共产党组织的建立与发展》	2007年7月	40	-
《红桥改革开放三十年》	2008年12月	570	-
《奋斗的历程》(1966—1978年)(红桥区卷)	2009年10月	240	图字第03308号
《红桥探索建设社会主义道路三十年》	2010年8月	150	-

四　史料利用

1991年，以“中国共产党的七十年”为主题举办党史图片展。为纪念毛泽东诞辰100周年、庆祝香港回归、纪念天津解放和中国工农红军长征胜利等党史上的重大事件，举办图片展览10余场。1993年，在各类报纸、杂志刊载“张太雷在北洋大学”“为船工的生存而斗争”、记“五四”时期邓颖超领导的妇女演讲队在红桥地区的活动等史话资料。1995年，在《红桥报》刊登10余篇红桥地区抗日斗争史实文章。2001年，拍摄播出10集《历史从这里闪光》党史资料系列专辑，在《红桥报》创办“追寻党的足迹”党史资料撷英专栏，发表党史文章12篇。2004年，与区政协拍摄专题片《岁月红桥》。2007年，录制党史专题节目10余集，通过红桥有线电视台向全区播放。编写2本红桥党史宣讲材料，制作宣讲课件，发至各单位和260余名社区宣讲员，在基层单位宣讲。创建党史博客，设立工作动态、党史资政和红色印迹等专题栏目。2008年，开展纪念改革开放30周年征文活动，全区80余个单位和部门参加，征集纪念文章近百篇，编辑出版《红桥改革开放30年》党史资料。全书由历史照片、正文、30年大事记和经济社会发展图表组成，正文分为经济建设、政治建设、文化建设、社会建设和党的建设5个部分。组织召开红桥区纪念改革开放30年暨《红桥改革开放30年》首发座谈会。2009年，作为协办单位之一，在平津战役纪念馆组织召开纪念天津解放60周年座谈会。

第二节　保　密

一　《中华人民共和国保密法》宣传

1991年始，每年集中一周时间开展《中华人民共和国保密法》宣传周活动，采取形势报告，通过区有线电视台和《红桥报》等途径向社会开展宣传。1992年，制订《关于在法制宣传教育第二个五年规划期间开展保密法制教育的安排意见》组织全区各单位开展保密法制教育。1995年，组织区委办公室干部、职工进行《中华人民共和国保密法》考试答卷，制作保密漫画专辑展牌。在区有线电视台播放《没有硝烟的激战》《西边的漩流》专题教育片。进行保密法制宣传教育考核验收工作，抽查10个单位，有4个单位6人被市保密局评选为先进集体和个人。1996年，举办6次普法报告会、4次座谈会、出板报12期。1996—1997年，制订“三五”普法规划。1999年，对“三五”普法保密法制宣传教育进行总结验收。316人参加“三五”普法保密法制宣传教育考试。2000年，宣传周活动增加《中华民共和国国家安全法》宣传内容。把区级机关、教育、卫生等大单位作为重点宣传阵地，设置400余个橱窗，悬挂

600余条横幅标语，设立200余个宣传栏。2002年，制订下发《红桥区“四五”普法期间继续深入开展保密法制宣传教育的规划》。2003年，在全区范围内组织《中华民共和国保密法》《中华民共和国国家安全法》知识考核，85个处级单位400余人参加。2004年，全区处级单位党政主要领导、重点涉密人员按照《红桥区重点小密人员保密教育管理的暂行规定》《天津市关于实行保密工作领导责任追究制的暂行规定》，重新签订重点涉密保密岗位责任书。2005年，对“四五”普法情况以问卷调查方式总结验收。2006年，对5年以来评出的18个保密工作先进集体和29个保密工作先进工作者予以表彰。制订下发“五五”普法保密法制宣传教育规划。2007—2008年，以“奠定四个基础，完善一个保障”为根本，开展《中华民共和国保密法》宣传教育周活动。2009年，以“一个普及，两个强化”为重点，在各级领导干部和涉密人员中普及信息安全保密知识。2010年，对“五五”普法教育规划落实情况检查总结验收。于新《中华民共和国保密法》实行日，在全区范围内学习宣传新《中华民共和国保密法》，健全完善《中华民共和国保密法》宣传和保密工作长效机制。

二　保密检查

1992年，在全区范围内开展保密检查。在单位自查基础上，进行互查核定得分。重点抽查10个单位，对各单位上报考核情况进行复查验收。2001年，制订保密检查百分考核表。对各单位自查结果进行检查验收。2002年，90个单位按系统进行全面检查。2004年，检查保密要害部门管理工作、计算机信息系统保密管理工作和《天津市保密废纸回收销毁办法》落实情况。2005年，重点检查涉密人员教育管理，保密要害部门、部位保密管理，涉密载体保密管理、涉密信息传输保密管理情况。2006年，对重点单位抽查。

1994年，对21个欠件单位检查、催办，对丢失文件单位提出通报批评。1999年，联合对部分单位处理密件管理进行重点抽查。2006年，联合对物回单位的注册、登记情况进行调查摸底检查，提出保密要求。2007年，联合对物回单位、旧货市场进行拉网式检查，对出售的非涉密文件全部没收，对出售非涉密废文件单位给予处理。2008年，组织区级机关及重点单位统一清理涉密载体。对2006—2008年离退休、离职、离岗、借调人员，个人手中持有涉密纸介质和磁介质收回，对在岗人员手中持有涉密纸介质和磁介质重新进行统计、登记、造册。2010年，组织各单位对2007—2009年涉密载体清理情况进行检查，严禁个人以任何形式私存国家秘密载体，清理取缔涉密文件资料非法交易。

2003年，介入高、中考保密管理工作。至2009年，对相关保密管理防范措施落实情况进行检查。对试卷到达考试中心及考试过程中分卷、取卷、交接运送等环节进行现场监督检查。2010年，会同公安分局2次对区考试中心保密管理工作情况进行检查。

三　专项检查

2004年，发出《关于重申做好网络安全保密管理的紧急通知》，对全区各单位计算机网络使用情况进行检查。2005年，各单位对计算机信息系统及网络进行自查，对互联网站上传播的涉密信息进行删除、清理、整顿，实行物理隔离措施。2007年，对全区各单位涉密计算机信息系统及网络的使用管理情况、涉密载体管理情况开展专项检查。对区直重点单位涉密载体管理情况进行抽查，对重点部门、要害部位计算机信息系统进行检查。对区直机关重点单位计算机及网络进行第二次检查。2008年，对区直机关重点单位涉密计算机信息系统及其网络和移动存储介质使用情况进行检查，对存在问题限期整改。2009年，对使用涉密计算机的18个单位组织检查。抽查3个重点单位计算机及移动存储介质使用情况。2010年，对政府信息公开保密工作进行检查，对政府门户网站登载的文件资料进行集中清查。对10个单位涉密机、政务网、互联网、办公机分别进行检测，对存在的问题及整改意见现场提出，下发整改通知书。对政府信息公开进行专项检查。

第三节 机构编制管理

一 编制管理

1990年，印发加强机构编制管理几点意见，要求各部门原则上不再增加内设机构，一般在本部门内调整解决，确因工作需要增加内设机构的，原则上不增加编制。调入干部需经编委审核后，填写卡片办理调入手续，凡超编调入的一律不予办理工资关系，满编单位先出后进。直属部门不能干涉街办事处机构设置和人员配备，不能因本部门工作需要进行干预。处级行政机关、事业单位建立、撤销、合并等先经区委常委会或区政府常务会研究后由区编委报市编委审批，科级规格的由所在单位或部门向区编委申请，经审核后由区编委发文。

1998年，印发严格控制党政群机关补充人员的通知。要求各单位严格控制人员编制，原则上暂时冻结人员调入，如确需进人，在同类编制人员中调剂。2002年，工资审批职能由编委办调整到原人事局，建立机构编制卡片，实施人员编制“一人一卡”管理模式，凡涉及人员调入，先填写人员编制卡，财政局凭编制卡片核拨工资。

2008年，印发《关于进一步严格控制机构人员编制的通知》。要求严格遵守“三定”规定，被批准的内设机构限额、人员编制和领导职数不得突破。2010年，区编委办独立设置，建立联审程序，全面实施机构编制实名制管理。实现编制单一管理向机构、编制、职数“三位一体”管理转变；编制入口单向管理向入口、出口同步管理转变；将编办、财政两家审核向区委组织部、编委办、财政局和人力社保局4家联审转变；由单纯管理党政群机关人员向“吃财政饭”人员全覆盖转变，机构编制实名制管理体系初步建立。

2010年红桥区行政编制一览表

表12-3

机构名称	行政编	机构名称	行政编	机构名称	行政编
区委书记	3	民主党派	4	建工委	2
区长	8	政府办公室（信息化办）	50	环保局	14
纪检委、监察局	30	政府研究室	5	市容园林委（爱卫办、绿委办）	64
区委办公室	24	法制办（复议办）	6	城管工委	6
机要局（密码管理局）	7	信访办（区委信访办）	9	市政局	21
保密局	2	人口计生委	10	安全监管局	9
组织部	25	卫生局	32	行政许可中心（审批办）	5
老干局	9	教育局	73	大胡同街道	33
宣传部（文明办）	16	民政局	19	三条石街道	42
统战部	7	审计局	38	铃铛阁街道	40
台办	2	体育局	6	芥园街道	45
政法委(综治办)	13	统计局	9	邵公庄街道	45
610办	2	财政局（国资委、金融办）	37	西沽街道	45
区委研究室	5	人力社保局(公务员局)	50	丁字沽街道	47
编委办	8	文化和旅游局（出版局、版权局）	12	西于庄街道	45
机关党委	5	科委（知识产权局）	11	咸阳北路街道	45
档案局	3	民宗办（侨办）	6	双环邨街道	40
人大	29	发展改革委（物价局、粮食办）	44	团委	11
政协	23	商务委员会（中小企业局）	24	妇联	9
工会	14	商务工委	5	工商联	10

续表

机构名称	行政编	机构名称	行政编	机构名称	政法专项编
红十字会	2	房管局	60	检察院	148
合作交流办（招商办）	12	建委	24	法院	215
人防办（民防办、地震办）	16	合计	1376	司法局	42
－	－	－	－	合计	405

二　事业单位法人登记

2001年，建立事业单位法人登记管理制度，事业单位实现规范化管理。2001—2009年，按照法人登记管理处要求，对事业单位进行重新登记、撤销、法人证书变更、年度检验，经市法人登记管理处审批后批复各单位。2010年，事业单位登记管理实现网上办理。

第九章　党　校

1979—2010年，区委党校贯彻执行《党校工作条例》，发挥党校培训“主阵地、主渠道”作用，坚持用中国特色社会主义理论武装党员领导干部，逐步形成较为完备的教学体系、科研体系和保障体系，办学规模逐年扩大，教学水平、科研能力显著提高，队伍建设、信息化建设不断加强，办学条件、保障手段逐年改善，党校事业健康持续发展，为红桥区培训大批各类高素质人才。

第一节　设施　师资

一　教学设施

1980年年初，区委党校由原址聂公祠大街迁至丁字沽一号路永明大道5号，占地3746平方米，建筑面积3467平方米。1984年，投资44万元扩建教学楼一幢、容纳300余学员的小礼堂和锅炉房，1998平方米，1985年竣工。2002年，改建礼堂，新增教室249平方米，重新铺装校园地面。2006年，改善办公室环境，更换办公桌椅、文件柜以及部分教室桌椅，购置多媒体教学设备。2009年，改造电动大门，维修粉刷教学楼，安装电子监控器。2010年，有教室10间，讨论室4间，礼堂座位110个，有2间教室可多媒体教学，为每位教师配备办公用计算机和授课用笔记本计算机。

二　图书资料

1979年，图书资料室有图书3308册，设专人管理。1984年，添置一批藏书设备，设置教师阅览室，有图书7000余册。1988年，新购图书924册，报纸杂志154种，与其他区县党校交换资料156种。1990年，有图书1.08万余册，期刊109种，报纸22种。1999年，购置图书291册，出版两期《图书信息》，为教学一线提供服务。2010年，图书资料室藏书1.18万册，刊物117种，报纸24种。

三　教师队伍

1985年，派出10名教师到市委党校进修。1993年，5名教师参加市委党校专接本进修，教师全部达到大学本科学历。1995年，1名教师考入市委党校研究生班。1998年，首次面向社会公开招聘法律专业教师1名。1999年，再次招聘法律专业教师1名。1名教师到中央党校学习，1名教师到青岛市委党校参加全市党校系统集体调研，1名教师参加全国党建学科研讨会。是年，党校专业技术人员职称评定实行评聘分开、竞争上岗，聘2名教师为高级讲师。2004—2005年，2名助理讲师晋升为讲师。2008年，选派2名骨干教师到区相关部门进行为期一年的交流锻炼。面向社会公开招聘1名党史专业硕士研究生学历教师。2009年，面向社会公开招聘1名财经专业硕士研究生。2010年，评聘高级讲师1名。面向社会公开招聘1名哲学专业硕士研究生。年底，有6名专职教师，其中3名高级讲师、1名讲师、2名助理讲师；研究生学历2人，本科学历4人。

第二节 学历教育 培训

一 学历教育

1984年，首次与天津广播电视大学联合开办党政专业班，录取学员70人。1985年，招收4个函授班次，招收学员334人，翌年停止招生。1995年，成立市委党校函授学院红桥学区，开始按计划大规模招收函授教育学员。招收4个班次，招收学员300人。是年，举办各类班次13期，培训学员677人。2007年，首期中央党校在职研究生区域经济学专业天津红桥班58名学员举行开学典礼。2008年，继续举办中央党校在职研究生区域经济学专业天津红桥班，录取学员59人。2009年，党校学历教育停止招生，函授教育收尾阶段平稳过渡。

照12-10 2009年，区委党校举办2007级本科毕业论文答辩会（区委党校提供）

二 培训

1979—2010年，每年举办各种干部培训班。培训对象有领导干部、中青年干部、入党积极分子和基层支部书记等。培训内容为理论学习、党章、《邓小平文选》和网络知识等。还与有关部门合办“红桥大讲堂”，围绕时事热点、理论难点和各领域文化知识组织培训。32年间，举办培训班264次，培训2万余人次。

第三节 教学 研究

一 教育教学

1987年，建立相互听课、观摩课制度。1988年，重新修订《课堂规则》《学员补考制度》《请假制度》。2000年，组建宣讲团向基层单位发布新专题，围绕中央、市区委重点工作，理论重点和热点问题，在全区和相关单位开展理论宣讲活动。2008年，创办《党校工作》《理论快车》资料刊物。2009年，首次推行由高级讲师和青年教师结对拜师，为1对新老教师举行拜师仪式。在区第25期中青班试行学员学分制管理，规范主体班教学管理，量化考核标准。在处级领导干部进修班、读书班和两周以上进修班培训中实行学分制管理，坚持班主任跟班管理，固定座位、核查考勤、细化管理环节。在异地培训期间，把管理与服务相结合。2009年，为教学形式创新年，开展研究式教学、案例式教学、互动式教学、演讲式教学、大讲堂、答辩式考试、学员论坛等。举办深入学习实践科学发展观理论研讨会、特大群体性事件应急处置与执政反思情景模拟课、竞争上岗主题演讲会。新录用公务员培训班举办破冰活动、军训、青年干部成长主题辩论会，科级公务员培训班和新录用公务员培训班深化答辩式考试，申请入党积极分子培训班增加参观活动。2010年，在第一期处级领导干部进修班和正处级读书班中首次尝试赴青岛市委党校和大连市委党校开展为期一周的异地培训，把校内培训与校外培训有机结合。

照12-11　2009年，区委党校开办情景模拟课　（区委党校提供）

二　理论研究

每年组织教员深入实际进行调查研究，撰写论文，召开论文研讨会交流，多次在市、区级专题研讨会上获奖。1990年，2名教师参与编写的《中国革命史纲要》公开出版发行。2篇论文在市委党校教育研讨会上汇报交流。1995年，1名教师在全国人口理论教学科研研讨会上交流发言。1996年，6篇论文在市区论文研讨会上获奖，有5篇论文在市委党校《求知》等刊物上刊载。2000年，围绕市、区党代会提出的各项任务和红桥区发展中心，加大与区委、区政府有关部门联系力度，承担重点调研任务，制订《党校科研服务于我区中心工作意见》。2002年，党校课题组为红桥区职工大学编写《邓小平理论概论》首次公开发行5000册，2005年再版5000册。2003年，在省部级刊物上发表科研文章4篇。2004年，党校课题组与市、区人口与计划生育委员会联合编写《人口理论简明教程》一书，2005年1月正式公开出版发行。2005年，在天津市党校系统第四届优秀科研成果奖评选中，《人口理论简明教程》获二等奖，《邓小平理论概论》《论邓小平人口思想》分获三等奖。2008年，制订《党校科研服务于我区中心工作意见》。2010年，编写《新中心、新崛起——西站综合性城市副中心建设理论与实践》。

照12-12　2010年8月20日，《新中心、新崛起——西站综合性城市副中心建设理论与实践》新书首发式　（区委党校提供）

红桥区志

第十三编

地方人民代表大会

1980—2010年，红桥区召开8届人民代表大会，选举各届代表、常委会成员，不断健全地方国家权力机关机构和加强自身建设，提升职能和作用。各届人大及其常委会不断加强对“一府两院”的工作监督和法律监督，保证宪法、法律和上级人大决议决定的贯彻和执行，在讨论决定全区政治、经济、教育、科学、文化、卫生、环境和资源保护、民政、民族等工作重大事项，审查和批准区域国民经济和社会发展规划、财政预决算及其执行情况的报告，依法选举任免国家机关工作人员，联系区人大代表，受理人民群众申诉和意见诸方面，发挥地方国家权力机关作用。

1998年1月20日，区第十三届人民代表大会第一次会议召开
（区委宣传部提供）

2002年12月7日，区第十四届人民代表大会第一次会议期间，丁字沽街道代表团分组审议各项工作报告　　（区委宣传部提供）

2000年5月26日，区人大常委会纪念区人大常委会设立20周年座谈会召开
（区委宣传部提供）

2007年9月11日，区人大常委会人大代表专题调研交流座谈会召开，对25篇调研成果进行表彰　　（区委宣传部提供）

第一章 代 表

1980—2010年，区人民代表大会历经8届（第八届至第十五届），第八、第十四届任期4年，第九、第十、第十一届任期3年，第十二、第十三、第十五届任期5年。代表选举依法进行，代表成分中民主党派、少数民族、女性和各类先进人物的比例越来越高，社会各界代表组成比例相对合理。

第一节 代表选举

历届人大代表选举，均依法进行，组成各届区选举委员会，下设办公室。委员会一般由15~25人组成，办公室下设秘书组、组织组、宣传组、选举事务组和资格审查组，负责日常工作。

选举工作分4个阶段：准备阶段、选民登记阶段、选举阶段、总结阶段。第十四届和第十五届分为6个阶段：准备阶段、划分选区和选民登记阶段、提名推荐代表候选人阶段、酝酿协商和确定正式代表候选人阶段、投票选举阶段、总结阶段。选举工作一般持续三四个月。从第八届人民代表大会开始，设立统一选举日；从第十四届人民代表大会开始，统一选举日由1天变为2天，方便选民参加选举。

第二节 代表构成

历届人大代表构成严格按照国家和天津市相关规定，通过民主协商，在尊重选民意志前提下，各方面代表构成比例较为合理。

红桥区第八届人民代表大会代表情况统计表

表13-1

构成 总数	工业	财贸	教育	卫生	街道	工程技术	机关干部	市政房管交通	工商业	解放军	个体劳动	社会人士	宗教职业
335	53	32	48	19	93	17	36	19	13	2	1	1	1
占代表%	15.82	9.55	14.33	5.67	27.76	5.07	10.75	5.67	3.88	0.6	0.29	0.29	0.29

构成 总数	中共党员	民主党派	少数民族	妇女	青年	归侨	说明
335	199	21	37	110	16	5	1. 代表中民革1人，民盟3人，民建10人，民进2人，农工民主党3人，九三学社2人。2. 代表中回族34人，满族2人，蒙古族1人。3. 代表中全国五届代表2人，市八届代表6人，区六届代表43人；“全国三八红旗手”4人，新长征突击手2人，青年突击手1人，先进个人1人，市劳模12人；市级“三八红旗手”2人，市级先进个人9人，先进教师3人，特级教师1人，区、局、公司先进个人39人。4. 市管单位及外地驻津单位代表107人，区管单位代表228人。
占代表%	59.4	6.27	11.04	32.84	4.78	1.79	

红桥区第十五届人民代表大会代表情况统计表

表13-2

构成 总数	界别				政治情况			文化程度				少数民族	妇女	年龄结构		
	工农	干部	知识分子	其他	中共党员	民主党派无党派	群众	本科及以上	大专及高职	中专及高中	初中及下			35岁以下	36-55岁	56岁以上
235	102	41	50	42	162	33	40	120	79	32	4	31	55	15	205	15
占代表%	43.4	17.5	21.28	17.87	68.94	14.04	17.02	51.06	33.62	13.62	1.7	13.19	23.4	6.38	87.23	6.38

第二章　代表大会　常委会

32年间，红桥召开8届区人民代表大会，选举产生第八届至第十五届人大常委会和政府人选。期间，对常委会机关进行改革，增设和调整多个办事机构。常委会对“一府两院”实行法律监督和工作监督，共召开26次常委会会议，听取和审议重大事项819项，作出重要决议决定177项。依法行使人事任免权，任命干部974人次，免去职务259人次，撤销职务3人。主任会议行使职能，定期听取区政府和各部门工作汇报。监督检查重点放在经济社会发展、社会和谐稳定和改善民生等重大问题，以促进全区经济社会发展为目标。充分发挥代表主体作用，组织代表围绕重点和社会热点进行视察和调研，监督解决突出问题。加强机关自身建设，通过学习、调研等方式，提高素质能力，同时完善工作制度和法律法规，强化人大工作的制度化建设，使人民代表大会的职能和作用更加突出。

第一节　代表大会

一　第八届人民代表大会(1980年5月—1984年5月)

1980年5月7日，召开第一次会议。出席代表335人，列席人员413人。

会议听取和审议区革委会主任李栋作《革命委员会工作报告》，区人民法院代理院长张培义作《人民法院工作报告》，人民检察院代理检察长王国治作《人民检察院工作报告》，选举产生区第八届人民代表大会常务委员会委员、主任、副主任，区人民政府区长、副区长、区人民法院院长、区人民检察院检察长。

二　第九届人民代表大会(1984年5月—1987年2月)

1984年5月8日，召开第一次会议。出席代表310人，列席人员49人。会议听取和审议区人民政府区长赵滴土作《人民政府工作报告》，区人大常委会主任张辉作《人大常委会工作报告》，区人民法院院长秦鸿飞作《人民法院工作报告》。选举产生第九届人大常委会，选举张辉为人大常委会主任，赵滴土为区人民政府区长，秦鸣飞为区人民法院院长，于永增为区人民检察院检察长。

三　第十届人民代表大会(1987年2月—1990年2月)

1987年2月24日，召开第一次会议。出席代表297人，列席人员482人。会议听取和审议区人民政府区长赵滴土作《人民政府工作报告》，财政局负责人作1986年财政预算执行情况的报告，区人大常委会主任张辉作《人大常委会工作报告》，区人民法院院长秦鸿飞作《人民法院工作报告》，区人民检察院检察长于永增作《人民检察院工作报告》，作出相应决议。选举产生第十届人大常委会，选举赵滴土为人大常委会主任，张柏峰为区人民政府区长，秦鸣飞为区人民法院院长，于永增为检区人民察院检察长。

四　第十一届人民代表大会(1990年2月—1993年2月)

1990年2月27日，召开第一次会议。出席代表296人。会议听取和审议区人民政府区长张柏峰作《人民政府工作报告》，财政局负责人作《1989年财政预算执行情况和1990年财政预算(草案)的报告》，区人大常委会主任赵滴土作《人大常委会工作报告》，区人民法院院长秦鸿飞作《人民法院工作报告》，区人民检察院检察长雷实和作《人民检察院工作报告》。选举产生第十一届人大常委会，选举杨大鹏为人大常委会主任，王立德为区人民政府区长，秦鸿飞为区人民法院院长，雷实和为区人民检察院检察长。

五　第十二届人民代表大会（1993年2月—1998年1月）

1993年2月24—27日，召开第一次会议。出席代表298人。会议听取和审议区人民政府区长王世新作《人民政府工作报告》，财政局负责人作《1992年财政预算执行情况和1993年财政预算（草案）的报告》，区人大常委会主任杨大鹏作《人大常委会工作报告》，区人民法院院长秦鸿飞作《人民法院工作报告》，区人民检察院检察长雷实和作《人民检察院工作报告》，作出相应决议。选举产生第十二届人大常委会，选举杨大鹏为人大常委会主任，王世新为区人民政府区长，赵俊祥为区人民法院院长，雷实和为区人民检察院检察长。

六　第十三届人民代表大会（1998年1月—2002年12月）

1998年1月19日，召开第一次会议。出席代表235人。会议听取和审议区人民政府区长王世新作《人民政府工作报告》，财政局负责人作《1997年财政预算执行情况和1998年财政预算（草案）的报告》，区人大常委会主任刘露霙作《人大常委会工作报告》，区人民法院院长赵俊祥作《人民法院工作报告》，区人民检察院检察长周金柱作《人民检察院工作报告》。选举产生第十三届人大常委会，选举刘景从为人大常委会主任，王世新为区人民政府区长，赵俊祥为区人民法院院长，周金柱为区人民检察院检察长。

七　第十四届人民代表大会（2002年12月—2007年1月）

2002年12月7日召开第一次会议。出席代表235人。会议听取和审议区人民政府区长王怀仁作《人民政府工作报告》，财政局负责人作《2002年财政预算执行情况和2003年财政预算草案的报告》，区人大常委会主任刘景从作《人大常委会工作报告》，区人民法院院长赵俊祥作《人民法院工作报告》，区人民检察院检察长周金柱作《人民检察院工作报告》。选举产生第十四届人大常委会，选举赵金樑为人大常委会主任，王怀仁为区人民政府区长，赵俊祥为区人民法院院长，周金柱为区人民检察院检察长。会议还选举产生出席天津市第十四届人大代表。

八　第十五届人民代表大会（2007年1月—2011年12月）

2007年1月16日，召开第一次会议。出席代表235人。会议听取和审议区人民政府区长王怀仁作《人民政府工作报告》，财政局负责人作《关于红桥区2006年财政预算执行情况和2007年财政预算草案的报告》，区人大常委会主任张少华作《人大常委会工作报告》，区人民法院院长张继萍作《人民法院工作报告》，区人民检察院检察长赵云生作《人民检察院工作报告》，作出相应决议。选举产生第十五届人大常委会，选举赵金樑为人大常委会主任，马广智为区人民政府区长，张继萍为区人民法院院长，赵云生为区人民检察院检察长。

1980—2010年红桥区历届人民代表大会情况表

表13-3

年份	届次	会次	代表数	当选市代表		听取审议各项工作报告(项)	决议决定(项)	议案(件)	提案(件)	意见建议(件)	来信来访(件次)	备注
				届次	人数							
1980	八	4	335	九 十	73 79	19	19	–	2859	–	883	1980年5月，八届人大一次会议选举市九届人大代表73人；1983年2月，八届人大四次会议选举市十届人大代表79人
1984	九	3	310	–	–	13	10	58	–	1799	574	–
1987	十	3	297	十一	67	16	18	101	–	1977	487	1988年3月10日，十届人大二次会议选举产生市十一届人大代表67人
1990	十一	3	296	–	–	17	17	93	–	1715	841	–
1993	十二	6	298	十二	67	26	26	19	–	770	1365	1993年4月23日，十二届人大二次会议选举产生市十二届人大代表67人
1998	十三	6	235	十三	61	22	22	–	–	713	1601	1998年3月27日，十三届人大二次会议选举市十三届人大代表61人
2002	十四	4	235	十四	60	21	21	–	–	723	1988	2002年12月11日，区十四届人民代表大会第一次会议选举市十四届人大代表60人
2007	十五	5	235	十五	56	26	26	–	–	619	1792	2007年11月30日，区十五届人大二次会议选举市十五届人大代表52人；2008年1月8日，区十五届人大三次会议补选市代表4人；2008年12月25日，区十五届人大常委会第17次会议，补选市代表1人

第二节　常委会

一　常委会组成

1980年，第八届人大第一次会议选举产生常务委员会，委员19人，第九届委员21人，第十届委员19人，第十一届委员19人，第十二届委员19人，第十三届委员17人，第十四届委员23人，第十五届委员27人。

二　历届主任、副主任名单

1980—2010年红桥区人大常委会历届主任、副主任名表

表13-4

届　次	职　务	姓　名	任职时间
第八届	主　任	邢志云	1980年5月—1983年12月
		张　辉	1984年1月—1984年5月
	副主任	李俊民	1980年5月—1983年12月
		路旭晨	1980年5月—1983年11月
		何鲁铎	1980年5月—1983年12月
		石建国	1980年5月—1983年11月
		王　英	1980年5月—1983年11月
		张　辉	1980年5月—1983年12月
第九届	主　任	张　辉	1984年5月—1987年2月
	副主任	李建平	1984年5月—1987年2月
		孟羽卿	1984年5月—1987年2月
		陈润生	1984年5月—1987年2月
		李同跃	1984年5月—1987年2月
		马润田（回族）	1984年5月—1987年2月
		黄慎言	1984年5月—1987年2月
		王金惠	1986年4月—1987年2月
第十届	主　任	赵滴土	1987年2月—1990年3月
	副主任	李建平	1987年2月—1990年3月
		孟羽卿	1987年2月—1990年3月
		李同跃	1987年2月—1990年3月
		刘露霙（女、回族）	1987年2月—1990年3月
		王金惠	1987年2月—1990年3月
		黄慎言	1987年2月—1990年3月
第十一届	主　任	杨大鹏	1990年3月—1993年2月
	副主任	李同跃	1990年3月—1993年2月
		刘露霙（女、回族）	1990年3月—1993年2月
		程雪斋	1990年3月—1993年2月
		刘继环	1990年3月—1993年2月
		张作成	1990年3月—1993年2月
第十二届	主　任	杨大鹏	1993年2月—1998年1月
	副主任	刘露霙（女、回族）	1993年2月—1998年1月
		孙万顺	1993年2月—1998年1月
		吴运钦	1993年2月—1996年1月
		刘继环	1993年2月—1998年1月
		张作成	1993年2月—1998年1月
		吴景泉	1996年1月—1998年1月
第十三届	主　任	刘景从	1998年1月—2002年12月
	副主任	于兆春	1998年1月—2002年12月
		孙万顺	1998年1月—2000年12月
		吴景泉	1998年1月—2000年12月
		文锦荣	1998年1月—2002年12月
		张颖君（女、回族）	1998年1月—2002年12月

续表

届次	职务	姓名	任职时间
第十四届	主　任	赵金樑	2002年12月—2007年1月
	副主任	张少华	2002年12月—2007年1月
		文锦荣	2002年12月—2005年12月
		周嘉琦	2002年12月—2005年12月
		李申和（回族）	2002年12月—2007年1月
		武有祥	2002年12月—2007年1月
		毛　乐	2006年1月—2007年1月
		张静秋	2006年1月—2007年1月
第十五届	主　任	赵金樑	2007年1月—2010年2月
		姬俊英（女）	2010年2月—
	副主任	李惠莲（女）	2007年1月—2010年2月
		李申和（回族）	2007年1月—2010年8月
		毛　乐	2007年1月—2010年2月
		张静秋	2007年1月—
		武有祥	2007年1月—
		李金城	2010年2月—
		徐永有	2010年2月—

三　办事机构

第八届人大常委会下设办公室作为办事机构。第九届增设政法、财经、城建、教科文卫工作委员会。第十届增设民族工作委员会。第十二届增设调研室、代表联络室。第十三届对常委会机关机构进行改革。

区第八届人大常委会内设办公室，下设调研、提案、秘书、行政4个组负责常委会机关日常事务。1985年，办公室内设组改为科。1988年，办公室调整科室机构，撤销调研科，增设财经、城建、文教、政法科。1994年，增设调研室、代表联络室。办公室撤销代表联络科，财经城建科、政法科、文教科设在调研室。2002年，常设机构有：办公室、调研室、代表联络室、财经（城建）工作委员会、内务司法（民族）工作委员会、教科文卫工作委员会。办公室设秘书科、人事任免科、行政科。2008年，代表联络室设市人大代表联络科。

第三节　常委会议　主任会议

一　常委会议

依照宪法和法律，区人大常委会对“一府两院”实行法律监督和工作监督。1980—2010年，召开250次常委会会议，听取和审议区经济、政治、教育、科技、文化、卫生、民政、民族和社会管理等工作重大事项819项，作出重要决议决定177项，发出主任会议建议函4件。在区人民代表大会闭会期间，依法行使人事任免权。

1980—2010年区人大常委会召开会议情况统计表

表13-5

任期	人大常委会			行使监督职权											
				听取审议各项工作事项（项）	决议决定（项）	干部任免								代表资格	
									补选			决定代理		补选	罢免
	届次	会次	组成人员数			任命（人次）	免职（人次）	撤职（人）	人大常委会副主任（人）	副区长（人）	检察长（人）	区长（人）	法院院长（人）	市代表（人）	区代表（人）
1980.5–1984.5	八	31	19	87	16	88	18	–	–	–	–	–	–	–	1
1984.5–1987.2	九	30	21	96	20	82	17	–	1	–		–	–	–	–
1987.2–1990.3	十	27	19	79	35	107	25	1	–	–	1	–	–	–	–
1990.3–1993.2	十一	25	19	83	28	122	27	–	–	–	–	–	–	3	–
1993.2–1998.2	十二	39	19	109	19	119	38	2	–	–	–	–	–	2	–
1998.2–2002.12	十三	34	23	133	18	121	32	–	–	–	–	–	–	2	–
2002.12–2007.1	十四	31	23	112	16	133	29	–	–	2	–	–	1	1	–
2007.1–2010.12	十五	33	27	120	25	202	72	–	–	1	–	1	–	1	–

说明：区十五届人大常委会任期至2011年12月，本表数据截至2010年12月底

二　主任会议

1983年，由主任和副主任组成主任会议，负责处理常委会重要日常工作。第八届召开主任会议23次。1983年，听取区政府等3项工作汇报。第九届召开主任会议109次。1985年，听取物价检查情况汇报。1986年，听取区普法情况调查汇报。第十届召开主任会议98次。1987年，听取2个单位调研汇报。第十一届召开主任会议64次。1990年，听取教育局等单位调查情况汇报。第十二届召开主任会议99次。1993年听取重点项目落实情况汇报。1994年，听取科技兴区情况汇报。1995年，听取经济体制改革进展汇报。1996年，听取大胡同地区消防情况汇报。1997年，听取各街工商实业公司和商业公司深化改革情况汇报。第十三届召开主任会议52次。2001年，听取6个单位情况汇报。2002年，听取6个单位工作汇报。第十四届召开主任会议44次。2003年，听取15个单位工作汇报。2004年，听取9个单位工作情况汇报。2006年，听取6个单位情况汇报。第十五届人(至2010年)召开主任会议48次。2007年，听取5个单位情况汇报。2009年，听取5个单位工作汇报。2010年，听取4个单位情况汇报。

第三章　常委会工作

1980—2010年，区人大常委会履行职能，听取和审议报告并作出决议31项，决定8项，决议21项，通过办法、规定7项，意见2项，规划2项。以经济社会发展、社会和谐稳定及保障改善民生等重大问题为重点履行监督职能；依法任免、决定任免人大常委会工作人员、政府组成人员、人民法院审判人员、人民检察院人员；通过召开座谈会、调查会等形式，围绕全区不同时期重点工作进行调研、视察和执法检查。加强代表联络工作，组织开展多种活动，认真办理代表建议，搞好自身建设，发挥人大代表主体作用。

第一节 重要决议 监督检查

一 重要决议

(一)第八届人大常委会 1980年，批准1项规定。1981年，通过1项决议。1982年，审议通过1项决定。1983年，审议通过1项决议。

(二)第九届人大常委会 1985年，听取3个报告提案，作出2项决议。

(三)第十届人大常委会 1987年，作出和通过4项决议。1989年，批准1项决议。

(四)第十一届人大常委会 1990年，审议通过3项决议决定。1991年，作出1项决议。1992年，审议通过2项决议。1993年，审议通过1项决定。

(五)第十二届人大常委会 1993年，通过1项办法。1994年，审议通过2项办法。1995年，审议通过3项规定。

照13-1 2006年，区第十四届人大常委会第二十八次会议召开，对常委会审议议题进行表决
（区人大常委会提供）

(六)第十三届人大常委会 1998年，审议并批准2项规划，作出1项决定。1999年，听取和审议2项报告。2000年，听取2项报告并作出决议。2001年，审议2项议案决议。2002年，听取和审议2项报告。

(七)第十四届人大常委会 2003年，审议通过4项报告。2004年，审议4项报告。2005年，听取审议通过2项意见。2006年，审议通过3项决定。

(八)第十五届人大常委会 2007年，审议通过3项情况报告，作出审议意见。2008年，审议通过5项报告，作出审议意见。2009年，审议2项决议。2010年，听取和审议3项报告，作出审议意见。

二 监督检查

1980—2010年，区人大常委会履行监督职能，把监督重点放在关系区经济社会发展、社会和谐稳定和保障改善民生等重大问题上，采取多种监督方式，促进全区经济社会发展。

监督围绕改革发展稳定中重大问题和关系人民群众切身利益热点难点问题，支持和促进“一府两院”依法行政、公正司法。30年来，开展700余次执法检查和视察活动，听取和审议819项工作报告。对监督工作中提出的意见和建议，及时转交“一府两院”限期办理、跟踪检查、督促整改，要求“一府两院”按时向常委会提交整改情况报告。加强对司法机关工作监督，每年听取和审议司法机关工作报告，组织代表参加庭审，建立人大接待信访转交公、检、法、司办理申诉案件制度。

依法讨论、决定重大事项。以经济建设为中心，围绕全区工作重点和人民群众关注热点，坚持抓大事、议大事、决定大事的原则开展工作。每年都审议并决定区级预算，审议各国家机关年度工作报告并作出决议；在相应年份，审议并决定全区五年规划。及时就批准年度区级决算、调整区级预算等全区工作中重大事项作出相应决议或决定；在相应年份，审议普法规划并作出决议；审议依法治区五年规划，做出相应的决议；做出在全区执法部门推行执法责任制的决议。2008年，对生态区建设规划进行审议并作出决议。

第二节 人事任免 调研视察

一 人事任免

1980—2010年，任命干部974人次，免去职务259人次，撤销职务3人，接受辞去职务18人；补选人大常委会副主任1人，副区长3人，区人民检察院检察长1人，决定代理区人民政府区长1人，代理区人民法院院长1人，补选天津市人民代表大会代表9人，罢免区人大代表1人。授予荣誉称号1人。

历届人大常委会依法任免、决定任免人大常委会工作人员、政府组成人员、人民法院审判人员、人民检察院人员1095名。

二 调研视察

1980—2010年，人大常委会组织代表长期坚持视察改革发展中的重大问题和关系人民群众切身利益的热点难点问题，召开多种形式座谈会、调查会，听取情况汇报，审议、帮助解决突出问题。对“一府两院”工作进行监督和重要人事任免。加强履职能力、作风和制度建设，充分发挥职能作用。

80年代，重点组织代表围绕城市建设、民族工作、环境保护、教育、物价、社会治安及案件审理等工作进行视察和调研，召开专题会议，听取专题汇报，监督解决突出问题。90年代，重点对民众关心的医疗卫生、教育、个体私营经济、危改、部门执法进行调研，对法律法规实施情况进行视察，制订监督和整改落实办法。进入21世纪，重点对法律法规实施、大胡同商贸城建设、税源、医改、素质教育、食品卫生等进行调研、视察和执法检查。

第三节 代表工作

一 主体作用

1989—2010年，组织代表参加区情报告会、重点项目报告会、津洽会、区招商项目推介会等各种形式会议200余场。发动代表招商引资，全区人大代表引进企业360余家。组织代表向社会奉献爱心，支持社区建设和为困难群众捐款捐物千余万元。2010年，常委会制订《关于进一步发挥人大代表作用，积极促进我区经济社会发展的意见》。

二 代表联络

1980—2010年，组织各种专题讲座和代表业务知识辅导1000场，促进代表提高法律素质，拓宽履职视野。坚持定期通报人大常委会和“一府两院”工作制度，支持和引导代表深入了解区情，增强代表履职针对性。坚持代表评议区政府半年工作制度，组织代表反映民意，推进政府改进工作。强化代表联系选民活动，完善代表联系选民和述职制度。坚持代表列席常委会会议、主任会议制度。组织各种代表活动4800次，参加代表5.4万人次，实行列席制度后，每年都有近百人次代表列席常委会和主任会议。2007—2010年，连续组织代表围绕事关红桥区改革发展稳定的重大事项和人民群众普遍关心的社会热点、难点问题，开展专题调研活动，形成调研报告114篇。2009—2010年，围绕市委“保增长、渡难关、上水平”“解难题、促转变、上水平”活动，组织区选市人大代表开展专题调研活动，完成调研报告6篇。

三　建议督办

1980—2010年，建立代表建议内容、办理过程、办理结果“三公开”制度，完善“主任会议成员指导督办、代表联络室牵头督办、机关各室委配合督办、街道人大工委区域督办”工作机制，深化“跟踪督办、视察促办、现场帮办、上下联办”督办方式。强化逐件办理代表建议，每年筛选15~20件建议作为重点和公开督办建议向社会公布。采取视察检查、现场办公、召开座谈会、问卷调查等方式，加强代表建议跟踪督办，了解代表建议落实真实情况和代表满意度，推动办理工作从答复向落实转变。至2010年，代表提出意见建议1.12万件，办理满意率和基本满意率98%。

第四节　自身建设

一　提高素质

1989—2010年，根据审议工作重点，举办法律法规或相关内容专题讲座180余次，专题学习各种法律法规，听取经济形势、科技型中小企业发展形势、人口形势、代表议案和建议处理办法等报告和讲座130余场。常委会班子成员每年参与重点议题审议前期调研，深入各街道人大工委和联系单位、企业，走访联系代表和选民群众，听取意见，掌握第一手材料，撰写调研文章，为区委决策有关问题和区政府推进工作提供参考。

二　完善制度

2007—2010年，建立执法检查、规范性文件备案审查、听取和审议专项工作报告办法等10项制度，修改完善常委会议事规则、人事任免、预算审查监督办法等13项制度。主任会议成员坚持每月学习常委会工作制度和法律法规，增强按制度议事行使权力的自觉性。

三　信息宣传

2007—2010年，建立信息宣传工作目标责任制，每年定期召开人大信息宣传工作会议。编写《人大工作信息》，增加宣传栏目，拓宽宣传领域，充分发挥宣传理论、反映动态、交流经验、指导工作作用。加强与市人大及有关媒体的联系，扩大区人大工作影响，每年在各类媒体报道人大新闻、信息、理论文章200余篇。

红桥区志

第十四编

地方人民政府

1980—2010年，选举产生8届区人民政府。历届区人民政府在市委、市政府和区委领导下，在区人大及其常委会和区政协监督支持下，实施多方面重要决策，团结和带领全区人民，圆满完成区委和历届区人民代表大会确定的目标任务，全区经济呈现持续、快速、健康发展态势。

80年代中期起，政府职能转变力度逐渐加大，由单纯依靠行政手段管理，向以经济手段与行政手段相结合管理方向转变。内容不断深化，由侧重机构撤并、人员调整分流，逐渐向政府职能转变、加强自身建设推进。2004年，围绕建设“法治型、服务型、实干型、节俭型”政府目标，深化政府机构改革，政府职能按照规定和社会发展要求，实现政企分开、政事分开，从管理为主转变到市场监督、社会管理和公共服务上来。经济和城市建设取得长足进步，教科文卫体全面发展，各方面条件得到改善；社会事业发展迅速，城乡保障体系形成。信访、法治建设、信息化管理等职能作用充分发挥，使政府机制运作和经济社会建设得以顺利进行。

2009年10月29日，天津西站城市副中心发展论坛召开
（区委宣传部提供）

2010年6月28日，参加津洽会红桥展厅全景
（区委宣传部提供）

2010年6月18日，区召开天津光荣道科技产业园招商推介会（区委宣传部提供）

第一章　区人民政府

1980年，恢复区人民政府。至2010年，区长负责政府全面工作，常务副区长协助区长主持日常工作，其他副区长按照分工负责有关委办局（公司）工作。区长、副区长由区人民代表大会选举产生，区长助理由区政府任命，各工作部门负责人由区人大常委会任命。

第一节　办事机构

一　常设机构

1980年，政府内设机构调整，党政合署办公机构分开，撤销财贸组、文教组，成立财贸办公室、民政科、文化科、人事室和环境保护办公室。1983年，办公室原内设档案科升格为区政府直属科室，1989年更名为档案局。1984年，撤销集体经济办公室。1985年，文化科、民政科改称文化办公室、民政办公室。1987年，恢复集体经济办公室，与生产服务管理局合署办公，一套机构，两块牌子。增设经济协作办公室、计划生育办公室、街道委员会和商业委员会，计划生育办公室改称计划生育委员会。撤销街道办公室、财贸办公室。1988年，民政办公室改称民政局。增设统计办公室、研究室。研究室与体制改革办公室合署办公，一个机构，两块牌子。1989年，文化办公室改称文化局。1990年，增设机构编制委员会办公室，法制办公室。1991年，增设侨务外事办公室。1992年，计划委员会与集体经济办公室合并，成立计划经济委员会。撤销红桥实业公司，成立直属企业局。

1996年，对政府工作机构进行全面调整和重新设置。保留办公室、研究室、城市建设委员会、商业委员会、街道委员会、计划生育委员会、市容管理委员会、科学技术委员会、体育运动委员会、信访办公室、经济协作办公室、法制办公室、人民防空办公室、人事局、监察局、文化局、卫生局、劳动局、财政局、审计局、工商行政管理局、物价局、技术监督局、民政局、司法局、园林管理局、环境卫生管理局、市政工程管理局、房地产管理局、公安分局。撤销计划经济委员会，组建计划委员会、对外经济贸易委员会、经济委员会，集体经济办公室并入经济委员会。民族事务委员会改为民族宗教事务委员会，教育局更名为教育委员会，环境保护办公室更名为环境保护局，统计办公室更名为统计局。组建地震办公室，由人民防空办公室管理。组建国有资产管理局，由财政局管理。企业管理局改组为经济实体，行政职能转交经济委员会。

2001年，启动机构改革。政府设28个工作部门和3个部门管理机构。保留办公室、科学技术委员会、市容管理委员会、对外经济贸易委员会、监察局（不计机构个数）、民政局、司法局、财政局、人事局、劳动和社会保障局、卫生局、统计局、审计局、环境保护局、房地产管理局、环境卫生管理局、经济协作办公室、研究室、法制办公室、信访办公室等。计划委员会更名为发展计划委员会；城市建设委员会更名为建设管理委员会；计划生育委员会更名为人口和计划生育委员会；教育委员会更名为教育局；体育运动委员会更名为体育局；文化局更名为文化和旅游局；经济体制改革委员会更名为经济体制改革办公室，与研究室为一个机构两块牌子；民族宗教事务委员会更名为民族宗教事务办公室。撤销经济委员会、商业委员会，组建经济贸易委员会；粮食管理办公室更名为粮食办公室；在经济贸易委员会加挂粮食办公室、个体私营经济办公室牌子。撤销侨务办公室，其工作职能分别由区委、区政府有关部门承担。撤销街道委员会，在办公室加挂街道工作办公室牌子。撤销地震办公室，其工作职能由人民防空办公室承担。国有资产管理局并入财政局，在财政局加挂国有资产管理办公室的牌子。爱国卫生运动委员会办公室并入市容管理委员会，在市容管理委员会加挂爱国卫生运动委员会办公室牌子。成立安全生产监督管理局，与安全生产委员会办公室为一个机构两块牌子，设在经济贸易委员会。物价局由发展计划委员会管理；市政工程管理局、园林管理局由建设管理委员会管理。公安分局体制不变。

2009年，启动机构改革。组建人力资源与社会保障局，不再保留人事局、劳动和社会保障局。组建市容和园林管理委员会（城市管理委员会），不再保留市容管理委员会、园林管理局。市政工程管理局由建设管理委员会管理改由市容和园林管理委员会管理。环境卫生管理局由政府工作部门改为市容和园林管理委员会管理。将经济贸易委员会加挂粮食办公室牌子改在发展和改革委员会加挂粮食办公室牌子。经济协作办公室更名为合作交流办公室。组建商务委员会，不再保留经济贸易委员会、对外经济贸易委员会。将物价局职责划入发展和改革委员会，不再保留物价局。将信息化办公室职责划入政府办公室，不再保留信息化办公室。

2010年，区政府设政府办公室（督查室、应急办、信息化办）、发展和改革委员会（物价局、粮食办）、商务委员会、教育局、科学技术委员会（知识产权局）、民族宗教事务办公室（侨办）、民政局、司法局、财政局（国资委、金融办）、人力资源和社会保障局（公务员局）、房地产管理局、建设管理委员会、环境保护局、市容和园林管理委员会、文化和旅游局（出版局、版权局）、卫生局、人口和计划生育委员会、审计局、统计局、体育局、安全生产监督管理局、法制办公室（复议办）、研究室、信访办公室、合作交流办公室（招商办）、人民防空办公室（民防办、地震办）、监察局（不计政府机构个数）。

二　派出机构

2010年，设置派出机构11个，分别是西于庄街道办事处、邵公庄街道办事处、三条石街道办事处、铃铛阁街道办事处、芥园街道办事处、西沽街道办事处、丁字沽街道办事处、双环邨街道办事处、咸阳北街道办事处、大胡同街道办事处（大胡同管委办）、行政许可服务中心（审批办）。

第二节　历届区人民政府领导

1980—2010年，产生8届区人民政府区长10人。2010年，设区长1人，副区长7人（含1名区长助理）。

1980—2010年红桥区人民政府区长、副区长名表

表14-1

届　次	职　务	姓　名	任职时间	备　注
第八届	区　长	李　栋	1980年5月—1983年7月	
		赵滴土	代区长1983年7月—1984年5月	届中调整
	副区长	刘　玉	1980年5月—1983年7月	
		李梦书	1980年5月—1984年5月	
		高宝华	1980年5月—1984年5月	
		王立德	1980年5月—1984年5月	
		孟羽卿	1980年5月—1983年7月	
		刘露霙（女，回族）	1980年5月—1984年5月	
第九届	区　长	赵滴土	1984年5月—1987年2月	
	副区长	高宝华	1984年5月—1986年1月	
		李梦书	1984年5月—1987年2月	
		王立德	1984年5月—1987年2月	
		刘露霙（女，回族）	1984年5月—1987年2月	
第十届	区　长	张柏峰	1987年2月—1990年3月	
	副区长	王立德	1987年2月—1990年3月	
		隋文德	1987年2月—1990年3月	
		李仁智（回族）	1987年2月—1990年3月	
		张云间	1987年2月—1990年3月	

续表一

届 次	职 务	姓 名	任职时间	备 注
第十一届	区 长	王立德	1990年3月—1992年9月	
		王世新	代区长1992年9月—1993年3月	届中调整
	副区长	隋文德	1990年3月—1991年12月	
		张云间	1990年3月—1993年2月	
		李仁智(回族)	1990年3月—1993年2月	
		吴运钦	1990年3月—1993年2月	
		王怀仁	1990年3月—1993年2月	
		肖先让	1990年3月—1993年2月	
		王世新	1991年12月—1992年9月	届中调整
		赵金樑	1992年9月—1993年2月	届中调整
第十二届	区 长	王世新	1993年2月—1998年1月	
	副区长	王怀仁	常务副区长 1993年2月—1998年1月	
		李仁智(回族)	1993年2月—1998年1月	
		肖先让	1993年2月—1998年1月	
		赵金樑	1993年2月—1998年1月	
		于兆春	1993年2月—1998年1月	
		张少华	1993年2月—1998年1月	
		李红梅(女)	1995年9月—1998年1月	届中调整
		万德琦	(区长助理) 1993年2月—1998年1月	
第十三届	区 长	王世新	1998年1月—2002年1月	
	副区长	王怀仁	常务副区长 1998年1月—2002年1月	
		赵金樑	1998年1月—2002年1月	
		肖先让	1998年1月—2002年1月	
		李红梅(女)	1998年1月—2002年1月	
		马广智(回族)	1998年1月—2002年1月	
		张怀亭	1998年1月—2001年12月	
		王 竞	2002年1月—2001年12月	届中调整
		沈奎林	2002年1月—2001年12月	届中调整
		任雨来	2002年1月—2001年12月	届中调整
		万德琦	(区长助理) 1998年1月—2002年1月	
第十四届	区 长	王怀仁	2002年1月—2007年1月	
	副区长	任雨来	常务副区长 2002年1月—2003年2月	
		黄禄衡	常务副区长 2003年2月—2007年1月	届中调整
		李红梅(女)	2002年1月—2007年1月	
		马广智(回族)	2002年1月—2007年1月	
		王 竞	2002年1月—2006年10月	
		沈奎林	2002年1月—2007年1月	
		由明胜	2004年10月—2007年1月	届中调整
		卢志永	2006年9月—2007年1月	届中调整
		杜忠晓	2006年10月—2007年1月	届中调整
第十五届	区 长	马广智(回族)	2007年1月—2008年4月	
		张泉芬(女)	2008年4日—	届中调整
	副区长	卢志永	常务副区长2007年1日—	
		张学信	2007年1日—	
		沈奎林	2007年1日—	

续表二

届　次	职　务	姓　名	任职时间	备　注
第十五届	副区长	杜忠晓	2007年1日—	
		姜德志	2007年1日—	
		华长虹(女)	2007年1日—	
		冯贺起	(区长助理)2007年1日—	

第三节　重要会议

一　政府成员(扩大)会议

由区长、副区长和区政府工作部门主任、局长组成，由区长或区长委托常务副区长召集和主持。会议主要任务是决定和部署区政府重要工作，研究和通报全区经济、社会发展形势。一般每季度召开一次，根据情况安排各街、委、办、局、公司行政副职以上领导参加；根据需要邀请区委、区人大常委会、区政协、区人民法院、区人民检察院领导和区委有关部、委、办以及有关人民团体、民主党派、工商联等单位和部门负责人列席会议。此外，根据需要邀请区党代表、人大代表、政协委员列席会议。至2010年，政府组织召开政府成员(扩大)会议244次。

二　区政府常务会议

由区长、副区长、区政府办公室主任、武装部领导组成，由区长或区长委托常务副区长召集和主持。会议主要任务是传达贯彻市委、市政府和市有关部门的重要会议、文件精神以及区委重要决定、工作部署；研究审议全区国民经济和社会发展长远规划、年度计划、区级财政预算；审议通过由区政府制订和发布的规范性文件；研究审议需要向市政府请示、报告或者向区委、区人大常委会报告和向区政协通报的重要事项，讨论和通过提请区人大常委会审定的议案和提请区人民代表大会审议的政府工作报告草案；讨论决定区政府工作计划和事关全局的重大事项，以及根据有关规定需要由区政府常务会议决定的事项；讨论决定区政府管辖干部任免、奖惩事项；讨论决定区政府各部门请示区政府的重要事项；讨论决定区政府其他事项。一般每月召开两次，如遇重要情况，随时召开，安排区政府办公室副主任、区政府有关部门主要负责人列席；涉及人民群众切身利益的事项，邀请区人大代表、区政协委员列席。至2010年，区政府常委会议召开558次。

三　区长办公会议

由区长、副区长、区政府办公室主任组成，由区长或区长委托常务副区长召集和主持。会议主要任务是研究需要区政府统筹协调的重要工作或重大活动；研究区政府各部门向区人民政府请示的涉及全区重要事项；分析形势，通报情况，部署工作，通报和讨论区政府其他事项；研究处理区政府日常工作中重要问题。一般每月召开两次或每周召开一次，遇紧急事项随时召开。安排区政府办公室副主任、区政府有关部门主要负责人列席；根据需要安排与议题有关的区政府部门负责人列席。至2010年，区长办公会议召开713次。

第四节 政府职能转变

一 依法行政

实行行政审批制度改革以规范事权，实行财税管理制度改革以规范财权。2007年，推行政务公开，简化办事流程，营造一流投资环境，按照“设计一流、功能齐全、适度超前、以人为本”设计理念，投资建设行政许可中心办公大楼，设70个服务窗口，30个现场审批室对外服务。2008年，全区33个部门、220项行政许可服务事项统一在大厅办理。启动并运行投资类联合审批窗口，实行“一窗统一接件，同步效能登记，审批时间和自然时间双限时，全程帮办领办服务”运行机制。2009年，成立并运行企业联合审批窗口，对企业申办实行“一窗办理”。2010年，深化行政审批制度改革，审批服务效能全面提高。

二 政企分开

1981年，工商企业开始推行经营承包责任制，实行扩大企业经营自主权，减少政府行政干预，建立厂长负责制。政府职能开始逐步由单纯依靠行政手段管理，向以经济手段与行政手段相结合管理方向转变。

1984年，商业系统推行以集体承包为主多种形式经济责任制，自发组成小集体，开辟新网点。1986年，放开企业经营权，促进企业所有权与经营权分离，国营商业、饮食、服务等小型企业实行“改转租”，推行租赁、承包经营；部分小型零售商业、服务业企业出售给集体或个人经营；中型企业推行厂长（经理）负责制。1988年，112个局、公司和基层店有93个全面实行经理负责制。1995年，出台《实行股份合作制暂行办法》，全区组建20家股份合作制企业，431家小型国有企业实行国有民营，290家国有商业企业、区街集体企业推行不同形式风险抵押承包。

2002年，推进以股份制为主要形式的国有商业行政性公司产权制度改革。全区11家商业行政性公司，有9家完成改制，组建17家有限责任公司。

2004年，国有资本从改制企业中全部或逐步退出，建立企业合理有效的股权结构，提高企业驾驭市场能力。区粮油贸易有限公司等4家企业将国有股权从企业中退出。2008年，向国内外公开招商，转让区商业国投公司持有的大胡同集团公司100%国有股权，经过拍卖竞价，以1.45亿元价格成功转让。2010年，经市产权交易中心挂牌转让，深圳宝能公司购买区商国投拥有天隆达公司100%股权，国有股权退出工作圆满完成。

第二章 主要工作

1979年，财政收入4588万元，完成基本建设投资411.14万元，在建工程面积4.54万平方米。1979—2010年，政府工作重点转移到以经济建设为中心，不断扩大改革开放，实施第六、第七、第八、第九、第十个五年计划和第十一个五年规划，使全区经济和社会发展取得长足进步。

第一节 经济建设

一 “六五”期间

1980—1985年，把经济建设、城市管理和安排人民生活置于首要位置。1985年，区级财政收入

7184.3万元，比1980年增长56.6%，年均增长9.4%。国营、集体、个体商业服务快速发展。财贸系统10个局公司总店网点846个。区街集体经济效益逐年增加，营业网点472个，产值1.58亿元，利润1405万元。个体工商户发展到6480家。建成具有传统特色的文昌宫民族食品街。

二 “七五”期间

1986—1990年，确定“科工贸建结合，大引进、上项目、靠市场、超常规”发展思路，在城市建设、区街集体经济、商业、金融、财政、教科文卫体等方面扩大改革开放，经济发展速度加快。加强对经济工作的领导，成立经济工作领导小组，确定内联引资、以外带内、以内促外、全面发展思路和“南商北工”经济布局。1990年，工业总产值1.15亿元，年均增长14.4%。商业销售总额8.95亿元，年均增长12.3%；财政收入1.01亿元，年均增长6.3%。个体工商户5295家，市场成交额1.98亿元，年纳税额928万元。完成“七五”计划经济任务。

三 “八五”期间

1991—1995年，制订《红桥区科技兴区战略规划》，推动产业结构调整，实现城建带动，增强第三产业，优化第二产业，经济稳定快速增长。1995年，实现国内生产总值7.8亿元，年均增长26.5%；实现工商收入23亿元，年均增长17.9%，比“七五”时期增长7个百分点；实现工商利润总额1.15亿元，年均增长19.3%，比“七五”时期增长13个百分点；三项指标均实现五年翻一番。经济结构发生显著变化，第二、三产业比例由“七五”末期18:82发展到“八五”末期14:86，第三产业年均增速比第二产业高出7.1个百分点。在经济增量中，个体私营经济、外资经济、股份合作经济所占比率较高。集市贸易成交额23.6亿元，是1990年的10倍。私营企业494家，五年增长54倍。三资企业实现零突破，发展到64家。

四 “九五”期间

1996—2000年，深化改革、调整和优化产业结构，继续坚持“城建带动，兴三（第三产业）优二（第二产业）”发展战略，加快调整经济发展布局，明确功能定位。2000年，实现地区生产总值21.58亿元，按可比价格为1995年的2.86倍，年均增长23.4%；实现地方财政收入1.47亿元，年均增长15%。科技进步对经济增长贡献率40%。全区90%以上国有企业实行改革。引进国内外资金78.5亿元。实现工业增加值1.9亿元，年均增长15.3%。商贸流通业规模不断壮大，实现增加值13.28亿元，年均增长31%。第三产业增加值占全区生产总值的84%。个体工商户6633家，私营企业1500家，个体私营经济年纳税额4500万元，增加值占全区增加值的1/3。

五 “十五”期间

2001—2005年，继续实施“城建带动、兴三优二”区域经济发展战略，推进经济结构调整，大力发展第三产业，优化升级第二产业。2003年，确定“一区、三圈、两园、一带”区域经济发展布局。2005年，实现地区生产总值40.35亿元，是2000年的2.5倍，年均增长20%；实现区级财政收入3.04亿元，是2000年的2.1倍，年均增长19.6%。服务业增加值35.16亿元，是2000年的2.6倍，年均增长21%，成为区域经济主导产业。非公有制企业1.3万家，注册资金总额21亿元。工业企业797家，实现工业增加值2.65亿元，比2000年增长73%。引进招商项目800余个。

六 “十一五”期间

2006—2010年，以京沪高铁—天津西站改扩建工程和西站城市副中心定位为契机，坚持“城建带动，强三优二”发展战略，各项经济指标不断提高。2007年，完善区域经济发展战略布局。2010年，实现地区生产总值93.92亿元，是2005年的2.3倍，年均增长18.4%；区级财政收入10亿元，是2005年的3.3倍，年均增长26.9%；五年完成固定资产投资248.5亿元，是“十五”期间的2.1倍；招商引资到位额253亿元，是“十五”时期的3倍。创建意库创意产业园。引进中铁隧道设计院等总部企业和浦发银行、深圳发展银行等金融企业分支机构。光荣道都市型产业园起步区启动建设。荣宝斋天津分店开业。估衣街、天津创意街等特色商贸街区建设初具规模。全面完成困难企业退出工作。非公有制企业总数1.62万家，注册资金43.45亿元。

第二节 城市建设

1980—1985年，住房基本建设竣工78.91万平方米，基本完成赈灾重建任务。完成河北大街东侧等8大片改造工程。改造红旗北路等道路，完成中环线红桥段拓宽工程，扩建勤俭桥和子牙河桥。建成文化宫等大中型公建。新建或改建一批集装箱式密封垃圾转运站，撤销2000余个垃圾箱。综合整修丁字沽一号路等道路。全区植树94.1万株，新建一批中小型公园和庭院式绿化小区。咸阳北路街建成首个庭院式绿化居民区。城区绿化覆盖率从1980年的5.14%提高到15.57%，人均绿地面积1.61平方米。

1986—1990年，基本建设竣工106.78万平方米。1986年后，城市建设以危改为重点，着眼经济发展、环境改善和人民居住水平提高。1987—1995年，危陋平房改造基本建设433.2万平方米，竣工235.5万平方米。1994年，危改示范小区丁字沽八大里全面开工。丁字沽、工人新村二段等19万平方米小区相继建成，新村一段还迁工程竣工。全区机械清扫占干支道路的47.6%，水洗道路面积占22.1%。改建垃圾处理场。1990年，全区绿化覆盖率20.64%，人均绿地面积2.09平方米。

1991—1995年，基本建设竣工150万平方米。实施大胡同小百货批发商厦一、二期工程和凯莱赛商城等大型商贸设施建设。建成佳园北里和吴嘴居民住宅小区，对丁字沽工人新村一段、二段和河北大街四街坊等片区危陋平房进行改造。完成金钟桥翻建和新村五段、勤俭桥变电站增容、637局电话增容工程。打通芥园道，新建、养护、翻修道路67万平方米。新增住宅供热158万平方米，热化率由1991年3.42%提高到1995年的28.2%。新建绿地15.4万平方米，植树42万株。

1996—2000年，建成一批大型公建和基础设施项目，竣工308万平方米，拆除危陋平房177万平方米。建成中嘉花园等一批住宅小区。拓宽丁字沽三号路等6条道路，改造或重修金钢桥、井冈山桥、北洋桥。完成墙子河清淤工程。改扩建雨水、污水管道4.64万平方米。集中供热面积544万平方米，热化率70%以上。完成22条主干道路和部分重点地区环境秩序治理，综合整修15条道路。提升城区环卫工作水平，购置更新各类业务用车49辆，改造垃圾转运站设备，提升改造公厕。全区绿化面积255.6万平方米，绿化覆盖率26.5%，人均公共绿地3.78平方米。

2001—2005年，城市基础设施建设坚持“适度超前、优先发展”原则，改善公共服务设施和居民居住条件，完善城市道路交通网络，基本建成区域道路骨干网络，重点解决交通南北不畅问题。拓宽南运河南路和北路、北运河南路、营门西马路以及桥北大街，贯通咸阳路。配合实施地铁一号线北伸工程。加快住宅和公共基础设施建设，建成水厂东、先春园等32片小区。新建和改扩建22所中小学和9所医院，建设一批文化体育休闲娱乐设施，新增供热面积290万平方米。持续开展爱国卫生运动，9个街道和90%居民社区达到市容环境卫生先进标准。对全区主干道路和繁华地区建筑物进行整修，建成中环线等5条光带和铁路天津西站等5个光团灯光建设。发展道路机械化清扫作业和垃圾无害化处理，推行垃圾袋装化，加快公厕提升改造。

2006—2010年，完成拆迁267万平方米，安置居民和公建单位4.6万户。实施定向安置经济适用房项目建设。2007年，实施双环新苑土地资金自求平衡试点项目。启动百余万平方米和苑居住区建设。

陆家嘴广场、大丰路水游城、银泰大厦等重点商贸项目顺利推进。完成西青道快速路、西北半环快速路等工程，建成密云路立交桥等10座桥梁，实施光荣道等11条城市主干道路拓宽改造工程，对向东道等16条道路实施新建或整修。2008年，按照“市场化运作，企业化经营”原则，成立潞河环境建设公司，实现“政、事、企”分设和“建、养、管”分离。至2010年，连续3年进行大规模市容环境综合整治，完成近千栋幢体立面整修和楼区综合整修工程。提升西沽公园等精品园林景观，新增公共绿地面积159万平方米，全区绿化覆盖率41.1%。完成桃花园供热站等19个小锅炉410万平方米并网改造，新增供热面积约150万平方米。新建光荣道等13座公厕。

第三节　社会事业

1980—1985年，改建职业学校8所，小学恢复六年制。1985年，初中升学率69.37%，高考综合升学率53.1%。举办首届技术市场，为城市建设和中小企业提供技术服务。发展各种科普学会、协会25个。体育队伍8万余人，被评为市级“田径之乡”。新建或改建咸阳北路卫生院等4家医院。

1986—1990年，形成学校、家庭、社会三结合德育教育格局，建立普通教育、成人教育、职业教育一体化整体教育体系，开展社区教育。新建桃花园小学和西青道小学、民族幼儿园主体土建完工。中小学毕业合格率分别97.42%和97%，高考上线率提高到63.3%。举办科学文明家庭评选、科普大观园等多种科普活动，承办天津市第四届科技周活动开幕式。成立文化市场管委会，整顿全区书刊、音像市场。社区文化活动活跃，举办消夏纳凉晚会、金秋文化月等大型系列文化活动。制订全区体育10年发展规划，建立体育总会，举办少数民族运动会和群众体育节。中小学体育达标率97.6%。新建双环邨卫生医疗点，改造小西关门诊部，扩建红桥医院。

1991—1995年，小学和初中毕业率分别98.2%和99.3%，高考一次上线率55.8%。天津市第五十一中学晋升为市级重点中学，北洋职专、汽车职专被确定为省市级重点职业中专。创办10所民办公助学校。1995年，全区有中学38所，职业中等专科学校6所，小学67所。举办万盏花灯迎世乒、桃花艺术节、金秋艺术节等群众文化活动。改建提升红桥文化宫设施水平，少儿图书馆被评为国家二级少儿图书馆。开辟区、街两级文化活动场所，有步骤实施全民健身计划。成功举办1995年“可口可乐杯”全国奥林匹克足球复赛。在43届世乒赛开幕式上表演少儿武术。红桥医院晋升为二级甲等综合医院，红桥中医医院达到二级甲等专科医院标准。

1996—2000年，实施中小学布局调整，实现40余所学校调整重组，彻底改造基础薄弱校10余所。义务教育入学率保持100%。4所市重点中学全部实现初高中分离。实施素质教育课题“激励教育”改革实验。1996年，完成“科技兴区”各项任务指标。基本实现“人人享有卫生保健”战略目标，建立区预防保健中心，对6所一级医院实行合并重组，建成3所二级医院。

2001—2006年，儿童入园率87.22%，义务教育入学率100%，高中阶段教育普及率100%，建成3所全国高中示范校，中等职业学校由10所调整为3所，国办中小学、幼儿园由2000年的81所减少到56所。建立公共卫生检测中心和艾滋病初筛实验室，以红桥医院为龙头的4所二级医院整体实力不断增强。在各项文艺赛事中，获全国奖项41个，市级奖项397个。区少儿图书馆被评为国家一级馆，区文化馆被评为国家二级馆。5个街道被国家体育总局授予全国城市体育先进社区称号。

2006—2010年，新建或改扩建红桥医院等社会事业项目。素质教育全面推进，教学质量连年提升，中、高考屡创佳绩。深入实施低成本、广覆盖社区卫生服务新模式。文化载体资源得到整合提升，区文化馆、图书馆、少儿图书馆等文化设施完成馆址置换改造。非物质文化遗产保护工作取得突破，“回族重刀”被列为首批国家级非遗项目。全区健身路径145条，健身人群24.3万余人。

第四节　信息化建设

一　基础信息网络平台建设

2008年，建成信息中心机房，成为区党政机关网络设备汇聚中心、信息资源共享与交换中心。为区行政许可服务中心、财政局财会业务网络、统计局统计专网、法制办市级联网、数字城管平台提供服务支撑，最大限度减少空间、人员和资金使用，初步实现资源共享。是年，有47个行政单位政府信息公开，建立区政府信息公开网络平台。2009年，区政务网站群试运行，54个单位建立子网站。

2003年，筹建区政府办公室电子办公内联网。2004年正式启用。2009年，完成办公内联网升级改造，覆盖全区107个单位，实现公文网上传输，为实现无纸化办公和提高公文传输效率打下基础。实现部门与市主管部门间互联互通、信息共享和业务协同。2010年，建成政务专网接入12个部门和单位。

二　教育、文化信息网络建设

1999年，教育局在教育中心设立现代教育技术及信息网络中心，2005年更名为区教育技术应用研究室。1999年，建立并发布红桥教育网络信息港网页，后建立红桥教育网站。2003年，区教育系统接入天津教育科研宽带网，在天津三中举办“校校通”开通仪式，大多数中小学接通教育网。2007年，接入10兆公网出口。2010年，教育网络覆盖全区教育系统，发布各类教育信息4万余条，自主建设教学视频资源近千个小时。

2007年，在全国文化信息共享工程推动下，建立电子阅览室40台计算机，网络接口4兆，建立红桥区图书馆共享工程红桥支中心网站。2010年，升级为10兆带宽。是年，红桥文化旅游网，挂靠在区图书馆服务器上试运行。

三　服务信息网络建设

2003年，社区卫生服务类科研项目《社区医疗保健信息服务系统》在区立项并启动实施。近30万居民健康档案资料输入网络系统，实现居民健康档案电子化，保健管理计算机化。9所社区卫生服务中心医疗收费全部实行计算机操作，结束手写票据历史。2007年，婚姻登记实行网上登记并实现全市联网。2009年，咸阳北路街道启动数字化建设，完成数字信息管理服务系统，即监控指挥系统、办公自动化系统和“民便康”公共服务系统。建立本溪社区数字信息管理工作站试点，启动“电子民生”平台项目。

四　房地产管理信息网络建设

2002年，成立“数字房管”信息化建设领导小组，实施信息网络建设一期工程，完成产权产籍网络升级和地理信息系统挂接工作。住户可公开查询进件所需要件，随时获知进件后的运作环节，查出每户分层、分户图和相关数据。2004年，开通房地产综合信息网，对二手房交易、租赁业务，实现网上公开查询、提交申请、下载合同。

五　城市管理信息网络建设

2008年，启动城市管理监督指挥中心数字化管理平台建设，2009年投入使用。城管通传送信息及各单位处置结果正式纳入日常考评，信息采集员对10个街道128个责任网格内进行全天候不间断巡查。采用“万米单元网格管理法”“事、部件分类管理法”模式，实现城市管理数字化。

六　企业信息化建设

2004年，启动红桥电气产业园孵化器资源信息管理系统项目。通过网络技术与数据库应用，孵化器内企业可以及时准确获得供求信息流动、信息管理与分析、政策把握与利用等多种服务，实现互联互通、资源共享，2007年投入使用，2010年接入使用75个。

2010年，建立BBC电子商务平台，大胡同淘宝网与大胡同50万平方米超大商圈互为依托，利用万余个商户资源，完善商贸区多元化经营模式。

第五节　行政许可审批

一　行政许可服务中心

2007年，筹建行政许可中心大楼，投资3000万元，总建筑面积9800平方米，大厅设70个服务窗口，30个现场审批室，配置滚动屏幕、电子触摸屏，采用先进信息技术软件系统，实现行政审批和行政效能监察一体化。引进银行、律师事务所、税务事务所、会计事务所、商务中心、休息区等便民设施，为办事人员提供人性化服务。2008年，行政许可服务中心试运行。2009年，正式运行。引入10兆光纤用于审批专网及日常办公网络，建立网上审批系统和电子监察系统，与市行政服务中心联网，启动政府信息公开查阅服务中心。2010年，完成行政审批管理与行政效能监察应用系统全面升级。受理办结单1.04万件，投资项目25项，总投资额56.59万元。为企业申办审批500项。

照14-1　行政许可中心大楼外景
（区行政审批局提供）

二　行政许可审批服务

2008年，行政许可服务中心正式启动运行，28个行政审批部门5个市属驻区部门220个行政审批事项进驻许可中心，正式对外办公。区政府提出行政审批主体、行政审批事项、行政收费必须进许可中心“三必进”原则。制订《红桥区行政审批管理办法》，向社会公开行政审批事项和行政审批流程。是年，对投资类项目设立联合审批窗口，设专人负责协调区发展改革委等审批部门，实行“一窗统一接件，同步效能登记，审批时间和自然时间双限时，全程帮办领办服务”运行机制。授予进驻许可中心首席代表行政审批权。成立代理代办服务中心，在办事大厅设代理代办服务窗口，服务人员50余人。对所有企业及项目投资实施全程免费代理代办，对重大投资项目开辟绿色通道，达到全覆盖。确保一个项目联合审批自然时间在140天之内，各个单项审批实行“双限时”。2009年，设立企业联合审批窗口，协调区工商局等审批部门，对企业实行一窗办理，包括取得营业执照、公章、机构代码证和税务登记证，办理时限5个工作日之内。2010年，实现全区审批服务逐年提速20%。

第三章 人事管理

改革开放后，区内成立政府人事管理机构，后不断增加职能，成为人力资源、社会保障和公务员管理的综合管理部门。20世纪末，实施用人制度改革，开始向社会公开招考公务员。21世纪初，实行机关科级干部竞争上岗和职位轮岗，安排干部进行交流锻炼。对公务员和参公人员开展各种培训，提高政策法规和工作技能水平。对事业单位实行职称评定制，为区街集体企业引进人才，实施事业单位招聘制改革，在事业单位推行全员聘用制，进行事业单位岗位设置核准。完善退休干部管理，保障退休金发放。对国家机关、事业单位实施工资制度改革，建立结构工资制。确保教师绩效工资、退休干部生活补贴及时到位，按时为干部发放各种补助、补贴，保障福利待遇，建立体检和带薪休假制度，使干部管理逐步纳入制度化轨道。

第一节 机 构

1979年，成立人事室，负责全区委、办、局、街、公司行政、企事业单位的人事综合管理工作。1989年，内设干部管理科、调配科、奖惩科、工资福利科和科技干部管理科。1991年，组建人才交流服务中心，为事业单位。1992年，奖惩科与干部科合并为干部管理科，增设秘书科。1993年，人事室对外称人事局，为一个机构两块牌子。1998年，成立区人事局，内设办公室、流动调配科、考核任免科、专业技术人员管理科、工资福利科、社会保险与退休人员管理科和教育培训科。2002年，内设机构调整为办公室、专业技术人员管理科、考核任免科、流动调配科、工资福利与退休人员管理科和人事争议仲裁科。机关事业单位社会保险及其基金管理职能移交区劳动和社会保障局。2010年，成立人力资源和社会保障局，原人事局、劳动和社会保障局编制撤销，职责整合划入红桥区人力资源和社会保障局，挂公务员局牌子。

第二节 公务员管理

一 考试录用

1998年，采取笔试、面试考核程序，面向社会公开招考公务员53人。2002年，公务员招考工作纳入正常化。1998—2010年，公开招考录用公务员301人。

1998—2010年红桥区公务员招录情况统计表

表14-2

年份	招录人数	年份	招录人数	年份	招录人数	年份	招录人数
1998	53	2002	37	2006	10	2010	10
1999	–	2003	40	2007	37	合计	301
2000	–	2004	26	2008	37	–	–
2001	–	2005	17	2009	34	–	–

二 考核奖惩

1979年，行政事业单位恢复奖励制度。1982年，奖励同考核相结合，在行政事业单位干部中开展考核评比活动，评选出的先进工作者，授予奖状和物质奖励，对有特殊贡献的给予晋级奖励。1992年始，连续3年设置“百名功臣奖”，每年年底行政事业单位和企业开展评选活动。1994年始，每2年对行政机关公务员进行职务考核。胜任岗位职务的给予升级或提职，不胜任岗位职务的降职降级或下岗培训。2001年，规范审批、收费、处罚及文明用语、服务措施等执法行为形象标准。在行政管理部门和执法队伍中开展“做人民满意的公务员”活动，印发《开展做人民满意公务员评选活动实施意见》和街道系统《关于评选十佳公务员活动方案》。2002年，结合“支企服务，百日督查”活动，开展第一届人民满意公务员和集体评选表彰，评选并表彰7名“人民满意的公务员”和5个“人民满意的公务员集体”。2003年，评选一批在抗击“非典”中表现突出的公务员作为市、区级“文明服务示范岗”。2005年，对4个文明服务示范岗走访和考核，取消因工作岗位发生变化示范岗资格。开展“认真践行‘三个代表’重要思想，做人民满意的公务员”征文活动，征集29篇。组织学习《中华人民共和国公务员法》百题知识测验和竞赛，1500人参加。2006年，开展“培育和弘扬公务员精神，争做人民满意的好公仆”主题教育活动。2007年，实行对年度考核为优秀的公务员嘉奖，对年度考核连续3年为优秀的公务员记三等功。2007—2010年，有570人获得嘉奖，45人立三等功。2008年，制订《红桥区国家公务员考核实施意见》《红桥区国家公务员辞职辞退实施意见》《科级及科级以下公务员考核规定》。完善和规范机关事业单位年度考核审核、备案和总结。2010年，全区考核991人，其中称职833人，优秀123人。

三 选拔任用

2003年，制订《行政机关科级干部竞争上岗实施意见》《国家公务员职位轮换（轮岗）实施意见》《党政机关提拔科级领导干部实行任职试用期制度的有关规定》。选拔任用科级干部实行公布职位、公开报名、资格审查、笔试、述职答辩、民主测评、组织考察、任前公示、决定任命和试用期等程序。2005年，制订《党政机关推选科级干部竞争上岗实施办法》，规定用人单位出现职位空缺，由党委（党组）集体研究提出调整意见，制订干部选拔任用实施方案，向区干部主管部门提出审核申请，严格按照实施方案规定的职位、任职资格条件和程序组织实施。2008年，引入干部交流机制，选派12名科级及以下干部到市级机关进行为期半年的交流锻炼，组织17名科级及以下干部到区有关部门交流锻炼。2009年，选派5名干部到市主管单位、对口部门学习锻炼；选派审计局10名干部组成5个审计组，对建委、城管委、教育局、卫生局和区重点项目进行审计。选派10名综合执法局干部，派驻街道办事处任城市管理协调员。是年，安排43名科级以下干部到区重点工程、关键岗位、重要部门进行为期一年的交流锻炼。2010年，印发《科级干部选拔任用工作实施办法》《科级干部竞争上岗工作实施办法》。2003—2010年，有669人（次）通过竞争上岗走上科级岗位。

四 教育培训

2001年，对机关公务员和参照公务员法管理事业单位工作人员开展更新知识、提高工作能力在职培训，内容涉及计算机应用能力、依法行政、电子政务、公文写作与处理、公共危机管理及政策法规等。2001—2010年，在职培训1.06万人次。

2002—2008年，组织82名新录用公务员参加市人事局统一组织的初任培训。2009年后，新录用公务员除组织参加市局培训外，在区委党校以党史讲座、区情概况、政务礼仪、依法行政等内容进行培训，至2010年有83名新录用公务员参加初任培训。2008年始，每年对晋升科级职务公务员以政治理论、领导科学、政策法规、廉政教育及相关业务知识为内容进行任职培训，至2010年有128人参加任职培训。

第三节　事业单位管理

一　职称评定

1982年，对全区事业单位专业技术人员进行摸底调查。1987年，在全区51个事业单位中开展职称评定工作，评定14个专业技术职务系列，评出各级专业技术职务345人。1988年，在企业及部分单位中进行专业技术职务评定工作，评出各级专业技术职务1695人。1990年，在企业中开展政工干部专业职务评定工作。1991年，评定高级政工师资格8人，政工师资格103人，助理政工师资格141人，政工员27人。1994年，在全区事业单位中开展思想政治工作人员专业职务评定工作，有77人获得高级政工师任职资格，26人获得政工师任职资格。执行《关于企事业单位经常性评聘专业技术职务工作中有关政策外的规定》，对企事业单位每年进行专业技术资格申报及评定。1995年，在政工专业人员中实施继续教育，每三年一次，时间不少于12天。是年，成立区政治思想工作人员中级专业职务任职资格评审委员会，评出政工师115人，助理政工师84人，政工员13人。1996年，政工师评定聘用工作转入常态化，其中高级政工师资格由区政工职评办审核后报市评审，中级及初级职务任职资格由区评委负责评审。1994—2010年，2343人获专业技术资格，其中高级职称323人，中级职称405人，初级职称1615人。731人获得政工专业职务任职资格，其中高级政工师125人，政工师338人，助理政工师、政工员268人。

2002年，对区属专业技术人员每年开展继续教育培训，每年考核结果记入专业技术人员继续教育证书内。2003年，对区属政工人员每年进行继续教育培训，至2010年有1679人次参加专业技术人员继续教育培训，有1546人次参加政工专业继续教育培训。

二　干部调配

1978年，恢复和新建单位调配和录用大批干部。区机关和企事业单位中1784名“以工代干”人员转为干部。1987年，制订实施《关于区街集体企业引进人才的暂行办法》。1991年，制订实施《关于区街集体企业引进人才的暂行规定》，面向社会公开招聘，区街企业引进一批具有一定技术专长和经营管理水平的科技人员，包括工程技术人员、管理人员和技术工人。1979—1995年，全区录用应届毕业生1222人、社会录用干部434人、安置军转干部175人，其他调配入区3302人，区内调整1071人，调出2689人。2000年，制订实施《事业单位招聘工作人员暂行规定》。2001年，发出《关于加强事业单位人事调配管理工作的通知》，规范全区人员调动、人才引进工作办事流程和制度。1996—2006年，全区录用应届毕业生2909人，安置军转干部57人，其他调配入区2032人，区内调整889人，调出726人。2007年，事业单位面向社会公开招聘。2007—2010年，全区面向社会招聘592人，其中大专学历92人，本科学历439人，研究生学历61人。安置军转干部28人，其他调入207人，区内调整250人，调出131人。

1979—2010年，调入10958人，其中干部调入6142人，军转安置260人，学生录用分配4723人，工人入区93人；调出3546人，其中干部调出3542人，工人调出4人；区内调动2210人，其中干部调动2156人，工人调动54人。

三　聘任制改革

2003年，拟定《红桥区事业单位实行人员聘用制工作实施办法》，2004年开始试点。180个事业单位有171个单位推行全员聘用制。2005年，170个事业单位与9666名工作人员签订聘用合同。2007年，对区属事业单位岗位设置、结构比例及人员基本情况进行调查摸底，以红桥医院为试点单位模拟运行。2008年，完成89个事业单位岗位设置管理第一阶段工作。2010年，178个事业单位、1.08万个岗位完成岗位设置核准工作。

四 人事争议仲裁

2002年，设立人事争议仲裁机构。2003年，制订《关于进一步加强人事争议工作调解的通知》《红桥区人事争议仲裁庭开庭程序》《人事争议仲裁工作指南》。2002—2010年，接待咨询346人次。其中，提出仲裁申请259人次，立案受理18件，调解处理16件，开庭审理9件。有216人次提出的仲裁申请不在受理范围之内。

五 退休管理

1980年始，退休干部管理工作列入人事管理范围。对年满60岁男性干部和年满55岁女性干部办理退休手续和日常管理，按月发放退休金，组织文体活动和参加力所能及的社会活动及经济活动。人事局设立退休干部管理委员会，负责退休干部管理。

第四节 工资福利

一 工资

1985年，全区国家机关、事业单位实施工资制度改革。梳理工资关系，建立以基础工资、职务工资、工龄津贴、奖励工资组成的结构工资制。1993年，全区国家机、关事业单位实施工资制度改革。除工勤外实行职务级别工资制（简称为职级工资制），机关工人分为技术工人和普通工人，技术工人执行岗位技术等级（职务）工资制，工资由岗位工资、技术等级（职务）工资和奖金组成；普通工人执行岗位工资制，工资由岗位工资和奖金组成。事业单位按照专业技术人员、职员和工人，分别执行不同的工资制度，按照经费来源不同，以不同比例发放津贴。2009—2010年，实施统一绩效工资。公共卫生事业单位基础性绩效工资总量与奖励性绩效工资总量所占比重按7:3确定。各基层医疗卫生事业单位的基础性绩效工资总量与奖励性绩效工资总量所占比重按6:4确定。

二 福利

（一）夏季防暑降温补贴 1979年，标准为每人每月15元。1999年，调整为每人每月25元。2003年，调整为每人每月45元。2008年，防暑降温月标准按上年度全市职工月平均工资的3%确定，每年6—9月按月发放或一次性发放。离退休人员与在职人员按同标准提取福利费，与在职人员同样享受防暑降温补贴。

（二）冬季取暖补贴 2004年，职工冬季取暖补贴标准，由135元提高到235元，2008年提高到335元。

（三）集中供热采暖补助费 2007年，凡享受集中供热的职工，包括离退休人员由职工所在单位每个采暖季每人增发集中供热采暖补助费185元。

（四）集中供热采暖补贴 2000年，机关科级以上行政人员在每个采暖季发185元集中供热采暖补助费的基础上，按月发放集中供热采暖补贴，标准为：副科级20元，科级30元，副处级45元，处级60元，副局级75元，局级90元。事业单位享受集中供热的职工，其集中供热采暖补贴标准由单位结合实际情况自行制订，但行政管理人员最高不超过上述对应的标准，专业技术人员中级30元，副高级60元，正高级90元。2004年，调整机关科级以上行政人员每月集中供热采暖补贴标准。副科级25元，科级40元，副处级55元，处级75元，副局级95元，局级115元。专业技术人员中级40元，副高级75元，正高级115元。

（五）丧葬费 1979年，国家机关、事业单位工作人员死亡后，给予死亡家属1000元丧葬费。2008年，按机关、事业单位职工、离退休人员因病、非因公死亡丧葬费，以全市上年度职工月平均工资为基数，按2个月计发。

（六）抚恤金 1986年，国家机关工作人员批准为烈士的，抚恤金为本人生前40个月基本工资，因公牺牲或死亡的一次性抚恤金，按其牺牲时20个月基本工资计发，病故的一次性抚恤金，按其病故时10个月基本工资计发。2004年，国家机关工作人员及离退休人员死亡，一次性抚恤标准调整为烈士本人生前80个月基本工资或基本离退休费，因公牺牲本人生前40个月基本工资或基本离退休费，病故本人生前20个月基本工资或基本离退休费。

（七）公务员体检制度 2001年，建立公务员定期体检制度，范围是国家行政机关、党群机关及依照公务员制度管理人员（包括离退休人员），体检周期两年一次。2009年，调整为一年一次。事业单位参照执行。

（八）休假制度 1985年，凡连续工龄满5年以上的党政机关工作人员，不满30周岁的，每年休假10天；年满30周岁至50周岁的，每年休假15天；年满51周岁以上的，每年休假20天。1992年，凡工作年限满5年以上的党政机关、人民团体和事业单位工作人员，工作年限满5年不满15年的，每年休假7天；工作年限满15年不满25年的，每年休假10天；工作年限满25年以上的每年休假14天。2009年，机关事业单位工作年限满1年以上的工作人员，享受带薪年休假。工作人员工作年限满1年不满10年的休假5天；已满10年不满20年的休假10天；已满20年的休假15天。

第四章 劳动就业

1980—2010年，打破统包统配的劳动就业管理制度，实行劳动部门介绍就业、自愿组织起来就业和自谋职业相结合。打开集体、个体经济就业渠道，拓展轻工业、服务业就业门路，就业面得到迅速扩大。区属许多企事业单位通过建立劳动服务公司，发展生产和服务事业承担安置本单位富余职工任务，发挥调解和“吞吐”社会劳动力“蓄水池”作用。实行劳动合同制，实施就业服务和职业培训等扶持政策，将国有企业富余劳动力逐步实现平稳转移。加强困难群体就业援助活动，公共就业服务保障维护企业和劳动者合法权益、构建和谐劳动关系。始终坚持以市场为导向，广开就业门路，不断缓解和解决不同阶段面临的就业矛盾，在计划经济管理走向市场调节和市场配置进程中起到重要作用。

第一节 机 构

一 沿革

1980年，区劳动局成立，内设办公室、劳动力调配科、劳动力保护科、工资保险科、知青科。是年，组建红桥区劳动服务公司，为下属机构。1985年，增设劳动保护监察科。1986年，增设劳动保险事业管理所，对区属国营、集体、外省市驻区企业的固定职工和全民单位劳动合同制工人实行退休费用社会统筹，负责退休养老基金的征集拨付，按月向市劳动保险事业管理处结算。1989年，增设职工待业保险基金管理科，劳动保护监察科分立为劳动保护监察科和锅炉科，增设人事科。1992年，增设财务科。1999年，更名为劳动和社会保障局。2002年，劳动和社会保障局内设办公室、财务科、人事科、工作计划管理科、养老保险科、失业保险管理科、医疗保险科、劳动监察科、劳动争议仲裁科、社会劳动力管理科、职业技能培训科、劳服经济管理科。

2010年，成立区人力资源和社会保障局（简称人力社保局），内设办公室、人事科、财务科、就业促进科、劳动服务管理科、培训科、劳动关系科、养老保险科（区劳动能力鉴定委员会办公室）、失业保险科、医疗工伤保险科（医疗保险办公室）、调解仲裁科（区劳动争议仲裁委员会办公室、人事争议仲裁委员会办公室）、劳动监察科、创业指导科、人力资源流动开发科、专业技术人员管理科（职称工作办公室）、事业单位人事管理科、机关事业单位工资福利科、考试录用科、考核监督科。

二　人员

2002年，编制29人。2010年，编制51人。

第二节　劳动力管理

一　用工方式转变

1980年前，劳动力管理实行劳动用工统包统配的计划管理。区劳动部门负责对失业人员进行登记，企事业单位招工必须通过劳动部门统一调配，基本上从学校毕业生中招收，不允许企事业单位自行在社会上招工。用工形式主要是国营、集体企业固定工和临时工。1981年，开始缩小统包统配范围，实行在政府统筹规划指导下，劳动部门介绍就业、自愿组织起来就业和自谋职业的劳动力管理形式。此后，用工体制逐渐向市场化、合同化转变。1980—1995年，为解决职工实际困难及企业正常人才流动，调出调入职工3900人次。1988年，实行待业人员求职证管理，开始出现劳务市场招工形式，单位招工计划由市劳动局审批，用人单位凭市劳动局批准的招工计划，到劳务市场洽谈招工。1988—1995年，安置待业人员3.3万人。1993—2010年，实行企业用工自主，企业在工资总额宏观调控下自行决定招工，劳动局不再审批招工计划。

二　临时工管理

1979年，为安置返城知识青年和城镇待业人员，开始对全区使用的临时工进行压缩清理，计划内临时工（除1971年前临时工）根据企业情况而定，多余部分该减则减；计划外用工，按照劳动力管理规定，原则上全部清退。清退还乡临时工的待遇，多数单位按照临时工参加工作年限计算补偿，对因犯错误被辞退或合同期未满自动辞退临时工，一般不予计算补偿。1994年，适应市场经济发展和各企事业单位招聘外来临时工需要，对重点企业开展劳务检查，办理有关手续，签发临时务工许可证。至2010年，办理外来务工人员临时手续、发放城镇临时务工许可证8318人次，办理农民工临时务工许可证1.54万人次。

三　劳动合同制

1984年，在国有企业、城镇集体企业新招职工中实行劳动合同制。1986年，在国有企业、城镇集体企业中试行合同制管理。1987年，有劳动合同制工人的国营企事业单位168家，有合同制工人3832人。1991年，有劳动合同制工人的国家机关、人民团体、企事业单位增加到234家，有合同制职工7713人，其中区属6个公司有合同制职工735人。1995年，实行全员劳动合同制。1997年，1146家企业全部与员工签订劳动合同。全区合同制职工18548人，其中区属国有企业128家，职工9128人，集体企业603家，职工5267人，三资企业4家，职工114人，其他企业411家，职工4039人。2010年，全区有企业职工6.76万人，劳动合同签订率100%。

第三节 退休管理

一 职工退休

1978年，执行基本养老金按照工作年限对应工资比例计发。因工致残完全丧失劳动能力，饮食起居需要扶助和不需要人扶助的，分别按本人标准工资的90%和80%计发。1995—1996年，计发基本养老金。1997—2004年，执行计发基本养老金。2006年，个人账户的规模统一由本人缴费工资的11%调整为8%，全部由个人缴费形成，单位缴费不再划入个人账户。2006—2010年，对计发养老金特岗不再折算缴费年限，提前退休不再减发养老金，间断缴费不再降低基数。

1987—1999年，审定工龄企业397家，职工19.5万人，核发职工养老保险手册162个单位17万人。办理享受社会统筹退休职工2.3万人。2000年，离退休人员养老金全部实行社会化发放，杜绝拖欠问题。为11个接受事业单位改制企业1500名职工审核连续工龄，为35个单位700余人进行特岗审核，审批退休手续3530人。2000—2010年，办理审定职工工龄2219人，核发养老保险手册3572人，审批各类退休5.96万人。其中，正常退休3.29万人，因病退休1.03万人，特岗退休1.58万人，工伤退休85人，劳模退休（含劳模病退）30人，企业破产退休494人，军转退休7人。

二 特岗退休

1978—1997年，凡从事井下、高温工作每年按1年零3个月计算连续工龄；从事有害身体健康工作每年按1年零6个月计算。办理特岗退休执行与1951年劳动保险条例相同。1997年，职工缴纳基本养老保险费年限由满10年修改为满15年。1997—2010年，个人缴费或视同缴费年限累计满15年的人员，可以办理退休。办理特殊工种提前退休在审查个人缴费累计15年以外，其他规定不变。2000—2010年，特岗退休职工1.58万人。

三 因病退休

1978年，男年满50周岁、女年满45周岁，连续工龄满10年，经鉴定完全丧失劳动能力后，由区级劳动行政部门办理提前退休。1993年，由工资科负责日常病退审批工作。1998年，劳动部门停止病退审批。1999年，恢复病退审批工作，男年满50周岁、女年满45周岁，因病或非因公致残职工，经市劳动能力鉴定委员会确认完全丧失劳动能力，可申请提前退休。2000—2010年，因病退休职工1.03万人。

四 劳动能力鉴定

1993年，审查、认定职工因公负伤、职业病和疾病，非因公负伤医疗终结，丧失劳动能力程度的报告并裁定伤残等级。1993—1997年，全区丧失劳动能力鉴定2794例，其中病退2289例，工伤146例，长期病休复工鉴定180例。1998年，丧失劳动能力鉴定工作、因病退休审批工作同时停止。1999年，天津市恢复病退审批工作，丧失劳动力鉴定工作由市劳动能力鉴定委员会全权负责。1999—2010年，全区丧失劳动能力鉴定4323人，长期病休复工鉴定104人，总计4727人。

第四节　就业服务

一　知青安置

1981年，办理回城知青3.5万人，为留在外省知青办理子女回城8522人。是年，撤销区知识青年上山下乡办公室，遗留问题由劳动局负责。至1987年，解决知青回津落户158人。其中，严重病残知青76人、安置37人、死亡5人、34人移交民政部门。全区知青仍在外地4204人，其中男1682人、女2522人。1988年，郊区、郊县转来267件《天津市索取原下乡知青证明材料函调表》，办理转回234件，调查核实33件。1989年，上报市劳动局32人，办理回城17人，知青子女回城29人，办理回城落户手续46人，经报批准回城落户23人，子女回城落户17人，补办知青子女户口4人，办理回城安置44人。1978—1995年，全区批准回城知青4.9万人、随迁子女7.2万人，审批知青子女回津8481人。1996年，知青回城安置工作主体基本结束。1997年，接待来信来访3175人次，审批回津落户121人。其中，知青子女25人。为知青本人及有关单位出具知青证明535份。

二　职业介绍

1980年，由劳动服务公司从事劳务培训，兼具职业介绍所职能。1980—1992年，就业工作以计划安置为主，招工计划由市劳动局统一审批。1993年，实行企业在工资总额宏观调控下自主招工。劳动服务公司从以劳务培训为主转向职业介绍。1994年，在劳动服务公司基础上建立劳动力市场，组织大型招聘供需洽谈会92场、进场企业237家、求职登记2060人，其中城镇待业人员1650人，企业富余职工和离退休人员410人，达成用工意向1233人。1995年，建立区职业介绍所。每月举办招聘洽谈会，协调发布用人单位资源信息，至2000年介绍下岗失业人员实现就业5.8万人。

照14-2　2007年，区职业介绍所在区政府礼堂举办第三届全国民营企业专场招聘会

（区人社局提供）

至2010年，职业介绍重点开发新增就业岗位、下岗失业人员再就业安置以及帮扶“4050”（女40岁以上、男50岁以上）就业困难群体实现就业。期间举办各类招聘会、用工洽谈会153次，开发新增就业岗位24.7万个，实现新增就业20.5万人。

三　技能培训

1980年，开展技能培训。1981年，开办烹饪技术培训班。1984年，建立职业技术训练中心，开设烹饪、缝纫、裁剪、电工、电气焊、司炉、无线电修理、制冷、花卉养植等专业。1992年，成立就业训练中心，为参训人员提供劳动保障法律、法规及就业培训咨询。1996年，就业训练中心增设国家职业资格鉴定所。具备职业技能初、中级鉴定条件，能够鉴定中式烹调师、无线电调试工、车工、钳工、电工等9个工种。1998年，成立红桥区再就业培训中心，培训专业增加到18个。1980—1999年，就业训练中心开办待业青年定向技能培训、三资企业负责人法律培训、企业劳资干部培训、特种作业安全技术培训、企业富余职工转岗培训、军地两用人才培训等培训班146个3.75万人参加。2000年，职业资格鉴定所增加计算机文字录入及系统操作等工种。2001年，培训对象由下岗职工转向失业人员。技能培训工作形成以就业训练中心为骨干，各类民办培训机构为补充的培训网络。2009年，就业训练中心对培训专业进行优化调整。至2010年，所设专业有花卉园艺师、餐厅服务员、养老护理员、制鞋工、酿酒工、电子设备装接工、无线电装接工、无线电调试工、车工、钳工、焊工、维修电工、塑料注塑工、化妆师、图形图像处理工。

2000—2010年，全区5.58万名下岗失业人员参加再就业培训，有1358人参加创业培训；为驻地部队培训军地两用人才7834人；开展职业技能鉴定387场5.23万人通过职业技能鉴定。

照14-3　2007年，区就业训练中心为部队学员举行民用技术理论考核　（区人社局提供）

第五节　就业扶持

一　社区平台建设

1998年，区划调整后有10个街道劳动服务公司。2001年，撤销劳动服务公司机构名称，各街道劳动服务公司更名为劳动保障服务中心。2002年，为每个街道劳动保障服务中心平台建设拨款6万元扶持资金，建立劳动保障中心服务大厅。2003年，街道劳动保障服务中心由10个调整为9个。选聘513名劳动保障协管员。2004年，按照每个街道劳动保障服务中心15万元、每个社区劳动保障工作站1.5万元的标准，完成9个街道劳动保障服务中心、171个社区劳动保障工作站。

二　劳动就业服务企业

1990年，各街劳动服务公司兴办数量不等的劳服企业。1990—2000年，全区劳服企业达到157家，安置失业人员和企业富余职工3894人。2003年，全区劳服企业实现国内生产总值（增加值）4100万元，销售收入2.9亿元，利润总额839万元，上缴税金470.2万元。1990—2004年，劳服经济为区六大经济条口之一。2004年，劳服企业不再担负经济统计职能。2008年，劳服企业所得税减免政策停止，退出历史舞台。

三　政策扶持就业载体

（一）非正规就业劳动组织　1999年，区内社区服务项目暂不办理工商营业执照，凭劳动部门核发“非正规就业劳动组织证书”进行经营服务活动，劳动部门按其安置人员情况给予一定的资金扶持。至2002年，组建非正规就业劳动组织314个，安置下岗失业人员1912人，拨付扶持资金48.64万元。

（二）服务型企业和商贸企业　2003年，新办服务型企业、商贸企业当年招用持“再就业优惠证”人员30%以上，签订3年以上期限劳动合同的，3年内免征营业税、城市维护建设税、教育费附加和企业所得税；对安置上述人员，劳动保障部门给予3年社会保险补贴。全区认定服务型企业52家，商贸企业1家，年均为4.2万余人次享受政策职工核拨社会保险补贴1650余万元。

（三）公益性公司　2001年，将公益性劳动组织列为非正规就业劳动组织形式。2003年，组织800人的消毒保洁队，是年647名消毒保洁队员转到其他公益岗位从事公益劳动。2004年，在区建委、公安分局、园林局、房管局、环卫局及各街道办事处等系统组建公益性公司34家，开发公益性岗位3700余个，获得市再就业资金拨付开办费补贴620余万元，至2010年每年获公益性和社会保险补贴均超过千万元。

（四）再就业基地 1998年，组建福顺再就业基地，安置下岗失业人员3000余人，得到市再就业资金扶持50余万元。2002年，福顺再就业基地注销。2006年，认定欣凯华手工编织中心、万事佳手工编织技术咨询服务有限公司为再就业基地，安置下岗失业人员特别是下岗失业女工。

四 小额担保贷款

2003年，启动小额担保贷款工作，凡下岗失业人员自主创业的，均可申请小额担保贷款。2005年前，贷款额度2万元，贷款期限2年，政府全额贴息。2005—2009年，对还款信誉好，经营有需求的创业者，增加3万元额度小额担保贷款。2009年始，小额担保贷款首次申请额度提高至5万元，对经营仍有需求的创业者，提供循环贷款支持。2003—2010年，为创业者申办小额担保贷款2062人次4700余万元。

第六节 劳动关系

一 劳动合同签订

1984年，首先向国有企业、城镇集体企业新招职工，推行劳动合同制。1986年，在国有企业、城镇集体企业中试行合同化管理。1987年，为45个公司、局，780余个单位1.2万名劳动合同制工人，补签劳动合同。1995年，开始实行全员劳动合同制，要求企业与全体员工签订劳动合同。劳动合同管理逐步纳入法治化、规范化轨道，至1997年国有企业劳动合同签订率100%，三资企业签订率96%。1999年，强化劳动合同法律效力，理顺和规范劳动关系，规范劳动合同签订、变更、解除、终止和续订各个环节。1996—1999年，审核鉴证劳动合同8.95万份。

照14-4 2010年，区劳动保障监察员向外来务工人员讲解劳动合同样本

（区人社局提供）

2000—2010年，加强全区和谐劳动关系建设。接待来访3.7万人次，政策咨询2.6万人次，审核鉴证劳动合同10.7万份。其中，国有、集体企业5.8万份，私营企业4.95万份。完善企业工资集体协商制度，审批备案5665家，审批备案率100%。

二 工资集体协商

1978年，由企业自主确定企业职工工资分配和管理，政府对劳动报酬总额宏观调控管理。1980—1999年，劳动报酬总额宏观调控13.4亿元。2000年，在用人单位与职工之间，以集体协商方式签订书面协议。2009年，全区96%国有企业、30%以上外资和私营企业实施工资集体协商。2010年，全区各行各业、各系统通过创建劳动关系和谐企业、深化共同约定行动、强化职工代表大会制度等措施，完善工资集体协商制度。是年，开展工资集体协商、签订工资集体协议的国有企业达同类企业100%，非公有制企业达同类企业80%，个体经济组织达同类组织60%。1980—2010年，年平均在岗职工7.4

万人，兑现劳动报酬总额66.2亿元。

1980—2010年红桥区从业人员劳动报酬统计表

表14-3

年份	人数	报酬总额（万元）	月工资标准	小时工资标准	年份	在职人数	报酬总额（万元）	月工资标准	小时工资标准
1980	7366	615.80	-	-	1996	115454	13411.30	270	1.60
1981	5239	597.50	-	-	1997	113337	14039.10	290	1.70
1982	3766	445.30	-	-	1998	104772	22634.50	—	—
1983	3992	355.10	-	-	1999	103207	23232.10	350	2
1984	17930	382.40	-	-	2000	98246	24715.40	—	—
1985	17695	485.20	-	-	2001	88075	30797.20	412	2.46
1986	17807	578.70	-	-	2002	73529	30635.60	450	2.70
1987	64784	728.20	-	-	2003	86729	34053	480	2.87
1988	82734	4444.60	-	-	2004	50254	38657	530	3.17
1989	88247	5018.40	-	-	2005	54168	40202.60	590	3.52
1990	91714	5155.30	-	-	2006	56762	42517.40	670	4
1991	127987	5529.10	-	-	2007	61726	55926.30	740	4.40
1992	127381	6693.40	-	-	2008	60220	63204.00	820	4.70
1993	121489	7538.50	-	-	2009	65701	74978.40	-	-
1994	120026	10521.10	-	-	2010	69301	92297.20	920	5.30
1995	117354	11568.60	-	-	合计	2216992	661958.30	-	-

第七节　劳动维权

一　劳动保护

1979年，区政府监察委员会、民政科、产业主管部门和工会组织，分别设置各系统内劳动保护监察机构。1980年，劳动保护监察工作划归区劳动局负责。女工、未成年工得到有效保护，对矽尘和有毒物质污染进行控制，培训提高特种作业人员专业素质，劳动保护管理体制形成。1985年，对驻区、区属工业企业实行监督检查，对建设工程进行审查和竣工验收、对驻区企业伤亡事故进行统计、报告和批复调查处理报告，对锅炉、压力容器的安装审批及运行情况安全监察。1988年，采取相应措施加强女工劳动保护。1994年，明确未成年人不能从事的劳动范围和定期进行健康体检的具体要求，对全区使用未成年工和非法使用童工情况进行专项检查。1995年，全区各单位落实女职工保护措施。

二　劳动监察

1985—2001年，开展各类安全培训考核3.97万人次，对4378台压力容器安全进行审批和安全运行监察，涉及企业2733家，处理因公伤亡事故130起。1988—2002年，组织女工安全保护检查30次，走访企业500余家，召开座谈会280场，对存在问题企业限期整改、完善制度。1995—2002年，开展“安全月”活动7次，专项检查28次，排除隐患397项，安全生产培训1.65万人。2002年，明令国家机关、企事业单位、民办非企业单位均不得招用不满16周岁未成年人，对78家企业实施《禁止使用童工规定》情况专项检查，对存在问题责令限期整改。1994—2010年，劳动保障监察组织大型执法检查192次，涉及用人单位1.2万家次，受理各类投诉举报案件1440件，补签劳动合同2.5万份，为劳动者追缴社会保险金、补发工资2971.24万元。

1994—2010年红桥区劳动保障监察情况统计表

表14-4

年份	接待来访咨询(次)	监察企业(家)	受理投诉(件)	补签劳动合同(份)	挽回损失(万元)
1994	84	137	112	230	-
1995	186	157	97	560	-
1996	390	244	100	431	-
1997	650	530	123	356	103
1998	1300	528	108	2561	21.70
1999	1890	532	93	400	137.30
2000	3161	556	32	200	20.39
2001	5187	558	30	404	7.55
2002	1200	557	117	1781	226.16
2003	1300	588	95	3200	989.26
2004	1270	1050	101	1300	292.30
2005	1960	1036	27	1899	55.30
2006	2060	1031	47	1600	228
2007	1460	1049	36	164	71.44
2008	1480	1032	92	1200	131.50
2009	1758	1095	88	1200	603.24
2010	1280	1100	142	8000	84.10
合计	26616	11780	1440	25486	2971.24

三 劳动争议仲裁

1986年，成立劳动争议仲裁科，协调区工会，组织、推动、检查、指导企业调解委员会工作。1988年，劳动争议仲裁委员会成立，受理各单位劳动争议案件。区内各企业相应成立基层调解委员会。1992年，实行仲裁员、仲裁庭制度。1995年，实行企业用工自主权扩大，企业对职工实施辞退、除名、开除等权利，执行《企业职工奖惩条例》过程中，与职工在工资、保险等方面产生利益纠纷现象增加。

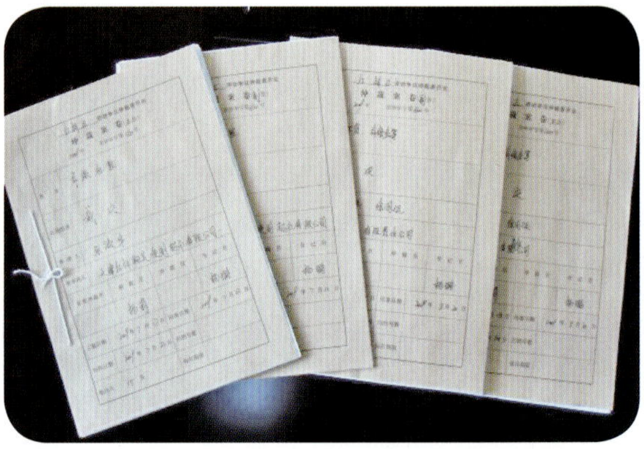

照14-5 2009年，区劳动人事争议仲裁卷宗样本 （区人社局提供）

80年代，执行调解为主、仲裁为辅处理理念，调解结案率60%以上。1987—1995年，仲裁受理劳动争议案件305起，其中立案42起。1996—2010年，受理劳动争议案件2103件，立案处理1581件，调解结案50%以上，时效内结案96.2%，为企业和劳动者挽回经济损失1810.36万元。

1996—2010年红桥区劳动争议调解仲裁情况统计表

表14-5

年份	受理案件数	立案件数	时效内结案率(%)	挽回损失(万元)	调解结案率(%)
1996	7	2	100%	1.20	71.40%
1997	12	11	91.70%	3.04	78%
1998	23	16	100%	12.75	72%
1999	75	55	73%	37.47	75%
2000	133	106	86.50%	99.10	69%
2001	119	102	96.60%	156.10	59%

续表

年份	受理案件数	立案件数	时效内结案率(%)	挽回损失(万元)	调解结案率(%)
2002	115	110	100%	84	4.30%
2003	188	178	94.70%	458.40	30%
2004	76	43	100%	77.30	53%
2005	86	65	100%	55	24%
2006	132	87	100%	436	48%
2007	152	127	100%	67	60%
2008	365	271	100%	130	60%
2009	342	272	100%	119	52%
2010	278	136	100%	74	62%
合计	2103	1581	96.20%	1810.36	54.50%

第五章　社会保险

1979—1991年，企业和机关事业单位养老保险制度，在适当放宽养老条件和提高待遇标准基础上作了统一规定，建立城镇企业职工养老保险社会统筹制度。国有企业实行失业保险制度。随后扩展到集体、私营等各类企业。1991年，养老保险筹资方面，确定社会养老保险费用由国家、企业和职工三方筹资，职工个人按本人工资的3%缴纳养老保险费。2001年，实行医疗保险制度。实施为参保者提供与社会经济发展水平相适应的基本医疗保障。2004年，实施工伤保险社会统筹。通过社会统筹建立工伤保险基金，为因工伤残、患职业病以及因公死亡的职工及遗属提供社会保障。2005年，实行城镇职工生育保险制度。生育保险管理模式，由用人单位管理逐步转为由社会保障机构负责管理，实行社会统筹。至2010年，养老保险、失业保险、医疗保险、工伤保险、生育保险，统一实行城镇居民社会保障卡。

第一节　养老保险

一　社会养老保险

1979—1983年，社会保险以企业保险形式，职工个人按本人工资3%缴纳养老保险筹资比例多年未变。1984年，实行退休费、社会统筹养老保险制度改革试点。国营企业、集体企业新招收合同制工人，均实行养老统筹。1985年，推行社会养老保险。建立城镇企业职工养老保险社会统筹制度。1987年，保险事业管理所对区属国营企业、集体企业，外省市驻区企业固定职工和全民所有制企业劳动合同制工人，退休费实行社会统筹并负责退休养老基金的征集拨付，按月向市劳动保险事业管理处结算。129个单位6.48万人参加社会养老保险。1990年，集体企业职工退休费实施社会统筹，劳动合同制工人从签订劳动合同开始，缴纳养老基金。1998年，社会保险统筹制度扩大到私营及个体企业。至2010年，区内国营、集体、区街劳动服务公司、机关事

照14-6　2008年，区劳动和社会保障局开展社会保险扩面宣传　　（区人社局提供）

业单位合同制工人、新型集体以及三资企业1382个单位参加社会养老保险，覆盖19.06万人。

二　居民基本养老保险

2009年，实施城乡居民基本养老保障制度，1.42万人符合养老保障登记范围，发放生活补贴295.95万元。809人参加城乡居民养老保险，审批享受养老保险待遇143人，发放养老保险金7万元、发放存折14231本、社会保障卡88张。2010年，1220名城市居民参加养老保险，其中领取养老保险金858人，享受老年人补贴14316人，发放社会保障卡4362张，死亡退卡428张。

1987—2010年，累计征缴社会养老保险金41.89亿元，支付159.89亿元。离退休人员受益118亿元，平均每年受益4.9亿元。养老金增长幅度与城镇居民生活水平提高基本相适应。

1987—2010年红桥区养老保险统筹支付统计表

表14-6

年份	单位数(个)	在职人数(人)	离退休人数(人)	征缴额(万元)	支付额(万元)
1987	129	64784	16955	193.75	326.39
1988	380	82734	28289	2228.64	2916.99
1989	395	88247	29860	2941.40	3333.94
1990	384	91714	31178	3441.47	4297.65
1991	546	127987	45555	4895.86	6014.70
1992	618	127381	39000	5561.02	6930.82
1993	654	121489	50490	6989.10	10542.04
1994	668	120026	49884	10211.40	13656.44
1995	442	117354	39400	11041.63	17597.63
1996	444	115454	51286	11925.57	21420.19
1997	497	113337	53009	13752.87	25076.34
1998	520	104772	54346	15839.06	27593.46
1999	534	103207	54173	15492.00	28286.23
2000	551	98246	57157	16994.05	34086.87
2001	572	88075	58967	15752.95	34315.58
2002	646	73529	61049	18901.26	41493.58
2003	744	86729	67511	18006.62	495552.72
2004	775	50254	70674	20591.91	60697.57
2005	841	54168	76464	25341.87	66051.92
2006	920	56762	81518	30823.51	86334.56
2007	1088	61726	88791	40816.15	100230.99
2008	1115	60220	91596	43033.78	130029.91
2009	1154	65701	123313	38833.53	161774.61
2010	1382	69301	121346	45341.76	220393.46
合计	15999	2143197	1441811	418951.16	1598954.59

第二节　医疗　生育保险

一　医疗保险

1979—2000年，延续职工社会医疗保障制度。2001年，取消公费医疗制度，建立覆盖城镇职工、社会统筹和个人账户相结合的基本医疗保险制度。机关事业单位职工和退休人员实行市区分级筹集、分级核算、分级管理，各单位自行管理为主，包干使用。2003年，建立医疗保险基金统筹账户，医疗保险支付由个人垫付统一报销。2006年，医疗保险支付直接刷卡结算。2008年，建立公务员医疗补助社会统筹基金，公务员医疗补助经费由单位管理改由全市统一管理。2009年，提高医疗保险参保人员享受门（急）诊医疗补助待遇，完善公务员医疗补助、失业人员医疗保障政策，建立补充制度。提高困难群体、特殊贡献群体和学生儿童的医疗保障水平，至2010年1572个单位参加城镇职工基本医疗保险，14.7万各类人员参加基本医疗保险，征缴基本医疗、困难企业大病统筹和门诊大额保险费3.02亿元，支付医疗保险待遇5.06亿元。2004—2010年，征缴医疗保险金13.16亿元，支付11.67亿元。

照14-7 2009年，区芥园街道劳动保障服务中心开展医疗保险政策宣传

（区人社局提供）

2004—2010年红桥区医疗保险征缴支付统计表

表14-7

年份	单位数（个）	缴费人数（人）	征缴额（万元）	支付额（万元）
2004	819	96256	9816.28	4567.22
2005	937	98380	12568.13	4859.13
2006	1072	104343	15730.94	6105.33
2007	1159	107259	18173.75	6403.84
2008	1317	109400	20977.61	7492.63
2009	1417	129848	24163.08	36630.12
2010	1572	147347	30195.28	50641.43
合计	8293	792833	131625.07	116699.70

二 生育保险

1979—1987年，建立企业、机关事业单位生育保险制度。1988年，区机关事业单位和国营企业女职工生育期间医疗费和产假工资由所在单位负担。1995年，生育保险管理模式，由用人单位管理转变为由社会保障机构负责管理，实行社会统筹。2006年，生育保险实现全市联网。至2010年，征缴生育保险金4940.26万元，支付2226.03万元。

2005—2010年红桥区生育保险征缴支付统计表

表14-8

年份	单位数（个）	征缴人数（人）	征缴额（万元）	支付额（万元）
2005	830	53556	217.05	
2006	968	54892	759.93	449.58
2007	1046	55031	877.64	422.87
2008	1154	52655	871.59	409.43
2009	1215	51200	1040.64	425.61
2010	1353	50885	1173.41	518.54
合计	6566	318219	4940.26	2226.03

第三节　失业　工伤保险

一　失业保险

1986年，实施《国营企业职工待业保险暂行规定》，建立失业保险制度。1987年，377个单位9万余人参加失业保险。1993年，执行国务院颁发的《国有企业职工待业保险规定》。1995年，明确规定失业职工领取失业救济金期限，失业救济金标准按本市最低工资标准的80%发放。2010年，失业保险参保单位1318个，覆盖职工6.6万人。

1987—2010年红桥区失业保险征缴支付统计表

表14-9

年份	单位数（个）	征缴人数（人）	征缴额（万元）	支付额（万元）	失业职工（人）
1987	377	90048	64.83	0.23	110
1988	381	90277	65	1.40	83
1989	389	91102	65.59	2.60	76
1990	393	91231	65.69	2.69	56
1991	397	93440	66.59	4.24	62
1992	410	92729	66.65	16.58	126
1993	574	112616	333.64	31.74	268
1994	587	122475	328.51	111.81	693
1995	602	110030	379.59	366.56	802
1996	499	71528	412.00	799.32	728
1997	546	72840	419.56	362.80	1043
1998	661	93359	649.78	778.88	3224
1999	695	106743	1010	1903	7361
2000	727	115619	1456.80	3343.30	9991
2001	773	136566	1769.90	4394.07	8923
2002	690	80590	1970	5438.23	9356
2003	636	84958	1832	5816.65	3981
2004	742	69444	1975	3541.70	5815
2005	884	57062	624.94	1788.86	2756
2006	960	63040	3097.06	2247.20	2756
2007	1026	62219	3417.99	2897.53	1798
2008	1140	62243	4048.20	4230.94	2955
2009	1180	64463	4473.19	7185.34	3273
2010	1318	66222	5154.98	70808.98	2565
合计	16587	2100844	33747.49	116074.65	68801

二　工伤保险

1979—1995年，延续适用国家1951年制订的《劳动保险条例》。1996年，工伤保险制度改革全面展开。2004年，实施工伤保险，525个单位参保，覆盖3.1万人，征缴基金352.28万元。2008—2010年，5.8万人参加工伤保险。参保范围从国有企业职工扩大到各类企业职工、个体工商户雇工、部分机关事业单位工作人员。工伤保险基金收入达917.63万元。2004—2010年，征缴工伤保险金4472.1万元，支付3610.68万元。

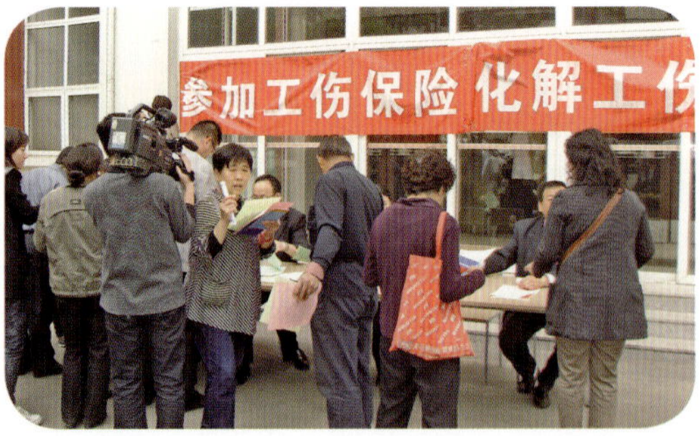

照14-8　2006年，区劳动和社会保障局开展工伤保险宣传活动

（区人社局提供）

2004—2010年红桥区工伤保险征缴支付统计表

表14-10

年份	单位数(个)	缴费人数(人)	征缴额(万元)	支付额(万元)	享受人数
2004	525	30976	352.28	77	102
2005	628	33098	383.24	183.14	575
2006	966	56016	496.61	467.05	3568
2007	1071	59390	721.57	508.14	4449
2008	1244	61841	788.96	719.37	5270
2009	1325	59107	811.81	814.09	6394
2010	1488	57983	917.63	841.89	5328
合计	7247	358411	4472.10	3610.68	25686

第六章　法治政府建设

90年代，政府开始规定规范性文件制订，实行行政执法和行政执法监督为一体的行政执法责任制，推广工商示范部门的经验。中期根据需要，起草、审核各片《拆迁安置办法》，现场接待咨询及工程后期裁决。收集、归纳、整理执法依据涉及700余部法律、法规及规范性文件。进入21世纪，开展规范性文件清理，监督、指导区政府各部门的行政复议、应诉和行政赔偿工作。以量化指标的形式对各行政职能部门的依法行政工作进行考核。

第一节　机　构

1990年，区法制办公室成立，负责区政府法制行政工作。1991年，区行政复议办公室成立，与法制办公室合署办公。1993年，区法制办与区委政法委员会合署办公，隶属关系、职能任务不变。2007年，区法制办搬入行政许可中心。2008年，区法制办加挂区政府行政复议办公室牌子，成立行政复议科。2010年，区法制办内设综合科、执法监督科、行政复议科，编制8人。

第二节　依法行政

一　规范性文件

1990年，开展规范性文件工作，印发“规范性文件制定程序暂行规定”。1991—1992年，对“暂行规定”进行修订和完善，制订“行政规范性文件制定办法”。1993年，对负责范围内的规范性文件进行清理，废止规范性文件29件，对部分文件作修订。1994—1997年，严格规范性文件审核。1998—2001年，审核以区政府名义下发文件14件，涉及全区10个部门。2002年，开展规范性文件清理工作，清理文件146件，其中法规29件，规范性文件117件，确认有效文件62件，废止与失效文件84件。拟定“规范性文件制定办法”，经区政府常务会议审议通过并实行。2003年，会同有关部门完成规范性文件草案审核及征求意见稿13件。审核拆迁安置办法及民政、计生、卫生等部门有关规定16件。2004—2005年，成立清理规范性文件工作办公室，指导贯彻实施《中华人民共和国行政许可法》规范性文件清理，清理规范性文件2669件。2006年，对53个部门有关文件进行清理，清理各种规范性文件2857件。2007年，组织36个部门对国务院法规17件、市政府规章11件、市政府规范性文件60件提出清理意见。清理区政府和政府办公室发布的规范性文件116件，其中废止92件，修改8件，保留16件。2008—2009年，将上5年行之有效的规范性文件汇编成册印发全区。2010年，清理规范性文件27件，其中政府文件21件，政府办公室文件6件。6件政府行政规范性文件废止。

二　依法行政考核

2008年，以量化指标形式对全区各行政职能部门依法行政进行考核。2009—2010年，依法行政考核目录各项指标涉及法律、法规、规章及相关政策汇编成册印发全区各单位。组成考核检查小组，采取各单位自查与考核检查小组集中检查相结合，听取汇报与检查档案相结合的方式，对全区53个单位进行考核检查。

照14-9　2010年，区依法行政工作考核检查会议召开　（区法制办提供）

第三节　行政执法监督

一　行政执法依据

1991年，制订《行政机关行政执法责任制实施办法》，实行行政执法和监督为一体的责任制，制订《联合执法登记审批制度》《行政执法证件管理制度》《行政执法工作报告制度》《行政处罚和行政强制措施备案审查制度》。1995年，分解执法责任，修订《行政复议、行政诉讼和行政赔偿案件备案制度》等。1996年，收集、归纳、整理执法依据，涉及714部法律、法规及规范性文件，其中法律81部，行政法规218部，地方法规66部，政府规章127部，部门规章222部。1997年，在行政执法部门中开展行政执法达标活动。1999年，制订《行政执法错案及过错追究办法》，对违反"两错"的行政执法人员采取离岗、辞退等办法处理。与监察局、物价局联合制订《在全区实行企业交费登记卡制度的暂行规定》。2000—2004年，与监察局、纠风办、减负办联合制订《关于规范对重点服务企业检查、执收执罚的实施办法》。2005年，完成行政许可事项和行政许可主体清理。原有行政许可事项保留97项，其中驻区执法部门23项，区属执法部门74项。2006年，制订《依法行政工作报告和备案制度》，印制《依法行政指导手册》。2007年，建立行政执法评议考核机制，制订《行政执法评议考核暂行办法》《2007年度行政执法考核标准》。制订《"三步式"行政处罚程序暂行规定》《依法行政工作特邀民意代表社会监督办法》，聘请社会各阶层108名特邀民意代表作为监督评议员，对依法行政情况进行评议。2009年，对政府依法行政涉及的43项制度进行梳理，编写教材。

二　行政执法监督检查

1994—2010年，对专业法律、法规、规章实施情况专项检查。1994—1995年，对《中华人民共和国产品质量法》《中华人民共和国统计法》《中华人民共和国档案法》《中华人民共和国国旗法》《中华人民共和国反不正当竞争法》《中华人民共和国国家赔偿法》《中华人民共和国拆迁条例实施细则》及市政府关于提高工作效率5个政令执行情况专项检查。1997年，开展内外部监督检查，严肃查办行政执法投诉案件，负责投诉案件转办、督办、催办。1998年，开展《中华人民共和国国防法》等专项执法检查。1999年，开展"树形象、争双优"活动，对每个执法单位进行检查。2000—2001年，开展形象建设年活动。对各单位为群众服务、为企业服务、为危改扫尾工程服务、为畅通工程服务的情况及《行政执

照14-10 2009年，区行政处罚和行政许可案卷评查会议召开 （区法制办提供）

法错案及过错追究办法》执行、企业收费卡制度的实施情况执法检查。理顺房管局执法与房产总公司实施管理上多年存在的职责不清、执法存有真空的问题。2002年，对8个重点执法单位行政处罚案卷检查，抽查2001年案卷54本。2003年，建立行政执法监督例会制度，成立行政效能投诉中心。2004年，对全区24个重点单位督查。2005—2010年，对行政执法部门督查。

1992年，实行持证上岗执法制度，为29个行政执法部门818名行政执法人员颁发行政执法证。1994年，对1080名行政执法人员执法证件年检。1997年，对25个行政单位符合条件的行政执法人员换发新证。2002年，开展年检换证和办理新证工作，注册846人，新取证184人。2004年，组织行政执法人员参加市统一考试，参加考试783人，合格率99.8%以上。市法制办统一换发中英文对照的新版行政执法证。2006—2010年，组织执法人员参加每两年一次统一注册考试，成绩合格的持证上岗执法。

第四节 法治保障

一 为拆迁提供法律服务

1993—1994年，起草、审核各片《拆迁安置办法》，现场接待咨询及工程后期裁决。丁字沽等20个拆迁片参与裁决108户。1997年，为退路进厅等拆迁工作提供法律支持，对滞留户裁决53件。1998年，西北角八街坊等拆迁片，裁决170余户，入户谈话150余次。1999年，审批先春园等片拆迁安置办法。介入先春园一、二期等片拆迁安置工作，下达拆迁决定书427件。2000年，受理申请1875件，下达《限期拆迁决定书》1616件。2001年，为北运河景观和先春园片危改扫尾、地铁北伸等工程提供法治服务，下达《限期搬迁决定书》176件。2002年，下达《限期拆迁决定书》48件。2004年，启动新春花苑14、15号楼安装正式电的准备工作。2005年，协调交通支队与瑞亨房地产开发公司纠纷。

二 为政府提供法律服务

照14-11 2008年，区法制办组织区行政执法人员参加执法证注册考试 （区法制办提供）

1992—1995年，组织22个执法部门开展法律咨询活动，接待咨询533人次，发放宣传材料5290份。1998—2000年，走访30家区重点企业。2001年，在园林局企业转制时，为中层以上干部作辅导讲座，对改制方案可行性论证。2003年，在抗击“非典”中，依照法律程序排除障碍，保证医学观察所按时建成投入使用。2005年，组建区政府法律顾问委员会，聘请知名教授和专家学者担任政府法律顾问。2006年，对重点工程涉及法律疑难问题以及有关法律事务研究论证，出具法律意见书，保证政府决策合法性。2007年，为破产企业清算和盘活工作提供法律服务，处理遗留问题。2009年，在解决企业破产问题中，确定适当延长使用年限方案，使拍卖顺利完成，资产得以盘活。

第七章　政务研究

1988年，政府研究室承担综合性政策研究、决策咨询和为区政府主要领导服务工作。在社会经济综合调研方面，根据体改办职责开展一系列体制改革研究，指导推动企业改革、经济宏观性改革和全区经济体制改革，针对全区重要工作组织开展重大课题调查研究，提出政策性建议。在决策服务方面，负责起草区政府领导讲话稿和相关会议文件等重要文稿，成立决策咨询组织为领导提供决策咨询服务，通过区内重点工作信息参考等方式，系统分析全区工作，扩大红桥区对外影响力。

第一节　社会经济综合调研

一　体制改革研究

1989年，起草《关于改革街道集体经济管理体制的意见》《区街集体企业试行股份制的暂行办法》《关于成人教育、劳动用工、干部人事制度配套改革的意见》，以区委或区政府名义转发。1990年，街集体经济管理体制改革和调整论证。1991年，制订街财政管理体制、区属单位税收目标管理方案。1992年，生产服务管理局调整体制论证，提出成立计经委和直属企业局，街委成立经济科统一领导、分级管理体改方案。制订成立天宝工商实业总公司方案，提出集体企业股份合作制试点安排意见。1994年，推动国有民营、公有民营企业改革，168个企业实行运转，其中148个国有民营和20个公有民营企业；20个企业推行股份合作制；298个企业推行风险抵押承包；在饮食公司和丁字沽鸿图发展公司组织形式改革试点；协助组建天津五洲集团公司、天宝集团公司等。1995年，开展百货公司和经协公司现代企业制度试点工作。研究和推动国有商业连锁经营。1996年，起草《深化产权制度改革 放开搞活区属小企业》，进行新的改革形式探索。1996—2001年，制订每年体制改革工作要点。1997年，组织、协调并主持九州饭店盘活资产大会。1998年，起草《九州饭店使用权出让的经验》《天骄集团参与国有企业改革的经验》，研究宏海剥离等8项专项改革。1999年，规范公司体制改革，尝试多种形式的街道工商实业公司改革重组，促进公司与下属企业成为直接面对市场的经济实体。2000年，印发《加强区街集体资产管理暂行办法》。2002年，论证10余家企业改革方案，具体安排和部署企业改革。2003年，甄别个人投资、名为集体实为私营企业性质，解除与挂靠单位（部门）关系。2004年，区属商业行政性公司和街道工商实业公司改革改制，区属商业行政性公司全部改制工作。制订街道工商实业公司改制方案办法，研究改革过程中出现的改革程序、方案预审、集体国有捆绑改制、改制中落实老干部政策等具体问题。2005年，商业行政公司产权制度改革完成并撰写报告。2006年，召开改制企业资产评估自查工作动员会，举办《中华人民共和国公司法》及相关政策、法律法规等方面的培训，制订《关于改制企业资产漏报漏评问题的处置意见》《商业国有资产投资经营有限公司国有资产投资代表管理试行办法》。2007年，形成《建设开发总公司今后走向的调研》《对建设开发总公司进行资产重组的建议》调研文章。2009年，事业单位及市政、园林等单位基本情况摸底，成立国有独资的天津潞河环境建设有限公司，实现干管分离和企业化市场运作。

二　重大课题调研

1990年，起草实施科技兴区若干政策性意见。1992年，提出组建外经贸公司的建议，被区政府采纳。1994年，组织筹备首次经济体制改革汇报座谈会，就成立集体资产监委会、预算外资金管理制度和加强税源结构研究等问题向政府提出建议。1995年，撰写以税源建设为主题的党政领导干部会议工作报告。协助市政府研究室组织有关区城乡接合部问题的调研，形成调研报告上报。1996年，开展区经济目标管理考核办法的研究、机构改革方案的研究、接收市属企业的研究、挂靠企业与主管部门法律关系问题的调研、房地产开发公司和房产公司组建集团的可行性研究并形成文字建议。1997年，展开市体改委关于股份合作制企业运行情况统计，研究并协调企业拍卖产权变动中的评估费用等政策问题，重点进行街办公司企业化管理情况调研并形成调研成果。1998年，组织组建政府服务经济大厅的研究，向政府常务会进行汇报。开展市属接收企业改组转制办法、国有和集体资产管理运营意见、街道区划调整、街道政企分开试点、商业公司组织结构调整、小企业改革等问题的研究以及房建公司划区管理的研讨。

2000年，起草《关于大胡同商贸区管理模式的构想》。2002年，调研政府服务经济中心的问题，走访各地区，提出建议并形成初步方案。2003年，参与关于区非公经济的调研，撰写《关于我区非公经济发展》调研报告。完成《关于我区社会服务业发展》调研报告，撰写闲置载体再利用调研报告。撰写《参加天津市城市总体规划修编现状分析》。2005年，开展经济体制改革工作推动、企业改制方案起草和论证。对大胡同集团股权改制进行论证。2006年，撰写《关于红桥区企业产权制度改革的情况及建议》《关于我区闲置载体的调研及再利用的建议》。2007年，完成《对大胡同地区进行综合治理的调研报告》。联合天津商业大学作专题调研并形成调研成果。围绕拆迁难问题调研形成《部分地区拆迁政策及还迁房建设相关做法》。2008年，进行城市建设、经济发展工作的规划论证。针对西站地区的总体开发和建设，制订《西站地区开发建设建议方案》。对大胡同地区管理体制运行进行调研，形成《关于大胡同商贸区调整管理体制调研与建议》；就打造芥园道金融一条街进行专题调研，对该街78个商业网点现状进行分类分析造册。2009年，参与组织天津西站城市副中心发展论坛筹备工作。2010年，撰写“十二五”规划关于全区发展形势分析等部分内容。结合规划拆迁、旧楼改造、教育发展等进行调研和论证。形成《未来几年房屋市场情况分析》调研报告。

第二节 决策服务

一 重要文稿起草

1990年，起草区政府工作报告中企业改革和政府职能转变情况部分，接受审议和监督。1991年，撰写发展第三产业动员大会报告、第三次街工作会议的部分文稿，双增双节经验交流会经验材料。1992年，负责科技会议部分文字和社会协调试验区的研讨。1993年，审查经济工作会议、外引内联工作会议材料，为发展个体私营经济工作会议拟订《关于大力发展个体私营经济的若干规定（试行）》《管理执行部门强化服务措施摘编》。1995年，起草关于大力发展个体、私营经济文件、区“九五计划”体制改革部分章节，撰写《改革是区域经济发展的动力》文章，《按照市场经济的要求运作拆迁》报告。1996年，撰写经济工作会议报告。1997年，研究并提出全区经济体制改革规划。1998年，起草政务公开文件，撰写街道政企分开探讨与实践调研报告，关于落实区功能定位和区属战略的文章。1999年，撰写《经济体制改革“十五”规划》《重点改革工作情况汇报》《关于加强区街集体资产管理的意见》。

2001年，起草《政府工作报告》部分内容，编辑出版《企业改革文件选编》。2002年，承担《政府工作报告》（计划部分）撰写任务，撰写《2002年红桥区政府工作要点》《以改造三大商圈为重点通过多种途径快速发展服务业》《红桥区政府工作今后五年思路》。2003年，撰写《关于西站商圈核心地区发展的思考》《成功引进麦德龙超市的思考》等文稿。2004年，起草《关于组建红桥区行政许可服务中心的调研报告》及《补充报告》。起草《关心重视群众利益、妥善安排人民生活》《创建“三位一体”联动机制，引导帮助弱势群体在社区实现再就业》《创新服务举措、促进经济发展——工商红桥分局建设“服务型工商”的举措》。《红桥区参加天津市城市总体规划修编现状分析（审议稿）》。2006年，起草编写《红桥区“十一五”规划》《2006年政府工作报告》计划部分。完成《天津市情》（红桥区情部分）、水西庄园林复建等文稿起草和编写。2007年，撰写《调整和优化功能定位、产业布局需要解决的几个问题》《影响红桥区经济和社会事业发展若干问题说明》《红桥区城乡规划说明》等文稿。2008年，起草“城市建设发展情况”汇报文稿及调研报告和市十八区县调研报告。

二　决策咨询服务

1991年，撰写《中国企业承包·天津卷》中的一篇文稿。1993年，成立改革与发展研究会，研究新事物、新矛盾、新问题、新对策。1994年，撰写《中国县市改革纵横》天津卷中两篇文稿。1995年，提供《市经概览》天津部分《红桥简况》，配合区图书馆编印《外地报刊信息》。1997年，撰写区委办《成功的实践》中改革部分。2001年，编辑出版《企业改革文件汇编》，收录国家和市区有关企业的法律法规和政策规定32个文件，辑录企业改建股份合作制工作流程图及有关文本格式。2003年，在市级刊物《天津政务参考》上刊发反映区经济社会发展工作的调研报告。至2010年，刊发43篇。

2004年创办《信息参考》，每周两期，至2007年出刊150期，是年停刊，创办《决策参考》。至2010年，发表文章38篇。2007年，成立政府咨询委。邀请专家、学者和市委办局领导为咨询委员，组成经济发展专项委员会、城市建设专项委员会和社会事业专项委员会。定期召开咨询委年会暨高端论坛，围绕中心工作和热点、难点问题，每年选择一个重点课题作为年会的中心议题调研咨询，对政府重大决策的制订和实施提出咨询建议。对重大工作措施提出可供选择的方案，参与重要发展规划、计划和重点工程项目的研究论证。至2010年，召开4次咨询年会。

第八章　信　访

中共十一届三中全会后，要求落实政策来信量大，来访人数多。80年代，逐步恢复和建立健全信访登记、转办等一系列信访制度。90年代，加强信访队伍建设，畅通信访渠道，创新信访工作机制，维护信访秩序，强化工作责任。相继建立健全领导接待、责任查究等制度，逐步形成一整套较为完善的工作机制和信访工作网络模式，在帮助群众解决问题、保障群众合法权益，化解社会矛盾和维护大局稳定，成为党和政府发扬民主、体察民情、联络群众的重要渠道。

第一节　信访受理与查处

1979—1981年，来信来访数量成倍增长，大多为要求平反冤假错案、落实政策。1982—2010年，信访总量为8.6万件，信访量总体由递增逐步转向下降趋势。

1991年，受理群众来信来访来电2125件，其中来信861件，来访850件，受理群众电话502件；初信初访2107件，重信重访18件。中央和市委要查处结果的信访16件，按期办结率为100%，集体来访21批256人次。

1992年，受理群众来信来访3778件，其中来信1484件，来访2294件，受理群众电话255件，办结各类信访件3729件，结案率为98.7%。受理集体来访29批454人次，全部稳定在区内。区领导批阅群众来信628件，占群众来信总数42.3%，接待群众来访58个工作日，处理问题473件。化解19起到市集体上访事件。1993年，受理群众信访2853件，其中来信1226件，来访1627件。办结各类信访件2820件，结案率为98.9%。受理群众集体来访49批521人次。受理群众来电173件。区级领导批阅群众来信468件，占群众来信总数的38.2%，接待群众来访707人次。1994年，受理群众来信来访2453件，其中来信1211件，来访1242件。受理群众来电450件，受理群众集体来访34批382人次。办结各类信访2726件，结案率为99%。1995年，受理群众信访3457件，其中群众来信786件，来访2671件。接待群众集体来访29批413人次。市转函件、回报单46件，按期100%办结。1996年，受理群众信访1749件，其中群众来信755件，来访994件。受理群众来电542件，群众集体来访41批1409人次，控制在区内29批1131人次。办结各类信访件1723件，结案率为98.5%；区级领导批阅群众来信352件，占来信总数的46.6%，接待来访群众1516人次，处理问题108件，占立案总数的27.1%。1997年，受理群众信访2507件，其中群众来信865件，来访1642件（个人来访1581件、集体来访61批2564人次）。受理群众来电1736件。区领导批阅群众来信297件，接待群众访1764人次，处理问题18件。1998年，受理群众来信来访4491件，其中来信803件，来访3688件，复信20件，复访42件，集体来访76批2225人次，联名信30件，办结4439件，结案率为98%。区领导接待来访群众832人次，批阅来信170件，占来信总数的21.1%，处理问题132件。1999年，受理群众来信来访5087件，其中来信1121件，来访1814人次，复访79人次，赴市集体来访20批300人次，区内集体来访103批2152人次，联名信72件，办结3047件，结案率98%。区领导接待来访群众975人次，批阅来信201件，占群众来信总数的21.2%，处理问题145件。

照14-12　区信访办信访案件资料

（区信访办提供）

2000年，受理群众来信来访7223件，其中来信751件，来访6472件，复访486人次，区内集体来访223批4336人次，办结7210件，结案率99.8%。区领导接待群众来访1512人次，批阅来信199件，批阅来信积案占群众来信总数的26.5%，处理问题201件。2001年，受理群众信访2646件，其中群众来信632件，来访2014件（个人来访1752件，集体来访262件6555人次）。区领导接待群众来访1399人次，阅批群众来信122件，处理各类问题113件。2002年，受理群众信访3043件，其中来信543件；群众来访2500件（个人来访2147件、集体来访353批9068人次）。比上年群众来信减少13.5%，个人来访增加20%，区内集体来访批次增加16%，人次增加33%，办结案率98%。区委、区政府领导接待群众来访3000人次，阅批群众来信145件，处理问题193件。2003年，受理群众信访3553件，其中群众来信426件，来访3127件（个人来访2792件、集体来访335批13029人次）。与上年同比信访总量上升23%，群众来信增加5%，个人来访增加17%，赴区集体来访批次增加8%，人次增加29%，赴市集体来访批次减少16%，人次减少14%，信访结案率98%，按期100%交办上级机关及负责人交办转办信访事项。区委、区政府领导接待群众来访2120人次，批阅群众来信110件，研究信访工作12次，处理问题76件。2004年，受理群众信访2635件，其中群众来信362件，来访2273件（个人来访2047件、集体来访226件11593人次）。与上年同比信访总量下降11.8%，群众来信减少15%，个人来访减少26.6%，赴区集体来访批次减少32.5%，人次减少11%，信访结案率98%。区领导接待群众来访2412人次，呈报群众来信101件；研究信访工作12次，处理问题87件。2005年，受理群众信访2996件，其中群众来信584件，来访2412件（个人来访2200件，集体来访212件7890人次）。市转函件27件，回报单8件，市长电子件77件，督办件11件，与上年同比信访总量下降26.1%，个人来访增加7%，区内集体来访批次减少9%，人次减少31.9%，结案率98%。2006年，受理群众信访2881件，其中群众来信700件（含区信166件，市转信342件，市长电子件133件，交办件59件），来访2248件（个人来访2098件，赴区集体来访150件3627人次）。与上年同比信访总量下降36%，群众来信增加36%，个人来访减少11%，赴区集体来访批次减少17%，人次减少39%，结案率98%。2007年，受理群众信访2940件，其中群众来信929件，来访2011件（个人来访1858件，赴区集体来访153件3685人次）。与上年同比信访总量持平，群众来信增加55.6%，个人来访下降12%，区内集体来访批次减少5%，人次减少2%，结案率98%。排查不稳定因素107个，归纳为5个类型，疏导化解103个，疏导化解率97%。2008年，受理群众信访2462件，其中信件868件，含市长电子邮件143件。区访总数1594人次，个人来访1450人次，集体来访144批3241人次。与上年同比群众来信上升16%，来访总量下降13%，其中个人来访下降11%，集体来访批次上升18%、人次下降15%。2009年，受理群众来信来访邮件734件，同比下降15.5%。其中，群众来信519件，办结496件，办结办复案件率95.56%，同比提高8.25%；人民网留言、电子邮件办结办复100%。群众来访，个人来访979件次，同比下降32.48%，现场办结546件，转交责任单位办结328件。集体来访148批次涉及2036人次，办结76件。2010年，受理群众信件610件，同比下降16.89%。其中，电子邮件366件，同比上升93.65%。受理个人来访1188件次，同比上升21.34%；集体来访85批次涉及945人次，同比下降57.43%和46.41%。2007—2010年，城市拆迁安置、旧楼改造拆违、房屋质量与配套仍占信访问题首位。

1979—1990年红桥区信访工作来信来访情况统计表

表14-11　　单位：件

年份	总量	来信	来访	立案	转办	年份	总量	来信	来访	立案	转办
1979	3086	1451	1635	103	1348	1985	1879	1147	732	220	927
1980	2277	1504	773	334	1170	1986	1767	1283	484	223	1060
1981	1976	1370	606	285	1085	1987	1860	1292	568	218	1074
1982	2085	1392	693	301	1091	1988	1805	1173	632	200	972
1983	1748	1000	748	225	775	1989	2747	1547	1200	347	1200
1984	1486	963	523	221	742	1990	3481	2199	1282	501	1690

第二节　信访工作制度

1985年，建立推广街办事处信访联席会议制度。1988年，实行信访工作目标管理。把信访工作纳入党政工作日程和企业经营管理承包责任制。1989年，实行公开办公制度。1990年，建立群众热门话题常务会制度。1991年，把阅批群众来信和接待群众来访列入领导工作日程。1992年，将信访工作纳入区委、区政府重要议事日程，实行春秋两季群众热门话题常务会制度。1995年，落实信访工作目标管理责任制。1996年，基层信访纳入信访干部考核及考评依据。1999年，制订信访工作领导责任制，强化对群众集体上访的责任追究制度。设信访工作应急小组，负责处理区内重大集体来访和越级访。各单位成立信访工作领导小组。2003年，成立驻京信访工作组，及时处置群众越级访。2004年，集中处理信访突出问题及群体性事件联席会议制度。2007—2010年，制订7项举措，稳定信访工作。

第九章　档案管理

八九十年代，档案工作围绕经济建设，强化软硬件建设，馆藏档案数量得到大幅度增加，向社会提供服务范围不断扩大。进入21世纪后，每年将符合开放条件的档案向社会开放，制订下发档案工作有关规范性文件，建立部门执法责任制和档案执法队伍。对服务方式进行创新探索，由被动服务向更多形式转变。档案馆迅速向现代化管理迈进，每年有大量目录进行计算机录入，查档迅捷准确快速。

第一节 机 构

一 沿革

1983年，区政府建立档案科，与档案馆两个机构一套班子。1988年，档案科改称档案局，其规格级别不变。1990年，内设档案管理科、档案监督指导科。1995年，地方志办公室归属档案局，设编史修志科（对外为地方志办公室），内设办公室、档案监督指导科、档案管理科、编史修志科。2002年，档案局与档案馆合署办公。2010年，档案局内设办公室、档案监督指导科；档案馆内设档案管理科、编史修志科。

二 人员

1979年，定编3人。1981年，编制5人。1995年，增设编制22人。2002年，档案局编制7人，其中行政编制3人，事业编制4人；档案馆事业编制15人。2010年，编制22人。

第二节 档案馆建设

一 馆藏档案

2000年，馆藏档案96个全宗，9.18万卷。文书档案包括党群、政府、政法、财审、工业、城建、商业、文卫等8个系统的档案。会计档案主要包括会计报表和会计凭证等。工商档案包括登记申请、经理姓名、从业人员、地址、经营范围。婚姻档案指在红桥区范围内结婚、离婚、复婚过程中形成的档案，主要包括结婚登记、离婚裁决、复婚登记。名人档案为征集的“全国五一劳动奖章”获得者及著名书画家梁崎等14人获奖证书、证章、奖杯、书稿、画册、照片、题字等材料。声像档案为征集和拍摄的中央领导视察；西站、丁字沽、大胡同三大商业圈的商贸景点、道路、桥梁、危改拆迁，各单位重大活动、重大事件过程中拍摄的照片、录音、录像档案。

二 档案整理

1985年，馆藏档案集中整理，霉变、破损档案抄录、复印、粘贴，重新更换卷皮9793卷，手抄字迹模糊档案883万字，复制档案8.2万页。1988—1995年，建立“全宗介绍”“档案馆指南”“案卷目录”“人名索引”“文号索引”“专题索引”等各类检索385册，文件著录和人名等卡片19.23万张。1995年，档案馆配备防盗门、空调、去湿机、除尘器、温湿度计、录音机、照相机、复印机等设备。是年，档案馆被认定为档案目标管理一级单位。2004年，对馆藏档案再次集中整理，按全宗—类别—年度分类，对到期已失去保存价值的4542卷提出销毁意见。是年，购置档案库房自动防火报警和灭火系统、档案密集架，建立计算机室，配备服务器、计算机、打印机、扫描仪，安装档案管理软件，建立档案管理局域网，开展档案信息化工作，将馆藏档案案卷级和文件级目录输入计算机，对重点档案全文扫描。2005年，录入电子目录50余万条，扫描档案千余件，档案电子数据备份保存。2006年，档案馆现代化评估为市一级档案馆。2010年，录入馆藏档案电子目录70余万条，扫描档案2000余件全部备份。

三　档案开发利用

1988年，按规定将馆藏档案保存满30年的71个全宗3.4万卷向社会开放。至2010年，提供档案资料12.7万卷件，接待3.29万人次，为领导决策、经济建设、工作查考、编史修志及公民婚姻、工龄、职称、房屋纠纷等问题提供10万余份档案证明和参考资料。编制《红桥区大事记》《红桥年鉴》《红桥区常用现行文件汇编》《红桥区基础数字汇集》《红桥河流与桥梁》等20余种700余万字档案编研材料。

1991—2010年档案利用情况统计表

表14-12

年份	人数(人)	卷数(卷)	年份	人数(人)	卷数(卷)	年份	人数(人)	卷数(卷)	年份	人数(人)	卷数(卷)
1991	233	1565	1996	429	2713	2001	548	921	2006	1653	17115
1992	1429	14719	1997	399	2371	2002	474	928	2007	2101	10887
1993	875	19126	1998	532	3412	2003	609	2182	2008	5333	7797
1994	335	2172	1999	595	5466	2004	561	1924	2009	7688	10250
1995	246	1010	2000	985	4925	2005	1155	8721	2010	6711	8832

四　政府信息公开

2003年后，与人民群众切身利益密切相关的劳动就业、医疗卫生、社会保障、民生、教育等可公开红头文件，经政府审核通过后，由档案馆为公民、法人或其他组织提供查阅服务。政务公开信息查阅场所面积75平方米。配备计算机、一体机、空调、文件柜、桌椅等必要的硬件设施。2008年，档案馆被定为政府信息公开场所。至2010年，有96人次查阅电子文件千余件，纸质文件400余件。

第三节　档案行政管理

一　档案法制宣传

1987年，组织发动区属各单位，开展《中华人民共和国档案法》宣传学习活动。1988—1991年，对实施《中华人民共和国档案法》组织检查，督促各单位结合每年立卷互查活动开展宣传。1992年，《中华人民共和国档案法》和档案知识竞赛活动，印发知识竞赛试卷800余份。1994年，举办“庆祝建国45周年，红桥档案成果展”大型展览，制作30余块展牌。1996—1997年，开展《中华人民共和国档案法》宣传活动，通过标语、展牌、发放宣传品、播放录音、档案咨询等形式向社会宣传，利用新闻媒介宣传《中华人民共和国档案法》和档案工作。1998年，开展“档案法制知识答卷”“国际档案周”宣传活动，以“档案连着我和你”为主题上街宣传，汇集档案利用典型事例200余条，制成展牌展出。2000年，参加“世纪科怡杯”档案法规与档案现代化管理知识大赛，举办“馆藏档案及利用展览”“红桥区墙子河清淤改造工程摄影展”。2003年，举办“海河—辉煌的母亲河”大型展览；在《今晚报》开辟“宝地三岔河口”专栏。

照14-13　2010年，区档案局开展“档案在我身边—‘6.9’国际档案日”宣传活动

（区档案局提供）

2004年，举办"三岔河口的昨天、今天、明天"暨庆祝天津建城600周年大型图片展览开幕式和巡回展。2005—2006年，进入社区、企业、机关，开展讲座、发放宣传资料，利用档案文化长廊和档案馆爱国主义教育基地等场所，宣传与《中华人民共和国档案法》有关的法规知识。2007年，以"加强爱国主义教育，构建和谐社会"为主题的档案法制宣传教育进社区、进学校，涉及全区9个街道10余个社区及部分中小学，制作展牌30余块巡回展示。2008年，利用档案开放日，以"加强爱国主义教育，构建和谐社会"为主题，在五爱道举行档案展览，制作展牌30块。2009年，以"建立家庭档案，传承社会文明"为主题在社区、学校举办"庆祝建国60周年家庭档案巡回展"活动，展出9个街道50余户具有代表性和鲜明特色的家庭档案。历时1个月。2010年，举办"红头文件"进社区和家庭建档咨询服务活动，制作10余块展牌，向居民发送政府公开信息宣传资料及家庭档案整理指南。

二 执法监督检查

1987年，制订下发档案工作有关规范性文件，建立部门执法责任制和档案执法队伍。1994年，开展执法检查，对各级立档单位按系统、分条口，进行档案工作检查。1995年，建立部门执法责任制，制订《档案行政执法行为规范》等6项制度，逐步规范档案行政执法。1997年，转发《天津市对档案违法行为行政处分的暂行规定》。2004年，执法检查教育系统20个学校。2005年，执法检查卫生系统7个单位。2006年，执法检查财贸系统10个改制企业、环卫局及9个下属基层单位。2007年，对司法局、法院、检察院执法检查。修订《档案规范性文件备案审查制度》等9个行政执法制度。2008年，对10个单位执法检查。2009年、2010年，联合区人大代表对4个拆迁资质单位和16个拆迁指挥部档案安全保管、规范整理等工作情况执法检查。对查整理不规范、管理不到位等问题提出整改意见督促改正。

1994年始，每年对60个直属一级立档单位开展年检互查活动。至2010年，检查单位1400余个次。

照14−14 2010年，区档案局举办档案业务知识培训会 （区档案局提供）

三 档案业务培训指导

1988年，综合和专题相结合、集中和分散相结合，对档案工作人员开展业务培训。至1995年，培训800余人次。1996—2010年，培训千余人次。

四 档案分类管理

（一）机关、事业单位档案管理 1991年，开展档案达标升级活动。1993年，2家档案室晋升为区一级。1994年，4家档案室晋升为区一级。公安分局、地名办档案室晋升为市一级。1995年，工商局、审计局档案室晋升为市一级，法院、人民保险公司档案室晋升为区一级。1997年，区建委建立综合档案室，设专职档案人员，投资23万元用于档案基础设施建设，达到市一级先进水平。1998年，37个处级立档单位考核达标。1999年，58个处级立档单位考核达标。2000年，结合二级单位建档升级达标工作，制订《街道居委会档案工作管理办法》《二级立档单位目标管理考核标准》《婚姻登记档案管理办法》。是年，启动基层单位档案达标升级工作。至2002年，122个基层单位达市级以上标准。

2001年，在机关单位全面推行《归档文件整理规则》，实施文书立卷改革。2002年，制订《归档文件整理标准》等规范性文件。至2002年，全区处级立档单位全部实现文书立卷改革。2007年，启动各机关文件材料归档范围和文书档案保管期限表编制。2009年，印发《关于加强红桥区重要会议和重大活动档案管理工作的意见》等指导性文件。实行年检考核制度，制订《机关档案工作考核细则》。56个单位接受考核，80%单位优秀，合格率100%。2010年，对考核细则再次修改，加大考核难度，对47

个区级直属机关一级立档单位年检考核，优秀率35%，合格率94%。

（二）企业单位档案管理 1996年，制订《企业档案管理暂行规定》，举办培训班，指导推动企业档案和重点工程档案管理。1997年，6个区街实业公司档案复查验收。2000年，粮食贸易总公司等单位及所属基层国资企业档案检查。2003年，制订重点工程档案管理办法和档案工作为加快个体私营企业发展服务的意见，开展民营企业建档工作。2004—2008年，完成重点民营企业建档工作30余家。2007年，制订物业企业建档计划，召开物业管理企业档案工作培训会。2008—2010年，帮助泛洋大厦圆方物业等27家物业企业建立规范档案。

（三）拆迁档案管理 2007年，开始试点拆迁档案管理，整理大胡同等拆迁片近3万户居民安置协议档案800余卷。2008年，开始策划拆迁档案规范化管理，开展现状调研活动。2009年，制订拆迁工作档案管理实施意见，召开拆迁档案工作推动会，开展拆迁安置项目档案管理培训。2010年，执法检查4个拆迁资质单位和16个拆迁指挥部，对查出问题现场反馈，督促改正。

（四）社区档案管理 2001年，举办居委会档案业务培训班，系统讲授《中华人民共和国档案法》，文书、照片、实物档案立卷要求及档案管理制度、编研材料撰写等内容。是年，156个居委会全部完成建档，填补街道居委会几十年没有档案的空白。2005年，印发加强社区档案工作的通知，档案工作成为社区常规性工作。2007年，指导推荐3户特色家庭档案参加市局家庭档案展。2008年，召开全区家庭建档工作推动会，转发《关于在全区开展家庭建档"百千万"工程活动的通知》，开展家庭建档活动，至2010年1013户居民参与活动，建立家庭档案示范社区12个，示范户150个。

红桥区志

第十五编

地方政治协商会议

1980年，政协组织及其办事机构恢复后，贯彻中共十一届三中全会精神，协助区委、区政府做好为政协委员和各界代表人士落实政策工作，妥善处理大量历史遗留问题，清除“左”的思想影响，推动党的统战政策落实。随着党的中心工作转移，区政协通过全体会议、常委会议、主席会议以及调查研究、委员提案、委员视察、专题座谈等活动，围绕区委、区政府经济工作中心、民计民生的重大问题，多层次、多渠道、多形式履行协商议政监督职能，发挥政协人才聚集、联系广泛优势，不断拓宽工作领域。改进和创新履行职能的形式和内容，提高履行职能的实效，在推进政治协商、民主监督、参政议政规范化、制度化方面取得重要成果。把促进发展作为政协工作第一要务，选择综合性、全局性、前瞻性重大课题建言献策，为推动区经济社会科学发展，促进和谐社会建设做出贡献。

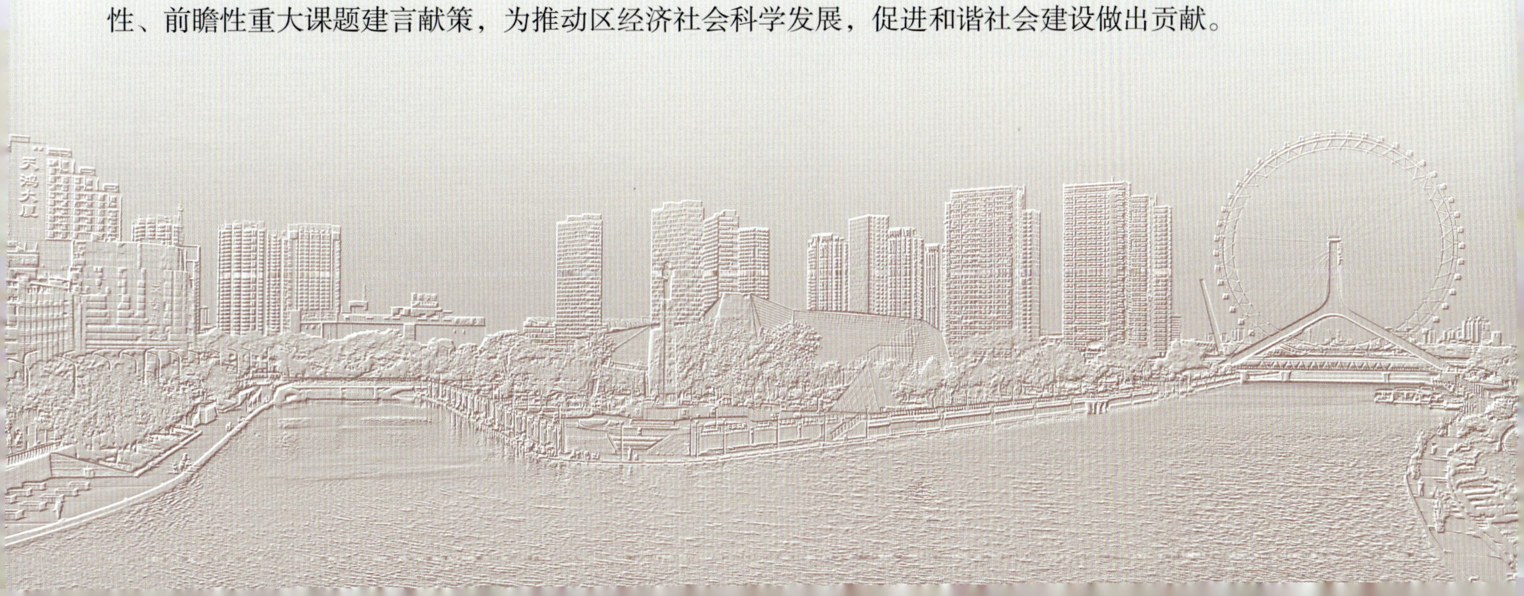

2004年1月5日，政协红桥区第十一届委员会第二次会议召开
（区政协提供）

2001年1月6日，区政协举办“我为‘十五’献良策”委员论坛
（区政协提供）

2000年9月18日，区政协承办的全国十城区（市）政协工作研讨会第九届年会在天津市会宾园宾馆召开
（区政协提供）

2009年3月24日，区十二届政协第十一次主席（扩大）会议召开
（区政协提供）

第一章 政协组织机构

1979—2010年，政协由各界别组成，政协委员由各界别推介产生，设常务委员会，主持工作。80年代设置工作组。后根据实际需要设置区政协专门委员会是在常务委员会和主席会议领导下，组织委员开展经常性活动的工作机构。主任由一名副主席兼任，副主任人选由常委会任命，委员由主席会议决定。政协委员自愿申请参加专门委员会，自区政协第十届委员会始，将全体政协委员编入各专门委员会，专门委员会以政协委员为主体，适当吸收有关专业人士为特聘委员。政协办公室、专门委员会办公室、研究室、委员联络室等办事机构，由常务委员会会议决定其设置和人事任免。

第一节 政协委员

一 委员产生

各届政协委员的产生，按照界别分配名额，由区级各党派、无党派人士、各人民团体、各界别协商提出，统战部考察推荐，经区政协常委会协商决定。每届政协委员产生的名额、界别设置也由区政协常委会根据实际情况协商决定。

二 委员构成

1979—2010年，政协历经8届。在政协委员组成上，民主党派成员和无党派人士在委员中占60%，常委中占65%，副主席中占50%。政协第五届委员会设中共、民革、民盟、民建、民进、农工、九三学社、工会、共青团、妇女、教育、医务、原工商界、少数民族、宗教、归侨、工程技术、文体及特邀19个界别，委员276人。政协第六届委员会增加台胞台属和集体、个体经济两个界别，设21个界别，委员276人。政协第七届委员会与六届相同，设21个界别，委员279人。政协第八届委员会减少集体、个体经济界别，设20个界别，委员260人。政协第九届委员会减少九三学社和工程技术界别，医务改为医药卫生，归侨改为归侨侨眷，增加经济、青联、科学技术、科协界别，设22个界别，委员266人。政协第十届委员会增加致公党界别，归侨侨眷改为侨联，设23个界别，委员259人。政协第十一届委员会减少台胞台属界别，文化体育改为文化艺术体育，设22个界别，委员264人。政协第十二届委员会与十一届相同，设22个界别，委员251人。

1979—2010年政协红桥区委员会历届委员构成一览表

表15-1

界别＼人数＼届次	五届	六届	七届	八届	九届	十届	十一届	十二届
中共	13	11	12	13	13	12	12	12
民革	3	3	3	3	3	4	5	5
民盟	4	4	4	4	4	5	6	6
民建	5	5	5	5	5	6	7	7
民进	4	4	4	4	4	5	6	6
农工	2	2	2	2	2	3	4	4
九三学社	2	2	2	2	－	－	－	－
共青团	5	5	5	5	4	4	4	4
工会	43	35	34	32	30	29	22	20
妇女	24	24	24	22	22	21	19	17

续表

界别＼人数＼届次	五届	六届	七届	八届	九届	十届	十一届	十二届
教育	44	47	47	45	37	34	28	28
医务	28	30	29	27	-	-	-	-
工商联	22	22	22	22	21	14	22	19
少数民族	18	18	18	18	18	18	18	16
宗教	5	5	5	5	5	5	6	7
归侨	6	6	6	6	-	-	-	-
工程技术	24	24	24	23	-	-	-	-
文体	6	8	8	8	8	8		
特邀	18	11	16	9	11	12	27	20
台胞台属	-	6	5	5	5	5	-	-
医药卫生	-	-	-	-	25	22	18	19
集体、个体经济	-	4	4	-	-	-	-	-
经济	-	-	-	-	12	14	18	18
归侨侨眷	-	-	-	-	6		-	-
青联	-	-	-	-	3	3	3	3
科学技术	-	-	-	-	23	22	18	18
科协	-	-	-	-	5	5	5	5
致公党	-	-	-	-	-	2	3	3
侨联	-	-	-	-	-	6	3	4
文化艺术体育	-	-	-	-	-	-	10	10
委员总数	276	276	279	260	266	259	264	251

第二节　政协机构

一　领导机构

区政协设常务委员会主持会务，在全体委员会议闭会期间，处理委员会工作。常务委员会由主席、副主席、秘书长和常务委员组成。候选人由各党派、团体和各界代表人士协商提名，经政协全体委员会议选举产生。1979—2010年，选举产生8届常务委员会。主席主持常务委员会工作，副主席、秘书长协助主席工作。主席、副主席、秘书长组成主席会议，负责处理常务委员会的重要日常工作。

1980—2010年政协红桥区委员会历届主席、副主席名表

表15-2

届　次	职　务	姓　名	任职时间
第五届	主　席	陈守军	1980年5月—1984年5月
	副主席	张清溪	1980年5月—1984年5月
		陈省之	1980年5月—1984年5月
		孙汉舟	1980年5月—1984年5月
		苏启祯	1980年5月—1984年5月
		孟昭蕙(女)	1980年5月—1984年5月
		耿绍周	1980年5月—1984年5月
		黄昌庆	1980年5月—1984年5月
		李华良	1980年5月—1984年5月
		周　铮	1980年5月—1984年5月
		孟羽卿	1983年7月—1984年5月

续表一

届　次	职　务	姓　名	任职时间
第五届	秘书长	别　潜	1980年5月—1984年5月
第六届	主　席	幺同乐	1985年11月—1986年4月
	副主席	刘殿元	1984年5月—1987年2月
		孟　开	1984年5月—1987年2月
		孟昭蕙（女）	1984年5月—1987年2月
第六届	副主席	耿绍周	1984年5月—1987年2月
		周　铮	1984年5月—1987年2月
		黄昌庆	1984年5月—1987年2月
		白金铭	1984年5月—1987年2月
		钱庆忠	1986年4月—1987年2月
	秘书长	周陈熊	1984年5月—1987年2月
第七届	主　席	李梦书	1987年2月—1990年2月
	副主席	刘殿元	1987年2月—1990年2月
		钱庆忠	1987年2月—1990年2月
		孟昭蕙（女）	1987年2月—1990年2月
		耿绍周	1987年2月—1990年2月
		周 铮	1987年2月—1990年2月
		黄昌庆	1987年2月—1990年2月
		白金铭	1987年2月—1990年2月
		马润田（回）	1987年2月—1990年2月
	秘书长	周陈熊	1987年2月—1990年2月
第八届	主　席	谢喜贵	1990年2月—1993年2月
	副主席	钱庆忠	1990年2月—1993年2月
		周陈熊	1990年2月—1993年2月
		赵春明	1990年2月—1993年2月
		王宝章（回）	1990年2月—1993年2月
		高科锦	1990年2月—1992年10月
		王福海	1990年2月—1993年2月
		沈耀良	1990年2月—1993年2月
		唐汉云	1990年2月—1993年2月
	秘书长	杜少川	1990年2月—1993年2月
第九届	主　席	谢喜贵	1993年2月—1996年1月
		隋文德	1996年1月—1998年1月
	副主席	张俊泽	1993年2月—1996年1月
		刘桂忠	1993年2月—1997年1月
		刘树钧	1993年2月—1998年1月
		王宝章（回）	1993年2月—1998年1月
		王福海	1993年2月—1998年1月
		唐汉云	1993年2月—1994年8月
		李学宽	1993年2月—1998年1月
		王维藩	1993年2月—1997年3月
		谢政明	1996年1月—1998年1月
		张颖君（女，回）	1996年1月—1998年1月
	秘书长	阴志刚	1993年2月—1998年1月
第十届	主　席	隋文德	1998年1月—2002年12月
	副主席	魏志祥	2002年10月—2002年12月
		谢政明	1998年1月—2002年12月
		胡同发	1998年1月—2002年4月
		王宝章（回）	1998年1月—2002年12月

续表二

届次	职务	姓名	任职时间
第十届	副主席	李学宽	1998年1月—2002年12月
		赵建民	1998年1月—2002年12月
		陈之川	1998年1月—2002年12月
		张家基	1998年1月—2002年12月
	秘书长	孟新民	1998年1月—2002年12月
第十一届	主　席	魏志祥	2002年12月—2007年1月
	副主席	谢政明	2002年12月—2007年1月
		马　平(女)	2002年12月—2007年1月
		马速成(回)	2002年12月—2007年1月
		赵建民	2002年12月—2007年1月
		苑春鸣	2002年12月—2007年1月
		赵树钢	2002年12月—2007年1月
		杨荣圃	2002年12月—2007年1月
		韩恩山	2002年12月—2007年1月
	秘书长	孟新民	2002年12月—2005年1月
		冯文玉	2005年1月—2007年1月
第十二届	主　席	黄禄衡	2007年1月—2010年12月
	副主席	由明胜	2007年1月—2010年12月
		马　平(女)	2007年1月—2010年12月
		马速成(回)	2007年1月—2010年12月
		赵建民	2007年1月—2010年12月
		苑春鸣	2007年1月—2010年12月
		赵树钢	2007年1月—2010年12月
		韩恩山	2007年1月—2010年12月
		李凤军	2007年1月—2010年12月
	秘书长	冯文玉	2007年1月—2010年12月

二　专门委员会

1980—1987年，相继成立提案委员会、文史资料委员会、专业工作委员会、祖国统一联谊委员会。另设城市建设、经济建设、科学技术、教育、文体、民族宗教、医药卫生、妇女、社会法制、华侨10个工作组。1988年，将部分委（组）调整为学习、专业、提案、文史、祖国统一联谊5个委员会和城建城管、经济、科技、教育、书画、文体、民族宗教、医药卫生、妇女、法制10个工作组。

1990年，重新调整专门委员会设置，组建学习、提案、文史、祖国统一联谊、经济科技、教育文化、社会法制、民族宗教、医药卫生体育9个专门委员会。1993年，专门委员会设置为经济、社会、学习、提案、文史资料、祖国统一联谊6个委员会。1998年，组建提案、经济科技、城建城管、教文卫体、社会法制、民族宗教、学习、文史、台港澳侨联络9个委员会。

2001年，成立街道委员会。2010年，专门委员会设置为提案委员会、经济委员会、科技委员会、城建城管委员会、教文卫体委员会、社会法制委员会、民族宗教委员会、文史委员会、学习委员会、港澳台侨联络委员会、街道委员会。各专门委员会组织委员在各自熟悉的专业领域开展调研、视察、对口协商等多种形式的参政议政活动，为经济和社会发展建言献策。

三　办事机构

1980年，设秘书组、联络组、行政组。1984年，设立落实政策办公室。1988年，撤组建科，成立秘书科、联络科和行政科，行政编制19人。1991年，设立政协办公室，规格为正处级，下设秘书科、行政科。是年11月，设立专门委员会办公室，规格为正处级，下设一科、二科。2002年，设立研究室，规格为处级。同年进行机构改革，行政编制21人，事业编制1人。2006年，增设委员联络室，规格为处级，行政编制23人，事业编制1人。2010年，政协机关内设办公室（下设秘书科、行政科）、专门委员会办公室（下设一科、二科）、研究室、委员联络室，行政编制23人，事业编制1人。

第二章　政协会议

政协以会议为履行政协职能、开展工作的主要形式以及委员履行职责的主要途径，通过召开全体会议、常务委员会会议、主席会议、各专门委员会会议，围绕区大政方针及政治、经济、文化和社会生活中重大问题，各党派参加人民政协共同性事务及政协内部重大事务进行协商讨论。各项会议以“民主、求实、团结、鼓励”为指导方针，不断坚持和完善会议制度，推进政协工作制度化、规范化和程序化建设。

第一节　全体会议

一　第五届委员会（1980年5月—1984年5月）

1980年5月6—13日，第一次会议在文化馆剧场召开。出席委员275人，列席103人。政协副主席石建国作第四届委员会常务委员会工作报告，列席八届人大一次会议，听取政府工作报告，选举政协主席1人、副主席9人、秘书长1人、常务委员39人，通过大会决议。会议指出，在新的历史时期，要认真贯彻“长期共存，互相监督”的方针，广开言路、广开才路，调动各方面人士积极性，在各条战线上创造出优秀成绩，迎接中共十二大召开。期间，召开4次委员会议。

二　第六届委员会（1984年5月—1987年2月）

1984年5月7—10日，第一次会议在工人俱乐部召开。出席委员243人，列席73人。副主席孟昭蕙作第五届委员会常务委员会工作报告，列席区九届人大一次会议，听取代区长赵滴土作的政府工作报告，举行大会发言，各民主党派、人民团体、各界代表人士交流经验。选举政协副主席7人、秘书长1人、常务委员38人，通过大会决议。会议强调，要以经济建设为中心，努力开创政协工作新局面。充分发挥知识分子才华和智慧，支持改革和创造精神，为四化建设和祖国统一做出新贡献。期间，召开4次委员会议。

照15-1　1984年，区政协第六届委员会第一次全体会议召开　（区政协提供）

三　第七届委员会（1987年2月—1990年2月）

1987年2月23—26日，第一次会议在工人俱乐部召开。出席委员238人。副主席孟昭蕙作第六届委员会常务委员会工作报告和副主席王福海作提案工作委员会工作报告，列席十届人大一次会议，听取区长赵滴土作的政府工作报告。选举政协主席1人、副主席8人、秘书长1人、常务委员38人，通过大会决议。会议指出，贯彻全国和市委统战工作会议精神，积极促进“增产节约，增收节支”运动的开展，为尽早实现第七个五年计划献计献策，团结奋斗。期间，召开3次委员会议。

四　第八届委员会（1990年2月—1993年2月）

1990年2月26日—1990年3月1日，第一次会议在工人俱乐部召开。出席委员238人。副主席刘殿元作第七届委员会常务委员会工作报告和副主席王福海作提案委员会工作报告，列席十一届人大一次会议，听取区长张柏峰作的政府工作报告。选举政协主席1人、副主席8人、秘书长1人、常务委员46人，通过大会决议。期间，召开3次委员会议。

五　第九届委员会（1993年2月—1998年1月）

1993年2月23—26日，第一次会议在区政府礼堂召开。出席委员213人。副主席王宝章作第八届委员会常务委员会工作报告和副主席王维藩作提案委员会工作报告，列席十二届人大一次会议，听取并讨论代区长王世新作的政府工作报告。选举政协主席1人、副主席8人、秘书长1人、常务委员46人，通过大会决议。会议决定，围绕社会主义市场经济体制的建立，充分发挥政协综合优势，为引进资金、资源、技术和管理经验，为振兴红桥经济，为政协创办经济实体，做出更大成绩。期间，召开5次委员会议。

六　第十届委员会（1998年1月—2002年12月）

1998年1月18—21日，第一次会议在区政府礼堂召开。出席委员227人。常务副主席刘树钧作第九届委员会常务委员会工作报告，副主席李学宽作提案委员会工作报告，列席区十三届人大一次会议，听取区长王世新作的区政府工作报告，选举政协主席1人、副主席8人、秘书长1人、常务委员39人，通过大会决议。会议强调，团结全区各族各界人士，形成推动改革、开放、发展的强大合力，突出工作重点，取得新的突破，塑造人民政协团结、务实、创新、高效的崭新形象，把思想提高到新境界，工作提高到新水平。期间，召开6次委员会议。

照15-2　2001年，区政协第十届委员会第四次会议召开　（区政协提供）

七　第十一届委员会（2002年12月—2007年1月）

2002年12月6—9日，第一次会议在区政府礼堂召开。出席委员261人。市政协副主席和副秘书长参加会议。区政协主席隋文德作第十届委员会常务委员会工作报告，副主席李学宽作提案工作情况报告，列席十四届人大一次会议，听取区长王怀仁作的政府工作报告。选举政协主席1人、副主席8人、秘书长1人、常务委员34人，通过大会决议。会议指出，坚持以经济建设为中心，围绕团结和民主两大主题履行职能，为推进改革开放和现代化建设服务，不断增进各党派、团体和各族各界人士团结合作，推进政协工作制度化、规范化，维护和发展民主团结、生动活泼、安定和谐政治局面。期间，召开4次委员会议。

八　第十二届委员会（2007年1月—2011年12月）

2007年1月15—18日，第一次会议在区政府礼堂召开。出席委员216人。副主席马平作第十一届委员会常务委员会工作报告和副主席赵建民作提案工作情况报告，列席十五届人大一次会议，听取区长王怀仁作的政府工作报告。选举政协主席1人、副主席8人、秘书长1人、常务委员42人，通过大会决议。会议强调，贯彻区第九次党代会精神，围绕大局，切实履行政协职能。期间，召开4次委员会议。

第二节　常委会会议

常务委员会会议一般每季度召开一次，主要任务是审议决定区政协内部事务，就区委、区政府中心工作及社会生活中重大问题协商讨论，提出意见和建议。1980—2010年，召开197次。

第五届常委会召开28次会议。重点围绕贯彻全国和天津市教育工作会议精神，饮食、副食、糖果行业贯彻执行民族政策，《红桥区人民生活和社会发展第六个五年计划》，公安红桥分局贯彻执行中央从重从快严厉打击严重刑事犯罪一网打尽方针等重大问题协商讨论，提出意见和建议。

第六届常委会召开22次会议。重点围绕区城市建设和绿化工作规划实施，落实政策工作，打击刑事犯罪斗争，中环线红桥区路段施工建设及改造“三级跳坑”居民住宅，煤气化工程规划及施工进展，城市市容环境卫生工作和计划生育等重大问题协商讨论，提出意见和建议。

第七届常委会召开16次会议。重点围绕冬季人民生活，平房改造工程，商业企业实行转、改、租，调整零售商业，区街经济，1988年区政府改善人民生活十件实事落实和1989年改善人民生活十项工作落实情况等重大问题协商讨论，提出意见和建议。

第八届常委会召开17次会议。重点围绕发展第三产业提高社会服务功能，借助驻区大单位科技人才优势为红桥区经济服务，加强城市建设发展集中供热，加快职业教育发展，改善人民生活十件实事落实，严厉打击经济犯罪斗争，加快改革开放发展等重大问题进行协商讨论，提出意见和建议。

第九届常委会召开33次会议。为发挥高层次协商作用，抓住全区经济建设和社会发展中的重大问题创新协商方式，提高协商质量。从1996年始，每年确定1~2个中心议题及若干子课题，组成专题调研组深入调查研究，形成调研报告，作为常委会会议专题协商发言材料。重点围绕学习张家港创建文明小区，优化资源配置搞好规模经营，加强财源建设和赋税体制改革，城市改造和建设，经济和各项事业跨越式发展，加入世贸组织后红桥区发展对策等重大问题进行协商讨论，提出意见和建议。

第十届常委会召开30次会议。重点围绕教文卫体载体设施建设与优化配置，繁荣发展大胡同地区市场，非公有制经济参与国企改革，民营科技企业发展上水平及企业资产重组，社区建设以及加入世贸组织后红桥区经济和社会协调发展，危改中商业载体建设、卫生布局调整、文物保护急待解决的几个问题，新经济增长点和大型商业设施启动，经济建设重点项目，医保低保工作等重大问题进行协商讨论，提出意见和建议。

第十一届常委会召开23次会议。重点围绕区经济发展布局“一区、三圈、两园、一带”建设，“十一五”规划编制，构建和谐社区，税收征管实行属地管理和城市建设，铁路西站地区改造建设规划等重大问题进行协商讨论，提出意见和建议。

第十二届常委会至2010年召开28次会议。重点围绕全区重点项目建设，光荣道规划建设，让文化更多融入城市建设，“十二五”规划编制进行协商讨论，提出意见和建议。

照15-3　2005年，区政协第十一届委员会第十三次常委会会议召开　（区政协提供）

第三节 主席会议

主席会议由主席、副主席、秘书长组成，一般每两月召开一次，负责处理常委会日常工作，听取政府区情工作通报，进行重点协商。听取政协专门委员会工作汇报，审议提交常委会讨论的各项文件草案。1980—2010年召开214次。

第五届召开10次主席会议，围绕区基本建设规划、社会治安、人口普查、教育卫生、落实民族政策、物价政策听取情况通报进行协商讨论。组织委员开展为四化建设献计献策，为建设新天津立功活动。

第六届召开16次主席会议，就教育改革及教育五年规划设想、九年义务制教育实施方案听取情况通报进行协商讨论。

第七届召开41次主席会议，围绕经济建设和精神文明建设规划听取情况通报进行协商讨论。

第八届召开32次主席会议，围绕《红桥区国民经济和社会发展第八个五年计划（1991—1995）（征求意见稿）》协商讨论，重点听取工商、审计两个执法部门为区、街经济支、帮、促，纠正行业不正之风加强廉政建设，科技兴区"123"工程实施，城市建设和城市管理，丁字沽工人新村一段、二段、五段平房改造工程等情况通报。

第九届召开36次主席会议，围绕发展私营经济、计划生育、科技兴工、《关于红桥区加快改革与发展的意见〈征求意见稿〉》进行重点协商。听取城建工作，民族工作，加强预算外资金管理规定，财政收支及经济运行，贯彻《中华人民共和国教师法》《中华人民共和国劳动法》，危改还迁和大胡同小百二期工程进展，扫黄打非和文化市场管理，全区机构改革，社会治安综合治理，人、家、院、片为载体的创建文明社区工程实施及反腐败斗争等情况通报。

第十届召开30次主席会议，围绕加速科技成果向经济转化的科技兴区工程，为下岗职工提供就业岗位的再就业工程，以城市建设带动经济建设和社会发展的龙头工程，向改革要出路、以改革为动力的动力工程，对企业支帮促、创造良好外部环境的环境治理工程，财源建设与财政收支，精神文明创建活动，大胡同地区市场，教文卫体载体设施优化配置与资源共享建议的实施，新区建设和"三年热化"，街道城市管理体制改革，法院执行和检察院检务公开，跨越式发展重点项目，社会稳定和民族宗教，机构改革，社会治安综合治理、园林绿化等重点协商。

第十一届召开26次主席会议，围绕"一区、三圈、两园、一带"经济发展布局建设，西站地区定位和规划建设，大胡同集团发展，加强税源建设及大胡同地区税收征管方案实施，非公经济发展，优化经济发展外部环境招商工作，防治"非典"，再就业工作，公安、司法队伍建设整改，重点项目建设进展，创建示范街和星级社区通报协商。

第十二届召开23次主席会议，围绕将红桥区文化软实力转化为经济发展硬动力、生态城区建设重点协商，提出意见建议。就运河经济文化商贸区公建规划建设、高起步和招商引资，再就业工作和奋战"300天"市容环境综合整治通报协商。

第三章 主要工作

1979—2010年，坚持以经济建设为中心，围绕改革开放的大局和区域经济发展的实际，履行职能，建立规章制度，使之规范化、程序化。团结带领全体政协委员和各界人士，经提案办理、专项视察、反映社情民意、特约监督员等形式开展民主监督。运用专题调研、咨询论证、大会发言等形式参政议政，提出意见和建议。开展文史资料征集及支企服务、和谐社区服务和团结联谊等活动，为区域社会发展做贡献。

第一节 民主监督

一 提案办理

1981年，开始征集提案，与提案承办单位联系配合，重点提案重点办理，一般提案及时办理。1991年，全国政协颁布《提案工作条例》后，区政协贯彻执行并制订地方条例，此后各届都作出修订，提案工作形成制度化。至2010年，征集提案6372件，基本得到妥善处理和解决。

照15-4 2008年，区政协"奉献杯"、优秀提案表彰会召开 （区政协提供）

1981—2010年政协红桥区委员会历年提案工作情况统计表

表15-3

年份	提案件数	立案件数	涉及单位	转办件数	办理情况
1981	398	196	185	–	回复率：95%
1982	201	163	163	159	回复率：97.50%
1983	–	–	–	–	–
1984	83	83	–	83	基本得到妥善处理
1985	163	163	63	–	基本得到解决
1986	234	–	–	–	解决103件，占44%
1987	268	268	74	268	办复率：88.40%
1988	385	385	72	385	办复率：96%
1989	280	280	–	–	–
1990	281	281	–	281	办复率：99.20%，采纳率：78.60%
1991	218	218	–	218	办复率：76%
1992	176	176	–	176	–
1993	214	214	–		办复率：98%
1994	209	206	–	206	办复率：99.50%，采纳率：96.10%
1995	142	142	–	142	区办的118件提案办复完毕
1996	163	163	–	163	委员满意率：96.90%
1997	141	141	–	141	办复率：98.60%，采纳率：95%
1998	166	166	50	166	采纳率：99.10%，满意率：98.70%
1999	183	181	–	181	区办150件全部办复，满意率：98%以上
2000	183	180	–	180	办复率：98%
2001	214	212	–	212	区办185件全部办复，满意率：89.70%
2002	251	–	–	–	提案人对提案办复落实情况满意率98%
2003	258	258	–	258	区办207件全部办复，满意率：99%
2004	244	206	–	206	提案全部办复，满意率：99%
2005	247	191	42	191	区办提案已解决83%，委员对办理意见表示满意98%
2006	222	–	–	222	提案全部办复
2007	196	162	–	–	满意率100%，区政府及主席重点督办的9件提案实现成果转化
2008	207	190	–	–	提案办复率100%，满意率97.40%，落实率71.10%
2009	211	161	–	161	承办单位和提案人见面率100%，办复率100%，满意率98%以上
2010	234	186	39	186	办结率：100%，满意率为98%

二 视察

历届政协组织委员围绕中心工作，选择常委会协商议题和委员关心的问题经常组织视察。每年都要组织1~2次全体委员参加的大型综合性视察活动。各专门委员会每年制订计划组织专项视察。采取“听、看、议”的方法，视察中有调研，视察后有报告，提出意见和建议。

1980—1983年，对回民居住较集中的7个街、50余个回民食品商店及食品三厂、民族医院、民族文化宫、民族中学、回民小学执行民族政策情况组织委员进行视察。对154个街办商店物价进行检查。1984—1986年，对教育系统中年知识分子、第二中心医院和民族医院中政协委员政策落实情况，43个饮食商店、20余个清真商店价格改革和执行民族政策情况，街办事处文化站建设、全区绿化和中环线建设情况，组织委员进行视察。1987—1989年，对百货、副食、饮食3个商业公司、14个门市部“租、改、提”改革和实施《中华人民共和国企业法》《职工代表大会条例》情况，稳定市场物价、集贸市场治理整顿情况组织委员进行视察。1990—1992年，对社区体育场地、体育器械，民族教育，文化市场，医疗单位全程优质服务，发展外向型经济、扶持民办科技机构情况组织委员进行视察。1993—1998年，对科技先导型企业科技兴工，贯彻《学校体育工作条例》《学校卫生工作条例》、集体企业推行股份合作制、市容卫生、市场管理提案落实、6个商业公司实行“国有民营”改革、发展民办科研机构、招商引资、培养新经济增长点情况组织委员进行视察。

1999—2002年，对实施《中华人民共和国文物保护法》、做好文物保护工作组织委员进行视察。与区人大有关委员会联合视察物业管理情况。2003—2006年，重点对铁路西站改造中西站定位和西站地区规划建设组织委员进行视察。2007—2010年，围绕全区重点工作和重点工程建设组织委员进行视察。

三 社情民意反映

政协历来重视委员联系面广的优势，注意收集和听取社情民意反映，为区委、区政府决策提出合理化意见建议。每次全体委员会议后都要归纳整理委员在讨论中提出的意见和建议，集中向区委、区政府送交。创建《委员之声》《政协信息》《社情民意专报》以刊物为载体，使社情民意工作形成制度化、规范化。

1980—1986年，组织各民主党派、各界人士围绕修改《中华人民共和国宪法》和《政协章程（修改草案）》召开座谈会，提出意见建议。1987年，建立《委员之声》，至1989年反映80条委员意见建议。1990年，组织政协委员参加全区经济工作会议，提出振兴经济、科技兴区、开发新产品、加强经营管理、提高服务质量等19条意见和建议。

1991年，出刊41期《委员之声》，围绕经济建设、教育等方面提出26条建议，被区政府和有关部门采纳。1992年，出刊42期《委员之声》，围绕加快发展职业教育等提出42条建议。其中在子牙里住宅区进行集中供热试点建议被采纳。1993—1994年，建立《政协信息》。召开社情民意座谈会8次。1995年，制订《红桥区政协专门委员会反映社情民意制度》。建立热线电话，责成专人，准确反映委员意见和群众呼声，办理10件。1996年，办公室设专职干部负责信息工作并担任市政协和区委信息员。聘请70余名政协委员任信息员。编发《政协信息》45期117条，报送市政协95条，市政协采用35条，2条信息分别得到副市长批示，8名区级党政领导在7期信息上作10次批示，部分问题得到妥善解决。1997年，编发《政协信息》58期109条，市政协采用44条。1998年，出刊《政协信息》51期300余条。市政协和区委各采纳30余条。是年，建立《社情民意专报》，其中《建议政府有关部门出台与企业体制改革相适应的养老保险制度》，市委书记、市长分别作出批示，市劳动局作专题答复，促进这一问题的解决。1999年，出刊《政协信息》53期176条，市政协和区委采纳百余条。

2000年，街道委员会10名成员全部聘为信息员。有4条反映社情民意信息被天津市政协报送到全国政协，有7条被市党政领导和市政协领导批示，其中“建议改革供热收费办法”，副市长王德惠作批示。市建委、供热办采纳制订实施方案。2001年，出刊《政协信息》20期，被市政协采用17条；出刊《社情民意专报》46期，被市政协采用24条，有7条被市党政领导批示，其中“建议尽快制订宗教管理法”等12条被市政协报送到全国政协。2003年，出刊《政协信息》35期，《社情民意专报》41期，市政协采用10余条，有1条被报送到全国政协，有7名市区领导作批示。2004年，出刊《政协信息》42期，出刊《社情民意专报》46期，向市政协和区委、区政府报送54条，市政协采用10条。市委书记张立昌及4名市领导、8名区领导作批示，有1条被报送到全国政协。2005年，制订《红桥区政协反映社情民意工作条例》。在全区9个街道建立社情民意直报点。出刊《政协信息》42期，出刊《社情民意专报》23期，向市政协和区委、区政府报送26条，有8名市、区领导作批示，其中“呼吁加强河道环境卫生管理”被市政协采纳专报市政府领导，副市长孙海麟作出批示，有关部门对全市河道环境卫生进行清理，出台管理规定、建立管理队伍，全市主要媒体进行连续报道。2006年，出刊《政协信息》31期，《社情民意专报》17期，其中《关于建立我市水上公交巴士的建议》列入市海河综合开发规划；《关于进一步加大我区对外宣传的建议》被区委、区政府采纳，《魅力红桥》画册及贺卡等措施落实。2007年，出刊《政协信息》36期，《社情民意专报》16期，《委员之声》1期，有30余条被市政协采用。市、区党政领导14次作批示，部分得到采纳落实。2008年，出刊《政协信息》30期，《社情民意专报》18期，《委员之声》2期，有8名市、区党政领导多次作批示。2009年，出刊《政协信息》31期，《社情民意专报》16期，有15条被市政协采用。2010年，出刊《社情民意专报》12期，有10条建议得到有关部门采纳落实。

四　特约监督员

区政协应邀推荐或由司法机关、行政执法部门及公共事业单位聘请监督员（后称特约监督员），2004年，制订《红桥区政协关于在政协委员中聘任特约监督员工作的意见》，特约监督员逐步规范化、制度化。

1989年，有16名政协委员担任监督员。

八届政协期间，有35名政协委员被执法单位聘为监督员、监察员，直接参与重要事项的调查和检查。

九届政协期间，有78名政协委员被执法单位聘为监督员，组建3个组，确定工商、税务等11个对口监督单位，初步形成对口监督网络。

十届政协期间，1998年，有8个执法单位聘请46名政协委员为特约监督员，法院聘请全体政协委员为特约监督员，1999年聘请特约监督员的执法单位10个，2000年增加至15个，特约监督员增加至83名。2001年，政协建立特约监督员档案和活动登记、信息反馈制度。

十一届政协期间，有9个执法单位，聘请58名政协委员为特约监督员。2006年增至70名，执法单位增加至13个。十二届政协期间，2007年，8个执法单位聘请28名政协委员为特约监督员，2008年，执法单位增加至18个，特约监督员80名。2009年，22个司法和行政执法单位聘请96名政协委员为特约监督员。2010年，有98名政协委员被聘为特约监督员，聘请特约监督员的单位23个，基本实现司法、行政执法单位全覆盖。

照15-5　2009年，区政协区情通报会召开

（区政协提供）

第二节　参政议政

一　调查研究

1995年始，每年初拟定调研计划，征求区委、区政府意见。1996—2004年，围绕常委会专题协商议题及子课题，由有关党派和专门委员会并吸收有关专业人士参加。组成调研组，深入实际、深入基层、深入现场，反复研讨论证，撰写调研报告，为常委会协商服务。2005年，建立《区政府采纳区政协专题调研报告意见建议落实情况反馈书》，形成反馈机制。1980—2010年，完成调研报告200份。调研报告政治类15篇，经济类84篇，文化类68篇，社会类30篇，生态文明类3篇。

二　咨询论证

1993年，组织政协委员与人事部门负责人座谈论证，到北京海淀区考察，形成《红桥区党政机构改革情况的建议》报告，提出5条建议。1995年，召开35次“学习领会中共十四届五中全会精神，为本区制订‘九五’计划和15年远景目标建言献策”座谈会，提出5个方面72条具体意见。2001年，举办“跨越式发展”和“我为‘十五’计划献良策”两次论坛，各民主党派、工商联联合调研，撰写报告和提案，在会上分别发言。各专门委员会推选20名政协委员参加“我为‘十五’计划献良策”论坛活动，为实施“十五”计划建言立论。2002年，举办“跨越式发展”和“入世后发展对策”两次论坛，39篇调研报告，分为4个专题发表。2004年，举办以“历史文脉，天津未来”为主题运河经济文化商贸区开发高层论坛。是年，举办“建设北方药都咨询论证会”，提出《关于建设中国植物药精品中心的建议》。2005年，举办“构建和谐社区”论坛。有13人代表各自调研组发言，对构建和谐社区提出74条意见和建议。政协常委会议通过《关于构建和谐社区的建议案》。2006年，分别为加快大胡同商贸区发展、光荣道都市工业园规划建设、充分发掘和利用大运河文化遗产、复建中华名园水西庄等重大课题举办议政会进行专题论证。2007年，举办“历史文脉挖掘、整理和利用”论坛。邀请全市有影响的专家学者，形成一批研究成果，有40余条建议被吸收进政府决策，部分落实。2008年，举办“水西庄项目”高层论坛。邀请京津两地知名人士，汇聚专业人才，有10人发表论文，形成一批研究成果。

第三节　文史资料工作

一　文史资料征集

1980年，区政协文史组恢复活动，展开文史资料征集工作。1981年，成立文史资料委员会，发挥亲闻亲见亲历优势，以征集解放前文史资料为主，涉及工商经济、军政名人、教科文卫、对外关系等方面，至1988年，撰写《天津机器制造业早期人物志—关于孙恩吉》《天津机器染整业的发展概况》《天津市银钱业三十年代初期经营见闻》《德和永杂货庄发展始末》《三条石机器铸铁业知名人物—史玉凯》《估衣街与估衣街张》等文史资料113篇180余万字，有13篇被全国和市政协文史资料委员会选用。1989年始，对回族文史资料征集，撰写《天津古老建筑—清真大寺》等史稿19篇13.89万余字；重新整理历年史稿13篇3.03万余字。1990年，文史资料征集重点转向中华人民共和国成立后，至1998年征集撰写文史资料53篇，约32.9万字。1999年，征集到中华人民共和国成立以来邓小平、邓颖超等47名党和国家领导人在红桥区域内视察调研的珍贵史料，填补史料征集空白。撰写万余字红桥百年巨变史料及7万余字其他史料，其中11篇文稿和5幅照片被市政协《文史资料选辑》《团结与民主》及《今晚报》刊用。2001年，对估衣街历史原貌、文物拍照录像，为研究估衣街留下大量资料。2002年，配合《今晚报》开办“话说估衣街”专栏，整理中华人民共和国成立前文史资料105万字，新征集40万字，向市政协推荐14篇，向《今晚报》推荐10篇全部被刊用。2003年，在《今晚报》开辟“宝地三岔河口”征文专栏。面向全市征集稿件70余篇12万余字，刊发48篇。2004—2010年，征集《红桥匾额》99篇，《红桥绝活》111篇，《红桥收藏》96篇，《红桥小吃》111篇以及《名人足迹在红桥》171篇。

二　文史资料编辑

32年来，在征集撰写稿件基础上出版七辑《红桥区文史资料选辑》。1996年，出版第一辑，反映中华人民共和国成立前全区工商经济、文化教育、名胜古迹和历史人物24篇文稿13万字，印刷1500册。2001年，出版第二辑，以中华人民共和国成立前工业、商业、教育、文化、知名人物、军政史料为内容53篇文稿，约24万字，印刷1.2万册。2004年，出版第三辑，以《宝地三岔河口》作书名，挖掘整理三岔河口历史、著名建筑、丰富物产、风情风貌和遗闻轶事，选登68篇文稿14万字，印刷5000册。2007—2010年，出版第四至第七辑，分别为《红桥匾额》《红桥绝活》《红桥收藏》《红桥小吃》，以图文并茂形式，反映红桥深厚文化底蕴，体现文化传承，各印刷1500册，成为系列丛书，为全区对外交流、招商引资服务，挖掘红桥名人，保护和抢救红桥人文资源。2009年，启动《红桥区文史资料选辑》第八辑，征集撰写《名人足迹在红桥》。

照15-6　2004年，由市政协主办、区政协和泰达集团承办的以“历史文脉，天津未来”为主题的运河经济文化商贸区开发高层论坛在区举办
（区政协提供）

第四节　其他工作

一　支企服务

1981—1985年，帮助各街建立23个商业网点，安排待业青年341人就业。协助组建青年经营网点7处，开办会计、裁剪、文明经商等6个专业培训班，开展企业经营管理咨询服务，培训259人次。1986年，协助饮食公司机械厂解决25万元低息贷款，引进代号为“A-K”型“素肉”生产线。1987—1997年，支企服务以咨询和专业培训为主。1998年，开辟政协为企业服务新途径，组织系列支企服务活动。由26名高级工程师、教授、各类专业技术人才组成科技分团，到20家企业，提出45项建议。编发科技信息刊物3期200余条，推荐最新科技成果50余项。针对企业存在的问题提出12条建议。由11名高中级律师组成法律分团到24家企业，针对法律方面问题提出19项建议，为企业挽回直接经济损失76万元。为有关企业协调解决拖欠款10万元。引进登发装饰大世界商城当年安排下岗职工600余人，年纳

照15-7　1998年10月，区政协组织委员到天津联合包装有限公司就法律、房屋、医疗等问题提供咨询服务
（区政协提供）

税百余万元。引进红建房地产开发有限公司，协助组建红桥石油有限公司，建加油站，年纳税200余万元。为企业创效开展知识培训。1999年，《人民政协报》以《优势整合—天津市红桥区政协支企服务纪实》为题作报道并加编者按。在河北工业大学和天津商学院设立区政协科技开发服务基地。协助6家企业，提出24条建议。为企业提供法律咨询、代理诉讼24人次，涉及11个问题。促成西沽街道市场建设，引进2家餐饮企业建成开业，为重点帮扶企业提供产品、技术项目6条，向企业发布项目信息200余条，其中"火车自动制动装置"开发项目达成合作意向。

2000年，协调西沽家具商城和西菜园农副产品综合批发市场建成开业。2001—2008年，发挥政协委员专长优势，支企服务活动深化。2009年，4名驻会主席、副主席定点服务13家区属重点企业，政协机关重点帮扶43家政协委员办企业，为区属中小企业可持续发展提出6个方面对策建议，协调解决46个具体问题。2010年，9名主席、副主席包保18家企业定点服务。为企业协调解决技术产品开发、市场准入、资金、项目、技术质量等48个问题。

二　和谐社区服务

2003年，委员为抗击"非典"捐款、捐赠药物和消毒用品。为社区外来务工人员捐赠医药和保洁用品、义务查体。2005年，开展"为构建和谐社区做贡献"系列活动。组织书画家到社区"送福进万家"，赠送字画百余幅，捐赠图书千余册，为社区科普橱窗提供资料，宣传科学知识；开展"艺苑社区行"活动，宣传社会主义荣辱观，举办"小巷总理你好"大型文艺演出，慰问新当选的社区居委会主任。在子牙河畔捐种两片400余株"政协委员林"；向市、区政府提出改善生态环境、治理污染源的建议，解决渔民村环境问题。组织有专长的委员开展法律咨询、法律服务活动。深入社区接待群众来访，宣传法律知识。"三八"节前夕，为三个社区的残疾和单亲困难家庭每户送去价值300元款物。有10名女委员为部分困难和残疾母亲捐赠现金和食品，为社区流动图书馆捐赠图书。200余名委员向全区9个街道"爱心超市"捐款捐物。为构建和谐社区服务成为政协工作常态化，每年都要组织开展活动。

三　对外宣传

（一）专刊　1981年，区政协创办《政协通讯》，作为反映政协工作，宣传政协委员事迹的主要载体。不定期出刊，向市政协、区级领导及有关部门和全体政协委员发放，至2002年出刊272期。2003年创办《红桥政协报》，2004年改版为《红桥政协》杂志双月刊，设重要会议、政协要闻、重点工作进展、专委会重点工作、社情民意、委员风采、学习园地、党派团体信息栏目，至2010年设政协要闻、工作简讯、经验交流、议政建言、委员风采、展示台、红桥文史撷珍、健康小贴士、文摘在线、新书架、党派工商联信息板块，出刊40期。

（二）《政协之窗》专题节目　2000年，与红桥有线电视台共同创办《委员之窗》专题节目，每月一期，每期15分钟，每月21日播出。初期设委员视点、委员足迹、委员风采、提案追踪、专家指南、政协论坛等板块，后发展为委员风采、提案追踪、委员说法、文博鉴赏、工作聚焦、专家指南、专家理财、红桥绝活、红桥收藏等9个板块。2000—2010年，制作130期1950分钟。

（三）通讯报道　1980—1989年，主要向《天津政协工作通讯》报送动态性稿件，自1990年，向天津电视台、《天津政协》杂志和《人民政协报》报送稿件采用12篇。1995年，首次召开宣传信息工作会议，聘请25名信息员，建立宣传信息网络。收到宣传信息稿23条，向外报送18条。1999年，形成文稿52篇，被全国和市、区新闻媒体采用，其中7篇刊登在《人民政协报》上。2004年，制作10集电视系列片《岁月红桥》，被区文明办确定为爱家乡教材。2000—2010年，向《中国政协》杂志、《人民政协报》《天津日报》《天津政协》杂志投稿并刊发62篇稿件。2002年和2006年，分别编辑制作《开拓创新的五年——红桥区十届政协成果展示》《红桥区第十一届政协委员录》，展示政协工作成果和政协委员风采。2010年，撰写《坚实的足迹—红桥区十二届政协履职纪实》，编辑制作成光盘。

《政协天津市红桥区委员会协商议政成果汇编》1998年创办，向市政协、区级领导及有关部门和全体政协委员发放，设工作经验篇、工作研究篇、创新成果篇、工作制度篇、建言（调研）献策篇、宣传报道篇、社情民意篇、会议资料篇、大事记板块，至2010年出刊9期。

四　团结联谊

（一）内外联谊　1980年始，每年举办2~3次"委员之家"活动，邀请有专业特长的政协委员为委员们开展义务修表、修眼镜、健康咨询、送售年货等服务，后增加猜灯谜、趣味运动会等内容。免费为委员进行健康查体。1998年，建立"主席接待日"，坚持每两周一次，主席或副主席约请政协委员到机关或到委员单位，促膝谈心，了解社情民意，帮助协调解决问题。

1983年，会同区委召开"三胞"（台湾同胞、港澳同胞、海外侨胞）及眷属座谈会，以后每年中秋节与区委统战部共同邀请"三胞"及眷属座谈联谊，春节前发送贺年卡，请他们转送海外朋友。进行走访慰问，帮助解决生活中的困难。1984年后，接待台胞、美籍华人和外国友人，协助赴港台会见亲人的眷属办理出境手续，组织"三胞"为全区招商引资牵线搭桥。与全国20余个省市自治区政协组织保持友好往来，同多个市、区政协组织进行文字交流，与42个市、区政协建立友好关系。接待北京、上海、广东、四川、甘肃、云南等地政协组织来访87次。6次承办市内各区政协主席、秘书长联席会。1992—2010年，参加全国九城区政协工作研讨会，每年出席会议，提交论文，发言交流，2000年承办会务工作。

（二）书画家联谊会　1980年恢复书画组活动。1984年，成立红桥区书画研究会，1993年，与区文化局举办"纪念毛泽东同志诞辰100周年"书画展览。1999年，为庆祝人民政协成立50周年和中华人民共和国成立50周年，12名各民族知名书画家创作百幅满、阿、汉文书画作品。2004年，在市文物公司举办"当代优秀书画作品展"，出版作品集，创作《梦游水西庄》等8幅作品。2006年，开展慰问经济建设一线职工和公安干警等社会公益性活动。与文史委员会联合举办"文博知识讲座"，宣传会员及会员书画作品14人次。2007年，开展以庆祝香港回归10周年、迎北京奥运倒计时1周年、迎新春为政协委员书写福字为内容的特色活动，有400余人次参加。组织会员为区工商联、大胡同集团等单位创作书画作品70余幅。有5名会员承担市迎宾馆、市政协等重要接待场馆书画作品创作任务。有50余名会员参加为下岗困难职工家庭、学生献爱心捐助义卖活动，为南方冰雪赈灾和慰问驻津部队等社会公益活动。在《红桥政协》《红桥》等刊物介绍书画家11人，刊登作品40余幅。2008年，举行红桥区政协委员、书画家、企业家为地震灾区人民献爱心义卖活动，40余名书画家创作书画作品150余幅现场义卖，获得4万余元，捐献给四川灾区。20余名会员慰问天津女排，赠送书画家创作的书法作品。宣传报道10余次，宣传会员及书画作品20余人次。2009年，为庆祝中华人民共和国成立60周年和人民政协成立60周年，在天津博物馆举办"盛世华章 共庆辉煌——书画作品展"，出版书画作品集，至2010年会员发展到192人。

（三）企业家联谊会　1995年，以政协委员中企业界人士为主体创立。首批理事25人。制订《红桥区企业家联谊会章程》，为企业家交流经济信息、沟通联系，创造条件。成立之初，挂靠6个企业。多次举办工商、税务、审计等政

照15－8　2008年，区企业家联谊会会员大会召开　（区政协提供）

策咨询和专题讲座，组织考察学访活动，为企业发展解决协调有关问题。2008—2009年，开展“招商引资年”活动，提供招商引资线索30余条，洽谈10余项，成功引进占地2480平方米的怡乡春竹酒店、注册资金5000万元的金石海川有限公司等企业注册纳税，至2010年会员发展到160余人。

（四）棋牌联谊会 2007年成立，有会员70人。组织会员参加每两月一次“区长杯”比赛、市桥牌协会双周活动，每月末参加市政协委员活动中心桥牌活动。是年，获红桥区第五届“泰科杯”桥牌比赛一、二名。2008年，邀请河北区围棋协会举办围棋友谊赛。2009年，承办天津市“泰科水务杯”桥牌友谊比赛。制作“辉煌60年”纪念版扑克，用图片宣传赞美红桥区日新月异变化。2010年，每季度参加一次全国“通讯杯”桥牌（双人）比赛，参加10余次桥牌友谊赛。

红桥区志

第十六编

民主党派

1979—2010年，各民主党派不断加强自身建设，围绕中共十一届三中全会以来改革开放政策，发挥各自优势，发扬爱党、爱国、敬业传统，坚持中国共产党领导的多党合作和政治协商制度，积极参政议政，把促进经济和社会各项事业发展作为第一要务，为红桥区良好政治局面和经济发展做出重要贡献。工商联当好政府助手，发挥统战性、经济型、民间性独特优势，为巩固和发展公有制经济，鼓励、引进和引导非公有制经济发展，履行使命和责任。

2009年12月19日，致公党红桥区委会年终总结表彰会召开　（致公党区委会提供）

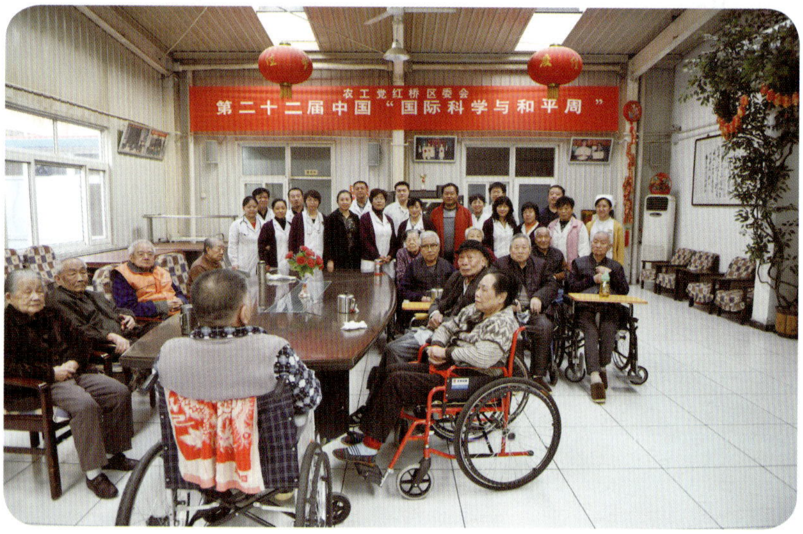

2010年11月10日，农工党红桥区委会举办第二十二届中国“国际科学与和平周”活动

（农工党红桥区委会提供）

2010年，民革红桥区委会第四次代表大会召开

（民革红桥区委会提供）

第一章　民革红桥区委员会

中国国民党革命委员会（简称民革）是由原国民党民主派和其他爱国民主人士创建的一个民主党派，具有政治联盟性质的、致力于建设中国特色社会主义和祖国统一事业的政党，是中国共产党领导的多党合作和政治协商制度中的参政党。

第一节　组　织

照16-1　2010年，民革红桥区委会第四次代表大会召开　（民革红桥区委会提供）

1979年，统战部组织原民革红桥区各支部成员重新开展工作。之后将原区政府支部和税务分局支部合并为红桥区支部，选举出主任和副主任委员。1980年，民革红桥区支部恢复活动。1991年，选举产生支部委员会，高科锦为主任委员，李学宽、陈巴特为副主任委员。

1993年，召开民革红桥区第一次代表大会暨区委会成立大会，由35名代表选举产生民革红桥区第一届委员会，选举李学宽为主任委员，陈巴特为副主任委员。是年，设驻会干部。1996年，召开民革红桥区委会第二次代表大会，有56名代表出席，选举李学宽为主任委员，陈巴特、李凤林为副主任委员；2001年，召开第三次代表大会，59名代表出席，选举苑春鸣为主任委员，陈巴特、李凤林为副主任委员。2006年，召开第四次代表大会，61名代表出席，选举苑春鸣为主任委员，郭书宏、孙富祥等2人为副主任委员。

1995年，经区统战部批准，单独成立第八十九中学支部，后更名为文教支部。1996年，民革区委会下设3个支部。2010年，122名党员，4个支部开展活动。党员平均年龄55岁，大专以上学历79人，占党员人数的64%，具有中高级职称84人，占党员人数的68%，少数民族党员14人，占党员人数的11.37 %。

第二节　参政议政

1993年始，民革区委会担任各级人大代表党员在历届人大会议上提出议案和提案。是年，提出《增强质量意识，全面提高产品质量建议》。在区人大会议期间提出的《关于加强红桥区税源基础建设的几点建议》等5篇建议和提案，被列入当年区政府十件重点督办建议和提案。担任区政协委员党员围绕区经济发展和群众关心的热点问题，以党派和委员名义提出《关于我区商业布局建议》《集中力量建立我区支柱产业》提案，被列为1993年政协重点提案，被区政府有关部门采纳。委员们发表《关于改善民主党派领导问题刍议》《一国两制是划时代的创举》《关于民主党派参政议政问题》《接受共产党领导是历史发展的必然》《关于发展生产力问题的思考》《加强自身建设，搞好参政议政》《关于提高人大常委会议质量问题刍议》论文，对天津市及红桥区经济建设、改革开放等问题进行深入阐述。1995年，在政协会议上提出《加强宏观调控尽快提高我区经济实力》提案，获区政协优秀提案奖。1997年，提出“加强宏观调控，尽快提高我区经济实力”建议，涉及红桥区经济建设、社会发展和群众关心的热点，主管区长召集专题会议研究落实。1998年，提交《优化环境加快红桥经济发展的几点思考》调研报告，区委高度重视并转发区有关部门。2000—2001年，多名担任区政协委员党员获“奉献杯奖”，14

件提案被政协评为优秀提案奖。其中,《尽快建立我市110社会服务联动系统》《关于在大胡同停车楼和大胡同批发市场间建立过街天桥》提案得到市政府的高度重视，被评为市政协优秀提案。《关于振兴和实施老字号工程促进红桥经济又好又快发展》提案区政协主席督办。《关于组建丁字沽一号路清真民族特色街或天津民族小吃城》提案得到区长重视并责成有关部门落实。区十二届政协以来的历次大会，民革红桥区委会提出《关于进一步完善社区居家养老服务的建议》《关于进一步加强社区卫生服务能力提高服务水平的建议》《从完善社会保障机制入手构建和谐红桥》等具有建设性建议。2010年，民革党员担任全国政协委员1人，担任市政协委员1人，担任区人大代表、区政协委员22人，担任副处级以上职务9人。任民革中央委员1人，市委会委员2人，区委会委员11人。

第三节 服务社会

1986—1989年，民革红桥支部与纺织局联办红桥区中山业余职业学校。开设23个专业培训班，培训学员2.37万人。1992年，组织退休职工开办中山经济信息咨询服务部。民革党员加强与台湾及海外联系，为引进台资、外资和技术起发挥牵线搭桥作用。1997年，引进2项外国投资项目，利用去台湾探亲机会引进台资与技术。2003年，“非典”时期，各支部组织党员捐款万余元、衣物近百件，以特殊党费购买消毒药品和宣传材料，慰问抗击“非典”一线社区工作人员。2004年始，每年举办“爱心牵手，帮扶弱势群体”活动，为困难学生解决就学问题。配合市委会开展“爱心牵手”系列活动，为490名困难妇女、下岗女工及市民免费查体；组织党员参加环城慈善骑行活动，筹得的1.1万元善款捐给困难学生和区培智学校。多名党员和入党联系人长年资助3名孤儿及3名孤寡老人，定期到儿童村和福利院做义工。2008年，为四川汶川地震灾区捐款1.03万元。2009年，为受台风袭击的台湾同胞捐款2500元。2010年，为青海玉树地震灾区捐款2.28万元，为贵州毕节地区兴建小水窖工程捐款2.69万元。

2005—2010年，党员招商引资注册企业20余家，注册资金10余亿元。

第四节 祖国统一工作

区委会组织党员学习贯彻中共中央进一步发展两岸关系六点意见，请专家学者党员辅导讲解，使党员正确认识两岸关系新形势，牢牢把握两岸关系和平发展主题，拓宽工作渠道，为促进祖国和平统一贡献力量。号召党员与在台亲友加强联系，宣传两岸大好形势。“祖统委”多次接待台湾到津访问朋友，进行经济、文化方面交流。与民革市委会祖统委，和平区、南开区祖统委到津南区、河北区和开发区台资企业开展调研，了解投资发展过程中实际困难，对政府相关职能部门提供支持与服务具体意见。区委会“三胞”党员注重信息共享，互相牵线搭桥，为对台经济工作做贡献，与台北市联系引进地面高尔夫球项目，建立天津地面高尔夫协会、俱乐部。

第二章 民盟红桥区委员会

改革开放后，区内民盟组织开始恢复组织生活，成立民盟红桥区筹委会，80年代初正式成立民盟红桥区工作委员会，召开第一次盟员代表大会，选举产生第一届委员会。80年代末，区第一个民盟支部成立，其后相继成立多个支部和小组。至2010年，共召开5次盟员代表大会，盟员基层支部和盟员大幅增加。盟委按照《宪法》规定，积极行使参政议政职权，根据在不同时期热点问题提出建设性建议和提案，参与经济和社会建设，其中多个建议和提案被采纳落实。有多名盟员当选为市、区人大常委或代表，有的当选为全国政协委员和区政协常委、副区长。盟员根据自身特长，积极服务社会，开展科技、教育活动和社会公益活动，自身建设不断增强，对社会的贡献和作用不断提高。

第一节 组 织

1979年，天津三中独立支部及红桥区联合小组恢复组织生活。是年，民盟红桥区筹委会成立，全区盟员12人。1981年，民盟红桥区工作委员会成立属盟市委派出机构。由孟昭惠任主任委员，周铮任副主任委员。1987年，民盟红桥区第一次盟员代表大会召开，选举产生民盟红桥区第一届委员会（简称民盟区委会）。1989年，设驻会干部。主任委员孟昭惠，副主任委员肖先让，顾问周铮。

1988年，民盟红桥区职工大学支部成立，为区第一个民盟支部。其后相继成立民族中学支部、天津三中支部、铃铛阁中学支部、八十中学支部、教研室及教育进修学校联合支部、八十九中学支部，另建立天津医药职业中学小组、新村医院小组。

1992年，召开红桥区第二次盟员代表大会，换届改选。大会选举产生民盟红桥区第二届委员会，主任委员肖先让，副主任委员王洛因、周若东，名誉主任委员孟昭惠，同意保留周铮为第二届区委会顾问。是年，全区盟员99人，新建经济联合支部、北洋职专支部、卫生联合支部；另建八十八中学小组，北门东中学小组。1995年，选举范永林委员为区委会副主任委员。第二届委员会发展盟员61人。是年，盟员发展到150人。主要来自教育、文化、卫生、科技、金融、税务、物价、技术等部门。1996年，民盟红桥区第三次代表大会召开，大会选举产生民盟红桥区第三届委员会，主任委员肖先让，副主任委员周若东、范永林，委员8人，名誉主任委员孟昭惠，名誉副主任委员周铮、王洛因。

2001年，召开民盟红桥区第四次代表大会，64名代表参加，大会选举主任委员1人，副主任委员王化治、李明玉、周蔷为，委员9人，名誉主任委员孟昭惠、肖先让，名誉副主任委员王洛因。第四届区委会5年吸收36人入盟。全区有14个支部，盟员162人。2006年，民盟红桥区第五次代表大会在红桥区委礼堂召开，69名代表。选举产生9人组成民盟红桥区第五届委员会，主任委员1人，副主任委员周蔷、刘玉明、邓立志。2007年，区委会对基层支部干部进行调整，培养年轻骨干，调整后有基层支部12个。2010年，增补刘志坚为副主任委员。盟员230人。

第二节 参政议政

1996—2000年，撰写提案百余件，议案建议60余件，其中《实施素质教育的几点建议》《抓住机遇对我区中小学进行合理布局调整的建议》等3篇被区政协评为优秀提案。2000—2010年，区委会委员、盟员中的各级人大代表、政协委员提交的意见、建议和提案282件，其中2件被定为市人大议案，1件被采纳落实，1件在市政协大会发言，区级优秀提案4篇，其中《关于在运河经济文化商贸区保留三岔河口历史文脉的建议》参加天津市运河文化经济商贸区高层论坛，成为专家学者论证的参考资料之一。《关于加强我市社区文化建设的思考与建议》被民盟市委会提交市政协大会作书面发言；《全面推进素质教育，尽快出台校园安全法》议案转化为市人大议案;《关于重建天津卫“三宗宝”之一铃铛阁的建议》被定为市人大议案；《加快红桥医院建设步伐，满足区域百姓医疗需求的建议》提案被采纳落实。《关于加强我市社区文化建设的思考与建议》，被民盟市委会提交市政协大会作为书面发言，承接民盟市委会受民盟中央委托的《建设社会主义新农村，注重农村文化保护》的课题研究。2003年，召开参政议政座谈会，撰写专题调研报告上交政协年会；民盟内11名政协委员上交的15份提案被评为优秀提案。2004年，撰写提案《以科学发展观为指导，发展社区卫生工作》提交政协大会。2006年，民盟区委会以“构建和谐社会要夯实基础”为主课题，对社区居委会建设问题进行调研，形成《关于社区居民委员会硬件建设中的问题和建议》。2009—2010年，《呼吁中华人民共和国学生法尽快出台》2010年《我国中职教育发展面临三项突出问题》信息被民盟中央采纳。2010年，参与民盟市委会起草和研究《费孝通在天津民盟开展有关重大活动历史意义的研究》的论文获民盟中央理论研究课题二等奖。《关于在城市发展建设中注意历史文化遗产保护的建议》《积极发展社区教育，为构建和谐红桥服务》调研报告在政协年会上作大会发言，转化为提案，被评选为优秀提案。是年，民盟区委会及民盟政协委员向区政协四次会议提交提案13件。

1980—2006年，4名盟员当选为市人大代表、1名盟员当选为区人大常委、20名盟员当选为区人大代表；1名盟员当选为全国政协委员、5名盟员当选为市政协委员、1名盟员当选为区政协副主席、1名盟员当选为区政协副秘书长、2名盟员当选为区政协常委、41名盟员当选为区政协委员、1名盟员担任副区长。代表和委员112件建设性建议和提案，部分被评为区优秀提案，过半数提案得到落实。

第三节　服务社会

1984年，民盟光明学校红桥分校成立，举办成人高考补习班及在校中学生各类单科补习班、提高班，培训学员1.6万人，3次创全市成人高考好成绩。是年，创办医疗咨询服务部，为老年干部、中老年知识分子和社区群众体检和医疗保健咨询服务。1990年，盟员引进外资80万元，创办丽恒裘皮公司。1993年，创办经济技术教育咨询服务部，从事科技开发、转让、咨询、服务活动。1995年，拓展为新光明科贸发展中心。

2003年，民盟区委会组织盟员慰问抗击“非典”工作人员；为战斗在“非典”一线医务人员子女义务辅导学习。开展募捐活动，1280元募捐款捐给西于庄街道。2005年，民盟内特级和高级教师开展教育咨询对学习困难学生辅导，和丁字沽街道结成对子，安排民盟红桥职工大学支部为丁字沽街道光荣道居委会工作人员举办英语讲座，支援该居民委员会20套桌椅。2006年，开展募捐活动，11件衣物送到蓟县于桥库区扶贫助学。2007年，对困难家庭品学兼优中小学生进行社会扶助。2007—2010年，有17名学生接受扶助。2008年，86名盟员为汶川地震捐款7750元。2008年，为南方特大雪灾灾区捐款3090元。2009年，92名盟员在社会救助中捐款2250元。2010年，为青海玉树地震灾区捐款3740元，支持毕节试验区建设捐款1万元。

第三章　民建红桥区委员会

改革开放后，区内民建组织成立临时领导小组。1980年，正式恢复民建红桥区工作委员会。1987年，召开第一次民建红桥区会员代表大会，选举产生第一届委员会。至2010年，共召开5次会员代表大会，会员基层支部和会员大幅增加。恢复工作后，民建委按照《宪法》规定，积极行使参政议政职权，采取“议政座谈会”、撰写调研报告和议政论文等方式发挥整体功能，在不同时期有针对性地提出建设性建议和各种提案，参与经济和社会建设。多次获得提案奖，很多建议和提案被采纳落实。有多名会员当选为市、区人大代表，有的当选为市和区政协常委、副主席。会员发挥与经济界联系广泛的优势，开展献计出力活动，利用专长服务社会，开展科技创新和社会公益活动，特别是在灾害救助上，做出突出贡献，得到广泛好评。

第一节　组　织

1979年，中国民主建国会红桥区委员会（简称民建区委会）临时领导小组成立。1980年，民建区委会恢复工作。1983年，民建区委会进行调整，主任委员孟羽卿。1987年，区民建第一届会员大会召开，民建红桥区委员会正式成立，选举民建第一届红桥区委员会主任委员刘继环，副主任委员耿绍周、叶明元、李金钺、王睿轩、谢俊杰。1989年，开始安排驻会干部。1992年，第二届会员代表大会召开，选举民建第二届红桥区委员会主任委员刘继环，常务副主任委员谢俊杰，副主任委员耿文涛、张太中、张润生。1995年，第三届会员代表大会召开，选举民建第三届红桥区委员会主任委员赵建民，副主任委员张太中、张润生、李小平。2001年，第四届会员代表大会召开，选举民建第四届红桥区委员会主任委员赵建民，副主任委员张学海、张润生、赵杰士、焦树新。2006年，第五届会员代表大会召开，选举民建第五届红桥区委员会主任委员赵建民，副主任委员张学海、张润生、焦树新。2010年，增补李金胜为副主任委员。2010年，民建区委会有基层支部11个，会员由1979年的220余人增加到306人。

第二节 参政议政

1979—1990年，支部活动与参政议政相结合，采取议政座谈会、撰写调研报告和议政论文等活动方式发挥整体功能。1988年，撰写《对不同类型企业的租赁承包责任制调研报告》。1989年，对区86家企业调研，总结提出企业如何治理整顿生产滑坡、市场疲软的建议。1990年，对铸造行业调研，提出《重振铸造业调研报告》在《工商时报》发表。1990年后，贯彻民建全国参政议政工作会议精神，完成调研报告41篇，转化为建议、意见和提案61件，上报信息23条。1996年，完成调研报告27篇，会员参与率33%。1997年，对调研队伍进行培训。1998—2010年，会员中政协委员、人大代表在历届会议上保持提案率100%。《酿酒行业以饲料为主导，产品结构调整和技术创新工作构想》连续两年作为市提案被市政协立案；《关于建设有序商品房市场》调研报告转化为市政协提案，获市政协优秀提案奖；《关于发展红桥区餐饮业》等调研部分转化为区政协重点提案，部分获得区调研成果奖，编入区政协《协商议政成果汇编》。2000—2006年，完成调研报告15篇，转化为建议、意见和提案近百件。《关于我区工业发展的几点意见》《关于优化我区产品结构的几点建议》在区政协十一届三次、四次会议上发言，《关于加快实施“一三二一”经济发展战略布局的几点建议》《做大、做优、做强大胡同商圈、构建我区财政收入的重要支柱》等调研报告在专题协商会及党派年会上发言。2006—2010年，在党派专题研讨会和政协年会上，提出《对进一步改善我区经济发展外部环境，促进招商引资工作的几点思考》《关于充分发挥优势，大力发展旅游经济的建议》《紧扣时代脉搏，做好红桥招商引资大文章》等27篇调研报告。区委会中的人大代表、政协委员递交各类建议和提案323件，政协委员提案率保持100%，有32篇提案获得优秀提案奖，10人次获政协委员“奉献杯”奖。2010年，民建红桥区委会担任市级人大代表3人、市政协常委1人；区人大代表12人，其中常委1人；区政协委员19人，其中区政协副主席1人、常委5人。

第三节 服务社会

1990—1991年，在“双增双节”“质量、品种、效益年”活动中，会员联系岗位工作、所在单位与行业需要，开展“献计出力”活动。开发新产品70余种，为企业清理“三角债”。1995—2000年，引进注册资金50万元2家，百万元以上的企业4家，500万元以上的企业2家。1991年在抗洪救灾工作中，有百名会员在单位捐款捐物后，又到区委会捐款千余元。1998年，为天津市再就业工程和长江流域洪涝灾区人民捐款。2000年，民建会员向四川凉山彝族自治州捐献希望学校。在抗击“非典”中，捐款、捐物5万余元。2008年，会员向汶川地震灾区捐款捐物40余万元，玉树地震灾区捐款20余万元，为贵州毕节地区“同心水窖”工程建设及区内贫困家庭捐款5.34万元。

第四章　民进红桥区委员会

改革开放后，中国民主促进会红桥区工作组恢复组织活动。1984年，民进工作委员会成立，1987年，召开民进会员大会，选举产生第一届委员会。至2006年，共召开6届会员代表大会。期间，会员和基层支部大幅增加。会员中，大学以上文化程度、副高级以上职称占大多数，有多人具有中共党员双重身份。民进会员积极参政议政，多人成为区人大代表常委或政协委员、常委、副主席，有的担任区特邀监察员、监督员。多年中，对教育和区经济建设、社会事业发展提出过不少好的建议和提案，一些议案被市政府列为重点督办提案、市政协主席督办提案。民进区委根据会员拥有雄厚教育资源的优势，开展智力支教和办补习班等形式，为红桥区和西部地区文教水平提高出力，还为贫困地区学校捐款捐物，参与灾害救助，使民进组织的社会影响力不断扩大。

第一节　组　织

1979年，中国民主促进会红桥区工作组恢复组织活动，有会员21人。1984年，民进红桥区工作委员会成立，主任委员张连沛，副主任委员王福海。基层支部5个，会员31人。

1987年，召开民进会员大会，选举产生民建红桥区第一届委员会（简称民进区委会）。主任委员王福海，副主任委员张宗才，会员52人，设基层支部7个，1个小组。1989年，设专职干部1人。1990年，召开第二次会员大会，选举产生民进红桥区第二届委员会。主任委员王福海，副主任委员王宝章、张宗才，会员76人，设基层支部11个，1个小组。1993年，召开第三次会员代表大会，选举产生民进红桥区第三届委员会。王福海为主任委员，副主任委员王宝章、张宗才、张英丽，会员88人，设基层支部12个。1996年，召开第四次会员代表大会，选举产生民进红桥区第四届委员会。主任委员王宝章，副主任委员张宗才、张英丽，会员106人，设基层支部12个。2001年，召开第五次会员代表大会，选举产生民进红桥区第五届委员会。主任委员杨荣圃，副主任委员张宗才、张英丽、赵树钢，会员142人，设基层支部12个。2006年，召开第六届会员代表大会，选举产生民进红桥区第六届委员会。主任委员赵树钢，副主任委员张英丽、薛晖、王侃，会员162人，设基层支部15个。2007年，成立民进天津商业大学支部，民进区委基层支部16个。2010年，会员201人，其中男会员104人，女会员97人，离退休会员91人，大学以上文化程度111人，副高级以上职称102人。会员中有10名具有中共党员双重身份。

第二节　参政议政

至1995年，民进会员被选为区人大代表26人，其中区人大常委10人。区政协委员51人，其中常委14人、副主席4人。县处级职务2人，区特邀监察员、监督员2人。提交《全面贯彻党的教育方针，减轻中、小学的课业负担》《增加对教育的投入，保证九年义务教育法的实施》《关于贯彻落实教师法的几点建议》《关于落实国旗法的几点建议》《关于贯彻落实爱国主义教育实施纲要的意见》《对加强廉政建设的几点意见》等调研报告和提案被采纳。《发挥参政党作用，履行参政党职能——关于民主党派区级组织参政议政问题的思考》在区委统战部召开的研讨会上作介绍。《加强自身建设，提高参政议政素质》在民进市委会召开工作年会上作专题发言。2001—2006年，参加区委、区政府民主协商会、情况通报会、意见征询会、党外人士座谈会50余次，就涉及经济建设和社会事业发展大政方针、重要决策及人事安排等重大问题进行协商，坦诚发表意见，提出建议被采纳形成区委、区政府决策。2007年，《以西站改造为契机，论红桥区的发展策略》调研报告在区十二届政协第二次常委会会上作重点发言。

2008年，《提请区建委尽快开工建设北门东中学新校舍的建议》《关于提请区政府尽快开工建设关上、关下片配套中小学的建议》被政协列为主席督办提案。在民进市委会专题调研工作中，区委会主任委员所负责《关于落实〈天津市义务教育学校现代化建设标准〉的追踪调研》被市政府列为2010年重点督办提案、市政协主席督办提案。

第三节　服务社会

1982年，民进区委会天津五中支部开办成人高考补习班，1300余人参加学习，其中900余人考入电大、职大等成人高校。1987年，7名会员赴河北省进行义务智力支教，为4000余名教师举办4场专题讲座。1990—1992年，邀请市特级教师为区内千名骨干教师举办专题讲座，组织中学教务主任和骨干教师开展多媒体教学实地考察学习活动，举办《独生子女教育讲座》。开展做合格民进会员活动，有40余人次被评为教育系统市、区、校级先进个人。12名40岁以下会员被评为学科带头人和拔尖人才。1991年，成立民进红桥区务实学校。1995年，务实学校举办中小学语文、数学、外语、书法、绘画、摄影等培训班12期，培训学生2万余人。

2001年始，为甘肃省贫困地区106名小学校长举办教学培训班；安排甘肃酒泉地区34名校长到区7所中小学挂职培训；为甘肃省45个县职业学校校长举办农村劳动力转移职业技术师资培训班。2002年，开展“走进西部，手拉手助学”活动。为西部小学捐款6.45万元，捐助衣、被421包及图书和文具，使220名面临失学贫困学生重回校园读书。为甘肃省平凉、定西等地区校长、教师传授先进教育理念、教学方法和经验。2005年，“六一”儿童节和“教师节”前夕，在市师附小、六一小学举办《心灵花开》诗文朗诵会。请著名老艺术家，对学生进行艺术指导。2008年，会员在汶川地震后踊跃捐款和捐赠书画作品。在市儿童福利院举行“关爱孩子，温暖心灵”主题爱心捐赠活动，为孤残儿童捐款2570元。2010年，青海玉树地震，会员为青海玉树地震灾区捐款。在为贵州省毕节地区赫章县捐建小水窖活动中，112名会员捐款2.21万元，其中会员田津龙捐款1万元。

第五章　农工党红桥区委员会

改革开放后，区内农工党组织恢复活动。1981年，正式建立农工党红桥区支部委员会。1992年，召开党员大会，产生区总支委员会。1996年，农工党红桥区第一次代表大会召开，选举产生第一届委员会。至2006年，共召开3次代表大会召开，基层组织和党员都得到一定发展。党员中，高级职称、医务界党员占50%以上。有的党员成为市、区人大代表和市区政协委员。农工党委积极履行参政议政职责，采取集体和个人提案方式，对经济建设特别是医疗卫生事业建设提出不少提案和建议，多数得到采纳落实，一些提案还被评为优秀提案。多年来，党员利用自身的特长，开展“健康促进”活动，举办各种健康知识讲座，为学生和老人提供服务。热心参与公益事业和灾害救助活动，为国内受灾地区捐款捐物。注重自身建设，制定和完善一系规章制度，使党建工作纳入制度化、规范化和程序化，提高了组织的机能和活力。

第一节　组　织

1978年，恢复第二中心医院农工民主党支部组织活动，成立主人翁主任委员白金鸣领导小组。1981年，建立农工党红桥区支部委员会，主任委员马炳武，副主任委员张玉树。1992年，召开党员大会，产生区总支委员会，主任委员张颖君，副主任委员刘书林、李勇任。下设3个支部，党员38人。

1996年，农工党红桥区第一次代表大会召开，选举产生农工党红桥区第一届委员会（农工党区委会），主任委员张颖君，副主任委员马卫东、刘书林，党员68人。2001年，农工党红桥区第二次代表大会召开，选举产生第二届委员会，名誉主任委员张颖君，主任委员武有祥，副主任委员马卫东，专职副主任委员李贤琴，下设4个基层组织。2006年，农工党红桥区第三次代表大会召开，选举产生第三届委员会，主任委员武有祥，副主任委员马卫东、王喜玲，下设4个基层组织、党员78人。2009年，增补李大为副主任委员，东广玲为委员。2010年，增补于滨为委员。是年，农工党区委会有党员91人，其中男党员48人，女党员43人；平均年龄58岁，退休39人，在职52人；高级职称45人，占全体党员的49%；医务界党员53人，占全体党员的58%。市人大代表1人，区人大代表2人，市政协委员1人，区政协委员8人。农工党天津市委会委员3人，其中市委会常委1人。设4个基层支部，区委会设驻会干部1人。

第二节　参政议政

1992—1995年，农工党中市、区人大代表党员提出意见和建议35条，政协委员党员在市政协提案6件，在区政协提案38件，均得到采纳落实。撰写《关于疏浚南运河搞好三河五岸的风景建议》《发展老年服务事业前景广阔，规范化法制管理亟待加强》《加强食品卫生安全、提高从业人员素质》《进一步加强医保管理的建议》等集体提案；《充分利用红桥的地理资源，挖掘和整理红桥的历史文化》《关于稳定医生队伍保护医疗环境的建议》《关于全面推进社区建设的几点建议》《关于整修咸阳北路小区环境的建议》等委员个人提案，被区政协评为优秀提案。其中《发展老年服务事业前景广阔，规范化法制亟待加强》《充分利用红桥地区的地理资源，挖掘和整理红桥的历史文化》被区委、区政府采纳，列入2003年区政府为民办的10件实事中。2006年，向区人大和区政协大会提交《加强对天津市养犬管理条例监督实施》等9条建议案和《关于加强红桥区健康教育工作》等5条提案。2007年，提出建议、议案、提案18件，其中《关于进一步加强街道居委会人民调解员队伍建设》和农工党员李航基撰写的《加强学校周围的网吧管理》被区政协评为优秀提案。完成《关于做大做强红桥老字号的建议》调研报告，并在区十二届政协第三次常委会议上作发言，受到肯定。《加强公共卫生基础建设，促进我区疾控事业又好又快发展》调研报告，被区政府采纳，纳入2008年工作计划中。2008年，人大建议、政协提案、市政协提案共计27件。《关于进一步加快公共卫生体系建设的建议》《关于建设经济发展网络中心的建议》《关于为招商引资创造良好区容的建议》被评为优秀提案。2009年，人大建议、政协提案、市政协提案26件。其中，《积极推进食品安全法实施，切实保障人民群众健康》受到红桥区委、区政府、区政协领导重视。《发挥水文化、历史文化和传统医药文化，“三位一体”打造红桥经济的组合拳》提案受到区领导高度重视。2010年，撰写《当前社区卫生服务存在的问题》《红桥区旅游文化平台的打造及可行性研究》《对医保卡管理增加透明度的建议》《关于加强我区人民群众健康促进教育工作建议》等调研课题。上报集体提案4件；建议、提案20件。区委会《发挥阵地作用，全面开展健康教育和健康促进工作的建议》被评为优秀提案。

第三节　服务社会

2001年始，连续十年为红桥区培智学校学生进行健康查体。是年，党员张庆江为甘肃通渭县捐赠价值50万元地砖，支持当地学校和卫生院建设。2002年，在桃花园养老院建立“健康促进”活动中心。2003年，党员张庆江为区百名困难家庭学生资助15万元。是年，开展“国际科学与和平周”活动。2006年，为西于庄街70名老年人做题为“走进百岁，生命长青”健康知识讲座，捐赠价值3000余元药

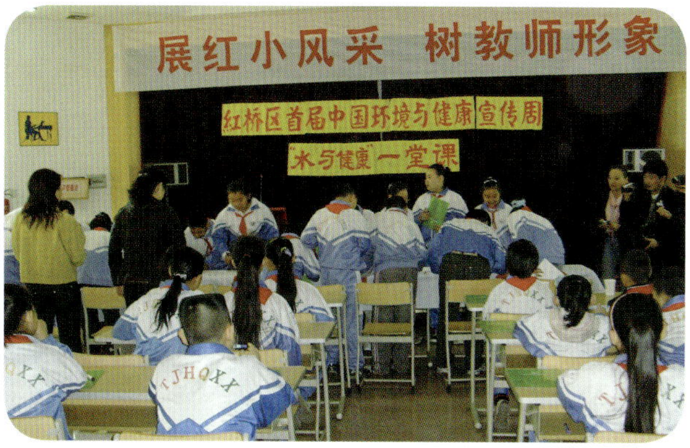

照16-2 2008年10月27日，农工党红桥区委会举办区首届中国环境与健康宣传周活动 （农工党红桥区委会提供）

品。是年，二支部党员袁玉梅为西于庄街子牙里社区居民顾建新家庭爱心资助，帮助其女儿考入大学。2007年，为双环邨街佳园南里社区居民义诊查体、举办健康知识讲座。2008年，开展“特色支部”活动。为社区60岁以上少数民族群众举办《迎奥运，新世纪健康知识讲座》，进行义诊咨询。开展以“弘扬抗震精神”主题报告会，为培智学校100多名学生进行健康查体。2009年，为桃花源养老院和各社区的部分老人义诊查体，赠送价值8000余元药品。2007—2010年，在养老院举办“国际与科学和平周”活动，为养老院百余位老人举办健康知识讲座、义诊查体。开展“中国环境与健康宣传周”活动。2008—2010年，在中小学开展“水与健康一堂课”“大气环境与健康”等主题活动。2008年，为汶川地区捐款23万元。为青海玉树地震和舟曲泥石流灾害捐款5万余元。

2008年，党员张庆江注册5000万元金石海川矿业和300万元天鑫矿业。2009年，在红桥区注册4000万美元中外合作企业。2010年，组织全体党员支持邓演达纪念园建设，捐款1760元。组织毕节试验区建设捐款6200元。举办“恢宏书画艺、共铸两岸情—海峡两岸书画名家作品展会”。

第四节 自身建设

1979年，组织党员学习农工党史和党章。1992年，开展“增强五种意识、提高五种能力”为主要内容创先进支部、做优秀成员活动。1996年，区委会把领导班子建设作为组织建设重点，制订和完善领导班子建设一系列规章制度，包括《主委会议、区委会议的会议制度》《议事规则》《学习制度》《谈心制度》《述职制度》，适时进行届中调整。2001年、2006年完成换届工作。2007年，完善《谈心会制度》《述职制度》。2010年，加强领导班子后备干部队伍建设，推进领导班子后备干部队伍建设制度化、规范化和程序化。推荐中青年优秀党员到中央社会主义学院、天津市社会主义学院和农工党市委会培训班学习。

第六章 致公党红桥区委员会

90年代初，区内成立致公党红桥小组，开展组织活动。1996年，召开第一届致公党红桥区工委成立大会。2006年，召开致公党红桥区委员会第一届代表大会，选举区委委员和主委。至2010年，委员和支部都有一定幅度的增加。党员中，归侨、侨眷、归国留学人员占40%；本科以上学历占80 %。党员积极参政议政，有的担任市区人大代表、常委，有的担任市区政协委员、常委、副主席和市政府参事。期间，党员就教育、经济、文化、医疗卫生、城市建设等方面进行广泛调查研究，撰写出多篇有价值的调研报告、提案和建设性意见，有的获市政协优秀提案一等奖。工委会组织党员投身社会服务活动，开展灾害救助和各种公益活动，受到社会的一致好评。

第一节 组 织

1993年，成立致公党红桥小组，召集人陈之川、陈成强。党员14人。

1996年，致公党红桥区工委成立大会召开，选举产生致公党红桥区第一届工作委员会。主任委员陈之川，副主任委员陈成强、肖衍英。党员25人。1998年，成立河北工业大学支部。2001年，届中增补工委委员。是年，致公党红桥区工委第二次会议召开，选举产生致公党红桥区第二届工作委员会。主任委员韩恩山，副主任委员周丽娅。2003年，成立2个支部。2003年，届中调整工委委员。

2006年，致公党红桥区委员会第一次代表大会召开，选举产生致公党红桥区第一届工作委员会（简称致公党区委会）。出席代表34人。主任委员韩恩山，副主任委员周丽娅、李宝英。2009年，将原3个支部调整为6个支部，成立天津商业大学支部，支部总数为7个。2010年，增补区委会委员。

2010年，党员102人，其中归侨、侨眷、归国留学人员41人，占总人数的40%；本科以上学历81人，占总人数的79%；具有中高级职称76人，占总人数的74%。

第二节　参政议政

1993—2010年，有市人大代表2人，区人大代表4人，其中区人大常委2人；市政协委员3人，区政协委员20人，其中历任政协副主席2人，常委4人，副秘书长2人；市政府参事1人。就教育、经济、文化、知识产权、社会治安、食品安全、医疗卫生、城市建设等方面调查研究，参政议政，撰写出多篇有价值、操作性强的调研报告和建议、提案。《关于依托平津战役纪念馆建成区高层次文化设施的建议》被区政府采纳，列为优秀提案；《关于在西北角市区兴建大型环型天桥的建议》被市有关部门采纳；《关于拓宽光荣道，发展区域经济的建议》被采纳并实施；《关于加快推进本市既有建筑“大板楼”节能改造的建议》作为市政府重点办理提案被列入2008年度20项民心工程。《关于完善食品安全监督体制的调研报告》被市委会采纳作为市政协常委会发言，市委和教卫工委的主要领导分别作出批示；《关于积极培育上市资源充分利用资本市场发展民营经济的建议》得到市政协的高度重视，作为市政协领导重点督办提案;《关于发挥区域优势用好外部资源，将强三优二发展战略推向新高度的建议》《关于理顺居民委员会与小区物业管理关系，加强社区建设的建议》的提案经区政府常务会研究决定被列为当年区政府重点督办提案。在市政协十一届一次会议上《对入世后民营经济快速健康发展的几点思考》《关于进一步加强体育进社区工作的几点建议》作为市委会大会发言材料。《关于房屋拆迁存在问题的几点建议》被市委会采纳作为市政协大会提案和发言。2009年，由党员参与的《关于中新生态城建设的调研报告》《关于食品安全法实施后完善我市食品安全监管体系的建议》被致公党中央评为优秀调研报告。《关于在天津中心生态城建设节能型建筑空调示范区的建议》获市政协优秀提案一等奖。《关于积极营造和谐渤海湾港口群的几点建议》在市政府第十一届调研工作评选活动中获三等奖。2009年，致公党区委会被致公党中央授予“参政议政先进集体”称号。

第三节　服务社会

1998年，工委会组织党员为长江特大水灾灾区捐款5350元。2002—2010年，区委会每年组织部分党员，到市社会福利院慰问，举行联欢会、过生日、开展小型竞技体育赛等。为残障人士捐款万余元，捐物万余件，捐赠书画作品多幅，党员购买残障人士书画作品，折合人民币千余元。2003年，党员到民航医院慰问抗击“非典”一线医护人员，捐赠党员书画作品，捐款7000余元。2005年，区委会中政协委员为社区爱心超市捐款近千元，捐衣物百余件。全体党员为区单亲母亲捐款购买彩电1台。2008年，中青年党员为蓟县山区500户乡清池小学改善办学条件捐款1400元。是年，36名党员为汶川特大地震灾区捐款2450元。全体党员为毕节地区“母亲水窖”工程捐款7600元，连续3年资助5名毕节地区贫困小学生每人每年学费300元。

第十七编

人民团体

1979—2010年，区总工会、共青团区委、妇联等人民团体，适应改革开放和社会发展要求，在不同工作领域，组织动员各界群众参与社会实践，开展具有自身特点的社会活动。

区总工会开展各种劳动竞赛和立功活动，调动职工群众积极性和创造性，发挥工人阶级主力军作用。区妇联开展创建“五好家庭”“文明家庭”等活动，创造文明和谐社会环境。团区委组织“青年突击队”“文明示范岗”活动，为区域经济和社会发展发挥促进作用。科协在科技兴区和科技发展中作出贡献。残疾人联合会利用社会各界支持，组织残疾人回报社会活动，体现残疾人自强不息精神。红十字会在全社会开展国际红十字会人道主义教育，组织义务献血和干细胞捐献活动，弘扬“人道、博爱、奉献”的红十字会精神。

2008年9月26日，区大干一百天决胜2008年职工“五比一创”劳动竞赛推动会召开
（区总工会提供）

2010年12月26日，团区委举办“青春风采”红桥区青年成长辩论大赛
（团区委提供）

2006年3月2日，区妇联举办《妇女权益保障法》宣传咨询日活动　（区妇联提供）

2010年3月27日，团区委举办“合作交流共育高素质技术技能型人才——红桥共青团走进高校”主题活动
（团区委提供）

第一章 总工会

70年代末，区内各级工会组织恢复和整建。八九十年代，开展创建“职工之家”活动，组织各类劳动竞赛，包括“八五”“九五”“十五”“十一五”等立功活动，调动职工生产劳动的积极性。随着市场经济发展，推行厂务公开、民主管理、工资集体协商等工作，维护职工群众合法权益，创造和谐的劳动关系，在改革开放和社会经济发展中发挥工人阶级主力军作用。

第一节 机 构

1979年，区工会改称天津市总工会红桥区办事处。1988年，恢复区工会，内设办公室、文教科、财贸科、街道科、城建科；下设工人俱乐部、职工技协为单列事业编制。劳模协会、退休职工管理委员会附设在区工会。1989年，内设办公室、基层工作部、实业开发部、文教卫工委。其他下属组织和附设机构未变。1998年，内设办公室、经济民管部、生活权益部、组织宣教部。其他下属机构和附设机构未变。是年，建街道工会，统管街办事处机关和辖区内企事业单位工会工作。2001年，区工会改称区总工会。2005年，增设财务部。2006年，各街道工会改称街道总工会。2010年，区总工会内设办公室、经济民管部、生活权益部、组织宣教部、财务部，编制14人。

第二节 历次代表大会

一 第二次代表大会

1988年12月7—9日，区工会第二次代表大会在工人俱乐部召开。出席会议代表200人。大会选举产生工会第二届委员会由19名委员组成和选举产生经费审查委员会由5名委员组成。二届一次全委会议选举杨志强为工会主席。

二 第三次代表大会

1994年3月14—16日，区工会第三次代表大会在区委礼堂召开。出席会议正式代表200人，特邀代表24人，列席代表18人。大会选举产生工会第三届委员会由19名委员组成，选举产生经费审查委员会由5名委员组成。三届一次全委会议选举吴景泉为区工会主席。

三 第四次代表大会

1999年6月8—10日，区工会第四次代表大会在区委礼堂召开。出席会议正式代表204人，特邀代表25人。大会选举产生工会第四届委员会由19名委员组成，选举产生经费审查委员会由5名委员组成。四届一次全委会议选举周嘉琦为区工会主席。

四 第五次代表大会

2004年9月12—14日，区总工会第五次代表大会在区委礼堂召开。出席会议正式代表215人，特邀代表20人。大会选举产生工会第五届委员会由21名委员组成，选举产生经费审查委员会由5名委员组成。五届一次全委会议选举郑俊富为区总工会主席。

五　第六次代表大会

2009年11月9—11日，区总工会第六次代表大会在区委礼堂召开。出席会议代表167人。大会选举产生工会第六届委员会由21名委员组成，选举产生经费审查委员会由5名委员组成。六届一次全委会议选举方立民为区总工会主席。

第三节　主要工作

一　组织建设

1979年，文教卫生系统130个基层工会完成恢复整建。1983年始，对新办集体企事业单位分期分批组建基层工会组织，对职工在200人以上单位建会。1985年，部署“职工之家”活动。全区311个基层单位74个验收合格。1987年，288个单位完成整顿“建家”任务。1988年，建立工会组织的主要是区属财贸系统国营、集体企业，城建城管系统企事业单位、教育系统、卫生系统、文化系统、街道集体经济企业等单位。1989年，推进外资企业、私营企业组建工会。1990年，日资企业联合化学（天津）有限公司等单位组建工会组织。1991年，由于市场经济结构调整，区属企事业单位职工队伍和会员人数逐渐递减，职工锐减到不足2万人。1992年，加强干部队伍教育，鼓励基层工会主席参加学历教育和专业知识学习，至1994年全区37名基层工会主席取得大专毕业证书126人获得工会干部管理学院结业证书。1996年，教育局工会、天骄集团工会成立。1998年，在区委、区政府各委办局和各街道组建工会。2001年，确定街道工会专职干部编制1~2人。2003年，成立区直机关工会联合会，附设在区直机关党工委。全区党政机关和人民团体基本建立工会组织。2004年，制订《关于在事业单位实行人员聘用制中充分发挥工会组织作用的意见》《关于进一步做好人事争议调解工作的通知》，建立健全人事争议调解工作机构。2007年，制订《红桥区总工会议事规则》。2008年，新建非公企业工会组织137个，发展会员1.09万人，与组织部联合印发《关于在非公有制企业深入开展“党建带工建，党工建”工作的意见》。至2010年，工会组织覆盖全区，会员8.21万人。

二　宣传教育

1979年，组织中共十一届三中全会精神专题学习、教育活动。1980年，举办基层工会主席学习邓小平《关于目前的形势和任务报告》专题学习班。1981年，在全区开展学劳模赶先进活动。1982年，在全区开展学赶“两个文明建设标兵”活动。1983年，在全区工会系统举办《邓小平文选》《中国近代史》知识竞赛，66人参赛。开展“三热爱”读书活动，1.11万人参与，占职工总数的40%。举办职工读书演讲比赛，150人参赛。选拔7人参加市职工读书演讲比赛活动。1985年，开展学习劳模和模范集体活动。1986年，成立15个职工政治思想工作研究会，会员近200人。1987年，组织基层工会工作评展活动，4600余人次参观展示。1989年，组织劳模事迹报告团在全区作巡回报告，编发《时代风采》一书。1990年，开展形势任务教育，举办专题报告会280场，受教育群众2.36万人次。1991年，举行红桥区首届群英会。区内各条战线全国劳模、市级劳模和模范集体代表800余人出席大会。1992年，组织全区工会干部学习邓小平视察南方重要谈话，进行社会主义市场经济理论知识教育。1994年，开展宣传《中华人民共和国工会法》、弘扬工人阶级主力军作用和无私奉献精神系列活动。1995年，组织劳模事迹宣讲团巡回宣讲。2001年，举办“跨入新世纪，颂歌献给党”职工文艺汇演。2004年，开展向劳模学习活动。组织大讨论系列学习教育活动。2006年，组织学习中共中央总书记胡锦涛关于树立社会主义荣辱观重要讲话精神活动，教育职工贯彻“八荣八耻”精神，提高自身素质。2007年，开展“解放思想、干事创业、科学发展”大讨论活动。2008年，组织全区广大干部职工为汶川地震灾区捐款捐物620余万元。2009年，举行“职工维权宣传月”启动仪式，接待咨询职工80余人，发放《维权在线》等各类法律书籍600余册，发放宣传材料2000余份。2010年，对基层工会进行综合评定，授予20个单位“2009年度红桥区重点工作和基础工作‘双十佳’工会”荣誉称号；授予30个单位“2009年度红桥区先进工会”荣誉称号。

三 劳动竞赛

1982—1983年，组织层层评比先进标兵活动，区级标兵集体5个，标兵个人17人，基层标兵115人。1986年，开展为“七五”计划献计出力的建功立业活动。1987年，开展“双增双节”活动，全区职工提合理化建议6071条，被采纳实施2955条，创经济效益40.33万元。1990年，组织立功竞赛、争创最佳岗位竞赛等活动，提合理化建议6582条，被采纳2558条，创经济效益125万元。1993年，在商业系统开展“三创一争效益杯”“双向超同期”“岗位创一流、服务争最佳”等竞赛活动，帮助企业扭亏增盈。

1995—2010年，开展“九五”立功，“十五”立功，“当好主力军，建功十一五，和谐奔小康”等主题立功竞赛和“五比一创”活动；围绕“民心工程”等重点工程项目，开展“同在一方热土，共建美好家园”为主题的岗位立功活动；开展“岗位立新功，文明迎奥运”系列活动。

2000年，组织职业技能培训，岗位练兵和技术比武活动，1.65万名职工参加职业技能培训，7135人上等级。组织技术比武18场，2980人参加比武。2010年，组织技术创新活动，9个项目获天津市创新奖。铃铛阁外国语中学等单位被命名为天津市职工素质工程目标管理星级单位。

四 民主管理

1980—1981年，在企事业单位全面推广职工代表大会制度。1982年，要求各基层单位为民主管理提供必要条件。1983—1984年，各基层单位普遍建立职工代表大会或职工大会制度。1985年，财贸、城建系统148个单位中133个建立职代会。是年，开展评议企业领导班子和党、政、工领导干部的“双评”工作，评议519人，占参评职工代表总数的50%，召开职工代表大会222次，各类座谈会409个。1990—1991年，411个单位召开1360次职代会，提交职代会审议方案2968件，审议通过1899件。1992年，136个单位领导干部民主评议。对卫生、体育系统22个单位行政领导实行民主管理。1995年，召开区民主管理工作会议，对工会主席、职工代表29人进行表彰。1996年，推行集体协商签订集体合同工作。2002年，建立工会源头参与、上层参与维权机制。2003年，推行工资集体协商工作。2004年，召开区厂务公开民主管理工作会议，印发《红桥区厂务公开民主管理工作达标标准》。与政府举行第一次联席会议，就贯彻《中华人民共和国工会法》、签订集体合同等问题进行沟通、协商达成共识，印发会议纪要。2005年，创街道总工会与街道办事处、辖区企事业单位行政与本单位工会联席会议制度。2006年，召开区厂务公开民主管理工作经验交流会，推动厂务公开民主管理。2007年，建工会劳动法律监督委员会。2008年，落实厂务公开民主管理制度和厂务公开重大事项报告、备案制度，各类企事业单位职代会备案率91%。2009年，开展创建劳动关系和谐企业活动，57个企业达到A级以上劳动关系和谐企业。2010年，落实《天津市企业职工民主管理条例》，扩大职工知情权、参与权、管理权和监督权。

五 服务会员

90年代中期，工会系统开展送温暖帮助困难职工活动。1996年，开展“进万家门，暖万人心”送温暖活动。在各基层单位推广设立职工消费合作社。1997年，元旦、春节期间慰问职工1.17万人次，其中直接入户慰问5670人次，投入慰问资金57.77万元。夏季“送凉爽”活动投入资金29.21万元。是年，在各基层工会推行筹措帮困专项资金59.52万元，用于帮助特困职工。1998年，在机关设立生活权益部，专门负责困难职工生产生活权益保障、帮扶、救助工作。1999年，区工会支持职工开展废旧物资回收，进行生产自救活动。2000年，开展"春节为送温暖的人送温暖"活动，对困难企业工会主席进行救助帮扶。

2003年，区总工会困难职工帮扶站正式挂牌启动。对不同类型职工建立档案，实行动态管理。2005年，建立职工法律援助机制和人事争议调解委员会。2007年，走访、慰问困难企业35家，困难劳模、困难职工和离退休孤老职工1115人次，投入资金70.09万元。2008年，378名"绿卡"困难职工得到帮扶和救助，为5714名困难职工提供再就业培训，为4461名下岗职工提供再就业岗位。2009年，投入20余万元建立职工再就业培训基地，为2000余名下岗职工和农民工实施技能培训。2010年，签订工资协商企业和个体经济组织5712家，覆盖职工4.29万人。2003—2010年，开展"两节"慰问、送温暖等形式慰问一线职工、困难职工、困难劳模5600余人次，发放慰问金123万余元。

六　文体活动

1979年，全区13个局、公司、总店全部建立职工文艺体育协会，会员1562人。组织职工汇演5场130人参加，演出25个节目，其中7个节目参加市职工汇演。文艺创作组创作文学、曲艺、戏剧等作品36篇，群众创作美术作品30余幅，其中6幅参加市职工美展。在参加市职工体育比赛中，乒乓球获男子团体第一名、女子团体第五名，职工"五一"长跑第一名，全国职工往返长跑获金牌、银牌各1枚，铜牌2枚。承办市总工会交办的市职工乒乓球比赛，32个区、局57个男女代表队251名男女运动员参加，用6天时间进行454场比赛。1980年，组织国画、素描、书法、摄影学习班和美术高考补习班，创作组写出90篇作品。举办太极拳班5个，篮球裁判、乒乓球裁判学习班各一个，试办体疗学习班一个。篮球、乒乓球裁判有4人被正式批准为国际一级裁判员，20人为国家二级裁判员，4人为国家三级裁判员。1981年，开展9个项目的区级比赛，6288人参加。是年，有5个项目参加市总工会比赛，其中"五一"长跑获团体冠军，拔河获女子冠军、女篮获乙级队称号。1983年，组织职工汇演，演出2场47个节目。1984年，举办八个项目比赛，92个单位54755人参加。在参加市职工5项比赛中，有4项进入团体前六名，获金牌4枚、银牌11枚、铜牌8枚，总成绩第七名。1986年，推动职工体育活动开展规范化。1987年，参加市文化博览月，2件作品获一等奖，1件作品二等奖，3件作品三等奖。组织13项16次比赛，增加民族运动会，参加职工3.62万人。1988年，获市职工"五一"长跑团体总分第一名。1989年，开展10个项目比赛，参加职工3.52万人。1990年，组织系列文艺宣传活动15场次1.2万人参加。进行9个项目职工体育活动比赛，3.59万人参加。1991年，举办"三八"健康杯赛、街道系统运动会等比赛活动，3.62万人次参加。1992年，区职工体育工作连续15年被市总工会和市体委评为天津市职工体育工作先进单位。1994年，在全区女职工中开展"迪康杯"迎95世界妇女大会知识竞赛。2004年，组织47个单位职工钓鱼和扑克牌比赛。2006年，开展"北洋杯"七人制职工足球赛，乒乓球比赛和各种棋牌比赛、钓鱼赛，组织迎奥运健身活动月系列活动，1.67万人参加。2009年，开展创建职工书屋活动。开展《中华人民共和国工会法》《中华人民共和国劳动合同法》知识竞赛和"辉煌60年"职工征文、爱国歌曲大家唱和诗歌朗诵活

照17-1　区总工会在红星职专体育馆承办"敬一堂杯"天津市职工乒乓球比赛　（区总工会提供）

动。开展“万名职工健身月”“送健康进班组”活动；组织足球、篮球等职工体育比赛。2009年，组织七人制职工足球比赛。2010年，开展“职工迎春征联比赛”“职工三项扑克牌比赛”、庆“五一”职工歌唱比赛、纪念中国共产党成立89周年职工优秀文艺节目展演活动、中华人民共和国成立61周年职工书画摄影艺术展示活动，授予26名职工“红桥区职工艺术家”称号。

第二章 共青团

1979—2010年，团区委树立拼搏发展、创新求实、真诚服务理念，履行组织、引导、服务、维护青少年权益四项基本职能，带领团员青年奋勇争先，干事创业，在红桥区发展建设中奉献青春。

第一节 组织机构

1979年，团区委内设学校组、青工组、宣传组、组织组、街道组，各组设组长1人。1982年，调整职能部门，增设办公室，学校组中设少儿组，负责小学、幼儿园工作。1984年，恢复“文化大革命”前机构设置，内设办公室、街道部、组织部、宣传部、青工部、学校部，增设科级职务。1994年，增设权益部、基层工作部，撤销青工部、教卫部。

1997年，内设办公室、组织部、宣传部、权益部（区未成年人保护委员会办公室）、统战部（区青年联合会秘书处），编制14人。2002年，区社会治安综合治理委员会成立青少年违法犯罪工作领导小组，办公室设在团区委。是年，机构改革，内设办公室、组织部、宣传部、统战部（区青年联合会秘书处）和青少年权益保护部（区未成年人保护委员会办公室、区社会治安综合治理委员会预防青少年违法犯罪工作领导小组办公室），编制11人。

1979—2010年共青团红桥区委员会基层组织统计表

表17-1

届次	时间	统计时间	团委数（个）	团工委数（个）	总支数（个）	支部数（个）	团员人数（人）	青年人数（人）	团干部数（人）	团员入党人数（人）	发展团员人数（人）
第三届	1973年1月—1980年4月	1979年12月	17	0	46	898	13010	71547	104	19	4148
第四届	1980年4—1984年6月	1980年12月	24	0	44	985	12656	65147	115	–	–
		1981年7月	–	–	–	–	13123	71630	–	–	–
		1984年6月	–	–	–	–	10006	–	–	–	–
第五届	1984年6月—1987年4月	1986年12月	47	0	26	733	10627	41084	108	31	2921
第六届	1987年4月—1990年4月	1987年12月	49	0	25	789	10093	38240	99	39	3285
		1988年12月	49	0	24	670	9609	31690	92	32	812
		1989年10月	45	0	29	736	9093	29929	95	7	909
第七届	1990年4月—1993年7月	1990年12月	42	0	29	685	10563	29764	93	33	878
		1991年12月	42	0	30	608	10279	29135	73	54	864
		1992年12月	40	0	34	1134	11852	28613	75	63	1328
第八届	1993年7月—1995年12月	1993年12月	39	0	36	1220	10271	33646	75	55	2203
第九届	1995年12月—2001年9月	1996年12月	43	–	30	697	10026	28091	–	86	3846
		1997年12月	54	–	14	856	11861	–	–	–	2841
		1998年12月	24	1	–	1088	14530	–	270	168	2669
		1999年12月	38	–	46	1078	15202	52216	–	312	1682
		2000年12月	39	–	20	770	11193	42515	172		1737
第十届	2001年9月—2004年12月	2001年12月	45	–	14	903	23031	40351	77	114	393
		2002年12月	29	8	11	866	8969	17504	57	86	1043
第十届	2001年9月—2004年12月	2003年12月	35	9	27	1059	13971	29508	113	94	3554
		2004年12月	28	9	11	866	8969	17504	57	86	1043

续表

届 次	时间	统计时间	团委数（个）	团工委数（个）	总支数（个）	支部数（个）	团员人数（人）	青年人数（人）	团干部数（人）	团员入党人数（人）	发展团员人数（人）
第十一届	2004年12月—2007年12月	2007年12月	33	9	8	601	13658	21483	-	62	2431
第十二届	2007年12月—2011年	2008年12月	15	11	63	561	11736	12440	352	37	2430
		2009年12月	18	9	64	561	11681	12451	-	37	2444
		2010年12月	25	9	12	447	10490	12451	1101	78	110
合计			820	65	643	18811	296499	756939	3128	1493	43571

第二节　历次代表大会

一　第四次代表大会

1980年4月22日，共青团红桥区第四次代表大会召开，正式代表817人，邀请代表80人。徐国良作《肩负起历史重任 为实现四个现代化而努力奋斗》工作报告，区委副书记陈守军出席会议并讲话。大会选举产生共青团红桥区第四届委员会，委员31人。

二　第五次代表大会

1984年6月4—5日，共青团红桥区第五次代表大会召开，正式代表605人，列席代表109人。张俊滨作《团结全区青年 为建设社会主义现代化强国而英勇奋斗》工作报告，区委常委王金惠出席并讲话。大会选举产生共青团红桥区第五届委员会，委员30人。五届一次会议选举产生书记1人，副书记1人，常委8人。

三　第六次代表大会

1987年4月18—19日，共青团红桥区第六次代表大会召开，正式代表455人，列席代表250人，邀请各级党组织分管共青团工作负责人和来宾80人参加会议。马广智作《坚持四项基本原则，培育一代“四有”新人》工作报告，区委副书记杨大鹏出席并讲话。大会选举产生共青团红桥区第六届委员会，委员33人。六届一次会议选举产生书记1人，副书记1人，常委4人。

四　第七次代表大会

1990年4月16—17日，共青团红桥区第七次代表大会召开，正式代表355人，列席代表48人。马广智作《坚持坚定正确的政治方向，在建设红桥的实践中努力造就一代“四有”新人》工作报告，区委副书记王世新出席并讲话。大会选举产生共青团红桥区第七届委员会，委员33人。七届一次会议选举产生书记1人，副书记1人，常委9人。

五　第八次代表大会

1993年7月1—3日，共青团红桥区第八次代表大会召开，正式代表357人，列席代表41人。宗立杰作《团结带领团员青年在建设红桥的伟大实践中艰苦创业、建功成才》的工作报告。大会向全区团员青年发出《积极投身改革开放和经济建设，在建设红桥的伟大实践中建功成才》倡议。区委书记王立德出席并讲话。大会选举产生共青团红桥区第八届委员会，委员31人，候补委员7人。

六 第九次代表大会

1995年7月23—24日，共青团红桥区第九次代表大会召开，正式代表203人，姚建军作《继往开来 开拓进取为实现红桥跨世纪发展而努力奋斗》工作报告。大会选举产生共青团红桥区第九届委员会，委员27人。九届一次会议选举产生书记1人，副书记2人，常委7人。

七 第十次代表大会

2001年9月20—21日，共青团红桥区第十次代表大会召开。正式代表208人。王文莉作《锐意进取，开拓创新，团结带领全区团员青年为实现红桥跨越式发展而努力奋斗》工作报告，区委副书记张俊滨出席并讲话，团市委书记段春华出席会议。大会选举产生共青团红桥区第十届委员会，委员33人。十届一次会议选举产生书记1人，副书记2人，常委9人。

八 第十一次代表大会

2004年12月16—17日，共青团红桥区第十一次代表大会召开，代表210人。马政作《踏上新征程，创造新业绩，铸就红桥共青团事业新的辉煌》工作报告，区委副书记迟承镇出席并讲话，团市委书记刘惠向大会致贺辞。大会选举产生共青团红桥区第十一届委员会，委员39人。十一届一次会议选举产生书记1人，副书记2人，常委11人。

九 第十二次代表大会

2007年12月8—9日，共青团红桥区第十二次代表大会召开，代表210人。王亚群作《凝心聚智，锐意进取，团结带领全区团员青年为实现红桥新的崛起而努力奋斗》工作报告，区委副书记姬俊英出席并讲话。大会选举产生共青团红桥区第十二届委员会，委员39人。十二届一次会议选举产生书记1人，副书记2人，常委9人。

第三节 主要工作

一 宣传教育

1980年，开展青少年共产主义道德品质教育活动。1981年，组织团员青年学习《关于建国以来党的若干历史问题的决议》，开展适合青少年特点活动，进行“三热爱”教育。1982年，动员团员、青年开展以“五讲四美三热爱”为内容的教育活动，请雷锋班班长王威介绍雷锋事迹。1985年，开展“立志达标，建功立业”“爱岗争优、立功竞赛”“立志争优、向有理想、有道德、有文化、有纪律（以下简称：四有）奋飞”等主题理想教育活动。成立区团校。1987年和1989年，举办两届青年艺术节，开展歌颂“家乡改革巨变”绘画活动，举办“百名青年歌手大奖赛”。1988年，承办天津市第二届青年艺术节十佳幽默小品大奖赛。1989年，与市建行联合开展“学雷锋爱国储蓄”活动，组织区内各界青少年认购市建行有奖储蓄券人民币20万元。1991年，开展“跟党走”“爱五旗”系列教育活动。1992年，开展以“学雷锋精神，做‘四有’新人”为主题的“温暖工程”活动，60个单位团组织320余人参加。1995年，青年志愿者协会成立大会和创建“青年文明号”表彰动员大会召开。1999年，开展首届“天津杰出（优秀）青年卫士”评选活动。2人获“天津优秀青年卫士”称号，2人获“天津优秀青年卫士”提名奖。2000年，制订《红桥区团校章程》，强化团校建设，聘请区委党校校长及骨干教师为名誉校长和授课教师。2001年，开展“知党的历史、创时代业绩”主题演讲比赛、青年党史知识竞赛活动。2002年，召开街道、社区团建工作会议，举办主题教育实践、知识竞赛等系列活动。2003年，宣传预防、治疗和控制“非典”科学知识。举行“红桥区抗击‘非典’青年志愿者服务队成立暨各界青年抗击‘非典’捐赠仪式”，开展募捐活动，各界青年募集资金3万余元。2006年，成立区大学生社会党校。2009年，纪念五四运动90周年，举办“唱响90周年—青春万岁”主题大型歌会。

二 权益保护

1993年，宣传《中华人民共和国未成年人保护法》《天津市未成年人保护条例》，参与整顿中小学门前秩序，整顿文化活动市场。1997年，宣传普及“两法一例”，接待未成年人保护咨询百余人次，协调解决侵害未成年人权益案件40余件，开展创建“青少年维权岗”活动。培训外来务工青年1.2万余人次。2001年，成立区预防青少年违法犯罪工作领导小组，区属和驻区23家单位为成员单位。2002年，规范未成年人保护信访工作接待、办理、回复制度。2004年，制订《红桥区未成年人保护工作联席会议制度》。2005年，“为明天—社区预防行动”启动仪式暨社区预防工作者队伍成立大会召开。2007年，组织“未保宣传周”系列活动，举办“托起明天的太阳—让我们共同关注未成年人健康成长”主题活动，印发未成年人自救自护知识手册，开通“为明天”网站。2009年，开展“用知识守护生命”青少年自护自救教育实践周活动，成立红桥区预防青少年违法犯罪义工服务队。2010年，举行“珍爱青春生命，远离毒品危害”大型禁毒宣传活动，发放禁毒宣传资料，设立禁毒、戒毒咨询台，讲解、宣传毒品危害和戒毒知识。

三 青年志愿者活动

1995年，成立红桥区青年志愿者协会，首批会员72人。1997年，成立青年志愿者服务站，制订《服务站章程》《服务办法》《青年志愿者守则》。2000年，成立青年志愿者服务队、中学生志愿者服务队、红领巾志愿者服务队，“美化津城、从我做起、青年志愿者在行动”活动启动。2003年，推行青年志愿者注册制度，实施网上报名注册。2008年，联合联邦英语培训中心举办“迎奥运、学英语、我参与”英语进社区活动。组织千余名学生志愿者“当一天交通协管员”志愿服务。奥运火炬在津传递期间，组织200名青年参加火炬传递活动。2009年，成立青年志愿服务总队，1500名青年加入志愿服务，近5000人次参加活动，建立230个服务站150个服务基地。2010年，开展“青年志愿服务农民工子女”活动，为20名困难学生发放特别奖品。开展造血干细胞志愿者捐献活动，组织161名团员青年加入造血干细胞志愿者队伍，2名志愿者成功捐献。

四 服务社会

1979年，开展争当“新长征突击手”活动和出满勤、干满点、增产节约、多做贡献“百日献百元竞赛”活动8名团员被团中央授予“新长征突击手”称号，“为民日夜商店”团小组被团中央授予“新长征突击队”称号。1980年，团员青年积极参加引滦入津、卫津河排污、建设海河公园等建设新天津的社会公益劳动。1982年，开展文明礼貌月活动，组织带领全区团员，突击消除卫生死角，3000余名团员青年参加全民义务植树，种植“青年林”。建立学雷锋小组、为人民服务小分队663个。1983年，为支援甘肃建设，开展采集树种草种活动，团员青年采集树种草种2274斤。1985年，开展“综合包户”服务活动，1748支“为人民服务小分队”为孤老户、军烈属、老干部、老教师送去便捷服务。1987年，引导青年在“双增双节”活动中做贡献，按系统组织竞赛。1991年，开展“学雷锋便民咨询服务市场”活动，千余名团员青年参加，做奉献、献爱心、送温暖为主题的“温暖工程”建设活动，签订承包服务协议书，为孤老户、军烈属、残疾人等提供生活服务。联合市内五区青联举办青年科技成果交易会，历时2天20余家单位参加，科技成果百余项。1994年，资助贫困地区失学儿童重返校园，至1995年各界捐款6.4万余元，救助失学儿童193人。1995年，开展“捐一元钱，献一份爱”活动，募集捐款6万余元，救助贫困地区失学儿童17人。此后每年为区内30名特困生每人发放助学金200元。1998年，咸阳北路街道被命名为全国“青年文明社区”，公安分局南头窑派出所被命名为全国“青年文明号”。2000年始，开展“爱心助学”活动，至2010年救助特困学生500余人次，发放救助金22.29万元。为近百名特困学生发放明德奖学金23.7万元。2001年，组织全区团员青年为西藏昌都地区远程教育工程捐款近4000元。联合开展“红桥区首届青年创业明星”评选活动，15人获“红桥区首届青年创业明星”称号。2006年，创立红桥区青年人才库管理系统。2007年，将天津市大学生创意产业中心引入意库创意产业园。2008年，带领团员青年支援抗震救灾，开展“笔墨丹青，心系灾区—天津市书画名家赈灾笔会”“义卖鲜花，支援灾区”活动，募集善款近10万元捐给汶川灾区。2009年，以意库创意产业园为载体，吸引大学生创业，联系小额贷款为青年创业搭建服务平台。2010年，在90家非公经济组织建立团组织，近200名青年加入共青团，建立区共青团系统信息库，形成区、直属单位、基层团组织三级覆盖网络。

第四节　青年联合会

一　组织机构

1990年，区青年联合会成立，实行委员会制，每届任期3年。全委会设主席1人，副主席若干人。主席、副主席、常委由全体会议选举产生。全委会闭会期间，由常委会主持会务。常委会下设秘书处，秘书长1人，负责日常事务。至2010年，历经6届，设共青团工作委员会、经济管理工作委员会、教育卫生工作委员会、民族港澳台侨属工作委员会、文化体育工作委员会、科学技术工作委员会。第六届青联委员116人，常务委员会由39名常委组成，主席、副主席9人。

二　青联委员全体大会

（一）第一次会议　1990年12月28日，红桥区青年联合会第一次全体大会召开，委员133人。王竞作《高举爱国主义、社会主义旗帜团结全国各族各界青年，为红桥的社会稳定经济繁荣而奋斗》工作报告，区委副书记王世新出席并讲话，市青联副主席南炳文、张元龙出席会议。会议选举产生第一届委员会常务委员37人，王竞为主席。

（二）第二次会议　1995年10月17日，红桥区青年联合会第二次全体大会召开，委员138人。杨书苓作《团结带领全区各族各界青年，为进一步开创红桥两个文明建设新局面而努力奋斗》工作报告，区委副书记张俊滨出席并讲话。会议选举产生第二届委员会，常务委员20人，杨书苓为主席。

（三）第三次会议　1998年11月25日，红桥区青年联合会第三次全体大会召开，委员109人。王文莉作《团结带领全区各族各界青年为实现红桥跨世纪发展而努力奋斗》工作报告，大会选举产生红桥区第三届委员会，常务委员23人，王文莉为主席。

（四）第四次会议　2002年9月15日，红桥区青年联合会第四次全体大会召开，委员109人。马政作《青春展风采，携手创未来，在实现红桥跨越式发展的伟大进程中谱写壮丽的青春之歌》工作报告，区委副书记迟承镇出席并讲话。会议选举产生第四届委员会，常务委员35人，马政为主席。

（五）第五次会议　2006年1月5日，红桥区青年联合会第五次全体大会召开，委员120人。王亚群作《紧贴中心，加强联合，突出服务，在实现红桥区“十一五”规划的伟大进程中谱写更加壮丽的青春之歌》工作报告，区委副书记迟承镇出席并讲话，市青联副主席李虹、团市委副书记刘惠出席会议。会议选举产生第五届委员会，常务委员38人，王亚群为主席。

（六）第六次会议　2009年2月26日，红桥区青年联合会第六次全体大会召开，委员116人。焦琨作《永担时代重任，铸就青春辉煌，凝聚各界青年为实现红桥跨越发展而努力奋斗》工作报告，区委副书记姬俊英出席并讲话。会议选举产生第六届委员会，常务委员39人，焦琨为主席。

三　主要活动

1995年，围绕“兴区、兴企”开展“五小智慧杯”竞赛活动，组织各族各界青年，开展小发明、小革新、小改造等“五小”活动。组织“五小发明成果展示会”促进企业发展。1996—2010年，开展8届“红桥区十大杰出青年”评选表彰活动，每两年一届，每届评出区十大杰出青年10名、区十大优秀青年10名。

2003年，开展“同心协力、抗击非典、奉献爱心”大型公益募捐活动，募集资金3万余元。组织青联委员到民族医院，将价值万余元手机、通话费和象征平安吉祥的“中国结”送到即将奔赴“抗击非典”一线医护工作者手中，为邵公庄街送去价值5000元的药品和消毒剂。2005年，举办“红星美凯龙”大龄青年联谊活动，200余名青年参加联谊会。2006年，组织15名青联委员和团干部赴新疆开展考察交流活动，与新疆石河子市青联签订友好协议。2007年，联合举办主题为“红桥建设与发展 我们共同关注”青年论坛。

第三章　妇女联合会

1979—2010年，区妇联加强基层妇联干部教育和培训，提高工作能力，组织妇女走出家庭参与社会生产生活，建立各类服务性企业和网点，成为区社会生活重要补充。开展创建“五好家庭”“文明家庭”等活动，为创建和谐稳定的社区环境做出贡献。针对企业改革转制女工下岗问题，组织各类技能培训，多渠道解决下岗女工就业问题，依法维护妇女儿童合法权益。

第一节　机　构

一　沿革

1979年，区妇女联合会（简称区妇联），编制14人。1985年，内设办公室、组宣组、福利组、法律顾问组、妇女劳动服务公司（后与妇联脱钩）。是年，改设为办公室、组宣科、权益科、少儿科，编制15人。1991年，成立妇女儿童工作协调委员会。1994年，妇女儿童工作协调委员会更名为妇女儿童工作委员会。2002年，充实调整区妇儿工委，副区长任主任，下设35个成员单位，办公室设在区妇联。2010年，内设办公室、组宣科、权益科（妇儿工委办公室）。

二　人员

2003年，区妇联在编7人。2010年，在编8人。

第二节　妇女代表大会

一　第五次代表大会

1980年4月14—16日，红桥区第五次妇女代表大会在民族文化宫召开。正式代表350人，列席代表240人。刘玉英作《全区妇女积极行动起来沿着毛主席的革命路线胜利前进》工作报告。选举产生执委25人，常委6人，正、副主任2人。区委副书记陈守军、市妇联副主任张化四出席并讲话。

二 第六次代表大会

1984年3月 29—31日，红桥区第六次妇女代表大会在工人俱乐部召开。正式代表370人，列席代表299人。张秀芹作《积极行动起来为开创我区妇女工作新局面而努力奋斗》工作报告。选举产生执委31人，常委9人，正、副主任2人。区委副书记张柏峰、市妇联副主任孙仙琴出席并讲话。

三 第七次代表大会

1987年10月15—16日，红桥区第七次妇女代表大会在红桥文化宫召开。正式代表400人，列席代表200人。张秀芹作《全区妇女团结起来为振兴红桥建设红桥建功立业》工作报告。选举产生执委39人，常委13人，正、副主任3人。区委书记张椿出席，区委副书记杨大鹏、市妇联主任高清芹出席并讲话。

四 第八次代表大会

1992年9月22—23日，红桥区第八次妇女代表大会在区委礼堂召开。正式代表264人，特邀代表4人，列席代表88人。张宝喜作《求实创新、团结奋进，为振兴红桥建功立业》工作报告。选举产生执委37人，常委15人，正、副主任3人。区委书记王立德出席，区委副书记隋文德、市妇联副主任王桂贤出席并讲话。

五 第九次代表大会

1999年7月6—8日，红桥区妇女第九次代表大会在区委礼堂召开。正式代表200人，特邀代表2人，邀请来宾80人。张金荣作《高举邓小平理论伟大旗帜团结带领全区妇女为实现红桥区跨世纪发展的宏伟目标努力奋斗》工作报告。选举产生执委27人，常委9人，主席1人，副主席2人。区委副书记吴荣平出席并致辞，区委书记曹秀荣出席并讲话。

六 第十次代表大会

2004年8月17—18日，红桥区妇女第十次代表大会在区委礼堂召开。正式代表196人，列席代表10人，特邀代表10人。杨书苓作《以“三个代表”重要思想为指导团结动员全区妇女为全面推进我区现代化建设而奋斗》工作报告。选举产生执委29人，常委11人，主席1人，副主席2人。区委副书记、区纪检委书记迟承镇出席并讲话。

第三节 主要工作

一 组织建设

1979年，15个街办事处建立妇联组织，有基层妇代会171个。1984年，评选基层先进妇代会144个，先进个人144人。1985年，开展街、片妇女工作二级百分赛活动，建立隔周例会制度。1986年，补选13名妇代会主任，组织9期360余人参加的妇联干部培训班。1988年，成立处级女干部联谊会。1991年，全区基层妇代会340个，建立区、街、居委会三级信访网络，信息员1486人。1992年，在党政机关和教科文卫事业单位建立妇女委员会和妇女人才信息库。1994年，扩大三级信访网，信息员1744人。1996年，制订《红桥区妇女发展规划（1996—2000年）》。1998年，对全区妇女干部基本情况开展调查，发出问卷890份。1999—2000年，连续举办2期区街妇联干部培训班，就“新时期搞好调研的方式方法”“维权工作”“下岗女工小额贷款”等进行讲解和培训。2003年，推荐一批后备女干部和优秀女拔尖人才，举办“女性素质提高与形象塑造”专题讲座，发动社会各界捐款捐书，建立“女士读书室”，开展“学习新知识，倡导新风尚，树立新形象，争做新女性”学习活动。2005年，举办女性压力疏导与心理调适、着装与服饰文化陪伴孩子审视自我等培训。2006年，举办处级女干部培训班。对新上任妇代会主任进行业务知识培训。2009年，区三级妇联组织完成换届。2010年，组织妇联干部就“新中心新崛起——西站城市副中心建设理论与实践”“做好妇女儿童工作”培训。

二 宣传教育

1979年，开展“五节一储”计划生育活动，9813人领取独生子女证。1981年，区、街妇女干部入户宣传家庭教育知识，召开子女教育经验交流会、座谈会，开展“五好家庭”宣传评选活动，举办40场“五好家庭”巡回展览，观众3221人。1985年，举办5场纪念反法西斯战争胜利40周年报告会，1500人参加。组织妇女干部参加英模报告会，召开“学英模见行动”座谈会。对1980年以来评出的“五好家庭”进行复查。与工会联合成立红娘办公室，街、局、公司红娘小组250个，红娘792人，每月开展活动，组织大龄青年鹊桥会、游艺会17次2044人参加。1986年，举办“家家幸福，人人快乐，生活美好，事业蓬勃”“五好家庭”标兵户巡回展，展出80余次、2万人次参观。家庭教育研究会成员扩大到54人，补选理事7人。1987年，组织全区各界妇女参观天津西监狱，同服刑人员座谈。组织鹊桥联谊会，为6859人次搭桥，有402对大龄青年、57对中老年人、2对残疾人喜结良缘。1988年，举行“家庭学堂”开学典礼，组建19个办学单位，学员6492人4658人取得结业证书，评选出4个办学先进单位、优秀教员25人、优秀学员17人。1989年，组织各街妇女参加英模报告会，慰问驻地派出所干警。代表区10万母亲慰问部队赠送锦旗和送去价值3000余元慰问品、千余封慰问信，捐款4750元。1991年，17个家庭被评为“永芳杯”最美好家庭。举办法律知识培训班17期，参加培训1278人次。1992年，举办文明家庭展示会、文明家庭事迹报告会。开展百个合格家庭评选和优秀家教论文征集活动，收到论文2874篇，参与家庭423户。1994年，组织国际家庭年咨询日服务一条街活动，举办《中华人民共和国妇女权益保障法》宣传咨询活动。1995年，制作展牌，发放宣传资料、纪念品，法律咨询、义诊等活动10余次，出宣传板报标语2450块（条），印发倡议书5000余份，发放宣传材料2万份。开展《中华人民共和国妇女权益保障法》宣传月活动。1996年，组织各级妇联学习座谈中共十四届六中全会精神，出版报196块、横标298幅。1997年，征集文明治家格言200余条，举办家庭美德先进事迹报告会。开展“爱书、读书、用书”的书香溢万家活动。1999年，召开“三优”（优生、优育、优教）知识传播与实践活动交流总结会，表彰优秀家长学校2所，优秀家长5名，好家长10名，评选优秀论文10篇。2000年，联合举办“迎接挑战做21世纪新女性”专题讲座。召开“红桥区各界妇女庆‘三八’先进事迹报告会”“爱国比翼，同襄共进庆‘三八’座谈会”和“庆‘三八’情系姐妹，爱献巾帼”咨询服务活动，培训体育骨干参加“三八”健康杯体育比赛。2001年，开展家庭书画展示、家庭文艺比赛活动，40余个家庭参与展示，作品90余幅22个家庭演出文艺节目。2002年，举办预防中老年妇女骨质疏松症专题知识科普讲座。开展“世纪父母读书”活动，近

照17-2　2010年，区纪念“三八”国际劳动妇女节100周年文艺演出　（区妇联提供）

千人参加。2003年，在社区成立抗击“非典”巾帼志愿者宣传队和督察队，公布志愿者服务热线电话，筹集资金，慰问抗击“非典”一线的医护人员家属。2004年，组织处级以上女领导干部和三级妇联干部、女职工代表300人，聆听“二十一世纪女性思维与形象”专题讲座。2005年，举办红桥区“绿色家庭知识竞赛”“共创绿色家园，构建和谐红桥”环保知识竞赛。组织“婚检宣传周”活动。2006年，召开家庭助廉教育活动座谈会，向干部家属赠送《家庭助廉教育读本》。成立“红桥区‘母爱家园’”，为失去母亲的困难家庭女童征寻到38名“爱心妈妈”。2007年，与区纪检委联合开展“六个一”活动（召开一次座谈会；发一封倡议书；推荐一本好书；组织一次警示教育参观；进行一次廉政知识答卷；送一句廉洁祝语），召开“树廉洁家风，创文明家庭”家庭助廉座谈会。评选十佳和谐家庭、“五好家庭”“绿色家庭”。2008年，召开“迎新春家庭送廉座谈会”。“三八”节期间召开“迎奥运、促发展、展风采、创和谐”主题文艺联欢会。2009年，召开“围绕中心，促红桥发展，干事创业展巾帼风采”红桥区各界妇女庆“三八”表彰大会。举办妇女权益保障法专题辅导。举办“共建和谐家园，共享美好生活”摄影展。开展家庭助廉感悟征集活动，收集格言、感悟500余篇，筛选编辑成《助廉清风拂面来》一书。2010年，召开“赞百年妇运功绩，创红桥美好未来”纪念“三八”国际劳动妇女节100周年文艺演出大会。

三　妇女工作

1981年，组织16个生产服务网点，经营百货及工业加工、生活服务等，聘请10名专业人员作技术指导，1985年，组织80个单位9000余名妇女参加市“三八”健康杯通信赛，获市区团体第一名。1986年，139个单位8.4万余人参加“三八”健康杯通信赛，获市团体第一名。1989年，为下岗女工寻找再就业岗位。1992年，成立群芳实业公司，服装加工服务部开业。1996年，召开下岗女工再就业工作推动会，有828人次参加再就业培训。1997年，开展摸底调查，组织下岗女工参加凯莱赛商场招聘，安排470人就业。召开红桥区发展社区服务创造就业岗位推动会。举办包括家庭托儿所、小饭桌、计时工、家庭保姆、手工艺品加工、毛衣编织等项目的培训班49期1769人次参加。1998年，开办下岗女工家政培训班。召开下岗女工服装裁剪培训班结业暨作品展示就业招聘大会，80名学员获结业证书，为59人提供就业岗位，为95人提供劳动政策咨询。1999年，举办下岗女工技能培训班9期4984人参加。2000年，成立区扶助下岗女工项目中心，1391名妇女从事社区服务工作，其中下岗女职工1077人。98人进行岗位培训，帮助28人获得小额就业贷款。2001年，元旦、春节期间，联合大胡同市场无偿提供25个摊位让下岗女工进场经营。是年，颁布实施《红桥区妇女发展规划（2001—2010年）》。2002年，召开红桥区下岗女工再就业工作推动会。2003年，建立下岗女工求职登记册，区、街、居委会妇联组织为1500余名下岗女工推荐就业岗位，为450人次提供小额贷款167.2万元。2004年，召开红桥区各界妇女庆“三八”暨十佳女性创业者表彰会，表彰10名创业者。举办红桥区“巾帼创业者之歌”先进事迹报告团成立暨首场报告会和下岗女工手工编织培训班。2005年，举办由30名残疾妇女参加的手工编织培训班和“月嫂”培训班，40人取得结业证书。2006年，成立女性创业者俱乐部，组织下岗女工参加天津市妇女手工编织大赛，选送作品136件7件作品获奖；举办下岗女工“厨嫂”培训班，28人参加，全部取得结业证书。2007年，在意库创意产业园举办为期3天的“弘扬民族文化促进妇女就业”民间手工艺

照17-3　2005年，区妇联举办残疾妇女手工编织培训班　（区妇联提供）

制品展览，21个展台50余个品种2000余件手工艺制品参展，近2000人参观。成立红桥区妇女手工艺制品协会，吸纳手工编织企业和技术骨干，成为手工艺制品研发、制作为一体的服务中心。注册成立天津市吉美雅手工艺制品有限公司，入驻创意产业园。2008年，召开创业者俱乐部成员座谈会。向外贸单位推介编织工艺制品。2009年，培训下岗女工2120人次，推荐就业岗位700余个，帮助445人办理小额贷款1760余万元。推介销售编织物等商品6万余元。2010年，吉美雅风尚店在创意街开业，经营民间手工艺人及下岗女工手工艺制品。

四　儿童工作

1981年，动员各行业为少年儿童办好事，75个单位向儿童赠送礼品218件，为幼儿园购置玩具2.27万余元。1983年，建立3处集体园所，15处家庭联合园所。1984年，设清真灶11处，接收少数民族儿童1182人。1985年，评出83个合格家庭托儿所予以保留。成立区家庭教育研究会。1986年，举办3期15课时家长课堂，开办家长学校50所。1987年，兴办家庭教育学堂，招收学员360人，聘请14名专职教师授课10次。1988年，召开红桥区思想政治工作家庭教育研究会、家风家教研讨会年会。1989年，组织300余名幼儿、百名保教员参加托幼儿童体育游戏通讯赛。1992年，召开少儿工作会议，组成联合检查组对全区家庭托儿所进行检查。1993年，举办首届儿童艺术节活动，开展为残疾儿童服务等活动。1995年，召开90年代儿童纲要中期目标评估工作会。1998年，制订《红桥区儿童发展规划》。2001年，颁布实施《红桥区儿童发展规划（2001—2010年）》。2002年，部署《创建实施妇女儿童发展规划示范区工作的意见》。2004年，召开妇女儿童工作暨妇女儿童发展规划阶段性监测评估会议，通过《红桥区妇儿工委2004年工作报告》。2005年，召开妇儿工委全委（扩大）会议，成立27人评估工作组，召开红桥区母亲学校成立暨优秀家长（学校）表彰大会成立红桥区母亲学校、红桥区母亲教育讲师团。2006年，成立"母爱家园"。2007年，召开"母爱家园"爱心捐助座谈会。向全区4万余名中小学生发出"感恩母爱"活动倡议，联合开展"感恩母爱、真情无限、共建和谐"感言征集活动，寄感恩卡500张，自制手工贺卡4000余张，发送短信万余条，召开主题班会400余节。2010年，启动编制新一轮妇女儿童发展规划。

照17-4　2010年，区妇联在平津战役纪念馆举行"弘扬爱国志，真情助学童"爱心捐赠活动（区妇联提供）

五　权益维护

1979年，开展推广和睦、民主、团结新家庭典型事迹活动，接待来信来访28件。1981年，建立法制宣传领导小组，宣传《中华人民共和国宪法》《中华人民共和国婚姻法》，维护妇女合法权益。1984年，成立法律顾问小组，设专人负责信访接待工作，培训400余人，形成三级信访网络。1985年，开展《中华人民共和国婚姻法》《中华人民共和国继承法》和信访法律讲座。1987年，对全区8个维权工作先进单位12个先进个人进行表彰。聘请法律工作者给街道妇女讲法制教育课，举办义务法律咨询。1988年，举办妇代会主任维护妇女儿童合法权益演讲会。1991年，区妇联公开办公制度，坚持挂牌文明接待。召开宣传《中华人民共和国妇女权益保障法》大会，开展《中华人民共和国妇女权益保障法》辅导培训。1994年，调整区法律顾问小组成员单位，制订《法律顾问小组工作条例》，开展调研工作。1998年，经考核推荐15个街道妇联主席为区人民法院民事审判庭特邀陪审员，配合法院审理涉及妇女儿童权益案件。2001年，举办妇联干部《中华人民共和国婚姻法》知识竞赛。开展区妇联维权周法律咨询活动和业务培训。2003年，举办《中国妇女发展规划》《中国儿童发展规划》知识竞赛活动，1500余人参加。成立红桥区妇女法律援助中心。2004年，成立红桥区法律志愿者服务中心，接待来信来访356件。为特困妇女免费书写诉状、代理案件，深入社区或当事人家中调解纠纷。2005年，接待来信来访105件次，启用妇联信访计算机管理系统，来访妇女情况输入计算机。2006年，开展《中华人民共和国妇女权益保障法》宣传咨询日活动。成立"平安家庭"创建活动领导小组，制订《关于开展"平安家庭"创建活动的意见》。2007年，接待来信来访359件次。对妇女法律志愿者进行新修订《中华人民共和国妇女权益保障法》辅导。2008年，接待来信来访428件次。召开"半边天家园"工作推动会，确定33个社区为第一批筹建家园试点社区。2010年，开展"不让毒品进我家，妇女携手创平安"活动，向全区家庭发出倡议书，向社区群众发放宣传资料3000余份。

六　扶贫助困

1986年，组织70人拆洗组，增加孤老妇女收入，其中残疾妇女30余人。1991年，发动全区妇女向灾区捐助物资2.29万件衣物和学生用品，捐款834元。1995年，开展"邻里亲情献爱心解困分忧结对子"活动。1996年，成立困难家庭动态管理信息联系网络和指导中心，掌握困难家庭需求情况。1998年，开展文明家庭同困难家庭结对子、送温暖活动。1999年春节，到夕阳红老年公寓进行慰问，为老人送去慰问品。2000年，开展"单亲母亲"情况调查。2001年，召开红桥区文明家庭结对子表彰暨世纪爱心巾帼助困启动大会。2003年，在中小学生中开展"童心、爱心、互助求知"活动，为困难家庭孩子捐献书籍3万余册、学习用品1.5万余件。2004年，举办"单亲困难母亲喜相逢，众姐妹携手助困送春风"茶话会。成立红桥区妇女爱心驿站。2005年，举办"携手献爱心　温暖送母亲"捐助活动、"关爱妇女，服务妇女，提高妇女素质，促进构建和谐社会"送健康活动。2007年，开展"扶贫助困送温暖，春风行动暖人心"为困难妇女献爱心活动。2008年，成立红桥区妇女儿童发展促进会，建立救助困难女童和单亲困难母亲的长效机制。开展"情系地震灾区 温暖孤残儿童"爱心编织毛衣活动。2009年，召开"世间有真爱、亲情暖人心"送温暖座谈会，单亲困难母亲、母爱家园学童、爱心人士代表等50余人参加。2010年，带头捐出3000元，组织妇女参与捐建西南干旱地区"爱心蓄水池"活动。召开"阳光关爱 亲情送暖"困难妇女儿童慰问大会。对单亲困难母亲信息充实、核查，实现对单亲困难母亲信息库的动态管理。

第四章　科学技术协会

1979—2010年，区科协围绕区域经济和社会发展，广泛开展学术交流、科学咨询、新技术开发利用等活动，为科技进步、经济发展提供科技支撑。

第一节　机　构

1977年，科学技术协会（简称科协）恢复成立。1981年，召开第二次会员代表大会，选举产生领导机构。1988年、1996年、2003年、2009年分别召开科协第三次至第六次会员代表大会，进行领导机构换届选举。1998年，内设办公室、科技普及部、学会基层部。至2010年，内设机构无变化。

2010年，有7个基层科协，会员6044人。学术团体19个学会、协会和专业技术学组，会员2639人。建有科技工作者之家。

第二节　科协会员代表大会

一　第二次会员代表大会

1981年5月14—15日，第二次会员代表大会在民族文化宫召开，出席代表500人。李宗远作《全体科技工作者行动起来，贯彻执行党的科技发展方针，努力为四个现代化的伟大事业做贡献》工作报告。大会总结科协第一次代表大会以来，特别是恢复科协工作后；讨论贯彻执行全国、天津市科协“二大”会议精神；明确科学技术群众团体在社会主义新的历史发展阶段中的地位和作用。选举科协第二届委员会委员41人。第一次全体委员会议选举产生常务委员19人，主席李宗远，副主席6人。

二　第三次会员代表大会

1988年4月22日，第三次会员代表大会在区文化馆召开，出席正式代表400人，特邀代表50人。大会主题《艰苦奋斗促进科技进步为振兴红桥实现“七五”计划贡献才智》。中心任务是动员和组织广大科技工作者，坚定不移地贯彻社会主义初级阶段的基本路线，深化改革，加速社会进步，发展经济，振兴红桥区现代化建设贡献才智。孙家本作《加速科技进步，振兴红桥经济，为天津市现代化建设贡献力量》工作报告。选举科协第三届委员会委员49人，常务委员23人，主席林旧发，副主席7人。

三　第四次会员代表大会

1996年9月11日，第四次会员代表大会在区政府礼堂召开。选举产生科协第四届委员会委员43人，常务委员18人，主席何绍节。

四　第五次会员代表大会

2003年10月31日，第五次会员代表大会在区政府礼堂召开。出席正式代表116人，列席代表90人，特邀代表50人。大会主题为《与时俱进开拓创新为科教兴区贡献智慧和力量》。中心任务是总结区科协“四大”以来工作，部署今后五年基本任务，修改和审议《红桥区科学技术协会章程》。选举产生第五届委员会委员48人，常务委员18人，主席刘书翰。

五　第六次会员代表大会

2009年10月27日，第六次会员代表大会在区政府礼堂召开。出席正式代表119人，列席代表40人，特邀代表40人。大会主题为《团结科技工作者建设创新型城区为推进现代新红桥建设贡献力量》。主要任务是学习贯彻中共十七大和市区委第九次党代会精神，总结区科协“五大”以来经验，提出今后五年奋斗目标。选举产生第五届委员会委员53人，常务委员25人，主席刘书翰。

第三节　科技社团

一　学术团体

1980年，成立红桥区青少年科技辅导员协会，至2010年全区有19个学会、协会和专业技术学组，会员2639人。

2010年红桥区科协所属学术团体一览表

表17-2

名 称	成立时间	会员人数(人)	名 称	成立时间	会员人数(人)
青少年科技辅导员协会	1980年11月	154	邵公庄街科普协会	1988年11月	29
园艺学会	1983年5月	34	芥园道街科普协会	1988年11月	75
会计学会	1986年9月	912	珠算协会	1989年8月	413
咸阳北路街科普协会	1988年11月	76	图书馆学会	1989年12月	136
丁字沽街科普协会	1988年11月	40	模具学组	1990年12月	136
西沽街科普协会	1988年11月	190	反邪教协会	2003年4月	96
双环村街科普协会	1988年11月	70	电气产业协会	2005年2月	50
三条石街科普协会	1988年11月	26	先进管理技术学组	2005年8月	18
铃铛阁街科普协会	1988年11月	104	创意设计学组	2009年10月	35
西于庄街科普协会	1988年11月	45	-	-	-

二 基层科协

1980年，组织各大企业基层科协开展各类科学技术知识讲座，解决企业生产中难点问题，提高企业经济效益。随着经济体制改革，大批企业因搬迁或改制，科协组织撤销或迁出，至2010年基层科协7个，会员6044人。

2010年红桥区基层科协一览表

表17-3

名 称	成立时间(年)	会员人数(人)	名 称	成立时间(年)	会员人数(人)
天津商业大学科协	1987	814	天津润祥机电公司科协	2003	15
河北工业大学科协	1987	1700	红桥科贸发展区科协	2007	1980
红桥区卫生局科协	1987	1447	天津圣威科技发展有限公司科协	2010	36
天骄集团公司科协	2003	52	-	-	-

第四节 主要工作

一 学术交流

1981—1995年，各基层科协、科技学术团体举办各种学术讨论会、交流会、报告会、技术演示会4783场，参加活动会员3万余人次，征集交流学术论文2569篇。1983年始，每两年召开一次红桥区优秀学术论文评选表彰大会，至1992年举办5届，评选出区级优秀论文1016篇，其中在市学术刊物上发表或在学术会议上交流24篇，在外省市学术刊物发表或被邀请在学术会议上交流10篇，在全国性学术刊物发表或在学术会议上交流110篇，在国际性学术刊物发表或学术会议上交流20篇。2001—2010年，组织各种不同层次学术报告会、研讨会、学术讲座、专题技术培训和学术交流活动200余场次，万余人次参加。组织所属各学术团体、基层科协会员撰写学术论文600余篇，多篇论文在参加市区评选中获奖。2001年，卫生局科协组织会员撰写343篇论文进行交流，其中22篇被认定为市级论文成果。2003年，百篇论文编辑成《论文汇编》。是年，模具专业技术学组举办“新工艺、新技术”学术报告和“新材料的应用及热处理工艺技术”学术报告研讨。2003—2009年，参与组织“十一五”国家科技支撑计划重点项目制备技术研究。2009年，创意设计学组举办创意设计与敏捷制造研讨会、精益生产方式应用研讨会。2010年，开展4次“精益管理在现代企业中的应用”“数字化技术在现代设计制造业的应用”等交流活动，形成2项企业科研项目。

1991—1993年，围绕“讲理想、比贡献”主题，开展“提万条合理化建议，千项攻关”活动，提出合理化建议8365条，被采纳实施2580条。组织攻关课题840项。2001—2005年，各企业科协提合理化建议1700余条。2005年，科协组织申报3项市级50万元以上项目，2项被评为市级优秀项目。2009年，科贸园区所属11家民营科技型中小企业13个项目申报立项，经济效益8560万元。2010年，3家企业申报立项。

二　科技培训

1979—1990年，开办晶体管线路、电子技术、电视机修理、焊接、车工工艺、钳工工艺、无线电基础、机械制图、家用电器维修、服装裁剪、制冷、会计、英文打字、建筑制图等专业群众性技术培训班690余个，参加培训人员6.33万人次。1990年，培训班逐渐停办。1990年后，科委和科协多次举办民营科技企业厂长、经理及有关经营管理人员参加的科技法规、现代企业经营管理、专利申请、知识产权保护等方面培训班，千余人次参加。1979—2007年，科学技术进修学院红桥分院培养近2万名学员。

三　科技咨询

1982年，成立红桥区科技咨询服务处，天津重型机器厂等科协相继成立区科技咨询分支机构。1985年，经过调整，扩大服务范围，增加服务内容，充实咨询队伍，更名为红桥区科技咨询服务中心。1982—1986年，咨询中心承接各种科技咨询项目855项，其中结合城区建设改造，组织不同专业技术人员解决污水处理、烟尘排放、治理废气污染等环境保护课题162个。针对区街企业底子薄、资金短缺、技术吸纳能力差，发展缓慢的现状，提供一批技术项目。1986年后，科技咨询主要通过难题招标、信息反馈、专题调查等方式，组织“支、帮、促”小分队下街进厂主动服务。1987年，由14个工厂科协182名科技人员组成的8个科技工作队，为企业进行产品论证，开展技术咨询。1991年，“支、帮、促”小分队到32个区街企业，解决技术革新、工艺改造、设备更新百余项。2001年，开展技术咨询和技术交流，为天津市其他区县和外省市大中型企业和国家重点建设项目提供咨询服务。1986年，咨询中心科研成果获市级科技成果奖3项。1989—1990年，组织驻区专家、学者和科技人员协助区委区政府进行科技兴区的软课题研究，提出《红桥区科技兴区战略研究报告》。1988年、1991年，科技咨询获中国科协颁发的“金牛奖”。2004年，服务中心撤销。

第五章　归国华侨联合会

归侨多为二十世纪五六十年代回国。改革开放后，到区居住生活和创业发展的归侨侨眷、侨资企业逐渐增多。区委、区政府以“平等、团结、和谐、互助”为目标，维护归侨侨眷合法权益，为侨民服务，共建和谐美好家园。

第一节　机　构

1986年，组建红桥区归国华侨联合会筹备组。1998年，成立区归国华侨联合会，选举第一届联合会主席、副主席、秘书长。2003年，召开第二届区归国华侨联合会一次会议，出席代表68人。选举第二届联合会主席、副主席、秘书长。2006年，咸阳北路街道办事处成立街道侨联分会，选举产生第一届街道侨联组织。2009年，召开第三届区归国华侨联合会一次会议，出席代表60人。选举第三届联合会主席、副主席、秘书长。

第二节 主要活动

照17-5 2010年，区侨联艺术团成立暨迎新春文艺演出现场 （区侨办提供）

1979—2010年，贯彻落实侨务政策、法律法规，维护归侨侨眷合法权益，吸引华侨、华人回家乡探亲访友、洽谈商务、支持家乡建设。确立爱侨护侨、为侨服务，凝侨心、聚侨智，共创幸福生活的侨务工作方针。2002年，召开迎中秋座谈会，辖区所属归侨、侨眷50余人应邀参加。2003年，对全区华侨华人、港澳同胞在区投资、合资、独资企业情况专项调查，建立华侨华人、港澳同胞在区境内投资企业档案。经调查，华侨华人、港澳同胞在区境内投资的企业有24家，其中外商独资17家，合资6家，合作经营1家。2004年，侨胞王渤生捐资15万美金给天津市三中设立奖学金，经市侨办审核，天津三中作为受赠单位负责捐赠款项管理和使用，设立“王南復夫妇奖学金”。2006年，在天津三中举行“王南復夫妇奖学金”启动仪式，市、区领导和三中师生500余人参加启动仪式。2009年，组织华侨、侨眷代表和侨务工作干部15人参加市侨办迎新春茶话会，召开侨情报告会，向与会者报告海内外侨情基本情况30人参加。是年，咸阳北路街道办事处七〇七所社区被国务院侨办命名为“侨法宣传角”。组织区街侨务干部及侨法宣传角负责人参加市“侨法宣传角”授牌仪式暨侨法进社区成果汇报文艺演出。2010年，召开区侨联艺术团成立暨迎新春文艺演出会，区领导和归侨侨眷200余人参加，侨联艺术团演出文艺节目。区侨联艺术团在“天津市2010年金歌会——永安杯中老年歌唱大赛”中获奖。是年，西沽街道燕宇社区被国务院侨办命名为“侨法宣传角”。

第六章 工商业联合会（商会）

红桥区工商业联合会（简称区工商联）发挥工商联组织统战性、经济性、民间性优势，在促进红桥区非公有制经济健康发展、引导非公有制经济人士健康成长过程中发挥作用。团结带领会员在转变企业经营方式、调整优化产业结构、培养科技小巨人方面出谋献策。提高会员企业应对挑战能力，推动科技创新、产品升级换代、节能降耗、开拓市场，实现企业又好又快发展。

第一节 机 构

1981年，恢复区工商联，编制13人。内设办公室、宣教组、文史组、妇女组等。1986年，内设办公室、宣教组、经济咨询组、工商培训组、文史组、妇委会，下设市投资公司红桥分理处。1990年，内设办公室、组织宣传科、经济联络科，编制15人。1991年，明确工商联是具有统一战线性质的人民团体和民间商会。1992年，组建区工商联党组。1995年，区工商联同时称“红桥区商会”。是年，召开商会成立大会。

2002年，区工商联内设办公室、组织宣传科、经济联络科，编制10人，至2010年内设机构未变。

第二节　会员代表大会

一　第五次会员代表大会

1983年1月17日召开。出席代表245人。副主任委员赵贺霖在大会上作《在党的十二大精神指引下努力开创我区工商联工作新局面》工作报告。选举执委39人，常委16人，主任委员孟羽卿，副主任委员7人。

二　第六次会员代表大会

1989年7月21日召开。出席代表187人。刘继环作《认真学习团结进取发挥优势，为完成新时期赋予我会的任务而奋斗》工作报告。选举执委37人，组成的第六届执委会。名誉主任委员孟羽卿，主任委员刘继环，副主任委员6人。

三　第七次会员代表大会

1992年10月16日召开。出席正式代表139人，列席46人。刘继环作《解放思想抓住机遇开拓前进力争工商联的工作上一个新台阶》工作报告。名誉主任委员刘继环、沈耀良，主任委员王维藩，副主任委员5人，执委34人、常委14人。

四　第八次会员代表大会

1997年3月27日召开。出席代表70人。杨志强作《高举邓小平建设中国特色社会主义伟大旗帜，开创工商联工作新局面》工作报告。主任委员杨志强，副主任委员7人，执委33人，常委17人。

五　第九次会员代表大会

2001年12月20日召开。孟锡禄作《坚持以“三个代表”重要思想为指导不断提高工商联工作整体水平》工作报告。选举赵树钢会长，副会长10人，秘书长1人。

照17－6　2001年12月20日，区工商联（商会）第九次会员代表大会在区委礼堂召开
（区工商联提供）

六　第十次会员代表大会

2006年8月8日召开。赵树刚作《全面落实科学发展观为实现“十一五”奋斗目标做出新贡献》工作报告。选举执委47人，常委19人。工商联会长李凤军，常务副会长1人，副会长9人，秘书长1人；商会会长李凤军，副会长3人。

2010年，十届七次执委会议选举李德生为工商联（商会）常务副主席（副会长）。

第三节 主要工作

一 组织建设

1982年，组建工商联会员地区组。在河北大街开展地区联络组试点，对829名会员调查摸底，以街办事处为单位，组成15个大组，53个小组开展活动。1983年，从国营、集体、私营企业中吸收企业会员；从行业协会、私营企业协会、个体劳动者协会以及与工商联联系紧密的团体中吸收团体会员；从工商企业经营者、个体工商户代表人士中及与工商联工作有联系经济工作者、理论工作者和其他有关人士为个人会员。1986年，吸收会员53人，其中企业会员48人，个体会员3人，特邀会员2人。1988年，吸收新会员86人，其中国营63人，集体17人，个体3人，合资1人，特邀会员2人。1990年，发展会员108人，其中三资企业2人，私营企业85人，个体会员21人。成立饮食同业公会、百货行业公会、纺织行业公会、副食同业公会、物回同业公会。1992年，发展会员17人，1993年，发展会员21人，其中私营企业17人，个体3人，集体1人。1994年，发展会员39人。1998年，发展会员15人。1999年，发展新会员40人。2000年，发展会员24人。1999年，成立工商联大胡同地区分会，至2007年建立3个分会。2008年，建立第一家街道分会。2010年，在红桥区意库创意产业园建立区工商联创意产业分会。

2010年，会员291人，其中男249人、女42人；从事第二产业65人，其中制造业50人、建筑业15人；从事第三产业226人，其中批发零售148人、住宿餐饮业11人、其他67人。

二 参政议政

1988年，对红光制线、色织十二、五金商业等企业推行承包制进行调研。1989年，就物价、市场管理、经济政策、公费医疗等问题，提出41条建设性意见。

1990年，开展《我区商业同业公会组建构想》调查，《关于铸铁行业双增双节情况调查》《有关销售商品房提案》被政协八届一次会议列为提案交送区政府。1991年，召开“促双振，献良策”座谈会。1993年，提出建议、提案27条。1994年，撰写《贯彻落实我区发展非公有制经济意见的情况和建议》《工商联应更好的完善和发挥其民间商会的职能和作用》调查报告。参与起草《我区非公有制经济代表人士联席会议制度》。1995年，提出有关发展区非公有制经济政策报告。1996年，工商联界别政协委员建议、提案9条。在区人大十一届五次会议期间，通过5名区人大代表和4名列席代表，提出各种建议23条。2000年，对非公经济发展问题进行调研。2001年，工商联界别人大代表和政协委员提交建议、提案20余条，其中《支持国有企业改革安排下岗职工》的建议、《依法治区优化外部环境》禁止乱收费，停止收缴私营企业管理费的提案受到领导重视，《建议对私营企业利税大户建立保护岗》提案被评为优秀提案。2003年，联合完成对118家私营企业调研工作，撰写《关于如何应对工商联工作新变化的思考》《关于我区下岗再就业工作的调研报告》《我国加入WTO后如何更好的发挥工商联商会作用》提案并在区党派会议上作大会发言。2004年，向人大、政协会议提交建议、提案25条。2006年，提出《在我区尽快成立促进民营经济发展服务中心》提案，3个月内得到落实。2010年，区两会上，提出建议和提案30余条。《关于加强旧楼改造及物业管理的建议》《关于提升改造大胡同商贸区的建议》分别被区人大和区政协列为区政府督办件。

三 经济服务

1981年，协助街办事处建立或帮助整顿工业、商业、饮食业、服务业等网点24个，安置待业青年621人。1982年，开展工商专业培训。开办“怎样当好五金零售商店经理”培训班，33名学员参加培训。1983年，开办6个专业培训班，培训学员259人次，其中有会计班2个，裁剪班3个，文明经商班1个。1984年，为武清区南菜村乡定福庄提供咨询服务，筹建石墨坩埚厂，派出3名成员负责建厂、安装设备和生产，安置农村剩余劳动力64人。1985年，为各街企业提供咨询服务。组织成员深入河北大街等10个街，帮助建点或对原有网点进行改建、整顿。安置待业青年295人。1986年，开展工商专业培训，开办17个培训班，培训981人。为天津市铝品总厂举办"物资管理"培训班。

四　公益活动

1998年，工商联会员为长江特大水灾灾区捐款捐物。天骄集团总裁尚玉祥捐款20万元，全区会员捐款33.7万元，捐物折合人民币18.7万元。

2003年，抗击"非典"中，浩地集团段磊捐款1.8万元，天骄集团尚玉祥捐赠10万元药品，银泰房地产谢玉刚捐款1.5万元，其他非公经济人士捐款捐物20余万元。2006年，敬一堂、浩地集团、古兰斋等企业为贫困地区、弱势群体、重点工程捐款捐物折合人民币90万元。2007年，会员企业参加"我为商会添光彩，回报社会作贡献"活动，浩地集团助残捐款30万元，敬一堂药业公司助学捐款40万元。会员扶危济困捐款百万元。2008年，130余家会员企业和个人向汶川地震灾区捐款200余万元，捐物折合人民币50万元，其中万隆集团100万元，万隆大胡同置业公司30万元、李凤军个人5万元，敬一堂药业36万元并组成医疗小分队赴灾区分发药品，浩地集团20万元、衣服折合人民币45万元，宏翔电梯2万元，菩提园林工程公司6万元，津福家具1万元。2010年，会员企业为修建贵州毕节水窖捐27.3万元。

红桥区志

第十八编
政　法

1979—2010年，区政法系统立足于经济建设和社会稳定，依法严厉打击各种刑事和经济犯罪，维护社会治安，开展法治建设，使全区干部群众法律意识普遍得到加强，犯罪率下降，社会秩序稳定，为经济和各项社会事业建设发挥保驾护航作用。

改革开放初期，公安机关开展2次严厉打击刑事和经济犯罪活动，此后持续开展。加大经济案件侦查力度，有效维护社会治安。开展严打整治斗争，实施专项行动，打掉多个黑恶势力犯罪团伙，破获多起重特大案件。在经济领域严打商业贿赂等新型犯罪，施行“天网”“追逃”行动，为国家和企业挽回巨额经济损失。检察机关配合严打斗争，依法履行审查批捕、起诉职能，从重从快严厉打击刑事和经济犯罪。开展扫除卖淫嫖娼，制作贩卖传播淫秽物品，拐卖妇女儿童，吸食、制造、贩卖毒品，聚众赌博，利用封建迷信骗财害人（以下简称：“六害”）等专项斗争。实行侦查、审判监督，出庭支持公诉，预防、审查各种职务犯罪，对侦察、审判监督，确保法律公平公正。审判机关配合政法机关，从重从严从快审理严重刑事和经济犯罪。开展打击各种丑恶现象等专项斗争，受理行政案件。加大打击暴力犯罪、黑恶势力犯罪力度。加强民事案件调处能力，尽力化解矛盾，营造和谐社会。加大案件执行力度和审判监督，维护审判公正。司法行政大力开展普法宣传、各种培训和宣传活动，加强社会法治观念。开展律师、公证业务，为弱势群体和困难企业提供法律服务。建立各级调解组织，调解、化解各类矛盾。实施社区矫正和安置帮教措施，创造和谐法治社会。

2010年5月26日，区司法局在民族中学举行天津市法制教育示范校授牌仪式　　（区司法局提供）

2010年5月，交管红桥支队民警在河北大街与三条石交口发放宣传材料　　（交管红桥支队提供）

2010年5月19日，区人民检察院深入开展"恪守检察职业道德，促进公正廉洁执法"主题实践活动动员大会召开
（区人民检察院提供）

第一章　政法综治工作

1991—2010年，政法系统贯彻落实中共中央和市委决策部署，提高领导、统筹、协调政法工作能力，推进以社会矛盾化解、社会管理创新、公正廉洁执法为重点的各项政法工作，有效维护国家安全和社会稳定，为红桥区经济社会又好又快发展创造公正高效法治环境。

第一节　综合治理

一　工作机制

1991年，召开社会治安综合治理委员会第一次全体会议，制订工作制度。1992—1996年，每年组成20个工作组定期排查，确定重点整治对象。落实对刑满释放解教人员安置帮教，建立公安、检察院及司法局社区矫正部门联系沟通机制。建立治保会537个5002人。1997年，制订综治奖励考核制度。1998年，制订《关于实行社会治安综合治理领导责任制的实施办法》，挂牌安全小区142个，安全单位135个。街道办事处设立专职综治工作人员。1999年，制订《关于选聘优秀教师到街道挂职推进青少年法制教育与犯罪预防工作实施意见》。选派10余名教师挂职街道综治办任副主任。2000年，开展“走万家、话安全”综治宣传活动。命名安全小区245个，安全单位268家。2001年，开展清理学校周边治安秩序等专项斗争和专项治理活动。162个社区居委会建立社会治安综合治理办公室。2002年，开展以“深入基层，服务企业，保一方平安”为主题综治宣传活动，在全区学校配备法制副校长。26个物业小区建立社区民警、保安和居委会“三位一体”工作站。2003年，落实综治目标责任制。2004年，加强流动人口管理，做好刑满释放解教人员安置帮教工作，建立200人组成的辅警队伍和专职巡逻队。推广安装110自动报警系统，金融单位门前安装双探头监控系统。2005—2010年，建立“严打”整治经常性工作机制。

二　平安创建活动

2006年，开展创建“无毒社区”和平安创建活动，创建安全社区120个、平安单位133个、“无毒社区”40个。2007年，成立“三级整治”工作领导小组，实行领导挂牌督办。命名平安社区122个，平安单位128个，其中平安校园44个，平安医院8个。在170个重点部门和要害部位安装电子警报系统。2008年，组建1.1万人参加的“平安奥运志愿者红桥支队”，开展平安系列行动，评选出10个平安示范社区和10个平安示范单位。2009年，确定8个A级卡口，实施有效查控，确保昼夜24小时巡逻。建成公安分局指挥中心视频监控接警终端和9个基层派出所接警分终端，整合视频监控探头223个。

照18-1　2010年，区综治办开展综治集中宣传活动　（区政法委提供）

至2010年，新建、改建存车处58处，建立门前责任制单位365家，设置临时看护点98处。完成18个重点治理地区整治。评出区级平安示范社区16个、平安示范单位18个。4个社区被市综治委命名为平安示范社区。在街道办事处成立10个综治信访服务工作中心，127个综治信访服务工作站。

第二节 维稳 防范

照18-2 2010年，区综治办组织警力维护校园周边安全稳定 （区政法委提供）

1999年，成立维护社会稳定工作领导小组，在区委政法委下设办公室，负责日常协调推动工作。是年，召开危改决战维稳工作会议，撰写《平改拆迁不稳定因素及其对策》调研材料，协调各方力量妥善处理纺织公司职工索要拖欠工资、天津航空机电有限公司家属厂职工迁厂赔款等事件。

2000—2001年，健全以“148”法律服务网络为渠道的基层矛盾纠纷排查调处中心，解决来信来访481件。协助政府有关部门妥善处置集访群体事件14件。2002年，全区排查各类不安定因素155件，化解350起单位内部不安定因素。2003—2005年，加强情报信息工作，建立健全突发事件应急管理工作指挥协调机制，完善工作预案，增强防范和处置突发事件能力，未发生因拆迁问题导致的恶性事件。2006—2007年，开展矛盾纠纷和涉法涉诉信访问题大排查、大调处活动。中共十七大期间，群众进京访为零。

2008年，开展“清积案、化新访、控非访”“信访积案化解年”系列专项行动，完成全国“两会”、北京奥运会等重大活动安保维稳任务。2009—2010年，组织开展矛盾纠纷大排查大调处活动。印发《重大事项社会稳定风险评估办法》《重大建设项目社会稳定风险评估办法》《突发事件应急处置工作方案》《处置非法集资实施意见》等文件，对拆迁、建设和重大政策调整等可能引发的问题分析研判，开展社会稳定风险评估。集中开展“清理积案百日攻坚”等活动，化解118件重大疑难矛盾和涉法涉诉案件，实现重要活动期间进京、赴市“非正常访”为零。完成中华人民共和国成立60周年大庆，香港、澳门回归纪念日，全国“两会”等重大节庆安保维稳任务。

第二章 公 安

改革开放后，商品经济发展迅速，人口流动增加，各种案件频发，治安状况复杂。80年代，公安系统集中力量，2次开展严厉打击严重破坏社会治安的犯罪活动，有效遏制严重刑事犯罪活动，社会治安秩序明显好转。90年代，持续开展专项打击，加大经济案件侦查力度，有效维护社会治安。进入21世纪，开展严打整治斗争，实施专项行动，打掉多个黑恶势力犯罪团伙，破获多起重特大案件。在经济领域严打商业贿赂等新型犯罪，为国家和企业挽回巨额经济损失。在平安社会建设中，贯彻社区警务战略，以民族团结、建立和谐社会为重点，提高基层干警实战能力。推进信息化建设，提高执法能力和群众参与治安管理能力，推进和谐警民关系，创造安全稳定社会环境，确保经济和社会各项事业建设顺利进行。

第一节 公安机关

一 机构

1979年，公安红桥分局内设办公室、政办室、政保科、内保科、户籍科、治安科、预审科、防火科、行政科、刑警队，下设16个派出所。1981年，增设法制科。1983年，增设河北大街治安派出所，撤销防火科。1984年，增设自行车管理所、西沽治安派出所，撤销河北大街治安派出所。1985年，增设治安民警队。1989年，增设经侦科。1990年，增设通信科、双环邨派出所，桥南派出所并入西沽派出所，撤销西沽治安派出所。1992年，增设监察室、防暴支队，撤销治安民警队。1996年，成立禁毒工作领导小组，下设办公室。1997年，增设缉毒大队（三大队）。1999年，防暴（巡警）支队内设综合室及5个大队。2000年，成立经济犯罪侦查队；撤销刑侦二大队。2001年，增设信访科，刑侦支队内设综合室及一、三、四、五大队。2002年，办公室、政保科分别更名为指挥室、国保支队，政办室、行政科、经侦队分别更名为政治处、后保科、经侦支队。2003年，刑侦支队增设二大队、六大队，成立七、八、九、十责任区刑侦大队，国内安全保卫支队增设民族工作科，撤销大胡同治安派出所和17个责任区刑侦大队。2004年，撤销刑侦支队办案指导大队，成立预审支队。2005年，巡警支队成立巡逻防控管理科。2006年，撤销巡警支队二、三、四、五大队，撤销刑侦十大队。2007年，增设考评科，指挥室下设指挥科、信息科、宣传科、巡控科。2008年，大伙巷、先春园、小西关派出所合并为芥园派出所。2009年，河北大街派出所与三条石派出所合并为三条石派出所。2010年，增设非机动车管理科、警训队、公共信息网络安全监察支队、和苑新城派出所；刑侦三大队从刑侦支队划出成立禁毒支队；刑侦六大队调整为刑侦三大队。

2010年，内设指挥室（指挥科、信息科、宣传科、巡控科），国保支队（民族科、综合室、一、二大队），刑侦支队（综合室、七个大队），特警支队（综合办、一、二大队），西站地区治安派出所（综合室、刑警队、巡警队、治安队）。科、室、队19个，即：政治处、监察室、警务督察队、后保科、治安支队、户政科、法制办、内保科、通信科、信访科、考评科、两化科、非机动车管理科、经侦支队、预审支队、禁毒支队、网监支队、警训队、看守所。下设派出所13个。

二　人员

1979年，编制488人。1992年，898名警察佩戴警衔。2010年，编制1125人。

第二节　治安管理

一　枪支及易燃易爆危险物品管理

对爆炸剧毒物品管理员、采购员及接触人员政审备案。1984年，对70个使用剧毒爆炸物品单位、1767把管理刀具检查，强化保管。春节期间，对烟花爆竹进货渠道、运输、保管、销售实行安全监管。收缴各类凶器397件，雷管102枚。1986—1989年，对174支公用气枪、348支自用气枪安检验收。对剧毒物品规范管理，对270名接触或使用剧毒物品人员培训。对187个烟花爆竹销售单位三级规范管理，签订《安全承包责任书》。1990—1991年，为保证北京亚运会安全，对有证气枪285支、猎枪62支、保卫枪11支，实行派出所统一管理。收缴无证气枪36支、无证猎枪84支、雷管661枚、仿真枪518支、刀具228把、

照18-3　2010年，公安红桥分局收缴部分各类枪支（公安红桥分局提供）

子弹256发、电击催泪弹35发。对98家使用剧毒物品单位检查。1992年，对全区从事烟花爆竹工作人员进行安全知识考试，验收合格的颁发销售许可证。1993年，有62家单位使用剧毒物品。5家单位百余千克剧毒物品调剂到急需单位，无法调剂的4600千克剧毒物品和500个剧毒品容器送市局集中销毁。1994—1998年，收缴枪支4478支，刀具4980把，子弹40发，雷管66枚。摧毁犯罪团伙25个，破获各类案件429起，查处违法犯罪分子578人。执行烟花爆竹“许可证”管理，发证76个，治安处罚13人、教育20人。全区销售剧毒物品资格培训806人次，发上岗证696个。1999—2001年，印发危险物品管理规范，收缴制式枪支441支，仿真枪12345支，管制刀8300把，雷管3803枚，侦破刑事案件9起，摧毁犯罪团伙1个，抓获违法犯罪嫌疑人109人。2002年，中共十六大期间治爆缉枪专项行动，收缴制式枪22支、非制式枪23支、仿真枪2100支、管制刀具814把、炮弹5枚。收缴违禁鞭炮46万头。2003—2007年，治爆缉枪专项行动，收缴各类枪支1176支、管制刀具680把、弹药936枚。查获违法鞭炮8起2000余万头。2008年，北京奥运会安保期间，查处涉危案件108起，收缴各类枪支57支，炸药2.7千克、子弹300余发、仿真枪300余支、管制刀具412把。2009—2010年，对33家烟花爆竹经销店核发“许可证”。对5家经营危险物品单位、30余家化工商店落实岗位责任制。收缴各类枪支140余支、仿真枪700余支、管制刀具1100余把，处理各类违法犯罪134人。

二　公共秩序管理

1980年，对28场体育比赛、85场露天电影、319场旱冰场活动46万人次进行安全保卫。是年，查获违法案件594起。1981年，4个农副产品和1个旧货市场建立5个治安办公室。查处治安案件431起，处理439人。1982—1984年，检查7个市场，查处治安案件1245起，其中无照经营374起，场外交易337起，证照不符293起，一般违规378起，提请批准逮捕4人、行政处罚834人、教育378人。1987年，组成工作组对9个农贸市场、23个摊群市场，个体商业6700余家进行治安秩序管理。1988—1989年，7个影剧院、2个歌舞厅、21个录像厅安全检查，查处案件45起，处理56人。1990年，对大型活动实施审批制度，对全区27家文体场所昼夜检查。提供线索19件，抓获各类违法嫌疑人28人。1992年，全区60余家影剧院、录像厅、舞厅、卡拉OK厅等文化娱乐场所清理整顿，签订《治安管理责任书》，对6家存在问题的场所责任人进行教育，下达《限期整改通知书》，责令限期整改。治安处罚173人，查获危险品50余件，赃物200余件，没收凶器7件。1993年，全区有各类市场51处，重点地区3处，主干道8处，通过派驻干警，组织联防组进行管理，治安处罚657人。1994年，对三厅（歌厅、舞厅、歌舞厅）存在“三陪”（陪吃、陪喝、陪唱）清理，拘留卖淫嫖娼93人，收教49人，提请批准逮捕劳教6人。对29家棋牌室进行整治，出租车纳入治安管理。1995年，收容流浪乞讨人员473人。1997—1998年，对大胡同等地区进行重点整治，召开各类会议178次，出动警力3200人次，取缔非法摊点183处，破获刑事案件131起，治安案件302起，处理违法犯罪人员442人。清除无证经营58家，对25家下达整改通知书、停业整顿4家、罚款61家。出动警力3100人次，对51家市场进行整治，清理乱摆乱卖摊点373处。处理各类违法犯罪人员1250人。1999—2000年，开展娱乐服务场所管理严厉打击卖淫嫖娼赌博等社会丑恶现象专项行动，全区娱乐服务场所整顿减至244家；清理全区80余家中小学校门前及周边秩序，校门前设立警示牌、划出标志线，禁止摆摊设点。2001年，对文化娱乐服务场所开展为期4个月集中整治行动，关闭28家无证经营场所，处罚违规6家，遣送外地三陪人员40余人。清理违规摊点2000余个，教育300余人次。对校园周边进行清理整治12次，取缔无照摊贩168个，抓获16名抢劫学生财物不法分子，破获案件10起。2002年，检查行业场所1800余家次，提出整改500余件次，下达停业整顿20家，取缔无证经营行业场所15家。2003年，分局出动警力532人次，清理各类市场48处。对千里堤早市联合执法28次，抓获卖淫秽光盘25人，治安处罚14人，收缴盗版光盘千余盘。清理80余所中小学校门前及周边秩序。清理违规摊点千余个，教育300余人次。2004年，歌舞娱乐、桑拿洗浴等娱乐服务场所实行等级化管理。检查行业场所720余家次，提出整改130余件次，下达行业整顿12家。抓获扒窃违法犯罪人员21人，收容少数民族未成年违法人员14人，刑事拘留2人。2005年，调查600家各类场所登记造册。42家文化娱乐服务场所建立110报警技防系统。端掉2家利用电子游戏机赌博场所，没收赌机110台，抓获赌博案件12起，治安罚款5万余元，端掉2家涉嫌卖淫嫖娼足底按摩场所、2家洗浴场所。出动警力1186人次，对文化市场、千里堤早市、青年路自由市场等联合清理检查220处，抓获10名卖淫秽光盘人员，没收查禁光盘千余张。处理19名各类违法犯罪嫌疑人。排除3718处安全隐患，下发126份整改通知书。2006年，检查720余家次行业场所安全条件，提出整改130余件次，下达行业整顿12家。出动警力640人次，配合拆除违法建设、清脏治乱、检查各类市场30余次。抓获25名卖淫秽光盘人员，没收盗版光盘千余盘。处罚14人，发现各类安全隐患18件，当场整顿12件，限期整改6件。2007年，取缔6家电子游戏机赌博场所，没收47台赌机，破获赌博案件8起，取缔5家卖淫嫖娼活动足疗店，11家涉嫌聚众赌博棋牌室。检查各类市场34家次，发现安全隐患9件，当场整顿6件，限期整改3件。登记1911名精神病人，收治有暴力或暴力倾向的严重精神病人33人。抓获扒窃、抢夺等街头犯罪分子150人次，依法处理9人，送收容站23人，教育释放120人次。2008—2009年，签订“奥运安保责任状”780余份。对42家娱乐服务场所派驻保安和安装安全监控设施。对27个农贸、批发市场及银行门前秩序摸排规范整治。62所中小学幼儿园，配置配齐保安人员182人。出警百余人次，清理整治中小学校门前占路摊贩。2010年，检查23个娱乐场所、10个洗浴场所，对5个存在安全隐患的场所限期整改。清理违规摊点46处，行政拘留5名贩卖淫秽物品人员。

三　特种行业管理

1980年，建立特种行业管理专点，破案21起，治安案件841起，抓获67名犯罪嫌疑人，处理888名各类违法人员。1981年，对特种行业核查，建立12个治保会28个治保小组135名治保人员。1982—1983年，旅馆业实行责任制管理，破获违法案件15起，行政拘留13人。旧货委托业从业人员培训，破获违法案件5起，行政拘留4人，废品回收单位破获违法案件4起，行政拘留4人。1984年，开展为期3个月的集中整治行动，通过“议、摆、查”验收合格51家，处理60名各类犯罪嫌疑人。公安、工商、物回公司配合检查，打击收、销赃不法分子，破获治安案件35起，处理11人。1986年，检查82家旅馆。1987—1988年，培训336名旅馆从业人员2700余人落实岗位责任制，颁发上岗证。建立印刷业18个治安保卫委员会成员194人。提供87件线索，破获3起刑事案件、15起治安案件，处理20名各类违法犯罪人员。1989年，复印业、经营刻字业个体户实行备案制度。1990年，旅馆安全检查2542次。查处17起刑事案件，51起治安案件、处理41名各类违法分子。1991年，旅馆业举办25次培训班，提供343件线索，破获14起刑事案件145起治安案件，处理各类违法分子260人。物资回收人员实行上岗培训，查获处理收购旧金属和销赃分子558人，查获旧金属150余吨。1992年，82家旅馆1400余名从业人员全部培训上岗，抓获各类犯罪嫌疑人215人。组织44期治安培训班2738人接受培训，收缴废旧金属47吨。1993年，推行治安岗位责任制三级承包责任书，举办特种行业培训班65期，培训3999人。破获违法案件112起，处理各类犯罪嫌疑人134人。1994—1998年，旅馆业实行等级化动态升降管理模式，评定一级、二级、三级单位。2000年，建成旅馆业电话传真网络。提供线索425条，破获违法案件26起，抓获犯罪嫌疑人30人。2003—2006年，23家旅馆建立110报警系统。通过旅馆业信息系统破获违法案件61起，抓获56名网上追逃人员。废旧金属收购业调查摸底和备案登记，掌握并备案登记40余家经营收购站点。59家二手移动电话经营户建立经营档案和电传网络，专项清理印刷业经营单位67家、复印经营单位124家。2008年，进驻行政许可中心现场办公，负责刻制公章业务审批。2009年，旅馆业实名登记、实名传输，定期抽查。通过31家旅馆抓获网上追逃人员28人。2010年，9家刻字业纳入特种行业管理，核发“特种行业许可证”；54家机修营业网点实行备案登记制度；3家典当行实行派出所、治安支队、治安总队三级管理，由分局治安支队负责日常检查。

第三节 户政管理

一 常住人口管理

1984年，开始核准登记，申报在津登记常住户口而条件又暂不具备的人口（简称“户限对象”），到1995年，登记5021人。1988年，改用《常住人口登记表》，登记17.62万户5.6万人。1992年，逐步放宽人才进津落户政策。1993年，户口登记由常住人口管理向现住人口管理转变。1997年，严格外地人口在区落户管理，集中更换居民户口簿。2010年，常住人口20.84万户54.23万人。其中，男性人口27.37万人，女性人口26.86万人。

二 暂住人口管理

1979年，暂住人口沿用居民户口簿，增加活页登记，用于居民办理粮油供应等事项。登记暂住人口7661人。1982年，暂住人口9835人，其中商贩41人。1987年，对务工租住私房和散住居民户民工进行清理。1992年，暂住人口1.02万人，增发“暂住证”3794个。1993年，成立暂住人口办公室。1995年，暂住人口17921人，增发“暂住证” 6823个。实行“暂住证”管理，暂住人口登记时发放“暂住证”，形式从“本式”到“卡片式”再到“本式”。1999年，对暂住人口实行计算机化管理。发放打印“暂住证”，签发时打印“暂住人口登记表”。利用查询系统，破获多起案件。2004年，取消收容遣送。2009年，发放新式“暂住证”为一本双卡式，实行免费办证，附卡记录暂住人口住址变动情况。2010年，全区暂住人口3.66万人，办理“暂住证” 1.37万个。

1979—2010年红桥区暂住人口统计表

表18-1　单位：人

年份	暂住人口	年份	暂住人口	年份	暂住人口	年份	暂住人口
1979	7661	1987	12654	1995	17921	2003	42421
1980	10647	1988	11745	1996	11993	2004	28189
1981	11258	1989	10153	1997	14267	2005	24852
1982	9835	1990	9680	1998	17813	2006	20849
1983	5640	1991	9420	1999	24330	2007	20902
1984	10501	1992	10161	2000	26342	2008	38030
1985	6618	1993	9881	2001	11952	2009	33378
1986	8349	1994	8676	2002	51403	2010	36608

三 寄宿人口

1984年，随着城市拆迁改造、居民异地买房、学生入学等情况增多，寄宿人口逐年增多。2010年，寄宿人口11.51万人。

1984—2010年红桥区寄宿人口统计表

表18-2　单位：人

年份	寄宿人口	年份	寄宿人口	年份	寄宿人口
1984	15340	1993	25739	2002	69927
1985	14006	1994	24093	2003	90908

续表

年份	寄宿人口	年份	寄宿人口	年份	寄宿人口
1986	12280	1995	23933	2004	84212
1987	12311	1996	24118	2005	80425
1988	10465	1997	29307	2006	113470
1989	12144	1998	10469	2007	95256
1990	23857	1999	12852	2008	99198
1991	22996	2000	63027	2009	99006
1992	21047	2001	38222	2010	115105

四 暂住境外人口

随着国际交往和旅游业发展，到天津市参观、访问、旅游、探亲的外国人增加，有不少人投住亲友家中。2010年，全区境外人口103人。

1979—2010年红桥区境外人口统计表

表18-3 单位：人

年份	境外人口	年份	境外人口	年份	境外人口	年份	境外人口
1979	1	1987	1	1995	1	2003	47
1980	2	1988	0	1996	0	2004	70
1981	11	1989	7	1997	0	2005	114
1982	3	1990	1	1998	0	2006	91
1983	4	1991	2	1999	0	2007	103
1984	2	1992	2	2000	0	2008	115
1985	0	1993	3	2001	36	2009	101
1986	0	1994	9	2002	50	2010	103

五 居民身份证管理

1985年，年满16岁常住人口，开始发放“居民身份证”。1987年，实行使用“居民身份证”制。1988年，以《常住人口登记表》取代《身份证申领表》和内部户口页，更换17.4万户55.27万人。1991年，年满16岁以上的常住人口45.27万人领取“居民身份证”。2000年，人口信息系统内部居民身份证号码由15位升至18位。2001年，对现役军人和军队管理的离退休干部、退休士官等统一受理号码编制。2004年，开展常住户口核对工作。2005年，停止制发第一代“居民身份证”，利用新《人口信息管理系统》换发第二代“居民身份证”。2006年，原由派出所换发“居民身份证”更改为统一办理。2009年，成立人口服务管理中心办理第二代居民“居民身份证”。2010年，受理办领“居民身份证”56.98万人。

六 人口信息化管理

1995年，各派出所均建立常住人口信息系统，实现人口信息计算机化管理。1996—1997年，采集全部常住人口照片，实现计算机人口照片辨认、检索。1999年，《人口信息管理系统》二级平台开始建设，分别建立市局、分局两级人口信息库，结束各派出所只能单机办理本所户口的模式。通过拨号上网方式，各所可登录分局人口信息库，实现在本区范围内迁移户口只在移入地进行办理；新开发暂住人口、出租房屋、工作对象信息系统，实现网络化管理。15个户籍派出所完成人口信息系统建设，2000年，实现人口信息系统联网。2003年，开发寄宿人口、境外人员信息管理系统并联网办公，实现对寄宿人口、境外人员的信息化管理。2004年，通信方式由拨号上网改为光纤入所，提高数据交换速度，将常住人口、寄宿人口、暂住人口、境外人员、工作对象、出租房屋等分散系统，整合为《派出所综合信息系统》，实现资源共享、交叉利用。

七　社区警务

2003年，实施社区警务战略，至2010年，社区警务室代办户口事项9447件，调解民事纠纷1332件，受理居民求助1.25万件。接报刑事案件833起，接报治安案件1427起，安全检查发现隐患8150处，印发整改通知书8018份。

2010年，建成社区警务室115个。治保会132个2471人，“4050”公益保安1009人，内部单位及社区保安757人，社区治安志愿者队伍1210人，安全信息员4883人。

照18-4　2010年，社区民警与居民亲切交谈　　（公安红桥分局提供）

第四节　交通管理

一　秩序管理

（一）勤务管理　1979年，张自忠路与通北路交口等10个交通路口设置交通信号灯部署民警执勤岗位，河北大街与北营门西马路交口、北门外大街与南运河南路交口、南运河南路与金钟桥大街交口、掩骨会路口设置执勤民警徒手指挥岗。1985年，勤俭道与三号路交口、勤俭道与光荣道交口、咸阳路与三号路交口增设交通信号灯，部署民警执勤岗位。本溪路与三号路交口、咸阳路与一号路交口增设执勤民警徒手指挥岗。1990年，河北大街与北营门西马路交口、北门外大街与南运河南路交口、南运河南路与金钟桥大街交口、掩骨会路口、本溪路与三号路交口、咸阳路与一号路交口安装交通信号灯，部署执勤警力。1985—1990年，将交通信号灯手控方式逐步调整为程控方式，拆除交警值勤岗亭，撤销大胡同岗。1990—2000年，区内有固定执勤岗位20处。2001年始，路面民警执勤：昼夜勤务、双人日勤务、单人日勤务、时间性勤务、临时性勤务。执勤岗区设置：路口岗区、路段岗区、复合岗区、巡查车岗区。2010年，交警执勤岗位37处，其中双人日勤务5处，单人日勤务6处，流动勤务3处，治理勤务6处，夜间勤务3处，巡查车勤务5处，二轮巡逻车勤务6处，自行车巡逻勤务3处。

照18-5　2008年，交管红桥支队执勤民警进行交通手势训练　　（交管红桥支队提供）

照18-6　2010年，市交管局领导在红桥支队指挥调度室听取红桥支队关于视频监控系统开发应用情况汇报　　（交管红桥支队提供）

（二）占道管理 1979年，支队和各中队分别设置1名专职民警负责占道管理。1985年，审批权由专管部门办理。2008—2010年，进驻区行政许可中心，办理占道等审批手续。

（三）违章处理 1982年，设置处理交通违章民警。1982—1990年，平均每年处罚1万笔。1990—1995年，平均每年处罚2万笔。1996—2000年，平均每年处罚3万笔。2001—2004年，平均每年处罚5万笔。2005—2010年，处罚71万余笔。

（四）停车场管理 2003年，开展自行车、电动车上牌和停车业管理。2010年，停车场143处，机动车停车场74处，非机动车停车场69处。其中，占路停车场65处，包括占路机动车停车场54处，占路非机动车停车场11处。

二 车辆及驾驶员管理

（一）机动车管理 1981年始，机动车以车牌尾号参加检验。1985年，机动车换发"天津01"字头牌证，对原发"59"字头牌证停止使用。1994年，机动车换发92式牌证"津A"字头，对原发"天津. 01"字头牌证停止使用。2004年，车辆检验改为按照机动车初次登记日期参加检验。2008年，对各种车辆的检验、报废年限做重新规定：小型非营运客车6年内每两年参加一次机动车检验，6~15年每一年参加一次机动车检验，15~20年每半年参加一次检验，20年以上每季度参加一次检验。出租车5年内每年参加一次机动车检验，5~8年每半年参加一次检验，8年后强制报废。大型客车10年内每年参加一次机动车检验。微型货车每年参加一次机动车检验，8年整强制报废。轻型货车及大型货车10年内每年参加一次机动车检验，10~15年每半年参加一次检验，15年整强制报废。拖挂车8年内每年参加一次机动车检验，8~12年每半年检验一次，12年整强制报废。

（二）驾驶员管理 1980年，驾驶员管理采取集中总检审验办法。1981年，改革审验办法，按证尾字号循环进行总检审验。1989年，启用并换发全国统一机动车新驾驶证。2010年，机动车驾驶证有效期分6年、10年和长期。道路交通安全违法行为实行累积记分管理。

三 交通安全宣传

1979年，公安交通管理宣传采用电视、广播、报纸、网络多措并举形式。2005—2010年，组织大型宣传活动百余次，深入企业、社区、学校等地举办交通安全宣传讲座500余场，发放交通安全材料近10万余份，与红桥有线电视台联合制作播出《交通资讯》专栏节目40余期，播发交通类电视新闻200余条。

四 交通事故预防

2004年，建立预防交通事故部门联席会议制度，健全预防道路交通事故工作机制和道路交通事故情况分析制度，实行周、月等6种分析制度。排查和治理交通事故多发点段。2005年，以"降事故，保安全"为目标，采取措施，降低事故发案率和死亡人数。2007年，街道开展交通安全宣传。2008年，对北京奥运会赛事场馆周边、奥运火炬传递路线、奥运期间进京车辆绕行路线和国道省道高速公路开展2次交通事故多发点段排查治理。2009年，开展道路交通安全隐患排查治理。2010年，开展警车和涉案车辆专项治理、京津冀联合追逃等专项活动，完成天津夏季达沃斯论坛、世界气候大会等重大活动交通安全保卫任务。

1979—2010年红桥区交通事故情况统计表

表18-4

年份	事故数（次）	死亡数（人）	受伤数（人）	年份	事故数（次）	死亡数（人）	受伤数（人）	年份	事故数（次）	死亡数（人）	受伤数（人）
1979	105	4	63	1990	209	2	152	2001	1934	11	31
1980	98	6	52	1991	292	7	208	2002	2310	10	42
1981	112	3	41	1992	12	7	5	2003	3506	8	55
1982	106	2	16	1993	21	14	19	2004	3721	10	63
1983	201	5	31	1994	16	9	16	2005	3841	13	75
1984	184	6	25	1995	16	13	5	2006	3327	10	48
1985	161	8	64	1996	198	11	22	2007	3652	10	107
1986	193	9	63	1997	752	9	66	2008	3294	12	170
1987	209	3	170	1998	1021	7	74	2009	3318	6	226
1988	275	13	175	1999	1356	6	88	2010	2348	6	110
1989	195	7	152	2000	1855	8	59	-	-	-	-

第五节　消防管理

一　监督检查

1988年，开展消防安全专项治理。1999年，组织公共娱乐场所、易燃易爆单位消防安全专项治理9次，完成全国“两会”“国庆”等4次专项保卫行动。2001年，建立重点单位消防档案140家，247家商场市场、宾馆饭店、公共娱乐场所建立台账，核发《消防安全检查意见书》107家。2002年，实行定人定位定片检查责任制，专项治理80余次，检查单位867家次，发现火灾隐患2652处，当场整改1878处。2003年，开展对易燃易爆危险物品及油库、劳动密集型企业和公众聚集场所专项治理，发现解决火灾隐患3000余处，打通消防通道百余条，检查单位1027家次，下发《重大火灾隐患限期整改通知书》4份、《责令限期整改通知书》490份，依法传唤266人。2004年，消防安全重点单位189家建立消防台账，实现电子化管理，专项治理高校及周边地区集贸市场。2006年，开展商场市场和易燃易爆危险物品、火灾隐患排查整治等专项治理。2007年，开展20项消防安全专项治理活动。2009年，以中华人民共和国成立60周年消防安保工作为主线，开展火灾隐患排查专项整治。

照18-7　2007年9月22日，消防红桥支队对大胡同商贸区进行消防检查
（消防红桥支队提供）

1996—2010年消防红桥支队监督检查情况统计表

表18-5

年份	监督检查					行政处罚			
	检查单位（家次）	发现隐患（处）	消除隐患（处）	当场整改（处）	下发责令改正通知书（份）	单位（个）	个人（人）	罚款额（万元）	拘留（人）
1996	961	3226	3301	2036	1265	11	36	2.36	3
1997	1033	3666	3219	2109	1110	9	45	3.61	0

续表

年份	监督检查					行政处罚			
	检查单位（家次）	发现隐患（处）	消除隐患（处）	当场整改（处）	下发责令改正通知书（份）	单位(个)	个人(人)	罚款额（万元）	拘留(人)
1998	896	2361	2261	1038	1223	12	33	6.31	5
1999	1336	3328	3108	2533	575	4	25	3.96	2
2000	1513	3923	3694	2832	862	10	24	4.51	5
2001	877	2631	2552	1707	845	8	19	6.88	1
2002	867	2652	2485	1878	607	11	105	19.33	6
2003	1027	3072	3066	2572	494	9	22	18.65	0
2004	993	2733	2663	2078	585	7	14	10.86	0
2005	866	2432	2231	1550	681	6	24	2.45	2
2006	624	1633	1520	918	602	2	15	8.65	3
2007	633	1755	1631	898	733	21	38	15.00	1
2008	645	1624	1611	213	1398	9	39	7.40	1
2009	652	1106	963	200	906	25	11	11.50	2
2010	790	1640	1599	1094	505	22	31	47.67	0
合计	13713	37782	35904	23656	12391	166	481	169.14	31

二　宣传培训

照18-8　2009年，消防红桥支队在三条石北开花园社区进行消防宣传　（消防红桥支队提供）

1998年，实施宣传《中华人民共和国消防法》，在大胡同地区组织“119消防日”宣传活动。2001年，4个消防队建立培训基地。2002年，1866人参加《公安部61号令释义》宣传培训，全部合格持证上岗。2003年，建成消防宣传示范小区10处，设立消防咨询服务亭，增加宣传栏。开展“119消防日”宣传一条街活动。2004年，开展消防科技宣传周活动，通过张贴横幅、展牌宣传、现场答疑、灭火演示等多种方法，2万余人参加。2005年与红桥有线电视台合作录制《消防演习边看边学》消防节目。开展消防宣传服务月、科技周消防宣传。组织各类消防知识培训班2期745人参加。2006年，组织各街道办事处干部到各社区发放宣传材料，入户讲解消防常识和自救技巧。企业、学校建立消防宣传档案，开展消防知识培训。2007年，在广场举办消防宣传活动，设置25块展牌，向来往群众发放宣传资料2000余份。2008年，开展奥运消防宣传、“119消防日”宣传、中小学消防安全教育周、全区消防运动会、消防知识竞赛等大型宣传活动16次。组织720名特殊工种人员参加消防知识培训，60人参加消防协会组织的初级消防员技能培训。2009年，开展“119消防日”、大胡同商贸区、学校等大型集中宣传活动。悬挂消防宣传标语600余幅，展牌1400余块，发放宣传材料近8万余份。组织消防培训20余次2000余人受教育。2010年，举办社会消防安全知识培训班600人参加。组织单位法人培训120人参加，消防技能培训80人参加。组织辖区3000余人次志愿者参与消防宣传活动，张挂消防宣传标语200余幅，发放宣传资料2.5万份，室内警示牌300余块，启动电子屏50余处，展示社区宣传栏120余个。

三　灭火救援

1998—2010年，出火警1.6万余次，扑救火灾4398次，抢险救援452次，反恐排爆2次，公务执勤2次，社会救助2979次，其他出警8752次，抢救人员501人，疏散人员991人，抢救财产价值3237万元。

1998—2010年消防红桥支队接警出动情况统计表

表18-6

年份	出动次数	事件类别						战斗结果		
		火灾扑救（次）	抢险救援（次）	反恐排爆（次）	公务执勤（次）	社会救助（次）	其他（次）	抢救人员（人）	疏散人员（人）	抢救财产价值（万元）
1998	729	653	2	–	–	36	38	28	36	96
1999	766	699	4	–	–	42	21	30	65	86
2000	800	674	4	–	–	80	42	38	79	357
2001	873	693	3	–	–	174	3	46	86	198
2002	1127	496	3	–	–	241	387	39	67	132
2003	1182	255	20	–	–	96	811	32	48	133
2004	971	174	21	–	–	70	706	15	68	145
2005	1272	150	28	–	–	115	979	29	56	269
2006	1252	123	31	–	–	177	921	10	49	165
2007	1762	131	82	1	1	374	1173	63	92	287
2008	1883	107	69	–	–	401	1306	41	149	241
2009	1874	115	100	–	–	454	1205	56	80	575
2010	2094	128	85	1	1	719	1160	74	116	553
合计	16585	4398	452	2	2	2979	8752	501	991	3237

1986—2010年红桥区火灾情况统计表

表18-7

年份	次数	死亡（人）	受伤（人）	经济损失（元）	年份	次数	死亡（人）	受伤（人）	经济损失（元）
1986	38	2	3	268.65	1999	311	2	1	229743
1987	36	1	3	16986.10	2000	284	4	4	298499
1988	54	0	0	14.65	2001	231	1	3	227947
1989	44	2	2	111.39	2002	119	0	0	25658
1990	88	0	7	34.62	2003	58	1	1	32772
1991	60	0	1	54.43	2004	45	1	0	19597
1993	93	3	4	124.78	2005	45	1	0	64802
1994	135	2	3	186.15	2006	32	2	2	13789
1995	119	1	0	51565.40	2007	31	0	2	21342
1996	102	2	1	65267.60	2008	24	1	2	23374
1997	137	1	3	85631.40	2009	36	2	0	1280674
1998	320	4	2	195639	2010	25	2	1	68010

第六节　安全保卫

一　社会治安保卫

1979年，有治保组织164个9290人。1991年，防暴（巡警）支队每日出动4部流动派出所、8部摩托车130余人次，在主要干道进行武装巡逻。1992—1993年，完成79次警卫抓捕，处置突发事件7起，出动警力993人次。1998—2000年，处置各类群体性突发性治安事件6起，完成重大安保工作27次，现场保卫65起，投入警力3336人次，车辆807台次。2001—2002年，制订《预防和处置暴力恐怖活动预案》。处置群体性事件157起，完成保卫任务211次，押解任务34次，出动警力1.92万人次，车辆4833台次。2003年，“110”防盗自动联网报警终端启用。全年出动警力万余人次，车辆4100台次，处置群体性事件40余起。2004年，完成警卫、保卫任务67次，处置群体性事件18次，投入警力1786人次，车辆412台次。2005年，整合视频监控前端点位15个，组建社区公益保安队2000余人开展社区巡逻。处置群体性突发事件45次，投入警力2300余人次，车辆400余台次。2006年，构建“棋格式”巡控网络，建立相关数据库。安保任务49次，出动警力627人次。2007年，夜间便衣巡逻456人次，机动车134台次；上夜间卡口147人次，机动车60台次。完善“数据库”建设，制订区级重点反恐目标单位120个。2008年，北京奥运会期间，实施武装公开巡逻和便衣巡控。2009年，国庆期间加强反恐防范，对148家单位督导检查，完成9个市级反恐怖目标和45处区级反恐怖处置预案。出动警力7200余人次，完成各类任务100余次。国庆安保期间出动警力165人次，处置群体事件等15次。2010年，执行群体性事件处置、安全保卫、警卫等勤务90次，出动警力1050人次，车辆100台次。

照18-9　2010年，南头窑派出所民警出警巡逻　（公安红桥分局提供）

二　内部安全保卫

1979—1980年，破获多起单位内部盗窃案件，提请批准逮捕14人、劳教46人、拘留88人，收缴现金3141元。1981—1982年，71个内部单位建立夜间专人巡逻防护队，112个单位实行安全生产责任制，115个单位实现安全生产无事故。摧毁各类盗窃犯罪团伙28个，查破各类案件108起，处理涉案人员216人。处理内部职工95人，收缴一批被盗物品。1983—1985年，破获各类案件83起、提请批准逮捕55人、劳教90人、行政处罚285人。收缴管制刀具48把、雷管2个、黄色淫秽书刊74册、手表139块、电风扇3台、电镀椅26把。1986—1987年，单位内部“严打反盗窃”，破获各类案件32起、提请批准逮捕和直诉39人、劳教9人。安全检查发现隐患830件，现场整改721件，下达隐患整改通知书109份。1988年，154个单位安装244个报警器，破获各类刑事案件28起、提请批准逮捕9人、劳教1人、缴获赃物折款15万余元。1989—1992年，破获各类刑事案件299起、提请批准逮捕49人、劳教26人、拘役1人、直诉7人，行政处罚350人，缴获赃款、赃物折合现金24万余元，发现整改各类安全隐患617处。1993—1996年，搜集信息3267件，疏导化解上访事件301起，制止群体性上访事件30余起。破获各类刑事案件240起，治安案件223起，

照18-10　2008年，咸阳北路派出所联合督察对治安隐患进行清理　（公安红桥分局提供）

提请批准逮捕40人，劳教21人，治安处罚414人，追缴赃款、赃物222万余元，处置、化解各类滋扰案件190起，发现整改各类安全隐患6994处。1997—1999年，搜集信息2571件，其中预警信息209件，疏导化解163起不安定因素，发现安全隐患9505余处。2000—2002年，搜集情报信息1616件，有效疏导和化解685起不安定因素，发现安全隐患1178处，收缴邪教宣传品300余份，检查516个二级单位保险柜，签订安全责任书。2003—2004年，对141个二级单位和235家租赁户多次检查，安装“110”报警器7个，安装防盗门、铁护栏50余处。2008—2009年，排查、化解、处置各类不安定事端157起，化解各类不安定因素102起、获悉预警性信息53条。2010年，搜集、整理预警性信息43条，排查、化解、处置各类不安定事端62起，督促整改各类安全隐患72起，组织金融单位防盗抢演练17次。

1979—1996年公安红桥分局破案、处理违法犯罪人员统计表

表18-8

年份	破获各类案件数（件）	提请批准逮捕（人）	劳教（人）	拘留（人）	罚款（人）	警告（人）
1979	–	–	–	–	–	–
1980	–	14	46	88	–	–
1981	21	7	34	69	15	11
1982	17	–	–	174	–	–
1983	46	29	71	88	55	12
1984	–	19	10	85	2	4
1985	16	7	9	39	–	–
1986	32	12	–	–	–	–
1987	–	27	9	–	–	–
1988	28	9	1	–	–	–
1989	56	8	2	38	52	–
1990	73	25	3	54	32	–
1991	98	9	10	60	30	4
1992	72	7	11	57	20	3
1993	81	11	3	75	71	4
1994	62	12	5	56	27	7
1995	50	10	8	66	69	8
1996	47	7	5	31	–	–
合计	699	213	227	980	373	53

1993—2010年公安红桥分局收集信息、化解矛盾、整改隐患一览表

表18-9

年份	获取情报信息数（件）	化解不安定因素数（起）	整改安全隐患数（件）	年份	获取情报信息数（件）	化解不安定因素数（起）	整改安全隐患数（件）
1993	686	64	1904	2002	868	350	945
1994	803	63	2298	2003	772	98	156
1995	869	63	1426	2004	569	126	136
1996	912	301	1366	2005	612	67	147
1997	829	71	5400	2006	697	30	56
1998	847	39	1895	2007	842	15	63
1999	895	53	2210	2008	539	16	71
2000	318	199	121	2009	625	86	134
2001	430	136	112	2010	871	62	72

第七节　来信来访　网络监察

一　来信来访

1980—2010年，受理来信来访1.48万件，包括户口、交通肇事、出入境、落实政策、检举控告、申诉、咨询、求决、批评建议等。对信件分不同情况做出处理。

1980—2010年公安红桥分局来信来访统计表

表18-10

年份	来信来访（件）	办结率（%）	重点信访（件）	办结率（%）	来信（件）	来访（件）	领导接待(次)	申诉求决(件)	咨询举报建议（件）	其他（件）	提供线索（条）	破案（件）	处理人数（人）	化解矛盾（个）
1980	765	98	–	–	–	–	–	–	–	–	–	–	–	–
1981	483	–	–	–	–	–	–	–	–	–	–	–	–	–
1982	358	–	–	–	–	–	–	–	–	–	–	–	–	–
1983	305	–	–	–	–	–	–	–	–	–	–	–	–	–
1984	407	97.30	43	97.70	–	–	–	–	–	–	–	–	–	–
1985	322	100	13	100	–	–	–	–	–	–	–	–	–	–
1986	479	98.50	41	100	–	–	–	–	–	–	–	–	–	–
1987	445	99.10	61	100	–	–	–	–	–	–	–	–	–	–
1988	740	99	50	100	–	–	–	–	–	–	176	20	34	–
1989	925	96.60	77	100	–	–	–	–	–	–	82		55	–
1990	873	99.20	98	100	–	–	–	–	–	–	119	92	81	11
1991	703	–	–	–	384	319	–	–	–	–	–	–	–	–
1992	466	94.80	91	–	271	195	–	283	144	39	144	32	42	–
1993	394	–	–	–	234	160	–	198	139	57	–	–	–	–
1994	452	99.30	51	100	–	–	–	299	114	39	–	–	–	–
1995	404	98.50	46	100	–	–	–	286	109	9	–	33	51	11
1996	508	98.50	–	–	318	190	–	–	–	–	–	56	59	27
1997	404	95.50	–	–	180	224	–	272	112	20	–	–	–	–
1998	264	97.70	–	–	–	–	–	190	61	13	–	31	25	–
1999	189	100	16	100	100	89	–	–	–	–	–	–	22	–
2000	182	–	–	–	122	60	–	–	–	–	–	–	23	–
2001	230	–	–	–	145	85	–	–	–	–	–	–	28	–
2002	325	98.10	52	100	206	119	–	–	–	–	–	–	–	–
2003	427	–	–	–	217	210	348	–	–	–	–	–	11	–
2004	516	–	–	–	128	388	191	–	–	–	–	–	–	–
2005	522	–	–	–	115	357	50	–	–	–	–	–	–	–
2006	567	95.70	–	–	129	106	332	–	–	–	–	–	–	–
2007	495	–	–	–	105	390	–	–	–	–	–	–	–	–
2008	401	–	–	–	85	316	187	–	–	–	–	–	–	–
2009	812	–	–	–	188	624	197	–	–	–	–	–	–	–
2010	421	100	–	–	–	–	–	–	–	–	–	–	–	–

二　网络监察

2000—2001年，对74家娱乐场所清理整顿，重新登记52家。2002年，清理网吧计算机安全管理软件。组织集中检查19次，出动240人次，查处黑网吧5家，收缴记录有害信息硬盘2块，罚款1万元。2003年，“非典”期间，责令所有网吧停业。2005年，对网站、网页摸底检查。协助市局网监总队查处网络违法犯罪线索50条、破案11起、抓获8名犯罪嫌疑人。2006年，对网吧建立安全管理档案和记录，推动安装安全管理软件。全区90家互联网信息服务单位备案。发现涉网违法犯罪线索88起，抓获87名犯罪嫌疑人，协助侦办涉网案件103起。2007年，完善网吧实名制管理。破获刑事案件224起，抓获135名犯罪嫌疑人，发现涉网违法犯罪线索133起。2008—2010年，发现涉网违法犯罪线索百余起，抓获犯罪嫌疑人90余人，协助侦办案件145起。利用网侦手段协助抓获外省市逃犯12人。查处1起网络贩卖计算机木马案件，抓捕1名跨年度负案在逃犯罪嫌疑人。

第八节 刑事侦查 经济侦查

一 刑事侦查

1979—1981年，集中整治社会治安秩序，打击现行破坏、摧毁犯罪团伙，搜捕、收缴凶器。摧毁犯罪团伙236个，涉及成员1169人，提请批准逮捕、劳教、少管犯罪嫌疑人759人，治安拘留2092人。1983—1989年，组织“摧团伙、打盗窃”行动，摧毁违法犯罪团伙44个，提请批准逮捕、劳教、少管犯罪嫌疑人186人。打击盗窃抢劫犯罪、禁赌斗争、破案斗争等集中行动，提请批准逮捕、劳教、少管犯罪嫌疑人919人。1990年，严厉打击严重刑事犯罪，至1994年，破获刑事案件3412起，打掉违法犯罪团伙593个，提请批准逮捕、劳教、少管犯罪嫌疑人2816人。1995—1998年，侦破“1·15”绑架人质案、子牙河碎尸案、七〇七所抢劫杀人案等恶性案件。破获刑事案件2850起，抓获在逃犯罪嫌疑人犯132人，提请批准逮捕、劳教、少管犯罪嫌疑人1468人。1999—2001年，摧毁持枪蒙面抢劫犯罪团伙、破获2起杀人案件。开展“打黑除恶”“治爆缉枪”“追逃”、反盗等专项行动，破获刑事案件3648起，摧毁犯罪团伙73个，抓逃犯379人，提请批准逮捕、劳教犯罪嫌疑人914人。2002—2003年，开展反盗窃、追逃战役、夏季治安等专项行动，破获多起恶性案件。破获刑事案件4407起，摧毁犯罪团伙132个，抓获在逃犯罪嫌疑人464人，提请批准逮捕、劳教犯罪嫌疑人899人。2004年，开展侦破命案专项行动，破获9起命案。2007年，破获7起命案，打掉4个恶势力犯罪和盗窃汽车犯罪团伙。破获盗窃汽车案件46起，追缴被盗汽车61台。2008—2009年，打掉涉及20余人贩枪犯罪团伙，4个黑恶犯罪团伙，铲除称霸大胡同商贸区涉黑犯罪团伙，抓获团伙骨干成员11人。铲除制枪黑窝点1个，破获涉枪案件19起，打掉涉枪犯罪团伙2个，缴获“五连发”、双管火枪等制式枪支24支，追缴猎枪、仿“五四”“六四”手枪及仿真枪等42支，子弹64发。缴获德国PPK手枪6支、子弹40余发。2010年，侦破杀人案、易买得伤害致死案等6起命案。破获各类刑事案件2334起，破案率76.98%，打击处理犯罪嫌疑人856人，打掉恶势力犯罪团伙4个，涉及19人。

1979—2010年红桥区重大刑事案件发破案情况统计表

表18-11　　单位：件

年份	合计		杀人案件		抢劫案件		强奸案件		盗窃案件	
	发案	破案	发案	破案	发案	破案	发案	破案	发案	破案
1979	427	200	6	6	78	38	8	7	335	149
1980	338	223	7	7	36	21	17	15	278	180
1981	300	239	4	4	44	36	15	15	237	184
1982	274	211	1	1	21	13	18	18	234	179
1983	677	320	2	2	89	57	36	36	550	225
1984	254	188	1	1	13	8	25	24	215	155
1985	231	179	6	5	11	8	40	40	174	126
1986	269	197	5	5	11	9	18	18	235	165
1987	279	197	7	6	8	8	30	30	234	153
1988	325	222	2	2	19	19	19	19	283	182

续表

年份	合计		杀人案件		抢劫案件		强奸案件		盗窃案件	
	发案	破案	发案	破案	发案	破案	发案	破案	发案	破案
1989	557	413	6	6	21	16	15	15	510	376
1990	431	329	2	2	17	17	16	16	396	294
1991	559	465	9	7	31	31	17	17	502	410
1992	885	459	9	7	66	53	31	29	779	370
1993	899	648	7	5	137	127	24	24	731	492
1994	674	495	2	2	52	47	35	34	585	412
1995	623	539	4	4	52	47	21	21	546	467
1996	610	544	5	4	53	51	18	18	534	471
1997	562	513	6	5	56	56	12	12	488	440
1998	725	430	6	5	62	59	27	27	630	339
1999	505	419	7	6	35	35	9	9	454	369
2000	2566	776	6	6	118	99	15	15	2427	656
2001	3079	867	8	6	125	125	21	21	2925	715
2002	2328	881	10	10	102	86	25	25	2191	760
2003	2656	1130	12	10	198	181	30	30	2416	909
2004	2773	996	11	9	379	369	11	11	2372	607
2005	3751	1268	12	10	365	322	11	9	3363	927
2006	4451	2879	4	4	845	845	10	10	3592	1820
2007	3438	1802	7	7	409	403	6	6	3016	1386
2008	3729	1844	4	3	459	451	5	5	3261	1385
2009	5190	2260	10	10	391	336	4	3	4785	1911
2010	4970	1191	6	6	136	105	6	5	4822	1075
合计	49328	23124	194	173	4439	4078	595	584	44100	18289

二 经济侦查

1989年，成立打击经济犯罪办公室。1996年，形成常态打、防、挖一体化网络。2006年，协助查获冠森贸易有限公司大量假冒“金狐狸”服饰。2009年，抓获3名生产销售伪劣产品嫌疑人，截获运输各类假冒香烟集装箱车1台，查获香烟794件。涉及假冒香烟40余种。缴获假冒香烟300余件。查获运输假冒香烟货车1台、藏匿假冒香烟窝点2处，查获假冒香烟1090余件，案值400万元。是年，立案侦查假冒“帝王风范”酒，将主要犯罪嫌疑人列为网上逃犯。端掉一制造、贩卖假津酒、假茅台等数十种名贵高档酒黑窝点，抓获犯罪嫌疑人3人，收缴伪造各种假酒2000余箱。开展打击制售假冒伪劣产品“亮剑”行动。破案201起，追缴损失1355万元；摧毁犯罪团伙102个；捣毁窝点102个；收缴各类制假工具70件，各类盗版光盘2万张，各类名牌假冒白酒1.4万件，其他假冒商品2万件。在“天网”行动中，破获信用卡诈骗案448起，追缴损失725万元。抓获网上逃犯12人。

照18-11 2010年，公安红桥分局经侦支队在银行门前宣传如何识别假币

（公安红桥分局提供）

至2010年，侦破各类经济案件3150起，抓获经济犯罪嫌疑人705人，挽回经济损失3.01亿元。

1989—2010年公安红桥分局打击经济犯罪统计表

表18-12

年份	立案(起)	破案(起)	追缴(万元)	打击处理(人)	年份	立案(起)	破案(起)	追缴(万元)	打击处理(人)
1989	14	12	67	6	2000	125	129	739	47
1990	31	23	59	-	2001	121	117	1910	35
1991	55	54	191	-	2002	418	407	1034	34
1992	148	121	269	-	2003	515	500	2125	46
1993	49	49	466	-	2004	117	96	2291	65
1994	103	85	2175	-	2005	174	157	2876	61
1995	87	68	280	-	2006	154	149	3141	72
1996	96	95	320	-	2007	201	175	4299	65
1997	107	101	1963	43	2008	78	98	663	18
1998	133	125	658	58	2009	125	114	1094	26
1999	155	147	1947	58	2010	352	330	1503	71

第九节　禁毒　禁赌　扫黄

一　禁毒

1996—2010年，侦破各类毒品案件1359起，抓获犯罪嫌疑人3223人。

照18-12　2009年，区禁毒办在欧亚达广场开展禁毒宣传活动　（公安红桥分局提供）

1996年，破获首起涉毒案件。破获毒品刑事案件7起，抓获涉毒犯罪嫌疑人7人，吸毒违法人员39人，缴获海洛因32克。1997年，侦破特大贩毒案件，破获毒品刑事案件37起，抓获涉毒犯罪嫌疑人13人，吸毒人员64人，缴获海洛因357.7克。1998年，缴获海洛因277.85克，毒资3300元。1999—2001年，破获毒品违法犯罪案件453起，抓获涉毒犯罪嫌疑人64人，吸毒人员473人，缴获海洛因1307.57克。2002年，侦破制、贩杜冷丁案件，抓获4名制毒嫌疑人，收缴杜冷丁针剂2269支，制毒原料1.5千克，化学制剂8瓶、安瓿万余支。是年，破获毒品违法犯罪案件99起，抓获涉毒犯罪嫌疑人21人，吸毒人员96人，收缴海洛因36克，杜冷丁2269支。2003年，破获涉毒违法犯罪案件55起，重特大贩毒案件6起，捣毁吸贩毒集团4个，抓获涉毒犯罪嫌疑人25人，吸毒违法人员29人，缴获海洛因253.96克。2004—2007年，破获中华人民共和国成立以来区内首起单宗贩卖海洛因大案，缴获海洛因1.7千克，抓获5名犯罪嫌疑人。破获涉毒违法犯罪案件372起，毒品犯罪团伙31个，抓获涉毒犯罪嫌疑人259人，吸毒违法人员257人，缴获各类毒品6986.47克，海洛因2.7千克，摇头丸463粒，麻古250粒，枪2支、炸药2.7千克。2008年，缴获冰毒1.4千克、猎枪弹3发、砍刀2把及大量吸贩毒工具。破获涉毒违法犯罪案件88起，抓获涉毒犯罪嫌疑人54人，吸毒违法人员92人，缴获各类毒品3000克，收缴各类枪3支，子弹10发。2009—2010年，侦破多起重特大毒品案件。破获毒品犯罪案件248起，抓获毒品违法犯罪嫌疑人334人，缴获海洛因、冰毒5484克、氯胺酮42克、冰毒片90片、毒资60余万元、贩毒车辆2台。

二 禁赌

1979年始，每年不定期开展禁赌专项行动，至1998年，查处2515起9575人。2001—2008年，加强对赌博等丑恶现象整治力度，端掉一批隐藏较深地下赌博团伙，查处一批违法犯罪嫌疑人。2010年，捣毁赌博窝点8个，查处1079人。

1979—1998年公安红桥分局禁赌工作统计表

表18-13

年份	治安处罚（人）	查处赌博案件（起）	查处赌博（人）	年份	治安处罚（人）	查处赌博案件（起）	查处赌博（人）
1979	1752	25	105	1990	1983	191	674
1980	2449	30	140	1991	1983	36	184
1982	2004	89	491	1992	4135	621	2491
1983	1711	28	144	1993	2865	196	657
1984	1686	24	141	1994	2025	124	596
1985	2001	16	111	1995	3423	408	1750
1988	1767	306	801	1996	1216	31	157
1989	2595	239	754	1998	1452	151	379

三 扫黄

1979年，行政拘留流氓11人。1980—1986年，印发《禁止营业性舞会和地下黑舞会的通知》，对文艺活动场所安全检查，取缔营业性舞会和私开舞会活动。开展查禁收缴淫秽物品行动，查处传抄、传看黄色书刊案件11起，处理36人，收缴淫秽书刊44册。1987年，查处治安案件1610起，治安处罚2448人。其中，卖淫案件9起，处罚12人。传播淫秽物品22起，处罚42人。1990—1992年，查获非法录像带2146盘，非法刊物9万余册，治安处罚5332人。1993—1996年，开展"扫六害"行动5次，处理4216人。收缴淫秽录像带561盘，淫秽书刊4844册。收教卖淫嫖娼124人，劳教6人。1997—1998年，开展夏季治安整治，查处"六害"案件731起，摧毁团伙2个，其中涉黄案件60起、卖淫嫖娼案件150起、抓获卖淫嫖娼199人，收缴淫秽影响制品7160盘。

1999—2010年公安红桥分局查禁淫秽物品和打击卖淫嫖娼统计表

表18-14

年份	查禁淫秽物品（件）	收教卖淫嫖娼（人）	年份	查禁淫秽物品（件）	收教卖淫嫖娼（人）
1999	5739	183	2005	7300	37
2000	19785	146	2006	10000	44
2001	8000	161	2007	24962	38
2002	18000	206	2008	6000	29
2003	14100	41	2009	2000	19
2004	13026	85	2010	3000	30

第十节 预审和看守所管理

一 预审

1983年，预审报批刑事拘留1560人，提请检察机关批准逮捕827人，移送起诉618件963人。

1983—1986年，实行“提前介入案件”办案程序，实现快审快移诉。1990—1993年，运用各种审讯方式，深挖犯罪线索，严厉打击严重刑事犯罪。1994年，刑事拘留后侦查审讯工作由预审支队承担。1997年，制作《公安机关刑事案件法律文书》，取消收容审查手续。2006—2010年，预审支队审核刑事案件，报批刑事拘留4121人，提请逮捕2114人，批捕率96.6%；移送起诉1650件3011人，起诉98.7%；破获刑事案件513起，打击处理犯罪嫌疑人237人，抓获网上逃犯210人，处理疑难信访案件6件。

二　看守所管理

1980年，健全安全制度，防止犯罪嫌疑人逃跑、自杀、闹事等。1983年，开展打击“牢头狱霸”监所秩序整顿，废除犯人组长制度，实行监室在押犯轮流值日制。1991年，发生犯罪嫌疑人集体脱逃事故，组织警力将逃犯悉数抓回。1995—1998年，看守所实行换押证制度。2001—2002年，破获各类案件127起，摧毁各类违法犯罪团伙4个，处理犯罪嫌疑人64人，收缴制式枪1支。2004年，看守所配备硬件设施，实现对违法犯罪人员信息快速查询、查证及辅助分析。2005年，开展深挖犯罪活动，提供各类犯罪线索430余条，破获各类案件315起，摧毁各类犯罪团伙5个，处理犯罪嫌疑人115人，抓获网上逃犯5人。2007年，召开坦检大会12次，敦促教育在押人员6000余人次，获取各类违法犯罪线索325条，破获各类违法犯罪案件288起，打掉违法犯罪团伙13个，打击处理各类违法犯罪人员68人，网上追逃2人，追缴机动车7台。2008年，看守所实现来访登记信息管理系统应用。2009年，区看守所举办对社会开放日活动。看守所安装IBM服务器，维修电网，210个黑白摄像探头全部更换成彩色探头，全天候、全方位对监区内各个方位实时监控，监控率100%。2010年，建成闭路电视监控、应急供电等全方位智能管理系统。

第十一节　指挥　保障

一　指挥

1986年，“110”报警服务台正式开通，设在刑警队值班室。1993年，设刑警大队，有1部专用报警电话。1995年，匪警报警电话设在办公室。1996年，制订“110”值班制度抽调人员值班。

1997年，制订“110”报警服务台接处警预案和指挥中心接警、指挥操作规范。授权“110”报警服务台接到涉及公安、交通等方面报警求助，可向相关部门发出紧急救援或服务群众通知。1998—2003年，规范“110”值班及接处警、受理报警案件接警程序和处警工作。2010年，建成第三代信息化“110”报警服务台，与市局指挥中心联网组建三级接警平台，实现联动快速反应机制。

二　保障

1979年，配发20辆自行车到基层单位。更新汽车1台，购置1台。1982—1983年，更新公务车2台，购置旅行轿车、卡车各1台。1985年，安装200门纵横制电话交换机，公安有线通信网络开通。1986年，购置第一台计算机。1992年始，使用集群移动无线通信终端。1993—1994年，为防暴队配发微型冲锋枪、防暴枪等专用警械、武器。安装112门数字程控交换机，分局警备电话通过光缆接入市局警备通信网。1996—1998年，购置小客车12台。安装数字程控电话会议、调度机投入使用。1999—2000年，购置客车8台，中旅1台。实现有线通信程控化，与市局二级视频会议终端开通。2001—2002年，购置小客车13台。调拨小客车13台。所属单位全部联入公安信息网。2003年，检查、鉴定和调换全局在用枪支。购置小客车19台。程控交换机容量扩充至256门。2004—2006年，购置专用警车16台，配发警车和防弹背心、头盔，全部发放到基层实战单位。建设三级公安信息网络。

2007年，完成河北大街、先春园、水木天成派出所新建、改扩建。配发民警防护装备、刑事技术装备、350兆手持台、现场照相、录像设备等。更换新型电话程控交换机512门，增加110接处警电话调度台和电话会议主机功能。开通分局与派出所计算机网络派单和反馈110接处警系统。2008年，新建芥园、西沽、河北大街派出所投入使用。设分局通信指挥车，购置配备反恐运兵车3台、现场指挥车1台，以及刑侦侦码仪等装备，实现警备电话与市话互通。2009年，分局新办公楼改造通信机房，实现信息化自动办公。2010年，增发单警装备80套，购置警用汽车25辆。投资247万元完成通信设备搬迁和通信线缆割接，开通至基层所、队视频会议系统。

第三章　检　察

1979—2010年，检察机关配合严打斗争，依法履行审查批捕、起诉职能，从重从快严厉打击刑事和经济犯罪。90年代，开展扫除“六害”等专项斗争。进入21世纪，实行侦察、审判监督，出庭支持公诉，预防、审查各种职务犯罪，侦查、监督审判，确保法律公平公正。直接受理国家工作人员利用职权实施犯罪案件侦查，对公安机关、国家安全机关等侦查机关侦查案件进行审查。为维护社会稳定，人民安定，确保经济建设不断发展，与其他司法部门配合，严厉打击经济领域犯罪活动，惩治贪污、贿赂犯罪案件，有效维护法律尊严和司法公正。

第一节　机　构

1979年，检察院重建，内设侦查监督科、审判监督科、经济检察科、法纪检察科、办公室。1982年，增设政工科、信访科、监所检察科。经济检察科、法纪检察科合并为经济法纪检察科。1985年，撤销经济法纪检察科，增设经济检察科、法纪检察科；信访科更名为控告申诉检察科。1989年，侦查监督科更名为审查批捕科，审判监督科更名为审查起诉科。1991年，增设民事行政检察科。1993年，增设纪检组。1997年，纪检组更名为纪检监察科。1998年，经济检察科更名为反贪污贿赂局，办公室分为办公室、行政科、技术科。2001年，增设职务犯罪预防科。2002年，增设法警队。政工科更名为政治处，审查批捕科更名为侦查监督科，审查起诉科更名为公诉科，法纪检察科更名为渎职侵权检察科。2003年，增设法律政策研究室。2006年，渎职侵权检察科更名为反渎职侵权局。2008年，职务犯罪预防科从反贪局分离独立办公。

2010年，内设办公室、政治处、侦查监督科、公诉科、反贪污贿赂局、侦查一科、侦查二科、综合预防科、反渎职侵权局、监所检察科、民事行政检察科、控告申诉检察科、检察技术科、法律政策研究室、纪检监察科、行政科、法警队。编制148人，在岗125人。

第二节　侦查监督

一　审查批捕

1983年，从重从快惩处一批杀人、强奸、抢劫、流氓、盗窃等严重危害社会治安的刑事犯罪活动。1990年，参加“扫黄”“扫六害”“反盗”“整顿夏季治安”专项斗争。1992年，公安机关3次集中行动，提前派人了解情况，保证依法从快审查。1998年，受理提请批捕案件377件，经审查决定批准逮捕犯罪嫌疑人516人。2007年，建立“外逃”“另案处理”人员登记制度，建立捕后变更强制措施备案制度。2008—2010年，批捕834件1322人，不批准逮捕17人，追捕9人，立案监督11件15人，发出《提供法庭所需证据材料意见书》89份，发出《纠正违法通知书》9份。

二　未成年人检察

1997年，成立未成年人起诉组，对未成年人犯罪案件专项治理。2000年，“青少年维权岗”法制教育延伸到中学。2001年，河北工业大学等院校建立法制教育基地，“青少年维权岗”延伸到大学。2005年，建立成年人犯罪档案库，对未成年罪犯实施帮教。延伸跟踪帮教制度，实施“三见面”（与犯罪嫌疑人见面、与学校见面、与家长见面）和“三落实”（落实跟踪帮教措施、落实法制教育制度、落实回访考察制度）措施，搭建挽救青少年的平台。2009年，在预防青少年犯罪工作中，主动将法律政策落实到每位犯罪嫌疑人，帮教责任落实到学校，落实到家庭。2010年，对未成年人犯罪、轻微刑事、有诉讼保障条件案件，建议公安机关撤回作其他处理或取保直诉34件82人。

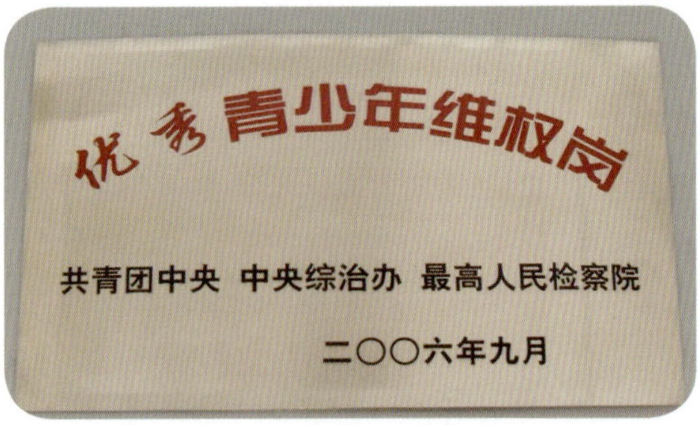

照18-13　2006年，区人民检察院被最高人民检察院评为优秀“青少年维权岗”（区人民检察院提供）

第三节　公诉与审判监督

一　审查起诉

1979—2010年，审查决定起诉刑事案件8480件1.36万人。1993年，在看守所公开免诉，开展“坦检”活动。1999年，有效制止54名被告人翻供4名证人翻证。2001年，办理一起移送审查起诉敲诈勒索（未遂）案件，依法追诉3名犯罪嫌疑人绑架杀人的重大犯罪。2008年，起诉2起涉黑涉恶团伙犯罪案件，法院均作出有罪判决。2009年，起诉公安部“打黑除恶”重点督办案件，主犯被判处有期徒刑。

二　侦查活动监督

2000年，建立出庭公示制度。2002年，建立公诉引导侦查登记监督制度和《刑事犯罪档案库》。2009年，对轻微刑事案件适用刑事和解规定，有6起轻微刑事案件刑事和解。2010年，向公安机关发出《纠正违法通知书》8份，向有关单位发出《检察建议书》6份。

三　审判活动监督

1990年，建立逐案审查制，填写刑事判决裁定审查表。1996年，3次向法院提出纠正违法通知。1998年，与法院建立刑事案件庭审沟通协商机制，规范庭审程序。2001年，有效制止“翻供”“翻证”43人，量刑建议采纳率95%。2003年，对法院判决的一起无罪案件提出抗诉，得到市人民检察院支持，被告判处有期徒刑。2006年，对法院在审判中量刑偏轻或偏重的问题提出检察建议被采纳。2009年，建立刑事审判案件备查制度，组织专人认真梳理、审查案卷千余册。

1979—2010年红桥区审查起诉统计表

表18-15

年份	起诉		免诉		不诉		撤回		追诉(人)	抗诉(件)
	件	人	件	人	件	人	件	人		
1979	111	176	8	10	–	4	–	–	–	–
1980	164	244	2	2	2	2	–	–	5	–
1981	253	283	–	–	–	–	–	–	4	–
1982	147	238	3	4	1	1	–	–	–	–
1983	319	631	3	14	1	6	–	–	4	–
1984	305	536	10	18	8	12	–	–	5	2
1985	120	159	9	9	1	2	1	2	–	–
1986	212	357	16	16	1	1	–	–	–	–
1987	175	289	12	12	4	5	5	19	–	–
1988	164	261	6	6	1	2	1	1	1	–
1989	180	308	15	15	1	2	–	–	7	–
1990	255	411	26	26	1	1	–	–	–	1
1991	189	292	12	12	1	2	2	2	12	2
1992	234	365	27	27	1	3		7	–	–
1993	246	381	37	37		2	15	15	–	–
1994	353	487	48	48	1	2	3	3	–	3
1995	295	406	37	37	–	2	–	–	–	1
1996	274	395	36	36	1	1	23	–	–	
1997	254	368	–	–	1	1	–	–	4	1
1998	322	479	–	–	–	2	–	–	–	–
1999	348	548	–	–	2	2	–	–	1	2
2000	300	480	–	–	–	–	–	–	4	–
2001	366	657	–	–	–	1	–	5	4	–
2002	400	679	–	–	3	3	1	2	1	–
2003	304	436	–	–	4	8	1	8	3	1
2004	229	312	–	–	1	3	–	–	–	–
2005	265	469	–	–	1	1	2	3	3	–
2006	258	457	–	–	15	5	1	2	5	–
2007	350	666	–	–	4	11	–	–	2	–
2008	338	631	–	–	1	2	1	1	–	–
2009	364	600	–	–	1	1	–	–	–	–
2010	386	620	–	–	6	6	1	2	–	–
合计	8480	13621	307	329	64	96	57	72	65	13

第四节　反贪污贿赂案件　监所检察

一　反贪污贿赂案件检察

1978年，设经济检察科，负责贪污、贿赂等经济犯罪案件的立案、侦查、起诉工作。贯彻“严格执法、狠抓办案、在执法中服务”原则。1986年，经济犯罪案件的起诉、批捕工作由刑检部门承担，经济检察科只负责侦查。1991年，向税务分局派驻检察室，负责偷税、抗税案件侦查。1994年，集中力量，破获倒卖增值税专用发票特大案件。1995年，依法查办多名处级以上领导干部贪污受贿大案。

照18-14　2008年，区“依靠群众，惩防并举”动员会在湘潭东里社区召开（区人民检察院提供）

1997—2002年，贪污贿赂等犯罪案件立案208件，其中大要案89件，占立案总数的42.8%，挽回经济损失900余万元。其中，2000年查办贪污贿赂、挪用公款案件40件，同比上升26.4%；大案14件，占总数的35%，为国家挽回经济损失110万元。2006年，涉嫌挪用公款立案370余万元。

1980—2010年红桥区经济检察立案统计表

表18-16

年份	立案(件)	大案(件)	挽回金额(万元)	年份	立案(件)	大案(件)	挽回金额(万元)
1980	5	-	-	1996	18	5	1
1981	10	-	3	1997	33	8	139
1982	40	6	12	1998	21	5	137
1983	78	-	5	1999	34	16	151
1984	99	-	12	2000	40	14	110
1985	23	4	5	2001	40	17	180
1986	38	5	265	2002	40	29	215
1987	31	7	25	2003	29	22	108
1988	40	9	20	2004	26	22	178
1989	81	15	65	2005	26	24	143
1990	110	13	67	2006	24	16	442
1991	112	27	144	2007	20	4	16
1992	90	25	123	2008	15	9	136
1993	24	11	54	2009	13	7	128
1994	43	24	230	2010	5	1	6
1995	23	13	-	合计	1231	358	3120

二　监所检察

1982年，对看守所、拘留所日常监管活动实行驻所检察。1983年，协助看守所及拘留所健全管理制度。1990年，向监狱、看守所提出改进性建议62条，做思想教育工作166人次，解决犯人申诉问题13件，审查裁定131件。1991年，向监狱、看守所提出改进性建议80条，配合监管场所开展安全检查30次，对监外执行罪犯执行情况考察2次，重点考察25名保外就医犯执行情况。1992年，提出改进性建议84条。1993年，提出改进性建议43条，找在押犯、劳改犯谈话400余人次。1994年，提出改进性建议112条。1995年，考察监外执行犯129人，向有关部门提出口头和书面建议54条。1996年，"严打"期间，收到坦白检举线索350条，考察监外执行犯165人，向有关部门提出口头建议24条。1997年，考察监外执行犯161人。1998年，考察监外执行犯179人，提出收监改造建议。1999年，考察监外执行犯139人。2000年，考察监外执行犯135人，对久押未决犯，长期有病监狱不收的已决犯和脱管犯分别发出检察建议，予以纠正。2001年，通过举报箱获得举报材料21件，其中涉嫌刑事犯罪8件26人。2004年，建立以检察信箱、约见检察官申请单、检务公开手册、羁押期满提示函和检察日志"五项制度"为主体长效机制，发出纠正违法通知书10份，检察建议9份，收到坦检线索15份。2005年，发出羁押期满提示120余人次，实现"零"超期羁押。2006年，对3名严重违反监管规定的缓刑犯建议启动诉讼程序，依法收监。2008年，针对刑罚执行和监管活动漏洞提出检察建议2次。2009年，启动驻所检察室与看守所信息和监控系统双向联网。

第五节 职务犯罪预防 渎职侵权检察

一 职务犯罪预防

1990年，侦破重大案件及时通知举报人，对15名举报有功人员给予奖励。1991年，组织谈心服务小组到20余家企业谈心服务。通过查处犯罪，帮助企业健全相关制度。1995年，在东北角、西站、中环线等地设立宣教点；与多家大型企业签订联系协议，建立联系点，定期开展法律咨询和法制宣传教育。1997年，开展以宣讲刑法新罪名为主题的向企业送法活动，深入12个企事业单位，宣传新刑法中的新罪名。2000年，向有关单位发出检察建议40件，到10余个单位调研，开展警示教育。2003年，与区内102个单位建立预防网络。2006年，有重点地开展个案预防。2007年，制订《服务区域经济发展十项措施》。2008—2010年，在建设银行红桥支行等单位开展警示教育活动27次，受教育5000余人；开展预防咨询34次，提出检察建议22份。

照18-15 2006年，中医药研究院建设工程预防职务犯罪领导小组及派驻检察联络组成立大会召开 （区人民检察院提供）

二 渎职侵权检察

1978年，受理、侦查法纪案件，把查处国家工作人员徇私枉法、玩忽职守等渎职案件作为重点。至1981年，立案查处法纪案件5件。1986—2010年，受理线索240件，立案查处106件133人。1994年，重点查处徇私舞弊、刑讯逼供、非法拘禁三类案件。2009年，对网吧私自接电、私改电表等突击检查，直接和间接为国家挽回电费损失60余万元。

照18-16 2007年，区国税局举办反渎职侵权宣传暨预防职务犯罪讲座 （区人民检察院提供）

1986—2010年红桥区法纪检察立案统计表

表18-17

年份	受理(件)	立案		年份	受理(件)	立案	
		件	人			件	人
1986	18	3	8	1999	5	1	1
1987	7	2	2	2000	8	5	5
1988	23	3	3	2001	8	6	6
1989	21	3	4	2002	8	6	6
1990	21	2	2	2003	5	5	5
1991	15	4	5	2004	6	3	3
1992	8	8	11	2005	6	4	4
1993	11	3	3	2006	6	4	5

续表

年份	受理(件)	立案		年份	受理(件)	立案	
		件	人			件	人
1994	10	10	13	2007	5	3	7
1995	10	10	14	2008	4	1	4
1996	8	-	-	2009	7	4	5
1997	3	4	4	2010	6	1	-
1998	11	-	-	合计	240	206	131

第六节　民事行政申诉　控告申诉

一　民事行政申诉

1991年，通过受理民事、行政申诉案件，维护当事人合法权益。受理申诉案件5件，其中审结2件。1992年，参加区人大常委会组织的民事案件评议活动，受理来信来访5件。建立律师代理申诉制度，坚持复杂疑难案件会审制度。1997—2002年，受理民事行政案件193件，立案82件，提请抗诉73件，上级支持抗诉19件，改变原判决5件，服从判决111件。2003—2004年，连续实现提请抗诉案件再审改判率100%。2005年，受理民事行政案件34件，提请抗诉8件，息诉26件，改判8件。2010年，息诉11件。

1999—2010年红桥区民事行政检察统计表

表18-18　　单位：件

年份	受理	提请抗诉	建议抗诉	息诉	年份	受理	提请抗诉	建议抗诉	息诉
1999	2	-	-	2	2005	34	8	-	26
2000	13	6	7	-	2006	23	17	2	4
2001	6	5	1	-	2007	18	4	4	10
2002	34	18	5	11	2008	24	5	2	17
2003	17	12	2	3	2009	13	1	-	12
2004	7	7	-	-	2010	13	-	2	11

二　控告申诉

1988年，建立周四检察长接待日制度。检察长接待来访，批示案件线索，对重大案件指定专人负责查处。开展举报工作，严格归口办理、分级负责，通过受理和查处控告申诉案件，提供大批犯罪案件线索，打击犯罪，维护公民民主权利和合法权益。1991年，建立举报线索档案卡。1994年，受理举报200件，重新聘任30名检察联络员，扩大群众基础，拓宽案件来源渠道。制订《加强举报线索管理的有关规定》。1996年，制订《投诉指南》《接待人员岗位职责》等8项制度，分设6个登记簿，对接待情况登记。2001年，对群众来信来访落实“三个百分之百”（百分之百接待、百分之百受理、百分之百答复）。2004年，受理群众来信来访、举报、申诉等299件。督促公安机关立案2起，有效维护社会稳定。完成不起诉案件专项复查。2005年，受理群众来信来访91件，接待群众咨询301件。2006年，设立检察长接待标志牌，落实接待日制度，受理群众来信来访、举报、申诉等400余件。2009年，社区检察服务站挂牌成立，各街道建立检察工作室。2010年，受理群众来信来访316人次，检察长接待48人次，依法解决2起集体来访事件和4起刑事申诉案件。

第四章 法 院

中共十一届三中全会后，着力解决干部政策落实及“文化大革命”期间案件复查，平反、改判冤假错案。适应改革开放社会发展中带来的诉讼新问题，为区域经济社会发展提供法律支持。各项审判、管理制度恢复，工作步入正轨。90年代，开展打击各种丑恶现象等专项斗争，受理行政案件。进入21世纪，依法治国方略的实施，使法院职能由单纯审理刑事、民事案件，扩展为刑事、民事、商事、行政、国家赔偿等多个门类；立案、审判、执行、审判管理、司法保障、队伍建设环节，公正司法、为民司法，服务经济建设。加强民事案件调处力度，尽力化解矛盾，营造社会和谐氛围。加大案件执行力度和审判监督，维护审判公正。

第一节 机 构

一 沿革

1981年，成立经济庭，在民事审判庭内成立执行组。1984年，成立人事科。1987年，成立执行庭、行政庭。1990年，成立告诉申诉庭。1993年，设隶属于民庭的房地产巡回法庭，隶属于经济庭的经济调解中心。成立派驻丁字沽街办事处、西沽街办事处行政诉讼巡回法庭。成立少年审判庭。1995年，成立环卫行政巡回法庭，隶属行政庭；成立行政科。1996年，成立园林行政巡回法庭，隶属行政庭。1998年，成立河北工学院行政巡回法庭，隶属行政庭。1999年，撤销告诉申诉庭、少年庭，成立审判监督庭、告诉立案庭。是年，成立法警大队，隶属行政科。设机关党委。2002年，民事审判庭更名为民事审判一庭，经济审判庭更名为民事审判二庭，人事科更名为政治处，设机关工会。2003年，成立速裁法庭，隶属于民事审判一庭。2004年，成立法官培训中心。2007年，成立刑事审判、民事审判、审判监督等3个专业委员会。法警大队从行政科分离独立。2008年，成立诉讼服务中心，隶属立案庭，下设咨询室、诉前调解室，负责信访维稳工作。2009年，原民事审判一庭分立为民事审判一庭、民事审判二庭、速裁审判庭；原执行庭分立为执行一庭、执行二庭；原民事审判二庭更名为民事审判三庭；原行政科更名为后勤保障部。2010年，成立研究室。成立交通事故巡回法庭，由民一庭管理。成立大胡同地区商事巡回法庭，隶属民三庭管理。

2010年，法院内设刑事审判庭、民事审判一庭、民事审判二庭、民事审判三庭、速裁审判庭、行政审判庭、执行一庭、执行二庭、立案庭、审判监督庭、政治处、办公室、研究室、后勤保障部、监察室、法警大队。

二 人员

1992年，审判员63人，助理审判员62人，书记员27人。1995年，编制166人。2010年，编制215人，选任人民陪审员31人。

第二节 立 案

一 立案程序

1990年，告诉申诉庭，统一行使立案、申诉、再审等职能。1999年，立案职能与审判监督职能分立，告诉立案庭，负责立案接待和对群众咨询、引导，办理诉前公示催告案件。2004年，制订民商事案件起诉立案规则，实行立案指导、诉讼风险告知、民事诉讼举证通知制度，立案当事人必须如实申报财产、对法律文书送达地址确认等规定。开展司法救助，对生活困难当事人，依法采取减、缓、免交诉讼费。至2006年，立案庭接待当事人8.9万人次，减、缓、免诉讼费41.9余万元。

二　法律指导

2007年，立案接待大厅设专职导诉员，解答咨询。2008年，设柜台式立案厅，配备诉讼指南卡片等。成立诉讼服务中心提供法律咨询、诉讼指导。河北工业大学中心设大学生义务咨询服务点。接待来访群众3888人次。对涉及农民工、老弱病残等贫困群体及困难企业，开辟立案绿色通道，减、缓、免交诉讼费13万余元。2009年，通过专点接待、案件查询、代转材料等具体措施为群众提供司法服务，接待当事人8156余人次，满意率100%。完善诉调对接机制，诉前调解纠纷91件，调解成功率85%。2010年，合作建立法律援助中心工作联系点。减、缓、免交诉讼费20.21万元。开辟绿色通道，快速立案、执行。

第三节　刑事审判　民事审判

一　刑事审判

1981年，贯彻中共中央依法“从重从快、一网打尽”方针，惩处杀人、放火、抢劫、强奸和其他严重危害社会秩序刑事犯罪分子。判处282名罪犯，其中2名杀人犯，90名抢劫犯，27名强奸犯，依法判处无期徒刑1人。1982年，审判经济犯罪案件。受理贪污、受贿行贿、投机倒把、诈骗、盗窃公共财物等案件28件，审结26件，依法判处各种刑罚31人。

1984年，打击36起流氓、抢劫、盗窃案件。处理692名犯罪嫌疑人。审理发现漏犯3人，漏罪6件，变更原起诉性质6件，改变起诉部分事实13件，补充调查材料271份，自行决定逮捕8人。追缴赃款5.43万元。1985年，严惩重新犯罪两劳人员46人。制订一般案件不超过15天、重大案件不超过25天、重大复杂案件一个半月内审结规定。审结131件公诉案件中，15天内审结占27%，一个月内审结占58%，一个半月内审结占13.7%。追缴赃款7295元，追诉漏犯6人，逮捕3人。1988年，配合公检司开展打击严重刑事犯罪专项斗争。在西站广场等地召开3次大型公判会，依法判处流氓、抢劫、盗窃等9起案件24名罪犯。1991年，开展以反索贿为重点的反贪污、贿赂犯罪活动，挽回经济损失33万元。1996年，打击涉枪、涉毒、涉黄及带有黑社会性质恶性案件，审结124件严重刑事案件，判处犯罪嫌疑人155人，其中判处5年以上有期徒刑至无期徒刑43人。2000—2001年，调处集体上访等群体性纠纷。依法审结一批虚开增值税发票、虚假广告、非法经营和危害金融管理秩序等严重破坏市场经济秩序犯罪。2005—2006年，对新型毒品案件、网络犯罪、信用卡诈骗、集资诈骗、销售伪劣品、合同诈骗等案件加大惩治力度。严惩一批涉毒、抢劫、强奸、盗窃等严重危害社会治安犯罪，判处10年以上有期徒刑29人，5年以上有期徒刑100人。2008—2010年，快速审结2起严重危害大胡同地区社会治安

照18-17　2010年，区人民法院未成年缓刑罪犯交付执行帮教座谈会召开（区人民法院提供）

的“涉恶”案件。

1986年，成立青少年犯罪合议庭。1987年，审结青少年犯罪案件35件，处理59人。1988—1989年，与少管所、街办事处、派出所签订帮教协议，做好失足少年帮教工作。对缓刑的少年犯，订立帮教协议由法院、居委会及家长三方联合帮教，监督少年犯改过自新。1991—1994年，以法制夜校、回访疏导、特邀陪审员等形式做好少年法庭工作，少年犯罪案件同比下降31.6%。1995年，从重打击侵犯少年儿童合法权益犯罪分子。对判处缓、管、免的失足青少年回访考查10余人次，安置失足青少年就业4人。2005—2006年，组织对17名在校未成年犯宣告缓刑帮教。实施预防青少年违法犯罪工程，对犯罪未成年人的感化、教育和挽救。2008—2010年，对青少年在校学生和初次犯罪从轻或减轻处罚，未成年被告人适用非监禁刑69.77%。

1979—2010年红桥区刑事案件收、结案统计表

表18-19 单位：件

年份	收案数	结案数	年份	收案数	结案数
1979	123	151	1995	326	322
1980	164	163	1996	266	287
1981	194	195	1997	269	264
1982	172	175	1998	345	343
1983	357	309	1999	418	418
1984	343	394	2000	410	413
1985	147	143	2001	405	402
1986	216	219	2002	428	428
1987	259	257	2003	352	360
1988	209	209	2004	253	256
1989	243	244	2005	275	275
1990	335	321	2006	264	263
1991	332	339	2007	315	315
1992	295	299	2008	351	350
1993	367	344	2009	306	309
1994	334	354	2010	368	368

二 民事审判

1979—1981年，接待人民群众来信来访。审判人员深入群众、携卷下街，就地开庭。1982—1984年，《民事诉讼法（试行）》试点。全区15个街划分为5个片，设片长参与办案，兼负责片内办案质量、进度、审批片内调解和撤诉案件。1985年，15个街普遍建立法律咨询站，提供咨询490次，接待群众来访1100余人次，解决133件民事纠纷。召开碰头会271次4670余人次参加。针对不同案件进行法律宣传，助审员以上每人平均宣讲2.8次，受教育群众2600余人。1986年，对有抵触情绪和矛盾激化苗头当事人110余人次重点回访。指导各街调解组织解决纠纷200余次，参与法律咨询380次，接待群众980余人次，解决民事纠纷124件。

照18-18 2010年6月，区人民法院开展“6.26”国际禁毒日宣传活动 （区人民法院提供）

照18-19　2008年3月，区人民法院在西沽公园开展民事法律咨询活动　（区人民法院提供）

1987—1989年，宣传《中华人民共和国民法通则》，受教育者3500人次。对167件疑难复杂案件集体分析。审理73件涉及老年人诉讼案件。1990—1992年，培训调解人员1180人次。对妨害民事诉讼行为依法采取强制拘留7人，罚款2人。1993—1994年，实行《民事案件一审进度跟踪表》。1995—1996年，试行小范围承包办案方式并建立激励机制，6个审判组年结案在200件以上。1997年，采用“业化分工”新方式，成立供热审判组，集中审结供热案件140件。2000—2001年，对集体上访和集团诉讼案件，采取院长接待、优先立案、专人审理等措施，依法及时审结。2002—2006年，组建专门审理抚育费、赡养费案件的“维权”合议庭，依法保护妇女儿童和老年人权益。运用速裁机制，为金融部门和企业追回欠款151万元；供热案件从2003年速裁法庭成立时2270件下降到不足千件。2007年，对商品房预售合同、劳动合同、劳动保险、特殊侵权等11类案件实施庭院长审阅制。完善诉调对接，民事案件调撤率43.83%。2008—2009年，抽调40名干警完成南头窑重点建设工程民事先予执行任务。配合光荣道重点工程，使先予执行案件大部分租户主动搬迁。2010年，调解金领花园小区48户商品房预售合同纠纷。针对医疗纠纷案件，草拟委托委派调解意见。建立劳动争议、交通事故、医疗纠纷等类型化专门合议庭，就地调处民间纠纷。

1979—2010年红桥区民事案件收、结案统计表

表18-20　　单位：件

年份	收案数	结案数	年份	收案数	结案数
1979	745	735	1995	1852	1819
1980	959	1024	1996	1742	1756
1981	1207	1260	1997	2079	2060
1982	1369	1311	1998	2198	2212
1983	1193	1212	1999	2833	2800
1984	1268	1283	2000	2722	2756
1985	949	949	2001	5220	5136
1986	1229	1268	2002	5137	5139
1987	1504	1450	2003	5456	5472
1988	1756	1542	2004	3609	3619
1989	1677	1799	2005	2693	2679
1990	1854	1745	2006	2005	2010
1991	1764	1820	2007	2358	2350
1992	1706	1775	2008	2981	2910
1993	1771	1836	2009	3547	3561
1994	1562	1730	2010	3369	3389

第四节　行政审判　商事审判

一　行政审判

1987年，二次公开审理治安行政案和绿化纠纷案。1995—1996年，探索“被告举证、原告质证、合议庭认证”的“一举、一质、一认”庭审方式。组成拆迁片房屋案件审判组和行政诉讼巡回法庭。

1997—1999年，依法拓宽行政案件受理范围，受理新类型行政案件。确立法官主持下举证兼辩论式的庭审方式，促进行政机关依法举证，提高公民法律意识，增强案件透明度和审判效率。2003—2006年，加强新类型案件研究，受理诉讼公安机关不作为案件及多起交通事故认定、社会保障案件。提前进驻重点工程拆迁地区，建立立案、审判、执行"一条龙"绿色通道。2007年，通过行政协调化解行政争议，协调撤诉率41.7%。向区法制办提出司法建议。规范非诉讼行政执行案件审查程序，妥善审理行政拆迁案件，非诉讼行政执行案件协调和解率95%以上。2008—2009年，发挥人民陪审员作用，陪审员参审率76.2%。与区法制办建立立案信息月通报和重点案件及时通报制度。2010年，召开首次政府法制与行政审判工作联席会。走访、回访拆迁指挥部、房管局等单位，现场研究情况、解决问题，为重点工程建设提供法律支持。发放法院情况反映5期、书面或口头司法建议2份，行政审判白皮书1份。

1987—2010年红桥区行政案件收、结案统计表

表18-21　　　　单位：件

年份	收案数	结案数	年份	收案数	结案数
1987	2	2	1999	725	725
1988	2	0	2000	1521	1521
1989	2	4	2001	120	120
1990	6	5	2002	184	184
1991	8	9	2003	950	942
1992	1	1	2004	746	748
1993	20	20	2005	862	862
1994	55	55	2006	2058	2023
1995	22	22	2007	1627	1640
1996	45	45	2008	758	769
1997	25	25	2009	34	51
1998	64	64	2010	135	135

二　商事审判

1981—1984年，经济审判庭负责商事案件审理工作，坚持便民便审原则，受理双跨管辖案件，受理各类经济纠纷101件，审结95件，经调解达成协议73件，占结案总数的77%。1985年，受理经济纠纷125件，审结94件，涉及354.4万元。1986—1988年，对储蓄存款、家电购销等新类型纠纷加强研究案件评查。针对外埠案件增多情况，审判人员赴被告所在地，走访10余个单位，解决纠纷。1989—1991年，坚持审执并重、审执结合，50%以上案件自行履行。1992—1994年，审结支票遗失引起票据纠纷、企业间使用非路产铁路专用线纠纷、集中供热纠纷等新型案件。1993年，调解天津市首起外资企业拒付中方雇员人身保险费引起的诉讼。

1995—1996年，推出庭前调查为主变为庭审调查为主、变纠问式庭审为质证式庭审、变法院调查取证为当事人举证为主的办案方式，平均审限缩短20余日。1997—1999年，制订审判工作为国有企业改革和发展服务措施，慎重审理国有企业深化改革过程中出现的各类纠纷。2000—2005年，审理国有企业及区街企业改制、破产和购销合同、票据纠纷、按揭贷款等经济案件。2005年，成立专门合议庭，适用速裁方式审理"两贷"（房屋贷款、汽车消费贷款）案件，追回现款240余万元，查封汽车10辆，价值190余万元，查封房屋4处，价值230余万元。2006年，利用银行存款实名制度，查询、冻结债务人银行存款，对债务人限制出境，为金融机构挽回损失400余万元。2007—2009年，审理"两贷"案件，挽回损失2718万余元。办结7起国有企业、集体企业破产案件，安置职工1462人。审结金融纠纷194件，挽回损失4305万余元。2010年，化解一批群体案件，涉案16家商户全部撤诉。在大胡同地区创建"商事巡回法庭"。

1981—2010年红桥区商事案件收、结案统计表

表18-22

单位：件

年份	收案数	结案数	年份	收案数	结案数
1981	6	5	1996	198	196
1982	25	23	1997	286	286
1983	27	29	1998	298	297
1984	43	38	1999	385	382
1985	125	94	2000	326	326
1986	161	151	2001	412	411
1987	158	160	2002	371	375
1988	254	164	2003	520	519
1989	189	225	2004	375	373
1990	196	226	2005	550	547
1991	181	209	2006	464	463
1992	232	270	2007	351	352
1993	397	299	2008	607	607
1994	281	433	2009	435	430
1995	271	268	2010	480	472

第五节　审判监督　执行

一　审判监督

1979年，把复查纠正冤假错案作为重点，申诉再审案件由各业务庭自行办理。复查1966年以来及有申诉的1966年以前反革命案件和刑事案件。复查申诉案件518件。1980年，复查纠正冤假错案，除查无下落60件外，其余863件复查完毕。复查反革命案件117件，宣告无罪77件，改判减刑37件，维持原判3件；复查普通刑事案件746件，宣告无罪13件，改判减刑124件，维持原判609件。对1979年已复查的反革命案件进行检查，发现定性不准1件，留有政治遗留问题12件，予以纠正。复查“文化大革命”中未申诉案件373件，对提出申诉271件分别作处理。维持原判224件，改变刑期28件，宣布无罪19件。1981—1983年，对39件刑事案件抽查，通过复查撤销原判宣告无罪1件，改判2件。复查1958年、1959年反革命案195件，其中维持原判180件，待研究15件。1984—1986年，对申诉有理确系裁判不当案件予以改正；对申诉无理原判正确的做申诉人思想疏导，促其息诉。1987年，复查认定有自首情节改判刑期3件，认定犯罪时未成年改判1件，纠正刑期起止13件。对原502件反革命政治案件进行复查核实，认定无罪4人，改变性质1人。对2件当事人已死亡或下落不明的做出结论。1988—1989年，在刑事申诉中，改变以往信件往来方法，办案人亲自到劳改单位面见申诉人。1992年，对上年审结50件刑事、民事案件，采取分头阅卷、集体评估办法进行案件评查。1993年，对部分群众因购买及养殖土元虫受骗上当引起上访事件及时受理诉求，妥善平息事态。1999年，自查案件1500余件。2000—2003年，实行改判、发回重审、再审和群众反映大的案件评查、抽查制度。受理申诉、再审案件99件。2004—2005年，健全信访形势分析通报制度、信访案件流程管理制度、涉诉信访案件协调制度和信访案件责任追究制度。受理申诉、再审案件119件，全部审结。2006—2007年，实行改判发回重审案件汇报和定期通报制度。实施岗位目标管理。2009年，修订40余项制度。对全院905件案件进行抽查。2010年，全年无超审限案件，案件平均审理周期52.3天，同比缩短1.8天。参加“百万案件评查”活动，评查案件2371件、文书1949件。

1987—2010年红桥区申诉、再审案件收、结案统计表

表18-23 单位：件

年份	收案数	结案数	年份	收案数	结案数
1987	11	11	1999	3	3
1988	62	68	2000	2	2
1989	44	43	2001	3	3
1990	58	57	2002	19	19
1991	62	55	2003	77	77
1992	56	56	2004	54	54
1993	34	34	2005	65	64
1994	3	10	2006	53	54
1995	12	12	2007	94	94
1996	6	6	2008	35	35
1997	7	7	2009	11	10
1998	1	1	2010	1	2

二 执行

1998—1999年，开展集中执行活动，执行标的1600余万元。2000—2003年，开展以债务、赔偿和大标的经济案件为重点的集中执行活动。2004—2005年，开展执行案件集中清理及专项整改，制订《执行庭规范执行行为，促进执行公正专项整改措施》《执行庭执行案件办理程序规范》，建立执行案件流程管理制度。2006—2007年，设立“执行100”“信访质证”制度，采取“老赖曝光”制度。推动执行和解，主动履行、和解履行案件占60%以上。2008年，成立执行异议组，实行陪审员参与的执行听证制度。开展集中清理执行积案活动。2009年，清理执行积案4851件，执结标的2485.54万元。2010年，建立执行专项调查、分段执行制约、评估拍卖审核、强制执行措施登记提醒等制度。

第五章 司法行政

1980—2010年，司法系统以宪法为重点进行法律法规宣传，开展“法律六进”（进机关、进乡村、进社区、进学校、进企业、进单位）活动，夯实法制宣传阵地建设，培育优良法治文化，坚持与时俱进，创新普法形式。开展各种培训和宣传活动，加强社会法治观念。开展律师、公证业务，为弱势群体和困难企业提供法律服务。建立各级调解组织，人民调解向车间班组延伸，建立三级调解网，形成区各街道办事处成立人民调解工作领导小组，社区居委员会设立调委会，居民楼（院）配有调解员的调解网络，对各种纠纷进行调解，转化矛盾。实施社区矫正和安置帮教措施，创造和谐法治社会。

第一节 机 构

1980年，成立司法局。1981年，成立法律顾问处。1982年，司法局内设办公室、司法业务科、法制宣传教育科。是年，成立公证处。1985年，成立第二律师事务所。1988年，设立普法办公室。1989年，增设法制科、人事科。1992年，内设办公室、法制宣传教育科、法制科、人事科、基层工作管理科（原司法业务科），下设公证处、第一律师事务所、第二律师事务所。1992年，成立津沽律师事务所。1995年，成立首家合作制天平律师事务所。2000—2001年，第一、第二律师事务所“脱钩转制”，从机关分离。2005年，增设社区矫正科、依法治区办公室。2007—2009年，街道办事处设立司法所。2010年，成立人民调解委员会。2010年，内设办公室、财务审计科、社区矫正科、基层科、依法治区办公室、

法制宣传科、政治处、法律援助科、公律科、公证处；派出10个街道司法所。行政编制39人，专职人民调解员7人。

第二节　依法治区

一　依法治理

1992年，组织学习《全民所有制工业企业转换经营机制条例》活动。1993年，在驻区企业召开转换经营机制现场会。1994年，编辑《外来人口法制实用手册》。1995年，区长学法用法汇报会召开。1996年，在丁字沽新村街、大伙巷街成立外来人口法制夜校。举办外来人口法律知识竞赛，2000余名外来务工人员书面答卷。1997年，编印《红桥区依法治区论文汇编》。举办《香港特别行政区基本法》和依法治国理论专题讲座。制订外来流动人口管理办法。1998年，举办贯彻落实中共十五次代表大会依法治国方略辅导讲座、外来务工青年法律知识竞赛。1999年，举办处级以上领导干部"一国两制"、宪法修正案基本内容辅导讲座。2003年，各街道办事处对"法律进社区"工作自查，96%的社区达标。组织区、处级领导干部参加法律知识考试。2005年，在领导干部中开展学法用法调研和论文征集活动。2007年，印发"法律六进"活动实施方案。对21个政府组成部门一把手进行任前法律知识考试。2008年，启动"人文奥运，法治同行——奥运法制宣传万里行""迎奥运，促和谐——法律援助在行动"活动。2010年，启动《天津市城市管理规定》法制宣传月活动。

二　法制宣传教育

1981年，利用展牌、板报、广播等宣传新《中华人民共和国婚姻法》。1982年，举办学习新《中华人民共和国宪法》报告会。对385名县处级以上干部和50名行政机关应诉代理人进行《中华人民共和国行政诉讼法》培训。1983年，印发《宣传辅导材料》，宣传教育群众揭发犯罪案件线索689件，协助公安机关破获案件156件。

1985—1990年"一五"普法期间，开展《中华人民共和国集会游行示威法》《中华人民共和国行政诉讼法》学习宣传活动。1985年，成立52名干警组成的法制教育讲师团，为机关、企业和街道干部职工举办普法培训班，2650人参加培训；培训普法骨干5500人，为干部职工授课250课时，受教育2.1万人次；在企事业单位讲课430次1631课时，听课8.9万人次。1986年，开展"九法一条例"普及活动，2.3万人参加学习。发行干部法律读本、职工法律读本、案例选编各500余册。至1987年，有320名处级以上领导干部、1.74万名科级干部、1.08万名职工取得"普法"结业证书。1988年，62万名居民领取普法结业证书。1989年，全区12.49万普法对象参加普法学习。1990年，在全区小学生中开展"学法律、讲故事"活动。

1991—1995年"二五"普法期间，组建"二五"普法讲师团，120名基层普法骨干被聘为讲师团成员，面向基层开展普法宣传。1994年，红桥有线电视台开播《红桥普法》节目。365名处级以上干部参加"天津市处级以上领导干部法律百题答卷活动"。1995年，党校建立法制教育基地，举办3期处级领导干部培训班120人参加。对80个处级单位进行检查验收。

1996—2000年"三五"普法期间，每年组织一次处级以上领导干部书面普法考核。1996年，召开"二五"普法总结表彰暨"三五"普法动员大会。1998年，举办青少年法制教育夏令营，3万余名中小学生参加。1999年，举办青少年法制教育冬令营组织德育教师、法制辅导员开展"青少年犯罪倾向和对策"研讨。2000年，区人大常委会专题听取并审议《"三五"普法检查验收报告》。

2001—2005年"四五"普法期间，2001年，区人大常委会作出《关于在公民中开展法制宣传教育的第四个五年规划的决议》。2002年，举办处级以上领导干部参加的“WTO规则与中国法治建设”专题讲座。全国第二个法制宣传日，对居民群众开展法制宣传活动。2003年，组织处级以上领导干部书面普法统一考试337人参加。2004年，“四五”普法中期实地检查验收58个单位。2005年，召开“四五”普法全面检查考核培训工作会议。

2006—2010年“五五”普法期间，2006年，召开“四五”普法表彰暨“五五”普法动员大会。对59个单位进行2006年普法依法工作检查考核验收。2007年，在工地举办“法律进工地”、《中华人民共和国物权法》及商品销售法律应用座谈会。2008年，举办“欢迎农民朋友返城，法律宣传咨询服务活动”。2010年，举办“2010年领导干部法律知识考试培训班”，60余个处级单位分管领导和普法骨干参加培训。

第三节　人民调解

一　调解组织

1981年，人民调解委员会190个，成员615人。1982年，在18个千人以上驻区企业建立人民调解委员会，其中13个企业建立基层人民调解组织，形成厂有调解委员会、车间有调解小组、班组有调解员的三级调解网。1983年，各街办事处成立人民调解工作领导小组。居民委员会设调解委员会，居民楼（院）有调解员。1985年，春德街法律咨询站成立。主要调解民间纠纷，解答法律询问，进行法制宣传。1986—1988年，在5个街建立法律服务所。1989年，举办街办事处主任、司法助理员、调解干部参加的学习《人民调解委员会组织条例》培训班。1990年，调整调解人员队伍。1994年，为配合芥园西道拆迁工程，组织4个街道办事处开展危改民间纠纷调解工作。召开危改民间纠纷调解工作经验交流会。1995年，有人民调解委员会486个，其中企业150个，街道336个；调解员6489人，业余调解员1392人。2005年，万隆大胡同商业中心设立天津市第一个商业地区人民调解委员会。2006年，调整全区124个调解委员会，对80余名新上任调解主任进行业务培训。铃铛阁法律服务所被评为全国老年维权示范岗。2007年，各街道建立司法所。2008年，在全市率先成立诉前人民调解委员会，派专职调解员入驻调解室值班。2010年，交通事故人民调解委员会。区人民调解委员会形成四级人民调解组织网络。

照18-20　2010年，区司法局开展法律援助进工地、进社区系列服务活动　（区司法局提供）

二　纠纷调解

1981—1995年，各级调解组织调解民间纠纷3.6万件，防止矛盾激化585件。1996—1998年，成立“防激化”报告团，在全市举办防止民间纠纷激化典型案例巡回演讲。调解民间纠纷832件，调解成功820件，调解成功率98.5%，防止民转刑案件3件，防止群体性上访9件。2004年，调解民间纠纷762件，调解成功758件，调解成功率99.5%。2009年，司法所介入拆迁工作，9个街道司法所引入人民调解机制，运用“以调促迁”方式，调处各类纠纷150余起，纠纷调解率100%，成功促成45户搬迁。

第四节　社区矫正　帮教安置

一　矫正

2004年，启动社区矫正试点工作。建立覆盖全区社区矫正三级工作网络，制订完善20项工作制度。组织司法所工作人员、社区矫正中心干警、社区居委会综治主任业务培训42次，参加市局培训班25次，参训6000余人次。

二　帮教安置

1995年，召开接茬帮教工作现场会，推广各级调解组织开展刑满释放和解救人员接茬帮教经验。2000年，120名未在册刑释解教人员被纳入帮教网络。2002年，为43名刑释解教人员申请“低保”，15名刑释解教人员领到一次性生活补助费。2003年，刑满释放503人，解除劳教244人，全部落实帮教措施，安置743人。2004年，排查出5名未见通知书的刑释解教人员被纳入帮教网络。2005年，举办社区矫正业务知识培训班，社区矫正工作人员70余人参加培训。2006—2010年，接收各类社区服刑人员512人，解除矫正324人。建立覆盖全区的社区矫正三级工作网络，制订符合实际的工作制度20余项，规范司法所开展社区矫正工作的行为准则。组织业务培训42次，参加市局培训班25次6000余人次。2008年，各街道司法所组织社区服刑人员集中学习教育矫正其不良心理和行为。2010年，对全区2008—2009年服刑人员开展检查4次，排查重点人1354人次。2010年，建立刑释解教人员信息化动态管理系统，组织区、街、居三级安置帮教组织对刑释解教人员基本信息甄别、核查、录入。

第五节　公证　律师服务

一　公正服务

1982年，20家企业设公证办公室，46个单位设公证联络员，正式办理公证业务。1988年，为区政建设、平房改造、横向经济联系方面提供公证服务。1987—1992年，为河北大街、南头窑、西北角三角地区及大胡同金店胡同等平房改造拆迁工作提供公证服务，为居民和政府办理私房补偿协议公证1220件。1989年，在区街及重要工商企业建立公证办公室和联络员。1989—1995年，为区政府及职能部门办理公证事务2135件。1995年，开始介入政府行政管理。1996年，公证处开办涉外公证业务。2000年，实行要素式公证书。2001—2004年，为综合开发海河两岸提供公证法律服务，配合拆迁、违法建设拆除办理保全证据公证百余件，为大胡同万隆集团招商现场办理抽签定位公证500余件。2007年，公证处更名为天津市红桥公证处。为13片拆迁地区涉及土地整理、保全证据等提供公证法律服务。2009年，选派公证员380人次参与各类拆迁任务。为600余套经济适用房办理选房顺序号确认书，办理行政强迁、拆违、封堵门脸保全证据290余件。2007—2010年，为拆迁地区办理选房顺序号公证7500余件，行政和拆迁过程中物品清单保全证据公证440余件。2007年，开始办理公有住房承租人死亡变更承租人公证。2008年，建立公证信息平台，实行公证业务网上管理，接受社会监督。

1982—1995年，办理民事权利义务公证2.48万件，经济合同公证1.01万件。1996—2010年，办理各类公证事项7万件，其中国内民事公证3.19万件，国内经济合同公证1.98万件，涉外公证1.84万件。

1989—2010年红桥区公证业务统计表

表18-24　　单位：宗

年份	国内民事公证	国内经济公证	涉外公证	年份	国内民事公证	国内经济公证	涉外公证
1989	1000	320	–	2000	1266	2735	1745
1990	1523	350	–	2001	820	1976	2227
1991	1650	170	–	2002	702	501	2585
1992	2300	152	–	2003	1406	977	2861
1993	1607	2207	–	2004	1555	1138	323
1994	1960	2260	–	2005	1473	352	180
1995	1935	3200	–	2006	2196	291	757
1996	2820	2600	92	2007	3816	141	881
1997	1325	3229	103	2008	6559	888	892
1998	1230	4647	470	2009	2725	421	764
1999	935	2821	832	2010	2505	29	697

二　律师服务

1981年，有专职律师4人、实习律师1人，主要职责为法律咨询、代写法律文书和刑事辩护。1982年，律师增至10人，兼职律师5人。1984年，律师增至20人。全面开展律师业务。2000年，有8家律师事务所，注册律师83人。4家国资律师事务所中2家脱钩转为合伙制律师事务所。是年，办理律师公证法律援助案件（证件）40件，接待咨询160余人次。2001年，律师业务办理各类案件461件，担任常年法律顾问88家。区内4家国资律师事务所脱钩转为合伙制律师事务所或合作制律师事务所。2002年，办理各类案件963件，为80家单位担任常年法律顾问。受理法律援助案件40余件，接待法律援助咨询150余人次。2003年，受理各类案件1398件，其中刑事案件214件，民事案件478件，经济案件310件，行政案件29件，非诉讼法律事务367件。担任111家企事业单位常年法律顾问。基层法律服务所代理诉讼案件244件，非诉讼法律事务8件，见证5件，代写法律文书57件，解答法律询问3063人次。2005年，成立合作制律师事务所2家。启动社区法律服务工作，各律师事务所律师定期到对口社区为居民群众义务提供法律咨询。2006年，办理各类案件571件，为当事人挽回经济损失1600余万元。2007年，办理各类案件363件，为当事人挽回经济损失2000余万元。1981—2010年，解答法律询问2.12万件，代写法律文书1.27万件，代理民事案件7260件，其中经济案件1551件，为当事人挽回经济损失3489万元。2010年，有律师事务所10家，律师100人，其中执业律师76人（专职律师74人，兼职律师2人）。

1982年始，律师担任国家机关、企事业单位常年法律顾问。在经济纠纷中，律师参与调解和仲裁以及代理诉讼。1987年始，律师担任区政府法律顾问，提供法律服务。1990年，建立区政府法律顾问工作范围立案制度，值班制度，例会制度，联系制度和文档制度。1991年，平房拆迁中法律顾问组为区政府审议修改有关具体规定，为居民群众解答法律问题，帮助区政府解决疑难问题14件。至2000年，法律顾问为受聘单位审查、修改、草拟经济合同2472份，代理聘方诉讼414件，参与非诉讼法律事务455件，为聘方避免经济损失1812万元。法律顾问工作于2000年结束。

1983　1984年，在“严打”斗争中，律师办结刑事辩护案件472件。1984年，看守所发生在押犯挖洞逃跑事件，18名被告分别被判处死刑、死缓和有期徒刑，律师联名向最高人民法院提出申诉，律师申诉意见被采纳，使案犯得到重新量刑。1989—2010年，办结刑事案件880件。

1982年，法律顾问处开始办理非诉讼法律事务，至2010年，4家律师事务所办理1383件，为单位避免经济损失1902万元。

1989—2010年红桥区律师事务所律师业务统计表

表18-25

年份	常年法律顾问单位(家)	刑事辩护及代理(宗)	民事辩护及代理(宗)	非诉讼法律事务(宗)	经济诉讼及代理(宗)	解答法律咨询(人次)
1989	52	47	200	72	79	-
1990	49	60	240	96	50	620
1991	61	52	230	97	80	540
1992	73	48	300	143	131	530
1993	48	62	289	79	79	69
1994	65	36	381	54	66	70
1995	66	33	385	39	74	80
1996	74	41	400	49	35	39
1997	59	28	350	47	78	52
1998	72	19	260	52	49	96
1999	71	40	300	71	76	208
2000	66	15	296	38	55	113
2001	70	29	367	95	81	220
2002	59	30	345	84	32	32
2003	48	31	320	63	53	88
2004	53	17	286	29	63	70
2005	55	15	259	52	90	75
2006	62	21	420	87	98	65
2007	68	32	390	41	77	84
2008	67	106	486	60	59	250
2009	59	47	367	17	69	328
2010	72	71	389	18	77	118
合计	1369	880	7260	1383	1551	3747

红桥区志

第十九编

军　事

32年间，驻区部队按照新时期军事思想和防御战略方针，结合体制编制调整，制订完善各项工作制度，坚持经常性教育训练，部队的快速反应、平战转换装备技术保障能力不断提高。组织民兵和部队参加地方经济建设、抢险救灾、维护社会稳定和处理突发性事件等非战争军事行动，完善指挥机制和应急预案，组建应急分队，开展应急演练以提高应急能力。编制体制调整后，装备工作得到加强。驻区各军事代表室，发挥技术把关作用，为新装备研发和定型装备生产发挥重要作用。抓好队伍建设和管理。开展装备达标活动，定期组织技术普查，技术人员培训，提高装备管理能力。驻区部队长期开展创建“双拥模范城”活动，密切军政军民关系。参加驻地经济建设，承担急、难、险、重任务，开展学雷锋做好事活动，帮助地方抵御自然灾害、处置突发事件、维护社会稳定、维护红桥区安全。人防工作融于城市建设，与经济建设密切结合，在防空指挥、防空工程、防空专业队伍建设上更加适应现代信息化防空要求。80年代中期至2010年，对大中学校学生进行军事训练。

2007年7月5日，国防教育形势报告会　　（区人民武装部提供）

2008年3月4日，驻区部队到区内社区宣传奥运精神　（区人民武装部提供）

2010年6月18日，区人防办组织人防专业队演练　　（区人防办提供）

2010年，平津战役纪念馆全景　（张凡摄

第一章 国防后备力量

1979—2010年，恢复人民武装委员会，历任区委书记担任主任，领导相关工作。成立区国防动员委员会，由书记、区长分别任第一领导，负责国防组织和任务落实，建立基层组织，制订工作计划和预案，使兵役、民兵、战备、人民防空工作和动员得以保证。民兵工作坚持地方党委和军事系统双重领导制度。各级人武部，贯彻上级军事机关有关民兵、预备役工作方针、政策和指示，围绕地方工作中心开展民兵预备役工作，发动组织民兵参加社会主义物质文明和精神文明建设，承担各种急难险重任务，发挥民兵优势和作用。历年民兵军事训练，按照天津警备区下达的民兵军事训练计划组织实施。

第一节 国防动员

一 领导机构

（一）人民武装委员会 1979年，人民武装委员会由11人组成，办公室设在人武部。1982年、1984年、1987年、1995年进行人员调整。

（二）国防动员委员会 1997年，成立国防动员委员会（以下简称：国动委）。负责人民武装、人民防空、交通战备、经济动员等国防动员工作。人民防空委员会自行撤销。

国动委由区委书记任第一主任，区长任主任，主管武装工作的副区长和武装部部长、政委，区委、区政府办公室主任任副主任。人武部部长负责常务工作。国动委成员由区委组织部、宣传部、区政府发展改革委、建委、科委、人防办、人力资源和社会保障局、卫生局、财政局、民政局、教育局，公安分局、交警支队、人武部等单位16~18人组成。

1997—2010年，区国动委第一主任：曹秀荣、王世新等；主任：王世新、王怀仁、马广智等；副主任：王怀仁、王国章、高考昌、李学良、姬俊英、李红梅、张学信、张俊利、刘广理、刘连泉、宋天亮、姜德志、张林成、殷奇。

国动委下设人民武装动员办公室、经济动员办公室、人民防空办公室、交通战备办公室和秘书组。2002年秘书组改称综合办公室。

（三）基层领导组织 1989年，各街办事处建立人民武装工作委员会，负责界内人民武装工作。成员由办事处领导、武装部长，驻街大单位武装部长组成。设主任1人、副主任3人。街人武部为办事机构，人武部部长兼办公室主任。2005年，在全区各街道建人民武装工作委员会。

二 制订国防动员计划

2001年、2003年、2005年，3次修改完善《战时经济动员预案》，包括经济动员指导思想与原则，经济动员基本任务，经济动员潜力，经济动员任务区分，经济动员组织与指挥，动员响应和实施程序，保障措施等内容。2005年，区国动委完成《“十一五”国防动员工作规划》制订和批准。人民武装动员办公室修订《兵员动员计划》。

三 组织演练、演习和检查

1979—2010年，区国动委及各办公室组织训练16次、综合性演练6次、单项演练35次。1999年，人民武装办公室组织实施民兵防空演练。2006年，人武部组织应急民兵参加天津警备区对市内6区部分民兵应急演练分队检验性紧急拉动演练。组织民兵参加北京军区“首都防空联合作战背景下天津城市防空作战”演习。

2007年，市国防动员委员会对红桥区国防动员、民兵预备役建设、科技信息资源整合、战略物资储备、重要目标综合防护和交通战备保障等实地检查。区国动委综合办公室、人民武装动员办公室和经济动员办公室，联合对全区20余个单位进行国防动员调查，对13个经济动员重点单位调查核对，掌握区通用物资、装备器材的详细情况，实现计算机自动化管理。完善和修订与作战行动相配套的防空作战、兵员动员、民兵支前、维护社会治安、军警民联防、抢险救灾等后勤保障计划。

2008年，5次召开国动委工作会议，制订演练计划和实施方案，完成市国动委观摩演练。

四　战争动员潜力调查

1995年，进行首次战争潜力调查。2000年，成立由区政府主要领导为组长，人武部部长为副组长，区各有关委办局80人参加的战争潜力调查组。对全区运输、机械、油料、医疗、兵员等战争潜力要素调查核实。2004年，由政府主要领导和人武部部长牵头，组成有关局委办参加的调查小组，对区交通、运输、机械、油料、医疗等战争潜力情况调查摸底，为战时科技支前、科技参战、科技保障提供翔实可靠的资料。对区内国防工事进行普查、建档，落实管护责任人，组成力量进行维修。2007—2010年，组织战争潜力调查组，调查核实相关资料，完善战争潜力动员计划。

第二节　民　兵

一　组织建设

1979年，民兵组织多次整顿，减少数量提高质量，以适应“四化”建设和战备需要。1990年，编组7个民兵应急分队，每个分队100人，建立民兵应急分队指挥部。1999年，非公有制企业天骄集团编组民兵营。2000年，调整民兵编组方式，注重在新兴企业拓展民兵组织。出租汽车联队组建民兵运输分队，卫生系统组建民兵医疗救护分队，河北工业大学组建电子信息分队，天津商业大学组建心理战分队。2003年，基干民兵调整为防空作战分队、抢险抢修分队、应急分队和其他分队。2006年，民兵编组向多种所有制企业、社区和外来务工人员拓展。20家非公有制企业建立民兵组织。

二　军事训练

（一）干部训练　1979—2010年，专职武装干部由警备区和人武部分别组训。民兵干部由人武部组训。天津警备区每年举办1期新任专职武装干部培训班，每期15天，按训练大纲规定施训，1979—1995年，参训145人。1996—2010年，参训130人。每年组织1~2期其他专武干部复训，每期15天，1979—2010年，参训2199人次，基干民兵连、排长由人武部和街道、企事业单位人武部组织轮训。训练内容按训练大纲规定，训练时间基干民兵连、排长80小时，专业技术分队连、排长160小时。1996—2010年，参训3130人次。

照19-1　2009年，区民兵高炮连在实弹考核中直接命中飞机拖靶　（区人武部提供）

（二）分队训练　训练内容为各专业分队兵器（装备）操作和班排连战术。1996—2010年，突出应急分队和专业技术分队训练。训练时间，基干民兵1979—1984年每年20~25天，1986—2007年每年15~20天，2008—2010年每年10~15天。训练武器装备由人武部组织保障，器材、场地由地方政府和组建民兵组织的单位共同保障。1979—2002年，训练经费由人武部自筹和向区政府申请。2003—2010年，由市、区两级财政各承担50%。

（三）训练成绩 1979—2010年，训练成绩都在良好以上。参加上级考核竞赛成绩优异。1981年，木材一厂高炮连参加天津警备区高炮实弹射击考核，班射击全优，连射击击落飞机拖靶，总分第1名。1982年，训练6124人，参加警备区实弹考核2个高炮连，分别获市第1名和总评成绩优秀。1987年，民兵高炮实弹射击获市第1名，通讯分队获天津警备区二等奖，防化分队考核名列市第三名。1993年，在天津警备区军事训练比赛中获第二名。2007年，民兵高炮连参加天津警备区高炮实弹射击考核，直接命中飞机拖靶，成绩优秀。2009年，民兵高炮连参加警备区实弹射击考核，直接命中飞机拖靶2具，成为连续2次直接命中拖靶单位。

三 政治教育

八九十年代，民兵政治教育，采取政治课教育、个人自学教育、参观见学教育、短期集中培训、纳入单位教育计划、网络传媒教育等方法进行。2002—2010年，利用报纸、网络、电视等查找学习资料，开展小演讲、小交流、小擂台、小考核、小广播、小辩论活动。教育内容紧跟形势、任务，学习党的基本理论、基本路线、基本观点，进行国防观念、战备观念、爱国主义和革命英雄主义教育。1979—1990年，进行党的方针、政策和形势战备教育，调动民兵参加和保卫“四个现代化建设”积极性。1991—2005年，集中进行建设有中国特色社会主义理论和基本路线、时事政策、国防知识和民兵基本知识教育。2003—2006年，进行“三个代表”重要思想理论、形势战备和国防教育，注重“舆论战、心理战、法律战”知识和强化民兵职能、理想信念教育，确保民兵政治合格。2007—2010年，开展忠实履行新世纪新阶段部队历史使命专题教育，提高民兵立足本职岗位践行历史使命自觉性。

第三节 国防教育

一 组织领导

1979—1987年，国防教育由区委宣传部和区人武部负责。1988年，区成立全民国防教育领导小组，1989年改称区国防教育委员会。1988—2010年，区委书记任国防教育委员会（领导小组）主任。分管武装工作副书记任第一副主任；人武部政委（常务）、区人大、区政府1名副职任副主任，宣传、教育、妇联、共青团、武装部门的负责人为委员。1989年，制订组织协调和分工负责等10项制度。

二 内容形式

1979—2010年，机关干部主要学习国防理论、国防历史、国防法规等知识和军事技能；民兵预备役人员学习国防知识和国防后备力量知识；学生根据《中华人民共和国兵役法》进行军训，学习中国国防、《中华人民共和国兵役法》、现代战争特点、现代军事科技、人民军队光荣传统、解放军条令和轻武器射击、单兵战术等军事技能；公民主要学习国防义务、军事和人防常识等。教育形式根据教育内容采用政治课教育、机会教育、专题教育、基地教育和自学教育的方式。

1979年，南疆保卫战时，由宣传部和武装部配合，进行爱国主义教育，使干部群众始终保持爱国主义和主动要求参军参战热情。1988年，召开区国防教育宣传动员会，举办宣传月。1989年，各机关、街道、企事业单位开展群众性唱革命歌曲活动。1990年，召开纪念毛泽东“向雷锋同志学习”题词发表27周年大会，邀请雷锋班代表介绍雷锋生前事迹和学习雷锋活动体会。在西站广场举办“雷锋精神在红桥”大型青年便民咨询服务活动，680名青年参加。2001年，举办第一个全民国防教育日活动。2004年，军事科学院专家到区作国防教育报告，机关干部、企事业单位代表，民兵连以上干部参加。2005年，召开爱国主义教育报告会，开展有线电视宣传周、军营一日和国防教育进社区活动。2009年，开展“献身国防、爱国参军”征兵宣传日活动，50余人参加活动，发放宣传品9000余份，百余人报名。到辖区大专院校宣传动员。2010年，利用全民国防教育宣传日和节日，到平津战役纪念馆、周邓纪念馆和天津烈士陵园等爱国主义教育基地参观。

照19－2　2010年，区人武部在平津战役纪念馆组织基层人武干部进行国防教育

（区人武部提供）

第二章　拥政爱民

驻军把驻地红桥区当作第二故乡，开展拥政爱民活动，全心全意为驻地人民群众做好事，参加区内经济社会建设，参加驻地重点工程建设。承担急难险重任务，密切军政、军民关系。区委、区政府与驻区部队签署《拥军优属、拥政爱民公约》。驻区部队与多个街道办事处和工厂、企业、学校、商店结成“双拥”对子，签订《拥军优属、拥政爱民公约》。

第一节　双拥共建活动

80年代初，创建拥军优属拥政爱民和共建社会主义精神文明（简称双拥共建）的新型军政军民关系。驻区各部队与驻地附近街道、学校、商店等单位建立共建社会主义精神文明关系，开展共建活动。1983年，组织民兵开展共建文明街道、文明厂、文明校、文明商店482个。组织基层人武部和民兵开展小竞赛、小突击、小改革、小节约增产增收活动，帮助企业扭亏为盈。1984年，三条石街人武部组织民兵开展以“让部队战友安心服役”为主题的拥军优属活动，为140家军烈属排忧解难。1990年，驻区部队与区39个单位签订军民共建社会主义精神文明协议书，帮助76个学校、企事业单位，开设国防知识教育课200余次，军事训练1500余次，35万人次受教育。教师节期间，部队官兵坚持到中小学校、幼儿园慰问，捐资（物）助教。1992年，驻区87297部队被评为天津市军民共建先进集体。1995年，海军航空兵部队驻天津地区军事代表办事处，与西沽中学、西沽街小辛街居委会、流霞里小区建立共建文明校协议。1997年，军民共建街道3个、军民共建点84个、军警民共建文明小区8个和烈军属之家示范点15个。由驻区部队和街办事处共同发起，20余个单位参加双拥共建活动，构建军政军民关系。

2001年，驻区部队与7个街道、4个村（外区），12个大、中、小学校，4个企业单位建立双拥共建关系，与16家孤残户、贫困户结成扶贫帮困对子，与14个贫困家庭学生建立资助关系。每年接待到部队学习参观航空知识的大中小学生1.2万人。2003年，93756部队为市级科普教育基地。2008年，大胡同商贸区管委会办公室与武警6支队1大队结成共建对子。2005—2010年，大队与天津市商学院爱心社为北辰区打工子弟希望小学举办“军心、爱心、童心、我们心连心”活动。

第二节 参加地方建设

一 参加重点工程

1984年，人武部抽调军官5人、专武干部15人，民兵干部20人、民兵280人组成突击队，参加天津市中环线建设。1997年，驻区部队清理平津战役纪念馆周边地区环境，出动官兵6000余人次、车辆400余台次，清理建筑垃圾和杂草千余车，平整道路800余米。

照19-3 1997年，驻区部队到平津战役纪念馆工地参加义务劳动

（区人武部提供）

1999年，驻区部队千余人，在双环邨街道疏通污水河，解决群众排污问题。2000—2002年，参加14射线（天津市道路建设，3环14射线）3号路打通工程和南运河疏浚工程、大胡同小百货批发市场3期工程，出动官兵1万人次，出动车辆500台次，清理运输垃圾杂物千余吨。

二 创建活动

2007年，武警6支队1大队为创建"平安红桥"和促进红桥区创卫活动，出动官兵600余人次，协助有关部门整理街道、清整居民区环境卫生。武警3支队1中队，派出小分队到共建单位清理卫生，协助维护市场秩序。2008年，驻区部队派出70名官兵到金钢桥畔，参加"迎奥运，关爱母亲河"志愿服务活动。是年，派出官兵2600余人次，车辆60台次，用时1个月，分赴天津市寝园，第一、二殡仪馆助民服务。人武部组织430余名民兵，协助南开区、红桥区公安武警完成火炬传递警戒任务。应急分队130余人执行奥运分会场安保任务。冬季人武部率百余名民兵到外环线清雪。93756部队出动官兵1650人次，在丁字沽一号路、三号路、光荣道清雪；武警6支队1大队和武警3支队1中队，分别出动车辆5台、人员110人次和30人次，在咸阳路、平津道、勤俭道清雪。2010年，武警出动官兵450人次，连续8天在中环线等道路清雪。人武部出动干部10余人，率民兵400余人，分赴各主要街道和居民区清雪。93756部队出动官兵630余人到社区清雪。是年，清明节驻区部队派出官兵2700余人次、车辆63台次在各大殡仪馆值勤服务。

第三章 人民防空

中共十一届三中全会后，人民防空指挥、防空工程、防空教育和防空专业队伍按现代信息化防空要求进行建设。长期进行防空宣传教育，增强公民国防观念和防空意识、掌握人防基本知识和技能，争取社会各界支持，调动人民群众参与防空建设。

第一节 机 构

一 沿革

1980年，红桥区革命委员会人民防空办公室改称区人民政府人民防空办公室（简称人防办）。内设指挥、工程、财务物资和秘书4个科。增设人民防空工程维护队，为人防办公室下属全民所有制事业单位。1984年，工程维护队改为自负盈亏集体所有制企业编制。1985年，增设区人防办通信站，为全民所有制事业单位。1986年，人民防空工程维护队划归市人防工程经营公司。1997年，内设秘书科、指挥科、工程技术科、财务物资科。增设地震办公室，规格为副处级。2002年，地震办公室撤销，其职能由区人防办承担。内设秘书科、工程技术科、指挥通信科、计划财务科。

2010年，设区人民政府人民防空办公室，加挂民防办公室牌子（简称民防办）；加挂地震办公室牌子（简称地震办），为区国防动员委员会办事机构。

二　人员

1979年，编制20人。1985年，增加编制9人。1992年，行政编制25人，事业编制4人。1997年，行政编17人，工勤事业编2人。2010年，行政编制16人，工勤编制2人，事业编制4人。

第二节　人民防空指挥

一　防空指挥所建设

1979—1985年，指挥所建筑面积196平方米。1986—2005年，人防预备指挥所设在区政府院内人防工程，2002年因城市改造报废拆除。2006年，区防空防灾应急指挥中心开工建设，2009年正式建成投入使用。应急指挥中心包括地下和地上两部分，内部划分为指挥、通信、休息等区域。设通风、空调、给水、排水、消防设备和智能化控制电气系统。

二　防空预案与措施

1979年，制订《关于防毒救护的安排意见》《关于平时、战时交通治安部署的意见》《关于组建战备医疗救护网意见》《红桥区防空袭预案》。1984年，与对口疏散地域建立联系，落实人口疏散计划。1986年始，5次修订《人口疏散计划》《留城人员紧急隐蔽计划》《通信警报保障计划》《工程保障计划》《专业队保障计划》《后勤保障计划》《政治工作保障计划》。2006年，建立重要经济目标信息库，修订预案及保障计划。2007年，整组群众防空组织。2008年，绘制全区防空袭部署图、人口疏散计划图、留城人员紧急隐蔽图、通信警报图、人防工程保障图、后勤保障图等。2009年，摸底调查各街道人口数量、年龄结构、男女比例；统计战时疏散路线、道路和桥梁，落实防空袭预案战时人口疏散、人员紧急隐蔽数量。2010年，与预定疏散地人民政府对人口数量、户数、面积摸底调查，重新修订区人口疏散方案与疏散地域协调保障计划。

三　防空专业队整训

1979年，组建对空射击、治安、消防、救护、抢修和运输防空专业队。1983—1985年，平时组建骨干队伍，战时实行扩编。在城建、卫生、公安等部门组建医疗救护、三防（防核武器、防化学武器、防生物武器）、消防、治安、抢修、通信专业骨干队伍500余人。1986—1997年，人防专业队调整为防化、救护、通信、抢修、运输、消防、治安专业骨干队伍，由各主管局组织和训练。1998—2000年，组建工程抢险、治安保卫、防化、运输、医疗救护、消防和通信7支骨干专业队伍940人，各种机械车辆131台。

2001年，防空、防灾组织整组，防空防灾相结合，人防专业队每月进行整顿。整组后群众防空、防灾组织为抢险抢修、医疗救护、交通运输、防化防疫、通信保障、消防、治安骨干专业队。2002—2005年，防化、救护、通信、抢修、运输人防骨干专业队纳入基干民兵组织，每年整组1次，组织训练。治安、消防专业队分别由公安分局和消防支队训练。2006年，芥园街道隆春里社区防灾应急志愿者救援队成立。2007—2008年，完成群众组织整组工作，7支专业队与各种专业车辆，纳入民兵组织管理。

2009—2010年，对群众防空组织和公安、消防组成专业队进行整组，使人防专业队初具规模。2010年，完成人防专业队整组授旗点验仪式，按专业分类组成7支骨干专业队：抢险抢修专业队、医疗救护专业队、消防专业队、治安专业队、防化专业队、通信专业队、运输专业队。

照19-4　2006年，区防化专业队演练现场　（区人防办提供）

第三节　信息化建设

一　通信系统

（一）有线通信　1979年，保留人民防空机关和各街办事处人防专线电话。形成上对市、下对街人防通信网。1985年，人防通信站建立，安装电话会议机，承担为人防战备服务职能。1992年，人防总机与政府总机联网，通过政府总机与各街办事处保持有线通信。2009—2010年，人防指挥所整合系统设备，成为自动化系统、地震应急管理系统和突发事件应急指挥系统于一体的指挥系统平台。

（二）无线通信　1979年，增配无线通信设备，配发新型短波接收机。提升人防系统应急通信保障能力。1983年，无线通信全部关闭。1985年，按军队技术体制要求电台更新为短波单边带电台，重建市对区短波应急指挥通信网，用于战备通信值勤保障任务。1986年，配置计算机，与市人防办联网。1987年，配置车载电话和800兆移动电话。2009年，安装最新型短波电台，电台操作口令、专用计算机密码设置做到专人使用、专人掌握。

二　指挥自动化系统

1986年，配置计算机与市人防系统联网。1996年始，进行自动化系统建设，实现人防指挥电子标图、计算机信息传输和信息资源共享。2004年，开通从区到市人防办通信传输光缆，建成人防指挥自动化系统、办公自动化系统和视频会议系统。2007年，区地下防空应急指挥中心指挥自动化系统建设和规划设计，天线塔建设。2009年，应急指挥中心实现指挥自动化系统办公，自动化系统联网，相继开通政务网、因特网，设立人防网站。2010年，进行固定指挥信息系统和移动指挥信息系统及配套信息系统建设、升级改造和功能整合。

三　警报系统

1979年，安装电动警报器，配发手动警报器，形成全区警报网，警报音响覆盖率50%，控制专线撤销，改由手动控制。1983年，手摇警报器分布11个街办事处，实施区街两级管理体制。2000年，建立技术档案，指定专人负责维管。每年对警报器维管人员进行技术培训。2001—2004年，修订《红桥区通信警报体系发展规划》，标绘《警报器远景规划图》。新增电动警报器、电声警报器。建立警报器控制中间站。对各警报器安装有线、无线双重控制系统。2005年，检查维修警报器。2006—2007年，完成新增、迁移和更新警报器并开展警报器社会化管理。区内警报音响覆盖率95%，重要目标周围警报音响覆盖率100%。2008—2010年，警报器完好率100%。

第四节　防空教育

一　宣传教育

1979—1985年，组织区街人防干部学习、宣传、贯彻《人民防空条例》。发放《人民防空条例》500余册，防核武器、防化学武器、防生物武器知识教育纳入中学教学内容，在初中学生中开展人防知识教育。1986—1996年，在27所中学开展“三防”教育。1997—2000年，区人防办将人防法宣传纳入工作重点，利用《中华人民共和国人民防空法》颁布纪念日、试鸣警报日在西沽公园、西站广场、中环线等繁华地段，组织15场次宣传活动。2001年，在西站广场参加全市第1个国防教育日宣传活动，设展牌20块，布标2幅，发放宣传材料3000余份。2002—2010年，每年开展人防宣传进党校、进社区活动。举办中青年干部培训班进行人民防空知识教育。组织宣讲组进入社区进行人民防空和防震减灾知识讲座，受教育群众5000余人次。2005—2010年，在124个社区、57所中小学和12所医院开设宣传橱窗。组织各中学人民防空教师开展教学教研和示范课展示。结合国防教育周开展宣传活动。利用《中华人民共和国防震减灾法》颁布纪念日、“7·28”唐山大地震纪念日、“8·15”防空防灾警报试鸣日、“9·20”全国公民道德宣传日，开展人民防空和防震减灾宣传。

照19-5　2007年，区人防办组织中学教师进行防灾应急培训　（区人防办提供）

2010年，制订人防办2010年普法宣传教育“八个宣传阵地”计划，建立和培育8个普法宣传教育基地。与教育局、应急办开展中学防灾避震应急疏散和幼儿园防空防灾应急演练活动。

二　实战演习

1979年，结合战时承担的任务，进行共同科目和专业技术训练。1985年，按照平战结合、劳武结合的原则开展训练，部分专业队开展“平战结合搞演练，培训队伍促生产”活动。1986年，在区体育场举行人防运动会决赛及表演，5支专业队90名运动员参赛。1987—1993年，开展以训练防化、医疗救护、通信专业队为主，其他人防专业队为辅岗位练兵活动。2001年，结合市警报试鸣活动，组织部分群众与区卫生局配合防化专业队训练，进行人员紧急疏散演练。2004年、2006年、2008年分别参加北京军区、市人防办举办的军事演习。2010年，制订人防专业队整组配装点验工作方案，组织实施落实人员编制配装、完备装备器材，按计划整组训练。

照19-6　2010年，区人防专业队点验演练现场　（区人防办提供）

红桥区志

第二十编

教　育

改革开放后，教育事业迅速发展。八九十年代，教育事业改革和发展迈出重要步伐，实行三级办学两级管理，采取校长负责制、教师聘任制，随着财政投入不断加大，学校建设和教学设施设备投入逐年增加，教育的综合实力显著提升，教育现代化进程得到全面推进。进入21世纪，对教育布局进行调整，“减少校数，扩大规模，改善办学条件”调整重组20余所中小学和幼儿园。随着教育体制改革，教育事业现代化步伐加快，教学成果显著，历年中考、高考都取得优异成绩。

各级各类教育优质协调发展，义务教育完成率达到100%，民族教育质量不断提升，职业教育、成人教育、社区教育及各类培训推动学习型社会建设进程快速向前发展，学历教育通过广播电视、高等教育自学考试(以下简称：高自考)等形式提高人的文化素质，实施继续教育，举办各种培训。

2009年，天津市红星职业中等专业学校外景（区委宣传部提供）

2009年，红桥区实验小学外景（区教育局提供）

红桥区培智学校（区委宣传部提供）

2010年，天津三中全景（区教育局提供）

第一章 教育体制改革

1979—2010年，从管理体制、办学体制和人事制度入手，加大整合、统筹力度，使教育朝着规范有序的方向发展。学校管理向科学管理型发展，由一元化领导到党政分开、逐步实行校长负责制，加强公办学校建设，规范改制学校管理，对教师实行聘任制，引入竞争机制。这些改革举措，为加快教育现代化步伐、打造优质教育提供有力保障。

第一节 管理办学体制改革

一 管理体制改革

1978年始，学校管理向科学管理型发展，建立完善各项工作制度，强化学校书记和校长职责，规范学校办学行为。1982年，学校管理由党的一元化领导向实行党政分开转变，逐步实行校长负责制。1984年，在八十八中学和跃进里小学进行学校管理体制改革试点，学校中层干部由校长聘任，教育局备案。1988—1991年，实行校长负责制学校36所。1992年，幼儿园和职业学校全部实行校长负责制。1994年，制订学校内部管理体制改革实施意见，在全区中小学推行党组织保证教职工民主参与的校长负责制，明确校长在学校管理中的中心地位和责任，建立相关配套校内管理机制。1995年，建立区政府教育督导室，加大对学校监督、检查、评估力度，建立监督、评估和反馈机制。

二 办学体制改革

1995年，求真小学、六一小学两所民办公助学校成立。1996年，民办公助学校培英外国语小学、新实小学成立。

2006年，制订深化改革规范改制学校的工作方案。加强公办学校建设，规范改制学校管理，逐年压缩改制学校校数和招生人数比例。4所民办公助小学停止招生，红星中学、丰泽中学、圣业中学体制改革校和民办铃达中学停止招生，民族中学恢复公办初中并招生。求真小学改制为民办学校。2007年，全面清理整顿改制学校，初中体制改革实验学校有方舟中学、颐和中学、协同中学、仁和中学；民办学校有敬民中学、求真小学。2008年，民办学校实行“五独立”（具备独立的法人资格、具备与公办学校相分离的校园和基本教育教学设施、实行独立的财务会计制度、独立招生、独立颁发学业证书，真正成为独立的办学实体）办学体制。方舟中学和颐和中学改制为民办学校，注册为天津市方舟实验中学和天津市颐和中学。建立3所国办幼儿园分园，成立首个民办幼儿园。

第二节 人事制度改革

一 教职工聘任制

1995年，制订人事管理改革意见，实行编制控制、全面推行教职工聘任制。对未聘、拒聘、解聘人员及“编外”人员制订管理意见进行明确规范。实行学校内部管理体制改革，使人事管理规范化。1996年，落实教育部要求完成教师资格认定过渡，7598人获得教师资格证书。其中，幼儿园520人，小学 3867人，初级中学1793人，高级中学1163人，中等专业学校214人，中等专业学校实习指导教师41人。2000年，制订区中小学、幼儿园教职工实行聘任制的实施办法，聘任工作遵循双方地位平等、双向选择、竞争择优上岗、动态聘任、合理流动原则。实施教师聘任制，聘任专业技术人员7285人，其中高级职称491人，中级职称3305人，初级职称3489人。

二　竞争上岗机制

2001年，制订实行教职工聘用制的补充意见，引进竞争上岗机制，改革固定用工制度，建立单位用工聘用制度。学校根据核定编制，确定岗位，制订和完善岗位职责、岗位标准、考核标准，建立聘后管理、考核制度，工资待遇分配制度。中小学幼儿园在册教职工全部与单位签订聘用合同，单位与教职工第一次以法律形式确立聘用关系。2002年，制订教育系统解决超编人员、提高学历层次意见，重点清理在编不在岗人员，清退临时工作人员。要求小学和幼儿园教师3年内完成提高学历层次学习进修，达到规定合格学历。2003年，制订深化教育中心内部人事制度改革意见，完善竞争上岗、双向选择工作机制。2004年，完善中小学、幼儿园教职工实行聘任制实施办法，推进人事制度改革。有667名教职工落聘，381名教师转岗，清理在编不在岗96人。2007年，制订加强教师队伍管理意见，因私出国在规定时间内未归人员和长期在编不在岗失联人员，学校与其办理解除聘用合同手续，16人办理辞职、自动离职手续。加强对外借人员管理，外借人员经学校同意，报教育局人事科备案，经批准后方可办理外借手续。2010年，推进义务教育学校绩效工资制，制订奖励性绩效工资发放条件和标准。各校结合自身实际制订本校政策，落实奖励性绩效工资发放。明确岗位设置动态调整原则，义务教育学校绩效工资作为工资调整重要内容纳入日常工作。

第二章　学前教育

1979—2010年，学前教育得到重视，相继办起多所公办和民办幼儿园，管理上执行国家教委关于幼儿园工作规范，按照天津市托幼园分组分类管理评价标准，建立符合国标食堂，配备保健室和卫生设备，对幼儿园实施年检制。采取综合教学模式，注重情感、态度、能力、知识和技能全面发展，管理和教育水平不断提高。

第一节　设置　管理

一　幼儿园设置

1977—1979年，第五、六、七幼儿园成立。1981—1989年，第八至二十幼儿园成立。1984年，成立西北角回民幼儿园。1990年，第二十一、二十二幼儿园成立。1991年，第二十三幼儿园成立。1992年，西北角回民幼儿园改为国办。

1993年，区域内有各类幼儿园145所，其中国办园24所、集体园14所、大专院校及机关事业单位办园8所，企事业办园37所、街道办园50所、家庭办托儿所12所。幼儿班488个，幼儿11191人；学前班小学51所，在校幼儿3104人。2000—2003年，第一幼儿园与第四幼儿园合并、第十八幼儿园与第十七幼儿园合并。2003年，16所集体幼儿园合并为民族幼儿园。2008年，取消小学附设学前班。创办首个民办幼儿园，建立3所国办幼儿园分园。2010年，有各类幼儿园21所，其中国办园12所、街道办园1所、机关事业单位办园3所、民办园2所、小学附属幼儿园3所，在园幼儿5577人。

1993—2010年红桥区部分年份幼儿园设置表

表20-1　　单位：所

年份	总计	国办	街道办	集体办	企业办	小学办	民办	个体办	家庭办
1993	145	24	50	14	45	–	–	–	12
1995	96	23	–	17	–	56	–	–	–
1997	125	18	21	17	9	53	–	7	–
2005	39	12	1	1	3	22	–	–	–
2008	20	15	1	–	2	–	2	–	–
2010	21	12	1	–	3	3	2	–	–
合计	446	104	74	49	62	134	4	7	12

说明：“小学办”2010年为附属幼儿园，其他年份为学前班，“家庭办”为托儿所

2010年红桥区教育局公办幼儿园一览表

表20-2　　面积单位：平方米

名　称	创办年份	地址	占地面积	建筑面积	结构	班数（个）	幼儿数（人）	教师数（人）
第一幼儿园	1952	丁字沽五爱道26号	10438	4968.70	全托	17	613	51
第一幼儿园分园	2008	西青道建设里二条7号	3002	1844.50	全托	7	194	21
第三幼儿园	1959	米兰弘丽园小区	3543	4993	全托	10	363	35
第八幼儿园	1980	中嘉花园雷	3982	2363	全托	9	292	31
第十幼儿园	1982	本溪路影院对面	2075	1368	全托	8	253	29
第十一幼儿园	1983	估衣街16号	980	1210.60	全托	8	222	21
第十四幼儿园	1984	洪湖南路4号	3102	2167	全托	11	333	32
第十八幼儿园	1986	丁字沽团结村一条1号	3003	1993.30	全托	10	302	34
第十九幼儿园	1987	佳园里佳园道17号	3840	2675.70	全托	10	345	36
第二十幼儿园	1988	植物园东里育苗路	3087	1388	全托	9	315	29
第二十二幼儿园	1990	本溪路昌图道2号	2465	1646	全托	7	231	24
第二十三幼儿园	1991	佳园东里	2283.60	1422.20	全托	8	252	26
西北角回民幼儿园	1992	西马路欢庆西胡同20号	4402	2720	全托	5	161	17
师范附小附属幼儿园	2009	水木天成团结路1号	1545	1125.80	全托	7	239	21
少年宫艺术体育幼儿园	1988	湘潭道68号	5413.60	2580.80	全托	9	299	42
丁字沽街中心幼儿园	1984	桃花园南里71号	2100	1638	全托	9	298	28
外国语小学附属幼儿园	2009	咸阳北路兴城南道6号	2242	3250	全托	4	135	21
桃花园小学附属幼儿园	2009	丁字沽零号路红塔寺大道1号	1500	2200	全托	4	128	18
跃进里小学附属幼儿园	2008	西青道幸福里平房11号	908	2048	全托	5	161	23
合计			59911.20	43602.60	–	157	5136	539

二　幼儿园管理

1981年，贯彻《幼儿园教育纲要》，促进幼儿教育德、智、体、美全面发展。1984年，修改幼儿一日生活常规要求，制订幼儿园管理标准。开展“听音响、编故事”“苗苗画展”“优健美”儿童评选等活动。1989年，制订幼儿园教育计划管理基本要求和幼儿园教育实践管理基本要求。1990年始，试行国家教委《幼儿园工作规程》。1992年，国办园落实《幼儿园工作规程》，推行班级教养工作计划管理规范要求和幼儿一日生活规范。1994年，根据《天津市托幼园所分级分类评估标准》规范幼儿园管理。1999年，制订幼儿园一日生活常规内容及要求，规范幼儿园日常管理。2000年，制订托幼园所保育费使用实施意见，对托幼园所规范收费，建立规章和监督保障机制。2003年，制订托幼园所注册登记办法，规定托幼园所注册登记基本条件，规范各类学前教育机构办学行为。2004年，制订托幼园所班级管理工作实施方案，规范幼儿园班级管理。2008年，修订幼儿园工作流程及要求，对幼儿园教师教育

行为规范管理。2010年，贯彻《幼儿园教育指导纲要（试行）》，制订各类型幼儿园保教质量年度检查办法，对各类幼儿园年检。

第二节　保育　教育

一　保育

幼儿园学制三年，入园年龄为3周岁以上，开设小、中、大班。办班规模大班35人，中班30人、小班25人。1996年，实行保育与教育相结合，合理安排一日生活。每个幼儿园设符合国家标准的食堂，每周制订食谱，一日三餐营养科学，合理搭配，满足幼儿发育需要。建立保健室，设保健医生或专人负责幼儿日常卫生保健。定期卫生扫除，每日放学后做室内卫生，保持良好卫生环境。每个班级设保育教师，负责幼儿生活照料和管理。

二　教育

1981年始，贯彻教育部《幼儿园教育纲要》。1984年，幼儿教育由单一分科教学模式发展为综合教学模式。1996年，对幼儿实施体、智、美全面发展教育。教育内容主要为健康、语言、社会、科学、艺术等5个方面，培养情感、态度、能力、知识和技能。依据幼儿身心发展规律和学习特点，创设温馨、宽松、尊重、支持环境，发挥各教育环节功能，满足幼儿通过直接感知、实际操作和亲身体验获取经验需要。以游戏为基本活动，为幼儿提供充足活动时间，采用多种教育形式，满足幼儿不同个体需要，在与人、事、物接触和丰富多彩活动中，体验学习快乐、探究乐趣，养成良好行为习惯。开展"听音乐、编故事""苗苗画展""优健美"儿童评选等活动。

2001年，出版发行《学前教育'九五'科研成果集》5000册。2002年5月，出版《编织童年》一书。2005年，在全国教育科学"十五"规划国家重点课题"整体构建学校德育体系深化研究与推广实验"中被评为先进试验区，第十四幼儿园获先进实验园。至2008年，第一、十九、八、十八幼儿园晋升为市示范幼儿园。第十四、二十、十、二十二、二十三、三幼儿园，少年宫艺术体育幼儿园，天津师范附小幼儿园，美中博乐儿童学园晋升为天津市一级幼儿园。2010年，《家园社区协同教育途径的研究》在市学前教育"十一五"课题研究中获优秀科研成果奖。

三　幼儿园选介

照20－1　红桥区第一幼儿园外景（区教育局提供）

第一幼儿园始建于1952年。2010年，有两个园区，总园在五爱道26号，占地1.04万平方米，建筑面积6432平方米；分园在西青道建设里二条7号，占地3200平方米，建筑面积1907平方米。有24个教学班，800余名幼儿；教职工85人，教师均为本科、研究生学历，中学高级教师职称6人；特级教师2人；名师3人；学科带头人5人；获市、区级荣誉教师53人次；获市、区优秀教育活动奖教师23人次；获区"三杯一奖"竞赛45人次；获市、区教学竞赛奖32人次；参与市、区课题研究73人次。该园是市首批示范幼儿园，以"和谐、文雅、启智、诚信"为园所文化。以和聚情，让园所管理人文科学；以雅促行，让教师团队积极向上；以智培能，让幼儿身心健康成长；以信传承，让社会家长美誉攀升。

把"为孩子的快乐人生奠基"作为办园理念。将环境教育、艺术教育、亲子教育融为一体，努力促进幼儿身心健康、和谐发展。构建高品位教师素养文化，倡导"爱心滋润孩子，童心陪伴孩子，诚心关注孩子，恒心塑造孩子"教师教育理念。"和雅智信"浸润着红桥一幼每一个幼儿和教师，园所处处洋溢快乐生活幸福气息。

四　特色学前教育选介

2010年，天津市学前教育特级教师许洪媛工作室在教育中心成立，成员包括区属幼儿园教学园长、骨干教师，形成相携互助智慧型研究团队。工作室指导教师参加市幼儿园优秀教育活动评选，获一等奖26人次；指导教师参加历届市幼儿园教学技能竞赛，获一等奖60人次；指导幼儿园完成市学前教育学会"十一五课题"，7所幼儿园获得成果一等奖；独立承担天津市幼儿教研室教育教学改革科研课题"职初教师专业培养策略的实践研究"，成果获天津市第五届幼儿园教改成果一等奖；"双主体互动教研模式的探讨与实践"立项为中国学前教育学会"十二五"科研课题，研究成果为国家级一等奖。多篇论文获市学前教育优秀论文评选奖并在《天津教育》发表。

第三章　初等教育

80年代中期开始，进行小学布局调整，使初等教育格局更为合理。改革教学课程设置，制订学校办学规范，减轻课业负担，全面推进素质教育，提倡德智体美均衡发展。重视思想品德培养，开展多种形式的主题教育和社会实践活动。进入21世纪，启动廉洁文化进校园，对青少年进行廉洁教育，从小培养社会主义价值观。

第一节　学校设置　管理

一　学校设置

1995年，小学67所、教学班1109个、在校生5.31万人，适龄儿童入学率99.93%。2001年，雷锋小学迁至中嘉花园新建小学，欢庆里小学迁至原雷锋小学校址，欢庆里小学校舍划归80中学，在大同门小学校舍重建少年宫。2008年，天津师范学校附属小学迁至水木天成小区新建小学。2010年，有小学21所、教学班404个、在校生1.1万人。

1996—2010年红桥区小学布局调整情况表

表20-3

年份	调整情况	建制调整
1996	铃铛阁小学撤销	-
1997	太阳宫小学撤销	-
1998	朱家花园小学与东方红小学合并	撤销东方红小学建制
	旱桥小学与北竹林小学合并	撤销北竹林小学建制
	桥北小学与老河口小学合并，更名为红桥小学	撤销老河口小学建制
1999	红桥小学与西沽小学合并	撤销西沽小学建制
	西青道小学与复兴路小学合并	撤销复兴路小学建制
	金华桥小学与关下小学合并	撤销关下小学建制

续表

年份	调整情况	建制调整
1999	芥园小学与鱼市小学合并	撤销鱼市小学建制
	西关街小学与南头窑小学合并	撤销南头窑小学建制
	佟楼小学与朱家花园小学合并	撤销朱家花园小学建制
	民族小学与太平街小学、大伙巷小学合并	撤销太平街小学、大伙巷小学建制
	北阁小学与小伙巷小学合并	撤销小伙巷小学建制
	中心小学与如意庵小学合并	撤销如意庵小学建制
	大胡同小学与光辉小学合并	撤销光辉小学建制
2000	北马路小学与大胡同小学合并	撤销大胡同小学建制
	洪湖里小学与子牙里小学合并	撤销子牙里小学建制
	酒厂前小学与一号路小学合并	撤销酒厂前小学建制
	河北大街小学与北开小学合并	撤销北开小学建制
	西站小学与赵家场小学合并	撤销赵家场小学建制
2001	中心小学与小西关小学合并	撤销小西关小学建制
	旱桥小学与同义庄小学合并	撤销同义庄小学建制
	河北大街小学与北开小学合并	撤销北开小学建制
	新村小学与三号路小学合并	撤销三号路小学建制
	欢庆里小学与大同门小学合并	-
2002	文昌宫回民小学与西关街小学合并	撤销西关街小学建制
	丁字沽小学与卫星小学合并	撤销卫星小学建制
2003	北马路小学与河北大街小学合并	-
	桃花园小学与五爱道小学合并	撤销五爱道小学建制
	本溪路小学撤销	-
	福泉里小学与金华桥小学合并	-
	河北大寺小学与关上小学合并	撤销关上小学建制
	西站小学与河北大寺小学合并	-
	邵公庄小学与佟楼小学合并	-
2004	佳园里小学与千里堤小学合并	撤销千里堤小学建制
2005	红星小学与一号路小学合并	撤销一号路小学建制
	西站小学与北阁小学合并	撤销北阁小学建制
2006	师范学校附属小学与西青道小学合并	撤销西青道小学建制
2007	中心小学与乐安里小学合并	撤销乐安里小学建制
2008	福泉里小学撤销	-
	邵公庄小学与芥园小学合并	撤销芥园小学建制
2009	文昌宫民族小学与民族小学合并	撤销民族小学建制
2010	实验小学与红星小学合并	撤销红星小学建制
	北马路小学与旱桥小学合并	撤销旱桥小学建制

2010年红桥区公办小学一览表

表20-4　　面积单位：平方米

名　称	创办年份	地　址	班级数(个)	学生数(人)	教师数(人)
跃进里小学	1958	西青道幸福里平房11号	25	675	114
杨庄子小学	1962	西青道杨庄子大胡同10号	10	304	36
邵公庄小学	1964	红旗路30号	20	522	95
文昌宫民族小学	1959	春雨路1号	29	691	118
中心小学	1904	小西关乐安里3号	11	233	62
西站小学	1987	大丰东马路35号	6	138	53
北马路小学	1963	同义庄大街6号	17	266	74
天津师范学校附属小学	1980	水木天成团结路1号	40	1270	171
工人新村小学	1952	丁字沽五爱道30号	35	1025	112

续表

名称	创办年份	地址	班级数(个)	学生数(人)	教师数(人)
桃花园小学	1991	零号路红塔寺大道1号	20	510	60
红桥小学	1998	北大街105号	12	315	54
洪湖里小学	1984	西于庄奋斗道洪湖中路8号	15	353	57
欢庆里小学	1964	西于庄纸厂大街21号	6	143	32
天津市雷锋小学	1937	中嘉花园绮水苑旁	12	313	48
实验小学	1960	丁字沽二号路1号	43	1363	220
红桥区外国语小学	1981	咸阳北路兴城南道6号	20	549	77
清源道小学	1982	咸阳北路清源道2号	15	360	54
丁字沽小学	1933	丁字沽零号路35增1	11	345	27
佳园里小学	1998	佳园里中心路1号	18	528	79
佳宁里小学	1990	佳宁里小区内	25	691	65
佳春里小学	1995	佳春里小区内	14	377	45
合计			404	10971	1653

二 学校管理

1996年，制订加强音美课教学意见和小学加强管理提高教学质量的规定，督促学校全面落实课程计划，深化课堂教学改革，强化课堂教学管理。1997年，制订各中小学学生一日生活和一周生活原则意见，对学校落实课程计划，保证学生全面发展时间和空间。严格落实国家教委和市、区教育行政部门有关减轻课业负担规定和要求，制订规范学校办学行为要求，加快推进素质教育，规范学校办学行为，减轻中小学生课业负担。1998年，下发“小学管理规程”实施细则，规范学校管理工作。制订小学学籍管理规定，规范学籍管理确保学生有序流动，保证入学率与巩固率100%。

第二节 德 育

一 主题教育活动

1980年，开展“五讲四美”教育活动。1984年，开设思想品德课。2003年，实施新课程改革，开设品德与生活、品德与社会课，加强青少年学生文明礼仪教育。2008年，在文昌宫民族小学展览馆举办教育系统民间艺术博览会。2009年，以养成教育为重点，实施“德育工作11135工程”。开展“主题班队会、诗歌朗诵会、板报设计大赛、交通安全征文、感恩行动——我帮父母做家务、我是绿色使者、志愿者在行动”主题教育活动。

二 社会实践活动

1986年，55所小学开办家长学校，拓宽学生教育途径。1987年，有社会实践点417个，活动场所设在工厂、商店、社区、残疾人和孤寡老人家中。1992年，社会实践点发展到2052个，校外辅导员1350人。200名中小学生组成“区中小学史情演讲团”，在吕祖堂、烈士陵园、三条石历史博物馆和引滦纪念碑等史情教育基地开展社会实践活动。

三 学雷锋活动

雷锋小学每年开展学习雷锋主题活动。2002年，“千万个雷锋在成长”塑像和“雷锋同志事迹展室”在雷锋小学落成。至2010年，每年在各学校开展学习雷锋纪念日主题活动。

2006年，在雷锋小学举行“让雷锋精神发扬光大—全国雷锋学校聚津门”大会。辽宁抚顺市等雷锋小学代表参加会议。是年，教育学会雷锋精神研究会成立。

2002—2010年红桥区雷锋纪念日活动主题一览表

表20-5

年份	活动主题	年份	活动主题
2002	乘着雷锋号远航	2007	雷锋园绽放雷锋花
2003	让雷锋精神发扬光大	2008	同在一方热土 共建和谐社区
2004	学雷锋故事会	2009	雷锋精神永驻心中
2005	与军体英雄手拉手	2010	雷锋精神在这里延续
2006	雷锋人相聚津门	-	-

四　廉洁文化进校园

2005年，召开廉洁文化进校园和青少年廉洁教育工作启动大会，制订开展廉洁文化进校园和青少年廉洁教育活动实施意见。以“敬廉崇洁，诚信守纪”教育为主题，各学校开展“廉洁教育周五个一”活动。征集小学廉洁教育书法、绘画作品千余件。开展“小手拉大手，争当廉洁小助手”活动，共赏亲子影片、共唱亲子歌曲、共读一本书、共写亲子征文，创编古诗文、格言警句诵读、小品、课本剧、童谣等廉洁教育文艺节目。2008年，学生思想道德建设与“八荣八耻”社会主义荣辱观教育结合，开展“八要八不要，文明伴我行”“树立社会主义荣辱观承诺书签字”“百部爱国主义电影校园行”“科普百校行”“敬廉崇洁，诚信守纪”“感动校园人物”评选、法制教育系列活动；开展“第三届弘扬和培育民族精神教育月”活动；评选首届“红桥魅力少先队”。

第三节　教　学

一　学制与课程

1979年，小学学制为五年制，开设语文、算术、英语、图画、体育等课程，高年级增设自然、历史、地理课程。1984年，小学学制由五年制向六年制一次性过渡，增设思想品德、书法和法制教育课。1999年，六年级学习初中课程，开设语文、代数、英语、政治、历史、地理等课程。2003年，实施新课程改革，开设语文、数学、英语、品德与生活、品德与社会、体育、音乐、美术、科学、综合实践课程，同时开设地方课程和学校课程。品德与生活、品德与社会、语文、数学、英语、科学、音乐、美术、体育课均使用国家规定九年义务教育教材。3—6年级英语课，使用义务教育课程标准《英语（新版）》教科书、教学参考书及配套录音教材。

二　教学管理

2001年，实验小学作为市实验校先期进入课程实验。2003年，基础教育课程改革实验在一年级全面推开。38所小学全部进入课程改革，把培训作为进行课程改革实验基础性工作。2004年，召开小学教育教学工作会，提出全面推行素质教育，提高教育教学质量。2005—2008年，小学从注重分数与升学率竞争转向注重学校内涵发展，向“一校一品”方向发展。2006年，组织英语节目展演活动，32所学校英语教师和学生同台表演。“均衡发展合作学区”被列入区政府社会工程之一。2008年，召开“均衡发展合作学区”启动会，建立以软硬件条件较强学校为中心，地理位置相对近学校为成员，组成均衡发展合作学区，形成优质教育资源共享。2009年，把管理重心和研究重心引向课堂。2010年，由24位教学校长组成课堂教学指导团，对课堂教学客观分析评价。

2008年红桥区小学合作学区划分一览表

表20-6

合作学区	中心校	成员校
第一合作学区	文昌宫民族小学	回民育才学校小学部、中心小学、西站小学、福泉里小学、北马路小学、旱桥小学
第二合作学区	跃进里小学	杨庄子小学、邵公庄小学、芥园小学、培智学校
第三合作学区	天津市师范学校附属小学	新村小学、桃花园小学、红桥小学、洪湖里小学、欢庆里小学
第四合作学区	实验小学	红星小学、丁字沽小学、雷锋小学、咸阳北路小学、清源道小学
第五合作学区	佳园里小学	佳宁里小学、佳春实验学校小学部

三　教学成果

2005—2008年，确定7个课改专项课题申报天津市课程改革专项研究课题。2008年，课题中3个课题研究成果在全市展示。《小学体育学科课程资源开发与利用》研究专题获市优秀成果奖。2006—2008年，英语学科承担全国课程教材中心“基础教育英语教学评价实验项目”课题，10所学校英语教师参加研究。

2007年，小学语文、数学、英语教研员以新课程标准为依据提出教学三维目标，制订小学一至五年级语文、数学、英语3个学科三维目标体系，编辑成册供全区使用。2009年，在市小学课程改革阶段性总结大会上介绍课程改革成果。

四　教学成果选介

2008年，小学数学特级教师徐长青工作室在教育中心成立，为教育系统以教师本人名字命名的第一个名师工作室。工作室成员来自天津市不同学校，成立11所实验基地，完成10余项国家级科研课题研究，培养3名市级未来教育家奠基工程学员和多名区级数学学科名教师。3名成员被评为市特级教师，34人应邀在全国参与讲学和专场报告活动，3人在天津市第四届校长论坛上获奖。独立承担国家级课题23项，参与课题研究近百项。

第四节　体育教育　艺术教育

一　体育教育

1990年始，贯彻《国家体育锻炼标准》，规范体育课程，开展大课间活动，促进学生体质发展。1996年，6所小学获市实施国家体育锻炼标准先进单位。2000年，举办区第一届学校体育艺术节，18所中小学5200余人参加，健身操、太极拳、舞蹈等在开幕式上作大型表演。2004年、2008年举办第二届、第三届学校体育艺术节，万余师生参加健身操、太极拳、舞蹈等大型表演。

二　艺术教育

2002年，各校举办学校文艺展演、学生合唱节、校园艺术节等艺术教育活动；成立民乐、舞蹈、合唱、话剧、剪纸、书法等艺术社团、艺术兴趣小组。2003年，启动各中小学参与的中小学“健康工程”实验与研究，出版《健康第一全面发展》文集。2005年，在中小学开展“体育艺术2+1项目”实验。建立区校两级高水平学生艺术团，参加市学校文艺展演。2006年，实验小学被第29届奥运会组委会和教育部批准为“全国2008奥林匹克教育示范校”。2007年，各学校阳光体育运动启动仪式与全国联动，第一届学校阳光体育冬季长跑活动启动。2008年，举办庆祝“六一”国际儿童节大会，以金色童年为主题举行艺术社团汇报演出。2009年，各中小学校普遍开展阳光体育活动，举办春、秋季中小学田径运动会，开展篮球、足球、乒乓球、健美操、“三跳”、冬季长跑等10余项体育竞赛活动。被评为市阳光体育先进区县，9所学校被评为市阳光体育先进学校。2010年，获全国阳光体育运动先进区县称号。

三　学校选介

天津师范学校附属小学始建于1980年，占地5948平方米；2008年，扩建面积至2.53万平方米，建筑面积1.25万平方米。建有图书馆、体育馆、礼堂及音乐、美术、科学等专用教室。2010年，学校有教师200人，专任教师175人，在校学生1631人。

照20-2　天津师范学校附属小学外景（区教育局提供）

学校把办学特色与现代教育思想相结合构建学校文化，科技和艺术教育为办学特色，创建富有特色的课程文化，开设12门校本课程，出版发行2本校本教材。先后被评为中国教育学会中小学整体改革专业委员会实验基地校；天津市首批“三A”学校、首批义务教育示范校、首批“双高普九”规范校、首批天津市义务教育现代化学校达标校；艺术教育示范校。为全国知名学校、市品牌学校。

第四章　普通中等教育

80年代初，对中学教育和布局结构调整，多所学校增设高中部，建设特色学校。实施有效课堂教学，形成多元化学生评价体系，取得优异成果，多所学校被批准为市、区级重点中学或示范校，初中毕业率和巩固率名列全市前列。各校开展传统美德教育和廉洁教育，形成寓教育于各科教学和活动中全方位德育工作体系。社会实践活动实现制度化，注重综合发展，体育和艺术教学成果显著，被评为全国阳光体育先进区。

第一节　学校设置　学校管理

一　学校设置

1978年，新建中学7所。1981年始，对中学教育结构进行调整。至1984年初见成效。1995年，对教育布局进行调整，调整后区内中学38所。2000年，八十中学和西青道中学增设高中部。2001年，颐和中学增设高中部。2003年，回民中学与民族小学组建回民育才学校，佳春中学与佳春里小学组建佳春实验学校。2010年，全区有公办中学9所。

2010年红桥区公办中学一览表

表20-7　　面积单位：平方米

名称	创办年份	地址	学段	班级数（个）	学生数（人）	教师数(人)
天津三中	1901	丁字沽一号路向东道1号	高中	22	828	69
			初中	12	472	64

续表

名称	创办年份	地址	学段	班级数（个）	学生数（人）	教师数(人)
天津五中	1945	桥北大街58号	高中	27	1071	103
			初中	8	247	56
民族中学	1954	西青道87号	高中	23	997	114
			初中	20	699	72
第五十一中学	1955	芥园道小西关习艺所南街4号	高中	25	836	137
			初中	20	772	107
第八十中学	1962	（南院）增产大街107号（北院）光荣道39号	高中	21	636	97
			初中	26	917	96
铃铛阁外国语中学	2003	芥园道13号	高中	6	237	57
			初中	23	730	114
第八十九中学	2007	洪湖东里1号	初中	20	1081	45
西青道中学	1964	西青道171号	初中	16	330	99
佳春中学	1996	佳春里18号	初中	8	269	62
合计				277	10122	1292

二　学校管理

1979年，实施研究有效课堂教学，多元化学生评价体系基本形成。1980年，天津五中和四十中学被市教育局定为重点学校。1984年，天津三中和民族中学被市教育局定为重点校。1986年，充实初中办学实力，投入40万元改善薄弱校办学条件。1987年，在市初中毕业生统考中，毕业率94.23%，巩固率90.8%，居全市第二。1992年，八十中学被批准为区级重点中学。1995年，五十一中被市教育局定为重点学校，西青道中学被批准为区级重点中学；八十中学、六十二中学、六十五中学、北门东中学、西沽中学、三条石中学被市教育局命名为普及九年义务教育示范校。1996年，制订加强音美课教学意见，督促中学全面落实课程计划。1997年，制订中小学学生一日生活和一周生活原则意见，规范中小学日常管理要求。制订规范学校办学行为要求，规范办学和教师教育行为。

2005年，制订加强教师队伍管理意见和加强中小学教师职业道德建设意见。2007年，制订新课程下一节好课评价标准。2008年，制订课改年级信息技术和通用技术学业考试方案。2009年，制订提高课堂教学质量意见。2010年，改变以升学考试分数简单相加作为唯一录取标准做法，实行优质高中初中部招生指标定向分配方案。

第二节　德　育

一　主题教育活动

1991年，推进班集体建设工作，制订高中、初中班集体建设工作考核办法和具体标准。1992年，落实"一个活动"即升旗活动，要求学生做到"干干净净、整整齐齐、规规矩矩、彬彬有礼"，强化学生日常行为规范教育，各中学升旗仪式达到国家教委标准要求。1993年，召开区传统美德教育实验工作会议。1994年，以《中华三千年美德》一书为教材，在全区开展传统美德教育。

照20-3　2010年，雷锋小学组织主题班会活动　（区教育局提供）

系列展示活动集锦二》。下发高中新课改总结展示活动方案。2010年，高中新课改总结展示活动完成。举办常态课展示活动，重点展示和听评348节常态课，参加听评课2967人次。

（三）升学 1999年，普通高中升学于每年3月进行高考外语听力考试。考试中心负责采集考生信息，对考生照顾政策审核，落实高考考生建档和高考组织。

1999—2010年红桥区普通高考录取统计表

表20-8

年份	考试人数	录取人数	录取情况（人）				录取率（%）
			本科			大专、高职高专	
			本科合计人数	其中本科一批			
				人数	含保送生数		
1999	1929	1607	964	458	8	626	82.96
2000	2123	1940	1379	585	11	561	90.91
2001	2778	2346	1579	679	1	767	84.42
2002	3285	2668	1658	677	5	1010	81.09
2003	4120	3476	2016	795	2	1460	84.33
2004	4765	3883	1815	578	3	2068	81.44
2005	4466	3748	1786	468	–	1962	83.92
2006	4925	3463	1629	358	–	1834	70.31
2007	5052	3527	1768	417	–	1759	69.81
2008	4875	3337	1978	450	2	1359	68.42
2009	3475	3074	1709	316	–	1365	88.46
2010	3184	2928	1611	244	–	1317	91.96

三 教学成果

2008年，初中课改专题研究完成中期总结汇报。《新课程理念下优化教学过程的研究》等5项研究专题，在市初中课改专题评审检查中受到表彰和奖励。

2009年，天津市中学生物特级教师李新花工作室在教育中心成立。工作室成员由11名来自天津师范大学、兄弟区县和区特级教师、名师和学科骨干教师组成。开展《在“审美自律”中提高校本教研有效性》《中国百年教科书整理与研究》等4项国家级和省市级课题研究，3篇论文获市创新论文奖和“双成果”奖。培养2名“天津市未来教育家”、2名区级学科带头人和4名区级“名教师”；指导2名教师在全国中学生物教学竞赛活动中获教学一等奖，2名教师获市“双优课”评比活动一、二等奖。

第四节 体育教育 艺术教育

一 体育教育

1989年，中学施行《国家体育锻炼标准》。1990年，开展大课间活动推进学生体育锻炼。1996年，4所中学获市实施国家体育锻炼标准先进单位。2000年，举办第一届学校体育艺术节5200余人参与。2004年和2008年，举办第二届、第三届区学校体育艺术节。2002年，红星中学被评为全国学校体育工作先进单位，天津三中等2所中学被评为市学校体育工作先进单位。2003年，启动实施全国“十五”学校体育卫生科研规划重点课题《红桥区中小学“健康工程”实验与研究》，出版《区域学校体育卫生发展研究》《健康第一，全面发展》文集。2007年，举办春、秋季2次中小学田径运动会及10余项体育竞赛活动。各中小学阳光体育运动启动仪式与全国亿万学生阳光体育运动启动仪式联动同期举行。2010

年，被评为全国阳光体育运动先进区。

二 艺术教育

2002年，各中小学开展学校艺术社团活动、文艺展演、学生合唱节、校园艺术节等多种形式艺术教育活动，全面提高学生审美素质和艺术修养。各校班级合唱活动不断深入并结合学校实际情况，成立以民乐、舞蹈、合唱、话剧、剪纸、书法等艺术活动为载体的艺术社团、艺术兴趣小组，各校每年举办一次校园艺术节。2005年，建立区校两级高水平学生艺术团，“体育艺术2+1项目”实验全面展开。2006年，6所中学通过市优秀体育后备人才学校评审组评审检查，被命名为“天津市优秀体育后备人才学校”。2008年，举办以“金色童年”为主题的艺术社团汇报专场演出。

三 学校选介

天津三中始建于1901年，是天津第一所官立中学，1949年，定名为天津三中。1959年和1984年，两次被定为市级重点校，1994年，列入中国名校。为市示范高中校、三A学校，义务教育现代化学校。学校占地6.93万平方米，建筑面积4.5万平方米，有1.3万平方米体育艺术中心。2010年，有教职工262人，市特级教师9人，中、高级教师占任课教师75%。区级以上学科带头人17人，区级名校长、名教师、名班主任近40人，市级劳动模范2人。学校秉承“以师生为本，共同发展，追求卓越”办学理念，坚持文化育人办学特色和严谨治学教风，培养高尚品德、高强才智、高质身心创新型人才，历年中、高考成绩在全市位居前列。学校与美国等国家和中国台湾地区10余所学校建立友好联系。2010年，申办孔子课堂正式落户韩国仁川新岘女子高中，成为仁川市第一所孔子课堂。学校获得全国教育系统先进集体等多项荣誉。

第五章 职业技术教育

随着改革开放的深入，原有职业教育规模和专业设置不能满足社会需要，职业教育脱颖而出，填补社会急需专业空白。80年代初，职业教育孕育而生，成立3所职校，中期发展到9所，成为职业教育发展的黄金期。近30年中，职业教育经过兴办、发展、拓宽、调整、再发展几个历史阶段，为经济建设培养数以万计中等技术人才。

第一节 学校设置 学校管理

一 设置

1982年始，兴办职业教育。幼教、服装、商业会计职校相继成立。1983年，护士、工业会计、环保、文档、企业管理职校成立，职业学校发展到8所。1984年，与天津市汽车工业公司联合开办天津市汽车工业职业学校，开设中专层次汽车制造专业和技工层次的钳工专业。是年，护士职校被批准为中等专业学校。1986年，工业会计职校被批准为中等专业学校。1987年，职业教育布局调整，医药职专与企业管理职校合并，撤销企业管理职校建制。1988年，幼教职校升为幼教职专。成立商业职校。1991年，护士职专与环保职校合并，撤销环保职校建制。1992年，幼教职专与文档职校合并，更名为育英职专，撤销文档职校建制。护士职专被国家教委认定为省（部）级重点职专。1993年，在服装职校开办预备军人职校。1994年，医药职专更名为北洋职专；护士职专更名为卫生职专；汽车职校提升为汽车职专。1995年，服装职校更名为东方职校。北洋职专、汽车工业职专被批准为省（部）级重点职专。红桥职业教育调整为卫生职专、育英职专、北洋职专、汽车职专和东方职校（预备军人职校）、商业职校。2000年，红星职专批准为国家级重点职专。2002年，北洋职专与立仁职专（商业职校）合并调整，撤销立仁职专建制。2003年，育英职专与东方职校、燎原中学（汽车职专）合并，育英职专被批准为省（部）级重点职专。红星职专（卫生职专）与六十二中学合并。育英职专和北洋职专完成国家级重点职业学校申报验收。2004年，北洋职专与育英职专合并。

2006年，区职业教育集团成立，成员单位有北洋社区学院、红星职专、育英职专；成立由北洋社区学院和红星职专组成的区职业教育中心。2007年，红星职专及生物技术实训基地被确定为市首批示范性职业院校建设项目和实训基地建设项目。教育局为红星职专改扩建投资1.4亿元，改扩建后占地6.66万平方米，建筑面积5.7万平方米，成为具备一流办学条件的示范性中等职业学校。

1982—2009年红桥区职业学校基本情况一览表

表20-9

名称	创办年份	地址	主要专业	撤并年份
育英职专	1982	咸阳路21号	幼教　文秘	2004
东方职专（预备役军人职校）	1982	咸阳路6号	服装设计 服装制作	2003
立仁职专	1982	西青道89号	烹饪 商业会计 金融保险	2002
北洋职专	1983	光荣道18号	医疗器械 医药经营管理 审计 西方会计与电算化 计算机及应用	2009
红星职专	1983	丁字沽三号路45号	护士 护理 妇幼医士 中等医士 中药制药医学影像 药品检验 药剂士	—
环保职校	1983	本溪路18号	环保	1991
文档职校	1983	西青道179号	文秘	1992
企业管理职校	1983	营门东马路43号	工业会计	1987
汽车职专	1984	洪湖东路1号	汽车制造 计算机信息 科技日语 数控技术 钳工 维修电工 车工	2003

二　管理

1992年，职业学校成立职教处，负责教学管理工作。1997年，成立信息处，负责招生宣传和毕业生推荐工作；卫生职专增设实训处，负责学生专业实习工作。2010年，以机制建设为学校发展推动力，形成“一抓生源，二抓管理，三抓项目”工作思路。采用“教、学、做一体化”教学模式，建立功能完善校内实训机制，形成以工作室为纽带立体化校企合作机制。学校建立科研先创，注重转化教育科研机制，建立面向未来双师型教师队伍机制。通过内培、外引，形成专兼职比例协调发展教师团队。

第二节　教学　就业

一　学制课程

1982年，职业教育学制分为职专四年，职校（技工类）三年，初职班二年。1999年，市教委和市职教中心对专业重新审定，职专多数专业学制调整为三年。联办职业学校专业设置多由校企共同商定。随着企业改革，联办关系逐渐淡化，学校根据社会需要开设专业。2010年，区职业学校开设几十种专业。课程分为基础课程和专业，基础课程由市职教中心统一设置，使用统一教材；专业课程各职业学校根据开设专业与联办单位协商确定。

二　教学管理

1998年，安排课程突出实验课、实习课教学，强化专业技能培养，开设多种活动课，使学生素质全面发展。2002年，北洋职专通过市中职学校专业课程教学实施方案审定。2004年，红星职专召开教学工作会议。2010年，红星职专实现学生校内生产实训，职业教育管理工作落实课堂教学管理制度，做到检查、讲评、反馈、改进、提高。以技能培训为目标，开设技能、活动、文化类选修课25门，将学生社团活动纳入选修课管理。组织专业技能培训、专业技能比赛及展示活动。

三　办学成果

照20-5　2009年，全国职业院校技能大赛中职组美容美发技能比赛在红星职专举办（区教育局提供）

1994年，北洋职专学生参加市计算机程序设计及操作竞赛，获市级团体第一名。1995年，职专参加市计算机能力竞赛，获团体第二名。1997年，卫生职专承担天津市第二届做跨世纪人才职业学校技能大赛，获最佳组织奖，学生获二等奖1名、三等奖1名，2名教师获优秀指导教师奖。1998年，北洋职专在市做跨世纪人才技能比赛中获第三名；在市计算机技能大赛中获团体第三名、个人第一名。2000年，红星职专参加并完成2个国家级科研课题。2001年，红星职专承担市教委天津市新世纪首届职业学校技能大赛，获特别贡献奖，获优秀奖2人；在第十届海峡两岸珠算通信比赛中获优胜奖。2004年，18名选手参加市技能比赛英语演讲和计算机技能比赛。2005年，34名学生参加市职业学校学生技能大赛计算机技术、电子电器技术、汽车维修技术比赛，获二等奖5个，三等奖10个，纪念奖19个。2006年，在市职业教育工作会上，红星职专被评为市职业教育先进单位。2007年，参加市中等职业学校职业技能比赛，59人参加计算机技术、职业生涯设计等八项比赛，获二等奖9人，三等奖8人。2008年，参加市中等职业学校技能比赛暨全国首届职业院校技能大赛预选赛，15人获奖。参加区职校技能比赛获一等奖21人，二等奖44人，三等奖65人。2009年，红星职专承办全国职业教育技能大赛美容美发项目比赛，202人次分获一、二、三等奖。旅游育才职专获二等奖5人，三等奖5人。2010年，参加全国DI大赛总决赛，囊括职专组集体一、二、三等奖。在第二届市“源丰杯”中等职业学校技能大赛中，获市级一等奖3人，二等奖1人，三等奖9人。

四　升学就业

1986—2004年，红星职专在10余家医院建立实习基地，学生全部以基本功扎实、专业技能强被各医院录用。1997年，55人顺利通过公务员考试。1998年，卫生职专完成所有专业与大专接轨，初步形成推荐就业、升学、自谋职业三结合安置途径。1999年，北洋职专开办课程改革实验班，开设经贸英语专业，首批新高职20余人全部上线。2000年，红星职专参加新高职考试上线率80%，考入本科10人。2002年，红星职专实现所有专业与企业联办，与天津泰达药业有限公司等5个单位签订联合办学协议书，实现学生实习和就业统筹安排，保证就业一次推荐率100%。北洋职专毕业生职业资格鉴定100%通过。2004年，北洋职专开办“中职接高职三二分段”办学模式。2005年，红星职专开办三二连读实验班；与天士力集团联合开办天士力班，实行“订单式”培养模式，毕业生推荐就业率98%。2006年，红星职专与眼科医院、人民医院试行“半工半读”“工学交替”模式，一次就业推荐率100%，就业率95%，双证书率100%。2008年，红星职专举办校园招聘会，推出400余个实习就业岗位，学生推荐率100%，就业率95%。2010年，红星职专与天士力药业股份有限公司、眼科医院、天津机场、广州白云机场、松下电子、三洋能源等50余家企业签订长期实习协议，与11家企业签订企业资助免学费“订单培养”协议，实习就业推荐率100%。

五　学校选介

红星职专建于1983年。占地6.75万平方米，建筑面积6万平方米，达到国家级重点中等职业学校A级标准。有教学区、实训实验区、综合办公区、体育训练区和生活服务区等5个功能区。20层主楼集行政管理、图书阅览、计算机中心等功能为一体。为教育部认定的首批国家级重点职业学校，天津市首批国家中等职业教育改革发展示范校。学校坚持“以服务为宗旨，以就业为导向”教育方针。实训设备齐全，被教育部认定为生物技术、现代服务实训基地，电子、通信技术、计算机网络技术实训基地。2010年，学生职业资格证书考核通过率100%。春季高考上线率达报名考生98%以上。学校以天士力等80余家大中型企业为就业基地，学生就业推荐率100%，当年就业率98.5%以上。获全国德育工作先进单位、市文明学校、市级“三A”学校、市职业教育先进单位等称号。

照20-6　2009年，红星职专改扩建工程完工　（区教育局提供）

第六章　成人教育

1979—2010年，随着改革开放不断深入，成人教育经过发展和调整阶段，由职工培训到学历教育，由中等职业教育到高等专业教育，由院校教育到社区教育，为社会培养出数以万计各类专业人才。期间，社区教育范围不断拓展，从开始注重职业教育发展到国民素质教育，对全社会综合素质提高起到促进作用。

第一节　职工教育

一　职工学校

1988年，有职工中专1所，教学班20个，学员626人；职工中学1所，教学班80个，学员4397人；业余中学5所，教学班77个，学员2858人；企业办学1所，教学班19个，学员413人；全区196个教学班，在校学员8294人。社会力量办学6所，开展各种文化、技术、艺术培训，有46个教学班1571名学员。1989年，职工中专在电视中专设分校。社会力量办学17所。1990年，业余中学增加市第二育新学校，社会力量办学29所。1991年，社会力量办学26所。1992年，社会力量办学32所，其中市办3所、区办29所。1993年，社会力量办学38所，其中市办4所、区办34所。2000年，社会力量办学46个，其中市立案办学4个、区立案办学42个。2001年，业余职工中学4所，业余高中班18个，学员511人。全区各类成人学校教学班93个，在校学生3424人。2002年，召开老年大学工作协调会。组织办学机构负责人和会计税法知识培训。是年，业余高中在校班17个，招生100人，学员569人。社会力量办学46所，培训7000余人。

2010年，社会力量办学46个，举办社会助学、岗位培训、文化生活、继续教育等各类培训班1245个4.98万人次参加培训。

1988—2000年红桥区职工教育基本情况统计表

表20-10

年份	职工中专		职工中学		业余中学		企业办学		在校学员		社会力量办学	
	班数(个)	学员(人)	班数(个)	学员(人)	班数(个)	学员(人)	班数(个)	学员(人)	班数(个)	学员(人)	期次	人次
1988	20	626	80	4397	77	2858	19	413	196	8294	46	1571
1989	64	1825	63	2497	47	2335	21	496	195	7153	84	2481
1990	47	1750	21	779	99	3950	–	–	181	6479	334	11868
1991	63	1979	9	298	72	3212	–	–	137	5466	502	15534
1992	63	2100	–	–	64	2908	–	–	119	4755	1000	44753
1993	49	1514	–	–	47	2028	–	–	91	3440	934	46688
2000	31	1330	–	–	22	865	–	–	94	3423	1168	46745
合计	337	11124	173	7971	428	18156	40	909	1013	39010	4068	169640

二　职业技能培训

1988年，个体劳动者培训学校成立，举办培训班33期，培训2006人次。其中，取照前培训3462人次，专业技能培训544人次。

第二节　社区教育　成人高等教育

一　社区教育

2005年，组建社区教育工作委员会，下设办公室于教育局。2010年，形成1所社区学院、1所社区教育指导服务中心、9所社区分院、47所市民学校社区教育网络。

1987年，社区教育试点。各街办事处先后建立社区教育委员会，社区干部和校外辅导员担任教师，开设社区暑期青少年成长课堂，学校老师组织学生走访老革命、老战士，接受革命传统教育。社区管片民警和公检法干部担任校外辅导员，对青少年进行法制教育。160余个社区和中小学校开展主题教育及社会实践活动。1988年，制订深化和完善社区教育意见。1999年，社区教育对象由青少年拓展到成人，教育内容拓展到职业教育和国民素质教育。启动《面向21世纪教育振兴行动计划》。2002年始，开展青春健康教育“三走进”(即进社区、进部队、进院校)活动。组织青春健康讲座15场，5000人次参加。2007年，被市确定为第四批全国社区教育实验区。是年，老年人大学正式挂牌迁入天津市北洋社区学院，纳入社区教育整体格局，发挥示范校作用，9所老年人大学分校完善老年人大学示范校、各街道分校、社区教学点三级老年教育网络，成立老年合唱团和服装、太极拳剑、交谊舞、葫芦丝表演队等艺术团体。

二　成人高等教育

1979年后，职工大学按需设教，多层次教育并就，开设本科和大专教育，包括学制班、专修班、单科班及各类培训班。1989年，电大工作站在职工大学挂牌成立，开始招收电大学员。

1988—2002年红桥区职工大学基本情况统计表

表20-11

年份	班数（个）	学员（人）	专业班（含专修班）		学制班		专业证书班		电大学制班		单科培训班（各类培训班）	
			班数（个）	学员（人）	班数（个）	学员（人）	班数（个）	学员（人）	班数（个）	学员（人）	班数（个）	学员（人）
1988	62	2332	40	1720	–	–	–	–	–	–	22	612
1989	64	2403	64	2403	–	–	–	–	–	–	–	–
1990	61	2590	53	2220	–	–	–	–	–	–	8	370
1991	56	1956	–	–	26	732	12	514	7	180	11	530
1992	55	1847	–	–	28	731	5	200	7	180	15	736
1993	44	1412	3	94	31	843	–	–	–	–	10	475
2000	72	2558	–	–	28	870	–	–	–	–	44	1688
2001	61	2206	–	–	31	1145	–	–	–	–	30	1061
2002	45	1741	–	–	45	1741	–	–	–	–	–	–
合计	520	19045	160	6437	189	6062	17	714	14	360	140	5472

第七章　其他教育

80年代，成立聋哑和智障儿童专门学校，探索“医教结合，综合康复”特殊教育模式，逐渐形成学前康复、义务教育、转衔教育一体化办学体系。使生理、智力障碍学生树立生活信念，获得生存能力。进入21世纪，特殊教育取得多方面成果，民族团结教育正式纳入中小学、职校课程体系，逐步成为教育事业重要组成部分。

第一节　特殊教育

一　智障儿童教育

1985年，成立以智力障碍学生为对象的培智学校。学校以“人本为先，生命至上”为办学理念，以学前教育、义务教育、职业教育、送教服务为办学体系。残障适龄儿童入学率、巩固率、毕业率100%。义务教育学段课程设置以《培智学校义务教育课程设置实验方案》为指导，开设一般性课程与选择性课程，并与康复训练领域有机整合。2003年，开设职业教育，该学段培养学生的社会适应能力和初步职业技能，构建文化、工艺、家政、休闲4个领域的课程格局。将教育康复领域扩展为言语治疗、动作治疗、孤独症治疗、奥尔夫音乐治疗4个领域，课程中融入现代医学康复内容，实现课程康复。是年，开设送教上门“阳光家庭课堂”。有60余人次教师走进40余名多残孩子家庭授课4万余节，取得明显社会成效。2009年，“阳光家庭课堂”科研课题获天津市第四届基础教育教学成果二等奖。2010年，开设学前教育，该阶段以市残联《贫困智力残疾儿童康复救助项目》《天津市孤独症儿童救助项目》为基础，以发展性课程为导向，构建适应和康复两个领域的课程。

2005年，学校被命名为市特奥（游泳）训练基地，组建特奥游泳队，26名智障运动员在多个国际、国内比赛中获金牌46枚、银牌23枚、铜牌16枚。2007年，“梦飞智障展能中心”成立。招收39名接受完九年义务教育学生和社区大龄青年。

进入21世纪，开始对“医教结合，综合康复”办学模式研究。2010年，成为全国首批“医教结合”言语康复实验基地校。10余名教师获全国德育科研先进个人称号。50余名艺术特长生在市华夏未来残疾人艺术展演中获一、二等奖；10余名毕业学生走向工作岗位，实现自食其力回归主流人生目标。

二 盲聋哑儿童教育

1982年，建立第二聋哑学校，前身为市盲童学校聋生部。学校按照聋生“以目代耳、依文学语”等生理、认知、思维规律，进行针对性教育教学，开展适合聋生教育和实践活动。2005年，开办视障儿童学前班和家长培训学校，投资设立视觉康复室和感统训练室，对多重残疾学生进行康复训练。在聋校开展艺术教育试点，多名学生作品在“世纪之星”等全国和市书画艺术大赛中获金、银、铜牌。艺术团、体育队多次在中国残联等举办的大赛和特殊教育学生大赛中获奖。师生表演的小品《感谢关爱》参加全国CCTV首届小品大赛，进入决赛。学校舞蹈队曾多次赴世界各地演出。2008年，舞蹈《春天的花衣裳》获第七届全国残疾人艺术汇演特等奖。学校坚持育人为本、德育为先，结合聋生成长发育规律，探索聋校德育教育模式。注重师资队伍建设，经常举办青年教师基本功大赛和教师专业培训。坚持科研兴教，参加“合作学习研究与开发”等国际、国家和市重点课题实验研究，其中“中英思维训练项目”课题研究获市基础教育教学成果奖。

第二节 民族教育

一 发展概况

1979年，在少数民族居住相对集中地区建立幼儿园、小学和中学。学校尊重少数民族生活习惯，为少数民族学生提供良好学习生活环境。1988年，民族教育研讨会成立。1993年，区少数民族教育培训中心成立，专门培训少数民族教育教师。1995年，承办全国开设民族常识课推动会和全国民族校教育学会天津专业会议。2010年，制订《区学校民族团结教育指导纲要（试行）实施方案》，民族团结教育纳入中小幼、职业学校课程体系，全面开设民族团结教育课程。回民幼儿园编订《民族教育活动集锦》，开展民族特色活动，寓教于乐。小学三、四年级开设《中华大家庭》课，五、六年级开设《民族常识》课，初一、二年级开设《民族政策常识》课，高一、二年级开设《民族理论常识》课，职校一、二年级开设《民族理论常识实践教育》课。各民族学校配备民族教育教学教师，使用经国家审定文本和音像教材，确保民族教育质量。在校学生受教育率100%。

二 民族学校设置

1980年始，实施少数民族学生中高考升学加分送档，优先录取政策。1982年，二道街小学改为民族小学。1985年，大伙巷、北阁、同义庄和小伙巷4所小学改为民族小学，与原民族中学、民族小学、西北角回民小学和回民幼儿园等形成民族教育园校网络。1986年，资助各民族园校2.2万元，添置电子琴7台；为民族中学购置外语教学录音机、回民幼儿园装备小型电子琴30台、西北角回民小学计算机房购置空调机。1996—2000年，每年向100名困难少数民族中小学生发放一次性助学金，500人次得到资助。2004年，改扩建民族中学。

2000年，天津五中接受承办内地新疆高中班任务。至2010年，招收十届内地新疆高中班学生千余人，学生来自新疆维吾尔族、哈萨克族、回族、蒙古族等13个民族。2000—2010年，天津五中接收内地新疆高中班学生1149人，毕业633人考入高等院校深造，800余人参加青年党校学习，11人加入中国共产党。163人被评为市、区级三好学生和优秀学生干部，4人考入北京大学、清华大学。新疆高中班连续3年获得区教育教学质量综合评估特等奖、天津市民族团结进步模范先进集体、天津市民族教育工作先进集体称号，多名教师被评为新疆维吾尔自治区优秀教师。天津五中新疆班受到国家民委、教育部高度评价。

三　民族教育成果

2002年，在市中小学民族大团结书法绘画比赛中，作品获一等奖8件、二等奖5件、三等奖9件、优秀奖2件，8名教师获优秀指导教师奖。2003年，在市中小学民族团结教育示范观摩课评比中，育才学校、文昌宫回民小学、洪湖里小学展示活动获市教委好评。2004年，《天津情况》内参刊发区民族教育工作经验。2008年，组织参加市民族学校“庆奥运、颂团结”书画展活动，17名学生获奖，获奖人数居各区县首位。

四　学校选介

天津市民族中学始建于1954年。1978年，被市政府批准为首批市级重点中学，是全市唯一一所以民族命名的中学。1984年，与第四十中学合并，组建新民族中学。2002年，原立仁职专初中部和原六十五中学并入。2003年，被列入市政府改善城乡人民生活20件实事，民族中学示范校建设工程启动，2004年竣工并投入使用。学校占地3.94万平方米，建筑面积3.52万平方米。有教学区、办公区、实验区、艺术活动区、体育运动区、生活服务区及学生公寓等。有一流理化生实验室、生物标本室、特色地理教室、计算机房、多媒体教室及国际语言交流中心等专用教室。2010年，有教职工272人，特级、高级教师百余人，国家及市、区学科带头人、名教师、名班主任数十人。有教学班50个，在校生1937人。特级数学教师赵承烈及其工作室获全国第八届“苏步青数学教育奖”。

2001年，学校被全国民族中学教育协会评为全国民族教育先进单位，获“民族之光”称号。2008年，被命名为全国民族中学示范学校。被评为2010年度天津教育十大特色学校。

照20−7　“民族之光”—历史文化墙（区教育局提供）

照20−8　校园标志性建筑　（区教育局提供）

第三节　民办教育

一　发展概况

1985年，成立6所民办教育机构。至1988年，开办各种学习班2284个，培养各类学员10.28万人。1990年，区政府制订社会力量办学管理办法实施细则，全区社会力量办学进入规范化管理轨道，民办学校增至29所，开办各种学习班334个，在校生1.19万人。1995年，民办教育机构发展到48所，开设各种学习班1091个，在校生5.47万人。2002年，区社会力量办学学会成立，2005年，更名为区民办教育协会。2009年，33所民办学校换发国家“民办学校办学许可证”。2010年，取消九年义务教育阶段公办学校参与举办民办教育培训机构，全区民办学校28所，其中中学3所，小学2所，幼儿园2所，非学历教育机构21所。1985—2008年，每年进行民办学校年检评估，向社会公布年检评估结果。

二 学校管理

2009年，制订民办学校办学档案评比量化标准和民办学校办学档案归档目录，开展办学档案检查评比活动，规范办学档案管理。相继推行民办学校办学风险保障管理机制、校长核准制、招生简章和广告备案制。对已获“社会力量办学许可证”民办学校，进行全面审核检查，对合格者颁发国家“民办学校办学许可证”。2010年，制订民办教育管理暂行办法，为民办教育机构依法管理提供制度保障。

2010年红桥区民办教育机构一览表

表20-12 面积单位：平方米

名 称	创办年份	地 址	占地面积	建筑面积	学段	班级数	学生数	教师数
第一幼儿园实验园	2008	西青道建设里二条7号	3202	1917	学前	7	193	22
美中博乐儿童学园	2008	咸阳路水木天成八区	3283	2487	学前	9	288	27
求真小学	2006	丁字沽十一段勤俭道10号	5648	4606	小学	28	713	74
亚细亚小学	1995	绿山道1号	3188	1594	小学	9	178	28
敬民中学	1998	纪念馆路中嘉花园	450	300	初中	1	25	9
方舟实验中学	2008	凤城路2号	11655	5035	完中	20	665	71
怡和中学	2008	光荣道35号	17316	5926	完中	16	520	69
合计			44742	21865	–	90	2582	300

2010年红桥区民办非学历培训机构一览表

表20-13

序号	名 称	地 址
1	职大教育培训中心	三号路45号
2	民族文化培训中心	西青道87号
3	天津三中培训中心	向东道1号
4	天津五中培训中心	桥北大街58号
5	教育培训中心	风光里55号
6	天津市预备军人驾驶员培训学校	咸阳路21号
7	区职业技术专修学校	勤俭道24号
8	育卓教育培训中心	开源道10号
9	誉华专修学院	竹山路3号
10	卫生培训中心	一号路44号
11	职工中等专业学校培训部	洪湖北路8号
12	育英培训中心	咸阳路21号
13	仁和培训学校	邵公庄后大道31号
14	铃铛阁培训中心	芥园道13号
15	复兴培训学校	芥园道春和路1号
16	北门东中学培训中心	营门东马路43号
17	红星职专培训中心	三号路47号
18	艺术培训中心	光荣道39号
19	少年宫文化艺术培训中心	桥北大街56号
20	民进天津市红桥区务实学校	零号路红塔寺大街1号
21	干部现代办公技术进修学校	永明大道5号

三 学校选介

2008年，方舟实验中学成立，为原方舟中学依法改制的民办全日制完中学学历教育学校，面向全市招生。占地1.17万平方米，建筑面积5035平方米，有教室30间配有多媒体教学设备，有标准理、化、生实验室、计算机房、音美、劳技专用教室，200米跑道塑胶田径场。2010年，学校有教职工90人，专职教师71人，其中专科学历13人、本科学历52人、硕士研究生6人，初级教师9人、中级教师32人、高级教师30人，优秀教师占教师的49%。在校生665人。

第八章　教　师

1979—2010年，教师队伍不断扩大。建设以业务精湛、师德高尚为目标的一支办学理念先进、勇于创新的教师队伍，组织教师参加现代教育理论和现代教学技术培训，加强课堂教学改革和国际交流，走出国门学习先进的教育理念，适应现代教育需要，提高教育质量，全面提升教育品位，促进教育事业发展。

第一节　教师队伍

一　教师数量

90年代，学生生源处于高峰期，师资队伍不断补充。1990年，教职工8746人，其中中学4035人，小学3749人，幼儿园962人。1995年，教职工8566人，其中中学3734人，小学4005人，幼儿园827人。2010年，教职工5021人。

2001—2010年红桥区教职工人数统计表

表20-14

年份	教职工数(人)	年份	教职工数(人)	年份	教职工数(人)
2001	7525	2005	6556	2009	5302
2002	7250	2006	6393	2010	5021
2003	6938	2007	6023	合计	63244
2004	6729	2008	5507	–	–

二　队伍建设

（一）班主任　2005年，召开加强班主任队伍建设工作会议，制订加强班主任队伍建设意见和班主任持证上岗规定。2006年，召开班主任管理工作现场会，举办治班方略研修班。2007年，对德育校长、德育主任及骨干班主任开展法制教育培训。开展班主任资格认证工作，对全区班主任进行班主任岗前和心理健康专题教育培训。2008年，1918名班主任获班主任资格证。2010年，以"练内功、强素质、展风采"为主题，举办首届班主任技能竞赛。

2004—2010年，开展4届名班主任评选活动。2007年，开展名班主任学访活动，成立名班主任宣讲团，23位区级名班主任深入基层学校义务宣讲46场。

（二）师德教育　1997年，开展"人人争做学生爱戴、家长信赖的好教师"活动，制订师德规范，树立为人师表典型。2000年，成立师德报告团，巡回基层单位演讲。

2004年，开展"讲师德，正教风"活动，召开加强师德建设推动会、第十七届优秀模范教师报告会，6800名教职工签订"师德责任书"。建立师德信箱和师德档案，实行"师德问题一票否决制"。开展向模范校长马世威学习活动。2005年，开展以"师德就是力量"为主题的大讨论和征文、演讲活动，举办加强师德建设专题报告会。2006—2007年，向教师征集"师德百字铭"，编辑出版《师德百字铭》，组织学习《师德三百问》。2008年，制订《关于进一步加强教师队伍建设的工作意见》，开展师德讲座和"人民满意的优秀教师、优秀教育工作者"评选活动。2009年，以"铸师魂、强教风、树形象"为主题，开展师德讲座、师德论坛、征文演讲活动。评出区级师德先进个人171人、市级师德建设先进单位3个。2010年，组织教师师德演讲比赛活动，引导学校开展师德论坛活动。

（三）学历提升 1979年，幼儿园教师多为幼师毕业，小学多为师范毕业，中学多为专科毕业，本科学历少。1992年，鼓励教师提高学历层次。2001年，执行市"不再吸收录用非师范类中专毕业生从事教学工作"规定。2003年，制订加强区教师队伍建设工作意见，对提高学历层次提出明确要求。2005年，幼儿园教师大专以上学历40%，小学教师大专以上学历70%，初中教师本科学历80%，高中教师研究生文化水平40%。

第二节 教师管理

一 聘任与考核

2003年，开展教师业务考核。2005年，与南开区联合组织教师业务考核。2007年后，此项活动终止。

2003—2007年红桥区教师业务考核统计表

表20-15 单位：人

年份	优异	优秀	良好	合格	不合格
2003	86	824	1026	628	32
2004	106	968	979	588	37
2005	168	1138	1105	407	41
2006	170	1037	962	597	53
2007	149	950	766	444	47
合计	679	4917	4838	2664	210

二 职称评定

1982年，在成人高校开始专业技术职称评定。1987年始，对所有教师进行职称评定。对知识、能力、技能、业绩、论文等量化和考评，职称评定规范化。1988年，中学3名教师和教研室2名教师评为市第二批特级教师。1990年，中学3名、小学1名、进修学校1名和教研室2名教师评为市第三批特级教师。1995年，中学1名、小学1名、进修学校1名、教研室1名和区少年宫1名教师成为市第四批特级教师。2003年，10名教师被评为市特级教师。2006年，32名教师被评为区级特级教师。2009年，17名教师被评为市特级教师。

1988—2010年部分年份红桥区教育系统职称评审基本情况统计表

表20-16 单位：人

年份	高级	中级	初级	年份	高级	中级	初级
1988	433	3121	4044	2002	139	233	294
1992	125	884	1310	2003	136	261	244
1993	314	1081	173	2004	145	350	202
1995	182	645	405	2005	105	189	141
1996	168	289	311	2006	83	226	126

续表

年份	高级	中级	初级	年份	高级	中级	初级
1997	198	423	247	2007	103	235	171
1998	171	286	103	2008	90	222	111
1999	150	247	85	2009	97	232	57
2000	160	271	70	2010	91	147	81
2001	180	268	234	合计	3070	9610	8409

第三节　进修培训　支援交流

一　进修培训

1995年始，开展继续教育培训。至2010年，持续组织教师参加现代教育理论和技能培训，提升专业水平。鼓励和组织教师参加国际交流和学习。

1995—2010年红桥区教师参加继续教育统计表

表20-17

年份	名称	人数	年份	名称	人数
1995	第一周期	3684	2002—2006	计算机能力考核	653
1996—2001	第二周期	3829	2007—2011	第四周期	3989
2002—2006	第三周期	4052	合计	-	16207

2003—2009年红桥区教师参加培训交流情况统计表

表20-18

年份	内容	人员	人数
2003	英特尔未来教育培训	教师	206
	全国骨干校长培训班	中小学校长	2
	天津市骨干教师研究生班	教师	27
	全国新课程培训	教师	215
2007	教育硕士预科班	教师	56
2008	教育硕士预科班	教师	52
	赴澳大利亚学访交流	市特级教师	4
2009	教育硕士预科班	教师	39
	天津市首期“未来教育家奠基工程”学员	教师	8
2010	教育硕士预科班	教师	47
合计	-	-	656

二　支援交流

1979—2010年，选拔干部、教师支援边缘地区教育事业。支援西藏7人次，支援汕头、甘肃、新疆30人次，支援郊县150人次。

1986—2010年红桥区教育系统支农、支边、援疆统计表

表20-19

年份	支援地点	人次	年份	支援地点	人次
1986	汉沽区	50	1998	新疆维吾尔自治区	1
	西青区	1	2003	甘肃省	8

续表

年份	支援地点	人次	年份	支援地点	人次
1987	汉沽区	44	2004	武清区	5
	北辰区	2	2005	新疆维吾尔自治区	2
1991	西青区	1	2009	新疆维吾尔自治区	2
	宝坻县	1		北辰区	18
1992	塘沽区	12	2010	北辰区	16
1997	汕头市	13	合计		176

第四节 骨干教师培养

一 评选活动

2002年，实施“三名”工程评选，引导校长、幼儿园主任、教师和班主任投身教育教学改革中，提高创新能力。举行首届“三名”工程命名表彰，命名名校长8人、名教师37人、名班主任8人。其中，1名班主任获市十佳班主任称号，3名小学教师被评为市级名教师。2006年，区政府命名15名改革创新好校长。2007年，启动第四届“三名”工程评选活动。2009年，命名好校长13人，新星校长3人。至2009年，“三名”工程评选举办4届，命名名校长38人次，名教师336人次，名班主任80人次。2010年，启动第五届“三名”工程评选活动。

2002—2009年红桥区教育系统“三名”工程评选统计表

表20-20　　　　单位：人

年份	届次	名校长	名教师	名班主任	总数
2002	第一届	8	37	8	53
2004	第二届	10	69	18	97
2006	第三届	10	101	25	136
2009	第四届	10	129	29	168
合计		38	336	80	454

二 教师竞赛

1987年，组织青年教师“希望杯”竞赛。1994年，举办中年教师“成才杯”竞赛。1997年，在老教师中开展“名师杯”竞赛。2004年，“名师杯”改为“辉煌杯”。2005年，增设新秀奖，形成“三杯一奖”竞赛。

三 学科带头人评选

1995年，组织中小学40周岁以下中青年教师参加学科带头人评选活动。1998年，开展中小学中青年教师学科带头人初评。2000年，制订中青年教师学科带头人培养实施意见。2003年，举办区级学科带头人骨干教师培训班。2009年，制订区级学科带头人评选表彰活动实施意见。2010年，评选区级学科带头人202人，其中中学105人、小学81人、幼儿园16人。

四 骨干教师工程

2008年，启动打造千名校级以上骨干教师、百名区级以上名教师和名班主任、十名在全市乃至全国有一定影响的专家型教师工程。制订中小学骨干教师管理办法和特级教师工作室管理办法，调整特级教师津贴标准，组织出国学访，各校骨干教师做课957节，参加教育教学实践与研究交流活动334次。2009年，实施“一师一策”培养策略。2010年，开展区级学科带头人评选活动，202名教师被评为区级学科带头人。47名骨干教师被列为市级以上培养对象。

2008—2010年红桥区骨干教师统计表

表20-21　　单位：人

年份	校级	区级			市级	
		名教师	学科带头人	骨干教师	特级教师	培养对象
2008	680	101	未评	586	未评	106
2009	1063	129	未评	681	17	130
2010	1134	129	202	879	未评	177
合计	2877	359	202	2146	17	413

第五节　教师待遇

一　政治待遇

1985年始，每年9月10日为教师节，教育局在教师节前举行庆祝活动，表彰奖励优秀教师、优秀教育工作者、名教师、特级教师、从事人民教育工作30年老教师，以及各项评比竞赛活动中的获奖者。2010年，教育系统人大代表19人，政协委员24人。

二　经济待遇

1985年、1993年、2006年进行3次工资改革，优化完善工资结构，形成以岗位工资、薪级工资和绩效工资为主体工资构成，落实历次工资调整政策，规范津贴补贴，落实社会保险制度，确保教师平均工资不低于公务员平均工资水平。

三　福利待遇

落实教职工医疗保险、生育保险、工伤保险以及住房公积金等社会保险制度，足额缴纳社会保险费用；落实教职工各种休假、法定节假日带薪休假等福利政策。

第九章　行政管理

32年中，财政教育经费投入逐年加大，预算内教育拨款逐年增长，增长率高于财政收入增长。进入21世纪后，大规模改扩建中小学示范校，扩大办学规模，美化校园环境，完善教学设施，新建专用教室及图书室、阅览室等，配备实验器材，满足教育现代化的需要。加强校园周边环境治理，确保学校教育教学良好秩序和师生安全。对教育教学督导检查，对学校党建、德育、教学、体卫艺等方面综合评估。行政管理逐渐制度化、科学化。

第一节　机　构

1979年，教育局内设组织科、宣传科、办公室、财务基建科、保卫科、武装部、招生办公室、中学科、小学科、幼教科、体卫科。1980年，财务基建科分设财务科、基建科。1981年，恢复人事科、职工科，增设培训科。1983年，增设行政科。1984年，成立局纪检委。1985年，增设审计科。1988年，撤销组织科，增设党委办公室和干部科。成立装备中心。1990年，增设德育科、督导室。成立中小学后勤管理服务中心。1991年，增设监察科。1993年，成立招生考试中心。1994年，成立学校卫生保健所。1995年，成立教育督导室。1998年，教育局更名为教育委员会。内设办公室、中学科、小学科、学前教育科、成人教育科、德育科、体卫科、政策法规科、人事科、培训科、财务科、基建科、审计科、督导室、保卫科、房管科、行政科、监察科、党办、统战科、干部科、宣传科。1999年，成立教育中心，设教育教学研究室、市教育科学研究院红桥分院、教师教育研修学院和教育技术应用研究室。2002年，教育委员会恢复为教育局，内设办公室、中学教育科、小学教育科、学前教育科、成人教育科、德育科、政策法规科、体育卫生与艺术教育科、人事科、培训科、财务科、基建科、审计科、督导室、保卫科、房管科、监察科、党委办公室、干部科、宣传科。2004年，保卫科更名为武保科，人事科更名为人力资源科，监察科更名为纪检委；撤销培训科，其职能并入人力资源科；撤销房管科，其职能并入基建科；撤销宣传科，其职能并入党委办公室；增设团委、教育工会、新闻宣传科。至2010年，内设机构无变化。

第二节　经费　设施

一　教育经费

1979—2010年，财政逐年加大教育经费投入，预算内教育拨款逐年增长且高于财政收入增长。生均预算内教育事业经费支出逐年增长。2010年，小学2.35万元/人，初中2.09万元/人，高中2.33万元/人；生均预算内公用经费支出小学1014元/人，初中1039元/人，高中2071元/人。所有国办学校、幼儿园等教育机构，全部纳入审计监督范围，每年必审，重点审计经费使用情况，形成长效经费管理监督机制。

1979—2002年红桥区教育经费投入支出统计表

表20-22　　单位：万元

年份	财政拨款	合计	支出情况			
			人员经费	购置费	公务费	其他费用
1979	739.40	739.40	546.10	77	82	34.30
1980	888.70	888.70	722.90	36.10	71.90	57.80
1981	961.50	961.50	736.40	73.50	90.70	60.90
1982	1201.70	1201.70	883.40	113	107.80	97.50
1983	1216.50	1216.50	904.70	90.80	133.10	87.90
1984	1282.40	1182.40	831.20	127.60	144	79.60
1985	1611.90	1611.90	1229.20	150.70	136.30	95.70
1986	1880.40	1880.42	1319	303.22	166.90	91.30
1987	1921	1921	1477.90	147.90	216.50	78.70
1988	2322.80	2322.80	1833.60	109.10	215.40	164.70
1989	2519.60	2519.60	2183.70	69.10	210.20	56.60
1990	2796.70	2796.70	2403.90	81.10	196.10	115.60
1991	3164.30	3164.30	2696.70	293.80	102.80	71
1992	3414.40	3414.40	2943.40	188.20	153.40	129.40
1993	4338.50	4338.50	3746.10	282.90	193.60	115.90
1994	5839	5839	5308.30	279.80	69.70	181.20
1995	6330.90	6330.90	5779.90	315.40	9.20	226.40
1996	7375.40	7375.40	6603.20	36.88	7.38	727.95
1997	7982.40	7982.40	7146.64	39.91	7.98	787.86

续表

年份	财政拨款	合计	支出情况			
			人员经费	购置费	公务费	其他费用
1998	8648.70	8648.70	7743.18	43.24	8.65	853.63
1999	10504	10504	9404.23	52.52	10.50	1036.74
2000	12344	12344	11051.58	61.72	12.34	1218.35
2001	14255	14255	12762.50	71.28	14.26	1406.97
2002	16144	16144	14453.72	80.72	16.14	1593.41
合计	119683.20	11583.22	104711.45	3125.49	2376.85	9369.41

2003—2010年红桥区教育经费投入支出统计表

表20-23　　单位：万元

年份	财政拨款	合计	支出情况			
			工资福利	商品和服务	对个人和家庭的补助	其他资本性
2003	18426.90	18426.90	9949.20	379	7929.70	169
2004	21553.90	21553.90	10862.40	579.10	9323.60	788.80
2005	22419.40	22419.40	11962.10	704.30	9235.70	517.30
2006	28932	28932	14087.40	653.70	10796.20	3394.70
2007	34832.20	34832.20	16260.30	526.70	14670	3375.20
2008	46832	46832	19003	855.60	21450.30	5523.10
2009	59822	59822	24978.20	3620	24711.30	6512.50
2010	71045	71045	37845.10	4096.50	25786.50	3316.90
合计	303863.40	303863.40	144947.70	11414.90	123903.30	23597.50

二　教育设施

（一）校园建设　2000—2010年，对中小学示范校大规模改扩建，扩大办学规模，美化校园环境，完善教学设施。

2010年，32所中小学总占地47万平方米，总建筑面积30.91万平方米，其中小学占地17.42万平方米，占地生均13.5平方米，建筑面积11.75万平方米，建筑面积生均9.12平方米；中学占地29.59万平方米，占地生均19.23平方米，建筑面积19.15万平方米，建筑面积生均12.45平方米，全部达到和超过义务教育现代化和高中现代化学校标准。全区中小学有教室1255间，图书馆（室）37个、专用教室333个，达到现代化学校标准。中小学全部修建具有供热、洗漱功能水冲厕所，75%学校实现集中供热，25%学校燃煤或燃气供热。

2010年红桥区中小学建筑设施统计表

表20-24　　面积单位：平方米

学校	占地面积	建筑面积	操场面积	体育馆		图书馆		专用教室（个）	教室（间）
				数量	面积	数量	面积		
天津三中	69300	45000	13000	1	4000	1	2000	20	85
天津五中	51046	27474	12403	1	1100	2	521	33	88
民族中学	51738	42333	6000	1	5495	1	1595	33	131
五十一中学	37481	20745	13229	1	2201	2	490	21	53
八十中学	32261	18203	8328	–	–	3	159	26	55
八十九中学	18308	8503	11750	–	–	1	40	11	40
铃铛阁外国语中学	10515	11849	5630	–	–	1	78	9	69
北门东中学	8312	7880	1500	–	–	1	50	9	22

续表

学校	占地面积	建筑面积	操场面积	体育馆		图书馆		专用教室（个）	教室(间)
				数量	面积	数量	面积		
西青道中学	9192	6198	3000	–	–	1	50	9	34
佳春中学	10884	6771	1912	–	–	1	100	7	25
邵公庄小学	3724	4735	1511	–	–	1	59	7	33
中心小学	4975	2826	1500	–	–	1	50	6	20
跃进里小学	12774	6780	5100	1	776	1	65	6	45
杨庄子小学	1735	1720	300	–	–	1	48	6	16
红桥小学	10012	6454	3166	–	–	1	71	6	39
丁字沽小学	4518	2952	1280	–	–	2	66	6	12
实验小学	11893	6437	8934	1	180	1	54	6	62
北马路小学	3281	2206	786	–	–	1	50	6	16
新村小学	18063	10039	8023	1	350	1	52	6	49
雷锋小学	5394	6339	2900	–	–	1	55	7	29
西站小学	2350	3642	500	–	–	1	54	7	23
欢庆里小学	5525	2543	1098	–	–	1	48	6	16
文昌宫小学	19133	10929	3892	–	–	1	420	9	44
师范附属小学	25000	12770	5900	1	600	1	98	6	51
清源道小学	6249	3521	2280	–	–	1	50	6	22
佳春里小学	6459	3623	1612	–	–	1	32	6	26
外国语小学	8917	6327	3700	–	–	1	56	6	33
洪湖里小学	3390	4387	1575	–	–	1	56	6	20
佳园里小学	6600	6457	2500	2	260	1	48	6	25
佳宁里小学	6680	5536	4281	–	–	1	43	7	26
桃花园小学	5700	4900	490	–	–	1	140	7	30
培智学校	1862	2448	600	–	–	1	60	21	16
合 计	470069	309061	138680	10	14962	37	6758	333	1255

（二）教学设施建设 2003年，中小学配备计算机1281台。2004—2008年补充更新1830台，多媒体平台297套。至2010年，投入大量资金购置计算机、多媒体等现代化教学设备；新建专用教室及图书室、阅览室等，配备实验器材，满足教育现代化需要。

2010年红桥区教学设备配置统计表

表20-25

项目	数量	项目	数量
音美专用教室	62间	中学理化生实验室	81间
小学科学专用教室	22间	语音专用教室	53间
信息技术教室	53间	多媒体教室	408间
体育器械室	31间	图书馆	57个
阅览室	50间	计算机	4309台
多媒体设备	405套	图书	75.08 万册
市配图书	17.80万册	区配图书	1.40万册
市配仪器	685种	市配仪器	7.60万件

（三）体育设施建设 1979年，各中小学体育设施基本符合教学标准。1995年，全区中小学体育场地21.5万平方米，其中中学13.1万平方米，生均5.7平方米，小学8.4万平方米，生均1.5平方米。2003年，购置27套测试仪器。2006年，购置4套学生体质健康标准电子测试仪器。2009年，购置6套电子测试仪器。全区有400米环形运动场2块、300米环形运动场1块、200米环形运动场18块，塑胶运动场31块，1000平方米以上体育馆6座，室外篮球场63个，综合健身房38个，室内游泳池1个。体

育活动场地总面积19.22万平方米，活动面积中学生均7.62平方米，小学生均5.47平方米，达到国家规定标准。

第三节　校园安全　教育督导

一　校园安全

2005年，各级校园周边治理办公室成立，加强校园周边环境治理，确保学校教育教学良好秩序和师生安全。所有基层单位传达室改为保安室，配备保安人员和器械。2006年，各单位建立安全管理制度，制订各类工作预案，实现学校安全管理制度化、规范化。开展“平安校园”创建活动。2008年，对各单位安全工作情况年度考核，校园安全纳入学校日常管理。2010年，落实中小学幼儿园安全保卫工作十项措施和中小学幼儿园配备专职保安、安装视频安防监控系统实施方案，安装摄像机490个，16路嵌入式监控录像主机21部，8路嵌入式监控录像主机43部，21寸、25寸高清监视器各64个。

二　教育督导

1991—1994年，对中小幼教育教学督导检查。1995年，政府成立教育督导室。1996年，制订教育督导暂行规定，聘任8名专职督学和12名特邀督学。1997年，发出建立兼职督学定校巡视制度通知，兼职督学到指定学校巡视，对学校推行素质教育进行调查，写出书面报告。对中小学和职业学校素质教育阶段性目标完成情况督导评估。1998年，对素质教育和“普九”工作督导检查。

1999—2004年，对中小学师德师风建设、校风建设、德育教学等专项督导。2005年，对初三课堂教学全面听课、逐一反馈指导。对中小学“体育、艺术2+1项目”进行专项督导。2007年，对9所中学初三教学进行为期三周专项督导。对学校党建、德育、教学、体卫艺等方面综合评估。2008年，对中小幼综合督导评估，对区属8所和市属区管2所高中校课改实验专项评估。启动义务教育学校现代化达标建设。2009年，编制《义务教育学校现代化建设标准工作实施自查细则》。

第四节　勤工俭学　校办企业

一　勤工俭学

1979年，以培养学生劳动观念和提高学生动手能力为主旨，开办适合学生手工操作的校办企业，组织学生每周参加勤工俭学劳动。1982年，西青道中学获全国勤工俭学先进单位称号，在全国勤工俭学会议上介绍经验。2002年，代表天津在华北五省市勤工俭学工作会议上作经验介绍。2006年，中小学后勤管理服务中心获全国勤工俭学先进单位称号。

二　校办企业

1990年始，校办企业进入快速发展阶段，涌现一批具有一定技术含量和市场竞争力企业和项目。90年代末，180余家校办企业，涉及电子、纺织、精细化工、印刷、模具制造等生产经营项目及餐饮、副食、旅店等第三产业。1990年，校办企业实现销售5006万元，利润620万元。1994年，实现销售9061万元，利润722万元。2000年，实现销售2.01亿元，利润1857万元。校办企业每年将60%纯利润上交开办学校弥补教育经费不足。

1999年始，校办经济转型，经营成果出色的企业相继实现转制，成立有限责任公司，从校办企业中分离。随着财政对教育加大投入和政策调整，一些规模较小、竞争力不足校办企业陆续退出市场。

第十章 教育教学研究

80年代中期始，正式开展教育教学研究，承担中小幼教学研究、教育科研、教师培训和教育技术指导与服务等工作。成立教育中心，对管理模式进行体制改革，形成以科研为先导，以教研为中心，以培训为基础，为各级教育提供技术支撑和服务。

第一节 机构 队伍

一 机构

1999年，教育中心成立，由教师进修学校、教育教学研究室、教育科学研究室合并组成。设有教育教学研究室、天津市教育科学研究院红桥分院、教师教育研修学院和教育技术应用研究室（简称教育技术室）4个职能部门，承担中小幼教学研究、教育科研、教师培训和教育技术指导服务等。

二 队伍

2003年，教育中心公开招聘教科研人员，业务精湛、年富力强骨干教师充实到教科研队伍，新任教研员占50%以上。教研员队伍平均年龄35.27岁，均具有本科以上学历。2006年，提出“以教学研究为立足点，以教育科研为创新点，以教师教育为发展点，以教育技术为支撑点”，教研、科研、教育技术和教师教育“四位一体”工作机制，推进课程改革，促进教师专业发展。2007年，组织教研员参加全国各地学术研讨交流活动，举办“高效教学”“高效教研”论坛活动，变一言堂式教研为互动式教研。2009年，举行首批拜师仪式，17名教研员拜市基础教育著名领军人物为师。2010年，举行第二批拜师仪式，7名教研员拜师。

第二节 课题 成果

一 课题研究

1991—1995年，承担5个国家级课题和77个市、区级重点课题。1996—2000年，“构建班集体激励机制，促进学生主动发展”课题，批准立项为国家级科研课题。科研队伍规模不断壮大，骨干教师发展到800余人，其中青年骨干教师占25%；教研基地扩展到30个，3所学校成为国家教育改革实验基地校。举办市级以上教改研讨会12次，主办全国小学课堂教学整体改革研讨会。

2001—2005年，国家级课题34项，市级课题53项，区规划课题42项。“班集体建设与学生创新精神培养的研究”批准立项为全国教育科学研究重点课题。承接全国教育科学研究规划课题“培养中小学科学精神途径的研究”，15所中小学成为实验学校。承担“研究性学习课堂教学模式的实验研究”课题，中小学、职专13所学校成为二级子课题研究单位。区域性体育科研课题“中小学‘健康工程’实验与研究”，批准立项为全国教育科学研究规划重点课题，4所中小学被确定为实验学校。“智残伴有肢残儿童家庭课堂训练的问题研究”批准为市教育科学研究规划重点课题。2006年，组织基层学校辅导和培训，指导制订校本教育科研规划。2006—2010年，开展区规划课题、微型课题申请立项、研究结题。全国规划办课题12项，市规划办课题14项，市教育学会课题10项，市级教科院课题20项，市教委各年度调研课题20项，市教研室课改专题课题22项，其他部门课题23项，区规划课题65项，区规划微型课题88项。市规划办重点资助课题"教与学优秀研究成果发展整合区域应用的研究"，成为"十一五"区域重点课题。10所学校被命名为市教育科学研究院红桥分院实验基地，10所学校被命名为市教育学会红桥区教育学会实验基地。

二　教科研成果

1991—1995年，开展激励教育区域性教育整体改革主题实验。研究成果"激励教育的理论认识与实践"在《教育研究》上发表。1996—2000年，出版《激励教育研究》《激励教育理论与实践》《激励教育100例》丛书19册。《构建班集体激励机制的研究与实践》出版，获市教育科学研究首届科研成果一等奖。《主动教育理论构建》《主动教育实践探索》出版。"扬长教育""和乐教育"在中小学整体改革实验取得阶段性成果，八十中学"中小学学生心理适应能力的发展与培养"课题获市教育教学成果奖。出版《区学前教育激励教育个案集》。

2001—2005年，出版《班集体建设与学生创新精神培养的研究》系列丛书17册百万余字。出版课题研究专著《区域性学校体育实验与研究》。编辑出版"研究性学习课堂教学模式的实验研究"成果文选；评选中小学教师优秀论文23篇，入选《中小学探究教学200例》46篇，《探究学习导航》丛书编写完成初中和小学部分学科内容。出版《主体性小学道德教育初探》专著，获市第二届教育科研优秀成果一等奖；出版《儿童道德教育》(低、中、高)校本教材。"合作学习教学改革实验与开发"研究成果《走向合作型学校》出版。2006—2010年，举办主题论坛，评选优质课方案，录制优质课10节。20所实验基地学校承担的市规划课题和市教育学会课题研究取得预期成果。"主动教育的教学风格研究"获优秀成果一等奖。

第三节　教学改革

一　小学课程改革

2001年，实验小学作为天津市实验校先期进入新课程实验。2003年，基础教育课程改革实验在一年级全面推开，38所小学全部进入课程改革。7个课程改革研究课题参加市基础教育课程改革专题申报，教研员担任课题负责人，20余所学校参与研究实验教师近百人。2005年，初中全面实施新课程改革。

二　高中课程改革

2006年，制订普通高中新课程模块考核指导意见和学生发展性评价手册，召开校本教研现场会，开展"以新课程改革为契机，全面提高教育教学质量"、教学常规互查月活动，重点检查教师教案、集中备课、作业批改、初高中课程改革实施等情况。2007年，开展"新课程下一节好课的评价标准"大讨论活动，举办"课堂教学高效性之我见"论坛，制订新课程下一节好课的评价标准和课堂教学评价细则。2008年，举办"高效教研"论坛暨高效教研展示活动和"深入开展校本教研，扎实推进课程改革"校本教研展示会。高中12个学科课改专题负责人参加市高中课改专题研究启动会和开题活动。在天津五中举行区中小学"深入开展校本教研，扎实推进课程改革"现场展示会，观摩该5个学科校本教研展示。2010年，教育中心作为全市唯一检验部门代表，在市普通高中新课程实验总结推动大会上，作"牢记使命 深化职责 推动课改 促进发展"发言。

三 驻区院校

（一）河北工业大学 前身是北洋工艺学堂。1950年改称河北工学院，1995年更名为河北工业大学，坐落在光荣道8号，是一所以工为主、多学科协调发展的国家“211工程”省属骨干大学。

照20-9 北洋大学校舍

（区档案局提供）

学校占地266万余平方米，建筑面积84万余平方米，教学科研仪器设备总值2.69亿元，藏书180万册，实现文献信息管理及服务的计算机网络化，各校区实现网络互联。新校区199万余平方米，近40万平方米建筑新校区投入使用，1.88万余名学生在此学习、生活。学校有62个本科专业，设有15个学院（部）、1个直属教学部和3个教学管理学院，有2个国家重点学科、4个省强势特色学科、17个省级重点学科；有7个一级学科博士学位授权点、30个二级学科博士学位授权点，22个一级学科硕士学位授权点、95个二级学科硕士学位授权点，20个工程硕士授权领域，3个专业学位授权种类并具有工商管理硕士和高级管理人员工商管理硕士授予权；有8个博士后科研流动站，其中材料科学与工程博士后科研流动站为全国优秀博士后科研流动站。

照20-10 河北工业大学东院

（区档案局提供）

2010年，在职教职员工2400余人，专任教师近1300人，具有高级职称900余人，博士学位620人，国家突出贡献中青年专家等省部级以上专家称号170人；博士生导师83人，硕士生导师610余人；全国专业技术先进集体1个，国家级教学团队3个，教育部创新团队1个，国家级教学名师1人，省级教学团队5个；教育部高等学校教学指导委员会委员8人，享受国务院政府特殊津贴专家13人，国家和省有突出贡献中青年专家18人，新世纪百千万人才工程国家级人选3人，教育部新世纪优秀人才6人；河北省“燕赵学者”2人，河北省新世纪“三三三人才工程”人选25人；近百人担任省级以上专业学会或协会的正副理事长、秘书长。有全日制在校生2万余人，其中研究生5500人。另有成人本、专科教育学生近1.6万人。

学校建有国际教育学院，与60所外国高校签订合作办学协议，合作培养覆盖专科到博士各层次，在校留学生380人。

（二）天津商业大学 创建于1980年，原名天津商学院。1998年，由教育部和天津市共建，以天津市管理为主，是一所以商学为主干，管、经、工、法、文、理等多学科相互支撑、协调发展高等学校。2007年，更名为天津商业大学。校园占地91.8万平方米，建筑面积47.1万平方米。教学科研仪器设备总值1.58亿元，拥有国内一流水平实验室。有中外文藏书193万余册，期刊1800余种，中外文数据库35个，电子图书110万册。

学校有14个专业学院；有海洋药物与食品研究所、经济研究所、日本经济研究所、企业社会责任研究中心等多个研究所（中心）；有48个本科专业，65个硕士点。有教职工1401人，专任教师860人，高级职称490人，研究生学历631人，博士197人。“新世纪百千万创新人才工程”国家级人选3人，入选教育部新世纪优秀人才支持计划3人，入选天津市“131”创新人才2人。在校生15931人，其中本科生14262人，研究生824人，高职专升本661人，留学生184人。2006年以来，学校承担国家级和省（部）级重点科研项目近300项，横向课题200余项，出版教材或专著500余部，获得专利授权79项，获得省部级以上科研奖励30余项。有近百人在国内外学术会议上交流教学、科研成果。

照20-11　天津商业大学

（区档案局提供）

学校与10个国家的30余所高校建立合作关系，开展学术交流。

（三）天津市机电工艺学院　创建于1980年，占地34.1万平方米，建筑面积14.4万平方米，有21栋教学、生活、运动、休闲建筑；教室、实训室全部配备多媒体教学系统。学院实训场建筑面积4.3万平方米，5座实训楼、4座实训场，实训室52个，仪器设备总值达8000万元，涵盖机电行业数控、模具、电工电子、计算机技术等主流特色专业。其中，数控车工、数控铣工、数控加工中心、普通车工、装配钳工、数控机床装调与维修及焊工等7大实训场，为全国职业院校技能大赛中职组现代制造技术技能比赛赛场。

2010年，学院有教职员工518人，在校生10816人；形成以高级讲师、高级实习指导教师为支撑、以“双师型”教师为骨干的教师队伍。培养技能人才“素质全面，技艺精湛”，受到用人单位欢迎，毕业生一次就业率98%以上。

（四）天津市第一轻工业学校　始建于1958年，占地6.33万平方米，建筑面积7万平方米。开设数控机电类、电气工程类、食品生物与精细化工类、经济贸易类、汽修、工艺美术和计算机网络技术等7个专业门类15个专业。开设普通中专、三二分段中职接高职、高级工大专班、网络大专班等办学层次，承揽对外加工和开展各种社会培训。有7个专业实习实训基地45个专业实训室，实训设备资产总值3000万元以上。2010年，有专任教师164人，其中高级讲师占专任教师40%，双师型教师占专业课教师82%；在校生近4000人。

学校是全国行业、天津市中职学校示范校和骨干校。是首批公办国家级重点中专。与多家世界百强企业建立起稳定合作关系，连续多年就业率98%以上。1980年被教育部确定为全国重点中专校，1999年确定为全国重点中职学校。2007年被确定为天津市首批示范校。

红桥区志

第二十一编
科 技

改革开放后，随着“科学技术是第一生产力”成为社会共识，区委、区政府确定依靠科学技术、科学技术面向经济建设基本方针，依靠大专院校和科研院所，制订和实施依靠科技进步振兴红桥经济、科技兴区战略。建立、完善科技兴区工作领导小组和街道科技工作机构，明确职责，把科技进步纳入全区党政机关工作目标责任制考核。根据国家和市科技政策，制订相关实施细则和优惠政策，创造宽松政策环境。引进管理和科技人才，组建民办科研机构，设立技术贸易市场，创建科技载体，搭建科技创新平台，促进产学研结合和科技成果转化，以高新技术产品推动产业化，提高民营科技企业自主创新能力，贯彻实施知识产权保护措施，为民营科技企业提供全方位管理和服务，扶持和帮助民营科技企业在红桥区创业和发展，推动科技进步。32年中，科技系统民营企业发展，成为区域性财政收入重要来源。

2010年，卓朗科技公司外景
（区委宣传部提供）

2010年5月18日，区科协举办“科学发展在我身边”大学生辩论赛 （区委宣传部提供）

2009年9月，区科委举办科普大篷车进社区活动
（区委宣传部提供）

2010年，意库创意园外景 （区委宣传部提供）

第一章 组织机构

中共十一届三中全会后，科学技术委员会得到恢复，内设机构随着社会发展需要而调整。90年代，成立科技兴区领导小组，设置相应管理机构，在基层建立科技组织和多个科学研究团体，招聘科技专家组成咨询委员会，为全区科技水平提高和科技兴区战略实施提供组织和人才保障。

第一节 科学技术委员会机构

70年代末，科学技术委员会(简称科委)恢复，与科学技术协会合署办公。内设办事组、科技组、科普组、基层组。1984年，内设办公室、科技管理科、科技咨询部、科普青少部、基层学会部、学院办公室。1996年，政府机构改革后，撤销科技咨询部、科普青少部、基层学会部、学院办公室，保留办公室、科技管理科，增设科技兴区工作科。2002年，增设信息化建设工作科。2005年，增设知识产权办公室。2007年，加挂知识产权局牌子。撤销信息化建设工作科、知识产权办公室，增设知识产权管理科。2010年，内设办公室、科技管理科、科技兴区工作科和知识产权管理科。直属单位有红桥区应用技术中心、红桥区科技贸易发展区管理委员会办公室、红桥区生产力促进中心、红桥区产权交易事务所。

第二节 科学技术协会机构(见人民团体编 第四章 第二节)

第二章 科技兴区

改革开放后，制订和实施科技兴区战略，围绕科技发展战略进行系统调研，编制和实施“九五”至“十二五”科技发展规划。成立各级科技兴区工作领导小组，实施启动工程、发展工程、创效工程、创新工程、两园建设，带动科技专项工程、建立支撑体系。通过加大科技投入、创建科技先导型企业、引进开发新技术新产品、引进专业技术和管理人才，促进区内科技水平提高和经济发展，使科技水平和经济效益都取得进步。

第一节 规划 政策 人才

一 规划

1987年，开展“研究红桥、认识红桥”实践活动。邀请专家和科技人员进行区情调查，编写经济发展战略和战略规划论证报告，为科技兴区决策提供科学依据。1988年，提出“实行工商建并举、科教先行”经济发展基本思路。1989年，拟定1991—1995年科技兴区实施纲要。1992年，区人民代表大会通过《关于实施科技兴区战略的决议》，明确依靠科技进步振兴红桥经济的科技兴区战略。1995年，编制科学技术发展“九五”规划思路。2000年，编制科学技术发展“十五”计划思路。2003年，编制2003—2007年科技发展规划。2005年，编制科学技术发展“十一五”规划。2008年，编制科技服务业发展规划(2008—2020)、《湘潭道城市空间设计产业集聚区规划》。2010年，编制科学技术发展“十二五”规划。

1991—1993年，实施开发引进新技术新产品100项、创建科技先导型企业20家工程。1994—1996

年，实施“‘五个一’发展工程”。1997—2000年，实施“331创效工程”。2000—2002年，实施科技兴区创新工程。2003—2007年，以建设“红桥科技工业园”“红桥电气产业园”为重点，带动“民营科技企业发展工程”“信息化建设工程”“高新技术产业工程”“科技创新体系建设工程”。

2001—2010年，科技累计投入1.59亿元，每年科技投入均占当年本级财政一般预算支出的1.3%以上，绝大部分用于支持企业创新，带动民营科技企业技术引进和开发投入。建成200余平方米科贸大楼。2004年，政府筹措2800万元资金购买金兴科技大厦部分产权，用于科技贸易发展办公用房。

二 政策

1991—1995年，为启动和实施科技兴区战略，制订《科技兴区突出贡献奖暂行办法》《技术市场管理办法》《关于引进人才、项目、资金的奖励办法》《关于派聘科技副职的意见》《关于加强横向联合优惠办法》《科技发展基金管理办法》《科技贸易发展区优惠实施办法》《科技项目立项管理办法》《科技成果鉴（认）定实施意见》。1996—2010年，制订《科学技术成果登记管理办法》《关于加强红桥区信息化建设的决定》《关于完善人才柔性流动工作机制，进一步做好人才引进工作的实施意见》《鼓励和扶持创意产业发展若干意见》《科技成果转化资金管理暂行办法》《关于进一步加强完善投融资平台建设的意见》《发明专利申请资助管理办法》《关于鼓励和扶持光荣道科技产业园发展实施意见》《加快科技型中小企业发展实施方案》《支持科技型中小企业发展若干政策》

三 人才

1990年，实施“人才工程”，为企业推荐、引进专业技术和管理人才100名，企业管理水平和产品科技含量快速提升。2010年，科技人员1.73万余人，其中具有副高级以上专业技术职称3266人，享受国务院特殊津贴专家24人，具有中级专业技术职称8954人。

2010年红桥区科技人才队伍构成统计表

表21-1　　单位：人

类别	人员总数	高级职称	中级职称	初级职称	备注
科研机构	2783	886	989	895	–
科技型中小企业	2124	432	718	974	初级职称含本科以上未取得职称人员
科协所属基层科协	6044	853	3802	1389	–
国有企事业单位	6358	1095	3445	1818	未含房产、市政所属基层人员
合计	17309	3266	8954	5076	–

第二节　科技进步考核与监测

一 考核

2003年始，参加全国性科技进步考核每两年1次，将科技进步目标考核纳入党政机关工作目标责任制。2005年，每年参与天津市考核1次。至2010年，参加4次全国性考核和6次市考核，被评为2003—2004年度全国科技进步先进区，2006年、2009年被市科委评为科技进步考核工作优秀组织单位。

2001—2010年红桥区科技投入统计表

表21-2

年份	区级财政科技拨款额（万元）	占本级财政一般预算支出的比重（%）	年份	区级财政科技拨款额（万元）	占本级财政一般预算支出的比重（%）
2001	625	1.72	2006	1056	1.37
2002	1890	4.42	2007	1232	1.75
2003	1283	3.20	2008	2426	1.91
2004	1511	3.31	2009	2671	1.67
2005	858	1.42	2010	2333	1.36

二　监测

1996年，由市科委组织对区内工业局、公司科技进步监测。1996—2005年，监测内容为科技投入、科技产出、经济发展和社会进步。2006年，评价项目调整为科技投入1项。

2001—2010年红桥区科技进步监测综合评价结果（18个区县）统计表

表21-3

年份	科技投入（项）	科技产出（项）	经济发展（项）	社会进步（项）	名次（名）	年份	科技投入（项）	名次（名）
2001	1	3	11	10	3	2006	14	3
2002	1	2	17	11	3	2007	11	3
2003	2	3	15	7	4	2008	未公布	4
2004	1	2	16	8	2	2009	3	2
2005	11	5	12	15	9	2010	4	9

第三章　科技管理

80年代初，科技工作体现在企业小规模技术革新技术改造上。确定科技发展规划目标后，实施对科技人才队伍的管理与使用，对科技项目和科研成果引进、开发、认定和转化，管理与推动以及对科技经费的使用与监督。90年代实施科技兴区战略后，制订出台一系列科技政策和管理办法；加大对民营科技企业的管理服务力度，帮助企业开展科技创新活动，多方引进、培养科技人才和管理人才，促使向高新技术企业提升；组织驻区科研单位和大专院校与民营科技企业挂钩，促进产学研结合，帮助企业解决发展中难题，保障科技兴区工作快速健康发展。

第一节　技术市场

一　市场培育

1983年，技术市场培育初始阶段，无固定场所和常设管理机构，活动由科委组织。1986—1990年，每年举办技术交易活动，展示技术转让咨询、难题招标等项目。1991—1993年，举办大型技术交易市场6次，信息发布会14次，向区街企业推荐技术项目2500个，发布技术信息3万余条，达成意向百余项；区专利事务所代理申请专利19件；登记技术交易合同1454份；合同交易额6515万元；举办政策法规培训班9个，培训技术交易管理人员270人。1994年，常设技术贸易市场成立。为国家科委北方技术市场组成部分，设信息发布、技术交易、技术合同登记、综合服务等十几项配套服务，功能完善。常设技术市场组织税法、合同法、专利法、商标法等业务法律法规培训和专利试点企业推动会。

2004年，技术贸易市场撤销。

二　管理与服务

2001—2005年，组织企业管理人员赴国外考察，赴南方学习；组织企业参加东西部合作与投资交易洽谈会、深圳交易会、天津商品交易会等。向科技型中小企业宣讲技术市场相关政策，组织企业管理和技术人员参加技术市场讲座或培训。建立和完善科技项目库、科技人才库，建立技术贸易市场科技网站，组建申请"国家创新基金项目"专家咨询小组，为企业申报进行咨询把关。2001—2010年，推动街办企业和民营科技型中小企业申报国家和市级科技计划项目立项，申报市级科技成果登记和申报国家专利，开展知识产权保护工作。

1995—2000年，完成技术合同交易额4.3亿元，平均每年7181万元。2001—2010年，完成技术合同交易额39.91亿元，平均每年3.99亿元。

2001—2010年红桥区技术交易情况统计表

表21-4　　单位：亿元

年份	市科委下达指标	完成交易金额	年份	市科委下达指标	完成交易金额
2001	1	1.57	2006	4	4.32
2002	1.50	1.71	2007	4.40	4.50
2003	1.80	1.91	2008	4.70	5
2004	1.90	2.10	2009	5	7.20
2005	2	4	2010	5.50	7.60

三　科技咨询（见人民团体编　第四章　第三节）

第二节　科技项目与成果

一　科技项目

2006年，区内企业与河北工业大学联合研发项目，2项申报市科技攻关计划项目立项，获得专项资金和技术创新资金支持。2007年，企业与电传所合作成立"高压变频技术工程中心"获市科委专项资金支持。企业与河北工业大学共同开发研制技术项目，通过市科委组织专家鉴定，获市科技进步三等奖。2009年，分别与河北工业大学和天津商业大学达成"区校战略框架合作协议"。区科委与河北工业大学就共建科技园等9个项目签署合作协议。发布项目，双向开放"绿色通道"，实现资源共享。2010年，组织重点科技型中小企业走访大学和科研单位，签署合作协议。

二　成果登记

2001年，参加市科技成果登记。至2010年，448个项目登记为天津市科技成果（含区域内非区属企事业单位项目），获市自然科学奖二等奖1个，三等奖1个；获市技术发明奖二等奖3个，三等奖1个；获市科技进步奖一等奖3个，二等奖16个，三等奖21个。有8个项目被认定为市高新技术成果转化项目。

第四章 科技资源

90年代中期始，创立科技园区，搭建科技服务平台，成立科技贸易发展区、天津市意库创意产业园，在相关部门和单位网站搭建统一网络平台，组建各种信息服务系统，成立金虹桥电气企业孵化器，建立投融资平台，制订加快科技型中小企业发展实施方案和支持科技型中小企业发展若干政策，吸引、创办、孵化、转型、做强一批科技型中小企业，为科技资源利用创造条件。

第一节 科技园区

一 科技贸易发展区

1995年，创办由区政府主办、科委与天津商学院承办的科技贸易发展区，位于西青道金兴科技大厦10楼。属科委领导，计划经济委员会、工商局、财政局、税务局、技术监督局、环保局、公安红桥分局等部门共同管理；组成科贸园区管委会，下设办公室负责科贸园区日常工作。制订一系列优惠政策，创造利于招商引资和企业发展的宽松环境，为企业提供全方位服务。吸纳技术先进的科技型企业、信息咨询服务业和有一定规模的商贸企业到科贸园区落户，发展规模和效益不断扩大。与区生产力促进中心建立战略合作关系，以市场化方式为企业提供综合服务、商务服务、法律服务和创新服务；建立科技人才工作站和法律咨询服务中心，为科贸园区企业提供人才服务和经济、民事、行政及知识产权方面的法律服务。成立工程机械产业园、信息技术产业园和高新技术创业园，享受科贸园区优惠政策，按照科贸园区模式管理。2006年，区政府与河北工业大学以金兴科技大厦为载体，共建国家级大学科技园。经评审团审核验收，被科技部、教育部确认。2010年，科贸园区与河北省雄县产业园签约，在雄县共建科技产业园。

二 天津市意库创意产业园

2007年，天津市意库创意产业园成立，地址在湘潭道，占地3万平方米，建筑面积2.5万平方米；由天津建苑房地产开发有限公司投资，天津意库创意企业管理服务有限公司运营。

在天津外贸地毯厂老厂基础上进行设计和改造，保留老建筑历史风貌和建筑结构，注入新产业元素，集聚新机制和新能量，体现城市发展在不同时期风格、艺术特色和科学价值。采取“政府主导、企业运营、市场开发”创新管理运营模式，成立策划、品牌、招商、服务等方面专业运营团队，奉行“计划、责任、措施、检查、激励、改进”的闭环式绩效考核体系，管理规范化和国际化。2008年，建成数据分析处理中心、三维立体展示中心和三维立体验证中心。2009年，成为全国首家通过ISO 9001质量管理体系认证的创意产业园区。把“营造激发和加速思维突变的氛围；锁定区域社会需求并理顺市场关系；引进优质企业形成完整上下游产业链”作为招商主线，确定“城市空间设计”“互联网产业”产业方向，整合成为综合性招商优势，在较短时间内形成目标产业企业集聚。两个产业方向上的企业占产业园企业总数的70%，税收贡献占总额的80%以上。2010年，产业园有规划、建筑设计、影视传媒和互联网产业企业235家，其中上市企业3家，外资企业4家，企业注册资金1.19亿元，从业1800人，实现税收1912.4万元。在行业内具有引导地位的企业有天津市华彩电子科技工程有限公司等。

第二节　服务平台

一　信息化建设

1999年，区政府联网信息化建网一期工程竣工，实现信息资源共享。2002年，成立信息化工作领导小组，建立信息化办公室。70个部门和单位网站搭建在统一网络平台，组建“社区医疗信息服务系统”“房地产信息服务系统”“人力资源开发管理系统”“网上公文流转办公系统”。2004年，开通红桥专利网，建成“科技信息资源管理系统”投入使用。“电气产业成果产品展示销售网络信息平台”研发项目，被列入市科技发展计划项目，获得市科技创新基金经费支持。

二　金虹桥电气企业孵化器

照21−1　金虹桥电气企业孵化器

（区科委提供）

2005年，天津金虹桥电气企业孵化器成立，地址在西青道65号。隶属于红桥科贸园区，由天津金虹桥电气企业孵化器有限公司运营。以1.12万平方米场地作为企业载体，引入国家级孵化器天津市科技创业服务中心管理服务模式，组建专业管理团队，建有与高校共建创业见习基地、以大专院校和科研院所为依托电气产业技术支持服务平台，以市虹融创业投资和投资有限公司为平台，合作搭建电气企业信息服务共享平台。资源信息管理系统通过市科委考察验收。至2010年，成功孵化企业20家，在孵企业61家，转化电气产业科技成果50余项，其中列入国家、天津市科技计划项目30余项，获得无偿资助金1200余万元；16家企业105项发明创造列入市专利培育计划；组建电气科技企业9家；聚集从事电气技术产业相关技术和管理人员千余人，从事电气产业技术工人6000余人。2010年，经科技部审核，认定为国家级科技企业孵化器。

三　投融资平台

2002年，虹桥创业投资有限公司成立(投资平台)，2008年，变更成立虹桥科技投资集团。2005年，虹融创业投资担保有限公司成立（担保平台）。2006年，区中小企业信用促进会成立（一级组织），与国家开发银行天津分行等金融部门合作，搭建“两台一组”投融资平台。缓解中小企业融资难，扶植中小企业发展。2003—2006年，公司在实施区科技工业园、电气工业园、科贸园等项目中进行资金协调和运作，改变以财政拨款为主要来源科技发展基金管理模式，丰富资金市场，受到企业欢迎。至2010年，向30余家民营企业投融资近2亿元，其中80%为科技型企业。

四　生产力促进中心和电气产业协会

2004年，组建生产力促进中心并正式运营。中心实施扶持民营科技型中小企业优惠政策，搭建电气产业公共创新服务平台，为企业提供专业技术咨询和服务；组织行业专家和创业导师对企业进行创业辅导；促进大专院校、科研院所和企业的对接，促进科技成果转化；组建专家咨询队伍，承担企业技术开发、产品研制的经常性咨询和指导工作，协助企业研发试验和工艺试验，指导解决技术难题。至2010年，为50余家企业提供技术服务，30余个项目利用技术平台实施科研开发。

2005年，电气产业协会成立，为社团组织。以域内电气企业为会员单位，聘请同行业有影响的专家、学者为顾问，组织学术研讨，开展学术交流；促进大专院校和科研单位与企业的合作，促进研发与产业化主体优势互补；协助政府部门落实各种导向政策，提高会员单位至区域电气行业技术创新与产业化能力。为电气产业提供技术支持、人才引进、成果转化、质量认证、产品销售一条龙服务。

五　国家级重要科研机构选介

（一）中海油天津化工研究设计院　位于丁字沽三号路85号。原化学工业部直属重点科研院所之一，隶属于中国海洋石油总公司，是集科研、产品开发、生产、销售、工程设计及总承包、行业咨询服务为一体的综合性研究院。主要涉及工业节水工程技术、电池材料技术和催化技术等三大研究领域，拥有4个国家级高新技术产业化示范工程。是国家工业水处理工程技术研究中心及推广中心等20余个国家级行业中心（站）技术依托或挂靠单位。出版发行《无机盐工业》《工业水处理》，被列为中国科技论文统计源期刊和国家中文核心期刊。至2010年，开展近2000项课题研究，取得科研成果1200余项，获省部级以上科技奖近200项，其中国家级奖励15项、授权专利95项，制订和修订国家标准480项，行业标准450项。研制并获国家科技进步一等奖、首届中华绿色技术奖的TS系列水处理药剂，在全国600余家企业推广应用。

照21-2　中海油天津化工研究设计院
（区科委提供）

（二）中船重工第七〇七研究所　位于丁字沽一号路268号。是国家重点军工院所，有科技人员790人，其中高级职称413人，中级职称220人；中国工程院院士1人，享受国务院政府特殊津贴专家3人。主导专业是惯性技术导航、舰船操纵控制两大类，技术居国内领先水平，获得包括国家科技进步一等奖、二等奖在内的各种国家级、省部级科研成果190余项，获得专利授权百余项。出版《中国惯性技术学报》为国家中文核心期刊。是中国惯性技术学会学术交流部与学报编辑部挂靠单位。

第三节　科技型中小企业

一　形成与发展

1982年，民营科技型中小企业起步。1998年，加强对民营科技型中小企业的服务和管理，扶持重点科技型企业和重点项目，促进民营科技型中小企业发展。从事行业和主要产品包括机电一体化、新材料、新能源、生物工程、机械电子、信息、化工、仪器仪表、计算机软硬件、办公自动化设备、创意产业等。1995年，7个民营科技型中小企业获市优秀民营科技型中小企业称号。1995—2003年，命名50家民营企业为区"十强"民营科技型中小企业。

2002年，电力电子和电气产业作为区经济发展主导产业。形成一批重点电气企业和一定规模电气产业群体，成为税源骨干企业。2010年，民营科技型中小企业500余家，从业人员万余人，其中专业技术人员占40%。9个企业被认定为市高新技术企业。是年，改称为科技型中小企业。

1995年红桥区首届“十强”民营科技企业基本情况表

表21-5

企业名称	注册资金（万元）	职工人数（人）	中级职称（人）	高级职称（人）	技工贸总收入（万元）	创利税（万元）	引进开发新技术新产品（项）
河北工学院电工厂	100	132	17	8	1247	484.80	3
天津染化八厂光明经济技术服务公司	30	18	3	2	666	25.80	2
天津化研院工业水处理工程技术中心	30	16	10	6	350	39.40	2
天津化研院精细化工技术开发公司	30	24	7	4	458	40	3
天津商学院商业科技实业总公司	100	200	38	6	1300	103.90	1
天津复印研究所办公设备技术开发公司	30	88	17	3	369	16.80	2
天津市红桥区东方工艺铸造磨具研究所	10	14	1	2	100	14.20	2
天津市红桥应用技术中心	30	40	10	15	400	60	7
天津市先路新技术开发公司	30	30	4	3	331	49.70	2
天津市华云自动化有限公司	30	16	4	2	368	10.10	4
合计	420	578	111	51	5589	844.70	28

二　扶植升级

2010年，成立科技型中小企业发展工作领导小组，制订“加快科技型中小企业发展实施方案”“支持科技型中小企业发展若干政策”，提出“十二五”期间为科技型中小企业提供“四大支撑”保障体系，制订优惠政策，吸引、创办、孵化、转型、做强一批科技型中小企业。确定10余家企业为“小巨人”企业重点培育对象。注册科技型中小企业203家，通过认定70家。

三　重点科技型企业

（一）工大镀锌设备有限公司　1998年成立，2010年注册资金420万元。以河北工业大学为依托，为天津高新技术企业；有员工72人，本科以上学历48人，具有高级技术职称5人，技术研发19人。公司设有技术部和化工研究所，拥有6项专利技术和高效环保热镀锌设备，年产值2000万元；每年研发投入超过百万元，1997年“热镀锌用高效内加热器”获河北省科技进步一等奖，2003年“耐熔锌腐蚀内加热器”获天津市科技进步一等奖，2007年被批准为天津市高新技术成果转化项目实施单位，2009年获国家及天津市创新基金资金支持和天津火炬计划项目立项，2010年获天津特色中小企业称号。被评为《国家科技成果重点推广计划》依托单位。

照21-3　天津市工大镀锌设备有限公司（区科委提供）

（二）天津市嘉杰电子有限公司　1995年成立，是天津高新技术企业，注册资金300万元，2010年，资产规模1300万元。有员工75人，大专以上学历44人，研究开发科技人员16人。是国际领先集研

照21-4　天津市嘉杰电子有限公司产品展室（区科委提供）

发、生产、销售、服务于一体的高科技电子企业，中国安全防范产品行业协会成员。有54项研发产品申请专利。2006年，在深圳成立分工厂。获中国安防行业“创新产品奖”“第十一届中国国际公共安全产品博览会”银鼎奖。2010年被评为第五届中国安防百强，系列产品被评为“中国著名品牌”和天津市著名商标。

第五章 知识产权保护

21世纪初，成立专利事务所，帮助专利申请人办理相关手续。为区内知识产权保护初始阶段。中期成立领导和办事机构，制订相关管理办法，加强对知识产权工作的领导、管理和服务，专利申请量有大幅提升。多家科技型中小企业拥有自己技术专利和产品专利。推动专利项目向生产力转化、转轨，获取较大经济和社会效益。

第一节 机 构

1988年，成立专利事务所，帮助专利申请人办理相关手续。2000年，区科委设立专利管理办公室，负责专利申请工作组织推动，专利申请数量有所增加。2003年，被市知识产权局确定为首批专利试点区县。2004年，成立由分管科技工作副区长为组长，政府办公室、科委等10个部门为成员单位的工作领导小组。2005年，在科委成立知识产权办公室。2007年，科委加挂知识产权局牌子。

第二节 专 利

一 专利申请

2001年，在民营科技型中小企业设立和培训专利联络员，推动科技型企业专利制度建立，建立和充实红桥专利网站，与市知识产权局联网，开辟专利信息检索绿色通道，设专利申请咨询站。2009年，制订发明专利申请资助管理办法，规范申请专利资助款发放，鼓励企业和个人申办专利。2004—2010年，向申请专利企业和个人发放资助款77.92万元。至2010年，专利申请量9192件，专利授权总量2296件。

2001—2010年红桥区专利申请及授权情况统计表

表21-6　　单位：件

年份	申请类型			当年申请量	授权量
	发明	实用新型	外观设计		
2001	47	108	25	180	135
2002	42	276	25	343	150
2003	129	441	68	638	191
2004	103	782	53	938	179
2005	156	1467	456	2079	323
2006	186	897	848	1931	208
2007	178	351	587	1116	227
2008	105	241	197	543	265
2009	138	226	281	645	277
2010	101	227	451	779	341
合计	1185	5016	2991	9192	2296

二　专利项目转化

2005—2010年，每年对部分区属民营科技型中小企业实施专利项目转化情况统计调查，制订扶植政策，推进专利项目向生产力转化。

2005—2010年红桥区实施专利项目情况调查统计表

表21-7

年份	单位数量(个)	实施专利(项)	专利类型(项)			销售收入(万元)	销售利润(万元)	创收外汇(万美元)
			发明专利	实用新型专利	外观设计专利			
2005	81	142	28	104	10	29778	8460	744
2006	85	85	27	37	21	23255	4994	89
2007	21	87	16	51	20	23211	3794	410
2008	19	146	16	125	5	26490	3247	585
2009	27	189	22	157	10	30855	3660	898
2010	19	254	11	200	43	22719	2324	1370
合计	252	903	120	674	109	156308	26479	4096

第三节　宣传培训

一　组织推动

2005—2010年，每年结合世界知识产权日，举办“保护知识产权宣传周”活动。组织民营科技型中小企业参加市专利申请文件撰写培训班；录制普法宣传片，组织有关人员参加《中华人民共和国专利法》培训及专利知识讲座。到军营宣传知识产权保护，召开企业专利工作推动会。制作《知识产权ABC》光盘和宣传材料，向重点科技型企业和有关单位分发。至2010年，举办各种培训班和讲座近40次5000余人次参加。每年召开表彰大会，表彰在知识产权保护工作、专利管理工作中做出突出贡献的科技企业、管理人员和专利人。

二　青少年知识产权教育活动

2007年，制订中小学认定专利工作试点学校规定，确定中心小学、实验小学为专利工作试点学校和天津市第二批青少年知识产权宣传教育试点学校。2008年，为两个试点学校发放奖励金。对220名师生专利知识培训。至2010年，中小学申请专利300件。2009—2010年，联合举办青少年知识产权和中小学生创新发明等培训。

第六章　科技活动

改革开放后，重视支持群众性科学普及，科普经费逐年增加；兴建多处科普教育基地和示范工程，增加科普宣传设备；针对不同人群创新科普宣传手段和内容，建立和培训科普宣传骨干队伍。举行各种交流活动，调动科技人员积极性和创造性。开展多形式、多层次科技培训，将科技成果推广到实际应用中，创造更多经济效益。特别注重开展对青少年学生科普宣传，举办科普讲座、科技竞赛，参加全市科技作品展览及夏令营活动，为培养全区青少年科学意识和动手能力打下基础。

第一节 科学技术普及

一 科普投入

（一）基础设施建设 进入21世纪，财政每年都要划拨一定数额款项作为科普工作活动经费，随着财政状况好转增加拨款数额。2008—2010年，科普经费每年实际拨款额55万元以上。80年代初期，购买2台35毫米、2台16毫米移动式电影放映机，配备放像机、录放机等设备，为各单位和街道居民小区放映科教电影、录像和开展多种形式科普活动。1982年，把原区委礼堂调配拨给科委科协使用。1999年，在西沽公园建成百米科普宣传画廊。2004年，建立科普培训中心，相继在各街道办事处和居民社区建立98个科普培训站，形成三级科普培训网络。2006年，在勤俭道子牙河畔新建32米长的科普画廊。2007年，购置科普宣传车。2008年，在大胡同繁华地区建成80余平方米全彩显示科普电子大屏幕。2010年，科普画廊132处，920米。

（二）科普教育基地和示范工程 1996年始，科普示范基地创建。1999年，基地创建被纳入市科协实施示范工程。4处普及活动中心被命名为市级科普活动基地和全国科普教育基地。2010年，全国科普教育基地2个，市级科普活动基地4个，市级科普示范街3个，市级科普示范小区45个，市级科学文明家庭95个，市级科技示范校7所，市级科技先进校20所，市级科普示范车间2个。2005年，申请创建全国科普示范城区。2007年，被中国科协确定为全国科普示范城区。

二 科普活动

（一）初期科普活动 1980年，开展通俗化、大众化科普活动。1978—1985年，编写通俗易懂科普材料，制作直观形象美术图片对群众进行宣传，组织讲座、报告会、放映科教电影及科技录像，绘制科普展牌、布置橱窗宣传身边科学知识和商品知识，形成商业科普一条街。1986年，创办《红桥科技报》。1987—1988年，群众科普教育网络形成。各街办事处成立街科普协会。1989年，开展10万居民参加的科学知识竞赛活动。

（二）特色科普活动 2001年，创办“科普大篷车”，集宣传挂图、影视听器材、图书资料、咨询、宣讲于一体，在居民小区巡展进行科普宣传。创建红桥科普网站，设有“政策法规”“科学报告厅”“身边科学”“科技热点”“青少年科普”“科教进社区”“信息交流”栏目。2002年，与有线电视台创办《科学ABC》科普宣传节目，设“科学家故事”“走进科普基地”“专家讲座”“生活中的科学”和“名人话科普”栏目。2003年，科普网与市科普网实现链接，编辑“防治非典小常识”视频并播放。2006年，《科学ABC》节目制成光盘，免费发放到社区。至2010年，制作《科学ABC》科普节目104期。“科普大篷车”进社区，受教育10余万人次。

三 青少年科普活动

1979—1995年，每年举办科普讲座、科技电影播放、科技竞赛、小论文竞赛，参加全市科技作品展览和科技夏令营等活动。1979—1983年，近24万人次参加科普讲座和观看科技电影放映，3.6万余人参加计算机和各种科技培训班，1.2万人次参加科技竞赛。举办三届青少年科技作品展览，展品39.7万余件。展品获全国和市级奖项475个；有81篇科技小论文获市区一、二、三等奖，70余篇在各种科普杂志上发表。

1983年，建成2个青少年电子活动室，建立生物活动站、天文观测站、电子计算机站、青少年科技活动器材服务部。1986年，建立青少年课余发明创造学校。1992年，建立无线电业余电台。

1996年，举办环保演讲比赛、科普知识问答、模型制作、计算机软件设计及科技冬令营、夏令营活动。2001年始，每年一次组织学生参加全市青少年科技创新大赛。至2005年，参加市青少年科技创新大赛学校占全区学校的85%以上，参赛作品千余件。2010年，举办第一届青少年“科技创新杯”大赛。

四 科普宣传周

1987年始，每年举办一届科学技术普及活动周。至2010年，举办24届科技周活动。前14届科技周活动有家庭科普知识竞赛、科技集市、西站科技门、科技大观园、技术市场、技术咨询、科技新成果新产品展示交易会、科学决策优秀论文评选、经济发展研讨会等。有全区性统一活动，也有专业学术团体、企业、机关、街道和居民社区举办的中小型活动。1987—2010年，连续被评为天津市科技周优秀组织单位。

照21-5 2010年9月，区举办“坚持科学发展，走进低碳生活”讲座 （区科委提供）

2001年始，逐步把节能、环保、低碳、健康、民生、创新、科学发展等人类生存理念定为科技周活动主题，形成大系列下若干重点活动组合。

1987—1990年红桥区1-4届科技周活动统计表

表21-8

年份	举办科普报告会（场）	举办科技展览（场）	各种科技竞赛(次)	宣传(资料牌、车)	参加科技咨询科技人员(人)	参加各项活动总人数(万人)
1987	412	50	92	宣传牌500块	500	40
1988	789	153	185	宣传车5辆	896	40
1989	670	112	96	宣传车17辆	1000	40
1990	712	92	141	科技资料23万份	2000	40
合计	2583	407	514	–	4396	160

五 专题科普活动

2004年，在科普月和科普日期间开展专题科普活动。在社区举办环保知识和科学健身知识竞赛；街道科普协会举办弘扬科学精神，保持健康心态、中老年慢性病防治等专题讲座。2005年，参加全国“珍惜资源—建设节约社会”知识竞赛；举办“科学普及、你我共参与”社区科普论坛活动。2006年，联合举办《科学自救和公共安全科普展览》，地震、消防、安全事故预防、应对演示，邀请天津科技馆“科学在你身边”演示活动队到社区交流。2008年，推荐社区居民和青少年手工制作作品参加全市集中展示活动，27件作品获奖。2010年，在创意街举办走进低碳生活园艺科普展。

照21-6 2010年，区“低碳生活在我身边”漫画展在创意街举办 （区科委提供）

第二节 培训 交流(见人民团体编 第四章 第三节)

红桥区志

第二十二编
文　化

改革开放后，文化产业发展迅速。一批文化设施得到改扩建，历史文化资源得以开发，逐步形成布局合理、设施先进、功能齐全的公共文化服务网络。每年举办各种文化节和文化月活动，群众文化活动活跃，构建起家庭文化、校园文化、企业文化、机关文化、军营文化为一体的群众文化体系。文化工作者开展文艺创作，推出一批获国家、市级奖项的文艺精品力作。区级文艺团队百余支，参加人数众多，创作出大批特色鲜明的文艺作品。进入21世纪后，文化产业和文化事业“双轮驱动”，引进、培育一批文化企业，文化活力不断增强。

90年代中期后，广播电视事业得到快速发展，有线电视网络迅速进入千家万户，电视频道大幅增加，开播自办节目，丰富居民精神文化生活。

2008年6月10日，区第六届社区文化体育艺术节开幕　　（区文化旅游局提供）

2009年9月25日，区庆祝新中国成立六十周年群众歌咏大会召开
（区文化旅游局提供）

2009年1月1日，区文化旅游局举办迎新春双拥文艺晚会　　（区文化旅游局提供）

2010年，吕祖堂外景　　（区委宣传部提供）

第一章 文化场所

1979—2010年，区内陆续建立各种文化场所，街道办事处相继建立文化站，居委会普遍建立文化活动室。博物馆、纪念馆、图书馆、少儿图书馆、民族文化宫、红桥文化宫都成为群众文化活动和爱国主义教育重要场所。

第一节 文化馆站 文化宫

一 文化馆

1987年，文化馆迁至河北大街，建筑面积4700平方米，设孔雀歌舞厅、影视厅、台球厅、电子游戏厅、老年棋牌室。创办诗刊《桃花堤》6期，桃花堤诗社发展社员百余人；相声剧《为了明天》连演百场不衰，摄影作品《扬帆迎日》入选国际摄影展。相继成立京剧团、丑小丫儿童艺术团、影友协会、书画协会、桃花堤文学社、话剧团等10余个业余社团，举办各种文化活动。文化馆老年文化活动突出，成立响板合唱团、中老年舞蹈队、服饰队、响板民族乐团、漫画沙龙等团队，参加全国及市级大型活动多次获奖。2005年，被评为国家二级文化馆。2006年，作为差额拨款单位，调整管理机制，实行全员聘任制。2009年，改制为全额拨款单位。2010年，迁至丁字沽一号路56号，建筑面积6573平方米，内设办公室、财务室、社文部、文学美影部、培训部、调研部、设备部、非遗中心。

二 基层文化站

1979—1990年，15个街办事处陆续建立文化站。总面积5000余平方米，藏书2.5万册，有文化活动室34个，投影机11台，录像机19台。主要开展图书借阅、文艺演出、民间花会、台球、克郎棋、乒乓球、电影和录像放映等活动。1990年后，街办事处文化站逐渐撤销。

三 文化活动室

1979年，以居委会为单位建立文化活动室。部分居委会自筹资金添置文体活动器材，开展戏曲演唱、棋艺、阅览、体育等活动，开办老年健身舞训练班等；暑假期间文化室成为少年儿童活动室。1990年，各居委会至少有1个文化活动室。2010年，全区有69个社区文化活动室。

2010年红桥区各街道社区文化活动室统计表

表22-1

街道	文化活动室(个)	街道	文化活动室(个)	街道	文化活动室(个)
咸阳北路	19	西于庄	4	邵公庄	9
丁字沽	7	铃铛阁	8	双环邨	6
芥园	7	三条石	1	西沽	8

四 文化宫

(一)民族文化宫 位于少数民族较集中的针市街西口，占地4854平方米，建筑面积5708平方米，是中华人民共和国成立后天津市第一个少数民族文化娱乐设施。主楼外观具有浓郁少数民族建筑风格，前厅两侧镶嵌着著名回族砖雕艺人刘凤鸣创作的砖雕《鹤鹿回春》。设大剧场、舞厅、图书阅览室、游艺厅、教学室，是中华人民共和国成立后专为少数民族群众开设的文化宣传阵地，也是少数民族群众娱乐活动场所。乌克兰等国领导人曾到此视察，中央民族歌舞团等多个艺术团体以及马连良、德德玛、马三立等著名少数民族表演艺术家都曾到此演出，著名少数民族书画家穆子荆、梁崎常在此进行书画创作。1984年，划归市民族事务委员会，为市民委直属民族文化事业单位。1986年，承办天津市首届少数民族文艺汇演，1990年进行修缮。2000年，影院改造为羽毛球馆和旱冰场，小剧场改造为带曲艺演出的茶馆。2009年，对民族文化宫移建进行规划，新址预选在南运河南侧与新三条石大街交口处，规划面积为6217平方米。2010年，民族文化宫拆除。

照22-1　民族文化宫外景
（区文化旅游局提供）

（二）红桥文化宫　1985年修建，位于光荣道44号。建筑面积4008平方米，有座席1390个，为区内较大影剧、演出和会议场所。文化活动有电影、录像放映，戏剧、歌舞演出；室内活动有台球、乒乓球、滚轴溜冰、电子游戏、棋牌等；室外活动有儿童乐园、旱冰场。经营项目有旅馆、餐厅、停车场等。

第二节　博物馆　纪念馆

一　平津战役纪念馆

1995年，平津战役纪念馆工程奠基，位于平津道，1997年建成开馆。纪念馆占地4.7万平方米，建筑面积1.4万平方米，由胜利广场、主展馆、多维演示馆和军威园组成。主展馆分为：战役决策、战役实施、人民支前、伟大胜利、英烈业绩5个部分，展线总长740延米，展出历史照片400余幅，历史文物2000余件及多媒体、电动沙盘、旧址复原、景观、雕塑、绘画等辅助展品。多维演示馆高43米，直径50米，是目前亚洲第一大球体建筑，运用声、光、电高科技与多元化视听艺术手段，全景式超大银幕环球电影与背景画和展场微缩景观相结合，创造出新颖、独特视听艺术形式，演示平津战役多维空间历史画面。军威园占地7000平方米，总体呈长方形，四周护栏按船舷形式设计制作，远望似一艘大型航空母舰。园内陈列中国人民解放军捐赠的大型兵器展品16件，包括62丙型护卫艇，轰五飞机，歼五、歼六飞机，HY—2导弹，HQ—2导弹，HQ—61导弹，双联57、37、30、25舰炮，1200深水发射炮及深水炸弹、鱼—1鱼雷、锚—1水雷，其中62丙型护卫艇和轰五飞机是海军首次向地方捐赠。另展有反映当代世界各国大型兵器的图片展览。军威园是开展爱国主义、国防教育和科普教育基地，是天津文化旅游景点。多位党和国家领导人到馆参观并题词。被命名为天津市爱国主义教育基地、国防教育基地、科普教育基地；全国爱国主义教育示范基地、全国青少年教育基地、全国红色旅游经典景区。至2010年，接待观众约400万人次。

照22-2　平津战役纪念馆俯瞰图
（区文化旅游局提供）

二 义和团纪念馆

位于芥园道与怡华路交口义和团吕祖堂坛口遗址内。始建于明宣德八年（1433），原为供奉仙人吕洞宾道观，历经多次重修。1985年，整体修葺恢复原建筑风貌，馆舍占地1600平方米、建筑面积544平方米，环境绿地6600平方米。有山门、前殿、后殿、五仙堂、月台、东西廻廊。

照22-3 义和团纪念馆和吕祖堂外景
（区文化旅游局提供）

义和团运动期间，首领曹福田将总坛口设在吕祖堂内，首领们经常在此聚义拜坛，共商对敌计策。1982年，列为全国重点文物保护单位。1985年，修复后在原址建立天津义和团纪念馆，展览主题：义和团运动史陈列。1994年，被命名为天津市爱国主义教育基地。2010年，馆存藏品450件，展线130延米，年接待观众约9000人。

三 三条石历史博物馆

位于博物馆街34号。1977年原址重建新馆，占地4230平方米，建筑面积2959平方米。展馆另一部分为福聚兴机器厂旧址，位于三条石小马路16号，占地630平方米，建筑面积380平方米。是以三条石地区机器、铸铁民族工业发展史为基本陈列的地方性专业博物馆。

照22-4 三条石历史博物馆外景
（区文化旅游局提供）

1979年，展览主题恢复为“三条石地区机器、铸造业民族工业发展史”，1981年正式对外开放。1989年，博物馆主展厅撤展对外出租创收。1991年，市文化局拨专款对福聚兴机器厂旧址修缮，在旧址展出“三条石地区机械、铸造民族工业简史陈列”“三条石福聚兴机器厂旧址复原陈列”。1993年，被命名为红桥区青少年教育基地。1994年，被命名为天津市爱国主义教育基地。

四 梁崎、龚望纪念馆

2010年，天津书画界代表人物梁崎、龚望纪念馆在西沽公园内落成开馆。纪念馆由区政府出资兴建，占地500平方米，总建筑面积1000平方米，展馆500平方米。是天津市首个“公办民助”模式的书画名人纪念馆。

梁崎纪念馆、龚望纪念馆分别设立，每个展馆分为3个部分，生平展厅通过图片、文字、录像等，向游客介绍两位艺术家生平简介、趣闻轶事以及创作经历；复原陈列厅展出两位艺术大师生前遗物，再现其生活、工作场景；作品展厅展出两位艺术家不同时期、不同风格书画作品百余幅。

第三节　图书馆

一　图书馆

1956年，区图书馆在西北角建立，内设儿童阅览室、综合阅览室、外借处、采编室，是综合性图书馆。1980年始，建立书评组、科技组，编印出版《红桥书评》《红桥科普》《红桥之窗》，开展文艺评论、科普教育活动；开设青年自学室。1983年，迁至西青道45号。1988年，对外开放，新馆建筑面积2407平方米，设立文学评论组、政法研究组、书画研究组、读者服务部，开设报刊阅览室、老年人阅览室、妇幼阅览室、民族阅览室、自学室，为读者服务。1989年，与咸阳北路街和丁字沽新村街共建"文娱书社""群文书舍"，开展读书活动。1990年，组建"桃苑""津沽""沽上"3个书社。1992年，成立科技图书馆协作网。

2001年，在居民小区建图书活动室。2002年，在社区分别建立流动阅览室和社区图书馆。2006年，建立社区分馆。2008年，开通网上参考咨询工作。

2010年，图书馆保存有建馆以来每年订阅的《人民日报》《光明日报》《文汇报》《天津日报》《中国青年报》《今晚报》合订本。接受社会捐赠及收集区内个人保存古书籍109种2000余册。1996年、1999年2次被文化部评定为国家二级图书馆。

1996—2010年红桥区图书馆图书流通统计表

表22-2

年份	读者来馆（人次）	图书流通量（册次）	年份	读者来馆（人次）	图书流通量（册次）
1996	25725	33762	2004	1951	3902
1997	23296	37871	2005	1572	3144
1998	22083	39657	2006	18594	36277
1999	20870	41740	2007	31680	35680
2000	23727	45337	2008	16236	76746
2001	26683	53366	2009	12286	23930
2002	24292	48584	2010	18197	34281
2003	12006	24012	合计	279198	538289

二　少年儿童图书馆

1981年，筹建红桥区少年儿童图书馆，位于本溪路21号。1982年，建成开馆，占地1300平方米，馆舍800平方米，设外借处、儿童阅览室、幼儿阅览室、读者活动室。藏书3.38万册。1996年，被文化部评定为国家二级少年儿童图书馆。1998年，采用图书馆自动化集成系统ILAS5.0，开通采访、流通子系统，初步实现图书馆办公自动化。

2003年，迁至西青道84号仁爱花园小区，占地1080平方米，建筑面积2069.9平方米，有中小学外借处、幼儿借阅处、家长外借处、中学生阅览室、自习室、电子阅览室、儿童阅览室等。藏书增至7万余册，年平均接待读者2万人次。2005年，被文化部评定为国家一级少年儿童图书馆。2010年，迁至丁字沽一号路56号，有外借处、期刊阅览室、老残阅览室、少儿阅览室、自修室、电子阅览室、综合阅览室、读者活动室、参考咨询室等，文献总量增至8万余册，新书入藏5000余册，报刊百余种。

1996—2010年红桥区少儿图书馆图书流通统计表

表22-3

年份	读者来馆（人次）	图书流通量（册次）	年份	读者来馆（人次）	图书流通量（册次）
1996	25725	52540	2004	13984	26852
1997	20000	40050	2005	18379	37577
1998	24000	80000	2006	17324	34401
1999	12000	16000	2007	17809	35606
2000	11487	14874	2008	12079	18608
2001	10959	20285	2009	10088	19662
2002	20102	38224	2010	16646	31348
2003	13137	28979	合计	243719	495006

第四节　电影站　影剧院

一　电影管理站

1976年，电影管理站成立。1984年，电影管理站撤销。1985年，重新组建。1993年，电影管理站撤销，原业务由文化局业务科负责。

二　影剧院

（一）群众影院　位于营门西马路113号，占地3500平方米，建筑面积1311平方米，座席804个。1982年，增设群影青年服务部。1984年，增设旅店服务部。1987年，提升改造电影放映主业，占地1156.24平方米，设1048个豪华型沙发软席。1989年，增设电子游戏厅。1991年，开设咖啡厅、卡拉OK厅，增加音像、书刊等服务项目。1993年，成立群影广告部。2001年，增设舞台设备设施。2005年，停止电影放映业务。

（二）东风影院　原名河北影院，位于大胡同影院街5号，建筑面积1120平方米。1986年7月重建竣工，建筑面积1640平方米，为特级影院。

（三）本溪路影院　1982年修建，位于本溪路19号，座席1050个。1989年，改造为立体声特级影院，安装空调、沙发软席，建变电室、空调机房。1991年，更名为梦园娱乐中心。原影院改建迷你电影厅、歌舞厅、镭射录像厅、卡拉OK厅。1992年，形成餐饮娱乐多功能活动中心。1999年电影放映停业，2000年正式停业。

第二章　文化艺术团队

1979年后，全区各类文化艺术团队逐渐增加，至2010年，全区文艺团队有82支。其中，话剧团、响板合唱团等团队在市、区有较高知名度。

第一节　区艺术团队

一　话剧团

1977年，文化馆业余话剧团成立，团员50人，是“文化大革命”后市内第一个业余话剧团。自编自演各种小品节目200余个，其中15个节目在全国专业、群文艺术活动中获奖24项；62个节目在全市专业、群文艺术活动中获奖。中央电视台录制播放的小品节目29个，省、市级电台、电视台录制播放的作品126个，在全国性刊物发表作品5个。省、市级刊物发表作品8个。至2010年，演出2000余场。

二　响板合唱团

1999年，文化馆响板合唱团组建，为群众性业余合唱队伍，团员来自区内文化、教育、卫生、机关、企业、驻区高校、科研院所等单位的文艺骨干。团员近百名，具有较高演唱水平，在市区享有一定声誉。合唱团排练和演唱中、外曲目130余首，曾参加全国及市、区重大演出百余场。

三　老朋友舞蹈队

1999年，老朋友舞蹈队成立，队员35人。2010年，有队员30余人，队员多是离、退休干部职工，平均年龄50岁以上，为业余舞蹈爱好者。舞蹈队多次参加全国及省市级各类舞蹈大赛并获得优异成绩。其中，获得国家级金奖1个，省、市级奖项13个，多次应邀进京参加各种文化活动展示演出。2005年，在中央电视台参加“夕阳红”节目录制。2007年，舞蹈《老朋友》应邀参加在人民大会堂举办的驻华使节新春招待会，是此次演出全国唯一入选的老年节目。

四　服饰表演队

2001年，文化馆服饰表演艺术团成立，队员42人。2010年，队员40余人，来自全市离、退休干部和在职人员，年龄45~69岁。服饰队获国家级奖项1个、省市级奖项8个。有20余个服饰系列。

第二节　社区艺术团队

一　剧团

1978—1990年，桥南、河北大街、西沽街办事处相继成立评剧团，桥南街成立少年“小白鸽梆子剧团”、西沽街办事处成立河北梆子剧团。西沽街办事处评剧团演出延续到90年代。后逐步解散。

二　艺术团

1997年，邵公庄街办事处艺术团成立，下设京剧队、腰鼓队、秧歌队、老年时装队等6个艺种，7个队组。1999年，西沽街道湘潭东里小区成立业余京剧演唱团和评剧演唱团。2000年，铃铛阁街道办事处陆续调整组建京剧、评剧、老年合唱团，健美操、扇子舞、柔力球健身队、舞剑队社区文体骨干队伍，队员800人。至2010年，延续开展活动。

第三章　文化艺术活动

1978年以来，群众文化艺术活动得到发展，每年举办金秋艺术月、社区艺术节及老年文化艺术节等文化活动。各街道以文化大拜年、民族团结月等活动及庆“七一”党的生日、国庆节、重阳节等节庆日，开展社区文化活动。区属文艺团队在群众文化艺术活动中发挥骨干作用。

第一节　文化艺术节

一　金秋文化月

1987年，举办首届金秋文化月，是区内第一次以“节”的形式组织群众文化活动。邀请曾在区生活、工作、学习过的艺术家马三立、骆玉笙等参加《红桥故乡行》演出参观活动。期间，140个单位组织20余项文艺活动6000余人参加演出，观众6万余人。

1988—1995年，举办第2~9届金秋文化月（节），几十个单位组织百余项活动，组织戏曲、曲艺、歌曲演唱，器乐演奏，书画、摄影作品，交谊舞、小品表演等系列团体比赛。举办专题展览。举办职工、少儿、残疾人、老年文艺演出及评剧、河北梆子、丑小丫艺术团专场演出。每年参加演出的演员和观众20余万人。

1988年，特邀京津著名艺术家与区业余京剧爱好者同台演出。活动期间24个小品参加“可耐杯”小品大赛，8个获优秀奖。1990年，举办中日友好书画交流展，本市30余位著名书画家与日本神户、千叶、四日市的近百名艺术家交流。1994年，举办百部爱国主义影视歌曲演唱会，全区11个百人合唱团参加演唱会。1995年，举办街系统文艺展演，近千名文艺骨干和街干部参加。

1996年，金秋文化节停办，群众文化活动由各街办事处、文化单位自行组织。2003年，金秋文化节改名社区文体艺术节。

二　天津市老年文化艺术节

2003年，市文化局和区政府联合主办首届天津市老年文化艺术节。主要活动有老年美术书法大展、老年摄影大赛、诗歌朗诵会、老年文艺精品节目汇演。评选天津市“十佳文化老人”。评选书画最佳作品72件，优秀作品和入选作品442件。2005年，联合主办第二届老年文化艺术节。2007年，联合主办第三届老年文化艺术节。61个戏曲节目获奖；51个合唱、舞蹈、服饰节目获奖；51名中老年歌手获奖；81幅书画作品获奖，有近万人参加活动。2009年，联合主办第四届老年文化艺术节。历届“十佳老人”、社会各界老年活动积极分子以及老年文化工作者代表参加论坛。艺术节以“歌舞盛事，璀璨晚霞”为主题，全市近2万人参加。

三　社区文体艺术节

2003年始，市文化部门每两年在红桥区举办一次全市性老年文化艺术节。至2010年举办4届。

2003年，首届社区文化艺术节。期间，举办庆“八一”军警民消夏纳凉文艺晚会，书画进军营活动，为驻区部队送书4000册，开展流动借阅活动；咸阳北路街道开展消夏纳凉评剧、京剧演出3场、电影进社区活动1场。

2004年，第二届社区文化艺术节。期间，举办开幕式文艺演出，纪念邓小平诞辰100周年文艺演出，庆“八一”党政军民文艺大联欢，庆祝中华人民共和国成立55周年群众歌咏大会、游园联欢活动，纪念天津设卫建城600周年书画大展、京剧名家演唱会。为9个街道20个社区放映电影21场次。各基层单位组织不同类型文化活动近百场，其中芥园街道举办“苏宁之夜”消夏晚会；西沽街道举办“蒙牛之夜”文艺晚会；邵公庄街道举办交谊舞比赛、消夏纳凉文艺晚会；铃铛阁街道举办“明华里之夜”文艺演出，观众10万人次。

2005年，第三届社区文化艺术节。文化馆组织各街道文艺骨干开展社区艺术团巡演活动。邵公庄街道与区文化馆承办“美凯龙之夜文艺晚会”，在美凯龙广场拉开巡演序幕，在4个街道演出4场，观众6000余人次。

2006年，第四届社区文化艺术节。举办庆祝中国共产党建党85周年文艺专场演出、创卫专场文艺演出暨“文明扇发放仪式”、纪念红军长征胜利70周年暨庆“八一”军民联欢会等区级文化活动30余场。各街道组织社区消夏纳凉晚会、艺术团专场演出、社区文化巡演、文化进社区文艺演出专场、诗歌朗诵会、书画展、慰问红桥工程建设者专场文艺演出等文化活动百余场，观众10余万人次。

2007年，第五届社区文体艺术节（文化艺术节更名为文体艺术节）。组织社区文艺创作调演、戏曲擂台赛、区家庭才艺表演选拔赛、红色经典电影社区巡演、同在一方热土共建美好家园等文化活动。各街道组织消夏纳凉活动及社区文艺展演活动60余场，观众20余万人次，文体活动社区覆盖率100%。

2008年，第六届社区文体艺术节。以“喜迎奥运盛会，赞美和谐红桥”为主题，举办征文、演讲比赛，组织迎奥运全民健身展示活动，机关干部运动会、素质教育社区文艺展演，“迎奥运、绘美景”书画、摄影优秀作品展等活动。在中小学开展“少年儿童奥运知识知多少”答卷活动。组织大篷车演出队到社区巡回演出和万名社区居民争当文明市民百米长卷接力签名；各街道开展“迎奥运 颂红桥”文体艺术活动。

2009年，第七届社区文体艺术节。慰问西站工程建设者文艺演出。组织全民健身纪念日大型主题宣传及大型全民健身展示等活动，以“我爱祖国，我爱家乡”为主题，开展征文演讲比赛、各街道开展“爱国歌曲大家唱”活动。

2010年，第八届社区文体艺术节。在义和团纪念馆举行非物质文化遗产宣传展示展演。结合全国第五个“文化遗产日”，展示区国家级和市级非物质文化遗产保护项目。

第二节　社区文化活动

一　文艺演出

1978—1990年，春德街利用文化站小舞台，举办戏曲演唱、录像放映活动。1991年，西沽街举办“欢乐在西沽”文艺演出。1997年，邵公庄街艺术团成立，举办书画展、文化集市、军民联欢会等活动，专门为孤寡残和行动不便的群众送去文艺演出。2002年，在湘潭东里社区举办“迎接十六大，颂歌献给党”社区广场文艺晚会。2004年，西沽街道举办“龙禧之夜”文艺晚会。2005年，西沽街道举办社区书画展和卡拉OK演出。龙禧园社区科普志愿者以“为和谐社会再立新功”为题自编、自创、自演京剧联唱。2006年，咸阳北路街道举办“六月阳光”青少年文艺汇演。三条石街举办以“八荣八耻”为主要内容的颂党、爱国歌咏比赛。

2008年，咸阳北路街道开展“同在一方热土、共建美好家园”活动，举办纪念改革开放30周年歌咏比赛。2009年，咸阳北路街道与天津广播电台联合举办“喜庆辉煌六十年纵情欢歌唱今天”大型文艺演出现场直播。

二　其他文化活动

1978—1990年，春德街利用文化站开展书画展览、各类棋赛。1998年，铃铛阁街道在水西庄书画院举办大型书画展活动。2001年，芥园街道开展格言警句创作征集和“世纪父母读书”征文活动。西沽街道湘潭东里社区成立湘潭艺术社，举办第一届社区书画根雕艺术展，组建业余合唱队。2002年，在湘潭东里社区举办“迎接十六大，颂歌献给党”社区广场书画展示。2003年，丁字沽街道在大舞台门前，举办“羊年贺新春，万民同欢乐”大型文化庙会活动，社区秧歌队、太极拳队、腰鼓队等10余支队伍载歌载舞为群众送去新春祝福；手工编织、剪窗花等民间传统手工艺现场献技，老年书画社的社友现场写春联、写“福”字送给群众。2004年，西沽街道湘潭里社区举办第三届社区书画展。2005—2006年，西沽街道举办社区书画展。

2008年，芥园街道明华里社区开展文明礼仪宣传竞赛、迎奥运书法笔会。三条石街道开展“迎春送福大拜年”活动，组织书画社、图书馆的老师现场写“福”字送到老年人、特困户、残疾人家中。2010年，铃铛阁街道组织参加区中小学生硬笔书法比赛。三条石街道举办书画展，70余人参加，展出作品160余件。

第三节　图书活动

一　业务辅导

进入21世纪，图书馆承担区内工业、财贸、教育等系统图书管理员培训工作。举办业务学习班，编写教材。邀请专家学者举办文化知识讲座、报告会等。成立书评组、科技组、法学研究组等文化社团，编印书评、科普读物等刊物。发挥图书馆科研职能，开展图书馆学专业论文交流活动。举办外语班、写作班等，扩展培训办学模式。少年儿童图书馆利用中心图书馆的独特地位和专业技术力量，深入相关学校、社区业务辅导。2003年，建立4个示范基层图书馆（室），为基层图书馆（室）提供参照标准。

二　大型活动

1982年始，组织参加全国“枫叶杯”、市“大田杯”及读书夏令营等活动，内容包括读书征文、朗诵、绘画、英语口语演讲等。至2010年，有10余万名中小学生参加。

三　特教活动

1995—2002年，图书馆为天津监狱读者开展读书服务活动15次，送书4300余册；举办大型读书特教活动12次，读书交流、汇报会6次，收到征文500余篇。2002年，3次到天津监狱为服刑人员送书800余册。召开座谈会2次，举办“学科学、促改造”“读一本好书，写一篇心得体会”读书征文活动，收到读后感、心得体会700余篇。其中，30余篇获“学科学、促改造”征文活动奖；获“读一本好书，写一篇心得体会”征文活动一、二、三等奖9篇，优秀奖16篇。

第四章　文学艺术创作

32年间，文学艺术创作空前繁荣，业余创作队伍形成规模，各种体裁、内容的文艺作品大量涌现。区文化馆积极组织、指导各文艺团队，创作反映现实生活和社会现象文艺作品，许多作品参加全国和市区比赛及评选，获得各种奖项。

第一节　文学创作

2000年，文化馆文学创作团队成立，成员由在职和退休机关、文化系统干部等组成。至2010年，有26人创作的文学作品参加全国和市级比赛及评选，获得好成绩。

1985—2010年红桥区文学创作市级以上获奖和发表情况一览表

表22-4

年份	作品名称	形式	作者	应用情况	获奖情况
1985	血染三条石	小说	王锡荣 李家路	中国作家出版社出版	—
1987	小玲笑啦	诗集	程宏明	天津人民美术出版社出版	全国一等奖
1990	生日大宴	小小说	周东江	天津市文学东方千字小说大赛	三等奖
1992	相思时刻	诗歌	王征	“红玫瑰”杯全国诗歌比赛	佳作奖
1995	老爸·老妈	千字文	何亚莎	全国千字文征文大赛	指导教师二等奖
1996	热血铸警魂	报告文学	穆兰	天津市第五届“文化杯”报告文学比赛	三等奖
	普通的人平凡的事	报告文学	杨丽萍	天津市第五届“文化杯”报告文学比赛	三等奖
2001	诗歌意象浅析	论文	何亚莎	天津市第十届文化杯评选	优秀论文奖
2002	如何塑造21世纪文化女性新形象	论文	何亚莎	文化系统“21世纪文化女性”征文研讨交流活动	二等奖
2002	绿色人生	散文	李跃	天津市第十一届文化杯评奖活动	三等奖
	盛夏城市的印象	散文	于振雨	天津市第十一届文化杯评奖活动	三等奖
	杜甫旅夜抒怀	散文	李延亮	天津市第十一届文化杯评奖活动	一等奖
	盛世的夹缝	散文	王文娟	天津市第十一届文化杯评奖活动	二等奖
2002	美好的瞬间	千字文	何亚莎	全国千字文征文大赛	一等奖
2003	诗歌意象浅析	论文	何亚莎	天津市戏剧曲艺文学论文评奖	优秀论文奖
2003	天使在人间	小说	于振雨	天津市第十二届文化杯评奖活动	三等奖
	非常时期我想对党说	诗歌	张加升	天津市第十二届文化杯评奖活动	最佳奖
	众志成城	诗歌	钱继华	天津市第十二届文化杯评奖活动	特别荣誉奖
2004	浅谈文化馆在社区文化建设中的职能作用	论文	何亚莎	天津市戏剧曲艺文学论文评奖	优秀论文奖
2004	缘定·天津卫·600年	诗歌	于振雨	天津市第十三届文化杯评奖活动	二等奖
	英雄	诗歌	钱继华	天津市第十三届文化杯评奖活动	三等奖
	建国55周年感赋	诗歌	张家升	天津市第十三届文化杯评奖活动	三等奖
2005	不合作方式	中篇小说	李延亮	天津市第十四届文化杯评奖活动	二等奖
	浴室里的肥皂	小小说	刘金龙	天津市第十四届文化杯评奖活动	三等奖
2006	关注一条叫尤里的狗	散文	于振雨	天津市第十五届文化杯评奖活动	二等奖
	影像天津	散文	李延亮	天津市第十五届文化杯评奖活动	二等奖
2007	反腐倡廉诗歌	诗歌	李延亮	天津市第十六届文化杯评奖活动	三等奖
2008	天津森林	中篇小说	李延亮	天津市第十七届文化杯评奖活动	二等奖
2009	人鸟情未了	散文	张雅静	天津市第十八届文化杯评奖活动	三等奖
	神圣的莫高窟	散文	陈明德	天津市第十八届文化杯评奖活动	优秀奖
2010	根	诗歌	张雅静	天津市第十九届文化杯评奖活动	三等奖
	雨荷	诗歌	王晓明	天津市第十九届文化杯评奖活动	优秀奖

第二节　艺术创作

一　音乐创作

2001—2010年，音乐创作团队创作和改编部分合唱作品，参加市合唱比赛并获奖。

2001—2010年红桥区混声合唱作品参演和获奖情况一览表

表22-5

年份	作品名称	作词	作曲	指挥	参加演出名称	获奖情况
2001	卫士赞	鲍和平	张玉奇	张玉奇	天津市纪检委系统文艺汇演比赛	二等奖
2004	望乡词	于佑任	郭兆胜	张玉奇	天津市“程林杯”合唱比赛	一等奖
2008	祖国不会忘记	张玉奇(改编)	—	—	天津市“同在一方热土，共建美好家园”歌曲传唱选拔赛	一等奖
2010	红星歌	张玉奇(改编)	—	张裕泰	天津市“红色唱响”合唱大赛	一等奖
2010	红星歌	张玉奇(改编)	—	张裕泰	全国文化资源共享工程暨庆祝建党90周年大型歌咏比赛天津赛区	一等奖
2010	红星歌	张玉奇(改编)	—	张裕泰	天津市老年文化艺术节合唱比赛	二等奖

二　舞蹈创作

2004—2009年，区内作者创作获奖舞蹈作品：《老朋友》（创作者：刘欣、项燕）。2004年，参加全国第十三届“群星奖”比赛获金奖。《圣火》（创作者：张竞文）。2008年，参加天津市“第四届舞蹈节首届群众舞蹈大赛”获二等奖。《时尚节拍》（创作者：张竞文）。2009年，参加天津市“第二届南开杯新广场舞大赛”获最佳活力奖。《花之语》（创作者：张竞文）。2009年，参加天津市“工商银行杯第四届老年文化艺术节”获最佳星光奖。

三　小品　话剧　相声创作

进入21世纪，区内作者创作大量小品、相声和话剧作品。获奖作品：小品：《抢镜头》《酒后吐真言》《恩爱变奏曲》《桃红柳绿》《烙饼不翻个》《大市场》《后台的戏》《花为媒后传》《又到中秋月圆时》《夜深人不静》《有这么一个村长》《邻里之间》《位置》《人啊人》《实况录音剪辑》《大座钟》《车厢交响曲》《情系津城》《进退两难》《请保姆》《要求》《走马灯》。话剧：《为了明天》《水长情深》《苦涩的喜剧》《怎么办》。《为了明天》为全国计划生育会议专场演出，中央电视台录制播放。相声:《田大妈》《酒后吐真言》等。

1990—2010年红桥区相声小品在全国专业、群众文艺活动中获奖作品一览表

表22-6

时间	作品名称	形式	艺术活动名称	主办单位	获奖情况
1990年11月	柜台内外	小品	全国百优小品、小戏评选	中国剧协	三等奖
	无奈	小品	全国百优小品、小戏评选	中国剧协	优秀奖
1997年10月	桃红柳绿	小品	全国第七届“群星奖”小品比赛	文化部	铜奖
	请勿打扰	小品	全国第七届“群星奖”小品比赛	文化部	优秀奖
1998年10月	酒后吐真言	小品	中国曹禺戏剧奖·小品小戏奖	中国剧协	一等奖
	欠账	小品	中国曹禺戏剧奖·小品小戏奖	中国剧协	三等奖
1998年11月	田大妈	相声	全国第二届“金狮奖”相声比赛	文化部	创作二等奖、节目二等奖
1998年12月	天地良心	小品	全国第四届戏剧小品电视比赛	中央电视台	优秀奖
1999年4月	恩爱变奏曲(新版)	小品	全国第三届“金狮奖”戏剧小品比赛	文化部	二等奖，杨丽萍获优秀演员表演奖
	抢镜头(新版)	小品	全国第三届“金狮奖”戏剧小品比赛	文化部	三等奖，郑天庸、杨志刚获优秀导演奖
			全国第三届“群星奖”小品比赛		优秀奖
	走马灯(新版)	小品	全国第三届“金狮奖”戏剧小品比赛	文化部	三等奖
			全国第三届“群星奖”小品比赛		铜奖

续表

时间	作品名称	形式	艺术活动名称	主办单位	获奖情况
2007年6—9月	恩爱变奏曲、邻里之间	小品	全国第十四届“群星奖”天津地区选拔赛	天津市文化局	银奖
			全国第十四届“群星奖”复赛	文化部	铜奖
2007年9—11月	邻里之间	小品	第二届中国职工艺术节“中国石油杯”全国职工小品比赛,	全国总工会	银奖、优秀组织奖
2009年11月	酒后吐真言	小品	全国第十五届“群星奖”天津地区选拔赛，代表天津市参加全国第十五届“群星奖”比赛	天津市文广局、群艺馆等	金奖 优秀奖
2010年6月	酒后吐真言	相声	全国(天津)相声新作品大赛	中国曲协、天津文联	三等奖
	山药蛋	相声	全国(天津)相声新作品大赛	中国曲协、天津文联	优秀奖
2010年9月	玩彩票儿	小品	天津市第六届农民艺术节农村小品、小戏展演	市文广局、宁河区政府	二等奖

1995—2010年红桥区相声小品等在省、市艺术活动中获奖作品一览表

表22-7

时间	作品名称	形式	活动名称	主办	所获奖项
1995年11月	有这么一个村长	相声	天津市“万达杯”相声比赛	市文化局、北辰区政府	创作二等奖、表演优秀奖，优秀组织奖
1997年6月	醉人不醉心	小品	天津市“税法宣传”五个一作品评选	市文化局、天津市地方税务局	一等奖
	朋友	快板	天津市“税法宣传”五个一作品评选	市文化局、天津市地方税务局	二等奖
	佛脚难抱	小品	天津市“税法宣传”五个一作品评选	市文化局、天津市地方税务局	特别奖
	明智的选择	小品	天津市“税法宣传”五个一作品评选	市文化局、天津市地方税务局	特别奖，优秀组织奖
1997年10月	无 题	小品	天津市“群星奖”小品选拔赛	市文化局	优秀小品奖(最高奖)
1999年4月	两份遗嘱	小品	天津市法制文艺汇演	市以法治市办公室	二等奖，并获唯一一项优秀创作奖
1999年10月	要 求	小品	天津市第二届业余戏剧小品比赛	市文化局、天津电视台	编剧、导演、表演一等奖
	莫伸手	小品	天津市第二届业余戏剧小品比赛	市文化局、天津电视台	编剧、导演、表演三等奖，优秀组织奖
1999年10月	流行语	相声	天津市首届曲艺比赛	市文化局、天津电视台	创作、表演二等奖
1999年12月	手莫伸	小品	天津市“反腐倡廉”文艺汇演	天津市纪检委、监察局	编、导、演一等奖
2000年1月	买 房	小品	市建工集团系统艺术节	市建工集团	一等奖
2004年5月	酒后吐真言	小品	天津市第三届农民艺术节暨第十届“天穆杯”话剧小品比赛	市文化局	表演一等奖、创作一等奖、最佳导演奖。辛玉成优秀演员奖
2004年12月	酒后吐真言	小品	“钻石杯”首届京津冀小品、相声大赛	北京、天津、河北曲协	编、导、演二等奖
	抢镜头	小品	京津冀小品、相声大赛	北京、天津、河北曲协	编、导、演一等奖
	酒后吐真言	小品	京津冀小品、相声大赛	北京、天津、河北曲协	编、导、演二等奖
2005年9月	鱼藏剑	小品	天津市“海河清波”文艺汇演	市纪检委、监察局	作品一等奖，优秀作品奖
2005年9月	邻里之间	小品	天津市首届社区文化艺术节戏剧小品比赛	市文化局	表演金奖、优秀创作奖。杨丽萍优秀组织奖
2006年7月	邻里之间	小品	天津市第十一届“天穆杯”小品大赛	市文化局	表演二等奖、作品三等奖、最佳导演奖。张碧瑶最佳演员奖。杨丽萍优秀组织奖
2007年11月	邻里之间	小品	天津市法制文艺优秀作品征集评选活动	市以法治市办公室	作品一等奖
2007年6月	玩彩票儿	小品	天津市第六届农民艺术节农村小戏、小品展演	市文化局	二等奖

续表

时间	作品名称	形式	活动名称	主办	所获奖项
2010年9月	玩彩票儿	小品	天津市第六届农民艺术节农村小戏、小品展演	市文化局、宁河区政府	二等奖

四 美术创作

1998—2010年，美术创作取得优异成绩，多幅作品获得各级别奖励。具有鲜明特色作品：国画《三条石》用一组连续画面，真实表现出“铁厂街”生产全过程，再现民族工业街发展史。现实体裁漫画《交警外传》是一幅组画，通过9个不同侧面，讴歌交警忠于职守、热情奉献职业精神。在全国第一届道路交通安全漫画大赛中获一等奖。

1998—2010年红桥区美术作品获市级以上奖项一览表

表22-8

年份	形式	作品名称	应用情况	获奖级别	作 者	获奖情况
1998	国画	牡丹	全国部分省市美术作品精品展	国家级	孙家跃	一等奖
	水彩画	阿里情	天津市参评全国第八届“群星奖”美术、书法、摄影展	市级	李志平	优秀奖
1999	国画	生死之间	全国第八届“群星奖”展览	国家级	孙家跃	入选
2001	漫画	包装的学问	“激浊扬清”全国反腐倡廉漫画大赛	国家级	刘二励	金奖
	漫画	良药治病，科学治愚	“崇尚科学破除迷信铲除邪教”漫画大赛	国家级	刘二励	金奖
2002	国画	津沽闹春	天津市参评全国第十二届“群星奖”美术、书法、摄影展	市级	李志平	优秀奖
2003	国画	小红军	全国首届双拥书画展	国家级	孙家跃	特等奖
	铅笔淡彩	春到城厢	天津新貌写生作品展	市级	李志平	银奖
2004	漫画	身在桃园管住嘴	“光明杯”全国反腐倡廉漫画大赛	国家级	李志平	一等奖
	国画	正月流火	天津市参评全国第十三届“群星奖”美术、书法、摄影展	市级	李志平	优秀奖
	漫画	好领导	“光明杯”全国反腐倡廉漫画大赛	国家级	孙家跃	三等奖
	漫画	女贪官退赃记	“光明杯”全国反腐倡廉漫画大赛	国家级	刘二励	三等奖
2005	漫画	女贪官退赃记	全国首届反腐倡廉公益广告大赛	国家级	刘二励	三等奖
	漫画	好领导	全国首届反腐倡廉公益广告大赛	国家级	孙家跃	二等奖
	国画	听琴图	第三届当代中国文人书画艺术北京邀请展	国家级	李继忱	金奖
	国画	读书有味身忘老	全国书法美术大展赛	国家级	李继忱	银奖
	国画	读书破万卷	洞庭湖·岳阳楼杯书画大赛	国家级	李继忱	银奖
	国画	怀素书蕉图	海内外中国书画大赛	国家级	李继忱	二等奖
	漫画	某公菜谱	全国首届反腐倡廉公益广告大赛	国家级	刘二励	三等奖
2007	漫画	文明出境旅游八戒	文明旅游漫画大赛	国家级	刘二励	一等奖
	国画	永远的丰碑	参评全国第十四届“群星奖”美术、书法、摄影展	市级	李志平	金奖
2008	漫画	书痴	“快乐的读书生活”主题漫画大赛	国家级	李志平	金奖
	漫画	恶习难改	“扫黄打非”主题平面及文字作品征集	国家级	刘二励	二等奖
	漫画	自习室即景	“快乐的读书生活”主题漫画大赛	国家级	刘二励	三等奖
	漫画	书痴	“快乐的读书生活”主题漫画大赛	国家级	李志平	金奖
2008	漫画	恶习难改	“扫黄打非”主题平面及文字作品征集	国家级	刘二励	二等奖
	漫画	自习室即景	“快乐的读书生活”主题漫画大赛	国家级	刘二励	三等奖
2009	国画	钟馗	第二届群文系统优秀书画作品展	市级	李志平	铜奖
	国画	紫藤	第三届文化系统优秀书画作品展	市级	孙家跃	铜奖
2010	漫画	读书与生活	第二届全国读书漫画大赛	国家级	刘二励	二等奖
	漫画	图书馆之夜	第二届全国读书漫画大赛	国家级	梁翔	三等奖

五 摄影创作

2010年，文化馆摄影沙龙成立，会员40余人，以退休人员为主，有高校教授、企业高管等。每周活动1次，举办摄影知识讲座，摄影作品评析，组织会员赴外地拍摄。举办《津城美》《西沽风光》《摄影艺术进社区》《摄取最美瞬间》《腾飞中的红桥》专题摄影展和“胡同摄影”“天津运河桃花节”大型摄影展览，获国家级摄影比赛优秀奖3个，市级摄影比赛一等奖2个、二等奖3个、优秀奖12个。另有摄影作品入选国际级摄影大展。

2010年红桥区摄影作品获市级奖项一览表

表22-9

作品名称	作者	活动名称	获奖情况
《云蒙蒙山青青》	赵文成	市“生态家园杯”摄影展	一等奖
《老美华》	韩祖光	市非物质文化遗产摄影展	二等奖
《女将军邵华》	樊　军	市政协庆“三八”妇女节100周年摄影展	二等奖
《幸福的童年》	诸维平	市政协庆“三八”妇女节100周年摄影展	优秀奖
《迎春花会》	关和平	市政协庆“三八”妇女节100周年摄影展	优秀奖

第五章　文物及文物保护

80年代中期，开始文物收藏、保护和管理。征集各类文物藏品，对区内不可移动文物进行普查，公布文物保护单位；对古迹、纪念地予以保护和维修；对非物质类文化遗产进行调查，建立档案数据库，列入保护名录，采取各种扶助和保护措施。

第一节　文物征集与普查

一 文物征集

1986—2010年，征集各类文物藏品350件。其中，铁质类241件、石质类69件、砖瓦类28件、木质类12件。

1981—2007年红桥区文物保护管理所明清时期文物藏品登记表

表22-10

登记年份	名称	年代	单位	数量	文物来源和情况	来源	征集地点
1981	总成会馆后段楼院碑记	清	块	1	北门东中学，原山西会馆	征集	估衣街
	春秋大楼捐过布施碑记	清	块	1	北门东中学，原山西会馆	征集	估衣街
1982	增公祠石碑	清	块	1	原增公祠旧址	征集	三条石中学
1985	吕祖堂石狮子	清	个	1	吕祖堂建筑构件	征集	吕祖堂原址
	铸铁大炮	清	门	1	南开区原中营炮台	调拨	南开中营小学
	球形小炮弹	清	个	10	南开区原中营炮台	调拨	南开中营小学
1986	吕祖堂重修碑	清	块	1	1985年修时发掘拼接	征集	吕祖堂胡同16号
1986	青石石狮子	清	对	2	市民于书亭	捐赠	不详
1989	木楹联	光绪乙巳	对	2	原双忠庙物品	征集	二染整厂保卫科
	济宁会馆石碑	清	块	1	粮店街原济宁会馆	征集	粮店街
	济宁会馆助洋碑	清	块	1	粮店街原济宁会馆	征集	粮店街

续表

登记年份	名称	年代	单位	数量	文物来源和情况	来源	征集地点
1989	怀庆会馆石碑	清	块	1	粮店街，原怀庆会馆	征集	粮店街
	怀庆会馆公砝	清	块	1	怀庆会馆，200千克	征集	粮店街
	怀庆会馆公砝	清	块	1	怀庆会馆，150斤	征集	粮店街
1991	吕祖堂庙砖	清	块	2	吕祖堂建筑构件	征集	吕祖堂原址
	济宁会馆千秋带	清	根	1	济宁会馆拆迁时	征集	大伙巷房管站
1992	汉白玉柱础	清	个	2	原聂公祠建筑构件	调拨	三条石历史博物馆
1994	告示碑	清	块	1	光绪三十年，斗店告示碑	征集	育德庵大街
1996	老公所“老”字砖	清	块	1	西老公所(残两块)	征集	南头窑文化站
1997	铁蝴蝶隼	清	个	3	金摇篮建筑工地	征集	红桥区东北角
	铁桩头	清	个	3	金摇篮建筑工地	征集	红桥区东北角
	“受”字铁钣	清	个	10	金摇篮建筑工地	征集	红桥区东北角
	木桩头	清	个	1	金摇篮建筑工地	征集	红桥区东北角
1999	明永乐大方砖	明	块	1	明永乐十七年款	捡拾	吕祖堂西，院内
	重修北门内关帝庙碑	清	块	1	北门外，乾隆十六年	征集	红桥区北门外
2000	重建天津万寿宫	清	块	1	光绪二十八年立碑	征集	估衣街万寿宫胡同
2000	豫章会馆门额石匾	清	块	1	原江西会馆匾	征集	估衣街万寿宫胡同
2000	总商会告示碑	清	块	1	原总商会碑记	征集	北马路前进里
	直隶天津府加十级碑记	清	块	1	原总商会碑记	征集	北马路前进里
	钞关照壁石	清	块	1	原钞关影壁地基石	征集	河北大街金华桥西
2001	明代古炮	明	门	46	2001年10月29日出土，11月20日征集入馆	征集	北门外满园春糕点铺门前
	清代炮	清	门	3	2001年10月29日出土，11月20日征集入馆	征集	北门外满园春糕点铺门前
	清代炮弹	清	枚	156	2001年10月29日出土，11月20日征集入馆	征集	北门外满园春糕点铺门前
2001	汉白玉抱石	清	块	1	南头窑市民魏贵龙捐赠	捐赠	南头窑地区
2003	公所落成记石碑	清	块	1	嘉庆十七年，介休人所立	征集	大胡同天亦商城中区
2003	木雕望板棕色	清	块	2	原关上药王庙建筑构件	征集	关上地区
2007	白衣寺石碑	清	块	1	嘉庆十六年、乾隆六十年碑记	征集	北大关金领国际大厦工地
	白衣寺石碑	清	块	1	光绪二十五年碑记	征集	北大关金领国际大厦工地

二　文物普查

1981年，参加第二次全国文物普查，普查区内不可移动文物63处。1997年，公布第一批文物保护单位12个，举办“爱我红桥文物工作展”。2007年，参加第三次全国文物普查，对不可移动文物进行数据采集、绘图、拍照、经纬度数据测量、GPS卫星定位及信息数据登录，对野外调查资料整理、汇总、建立数据库、公布成果，普查不可移动文物49处。

三　遗址　遗迹

（一）义和团吕祖堂坛口遗址　位于区西南部（现芥园道与怡华路交口）。始建于明宣德八年(1433)原为永丰屯祠堂，清康熙五十八年（1719年）大修后改为吕祖堂，成为供奉吕洞宾的道观。现为义和团纪念馆。占地约1600平方米，建筑面积544平方米。1985年经过全面维修恢复原貌。庙基拔地3米，砖木结构。主建筑有山门、廻廊、前殿、后殿、五仙堂及西配殿。清光绪二十六年（1900年）义和团“乾”字团首领曹福田率团民由静海进津，在此设总坛口，常与“坎”字团首领张德成、红灯照首领林黑儿及刘呈祥等人在此拜坛议事，领导和指挥义和团进行抗击八国联军战斗。该建筑为义和团运动在天津重要遗址之一。1962年被列为市级文物保护单位。1982年被列为全国重点文物保护单位。

（二）福聚兴机器厂旧址 位于三条石地区，建于民国15年（1926年），以生产各类农具和水车为主。产品销往华北城乡，产量、质量均居于同行业前列。解放后福聚兴机器厂公私合营改建为机床附件厂。1965年，市人民委员会批准将原三条石福聚兴机器厂厂房划归三条石历史博物馆，开辟福聚兴机器厂复原陈列。旧址占地630平方米，建筑面积380平方米。该旧址为县、市级文物保护单位。

（三）大红桥 原位于子牙河与北运河交汇处，初为木桥，清光绪十三年（1887年）改建为单孔拱式钢桥。民国13年（1924年）被洪水冲毁，民国26年（1937年）新桥建成。位置向西移挪，仍称"大红桥"，为开启式三孔铁桥。主跨为杆拱结构，右岸一孔为人工启闭单叶立转开启桥跨。拱跨与引跨均以沥青混凝土铺设，下部台、墩为钢混结构，全长80.24米，宽12.66米。1964年因开启制动系统失灵，将开启钢架及平衡铊拆除。红桥区因此桥得名。

（四）水西庄 位于南运河畔，为清代名园，现为芥园水厂。"水西庄"受乾隆皇帝赐名芥园，水厂习称芥园水厂。清光绪二十四年（1898年），以英商名义注册为济安自来水股份有限公司。清光绪二十九年（1903年）正式投产供水，采用幔滤池过滤工艺，以运河为水源，采用蒸汽复式水泵。1949年，济安自来水股份有限公司与天津自来水厂合并。1950年，市自来水公司正式成立后改称芥园水厂。1983年，完成引滦入津配套工程，进行3次大规模改造和扩建。

照22-5　1950年，芥园水厂泵房内景（区文化旅游局提供）

（五）直隶全省内河行轮董事局旧址 位于大红桥以西子牙河堤岸。董事局于民国3年（1914年）成立，是由直隶省行政公署和北洋政府海军部、大沽造船所各出官银5万两合资创办。民国17年（1928年），改称天津特别市政府内河航运局。民国19年（1930年），改名河北省内河航运局。1949年，华北内河航运管理局由山东省德州迁至天津。1960年，改名河北省交通厅航运管理局。1964年，河北省与天津市航运机构合并。1972年，河北省交通厅航运管理局改名河北省航运管理局。2005年，企业改制为民营企业，更名为天津北方水运有限公司。

（六）北洋大学堂旧址 位于光荣道，始建于清光绪二十一年（1895年），是中国第一所现代大学。初名北洋西学堂，后改名北洋大学校、国立北洋大学。1952年，该校址归河北工业大学。现存有南楼[建于民国22年（1933年）]占地2336平方米、北楼占地2315平方米、团城3座建筑。南楼、北楼均为砖混结构三层楼房，团城为砖木结构平房。南楼现为第三教学楼，门上有牌匾"北洋工学院"。北楼现为第五教学楼。旧址为县市级文物保护单位。

（七）天津普通中学堂旧址 位于铃铛阁大街1号。清光绪二十七年（1901年）将稽古书院改建为"普通中学堂"，是天津较早学校之一。清光绪二十九年（1903年）更名为官立中学堂（今铃铛阁中学）。旧址原为稽古寺，寺内藏经阁人称"铃铛阁"。校内现仅存早期礼堂建筑1座。该旧址为县市级文物保护单位。

（八）马家店遗址 位于南小道子85号，是中国甲骨文最早的确认地。清光绪二十四年（1898年），古董商人范寿轩携带从河南安阳收集甲骨到天津西马路（现为南小道子85号）马家店，约请天津古文字学家鉴定，确认甲骨文为中国最早文字。从此，甲骨文被公诸于世。新中国成立后更名为民利旅馆，现为民利旅馆职工宿舍。

第二节 古迹 纪念地

一 曾公祠

建于清同治十三年（1874年），为清末直隶总督、两江总督曾国藩祠堂。民国26年（1937年），被改为安清家庙。民国34年（1945年）后，被改为尚义小学、金钟桥小学、三条石中学、北马路小学。1982年，从原曾公祠正殿西南角下发现碑石1块，为同治十三年（1874年）建祠而立，现存区文物管理所内。曾公祠为县市级文物保护单位。

二 红灯照黄莲圣母停船场

位于区东南部，归贾胡同北口，南运河南岸。红灯照是义和团运动的妇女组织。天津红灯照首领——林黑儿，自称黄莲圣母，乘船由南运河入津，停靠归贾胡同北口。设红灯照坛口，船围红布，桅竖“黄莲圣母”大旗，停船场作为近代反帝斗争遗址，1982年被确定为省级文物保护单位。

三 总商会会馆

天津总商会建立于清光绪二十九年（1903年），会馆位于北马路前进里，占地2000平方米，建筑面积1200平方米，为中间贯通三座四合院建筑。建筑宏阔严整，檐饰华美，屋宇高敞，保存有3500平方米典型清末罩棚，是典型会馆建筑。遗址建筑主体坚固，原貌保存完整。2000年被拆除。

四 爱国学生革命活动遗址

位于西北角严翰林胡同14号，是天津爱国学生革命活动遗址。占地160平方米，原为砖木结构四合院。民国8年（1919年）五四运动时期，天津爱国学生团体“天津学生联合会”“天津女界爱国同志会”的进步青年邓颖超、郭隆真在此居住，进行革命活动。爱国学生团体“觉悟社”领袖周恩来在校期间，也曾到此组织、参加会议，领导天津爱国学生的革命活动。1995年，因修建芥园道工程被拆。

五 天津市烈士陵园

位于区西部陵园路南段东侧，占地约4.2万平方米，建筑面积1.45万平方米。1949年，天津解放战役结束后，中国人民解放军第39军115师在当年解放天津的西线突破口处，建立天津解放战役纪念碑。此处安葬500余名革命烈士。1958年，在此建红桥区烈士陵园。1985年，天津市烈士陵园由水上公园迁此并改今名。园区南边建有水刷石门楼，上嵌“烈士陵园”镏金大字。碑后为烈士公墓。园内有名贵树木、绿篱、草坪环绕四周。设接待室、纪念馆及展览馆。陵园于2006年迁至新落成的天津市烈士陵园，纪念碑及雕像仍伫立于园内，改建为竹林园。

六 三条石历史博物馆（见三条石历史博物馆）

七 引滦入津工程纪念碑

位于区东南部三岔河口西北侧，占地约3000平方米。纪念碑坐于圆形花坛中央，由碑体、人物塑像组成。通高24米，碑体高18米。三角形深灰色大理石碑面，嵌邓小平题“引滦入津工程纪念碑”9个大字。碑体上耸立着汉白玉抱婴妇女塑像，右臂抱婴，左手伸掌托天，眺望滦河源头，面浮笑容，代表着千万颗慈母之心向建设者们倾诉谢意。碑后照壁上嵌碑文，记载着建设者们的功绩。周围植松柏、花卉和护栏。

第三节　文物保护

一　文物保护单位

1982—1997年，全国重点文物保护单位2处，省级5处，县市级11处。

2010年红桥区文物保护单位一览表

表22-11

保护级别	单位名称	地址	批复年份
全国重点文物	义和团吕祖堂坛口遗址	如意庵大街吕祖堂胡同16号	1982
全国重点文物	京杭大运河	南运河（咸阳桥至三岔河口）北运河（三岔河口至唐家湾大道）	2006
省级文物	红桥清真大寺	小伙巷大寺前街	1982
省级文物	红灯照黄莲圣母停船场	运河南路归贾胡同北口，南运河南岸	1982
省级文物	天津西站	西站前街	1997
省级文物	原谦祥益绸布店	估衣街94号	1997
省级文物	原瑞蚨祥绸布店	估衣街44号	1997
县、市级文物	福聚兴机器厂旧址	三条石小马路16号	1997
县、市级文物	曾公祠旧址	新三条石大街（慈航桥下）	1997
县、市级文物	北洋大学堂旧址	光荣道2号	1997
县、市级文物	清真南大寺	清真寺大街12号、14号	1997
县、市级文物	窑洼炮台遗址	北营门东马路北侧	1997
县、市级文物	天津官立中学堂旧址	铃铛阁大街1号	1997
县、市级文物	中共天津市委四分会三条石支部旧址（已拆改）	三条石张公祠前街2号	1997
县、市级文物	估衣街	北门外大街至影院街	1997
县、市级文物	严修故居（已拆除）	西北角贞女大街1号	1997
县、市级文物	泥人张作坊旧址（已拆除）	大丰路韦陀庙东街1号	1997
县、市级文物	刻砖刘作坊旧址（已拆除）	红桥区春德街蔡家胡同1号	1997

二　全国重点文物保护单位维护

1985年，对义和团吕祖堂坛口遗址进行整体修葺，重新设计复建山门，维修前殿、后殿、五仙堂，恢复历史建筑风貌。1986年，建设办公用房及配套用房，建筑格局呈T字形。1992年，更新安装前殿、后殿、五仙堂避雷设施。2003年，重新设计修建围墙、护砌，复建东配殿。馆外新增广场、草坪绿地6600平方米。2005年，在馆前广场西侧塑造义和团战士群铜制雕像。2010年，馆外围墙建设完工。

三　省级文物保护单位维护

（一）红桥清真大寺　（见民族　宗教　侨务编　第二章　第一节。）

（二）谦祥益绸布店维修　原为三进院式建筑，2000年，拆除后院。2002年，建筑改为茶楼“谦祥益文苑”。2009年，估衣街提升改造，谦祥益文苑进行油漆彩画及维修。

四　县、市级文物保护单位维护

（一）福聚兴机器厂旧址　（见民族　宗教　侨务编　第二章　第一节。）

（二）清真南大寺　2004—2005年，进行大殿油漆彩绘工程。2008年，对西马路西侧清真南大寺过街牌坊进行维修和油漆彩绘，维修大寺外围建筑并进行油漆彩绘工程，其中包括山门、对厅、两侧便门、栅栏。2009年，对大殿房顶、对厅内外、地砖、仓库进行维修。

（三）**估衣街** 2009年，估衣街提升改造。改造后，被市旅游局评为AAA旅游景区。

第四节 非物质文化遗产

一 调查保护

2004年，开展对非物质文化遗产初步调查。2006年，回族重刀武术被国务院批准列入首批国家级非物质文化遗产保护名录。2008年，开展普查。采取社会团体与民间、实地与文献、全面与重点相结合的调查方法，掌握37项史料资源。2010年，非物质文化遗产保护中心成立。通过文字、录音、录像等各种方式进行系统记录，建立档案和数据库。至2010年，非物质文化遗产项目被列入国家级1项、市级6项、区级15项。是年，筹建红桥区非物质文化遗产展览馆。

2010年红桥区市级非物质文化遗产保护名录一览表

表22-12

项 目	名 称	代表性传承人	申报单位	批准情况
传统手工技艺	天津“耳朵眼”炸糕制作技艺	朱学利	天津耳朵眼炸糕餐饮有限责任公司	2009年10月23日天津市人民政府批准列入天津市级非物质文化遗产保护名录
	大福来锅巴菜制作技艺	－	天津市大福来餐饮商贸公司	
	汇蚨源吉祥手工布艺技艺	－	红桥区文化馆	
民间舞蹈	西码头百忍京秧歌高跷	殷洪祥	红桥区文化馆	
	普乐虮蜡庙高跷	张文杏		
体育竞技	回族重刀武术	曹仕杰 曹仕伟	天津回族大刀队	

2010年红桥区区级非物质文化遗产保护名录一览表

表22-13

项 目	名 称	代表性传承人	挖掘人	申报单位	批准情况
传统手工技艺	天津“耳朵眼”炸糕制作技艺	朱学利	曹金萍	天津耳朵眼炸糕餐饮有限责任公司	2009年6月16日红桥区人民政府列入区级非物质文化遗产保护名录
	大福来锅巴菜制作技艺	－	曹金萍	天津市大福来餐饮商贸公司	
	汇蚨源吉祥手工布艺技艺	马玉贞	曹金萍	红桥区文化馆	
民间舞蹈	西码头百忍京秧歌高跷	殷洪祥	曹金萍	红桥区文化馆	
	普乐虮蜡庙高跷	张文杏	曹金萍	红桥区文化馆	
体育竞技	回族重刀武术	曹仕杰 曹仕伟	王世颜	红桥区文化馆	
民间文学	天津老叫卖	韩 冬	曹金萍	红桥区文化馆	
民间美术	榜书艺术	李 强	曹金萍	红桥区文化馆	
传统手工技艺	庆发德烫面蒸饺制作技艺	马燕来	曹金萍	庆发德餐饮有限责任公司	2010年11月12日红桥区人民政府列入区级非物质文化遗产保护名录
	益德成鼻烟制作技艺	马卫东	曹金萍	希勒玛生物科技有限公司	
	至美斋酱牛肉制作技艺	刘忠敏	曹金萍	至美斋食品有限公司	
	德馨斋路记烧鸡制作技艺	路桂玲	曹金萍	德馨斋路记烧鸡食品有限公司	
民间传统音乐	同心法鼓	徐文和	曹金萍	区非物质文化遗产保护中心	
	邵公庄萃韵音乐	姚俊岐	曹金萍	区非物质文化遗产保护中心	
体育竞技	少林派掌式门武术	董金锐	曹金萍	区非物质文化遗产保护中心	

二　非遗项目简介

（一）回族重刀武术　津门著名回族武术名家曹克明继承其父“回族大侠”曹金藻阿訇遗志，弘扬武术强身爱国之精神，在本门刀、礅、抱石、拳铲等功夫基础上挖掘整理，独创回族重刀武术，已嫡传5代，有百余年历史，在津门体坛独树一帜。表演形式上吸收历史上“弓、刀、石、马步、箭”等课目技艺，苦练礅子、石锁、抱石等，将其中之技巧，揉进大刀表演的一招一式之中。大刀表演丰富多彩，主要有插、背、拧、云、撇、水磨、腰串、狮子披红、乌龙摆尾、雪花盖项、比摆荷叶、掌中花、叠罗汉等招式。其特点是：刚柔相济，动静结合，集力量与技巧于一体，将刀舞起，动如风，静如松，提刀千斤重，舞刀鸿毛轻，刀飞钢环响，刀落寂无声。1976年，曹克明在“市隐国术社”基础上成立民族大刀花样举重队，传授曹氏刀法。1979年，重新组队，更名为回族大刀花样举重队。至2010年，收徒48人。1980—1985年，21次参加全国、市体育竞赛和表演。1988年，更名为回族大刀花样举重队。1990年，参加北京“太平杯”民间花会大奖赛获银奖。1991年，在南宁参加全国少数民族运动会获金牌。1995年，代表天津市参加在昆明举办的全国少数民族运动会夺得金牌。1999年，代表天津市参加北京全国少数民族运动会获银牌。是年，参加庆祝中华人民共和国成立50周年联欢晚会并获荣誉证书。2003年，代表天津市参加宁夏少数民族运动会获银牌。2006年，回族重刀武术被列入首批国家级非物质文化遗产保护名录。2007年，第四代传人曹仕杰被评为国家级非物质文化遗产传承人。2009年，被列入区级和市级非物质文化遗产保护名录。

照22-6　回族重刀武术传承人曹仕杰表演75千克重刀“苏秦背剑”　（区文化旅游局提供）

（二）西码头百忍京秧高跷　创建于清嘉庆二十四年（1819年），北京蔡少文于天津西码头传授北京高跷秧歌，所授是北京南城的练法、西城的唱调、“老三点”的鼓点，在此形成独家独派练法。道光元年（1821年）立会，起名“百忍”，意在警教会人百事礼让和忍。老会绝活都是家族传承，已历8代。2006年，获天津市首届民间花会和广场舞擂台赛“十大擂主奖”。2009年，被列入区级和市级非物质文化遗产保护名录。

照22-7　西码头百忍京秧高跷　（区文化旅游局提供）

（三）普乐蚆蜡庙高跷　始创于清代咸丰年间（1851—1862年），蚆蜡庙位于大伙巷徐家冰窖信义堂。是“三河五岸”码头文化代表性的花会之一。老会所演故事，生动优美、富有特色，角色都以京剧蚆蜡庙的人物为蓝本，服饰、装扮相同，配以京剧中每个人物特有的道具，非常吸引观众。1983年，老会恢复演出活动。2009年，被列入区级和市级非物质文化遗产保护名录。

照22-8　普乐蚆蜡庙高跷　（区文化旅游局提供）

第六章　文化管理

1979—2010年，文化管理部门从改革文化体制入手，扶持文化行业，开拓文化市场，使区文化产业成为战略性产业。文化市场蓬勃发展，随之开展市场稽查管理，对不法行为进行查处，严格舞厅等场所审批范围。进入21世纪后，重点打造天津创意产业集聚区，形成以工业文化、津味文化和文化创意产业有机融合特色街区，带动文化产业发展，成为文化产业的排头兵和品牌产业。2010年，主要文化产业项目有创意产业园、特色街、文化传播公司、大舞台餐饮娱乐有限公司等。

第一节　机　构

1979年，区政府建立文化科。1985年，更名文化办公室。1989年，改称文化局，内设文化科、社会文化科、行政办公室。1997年，内设办公室、党总支办公室、群众文化科、社会文化市场管理科和财务科。2001年，增加旅游管理职能，更名为红桥区文化旅游局。2002年，财务科与办公室合并为办公室，增设旅游管理科。2004年，加挂新闻出版局（版权局）牌子，负责辖区出版物市场、印刷企业监管和执法。2010年，内设办公室、社会文化科、文化市场管理科、旅游管理科、党总支办公室；下设单位图书馆、少年儿童图书馆、文化馆、义和团纪念馆、三条石历史博物馆、文化宫、群众影院、梦园娱乐中心。

第二节　文化市场

一　发展概况

1992年，有8个文化经营类别236个国营、集体、个体娱乐场所。1998年，新增文化经营单位110家。2001年，文化行业协会成立，负责文化市场指导、协调、管理和服务。2005年，文化经营单位418家。其中，歌舞厅及演出场所24家，出版物发行36家，音像制品经营单位30家，书报刊经营单位127家，网吧50家。2010年，文化场所222家。其中，网吧50家，歌舞娱乐场所15家，复印、影印、打印114家，书店28家，音像店15家。

二　稽查管理

（一）市场稽查　1989年，在“扫黄打非”统一行动中，抓获违法犯罪分子178人，摧毁团伙13个，收缴淫秽图书924本、画报杂志491本、录像带录音带537盘。1990年，文化市场管委会建立，负责文化市场、娱乐场所监督和管理。1990—1993年，清理整顿书刊音像市场50余次，出车240余辆次，500余人；收缴各类非法书刊6600余册，伪劣非法录音带2500盘，非法录像带6030盘，黄色录像1500盘；取缔70个音像摊点。向18万户家庭发放“扫黄”宣传品，标语3000余条，宣传群众10余万人次。1993年，查获贩黄活动犯罪分子6人，收缴黄色录像带1000余盘。1997—2008年，清理整顿书刊音像市场50余次，收缴各类非法书刊2.89万册，盗版书3000册，非法录音带录像带3.03万盘，黄色光盘2000张，盗版光盘10.48万张；取缔非法音像黑批发、黑摊点21个，书刊发行“游商” 12个。

（二）市场管理　1993年，举办6期法规培训班，200人次参加。帮助各街新建30余个老年人麻将活动室，帮助4个单位建音像租赁点。80个电子游戏厅，音乐、戏剧茶座，酒吧和图书出租等文化经营者办理证照。1997年，棋牌室纳入文化市场管理范围。举办文化市场管理培训。全年组织稽查150次，检查370家次。1998年，开展文化市场法规宣传活动，对从业人员进行管理方法培训。2000年，开展电子游戏厅专项治理工作。2003年，抗击“非典”期间，要求网吧、歌舞厅、台球厅停止营业，对执行情况进行检查。取缔非法网吧27家。2004年，对网吧专项整治。对歌舞厅、演出场所检查10次。2005年，对网吧定期检查和抽查，联合检查10余次，停业整顿、罚款警告行政处罚20余家。对全区歌舞厅、演出场所检查10余次。2008年，开展“奥运天天查”专项活动，24小时巡查，实现违法违规现象“零指标”。2009年，网吧义务监督志愿服务队成立。2010年，文化市场行政执法大队成立，承担区“扫黄打非”工作领导小组办公室日常工作。

三　审批

1985年，对舞厅进行合格审批21家符合规定的获“舞会活动准许证”，录像放映场所申办纳入审批范围。1989年，对舞厅实行分等级管理。1990年，对录像放映单位规定具备入行条件。1991年，经营性台球厅纳入审批管理范围，规定场地和球台使用标准。1994年，对歌舞娱乐场所，按特、甲、乙、丙4个等级作出规定。1997年，对316家文化经营单位换发“文化经营许可证”，为19个新文化经营单位办理合法经营手续。1998年，为110余家申办文化经营单位办理许可证。2001年，扶植、发展新文化单位68个，协助9个文化经营单位转入区内经营，为原21个经营单位办理升级、变更手续。全区从事文化娱乐、出版发行和印刷行业企业517家。2008年，行政审批中心设文化市场办证窗口。至2010年，审批授权21项。

第三节　文化产业

一　文化产业项目

（一）天津意库创意产业园（见科技编　第四章　第一节）

（二）天津杨议影视文化传播公司　2009年，天津杨议影视文化传播有限公司在湘潭道成立，是集创作、编辑、拍摄、经营为一体的文化传媒公司，注册资金200万元，年平均营业额2000万元以上，主要经营影视片制作和发行，具有很强的企业实力。该公司文化产品《杨光的快乐生活》成为津味电视作品代表。

（三）天津大舞台　2009年，天津正圆大舞台娱乐有限公司改造新天津大舞台，占地3700平方米，一楼为容纳800人演艺大厅。二、三楼有高级KTV包房69间，四楼设近千平方米“卡斯巴瑞”酒吧。新的大舞台为区内高档娱乐演艺场所。

（四）明斯特小提琴工作室及管文宁艺术培训中心　2009年，在意库创意产业园成立，以提琴现场制作、艺术培训、音乐欣赏为主要经营形式。制作小提琴均为高品质产品，多为专业院园和艺人定制。

（五）天津谦祥益文化传播公司　2009年，在估衣街成立，成为天津市重点打造的文化产业之一“相声风景线”重要节点。

（六）东方之珠餐饮娱乐有限公司（红桥店）　2010年，在河北大街泰达城开业。公司注册资金200万元，职工200余人，营业面积8000平方米，提供餐饮娱乐一条龙服务。

二　文化产业升级

2009—2010年，文化产业上升为战略性产业。2010年，文化经营企业918家，出版发行和出版服务经营单位266家，音像及电子出版物经营单位15家，互联网服务经营单位50家，歌舞娱乐场所12家，落户红桥区国内旅行社8家和国内、出入境旅行社门市部10家，区属艺术表演场馆2家，文化用品批发及零售企业465家，广告经营单位71家，体育俱乐部16个，影视制作发行单位1家，艺术品生产和流通经营单位1家。从事文化产业经营服务7000余人，2009年实现税收收入约1800万元。

第七章　有线电视

90年代，开始建有线电线网络，成立有线电视中心。进入21世纪后，中心改制为企业性质，有线电视实现自动化播出、现场直播、数字电视整体转换，最终模拟有线电视用户数字化整体转换。自办节目实现自动化播出。有线电视网络实施无源双向网改造工程，双向网设计和改造迅速覆盖全区。2010年，网络电视入户80%以上。

第一节　机　构

1993年，成立有线电视工程指挥部。1998年，有线电视中心正式成立，为全民自收自支事业单位，内设办公室、节目部、营业部、工程部。2004年，有线电视中心以股份形式归属天津广播电视网络有限公司，更名为天津广电网络公司红桥分公司，为企业性质，原有人员统一改为合同制。内设办公室、营业部、节目部、工程维修部。至2010年，内设机构未变。

第二节　有线电视网络

一　网络建设

1993年，在西于庄街、新村街、咸阳北路街、丁字沽街进行有线电视网络建设，通过卫星接收传输机房和35台干线放大器，采用同轴电缆传输技术，当年2000户居民收看到18个有线电视频道节目。1994—2006年，推广有线电视工程建设，采用同轴电缆传输，模拟信号网络，为部分平房区居民安装有线电视。有线电视覆盖21.3平方千米，用户13万户，可收看54套电视节目。2000年，完成14个新建小区有线电视网络建设，新增用户1.43万户。2001年，以新建小区为主，兼顾平房，完成市网络发展规划中红桥区光点界定工作。2002年，成立网络安全工作小组。组建抢险抢修快速反应队伍，实现有线电视网络零事故。2003年，完成光发机、干放、延放加装安全箱，网上7022个分配器加锁。2003年，为114个居委会免费安装有线线路。部分地区有线电视网络升级改造5169个用户受益。2005年，查出私装入网699户。内网维修7632户次，外网维修727处次。实施三号路等14处架空光缆切改入地工程；对清源等7个小区网络改造。2006年，入户维修9439户次。开封3284户次，封户2557户次，巡查维护楼门3828个。对13个小区进行网络建设。完成10余条道路上架孔电缆改为入地电缆。6个旧楼区电视网络改造。2006—2008年，铺设光缆近30千米，建远端机房22个，网络改为光缆双向传输。2007年，实现数字电视整体转换9.51万户（终端），占全区有线电视用户的80%。2008年，开展有线电视模拟转数字化，为每个用户免费安装机顶盒，用户可收视150余套频道电视节目。2009年，向用户发放“便民服务联系卡”3万余张。2010年，有线电视网络实施无源双向网改造，完成近14万户双向网设计和改造。

二　网络用户

1993—2010年，有线电视用户发展迅速，覆盖率从不足1%发展80%以上。

1993—2010年红桥区有线电视用户统计表

表22-14

年份	总户数	新增户数	年份	总户数	新增户数
1993	2000	-	2002	120013	6611
1994	15000	13000	2003	126063	6050
1995	47802	32802	2004	132170	6107
1996	62810	15008	2005	135101	2931
1997	75155	12345	2006	137673	2572
1998	88716	13561	2007	139228	1555
1999	103842	15126	2008	141424	2196
2000	108342	4500	2009	144492	3068
2001	113402	5060	2010	151685	7193

第三节　有线电视中心

一　自办节目播出

1994年，有线电视中心自办频道节目正式开播。每天18时30分开始转播天津电视台“天津新闻”，中央电视台“新闻联播”“焦点访谈”栏目。19时50分开始首播自办节目，23时结束，次日中午12时重播前晚自办节目。每月固定专栏节目6个。有线电视中心有2名新闻播音员、2名专栏节目主持人、4名记者和4名编辑；有4部摄像机和2台编辑机。“红桥新闻”栏目每周一、三、五首播，二、四、六重播，周日播“一周新闻集锦”。其他5个专栏节目每周1期10分钟。1999年1月1日开始，“红桥新闻”改为每天1期，时长10分钟。19时50分首播，22时30分和次日12时重播。更新开播曲、标志乐、播音背景图案，播音员变为男女各1人。其中《红桥体坛》《红桥119》专栏和专题以贴近生活、贴近百姓、服务群众，受到观众喜爱。2000年，《红桥新闻》播出204期，发稿1250条。先后播出10期系列报道，每期节目介绍一个红桥的名胜古迹。自办频道节目每天播出16小时；全年播出4300小时，播出电视连续剧32部737集，电影365部。监视转播信号8000余小时。

照22-9　区有线电视台编辑机房
（天津广电网络红桥分公司提供）

二　节目自动化播出

2001年，有线电视中心自办电视频道实现节目自动化播出。制作专访18期，专题片20个；“红桥体坛”播出52期，“卫士风采”播出12期，“红桥119”播出12期。2002年，播发1688条红桥新闻，每月最后1周新闻集锦增加手语解说。2003年，编播1859条红桥新闻、制作21个专题片、摄制137期专栏节目，向市电视台报送播发红桥区74条消息。2004年，红桥有线电视中心迁至新址后，摄录编播设备变为模拟和数字两种，有摄像机6台，编辑机9台，非线编辑机1台。编辑、记者、播音员、制作人员20人。“红桥新闻”首播时间改为17时50分，播时长仍为10分钟。2005年，制作播出，组织、宣传、纪检、城建、文教等11个方面的专题片。全年播出新闻1611条。2006年，播出新闻1412条，在市台播发稿件3条。制作播出专栏、专题、专场文艺晚会208个。2007—2010年，播出新闻6424条，专栏节目705期。2009年，自办频道总播出时间5670小时，播出电视剧2514集，电影324部，文艺节目680小时，转播中央及天津电视台节目780小时。

第八章 编史修志

1987—2010年，党史办公室搜集区内党组织历史资料，编写出版各类资料300余万字。地方志办公室启动《红桥区志》编修和首部《红桥年鉴》编纂，收集上千万字材料，完成500万字长编，出版年鉴4部。地方志鉴编修取得历史性突破，编写出区第一部志书，逐年出版《红桥年鉴》。

第一节 党史编纂

1987—2010年，党史办挖掘地方党组织在历史上带领人民革命和新中国建设中奋斗历程以及改革开放成就的材料，编写出党史各类资料320余万字。期间具体编纂成果有：1987年12月，出版《壮心集》，10.5万字。1992年9月，出版《中国共产党天津市红桥区组织史资料》（1949—1987年），44.1万字。1997年5月，出版《红桥党史资料汇编》（1919—1949年），24.3万字。1999年9月，出版《中共天津市红桥区大事记》（1949年1月—1999年6月），53万字。2001年6月，出版《红桥共产党人》，19万字。2003年10月，出版《奋斗的历程》（1949—1956年）（红桥区卷），23万字。2005年8月，出版《三河五岸怒潮涌》，4.5万字。2006年11月，出版《中国共产党天津市红桥区历次代表大会文献汇编》，20万字。2007年5月，出版《奋斗的历程》（1957—1966年）（红桥区卷），22万字。2007年7月，出版《民主革命时期红桥区中国共产党组织的建立与发展》，4万字。2008年12月，出版《红桥改革开放三十年》，57万字。2009年10月，出版《奋斗的历程》（1966—1978年）（红桥区卷），24万字。2010年8月，出版《红桥探索建设社会主义道路三十年》，15万字。

照22-10 2010年，区委党史研究室编纂的《中共天津市红桥区历史（1949—2010）》正式印刷出版 （区委党史研究室提供）

第二节 地方志鉴编纂

1991年，成立第一届地方志编修委员会和地方志办公室，召开第一次地方志工作会议，修志工作启动。1992年，召开第二次全体会议，通过《关于红桥区地方志编修委员会成员责任分工的意见》，当场签署责任状。对处级各单位（部门）下达承修《红桥区志》有关篇、章、节任务，签订承包书。1992—1995年，形成500余万字长编。经编辑修改形成志书初稿，200余万字。1997年，进入志稿总纂阶段，1998年形成《红桥区志》（蓝本）。召开《红桥区志》（蓝本）评稿会。2000年，交付印刷出版。2002年，《红桥区志》被评为市第八届社会优秀成果三等奖和市第三届优秀志书荣誉奖。

2010年，启动第二轮区志编修工作。成立编修委员会，制订实施方案，编发修志辅导手册，拟定篇目，向各承修单位部署修志任务。

2000—2010年，承担《天津区县年鉴》（红桥区部分）撰写任务。

2006年，启动《红桥年鉴》编纂。首部《红桥年鉴》为2000—2005年合订本，全书180万字。年底出版并举行首发式。2007—2010年，每年编纂出版年鉴，字数30~40万字，印500册。

照22-11　2010年，区第二轮修志工作动员大会召开　（区档案局提供）

红桥区志

第二十三编
医药卫生

1979—1990年，卫生事业经历改革开放历史阶段，适应社会主义市场经济发展，加快医疗卫生服务设施建设，卫生经费突破计划经济模式，实行“宏观调控，统一管理，集中使用，确保重点”的财政拨款。卫生事业发展资金主要靠基层单位按规定比例上缴的款项，把分散资金集中使用，解决重点问题。探索经济效益和社会效益共赢的卫生改革发展新模式。2000—2010年，卫生事业改革以加快社区卫生服务发展为突破口，稳步推进公共卫生、医疗卫生和中医药事业发展，卫生监督、疾病预防控制、妇幼卫生保健等公共卫生服务能力增强，先后完成国家级社区卫生服务示范区和中医药示范区创建，科学进行卫生资源整合和优化配置，适应社会发展和患者需要。

2010年，红桥医院外景
（区卫计委提供）

2010年4月20日，社区医务工作者到孤老户家中做定期义务体检（区卫计委提供）

2005年7月20日，区卫生局举办社区卫生服务全科知识技能操作比赛
（区卫计委提供）

2010年，人民医院外景 （区卫计委提供

第一章　医疗卫生体制改革

1985年，医疗卫生体制改革正式启动，开始探索集约化经营和规范化管理新模式，改革工资分配和人事用工制度，医疗卫生和公共卫生基础建设。疾病预防控制、卫生监督体系建设加快，特别是城市社区卫生服务出现新变化。

第一节　管理体制改革

一　岗位聘任制

1999年，卫生系统人事用工制度改革启动。2000年，实行人事用工制度改革，国家用人向单位用人转变，身份管理向岗位管理转变，行政管理向法治管理转变。卫生人力资源实行宏观调控，统筹规划，下达编制指标，以定岗、定责、定员为原则，竞聘上岗。1781名职工签订聘用合同和上岗协议，169名职工签订劳动合同，159人缓聘，清理148名在册不在岗人员，59人辞职、辞退、调出、自动离职，开除3名违法违纪人员。2010年，实行执业资格准入制度，评聘分开，技术人员职称不再终身制，建立人员能上能下、能进能出，上岗靠竞争、分配靠贡献、管理靠合同的人事用工制度，实现事业单位用人由行政依附关系向平等人事主体转变。

二　医务人员选聘制

2001年，人事分配制度改革，重点加强聘后管理，完善考核机制，制订专业技术、行政管理和后勤人员考核标准和量化指标，实行末位淘汰，兑现考核结果。专业技术人员淡化身份，强化岗位，实行档案职称和院内职称双轨制。调整人员结构，优化人力资源，按社区卫生服务需求和功能重新核定一、二级医院和专业机构编制，确定合理结构。探索分配制度改革，实行档案工资和效益工资，按岗定酬，按业绩兑现，岗动薪移，打破按职称分配方式。

照23-1　1999年，区卫生局深化人事用工制度改革动员大会召开　（区卫计委提供）

2002年，启动第二步人事分配制度改革，重点调整人员结构，优化人力资源，建立人员能进能出，职务能上能下，待遇能高能低，收入能多能少用人机制。实行编制总量控制，结构优化组合，合理确定人员编制和结构，按功能定结构、按岗位定编制、按需要定科室，确定符合本单位结构层次的岗位，实行定编、定岗、定责，完善岗位职责，对所有岗位全面引入竞争机制，坚持公开、平等、竞争、择优和双向选择原则，实行新一轮公开竞争上岗，待遇评聘分开，打破专业技术资格终身制和论资排辈用人制度，强化聘任，专业技术资格不再是聘用人员的唯一依据，不与待遇挂钩，只作为调离或退休时使用，所有人员经过考试考核竞聘职务。单位对受聘人员实行动态管理，予以低职高聘、高职低聘、平聘、缓聘、辞聘等。改革现行工资分配制度，实行岗位等级工资，按劳分配和按生产要素分配相结合，实行档案工资与内部分配相分离，建立自主灵活分配激励机制。实行岗位等级工资＋岗位绩效工资分配方法。实行一岗一薪，按岗按任务按业绩定酬。对新引进和录用人员实行人事代理制度，人事关系和档案转入人才服务中心，实现人事关系管理与用人单位相分离。具备条件的单位推行全员人事代理制度，单位职工逐步由“单位人”转变为“社会人”，对聘用人员实行合同管理和末位淘汰制。优化人员结构，因需择优录用，制订引进录用计划，缺什么，补什么，解决人员结构不尽合理状况。建立人才柔性流动机制，对有执业资格人员，不拘形式，择优录用，引进一批急需并具有专业特长的中、高级技术人员，依法签订聘用合同。重点对学科带头人、中青年技术骨干及有发展潜能人才加大培养力度，实行进修、交流、科研三并举，建立激励机制，强化继续教育，明确法人责任，保证继续教育合格率和覆盖率，聘用考核和执业医师资格考核相结合，对考核不合格医师依据《中华人民共和国执业医师法》处理。

第二节　公共卫生　医疗卫生改革

一　公共卫生事业改革

1979—1992年，实行预防保健机构体制改革。按街行政区划设立地区预防保健所，隶属地段医院，人员编制按规定和地区人口比例配置，有流行病学管理、计划免疫、妇保、儿保、家庭病床等专业人员。

经费来源和管理：由卫生局每年度按照5000元/万名居民人口比例划拨经费，各社区预防保健所扩大经营，组织合理收入，拓宽集资渠道，加大预防保健公益性力度。建立初级卫生保健基金管理制度，实行按地区人口每人每年捐助基金1元，由防保所收集，独立建账，区、街两级管理使用。不承担预防保健任务的医疗单位（包括个体医生），按有关规定收取管理费和预防保健费，由卫生局统筹支配。经费管理坚持经营承包原则，实行综合目标管理承包责任制，工作任务、经费收支双承包，卫生局对预防保健工资进行定期或不定期检查，不符合要求或未完成指令性任务的按比例扣罚分配金额。

二　医疗卫生事业改革

1999年，制订区域卫生规划，对医疗卫生机构规模和布局进行横向与纵向调整，适应群众不同层次需求，调整布局“建大、扩中、改小”，建设高品位、多功能医疗保健机构，扩建、改建二级医院，调整、完善、撤并、重组一级医院。2000年，调整医疗布局重点项目建设启动，按照“一街一院”调整方案，对6所布局不合理医疗机构撤并重组。2001年，对不适应医院财务管理的经济运行政策调整，与新财务会计制度接轨，理顺经营管理，经济运营纳入成本核算。实行工资总额指标管理，基层单位根据核定工资总额和本单位经济运行质量状况，自主确定内部分配办法。实行病人选医生、一日清单和药品招标采购改革。2009年，全区59所社区卫生服务中心和服务站执行国家基本药物制度，对537种社区基本药品全部实行零差率销售。2010年，9所公立一级医院整体转型为社区卫生服务中心。

第二章　医疗卫生机构

改革开放后，区内医疗卫生单位有较大幅度增加，除原有红桥医院、中医医院、口腔医院和妇幼保健院外，增加9个社区医疗服务中心，1个卫生监督所和1个疾病预防控制中心。社会办医从无到有，至2010年发展到35家，自建保健站24家。是年，有各级各类卫生组织77个，其中市属2个，区属16个，社会办医和企事业保健机构59个，形成中西医、保健预防和专科等各种医疗体系，承担重症救治、基本医疗和公共卫生等任务。

第一节 构成 分布

一 构成

1990年，各街道地段医院、卫生院统一更名为医院，为一级医疗机构。至1995年，医疗卫生机构18个，其中二级医院3个、一级医院11个、卫生专业机构4个，有病床765张。1995年，有医务人员1996人，其中中医179人，西医553人，护理484人，药检373人。有高级职称48人，中级355人。90年代，拓展社区卫生服务，推行全科医疗。

1999年，区属医疗保健和专业机构23处，其中二级甲等综合医院2所，二级专业医疗机构2所，一级医院14所，预防保健、卫生执法及保育院等5所。总占地6.07万平方米，总建筑面积5.1万平方米。全系统职工2600余人。

二 分布

1999—2010年，各主要街区都建有医疗卫生机构。一二级医院、保健院和专业机构及地址详见下表。

1999年红桥区医疗保健机构统计表

表23-1 面积单位：平方米

类别	单位名称	地 址	占地面积	建筑面积
二级医院	民族医院	邵公庄后大道	34146	16449
	红桥医院	丁字沽一号路44号	2584	5215
	中医医院	西于庄城防里大街35号	2496	3399
	妇幼保健院	铃铛阁街欢庆里11号	1000	2088
一级医院	佳园医院	双环街佳园东里	1800	2794
	咸阳医院	咸北街丁字沽三号路26号	2143	1951
	新村医院	丁字沽街工人新村五爱道15号	2375	1608
	洪湖医院	西于庄街洪湖里小区	1123	1847
	西沽医院	西沽街教堂前23号	1212	918
	河北大街医院	河北大街西侧粉汤刘胡同口	696	553
	三条石医院	三条石大街45号	484	1370
	大丰桥医院	放生院小马路12号	777	1419
	文昌宫医院	万隆堂药店门诊部、小石道12号	682	464
	南头窑医院	南头窑如意庵大街42号	2047	2124
	小西关医院	红旗路与芥园道交口	540	416
	小伙巷医院	大胡同街小伙巷北口	264	644
	大胡同医院	估衣街37号、通衢胡同口	652	1109
	邵公庄医院	西青道陵园路6号	864	1308
专业机构	卫生防病站	五中后大道16号	1539	1600
	卫生执法中队	子牙河南新红桥西侧	1281	1571
	结核病防治所	北马路60号	322	739
	口腔医院	北马路52号	131	262
	儿童保育院	咸阳北街彰武路1号	1583	1137
合 计			60741	50985

三　社区卫生体系

1999年，建立地区性接诊能力和功能齐全的社区卫生服务指导中心。1995年，社区卫生服务体系框架基本形成。以一级医院为中心，实行三诊配合、三床循环，即门急诊、出巡诊、转会诊相互配合；家庭病床、日间观察床、住院病床良性循环，互转病人。开展全方位、全过程、全学科的卫生服务。2010年，原54个社区卫生服务站规划调整为50个。

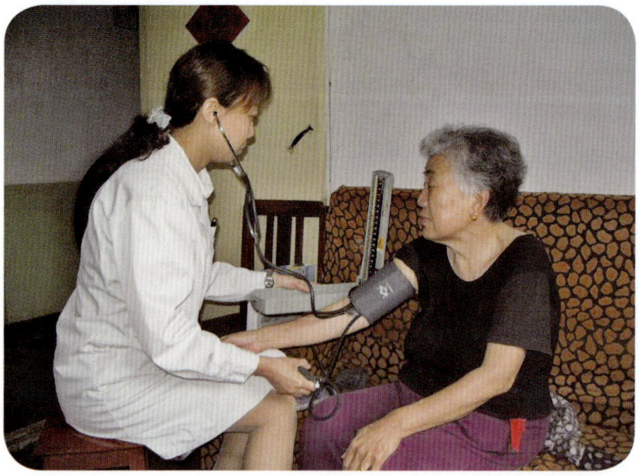

照23-2　2005年5月20日，社区卫生服务人员为高血压病人入户查体　（区卫计委提供）

第二节　区属医疗卫生机构

一　医疗保健机构

（一）**红桥医院**　前身为丁字沽卫生院，始建于1965年。1985年，更名为丁字沽妇产科医院，1988年，更名为红桥医院。位于丁字沽一号路44号，占地1034平方米，建筑面积3万平方米。医院地处红桥区西北部，北临北辰区，东临北运河与河北区相邻。成为天津市西北部医疗、预防、教学、科研、康复为一体的综合性二级甲等医院，是红桥区社区卫生服务指导中心。1994年，成为天津市首批“国际爱婴医院”，2000年，被市卫生局批准为城镇职工基本医疗保险定点医疗机构。医院有职工570人，卫技人员占87.9%，中高级职称人员173人、本科以上学历占45.3%。2001年，被评为全国首批明明白白看病，百姓放心医院。2007年，医院大规模改扩建工程竣工，服务窗口由3个增加到9个；病区由5个增加到9个，开放床位从194张增加到300张，实际开放床位336张；年诊疗75万人次，年住院1.16万人次；设有18个一级临床科室，11个二级临床学科，8个医技科室。拥有万级至百级层流手术室9间，能够满足颅脑、关节置换等高级别手术需求，在临床上能够诊断治疗各种疑难病、常见病、多发病、老年病、突发病，承担各种大中型手术治疗。医院主要专科专病特色有：心血管、呼吸和内分泌、消化系统、神经外科、肛肠、创伤显微外科、脊柱、肿瘤、乳腺、妇科疾病等。2008年，建成肢体残疾康复技术指导中心，组建康复科。引进德国进口设备，实现手工一体全自动器械清洗。2010年，建口腔门诊，诊疗椅10张。

照23-3　天津市红桥医院　（区卫计委提供）

红桥医院妇产科，以妇科肿瘤诊治和妇幼保健为专科特色。综合诊治子宫内膜癌、卵巢癌等恶性肿瘤疗效显著，采用微创技术开展妇科常见病、多发病诊断与治疗，运用内分泌综合治疗手段，开展功能性子宫出血、闭经、不孕症、更年期综合征等疾病治疗，中西医结合治疗慢性盆腔炎等有突出特色。注重开展导乐陪产、无痛分娩等技术，倡导自然分娩，顺产率和孕妇生产数量多年位居全市之首，剖宫产率全市最低。2000年，建立新概念孕妇学校。

照23-4　天津市红桥中医医院

（区卫计委提供）

（二）红桥中医医院　始建于1987年，前身为中医门诊部，与西于庄卫生院合署门诊，1987年，经市卫生局批准在原址新建红桥中医医院，位于西于庄城防里大街35号，占地4000平方米，建筑面积3460平方米。有门诊楼、住院楼。2010年，职工133人，其中高级职称2人，副高级职称10人、中级职称39人、初级职称41人。设床位120张，有内科、外科、妇科、儿科、骨伤科、针灸科、检验科、放射科、B超室等9个科室，下设清源道、零号路、水木天成、中嘉4个中医社区卫生服务站。1990年，设脑血管专科病房，采用“一针两穴”及中药治疗，临床治愈率75%。1996年，被评为二级甲等中医医院。1997年，研制胃B超显影剂获得天津市科研成果奖。2010年，被中华医学会授予全国基层优秀名中医称号。

照23-5　天津市红桥区妇幼保健院

（区卫计委提供）

（三）红桥妇幼保健院　始建于1984年，位于西北角欢庆西里11号。占地1351.35平方米，建筑面积2067.31平方米。1989年，妇幼保健站并入，站院合一。2000年，保健站从医院分离，2009年，妇幼保健资源整合，站院再次合并。2010年，职工100人，其中正高级职称3人，副高级职称2人，床位50张，设计划生育手术室、妇产科、儿童保健科、妇女保健科、妇科、乳腺科、婚检科等科室。1993年，成为全国首批“国际爱婴医院”。1998年，被天津市卫生局评为集保健、医疗、预防、健康教育、培训、技术指导为一体二级乙等专科医院，承担妇女儿童疾病预防、保健、康复等职能职责，以妇女、儿童保健为专科特色，主要开展优生优育（孕前和孕期保健、待产分娩、产后康复）和计划生育技术服务、婚姻保健、健康查体、性传播性疾病预防与控制等工作。另为红桥区计划生育指导中心，为育龄妇女提供生殖健康保健服务，承担全区婚前和婚后医学检查，对社区医院妇保人员进行计划生育技术培训和指导。2007—2008年，实行生育保险住院、门诊医疗费联网结算。2009年，启动“增补叶酸预防神经管缺陷”市级公共卫生项目。2010年，成为区第一批创建无烟单位之一，市级医院控烟示范基地。

照23-6　红桥口腔医院

（区卫计委提供）

（四）红桥口腔医院　始建于1958年，由西关街、北营门、西北角3个镶牙所组成联合门诊所。1962年，建立区牙科门诊部。1965年，更名为区口腔病防治所。1969年，实行院、所、站新体制，口腔病防治所解体。1973年，重新组建牙科病防治所。1978年，更名为口腔病防治所，设河北大街门诊部。1991年，撤销河北大街门诊部。1993年，更名为口腔医院，院部设在北马路52号，占地171平方米，建筑面积342平方米。1996年，恢复组建河北大街门诊部。2003—2005年，组建芥园道、西青道、中嘉、三号路4个门诊部。2010年，职工26人，其中副高级职称2人，中级职称6人，初级职称18人。医疗项目有补牙、拔牙、洗牙、隐形义齿修复等。主要设备有口腔综合治疗台、高压灭菌器、牙科种植机、口腔X光机、冷光美白仪、根管治疗仪等。

二　社区卫生服务机构

2010年，医疗卫生事业改革，9所一级医院转型为社区卫生服务中心。

2010年红桥区社区卫生服务机构一览表

表23-2　　　　面积单位：平方米

单位名称	地址	床位（张）	占地面积	建筑面积	职工人数	中级以上技术人员	辖卫生服务站（个）
双环邨街社区卫生服务中心	佳园东里街办事处旁	100	1500	2793	54	17	4
咸阳北路街社区卫生服务中心	三号路73号	50	1560	2053	65	20	4
丁字沽街社区卫生服务中心	丁字沽工人新村五爱道14号	50	497	1794	60	12	4
西沽街社区卫生服务中心	西沽教堂前大街21号	50	1300	1100	59	16	7
西于庄街社区卫生服务中心	洪湖里小区奋斗道1号	50	1173	1800	70	24	4
芥园街社区卫生服务中心	春和路隆春里小区	50	3000	2000	70	21	4
邵公庄街社区卫生服务中心	西青道陵园路6号	50	864	1308	59	18	7
铃铛阁街社区卫生服务中心	如意庵大街42号	50	2500	2900	78	23	3
三条石街社区卫生服务中心	三条石大街49号	50	1700	3000	104	45	2
合计		500	14094	18748	619	196	39

三　卫生专业机构

（一）卫生监督所　1995年，在区卫生防病站分离出的食品卫生科和环境卫生科基础上组建，原名卫生监督联合检查中队，位于子牙河南路147号，占地1281平方米，建筑面积1471平方米。2010年，迁至西青道金兴科技大厦七楼。内设综合办公室、法制稽查科、应急保障科、预防监督科、监督一科、监督二科，职工49人，大专以上学历占80%。是全市最早成立独立卫生监督机构之一。

（二）疾病预防控制中心　（见医药卫生编　第四章　第一节）

第三节　市属医疗机构

一　人民医院

2003年组建，由原第二中心医院、红十字会医院、滨江医院合并而成。是市卫生资源调整试点单位，为市西部区域医疗中心医院和危重症病人抢救基地，是集医疗、科研、教学以及预防保健为一体的现代化大型三级甲等综合医院。位于芥园道130号，占地12万平方米，建筑面积15万平方米，固定资产超过9亿元，床位1600张。2004年正式开诊，一期建筑面积8万平方米，床位800张，为全国示范医院。肛肠外科、脊柱外科、中西医结合肿瘤科、耳鼻喉科、血管科等学科强化医疗质量。医疗设备齐全先进，ICU重症监护室颇具规模，急救中心开通24小时绿色通道，接诊危重症人次居全市之首。2006—2009年，新增建筑面积5.5万平方米。2009年，检验学部通过中国实验室国家认可委员会现场评审，获得ISO15189医学实验室认可，检验报告得到世界56个国家医疗机构认可。2009年，门急诊人次、出院人次比2004年建院初期翻一番，手术由5959例增加到14886例，平均住院日由15.5天降到14.5天，医疗总收入由3亿元增加到8亿元。2010年，二期改扩建工程奠基。是年，举行南开大学人民医院揭牌仪式。人民医院脊柱外科是天津脊柱骨病、脊柱脊髓疾病、综合骨科、脊柱创伤疾病治疗的临床教学单位，全国肛肠科人才培养基地。经多年探索研究，引进国内外先进技术，对骨创伤、脊柱肿瘤等十余种疾病治疗水平居国内领先地位。在全市率先开展脊柱微创手术，采用国际先进的腰椎间盘技术和关节镜技术，减少手术损伤。肛肠科在国内占据较高学术地位，拥有全国知名肛肠疾病专家、高精尖治疗设备、先进手术术式和保肛治疗手段。各类痔疮等疾病诊治水平和接诊例数居全国首位。

照23-7 天津市人民医院（区卫计委提供）

二 中医药研究院附属医院

始建于1993年，位于和平区多伦道79号，是一所集科研、临床、教学为一体，中医、中西医结合为特色的综合性中医医院，是天津中医学院临床教学和天津医科大学中医教学医院，也是国务院批准的全国六大中医药科研基地之一。2004年，迁至北马路354号。原长征医院、市中医医院、中研院附属医院、中医药研究院及医药科学研究所合并，组成新的中医药研究院。2006年，在新址完成5.9万平方米门诊、住院大楼重点工程建设，设病床710张，日均门诊量约3000人次。拥有一批全国乃至国际著名的中医专家，其中享受政府特殊津贴及授衔专家25人，硕士生导师30人，下设1个附属医院、6个研究所、8个国家级实验室及实验药厂、化妆品厂、制剂室等。至2010年，承担各级科研课题70余项，获科技进步奖26项。中国中医药研究促进会肾病分会、中国中西医结合学会变态反应专业委员会、中国中西医结合学会疮科分会、中国中西医结合学会心身医学分会设在该院。形成以科研为主导、以临床为依托、带动中药产业开发、专科特色突出的中医药机构和科研、医疗、教学相结合的高层次科研医疗机构，天津市和国家重大中医药科研与临床基地，中医药研究人才培养基地。中医药研究院附属医院，以发掘、整理、研究、提高祖国传统医药学为办院方向。肾病科、中西医结合皮肤科、脾胃病科、针灸科、心身疾病科、疮疡科等为国家中医药管理局及天津市重点学科。脾胃病治疗中心独创内镜治疗胃溃疡和十二指肠溃疡病等新技术，采用院内系列制剂治疗慢性萎缩性胃炎、癌前期病变、晚期食管癌、溃疡性结肠炎等均有显著疗效，居国内领先水平。中西医结合疮疡科为市第一批中医中西医结合专科专病基地。

照23-8 天津市中医药研究院附属医院（区卫计委提供）

三 第二中心医院

前身是市立第四医院。1955年迁至北马路354号。1956年更名为市第二中心医院，占地1.73万平

照23-9　天津市第二中心医院
（区卫计委提供）

方米，建筑面积2.3万平方米。该院是集医疗、教学、科研为一体的大型综合性三级甲等医院。2003年，职工1071人，其中正高级职称23人，副高级职称73人，硕士生导师8人。设床位520张，有临床医技科室35个，拥有15T核磁共振等大型设备。有麻醉复苏研究室、中西医结合肿瘤研究所、介入治疗中心等。天津市药物不良反应检测中心、国际热疗研究中心、天津市病理会诊中心、天津市高压氧质量控制中心等设在该院。中西医结合肿瘤科在中西医结合治疗肿瘤方面的水平居全市综合医院之首，重点开展肺癌、乳腺癌、胰腺癌等多种疾病的预防、临床治疗和研究工作。心脏病诊疗中心在诊治规模、数量和效果上均达到国内领先水平，鼾症诊疗中心是国内外首批开展诊疗的三级甲等综合性医院，多年来共诊治鼾症、OSAS患者近万人次，临床肠内营养技术和血管外科颅外段颈动脉内膜切除术等达到国内领先水平。获国家级科研成果12项，部级科研成果2项，省市级科研成果12项。享受政府特殊津贴12人。2000年，增名天津市第二中心肿瘤医院和天津市职工医学院附属医院。2003年，与红十字会医院、滨江医院合并，组建为市人民医院。

四　红十字会医院

始建于1973年，时称第三防治院，1978年更名为红桥区医院，1979年更名为天津市红十字会医院，1994年增名天津市脊柱外科专科医院。位于勤俭道65号。占地1.1万平方米，建筑面积1.47万平方米。设床位311张，临床科室31个，医技科室7个；附设脊柱脊髓抢救中心及氟骨症防治基地。以脊柱外科为特色，是集医疗、科研、教学、康复为一体的综合性二级甲等医院。脊柱外科是医院专科特色，是天津市脊柱骨病、脊柱脊髓疾病，综合骨科与脊柱创伤临床教学单位。经多年探索研究，引进国内外先进技术，治疗骨创伤、脊柱肿瘤、脊柱畸形等疾病居国内领先地位。1995年，在全市率先开展脊柱微创技术，采用国际上先进的腰椎间盘技术和关节镜技术，减少手术损伤。有进口核磁共振影像系统、全身CT扫描机、x光射线摄影诊断系统、彩色多普勒、DEXA骨密度测定仪等大型设备150台（件）。2003年，与第二中心医院、滨江医院合并，组建为市人民医院。

照23-10　天津市红十字会医院
（区卫计委提供）

五　民族医院

前身是私立“大众医院”，1953年由国家收买变为公立，更名为市回民医院。位于邵公庄后大道2号，占地3.41万平方米，建筑面积1.79万平方米。设病床60余张，职工近百人，临床科室15个。1956年国家投资在原址新建民族医院，为市属单位，设病床226张。1968年民族医院归属红桥区，改称红桥区第二防治院，设病床300余张。1982年重归市卫生局管理，更名为市民族医院，病床增至

340余张。1998年，民族医院第二次划归红桥区卫生局管理。职工429人，其中正高级职称6人，副高级职称29人。享受国务院特殊津贴2人。科研成果获天津市科技进步三等奖1项、获天津市卫生局科技进步三等奖6项。2009年，民族医院在编职工、离退休职工、退职职工移交市卫生局，人民医院为主要接收单位，编制随转。

第四节 社会办医机构

1997年始，出现社会办医。至2010年，发展到35家，主要是个体营利性和非政府办非营利性医院。

2010年红桥区社会办医机构一览表

表23-3

机构名称	始建年份	性 质	病床
新春医院	1997	政府主办非营利性	20
新华门诊部	1997	营利性	-
崔兰芝个体西医诊所	1997	营利性	-
董秀兰个体西医诊所	1997	营利性	-
韩丽个体西医诊所	1997	营利性	-
刘嘉琴个体西医诊所	1997	营利性	-
刘景纲个体中医诊所	1997	营利性	-
刘文堃个体中医诊所	1997	营利性	-
张丽个体西医诊所	1997	营利性	-
赵金丽个体西医诊所	1997	营利性	-
邵宏南口腔诊所	1997	营利性	-
长虹医院	1998	政府举办非营利性	60
健安医院	1998	非政府办非营利性	20
爱华医院	2001	非政府办非营利性	20
长安医院	2001	非政府办非营利性	20
残联康复治疗中心	2001	政府举办非营利性	20
北大医院	2001	非政府办非营利性	20
杏林医院	2002	非政府办非营利性	90
西站皮肤病专科医院	2002	营利性	20
汉方中医门诊部	2002	营利性	-
博爱医院	2003	非政府办非营利性	20
福康医院	2003	非政府办非营利性	20
同康医院	2003	非政府办非营利性	20
乐康门诊部	2003	非政府办非营利性	-
宁康门诊部	2003	营利性	-
宛钧中医诊所	2003	营利性	-
杨新光个体牙医诊所	2004	营利性	-
建桥医院	2006	非政府办非营利性	20
爱亚口腔诊所	2007	营利性	-
孟昭立中医诊所	2007	营利性	-
永康泰诊所	2007	营利性	-
微笑口腔门诊部	2008	营利性	-
同健门诊部	2009	非政府办非营利性	-

续表

机构名称	始建年份	性 质	病床
姬世中医门诊部	2009	营利性	-
屠秉强中医诊所	2010	营利性	-

第五节　保健站

1995年，部分单位自建保健站。至2005年，发展到24家，其中主要是企业和教育单位自办，均属政府办非营利性质。

2010年红桥区企事业单位保健站一览表

表23-4

名称	始建年份	性 质
河北省水运工业总公司保健站	1995	政府举办非营利性
工程机械研究院保健站	1995	政府举办非营利性
地方税务局保健站	1995	政府举办非营利性
天津商业大学南院保健站	1995	政府举办非营利性
红桥区职工大学保健站	1995	政府举办非营利性
北洋职专保健站	1995	政府举办非营利性
八十中学保健站	1995	政府举办非营利性
民族中学保健站	1995	政府举办非营利性
五十一中学保健站	1995	政府举办非营利性
天津三中保健站	1995	政府举办非营利性
天津五中保健站	1997	政府举办非营利性
华一有限责任公司保健站	1999	政府举办非营利性
津酒集团有限公司保健站	1999	政府举办非营利性
七〇七研究所保健站	1999	政府举办非营利性
区人民政府机关保健站	1999	政府举办非营利性
学校卫生保健所	1999	政府举办非营利性
机电职业技术学院保健站	1999	政府举办非营利性
第一轻工业学校保健站	1999	政府举办非营利性
天津市工贸学校保健站	1999	政府举办非营利性
河北工业大学医院	2001	政府举办非营利性
国家税务局保健站	2001	政府举办非营利性
红星职业中等专业学校保健站	2001	政府举办非营利性
西青道中学保健站	2001	政府举办非营利性
看守所医务室	2005	政府举办非营利性

第三章　疾病控制

改革开放以后，逐步形成科学、规范、完整的卫生服务体系，运用预防医学多学科理论、方法和技术，研究辖区疾病发展规律，制订防治和干预措施，逐步实现公共卫生资源均等化，完善疾病预防控制体系，形成以区疾控中心为龙头、社区卫生服务中心为基础的全覆盖疾病预防控制网络，传染病预防和控制能力明显提升。

第一节 预防服务 卫生管理

一 疾病预防服务

照23-11 天津市红桥区疾病预防控制中心
（区卫计委提供）

1979年始，开展疾病预防服务。1980年，建立职业病报告网，对从事有毒有害、高温作业人员全面体检，对工厂车间设备监测。1993年，为企业建立劳动卫生档案，对职业病危害情况监督检查895家厂次，对全区尘毒，高温作业工人体检和监测，在重点行业建立经常性督导、检查和监测制度。

1985年，开展学生体质调查。1990年，对学生营养、午餐和课间加餐卫生监督。1994年，全区中、小学生寄生虫感染率下降为5%，贫血率下降为20%。

2003年，加大对艾滋病、乙肝和结核病重大传染病防控力度，建立3个艾滋病初筛实验室，加强对高危人群检测。2004年，对艾滋病人“四免一关怀”服务启动，扩大甲乙肝疫苗接种人群，部分儿童纳入计划免疫，结核病防治实现社区覆盖率100%，规范化治疗率85%以上，计划免疫疾病由原来5种扩大为11种。对心脑血管疾病、高血压、糖尿病等慢性非传染性疾病进行综合防治。

2005—2010年，完善疾病预防控制体系，形成以区疾控中心为龙头、社区卫生服务中心为基础的全覆盖疾病预防控制网络，传染病预防和控制能力明显提升，加强对艾滋病、乙肝和结核病重大传染病防控和高危人群检测。2009年，有效应对全球性暴发的甲型H1N1流感疫情，疫苗接种7667人，传染病报告率98%。

二 卫生管理

1979年始，进行劳动卫生、食品卫生、环境卫生、学校卫生管理。1985年，对劳动卫生和职业病防治实施依法管理。

1987年，卫生监督管理范围扩大到文化娱乐场所、商店及高层建筑生活用水，进行监督监测管理、应急或专项调查研究、环境效应研究评价、生活饮用水等卫生监督。1993年，为224家企业建立劳动卫生档案，监督职业病危害情况。1990—2010年，每年对新建、改建、扩建的公共场所进行预防性监督，提出监督意见，督促整改治理。

第二节 疾病防治

一 传染病防治

1991—1994年，传染病呈现散发状态，婴儿麻疹、百日咳发病率0.87／10万和1.75／10万，流脑、乙脑等发病率较50年代下降99%以上。各种传染病总发病率比80年代降低35.64%，疫情报告率97.35%。1991年，各医疗单位建立预防保健科，对管界内防病、传染病监督监测，实行地段医师岗位责任制，传染病总发病率得到控制降至300／10万以下。

2003年，成立防治"非典"领导小组，组建领导管理、临床防治、疫情控制、情况综合、后勤保障5个指挥系统。在子牙河南路红勤西里58号建立医学观察所。期间接诊发热病人1200人次，封控疫点83处，隔离密切接触者205人，8例患者转送定点医院。

二　慢性非传染病防治

1984年，在区防病站设置四病科，各医疗单位建立"四病"管理机构，进行居民人群非传染性、慢性疾病患病率监测，采取综合性干预措施。1988年，调查17个社区35岁以上5735人健康状况。

三　职业病防治

1980年，在全区建立职业病报告网，对从事有毒有害、高温作业人员全面查体，对工厂车间设备进行监测。1993年，对职业病危害情况与劳动环保等部门联合检查15次。

四　计划免疫

1981年，各医疗单位设预防接种门诊，防病站设免疫接种门诊，为动物致伤患者及健康人接种疫苗百万人次，开展单位及团体集体疫苗接种工作。1988年，完成计划免疫接种85%目标。1989—1995年，免疫"四苗"覆盖率98%以上，卡证符合率100%。1995年，完成计划免疫接种85%目标。2009年，国家11种一类疫苗免疫规划全面实施，1.5万名儿童受益，基础免疫接种率超过95%市级标准。

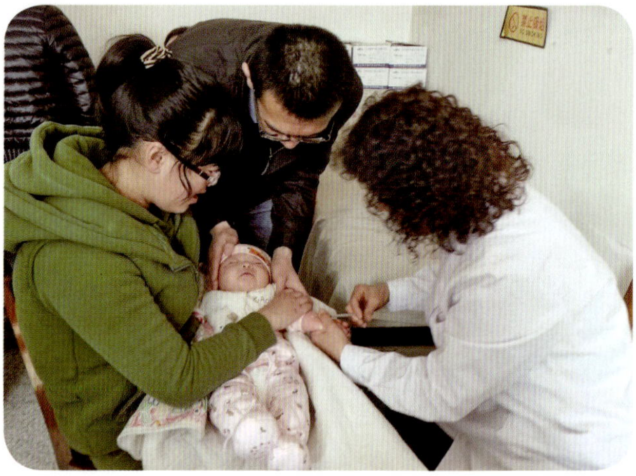

照23-12　2009年，社区医院为儿童接种基础免疫疫苗　（区卫计委提供）

第四章　卫生监督

1979—2010年，食品管理机构从恢复到逐渐健全，卫生监督逐步进入法治化管理轨道，全民参与。长期开展对食品卫生和药品生产等专项检查活动，严厉打击非法行医，净化医药市场，确保群众食品和药品安全。

第一节　卫生管理

一　监督检查队伍

1985年，确定19名卫生监督员、50名食品卫生检查员、322名群众食品卫生监督检查员，形成专群结合的食品卫生监督队伍，对食品生产、经营企业和食品商贩审查，发放"食品卫生许可证"。1988年，聘请78名社会食品卫生检查员和575名兼职食品卫生员，对食品生产过程监督。1989年，对9566家次食品销售单位检查。1991年，开展"万人评百户，百户达标创优评十佳"活动。

二　建立管理机构

1995年，成立联合执法检查中队，内设食品卫生和医药执法分队。1998年，组建医药卫生监督所。

2010年，成立天津市食品药品监督管理局红桥分局，承担药品、医疗器械、保健食品、化妆品、餐饮服务、食品安全监管等职能。

第二节 监督检查

一 专项检查

照23-13 1997年，药品监督员对药店执法检查 （区卫计委提供）

1999年，大型食品卫生检查活动32次，开展罂粟壳、二噁英、学生午餐、节日市场等专项治理15次，取缔无证经营户46家次，食品从业人员健康检查1.1万次，热点问题曝光9次，受理投诉38起，结案率100%。完成全国卫生城市迎检中由卫生部门承担的50%任务。

2001—2002年，13次大规模集中专项检查活动，查处69种违法保健食品，出动监督执法人员900余人次、交通工具80余台次，捣毁22个各种食品加工“黑窝点”，查获销毁违法产品近3吨，监督检查食品、化妆品、公共场所等生产经营单位800余家次，检测食品近300件，对不符合卫生规定的83家生产经营单位行政处罚。对重点食品生产企业、超市、商场等餐饮业和农贸摊群市场监督检查3150余家次，销毁不洁食品3850余千克，取缔非法经营60家次。对25家有毒有害化学品作业企业专项整治。2003—2008年，打击苏丹红、孔雀绿、黑心肠、黑心肉等伪劣食品销售，取缔黑加工点300余家，销毁不洁食品8000余千克。2010年，受理经营企业许可27家，建立经营企业基础档案41家，依法审批餐饮企业133家。查办违法违规案件12起，执行罚没款2.2万元。出动检查人员228人次，检查各类涉药单位112家次，取缔无证售药摊位4个，捣毁销售非法自制胶囊摊位1个，立案12件，结案8件，罚没款4.29万元。

二 净化医疗市场

2001—2002年，查处非法行医，清理非法诊点24处、游医药贩170人次，取缔非卫生技术人员从事医疗活动62人，没收药品总价值43万余元，处罚28万元，没收医疗器械价值3000元。对79家药品经营企业监督检查，取缔药店坐堂行医，对12家非法行医单位责令停业，对非法牙医和性病诊所予以取缔。对社区办医机构、保健站和个体诊所监督检查，没收非法所得7600余元，缴收医疗器械16件，医疗市场得到净化。2006年，医疗市场监管覆盖率100%。2010年，捣毁销售非法自制胶囊摊位1个，完成药品抽样103批次，受理药品、医疗器械行政审批82件，对辖区300余名药品从业人员集中培训。

1995—2006年红桥区卫生行政执法查处情况统计表

表23-5

年份	案 件	取缔非法经营	年份	案 件	取缔非法经营
1995	-	45	2001	222	137
1996	680	49	2002	146	38
1997	152	79	2003	101	99
1998	407	120	2004	72	55

续表

年份	案 件	取缔非法经营	年份	案 件	取缔非法经营
1999	197	85	2005	307	99
2000	140	114	2006	406	46

第五章 妇幼保健

改革开放后，随着卫生事业发展，妇幼医疗保健机构业务范围扩大，技术实力增强，实现妇女儿童保健系统化管理，制订妇女儿童健康行动计划，提供医疗、保健、管理全方位服务，妇女儿童保健水平大幅提高。

第一节 保 健

一 妇女保健

1978年始，推行产期保健、婚姻保健、妇女病防癌普查普治、孕产妇系统保健管理，使用孕产妇手册，地段卫生院按季度整理、统计、分析、总结，全面掌握地段内孕产妇健康状况。1988年，产前检查率81.2%，1995年上升到94.95%，孕产妇死亡率由80年代末86.03/10万，至2010年未发生孕产妇死亡病例。2009年始，每年为30~65岁已婚育龄妇女免费妇科疾病普查，对检出恶性疾病患者全部手术治疗。剖宫产率由2008年65.21%下降到55.55%，下降9.66个百分点。2010年，制订高危孕产妇管理办法，对筛查、登记、转诊和上报程序作出规定，每年聘请妇产科专家开展高危孕妇管理系列讲座，对常见妊娠合并症和并发症详细讲解，提高筛查高危孕产妇的能力和水平，定期对妇保门诊工作专项督导，确保高危孕产妇安全度过孕期，安全分娩。

2008—2010年，管理高危孕产妇千余人，其中危重高危孕产妇45人，及时转往三级医院，未发生可避免孕产妇死亡。

二 儿童保健

1981年，儿童保健工作纳入有偿服务管理轨道。建立预防接种门诊，实行预防接种证制度和计划免疫保偿制度。1985年，实行预防接种证制度，至1987年完成46.21万人次适龄儿童预防接种，儿童有偿保健管理率88%，外转追踪反馈登记率75%。1993年，消灭脊髓灰质炎目标实现。儿童佝偻病、贫血、营养不良防治，通过查、防、治、管得到有效控制。1991—1994年，全区未发生白喉病人，未发生婴儿瘫病例；麻疹、百日咳发病率降到0.87/10万和1.75/10万，流脑、乙脑等发病率较50年代下降99%以上。1993—1994年，对2~7岁747名患儿实行免费医疗矫治。儿童疾病防治由老“三病”。向心理卫生、儿童营养、口腔、视力、听力保健等发展。

2008—2010年，儿童预防接种信息化管理系统实现全面联网，免疫规划预防接种实现信息化，麻疹发病率保持较低水平。

第二节 健康行动

一 妇女健康

2008年，启动妇女健康行动计划（2008—2012年）。2009年，整合妇幼保健机构，制订危重孕产妇抢救运行方案，管理孕产妇6097人。为提高妇女儿童生存质量，开展对孕产妇孕前专病（乙肝、梅毒）筛查及产前筛查。至2010年，筛查10余万人次，为妇女进行妇科、乳腺、B超等健康查体6万余人次，对准备生育的妇女启动“孕前增补叶酸预防神经管缺陷”项目，服务总量3700余人次。

二 儿童健康

2008年，启动儿童健康行动计划（2008—2012年）。2009年，制订出生缺陷综合管理方案和新生儿抢救方案，管理0~7岁儿童1.75万人。对儿童专病（乙肝、梅毒）筛查。至2010年，对新生儿听力、甲低、新生儿苯丙酮尿症（PKU）筛查及儿童先心病、白内障、髋关节发育不良等项目筛查4万人次。

第六章 中医中药

80年代始，中医药卫生资源得到挖掘和利用，适宜技术不断推广，中医药服务进入社区，形成特色和自身优势。中医院进行重点专科建设，开展多项适宜技术服务和医药费用减免，成为解决群众看病难看病贵问题新的医疗保健模式，中医医治效果和中药使用率不断提高。

第一节 中医药服务

一 进入社区

1991年，改变单一坐堂行医方式，配合西医深入社区，一级医院中医药使用占总诊疗人次的42.5%，占社区诊疗人次的91.2%；中医药收入占药品总收入的47.34%，占医院总收入的91.2%。各社区卫生服务中心中成药80种以上，中药饮片250种以上，开展中药、针灸、推拿、刮痧、拔罐、熏洗等多项中医适宜技术服务。社区卫生服务站中成药50种以上，开展4项以上中医适宜技术服务、有饮片的社区站5所，占16.7%。2010年，管理高血压病人2.5万人，糖尿病病人9700余人；为5.6万名老年人提供中医药治疗服务，发放保健指导手册及限盐勺、腰臀围尺、指甲刀等保健物品，提供家庭访视、中医保健咨询等服务。至2010年，减免困难群众医药费50余万元，捐赠中药价值30余万元。9个社区卫生服务中心设康复科，为2649名残疾人提供免费训练和康复指导。

二 重点专科建设

1998年，中医院精神病防治中心成立，有床位100张，以中医诊疗技术治疗各种类型精神病患者，中西医结合诊疗特色和查、防、治管理体系形成。2007年，中心初步成为以治疗癫、狂、郁为主要病种的中医医院重点专科，有功能齐备的精神病康复病房，可提供家庭出巡诊治疗服务。医师工作站信息系统建立，形成5种特色院内制剂，年服务量8000人。2007—2010年，精神疾病专科经费投入227万元，门诊总量3.15万人次，收治住院病人1496人，出院病人1359人。病床使用率由90.1%上升为97.1%，中医治疗率由70%上升为82.1%，区域外患者比例由18%上升到32%。中医院专家开展巡诊、会诊、义诊咨询，引导居民建立健康生活方式，提高对中医药认知度和知晓率，受益群众4万人次。

2007—2010年红桥区精神病科诊疗情况统计表

表23-6　　单位：人次

年份	门诊量	平均门诊费用（元/人次）	治疗项目		
			癫病住院	狂病住院	郁病门诊
2007	4513	356.21	135	156	2256
2008	5960	373.84	155	162	2976
2009	8140	301.80	184	176	4053
2010	12875	223.08	197	215	3135
合计	31488	-	671	709	12420

第二节　中成药生产

一　天津同仁堂集团股份有限公司

创建于清乾隆五十三年（1788年），原名天津同仁堂，已有200余年的历史。1980—2000年，同仁堂兼并毗邻木箱四厂，增建提取楼、口服液大楼、片剂大楼及科研办公楼，配备国内外先进的设备、仪器，初步具备现代化制药企业条件。企业改制后，更名为天津同仁堂集团股份有限公司，占地万余平方米，5个车间，可生产片剂、颗粒剂、橡胶膏、口服液、胶囊等剂型，常年生产品种20余个，以片剂为主导产品，其中肾炎康复片、风湿寒痛片、脉管复康片、清咽片、清降片为该厂重点品种。板蓝根颗粒、生脉饮口服液、伤湿祛痛膏、精制狗皮膏等产品十分畅销。2010年，投巨资对6种剂型生产线进行现代化更新，独家研制的肾炎康复片、脉管复康片、清降片等一批产品成为国家中药保护品种并取得多项国家专利，精制狗皮膏、伤湿祛痛膏、麝香壮骨膏、脑血栓片、风湿寒痛片、清咽片等50余个科技含量高、疗效显著的拳头产品畅销全国市场，中药制剂生产工艺达到国内领先水平。是全国首批“中华老字号”企业、知名“高新技术企业”、著名中药老字号。

二　天津宏仁堂药业有限公司

原名乐家老铺，创建于民国12年（1923年），位于涟源西路32号，具有近百年生产历史，是国内最早中成药硬胶囊剂型发源地和市科委批准的高新技术企业。1994年，被内贸部授予“中华老字号”称号。年销售额超亿元，产品遍及30余个省市自治区，部分产品打入国际市场。2003年，企业恢复“宏仁堂”老字号，成立天津宏仁堂药业有限公司。企业按照GMP标准要求，建立、健全质量保证体系，推行全面质量管理，从原辅料采购—工艺设计—生产过程—产品检测—物料贮存等各个环节进行严格质量监控管理，以确保产品的高品质。一次性通过胶囊剂、散剂、颗粒剂国家食品药品监督管理局药品生产质量管理规范认证，胶囊剂、散剂两大剂型54个产品中，有22个品种列入国家基本药物目录，5个产品获国家二级中药保护品种，在临床上涉及内、外、妇、儿、皮肤、五官等各科。企业主要产品：血府逐瘀胶囊、养血生发胶囊、冠心苏合胶囊、白癜风胶囊、七厘散、紫雪散等。多次获科技成果奖及质量万里行信得过产品奖，其中血府逐瘀胶囊、养血生发胶囊顺利通过中国医药保健品进出口商会的药用植物及制剂进出口绿色行业标准品质认证。2010年，迁至西青开发区工业园内。

第七章 医药卫生管理

1979—2010年，医药卫生管理逐步从计划、经验型管理转向宏观的计划、法规、卫生监督、经济制约等全行业行政管理，经过机构调整、精简、改革，建立起系列管理制度和整套卫生监管体系。政府卫生事业经费大幅度增加，医政、药政管理水平不断提高。

第一节 经 费

1979—1991年，卫生事业经费投入突破计划经济模式，实行“宏观调控，统一管理，集中使用，确保重点”。除区财政拨款外，大部分卫生事业发展资金均靠基层单位上缴款项，集聚分散资金统一使用。卫生经营管理实行差额预算，定额补贴，经营包干，结余归院，亏损自负，超额奖励。1992年，各单位拓宽业务，增加项目，组织收入，弥补卫生经费不足，事业发展基金积累436.22万元。

2007年，政府购买公共卫生服务专项经费348.1万元。2008年，投入599.1万元，其中中医药人员培训经费及基本设施专项经费100万元，社区卫生服务站房租补偿费用150万元。至2010年，卫生事业投入累计资金2.86亿元，国有资产提高到2.07亿元。

1979—2010年红桥区卫生事业经费投入情况统计表

表23-7　　　　单位：万元

年份	卫生事业费	年份	卫生事业费	年份	卫生事业费
1979	243	1990	259.20	2001	1546.62
1980	258.22	1991	376.22	2002	1815.55
1981	354.95	1992	294.62	2003	2197.81
1982	141.31	1993	360.52	2004	2629.03
1983	139.20	1994	463.30	2005	3064.84
1984	220.90	1995	562.44	2006	3733.60
1985	221.87	1996	665.80	2007	5423.29
1986	262.95	1997	754.98	2008	6359.04
1987	187.56	1998	895.50	2009	9042.03
1988	155.61	1999	783	2010	7781.84
1989	257.23	2000	908	合计	52360.03

第二节 医政管理

1981年，加强医疗质量控制，提高管理力度。2001年，对各级各类医疗机构实施分类管理，对87家医疗机构进行核定和分类登记，确定国办综合医院及企事业保健站为非营利性医疗机构，21所社会办医疗机构和个体医疗机构为营利性医疗机构。对营利性科室、院外医疗站点等清理整顿。

一 公办医疗管理

1984年，防治科划分为医政科和预防保健科，医政管理独立。1985年，对“三床”（正式病床、简易病床、家庭病床）质量强化管理。1986年，实行病种质量管理。是年，开展检验质量控制和室内质量控制评价专题培训。正规病床、家庭病床达到卫生部颁布的病床管理标准。1987年，成立临床检验中心，负责医疗单位检验质量控制。1988年，确定高血压、心绞痛、肾炎、溃疡病4种疾病为控制病种。1990年，增加控制病种40个。区属15所医疗单位全部建立质量督导评审推动小组，负责全面质量管理和自查自纠。1995年，推行全面质量综合管理和医疗质量管理累进工作法。2006年，制订医疗机构管理绩效评价实施办法。

二　非公医疗管理

1981年，取缔未经批准的无证行医。1984年，首次对个体行医者考试，19名申报者中有14人获审核批准；制订个体开业医务人员及联合诊所管理实施细则。1987年，成立个体医生协会。1995年，在册个体医生109人，分别在1个联合诊所、15个牙科门诊部、7个社会办医机构执业。2010年，取缔江湖游医31人次。

第三节　药政管理

一　质量剂量监管

1978年，中医处方用药剂量一律实行公制计量单位。1985年，药品管理领导小组成立，举办中西药调剂等各类培训班。是年，为区内21个药店、2个药材批发经营部、1个外配加工组、1个兼营批发门市部核发经营许可证，对23个医疗单位检验。按照《红桥区药品报验管理规定》，实施联合执法，对游医药贩打击取缔，过期麻醉药全部销毁。1992年，对444个医疗单位、保健站、医药门市部中西药品质量全面检查，对482个基层保健站和个体诊所药品质量监管。

二　管理制度化

1985—2005年，建立健全药政监管制度，完善医疗单位药剂工作基本制度，25个中新药店和18个医疗单位全部建立药品质量管理档案，设区级药品监督员5人，聘请驻街监督员30人。2006—2010年，制订社区卫生服务机构实行药品集中采购管理规定，确定药品采购供应单位。

第八章　卫生科技

32年间，把科技兴医作为卫生事业发展的重要举措，不断完善和创新科教管理体制，加强重点学科建设和重点疾病项目研究，加大专业技术、经营管理人才队伍建设和培养力度，引进开发新技术、新项目，配置先进的医疗技术设备，为卫生事业可持续发展提供人才和技术保障。

第一节　科教管理

一　教学管理

1984年，卫生系统科学技术协会成立，负责对医疗卫生科研成果审定评级和表彰，收集科研论文，组织召开科技学术年会。1985年，创办教学基地，对卫生专业人员进行外语、临床、专业技术培训并纳入科教兴医、技术进步和继续教育考核内容，考核结果存入个人技术档案，作为调资、晋级、评定职称依据。基层单位工资总额3%作为科研教育经费，用于科研教学专款专用。1994年，设科研教育科，科技进步、人才培养纳入卫生“八五计划”。1994年，制订《科技进步、人才培养实施意见》。1995年，制订《加强科技兴医、人才培养，实施“双百工程”工作规划(1995—1997年)》，确定科研立项17项，选拔10名研修生和203名学科带头人及中青年技术骨干，列为跨世纪人才培养“双百工程”

重点培养对象。筹建医学科技信息中心，区卫生职工进修学校成立，开办医学培训班8期，培训396人次，举办学术讲座38场次，送三级医院进修90人次。

二　科研成果

1986—1995年，撰写专业论文292篇，其中在省市级刊物发表50余篇，全国刊物发表18篇，编写《电位溶出分析》《恶性肿瘤，心脑血管疾病》《初级卫生保健600问》《最新公共卫生手册》等医学专著4部。引进新技术、新项目46项，完成部级协作科研成果1项，市局级成果1项，获专利项目4个。至2010年，完成国家级科研立项、市级科研立项、填补区级技术空白50项。

第二节　人才培养　引进

一　人才培养

1993年，14人晋升副高级以上职称，59人晋升中级职称。1994年，2人晋升正高级职称，8人晋升副高级职称。2006年，制订卫生人才发展十一五规划。至2010年，完成培养10名35岁以下后备管理干部、10名红桥名医、10名35岁以下青年骨干“三个十”人才战略任务。专业技术人员学历水平整体大幅提升。研究生学历人员1%以上；大本学历人员13%以上；大专学历人员55%以上。40岁以下医生全部达到大专以上学历水平，

二　人才引进

2006—2010年，引进中高级卫生职称人员36人，其中学科带头人18人，填补麻醉、B超、放射、ICU等学科无高级职称人员空白。13名中级青年骨干入选天津市创新型人才库，卫生全员继续教育参与率100%。本科以上学历者占人员总数的38%，研究生学历31人，面向社会公开招聘应届毕业生186人，全部实行职称聘任制。

第九章　红十字会

中共十一届三中全会后，红十字事业弘扬“人道、博爱、奉献”精神，保护人的生命和健康，发扬人道主义精神，促进人类和平进步事业，为处于困难中的群众提供保护和援助，改善最易受损害群体的境况，备灾救灾、募捐救助、卫生救护和推动无偿献血以及造血干细胞捐献。

第一节　机构与代表大会

一　机构

1979年，恢复区红十字会工作，编制3人。2005年，区红十字会独立设置。加挂区人民政府献血办公室牌子，编制7人。2010年，内设办公室、事业发展部、血源组织部，编制4人。

二　代表大会

1999年12月3日，区红十字会第四次会员代表大会召开。进行第四届理事会组成人员和领导机构换届选举，副区长肖先让当选会长。

2007年9月7日，区红十字会第五次会员代表大会召开。回顾总结第四届理事会近8年工作；审议通过2008—2012年红桥区红十字事业发展五年规划，进行第五届理事会组成人员和领导机构的换届选举，副区长沈奎林当选会长。聘请区委主要负责人和区长马广智任名誉会长。

第二节　主要工作

一　组织建设

2006年，全区红十字会基层组织21个，会员9853人。2007年，基层组织18个，会员1.14万人。开展“红十字基层组织建设年”工作，加快红十字青少年、社区居民、医疗机构团体会员单位以及红十字志愿者队伍，区属医疗机构全部发展为红十字会团体会员单位。青少年会员1521人。是年，成立红十字会灾害应急救援志愿者队伍10支，志愿者3000余人。2008年，基层组织18个，会员1.2万人。制订街道、局公司和卫生团体会员发展目标，对会员进行核实、登记、注册、编号、发证。2009年，基层组织18个，会员1.4万人。发展街道社区会员和中小学校青少年会员。9个街道被评为红十字服务示范街，社区会员250人；3所小学评为市级红十字示范校；29所中小学评为市、区级红十字标准校；6个局、公司成为红十字会团体会员单位。2010年，基层组织18个，会员1.7万人。以社区居委会主任和楼门院长为主，在社区接受救助人员和社区商户中吸收红十字会员，9个街道全部达到300~500名会员目标。

二　备灾与募捐

照23-14　2008年，向地震灾区捐赠服装40.56万元　（区红十字会提供）

2006年，建立区、街红十字会和社区红十字服务站三级备灾救灾网络和区备灾中心。投入11万元对备灾库硬件设施进行装备，制作备灾物资专用货架17个，定制救灾物资专用麻袋千余条，储备一定数量帐篷、防护服、救生衣等应急物资。争取市红十字会备灾救灾物资百余箱。制订物资入库、存储、分发等规章制度，实现物资分类清楚、账目核对准确、储存安全有序、应急迅速到位的规范化管理。募集救助款16.3万元。2007年，建立区、街、社区三级红十字会报灾救灾信息管理系统和联动机制。对街道办事处、社区130名红十字会专兼职干部进行报灾救灾培训。接收工商局捐赠救助物资5963件，发给三条石、西沽、芥园、铃铛阁4个街道的红十字博爱超市。募集捐款26万元。2008年，募集价值31万元服装、运动鞋等救助物资，充实街道博爱救助站。为南方冰冻雪灾灾区和“5·12”汶川地震灾区捐款捐物110余万元。募集款物249万余元。2009年，建立首批红十字博爱图书室。为5所中小学红十字博爱图书室募集2.5万元图书款。募集价值40万元救助物资，充实到4个街道社区红十字服务站。向9个街道集中发放53万元救助物资。2010年，向咸阳北路街道、邵公庄街道等4个街道社区备灾救灾分中心调拨棉被、衣服、运动鞋、帽子等日常备灾救灾物资。实施第二批博爱图书室募捐项目，为区教育局保健所等红十字博爱图书室募集3万元图书款。专项募集救灾款268万元和价值62.5万元物资，全年募集款物330余万元。

三　救灾与救助

2006年，为96名特困生和60个困难家庭提供4.31万元救助。开展博爱助学教育活动，“为特困生捐出一元钱，设立校园助学金”，救助200余名特困学生。2007年，对63户困难群众和141名特困学生发放价值5.6万元救助款物。对突发火灾4户困难群众慰问救助，捐助慰问金和生活必需品。向500名生活困难的妇女每人发放价值500元医疗救助卡共计25万元。“重阳节”对120名生活困难孤寡老人发放1.2万余元的节日礼物。发放救助款物32万余元。2008年，在9个街道举行博爱送温暖集中救助启动仪式，对20户特困群众入户走访。在春节和重阳节期间，对320户困难群众和百名60岁以上特困老人救助，送去300~500元救助金和粮、油等生活必需品，发放救助款物15万元。2009年，对300户困难群众和百名困难学生救助，发放救助款物18.5万元。重阳节期间，对百名60岁以上困难老人救助，发放救助款物1.5万元。2010年，对357户困难群众集中发放8万元的救助金和粮、油等生活品。对突遭变故陷入困境家庭实行定向救助，促成五域行慈善助学基金会对芥园街道1名特困学生实施5000元定向救助。是年，对咸阳北路街道和芥园街道2户困难学生家庭定向救助4000元。为2名白血病患儿募集医疗救助款6万元。对百名特困中小学生和315名60岁以上特困老人及200名残疾人博爱助学、助老、助残救助，发放救助金和物资15万余元。全年对千户困难家庭发放救助款物30万余元。

四　卫生救护

2006年，开展群众性卫生救护知识培训，举办健康知识、心肺复苏和外伤（止血、包扎、固定、搬运）等现场急救知识讲座、培训100余期，社区居民、企事业单位员工和红十字青少年等5000余人参加培训。2007年，组织2批16人参加中国红十字总会举办的救护师资培训班，取得资格认证，培训合格师资40余人。各街道社区和学校定期举办卫生救护培训和演练活动，举办各类培训200余期，近万名居民和学生参加。2008年，分2批组织9名救护师参加中国红十字总会和市红十字会举办的卫生救护师资复训班，聘请市会专家集中对社区居委会主任和基层红十字会专兼职干部专题初级卫生救护培训，近600人参加并取得救护员合格证书。制作健康知识讲座课件，深入社区宣讲红十字救护知识和健康知识，举办6期知识讲座，近800名社区居民和志愿者参加。组织和指导街道、学校和社区卫生服务中心防病知识和防灾避险讲座58次，近8000名群众和学生参加。2009年，组织118个社区居委会和33所中小学校培训讲座25次，近3000人参加。2010年，红十字会代表队在天津市应急救护技能大赛中获得第一名，代表天津市参加全国应急救护技能大赛获冠军。

五　红十字服务

2006年，开展创建社区红十字服务示范区活动，在社区建立以志愿者队伍、应急救护队、募捐站为有效载体开展社区救助、卫生防病知识普及、为困难群众提供生活服务等活动，把红十字会志愿服务工作延伸到社区。2007年，丁字沽街道通过开展应急救护、募捐救助、宣传服务等有效途径，开展社区红十字志愿服务创建活动，通过市红十字会评审检查。2008年，启动社区红十字服务示范街创建活动，为118个社区居委会统一制作标牌，制度上墙。2009年，7个街道和15个社区居委会通过由市红十字会、市民政局联合组成的评审检查组检查验收。

六　红十字宣传

2006年，全区各级红十字会组织专兼职干部、社区居民、医务工作者和学生近千人参加世界红十字日宣传活动；为困难群众募集价值6000元家庭常用药品，人民医院免费提供20人次肛肠手术。组织大型宣传活动25次，发放宣传材料和张贴画3.5万余份（张），受益2万余人。2007年，举办“关爱农民工建设者”宣传活动。制作社区红十字服务工作制度、卫生救护知识宣传展牌50余套，面向会员、志愿者和中小学生宣传造血干细胞相关知识，组织基层红十字会开展知识竞赛。2008年，在社区开展宣传活动，发放宣传材料3000余册。制作宣传展牌40余套和红十字会职责宣传折页5000余份。2009年，投入10万元为全区9个街道和18个社区制作工作制度宣传板102块，印制红十字会知识和无偿献血知识3个系列24个板块的宣传折页、纪念“5·8”世界红十字日宣传招贴画1.5万套，制作18版卫生救护和防灾避险知识宣传挂图300套。2010年，开展纪念“5·8”世界红十字日宣传活动，制作宣传招贴画，发放社区和学校。

七　无偿献血和造血干细胞捐献

2006年，组织上站体检3815人次，实际献血1483人。在教育、卫生系统团员青年中开展“捐献造血干细胞，造福两岸同胞”活动，261人参加血样采集。2007年，建立应急流动血库，完成组建应急流动血库任务。发放宣传材料22万余份，在“6·14”献血者日，组织社区开展无偿献血宣传，入户向居民群众发放宣传材料。2008年，组建基层红十字会参加的区应急流动血库志愿者队伍；卫生团体会员单位参加的区突发灾害应急救护志愿者队伍；组建教育、卫生系统团员青年参加的造血干细胞捐献志愿者队伍。120余名造血干细胞捐献志愿者参加市红十字会组织的血样采集活动。2010年，组织新录用国家机关和事业单位公职人员参加无偿献血活动，132人分两批参加无偿献血。161名团员青年参加造血干细胞血样采集，血样收录到中华骨髓库天津分库。佳园里小学教师王勇成功捐献造血干细胞，成为区造血干细胞捐献第一人。

红桥区志

第二十四编

体　育

中共十一届三中全会后，全区各项体育活动蓬勃开展，社会体育团体相继建立，体育场所大量增加，大批体育优秀人才涌现，体育比赛成绩不断提高，部分体育项目在国内和国际比赛中取得优异成绩。社会体育和健身锻炼成为潮流，全民健身意识不断提高，群众体育呈蓬勃发展态势，人民体质和健康状况得到改善。学校体育、职工体育、少数民族体育、残疾人体育等都有较大发展，武术、空竹、摔跤等传统体育项目在全市乃至全国享有盛名，多个社区被评为全国城市体育先进社区。

2010年，国家级非遗项目天津回族重刀武术展示　　（区文化旅游局提供）

区家庭趣味运动会　　（区体育局提供）

2010年，天津三中游泳馆内景
（区档案局提供）

2008年8月2日，区志愿者参加北京奥运会火炬传递活动
（区委宣传部提供）

第一章 群众体育

1979年始，群众体育呈现蓬勃发展态势，体委引领各体育协会开展适合各年龄段、各类人群的体育项目展示活动及棋类、足球、羽毛球等比赛。1995年始，开展群众性体育活动，参加体育活动人数不断增加，人民体质与健康状况得到改善。2010年，全民健身和体育活动形式多样，参加各种比赛成绩优良。

第一节 职工体育

一 体育活动

1979—2010年，职工篮球、乒乓球坚持常年业余训练。1980年始，职工体育普遍受到重视，建立晨练活动场地74个，3万余人参加健身。区工会职工体育协会举办太极拳培训班15期，培训1500人。1984年始，每年组织职工代表团参加天津市职工“五一”长跑竞赛，机关和企事业单位开展各种体育活动。2008年，开展“全民健身与奥运同行”活动。

二 体育竞赛

1979年始，每年举办一次职工运动会，至2010年举办35次。1984年始，每年组织职工代表团参加天津市职工“五一”长跑竞赛，其中14年获前三名成绩。每年举办爬山、钓鱼、棋牌类等10余项职工体育比赛。承办天津市职工乒乓球比赛。2008年，举行区职工乒乓球、羽毛球、三人制篮球等比赛，近3000人次参加。在民族中学运动场举办迎奥运群众文化体育活动启动仪式暨第四届机关干部运动会，设22个竞赛项目，机关、企事业单位900人参加。

照24-1 职工体操比赛 （区体育局提供）

1984—2010年红桥区参加天津市职工“五一”长跑竞赛获奖表

表24-1

年份	成绩	年份	成绩	年份	成绩
1984	第三名	1993	第四名	2002	第四名
1985	第二名	1994	第三名	2003	第五名
1986	第一名	1995	第四名	2004	第五名
1987	第一名	1996	第五名	2005	第四名
1988	第一名	1997	第三名	2006	第三名
1989	第三名	1998	第六名	2007	第二名
1990	第三名	1999	第三名	2008	第六名
1991	第一名	2000	第四名	2009	第四名
1992	第四名	2001	第七名	2010	第七名

第二节　社区体育

一　体育活动

1996年始，社区居民每年开展太极拳、中国功夫扇、健身操、健身舞、健身气功等活动。2000年，晨晚练辅导点160个。举办第三届街道社区运动会等活动，组织各项竞赛和团体操表演活动，6.7万人次参加。2006年，承办第二届全国优秀体育健身项目展演和天津市全民健身大拜年活动。

照24-2　社区文体艺术节闭幕式太极扇展示（区体育局提供）

二　体育指导

1996年始，组织国家二、三级社会体育指导员培训，选拔优秀人员参加国家一级社会体育指导员培训。2005年，初步构成街道、居委会、健身队伍、家庭网络体系，以居委会为基础，对各种形式健身人群主动提供帮助，给予组织指导。2009年，承办天津全民健身大讲堂活动，由国家级社会体育指导员主讲。至2010年社会体育指导员千余人。

1996—2010年红桥区社区体育展示活动统计表

表24-2

年份	项目	地点	参加人数
1996年5月	太极拳8式	红桥体育场	800
1997年10月	太极拳16式		900
1998年5月	24式太极拳		1000
1999年10月	32式太极剑		700
2000年10月	42式太极拳		900
2001年5月	中国功夫扇(一)		1200
2002年10月	中国功夫扇(二)		800
2003年10月	健身操一套、第一套市民广播操	西沽公园	1100
2004年5月	健身操二套	西沽公园	1200
2005年10月	吴式太极拳	滨河公园	1000
2006年5月	24式太极拳	实验小学	900
2007年5月	健身气功(易筋经)	民族中学	900
2007年10月	健身操展示	实验小学	1000
2008年5月	双扇健身操评比	西沽公园	900
2008年10月	健身操展示	民族中学	2000
2009年5月	传统武术展示	实验小学	800
2009年8月	第二套市民广播操展示	民族中学	900
2009年10月	全民健身展示活动	天津三中	5000
2010年5月	健身气功(八段锦)	民族中学	900
2010年8月	全民健身展示活动	西沽公园	1200
2010年10月	文体艺术节闭幕式	西沽公园	2000

第三节　残疾人体育

一　残疾人健身

2004年，170个居委会组建社区残疾人协会，实施社区文化体育工程，指导开展残疾人健身活动，组织残疾人参加市、全国、国际残运会、特奥会等各项赛事和健身比赛，均取得较好成绩。是年，聋人腰鼓队在市广场健身舞比赛中获一等奖。

二　残疾人运动会

2003年，组队参加全国第六届残疾人运动会，游泳项目获金牌3枚、铜牌3枚，运动员丛蕊破1项世界纪录和2项全国纪录，盲人门球获第七名，聋人篮球获第八名。丛蕊参加第十二届雅典残奥会获游泳项目第4名，参加天津市残运会获金牌2枚、银牌1枚，打破2项全国纪录。8名智残运动员获金牌10枚、银牌10枚、铜牌6枚，占市获得奖牌总数的67%。2005年，14名残疾人运动员参加全国特奥会游泳、滚球2项比赛，游泳获金牌9枚、银牌4枚、铜牌13枚，滚球获男子16~21岁组团体金牌和个人技术单打金牌、双打铜牌。2006年，在市第十一届运动会残疾人组比赛中，代表团获金牌10枚、银牌3枚、铜牌6枚。2007年，参加第七届全国残疾人运动会获金牌1枚、银牌3枚、铜牌2枚。2008年，在市第五届残运会上，区代表团获金牌31枚、银牌6枚、铜牌7枚，团体总分第四名，获体育道德风尚奖。2009年，在市第六届残疾人运动会上，区代表团获金牌15枚、银牌7枚、铜牌8枚，团体总分第九名。3名运动员被授予“精神文明运动员”称号。

照24-3　2009年，区残疾人运动员参加天津市第六届残疾人运动会　（区体育局提供）

第四节　妇女体育

一　妇女健身活动

2009年，双环邨街道明珠健身队在全国妇女健身活动中，被全国妇联和国家体育总局授予“巾帼文明健身队”。2010年，芥园街道弘丽园太极晨练队、西于庄街道太极拳协会、西沽街道湘潭道社区晨练队，获市“巾帼文明健身队”称号。

二　“三八”运动会

1970年始，区体育委员会和妇女联合会每年联合举办庆“三八”妇女运动会。运动会分青年、中年组，设置踢毽、跳绳、定点投篮等小型多样的趣味项目，每次运动会有机关女性、领导干部近百人参

照24-4　2010年，区代表队参加天津市庆“三八”健康杯大赛　（区体育局提供）

加。1984—2010年，每年组队参加市“三八”健康杯赛，年年取得优异成绩。

1984—2010年红桥区参加天津市“三八”健康杯赛获奖情况表

表24-3

年份	获奖	年份	获奖	年份	获奖
1984	一等奖	1993	二等奖	2002	三等奖
1985	一等奖	1994	三等奖	2003	三等奖
1986	二等奖	1995	一等奖	2004	一等奖
1987	一等奖	1996	一等奖	2005	二等奖
1988	二等奖	1997	二等奖	2006	二等奖
1989	一等奖	1998	一等奖	2007	二等奖
1990	一等奖	1999	二等奖	2008	二等奖
1991	三等奖	2000	一等奖	2009	二等奖
1992	三等奖	2001	一等奖	2010	二等奖

第五节　航模舰模运动

一　航模比赛

1980年，少数学校自发开展航模、舰模运动，成立航模等兴趣小组。1984年，少年宫正式建立航模、舰模、无线电测向3项业余训练队，集中区青少年航模新秀，竞赛成绩显著，为国家队输送数名优秀运动员。是年始，参加市国防体育项目比赛，其中航模项目151人获前两名，舰模项目93人获前两名，无线电测向72人获前两名。1986年，2人代表中国参加世界航模赛，打破世界纪录。

照24-5　区代表队参加天津市航模大赛
（区体育局提供）

二　无线电培训

1985年，开展无线电测向培训。至2010年，对30所学校普及培训35次2600余名中小学生参加；举办13次裁判员培训班，近300名小学教师参加；批准等级裁判员46人，其中国家级2人，一级12人。

1984—2010年红桥区参加国防体育项目市级个人赛统计表

表24-4　　单位：人次

年份	名次	航模	舰模	测向	年份	名次	航模	舰模	测向
1984	第一名	2	－	1	1998	第一名	4	1	3
	第二名	4	1	4		第二名	3	－	4
1985	第一名	5	－	2	1999	第一名	4	2	1
	第二名	2	1	2		第二名	2	－	3
1986	第一名	5	1	5	2000	第一名	－	1	－
	第二名	4	－	4		第二名	2	－	4
1987	第一名	3	2	1	2001	第一名	3	1	1
	第二名	4	1	2		第二名	2	－	4
1988	第一名	2	2	1	2002	第一名	1	－	2
	第二名	4	2	2		第二名	3	1	3

续表

年份	名次	航模	舰模	测向	年份	名次	航模	舰模	测向
1989	第一名	2	2	1	2003	第一名	2	2	4
	第二名	4	2	2		第二名	4	–	1
1990	第一名	1	3	1	2004	第一名	2	–	3
	第二名	4	2	2		第二名		2	4
1991	第一名	2	–	1	2005	第一名	2	–	2
	第二名	3	2	4		第二名	4	1	1
1992	第一名	1	1	2	2006	第一名	1	–	1
	第二名	5	2	3		第二名	5	3	2
1993	第一名	2	1	3	2007	第一名	3	1	3
	第二名	2	–	2		第二名	4	–	2
1994	第一名	4	1	2	2008	第一名	1	–	2
	第二名	2	3	4		第二名	3	2	4
1995	第一名	2	1	3	2009	第一名	3	–	2
	第二名	4	2	2		第二名	2	–	–
1996	第一名	3	–	3	2010	第一名	3	2	3
	第二名	2	–	4		第二名	5	2	2
1997	第一名	1	1	3	–				
	第二名	4	–	2					

第六节　全民健身

一　健身活动

1980年始，每年春节、劳动节、国庆节、重阳节等节点开展体育健身活动，机关干部、社区群众、企事业单位、中小学等社会各界万余人参加。1998—2010年，连续13年组织开展庆“八一”进军营慰问健身项目表演。2000—2010年，连续举办11届健康大拜年活动，在公园、广场组织健身队伍以扭秧歌、广场舞、腰鼓表演。2009年8月8日首个全民健身日，组织市民、青少年俱乐部、体育协会等不同社会团体，开展健康徒步走、交际舞、轮滑、空竹等21项体育活动，掀起北京奥运会后全社会参与健身热潮。2010年，参加天津市首届全民健身大会获团体三等奖。

照24-6　社区居民广场舞展示
（区体育局提供）

二　健身比赛

1999—2009年，连续举办11届家庭趣味运动会。2001年，举办“非奥运项目体育大会暨启动仪式”及晨晚练大汇操比赛，2600人参加大型团体操表演；1200人参加“24式”太极拳表演；千余人参加太极拳、太极剑、健身操、健身舞等18个项目比赛。2003年，举办第六届全民健身大汇操

照24-7　区迎奥运中华通络操比赛
（区体育局提供）

特色展示活动，有千人八式、十六式太极拳和市民广播操表演。是年，举办老年门球、腕力等比赛。2003—2010年，举办8届文体艺术节，每年5月份始，组织社区、学校、机关开展各类各项体育活动。2009年，九久艺术团参加市第二届群众舞蹈大赛获一等奖。

2009年和2010年，连续举办2届市民消夏足球赛等活动。2010年，以家庭为单位，设置跳长绳、合力过河等集体项目比赛。组队参加天津市首届全民健身大会获团体三等奖。花毽队参加“中央药业杯”花毽邀请赛，获3项冠军、1项亚军；参加市第六届少数民族传统体育运动会，获金牌3枚、银牌2枚、铜牌2枚。

第二章　民间传统体育

区内民间传统体育历史悠久，以回民大刀、摔跤和拳术最为有名，其中曹氏大刀被国家命名为非物质类文化遗产，每年参加天津市“非遗”展演活动。刀术、摔跤和武术代有传人，涌现出多位优秀运动员和教练员进入国家队，多次在国内外比赛和表演中获得好成绩，培养出7位摔跤奥运冠军和世界冠军。

第一节　回族重刀(见文化编　第五章　第四节　二)

第二节　摔　跤

照24-8　摔跤展示　　　　（区体育局提供）

中国式摔跤在红桥区有悠久历史，民国年间被誉为天津摔跤名将“四大张”中张连生、张魁元、张鹤年皆为红桥人。“四大张”之一的张鸿玉(居住红桥)，早年在南运河码头以“扛大个”为生，在杨庄清真寺附近设跤场，授徒弟子数十人。弟子时金刚执教河东区柔道队，1981年率队参加市首届柔道锦标赛获团体冠军。1984年，任天津市国际摔跤队总教练，带队获得全国青年锦标赛古典式摔跤团体冠军。1996年，国家体委和中国摔跤协会为时金刚颁发荣誉贡献奖章。70年代，张鸿玉弟子刘玉琪(红桥人)组建中国柔道队，率队参加第五届奥运会、第六届世界柔道锦标赛、第四届亚运会等国际比赛，培养出高凤莲、李忠云、庄晓严、孙福明、袁华、唐琳、冼东妹、吴卫凤等多名奥运会冠军、世界冠军。1970年，组建业余体校摔跤队，训练地点设在体育场和民族中学，教练由全国摔跤冠军和摔跤名将担任。1983年，组队代表天津市参加全国摔跤比赛，取得团体第三名。1988年，组队代表天津市参加全国古典式摔跤锦标赛获得130千克级第一名。1993年，参加在挪威举行的国际A级古典式摔跤大赛，获130千克级第一名。1985年，在老北开三岔河口处成立海河摔跤育才基地。1994年，中国式摔跤集训队解散。张连生弟子在海河边沙地成立顺达跤社，招徒传艺。

第三节 武　术

武术在红桥区民间历史源远，派别林立，其中以八级拳最为有名。相传八极拳起于清代康熙年间，由河北省沧州孟村镇吴钟嫡传，是独门一派拳法，在红桥区居住的八极拳六世传人吴秀峰开办拳场、传授拳技，在继承八极拳法的同时创新技法，把拳法和人体健康相结合，达到强身健体作用。六七十年代在西沽传艺，学艺者上千人。第九世传人李淑新，12岁拜师学习八极拳，是一代宗师吴秀峰高徒田金钟再传弟子。38岁开始学习太极拳，先后拜天津太极拳名师明桐林、著名太极拳大师李经梧为师。学习多家传统太极拳，多年艺耕不惰，在社区、机关、学校等地传播传统太极拳，教授许多外国学生，弟子逾千。2002年，担任西于庄街道太极拳协会会长。2008年，评为国家级社会体育指导员，聘任为天津吴式太极拳研究会秘书长。曾获市十一届全运会吴式太极拳冠军，带领西于庄街道太极拳协会多次在市武术大赛中获得团体冠军，被评为国家级群众最喜爱的社会体育指导员。被收录到全国武术名人名校录。

第三章　学校体育

80年代，落实“体育人才从娃娃抓起”，注重幼儿园体育教学，配备幼儿专职体育老师。按照《国家体育锻炼标准施行办法》，学校开展体育达标活动。进入21世纪，在中小学校中开展大课间群体活动窗口校评比活动和体育、艺术“2+1”特色教育活动；举行阳光体育运动，开展达标增优、强健体魄活动，保证每天一小时体育锻炼时间。体校重视运动员选拔和培养，科学制订训练计划，在市级以上竞赛中表现突出，为专业运动队输送大批优秀运动员。

第一节 体　校

一　体育学校

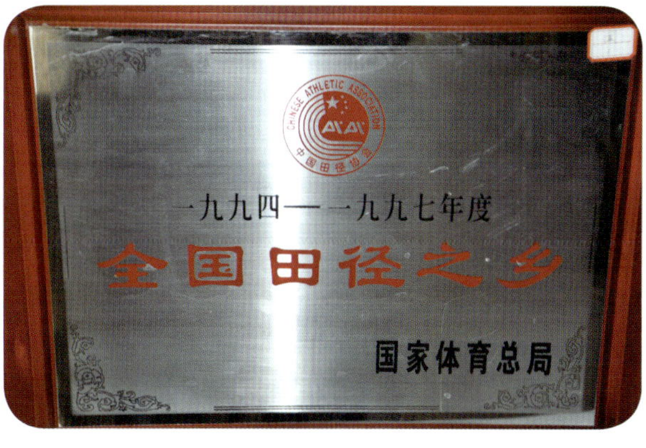

照24-9　1998年，红桥区获1994—1997年度全国田径之乡称号　　（区体育局提供）

1980年，成立重点业余体育学校。由体委、教育局合办，以培养青少年体育优秀人才为宗旨，实行文化课学习、专项训练、食宿三集中。1988年，更名为体育学校（又名中环中学）。2006年，体校停止招生，文化课教师和部分职员调入民族中学和五十一中学。2007年，迁入八十九中学院内。2008年，体校职能发生转变，负责区体育训练、竞技管理，协助组织参加市各级各类体育比赛、对各学校业余训练进行服务和指导，负责全区初三体育考试指导、服务和考务，对中小学大课间活动进行检查和指导。体校重视科学选材，建有科学选材测试中心，是国家审批二级测试站。培养出一批体育优秀人才及后备力量，田径运动员魏巍曾打破全国女子室内跳远纪录，创造亚洲女子三级跳远最高成绩。1981—1988年，田径代表队在市中小学田径运动会取得8连冠、天津市青少年长跑比赛取得6连冠。2004年，体校参加市中小学田径运动会获团体总分第三名。2008年、2009年，武术队李奕萱连续获世界女子规定长拳冠军。2010年，武术队参加市第十二届运动会武术比赛获金牌3枚，银牌3枚，铜牌6枚。

二 业余体校

1958年，体育场业余体校成立，运动员为推荐选拔专项较好的中小学生。1980年，部分项目纳入重点业余体育学校，保留年龄较小运动员专项班，多侧重启蒙式训练。2000年，队员参加全国少年体育比赛，获金牌2枚、银牌4枚、铜牌3枚。2002年，采取体教结合方式，利用部分中小学体育场馆，进行专项训练，培养人才。2003年，体校解决训练场地，调整项目布局，每年对数百名运动员进行注册登记和选材跟踪测试分析评价，准确把握运动员身体机能和形态数据。参加市业余体校比赛，获金牌28枚、银牌15枚、铜牌24枚。2004年，获全国体育比赛金牌22枚，获市级比赛金牌30枚。男子足球队获市U15年龄组冠军，男子篮球队获市中学生比赛乙组冠军。2007年，体教结合进入新阶段，确定田径、足球、篮球、乒乓球为重点优势项目，游泳为重点发展项目，制订《打造竞技体育优势项目实施方案》。

第二节 中小幼体育

一 中小学体育

照24-10 小学生篮球操 （区体育局提供）

1979—2010年，中小学每年举办春季、秋季运动会。1984年，在市中小学优秀体育课观摩评比中，获团体总分第一名。1990年，福泉里小学、跃进里小学参加天津市与日本、中国台湾地区学术交流活动，双获体育课教学一等奖。1994年始，对区内的12所申报市级体育传统项目学校进行考察，通过审核。1995年，天津三中学生代表市参加体育传统校全国“露露杯”初中学生田径比赛，获体育道德风尚奖。1996年，组队代表天津市参加全国少年田径分龄赛，获得团体总分第二名，创天津市参加本赛次历史最高成绩。1999年，承办天津市中小学生田径运动会，获团体总分第二名。2000年，举办大课间体育活动展示，43所中小学参加，评出29所优秀学校；举办中小学体育节活动，67所中小学近万名学生参加7个大项竞赛活动，《国家体育锻炼标准》达标率92.12%。2003年，开展健康工程和课外文体活动工程，中小学每天确保学生1小时体育锻炼时间，开展趣味游戏、足球、篮球、乒乓球、自编操、韵律操活动。2004年，举行中小学课外文体活动展示推动会，4000余名学生参加。2005年，组织中小学冬、夏令营活动；组队参加市青少年体育俱乐部网络体育竞技大赛和市青少年运动基地户外活动；组织400余名学生参加市“我们万众一心”十运会火炬传递活动。2007年，组织160名师生参加市青少年阳光体育夏令营启动仪式和夏令营团队竞赛；组织青少年近10万人次参加市、区级体育比赛、冬令营和夏令营活动。2007—2010年，连续举办四届中小学生冬季长跑运动会。2010年，5所小学被评为市阳光体育冬季长跑活动优秀学校。2001年，4所学校成立青少年体育俱乐部。至2010年，有青少年体育俱乐部16所，参加健身和健身培训百余万人次。

2001—2010年红桥区青少年体育俱乐部一览表

表24-5

序号	俱乐部名称	所在学校	序号	俱乐部名称	所在学校
1	求实青少年体育俱乐部	实验小学	9	民族青少年体育俱乐部	天津市民族中学
2	跃进青少年体育俱乐部	跃进里小学	10	北洋青少年体育俱乐部	天津市北洋中学
3	五环青少年体育俱乐部	红星职专	11	西青青少年体育俱乐部	天津市西青道中学
4	红桥区青少年体育俱乐部	区体育场	12	弘文青少年体育俱乐部	天津市第八十九中学
5	仁和青少年体育俱乐部	第五十一中学	13	新世纪青少年体育俱乐部	天津市复兴中学
6	求知青少年体育俱乐部	第八十中学	14	六一青少年体育俱乐部	天津市师范学校附属小学
7	方舟青少年体育俱乐部	天津三中	15	机电青少年体育俱乐部	天津市机电工艺学院
8	颐和青少年体育俱乐部	天津五中	16	尖尖角青少年体育俱乐部	求真小学

二　幼儿园体育

1984年始，幼儿园每年春、秋季举办趣味运动会、亲子运动会。设置个人竞技、师友协作、幼儿合作、家庭合作项目；发展幼儿走、跑、跳、钻、爬、平衡、投掷等基本技能。

照24-11　幼儿园韵律操活动
（区体育局提供）

第四章　竞技体育

90年代中期，举办全民健身运动会和运动项目展示，吸引近10万群众参加，促进健身运动的普及开展。历年举办足球、篮球等竞技比赛，从中选拔优秀人才组成区代表队，参加市和国家、国际级比赛。在历届天津市运动会中，区代表队均取得优异成绩。

第一节　区级竞赛

一　全民健身运动会

1996年始，全民健身运动会每4年举行一次，各界人士踊跃参加。2000年，举办第二届全民健身运动会，组织群体竞赛及展示活动19场，近9万人参加，为参与范围最广、人数最多的一年。是年，举办市民足球、篮球等体育竞赛6项7次，3056人参加。2004年，举办第三届全民健身运动会开幕式，23个单位代表各行业参加入场式，千余名运动员进行5场12个节目体育表演，600余名观众观看开幕式和表演；5000余名运动员参加4个组别27个项目的比赛。

照24-12　2005年，区体育局获2001—2004年度全国群众体育先进单位称号　（区体育局提供）

二　全民健身展示比赛

2009年，举行庆祝中华人民共和国成立60周年大型全民健身展示活动暨第七届社区艺术节闭幕式，居民、机关干部、企事业职工、中小学生、幼儿园小朋友万余人参加柔力球、太极拳、双扇舞、市民广播操展示活动，千余名运动员参加24项比赛。是年，举办乒乓球、武术、跆拳道、篮球选拔赛，选拔优秀运动员，组建区代表队，备战市第十二届运动会。

照24-13　2009年，区体育局举办"红桥杯"市民消夏足球比赛

（区体育局提供）

第二节　市级以上竞赛

一　参加全国及国际竞赛

1988—1993年，在国内外各级比赛中，区籍运动员在100米、200米、急行跳远、4×100米接力项目上打破10次全国及亚洲纪录。1992年，女子运动员陈兆静在亚运会200米短跑中破亚洲纪录。1996—2010年，参加全国体育比赛获金牌1200余枚。2000年，青少年足球俱乐部代表天津参加全国比赛获金牌4枚、银牌2枚、铜牌1枚。输送到泰达青年足球队队员曹阳、卢彦被选入中国青年足球队。组队参加全国"田径之乡"少年田径赛和在北京举办的国际马拉松全国"田径之乡"组比赛。田径运动员宋颖在全国青年田径锦标赛中获女子三级跳远第一名，获全国大奖赛第四名，达到运动健将水平。2001年，组队参加全国青少年田径锦标赛，获14~15岁女子组团体总分第三名。2003年，参加全国体育比赛，获金牌3枚、银牌1枚、铜牌1枚。参加全国第四届"武术之乡"比赛，获传统拳3个一等奖，传统器械2个二等奖。2004年，参加全国青少年比赛，获金牌1枚、银牌3枚、铜牌4枚。2006年，参加国际、国家级比赛，有13人7项8次获冠军7个、亚军5个、季军4个。2008年，参加国家和市级比赛获金牌9枚、银牌8枚、铜牌26枚。2009年，参加全国第十一届运动会女子排球获冠军，女子足球获第五名。2010年，参加全国女子排球锦标赛获冠军，参加亚运会女子排球赛获冠军，参加全国足球超级联赛获亚军。

二　参加市级竞赛

1984—1995年，参加市比赛获得冠军近60项。2000年，青少年足球俱乐部参加市"俱乐部杯"足球比赛，获U-13岁年龄组第一名。2002年，区代表团参加市第十届运动会12个大项比赛，青少年组获金牌23枚、银牌25枚、铜牌17枚、田径团体总分第八名。2004年，参加市青少年比赛，获金牌18枚、银牌14枚、铜牌5枚。2006年，组团176名运动员参加市第十一届运动会，在青少年组10个项目比赛中，获金牌17枚、银牌27枚、铜牌17枚。是年，参加市级比赛获金牌31枚。2008年，参加市中小学田径运动会获团体总分第六名，参加市中小学乒乓球比赛获两项团体冠军。2009年，参加市青少年组游泳、田径等5个项目比赛获金牌13枚、银牌17枚、铜牌10枚。2010年，参加市第十二届运动会，参加10个项目获金牌8枚、银牌15枚、铜牌26枚。2名运动员被评为"希望之星"。

1996—2010年红桥区参加全国体育比赛统计表

表24-6

年份	比赛名称	项目、组别	成绩	比赛地点
1996	全国排球冠军赛	乙组	冠军	南京市
	全国举重锦标赛	–	冠军	合肥市
	全国武术锦标赛	全能	冠军	江西省
		双剑	冠军	
		剑术	亚军	
	全国曲棍球联赛	–	亚军	广州市
	全国手球锦标赛	–	第五名	上海市
1997	全国排球冠军赛	13岁组	冠军	重庆市
		乙组	冠军	
	全国青年乒乓球比赛	团体	第五名	河北省
		女子单打	第五名	
	全国第八届运动会	手球	亚军	
		曲棍球	亚军	
		团体	第十二名	
1998	全国武术锦标赛	男子刀术	亚军	江西省
		男子棍术	第三名	
		女子枪术	第三名	
		对练	冠军	
		拳术	冠军	
	“乒协杯”	女子单打	第五名	河北省
	全国少年排球赛	甲组	冠军	福州市
		乙组	亚军	开封市
	全国手球锦标赛	–	第四名	上海市
	全国曲棍球冠军赛	–	亚军	山东省
	全国田径分龄赛	–	冠军	徐州市
		女丙全能	跳远冠军	
		100米	第三名	
		200米	第四名	
		4x100接力	第四名	
		跳远	第三名	
	全国网球巡回赛	女子双打	冠军	昆明市
	全国青年足球联赛	–	第五名	四川省
1999	全国排球联赛	甲组	冠军	福建省
		乙组	冠军	徐州市
		13岁组	冠军	
	全国青年柔道冠军赛	+78千克级	冠军	伊春市
	全国青年足球联赛	–	亚军	上海市
	全国甲A三线队比赛	–	亚军	南京市
	全国武术锦标赛	长拳	冠军	湖北省
	全国手球锦标赛	–	第五名	合肥市
	全国曲棍球冠军赛	–	第三名	上海市
	全国乒乓球冠军赛	女团	第九名	河北省
	“全国城运会”柔道比赛	女子+78千克级	第八名	山东省
	首届全国女子举重比赛	53千克级	亚军	山海关市
2000	全国超霸杯比赛	团体	冠军	河北省

续表一

年份	比赛名称	项目、组别	成绩	比赛地点
2000	乒乓球超级联赛	–	第三名	河北省
	全国少儿女子 13~15 岁举重分龄赛	总成绩	冠军	黑龙江省
		总成绩	第三名	黑龙江省
	全国少儿男子举重分龄赛	总成绩	亚军	福建省
	全国少年女子排球锦标赛	–	亚军	重庆市
	全国青年女子排球锦标赛	–	冠军	
	全国乒乓球少年开拓杯赛	单打	第八名	长春市
		团体	第三名	
	全国手球锦标赛	–	第六名	上海市
2001	全国排球冠军赛	甲组	冠军	哈尔滨市
		–	乙组第四名	
	全国举重分龄赛	挺举冠军抓举	第三名	合肥市
2002	全国女垒锦标赛	–	亚军	广州市
	全国青少年田径锦标赛	400米栏	冠军	上海市
	–	全能	冠军	–
		4x100米	冠军	
	全国青少年排球锦标赛	乙组	亚军	重庆市
		甲组	第五名	
	全国青少年女子举重锦标赛	挺举	第三名	合肥市
		抓举	第三名	
	全国垒球联赛	–	亚军	广州市
2003	全国花泳冠军赛	–	冠军	
	全国排球联赛	–	冠军	安徽省
	全国跆拳道比赛	72千克级	冠军	山东省
	全国武术锦标赛	对练	冠军	江西省
	全国垒球联赛	–	亚军	广西壮族自治区
2004	华北地区足球赛	u-15	第三名	上海市
	全国排球锦标赛		冠军	南京市
2006	全国曲棍球锦标赛	–	冠军	山东省
	全国足球 u-15优胜杯赛	–	冠军	四川省
	全国女子排球锦标赛	甲组	冠军	南京市
	青年亚洲杯足球赛	–	冠军	四川省
	青年世界杯足球赛	–	亚军	
2007	世界少年女排锦标赛	–	冠军	墨西哥
	全国篮球 NBL 联赛	–	冠军	重庆市
	全国曲棍球冠军杯赛	–	亚军	内蒙古自治区
	全国女足足协杯赛	–	冠军	重庆市
	全国少儿游泳锦标赛	全能	冠军	乌鲁木齐市
		接力	冠军	
	全国“东岳杯”乒乓球赛	单打	冠军	山东省
	全国青少年举重锦标赛	52千克级	亚军	合肥市
	国际东亚杯乒乓赛	少年团体	冠军	河北省
2008	世界青少年武术锦标赛	少儿拳术	冠军	印度尼西亚
	全国少儿游泳冠军赛	全能	冠军	唐山市
	中国女足足协杯赛	–	亚军	山东省泰安市
	全国曲棍球冠军赛	–	第四名	大连市
2009	全国十一届运动会	女子排球	冠军	济南市
		女足	第五名	

续表二

年份	比赛名称	项目、组别	成绩	比赛地点
2010	全国女子排球锦标赛	–	冠军	天津市
	亚运会女子排球赛	–	冠军	广州市
	全国足球超级联赛	–	亚军	主客场

第五章 队伍 设施

1979—2010年，体育管理机构得到调整充实，建立起各个协会和总会，体育组织和管理体系化，促进运动项目的开展和提高。体育队伍不断扩大，培养出许多优秀教练员、裁判员和二级以上国家等级运动员，向国家输送大批体育人才，其中包括国际级健将和棋类国际大师。体育场馆建设得到加强，兴建多处社区、学校运动场所，不断更新设施设备，使各类体育活动得以更好开展。

第一节 体育队伍

一 运动员

1980—1995年，培养二级以上国家级运动员678人，其中国际健将1名、国际大师1名、一级运动员66名、二级运动员572名。1980—2010年，向市级以上专业队输送运动员285人，其中国家队19人、市体工大队82人、市体校184人。2000年，制订《基层校向业余体校输送运动员奖励办法》，对输送到市体校、体工大队运动员实行跟踪奖励，对输送较多学校给予一次性奖励。业余体校实施重点苗子补贴办法，提前一年投入，分别对运动员和教练员给予补贴。2002年，曹阳入选国家奥林匹克足球队，董梅入选国家跆拳道队。2006年，完成11个项目143名运动员注册。2007年，9个项目140名运动员注册。全区7个项目110余名运动员身体测试，为选拔培养体育人才打下基础。2010年，对运动员选拔确认，足球、曲棍球、田径等10个项目149名运动员注册，对8个项目79名运动员确认。

1980—2010年，培养二级以上国家级运动员4073名，其中有短跑国际健将、象棋国际大师和健将级运动员38名。

1980—2010年红桥区向专业队输送运动员统计表

表24-7

年份	国家队	市体工队	市体校	年份	国家队	市体工队	市体校
1980	1	2	4	1996	–	–	13
1981	–	4	5	1997	–	11	19
1982	–	2	3	1998	–	1	10
1983	2	13	4	1999	5	6	5
1984	1	1	–	2000	–	1	4
1985	–	3	8	2001	–	–	9
1986	2	5	1	2002	–	–	14
1987	1	2	6	2003	–	–	7
1988	2	5	3	2004	–	–	12
1989	1	1	2	2005	–	–	5
1990	1	8	2	2006	–	–	13
1991	–	1	3	2007	–	–	4
1992	–	4	6	2008	–	–	6

续表

年份	国家队	市体工队	市体校	年份	国家队	市体工队	市体校
1993	-	1	3	2009	-	-	5
1994	2	8	2	2010	1	1	1
1995	-	2	5	合计	19	82	184

1982—2009年红桥区国家等级运动员统计表

表24-8

姓名	性别	批准时间	项目	等级
李　忆	男	1982	乒乓球	健将
杨　炎	女	1982	跳水	健将
张俊强	男	1983	足球	健将
魏　巍	女	1985	跳远 / 三级跳	健将
于　浩	男	1985	曲棍球	健将
张铁成	男	1986	航模	健将
刘晓梅	女	1986	马拉松	健将
刘　庆	男	1986	马拉松	健将
陈兆静	女	1986	短跑	国际健将
冯爱兵	男	1986	航模	健将
赵家娣	女	1988	女足	健将
孟四新	女	1988	女足	健将
马海勇	男	1988	手球	健将
王宝泉	男	1989	排球	健将
魏　东	男	1988	足球	健将
张　勇	男	1988	足球	健将
张剑影	女	1988	短跑	一级
徐　洋	男	1989	国际象棋	国际大师
杨　敏	女	1991	短跑	健将
王惠静	女	1993	乒乓球	健将
陈　星	男	1994	曲棍球	健将
李　伟	男	1994	曲棍球	健将
邵　刚	男	1995	曲棍球	健将
召　鹏	男	1995	曲棍球	健将
刘　滨	男	1995	曲棍球	健将
周桂明	男	1995	曲棍球	健将
宋艳杰	男	1995	曲棍球	健将
及浩哲	男	1995	曲棍球	健将
王　菊	女	1995	武术	亚洲冠军
范立艳	女	1995	跳远	一级
房春艳	女	1995	跳远	一级
侯　君	女	1995	网球	健将
卢金艳	女	1995	短跑	一级
黑　娜	女	1995	跳远	一级
曹　阳	男	2002	足球	健将
訾晶晶	女	2006	足球	健将
陈丽怡	女	2009	排球	健将

二　教练员

2002年，教练员利用学校场馆进行业余训练。2004年，修订教练员任期目标管理考核办法和教练员任期月奖、目标奖考核发放专项经费的使用管理办法。2009年，举办教练员培训班，邀请市体校高级教练员专题讲座，业余体校、竞管中心及基层校教练员80余人参加。2010年，篮球、排球、足球、跆拳道、乒乓球、游泳、击剑、田径等项目专职教练员17人，其中高级11人。

三　裁判员

2002年始，每年对各项目裁判员培训、考核，组织各项目教练员参与区运动会、社区比赛、中小学比赛裁判工作。2010年，有国家二级以上裁判员773人，其中国际级裁判员2人，国家级裁判员25人。国家级中，一级裁判员177人，二级裁判员569人。

2010年红桥区裁判员统计表

表24-9　　单位：人

项目	国际级裁判员	国家级裁判员	国家一级裁判员	国家二级裁判员	合计
足球	1	8	19	38	66
篮球	–	3	18	46	67
排球	–	2	6	28	36
乒乓球	–	1	17	53	71
棒垒球	–	–	4	3	7
门球	–	–	3	11	14
田径	–	6	72	305	383
游泳	–	1	6	15	22
体操	1	1	10	4	16
举重	–	1	3	7	11
武术	–	–	3	6	9
柔道	–	1	1	–	2
中国式摔跤	–	–	2	1	3
国际象棋	–	–	2	6	8
中国象棋	–	–	1	7	8
围棋	–	–	2	4	6
测向	–	1	2	–	3
航模	–	–	–	4	4
舰模	–	–	1	3	4
桥牌	–	–	1	2	3
健美操	–	–	1	3	4
汽车摩托车	–	–	–	5	5
羽毛球	–	–	1	12	13
网球	–	–	–	6	6
国际摔跤	–	–	2	–	2
合计	2	25	177	569	773

四　优秀运动员选介

（一）陈兆静　女子田径运动员。1986年入选市田径队，1989年入选国家田径队，分别于1987年、1992年创全国100米跑、200米跑纪录，1992年以22秒60成绩打破台湾“亚洲飞人”纪政保持22年的200米跑亚洲纪录。达到国际运动员健将标准。1993年获第10届亚洲田径锦标赛200米跑和第7届全运会200米跑跑2枚金牌。

照24-14　优秀运动员——亚洲飞人陈兆静　（区体育局提供）

（二）杨敏 女子田径运动员。1989年全国中学生运动会女子100米跑，平全国中学生纪录。1991年获全国中学生运动会女子100米跑、女子200米跑冠军，达到运动健将标准。是年，代表中国参加世界青年奥林匹克运动会获女子100米跑亚军。

（三）曹阳 足球运动员，回族。1987—1997年，在区业余体校就读。1998年，入选天津泰达少年队，司职后卫。2002年，进入国家足球队，在中国足球超级联赛中有“带刀侍卫”美誉。是年，世界大学生足球比赛获第四名。2010年，全国超级足球联赛获亚军。

（四）訾晶晶 女子足球运动员。2000年入选天津女足青年队，司职前锋。2006年，入选中国女足国家队，获亚洲青年锦标赛冠军。2007年，获全国女足联赛冠军，获最佳运动员、最佳射手称号。

（五）陈丽怡 女子排球运动员。2007年，入选天津队，参加墨西哥世界少年女排锦标赛，作为主攻手表现出色，成为本场比赛最佳得分手。2009年，获全国第十一届运动会排球冠军。2010年，获广州亚运会冠军，获第二届女排亚洲杯赛冠军。

照24-15 女足运动员訾晶晶 （区体育局提供）

第二节 体育设施

一 体育场馆

1982年，体育场足球场铺设草坪。1987年，改建可容纳2万名观众环形足球场看台，增加电动记分器。体育场内另有灯光篮球场4块、网球场2块、乒乓球训练厅1间、举重训练房2间。2002年，体育场被拆除。

1985—2000年红桥区体育场承接国际、全国、全市比赛统计表

表24-10

年份	赛别	项目	日期	名称	比赛队	场数	观众人数
1985	国际	足球	6月19日	中美女子足球友谊赛	科罗拉多－天津灯塔	1	32800
			6月21日	中美女子足球友谊赛	科罗拉多－山西队	1	－
			6月29日	中日足球友谊赛	四日市－东亚队	1	－
			6月30日	中日足球友谊赛	四日市－河东俱乐部	1	－
		垒球	7月26日	中美日三国垒球友谊赛	天津－日本	1	－
			7月27日	中美日三国垒球友谊赛	天津－美国	1	－
			7月27日	中美日三国垒球友谊赛	国家队－美国	1	－
	全国	足球	4月23—29日	“华北杯”优秀足球队对抗赛	－	6	236954
			5月5－13日	“梅花杯”优秀足球队比赛	－	6	－
			6月1—9日	第一届青运会足球预赛	－	8	－
			7月12—14日	“柯达杯”赛前热身赛	－	2	－
			7月22日	《球迷报》创刊足球友谊赛	－	1	－
			9月5—15日	第二届中国足协杯决赛	－	9	－
			5月5—13日	天津市“幼苗杯”足球比赛	－	4	－

续表

年份	赛别	项目	日 期	名 称	比赛队	场数	观众人数
1986	国际	足球	6月3日	日本古河电工队足球热身赛	东亚－日本	1	59318
			6月5日	第二届“今晚报杯”凯悦杯国际足球邀请赛	东亚－法国	1	－
			6月7日	第二届“今晚报杯”凯悦杯国际足球邀请赛	中国青年－荷兰	1	－
1986	国际	足球	6月9日	第二届“今晚报杯”凯悦杯国际足球邀请赛	东亚－日本	1	－
			6月11日	第二届“今晚报杯”凯悦杯国际足球邀请赛	海鸥－法国	1	－
			6月13日	第二届“今晚报杯”凯悦杯国际足球邀请赛	法国－日本	1	－
			6月30日	美国猎豹女子－天津少年女子足球赛	天津－美国	1	－
	全国	足球	5月15—29日	第三届足球杯赛	－	9	63818
1987	国际	足球	8月3日	“北京牌电视杯”国际女子足球邀请赛	中国－美国	1	12000
	全国		6月10日	山西队－东亚队足球热身赛	－	1	38618
			6月21—27日	六运会男子足球预赛	－	5	－
			7月26日	“金利来杯”全国足球甲级队联赛	海鸥－辽宁	1	－
			8月26—28日	天津市农民足球赛	－	3	－
1988	全国	足球	10月13—16日	“月季花杯”优秀足球队邀请赛	－	3	19801
1989	全国	足球	9月15—21日	“百乐杯”全国足球甲级联赛	－	3	25000
1990	国际	足球	3月14日	中美国际足球友谊赛	洛克海文－天荣队	1	4250
			8月29日	中伊足球友谊赛	伊拉克－中环	1	－
	全国		4月28-5月6日	庆祝“五一”足球邀请赛	－	3	17237
			5月27-6月3日	“口维可杯”全国足球甲级队联赛	－	4	－
			9月6日	中环队－辽宁队足球热身赛	－	1	－
1993	全国	田径	10月	天津市少年分会田径赛	－	1	58119
1994	全市	田径	7月	雏鹰起飞达标赛	－	1	500
1995	全国	足球	9月	全国乙级足球赛	9个队	15	2000
1996	全市	长跑	4月7日	天津市“可口可乐杯”奥运火炬手选拔赛	－	3	1540
	全国	足球	5月15—20日	全国“可口可乐杯”奥林匹克足球联赛预赛	北京－天津	5	13600
		足球	8月3—17日	全国足球乙级队联赛	北京、河南、山西、内蒙古、天津等	34	13890
1997	全市	乒乓球	5月21—24日	天津市市民乒乓球大赛	－	6	3520
1998	全市	运动会	9月26—27日	天津市第三届少数民族传统体育运动会	－	8	13400
2000	全市	花毽	10月21日	天津市首届全民健身大会“仁爱杯”花毽比赛	－	3	2000

二 学校体育设施

1980—1994年，31所中学、49所小学都建有操场，天津三中田径场有可容纳1500人的看台。1995年，按照国家标准基本配齐体育器材、设施设备中学25所，占全区中学的80%，小学22所，占全区小学的34%；中小学体育场地（操场）达21.5万平方米。其中，中学生均活动面积5.7平方米，小学生均活动面积1.5平方米。2000年，7所中小学建体育场馆，开展乒乓球、武术、跆拳道、柔道训练。2001—2010年，有1000平方米以上体育馆6座，室内游泳馆2座，塑胶田径场18块，占学校总数的40%。非标准运动场34块，室外篮球场45块。

三　设施管理

1979—2002年，社区群众健身以体育场为阵地。1999—2010年，利用体育彩票公益金，安装145条健身路径。每季度协同社区普查、登记，对部分废弃健身器材进行拆除。2003年，体育彩票资助安装健身路径44条，社会福利彩票资助安装健身路径28条。在党校安装健身器械1套，西沽公园体育健身区建成安装全国首套木制健身器材。

照24-16　西沽公园体育健身区
（区体育局提供）

2010年，投资百万元修缮西沽公园乒乓球、篮球等场地设施，新建拓展项目1处、铺装篮球场地1块，健身器械24件，占地3000平方米。

红桥区志

第二十五编

民　政

中共十一届三中全会后，民政机构得以恢复和加强，民政工作从居委会建设入手，新建、扩建、改善居委会办公条件，加大对社区教育、就业、医疗等公共事业的投入。以低保、优抚对象为重点，实行管理一体化的救助机制。整合配置救助资源，纳入法治化、规范化管理。争取建设资金，兴建一批设施完备、功能齐全、管理规范的社会福利机构和老年人福利机构。改进安置办法，拓宽安置渠道，实行供需见面，双向选择，做好退伍安置。发展社会福利事业，努力解决社会特殊群体的民生问题。保障特殊群体的基本生活。推行社会福利社会办，加大福利彩票发行力度，充分利用好政府为民办实事政策，为社会福利事业发展筹集更多资金。残疾人事业进入新的发展时期，残疾人社会保障制度逐步完善。2005年，红桥区被中国残联评为“全国社区残疾人工作示范区”。

2010年7月28日，区民政局慰问驻区部队　　　　（区委宣传部提供）

2010年5月28日，区民政局组织夏令救济物品发放活动　　　　（区委宣传部提供）

2010年，区民政局举办《天津市殡葬管理条例》宣传活动（区委宣传部提供）

2010年，街道实施居家养老送餐服务
（区委宣传部提供）

第一章　机　构

80年代中期始，不断扩大民政局内设机构和管理范围，人员编制也相应增加。基层普遍建立自治组织，在居委会建立社区服务中心，配备办公设施，建设高学历低龄化工作人员队伍，为各项服务的开展创造有利条件。

第一节　管理机构

1979年，恢复区政府民政科。1984年，成立老龄工作委员会，设在民政科。1985年，民政科更名民政办公室，内设婚姻社团科、社会福利科、基层政权建设科、优抚安置科、办公室。1988年，成立民政局，内设行政办公室、婚姻社团科、社会福利科、政权建设科、优抚安置科、计财科；下设老年服务中心、军队离退休人员管理所、福利企业公司，老龄工作委员会更名为老龄委办公室。2002年，增设婚姻登记科、社会团体管理科、社会福利科；取消婚姻社团科、社会救济科。2010年，内设行政办公室、婚姻登记科、社会团体管理科、政权建设科、优抚安置科、社会救济科、计财科、老龄委办公室；下设事业单位有老年服务中心、军队离退休干部管理所、福利企业公司更名为福利生产办公室。行政编制19人、事业编制28人。

第二节　基层自治组织

1979年，全区居委会186个，工作人员2088人，由街办事处从辖区内退休人员中聘用，实行义务制。1983年，居委会283个，工作人员2160人。1990年，居委会346个。2000年，居委会调整为225个。2010年，全区社区居委会134个。

第二章　社区建设

80年代末，进行标准化社区建设和示范社区评选，建成社区服务中心，组织自愿服务小分队无偿为社区服务。90年代中期，成立社区服务工作委员会，形成区、街、居三级组织网络，逐步建立与社区相配套的服务机制。至2010年，逐步形成新的社区建设模式，社会各项活动健康有序开展。

第一节　社区组织建设

一　民主选举

1979—1990年，居委会工作人员实行义务聘用制。1991年，制订居委会换届意见，居委会首次换届选举，民主选举产生正副主任。1994年和1997年，居委会第二、三次换届选举。人员结构：党员占20%，初中以上文化程度占60%，高中以上文化程度占20%，女性占90%，50岁以上占80%以上。2000年，第四次换届选举，全区居委会调整为225个。

照25-1　2006年，西于庄街道子牙里社区居委会换届选举　（区民政局提供）

选举居委会正副主任1350人。人员结构：党员占25%，初中以上文化程度占70%，50岁以上占85%以上。2003年，第五次换届选举，选举居委会正副主任1350人。人员结构：党员占50%，高中以上文化程度占30%，女性占90%，平均年龄48岁。2004年，在西沽街道水竹花园社区进行"三会一站"（社区成员代表大会、社区议事协商委员会、社区居委会、社区工作站）议事机构和工作机构分开设立（以下简称："议行分设"）试点工作。居委会由7人组成，设主任1人（兼党支部书记），副主任1人，不坐班委员5人。社区工作者由居委会公开招聘4人，负责民政低保、计生妇代、卫生、综治调解。2006年，第六次换届选举，69个居委会实行"三会一站"议行分设管理模式，在下岗职工中选聘1125名社区工作者。人员结构：文化程度在高中以上，平均年龄37岁，党员占50%，女性占90%。2009年，第七次换届选举，实行"三会一站"议行分设自治管理模式，选聘社区工作者756人，连选连任561人。新当选159人占当选总数的25.8%。人员结构：女性704人，男性52人，平均年龄46.96岁。党员378人占总数的50%。大专以上学历的167人，占当选总数的22.1%。2010年，新建西沽街道水木天成第二、第三、第四居委会和河怡，邵公庄街道龙悦5个居委会，均实行"三会一站"自治管理。

二　民主管理制度

1979—1986年，建立民主管理规章制度。1987年，在西于庄街和三条石街办事处建立居民代表会议制度，制订居民代表产生办法，明确居民代表的权利、义务。1990年，推广居民代表会议制度。1991—1993年，完善居民代表会议制度，讨论居民会议授权事项、建立居民代表联系户制度。1994—1996年，建立民主选举、民主决策、民主管理、民主监督制度。1997—1999年，建立自我管理、自我教育、自我监督制度。2000—2003年，制订居委会民主议事、民主生活、成员代表会议、公开办事等13项规章制度。2004—2005年，建立联系社区单位制度、协商议事会议制度、听证会议制度及准入制度。2006—2008年，建立社区工作站制度和社区居民公约。2009—2010年，建立居委会财务管理等规章制度。

三　待遇经费

1979—1984年，居委会工作人员每月补贴几十元。1985年对400余名原居委会成员，因年迈退出岗位后无固定收入者（退养居委会成员），每月给予23元生活补助。1998—1999年，补助对象在原有的基础上每人每月增加30元。2000年，居委会工作人员给予每人每月300元生活补贴，退养居委会成员每人每月生活补贴120元。2004年，每人每月补贴400元。2005年，每人每月补贴679元。2007年，每人每月增至740元。为符合条件的210名居委会成员办理养老、医疗、失业、生育、工伤五险。2008年，每人每月补贴820元。2009年，每人每月补贴提高到1200元。2010年，每人每月补贴提高到1600元。退养居委会成员补贴每人每月450元。

2001年，居委会办公经费按管辖户确定，1000户以上每年补助5000元，800~1000户每年补助4000元，500~800户每年补助3000元，500户以下每年补助2000元。2004年，居委会办公经费由每年2000~5000元提高到4000~7000元。2007年，居委会办公经费按总数1500户以上的每年提高到3万元，1500户以下的每年提高到2万元。

第二节　标准化社区　示范社区

一　标准化社区居委会建设

1987—1989年，筹集资金400余万元，新建、改建、扩建346个居委会办公用房。至1999年，

80% 居委会达标。2000—2002年，投资70万元创建60个精品社区居委会，办公面积达50平方米以上，配备电视、计算机、电话和空调。2003—2004年，新建、扩建、改造居委会办公用房31处，15个居委会办公用房面积100平方米以上。2005—2007年，投资3800余万元，建设仁爱花园、千禧园等38个集各项服务于一体的标准化社区。2008年，投资2000万元，新建38个标准化居委会。2009年，全区居委会办公用房100平方米的有17个、200平方米的有10个、400平方米的有7个，达标率53%。2010年，居委会平均办公总面积91平方米，办公设施80% 达到标准化。

二 和谐示范社区评选

1988年，评选10个市级文明居委会。1990—1995年，每年评选10个示范居委会。1996—2002年，开展争创百个先进居委会、百名优秀居委会干部活动，邵公庄街道幸福里居委会被评为市级模范居委会。2003年，制订开展创建社区建设示范街、星级示范社区规划，159个居委会被评为区级星级示范居委会，其中五星级示范居委会32个，四星级示范居委会56个，三星级示范居委会71个。2004年，邵公庄街道办事处、西于庄街道办事处被命名为市级社区建设示范街道，仁爱花园等9个居委会被市政府命名为五星级示范社区。2006年，开展和谐示范社区创建活动，咸阳北路街道办事处被民政部评为“全国和谐社区建设示范街道”。2007年，开展创建和谐楼门活动。至2010年，268个楼门被评为区级和谐楼门。

第三节 社区活动

一 社区文体

1979—1980年，各街办事处陆续建立文化站。1981—1984年，组织业余油画、国画、版画、书法、彩塑活动，40余人常年参加。1983年，成立社区老年人体育协会、田径运动协会、少数民族体育协会、残疾人体育协会。至1986年，各街文化体育站常年组织舞蹈、台球、乒乓球、太极拳等活动。1987—1999年，建立区社区文化体育工作委员会，街道办事处设社区文化体育指导委员会，居委会设社区文化体育推动组，组织开展乒乓球、门球、腰鼓、太极拳、扇子舞、秧歌、体育健身、民间集体舞等活动。每年9月开展金秋艺术节群众文化活动，组织140个单位6000余人参加演出，观众10万余人。创办运河桃花旅游节品牌文化活动。组织社区民间艺人参加花会表演、文艺演出、书法绘画、民间绝活等活动，吸引游客前来踏青、赏花、观景。至2003年，社区晨晚练队伍129支。2004—2007年，建10个体育协会，体育指导员700余人。晨晚练队伍163支，健身人口14万人。2006年，区摄影家学会、书画研究会、桃花堤文学研究社成立，《小浪花报》、文化馆漫画沙龙、老年时装表演队，在全国及省市比赛中获大奖。2008—2010年，开展“全民健身与奥运同行”主题活动，举办中华通络操、社区武术展示及第十届家庭趣味运动会。开展“健身大拜年”等活动。组织文化进社区系列活动296场，受益观众25.2万人次。小品、曲艺、音乐、书画、诗歌等在国家省部级赛事中获奖200余项。至2010年，82个群众业余文艺团队，18个社区图书馆（室），69个社区文体活动室。

二 社区科普

1980—1986年，各街举办讲座、培训，开展“两史一情”（近代史、党史、国情）教育、伦理道德教育、爱国主义传统教育、“五讲四美三热爱”教育。1987年，各街建立社区教育办公室，居委会设社区教育推动组，全区建2683个社会实践基地，5个爱国主义教育基地。开展“科技周”活动，组织10万社区居民参加家庭科普知识竞赛。在繁华地段设立科普展牌、橱窗，形成科普一条街。1988年，各街

照25-2　2008年，开展“迎奥运学英语共建和谐社区”活动　（区民政局提供）

办事处成立科普协会，开展身边科学知识普及。1994—1995年，聘请13名专业技术人员任各街办事处科技副主任。1996—2005年，街道科普协会开展身边科学教育，成立各类科技兴趣小组。建立社区学院、街道社区学校、居委会教学点三级教育网络。至2002年，建立2个区级0~3岁婴幼儿早期教育基地，9个亲子教学点，129个青少年实践基地。2001—2003年，建立科普网站、举办“科学ABC”电视专题节目。至2007年，建立4个市级科普教育基地。

2006—2009年，129个社区组建社区宣讲团，创建学习活动和宣传报道阵地，开展学习型楼院和家庭活动。全区30%的居委会配备计算机、投影等设备。2008年，建科普长廊22处，总长430延米。开展“科普大篷车”进社区，集挂图、录像、VCD等视听器材、图书资料、咨询为一体，可集中、分散义务服务。至2010年，科技知识巡回展累计10万余人受教育。42个社区被评为市级科普示范小区，85个家庭被评为市级科学文明家庭。

三　环境绿化

2000—2003年，绿化达标创建活动，对绿地花坛实行养管、认养保洁措施。评出绿色小区4个、绿色家庭40个、环保先进个人2人，实现环保创模达标小区2个。2004—2007年，建设绿色居民区16个，绿色单位60个。2008—2010年，对3.29万平方米工程重点绿化，社区绿化覆盖率27.5%。建成绿化景点70个、绿化小区16个，市级绿色环保小区4个，区级绿色小区30个，绿色家庭300个。

四　治安调解

1979—1981年，建立居委会主任包面、委员包片、安全员包院和民警统一指挥的“三包一统”责任制，建立居委会治保会和调解小组，开展社区治安和调解工作。1982—1986年，有190个社区人民调解委员会，成员615人。成立治保会346个。1987—1988年，建立48个帮教小组，成员114人，对249名“两劳一少”人员帮教。1989—1990年，各街办事处建立社区治安指导委员会，下设综合治理办公室，全区225个居委会建立治安服务站。至1991年，调解员调解各类纠纷116件。1992—1994年，街办事处与居委会和驻街企事业单位签订社会治安综合治理目标管理责任状和防火责任书。1995—1998年，街道办事处与居委会签订调解协议书。225个居委会被评为安全居民区。1999—2001年，开展打击邪教活动，对重点人实行防范监控。2002—2003年，组织1980名下岗失业人员和低保困难群众组成社区治安巡逻队。铃铛阁、邵公庄、双环邨街道建立青少年法律学校。2004—2005年，开展平安社区创建。2006—2007年，组建800余人社区法律志愿者队伍。开展领

照25-3　2000年，区举办纪念“4.22”地球日活动暨创建绿色社区启动仪式　（区民政局提供）

导干部"大接访"和机关干部"下访"活动，创新居委会"代访"新模式。2008—2009年，开展"三有两无"（无辍学、无犯罪、无不孝子女，让少年有文化、青年有技能）创建活动。2010年，聘任片警为居委会副主任。健全130个警务室和110转网报警系统。组建16支由辅警、积极分子、下岗人员组成的公益性巡逻队伍。调处矛盾纠纷500余起。

照25-4 2003年，低保困难群众组成社区治安巡逻队 （区民政局提供）

第三章 社会事务管理

改革开放后，民政管理部门充分发挥职能作用，推行基层自治组织民主选举，建立民主管理制度，改善居委会条件，提高人员待遇，基层组织均实行"三会一站"式自治管理。婚姻和收养实行统一管理，对社团进行重新登记，实行殡葬改革，规范服务市场，开展文明祭奠活动，使各项社会事务发展向制度化和健康文明方向迈进。

第一节 婚姻 收养

一 登记管理

1979年，以街办事处行政区域为单位设立婚姻登记机构。1983年，街办事处进行婚姻登记管理。1993年，婚姻登记管理收归民政局集中管理，建立婚姻登记科，设婚姻登记处，实行相对集中登记。1997年，制订规范化建设标准、档案等管理制度。

照25-5 2000年，婚姻登记处建立颁证大厅 （区民政局提供）

2000年，婚姻登记实行统一管理。建立颁证大厅、候登厅。增加结婚证颁证仪式，登记当事人在国旗下领取结婚证。2003年，婚姻登记重视人性化服务、便民服务。为当事人提供相关法律法规资料册、办事指南、告知单等，公开服务热线，配合有关部门做好婚检和优生优育知识宣传。实行婚姻登记场地、人员、收费三分开，项目、收费、价格三公开。开设预约登记、法律咨询等服务项目。2004年，启用民政部统一制发的新式结（离）婚证书。2005年，配备婚姻档案专职管理和统计人员，打印结婚证，建婚姻档案输入信息库。至2010年，建婚姻档案5866卷。

二 婚姻登记

1980年，申请结婚需持本人户口本、单位证明信，到街办事处办理登记手续。1985年始，使用统一格式的结婚证明，贴当事人照片，在骑缝处加盖政府婚姻登记专用钢印章。1986年，在新村街卫生院试行婚前健康检查。1992年，在全区推行。1994年，婚姻登记须带户口本、居民身份证、婚姻状况证明，双方免冠合影照片3张和婚检证明，再婚的需要持离婚证或者法庭判决书、调解书，现役军人需持所在部队团以上政治机关证明。离婚登记须带户口本、身份证、单位或者居委会出具的离婚证明信及每人2张近期免冠单人照片。2003年，取消婚检。结婚登记须带户口本、身份证及近期免冠照片3张、二寸合影照片，离婚登记须带户口本、身份证、结婚证并带离婚协议书及每人2张近期免冠二寸单人照片，不再需要单位或者居委会出具婚姻状况证明信、婚检证明及离婚证明信。2004年，原结婚证、夫妻关系证明、离婚证明停用，启用新版结婚证和新版离婚证。2006—2010年，妇幼保健所免费为结婚登记当事人进行传染病筛查。

1979—2010年红桥区居民婚姻登记统计表

表25-1　　　　　　　　　　　　　　　　　　　　　　　　　　　　单位：对

年份	结婚	离婚	年份	结婚	离婚	年份	结婚	离婚
1979	8004	36	1990	3198	133	2001	2817	416
1980	7833	51	1991	3710	139	2002	2563	441
1981	15660	43	1992	3730	222	2003	2996	641
1982	10725	53	1993	3560	234	2004	3532	822
1983	10665	57	1994	3155	349	2005	2927	923
1984	9323	48	1995	3028	308	2006	4644	1105
1985	6303	22	1996	3041	408	2007	3904	1259
1986	5145	36	1997	2898	404	2008	4572	1210
1987	6404	47	1998	2914	405	2009	5481	1533
1988	5546	56	1999	2671	398	2010	3894	1538
1989	4981	118	2000	2865	405	总计	162689	13860

三　收养登记

2007年，承接办理行政区域内中国公民（不含港、澳、台居民及华侨）的收养登记。2007—2008年，咨询收养政策人数百余人。2009—2010年，收养登记11人。

第二节　社会组织管理

一　社会团体管理

1979年，社会团体（简称社团）登记管理由市民政局负责。1990年，社会团体登记管理科，负责社团清理整顿与登记管理。各级工会、共青团等组织以及联合会、学术研究会、文化团体235个。1991年，开展社会团体清理整顿和复查登记。经过复查、审核，上报登记社会团体77个，准予登记69个，其中区级36个，街级33个；联谊性社团4个，学术性社团17个，专业性社团48个。1992年，年度检查，审批新建社会团体11个。1998年，对社会团体重新审查。2004年，对信鸽学会跨地区活动专项治理。2010年，有55个社会团体。其中，汽车行业协会、网吧管理协会等行业性协会10个，消费者协会、文化艺术联合会、青年志愿者协会等联合性协会10个，伊斯兰教协会、医疗质量管理协会等专业性协会18个，环境保护协会、档案学会等学术性协会17个。

二　民办非企业管理

80年代末，民办非企业单位7家。2000年，调查民办非企业单位171个，涉及教育、体育、科技、卫生、民政及其他6大类。2003年，经过调查整顿，撤销50个。至2010年，民办非企业单位121个。其中，文化教育事业类71个、体育事业类19个、卫生事业类7个、科技类4个、民政及其他类20个。

第三节　殡葬管理

一　殡葬改革

1984年，殡葬由公用局移交民政局管理。1986年，成立区殡葬协会，各街办事处成立民俗改革推动组，居委会设殡葬改革信息员。是年，火化率92%以上。各居委会相继成立“红白理事会”。1987年，允许少数民族居民逝后可在指定地点埋葬，其他居民逝后均火葬。1990年，殡葬改革纳入建设文明街道和文明单位规划管理，实行承包责任制，层层签订责任书，规定奖惩办法，建立信息卡片。是年，火化率98.9%。1992年，对殡葬管理人员发放“殡葬管理检查证”，检查火化证明59起，制止土葬18起、封建迷信活动14起，劝阻丧事大办1起。1995年，火化率100%。2003—2004年，开展“破除封建迷信，净化市容环境”和网上“告别陋习、文明祭奠”宣传活动。2005年，规范殡葬服务市场，继续推行火化率达标责任制，火化率100%。2006年，在繁华地区举办移风易俗、规范殡葬行为宣传活动，发放宣传资料4000余份。2007年，开展“治理丧葬陋习，共建美好家园”宣传活动，印发宣传资料10万余份，实施百个社区宣传点、千名志愿劝阻员、万人签名抵制封建迷信行为“百千万”行动计划。2008—2009年，投入资金百万元，印制各类宣传材料80万份，制作3000个焚烧箱和60个祭奠花盆，发放到各街道社区，开展“都市文明集体共祭”活动，发动社区群众参加鲜花祭奠、网上祭奠、放河灯等集体共祭活动。每逢清明节、七月十五、十月初一，居委会成员、社区志愿者、义工、文明督导员组成万人劝阻队伍，在划定的32条禁烧道路和203处指定焚烧点巡查劝阻。区政府与各街道办事处签订《行政处罚委托书》，组织执法业务培训班，22名殡葬执法人员经过培训考试，持证上岗开展殡葬执法工作。2010年，区政府与各街道签订《行政执法授权委托书》，将执法权下沉到街道。投入资金10万元，印发《致居民朋友一封信》等宣传材料15万份，制作800个焚烧箱和60个祭奠花盆。划定30条禁烧道路和213个焚烧点，清明节、七月十五、十月初一期间，万名志愿者上街宣传、巡查、劝阻，每条道路、每个路口、每一个焚烧点安排专人负责，杜绝在非指定区域焚烧。

照25-6　2006年，区民政局举办“治理丧葬陋习，共建美好家园”宣传活动　（区民政局提供）

二　殡葬市场治理

1990—1999年，组织有关执法部门，对经营丧葬用品的110余家商户检查清理，取缔违法经营6家，没收销毁一批宣扬封建迷信违禁品。2000—2004年，每月清理殡葬市场，清理殡葬迷信用品30余万件，清理取缔迷信用品窝点和无证无照非法经营户44家。2005—2009年，清理18家无照经营丧葬用品店，没收迷信用品18万余件，拆除公墓广告灯箱50处。2010年，组织有关部门3次清理集贸市场贩卖封建迷信用品商贩，没收封建迷信用品5万余件。

第四章　拥军　优抚　安置

32年间，持续开展拥军优属工作，每年拨出专款，为驻区部队和烈军属办实事好事。优抚范围得到扩大，标准逐年提高。制订义务兵优惠制度，建立抚恤补助自然增长机制。80年代，以就业保障安置退伍军人。90年代，实施计划安置与自谋职业相结合安置退伍军人。2000年后，逐步实行货币安置，退役士兵及军休干部安置形成规范工作体系。1990年，组建区“双拥”工作办公室。1992年，建立“双拥”工作领导小组，由区委主管副书记任组长，主管副区长、人武部部长和民政局局长任副组长。2006年，设立“双拥”工作领导小组办公室设在民政局，民政局局长兼任办公室主任，成员单位22个。2007年，各直属单位及居委会均成立相应“双拥”组织机构。

第一节　拥军优属

一　拥军

1979—1986年，为驻区部队官兵办好事9389件。1987年，开展评选“双拥”先进单位活动，以后每3年评选1次。1989年，投资4.8万元在中环线设立两个“创建双拥模范城”永久性标志。1990年，投资56万元为驻区部队建营房，拨款2万元作为现役军人立功受奖基金，配备值勤自行车20辆。为驻区部队设计工程造价为23万元的军营用房。出师资58人，开办汽车修理、家电维修及文化补习班，培育军地两用人才。1991—1992年，出资3万元为驻区武警消防中队修车库。出资8000元，购买10台洗衣机、400千克绿豆慰问驻区部队。为部队培养师资及文艺骨干32人，为百名官兵补习文化，培养军地两用人才233人，为10名立三等功的现役军人发放奖励金。1993—1995年，为驻区部队文化娱乐、交通工具、生活补贴及节日慰问品35万元，拨款20万元建立双拥基金。1996年，制订军地两用人才培训中心章程，出台《红桥区关于配合部队开展“双争”活动，奖励先进连队、优秀士兵和立功受奖人员的暂行规定》。战士在部队立功，区政府给其家属奖励：一等奖1000元、二等奖200元、三等奖100元。由街办事处每月给其家属发放30元优待金。2001年，成立双拥工作研究会，拟定区双拥工作研究会章程，选举产生研究会领导机构。印发《双拥工作研讨汇编》。6所职业学校承办拥军育才学校，为部队培养专业技术人才，培训官兵1200余人。2002年，区、街两级建立70万元双拥基金。设140个双拥基地，480个拥军优属服务小分队。拨款78万元，修缮营房、平整营区、安装装备库监控系统，翻修围墙，整修库式宿舍。筹措255万元资金，完成消防站新建工程。出资60余万元，解决北辰区和红桥区接合部的北空训练基地营区外道路照明问题。2003—2004年，制订双拥政策规章汇编，调整完善区、街、居三级双拥工作网络。2005年，培训军地两用人才260人，为部队捐赠图书3000册。2006年，在民族中学礼堂举办纪念红军长征胜利70周年暨庆“八一”军民联欢会。是年，在西沽公园广

照25-7　2006年，区拥军学校举办计算机班
（区民政局提供）

场组织贯彻《天津市拥军优属条例》宣传周活动。捐赠驻区部队计算机30台，开办计算机、硬笔书法和中专学历培训班，培训学员90人。2008年，区领导慰问汶川抗震救灾一线消防官兵，赠送10万元的慰问品。2009—2010年，红桥消防支队迁址、空军93756部队及武警六支队一大队拆迁，协调置换房10余套，置换土地近3万平方米，投入资金6800万元。

二 优属

1979—1980年，区、街“双拥”活动，走访烈属、病故及失踪军人家属73家；定期补助，购年货办好事3031件。1985年，增加60家烈属的定期补助，对16家生活困难义务兵家属给予生活补贴，出动售货车400余台，为2759家优抚对象上门服务。1987年，对特一等伤残军人发放生活补助金1170元。1991—1992年，落实乙级以上伤残军人的生活保证及公费医疗，解决优抚对象子女入学、入托87人，就业102人，解决住房18家，随军家属5人。1993—1995年，有63个共建活动点，优抚服务小分队5120人，为54名部队随军家属解决就业安置，为85名特等、一等伤残军人和部分烈军属办理家庭保险。1997—1998年，义务兵家属优待金标准2000元，为457名现役军人家属发放统筹金91.4万元。2001年始，区所有公园以及平津战役纪念馆对现役军人免费参观游览，停车场实行军车免费、车站实行军人购票优先等措施。2003年，筹集义务兵家属优待金21.3万元。安排179名家属就业，解决264名军人子女入学入托。2004年，取消义务兵家属优待金社会统筹制度，全部列入财政预算，优待金标准每户为2400元。2006年，提高到3192元。2007年，提高到4200元。2008年，提高到6000元。2009—2010年，安置随军家属8人，优先安排18名军人子女入学入托。

照25-8 2009年，西于庄街道举办优抚对象海河一日游活动 （区民政局提供）

第二节 优待抚恤

一 优待

1979年，发放困难补助、临时补助、丧葬费、医疗费1.91万元。1983年始，对因公致残的国家机关工作人员、人民警察也称革命伤残人员。1985年，丁字沽新村街办事处成立烈军属之家。1989—1994年，各街办事处设烈军属之家。1995年，为革命伤残人员229人发放优抚金2万余元。1996—1999年，制订义务兵优惠制度，为1210名优抚对象发放医疗优待卡。2000年，为246名伤残军人换发伤残证。2002年，制订抚恤金、补助金、优待金调标实施办法，发放调标金60万元，为重点优抚对象解决医疗补助费15万元。2005年，为221人换发残疾证。2007年，优抚对象新增25人。两次提高特、一等伤残人员护理费及重点优抚对象抚恤、补助、优待标准，发放抚恤金600万元。2008年，为700名一级残疾军人及重点优抚对象办埋医疗保险。至2010年，累计发放定期补助金、优待金、抚恤金千万余元。

二 抚恤

1979年，对各类优抚对象进行调查。1981年，烈属152家250人。1984年，制订《关于对烈属、因公牺牲、病故军人家属定期定量补助(试行办法)》。1985年，视不同情况不同标准定期发放抚恤金。1989年，对优抚对象实施新标准。1980—1995年，发放抚恤金53.27万元。1994年始，连续10年按照居民人均可支配收入，提高优抚对象抚恤补助标准。1998年，建立抚恤补助自然增长机制。2008年，按人均40%比例提高优抚对象抚恤标准基数，发放抚恤金350万元。2010年，调整优抚对象抚恤标准，发放57万元抚恤金。

第三节　安　置

一　复员退伍军人安置

1981—1984年，接收退伍军人2883人，安置率100%。1985年，采取公布指标、填报志愿、区别对待、梯次分配办法接收退伍军人393人全部安置。1994年，鼓励退伍军人自谋职业。至1995年，接收退伍军人2258人，安置2253人，其中选拔286人补充到区、街及事业单位的干部队伍。1999年，采取安置就业、自谋职业、有偿安置等多形式，当年接收退伍军人300人，自谋职业6人，就业安置294人，安置率100%。2000年，实行货币安置。2005年，对自谋职业退役士兵技能培训和就业服务作出规定。至2010年，接收退伍军人1.66万人，其中货币安置571人，退役士兵技能培训100%，安置率100%。

二　军队离退休干部安置

1983年，部队离退休干部接收安置工作转交地方，组建区军休所，负责接收安置和服务管理工作。是年，投资99.4万元，购房屋56个单元解决住房问题。1985—1989年，投资6.75万元，购房屋170平方米，设办公室、车库，配备7名工作人员、2台汽车，用于军休所日常工作。1990年，军休所建立党支部和管委会，组织开展政治学习和各项文体活动。1992—1999年，投资39.6万元购房屋29间648平方米，解决军队离退休干部住房。2000—2005年，组织开展“走出庭院、融入社区”和关心下一代活动，每年开展助学活动，计捐款16万元；每年组织外出游览和参加社区文化体育活动。2006年，跨区安置军休干部3人。至2009年，累计接收109名军休干部。2010年，军休所设有大型多功能会议室、会客厅、棋牌室等活动场所，为军休干部提供一流服务。

照25-9　2010年，区军休活动中心落成
（区民政局提供）

第五章　老龄事业

80年代，区、街、社区逐步建立老龄工作机构，形成老龄工作网络。1987年，建成民办养老机构4家。90年代，建立区、街、居委会老年人维权组织，依法维护老年人合法权益。1994年，民办养老机构发展到10家，床位399张。为60岁以上老人建立维权档案。2000年，制订一系列有关老龄工作政策、规定、制度。2002年，民办养老机构11家，床位534张。2003年，民办养老机构16家，床位增加到753张。2006—2010年，民办养老机构发展到20家，床位1426张。

第一节　老年人维权保障

一　老龄人口

1982年，老龄人口占总人口的6.12%。1990年，老龄人口占总人口的7.57%。1993年，老龄人口占总人口的9%左右。1995年，全区老龄人口，以年均3.6%速度递增。1999年，老龄人口8.7万人，有百岁老人5人。老龄人口占总人口的17.76%，人口结构开始步入老年型。2004年，60岁以上老龄人口的9.7万人，占总人口的17.56%。2005—2006年，60岁以上老年人10.08万人，老龄人口占总人口的18.87%。

2008年，老龄人口11万余人，占总人口的20.34%，其中80岁以上的高龄老人占老龄人口的17.07%。老年人家庭4.84万家，其中空巢老年人家庭占老年人家庭的41.07%。2010年，老龄人口11.7万人，占全区总人口的21.2%。其中，80岁以上的高龄老人2.08万人，占老龄人口的18.43%。老年人家庭4.94万家，其中空巢老年人家庭2.08万家，占老年人家庭的42.06%。有百岁老人12人。

二　老年人维权

1979—1987年，老年人维权纳入街办事处日常工作。1988年，居委会相继建立维护老年人合法权益小组，为60岁以上老年人建立维权档案。1996年，区、街依法建立健全社区老年人维权组织128个。2000年，成立老年人法律服务中心，为老年人提供免费维权服务。2000—2004年，区、街道维权组织妥善调解涉及老年人纠纷千余件。2005—2006年，制订5项措施为老年人维权提供保障。在街道办事处设法律援助工作站，居委会指定专人作为法律援助联络员，为老年人和养老机构提供无偿法律援助服务。2007—2010年，为近百名老人维护合法权益。

第二节　老年人服务体系

一　老有所养

1979—1986年，各街办事处利用老年人活动站对孤寡老人生活承包服务。1987—1995年，组织志愿者对孤寡老人承包服务。2004年，建立西于庄街道社区居家养老服务中心。开展以助医、助行、助餐、助洁、助乐为内容的“五助”养老服务项目。搭建养老保障网、医疗健康网、生活照料网、文体娱乐网、权利维护网、志愿服务网6个为老服务网络。2006年，创新“居家养老、社区养老、机构养老”三线互补新机制，破解“老有所养难题”。投入160余万元资金，对4个日间照料服务中心改扩建，总面积2800余平方米，惠及万名老人。2008—2009年，市、区投入2000万元，改扩建各街道老年人服务中心，改造装修97个社区老年人服务站。出台《红桥区困难老人服务补贴制度》，对13名散居的孤老、孤寡、孤残，优先享受每月100元的政府补贴。为全区1500余名低保户老年人每月发放200元居

照25-10　2004年，西于庄街道向低保老年人发放居家养老政府补贴　（区民政局提供）

家养老补贴。2010年，依托老年服务中心，建成集配餐、就餐、送餐为一体的老年人配送服务中心，开通“订餐服务热线”。筹资在社区改建19个老年人食堂，在养老院中建立14个老年人食堂。全区开办社区食堂33家。

二　老有所医

1980—1986年，定期为老年人开展康复培训。1999年，对20名低视力老年人进行康复治疗。2000年，建立社区医疗服务站，设老年人专科门诊和家庭病床。2004年，开设老年人就医绿色通道，建立6.8万份老年健康档案。2008年，实施《天津市城镇居民基本医疗保险暂行规定实施细则》，70周岁以上老年人个人缴纳120元，政府补助440元；低收入家庭60周岁以上老年人全部由政府补助。至2010年，为46名优抚老年人办理基本医疗保险。

三　老有所学

1988年，成立市老年人大学红桥分校，招收学员30余人。至1999年，学员200余人，开设书法、中国画和老年医疗保健知识等课程。2000—2004年，区、街道建立11所老年人大学，开设20余个专业课程，在校学员近2000人。2005年，老年人大学授课专业增加至34个，在校学员3400余人。2006年，设23个专业课程，39个教学班，在校学员3600余人。2007年，全区有1所区级老年人大学和9所分校，校舍1548平方米，34个专业56个教学班，在校学员3658人。2007—2010年，居委会设有老年教育教学点30个，校舍1785平方米，开设老年教学班151个，参加学习老年人1.67万人。建立各种老年文化学习活动组织171个，老年人参与率33%。

四　老有所为

1980—1985年，每年举办老年人书画展和“长寿杯”京剧清唱大奖赛。1986年，举办老年人运动会，有门球、乒乓球、健身操比赛等项目。1989年，举办“长寿杯”京剧清唱大奖赛。连续举办九届老年人迪斯科和门球比赛。1991—1993年，举办三届“百鸟争鸣”赛鸟活动。1994—2000年，建立红叶艺术团等老年人文体组织50个。2005年，组织参加市第二届老龄艺术节和第三届社区文化艺术节，举办老年人广场舞及绘画、摄像、手工艺展等一系列文体活动。2008年，举办“迎奥运庆重阳话和谐展红桥老年人风采”千人大汇操。2010年，承办市第五届老年人艺术节。

照25-11　2008年，区民政局举办“迎奥运庆重阳话和谐展老年人风采”活动
（区民政局提供）

五　尊老敬老

1979—1985年，开展尊老敬老宣传。1986年，文明老年人评选活动23位老年人获区级文明老年人荣誉。1989年，为80岁以上老人颁发长寿光荣证，享受免费进区级公园、就医治疗优先等优待服务。1991年，开展尊老敬老百名标兵评选活动，组织先进典型事迹报告团到25所中小学开展尊老敬老传统教育。1993年，为70岁以上老年人发放3640张优惠证。1996—2000年，评选表彰尊老敬老十佳好少年、助老安老十佳好公仆、爱老养老十佳好标兵。2001—2002年，开展创建敬老文明先进社区和敬老模范家庭活动，评出18个敬老文明社区47个敬老模范家庭。

2003年，在母亲节、七夕节、重阳节，开展“为老送温暖、送服务、送健康”等系列活动。2004年，组织邻里与百户“空巢”老人结成帮扶对子，由政府出资为特困老人安装“爱心求助”电话。2009年，评选出50个孝敬老人模范家庭、20名老年人健康之星和一批敬老、爱老、助老、养老的先进典型。2010年，为3.09万老年人办理老年人优待证。为65岁以上老年人办理免费乘车卡。

照25-12 2003年，区民政局开展迎新春关爱老年人慰问活动 （区民政局提供）

第六章 社会救助

80年代，社会救助主要实行定期定量救济和临时救济。90年代，取消定期定量救济，转变为社会救助。实行最低生活保障。进入21世纪，逐步构建以社会救助，最低生活保障、其他专项救助、医疗救助为基础，慈善救助、社会互助为补充的新型社会救助体制。

第一节 救济 低保

一 救济

1979年，定期定量救济202家，临时救济357家。1981年，定期定量救济125家，临时救济240家。1984年，定期定量救济83家，临时救济181家。1988年，定期定量救济218家，临时救济131家。1989—1992年，为121家困难户、孤寡老人解决取暖问题。1993—1996年，每年开展“济困、助残、解难”主题送温暖、献爱心活动，各机关45个党支部对45家特困居民群众实行“一助一”帮扶，捐款捐物，实施生活救助。1996年，定期定量救济取消。1997年始，随着企业下岗失业人数增多，加大临时救助力度，临时救助3064家。至2000年，临时救助5863家。2003—2006年，每年临时救助6000余家。2007—2010年，每年临时救助7000~9000家。

二 低保

1998年始，执行最低生活保障制度，最低生活保障与特困救助1312家2947人，支出保障金157万元。2000年，最低生活保障5.14万人，保障金413万元，保障范围为困难企业下岗职工、失业人员和待业人员等弱势群体。2001年，对3000家困难家庭逐个考核审批，低保对象6098家1.43万人，发放低保金641万元。2002年，为居委会配备168名专职低保副主任，为31个居委会配置计算机设备，启动低保管理信息化联网。2003年，制订《红桥区低保审批动态管理暂行规定》，1.84万家退出低保。为277家原工商业主遗属办理低保。2005年，对4006名三无对象（无生活来源，无收入、无子女）、大重病、重残、单亲、孤残老人采取分类施保。特困救助金由每家每月50元提高到80元，实施年底发放一次性补贴。按照低保每人500元，特困家庭每家500元标准发放。2006年，实施低保与再就业联动机制，有2421人就业后退出低保。2007年，实施差额救助。2009年，调整低保标准，由每人每月400元提高到430元，特困救助由每户120元提高到130元。为2.03万家低保户和119家特困户补发低保金、特困金及物价补贴500万元。2010年，低保金每人每月450元，特困金每人每月135元。有1.38万家2.56

万人享受低保、特困和物价补贴。累计发放保障金1亿元。

第二节　救助　捐助

一　专项救助

2001年，实施困难家庭学生学费减免制度。2002—2010年，学费减免1.64万人次。2004年，对享受城镇最低生活保障待遇和重点优抚对象家庭供热收费减免。2010年，困难家庭供热收费减免3.12万家，支出资金1440.5万元。2005年，出台分类救助制度，对享受最低生活保障对象中无劳动能力和扶养义务的人员、老年人、未成年人、患大病重病人员及重残人员实施救助。至2010年，累计救助969家1.01万人。2008年，实行低保家庭住房核对制度，核对低收入家庭住房1.36万家。

二　医疗救助

2003年，开办“爱心门诊”，向1.6万个低保户发放购药优惠卡、医疗卡和爱心门诊手册，对大病、重病、重残低保边缘户每月发放100元医疗救助费。2005年，制订《关于对大病、重病群众实行医疗救助的实施办法》，384名大病、重病人员享受到社区医院治疗药费减免。2008年，出资470万余元，建立医疗救助基金，救助2837个大病重病困难户。2009年，为低保、特困户办理医疗救助和医疗保险“一卡通”身份核定跟踪，对2925名大病重病困难群众实施医疗救助。2010年，医疗保险与医疗救助相衔接，使2.48万名低保对象及时参加居民医疗保险和医疗救助。首批“一卡通”发放到位。对实施医保后仍出现个人负担较大重病家庭，实施双倾斜政策，全年救助245个大重病困难家庭，医疗救助金135万元。

1979—2010年红桥区社会救助统计表

表25-2

年份	类别	户数	人数	金额（万元）	年份	类别	户数	人数	金额（万元）
1979	定期定补	202	439	5.20	1995	定期定补	–	205	81
	冬夏令与临救	131	357	3.90		冬夏令与临救	–	1497	–
1980	定期定补	156	307	4.25	1996	定期定补	–	205	81
	冬夏令与临救	90	236	3.07		冬夏令与临救	–	1497	–
1981	定期定补	125	207	4.20	1997	低保与特困	1312	2947	15.74
	冬夏令与临救	131	240	2.44		冬夏令与临救	–	4596	22.52
1982	定期定补	115	171	3.30	1998	低保与特困	1312	2947	15.74
	冬夏令与临救	115	171	1.86		冬夏令与临救	3064	4596	22.52
1983	定期定补	138	183	2.10	1999	低保与特困	9765	18954	142.14
	冬夏令与临救	66	85	2		冬夏令与临救	4999	7498	8.48
1984	定期定补	83	96	2.40	2000	低保与特困	20910	45980	3424.77
	冬夏令与临救	181	222	2.77		冬夏令与临救	5863	9968	16.51
1985	定期定补	191	213	4.80	2001	低保与特困	21748	53167	3452.61
	冬夏令与临救	106	162	1.90		冬夏令与临救	6378	10185	69.43
1986	定期定补	136	167	8.90	2002	低保与特困	22251	56855	3502.77
	冬夏令与临救	136	167	0.38		冬夏令与临救	6454	10810	72.61
1987	定期定补	186	198	6.90	2003	低保与特困	16680	39986	3264.97
	冬夏令与临救	127	164	1.88		冬夏令与临救	6694	11039	79.36
1988	定期定补	218	305	9.70	2004	低保与特困	13610	30315	2859.55
	冬夏令与临救	131	155	2.60		冬夏令与临救	6310	11278	71.27

续表

年份	类别	户数	人数	金额（万元）	年份	类别	户数	人数	金额（万元）
1989	定期定补	242	306	14	2005	低保与特困	10852	21949	2801.41
	冬夏令与临救	110	152	3.10		冬夏令与临救	6205	11431	70.56
1990	定期定补	320	453	16.80	2006	低保与特困	10800	21296	2826.79
	冬夏令与临救	121	151	3		冬夏令与临救	6235	11458	77.15
1991	定期定补	159	257	17.89	2007	低保与特困	10801	20696	3572.45
	冬夏令与临救	92	122	–		冬夏令与临救	7150	12810	89.24
1992	定期定补	164	234	25.45	2008	低保与特困	11500	21600	6268.04
	冬夏令与临救	32	77	–		冬夏令与临救	8426	15518	92.83
1993	定期定补	–	204	4.70	2009	低保与特困	13123	24580	8505.91
	冬夏令与临救	–	822	–		冬夏令与临救	8665	16123	102.15
1994	定期定补	–	219	65	2010	低保与特困	13424	24757	8817.26

三　慈善救助

1993年，募集慈善救济款8万元，用于救济孤、寡、残及困难老人。1995年，区慈善协会成立。至1999年，各街道办事处相继成立慈善协会。2000年，居委会建立慈善志愿者服务队伍，为低保特困群众提供无偿服务。开展“迎新春慈善助困”“资助特困大学生入学”活动，帮助80名家庭困难学生正常就读。慈善基金累计100万元，启动社会救济金、慈善基金30万元，对2000家特困家庭实施救助。2001—2002年，区慈善协会为20家特困户无息贷款10万元，对20家特困户实施定向慈善救助。2003年，抗击“非典”中，居委会设立捐赠站和捐赠点，接收捐物折款14.8万元，捐款24万元。开展“慈善一元捐”社会捐助活动，接收各界捐款49.7万元、捐物6795件，全部用于1.67万家低保特困家庭冬令和元旦、春节期间救助。2004—2006年，建立9个街道爱心救助慈善超市，元旦、春节期间为1300余家低保特困家庭，发放米面油及慰问金。2007年，举办“爱心牵手”慈善助学行动，开展“人人为困难群众献爱心”捐款，接收各界捐款78万元。2008年，筹集慈善助学金21万元，对300名困难学生开展慈善助学。2010年，全区建立126个居委会自助互助救助站。开展“爱心成就梦想”慈善助学活动，资助130名困难学生23万元助学金；为6193名在学子女开出助学减免证明，减免学费185万元，给予45名上大学学生每人4000元慈善助学金。

照25-13　2004年，隆春里社区居委会成立自助互助站并开展活动　（区民政局提供）

照25-14　2008年，区党政机关开展向四川汶川灾区募捐活动　（区民政局提供）

四　社会捐助

1979—1990年，社会捐助主要是组织社区生产自救、生活互助。1991年，为支援受灾地区和甘肃等贫困地区人民恢复生产生活，党政机关和社会各界参加社会捐助，捐款995.09万元，捐衣被155.94万件，捐食品物品114.32万件。为安徽等地遭受特大洪灾募集衣物37.45万件，现金116.8万元。1994年，为甘肃和宁夏回族自治区开展对口帮扶，募集棉衣、单衣、棉被、鞋帽80.89万件。1998年，为长江流域和松花江流域特大洪灾灾区募捐药品、服装、食品、文具价值114.32万元，资金125.7万元。2004年，印度洋强烈地震并引发海啸，为灾区募集11.3万元。2008年，为四川汶川地震灾区募捐610.31万元，物品37.6万件，帐篷54顶。2008—2009年，为南方雨雪冰冻灾区募集救灾善款29万元。2009年，为青海玉树地震灾区捐款40.18万元。2010年，为甘肃舟曲县特大泥石流灾区捐募救助资金20万元。

第七章　社会福利

80年代始，各街办综合加工厂改建为福利企业，安置残疾人就业。后逐渐发展组建福利企业公司，将福利经济纳入经济发展总体规划，90年代，福利企业发展达到高峰，后转趋平稳缩减。彩票销售和认购起于80年代末，募集资金用于福利企业和受灾地区。

第一节　福利企业

1980年，新村街办事处将街办综合加工厂改建为福利企业，安置23名残疾人就业，为区内第一家街办福利企业。1981—1982年，河北大街等街办事处相继建立福利企业，安置783名残疾人就业。1986年，福利企业产值188万元，利润33.7万元。1987年，建成10个区、街福利企业。1988年，组建民政福利企业公司，负责区、街福利企业管理、指导和服务。1989年，有街办福利企业16家，区属5家。1990年，将福利经济纳入经济发展总体规划。产值增长1957.79万元，利润153.81万元。生产经营结构由加工型向生产销售型转化。

1991年，政府贴息贷款20万元，引进技术人员和先进设备，调整产品结构。1993年，福利企业成为区属经济6大支柱之一。福利企业23家，其中区属7家，街属16家，销售收入2962.6万元，利润242.25万元。1994—1995年，福利企业37家，销售收入5081.84万元，利润340.14万元，安置残疾职工335人。1996—1997年，福利企业51家，销售收入7206.44万元，利润451.06万元，安置残疾职工396人。1998—1999年，福利企业趋于稳定，保持在50家，销售收入8714.12万元，利润508.28万元，增加值1.34万元，安置残疾职工320人。

2000—2002年，福利企业42家，销售收入1.49亿元，利润839.95万元，安置残疾职工230人。2005年，销售收入1.1亿元，利润852万元，安置残疾职工105人。2006年，销售收入1.16亿元，利润856万元，安置残疾职工102人。2007年，调整福利企业优惠政策。重点是企业必须安置10名以上残疾人，每年减免3.5万元。福利企业大幅度减少，至2008年为8家。2009年，民政福利企业公司更名为福利生产管理中心。2010年，福利企业缩减为5家，年销售收入4000万元，利润50万元。

第二节　福利彩票

一　即开型福利彩票

1988年始，销售即开型福利彩票。至1992年，销售500万元，募集福利资金60万元，主要用于老年公寓建设及其他社会福利事业。2004年，销售即开型福利彩票149万元，募集福利资金20万余元。2005年，销售大奖组即开型福利彩票近291万元，募集福利资金40万余元，全部用于福利企业。

二 赈灾福利彩票

2008年，开展认购赈灾彩票，完成100万元的销售任务。2009年，再次开展认购赈灾彩票，用于地震灾区灾后重建，完成180万元的销售任务。

第八章 残疾人联合会

中共十一届三中全会后，残疾人事业进入新的发展时期。至2010年相继制订落实残疾人事业4个五年发展规划。残疾人社会保障制度逐步完善，基本生活得到保障；社区残疾人工作体系日趋健全；残疾人康复取得实效，就业增加，文娱体育活动广泛开展，精神文化生活日益丰富，特殊教育健康发展，维权工作扎实推进，无障碍环境建设机制建立，扶残助残的良好社会风气得到弘扬。创建全国残疾人工作示范城区工作全面达标。残疾人积极参与社会生活，为经济建设做出贡献。

第一节 组织机构

1989年，成立区残疾人联合会（简称区残联）。1993年，区民政局代管。1998年单列，参照公务员编制7人，事业编制4人。内设办公室、基层指导科、劳动就业服务所。

1991年，区政府成立残疾人事业领导小组。1994年，更名为残疾人工作协调委员会。2008年，更名为残疾人工作委员会。

第二节 代表大会

一 第一次代表大会

1989年9月27日，区残联第一次代表大会在金龙饭店召开。出席大会正式代表179人，特邀代表5人。大会审议通过何敬岩代表红桥区残联筹备领导小组作的《动员起来，努力开创残疾人事业的新局面》工作报告，批准《〈中国残疾人联合会章程〉红桥区实施细则》，选举产生第一届主席团委员69人。主席团第一次会议选举隋文德为主席，推举出执行理事会理事长。

1991年4月27日，第一届主席团召开第二次全体会议，审议通过执行理事会《1990年工作报告和1991年工作安排》，增补主席团委员至75人，改选王怀仁为主席，增选10名副主席，聘请李栋为名誉主席。

二 第二次代表大会

1993年4月27日，区残联第二次代表大会在九州饭店召开，百名代表和特邀代表出席，审议通过何敬岩作的工作报告，选举赵金樑为主席，聘请李栋为名誉主席，推举出执行理事会理事长。

三 第三次代表大会

1998年4月24日，区残联第三次代表大会在区房产公司技校召开。出席代表79人。大会审议通过孙凤云作的《高举邓小平理论伟大旗帜，将红桥区残疾人事业全面推向二十一世纪》工作报告，选举第三届主席团委员15人，选举李红梅为主席，聘请隋文德为名誉主席，推举出执行理事会理事长，选举产生出席天津市残联第三次代表大会代表。市残联副理事长卢纯刚，区委副书记张俊滨出席并讲话。

四　第四次代表大会

2003年3月3日，区残联第四次代表大会在区委礼堂召开，出席正式代表110人，特邀代表30人。大会审议通过姜桂云作的《全面贯彻“三个代表”重要思想，推进红桥残疾人事业再上新水平》工作报告，选举产生第四届主席团委员35人，选举李红梅为主席，推举出执行理事会理事长，选举产生红桥区出席天津市残联第四次代表大会代表。市残联理事长刘洪、区委副书记赵金樑出席并讲话。

根据大会推荐，区各残疾人协会分别选举缪家瑞为聋人协会主席，高斌为肢体残疾人协会主席，张智玉为盲人协会主席，张颖为智力残疾人亲友协会主席，吴炳忠为精神残疾人亲友协会主席。

五　第五次代表大会

2007年11月20日，区残联第五次代表大会在区委礼堂召开，出席代表103人，特邀代表19人。大会审议通过李敬凯作的《坚持以人为本的科学发展观，把我区残疾人事业推向新阶段》工作报告，选举产生第五届主席团委员35人，选举姜德志为主席，聘请王怀仁为名誉主席，推举出执行理事会理事长。天津市残联党组书记迟承镇、区委主要负责人出席并讲话。

大会期间，区各残疾人协会分别选举缪家瑞为聋人协会主席，高斌为肢体残疾人协会主席，张智玉为盲人协会主席，张颖为智力残疾人亲友协会主席，张健为精神残疾人亲友协会主席。

第三节　主要工作

一　办理“残疾人证”

1987年，全区残疾人2.3万人。2001年，全区残疾人2.41万人。2006年，全区残疾人3.41万人，占总人口的6.21%。其中，肢体残疾1.3万人，听力残疾7159人，视力残疾3750人，精神残疾2439人，智力残疾2611人，言语残疾502人，多重残疾4677人。区残联每年进行残疾人状况监测工作。

1989年始，办理“残疾人证”。1995年始，更换、办理全国统一“残疾人证”。2009年，更换、办理第二代全国“残疾人证”，至2010年1.53万人办理。建立区残疾人信息库，实行计算机管理。

二　残疾人基本生活保障

1978年，残疾人生活救助主要靠民政救济和安排就业。1998年，全区统计特困残疾人433人，由民政救济115人，残联实行特困生活补助145人，社会统筹扶助130人，其他扶助43人。2001年，国家实行最低生活保障制度，928名残疾人纳入低保救助。建立保障特困残疾人基本生活情况报告制度。2010年，享受低保救助的残疾人4447户4889人。2007年，纳入低保的残疾人每月发放生活救助补贴，重度残疾人200元，一般残疾人100元，由市、区收缴的残疾人就业保障金承担，至2010年发放2460.63万元。2009年始，办理残疾人个体工商户养老保险补贴，至2010年23家办理。

三　扶残助残

1991年始，每年开展“全国助残日”活动。开展“一助一”“多助一”“结亲戚”“志愿者助残”“文化助残”“科技助残”“法律助残”“干部联系贫困户”等扶残助残活动，1020个少先队开展“红领巾助残”活动。1993年，成立红桥区残疾人服务中心。1998年始，街道相继建立残疾人服务站和志愿者助残联络站30个。

2003年，制订《扶助残疾人优惠措施若干规定》《特困残疾人居民低保制度》。公安红桥分局设立残疾人服务“绿色通道”。拆迁部门为残疾人特困户提供选房、买房、搬迁等一条龙服务。残联建立康复医疗救助金，对特困精神病人和患多种疾病残疾人给予医疗救助。2004年，助残活动纳入区精神文明建设总体规划及文明单位评选标准。

1990年后，每年确定为残疾人办10件实事。2005年，成立残疾人捐助站，至2010年向社会募集善款善物折合人民币237.43万元。2006年，开展“扶助残疾人安居乐业奔小康”系列活动。2007年后，每年开展冬季送温暖、夏季送凉爽、日常送健康、四季送就业岗位和多渠道救助残疾人活动。2009年，开展“送温暖、献真情、共建和谐新红桥”系列活动。区级机关领导每年“助残日”和春节慰问困难残疾人，民族团结月中慰问少数民族残疾人。2010年，政协书画家联谊会举办“春风送暖，爱心捐助”活动，150余名会员捐赠书画作品160余幅。市、区联合建立大胡同地区专项助残基金，接收捐赠10万余元。

照25-15　2009年，区残联举办“送温暖、献真情，共建和谐新红桥”助残活动

（区民政局提供）

四　残疾人康复

1994年，制订《社区康复工作实施方案》，建立康复工作网络。2001年，建立残疾人康复服务指导中心。2004年，残疾人康复纳入社区卫生医疗服务体系，建立精神病防治、肢体残疾康复、视力残疾康复、听力残疾康复、智力残疾康复、残疾人辅助器具验配应用6个康复技术指导中心，200余名康复医生接受培训。妇幼保健院组织新生儿筛查。区培智学校创办智障儿童感觉综合训练康复中心。湘潭东里社区建立精神残疾人“怡康苑”，敦煌楼社区建立智力残疾人“启智之家”。2006年，西于庄街道和丁字沽街道开展“康复进社区、服务到家庭”活动，医务人员入户对残疾人体征鉴定评估，制订康复服务方案，实行个性化上门服务，免费配备辅助器具。

1998年，建立红桥区精神病防治康复领导小组，制订《红桥区精防工作实施方案》。精神病防治工作与社区建设管理服务结合，3265名精神残疾人建立康复档案，监护率100%，显好率和社会参与率66%和73%。2001年，香港精神康复考察团到区参观考察。2005年，在中国（天津）·泰国精神卫生合作5周年暨天津精神卫生国际论坛会议上，作题为《社区卫生服务精神卫生康复工作的实践与探索》发言。

1991年始，重点康复项目被列入残疾人事业五年规划。组织白内障复明手术1157例。2006年，开展“全国白内障无障碍区”创建活动。为有需求的低保家庭聋儿配备电子耳蜗、助听器，聋儿和智障儿童接受康复训练。2008年，开展盲人定向行走训练，供应残疾人辅助器具1.4万件，为5231名残疾

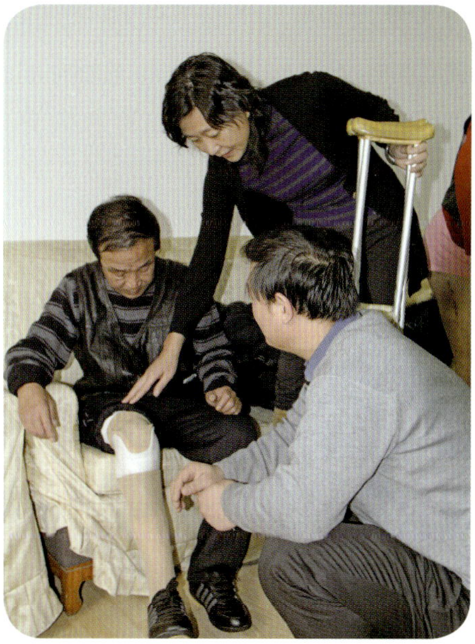

照25-16　2009年，区残联为困难肢体残疾人免费安装义肢

（区民政局提供）

人免费体检。

五　残疾人教育

1990年，九年义务教育适龄残疾少年儿童入学率37.97%。教育局制订《小学生随班就读工作细则》，1998年，516名残疾中小学生随班就读。1993年，投资200万元建培智学校新校舍，配置先进教学设备。2000年，对不能入学随班就读的残疾儿童开展“阳光课堂”活动，送教上门，累计授课2900课时。2001年，听力及语言残疾儿童入学率100%，视力残疾及智力残疾儿童入学率95%。2002年，建立残疾儿童义务教育奖学金和接受中等以上教育特困残疾人子女助学金，资助160人。2005年始，对残疾学生助学金发放实行全覆盖并提高标准，每年发放20余万元。

2001年，推广汉语双拼盲文和中国手语、数理化、音乐等专业盲文符号和计算机手语词汇。2003年，建立区残疾人培训中心，开展多种免费职业教育与技能培训。建立残疾人素质学校。在残疾人中开展“摒弃陋习、超越障碍、自觉奉献社会”活动。

六　残疾人就业

1995年，残疾人就业转向以机关、团体、企业事业单位按比例安置为主要渠道。1995—2003年，由劳服所负责收缴残疾人就业保障金，2004年改由区地税局代征，劳服所配合对用人单位安置残疾人情况进行年审，至2010年按比例安置残疾人就业1188人，收缴残疾人就业保障金2678.5万元。

1997年，免费为残疾人开办烹饪、编织、计算机等技能培训班，培训1200人。2004年，建立残疾人个体就业扶持周转金，帮扶32名困难残疾人从业。发展盲人按摩所7所18名盲人从业。2005年始，每季度举办残疾人就业专场招聘会。2010年，有劳动能力的残疾人就业率88%。

1998年，民政和街道福利企业61家，安置2889名残疾人就业。2010年，福利企业4家，就业残疾人42人。

七　残疾人协会

1998年始，街道设残疾人专职联络员。社区居委会成立残疾人协会，配备百名专职委员。2002年，成立区盲人协会、聋人协会、肢残人协会、智残人亲友会和精神病人亲友协会。2003年，为抗击“非典”医务人员捐款3000元。2004年，植树节全市大型公益活动中，认养两棵名贵雪松。2008年，聋人协会、盲人协会开展抗震救灾爱心助残募集活动，50余名聋哑人、盲人为汶川地震灾区捐款捐物。2008年，发出开展“学习践行《市民文明公约》主题活动”倡议。2010年，聋人协会建立临时党支部。

八　残疾人文化体育活动

1994年，举办区首届残疾人运动会，84名残疾人运动员参加79个项目比赛。2002年后，相继组建残疾人乒乓球队、游泳队、腰鼓队、合唱团、京剧组。2004年，利用社会资源，在西沽公园、河北工业大学等处建立残疾人晨练、游泳、田径、乒乓球训练基地。2005年，西于庄街道成立视障明心艺术团，深入社区演出文艺节目。建立咸阳北路街道翠溪园、邵公庄街道千禧园“文化进社区”活动站。2007年，聋人腰鼓队在全市广场健身比赛中获一等奖。2008年，残疾人参加

照25－17　2009年，区残疾人运动员代表队参加市第六届残疾人运动会　（区民政局提供）

"我与奥运同行"读书、征文、演讲活动，获22个奖项。2009年，组织智障儿童30余人登览"天津之眼"。举办"弘扬国粹，真情助残"青年京剧票友演唱会。

1987—2010年部分年份红桥区残疾人参加重大体育赛事获奖统计表

表25-3

年份	地点	运动会名称	获奖牌数(块)			其他
			金	银	铜	
1987	河北省唐山市	全国残疾人运动会	1	4	4	–
1990	天津市	迎亚运三项体育锦标赛	34	4	3	–
1992	广东省广州市	全国第三届残运会	0	2	4	–
1993	天津市	天津市第二届残运会	31	6	7	团体总分第四名
1994	北京市	第六届"远南"运动会	3	3	3	–
1995	天津市	天津市第三届残运会	0	0	0	团体总分第二名，游泳总分第一名
1996	辽宁省大连市	全国第四届残运会	6	5	2	–
1999	泰国曼谷	第七届"远南"运动会	2	0	0	–
	天津市	天津市第四届残运会	4	4	6	三枚体育道德风尚奖
2000	上海市	全国第五届残运会	3	2	1	–
2002	陕西省西安市	第三届全国特奥会	10	10	6	–
2003	江苏省南京市	全国第六届残运会	3	0	3	游泳破2项全国纪录1项世界纪录
2004	希腊雅典	第12届残奥会	0	0	0	获女子游泳第四名
2006	黑龙江省哈尔滨市	全国特奥单项比赛	11	4	14	–
2007	云南省昆明市	全国第七届残运会	1	3	2	–
	上海市	第十二届世界夏季特奥会	7	2	1	–
2009	天津市	天津市第六届残运会	15	7	8	–
2010	福建省福州市	第五届全国特奥会	11	3	3	–
合计			142	59	67	–

九　维护残疾人合法权益

1991年，《中华人民共和国残疾人保障法》宣传教育纳入区普法规划。1998年，成立区残疾人法律援助服务中心。2005年，400余人参加区处级干部《中华人民共和国残疾人保障法》考试。区残联设法律援助工作站。享受低保的残疾人家庭发放法律援助卡。法律服务机构为残疾人提供义务咨询，代理诉讼和非诉讼案件243件。区人民法院制订生活困难残疾人减、免、缓诉讼费制度。街道办事处和社区居委会设残疾人维权示范岗。区残联设专人受理残疾人来信来访。

十　创建全国残疾人工作示范城市

2002—2006年，开展创建全国残疾人工作示范城市活动。2004年，制订《天津市创建全国残疾人工作示范城市红桥区实施方案》及12个配套方案，38个创建单位签订目标管理责任书。建立残疾人康复训练中心。残疾人建档1.45万卷，印发《康复服务手册》3万册。2005年，建立红桥区残联工作网站。2006年，创建工作目标验收合格。2007年，中国残联对邵公庄街道千禧园社区检查验收。

十一　无障碍设施建设

1989年始，建设无障碍设施。2002年，红桥有线电视台开播手语节目，残疾人信息无障碍工作起步。2003年，开展无障碍设施建设示范城市工作，完成无障碍建设住宅小区81个、文化设施38个、道路坡道口404个，区属盲道4条，高层建筑11座，机关、学校、医院、饭店102所(处)，公厕38个。2005年，被评为市无障碍设施建设先进单位。2008年，无障碍设施建设向社区和残疾人家庭延伸，15个社区居委会建设无障碍设施，104个肢体残疾人家庭进行厕所“蹲改坐”改造，向668名肢体残疾人发放坐便椅，发放闪光门铃和语音门铃574个，办理盲人乘车证1573个。

红桥区志

二十六编

民族　宗教

区内少数民族众多，其中回族占绝大多数，拥有10余座清真寺和300余家清真食品商店，民族宗教和习俗性活动以穆斯林为主，其中每逢“主麻（周五）”参加聚礼的穆斯林有2000余人。有始建于20世纪初的基督教堂西沽堂，历史上曾建有佛教庙宇、天主教堂，随着时代变迁不复存在。保存完好的吕祖堂是道教寺观，已成为天津义和团纪念馆。

2010年7月13日，全区第五次民族团结进步表彰大会召开　　（区民宗办提供）

2010年，红桥清真大寺外景
（区民宗办提供）

2010年8月12日，西于庄街道组织民族团结创和谐为老服务活动
（区委宣传部提供）

2009年，天津五中新疆班全体师生　　（区委宣传部提供）

第一章　民　族

80年代，恢复民族事务管理，落实民族政策、法律法规，维护少数民族合法权益，支持民族经济、教育、文化、体育事业蓬勃发展，促进民族团结进步。至2010年，连续举办17届民族团结月活动，为区域内各民族之间团结互助营造良好氛围。

第一节　民族事务

一　少数民族干部培养使用

1979—2010年，建立区民族工作领导干部、少数民族干部和民族宗教界代表人士三支队伍“人才库”，为各街道办事处和基层单位配齐少数民族领导干部。在5个少数民族居住较集中的街道办事处中安排少数民族干部担任领导职务。在民族学校中配备15名少数民族校长。32年间，有35名少数民族干部走上处级领导岗位，148名少数民族干部担任科级职务。64名少数民族、宗教界代表人士成为区人大代表、政协委员。

二　民族政策法规教育

1998年，对15个街道办事处分管领导、民族宗教干部30余人进行民族工作理论培训。2001年，举办“民族宗教政策法律法规培训班”，各街道分管领导、民族宗教干部和各宗教代表40余人参加培训，组织部分宗教界代表和清真寺民管会成员赴外地考察学习。2004年，举办民族宗教工作干部理论培训班，40余人参加。2009年，组织区伊协会长、清真寺寺管会主任和阿訇代表24人随市伊斯兰教界参观团去北京民族文化宫参观“西藏民主改革50周年大型展览”、奥运场馆水立方和鸟巢。是年，举办少数民族企业家培训会，15家国营、民营民族企业的30名负责人参加培训。2010年，举办党的民族宗教政策专题讲座，第26期中青年干部培训班学员参加。组织宗教成员单位20余人参加宗教知识培训。

三　民族团结月

1995年，区政府决定把伊斯兰教斋月作为“民族团结月”。至2010年，连续开展17届民族团结月活动。每届确定一个主题，每次“开斋节”前政府为13座清真寺送去乜贴牛，祝贺节日，区领导到民族宗教界人士家中走访慰问，同他们结对子、交朋友，到清真寺与少数民族群众共度节日；各街道办事处筹措资金，慰问少数民族困难家庭，解决少数民族群众关注的难点、热点问题，为少数民族低保户送去斋月补助，组织少数民族下岗职工专场招聘大会，开展回报社会资助少数民族优秀困难学生活动，为少数民族残疾人开办培训班，免费提供服务等。举办社区民族团结演讲会、“回汉群众一家亲”，评选民族团结先进社区、先进楼院等系列活动，使少数民族群众融入社会的大家庭中。

第二节　民族文化体育

一　文化活动

1989年，在大伙巷街办事处民族文艺活动站举办“红桥区民族同乐联欢会”，民族宗教干部和少数民族群众代表百余人参加，回族相声表演艺术家马三立等表演了精彩节目。1997年，双环邨街明珠艺术团成立，后更名为民族艺术团。团员主要来自社区内的退休干部、医生、教师、工人，平均年龄55岁，女性占85%以上，回族、满族等少数民族群众占15%。建团十余年间，形成以声乐、器乐、舞蹈、戏剧小品等表演形式为主的百余人参加的演出队伍。创作曲艺联唱、歌曲、快板等新作20余个，自编健身操10余套，健身舞40余个，多次代表区、街参加天津市级各种演出和比赛，获全国亿万妇女健身活动巾帼文明健身队称号。自编天津快板《社区风貌》获天津市第二届艺术节最佳表演奖。2007年，举办社区少数民族群众书画展暨红桥清真大寺宣传册发行仪式，展出书画70余幅，少数民族和各界群众300余人参观。2008年，区传统民族文化体育活动中心落成。召开“民族情、和谐颂”首届民族团结月荣誉杯总结表彰会，向40名先进代表颁奖。2009年，举办民族文化节庆中华人民共和国成立60周年民族传统文化展示活动。2010年，举办和谐西沽民族团结月书画笔会。

二　体育运动

1990年，成立区少数民族体育协会，举办少数民族传统体育运动会。组织10支运动队参加天津市首届民族传统体育运动会，获团体总分第二名。1991年，回族花样大刀队赴广西南宁参加全国第四届民族传统体育运动会，少数民族体育协会被评为全国民族传统体育运动先进集体。1994年，组队参加市第二届少数民族传统体育运动会，获团体总分第三名，竞赛项目顶罐第一、二名，狩猎男子组第二名，武术、回族大刀表演项目获优秀奖。1995年，回族大刀队参加全国第五届少数民族传统体育运动会。1998年，市第三届少数民族传统体育运动会，获总分成绩第四名，回族大刀队获表演项目一等奖。1999年，参加第六届全国少数民族传统体育运动会拉萨分会场的表演赛。2002年，市第四届少数民族传统体育运动会，13支队伍300名运动员参加，其中7支参赛队参加陀螺、团结接力、蹴球、毽球比赛；6个表演队参加有浓郁民族风情的新疆健美舞、竹竿舞、皮筋舞、独轮车、五子棋、门球表演赛；大伙巷回民大刀队、竹竿舞、皮筋舞，参加开幕式文体表演。2003年，组队参加全国第七届少数民族传统体育运动会。2006年，组队参加天津市第五届少数民族传统体育运动会。2007年，为回民育才学校铺设200平方米的蹴球场地，更换篮球运动设施。在第五十一中学体育馆举办社区少数民族趣味运动会，来自各社区700余名回族、满族、维吾尔族等少数民族群众参加。2009年，承办天津市“团结杯”少数民族传统体育项目花毽比赛暨红桥区首届少数民族传统体育运动会。2010年，组成258名运动员、教练员代表队，参加天津市第六届少数民族传统体育运动会。

照26-1　2010年，天津市第六届少数民族传统体育运动会红桥区代表队入场
（区民宗办提供）

第三节　少数民族企业

一　清真食品企业管理

1985年，颁布清真食品行业执行民族政策的规定，召开清真食品行业执行民族政策经验交流会，80余个清真食品厂店负责人参加。1990年，组织民族食品企业进行展评，展出清真食品60余个品种，

其中12个品种被评为最佳食品。1995年，聘请65名监督员。1998年，清真食品义务监督员百余名，建立清真食品群众监督站。1999年，对360余家清真食品生产经营商店、摊点检查，其中42家商户规范整改。2000年，检查10个街道所属摊群、农贸市场和街道门面700余家，处理20余家不符合规定的经营户。2001年，举办清真食品监管工作培训会，60余人参加。2002年，检查400余家企业生产的清真食品，处理违反清真食品有关规定的企业10余家。2003—2004年，对清真食品生产经营企业和个体工商户规范检查，检查335家，取缔无经营资格7家。2005年，召开清真食品监督员表彰暨换届工作会议，评选并表彰21名清真食品监督员先进个人，为新一届71名清真食品监督员颁发新监督员证。2008年，建立清真食品监督检查联动机制，组织清真食品行业代表参加市首届清真菜品展示展评活动，燕春楼饭庄等4个单位的参赛菜品获金、银、铜牌。2009年，检查华润超市西青道店、麦德龙超市红桥店、耳朵眼炸糕餐饮有限公司、清真燕春楼饭庄出售的清真食品。2010年，召开清真食品义务监督员表彰暨换届会议50人参加。评选并表彰清真食品监督员先进个人21人，为新一届清真食品监督员78人颁发“监督员证”。

照26-2　2009年，区领导检查麦德龙超市清真食品专柜　（区民宗办提供）

二　民族企业服务

1985年，组织40名回族待业青年开办为期4个月的定向培训班。1989年，少数民族企业家创建利源德清真食品厂，安置下岗职工20余人，成为安置下岗职工再就业基地之一。1997年，召开与河北省孟村回族自治县贸易洽谈会并缔结友好关系，就有关合作事项达成意向书。1998—1999年，协助少数民族私营企业开办百乐装饰城。2000年，召开“迎中秋民族企业家座谈会”。2009年，组团参加呼和浩特市举行的第三届全国少数民族商品交易会。成立少数民族企业发展促进会，举办以“发散思维、抢抓机遇”为主旨的少数民族企业家培训会，20余人参加。

照26-3　2010年，国家民委经济司民贸处工作人员到穆民超市调研　（区民宗办提供）

2010年红桥区少数民族企业一览表

表26-1

企业名称	地址	经营项目
古兰斋清真食品有限公司	风光里1-109-113	清真糕点
清真燕春楼饭庄	大胡同5号	清真传统菜品
清真会宾餐饮有限公司红桥分公司	西青道94号	清真传统菜品
清真天利源餐厅	复兴路水西园底商1号	清真传统菜品
清真淮海火锅城芥园道总店	芥园道明华里底商	清真火锅、菜品

续表

企业名称	地址	经营项目
大福来餐饮管理有限公司	丁字沽十一段红光3-5号楼1-111	清真传统早点、小吃
耳朵眼炸糕餐饮责任有限公司	丁字沽胜灾南路	传统清真小吃
小李烧鸡店	西北角西马路欢庆楼13号	清真烧鸡及系列产品
瑞亨烧鸡店	西北角西马路欢庆楼底商	清真烧鸡及系列产品
清真桂发顺百鱼馆	本溪路25号	清真传统菜品
宴宾美食城	勤俭道194号	清真传统菜品
清真利德顺(小老)饭庄	复兴路隆春里底商	清真传统菜品
刘氏羽绒制品有限公司	本溪路昌图道永进楼27门旁	床上用品
穆民超市	西北角新春花苑14号楼底商	清真食品、民族用品
至美斋食品有限公司	芥园道与复兴路交口隆春里底商	清真酱牛肉、酱卤肉制品

第二章　宗　教

1979—2010年，贯彻落实党和国家宗教政策、法律法规，依法管理宗教事务，为信教群众办实事，引导宗教与社会主义制度相适应，抵御外来渗透势力，促进社会和谐。支持城市规划建设，借助危改整合宗教资源，实行“四寺合建”及“两寺合建”，为域内宗教活动提供便利。

第一节　伊斯兰教

一　伊斯兰教协会

1991年，成立伊斯兰教协会(下称伊协)筹备委员会。张树森任荣誉会长，高成金任会长。通过伊协章程、委员和常委名单(草案)等。1995年，伊斯兰教代表大会暨伊斯兰教协会成立大会在区政府礼堂召开，出席会议代表120人、区和民族企业负责人300余人，会议选举刘长明阿訇及白永福乡佬为名誉会长，高成金为会长。选举伊协委员29人，大部分成员为各清真寺民管会主任。伊协内部成立教务组、寺管组、文史组、经济组。

二　清真寺选介

(一)红桥清真大寺　在危陋平房改造和城市规划建设中新建，由原位于大丰路两侧的清真北寺、小杨庄清真寺、洋楼清真寺、清真女寺拆迁合建而成。2005年，在原洋楼清真寺原址(大丰路石桥西街19号)建大型清真寺，为阿拉伯式建筑风格，南侧为附属商贸设施，占地7313平方米，总建筑面积1.25万平方米，为16米高三层建筑。寺内院落面积700平方米，回廊环绕。礼拜殿内高26.6米，至圆穹顶顶端为33米，穹顶采用钢骨结构、外饰铜板，殿内设二层，可供千人聚礼。

(二)清真女寺　位于大伙巷民族街9号(原牛圈街9号)。女寺为砖瓦平房，有北房、南房各2间，西房4间。占地226平方米，建筑面积157平方米。1994年，落实宗教政策予以返还，经修复，1995年恢复宗教活动。2005年，合建于清真大寺。

(三)芥园清真寺　由原小西关清真寺和原十间房清真寺合建。2008年奠基动工、2009年竣工，位于南运河畔，建筑面积3000余平方米，为明清式古典建筑风格。清真寺外墙石碑上镌刻著名回族书法家曹柏昆书写的“芥园清真寺”寺名和芥园清真寺建寺碑记。寺顶建有三座亭楼，高约30米，亭楼红柱碧瓦、油漆彩画。清真寺内设三层，一层有宰牲间、厨房和可供百人同时用餐的一条龙服务设施。有可供数十人同时沐浴的水房子。埋体房拥有300平方米的开放式共享空间。二、三层为礼拜大殿，有450余平方米，上下两层可同时供500人进行宗教活动。殿顶装有彩灯。寺内设有阿訇室、财务室、民管会办公室、女水房子、海里凡室、会客室、学习室和锅炉房。

（四）十间房清真寺 1947年由当地乡佬在沧德庄购地，用募捐款修建清真寺。1951年，因修津杨公路（现西青道），迁移到邵公庄街十间房四条四号，占地200平方米。2003年，落实宗教政策予以返还，经修复正式对穆斯林开放。2009年，合建于芥园清真寺。

照26-4 南运河畔的芥园清真寺（区民宗办提供）

三 宗教事务

1980年，同义庄清真寺恢复开放。1982年，清真南大寺恢复开放。1986年，小西关清真寺腾空退还宗教团体，1987年恢复宗教活动。小洋庄清真寺腾空退还宗教团体，1988年恢复宗教活动。洋楼清真寺、红桥北清真寺腾空退还宗教团体。1989年，恢复梁家嘴清真寺，1990年，市政府印发《关于解决清真寺西寺房产问题的通知》，决定对清真西寺、清真北寺全部腾空退还宗教团体，两寺恢复宗教活动。1992年，为清真南大寺修复大殿筹措资金，当年筹集5万元。1993年，伊协进行社团注册登记。1994年，将牛圈街9号清真女寺房产退还伊斯兰教团体。1995年，清真南大寺民管会在市、区政府资助下，筹资90余万元，重新建成700平方米，可容纳千余人礼拜的新大殿，正式恢复宗教活动。是年，同义庄清真寺、清真北寺、小杨庄寺、清真女寺、梁家嘴寺、小西关寺完成登记工作，领取登记证。1998年，药王庙前街11号的部分房产（清真北寺义学产权）退还给伊斯兰教团体。大胡同街栅栏口西街14号的房屋归还给伊斯兰教团体自行管理。2000年，小西关清真寺举行大殿落成典礼仪式。2001年，投入资金13万余元对部分清真寺进行维修改造。2002年，梁家咀清真寺新寺移址正式动工。清真寺阿訇和乡佬在现场举行宗教仪式。是年，具有阿拉伯地区建筑风格的梁家嘴清真寺建设竣工，建筑面积超过原寺面积3倍多。多方筹措资金1.5万元支持清真北寺、同义庄清真寺、清真西寺的修缮。2003年，小伙巷地区危改和中环线景观工程涉及相关清真寺，整合宗教资源，伊协初步形成清真北寺、清真女寺、小杨庄清真寺、洋楼清真寺、十间房清真寺5寺合建和小西关清真寺就近异地重建的共识。依法取缔十间房清真寺非法管理组织，伊协接管，组建民管会筹备组，恢复宗教活动。桥北清真寺民管会筹备组举行仪式，迎接新任教长马广仁阿訇。2004年，核实部分清真寺及清真大寺附属房屋产权落实给伊斯兰教团体，办理产权登记手续。为佳园里清真寺筹措15万元修寺款，保证收尾工程完成；协调解决梁家嘴清真寺工程善后；筹资3000元支持小杨庄、同义庄清真寺修寺；落实基督教西沽堂恢复宗教活动的前期筹备及献堂典礼工作。2005年，举办洋楼清真寺临时新址落成庆典。区领导和各清真寺的穆斯林群众200余人参加。举行大丰路清真寺（即清真大寺）开工奠基仪式。2006年，清真大寺落成。2007年，小杨庄清真寺迁入清真大寺，阿訇吴均主持宗教活动。完成清真北寺、小杨庄清真寺、洋楼清真寺、清真女寺四寺合建工作。2009年，十间房清真寺、小西关清真寺合建工程竣工，名为芥园清真寺。2010年，协调各宗教活动场所按民用电收费有关规定办理相关手续，与电力部门办理相关契证证明，9座清真寺和基督教堂签订合同。

第二节　基督教

一　基督教西沽堂

照26-5　基督教西沽堂主堂
（区民宗办提供）

位于龙王庙东街3号，为20世纪初期美国公理会兴建基督教堂，自建成后一直作为基督教活动场所。1958年，教会合并后被改做他用。1993年，落实宗教房产政策，大部分归回基督教会名下。2002年，全部归还基督教会使用。是年，重新修缮，恢复教堂使用功能。2003年，根据市政府《关于同意恢复使用基督教西沽堂的批复》，西沽教堂恢复使用，2004年正式开堂。2006年，基督教西沽堂第一届堂委会成立，组成人员10人。

二　宗教活动

2000年，举行基督教家庭聚会点登记颁证仪式，对符合条件的4个基督教聚会点给予登记并颁发证书。2004年，西沽教堂举行复活节献堂典礼，信教群众300余人参加。举办基督教义工骨干培训班20余人参加。是年，基督教“平安夜”，出动警力60人、干部40余人完成安保任务。2005—2006年，协助基督教西沽堂成立第一届堂委会并召开成立大会。基督教西沽堂举办培训班，60余人参加。2008年，基督教西沽堂举行传统的基督教圣诞礼拜活动，在第二堂里西沽堂为40名新信徒举行圣洗礼仪式，500余人参加两堂礼拜。2009年举行“平安夜”活动，400余名基督教徒参加，区有关领导到西沽教堂慰问堂委会及信教群众，有关部门50余人参与安保服务。2010年，举行“平安夜”宗教活动，400余名基督教徒参加，区领导慰问堂委会和信教群众，有关部门60余人为安保服务。

红桥区志

第二十七编

精神文明建设

八九十年代，贯彻中共中央《关于社会主义精神文明建设指导方针的决议》《关于加强社会主义精神文明建设若干重要问题的决议》，探索新途径，围绕“五讲四美三热爱”创建文明社区和志愿服务，提高人民群众文明程度，精神文明建设不断推向深入。2000—2010年，围绕道德建设、志愿服务和文明社区创建活动，重点开展文化、教育、科技、卫生进社区等创建活动、“十大系列评选”“迎奥运、讲文明、树新风”“送温暖献爱心”等群众性志愿服务。道德模范选树以及未成年人思想道德建设，精神文明建设形成浓厚社会氛围，涌现出一大批精神文明先进典型和模范人物。

2009年3月2日，雷锋班战士到雷锋小学为学生们讲述雷锋故事
（区委宣传部提供）

2009年9月1日，区委开展“讲文明、树新风”六进社区活动　　（区委宣传部提供）

2010年9月7日，区委宣传部开展“新红桥、新形象”大讨论活动
（区委宣传部提供）

2010年，区教育局组织天津五中团员在平津战役纪念馆举行入团宣誓仪式　（区委宣传部提

第一章 思想建设

1979—2010年，开展坚持共产主义理想和社会主义信念、坚持党的领导和爱国主义为主要内容的思想道德教育、公民道德教育、未成年人思想道德教育和以“五讲四美三热爱”为主要内容的文明新风实践活动，为促进全区改革发展，维护社会稳定营造良好思想道德和社会舆论氛围。为经济和各项社会事业持续、快速、健康发展提供强大精神动力和思想保障。

第一节 思想道德教育

一 五讲四美三热爱教育

1981年，召开深入开展“五讲四美”活动动员大会，以“五讲四美”为主要内容的群众性活动在全区展开。宣传部编写宣传提纲，各单位制订《职工公约》《文明公约》。全年开展4次青少年专题教育活动。1982年，召开“深入开展‘五讲四美’活动，搞好文明礼貌月”动员大会，在全国第一个“全民文明礼貌月”活动中，建立17个部门碰头会制度，各街局公司重新修订街规、校规、厂规、店规和民约。在全区开展清整活动，建立1854个卫生责任区。1983年，成立“五讲四美三热爱”活动委员会，区委、区政府制订《全区文明礼貌月活动的安排意见》。

二 重要思想教育

1997年，开展邓小平理论学习教育。1999年，组织编印市民学校教材，组建市民教育宣讲团，宣传“三个代表”重要思想。2002年，编印公民道德建设百题解答等教材，集中教育培训70万人次。是年，全区开展“三个代表”重要思想教育。2006年，下发开展社会主义荣辱观宣传教育活动方案，提出总体要求和目标，以“知荣耻、树新风、争做文明市民”为主题的学习实践活动。“六进社区”成员单位深入社区，通过制作展牌、开辟宣传栏、张贴宣传标语，开展各种贴近居民群众生活的实际教育活动。

三 爱国主义教育

1993—1996年，组织青少年观看爱国主义教育影片600余场50余万人次参加。编辑出版4万册《红桥史实集萃——中小学爱国主义教育读本》，制订实施18岁成人仪式教育规范。1994年，开展以爱国主义为核心的思想建设，深化以“爱我中华、兴我红桥”为主题的系列教育活动。组织以“举旗帜，创伟业，爱岗位，做贡献”为主题的奉献活动，以青少年为重点的“知情、明理、成材”读书活动和“回顾百年沧桑，展望美好未来”迎接新世纪等主题实践活动。1996年，开展爱国主义教育进课堂活动，举办首届“读书节”和市情知识竞赛。组织“爱我中华、兴我红桥”主题教育活动，各学校以演讲、征文等方式组织学生参加。2009年，启动“看天津新貌·促红桥发展”主题教育活动，组织200余人参观城市建筑及景观。

第二节 公民道德建设

一 市民文明学校

1994—1996年，在15个街道的社区建设市民学校、家长学校186所，以《市民行为道德规范》为内容，对居委会干部和群众分期分批培训，3年举办各类培训1500期8.5万人次参加。1999年，组织编印《市民学校教材》。2001年，编写公民道德建设实施纲要百题解答，修订200余个机关和企事业单位、社区居民行业道德标准、岗位职责标准和道德公约。成立宣讲团，深入机关、学校、社区和企事业单位宣讲。2002年，开展"公民道德大家谈"活动，制订实施细则，组织百名公民道德讲师团成员深入社区、机关、学校等单位宣传《公民道德教育纲要》。开展公民道德格言警句征集500余个机关、学校、企事业单位万余名群众参加创作和征集活动，创作征集9个方面1.2万余条道德格言警句，4万人次接受教育，3万余名市民参加公民道德建设知识竞赛。2008年，印发《市民文明公约》《市民行为守则》宣传提纲，开展主题活动，通过编辑宣讲提纲，制作宣传卡、印发《致广大居民朋友的一封信》等方式宣传。印发《礼仪知识简明读本》等教材，以市民学校为阵地，开展"万名市民学礼仪"宣传教育活动。

二　爱国主义教育基地

1993年，命名2家教育基地；编辑爱国主义教育乡土教材。1994—1996年，建成青少年军训基地、少年军校、军民共建点83个，10万余人次接受教育。命名18个区级爱国主义教育基地和6个教育影视基地。1999年，发放《天津市爱国主义基地要览》，组织各界人士1.7万余人观看"建国50年天津成就展"。

三　道德模范　身边好人评选

2007年，开展第一届全国道德模范评选推荐活动，南头窑派出所民警王书臣获全国道德模范提名奖。2008年，参与全市"我推荐，我评议身边好人"活动，收到推荐材料近百篇，择优推荐25篇。王书臣和许刚入围市道德模范评选范围，分别获道德模范奖和提名奖。2009年，召开学习英模事迹报告会和"海河骄子"英模事迹报告会，区委作出向道德模范获得者王书臣等英模学习的决定。开展"身边好人365"活动。

四　创杯评佳活动

1996年，开展"创杯评佳"竞赛活动，党政机关争创勤政廉政"公仆杯"；经济管理和政法、行政执法管理部门争创"廉政杯"；城建、商业、服务行业争创"信誉杯"；教育系统争创为人师表、敬业爱岗的"园丁杯"；卫生系统争创文明行医，把爱心献给患者的"天使杯"；个体工商户争创遵纪守法、文明经营的"新风杯"。

第三节　未成年人教育

一　主题实践活动

2004年，制订加强和改进未成年人思想道德建设的实施意见，构建学校教育、家庭教育、社区教育三结合格局。是年，组织中小学和社区，开展暑期"小课堂"放假、"大课堂"开学道德实践活动，家庭读书征文活动；"同颂家乡美，共传民族魂"——庆祝中华人民共和国成立55周年、纪念天津建卫600周年、民族精神代代传系列主题教育活动及"树立网络道德，共建网络文明"主题教育实践活动等，加强未成年人思想道德建设。2007年，联合各中小学和社区，利用假期开设"活动大课堂"，开展家庭读书活动、实践体验征文活动、"校园e夏"网页制作、计算机操作培训活动、"同颂家乡美，共传民族魂"系列主题教育活动。

二 思想道德教育

2008年，征集未成年人思想道德建设创新案例。开展“迎奥运、爱天津、做一个有道德的人”社区总动员活动，“做一个有道德的人”教育活动，“家乡在眼中、祖国在心中”图片展，“巡访爱国主义教育基地”“笑脸迎奥运、文明看比赛”系列思想道德教育活动，3000余名青少年参加。2009年，开展“祖国在我心中”暑期青少年社会教育活动。组织1400余名青少年走进敬老院、福利院、老年公寓，为孤寡患病老人、残疾人和军烈属提供服务，与困难家庭小朋友结对子做“爱心小天使”，培养青少年的爱心和良好品德。

第二章 创建活动

1979—2010年，以培育“四有”公民，提高干部群众思想道德素质和科学文化素质为目标，开展以创建文明城区、文明单位（行业）、文明社区、文明市民等创建及“双十佳”评选活动。随着改革开放和中国特色社会主义事业的不断推进，各行业文明新风和精神文明创建活动不断发展，公民思想道德素质日益提高，党风、社会风气不断好转。

第一节 文明创建

一 文明城区创建

1987年，提出创建文明区，制订五年规划，按照区容区貌整洁优美、各行各业优质服务、社会秩序优良安定、坚持改革振兴经济的标准，开展创建活动。1991年，绿化率由18.4%提高至23%，实现噪声控制和烟尘控制双达标，五好家庭占总户数的80%。

1993年，以“建文明城区，做文明市民”为主题，开展“红桥是我家，美化净化靠大家”清整活动。窗口行业开展“文明杯”竞赛活动，商业等7个系统开展竞赛活动。社区继续创建文明小区、文明楼院，命名区级文明小区17个，评选出市级文明小区2个。1995年，动员30万人次参与市容环境综合整治活动，建成10条达标路、10个达标小区、10个达标市场和30个达标楼，大胡同商业区、天津西站广场等夜景灯光建设达到亮化标准。新植树7.1万株，绿化4.2万平方米，新开辟街景绿化2万平方米，绿化小区1.34万平方米。1996年，印发创建文明城区工作方案和开展文明社区竞赛活动方案，通过开展育人工程、温暖工程、窗口工程、创建工程、整治工程推进整体工作，提出经济发展、风气良好、社会安定、文化繁荣、管理有序、活动扎实的奋斗目标。举办行为道德规范大讨论，宣传天津市民行为道德规范。

二 文明单位创建

1983年，开展市、区两级文明单位创建活动。1984年，召开座谈会研究文明机关创建工作，对参评的市区级文明单位复检。1985年，全区文明单位覆盖率25%。至2010年，每两年评选一次区级文明单位和市级文明单位。

三 文明行业创建

1996—2010年，党政机关开展“建文明机关，做人民公仆”活动，在窗口行业开展“三优达标”活动。开展“送温暖、献爱心”活动，筹集资金百余万元，组织志愿者为困难企业职工和特困群体服务。

全区志愿者3.7万余人。

四　文明楼院创建

1995年，开展以“人、家、院、片”为载体的争创活动，80%的楼院制订《文明楼院公约》。1996年，召开文明小区建设成果展示会，举办成果展。2000年，以“净亮美”为标准，创建200个文明楼门。

五　文明机关创建

1994年，48个区直属机关党支部开展“建文明机关，做人民公仆”活动。1995年，41个机关党支部与41家困难家庭结对，筹集资金2万余元，衣物1500余件，解决生活难题1200余件。至1997年，命名表彰23个“公仆杯”竞赛先进单位，26个创建文明机关示范科室，137名人民好公仆先进个人。1998年，下发在全区党政机关中延伸社区服务，开展为下岗职工办实事、送温暖活动的安排意见。45个党政机关与15个街道办事处结成对子，落实责任，协助对口街实施再就业工程，开展为下岗职工“办实事、送温暖”活动。为特困户捐款10万余元，捐衣服1450件，送去价值4000元各类生活急需品。

六　文明诚信市场创建

2002年，以“诚实守信”为主要内容开展文明诚信市场创建活动。2003年，以“共铸诚信”为主题，围绕政务诚信、商务诚信、社会诚信开展诚信指标征集。2004年，编辑《共铸诚信活动成果汇编》，择优收集诚信指标45条，征文8篇，典型材料8篇。

七　双十佳创建

1994年，确定以唱响主旋律，弘扬爱国主义精神；加强道德建设，为建立完善社会主义经济体制提供道德支持；继续开展多层次的精神文明创建活动；整顿文化市场，繁荣群众文化；创建优美环境，树立红桥开放新形象；加强对群众性精神文明建设活动的领导为工作目标。评选红桥区十佳文明新事和最佳创建活动（双十佳）。至2010年，每年在党政机关、企事业单位和社区群众中开展评选“精神文明建设最佳文明新事”“精神文明建设最佳创建活动”。

照27-1　三条石街道御河湾社区图书室　（区委宣传部提供）

八　五个一创建

1998年，开展精神文明“五个一”创建活动，至2007年，形成以社区为中心，辐射各居民小区社区服务网络，辖区9所社区市民总校和4所市民学校进行标准化建设，组建社区宣讲团。翻新、整修

60余处小区花园，形成居民休闲娱乐场所。新建集贸市场12个，占地4万余平方米，16个占路市场退出。

第二节　文明共建

一　文明祭奠

2007年始，每年“清明节”“中元节”期间，召开“治理丧葬陋俗、倡导文明祭奠”推动会，推进文明新风形成。是年，发放800个“革除陋习、文明祭奠”专用箱，组织干部群众在“治理丧葬陋俗、共建美好家园”长卷上签名承诺。清明前后，组织3次殡葬执法集中整治活动，开展“都市文明、集体共祭”扫墓专场和社区居民家庭集体追思会等活动，印发《清明期间致全区居民一封信》及各种宣传材料8万份，征集印发《崇尚科学讲文明，移风易俗除陋习——殡葬专题漫画》900套，《迎奥运、讲文明、树新风——红桥区文明祭扫专题漫画》600套，制作宣传展牌50余块，在各机关、学校、社区巡回展出，区有线电视台播放《天津市殡葬管理条例》等政策法规。

二　同在一方热土　共建美好家园活动

2007年，开展优化市容环境活动，以市区主干道路和居民小区为重点，组织全区集中清整活动3万人次参加。在泰达城展示中心广场召开“同在一方热土，共建美好家园”活动现场推动会。9个街道123个社区统一制作配备6种规格555块宣传展牌。

照27-2　2007年，西于庄街道组织机关干部参加迎北京奥运环境整治（区委宣传部提供）

三　文明出行活动

2007年，宣传普及交通法规知识，引导市民文明出行。2070余名交通安全普法志愿者在执勤时佩戴“迎奥运交通安全普法志愿者”胸卡上岗。开展“告别不文明行为大家谈”活动和“遵守交通秩序”宣传教育活动。2008年，组织交通协管员统一佩戴“人文奥运、法制同行交通安全普法志愿者”胸卡，在主干道路、学校门前利用早、晚高峰时间上岗执勤，通过设迎奥运交通安全宣传站点，开展“迎奥运从遵守交通安全法做起”“迎奥运，遵守交通法，从我做起”等主题宣传活动，设交通宣传站点10余处，张贴宣传布标60余幅、宣传画1500余张，向过往群众发放宣传材料5000余份，接待群众咨询700余人次。

四　迎北京奥运主题教育实践活动

2008年，举办机关干部文明礼仪知识专题讲座，开展“人文奥运、礼仪红桥”知识竞赛和文明礼仪情景剧展示活动，150余支代表队参加知识竞赛，50个单位参加情景剧展示。各街道社区举办文明礼仪专题讲座600余场，参加群众2万余人，发放《文明礼仪100》2000册，文明礼仪教育光盘500张，歌片2200份，迎北京奥运宣传画近9000张，制作迎北京奥运宣传展牌1200余块，组织礼仪知识竞赛百余场。

第三章　文明新风

1997年始，每年开展包括志愿服务活动在内的"讲文明树新风"主题活动，在2008年北京奥运会前后达到高潮。组织志愿者进行义务劳动，向地震灾区、贫困妇女和下岗职工捐款捐物，进行爱心救助，推动形成文明新风尚。

第一节　讲文明　树新风

一　爱河护绿美家乡教育月活动

2000年，召开动员大会，在沿河两岸分别设置1300余块印有"绿草茵茵，何忍践踏""让鲜花美化环境，让爱心净化心灵""花草默默无闻，却奉献着绿色"等标志牌。组织5个街道青年志愿者服务队，吸收驻区、驻街、区属团员青年200余人定期开展捡脏护绿、美化环境公益活动。将墙子河红桥区段分成5个责任区，分别与沿河16所中小学、25个居委会、8个企事业单位组成共建单位，签订共建责任书。

二　三讲一树活动

2003年，抗击"非典"期间，开展印制百幅宣传布标，制作20块宣传展牌，编印16万份宣传材料，购置200套宣传挂图，发放到各街道社区，集中组织社会宣传活动。开展"告别陋习治脏乱，全民塑造新红桥"活动，6次全区性的集中清整日活动，编发《公民道德"六自觉"教育读本》，开展公民道德教育实践活动和"改陋习，树新风"活动。各节庆日组织全区干部职工、居民群众参加"让家庭单位门前净起来"主题的环境集中清整活动。

三　迎奥运　讲文明　树新风活动

2007年，成立350余支志愿服务队，社区文明督导员2200余人，佩戴统一制作的胸卡标志，深入社区对市容环境、文明祭奠、个人礼仪等方面的不文明行为劝导。组织干部职工和社区志愿者为四川灾区捐款捐物，组织社区志愿者参加全市举办的心得征文活动，征集报送百余篇心得体会。以"喜迎奥运盛会，共建美好家园"为主题，组织集中性义务劳动20余次。

第二节　志愿服务

一　社区文明服务卡助万家行动

1998年，开展"社区文明服务卡助万家行动"，筛选、汇总87条群众日常生活急需信息，印制15万套"社区文明服务卡"，免费发到居民手中，覆盖全区80%以上家庭。

二　多种形式志愿服务

2000年，开展"爱心助残行动""爱心超市""暑期社会志愿服务行""温暖夕阳志愿者服务""消暑纳凉文艺志愿演出"等志愿活动。2004年，成立妇女法律志愿者服务中心，为特困妇女提供法律帮助。2005年，成立社区妇女维权站。

第四章 时代风范

1982年，开展文明城区、文明单位创建活动，培育选树身边道德典型和精神文明创建典型，涌现出一大批道德建设先进典型和文化馆等在内的一批全国、市级文明单位和个人。

第一节 文明新风人物

一 文明市民标兵邸新萍

1955年生，女，汉族，高中文化，中共党员。退休前在天津人防精华公司工作，咸阳北路街道居民。先后获全国敬老好儿女、“文明市民标兵”等荣誉称号。

1977年，未婚的邸新萍开始照顾邻居、孤寡老人高大娘。1987年，邸新萍和爱人主动把无血缘关系的高大娘接到自己家中共同生活。期间，邸新萍和爱人经历下岗失业等一系列困难，自家人省吃俭用，从没有亏待过高大娘。为照顾高大娘，邸新萍主动放弃需要全天上班、离家较远的新工作，选择在社区居委会帮忙。为不给政府添麻烦，她多次婉拒街道和民政部门给予的救济补助，直到1996年按政策规定，为老人办理了最低生活保障。她像对待母亲一样，每年都要给高大娘过生日、给大娘的老伴过祭日，20余年如一日，用自己的生命之火温暖着老人晚年的生活。

二 全国人民满意公务员徐颖军

1971年生，男，汉族，大学文化，中共党员。公安红桥分局南头窑派出所教导员，三级警督。多次立个人三等功、二等功，获全国“五一劳动奖章”和市优秀共产党员、市劳动模范、市特等劳动模范、全国优秀人民警察、市公安局人民满意优秀民警等称号。2001年，被中共中央组织部、宣传部、人事部、中央文明办联合授予“全国人民满意的公务员”称号。

在担任户籍民警期间，他扎根责任区，苦练基本功，辛勤工作，赢得界内居民群众的信赖和拥护。制作管界房屋“大索引”，将每一个楼门画成平面图，形成立体化的管理模式。实施“挽救工程”帮教中，逐人制订帮教措施，建立由治保会、家属、民警组成三位一体的帮教网络，发现苗头性、倾向性问题抓住不放，及时帮教，从解决生活困难入手，用情感感召，改好率100%，界内无一人因违法犯罪受处理。在严打整治行动中，仗仗都能提供破案线索，抓获违法犯罪人员，参与破获各类刑事案件385起，抓获各类违法人员和犯罪嫌疑人210人。

三 全国道德模范提名奖获得者王书臣

1962年生，男，汉族，大专文化，中共党员。1984年复员后，任南头窑派出所民警。先后获天津市道德模范、全国公安系统二级英雄模范、全国学雷锋志愿服务先进个人、全国道德模范提名奖。

1971年，9岁的王书臣主动背双腿有残疾的张连喜同学上学，从此，30余年不辍给予照顾，帮助张连喜找到工作能自食其力，又为之撮合建立家庭。他无数次背着张连喜看电影、听音乐、遛商场、逛公园，让这个高度残疾人感受世间的美好。王书臣多年如一日照顾残疾人的事迹经中央电视台、《人民日报》等媒体报道后，在全国引起广泛反响，成为人们称道和学习的榜样。作为片警，相继与辖区内11个特困户、五保户、残疾人建立长期联系，尽心竭力地为他们排忧解难，赢得群众高度赞誉。

四　中华孝亲敬老楷模提名奖获得者赵永华

1945年生，男，汉族，高中毕业，曾获第四届全国五好文明家庭、全国爱心捐助奖、中华孝亲敬老楷模提名奖、天津市文明家庭标兵户、天津市第六届最美好家庭金奖户、天津市2006年幸福和谐家庭、天津市2006年十佳敬老之星、天津市第一届慈善之星。

1993年，赵永华下岗，一家人靠妻子每个月420元退休金生活，仍每月向慈善机构捐款二三十元。他退休后，每月捐款千余元，占退休金一半以上。至2010年，家庭捐款累计14万元。

1998年，赵永华认养河北区素不相识的92岁高龄老人。在社区创办“义务养老之家”，10年赡养12位特困孤老人。2004年，在自家建立“家庭扶老助困帮办热线”，义务为困难老人服务。与42个困难老人家庭结为“帮扶对子”经常性帮扶。他积极参与社会志愿服务活动，牵头组建天津市遗体捐献志愿宣传小组，赵永华夫妇是天津市第一对遗体、眼角膜“双捐”志愿者。

五　天津市道德模范提名奖获得者许刚

1958年生，男，汉族，大专学历，中共党员。西沽街社区卫生服务中心涟源里社区站长、中医主治医师，天津市“五一劳动奖章”、天津市劳动模范、天津市道德模范提名奖、全国医药卫生系统先进个人称号获得者。2008年，入选“中国好人榜”。

长期以来，许刚带领医务人员树立“社区医生就是百姓的‘健康保姆’、要全方位为社区居民提供服务”目标，不开自费药、不开贵重药，用最经济的药和治疗手段为患者解除痛苦，使用针灸拔罐理疗等治疗办法，最大限度为患者减轻经济和心理负担。对低保户、残疾人实行免费查体并减免治疗费，以真诚服务赢得患者的尊重和信赖。经他看过的病人，绝大多数都会是“回头客”。附近老人院老人有病，他随叫随到，热忱上门服务。从医数十年，从不接受患者馈赠，受到交口称赞。

第二节　先进集体　个人

1999—2000年度市级各类标兵名单

文明市民标兵：咸阳北路街道　邸新萍　　新村街道　张　民
文明楼院标兵：丁字沽街道桃花园东里光荣楼9门
文明小区标兵：西沽街道湘潭东里小区
文明学校标兵：新村小学
文明行业标兵：大胡同小百货批发行业

2001—2002年度市级各类标兵名单

文明家庭标兵：三条石街道北营门崇德里　赵永华
文明楼院标兵：西于庄街道葆节楼26门
文明学校标兵：天津三中

2003—2004年度市级各类标兵名单

文明家庭标兵：咸阳北路街道八段红光楼　赵文英
文明楼院标兵：西于庄街道祥居公寓60门
文明学校标兵：红桥职工大学

2007—2008年度市级各类标兵名单

文明社区标兵：邵公庄街道仁爱花园社区

文明单位标兵：红桥医院

1999—2008年红桥区各年度市级先进统计表

表27-1

年度	文明市民(人)	文明家庭(个)	文明楼院(门)	文明学校(所)	文明单位(个)	文明机关(个)	文明小区(个)
1999—2000	167	61	45	10	43	9	-
2001—2002	206	87	-	12	46	13	-
2003—2004	249	107	-	13	45	14	-
2005—2006	280	-	-	-	-	-	-
2007—2008	-	-	-	-	19	-	5

1979—2010年红桥区模范集体一览表

表27-2　　授予单位 市委、市政府

单位名称	授予称号	授予时间(年)
小西关长虹煤店	模范集体	1979
宝明斋眼镜店	模范集体	1979
邵公庄粮油管理站第八十六粮店	模范集体	1979
新村为人民早点部	模范集体	1979
大伙巷为民副食品综合日夜商店	模范集体	1979
纺织针织零件商店	模范集体	1979
房管局第五工程队101班	模范集体	1979
红十字会医院锅炉房班组	模范集体	1979
天津三中物理组	模范集体	1979
中心小学体育组	模范集体	1979
为民副食品综合日夜商店	模范集体	1980
邵公庄粮油管理站第八十六粮店	模范集体	1980
天津纺织针织零件商店	模范集体	1980
明光钟表修理部	模范集体	1980
小西关煤业基层店长虹煤店	模范集体	1980
大胡同小学五年级组	模范集体	1980
天津五中政史地组	模范集体	1980
先春园卫生院门诊组	模范集体	1980
为民副食品日夜商店	特等模范集体	1982
邵公庄粮油管理站第八十六粮店	模范集体	1982
明光钟表修理部	模范集体	1982
小西关煤业基层店长虹煤店	模范集体	1982
南头窑饮食基层店前进豆腐房	模范集体	1982
勤俭道五金交电商店	模范集体	1982
房屋修建公司第二工程队二〇一瓦工班	模范集体	1982
先春园街小马路青年百货店	模范集体	1982
民族知青综合食品厂屠牛班	模范集体	1982
大胡同小学五年级组	模范集体	1982
四十中学物理组	模范集体	1982
蔬菜副食品公司为民副食品日夜商店	模范集体	1984
跃进里小学体育组	模范集体	1984

续表

单位名称	授予称号	授予时间(年)
园林工程处技术施工科	模范集体	1984
掩骨会副食品综合商店	特等模范集体	1986
为民副食品日夜商店	模范集体	1986
邵公庄粮油管理站第八十六粮店	模范集体	1986
饮食公司火星豆腐房	模范集体	1986
三条石房管站小修服务社	特等模范集体	1988
红桥区蔬菜副食品公司为民副食品日夜商店	特等模范集体	1988
咸阳北路开源楼粮油食品店	模范集体	1988
南门西小马路煤店	模范集体	1988
东南角街创业针织厂技术股	模范集体	1988
为民副食日夜商店	特等模范集体	1990
三条石房管站小修服务社	模范集体	1990
纺织针织零件商店	模范集体	1990
开源楼粮油食品商店	模范集体	1990
排水管理队沟班一组	模范集体	1990
红桥区三条石房管站小修服务社	特等模范集体	1992
东方文化用品商店	模范集体	1992
为民副食品日夜商店	模范集体	1992
排水管理所沟班一组	模范集体	1992
开源楼粮油食品商店	模范集体	1992
房产总公司三条石房管站小修服务社	特等模范集体	1994
区粮食局咸阳北路粮油管理处七十六粮店	模范集体	1994
三条石房管站小修服务社	特等模范集体	1996
三条石房管站小修服务社	模范集体	1996
北方纺织针织机械器材经营公司纺针部	模范集体	1996
区粮食局七十六粮店	模范集体	1996
区房建公司张宝元项目经理部	模范集体	1996
红桥区三条石房管站小修服务社	特等模范集体	1998
三条石房管站小修服务社	模范集体	1998
环境卫生局清扫二队“五四”青年路岗组	模范集体	1998
耳朵眼小吃餐厅	模范集体	1998
饮食公司耳朵眼饭店厨房部	模范集体	2000
道路清扫二队“五四”青年路岗组	模范集体	2000
红桥医院妇产科	模范集体	2000
八十中学音乐美术组	模范集体	2002
新村医院小区卫生服务中心	模范集体	2002
房产总公司佳园里房管站修缮工程队	模范集体	2002
科技贸易发展区管理委员会办公室	模范集体	2004
红桥医院妇产科	模范集体	2002
天津五中新疆学生处	模范集体	2002
天津华云自控股份有限公司研发中心	模范集体	2006
天津正鑫商贸有限公司红桥正兴德茶庄	模范集体	2006
天津市方舟中学2006届初三年级组	模范集体	2006
天津广播电视网络有限公司红桥分公司	模范集体	2008
区职业介绍服务中心	模范集体	2008
区拆迁管理办公室	模范集体	2008
区供热总公司工程技术部	模范集体	2008
区排水管理所	模范集体	2010
区维护稳定领导小组办公室	模范集体	2010
敬一堂药业有限公司敬一堂总店	模范集体	2010

红桥区志

第二十八编

人　物

人物收录遵循“生不立传”原则，凡在区内生活、学习、工作过，有重要业绩，在全国、天津市和红桥区有影响的，在各行各业中有突出贡献者，以主籍为主，兼顾客籍，立传收录。人物传中涵盖教育、文化、军事、戏剧、书画、民间艺术及少数民族，按卒年为序。烈士英名录收录烈士2人。

名表收录1979—2010年省级以上先进模范人物及先进模范集体。其中，先进模范人物233人，先进模范集体93个。按授予时间为序。

第一章 人物传略

本志承前志记载人物，设人物传略专章。本章所收录人物均为于社会有突出贡献和较大影响者，以本籍人物为主，兼收曾在红桥工作或生活过的客籍人士。排列以卒年为序，前志已入传人物不再收录。

第一节 主籍人物

王静斋（1879—1949） 名文清，以字行，经名叶尔孤白，回族，出生于红桥区清真北寺药王庙西街豆腐房胡同6号阿訇世家。是天津西北角地区文化巨匠之一，天津穆斯林的杰出代表。毕生从事伊斯兰教学术研究，翻译伊斯兰经典，译著丰富，被誉为“现代中国伊斯兰教经学大师”“学通古今中外、品学兼优的伊玛目”，与达浦生、哈德成、马松亭并称为现代中国“四大名阿訇”。

1949年，王静斋在贵州省贵阳市归真，享年70岁。

石承濂（1888—1951） 字效周，天津人，直隶第一师范学堂毕业，教育家，著名国画家。擅长工笔花鸟画，为天津近代著名花鸟画家张兆祥亲传弟子，与华世奎、孟广慧、赵元礼等多有交往。1914年，石承濂的花卉条屏在美国旧金山举办的“巴拿马太平洋万国博览大会”上获金奖。天津解放后，任第五小学校校长。

1951年，石承濂在天津市逝世，享年63岁。

卞肇新（1889—1952） 字俶成，天津商业富户“八大家”之卞家人（第八代），隆顺榕药庄的接班人。1917年回国后，接管家族隆顺榕药庄事务。利用在英美所学的管理经验，投资5万块银元将隆顺榕由平房扩建为三层楼房。请著名书法家华世奎题写“隆顺榕成记”匾额。他作为资东，先后在和平路、劝业场一层、西安道、建国道、东马路、大沽路等地设立6家分店；在上海市、广州市、香港地区、台湾地区等地设立隆顺榕药庄分店。“隆顺榕”成为在国内和香港、东南亚都有声誉的大药材庄。曾担任南开中学、新学书院、汇文中学、中西女中、培才小学等校董事。1920—1937年，连任南开大学校董。与其夫人严智蠲（严修长女、曾任天津女青年会董事）致力于慈善事业，支持天津各界组织的慈善活动。天津解放后，作为政府特邀代表，出席天津市各界人民代表会议。

照28-1 卞肇新

1952年，卞肇新在天津市逝世，享年63岁。

曹鸿年（1879—1956） 又名宏年，字恕伯，别号如心居士，室名松寿轩，回族，世居天津西北角小伙巷38号。酷爱书画艺术，为之放弃一切。身有傲骨、迎风站立；独步艺林，倾囊传艺。是著名的诗人，西北角“文化大师”中的一员，作品均有词作相应。1950年，毛主席《沁园春》一词发表后，他立即和了一首同调，寄往北京，毛主席阅后颇为赞赏，随即指示天津党政领导将他接纳为天津文史馆员。著有《松寿轩诗稿》，天津民众赠送“艺林独步”匾额，悬挂于他家门前。对甲骨文进行研究，是甲骨文研究早期关注者之一，撰写《题殷墟甲骨文》，刊登在《字学杂志》。

照28-2 张彭春

1956年，曹鸿年在天津市逝世，享年77岁。

张彭春（1892—1957） 字仲述，外名“九爷”或“九先生”，天津人，张伯苓先生之弟。从私立中学堂（严氏偏院）走出，是南开新剧的重要领导者，中国话剧北方的奠基人。抗战时期受聘政府担任公职，作为外交官先后出使英国、美国、智利等国家。1948年，任联合国人权委员会副主席，参与起草《世界人权宣言》。是近代天津文化史上的一位重要人物，西北角地区孕育的众多文化名人之一。

1957年，张彭春在美国新泽西州拿特莱城逝世，享年65岁。

刘万春（1874—1962） 回族，天津人。天津食品“三绝”之一的耳朵眼炸糕创始人，他用勤劳和智慧将普通粘食做成精品小吃，被评为中华名小吃。耳朵眼炸糕被列入天津市非物质文化遗产传承保护项目。

1962年，刘万春在天津市逝世，享年88岁。

梅贻琦（1889—1962） 字月涵，天津人。私立中学堂（严氏偏院）首届毕业生，故居在红桥区梅家胡同。主持清华校政30年，在清华大学历史上居功至伟，被誉为清华“终身校长”，天津杰出代表。抗日战争时期，清华大学、北京大学与南开大学三校合并成立“西南联合大学”，梅贻琦与南开中学张伯苓、北京大学蒋梦麟为联大三常委，在极端困难的条件下，坚持严谨办学。1945年抗日战争胜利后，回到北平，筹备清华大学复校事宜。1948年离开清华南行，任教育部长，1949年，前往巴黎参加联合国教科文组织科学会议，任代表团首席代表。1950年，任华美协进社常务董事。翌年，组织清华大学在美国的文化事业顾问委员会。1955年，由美国赴台湾，用清华基金在新竹创办“清华原子科学研究所”（其发展为新竹清华大学）。

照28-3　梅贻琦

1962年，梅贻琦在台湾病逝，享年73岁。

照28-4　王襄

王襄（1876—1965） 字纶阁，号簠室，天津人。从20岁起酷爱金石之学，为全国最早鉴识、收藏和研究甲骨文的人，所著《簠室殷契类纂》《簠室殷契征文》，在我国的历史文化领域中具有很高的学术价值。其中，《簠室殷契类纂》一书开创编辑字书的体例，对大型工具书的编纂有重大影响。早在马家店（位于今红桥区西关街旁南小道子西头路南）发现并研究甲骨文。清宣统三年（1911年），所解释的甲骨文中“甲子年表”成为中国较早解释甲骨文字。与“中国甲骨文之父”王懿荣是发现和鉴定甲骨文同时代人。清光绪二十六年（1900年）王懿荣自杀，没有留下研究著述。实为中国发现与研究甲骨文的先驱。马家店则是甲骨文在天津最早发现之地，具有重要历史纪念意义。在抗战及国民党统治时期，生活维艰但坚决拒绝日伪人物、奸商和国民党官吏出重金求购古物的要求，保持民族气节，保护了中国古代文物。

1965年，王襄在天津市逝世，享年89岁。遗嘱将全部研究成果和文物捐献给国家。郭沫若为他题写“殷墟文字研究专家王襄同志之墓”墓碑。

照28-5　萧心泉

萧心泉（1892—1965） 字曼公，号近水楼主，晚年又号老泉，斋名近水楼、耕云馆、寄萍馆等，天津人。是20世纪中期活跃于天津画坛的著名书画家，与刘奎龄、刘子久、陆辛农、刘芷清并称“津门五老”。解放前在三条石一带创办“萧心泉学馆”，为红桥乃至天津文化发展做出贡献。1953年，被市政府聘为天津文史馆专职馆员。专心致力于书画艺术，曾在工人文化宫、文化馆传授书画技艺，办艺林书画社，潜心培养艺术人才。1954年，与刘子久、刘奎龄、刘芷清等老一辈名家以及孙其峰、孙克纲、王颂余、萧朗、梁崎、王学仲等中青年画家共同发起组建天津国画研究会，由老画家传授经验，老中青共同切磋艺事，为推动天津国画艺术的发展做出贡献。60年代，艺术创作处于巅峰，为天津国画界领军人物之一，还擅长真、草、篆、隶，是书法名家。

1965年，萧心泉在天津市逝世，享年73岁。

照28-6 杨少奎

杨少奎（1906—1966） 原名杨云章，回族，天津人，家居红桥区同义庄。因技艺精湛、组织能力强而执掌河北鸟市“声远茶社”，后成为红桥曲艺团相声队长、相声名家。

1966年，杨少奎在贵州省逝世，享年60岁。

时子周（1879—1967） 又名作新，以字行，经名哈立德，回族，世居天津市文昌宫西，精通英语。是天津市西北角地区著名的回族代表人士，“五四运动”天津的杰出代表，天津师范学校的创始人和翻译伊斯兰教经典的学者。编著有《伊斯兰教义百讲》《古兰经国语译解》等。

照28-7 时子周（右）

1967年，时子周在台北逝世，享年89岁。

刘奎龄（1885—1967） 字耀辰，又写作耀宸或耀臣，号蝶隐，天津人，为天津“八大家”中“土城刘家”的后人。是近现代天津著名花鸟画家，其绘画的鼎盛时期，居住在天津西北角严宅，对天津画界影响很大。中华人民共和国成立后，被聘为市政协委员、文史研究馆馆员、美协天津分会副主席、天津国画研究会委员。

1967年，刘奎龄在天津市逝世，享年82岁。

照28-8 刘奎龄

史玉凯（1891—1968） 字经武，幼年出师成为翻砂工匠师傅。1918年三条石铸铁厂扩建时，任经理。1924年，任恒昌铁厂经理。后独自出资开办铸铜厂、玉发铜铺，承接恒昌铁厂，改名为玉发铸铁厂。1928年，陆续独资开办玉发祥机器厂、玉发铸铁厂，合资兴办合增祥铸铁厂、西玉泰铸铁厂等，形成“玉”字号集团，规模可观。在日本侵华和国民党统治时期，史玉凯多方帮助中共地下党开展工作。中华人民共和国成立后，受到党和政府重视。1956年，当选政协红桥区第一届委员会副主席。

1968年，史玉凯在天津市逝世，享年77岁。

穆芝房（1888—1969），名苓园，字芝房，以字行，回族，世居红桥区小伙巷。水利技术专家。历任京兆永定河河防局技士，顺直水利委员会副工程师，华北水利委员会技师，导淮委员会测量队长，华北水利委员会工程师，黄河水利委员会测量队长、测量组主任，扬子江水利委员会察勘队长，华北水利工程总局测量组主任。中华人民共和国成立后，任华北水利工程局测绘处副处长，水利部工程总局专员。1953年始，任市民族事务委员会副主任、主任。1960年，任河北省民族事务委员会主任。先后当选为天津市第一届至第六届人民代表大会代表，第一届天津市政协委员、第二至四届天津市政协副主席，第三届和第四届全国政协委员。

1969年，穆芝房在天津市逝世，享年81岁。

王庾生（1889—1971） 名元恺，号冷虹，曾用别号“冷红移主”。回族，出生于红桥区西北角回族阿訇之家。是20世纪天津京剧爱好者中的杰出代表，与王君直、崔捷三、刘叔度并称“天津京剧四大名票”，著名戏曲编导、戏曲史家。1930年，与杨小楼、尚和玉、尚小云、李春恒等名角合作演出。在其弟子“四大女伶皇后”章遏云演出《玉堂春》中，配戏饰演刘秉义。是年，在天津报界组织的票界评选中，被评为“天津票界之王”。1933年，受聘任天津春和大戏院剧务，负责演出。1939年，在河东区组织业余国剧研究社。1946年，组织票联国剧社。1948年，当选天津市戏曲协会理事长。中华人民共和国成立后，任天津河北梆子剧团编导。1952年，改编河北梆子《秦香莲》，获全国第一届戏曲观摩演出大会导演奖。1955年，创作《画皮》一剧风靡全国。先后在广播电台播讲“老生流派特色”，在电视台讲授四功五法，在天津晚报连载《天津京剧史话》。编著的《京剧生行艺术家浅谈》于1981年出版。

照28-9　王庾生

1971年，王庾生在天津市逝世，享年82岁。

刘芷清（1898—1972） 回族，名仲涛，字子清，号梦松、韬园，四不老人，世居西北角城隍庙街1号。为天津清真大寺写过抱柱，参与筹划和建设天津民族文化宫，是天津有重要影响的艺术家。早期从事新闻工作，为复兴文化、发扬国粹而奋笔。1926年，创办南宗山水画法传习社，开始执教。侵华日军侵占时期，以腕疾为名，坚辞绘画命令。抗日战争胜利后，才恢复绘画，被赞为天津“忠贞画家”。中华人民共和国成立后，受聘市政协第二届、三届委员。50年代，参与筹划、建设天津民族文化宫，受聘为顾问。长卷《富春山居图》由国家文化部送国外参展与巡展。著有《乐寿庐话画》《津门画家传记》《韬园画絮》《书法源流》等。

1972年，刘芷清在天津市逝世，享年74岁。

林红玉（1907—1972） 女，本姓蔺（艺名林红玉）。三四十年代，京韵大鼓名演员中她与骆玉笙被观众誉为“鼓界女王”和“金嗓歌王”。中华人民共和国成立后，加入红桥区曲艺团，除参加演出外，担任团艺术指导，热心培养曲艺后人，培养张秋萍、刁丽英等新人，是受人敬重的艺术家。代表曲目有《闹江洲》《情望坡》《单刀会》《桃花庄》等。曾任红桥区政协委员。

照28-10　林红玉

1972年，林红玉在天津市逝世，享年65岁。

顾慰臣（1884—1974） 名炳昌，以字行，世居红桥区。是上世纪三十年代天津商界名人、估衣街上元隆绸布店经理。在经营绸布店期间，改革原有经营模式，促进元隆绸布庄的发展，业务蒸蒸日上，日销售额8千元（银元），进入经营旺盛时期。元隆先后在法租界4号路（现滨江道）、英租界小白楼开设两个门市部，职工300余人，成为天津绸布业著名大商号。至1954年顾慰臣退休时，在元隆绸布店工作57年。

照28-11　顾慰臣

1974年，顾慰臣在天津市逝世，享年90岁。

张学良（1903—1976） 字云荪，号丰池，回族，祖籍江苏南京，生于红桥区西北角小伙巷南口。祖辈从南京携“益德成”字号来到天津，在三岔河口的估衣街设店经营花烛、花帘和闻药，是估衣街上较早的商业门店。“益德成”闻药（鼻烟）曾是天津商业老街估衣街上的老字号，张学良是益德成第四代传人。中华人民共和国成立后，益德成公私合营并入百货公司。“文化大革命”时期，停产消失。

1976年，张学良在天津市逝世，享年73岁。

照28-12 张学良

时恩普（1913—1977） 回族，居红桥区西北角春德街长兴胡同46号，是50年代天津跤坛的“伯乐”。其子时金刚是名扬全国的跤坛英豪。中华人民共和国成立后，他一心从事摔跤事业，弃祖业将全部心血放在培养摔跤新人上。1953年，在西南角环球旅馆创办新华摔跤队，与张连生、杨沛泽、徐贵林等任教练，学习者几百人。曾任天津女子柔道队教练的贾福才、全国摔跤冠军孟广彬、国家女子柔道队总教练刘玉琪是其高徒。50年代，创办摔跤表演赛。

1977年，时恩普在天津市逝世，享年64岁。

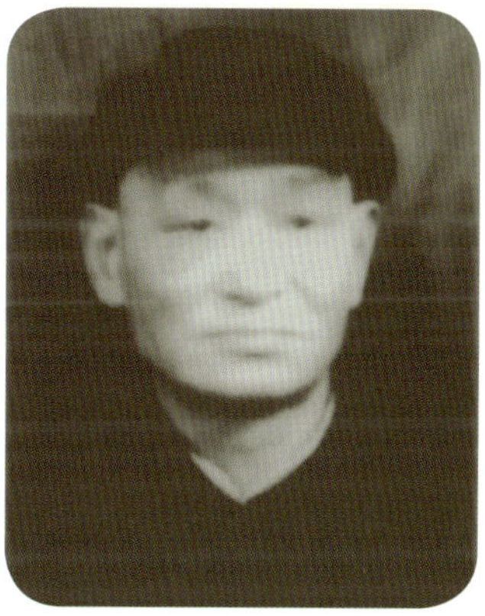

照28-13 时恩普

胡定九（1898—1980） 出生于红桥区，定居小伙巷清安胡同20号（槐树院）。名卜年、一名樾，字定九，别号镦龕，以字行。别署錞龕、素舞、叔五、定道人，晚年自署佑青、又青、胡越、晚红。毕业于直隶师范专科学校，曾东渡日本考察教育。先后在文昌宫小学（现文昌宫民族小学），城隍庙小学（西北角小学）、模范小学（中营小学），市立师范学校和天津三中任教，执教音乐、美术和英语，兼体育课，辛勤耕耘50年。晚年在和平文化馆和第二工人文化宫教授书画。桃李遍南北，刘肃然、龚望、单体乾、郭绍刚、王桐纲、孙克、张仁芝、张秀江、刘炳森、于复千等都出其门下。少年时曾师从徐缤楼、书宗顾叔度，晚年与名画家张和庵得意弟子陆辛农交友，敬为尊师。撰写孙过庭“《书谱》十举”书稿，潜心研究，费时经年。把《书谱》的10项主要内容整理成序、梳理概括。书法各体皆备，功底深厚。榜书大字，雄浑刚劲。在佛老哲学、古汉语、诗词、书画篆刻、英语、体育、音乐方面皆有专长，多才多艺。1935年，创作的《柳荫出浴》裸体浴女人物倒影画，开创中国绘画人物倒影的先河，比国内外颇具知名度的国画大师李可染第一幅倒影画《漓江风景》早20年。这幅《柳荫出浴》图，是中国画史上具有里程碑意义的第一幅人物倒影画，打破长期以来中国裸体人物画题材的禁区，堪称国画的一次开拓创新。《柳荫出浴》图被中国美术馆珍藏。1937年，抗日战争爆发后，自甘清苦，不为日本奴化教育效力，全家7口人靠大女儿的微薄工资勉维生计。1945年，抗日战争胜利后，婉辞国民党天津市党部职务。1949年，天津解放，在河北省立天津中学教学。遗存编纂有《胡定九书画篆刻集》。另有《錞龕印存》，民族乐谱《小阳春》《紫燕衔泥》以及书画理论研究探索心得辑录劄记；绘画方面有《学画摘要》《学画要论》《艺海淘金》等7册；书法方面有《书法杂钞》《书法论述》《司察录》等5册。

1980年，胡定九在天津市逝世，享年82岁。

王芸生（1901—1980） 原名德鹏，出生于红桥区佟家楼。自幼聪颖好学，勤于读书看报和撰写文稿，曾在《益世报》副刊发表过《新新年致旧新年书》。1925年，任天津洋务华员工会宣传部长，主编《民力报》，因鼓动爱国情绪，进行反帝宣传而受通缉。1926年与秦邦宪（博古）合编《亦是》《短棒》等周刊。1927年，因帝国主义军舰炮轰南京事件，在《华北新闻》上发表《中国国民革命之根本观》的文章，与《大公报》展开论战。《大公报》总编辑张季鸾由此得识王芸生。1929年，任职《大公报》，编辑《国闻周报》，以“草人”为笔名编写国内外大事记。1931年，围绕

照28-14 王芸生

“九一八”事变，从1932年始在《大公报》推出“六十年来中国与日本”专栏，日刊一段，连续两年半无中断，一举成名，被誉为中日问题专家。汪精卫、林森、段祺瑞因此接受其采访，蒋介石特请他在庐山讲课。日本史学界将专栏文集视为研究中国近代史特别是中日关系史必备参考书。1933年，面对“塘沽协议”，他奋笔疾书痛斥政府不抵抗行为。1935年，成为《大公报》编辑主任，位在张季鸾、胡政之之下。1936年，任《大公报》上海编辑主任，撰写系列《寄北方青年》文章；在燕京大学新闻系发表《新闻事业与国难》演讲。抗战期间，撰写大量抗日报道，鼓励和宣传对日作战，其中1937年撰写《暂别上海读者》宣言，激励和鼓舞国人。严格遵行《大公报》“四不”方针（不党、不私、不卖、不盲），两次拒绝国民政府聘任。1941年，任《大公报》重庆总编辑和重庆十家大报编辑委员会主持人。在日本飞机四炸《大公报》的严峻形势下，坚持办报。《大公报》由此获美国密苏里大学新闻奖。1943年，社评《看重庆，念中原》，揭露国民党统治下河南灾民的悲惨生活。1945年，社评《莫尽失人心》，对国民党作大胆的揭露和愤怒的抨击。抗战胜利后国共重庆谈判期间，他与毛泽东、周恩来4次会面，5次接触。1947年，参加中国赴日记者团，对投降后的日本考察。1948年年底，响应中国共产党的号召，进入解放区。1949年5月返回上海，任《大公报》社长至1966年。1949年9月，王芸生到北平与胡乔木等14位新闻人士组成中华全国新闻工作者协会筹备会。1949年10月1日，王芸生登上天安门城楼参加开国大典。后历任华东军政委员会委员、上海市人民政府委员、中华全国新闻工作者协会副主席、中日友好协会副会长，第一届全国政协委员和第二、三、四届全国政协常委，当选为第一、二、三、四届全国人大代表。著有《芸生文存》等。王芸生从28岁至65岁在《大公报》连续工作37年，被毛泽东戏称为“大公王”。

照28-15　王芸生著《百年沧桑》一书

1980年5月30日，王芸生在北京市逝世，享年79岁。

张宝茹（1918—1980）　艺名“狗尿苔”，天津人，世居红桥区朱家花园大街糖房胡同圃荫里。张家富足殷实，以布行为业。幼时读过三年私塾，8岁拜刘万亭为师学艺。50年代，在张寿臣主持下，拜郭荣起为师，与常宝霆、杨少华、谢天顺等为师兄弟。徒弟有赵保成、李增年、郭得喜。1956年，加入红桥曲艺团，与杨少奎、杨志刚等同台，与张兴华搭档攒底。是20世纪享誉河北鸟市的相声名家，红桥曲艺团的元老。张宝茹“怪”派艺术特点在其貌虽不扬，能扬长避短，在观众毫无察觉之中，用相声语言，稳稳当当抖响一个又一个“包袱”。由于“包袱”都是“蔫拱”出来的，所以“包袱”翻后，“雷子”（笑声）炸得就更响。如他说的《交租子》，扮成地道的乡下人，在与“捧哏”的对话中，用眼神、语言和动作使“包袱”一个接一个，把“捧哏”的气急，把观众逗乐，而他一脸的茫然，似乎不解“捧哏”生气缘故，将乡下人神态拿捏的十分贴切。相声名家魏文亮评价说：“张先生很怪，看他在台上不慌不忙的，可‘他的包袱足’，是‘蔫’出来的，真有他的独到之处。”他另一绝活是“双簧”，尤其擅长“前脸”的“发托卖相”（假装着急）。主要作品有《吃月饼》《师傅经》《论梦》《精打细算》等，其中《师傅经》对以后的演出影响很大。

照28-16　张宝茹

1980年，张宝茹在天津市逝世，享年62岁。

顾学勤（1904—1984）　字孟杰，天津人。毕业于天津省立第一中学，入香港大学医学院，获内、外科医学士学位。1929年，在香港国家医院任内科和妇产科住院医师。1932—1934年，任开滦矿务局唐山、秦皇岛、赵各庄矿区医院主治医师和院长。1934年，考取留学英国“庚款”公费生，在爱丁堡和伦敦大学各附属医院进修外科病理学、外科手术学和妇产科学三年，获英国皇家外科学院院士学位。1937年回国，任南京中央医院外科主任医师。抗日战争后赴香港，任香港大学医学院妇产科副教授。1941年，返回天津开业行医，创办天津立仁医院，兼任院长。中华人民共和国成立后，任天津第二中心医院妇产科主任医师、天津九三学社委员、天津市人大代表。是著名妇产科专家。主要著作有《前置胎盘——香港大学医学院产科病例分析》《胎儿异常发育所致难产》《经腹股沟结扎输卵管术》等书。

1984年，顾学勤在天津市逝世，享年80岁。

穆子荆（1899—1985） 原名家鼐，号炳炎。晚年以“西园老人”“梯云山樵”自号，回族，世居红桥区西北角先春园。毕业于北洋大学。青年时期曾以“子荆”为号报考公职，在270余名考生中夺得魁首，后遂以“子荆”名于世。幼年师从华世奎、严修学习经传、诗词、书法。颇好诗文，曾加入严修创办的“城南诗社”，与诗结下不解之缘。早年习书，所做日课多书于“白折”之上，练习小楷，于笔、于墨要求都很“苛刻”，其无论用笔、用墨皆恰到好处。晚年所作，无论小楷还是中楷皆骨肉停匀，竟趋平淡，有返璞归真之感。1980年，天津人民美术出版社出版其书写的毛主席诗词小楷字帖，字字珠玑，在自然简淡之中透发着求实精神。一生习书、作书，诚于中而形于外，正其心而修其身。1978年后，社会职务增多，任天津市书画爱好者自发组织的书画会会长、市文史研究馆馆员、中国书法家协会会员、天津书法协会副主席、市政协常委、市文联委员、市民族事务委员会委员、市伊协副主任、红桥区政协常委、市第一个书画组织和平书画会的首任会长。

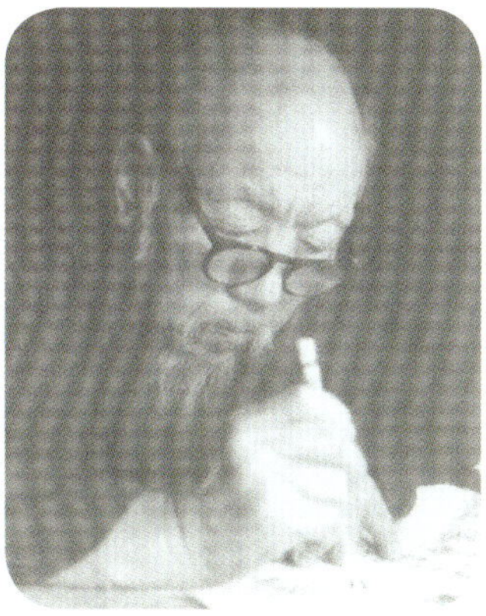
照28-17　穆子荆

1985年，穆子荆在天津市逝世，享年86岁。

冯谦谦（1909—1987） 名相，字守谦，号谦谦，曾居红桥区南头窑大楼。青年时期，赴北京求学，毕业于中国大学文学系，后入天津国学研究社学习。历任天津海关督署职员，河北省烟酒税十区分局秘书。1936年，在天津及北京驻华英军工程处做土木建筑工程管理工作。1946年，在天津建筑材料仓库任管理员及第七修械所文书。自幼酷爱诗文书画。早年即从徐和銮（释和銮上人）学习书画。40年代初，边工作边学习，与王坚白、陈隽如、龚望等入李实忱主办的天津国学研究社，攻读经、史、子、集；从陈嵩洲学习书法；从刘子久学习山水画；从陆辛农学习花鸟画。在学有根基后，又上溯明清“青滕白杨”及“扬州八怪”诸家，探究文化精髓。在书与画两个方面，能博采众长，融会贯通，且与其诗文相互映发，终形成意淡趣古的自家风格。他的书法，大篆高古严谨，笔气灵妙，颇得金文旨意；隶书典雅秀润，宽博浑厚，于平和中见精神；魏碑雄浑奇峻，强劲开张，极具古拙质朴之气。晚年书作多以狂草行世，洒脱自如、飞动奔放，冶颠狂于一炉，兼旭素之墨妙，别有一番新意。画作，早年有人物、山水、花鸟、鱼虫、蔬果、古器拓片补画之类，多为抒写闲情逸致，田园逍遥的文人画作；晚年喜画梅、兰、竹、菊、松、柏之属，以表达文人学者傲雪凌霜，不畏艰难的进取精神和坚韧品格。他性格豪放，每当酒后作书作画更有佳构频出，令人心爽神驰、叹为观止。艺术成就在50年代誉满津沽，龚望评价为“津门第一大手笔”。80年代初，和平文化宫成立“和平书画会”，他与梁崎、慕凌飞、赵松涛被誉为4大台柱。在普及书画教育方面，想方设法支持办学，编写《论颠狂之分》《关于中国画的历史和发展》《梅谱》《竹谱》《菊谱》《水仙谱》等教材，为培养天津书画人才做出贡献。1982年秋，书画会为他举办个人书画展，展出书画作品120件。是首批天津市书法

照28-18　冯谦谦

家协会会员、天津市文史研究馆馆员。

1987年，冯谦谦在天津市逝世，享年78岁。

杨桂山（1907—1989） 回族，字馨如，别字好斯，晚号“四不老人”“顽石老人”。祖籍浙江绍兴府，久居红桥区。幼时家境贫寒，仅入私塾一年即辍学，曾在电车公司售票，自营杂货铺。1923年，考入天津邮局。先从事分拣邮件，销票盖戳快而精，得“习戳杨”美称；后调长途邮件押运岗。工作勤奋，钻研业务，熟记从天津到黑龙江沿线244个大小站名，同事呼为“地名大辞典”。热衷家乡文化传承，勤奋学习，广交文史专家、艺坛名士。对天津历史沿革以及民间掌故、轶闻、人物了如指掌，多次在报纸发表文章。为天津名胜鼓楼大钟鉴定、文化街建立、天后宫重修提供许多珍贵资料。为传承天津地域文化，手书、积存历史、文艺资料10余册，约20万言。除1992年由其口述，其子杨松年录辑出版《天津楹联》外，还有《菊部忆事》《天津遗闻》等。收藏积存字画约四五十轴（幅），其中珍品有王铎、张之万、钱载的山水，周少白竹石，朱岷杂石图册，以及林则徐、吴昌硕、齐白石、郑孝胥、林纾等人作品。藏品中外邮票几千枚之多，有英、美、法等国元首登基、就任纪念票，也有光绪大龙、小龙、蟠龙，欠资、加盖票，存有慈禧太后万寿纪念票盖戳及新票各三四套。晋察冀、晋冀鲁豫边区邮票及信封有20余种，非常珍贵。中华人民共和国成立后，积极参加各种公益活动，为地名委员会、史志办、土地局等部门提供咨询帮助；在和平区和红桥区政协开展文史知识讲座。在红桥区政协书画研究会举办的展览会上，口述《回民歌》，反映新旧社会回民生活的巨变，表达对党、对新社会的无比热爱与赞颂。晚年参加和平区书画会、红桥区政协书画研究会，从事艺术活动。曾任清真南大寺民管会董事长。

1989年，杨桂山在天津市逝世，享年82岁。

耿仲扬（1910—1993） 天津人。曾居住在红桥区关上爱民桥附近。7岁起师从天津书法大家华世奎，得其真传，广采博取，深得颜真卿、苏东坡、钱南园、华世奎等历代颜体大家的精髓，参以篆隶技法，形成自家风格。书法大气磅礴，端庄浑厚，力能扛鼎，极具金石之气。书写的匾额，两米以内俱写原大，雄浑饱满，曾为天津市及外省市、国外的商店、单位书写大小牌匾近千块。天津“中原公司”“广裕茶庄”“赤峰桥”、德国波恩市的“南京酒楼”“龙华酒楼”等俱出其手，气势非凡，雍容大度，深得好评，被称为“榜书津门第一家”。其书法作品包括楷书中堂、对联、条幅、扇面、横幅以及为数不多的篆书、隶书。曾参加全国第一届、第二届书法篆刻展览和国际书法展览，《中国书法报》《书法》《长寿》《天津日报》《今晚报》等报刊多次专题介绍其书法艺术或刊发其书法作品，成为当代颜体楷书有代表性书法家之一。曾任中国书法家协会会员、天津市书法家协会名誉理事、天津市文史研究馆馆员。

照28-19 耿仲扬

1993年，耿仲扬在天津市逝世，享年83岁。

刘奎珍（1913—1993） 天津人。30年代在河北鸟市说相声，终生奉献于“笑”的艺术，是津味相声在红桥的代表人物。从艺时演唱太平歌词，后改说相声。30年代拜师焦少海，与赵佩茹等为师兄弟，在河北鸟市参演相声大会。40年代在杨少奎掌穴的河北鸟市“声远茶社”演出。1943年，为马三立捧哏，赴南京、济南演出，深得马三立赞誉。1956年，加入红桥区曲艺团，是主要演员之一。他的相声具有浓郁的天津风味，说、学、逗、唱俱佳，表演沉稳、效果炽烈；组织包袱奇特，耐人寻味。单口相声独具特色。曾因喉疾而失声，又因挚爱相声而神奇复声，在很短时间恢复演出，深得同行敬服。郭荣起认为他“语言幽默，富于回味并有些创作能力”。侯宝林曾说：“我们这辈儿的相声艺人中，有一位造诣高的，就是天津的刘奎珍。别看他不会写自己的名字，可是内行都知道，他有不少的口头创作。比如他的《画扇面》，来自生活，描写得非常细腻”。其代表作品有对口相声《新旧婚姻》《买手纸》《吃包子》《看病》等，单口相声《古董王》《解学士》《君臣斗》《贼鬼夺刀》等。在《不用偷着乐》“相声怪才”刘奎珍章节中，作者回忆刘奎珍说单口《刘罗锅下江南》历时两个月的盛况时，用“真绝”两字代表对其艺术的高度赞誉。还记述他为高（高英培）范（范振钰）组合的代表作《钓鱼》添“包袱”，在“明还来一拨呢”后增加“明儿这拨好，全是咸带鱼”的趣事。

1993年，刘奎珍在天津市逝世，享年80岁。

单体乾（1914—1993） 天津人，书法家，居住红桥区先春园姥姥店胡同。早年从师杨千顷、胡定九习书法，中年拜吴玉如为师，攻习“二王（羲之、献之）”行草，对魏碑研习多年，将二王、汉隶、魏碑熔于一炉，字体苍劲、朴厚，形成独自风格。作品曾参加第二届全国书法展、北国书法展，精作被收入黄崖关长城碑林及汕头、山东等地刻石。著有《新草诀》《钢笔行草字汇》《真、草、章三体急就章》。1988年，在天津艺术博物馆举办个人书法展。中国书法家协会会员、天津市文史研究馆馆员。

1993年，单体乾在天津市逝世，享年79岁。

臧颀（1924—2000） 字颀公，一字衣白，馆号墨芙蓉馆。原籍江苏武进，天津人，晚年居住红桥区佳园北里。早年臧家收藏碑版图书甚富，他幼禀赋家学，摹写碑帖。17岁时入天津美术馆学习国画，专功山水，遍摹《芥子园画谱》。1943年，赴北平拜黄宾虹为师，黄氏授以“五笔”“七墨”之法，受益匪浅。1944年，两赴上海访吴湖帆、郑昌诸、吴以“绘画之余要熟读文史，还要观摩学习各种流派艺术，以滋养画境”，教之书法初学唐楷后渐及汉隶。1960年始，研究秦刻石鼓文，涉及金文、散氏盘、琅琊台刻石，石鼓笔风近似吴昌硕。其绘画趋向黑密浑厚，积墨点染，景情浑然一体，以笔入画。功力浑厚纯然，脱略畦径。于书画之余研读文史，深入探求石鼓文之渊源，曾收集自唐、宋迄今137种有关石鼓文著作，参稽得失，兼述己见，耗时7年，数易其稿，1983年终成《秦石鼓文概述》一书，由日本友人相助出版。此书对石鼓文之音训、时代、拓本流传，考证颇详。中国古文字专家、天津文史馆前馆长陈邦怀为该书点校，称为“考证精详，为集石鼓文之大成者”。他深居简出，以书画自娱，念念不忘黄宾虹“大匠不示人以璞”的教导，对于书画从不以草率应酬他人。曾应上海书画社之请，审读、校勘《黄宾虹文集》金石佚稿500余页。精研古玺，收藏、鉴定三代秦汉古印逾千方，详加考证，多发前人所未发。

照28-20 臧颀

照28-21 臧颀（右）与梁崎（左）

2000年，臧颀在天津市逝世，享年76岁。

龚望（1914—2001） 出生于红桥区侯家后肖家大门胡同，8岁时迁居西沽桥口街，直至去世。又名望宾、王宾，字作家，一字大迂，别署迂公，号姜盦、沙曲散人。别号尚有姜孱、镂冰、聿观、无竞、无漏居士等。斋号“四宁草堂”，用过斋号还有柳南书屋、羊枣轩、乐睡轩、何有于我斋、蜕园、息踵轩、二局轩等。曾任中国书法家协会会员、天津分会副主席，天津市文史研究馆名誉馆员、天津市佛教协会名誉会长、天津市居士林名誉会长、天津市李叔同研究会顾问、中国书协会员、红桥区政协委员等。少年时代就读于直隶省立第一模范小学校，青年时代进入崇化学会、国学研究社学习国学和书法，从师李实忱等，研习经史子集、文字学、训诂学、音韵学以及作诗作文之法。老师们赞龚望的文章“俯仰流连，委婉尽致”“可谓尽论文之能事”，更称道他“抱负不凡，士君子之弘毅者也”。

一生好学不倦，治学严谨，着力于《周易》《论语》《孟子》《尔雅》，写下大量的读书札记，阐幽发微，创见颇多。其学融通汉儒、宋儒两派，更能贯通儒、释、道三家学术，一生躬行实践。精心研究历代书法理论，熟读孙过庭的《书谱》、包世臣的《艺舟双辑》、康有为的《广艺舟双辑》等书论名著。受家庭影响，自幼酷爱书法，从师刘嘉琛，后在国学研究社从师陈驫洲。早年与大悲禅院住持惠文法师倡议在大悲禅院建立“弘一法师纪念堂”，率先捐赠藏品，使纪念堂颇具规模，极一时之盛。此后多年，一直致力于搜求李叔同的墨宝、著述，以自藏李叔同早年印谱七册为主体先后出版《李叔同印存》《弘一大师李叔同篆刻集》。撰写独立成文的《李叔同金石书画师承略述》《惠文法师事略》《驫洲师讲授书法回忆》《王纶阁先生事略》《陈哲甫先生事略》。广为搜罗乡邦文献，自费整理、出版清代天津著名诗人和学者梅树君的年谱和《欲起竹间楼文集》、天津近代著名地方史志专家高凌雯所著的《刚训斋集》。倾力收藏明清以来天津本土或与天津密切相关的书画家的作品。主要著述有《龚望书法集》《龚望遗墨》《龚望隶书楹联集》《龚望临封龙山碑临石门颂碑》《龚望临汉石门颂》《孙过庭书谱·龚望读本》《四宁草堂学术杂丛》《陶渊明集评议》。

照 28-22　龚望

2001年，龚望在天津市逝世，享年88岁。

刘玉琪（1940—2004）　回族、中共党员、天津人，国家级教练员，出生于红桥区西马路二道街48号。初中毕业后报考天津市第二师范学校。毕业分配到红桥区杨庄子小学，任体育教员。60年代初，进入市摔跤队，成为专业运动员。1968年，随摔跤队落户河北省。“文化大革命”期间，摔跤队解散，被调到省体操队工作。70年代，受命参与中国引进柔道项目，参与组建中国首届国家柔道集训队。幼年受外祖父习武影响，上小学时拜沧州“王铁头”王振庭为师学习武术，期间被摔跤名家时恩普选中，开始学习摔跤。时恩普十分看重他，倾心培育，带他到各个跤场观摩。寒来暑往，历经春秋，他痴迷摔跤，刻苦训练，直至到学校任教，每周日必随师到南市“三不管”跤场与各路跤手比赛。60年代，在跤场摔出“名气”，引起天津跤坛“四大张”的注意。“四大张”之一的天津摔跤队教练张魁元将他调到天津摔跤集训队，进行培养；天津摔跤队总教练张鸿玉收他为徒，教他很多技艺。他的摔跤绝技有“钩子”“撮窝”“里（里刀）”等。有几场跤赛令人难忘，一场在天津体育馆对阵八一队名将郭志刚，他用“钩子”将对手挑起的场景，被做成大照片放在体育馆。后因天津行政区划调整和队友一起划归河北省摔跤队，任河北省体操队领队，后调任摔跤队教练，培养一大批优秀运动员和年轻教练员。曾率队参加过5届奥运会、6届世界柔道锦标赛、四届亚运会等诸多重大国际比赛，培养带出高凤莲、李忠云、庄晓严、孙福明、袁华、唐琳、冷春慧等多名奥运会冠军、世界柔道锦标赛冠军和大批优秀运动员。获“国家体育荣誉奖章”“中国柔道事业重大贡献奖”等荣誉，享受国务院特殊津贴。

照 28-23　刘玉琪

2004年，刘玉琪在天津市逝世，享年64岁。

李世瑜（1922—2010）　天津人，出生于红桥区梁家嘴，生长在四世同堂的大家族，其父是天津著名实业家李彩轩。他曾在南开中学上初中、汇文中学读高中，辅仁大学毕业后，在人类学研究院攻读硕士学位，硕士论文《中国秘密宗教研究》中的下篇《现在华北秘密宗教》于1948年完成，学校以优秀论文名义奖励出版。毕业后，在天津教师学院任教，不久调入天津史编纂室编写天津史，后又被调到历史教学杂志社任编审。先后被聘请为天津市文史研究馆馆员，美国宾州大学、日本学习院大学客座教授。应邀至美国、日本、加拿大、英、法、俄、爱沙尼亚及保加利亚等国讲学。1982年，获美国亨利·路斯奖金，荣膺终身“路斯学者”称号。1940年始，以田野工作方法调查研究民间秘密宗教及结社，后又旁及人类学范围内所属相关学科，如历史学、考古学、宗教学、民俗学、方言学、方志学及文献学等。在民间文学、民间宗教、民间信仰、地方史、文物、地名、昆曲、曲艺、相声等方面也进行饶有成果的探讨。勤奋治学七十载，几乎都是在“八小时之外”进行的。代表著作《现代华北秘密宗教》《宝卷宗录》《天津的方言俚语》《社会历史学文集》等。主要学术贡献有天津方言研究。首创“天津方言岛”学说，确定“天津方言岛”成因，寻觅到“天津方言”的根，推出天津方言研究的力作。2007年，出版《社会历史学文集》。2010年，由天津文史研究馆、市建筑遗产保护志愿者团队、市语言学会共同主办“李世瑜社会历史学学术讨论会”。

照28-24 李世瑜

2010年12月，李世瑜在天津市逝世，享年89岁。

第二节 客籍人物

乔清秀（1910—1943） **女**，原名袁金秀，出生于河南省内黄县店集村。幼年贫苦，跟随外祖母生活。进过学堂，学国文唱歌。1923年，14岁时随乔派坠子创建人乔利元学艺，艺名乔清秀。这个时期河南坠子由南向北流传，形成新的表演形式。在学习乔利元唱调基础上，结合自身条件，唱出了一个新腔。1924年，在邢台茶社演出中试唱新学的三个小段反响热烈，“一炮打响”。1926年，演出《刘统勋私访》《白绫扇》等长篇书目。在山东临清开始与琴师康元林合作，默契的配合，成为乔派坠子的重要组成部分，为乔派坠子做出了巨大贡献。1928年，拜乔利元的老师、梨花大鼓名家潘春聚为师，认作义父，学习《杨家蒋》《呼延庆征西》等书目。是年，到石家庄演出，当地文化名流赠送“盖河南”牌匾。因此匾引出一段河南坠子演唱“大比武”，乔清秀之名更响了。1929年，天津鸟市（今红桥区）“玉茗春”茶楼老板吴玉林到石家庄请乔清秀到天津演出，签订4年合同。乔清秀、乔利元、潘春聚、康元林、索利福（乔利元师弟）等一行人住在“玉茗春”。乔清秀唱响后，“玉茗春”茶楼天天客满。合同期满后，进入天津第一流茶园“小梨园”演出，与京韵大鼓鼓王刘宝全在“小梨园”霓虹灯广告上并列左右，被誉为坠子皇后。此时她家搬到了小梨园附近的紫阳里2号院。1933年，应上海昆仑公司约请，灌制《独占花魁》《小寡妇上坟》《改良拴娃娃》唱片。1934—1937年，应美国胜利唱片公司华北总经理师子光邀请，到上海胜利公司灌制《韩湘子三渡林英》《因果报》《昭君出塞》《双锁山》等30余张唱片，其中《宝钗扑蝶》成为当时的畅销唱片。乔派坠子传遍全国，在听众中形成了河南坠子就是乔清秀，乔清秀就是河南坠子的印象。1937年，在上海灌制唱片后到南京演出。听说鼓曲大王刘宝全被困上海，又回到上海帮助刘宝全义务演出10天，一同回到天津。1939年，受邀前往沈阳演出并治病。当时的沈阳处在日军占领之下，她们的演出受到日本侵略军和伪政权的欺凌。乔利元被宪兵队抓走打死。1941年底，康元林和潘春聚劝说她带着孩子们逃回了天津。回到天津，她带病在小梨园演出，后又到北京专演京剧的吉祥大戏院、三庆大戏院攒底演出，轰动北京。京剧名角金少山宴请时说，你还应该叫“盖北京”。从北京回到天津，居住在红桥区侯家后四和轩胡同6号院中的简陋平房中。河南坠子为全国优秀曲艺曲种，国家级非遗传承项目。乔清秀女儿乔月楼97岁高龄，还住在红桥区大胡同利民里利民楼，还在为传播“乔派”艺术努力。

1943年，乔清秀在天津市逝世，享年33岁。

张伯苓（1876—1951） 名寿春，以字行，出生于天津市北辰区。是中国近代史上著名爱国教育家。他的新式教育实践从严氏家馆起步；新式教育制度萌芽于严氏偏院的私立中学堂，与严修共同创办南开中学、南开大学、南开女中和南开小学等，为南开系列学校校长；倡导奥运精神，发出中国奥运第一声，为近代中国教育的发展做出巨大贡献。1898年，张伯苓受聘严氏家塾教师，到接任益德王家馆教师，再到1904年私立中学堂（即后来的南开中学）建立，他一直工作生活在红桥区西北角严宅（严修严翰林胡同）。把这6年称为“南开的胚胎期”。随着严修对他了解的深入，在受聘初期教授英文课后，又承担算学和体操教学，后期成为严氏家馆教学的组织者。他还用流畅的英文，在1900年庚子国难中与洋兵交涉，确保了严宅家人和收留的300余百姓安全。先后两次东渡日本考察教育，与严修形成只有开展普及教育、国民教育，广开民智，才能够救亡图存的共识。1903年，积极参与普通学社创办，为教师补习课程、开展教学研讨。是年秋，参与成立师范补习所。既是课程主要制订者，又是主讲人之一，还是教育研究所的创办者。1904年，严修与王奎章协商，合并两家家馆建立私立中学堂，校址在红桥区西北角严宅偏院。张伯苓为监督（校长）。1905年，学校改称私立敬业中学堂。1906年，再改称为私立天津第一中学堂。由于连年招生，学校规模急需扩大，郑菊如先生将自家南开洼地15亩土地赠给严修和张伯苓办学使用。私立天津第一中学堂由西北角严宅迁入南开校址。

照28-25　张伯苓

1951年，张伯苓在天津市逝世，享年75岁。

陈士和（1887—1955）　原名兰亭，又名德本，天津人，出生在北京，原籍浙江绍兴。为评书名家，享誉京津两地，人称曲艺界的“通天教主”。其《聊斋》段子独树一帜，被称为陈派。20年代末，在红桥区演出，其精彩至今仍为天津曲艺迷津津乐道。天津市文史研究馆成立后，被聘请为馆员。1954年，天津市文化局对其《聊斋》书目进行抢救性整理，只留下13段半，因其病重而终止。

1955年，陈士和在天津市病逝，享年68岁。

孟养轩（1891—1955）　名广宦，以字行，山东章丘人，为著名孟氏家族中的“进修堂”一支，近代中国著名商族“章丘孟家”代表人物，天津估衣街“谦祥益”保记绸布庄的创办人。1917年，在天津第一商业老街估衣街创办谦祥益保记绸布庄，主要经营棉布、绸缎、呢绒、皮货等，其中以棉布数量最多。该店既有面向天津名绅大户的水獭、海龙、貂皮等名贵皮货，也有面向普通百姓消费的货品。经营特色是商品明码标价、货真价实。1937年，在法租界良士里购买地皮（今滨江道）开设了天津谦祥益辰记。“谦祥益”店面，迅速发展壮大，成为全国各地“谦祥益”的指挥中枢。“谦祥益”成为全国规模最大的丝绸布匹店，声誉国内外。他也成为一个闻名全国的绸布业巨子。

1955年，孟养轩在天津市逝世，享年64岁。

王健（1885—1962）　字晋生，以字行，原籍四川铜梁县。1917年，创办华北制革厂，主要设备除进口外，都由三条石俊记等铁厂制造。为工厂发展，利用担任天津基督青年董事的有利条件，将卞俶成等招股，请他们担任工厂的董事、监事，向留美时的同学范旭东、梁思成、严慈约、周诒春等招集股金。1929年，工厂迁至三条石东口并更名华北制革有限公司。产品很受客商欢迎，远销东北、西北、华北等地。1933年，被南开大学聘请为化学系教授。1937年，东北沦陷，日本人欲吞并华北制革厂，其将重要机器设备藏起来，厂房出租为仓库，躲过侵华日军纠缠。1945年，第二次世界大战结束，国民党接收，工厂坚持停业。1953年，

照28-26　华北制革公司

其担任津南制革厂的副董事长兼任分厂经理。后调至轻工业局工作。

1962年，王健在天津市逝世，享年77岁。

王佩臣（1920—1964） 本名车小贵，女，汉军旗人，著名铁片大鼓（也称乐亭大鼓）演员，被称为"鼓界三绝"之一。20年代来津，在红桥区北马路北洋茶社和侯家后义顺茶园登台演出，30年代艺术上进入全盛时期，在乐亭大鼓曲调、板式上多有变革，一改老乐亭调一板一眼的唱法，加强掏板、闪板和垛板，尾腔喜用滑音，词中常加衬字，加上歌喉清脆，唱功有劲，字眼劲道而清晰，尤其是转弯的地方，风格诙谐俏皮，自成一派，听众称之为"醋溜大鼓"或"滑稽乐亭大鼓"。代表曲目有《独占花魁》《三堂会审》《姜太公卖面》《诸葛亮招亲》《刘伶醉酒》等。能说《西唐传》《书囊记》等几十部大书。中华人民共和国成立后，参加红风曲艺社、天津市曲艺工作团，演出许多反映现实生活的新曲目。1958年，专事天津市曲艺团少年训练队的教学，亲授弟子有小王佩臣、新韵霞、刘秀玲、姚雪芬等。

照28-27 王佩臣

1964年，王佩臣在天津市逝世，享年44岁。

刘华圃（1903—1968） 名春永，字华圃，以字行，生于河北省安国县。1920年，考入天津商业繁华中心红桥区针市街29号的隆顺榕药庄。1928年，担任襄理后升任总号经理。家安在隆顺榕药庄对过的针市街54号院。1939年，任天津国药公会会长，与天津国药同仁一起抗争敌伪政府苛捐杂税。1948年，任天津市国药同业公会理事长和天津商会总理委员，竞选天津市参议员。天津解放后，经黄炎培、李烛尘介绍参加民主建国会，参与组织了天津市工商业联合会和天津民建分会的筹备工作。1949年，当选为中华人民共和国成立后天津第一届国药同业公会主任委员。是国药剂型改革、成药下乡的创始人，中国中药科学化倡导者和实践者。1952年，在针市街成立了全国第一家国药提炼部—隆顺榕国药提炼部，率先研制出片剂、酊剂等新型中成药40余种。1953年，组织80余名全国知名中医药专家对传统配方分析论证，制订了全国第一部中成药生产地方标准《天津市固有成方统一配本》。这个标准后来成为全国各中药制药企业的"摹本"。1957年和1959年，将私产房屋和收藏捐献给国家。组织撰写了《中药发展史》《天津生药协会》《中药经营》等书稿。历任天津市各界代表会议代表、协商委员会委员，天津市人大代表、政协委员，河北省二、三届人大代表和政协委员。天津市工商业联合会第一、二、三、四、五届执委会常务委员。

照28-28 刘华圃

1968年，刘华圃在天津市逝世，享年65岁。

刘彭久（1884—1969） 字鹤龄，天津市宁河区芦台人。兄弟4人，大哥刘彭寿，三弟刘彭翳（号宇民），四弟刘彭阳。1915年，刘氏兄弟看好机制面粉厂的发展，投资并由刘彭寿邀请吉林督军孟恩远、长春道尹孟秉初，以及陈云樵、刘纪亭等人入股，凑足股本30万元，筹建福星面粉公司，刘彭久担任公司总经理。在水陆运输便利的红桥区大伙巷沿河二大街租地建厂，成为当时规模很大的面粉厂。福星面粉公司开业的第一年盈利20万余元。30年代，福星面粉公司日产量高达6000袋，成为百姓十分熟知的天津面粉厂。1949年，平津战役结束后，刘彭久迅速组织恢复生产，人民解放军派兵保护面粉厂，党和政府筹集1.4亿千克粮食进津，确保天津百姓有粮食供应。1953年，福星公司在天津面粉行业第一家实行公私合营，刘彭久离开企业界。

1969年，刘彭久在天津市逝世，享年85岁。

衡耀庭（1886—1971） 字世恭，满族，天津北辰下辛庄人，中国铝制品业创始人。曾在天津市红桥区三条石开办三合成桅灯厂、三合成铝制品厂，生产桅灯、铝制品，在国内外有较高的声誉。中华人民共和国成立后，为企业培养优秀管理人才。1952年，率先实行公私合营。三合成桅灯厂更名为天津市公私合营铝品厂，设备更新，全部产品由中国百货公司包销。他出资为家乡建小学、修路，为家乡渡口出资买船。乡人褒其义举，送匾“轻财重义”。从事企业生产50余年，一心干事业，洁身自好，为众多民族工业企业家的楷模。

照28-29 衡耀庭

1971年，衡耀庭在天津市逝世，享年85岁。

刘杰谦（1894—1976） 原名刘汉卿，生于北京，北方评书杰字辈著名演员。50年代进入红桥区文艺团体，任区艺术团副团长和西河评书队队长。他的评书独树一帜，文气十足，是天津著名评书表演艺术家，受到观众喜爱。晚年将毕生说演的《包公案》写成200余万字的书稿，整理挖掘传统评书《富贵寿考》，以《新三侠五义》名称写出《乌盆记》《土龙岗》《五义结拜》《陕北四老》。曾任市文艺工会第四工作委员会文教股长，红桥区人大代表。区政协常委、文艺组组长。被评为天津市文艺界先进工作者、劳动模范。

1976年，刘杰谦在天津市逝世，享年82岁。

吴秀峰（1908—1976） 字海，回族，出生于河北省沧州市孟村镇武术世家，吴氏开门八极拳第六代掌门人。是发扬光大开门八极拳的一代宗师。1933年，到天津落户在红桥区西北角文祥德饭馆，后迁到海会寺南街四条胡同，1964年，迁至丁字沽工人新村五段。1953年，参加在天津举行的全国民族体育表演及竞赛大会获特别金奖，后随团进京汇报表演青龙剑法，受到刘少奇、周恩来、贺龙等党和国家领导人接见。贺龙设家宴款待并赠送其表演的电影胶片拷贝。1956年，参加全国武术表演赛获特别奖。1968年，在金钟造纸厂退休。退休后在西沽公园教授八极门武功，传授体育健身功法。

照28-30 吴秀峰

1976年，吴秀峰在天津市逝世，享年68岁。

许子素（1909—1976） 出生于河北省安国药行之家。高中学业中断返乡进入药行。1931年，受其父许泽普委派在天津商业繁华之地针市街创办伟迪氏制药厂，注册“三鱼”药品商标，生产新型解热镇痛药剂—正痛丸。正痛丸是专对中国北方人体质研制的中西结合的新药品，对伤风感冒有很好的治疗效果。此药品成功打入农村市场后进入城市销售。为方便城市药房销售，主持增加新剂型，生产携带方便、卫生考究的正痛片，与洋药抗衡。正痛片成为天津百姓的常备药。此外，还生产制备原料薄荷脑、碳酸钙、小苏打等，成药有娃娃宁、消炎晶、眼药水等，三鱼牌商标为天津市民熟悉的成药品牌。侵华日军占领天津后控制药品，严控药品生产销售，伟迪氏制药厂濒临关闭。1940年，其弟许钊在西安设立办事处，维持药厂生计。1942年，在兰州设立办事处，向延安和陕甘宁边区输送药品。抗日战争胜利后，在北站外购置6000余平方米地块，准备建设新厂房，被国民党部队征用。天津解放后，参加天津市第一届职工代表大会，聆听刘少奇鼓励发展生产的重要讲话，受到鼓舞。投入资金建成面积2000余平方米的新厂房，购进一批新设备，使企业迅速恢复生产。他征聘药

照28-31 许子素

师、化学工程师等各种技术人员12人，组成新药研制小组，建立化学实验室，生产盐酸麻黄素，取代化学合成的进口产品。抗美援朝期间，承担为国家加工药品的任务，生产大量的消毒水、食盐片支持前线。以个人名义捐献飞机一架，购买30万元人民币公债。1954年，实现公私合营后，称天津市人民制药厂，担任第一副厂长。1956年，任天津市制药工业公司副经理。当选民建天津市第一次代表大会第一届委员会委员、河北区支部委员会主任委员。1963年，任民建河北区第一届工作委员会主任委员。先后当选天津市第一、二届人民代表大会代表，中华全国工商业联合会第二、三届会员代表大会代表，天津市工商联第二届执委，第三、四、五届常委。

1976年，许子素在天津市逝世，享年67岁。

金玉茹（1921—1976） 原名韩素贞，女，回族，出生于河北省盐山县。家住红桥区小伙巷90号。童年时代随双亲逃荒至津，投奔到天津南市高家大院。8岁时拜河北梆子老艺人宋玉春为师，学习青衣兼学老旦。9岁登台演出，12岁担任中场戏的片断主演。17岁在天津舞台小有名气。侵华日军侵占天津时，不再演出。天津解放后，复出参加"益民""复兴"河北梆子剧团。1954年，主演的《秦香莲》轰动冀东地区。1957年，"益民"河北梆子剧团被评为市级文化系统先进单位。在团中积极传授专业知识，丰富剧目。1962年，被红桥区政府任命为"益民"河北梆子剧团副团长。是年7月，率团赴唐山、迁安演出。"文化大革命"期间，剧团解散，下放红星纸盒厂，在业余时间坚持为工人群众演出。

照28-32 金玉茹

1976年，金玉茹在天津市逝世，享年55岁。

史俊生（1913—1981） 出生于天津市静海区杨官屯。14岁前随父在家务农，生活清贫。1928年，到天津醉春园饭庄学艺，勤快好学，颇得饭庄堂头、厨师、后厨学徒的喜爱。先从切"大作料"开始，陆续学会一些配菜常识。一年后，到朝阳楼饭庄正式学习炒菜，很快成为厨师。1931年，拜慧罗春饭庄主灶师傅津门名厨牛宝山为师，厨艺进步神速。从原料的鉴别到发制再到烹制；从简单的八大碗到参鸡席、鸭翅席；从燕翅席到满汉全席，都能应对自如。1933年，应聘到便宜坊饭庄，为饭庄增添了麻栗野鸭、炸熘飞禽、溜鱼腐、扒鱼翅等天津传统名菜，又推出适宜不同人群的高档八大碗菜，顾客盈门，为便宜坊赢得了美名。1936年，到恩兴顺回民饭馆，学习清真菜的制作。虚心求教，认真学习牛羊肉制作，学习白蹦鱼丁、扒海羊、独鱼腐、独三样、烧牛舌尾、锅塌三样等天津清真特色菜，还向老师傅求教全羊大菜。与此同时，将汉民菜中的一些技法引用过来，丰富了清真菜的烹饪技法。1938年，到中立园饭庄主灶。推出许多有独特风格的菜品，如侉炖鱼、溜松花、两吃野鸭、碎熘鲫鱼、酸辣汤、坛子肉、溜油盖、油盖烧茄子等几十种菜品。住在西南角王家胡同18号院。1956年，到大众食堂，和老搭档辛秀普推出炒青虾仁、软溜花鱼扇、高丽银鱼、银鱼紫蟹锅、炸熘软硬飞禽、煎烹虾饼、罾蹦鲤鱼、烧肉、什锦锅子等几十种传统津菜。特别是客人点的"吃鸡不见鸡，吃鱼不见鱼；是鸡没有骨，是鱼没有刺"四道菜即"芙蓉鸡片、溜鱼腐、口袋鸡、八宝脱骨鱼"是名副其实的功夫菜，让客人十分敬佩，从此成为其"知味"好友。1958年9月，加入中国共产党，历任支部委员和红桥区饮食公司党委委员。从1958年到1965年连续7年被评为天津市劳动模范；1963年，调入红旗饭庄任厨师长。挖掘整理了许多传统津菜，如口袋鸡、八宝脱骨鱼、玉带鱼、软硬飞禽、炒雀渣、炒鱼瓜、溜油盖等，至今这些菜肴只能在红旗饭庄见到。1971年，被评为天津市优秀共产党员。1973年，搬到红桥区北马路潮义栈3号。培养了众多厨艺弟子学生。其高徒姜万友、王鸿业秉承师训，承其衣钵，成为津菜的领军人物。学生金宝林、田景祥、殷志刚、李赤涛、辛宝忠、吴玉书等人在全国烹饪大赛及天津历届烹饪大赛中摘金夺银，成为新一代的中国烹饪大师。

1981年，史俊生在天津市逝世，享年68岁。

照 28-33 王本林

王本林（1917—1983） 回族，河北省沧州市人，出身贫苦。13岁拜连秀泉为师学相声，兼演太平歌词。23岁入班与白云鹏、林红玉等名家同台演出。期间向前辈、名家学习请教，受益良多，使艺术水平猛增，在舞台上崭露头角。1945年冬季，赴西安、郑州和开封等地演出，迅速蹿红，被称为曲艺界太平歌词行中翘楚，后落户红桥区。他用笑的艺术赞美和歌颂新社会，用坚持守住和传承文化遗产。嗓音洪亮，吐字清楚，台风潇洒，表演生动，以学唱戏剧、曲艺及模仿方言见长，其保留传统曲目有相声《五兴楼》《学吃喝》《八大改行》《学评戏》《酸梅西瓜》《第一针》《单刀赴会》《火烧绵山》等。此外，擅长莲花落、双簧，把民俗民情用于所表演节目，深得称赞。中华人民共和国成立后，在西安收郑小山为弟子。1951年，在西安创建红星相声社，举办回民文化馆相声班，用演出收入购买捐献"鲁迅号"飞机，支持"抗美援朝保家卫国"，被赞为"爱国艺人"。1953年，参加"西北五省赴朝慰问团"，在朝鲜前线给志愿军演出，得到志愿军指战员的热烈欢迎。1954年，回到天津演出，在曲艺界受到尊重，被前辈名家张寿臣收为义子，马三立向其传艺。1958年，携子加入红桥曲艺团，改唱太平歌词，是当时全国表演太平歌词唯一演员。1961年后，坚持演唱太平歌词，传播和抢救祖国的文化遗产，同时努力学习创新节目，如《向秀丽》《王杰》《雷锋》等歌颂英雄人物的新节目，给太平歌词赋予新生命。是西安市文联委员、理事。

1983年，王本林在西安市逝世，享年66岁。

谢宝亭（1886—1985） 回族，山东省蓬莱市人。1911年，从老家北上天津，在老龙头（天津站）项家胡同落户，租房开办"庆发顺"饭馆，以经营包子和炒菜为主。后在老龙头火车站附近开办第二家"庆发祥"饭馆，在北门外开设第三家"庆发德"饭馆，在南市开办第四家"庆发永"饭馆，形成"顺祥德永"4家餐饮店堂。1956年公私合营，庆发德饭馆改称庆发德饺子馆。1978年后，庆发德恢复烫面蒸饺。1997年，庆发德烫面蒸饺被中国烹饪协会命名为"中华名小吃"称号。2002年，成立天津庆发德餐饮有限责任公司，有多家连锁店堂，集餐饮住宿为一体，成为自主经营、自负盈亏，自我约束，自我发展的独立经济实体。庆发德蒸饺为区级非物质文化遗产传承保护项目。

1985年，谢宝亭在天津市逝世，享年99岁。

照 28-34 刘贵生

刘贵生（1914—1989） 汉族。出生于河北省霸州市胜芳镇的富户人家。从小酷爱武术，八岁习武，拜蔡长青为师，学少林拳及兵器。经过十多年的刻苦练习，20岁时已小有名气，父亲出资帮助他开立武馆，前来向他学艺者络绎不绝。在家乡成名后，为探寻武术之路，来到武林人物聚集的天津，继续武术梦想。1937年，在天津市河北区大津路立馆收徒，以武术授徒。1939年，拜"八卦乌鸡门"第五代掌门人冯殿章为师，从冯习学销声匿迹百余年的"八卦乌鸡门"。从此，师徒相伴七载，他昼夜刻苦操练，师傅倾囊传授，终于练成绝技，成为冯殿章的单传弟子和第六代掌门人。1946年，应邀到西沽丹华火柴厂"西沽国术馆"教徒。1956年，到西沽公园教徒，正式向外传授"八卦乌鸡门"绝技，天津武术界为之轰动。凡看过他演练的，无不惊叹其拳法的变化莫测。由于手法极快，被八级门一代宗师吴秀峰誉为"快手刘"。"快手刘"的绰号叫响津门后，原名被人们逐渐淡忘。1975年秋，开始整理"八卦乌鸡门"拳法、器械等，用文字记录，形成《八卦乌鸡门打法》一书。1982年，出任红桥武术馆西沽公园分馆馆长兼总教练。

1989年，刘贵生在天津市逝世，享年76岁。

刘格平（1904—1992） 曾用名刘子敏、刘襄农，回族，大学文化，河北省孟村回族自治县大堤东村人，家世显赫，名门望族。1919年在南京参加爱国学生运动，1922年，加入中国共产主义青年团，1926年8月转为中共党员。任中共津南特派员，从事地下革命斗争，是中共地下工作杰出领导人。在天津搞地下工作时多居住在红桥回民集中一带，以隐蔽身份开展工作。东北角附近原大东旅社三层楼房是当年奉系军阀李景林的旅社，也是刘格平当年曾居住和工作的地方。1925年12月至1926年3月，国民党进驻天津期间，曾是中共公开的重要活动基地，革命组织和群众团体总部都设在这里。1925年1月，驻泊头奉军"剿匪"司令部，趁洞房花烛之夜，将其捕入泊头大牢，施以火烙酷刑。经挚友大律师单玉竹营救，以两万大洋巨款赎身出狱。1928年6月，奉中共津南特委命令，赴河间、献县一带领导工农武装起义，途径沧县时，被人告密入牢，因持有国民党特派员证，并假名刘子民，故被判刑三年，免遭杀害。1934年，领导山东省庆云马颊河两万河工暴动，遭到国民党军队镇压，负伤被捕，拒不发表"反共启事"，度10年铁窗生活，气节乃存，被赞为"十年囚犯"。其经历为"地下工作，三入大狱"。中华人民共和国成立后，任中央人民政府委员会委员、民委副主任、党组副书记。1951年，任统战部副部长，民委党组书记。1954年，任国家民委副主任。1955年，任中央民族学院院长。1957年，任中共宁夏回族自治区工委委员、代第一书记。1958年，任中共宁夏回族自治区委书记处书记、宁夏回族自治区筹备委员会主任。10月，任中共宁夏回族自治区委书记处书记、宁夏回族自治区人民政府主席。1960—1964年，在中共中央高级党校学习。1965年12月—1967年，任山西省副省长。1967—1971年，任山西省革委会主任。全国人大第一、二届常委、人大常委会民族委员会主任委员。第六届全国政协委员。中央监察委员会委员。中共第八、九届中央委员。

照28-35 刘格平

1992年，刘格平在北京市逝世，享年88岁。

韩世清（1914—1994） 字德一，号燕南，又号古稀赤子、苏斋、苏翁、晚苏斋主，北京人，曾居红桥区丁字沽新村八段25号楼。自幼酷爱书法、绘画，师承家学，后赴保定入莲花池书院学习。1949年，到天津搪瓷厂任工程师。工作之余刻苦钻研书画并寻师于严六符、王颂余、萧朗、穆仲芹、陈铮、王双澄诸名家，得益匪浅。后复入天津新华美术系专修国画，古稀之年仍孜孜不倦，先后问艺于名家穆子荆、王坚白、冯谦谦、冯星伯，逐步确立独特的艺术风格。他熟谙古文字学，对商周三代鼎彝金文研究有素。1991年，以金文篆写《离骚》全文。因文字艰涩，此注释在国内属仅见。对地方文献的研究颇有涉足，应邀参加天津历史博物馆"天津古城复原模型总体规划"，绘制"天津查氏水西庄园林俯瞰图"（此图现藏天津博物馆）及"水西庄园林全景"图等。是天津市书法协会会员，天津市老年书画研究会会员，红桥区咸阳北路街沽北书画联谊社顾问。

1994年，韩世清在天津市逝世，享年80岁。

梁崎（1909—1996） 回族，字砺平，号聩叟、燕山老民，河北交河县人，名门世家。自少年起与绘画结缘，绘画启蒙于《古今名人画稿》《十竹斋画谱》。6岁开始临摹柳公权、欧阳询字帖；随安佩兰学习花卉墨迹。10岁跟著名画家舅祖刘恩溥学习指画，始攻小楷。临摹家藏的华新罗、石涛、八大山人、高其佩、扬州八家、吴昌硕等人的绘画，戴明说、傅青主、王铎等人的书法。1930年冬，入北京金拱北创办的中华湖社画会，取名漱湖，并在中国颇有影响的刊物《湖社画刊》以梁凝云、梁崎、漱湖的署名，刊发绘画作品7幅，深得北京著名画家林琴南、金潜庵、金朴庵等人赏识。1945年移居天津，

照28-36 梁崎

照28-37　梁崎作品

居住拉萨道，在天津中医师工会担任秘书。1948年，迁居三条石宝昌栈胡同，在红桥建德中学任教，结识许多著名书画家，系统学习临摹、创作，形成独特的艺术风格，开创梁派艺术。作品将诗文书画有机结合在一起，充盈着一种浓厚的书卷气息。书法自成一家，初学“二王”“颠张”“狂素”，后又揉进王铎、傅山，时而端庄凝重，时而大起大落，龙飞凤舞，字距错落有致，大小相间，燥润得当。受宋代三苏父子之风影响颇大。古文译作、序跋题记、古诗散文、游记，精彩生动，文笔流畅自然，言简意赅，寥寥数语已明其志。在生活条件艰苦的情况下，创作大批歌颂祖国锦绣山河的诗意画，寄托对祖国的热爱。多次在政府和政协组织的社会活动中义务作画，把艺术奉献给社会和人民。1983年，《天津日报》用整版篇幅发表他的书画作品，引起社会关注。1986年，由民革中央、天津市民委在北京民族文化宫为他举办大型书画展，中国国际广播电台、《人民日报》等新闻媒介发文介绍，被书画界称为今日黄宾虹。指画造诣精深，书画界有“南有潘天寿，北有梁崎”之谓。1988年，天津人民美术出版社选其书画作品90幅出版第一册八开精装《梁崎画集》。1994年，天津杨柳青出版社出版第二册八开精装《梁崎书画作品选》。1990年，《天津日报》发表长篇纪实报告文学《苦恋丹青》，剖述其走过的崎岖之路。著名美术评论家王振德在《天津日报》撰文评价其艺术成就。1994年，天津再度掀起梁崎热，美术书法界及各新闻媒体人士盛赞其文、诗、书、画的巨大成就。鉴于其甘于寂寞寄情山水，为继承和弘扬民族文化创作出一批可观优秀作品，被授予天津市鲁迅文艺特别奖。2001年，天津人民美术出版社出版《梁崎书画集萃》。曾任中国美术家协会会员，天津画院画师，天津文史研究馆馆员。受刘海粟之邀，担任中国书画函授学院特聘教授，任广西石涛艺术研究会名誉会长，红桥区政协委员、区政协书画研究会副会长。

1996年，梁崎在天津市逝世，享年88岁。

高平叔（1913—1998）　出生于江西省都昌县。青年时代曾分别在上海青年中学、浦东中学、创制中学任教，担任过主任、校长等职务。长期致力于蔡元培研究，成果丰富。1932年“一·二八”上海对日抗战后，在学生中宣传抗日救国思想，组织学生进行抗日活动。撰写大量文章发表在《教育季刊》《上海学生》等进步杂志上，深受蔡元培的赏识。1935年夏，蔡元培与他相见，交谈中涉及广益书局出版《蔡元培言行录》与启智书局出版《蔡元培文选》认为两书编写太粗糙，建议蔡元培自编一套文集。蔡元培对此很感兴趣，便请代为搜集整理资料，由自己审阅。其愉快地接受委托，时年22岁。此后，因他任浙江省立嘉兴民众教育馆馆长，工作繁忙，只能挤时间到各大学图书馆查阅数据，搜集整理工作进展缓慢。1937年“八一三”事变后，流徙上海、重庆等地。在黔渝路上，由于躲避日本飞机扫射与所乘车辆失去联系，将随身行李特别是辛勤搜集的数据以及蔡先生口述传略改写稿全部丢失，使其“终天抱恨，莫过于此”。1942年，将蔡元培生前自述传之要点及仅存的口述记录稿编为《蔡子民先生传略》，黄炎培作跋，商务印书馆在1943年蔡元培逝世3周年之前赶印出版。1949年后，继续搜集有关蔡元培的资料。1979年由贵州迁居天津，定居在红桥区咸阳北路新区。这时蔡元培次子蔡无忌与胡愈之等特邀他到北京商讨研究出版《蔡元培全集》，决定由其负责。他放下手中的研究课题，全身心投入到为蔡元培著书立传中。此后两年多走遍北京、上海、南京、杭州等各大图书馆、博物馆、档案馆搜集资料；在上海蔡元培故居，手抄全部蔡先生《日记》；在南京中国第二历史档案馆搜集蔡元培各个时期生活、工作的档案资料；在北京大学搜集蔡元培档案及印刷品；在京、沪、杭等地有关人士支持下，又搜集蔡元培各种遗件。1981年始，将已收集到的数据进行校勘、考证、改订，着手编辑。1984

年至1997年，编辑出版《蔡元培全集（1~7卷）》《蔡元培哲学论著》《蔡元培政治论著》《蔡元培文学论著》《蔡元培论科学与技术》《蔡元培教育论集》《蔡元培美育论集》《蔡元培史学论集》《蔡元培的生平及其事业》《中国近代教育论著丛书——蔡元培教育论著选》等论著15卷，1400余万字。还合作编辑出版《蔡元培文集》14卷。在《人民日报》《光明日报》《大公报》等30余家报刊上发表《蔡元培与毛泽东》《蔡元培与周恩来》《蔡元培与孙中山》《蔡元培与"五四"运动》等50余篇论文。

1998年，高平叔在天津市逝世，享年85岁。

赵克勤（1923—2002） 出生于天津市静海区。因父母早亡，从小跟着二哥，在市里大宅门的厨房干杂活。稍大一点，给二哥打下手学厨艺。学会了津菜馆"五鬼闹判"和大翻勺两手绝技。1940年，到著名的二荤馆什锦斋主灶。推出了以瓷坛焖制而成"坛子肉"，备受顾客欢迎。坛子肉成为什锦斋的看家菜，一菜成名。1942年，到燕春坊主灶。两年后又到同合居炒菜。50年代初，到经营天津风味菜肴的西站饭馆主灶。1959年，加入中国共产党。将家安在红桥区原春德街派出所旁（北小道子）平房里。1963年，成为一级厨师。1964年9月，进京为庆祝中华人民共和国成立15周年大型庆祝活动服务。1965年，被分配到中和楼饭庄工作。1976年，唐山大地震中和楼损毁。震后红桥区在原址新建津门最大的饭店—红桥饭店，任厨师长，推出了很多天津的传统菜和创新津菜。其中，扒全菜、盘龙大虾、炒青虾仁、鸡丝银针、金钱紫蟹等成为代表菜；八卦鱼肚、蒜蓉盖菜、鲜贝西兰花、翡翠豆腐、荷叶鸡等创新菜，得到顾客好评。参与《天津菜谱》（三册）编写工作。1980年，定级为特级厨师。1983年，成为天津市人民政府命名的10名最佳厨师之首。1982—1984年，连续三年获天津市劳动模范称号。1983年11月，代表天津参加商业部在北京人民大会堂举行的全国烹饪名师技术表演鉴定会。以炒青虾仁、鸡丝银针、蟹黄鱼翅、软溜鱼扇4道天津名菜，获得技术表演奖。1986年3月至1988年7月，受命率领9名厨师到日本东京市，任日本东京天一坊饭庄的第二任厨师长。结合日本人饮食习惯，烹制的津菜口味清、色泽淡、用油少、味复合、带青菜，如蟹肉油菜、熊掌豆腐、蚝油鲜鲍、干煎大虾、龙身凤尾桔虾等，深受日本各界朋友的欢迎和喜爱。1988年，两批赴日人员组成技术队伍，推出很多传统津菜和创新菜品，成为天津餐饮界的一段佳话。1992年3月退休。曾被聘为天津市津菜奖励基金会顾问、天津市烹饪协会讲师，为天津市培养出一大批烹饪专业技术人才。退休后，还热心参加天津烹饪活动，传授传统津菜技法。搬迁到洪湖里新建小区居住。

2002年，赵克勤在天津市逝世，享年79岁。

照28-38 左起姜昆、李文华、侯宝林、高英培、范振钰

高英培（1928-2002） 原名高敬昶，祖籍山东省滨州市，出生于天津老城里，独生子。6岁时爷爷病故，全家由城里搬到红桥区北马路270号大院居住。高小毕业后，先到自家有股的纸行店学徒，后派到北京纸行店继续学习。着迷相声，经常在业余时间到天桥听相声，与数来宝名家和相声名家高凤山相识，推荐认识相声名家赵佩茹。1948年，拜赵佩茹为师学说相声。辞掉工作专心从事相声表演。学艺出师后，1950年他和穆祥林、李寿增、常宝霖、任鸣岐等人一起到唐山相声研究社演出，住在小山大世界附近。1953年，进入南市曲艺、相声、书曲、魔术杂技演出小组，随相声社在连兴茶社驻场演出。与范振钰合作成为搭档，演出了《八扇屏》《白事会》《山东话》等传统相声。1954年，进入新成立的和平区相声队。1958年，又随和平区相声队进入和平区曲艺杂技团，团址在南市新华池浴池旧址。1958年和1962年，他与范振钰两次随团赴前线演出《钓鱼》《前线日记》等作品，受到解放军指战员的热烈欢迎后，他与范振钰搭档演出了王鸣禄创作的《跟谁对着干》《不正之风》《教

训》《皆大欢喜》《欢迎批评》《大家研究》《石厂长》《一对沙发》《恶性循环》《双面人》等相声作品，成为当时深受百姓爱戴的一对相声演员。高范组合被称作是相声界的“黄金搭档”。还演出《打针》《百吹图》《如此照相》《发学博士》《电影灯谜》等相声作品，这些作品带有明显的“高范”印记。1979年底，和范振钰进入全国总工会文工团，随团到全国各地参加慰问演出，成为全国观众喜爱的相声表演艺术家。1985年，被评为全国十大笑星。1986年，为培养相声新人，和徒弟孟凡贵合作，演出《如意不如意》《假酒》《孝子》《宠物》《进城》《多手》《人鸟之间》《双鱼对话》等一批作品。1991年，因健康告别舞台，将主要经历放在指导徒弟上。

2002年，高英培在北京市逝世，享年74岁。

爱新觉罗·毓𡒄云(1945—2005) 满族，名毓𡒄，字𡒄云，以字行，清道光皇帝第五世孙，著名书画家爱新觉罗·溥佐之子。自幼随父研习书画，与红桥结下深厚渊源。1984年，任红桥区政协常委、委员，书画研究会会员。1999—2005年，任天津市政协委员，区政协常委、书画研究会会长，为传统宫廷画的继承与创新发挥了推动作用。为人坦诚，性格忠厚，勤奋耕耘，其笔下华彩，“庙堂之气”，颇具其父风韵。擅事翎毛，精工朗秀。

照28-39　爱新觉罗·毓𡒄云

照28-40　爱新觉罗·毓𡒄云绘画作品

2005年，爱新觉罗·毓𡒄云在天津市逝世，享年60岁。

范振钰(1927-2008) 出生于河北省容城县。幼年时随家迁到天津市，居住于红桥区三条石小闸口大街12号春记货栈。先后在私塾、关下公益小学、河北小学读书，在三条石同兴货栈当店员。上小学就迷恋相声，经常到离家不远的鸟市声远茶社听相声。稍大一点就到各茶社“偷学”相声。开始学的是逗哏。相声大家赵佩茹先生有次对他说，你还是学捧哏有前途。1950年，拜相声名家班德贵为师，专攻捧哏。随后在鸟市声远茶社、谦德庄六合茶社、六合市场永合茶社、谦德庄文富茶社、南市有合茶社、燕声茶社等场所学习和演出。1951年，市政府文化部门对小型剧团和艺人登记整顿，在南市成立曲艺、相声、书曲、魔术杂技演出小组。在师父班德贵组建的相声社中演出。演员有常宝霖、连笑昆、张兴汉、佟大方、刘玉凤、李鸣岐、张紫如等。1952年，高英培进入相声社。他与高英培从此搭档。1954年，和平区相声队成立后，随老师班德贵加入。1962年，与高英培两次随团赴前线演出。代表作品有《钓鱼》《前线日记》等。1979年底，和高英培一起进入全总文工团，担任相声演员，至1988年退休。范振钰与高英培合作40余年，配合默契、珠联璧合，成为相声界的一对黄金搭档，“高范”组合家喻户晓。代表作有《钓鱼》《不正之风》《教训》《跟谁对着干》《皆大欢喜》《欢迎批评》《扯皮》《两面人》《前线日记》等，深受全国广大观众喜爱。高英培去世后，其扶持年轻演员。在CCTV第二届全国相声电视大奖赛中，为崔金泉助演《笑星传奇》，该作品荣获大赛一等奖，崔金泉获最佳逗哏奖。对许多青年相声演员和后辈给予指导与帮助，为中央人民广播电台、中央电视台和各地方媒体录制大批节目，为国家曲艺事业的繁荣发展做出重要贡献。

2008年，范振钰在天津市逝世，享年81岁。

第二章 人物名表

1979—2010年，在全区改革开放和经济社会建设中，涌现出一大批先进人物和典型事迹。其中，因公牺牲被命名为烈士的2人，被授予全国劳动模范的2人，天津市劳动模范的221人（其中，被授予两次以上的32人），2010年全区正高级专业技术人员45人。以上人员在全区经济建设、社会发展中发挥了模范带头作用，做出了重要贡献。

第一节 烈士名录

1979—2010年红桥区烈士名录一览表

表28-1

姓名	性别	出生年月	籍贯	职务	政治面目	参加革命时间	牺牲时所在单位	何时何地怎样牺牲
吕春明	男	1956	山东招远县	战士	团员	1977年	32265部队汽车34团3营7连	1980年5月，在闽侯县因公牺牲
刘润权	男	1922	天津市	工人	群众	1963年12月	红桥区房地产管理局工程3队	1981年1月19日，在工作单位与抢劫杀人犯搏斗中牺牲

第二节 全国劳动模范

1994年红桥区国家级劳动模范一览表

表28-2

姓名	性别	授予时间	工作单位及职务	授予次数
王希勇	男	1994	天津天宝商贸集团公司总裁	1
蔡开仕	男	1994	七〇七所　室主任	1

第三节 天津市劳动模范

1979—2010年红桥区市级劳动模范一览表

表28-3

姓名	性别	授予时间（年）	工作单位及职务
苏士珍	男	1979	小西关煤业基层店长虹门市部送煤工
		1980	小西关煤业基层店送煤员
		1982	小西关煤业基层店永胜利煤店经理
韩文生	男	1979	三条石房管站房管员
朱　立	男	1979	房管局综合加工厂车间主任
		1980	房管局综合加工厂组长
刘义洪	男	1979	饮食公司新村基层店门市部副经理
于恩俊	男	1979	蔬菜副食品公司大伙巷商店经理
		1980	大伙巷副食基层商店经理
		1982	大伙巷基层店经理
陈文华	女	1979	蔬菜副食品公司大胡同商店组长
于风来	男	1979	修配公司车辆水暖修配厂副厂长

续表一

姓名	性别	授予时间(年)	工作单位及职务
肖桂荣	女	1979	红旗基层店群利旅馆副经理
赵士杰	男	1979	饮食公司新村基层店门市部经理
束方元	男	1979	百货公司大胡同百货商场修表工
王士珍	女	1979	饮食公司鸟市基层商店副经理
王月琴	女	1979	百货公司丁字沽百货店柜长
		1980	丁字沽百货商场柜长
		1992	百货公司工会主席、政工师
		1994	区百货公司工会主席
刘学增	男	1979	城市建设管理局排水管理队干部
郭卫中	女	1982	中心小学教师
		1979	中心小学教师
		1980	中心小学教师
		1986	中心小学教师
王志毅	男	1979	西青道中学教师
于静贞	女	1979	河北大街卫生院助产士
		1980 1984	河北大街卫生院医师
曹树兴	男	1979	清洁大队工人
刘作先	男	1979	蔬菜副食品公司修配厂组长
傅德刚	男	1980	庆丰里煤店送煤员
		1982	庆丰里煤店送煤员
韩文生	男	1980	三条石房管站房管员
		1982	三条石房管站管养组组长
刘学增	男	1980	排水管理队干部
		1982	排水管理队干部
张金兰	男	1980	环境卫生局汽车一队工人
王士珍	女	1980	鸟市饮食基层店副经理
		2008	道路清扫二队组长
赵克勤	男	1980	红桥饭店厨师
		1982	红桥饭店组长
		1984	红桥饭店特级厨师
刘义洪	男	1980	丁字沽新村回民食堂副经理
杨桂珍	女	1980	西青道副食品综合商店售货员
		1982	西青道副食门市部保管员
陈文华	女	1980	北大关副食品商店柜长
		1982	大胡同基层店北大关门市部组长
张金祥	男	1980	向阳浴池基层店明江池服务员
		1982	新村浴池服务员
王志义	男	1980	西青道中学教务处副主任
张志元	男	1980	大丰桥中学工人
		1982	大丰桥中学工人
韩建生	男	1980	大胡同小学辅导员
		1982	大胡同小学教导副主任
夏茵	女	1980	红十字会医院妇产科主任
田柳堤	男	1980	第二中心医院外科副主任
李俊萍	女	1982	西于庄基层店火炬门市部主任
宋书萍	女	1982	西青道饮食基层店门经理
		1994	天津耳朵眼炸糕公司经理
王月勤	女	1982	裕华百货商城副经理

续表二

姓名	性别	授予时间(年)	工作单位及职务
贾希桐	男	1982	河北大街修车门市部主任
		1984	修配公司河北街修车门市部工人
		1986	车辆水暖修配厂门市部经理
许文田	男	1982	西青道食品厂车间主任
李重成	男	1982	金钟桥土产杂品商店副经理
		1992	金钟桥土产杂品商店经理
刘彦斌	男	1982	环卫局清扫队大胡同分队分队长
郭留安	男	1982	西于庄街勤丰木器厂厂长
魏鸿书	男	1982	八十中学教师
王连笑	男	1986	北门东中学教师
		1982	北门东中学教师
		1984	北门东中学教师
		1986	北门东中学教师
		1988	北门东中学教师
		1992	北门东中学教师
赵兰海	男	1982	六十二中学副校长
杜幼卿	男	1982	大伙巷卫生院中医师
杨德祥	男	1982	黑白铁个体劳动者
李洪深	男	1984	区煤建公司河北街基层店红光门市部送煤员
		1986	媒建公司红光煤店送煤工
陈良才	男	1984	区蔬菜副食品公司经理
刘燕茹	女	1982	河北大寺小学教师
周焕章	男	1984	百货经营部经理
		1986	百货公司综合经营部经理
		1988	估衣街百货公司经营部经理、高级经济师
		1990	百货公司综合经营部经理、高级经济师
		1992	红百纺织品批发公司经理、高级经济师
王宝瑞	男	1984	修建公司工程队201班工人
王　竞	男	1986	天津五中教师
		1988	天津五中教师
宋玉星	男	1986	教育局教育教学教研室教研员
高荣辅	男	1986	邵公庄卫生院地段组长
曲培泉	男	1986	服务公司照相基层店副经理、特级摄影师
陈光亭	男	1986	蔬菜副食品公司西青道综合商场主任
莒国珍	女	1986	咸阳北路房管站换房员
		1992	咸阳北路房管站换房员
		1990	咸阳北路房管站换房员
邢淑玲	女	1986	南头窑房管站房管员
		1988	南头窑房管站房管员
		1992	房产公司经营科副科长
刘嘉俊	男	1986	环卫工具修理厂技术股长
		1988	区环卫工具修理厂技研室负责人、工程师
		1990	环卫工具修理厂技研室主任、工程师
		1992	环卫工具修理厂技术室负责人、高级工程师
温洪藻	男	1986	新型建筑五金材料厂厂长
		1988	新型建筑五金材料厂厂长
		1990	新型建筑五金材料厂厂长
杨志刚	男	1986	文化馆干部
		1990	文化馆干部
		1994	文化馆馆长
刘桂琴	女	1988	北马路宝林祥食品店售货员

续表三

姓名	性别	授予时间(年)	工作单位及职务
董秀荣	男	1988	北马路津鲁火烧铺经理
		1990	北马路津鲁火烧铺经理
王秋梅	女	1988	北马路为民副食品日夜商店经理
		1990	北马路为民副食品日夜商店经理
曹永丰	男	1988	区煤建公司运输队承包队长
周里安	女	1988	丁字沽一号路小学班主任、小学高级教师
陈云燕	女	1988	区第八幼儿园教养员、小学一级教师
林　萍	女	1988	红桥医院妇产科护士长、主管护师
黄卲文	男	1988	西沽街工艺服装厂厂长
		1990	西沽街工艺服装厂厂长
		1992	西沽街工艺服装厂厂长
辛长勤	男	1988	三条石房管站小修服务社主任
		1990	三条石房管站小修服务社主任
		1992	三条石房管站小修服务社主任
张书元	男	1990	咸阳北路粮管站76粮店经理
邵华荣	男	1990	宝林祥食品商店经理兼支部书记
		1992	宝林祥食品商店经理兼支部书记
		1994	宝林祥食品商店经理兼支部书记
陈金德	男	1990	新村饮食迎春餐馆经理
李宗凤	男	1990	北马路小学班主任、高级教师
宋玉昆	男	1990	第八十中学一级教师
赵之珩	男	1990	少年宫、小学高级教师
朱娟娥	女	1990	妇幼保健院主治医师
		1992	妇幼保健院副院长、主治医师
		1994	妇幼保健院副院长、主治医师
杨凤华	男	1992	东北角小吃餐厅经理
		1994	东北角美食城经理
		1996	东北角美食城经理
杨　勇	男	1992	人民浴池服务员
冯连兴	男	1992	三条石菜市场经理、经济师
		1994	区蔬菜副食品公司三号路菜市场经理
刘振洪	男	1992	第八十中学美术教师
		1994	八十中学助理教务主任
许浩全	男	1992	文昌宫回民小学教务副主任、校办商店经理、高级教师
张克杰	男	1992	北马路小学校长兼书记、高级教师
尚学礼	男	1992	北方净化机房设备公司经理、经济师
王希勇	男	1992	直属企业局局长
		1994	天津天宝商贸集团公司总裁
王小平	男	1994	区土产日杂公司西青道土产店经理
		1996	区土产日杂公司西青道土产店经理
		1998	区土产日杂公司西青道土产店经理
王维国	男	1994	区环卫局垃圾收运队司机
		1996	区环卫局垃圾收运队司机
徐金昌	男	1994	区房产总公司总经理
		1996	区房产总公司党委书记兼总经理
		1998	区房产总公司党委书记兼总经理
阎金生	男	1994	区排水管理所沟班一组组长
李玉存	女	1994	区二号路小学校长
王志玲	女	1994	区十九幼儿园副园长
郑长福	男	1994	茂达工商实业公司永升五金电器厂厂长

续表四

姓名	性别	授予时间(年)	工作单位及职务
刘 奇	男	1994	为民清真食品公司经理
		1996	为民清真食品公司经理
胡同发	男	1996	区蔬菜副食品公司经理兼党委书记
马贺瑞	男	1996	虹桥搪瓷标牌厂厂长
		1998	虹桥搪瓷标牌厂厂长
钱智良	男	1996	区房管局先春园街房管干部
闫金生	男	1996	区排水管理所工人
张凤铭	男	1996	天津师范附小支部书记兼校长
孙荣俊	女	1996	区第一幼儿园支部书记兼园长
穆怀国	男	1996	第八十八中学校办双环电容器总厂厂长
肖先逵	男	1996	天宝天贸集团公司总经理
张玉明	男	1998	区政府信访办主任
		1996	区政府信访办主任
		1998	区政府信访办主任
马羡民	男	1996	区委宣传部科长
王国忠	男	1996	天河建筑工程公司经理
		1998	天河建筑工程公司经理
		2000	三条石街工商实业公司天河建筑工程公司经理
吴金海	男	1996	区人民法院民庭审判员
高凤琴	女	1996	丁字沽街办事处计划生育办公室主任
张大彪	男	1996	咸阳医院医生
刘恩发	男	1998	红旗制冷设备公司
宫立春	男	1998	市政道路管理所所长
陈国发	男	1998	园林局绿化工程管理所所张
		2000	园林局绿化工程管理所所张
刘国庆	男	1998	房管局科长
李森田	男	1998	第五十一中学校长
刘 琳	女	1998	北门东中学教师
		2000	北门东中学教师
胡杏娟	女	1998	第十九幼儿园园长
张静秋	男	1998	卫生局局长
		2000	卫生局局长
		2002	卫生局局长
刘大江	男	1998	环卫局公厕保洁队队长
		2004	环卫局公厕保洁队队长
王 竞	男	1998	外经贸委主任
李 敏	女	1998	区人民法院审判员
张玉彬	男	1998	天宝房地产经营开发公司副经理
张英凤	女	1998	红旗饭庄经理
		2000	红桥区饮食公司副经理
		2002	天津红旗饭庄有限公司董事长、总经理
杨洪年	男	1998	糖果公司满园春食品店经理
闻 达	女	2000	第十九幼儿园教师
吴宝来	男	2000	北马路小学校办厂负责人
赵建明	男	2000	副食公司宏海连锁四店店长
何 正	男	2000	区房屋建设工程有限公司二分公司项目长
李玉芳	女	2000	区环境卫生管理局道路清扫一队队长
陈祯祥	男	2000	区房产总公司三条石房管站小修服务社
朱文春	男	2000	邵公庄街劳服公司宏翔电梯公司经理
		2002	邵公庄街劳服公司宏翔电梯公司经理
甄云利	男	2000	大胡同集团有限公司董事长总经理

续表五

姓名	性别	授予时间(年)	工作单位及职务
徐宝义	男	2000	红星职业中等专业学校副校长
李志强	男	2000	糖果公司正兴德茶庄副经理
		2002	糖果公司正兴德茶庄副经理
季惠芬	女	2000	房产总公司河北大街房管站站长
		2002	房产总公司宾园物业有限公司经理
刘　成	男	2002	热化工程指挥部建委副主任供热指挥
艾伯亭	男	2002	规划土地管理处处长
阴志刚	男	2002	民政局局长
马洪欣	女	2002	宏源商场厨房部负责人
张宝元	男	2002	红桥建筑工程有限公司董事长总经理
李玉芳	女	2002	区环卫局道路清扫一队队长
袁振民	男	2002	区市政工程局道路管理所所张
郭　华	女	2002	区建设管理委员会副主任
康振强	男	2002	西于庄街道办事处主任
李绍育	男	2002	区纪律检查委员会常委
马静茹	女	2002	区科学技术委员会主任
毕　霞	女	2002	区委宣传部红桥报副总编
李克山	男	2002	八十八中学驾校校长
赵尔增	男	2002	民族中学教师
董连琴	女	2002	邵公庄小学副校长
方金华	女	2002	第二十幼儿园园长
马华山	男	2004	规划和国土资源管理处处长
王宗钊	男	2004	天津市第五十一中学副书记
史天成	男	2004	双环邨街道办事处主任
史文志	男	2004	区建设管理委员会主任
白　岚	女	2004	新村医院院长
苏光际	男	2004	粮油贸易有限公司总经理
李树志	男	2004	天津耳朵眼炸糕餐饮有限责任公司总经理
肖　克	男	2004	万荣化工工业公司副经理
陈淑芳	女	2004	育英职业中等专业学校副书记
张云树	男	2004	排水管理所所长
张 武	男	2004	房产总公司总经理
姜德志	男	2004	教育局局长
徐天成	男	2004	园林管理局副书记
徐永有	男	2004	财政局局长
殷玉华	女	2004	人民法院助审员
		2006	人民法院助审员
崔德俊	女	2004	体育学校教师
赵焕生	女	2004	计生委副主任
魏玉玲	女	2004	文昌宫小学校长
陈顺伶	男	2006	建筑工程有限公司项目长
王　京	女	2006	供热总公司经理助理
艾　霞	女	2006	房地产管理局副主任
马仰江	男	2006	公厕保洁队组长
辛宝忠	男	2006	红旗饭庄有限公司厨师长
韩祥义	男	2006	北门东中学校长
王宝平	男	2006	红星小学校长
王鸣竹	女	2006	第一幼儿园党支部书记
刘　莉	女	2006	民族中学教师
刘家成	男	2006	佳园医院小区站站长
王　欣	女	2006	红桥医院副院长

续表六

姓名	性别	授予时间(年)	工作单位及职务
吴志军	男	2006	西沽街道办事处综治办主任
张玉奇	男	2006	文化馆副馆长
李金利	男	2006	劳动和社会保障局局长
宋世平	男	2006	金路房地产开发经营发展有限公司 党支部书记、经理
张光宇	男	2006	天津五中校长
唐　瑶	男	2008	人民法院行政审判庭庭长
杨恩来	男	2008	耳朵眼炸糕餐饮有限责任公司总经理
郑　萃	男	2008	红桥医院科主任
许　刚	男	2008	西沽医院小区站
刘永安	女	2008	园林绿化设计所所长
曾昭伦	男	2008	区政府信访办公室科长
张乃正	男	2008	房产总公司拆迁副指挥
闫家坤	女	2008	第五十一中学校长
潘　虹	女	2008	天津师范学校附属小学校长
孙鸿毅	女	2008	教师进修学校教研员
郑焕珍	女	2008	天津三中校长
郭　瑾	女	2008	文昌宫民族小学教师
从毓臣	男	2008	区城市管理工作委员会书记
冯兴源	男	2008	邵公庄街道办事处城管科长
刘　集	男	2008	铃铛阁街道办事处城管科长
王永华	女	2008	计生委主任
马　勇	男	2010	邵公庄街道办事处主任
马墨林	男	2010	房产总公司总经理
王　哲	男	2010	天津都行商城经理
王金华	男	2010	三条石街道办事处办公室主任
尹淑霞	女	2010	民族中学校长
刘金铁	男	2010	建筑企业管理站副站长
李志武	男	2010	咸阳北路街道办事处经济办公室主任
吴玉书	男	2010	红旗饭庄有限公司厨房部部长
张　水	男	2010	工人新村小学教师
张　镇	男	2010	天津三中教师
张先锋	男	2010	中铁隧道勘测设计院有限公司董事长兼院长
张庆华	男	2010	区政府办公室电工班班长
张志刚	男	2010	区公厕保洁队
张坤宇	男	2010	卓朗科技发展有限公司总经理
张晓兰	女	2010	红桥医院妇产科主任
张雅洁	女	2010	第一幼儿园园长
陈明慧	女	2010	亚龙礼品商行经理
邸盼虎	男	2010	圣威科技发展有限公司部门主管
周　萍	女	2010	人民法院刑庭庭长助理
曹立华	男	2010	综合执法局邵公庄大队教导员
常丽颖	女	2010	实验小学教师
戴　强	男	2010	供热总公司丁字沽供热站站长
魏熹晟	男	2010	公安红桥分局邵公庄派出所所长

第四节 专业技术人员

2010年正高级专业技术人员基本情况表

表28-4

序号	姓名	性别	出生年月	民族	文化程度	政治面目	职称	所在单位
1	周 云	女	1955年9月	汉	本科	群众	正高级工程师	区绿化管理一所
2	张玉奇	男	1952年5月	汉	大专	中共党员	研究馆员	区文化馆
3	杨志刚	男	1940年11月	汉	初中	群众	研究馆员	区文化馆
4	徐先诚	男	1941年3月	汉	大本	民革	教授	职工大学
5	张玉琴	女	1951年1月	汉	大本	中共党员	教授	职工大学
6	冯仙荣	女	1956年8月	汉	本科	群众	主任医师	丁字沽街社区卫生服务中心
7	杜 云	女	1927年6月	汉	大学	群众	主任医师	妇幼保健院
8	王金钰	女	1959年2月	汉	本科	群众	主任医师	妇幼保健院
9	张冬梅	女	1959年1月	汉	本科	中共党员	主任医师	妇幼保健院
10	张 丽	女	1958年8月	汉	本科	群众	主任医师	妇幼保健院
11	曹惠珠	女	1941年8月	汉	大专	九三学社社员	主任医师	红桥医院
12	高淑惠	女	1939年1月	汉	大学	中共党员	主任医师	红桥医院
13	霍士照	男	1946年1月	汉	大学	群众	主任医师	红桥医院
14	王 欣	女	1960年1月	回族	本科	群众	主任医师	红桥医院
15	郑 莘	男	1953年3月	汉	大学	九三学社社员	主任医师	红桥医院
16	徐清香	女	1958年8月	汉	本科	群众	主任医师	红桥医院
17	张建中	男	1964年3月	汉	本科	中共党员	主任医师	红桥医院
18	张晓兰	女	1959年1月	汉	本科	群众	主任医师	红桥医院
19	刘新塘	男	1968年1月	汉	研究生	中共党员	主任医师	红桥医院
20	何甲均	男	1961年1月	汉	本科	预备党员	主任医师	红桥医院
21	杜德山	男	1968年7月	汉	大专	农工党党员	主任医师	红桥医院
22	董静莲	女	1964年8月	汉	本科	群众	主任医师	红桥医院
23	李 新	男	1943年1月	汉	本科	中共党员	主任医师	红桥医院
24	周玉燕	女	1957年1月	回	本科	中共党员	主任医师	疾病控制中心
25	哈 群	男	1953年5月	回	大学	中共党员	主任医师	疾病控中制心
26	晏 杰	女	1964年1月	汉	本科	民盟盟员	高级会计师	疾病控制中心
27	韩津生	男	1951年5月	汉	大专	群众	主任医师	疾病控中制心
28	郭 宏	男	1961年4月	汉	大专	群众	主任技师	疾病控制中心
29	夏晓明	男	1963年2月	汉	本科	民盟盟员	主任医师	疾病控中制心
30	张作成	男	1930年4月	汉	大学	群众	主任医师	西于庄街服务中心
31	张连祥	男	1959年12月	汉	大专	中共党员	主任医师	咸阳北路服务中心
32	王喜玲	女	1958年11月	汉	本科	农工党党员	主任医师	原民族医院
33	王惠珍	女	1950年1月	汉	大学	群众	主任医师	原民族医院
34	刘玉茹	女	1945年9月	汉	大学	中共党员	主任医师	原民族医院
35	李 军	女	1950年5月	汉	大学	中共党员	主任医师	原民族医院
36	宋志耘	男	1955年7月	汉	大学	群众	主任医师	原民族医院
37	朱京国	男	1961年12月	汉	本科	农工党党员	主任医师	原民族医院
38	马惠英	女	1963年3月	汉	本科	农工党党员	主任医师	原民族医院
39	刘承荫	男	1945年1月	汉	本科	中共党员	主任医师	原民族医院
40	张令生	男	1946年8月	汉	本科	中共党员	主任医师	原民族医院
41	缪贵林	男	1942年2月	汉	大学	中共党员	主任医师	中医医院
42	刘召兰	女	1938年1月	汉	大学	群众	主任医师	中医医院
43	吴炳忠	男	1945年5月	汉	本科	中共党员	主任医师	中医医院
44	朱雅萍	女	1964年2月	汉	本科	群众	主任医师	中医医院
45	汪 艳	女	1971年8月	汉	本科	中共党员	主任医师	中医医院

红桥区志

专　记

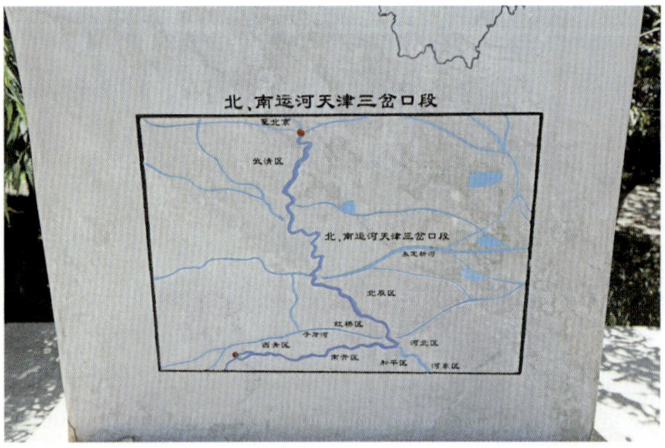

北、南运河天津三岔口段全图

北、南运河天津三岔口段非遗中英文对照说明

中国大运河世界非遗纪念碑

美国国会图书馆藏1884年《全漕運道圖》(天津段截图)　　（张岩提供）

运河明珠数红桥

大运河是古代中国人创造的奇迹，其规模在人类历史上是独一无二的。中国是一个历史悠久的多民族统一的国家，庞大的中央集权国家，必然有庞大的军队和中央政府，政治中心和经济区域的错位，产生了漕运粮食的必要，保证粮食漕运的大运河就是在这一过程中不断发展形成的。运河的开通，带动了人流和物流。围绕码头，人员和物资的交流造就了沿河城镇。在沿运河而兴起的城镇，都有着鲜明的运河烙印，天津就是这样的城市。

隋唐时期的运河永济渠并不经过现在的天津，而是从静海独流转向西北，经霸州信安北上涿郡。金代天津的三岔口才与运河有关。这时天津地区本来人烟稀少，宋代以后长期处于南北政权对峙前线的咽喉要地，因此也是军队驻地。金代的直沽寨、元代的海津镇、明代的天津卫都是军事据点。当金代和元代中央政权北移以后，北京成为历代中国的首都，大运河的北端也指向北京。与北京近在咫尺，具有河海相通，九河下梢地理优势的天津三岔河口地区，自然成为京杭大运河的枢纽。

天津，中国北方的大都市，是运河城市群中的佼佼者。红桥区位于天津市城区西北部，是市内六区之一。南运河横穿区内西南部，北运河北依区北部区界。人口聚落、水旱码头、物资交流、五行八作，均在南北运河的怀抱中兴盛繁衍。沿河设寨置镇、榷税钞关、衙司执法，由县而州，终成繁华都市。红桥区便是这座运河城市的肇始之地，文明之魂，商业之根。

北运河的变迁

北运河，是京杭大运河6段运河之一，始于通州北关闸，终于天津三岔河口，全长186千米。今红桥区境北运河段始于千里堤，止于三岔河口与南运河汇流处，长6千米，河床宽80米，平均水深2米，最大流量100—184立方米／秒。2006年，北运河被国务院公布为第六批“全国重点文物保护单位”。2014年，第38届世界遗产委员会会议“决定将中国大运河以标准(ⅰ),(iii),(iv) 和 (vi) 列入世界遗产名录”，北运河部分区段列入“中国大运河世界文化遗产”的重要组成部分，其中包括红桥区北运河区段运河水工遗存。

北运河一带通漕运约自汉末三国起。古代水道与今水道差异很大。据《水经注》记载，现在的潮河古称鲍丘水，上游古今略相同，下游则与今天的白河相合，称潮白河。古鲍丘水则自潞县（今通州东10千米）以下较今潮白新河偏东入海。鲍丘水又名东潞水，以区别西侧潞水。潞水，《水经注》又称为沽河，即今之白河，唯下游不合潮河，流经潞县西，大致循今天的北运河路线，至今天津附近入海。

金贞元元年（1153年），金王朝迁都燕京（今北京），为保障每年所需大批的粮食和其他物资，金章宗下令调整北运河路线，以白河下游为基础，自今天津地区至今通州地区开凿北运河，当时称为“潞河”。

元至元八年（1271年）蒙古改国号为元，又于至元十六年（1279年）灭亡南宋，统一中国，定都大都（今北京）。至元十九年（1282年）“立漕运河渠司”“浚武清县御河”，对北运河进行改造，经三岔河口连通海河，开辟了长达46年的河海联运漕粮的历程。北运河成为漕粮的集中运输通道。

明永乐十八年（1420年），北京城和皇宫建成，朱棣正式迁都北京。运河统称为“漕”，北运河，即白河称“白漕”。明政府利用各种方式和力量对北运河进行清淤，如万历三十一年（1603年），工部挑浚通州至天津的全线河道，挑深四尺五寸，挑出河底泥沙筑堤于两岸（《明史》卷86《河渠四 · 运河下》，中华书局，1974年，第2110页）。还“用兜杓数千具治河，官夫遇浅即浚，此外运舟各携四五具，二三百舟即可得千余具，合力以浚，顷刻而通，盘剥大省矣”（清王履泰撰《畿辅安澜志·白河》卷4《修治》，清光绪年间刻本）。并在“浅处设铺舍，置夫甲，专管挑浚，舟过则招呼，使避浅而行，自此而南，运河浅铺以次而设”（明申时行重修《大明会典》卷196《河渠一 · 白河》，台北文海出版社，1988

年）。北运河两岸"捞浅夫"居住，包括北运河红桥区段的丁字沽、西沽等村落。

清代延续了前代对北运河的治理，并拨专款雇佣民夫挑浚河道。清雍正四年（1726年）改称"北运河"。在明朝坚固堤坝的基础之上，培固维修，分段管理。正堤以外，在险要堤段还设有草坝对堤埝予以保护。并对河道进行裁弯取直。清初漕运，漕船到津后无法畅行北上，需起卸换用载重百石以下的平底小船——"红驳"船分运通州入仓。为驳运南漕，清初在天津设"红驳"船600只，后增加额数，加上雇募民船，道光六年（1826年）最多时曾达4500只。众多的船户、舵工、水手集聚，支应驳运漕粮，揽载往来商货，在北运河南端、三岔河口、大红桥等地"每年夏秋间，帆樯络绎，水手如云"，船工呼号，纤夫唱和，颇为壮观。咸丰八年（1858年）4月到津参与签订中俄《天津条约》的俄国人巴拉第，曾在日记中记述经北运河看到的漕运盛况："数不胜数运粮的驳船一条接一条逆流而上，它们沿着白河（即北运河）鱼贯而行，直到天尽头，桅杆连成一线，描绘出河流的曲折蜿蜒。沿岸街上都是人，非常热闹。"

南运河的变迁

南运河，是京杭大运河6段运河之一。南起山东临清，北至天津三岔河口与北运河会合后入海河干流。全长414千米。今红桥区境南运河起自杨庄子横堤，止于三岔河口南、北运河汇合处，长7.3千米，河底宽15~20米，河底高程0.5~0.0米（大沽高程），堤顶高程7米，地面高程5米，流量20立方米／秒，左岸建防水墙400米，固堤6447米；右岸建防水墙275米，固堤5734米。沿河建扬水站4座，闸3座，涵洞1座。2006年，南运河被国务院公布为第六批"全国重点文物保护单位"。2014年，第38届世界遗产委员会会议"决定将中国大运河以标准（i）,(iii),(iv) 和 (vi) 列入世界遗产名录"，南运河部分区段列入"中国大运河世界文化遗产"的重要组成部分，其中包括红桥区南运河区段运河水工遗存。

南运河的开凿形成于今，时间跨度较大。最初始于东汉建安九年（204），曹操北征乌桓，命董昭开凿平虏渠。平虏渠的南口在今天的河北青县以东，北口大约在今天的天津市静海县独流镇。相当于现在的京杭大运河南运河的北段。隋大业四年（608年）春，开凿永济渠，利用了曹魏旧渠。北宋时，黄河入侵天津地区，宋人为防御辽兵南侵，利用天然水体，修浚一系列塘泊，自东至西数百里，使水深不能行舟，浅不能走马。南运河自独流以下与塘泊合为一体，也称永济河（《续资治通鉴长编》载）。这大概就是现今南运河下游的初期形态。

金泰和五年（1205年），金章宗"至霸州，以故漕河浅涩，敕尚书省发山东、河北、河东、中都、北京军夫六千改凿之"（《金史》河渠志 P684），漕船自静海独流经柳口（杨柳青）至三岔河口，南运河始通。

元代河海联运漕粮。元至元十二年（1275年），丞相伯颜与都水郭守敬沿江淮至大都各处访问勘察后，向元世祖进言"弃弓走玄"之策，规划形成今"京杭大运河"线路。

明永乐定都北京，永乐八年（1410年），明成祖下令开会通河，打通南北漕运，重开京杭运河。南运河自天津向南，到山东临清入会通河。南运河，时称卫漕。

清代，南运河走向未做大动。清乾隆年间，曾在南运河进行大规模的放淤固堤活动，进一步加开减河。特别是，加大力度解决漳河对南运河的侵扰，确保南运河漕船通行。

民国时期，南运河至三岔河口裁弯取直，同时对各减河建立闸坝。南运河红桥区段原来河道非常弯曲，1917年3月1918年11月经过"三岔口裁弯取直""大王庙改辟河口""西大弯子裁弯取直"工程后，才成为今日南、北运河汇流海河干流的状况。

三岔河口的变迁

三岔河口是北运河、南运河与海河的交汇点。金代初期开海运，北运河与海河贯通，三岔河口初现。金泰和五年（1205年），南运河开通，三河汇流，三岔河口基本形成。来自南运河内河漕船北上和来自海河的海运漕船换船的交通枢纽和漕运中转站，在三岔河口附近逐渐形成了具有战略意义的重要市镇。金贞祐二年（1214年），由于对保障金中都（位于今北京城西南）及漕、盐储运安全至关重要，在三岔河口建立军事设施直沽寨，成为天津城最早的建制。直沽寨是天津地区第一个名称。

元代，三岔河口地区（时称直沽）成为来自南方内河漕船北上和来自海河的海运漕船换船的交通枢纽和漕运中转站，非常繁忙。延祐三年（1316年）在直沽设海津镇。元代诗人王懋德的诗文《直沽》生动描绘了当时三岔河口繁忙兴盛的景象：“极目沧溟浸碧天，蓬莱楼阁远相连。东吴转海输粳稻，一夕潮来集万船。”但由于每年汛期时上游的大量泥沙淤积在潞河下游河段，当河水进入三岔河口河道，水流速度减缓，且一日两潮的海河受潮汐顶托，大量的泥沙沉积于此，妨碍漕船的通行，因此朝廷十分重视对三岔河口的疏浚。如元至治元年（1321年）中书省“令大都募民夫三千，日给佣钞一两、糙粳米一升，委正官提调，验日支给，令都水监暨漕司官同督其事”，对三岔河口进行疏浚，为期一个月（《元史》卷64《河渠志一》，中华书局，1976年，第1598页）。

明建文二年（1400年），时负责驻守北平（今北京）的朱棣曾经派人暗中在直沽运河上建造浮桥，大军在直沽渡河偷袭沧州取得大胜，史称“白河济渡”。并最终取得皇位，改元永乐（1403年）。翌年，朱棣在三岔河口附近设卫。赐名为“天津”，意为“天子渡津之地”。这是天津的正式名称，沿用至今。永乐十九年（1421年），朱棣正式将明王朝首都从南京迁至北京，通往北京的漕粮运道成为国家命脉。但因北运河浅涩或冲决，数百万石漕粮不能及时运抵北京，三岔口地区自此遂成为明清时期重要的漕船停泊码头。漕船在此将粮米卸下暂存天津仓廒，再雇驳船循北运河转运漕粮至北京。明天启年间，刑科给事中霍维华进言“漕粮剥收之太迟，臣过天津一带，见夹岸聚米如山，盖水浅舟胶，不得不需运于剥船，剥船不至不能不堆积于陆困”（《明熹宗实录》卷57，天启五年三月庚戌）。

元明清三朝在北京建都，北运的南粮大增，无论通过海运或河运，漕粮航运均须经过三岔口转运，因此极大地促进了天津的城市发展与商业繁荣，在周边的运河沿岸形成了杨柳青等一系列古镇，促进了区域经济与社会的发展。因此，可以说三岔口孕育了天津城与周边城镇，是天津城市发展的“摇篮”。

“三岔口，停船口，南北运河海河口，货船拉着盐粮来，货船拉着金银走，九河下梢天津卫，风水都在船上头。”天津民谣如是说。元朝诗人张翥描绘的清晨天津三岔河口的画卷是“晓日三岔口，连樯集万艘”。清乾隆帝也曾赋诗咏怀三岔河口：“西沽三水汇流处，南北运河清贯中。徒时堤防宁有是，要当善道备宜通。”三岔河口在天津历史及中国运河史上非常重要。从南边经过大运河往北运粮食的漕运船和从渤海经海河再到北运河的海运船，都要经过三岔河口，所以三岔河口是非常重要的中转站。

南北运河由于季节性水量分布不均匀、河流含沙量较大，容易淤塞造成决堤影响航运，在历史上历经多次维护、改造。1920年，顺直水利委员会对三岔河口进行了裁弯取直工程，填平了南运河与北运河各自在附近过于弯曲的一段河道，把三岔河口从狮子林桥附近向上游推移至现位置，形成目前三岔河口格局。

2006年，三岔河口作为京杭大运河一部分，被国务院公布为第六批全国重点文物保护单位。

2014年，第38届世界遗产委员会会议“决定将中国大运河以标准（i）,(iii),(iv) 和 (vi) 列入世界遗产名录”。南、北运河三岔河口段作为遗产要素运河水工遗存列入“中国大运河世界文化遗产”的重要组成部分。对天津部分南北运河和三岔河口的描述为：北起北运河与龙凤河交叉处，向南沿北运河至三岔河口处再向西折，沿南运河直至杨柳青镇止。沿线两侧均以运河岸线外扩5米为界，遇堤时，则以外堤脚线为界。以遗产区整体外扩50、300米为界；其中在武清区、天津市中心城区、西青区外扩50米，其余均外扩300米。

城市的发展

明清之际，许多运河沿岸城市经历了由卫城而城市的发展过程。比较典型如天津卫、德州卫、临清卫、聊城卫、济宁卫等等，这些卫城一开始都是为了驻军而修筑的城墙，城内人口也不多，后来随着漕运的发展才成了著名的商业城市。从明代开始，漕运运军中始终有夹带土特产的现象，政府逐渐认可。为鼓励漕运，嘉靖时期准许每条漕船带货二成；万历年间，允许每船可夹载60石，可在沿途码头集散销售，这就极大地促进了运河沿岸各村镇经济的繁荣。这些货物是免税的，漕运的夹带实际上带动了南北物资交流。明代实行禁海政策，京杭大运河成为全国南北商品流通的主干道。特别到了明末清初，民间商品经济有了很大的发展，运河上商贾络绎不绝。征收过往船只、商品的关税遂成为政府的税收来源之一。随着天津经济的提高，清康熙四年（1665年）钞关由河西务移驻天津三岔河口南运河北码头北岸，俗称“北大关”。清朝沿袭明制，税关分设户部关和工部关两种。北大关就是户部关。清康熙五十五年（1716年），北大关处建成了可开闭的浮桥，被称为钞关浮桥或北大关浮桥，即现在金华桥的位置。过往船只往往在等待过关验收同时进行商品贸易，进一步加大了商品贸易的流转。等待过关的行商往往在钞关附近的塌房、官店、私店内居住，带动了钞关附近商业和服务设施的发展。便利的交通和繁荣的贸易促使运河各钞关所在城镇逐渐成为区域经济中心和流通枢纽。钞关的存在也一定程度上关涉到城镇人口数量与结构性变化。

北大关到三岔河口一带，从元代起就是天津最早的人口聚集区。到了清代中期，根据《津门保甲图说》的统计，城外从事商业的为城内的两倍半，这说明天津的商业中心在城外，而且集中在城北城西的沿河一带。天津的“城”与“市”的功能错位的城市格局并不是人为设定的，而是商业交易的便利造成的。天津城北门至南运河之间的北门外大街，每年秋令时节，来往商贾云集，货物堆积如山。天津在明代初期只有五个集，到弘治六年（1493年）又添了五集一市。其中有三个集在南运河沿岸，即在北门外的丰乐集、北门外西的恒足集、张官屯的永乐集。

长芦盐的北移

运河固然带来了天津地区的繁荣，但是古代天津真正发展起来，并且在运河沿岸的城市中脱颖而出，则另有原因。明代中后期长芦盐区生产出现了重大革新，即从煎煮向滩晒过渡。滩晒法极大地提高了产量，带来的结果是长芦盐的生产开始北盛南衰。从明代后期就开始裁并南北司的盐场。滩晒技术的普及和盐产量的增加，意味着南北场的生产都可以充分满足需求，而北场具有河运的优势，即便于管理又便于建立新的运输体系，长芦盐的生产和运销的北移为大势所趋。与这种消长相对应的是，康熙七年（1668年）和十六年（1677年），长芦巡盐御史署、长芦盐运使司衙门，分别从北京、沧州移驻天津。其中长芦巡盐御史署衙门就建在南运河北岸。从明代开始天津海河北岸出现了巨大的盐坨地，从那里出发，以北河（北运河、蓟运河）系，淀河（大清河）系，西河（子牙河）系，御河（南运河）系为骨干，辅以陆路，基本覆盖了整个直隶省和河南的部分地区。包括直隶的9府、6直隶州、135州县、二营。河南的6府、一直隶州、53州县。据雍正《长芦盐法志》统计，直隶全省通过西河（子牙河）转运天津坨盐的共有46个州县、通过淀河（大清河）转运天津坨盐的共有31个州县、通过北运河转运天津坨盐的共有15个州县、通过御河（南运河）转运天津坨盐的共有23个（雍正《长芦盐法志》卷十转运167页科学出版社2009）。其中从天津盐坨通过河运或部分河运运出约占83%以上，其中南北运河直接运输的约占1/3，这说明天津已经成了长芦盐的运销中心。运销中心北移最重要的结果是盐商聚集天津，据道光二十六年（1846年）《津门保甲图说》统计天津县有大小盐商401户。其中西门外，西北城角、北门外共有盐商90户。大批盐商聚集天津，意味着大量财富向天津聚集。长芦盐业带动了天津商品经济的发展，提升了天津地位，南运河，北运河，以及通过北运河连接的上下西河，四通八达的河道都通过红桥区地区(指今红桥区地界，下同)，这里出现商品集散中心的色彩。

商业街市的繁荣

到了清代，北大关附近沿南运河地区发展出一批天津的著名街市。道光二十六年(1846年)的《津门保甲图说》，图上标志的带“街”的地名，这些街不再是隔几天才聚集的“集”，大部分是整天营业的商业街。红桥沿南运河一带有：双街口、太平街、双忠庙大街、曲店街、西杂粮店街、三道街、二道街、大街、肉市街、小洋行街、缸店街、针市街、估衣街、锅店街、单街、河北大街等。至今踪迹可寻的老商业街，要数估衣街、锅店街、竹竿巷等。

在运河的著名城镇中都建有一条竹竿巷。如杭州、苏州、镇江、淮安、台儿庄、徐州、济宁、聊城、张秋、临清、德州、天津、北京等。在运河运输的货物中，竹竿始终是大宗，竹器也是运河沿岸居民必不可少的生活用品。这种以竹器业为主的街巷名，深深烙有运河商业文化的印痕。天津竹竿巷建于清朝康熙年间，是天津卫最早的商业发祥地之一。天津老“八大家”之一卞家的隆顺号早年经营南货，其中主要在竹竿巷。近代这里是天津有名的银号一条街，也是繁荣的商业一条街。这里发展到有近40家大银号、棉纱庄、杂货贸易庄和茶庄等。

山西省一直是天津进口洋布的最大买主。每年都要有300多个商人到天津购买洋布到山西。天津针市街一带就有专为山西的洋布和杂货商人服务的集义栈、晋义栈、德兴栈、易馨栈等栈房。天津是票号的发源地，清末统计天津有票号25家票号位于针市街。民国年间专营银钱兑换业的钱庄在天津大量出现，至1934年末，天津有银号269家在针市街、竹竿巷一带居多。

侯家后北临南运河北码头，南接估衣街，东靠大胡同，近依北大关，是南运河畔最繁华的商业区。侯家后一度成为天津的餐饮、娱乐中心。当年著名的“八大成”饭庄多聚于此，狗不理包子就在此成名。三德轩、四合轩、天会轩、东来轩等四大轩茶馆；德升园、协盛园、小袭胜轩等戏园也在此地。

估衣街地处红桥区北门东，是昔日集中出售服装的市场。传说旧时，从南方来的船只，必须要先经南运河、三岔河口再转北运河，运抵北京。过往的商人和游客，多在这里停留歇息，或者买卖交易，逐渐形成了俗称的马头东街。从南方来的船工和搬运工，多数不习惯北方寒冷的天气，又因贫困买不起新衣服，只有买些旧衣服穿。此地就出现了许多专门卖旧衣服的店铺和摊点。因为这里的衣服可议价出售，很多外地的客商，专程到这里批发旧衣服，再运回南方销售。后来，人们将马头东街称作“估衣街”。后来估衣街成为服装绸布一条街。据“七七事变”前统计，在估衣街上开设的绸布棉纱呢绒布庄、裘皮商及服装商店(包括内局货栈)就有67家。估衣街上有各种老字号老商店，天津饭店中的老“八大成”，大部分在估衣街归贾胡同或侯家后。天津最老的洋广杂货商店“范永和”及京都达仁堂药店，老皮货凉席店，“五甲子”老烟铺等也都位于估衣街。

运河性质转变

清代咸丰末年，运河发生了两件大事。咸丰三年(1855年)黄河在河南铜瓦乡决口，黄河改道从山东入海，截断了京杭大运河的通路。漕运彻底恢复了河海联运，即从上海用沙船将漕粮运到天津，再由北运河运到通州。北运河依然是漕运转运的要道，特别是后来海漕转由招商局的轮船包运后，北运河的剥船迎来了最后的辉煌。《清史稿》记载“剥船，直隶旧设二千五百艘，二百艘分拨故城等处，八百艘留杨村，馀千五百艘集天津备用。后雇觫堪装漕粮二百五十石民船五百艘，以备装载。商船首次抵津，先仅府县仓脚庙宇拨卸三十万石，馀令剥船径运通仓。随将天津仓脚庙宇所储漕米运通，无庸转卸北仓，致多周折”。剥船一直延续到漕粮改用火车运京才结束。

咸丰十年(1860年)天津开埠以后，城市性质发生了质的变化。天津由漕粮和长芦盐的转运中心，变成了中外商品进出口的集散中心，南北运河及联通的上下西河，成为天津港联系腹地的交通网，运河的经济功能发生了根本改变。尽管光绪十四年(1888年)以后，铁路网的出现和发展逐渐承担了货物的大部分运量，但是河运并没有被取代。据统计，民国25年(1936年)河运货物占当年天津港吞吐量的40%左右。其中，南运河的作用最大，运输里程最长，达到800余千米，辐射面积5万余平方千米，年运货60余万吨。

随着天津的商业兴旺发达，各地的商帮汇集天津，按照中国的传统，他们分别建立了自己的会馆，红桥闽粤会馆建立于乾隆四年(1739年)，稍晚一些的山西会馆建立于乾隆二十年(1755年)。红桥区历史上有济宁会馆、闽粤会馆、山西会馆、江西会馆、怀庆会馆、潮帮公所、当行公所、吴楚公所等，占天津会馆一半以上。光绪三十年(1904年)11月16日，商部批准光绪二十九年(1903年)成立的“天津商务公所”改为“天津商务总会”。天津总商会的成立是天津城市经济发展中的重要事件，也是天津发挥直隶省中心作用的重要标志。

早期工业发展

光绪二十九年(1903年)天津设立的直隶工艺总局，是振兴直隶实业的领导机关，以“提倡维持全省之工艺为宗旨”，在工艺总局的提倡下，天津的棉纺织业、丝织业、面粉业、榨油业、机器制造业、火柴业、卷烟业、百货业、印刷业、酿酒业等民族资本的行业有了初步的发展。在近代南运河两岸繁荣的经济背景下，红桥区有两个行业发展比较突出。

西门外纺织窝子，近代天津是华北棉花出口基地，出口的棉花被称为御河棉、西河棉和东北河棉，说明它们都是通过水路运到天津的，红桥区是必经之地。1918—1922年，裕元、裕大、北洋、宝成等纱厂相继建成。6个纱厂有纱锭23.61万枚，布机760台，主要为天津和河北小织布厂提供棉纱，极大地推动了天津各种小型纺织厂的迅速发展。1918年天津总商会统计天津织染业共有81家，西门外一带就有29家。1930年《天津志略》统计天津织染业有145家，西门外一带有织染厂49家，其中包括清宣统三年(1911年)成立的小西关宜彰织布厂，加上南大道的25家，共74家，约占总数的一半。一时形成了一个小织染厂密集的区域，成为名副其实的纺织窝子。这个区域相当于今天的西马路以西到复兴路地区，特别是西关街北的原南北小道子一带。

三条石机器铸铁业，三条石临近天津早期商业中心北大关，靠近南北运河，物资运输繁忙，店铺字号林立，客栈业发达，也是船只停靠修理的地方，因此对生产用和生活用铁器需求最大。这里最早的打铁铺可以追溯到19世纪60年代来自运河边上交河县的秦记铁铺。秦记铁铺原来是为船只的修理打造铁钉、铁锚等零件器具的。三条石地区逐渐变成传统铁匠铺的中心，生产铁锅等日用铁器。随着天津城市工商业的发展，三条石的铁匠铺无论从技术到产品都发生了极大的变化，引进了现代的车床，生产织布机和其他机械铸铁产品。到20世纪30年代三条石发展成为著名的机器铸铁一条街，其分布遍及附近的河北大街、河北窑洼、侯家后等地。三条石的产品也沿运河运销到周边的县市。1937年前三条石鼎盛时期有工厂和作坊达300余家，是当时华北机器铸铁业的中心。

北河运尾闾西沽

西沽位于天津市区的北部。《重修天津府志·地舆·山水》说:“自顺天府武清县内三角淀之水入直沽，即西沽也。”西沽由水名而地名。一般认为因地处北运河(古称“沽水”)的西岸而得名。清道光年间的《津门保甲图说》上标为西沽村，称其为“津北名村”。

历史上西沽“为入京师通衢”(《天津政俗沿革记·桥梁》)。除水运外，天津通往京师的最早的官道即“西沽叠道”。金元建都北京以后，运输主要靠沽水即北运河水路，而公文传递、官员往来主要靠陆路即驿道。京津之间的官驿道基本是沿走北运河堤岸。明清时期，从北京经通州、杨村、桃花口、西沽至北大关进城，为比较固定的京师大道。乾隆三年（1738年），以北运河右堤岸为基础，改筑高于地面的道路，逢湾取直，遇沟架桥，称“西沽叠道”。乾隆四年（1739年）纂修的《天津县志》载：“北运河西岸堤……由桃花店南至只树园（在河北大街南端）以叠道代堤”。乾隆三十五年（1770年）直隶总督杨廷璋向朝廷上奏表说：“查天津县北门西沽叠道……系通京大道，东临运河，西临淀河，又为运、淀二河之堤防，由来已久。”西沽堤岸为通京师大道长达700余年。

明万历十六年（1588年），由天津三卫经历司以官银造船，在西沽大清河设天津第一个大型官办渡口（《天津卫志》：“西沽渡，在城北三里”）。到了清代，天津地位飙升，南北交通量急剧增加，西沽渡口已不适应需要。康熙五十四年（1715年），官府斥资建造西沽浮桥，用16只大型木船联结在一起，上面铺以木板，“制巨舰，贯以铁索，排列水面为浮桥，从此行旅往来如履平地”。这是天津的第一座浮桥。后来又在西沽的子牙河上修建了天津第一座钢结构大红桥。清雍正年间天津建制在撤卫、设州、置府的同时，长芦盐场设“天津县西沽巡检”（天津设巡检的还有杨柳青和葛沽两处，市区仅西沽一处）。钞关也在西沽设“稽查之口”（《天津县志》：“钞关稽查之口凡七：曰西沽，……曰三岔河”），说明这里商贸业已经比较发达。据道光年间的《津门保甲图说》记载：“西沽村落民舍颇繁”，有船户、捕鱼、负贩、铺户、佣作等1125家，大小人口4860人。这在当时的天津，已经是很大的居民区，有的史籍称为西沽镇。从设巡检和巡司的建置看，西沽似应属于镇的规格。乾隆皇帝沿运河出巡，多次临幸西沽。金代以后，随着漕运的发展，西沽地区日渐繁荣，有柳营，有渔船，有市廛，同时因人烟繁盛，地域开阔，建有很多的庙宇：龙王庙、三官庙、关帝庙、土地庙、药王庙等，还有两座清真寺和一座基督教堂。

历代文人写下很多吟咏西沽的诗篇，如《西沽》《过西沽》《西沽夜渡》《西沽晚景》《西沽即景》等。樊彬《津门小令》、梅宝璐《潞河棹歌四首》、孙德有《津门竹枝词》等。约三百年前，西沽曾有一座亦蜃楼，登楼可以俯瞰沽水，眺望海河，成为这里一景。西沽原有一座炮台，为明末所建。炮台是多年来人们家喻户晓的“天津三宗宝”之一。

同治九年（1870年）李鸿章在扩建机器局（东局子）制造军火武器的同时，在西沽择地350亩建造火药库，于光绪二年（1876年）落成，称“西沽武库”。光绪二十六年（1900年）6月“庚子之役”中，英勇的中国军民曾把入侵北上准备进犯北京的八国联军打得丢盔卸甲，退逃到西沽，双方在这里遭遇并进行了一场惨烈的战斗。中国第一所大学北洋大学，原称“北洋西学堂”，其原在北运河西的校址于“庚子之役”被八国联军侵占，光绪二十八年（1902年）迁到硝烟刚散的西沽武库废墟，称“北洋大学堂”，民初改称“国立北洋大学”。马寅初、赵天麟、冯熙运、王宠惠、王正廷、刘瑞恒、孙越崎、张太雷、徐志摩、马千里、黄树则、张含英、史绍熙、高景德、聂璧初……数不尽的英才成为国家的栋梁。

中华人民共和国成立后，西沽的面貌发生了巨大的变化。街道里巷相继进行了改造，南北交通畅通无阻。1958年由天津市政府批准，武库菜园辟为西沽公园，占地约35万平方米，几万株树木蓊郁葳蕤，百亩水面泛光溢彩，文化广场开阔疏朗，是广大人民群众休闲娱乐的好地方。2010年以来，市、区政府投入大量资金，对公园全面提升改造。西沽公园成为一个具有鲜明运河文化特色和历史韵味的主题式文化公园，其历史文化积淀和生态绿化覆盖率均为天津市各大公园之冠。

北运河畔丁字沽

丁字沽位于天津市区北部，与西沽相近。历史上，北运河、大清河两河汇流于此，形成丁字，后因水名而地名。明代胡文璧《求志旧书》说：“沿直沽而北为丁字沽，取水形象丁字也。”康熙《天津卫志》记载：“丁字沽去城北七里，其河形有如丁字之象”，都说明了丁字沽的位置与得名缘由。清初著名历史地理学家顾祖禹的《读史方舆纪要》中，有多处关于丁字沽方位的记述。

丁字沽居民聚落的形成很早，由退海沼泽经多年沧桑，逐渐有人迁居，年久结成村落。所以向有“先有丁字沽，后有天津城”之说。据《津门保甲图说》记载，道光二十六年（1846年），丁字沽村已有居民778家，大小人口3814人，正所谓“丁字沽人烟稠密，水陆冲要之区也”。

丁字沽既紧靠北运河和大清河，又临近通往京师的大道，在近代交通开发之前，正处于京津、津冀的水陆要道，常年有无数客商经过这里，促进了经济的繁荣。清代至民初的天津三大粮食集市，就有丁字沽集。从北运河和大清河来的粮船，及天津附近乡镇用人力贩运的粮食，很多在这里成交。《天津卫志》称：“城西北沿河一带，旧有杂粮店，商贾贩粮百万，资运京、通，商民均便。丁字沽……万艘分载于此。”因明清之际，“江南民运白粮，聚于丁字沽”，须先在这里换平底驳船，才能驶往通州粮厅，因而成为粮船换载的码头。

金代以后，这里还是皇帝及官员乘水路南下必经之地，清代康熙帝和乾隆帝都曾到丁字沽巡视。这里建有行宫，康熙四十六年（1707年），康熙帝南巡返京途经天津，就驻跸在丁字沽行宫。

丁字沽早年是产盐的地方。《重修天津府志》载：“自渤海至平原，其间滨海煮盐处，土人多谓之豆子 gang（按，gang 为盐泽）。”西沽、丁字沽、三岔河口一带过去有豆子 gang，是为三汊沽盐场的设灶处。清嘉庆朝进士蒋诗《沽河杂咏》道：“石勒称雄仅一隅，煮盐遣使到丁沽。角飞城外煎如昔，灶户犹知王述无？”角飞城为天津的古称，明确指出丁字沽这里当时还有灶户在煮盐。石勒是我国历史上十六国时期后赵的建立者，公元319—333年在位。他派使者王述到天津一带煮盐，至嘉庆时已经有1400余年了，其间盐业的管理体制、生产规模和技术工艺都有很大的变化。丁字沽的繁华在很大程度上是由于北运河、大清河两河汇流形成水路交通的优势而出现的，后来大清河改道，这种优势不复存在，繁华渐移，集中至北门外、三岔河口一带，再后又移至租界的紫竹林等地，丁字沽随之而冷落下来。中华人民共和国成立以后，丁字沽重新焕发了青春。1952年，在百废待兴、百业待举之际，天津市政府就决定在丁字沽建房5万间，解决工人住房问题，成为崭新漂亮的工人新村。受益于北运河岸得天独厚的水土条件，丁字沽一带的桃柳久负盛名。1984年建成的桃花园占地1.29万平方米，紧依北运河大堤，起伏连绵，步移景异。

南运河边永丰屯

出三岔河口溯河而上，便是南运河边上六十四屯中的第一屯——永丰屯。《天津卫志》记载：明弘治六年（1493年）添设五集一市，其一便是永丰集。“永丰集，在张官屯。初四、十四、二十四……城西北沿河一带，旧有杂粮店，商贾贩粮百万，资运京通，商民均便”。因经南运河而来的粮食，除一部分运到河北粮店街，另一部分则聚集到了永丰屯，永丰集渐渐发展成一个专门的粮食集市。明代初期南运河沿岸设置了很多官屯，驻军屯田。张官屯是第一屯，也是距三岔河口卫城最近的一个屯，因驻军官吏姓张，故而又叫张官屯。后来因集市名声远播，而随集市名——西大湾子永丰屯。明代以来，永丰屯就是水旱码头，人殷户繁，商货聚集，成为天津贸易集散地之一。清康熙年间，永丰屯达到鼎盛，附近又增设了鱼市、驴市和粮栈等。在西大湾子集散的货物主要以粮食为主，清光绪年间，开设了最大的粮栈怡和斗店，专存粮货并奉持有代办“牙税”的“龙票”。怡和店西街位于怡和店的西侧而得名。当年天津有西、北两集，西集指的就是这里。永丰屯形成专门粮食集市后，专供商民小贩租用驴马的集市也就应运而生了。所以，永丰屯又多了个“驴市口”的别称。

永丰屯以西的南运河沿岸都是菜农和花农的园田，这里的菊花十分有名，不仅是天津文人秋季赏菊的地方，永丰屯集市又是天津著名的花市。清著名旅行家津人金玉冈作《永丰屯看菊》诗：“独坐秋烟古井旁，井泉澄澈道心凉；数枝野菊浑无主，向我临风着意黄。”

大盐商查日乾携子查为仁于城西2500米的南运河边，修建著名私家园林水西庄，遍揽天下文人骚客，赋诗吟咏，殆无虚日。1917年，南运河裁弯取直，河道北移至今井冈山桥至大丰桥河段，西大湾子河道废止，填河建街，形成今天的西大弯大街，街两侧集中了许多小店铺和小商贩。1919年后，这里陆续建成人烟稠密的居民区。

永丰屯人丁兴旺，寺庙林立。著名的佛寺放生院在明代已经存在。相传在永乐年间，云游僧人普妙将自己用余钱买来的小鱼小鸟在此放生，弘扬佛法，得名放生院。清代末期，放生院改为小学。南运河边的著名道观吕祖堂，因供奉"纯阳吕祖"（吕洞宾）而得名。吕祖堂始建于明宣德八年（1433年），初为祠堂，清康熙五十八年（1719年）改建为吕祖堂，成为供奉吕洞宾的道观。后于清道光十九年（1839）、1920年经历两次大修。吕祖堂为砖木结构的庙宇建筑群，占地约1600平方米，建筑面积544平方米。建筑群由山门、前殿、后殿、西侧殿（五仙堂）等组成。清光绪二十六年（1900年），声势浩大的义和团运动在山东兴起，后传到天津地区并得到蓬勃发展。"乾字团"首领曹福田曾与义和团"坎字团"首领张德成、红灯照黄莲圣母林黑儿、刘呈祥等人，在此拜团议事，共商抗敌大计，作为国内唯一保存完好的义和团坛口，鉴于其重要的历史文物价值，1962年被列为天津市文物保护单位，1982年经国务院批准，义和团吕祖堂坛口遗址被列为第二批全国重点文物保护单位。1985年国家和天津市人民政府拨款对其进行整体修复，将吕祖堂内的17家居民迁出，1986年被辟作天津义和团纪念馆。1994年被天津市委、市政府命名为天津市爱国主义教育基地。

倚河通文

中国东部平原地区是经济最发达的地区，也是文化最发达的地区。大运河除了是物流通道以外，也是南北客商的安全通道，因此也沟通了南北文人的交流。中国的知识分子最重要的人生追求就是科举功名，明清每三年一轮在京城的考试，都会吸引大批的举子长途跋涉奔赴京城。在京的官员以及往来于京城的官员，大多是当时的知识精英。天津作为最靠近京城的城市，不乏士子名流在此客居留寓。清代在天津崛起的长芦盐商，出于结交名流，笼络势要的目的，兴建了许多文化园林，以迎合文人雅集的需要，这在客观上提升了天津的文化品位，繁荣了天津的雅文化氛围。

文化园林水西庄

清代著名文学家袁枚《随园诗话》卷三，对京杭运河畔的著名文化园林记述："昇平日久，海内殷富，商人士大夫慕古人顾阿瑛、徐良夫之风，蓄积书史，广开坛坫。扬州有马氏秋玉（曰琯）之玲珑山馆，天津有查氏心谷（为仁）之水西庄，杭州有赵氏公千（昱）之小山堂、吴氏尺凫（焯）之瓶花斋，名流宴咏，殆无虚日。许佩璜刺史赠查云'庇人孙（孔）北海，置驿郑南阳'，其豪可想。"天津卫城西五里南运河畔的水西庄名列其中。袁枚所提几处园林的特点都是以藏书闻名，文人群体聚集的场所，许多人还是往来于南北几处园林之间，形成运河沿岸的文化沙龙。

水西庄为天津大盐商查日乾、查为仁父子所建。查为仁自述："天津城西五里，有地一区，广可百亩，三面环抱大河，南距孔道半里许，其间榆槐柽柳之蔚郁。暇侍家大人过此，乐其山树之胜，因购为小园。垒石为山，疏土为池，斧白木为屋，周遭缭以短垣，因地布置，不加丹垩，有堂有亭，有楼有台，有桥有舟。其间姹花嫋竹，延荣接姿，历春绵冬，颇宜觞咏。营筑既成，以在卫河之西，名曰水西庄。"水西庄先后共有名景三十六处，命名十分讲究，如：揽翠轩、数帆台、枕溪廊、藕香榭、绣野簃、泊月舫、花影庵、红板桥、碧海浮螺亭、一犁春雨、苔花馆、来蝶亭、歇山楼、花香石润之室、茧斋、竹间楼、香雨楼、清机小舍、水琴山画堂、古春小茨、沽上校书山房、古芸室、东轩、宝砚楼、疑梦楼、小憩舫、玉笠亭、月明怄笛台、萱苏径、送青轩、若槎、课晴问雨、西堂、歇山楼、澹宜书屋、小旸谷、御碑亭、河神庙、大门……。是天津清代私家园林之最。以水西庄为蓝本，清画家朱岷画《秋庄夜雨读书图》和田雪峰画《水西庄修葺图》的画作，至今收藏于天津博物馆。

水西庄聚集着大量南北文人，宾主间不仅诗词酬唱，还共同探讨学术，使水西庄既是当时的天津文化学术中心，又是南北文化交汇之所。与水西庄交往甚密的名流先后有诗人陈元龙、津门海光寺名僧元弘、画家恽寿平、著名文学家袁枚、诗人徐兰、画家朱岷、胡峻、陈元复、《四库全书》的总纂官纪晓岚，还有文人墨客马祖荣、钱载、杭世骏、吴廷华、汪沆、厉鹗、刘文、万光泰、陈世倌、赵昱、金玉冈 等等。他们与水西庄主人留下很多佳话。

像许多盐商一样，查日乾与其子在天津做了许多慈善事业。

支持纂修天津府县两志和长芦盐法志。清雍正三年（1725年）改天津卫为州，旋设府，州为县，由军卫之区变为地方行政区划。寓居水西庄的江南学者吴廷华、汪沆同受天津知府、知县之聘，执笔主纂《（乾隆）天津府志》和《（乾隆）天津县志》，均告成于清乾隆四年（1739年）。汪沆在主纂府、县两志后，又将所得资料写成《津门杂事诗》凡七绝百首，专记天津地方历史掌故、风物人情。其中如记天津之得名、天后宫之始建年代，都有独到见解，至今颇具价值。水西庄查氏醉心文化，专门设置刻书机构沽上校经书房，是天津刻书最多、最好、最有影响的私家刻书。清乾隆四年（1739年）刻《津门杂事诗》，六年刻《沽上题襟集》，八年刻《蔗塘未定稿》，十三年刻《卜砚山房诗集》，十五年刻《绝妙好词笺》等。这些刻书，早期多楷书手写上版，开花纸印刷，精美绝伦，至今已为全国古籍善本。厉鹗需次县令，入京过津门，查为仁留之水西庄，二人"篝灯茗碗，商榷笺注，颇瘁心力"，终撰成《绝妙好词笺》，收入《四库全书》，至今为读宋词者必备文献。清乾隆十六年（1751年）查为义具呈长芦盐运使卢见曾，谓家有废宅，在运署之西南隅，其地高阜，宜建学舍，于是卢"爰庀材鸠工，位其中为讲堂，堂三间，前为门，后为山长书室，而环之以学舍，凡六十有四间，计费金二千四百有奇"，为创建问津书院捐宅基。开天津历史上建立的书院之先河。水西庄主人风流倜傥，家中蓄有歌伎，宾客中又多精于音律者，因此每逢良辰佳节，宾朋往来，多有演出活动。如雍正十三年（1735年）秋，商盘入都经水西庄，查为仁出歌者演剧，商有七律四首记其事。乾隆二年（1737年）元宵节，水西庄演出《长生殿》，吴廷华有七绝十二首记其事。四年查礼有《答揩书、少仪水西庄听歌》七绝三首。十四年厉鹗离津，东堂演剧，厉鹗、汪沆各有七绝四首记其事。水西庄中广积金石彝鼎，文物图书，据查淳说："藏书累至万卷。"清乾隆七年（1740年）有书贾携故家书籍数十簏，一时欲购无资，结果查礼妻典衣得书。又据查氏兄弟诗词，水西庄藏有大量的书画碑印，如明陈洪绶《莲鹭图》、清黄鼎《万里长江图》以及当时名画家朱岷、徐云等人作品。查礼收藏秦汉古印，多达六百有奇，其子查淳又继续收得二百有奇，合计有千印之富。此外周焯尝以宋谢文节公（叠山）桥亭卜卦砚赠查礼，查礼于广西得后汉马援铜鼓并以命名诗文集。

水西庄主人富而思文，文化底蕴深厚，创作颇丰。查日乾的《史腴》《左传臆说》，于史籍多有发明。查为仁《莲坡诗话》为清代诗话中重要著作，先后收入《昭代丛书》《龙威秘书》《清诗话》《屏庐丛刻》中，查礼的《画梅三十四则》收入《画论丛刊》《花近楼丛书补遗》《美术丛书》《屏庐丛刻》中，至今为习画者格言。其《榕巢词话》（一名《铜鼓书堂词话》）也被收入《词话丛编》等多种丛书中。查氏一门长幼男女也留下了众多诗文集、经义笔记。

风流远播艳雪楼

在红桥区邵公庄南运河北岸，有地名"佟家楼"，三百年前的清代初期，有位在天津颇负盛名的诗人佟鋐就居住在此，史称"佟园"，园内建有一座风流远播的艳雪楼，与闻名遐迩的水西庄并为天津两大名胜。天津文人佟鋐（蔗村）其为人率性耿直，不畏权贵，乐善好施，与水西庄主人查为仁为至交。佟鋐妾赵艳雪，能诗，因此为赵艳雪于水西庄对岸筑艳雪楼以居之。

《天津县志卷十八人物·流寓》载："佟鋐，字蔗村，已而道人，其别号也。长白人，父谋官河南布政使，兄弟六人皆通籍仕路。鋐以国学生例授别驾，不愿谒选，绝意华膴，卜居天津城西，临流水，榜其居曰沧浪考槃。布衣葛履，忘为贵介也。性嗜山水，耽吟咏，早年诗学苏陆，一变而入大历贞元之室，津之能诗者未有过之。"该志还在卷之七附《园亭》述称："诗人佟鋐妾赵氏艳雪，工诗，鋐筑楼贮之，因名，俗呼佟家楼，在浣花村旁。"另据与佟鋐同时代并交契颇深的水西庄主人查为仁《莲坡诗话》记载："空谷山人佟蔗村家世贵显，不乐仕进。侨居天津伊儿湾，以诗酒自娱。有妾亦能诗，蔗村筑楼居之，名曰艳雪。"

佟鋐与爱妾赵艳雪感情甚笃，在空谷园为其建筑了一座小楼居住，名艳雪楼，从此闻名遐迩。艳雪楼临河而建，在楼上可以看到运河上船只帆影，四外禾田阡陌，绿树成荫，"风景极佳"。赵艳雪不但是佟鋐的生活伴侣，更是他心心相印的红颜知己。他们相随相守，一起写诗并与诗友交往酬唱。查为仁的妻子金至元去世时，赵艳雪曾作诗追悼，结句云"自古美人如名将，不许人间见白头"。此佳句在天津传诵一时。

佟鋐作为诗人，颇受时人推重。"蔗村诗各体擅扬，犹精五律"。曾任康熙朝翰林院编修、参加预修《大清会典》的著名诗人赵秋谷称赞佟鋐："其所为诗清新秀出，无一点尘俗气，每称之非常之人。"（见赵秋谷撰"沓渚诗序"）他诗学中唐而近苏轼、陆游，天津府、县志称："津门能诗者，未有过之。"现存他的诗作如《冬日过海光寺》等，都是吟咏津沽风物的佳作，中华人民共和国成立后其《游王氏依绿园》诗被载入中华书局和上海古籍出版社两度重印的《清诗话》中。

佟鋐一家皆诗人。兄佟钺，曾任陕西葭州知州，著有《尔尔斋诗存》（载《津门诗钞》卷二十六）。其弟佟镁，曾任平乐府知府，也是诗人，有《沓渚诗集》传世（载《津门诗钞》卷二十六），大概是由于佟鋐的关系，他对天津也不陌生。佟镁的夫人赵氏，和赵艳雪一样，也是一个女诗人。她26岁守寡，归依夫兄佟鋐，居住天津，晚年自号"残梦主人"，居处称"残梦楼"。《莲坡诗话》称她"生平作诗最富，不轻示人，而绝无脂粉之态"。

佟鋐与天津当时的很多文人交往唱酬。天津文人查为仁、安岐、龙震、胡捷、张坦、梁洪、释世高皆为座上客。寓居天津的诗人名家如赵秋谷、钱陈群等亦时相过从。特别是他同孔尚任、屈大均的交谊，深为人们所折服和敬佩，传颂很广。曾资助出版桃花扇。孔尚任在《桃花扇·本末》中写道："《桃花扇》抄本久而漫灭，几不可识。津门佟蔗村者，诗人也，……薄游东鲁，过予舍，索抄本读之，才数行，击节叫绝。倾囊橐之五十金，付之梓人。"当时正是由于佟鋐的慷慨无私的资助，使"久而漫灭，几不可识"的《桃花扇》抄本得以刻印出版传世。明末清初著名的诗人、文学家、史学家，爱国志士，被誉为"岭南三大家"之首的屈大均与佟鋐忘年之交，建立了深厚的友谊。屈大均是写入《清史稿》的重要历史人物，著有《翁山诗文集》《四书补注兼考》等，史称其"工诗，高浑兀傲"。在我国文学史上有一定的地位。他们曾一同赋诗唱和，如《以相思子喂相思，与公漪声远分赋得思字》（卷七）。屈大均还应佟鋐之请题过诗，如《题华不亭（为佟声远作）》（卷七）。屈大均病危时"敬以托之"，慨然把儿子托于佟鋐。《番禺县续志》记载："（屈大均）子男八人……明渲字涌泉，为天津卫佟某养子，……改称佟湜，后归天津，生字宗茂。"佟鋐所推重的屈大均的著述虽经多次腥风血雨的洗劫，终以手抄本等形式流传下来，至今存世的有350万字，成为我国文学宝库的一部分。

运河边聚集的天津文人

水西庄之后，天津文化遗风绵绵不断。嘉道年间，张虎拜之思源庄、李承鸿之寓游园，雅集其家，为文酒诗会者有康尧衢、吴人骥、金玉冈、金铨、查枢等。道光初年，梅成栋、崔旭、高继珩、陆凤钧、李云楣等于问津书院结梅花诗社，9年间入社者多达40余人，有《沽上梅花诗社存稿》传世。这种结社酬唱之流风，迨至上世纪二十年代初，余韵犹存。民国10年（1921年）严修、王守恂、李金藻、赵元礼、孟广慧、陈宝泉等结城南诗社，每年重阳宴集水西庄故址，分韵酬唱，今存《城南诗社集》《癸酉展重阳水西庄酬唱集》等多种，为天津文化再创辉煌。这一时期，书画佳作迭现。朱岷、田雪峰、金玉冈等皆有名画于世。

漕帮中的天津帮

1988年，运河重镇临清在整修运河涵洞时，出土了一座刻有《协公济约碑记》的石碑。碑文显示，这座石碑是由清代天津县的信士杨瑄于清乾隆三十六年（1771年）刻成并捐船运到临清，立于运河边的大王庙内。值得注意的是，碑文中出现了"天津左所帮"的字样，"天津帮"是最早形成的北方漕帮的一部分。据临清学者马鲁奎先生研究，在临清大王庙出土的石碑上所刻的《协公济约碑记》实际上就是一份北方漕帮守望相助的生死文书，是在天津大王庙刻成，通过水路运到临清的。碑文中不仅涉及了临清帮、临清前帮、临清后帮、天津帮、保定任城帮等帮会，还记载了漕帮在遇到水火灾难时，互相帮助的具体事例。关于漕帮的历史文献极为罕见，故此碑十分珍贵。清政府视漕帮为社会隐患，漕帮在南方聚集的罗祖庵堂不断遭到清政府的禁毁。据《清实录》记载，清乾隆三十三年（1768年），杭州"所有各庵堂。概行拆毁。毋得仍前留存。复贻后患"。后来，各地漕帮就把遍布在运河沿线的金龙大王庙当作漕帮聚会的场所。

金龙四大王是个河神，原名谢绪，是南宋王朝的外戚，钱塘县人，排行第四，曾隐居在钱塘的金龙山下，宋亡后曾四方奔走，联络抗元，因为感到大势已去而自杀。《古今图书集成·神异典》中记载了不少他在元末战争中多次显灵帮助朱元璋的故事，因此明代追谥他为"金龙四大王"。金龙大王庙大多集中在运河沿岸，天津的大王庙坐落在旧城以西，三条石地区直隶总督衙门西北的南运河畔，据《续天津县志》记载，天津大王庙由"乾隆年知县侯公（珏）建"。在清乾隆十一年（1746年）到乾隆十七年（1751年）之间建成。另据《重修天津府志》记载，清同治十二年（1873年）又进行了重建。

据近代天津《直报》记载，每年春季北方开河，南方的第一批漕运船抵达天津的时候，漕帮都会带着"金龙四大王"的牌位，来到河北大王庙，举行供奉仪式。

自从清咸丰五年（1855年）黄河决口改道之后，南方漕粮不再通过运河北上，使原本靠漕运为生的漕帮整体面临失业，于是纷纷上岸，进入沿河城市码头另谋生路，其组织则演化为后来的青帮，成了下层社会中的恶势力。漕帮随之逐渐淡出了人们的视线。用于漕帮聚会的天津的大王庙，也被改为了各种机构的临时场所，如医院和武馆，还一度成为青帮组织"安清道义会"的会所。

武术荟萃

那时南北运河沿岸的水陆码头，鱼龙混杂，五方杂处，既是生意场，也是良莠势力交集的"江湖"。民间形成的帮会之间时有争斗，轻则拳脚相加，重则兵戎相见，传统武术被派上了用场。很多普通老百姓也纷纷习武以自保。

天津设卫建城之初就是个军旅城市，因此武风很盛，天津人自古就以争强好斗而著称。红桥区有一条教军场大街，就是教军场旧址。是校阅军队的地方，天津是个卫城，必然建有教军场，明代的教军场原来在卫城的东南。据《卫志》记载，弘治四年（1491年）刘福将教军场移到了"西门外西北隅"的南运河边上。清朝道光十八年九月二十七、二十八日（1838年11月13、14日），署理直隶总督的琦善受道光皇帝的委派，在天津运河边小西关教军场销毁鸦片1万余斤，是林则徐虎门销烟之前天津最大的硝烟行动。天津明清两代曾建有武庙，武科出身的人很多。清代的100余个武状元中天津就有3位，红桥区列入非物质文化遗产的回民重刀，就是古代武举的考试项目。红桥区历来就有习武的氛围。

天津傍运河而生，地处九河下梢，与华北农村有密切的联系，华北农村武术传播十分广泛，几乎村村都练武术，红桥地区作为水陆码头，自然是武术技艺的传播和交流中心。沿运河一带的州县，有许多著名的拳种，对天津影响极大，如青县的八极拳，沧州的劈挂拳等，远至河南的少林、八卦等流派也传到天津。南运河边上各种货运码头林立，很多脚行的搬运工来自华北农村，有广泛的武术渊源。清光绪二十六年（1900年）义和团本来就叫义和拳，是练武的组织，天津是义和团聚集的地方，无异于一次武术大集汇。红桥区的吕祖堂就是乾字团张德成的坛口，当时义和团练的刀枪不入法术虽有迷信成分，但是与传统武术无法扯清。红桥区也是许多武术名家的活动场所。清咸丰十年（1860年）天津开埠以后，城市经济迅速发展，与内地联系日益密切，华北各地的人口向天津流动，造成城市人口激增，发达的内河交通在为天津带来诸多移民的同时，也将各地的优秀武术拳种带入天津。清末，伴随着商业交通安全的需要，特别是票号的兴盛，以北京为中心出现了许多镖局，镖局的发展吸收了许多民间武师。天津是票号集中的城市，也是镖师活跃的地方。据说谭嗣同变法遇难，大刀王五（王子斌）曾避难津门，万通镖局的河北深县人李存义等就在天津活动过。天津西郊小南河的霍元甲，最初在南运河边的怀庆药栈做搬运工。在药店干活期间，他能挑动千斤药材，力推两个大青石碌碡，十分有名。他与王子斌过从甚密。后经怀庆药栈主人农劲荪推介到上海与外国人比武，最终创立了威震天下的精武会。

近代天津是军事重地，淮军和后来的新建陆军依然把武术作为军事训练的重要科目，一些拳师被聘为教习。如清光绪十六年（1890年），拳师李存义曾在刘坤一帐下教士兵练武。清光绪二十一年（1895年），八极拳一代宗师，"神枪"李书文字同臣（1862—1934）在天津小站被袁世凯聘为武术教习。

义和团运动的失败，打破了传统武术刀枪不入的神话。随后的北洋新政时期废除了武举考试，清政府对民间武术结社采取了镇压政策。在这种情况下，天津的武术受到极大的压抑。但是民间练武的大有人在，后来成为武术大师的霍元甲、李书文、李瑞东、张占魁、韩慕侠等人都是在这一时期练功不辍，最后走向顶峰的。

清宣统二年（1910年），河北沧县武术名家马凤图受同盟会燕京支部之命与同盟会人士、形意拳家叶云表等创办中华武士会。清宣统三年（1911年），该会在天津河北三条石自治研究所内召开第一次筹备大会，推选叶云表为会长，马凤图任副会长兼总教习，河北深县形意名家"单刀李"李存义任教务主任，天津武术名家"鼻子李"李瑞东任名誉总教习。该会还先后邀请八极名家李书文、霍殿阁，形意名家郝恩光、李玉林等任教。该会以团结武林人士、进行武术研究、培养武术人才、振奋民族精神为宗旨。1912年武士会曾在天津河北公园教育会举行盛大武术表演。1918年6月1日在河北公园召开天津博物院成立大会，其中设武术展览会场。武术展览以中华武士会为主体，由李星阶协助李存义先生，召集了北方各省60余个门派，三百余位武术家参会。在北方其他一些地方，武士会成立了分会，应日本有关方面的邀请，1914年武士会还派郝恩光率员赴日本东京建立分会传授武艺。天津中华武士会为北方武术的传承做出了突出的贡献，当时武术界形成了"南有精武会，北有武士会"的格局。红桥区武术传统深厚，出现了不少武术名家如形意名家李存义、八极拳一代宗师李书文、李氏太极拳李瑞东、武士会还培养了一大批弟子学员如韩慕侠、赵道新，李存义的大弟子郝恩光等。

中华人民共和国成立后民间习武之风延绵不断，如2014年成立的红桥区武协名誉主席就是功力门武术名家李文贞。在"京津冀"2016天津市红桥武术节上，就展示了八卦掌、八极拳、形意拳、迷宗拳、功力拳、拦手拳、翻子拳、太极拳等拳种。与武术有密切关系的摔跤运动在红桥区也有广泛的基础，芥园大堤上一直活跃着一支摔跤队伍。天津的武术是运河沿岸代表性的民俗之一。2001年红桥区被评为全国武术之乡（第三批），这一称号名不虚传。

花会

花会植根于民间，流行于运河两岸，广受百姓欢迎。天津皇会中的许多会档如中幡、捷兽杠箱、飞叉、高跷等都具有武术功底。红桥区南北运河岸边的民间花会历史悠久，丰富多彩。天津的庙会历来相当繁盛，天津特殊的花会——皇会，吸引着来自四面八方，远至上千里外的数以千万计的商人和游客。皇会荟萃了运河沿岸许多民间技艺，形成了新的城市文化。嘉庆年间流传至今的天津皇会走会图中记载了当时红桥区的15道会。

侯家后：什不闲圣会、议善莲花落、永音法鼓、积善堂顶马、駪云法鼓会；河北窑洼果子店：梅汤圣会；东窑洼、西窑洼：秧歌圣会；西码头：渔樵耕读圣会；西大药王庙：德庆舞花圣会；城北西沽：永庆太平花鼓、同乐居缸老会；先春园：德庆绣球圣会；梁家咀：议胜秧歌老会；西头双忠庙后花神庙众鲜花厂：鲜花圣会、和音法鼓会；

城西北大伙巷内牌楼口：振音法鼓；永丰屯：香斗法鼓、公献提炉灯会、随驾道童花瓶圣会；育德庵前：金钱祝马圣会。由于历史原因，有的花会沿袭至今，有的花会湮灭在历史长河中。截至二十世纪八十年代，依然活跃在红桥的有，三岔河口一带的双伞阵图秧歌会和神童高跷会；南运河边的百忍高跷会、西池八仙高跷会、同心法鼓、勇义高跷会、新勇义高跷会、金山寺高跷会、虮腊庙高跷会、云乐高跷会、回民大刀会、南寺高跷会、萃韵音乐老会；北运河边的西沽太平花鼓会和同义高跷会等。其中，西沽太平花鼓会，相传由凤阳人传到西沽，在津仅为西沽一地独有。行会时由8名十三四岁少年依据水浒故事扮装表演，依次分成4对。四对乐器分别为霸王鞭、小太平鼓、小锣、花鼓。表演时先打花鼓奏“八板”曲牌后，开始耍唱，4人为一班，轮流托唱，笛子伴奏，檀板指挥，唱凤阳花鼓调或昆曲，有时也唱文人新编的曲词。查咸丰年《天津皇会行会图》中的“西沽太平花鼓会”，唱词中出现的是唐明皇、杨贵妃、安禄山、李白、无盐、齐宣王、王昭君、刘算、吴凤霞、万家春等，唱的是太平调。这说明民间流传的曲调与歌词既有传承性也有一定的随意性。居住在天津西沽，年近90岁的太平花鼓的传人孙国柱老人，曾参加过1936年天津最后一次皇会。

流传在南运河畔西码头一带的百忍京秧老会，也称“百忍高跷”。该会成立于清嘉庆二十一年（1816年），由任南运河西码头税收分卡分吏蔡少文在“康济会所”传授。会名“百忍”意为百事皆忍，礼义之会。表演内容根据梁山好汉乔装下山打破“神州会”，捉拿任宝童的故事编排。表演形式是踩二尺半木制跷腿表演的“高跷秧歌”。清道光元年（1821年），该会以高超的技艺，完整的演出形式，大破狮子阵，而名扬津门。

三岔河口双伞阵图秧歌会在清康熙末年，由山东临清人许小喜在三岔河口一带脚行中传授排练。表现主题是隋末农民起义故事。音乐以打击乐器为主。因舞队中有两个持平顶伞的伞头领舞，以古代军事阵势为队形，而得名。歌会活动地址在“聚善水局”，为“子孙会”，有9代传人。

戏曲大码头

天津开埠以后，城市经济日渐发展，人口不断增多，演出市场也逐渐繁荣起来。除了名气较大的四大茶园（东马路袜子胡同的“庆芳茶园”、侯家后北口路西的“协盛茶园”、北大关金华桥南的“袭胜茶园”和北门里元升园的“金声茶园”）以外，为下层民众服务的演出场所也不断涌现。各地民间说唱、小戏等纷纷进津讨生活。所谓“东门贵、西门贱”，天津西门外是平民聚集的地方，也是个江湖艺人撂地演出的热闹场所。清光绪二十一年（1895年）7月4日《直报》：“本埠西门外前一二十年生意甚廖，近年山东女大鼓书、时调小曲、神巧戏法、平讲各书无一不备。每日人山人海，直无立足之处，洵可谓之极盛。”清光绪二十二年（1896年）5月15日《直报》：“本埠为通商码头，茶馆码头、优伶娼妓无不利市三倍。近于端阳节前，山东又来女优数十人在各处演戏。月之十二日又在东门外某会馆，借坐搭桌。正值开演期间，经邑尊访之，派差尽数抓获。讯明后，赶即逐出境外，不准在津逗留。此亦清理地面一举也。”那时当局是禁止女演员演出的，这些山东来的民间艺人带来的都是运河沿岸的民间戏曲。天津是个大码头，也是个大演出市场，各种演出形式在天津都有所升华提升。清政府还以整顿风化、禁演淫戏的名义对演出内容加以干涉。清光绪三十二年（1906年）2月2日《大公报》报道“茶店口西陆河茶园内，前晚演唱和尚打茶围之淫戏。百般丑态，满口淫词”，这个茶店口就在竹竿巷西头。又说“日前，南段总局传饬各局，于初八日起，严禁各园演唱淫戏。每日于十二点钟将次日戏目定准，由本区巡警去取，送呈总局查核。倘有不合之处，两点钟适令更改，至两点后不改，方为准许演剧。序须按堂令唱法，不准装作淫态，以正风化”。不管当时对“淫戏淫词”掌握的尺度如何，肯定是针对民间演出中的低俗内容，不都是偏向大剧种的厚此薄彼。事实上，为了吸引底层观众的趣味，各地蜂拥而入的草台班子的演出，必定掺杂着庸俗下流的内容，政府对这些内容禁演亦属正当，同时也对净化演出市场起了一定的作用。商业的繁荣带动了演出市场的繁荣，红桥的南运河两岸、侯家后、大胡同、北开、鸟市等地区，都曾是很繁盛的演出市场，锤炼出一些名演员，如，评书演员、红桥区西河评书队队长、红桥曲艺团副团长刘杰谦、大鼓书演员王佩臣、京韵大鼓演员林红玉等。

美食中心三岔口

天津卫城北门外至南运河两岸，形成以估衣街、针市街、北门外大街、河北大街、侯家后、大胡同为骨干的商业中心，兴盛几百年。开天津餐饮业大饭庄先河的“八大成”便诞生于此。

清康熙元年（1662年），为庆贺康熙登基大典，侯家后宝宴胡同聚庆成饭庄开业。聚庆成饭庄建筑为庭院式四合套结构，门前有广场，供宾客停轿驻马；前庭院宽阔，中间有供唱堂会用的戏台。承办宴会档次分明，席面从高档的满汉全席（108件）到燕翅重八席（48件）、中档的鸭翅六六席（36件）到低挡的海参鸡席（16件）。特别擅长烧烤菜，饭庄内设大型烤炉设备，烤全猪、全羊、全鹅、全鸡，符合清朝贵族风俗习惯。李鸿章任直隶总督，坐镇天津，举凡用中国宴席宴请洋人，都由聚庆成应差。聚庆成开业取得巨大成功，侯家后中街又相继开业了聚和成、聚乐成两家；归贾胡同开业义和成、义升成两家；江叉胡同开业福聚成、聚源成、聚升成三家。从此，拉开天津风味“八大成”饭庄引领天津餐饮业发展200余年的历史。200余年里，闻名京津地区的“八大成”，对津菜的发展，起着博采众长、兼收并蓄、推陈出新、至臻完善、承前启后的巨大作用。至清朝同治、光绪年间，津菜的发展形成高潮，达到鼎盛时期。《津门小志》记载，清末的天津餐馆“约五百有奇”，其最著名的为侯家后“八大家”之一的义和成和同样坐落在侯家后的后起之秀红杏山庄。

天津的餐饮业，不只有高级大饭庄，与“八大成”同时代，盛行于餐饮市场的“二荤馆”，因置办酒席，接待散客，经营灵活，更受广大食客青睐，市场占有率，一时胜过名门饭庄。誉满津门的“天一坊”和“什锦斋”便是其中的佼佼者和杰出代表。坐落于菜馆林立的北门外大街的天一坊于清光绪五年（1879年）开业，规模虽不如八大成饭庄，但地理位置优越，门前既是起步通往京师的通衢大道，北距南运河北码头运河户部税收衙门——北大钞关不足百米。有钱的富商官宦们出津，要在这里饯行；返津的，要在这里接风洗尘。南来北往的客商，顺运河而来，落帆系缆，上岸领略津门大都会的风采，一品传统津菜的美味，往往都选择闻名遐迩有“天下第一坊”之称的天一坊饭庄。另一个二荤馆什锦斋毗邻天一坊饭庄北侧不足百米，以善烹纯正风味的天津菜而享誉津门。《天津文史丛刊》记载：世代承袭天津北大钞关税房的津门豪门——大关丁家第四代丁伯钰、同族兄弟丁伯儒，最爱吃什锦斋的“玛瑙野鸭”，每遇家宴，虽有家厨，也要聘请什锦斋的厨师单做此菜，款待宾客。在津门食客中也享有美誉。

顺运河而来的穆斯林多聚居于南北运河岸边，他们创制的天津清真菜是天津菜的三大支柱之一。起初，一些牛肉铺将卖剩下的牛肉，加工成“清炖”或“砂锅炖”出售。因食材新鲜、作料考究、烹调得法，味道鲜美而受到食客追捧。此后，又增添经营品种，将牛下水酱制烹制，并逐渐增设店堂，聘请正规厨师掌灶，菜品味道醇厚、价格适中，深受回汉两教顾客欢迎。清诗人周楚良的《竹枝词》颂赞这类清真菜馆是“熘筋独脑油爆腰，酿馅加沙炸尾焦。羊肉不膻刘老济，河清馆靠北浮桥”。

津菜来历

因城市发展历史，地域和自然条件的限制，天津菜没有形成完整的菜系，但作为地方风味，在诸多菜系中一枝独秀，形成自己的特点。天津菜成型于三岔河口地区的南北运河两岸，以运河沿岸的鲁菜和宫廷菜为基础，重点融入淮扬菜、徽菜、杭帮菜的基因，以河海两鲜菜、蒸煮食品、风味小吃为主要内容，以主味鲜咸，辅味酸甜，小辣微麻，佐以俏头为口味，以炒勺为主，扒笃见长，综合并用的烹调技法，形成一种独特的餐饮文化样式。集中体现在“罾蹦鲤鱼”“炒青虾仁”等一系列的津派本帮菜。有津菜第一大菜之称的“扒通天鱼翅”，就诞生于红桥区侯家后天津名菜馆“八大成”之一的聚和成。早在300年前，由广东、福建、潮州商家组成的商船队就进入天津经商，人称“广东帮”“潮州帮”“福建帮”。他们分别建立了类似同乡会的组织：广东帮名为“常丰盛公所”，潮州帮名为“万世盛公所”，福建帮名为“苏万利公所”。由于地域接近、语言相通，三方同乡帮会于清乾隆四年（1739）联合建立了闽粤会馆。该会馆前门开在北马路，后门开在南运河畔的针市街。开馆挂匾这天，三帮商众齐聚左近的聚合成，大摆筵席，以示庆贺。潮州帮带来自古即列为“八珍”之一的上好的通天鱼翅。经天津厨师多次发制，煮、焖、蒸制入味，再用津菜最擅长的“扒”制技法，下勺、挂欠、大翻勺。成菜上桌，两千多克重的金黄色翅针半开扇面般排列整齐通顺，形如细密梳齿，呈金黄色，盈溢云红色亮汁，莹润饱满，剔透油润，一派大气。被誉为“天津百菜之王”。

传说乾隆皇帝10次途经天津，曾驻跸南运河畔万寿宫。地方官遂指派由八大成的头牌聚庆成饭庄供奉御膳。在众多菜品中，唯独烧目鱼条受到乾隆特别欣赏，封赏厨师五品顶戴花翎，赐黄马褂。自此，“烧目鱼条”前冠以“官”字而驰名津门，更成为天津名菜。

各津菜馆列为看家菜的罾蹦鲤鱼。出自北门外大街的二荤馆“天一坊”。油炸鲤鱼乍鳞摆尾，造型美观；鱼肉脆嫩鲜美，鱼鳞鱼皮大酸大甜。天津诗人陆辛农诗赞：“北箔南罡百世渔，东西淀说海神居，名传第一白洋鲤，烹做津沽罾蹦鱼。”

天津小吃三绝的“狗不理包子”和“耳朵眼炸糕”即诞生在三岔河口。清道光二十五年（1845年），14岁的高贵友到刘记蒸食铺学徒。师满后，在三岔河口南运河边侯家后自立门户。高贵友选用肥瘦3:7比例的鲜猪肉，剁成肉末。用猪骨、猪肚调制的高汤和上等酱油调馅儿，人称“水馅”。一拱肥半发面包制。制成色、香、味、形俱佳的狗不理包子。

天津炸糕以“耳朵眼炸糕”为最。清光绪十八年（1892年），天津人刘万春做起炸糕买卖。小推车上挂“回民刘记”木牌，在南运河北大关、估衣街一带现炸现卖。刘万春的炸糕用料讲究，选用北运河沿岸杨村、河西务和子牙河沿岸文安、霸县出产的黄米和江米作为原料。用天津本地出产的朱砂红小豆，加优质红糖，在锅内熬汁炒成豆沙馅，凉后做馅心。刘记炸糕外皮酥脆不艮，内里柔软糯黏，豆馅细甜沙口不粘牙，色、形、味均超类拔萃。清光绪末年，刘万春在北门外大街先后租赁两间门脸，因紧靠一条只有一米来宽的狭长胡同——耳朵眼胡同，而得名“耳朵眼炸糕”。

红桥区志

附　录

前志补遗

红桥地区历史上的军事

红桥一带有军事活动始于北宋，兴盛于明清，发展于解放后。是天津市区最早有军事组织地区，解放战争时期是重要战场，其战略、战役地位重要。因前志失载，故补之。

北宋建隆元年（960年），时区境为宋、辽边界，战事频繁。金元时，区境军事地位不断提升。金贞祐二年（1214年），在三岔河口设置军事机构“直沽寨”。从此，三岔河口地区由漕运枢纽和鱼盐产地发展为军事重镇。元至大二年（1309年），元廷以汉军5000人，给田10万顷于直沽寨，沿海口屯种。增康里军2000人，立镇守海口屯储亲军都指挥使司。元延祐三年（1316年），于直沽设海津镇。

明代，区境军事地位继续提升。建文二年（1400年），燕王朱棣率军“渡直沽”（今北大关处）南下，区境已成为重要军事基地和水陆交通要道。永乐二年（1404年），于直沽设卫筑城，设天津左卫、右卫。崇祯十二年（1639年），在窑洼河南岸（今北营门东）、西沽、邵公庄东、双忠庙南、三岔河口北岸、海光寺、冯家口建造炮台7座，其中前4座在区境。

清代，区境军事地位得到加强。顺治九年（1652年），三卫合并为一卫（天津卫）。雍正九年（1731年），天津升府，境内有天津城守营、永丰屯汛、板桥汛、西沽汛、北马头汛、王庆坨汛等驻军，数量增加，防御工事加强。清光绪年间（1875—1908年），天津城守营驻扎军粮城及其西北一带属西沽汛界。清光绪元年（1875年），北洋水师设督标水师营管带以下官兵726名，舢板46只，分驻三岔河口和西河口。咸丰十年（1860年）构筑天津外城壕墙，筑营门14座，其中在境内有3座。在西沽建成大型武器库。清高官多次到区境巡视军事、武库、河防等。光绪十二年（1886年）清廷总理海军事务大臣醇亲王奕譞来西沽武库巡视。

2008年，天子津渡纪念石，纪念明建文二年（1400年）燕王朱棣由此渡河克南京取皇位改明永乐 （区文化旅游局提供）

区境曾发生多次战事。咸丰三年（1853年），太平天国北伐军攻打天津，攻下静海独流和杨柳青镇，清廷急调各路援军在西沽、西站一带构筑防御工事，与太平军激战于天津城西部汪庄子和大稍直口一带。光绪二十六年（1900年）八国联军进犯天津，攻占区境内西沽武库，在武库内抢掠枪炮弹药后将武库炸毁。义和团6000人攻击西沽武库之八国联军，毙伤敌军400余人。

民国时期，军事机构发生新变化。1928年，国民政府设天津警备司令部，驻津部队训练主要集中在韩家墅实施，在韩家墅设立练兵场。

1949年初天津解放战役中，东北野战军第39军等部队在区境进行英勇战斗。

文献选编

红桥区国民经济和社会发展
第十一个五年规划

（2006年1月12日红桥区第十届人民代表大会第四次会议通过）

序言

“十五”期间，我区人民在区委、区政府的领导下，以邓小平理论和“三个代表”重要思想为指导，认真贯彻党中央、国务院和市委、市政府一系列指示精神，贯彻落实科学发展观，积极探索和实践现代化城区发展之路，深化经济发展战略，调整经济发展布局，与时俱进，创新拼搏，全面完成“十五”计划确定的各项目标任务。2005年实现地区生产总值40.35亿元，为2000年的2.5倍，年均增长20%；实现区级财政收入3.04亿元，为2000年的2.5倍，年均增长19.6%。经济综合实力显著增强，改革开放取得新的突破，城市载体功能快速提升，各项社会事业全面发展，人民生活水平明显提高，社会主义民主政治和精神文明建设取得新进展，城区综合竞争力和影响力取得显著提升。

“十五”期间，我区经济和社会发展中存在的突出问题是：人口密度过大；经济总量较小，经济结构不尽合理，财政收入与经济和社会发展需求不适应；基础设施建设相对滞后，对更大发展有所制约等等。对于这些问题，我们要用发展和改革的办法认真解决。

21世纪第二个五年，是天津市加快推进滨海新区开发开放，完成“三步走”战略，基本实现现代化的关键时期，也是红桥区坚持“城建带动，强三优二”发展战略，基本实现“一二二　”区域经济发展布局的重要战略机遇期。本规划依据《中共红桥区委关于制定国民经济和社会发展第十一个五年规划的建议》编制；是红桥区“十一五”时期国民经济和社会发展的战略性、纲领性、综合性规划，是编制专项规划，制订有关政策和年度计划的依据。

第一章　指导思想和战略目标

一、指导思想

“十一五”时期，红桥区国民经济社会发展的指导思想是：以邓小平理论和“三个代表”重要思想为指导，全面贯彻党的十六届五中全会精神，坚持以科学发展观统领全局，按照以人为本，全面协调可持续发展总的要求，围绕我市“三步走”战略目标，坚持我区“城建带动，强三优二”发展战略，以发展为第一要务，以城市规划为龙头，以税源建设为核心，以结构调整为主线，以环境服务为保障，以机制建设为基础，以构建和谐社会为目标，实现国民经济持续快速协调健康发展和社会全面进步。

二、战略目标

红桥区国民经济社会发展的目标是：把我区建设成为天津市主要的交通枢纽和客运中心；重要的商品集散中心和商业商务副中心；城市载体功能完善，环境质量优良，经济社会协调发展的宜居创业的和谐市区。实现这一目标要分两步走：第一步，2010年初见成效；第二步，2015年基本实现。

“十一五”主要预期目标是：在优化结构、提高效益和降低消耗的基础上，实现地区生产总值四年翻一番，年均增长20%；实现区级财政收入三年翻一番，五年增两倍，年均增长25%。城区现代化水平进一步提升，基本完成我区成片旧平房的改造任务。居民生活水平和生活质量普遍提高，居住、交通、教育、文化、卫生和环境等方面的条件有较大改善。民主法治建设和精神文明建设取得新进展，构建和谐社会取得新进步。

三、战略重点

“十一五”期间，红桥区经济社会发展的战略重点是：基本实现“一三二一”区域经济发展布局(即：“一区”—运河经济文化商贸区；“三圈”—大胡同商圈、大丰路商圈和丁字沽商圈；“两园”—科技工业园和都市工业园；“一中心”—西站交通商务中心)；构建现代化城市交通体系、新兴现代产业体系、社会保障体系、中心城区空间体系、社会公共服务和安全体系等五个支撑体系；建设运河经济文化商贸区、科技工业园、西纵快速路、北横快速路、文化中心、公共安全应急管理指挥系统等三十个大项目。

第二章　空间布局

充分发挥城市规划的龙头作用，正确处理经济发展与城市建设、

城市建设与城市管理、城市现代化与历史文明传承的关系，提高城市规划的前瞻性、科学性和可操作性，加快城市现代化进程。

一、产业布局

规划经济发展用地300万平方米，占全区总用地14%。

(一)服务业发展布局

以区域东南部为服务业重点发展区。重点建设大胡同—西站市级服务业聚集区，在这一聚集区建设环形景观路。沿北运河、子牙河和南运河建设生态旅游经济走廊。

(二)工业发展布局

以区域西北部光荣道南为工业经济发展去。重点建设科技工业园和都市工业园。

二、社会事业布局

规划行政办公、社会事业用地240万平方米，占全区总用地11%。重点建设子牙河北岸政治、文化体育事业以及休闲娱乐发展区。

三、城市交通布局

规划道路广场用地480万平方米，占全区总用地23%。重点建设六纵十横道路骨干网络，构建现代城市交通体系。

四、人口布局

规划居民居住用地510万平方米，占全区总用地24%。规划到2010年年末全区常住人口控制在50万人以内(辖区常住人口48万人，代管区常住人口2万人)。其中，芥园道居住区为7万人；子牙河南—红旗路西居住区为9万人；泰达城—小伙巷居住区为5万人；丁字沽—咸阳北路居住区为19万人；西于庄—西沽居住区为5万人；光荣道南居住区为3万人。

第三章　经济发展

以税源建设为核心，以结构调整为主线，坚持把发展服务业放在优先位置。以完善结构，提升能

极为措施，进一步作强服务业；以发展都市型工业为手段，进一步优化第二产业。注重提高增长的质量和效益，保持经济平稳较快发展。

一、服务业

坚持市场化、产业化和社会化的方向，大力发展现代服务业，积极发展新型服务业和改造提升传统服务业，提高服务业水平。

(一) 发展方向

积极发展服务业集聚区。结合关上关下、大胡同、小伙巷和西站地区的建设和改造，通过整体规划，构建集商贸商务、旅游休闲、交通枢纽和高品质住宅于一体的大胡同—西站市级服务业集聚区，形成200余万平方米商贸设施群。

(二) 发展重点

提升、壮大商贸流通业。以增强中心城区商贸集散力和辐射力为方向，加快商贸流通业提升改造步伐，在规模层次上发展壮大。发挥大胡同市场自身优势，按照现代流通方式调整、改造，提升批发贸易集散能力，培育和建设一批有特色、有成长性的专业市场。着力提高零售商业能级和水平。

积极发展餐饮住宿业。餐饮业发展要立足红桥特色，积极发展和壮大天津菜基地。提高餐饮业规模和档次，构建特色化、快餐化都市型餐饮模式，形成多品种、多菜系、多风格的餐饮服务体系。发挥老字号知名品牌优势，发展清真餐饮业，建设清真饭店和民族食品街。搞好星级酒店、宾馆的建设，加快住宿服务业发展。

促进房产业平稳健康发展。健全和完善房地产开发和服务体系。完善商品房供应结构，确保公建与住宅保持科学合理的比例，确保高、中、低档住宅保持科学合理的比例。新建房屋竣工450万平方米，其中公建150万平方米，住宅300万平方米。规范房地产市场管理，活跃二、三级市场。引进一批有实力的开发商在我区发展。

大力发展特色旅游。充分发挥我区“三河五岸”得天独厚的自然资源和历史文化、民族宗教等人文资源优势，以建设“津卫起源看红桥”旅游区为目标，突出休闲旅游特色，整合旅游资源，开发旅游项目，建设旅游景点。建设三岔河口“津卫摇篮”旅游观光区和大胡同商贸旅游购物观光区。充分利用“河”资源，作足“水”文章。以京杭大运河“申遗”为契机，挖掘开发运河园林文化资源，复建中华名园水西庄，开发桃花堤自然景观带。利用我区丰富的人文景观和历史遗迹、开发红色旅游、天津风情旅游和宗教文化旅游。

积极发展楼宇经济。规划新建40万平方米写字楼，2010年底建成20万平方米。以楼宇为载体，建设与专业特点的律师楼、会计楼、咨询大厦等，促进金融、信息、中介等产业的聚集，引进和培育现代服务业。重视发展会展经济。

二、工业

推动工业布局调整，发展都市型工业，坚持以信息化带动工业化，广泛应用高新技术和先进适用技术改造提升制造业。

(一) 发展方向

按照结构优化、行业集中、规模效益质量显著的要求，发展以产品设计、技术开发和加工制造为主体，以都市工业园区为基本载体，低能耗、无污染、科技含量较高的都市型工业。利用滨海新区发展政策机遇，积极探索“研发、销售在内，生产制造在外”的都市型工业发展模式。

(二) 发展重点

建设工业园区。科技工业园以吸纳外商投资企业为主，以高科技密集型产品为主导，体现科、工、贸一体化功能，成为科技型企业发展的基地。都市工业园以吸纳区域内不同行业的中小工业企业为主，以打造若干个科技密集型、科研开发型、配套加工型的规模企业群体为目标，使之成为具有行业规模聚集效应的都市型工业小区。

加快技术创新。以自主创新为动力，培育自主品牌。按照"专、精、新、特"的方向，优化产品结构，扶植发展重点产品。增强科技成果转化能力，提高电气等行业技术水平，作强行业经济规模。

支持区域重点企业。鼓励区域重点企业实施技术、工艺、产品和营销创新，积极转变增长方式，提高自身的发展规模和水平。

第四章　城市建设

加快城市建设步伐。坚持城市基础设施适度超前、优先发展。着力改善公共服务设施和居民居住条件，提升城区综合服务功能。

一、基础设施建设

（一）交通设施建设

完成快速路西北半环、西纵和北横道路工程建设；新建复兴路延长线道路工程；实施光荣道拓宽工程；结合南运河开发改造，打通南运河南、北路；结合快速路建设，打通子牙河南、北路；打通白酒厂大道；打通海源路等小区道路。新建跨子牙河立交钱等十一座桥梁。配合有关部门建设京秦客运专线和京沪高速铁路天津段及铁路西站扩建改造。

（二）公用设施建设

配合南水北调工程新建天津市水源枢纽，扩建芥园水厂，完善我区供水网络。改善我区的排水状况，实现雨、污分流，重点建设低洼积水片地下排水设施，新建西站前街等一批雨水泵站。配合市政道路改造，河道改造及用户发展，新建一批煤气中压管线工程。配合市有关部门做好子牙河北岸天然气转换工作。燃气化率达到100%。

（三）能源设施建设

建设运河经济文化商贸区等35千伏变电站3~5座。继续完成西于庄和子牙河南两个大型热源工程建设，扩建丁字沽供热站。在津浦铁路以南地区发展热电联产供热。在条件具备的区域，实施计量供热。2010年，热化率达到90%，集中供热普及率达到80%。

二、经济发展载体建设

建成运河经济文化商贸区和大丰路商圈，重点建设星级酒店、思源广场、博物馆、大型餐饮娱乐城、酒吧街等大型商贸文化设施和高级公寓。拓展大胡同商圈，重点建设大胡同商圈的配套设施。建设西站交通商务中心，重点建设大型长途客运站、地铁公交中心站，以及通信大厦、金融大厦、高档商务办公楼、星级宾馆、购物中心和大型文化娱乐休闲场所等。建设丁字沽商圈。复建水西庄历史文化名园，建设星级饭店、文化交流展示场所和餐饮娱乐商业街等一批旅游设施。建设科技工业园和都市工业园。重点建设科技工业园的国际标准厂房和科技研发大厦、商务中心、会展中心、生活服务设施等。

三、公共服务设施建设

新建、改扩建18所中学、小学、幼儿园，新建、改扩建18所医疗和疾病预防机构，新建、改扩建7处文化和文物馆、址，新建2座体育场馆。建成区行政许可服务中心。新建、改造100个社区居委会。建设红桥区社区服务中心，改扩建街级社区服务中心，扩大社区服务站规模。新建、扩建、改建11个公安派出所。建设一批与作业需求相形适应的市政、园林、环卫班队点。加强菜市场建设，实现1000米2/万人的标准。

四、居民住宅建设

加快旧城区改造步伐，通过科学规划，加强市政基础设施建设，带动城区成片危旧房改造。加快居民住在建设，满足不同层次居民的居住需求。千方百计解决好中低收入拆迁居民安置用房问题。新建居住区将根据需求建设适当的高品质住宅小区。居民住宅建设要以创建国家园林城区为标准，提高生态环境质量，增加居住区绿地，推进宜居城区建设。

第五章　城市管理

提高城市管理现代化水平。坚持依法、科学、从严、有序管理城市，发挥人民群众参与管理城市的作用，为广大居民创造安全、便捷、舒适的城市环境。

一、城市行政管理

深化城市管理体制综合改革，形成统一领导、分级负责、职责清晰、重心下移的城市管理新格局。创新城市管理方式，推进城市网络化、信息化管理，实现精确、高效的城市管理。加强街道、居委会管理能力建设，改进社区管理和服务，增强社区凝聚力。要优先安排公共事业和公共服务建设方面的资金。加大政府对教育、文化、卫生和社会保障的投入。关注社会弱势群体，提高特殊公共服务能力。

二、城市安全管理

建立城区统一高效的应急管理指挥系统，健全突发公共事件应急机制，提高防范和处置突发公共事件能力，增强减灾、防灾、救灾能力。

（一）公共安全

全力做好维护稳定工作。建立健全社会稳定预警机制、矛盾纠纷排查调处机制、应急处置机制和责任追究机制，把工作重心转移到事前预防和事中控制上来。努力从源头上缓解社会矛盾，畅通诉求渠道，预防群体性事件的发生。加强社会治安综合治理工作。坚持打防结合、预防为主，落实社会治安综合治理的各项措施。大力加强警防、民防、技防“三张网”建设，不断发展壮大群防群治力量，推进社会治安防控体系和工作机制建设。加强公共安全基础设施建设，建成区反恐防控应急指挥中心。加强基层司法所建设，实现司法行政工作向街道全面延伸。加强人民调解组织的组织建设和人民调解工作规范化建设。加强新形势下安置帮教工作。成立社区矫正机构。

（二）安全生产

健全安全生产监管体制和安全监管机构。坚持安全第一，预防为主、综合治理，落实安全生产责任制，强化企业安全生产责任。抓好高危行业的安全生产。及时消除影响公共安全的重大隐患，有效遏制重特大事故。

（三）防灾减灾

坚持预防为主，防御与救助相结合的方针，以方针，防洪、防火和预防灾害性天气为重点，统筹规划与建设防灾减灾重点工程，提高抗御自然灾害能力。建立和完善地震监测预报、震灾预防和紧急救援三大工作体系。完善防震减灾应急预案。加强消防基础设施建设，建设区二级消防防灾减灾指挥中心，调整消防站队布局。积极配合市有关部门对我区界内河道及周边地区进行综合治理和改造，河道防洪堤埝达到城市防洪工程200年一遇的标准。加强防灾减灾知识的宣传、教育，提高人民群众紧急避险和自救互助能力。

(四)国防动员

提高国防动员能力。做好人民武装动员和国民经济动员工作。坚强人民防空组织指挥体系建设，建设战时防空、平时防灾的区级人防指挥中心和合理有效的防护工程体系，依法搞好人防工程建设。加强全民国防教育，增强全民国防意识。进一步做好双拥工作，积极争创双拥模范城区。

三、城市规划管理

严格依法加强规划管理，认真实施《天津城市总体规划(2004—2020年)》和《中心城区控制性详细规划(2005年)》，进一步加强规划实施的监督检查，严格按照规划法规引导和调控建设行为。

四、城市市容管理

以创建国家卫生城区为龙头，以建设宜居城市为目标，从抓基础设施建设和强化管理入手，2008年达到国家卫生城区标准。坚持不懈开展爱国卫生运动，加强各级爱国卫生组织和健康教育机构建设，广泛开展健康教育活动，加强环境卫生作业管理和环卫基础设施建设，更新环卫设施，逐步加大机械化作业程度。努力实现居民生活垃圾收集袋装化、运输压缩化和处理无害化。积极推进路网环境建设，加强道路环境日常管理和道路景观建设。主干道路集重点支线实现示范路标准，不断提高道路通行能力。积极组织推动景观河道环境卫生管理。加强公共场所、生活饮用水卫生管理，重视食品卫生工作。加强传染病防止和病媒生物防制工作。搞好社区和单位卫生，开展卫生达标活动。

第六章　人口、资源和环境

实施可持续发展战略，加快建设资源节约型、环境友好型社会，促进经济、社会与人口、资源、环境相协调。

一、人口

坚持计划生育的基本国策，加强人口管理，完善人口综合调控机制。

(一)人口规模

严格控制人口总量，加强人口结构调控。城区改造从规划到建设都要着眼人口的合理分布，避免区域内人口无节制膨胀。2010年全区人口严格控制在50万人以内。

(二)计划生育

坚持以人为本，以人的全面发展为中心，稳定人口低生育水平，积极推行优生优育，提高出生人口素质。深化人口与计划生育工作综合改革，建立和完善全区计划生育管理新机制。继续深入开展创建计划生育优质服务区活动，“十一五”中期达到国家级标准。全区计划生育率达到99%以上，人口出生率控制在7‰以内，计划生育综合节育率达到85%以上。

(三)老龄事业

积极应对人口老龄化挑战，促进老龄事业健康发展。坚持家庭养老与机构养老相结合，建立完善的社会化养老服务体系，逐步形成比较完善的以老年保障、医疗保健、体育健身、文化教育和法律服务为主要内容的体系。依托社区积极发展老年服务产业。重视养老院建设。

(四)妇女儿童事业

坚持男女平等基本国策，推动妇女广泛参与社会发展，保障妇女获得平等的就业机会、政治权利、教育机会、卫生保健服务、人身权和财产权及社会保障，为妇女在经济、社会发展中更好的发挥作用创造更为优越的社会环境。坚持儿童优先的原则，依法保障儿童生存、发展、受保护和参与的权利，优化儿童成长环境，使处于困境的儿童受到特殊的保护。

（五）残疾人事业

推进残疾人事业与经济社会发展更加协调，与社会管理和公共服务更加融合。健全残疾人组织，改善残疾人生活状况，保障残疾人的各项权益。促进残疾人综合素质普遍提高，自强自立意识普遍增强，自身潜能得到进一步发挥。创建全国残疾人工作示范城区。2010年基本实现残疾人“人人享有康复服务”的目标。

二、资源

坚持节约资源的基本国策，着力提高资源利用效率、降低物质消耗、保护生态环境，坚持节约发展、清洁发展、安全发展，实现可持续发展。

（一）发展循环经济

促进企业循环生产，推动产业循环式组合，开展循环经济视点，建立一批清洁生产和循环经济型示范企业。加快建设节约型社会，推广应用节约资源的新技术、新工艺、新设备和新材料，加强资源综合利用。倡导合理消费，鼓励绿色消费，形成健康文明、节约资源的消费模式。加强节约型政府建设，降低行政成本。

（二）保护土地资源

强化政府上地管理职能，按照集约用地、节约用地的原则，合理调整土地利用结构，优化土地资源配置，努力提高土地利用率和开发强度，提高土地产出效益。加强土地管理和对土地利用的分类指导，合理规划各类功能区建设用地，严格控制用地规模，优先安排交通、公建等建设用地。积极开发利用地下空间。

（三）保护水资源

坚持开源节流并举、节流优先，缓解水资源短缺矛盾，建设节水型城市。结合河道改造和南水北调工程，加强水源保护和涵养。大力发展节水型工业和节水型服务业，提高中水回用率。加强水资源管理，推广节水设备和器具，引导全社会形成良好的节水意识和行为。

三、环境

坚持环境保护的基本国策，巩固创建国家环境保护模范城市成果，加大污染防治与环境保护，切实保护好自然生态。

（一）环境保护与治理

改善空气环境质量。大力消减中小燃煤设施及煤烟型污染的中、低点源和面源，改善能源结构，提高能源利用效率。空气二级以上良好天数达到85%。改善水环境质量。加强饮用水水源保护，饮用水水源地水质达标率为98%以上。进一步改善水域生态环境质量，工业污水处理达标率达到95%以上。加强声环境治理，严格控制施工噪声、社会生活噪声、交通噪声等扰民源点，确保1、2、3类噪声功能区昼、夜声级达标。实施污染物排放总量控制，严格禁止危险废物排放，集中、安全处置危险废物，工业固体废物综合利用率达到98%，生活垃圾无害化处理率达到100%。

（二）生态保护与建设

坚持保护优先，开发有序，以控制不合理的资源开发为重点，强化对水源、土地和绿地等自然资源的生态保护。整合生态资源，形成以河流和人工绿地相结合的生态建设、保护格局，构建以“三河五岸”为骨架的城市生态防护带和生态廊道。加强公共绿地和单位附属地绿地建设，开展创建花园式单位活动。新建公共绿地250万平方米，居住区绿地45万平方米。2010年全区绿化覆盖面积要达到959万平方米，绿化覆盖率达到45%以上。人均公共绿地4.9平方米。

第七章　科技、教育和人才

实施科技兴区战略和人才强区战略、依靠科技进步、劳动力素质的提高和高素质人才的培养，实现经济与社会的持续发展。

一、科技

加快科技进步，提高自主创新能力和核心竞争力，促进经济结构调整和经济增长方式转变。

（一）建立创新体系

充分发挥驻区大中院校、科研院所人才、技术和信息优势，加快以企业为主体、市场为导向、产学研结合的技术创新体系建设，形成自主创新的体系建设，形成自主创新的体制框架。加强企业技术中心建设。积极发展民营科技型中小企业，推动民营科技企业“二次创业”。2010年，民营科技企业达到1200家，发展繁荣技术市场，加快科技成果推广转化。

（二）建设创新基地

重点建设和完善区电气产业孵化器和生产力促进中心，与驻区大专院校共建“国家级大学科技园”，积极吸引一流企业家及创业人才来我区创业，逐步形成设施完善、发展环境优越、专业特色突出的科技产业孵化和生产力促进体系。

（三）营造创新环境

改善技术创新的市场环境，发展创业风险投资，加强技术咨询、技术转让等中介服务。加强知识产权保护，专利授权量平均每年递增20%以上。加强对科技投入的引导，2010年，科技研究与开发(R&D)投入占全区GDP比重达到2.5%。科技进步贡献率达到55%。

二、教育

坚持教育优先发展，深化教育体制改革，加快教育结构调整，切实推进素质教育，促进各级各类教育均衡、协调发展，基础教育率先基本实现现代化。

（一）加快教育事业发展

调整学校布局结构，盘活现有中、小学教育资源，通过撤并、置换、重组，保留中小学48所。调整学校层次结构，积极创办市一级幼儿园；加快小学中心教和模范小学建设；加强初中特色校建设，形成一校一品；办好国家级示范高中和市、区重点中学。大力发展职业教育，整合职业教育资源，调整专业配置，办好骨干专业，拓宽培训渠道，重点办好全国示范职业中专。发展成人教育，加强北洋社区学院建设和社区教育网络建设。调整学校体制结构，扩大教育对内对外开放，鼓励、扶持非义务教育阶段多体制办学。义务教育逐步形成以政府办学为主体，社会力量办学为补充的办学体系新格局。

（二）切实推进素质教育

加强和改进未成年人思想道德教育建设，深化基础教育课程改革，积极构建体育、艺术教育体系，全面提高教育质量。学前适龄幼儿入园率达到90%，义务教育完成率达到100%，高中阶段普及率达到100%。中等职业教育就业率达到100%。成人教育立足为地区经济、社会发展服务，努力构建终身教育体系。加快推进教育信息化，以信息化带动教育现代化。红桥教育宽带网覆盖全区中小学幼儿园。加强教育资源库和远程教育项目应用，建立红桥教育网络电视台。

（三）全面加强队伍建设

优化教师队伍结构。提高中学、小学和幼儿园的专任教师学历层次和专业程度。加快骨干教师和学科带头人队伍建设，培养一批各级骨干教师、特级教师和专家型名教师。加强骨干校长和名校长队伍建设。

三、人才

树立人才资源是第一资源的观念，坚持党管人才原则，努力造就一支数量充足、门类齐全、结构合理、素质精良、实力较强的人才队伍。

（一）实施人才培养工程

加强人力资源能力建设，加快各类人才的培养和引进。加强党政人才、企业经营管理人才和专业技术人才三支队伍建设，提高公务员队伍的整体素质；培养一批职业化、现代化的高素质优秀企业家和复合型优秀经营管理人才；积极培养专业化高技能人才，重点培养"拔尖人才"等专业技术带头人。

（二）深化人事制度改革

完善人才工作机制，健全以品德、能力和业绩为重点的人才评价机制。健全干部选拔任用机制，加大公开选拔力度，不断完善考录制度、选任制度、调任制度、竞争上岗制度和考核制度。健全人才奖励保障机制，全面提升人才队伍整体素质。推进市场配置人才资源，规范人才市场管理，深化人才柔性流动机制，促进人才合理流动，营造人才辈出，人尽其才的社会氛围。

第八章　推进改革，扩大开放

全面推进和深化改革，扩大对外开放，以开放促改革、促发展，完善落实科学发展观的体制保障。

一、加快推进改革

以转变政府职能和深化企业改革为重点，加快完善社会主义市场经济体制，形成有利于转变经济增长方式、促进全面协调可持续发展的机制。

（一）行政管理体制改革

进一步转变政府职能，继续推进政企分开、政资分开、政事分开、政府与市场中介组织分开，加强政府社会管理和公共服务职能。减少和规范行政审批，深化投资体制改革，深化政府机构改革，推进电子政务，提高政府行政效率和服务水平。健全科学民主决策机制和行政监督机制。建立健全教育、制度、监督并重的惩治和预防腐败体系，加大预防腐败的力度。2010年，建成惩治和预防腐败体系的基本框架。

（二）加快企业改革步伐

全面完成公有制企业产权制度改革，完善法人治理结构，建立现代企业制度。深化集体企业改革，推动多种形式的集体经济发展。建立健全国有资本监管体系，进一步完善出资人制度，建立国有资本经营经营预算制度，规范国有企业改制和国有产权转让，促进国有资本合理流动，实现国有资产保值增值。

（三）大力发展非公有制经济

大力发展个体、私营等非公有制经济。认真贯彻落实鼓励、支持和引导非公有制经济发展的方针和政策，为非公有制企业健康发展创造公平竞争的法制环境、政策环境和市场环境。鼓励和支持非公有制经济参与国有企业改革，进入公用事业、基础设施等领域。引导非公有制企业制度创新和产业升级，支持一批骨干企业快速成长。加强和改进对非公有制企业的服务和监管，拓宽非公有制企业融资渠道，提高非公有制经济和混合所有制经济在全区经济的比重。各类企业都要切实维护职工合法权益。

(四)推进市场体系建设

大力发展技术、人才和劳动力等要素市场。发展和规范各类中介组织。充分发挥商会、行业协会的作用。加快建设社会信用体系，规范和维护市场秩序。推行现代流通方系，大力发展连锁经营，物流配送和电子商务。

二、扩大对外开放

实施互利共赢的开放战略，优化投资环境，改进招商方式，全面提高对外开放质量和水平，构筑全方位的新格局。紧紧围绕“一三二一”区域经济发展布局，引进大项目，培育稳定的经济增长点，促进税源建设。累计内联引资协议额120亿元人民币，到位额100亿元人民币。继续积极合理利用外资。鼓励外商投资高新技术产业、现代服务业。累计引进外资协议额2亿美元，外资到位额1亿美元。支持各类企业自营出口，扩大外经贸市场主体。

第九章　构建和谐社会

积极促进社会和谐，建立健全党委领导、政府负责、社会协同、公众参与的社会管理格局。不断创新政府公共服务提供方式，更加注重社会公平，着力解决与人民群众切身利益相关的突出问题，使全体人民共享改革发展成果。

一、更加注重社会公平

(一)扩大就业

坚持实施积极的就业政策，千方百计扩大就业和再就业。强化政府促进就业的公共服务职能。拓宽就业渠道，积极发展就业容量大的劳动密集型产业、服务业和各类所有制的中小企业。促进多种形式就业，逐步实现“社会就业比较充分”的目标。城镇登记失业率控制在4%以内。健全就业服务体系，完善劳动力市场建设。加快建立政府辅助、社会参与的职业技能培训机制，下岗失业人员培训达到70%。转变就业观念，鼓励劳动者自主创业和自谋职业。完善对困难群众的就业援助制度。五年新增就业6万人。全面巩固和完善劳动合同制度，加强劳动保障监察，完善劳动人事争议仲裁制度，健全劳动关系协调机制。

(二)完善社会保障体系

加快完善社会保障制度，健全社会保险、社会救助、社会福利和慈善事业相衔接的社会保障体系。多渠道筹措社会保障基金。完善基本养老、基本医疗和失业、工伤、生育等保险制度，发展企业补充保险和商业保险。扩大社会保障的覆盖面，将非公有制企业、灵活就业人员和进城务工人员纳入社会保险覆盖范围。推进机关事业单位养老保险制度改革。

高度重视解决困难群众住房、医疗和子女就学等生活问题。建立健全医疗、住房、教育、司法等专项救助制度，落实分类救助，提高孤老户、残疾人、优抚对象和困难群众的生活水平。积极办好社会慈善事业，鼓励社会团体和个人参与扶贫济困，提高社会救助能力。建立健全优抚安置保障体系，完善优抚对象优抚补助标准自然增长机制。

(三)增加居民收入

关注就业机会和分配过程的公平，加大调节收入分配的力度，强化对分配结果的监管，不断增加居民收入。完善按劳分配为主体、多种分配方式并存的分配制度，坚持各种生产要素按贡献参与分配。建立规范的公务员工资制度和工资管理体制。以共同富裕为目标，照例提高低收入者收入水平，逐步扩大中等收入者比重。居民人均可支配收入年均增长10%以上。

（四）改善居民居住条件

结合成片旧平房改造，进一步完善困难群众廉租房、经济租赁房和经济适用房三条住房保障线及一系列住房政策，适量安排还迁房建设，优化供应结构，不断改善居民居住条件。2010年，居民人均住房建筑面积达到25平方米。

二、提高人民健康水平

（一）卫生事业

提高人民群众健康水平。强化政府公共卫生管理职能，建立、完善疾病预防控制体系、医疗救治体系和卫生监督执法体系，提高对疾病预防控制和医疗救助服务能力。加快红桥区疾病预防控制中心建设，疾病预防控制体系建设要达到全市先进水平。构建全区三级医疗救治网络。人均期望寿命达到79.5岁。急性传染病发病率控制在200/10万以内。加强妇幼卫生保健，妇女、儿童系统管理率达到95%以上，孕产妇死亡率控制在10/10万以下，婴儿和5岁以下儿童死亡率控制在10‰以下。进一步加强社区卫生服务机构建设，巩固创建国家级社区卫生服务示范区成果，按照标准完成社区卫生服务中心和社区卫生服务站的建设和配置。深化医疗卫生体制改革，合理配置医疗卫生资源，调整卫生布局。2010年，平均每千人拥有床位4.5张，平均每千人拥有医生2.8人。加快卫生监督执法机构基础建设和现代功能装备，全面提高卫生监督检测水平和综合执法能力。强化对食品、药品、餐饮卫生等的监管，保障人民群众健康安全。

（二）体育事业

以增强人民体制，提高国民整体素质为目标，实现群众体育和竞技体育的协调发展，积极开展全民健身运动。到2010年社会体育指导员总数达到1000名以上，有组织有规模的健身队伍超过100支。培育有红桥特色的体育活动和体育组织。全面提升我区竞技体育水平。以市、区级重点中小学，驻区大中专院校为依托，构建由小学、中学、大学一条龙的体育人才培育体制。加强体育场馆建设。

三、加强精神文明和民主法治建设

（一）精神文明建设

加强社会主义精神文明建设。全面落实用邓小平理论和“三个代表”重要思想武装全党、教育人民的战略任务，加强马克思主义理论学习，努力使科学理论成为广大群众团结奋斗的共同思想基础和精神支柱。加强理想信念教育，大力弘扬以爱国主义为核心的民族精神和以改革创新为核心的时代精神，加强社会主义思想道德建设，在全社会倡导爱国守法、明礼诚信、团结友善、勤俭自强、敬业奉献的基本道德规范。加强公民道德建设，进一步加强社会公德、职业道德、家庭美德教育及以“共筑诚信”为重点的思想道德建设和实践活动，提高广大居民素质。积极推进精神文明创建活动，力争跨入全国文明城区先进行列。

（二）发展先进文化

发展文化事业和文化产业，丰富人民群众精神文化生活，逐步形成覆盖全社会的比较完备的公共文化服务体系。加强文化阵地建设，新建图书馆、文化馆达到国家一级馆的要求，推动街道文化站和居委会文化室建设，形成区、街、居三级文化网络。丰富群众文化活动，扶植和推动社区群众文艺团队。积极推动文化事业的改革，大力发展文化产业，形成以公有制为主体、多种所有制共同发展的文化产业发展格局。加强文化市场管理，保障文化市场健康、繁荣、有序。积极引进和扶植文化经营单位落户红桥。加强文物保护。适度扩建义和团纪念馆。整修和扩建福聚兴机器厂旧址，易地重建曾公祠，依法保护好窑洼明代炮台、铃铛阁旧址、谦翔益旧址等一批历史文物及风貌建筑。继续挖掘和整理历史文化遗存。

不断提高档案工作现代化水平。加大档案信息化建设，创新服务机制，紧密围绕中心工作，发挥档案为现实服务的功能。

(三)民主法治建设

坚持和完善人民代表大会制度、共产党领导的多党合作和政治协商制度。巩固和发展最广泛的爱国统一战线。发挥工会、共青团、妇联等人民团体的桥梁纽带作用。切实做好民族、宗教和侨务工作。加强基层政权和群众性自治组织建设，实行民主选举、民主决策、民主管理和民主监督。坚持依法治区，全面推进法治建设，建设法治政府。落实行政执法责任制，强化行政执法监督，进一步规范行政执法行为。健全权力制约机制，促进廉政建设法制化。推进司法体制和工作机制改革，规范司法行为，加强司法监督，促进司法公正，维护司法权威。认真实施“五五”普法规划，深化法制宣传教育，提高干部群众的法律意识和法律素质。

四、建设和谐社区

加强和谐社区建设，倡导人与人和睦相处，增强社会和谐基础。构建社区组织体系。加强社区党组织建设，充分发挥社区党组织领导核心作用。加强社区居民自治组织建设。科学合理地划分社区。在全区各社区推行“议行分设”管理模式。建立社区工作者队伍。采取多种方法，多种渠道选聘社区居委会干部。积极发展志愿者队伍，广泛动员社会力量参与社区建设。完善社区管理体制。社区居委会在街道办事处的指导下开展工作，依法协助政府做好各项管理与服务工作。通过建章立制，理顺社区居委会与社区其他组织的关系，调动社区内各方面的力量，开展共驻共建。拓展社区服务领域，健全完善区、街、居三级社区服务网络。努力构建面向特殊群体和特困群体的社会服务，面向全体居民的便民利民服务和行政事务服务，面向失业职工的就业保障和其他社会保障服务，面向社会单位的社会化服务等四大服务体系。大力兴办公益性事业。抓好社区服务中心和社区服务站建设。大力发展社区事业。坚持政府指导和社会共同参与相结合，充分发挥社区力量，合理配置社区资源，坚持开展“六进社区”活动，不断提高居民素质和社区文明程度。

结束语

“十一五”发展目标令人鼓舞的，任务光荣而又艰巨。全区人民要在区委、区政府的领导下，全面落实科学发展观，抢抓机遇，扎实工作，埋头苦干，开拓创新，追求高水平，实现新跨越，为全面实现“十一五”规划确定的各项任务而努力奋斗！

红桥区党政机构改革方案

（1996年11月12日）

根据市委、市政府《天津市区县党政机构改革实施意见》，结合红桥区实际，制订本方案。

一、改革的指导思想和原则

这次党政机构改革，要适应建立社会主义市场经济体制的要求，按照政企职责分开，精简、统

一、效能的原则，从实际出发，积极稳妥地推进。要着重解决政企不分、机构重叠、职能交叉、人员较多等问题，切实做到转变职能、理顺关系、精兵简政、提高效率。要有利于加强和改善党的领导，有利于加强和发挥地域管理职能，有利于处理好改革、发展、稳定的关系。

在实施机构改革过程中，着重把握好以下几点：

（一）转变政府职能。强化政府宏观管理和社会管理的职能，弱化微观管理职能，减少对企业不必要的直接干预。政府主要做好统筹规划、掌握政策、依法行政、信息引导、组织协调、提供服务和检查监督等工作。通过改革，更好地承担起建设和管理城市，组织人民生活，发展地区经济和社会公益事业的任务。

（二）理顺关系。区委、区政府对口设置的机构要适当调整，避免机构设置重叠。区政府各部门要划清职责，需要几个部门共同承担的职能，要明确主管与配合的关系，形成职责分明、分工合理、协调运转的新格局。要加强街道职能，把区域性的管理职责下放给街道，充分发挥街道在地区性经济和社会发展中的作用。

（三）精兵简政。机构设置力求精简，减少层次。人员配备坚持精干，严格定编、定员。要加强机关建设，提高工作效率。

（四）正确处理改革、发展、稳定的关系。从有利于调动干部职工的积极性，有利于工作的连续性，有利于促、进经济和社会发展出发，积极稳妥地搞好机构改革。

二、区党政机构设置

区纪律检查委员会机关与区监察局合署办公，一个机构两块牌子。

（一）区委机构设置

区委保留办公室、调研室、组织部、宣传部、统战部、政法委员会（社会治安综合治理委员会办公室与政法委员会机关合署办公）。

区委商业工作委员会与区商业委员会合署办公；区委街道工作委员会与区街道委员会合署办公；组建区委城市建设工作委员会，与区城市建设委员会合署办公；区委台湾工作办公室（区政府台湾事务办公室）与区委统战部合署办公。

区委老干部局由区委组织部管理；区委保密委员会办公室（保密局）由区委办公室管理；区精神文明建设活动指导委员会办公室由区委宣传部管理。

区档案局、档案馆一个机构两块牌子，为区委、区政府的直属机构，由区委管理。

区委党史资料征集委员会改为党史研究室，为事业单位。

（二）区政府机构设置

区政府保留办公室、研究室（加挂区经济体制改革委员会牌子）、城市建设委员会、商业委员会、街道委员会、计划生育委员会、市容管理委员会、科学技术委员会、体育运动委员会、信访办公室（同时挂区委信访办公室牌子）、经济协作办公室、法制办公室、人民防空办公室、人事局、监察局、文化局、卫生局、劳动局、财政局、审计局、工商行政管理局、物价局、技术监督局、民政局、司法局、园林管理局、环境卫生管理局、市政工程管理局、房地产管理局，公安分局体制不变。

撤销计划经济委员会，组建计划委员会、对外经济贸易委员会、经济委员会；集体经济办公室并入经济委员会。

民族事务委员会改为民族宗教事务委员会；教育局改为教育委员会；环境保护办公室更名为环境保护局；统计办公室更名为统计局。

机构编制委员会办公室规格为正处级。

侨务办公室由区政府办公室管理。

组建地震办公室，规格为副处级，由人民防空办公室管理；组建国有资产管理局；规格为副处级，由财政局管理；爱国卫生运动委员会办公室规格为副处级，挂靠在市容管理委员会。

企业管理局成建制改组为经济实体，其行政职能转交经济委员会。

粮食局体制不变。

三、街道党政机构设置

街道党委设办公室。街道办事处设办公室、居民科（民政科）、城管科、文教卫生科、计划生育办公室、社会治安综合治理办公室（加挂司法科牌子）等6至7个科室。少数民族居住较集中的街设民族事务科。

街道设纪律检查委员会。

街道武装部的设置不变。

四、区人大、区政协机关的机构改革

（一）区人大常委会机关设办公室、调研室、代表联络室3个处级综合办事机构。机关人员按原有编制精简10%左右。

（二）区政协机关设办公室、专门委员会办公室2个处级综合办事机构。机关人员按原有编制精简10%左右。

五、编制

按照《天津市区县党政机构改革实施意见》的规定，区级机关和街道机关共核定行政编制1724名；机构改革后使用事业编制的单位共核定事业编制22名；机关工勤人员共核定事业编制172名；街道居民委员会配脱产干部共核定事业编制348名。

这次机构改革后，由事业编制改为行政编制，或由行政编制改为事业编制的，其经费渠道不变。

六、妥善安置机关分流人员

做好人员分流工作，是机构改革的重要环节。要把人员分流与提高工作效率、改善机关人员结构结合起来，使一批人才转移到更加需要的岗位上去，更好地发挥他们的聪明才智，为经济建设和社会发展贡献力量。

人员分流的主要途径有：鼓励有条件的单位兴办与机关脱钩的经济实体或服务实体，接纳机关分流人员；将一些具有服务性职能的部门转为事业单位，人员随之转移；允许一部分机关人员辞职，自谋职业；选派干部到街道居民委员会工作；选调符合条件的机关人员到需要充实加强的部门工作；鼓励机关内原教师、医务工作者等专业技术人员归队；严格执行退休制度，允许接近退休年龄的机关人员提前退休；有条件的机关后勤部门可逐步转为事业单位或经济实体；坚决清退协勤人员和临时借调人员。

分流人员的有关政策及待遇，按照市委、市政府《关于市级专业经济管理部门成建制改组为公司有关问题的通知》（津党发〔1995〕24号）和市委办公厅、市政府办公厅《转发市人事局〈关于党政机构改革中人员分流若干问题的意见〉的通知》（津党办发〔1995〕24号）的有关规定执行。

七、组织领导

这次机构改革工作要按照市委、市政府的统一部署，区委、区政府统筹安排，精心组织，积极运作，有计划分步骤地进行。区级机关和街道的机构改革同步实施。

区机构改革工作在区委、区政府的领导下进行，成立区机构改革工作领导小组，下设办公室负责具体工作。要统筹兼顾，处理好机构改革和当前工作的关系。要严格组织人事纪律和财经、保密纪律，认真研究解决机构改革中出现的新情况、新问题，深入细致地做好思想政治工作，确保机构改革工作的顺利推进。

红桥区党政机构改革方案

（1996年11月12日）

根据市委、市政府关于《天津市区县、街道、乡镇机构改革实施意见》（津党【2001】47号）的规定，结合红桥区实际，制订本方案。

一、改革的指导思想和原则

这次机构改革的指导思想是：以江泽民总书记“三个代表”重要思想为指导，适应社会主义市场经济发展的需要，有利于加强党的领导和促进政府职能转变，有利于理顺各级政府、各部门之间的关系，有利于加强基层政权建设和各项基础工作，有利于精干公务员队伍、降低行政成本、减轻财政负担、提高工作效率。通过改革和精简，逐步建立廉洁高效、运转协调、行为规范的行政管理体制。

为了实现上述指导思想，要遵循以下原则：

——按照社会主义市场经济和社会发展的要求，转变政府职能，实现政企、政事分开。通过改革，把政府职能切实转变到市场监管、社会管理和公共服务等方面上来，把企业的生产经营和投资决策权真正交给企业，把可以由社会自我调节与管理的职能交给社会中介组织。

——按照实事求是、从实际出发的要求，结合地域特点和经济发展水平、市场发育程度、资源状况，因地制宜地推进改革。

——按照权贵一致的原则，合理划分事权，理顺条块以及行政层级之间的关系。界定部门之间的职能分工，相同或相近的职能交由一个部门承担，切实解决多头管理、政出多门的弊端。

——按照精简、统一、效能和优化结构，加强基层的原则，调整机构设置，精简人员编制，优化人员结构，提高工作效率。

——按照依法行政的要求，加强行政管理的制度化、规范化和法制化建设，逐步由行政手段管理转向依法管理；加强机构编制的管理监督，建立机构编制管理与财政预算管理相互配套协调的约束机制。

——按照积极稳妥地方针，正确处理改革发展稳定的关系。既要积极推进机构改革，完成人员编制精简任务，又要考虑各方面的实际承受能力，避免震动。要把机构改革与促进经济发展、保持社会稳定结合起来，高标准地完成好各项工作任务。

二、区党政部门的机构改革

（一）区委机构设置

区委工作部门的设置与市委工作部门大体相对应。改革后，区委设9个工作部门（含2个部门管理机构）。具体调整情况是：

1.保留纪律检查委员会机关（监察局与其合署办公）、办公室、组织部、宣传部、统一战线工作部、政法委员会（社会治安综合治理委员会办公室与其合署办公）、研究室。

2.精神文明建设委员会办公室设在宣传部。

3.台湾工作办公室（政府台湾事务办公室）与统一战线工作部合署办公。

4. 保密委员会办公室（保密局）由区委办公室管理。

5. 老干部局由组织部管理。

6. 机构编制委员会办公室是机构编制委员会的常设办事机构，既是区委的工作机构，也是区政府的工作机构，列入区委机构序列，与人事局合署办公。

7. 处理邪教“法轮功”问题领导小组办公室（政府防范和处理邪教问题办公室）为区委、区政府的常设机构，由区委办公室管理，不计机构个数。

8. 撤销街道工作委员会、商业工作委员会、城市建设工作委员会，其工作职能分别由区委有关部门承担。

9. 组建经济贸易工作委员会，与经济贸易委员会合署办公。

10. 档案局是区委、区政府主管档案工作的职能机构，档案馆是集中管理档案的事业单位。档案局与档案馆合署办公，一个机构两块牌子，由区委管理。

11. 区委党校、党史研究室仍为区委直属事业单位。

（二）区政府机构设置

区政府工作部门的设置，在规定的限额内，与市政府工作部门的设置和职能配置基本对应。改革后，区政府设28个工作部门和3个部门管理机构。具体调整情况是：

1. 保留办公室、科学技术委员会、市容管理委员会、对外经济贸易委员会、监察局（不计机构个数）、民政局、司法局、财政局、人事局、劳动和社会保障局、卫生局、统计局、审计局、环境卫生管理、经济协作办公室、研究室、法制办公室、信访办公室（区委信访办公室）。

2. 计划委员会更名为发展计划委员会；城市建设委员会更名为建设管理委员会；计划生育委员会更名为人口和计划生育委员会；教育委员会更名为教育局；体育运动委员会更名为体育局；文化局更名为文化和旅游局；经济体制改革委员会更名为经济体制改革办公室，与政府研究室为一个机构两块牌子；民族宗教事务委员会更名为民族宗教事务办公室。

3. 撤销经济委员会、商业委员会，组建经济贸易委员会；粮食管理办公室更名为粮食办公室；在经济贸易委员会加挂粮食办公室、个体私营经济办公室的牌子。

4. 撤销侨务办公室，其工作职能分别由区委、区政府有关部门承担。

5. 撤销街道委员会，在政府办公室加挂街道工作办公室的牌子。

6. 人民防空办公室属于国防动员委员会的办事机构，同时又是区政府主管人民防空工作的职能部门，加挂民防办公室的牌子；撤销地震办公室，其工作职能由人民防空办公室承担。

7. 国有资产管理局并入财政局，在财政局加挂国有资产管理办公室的牌子。

8. 爱国卫生运动委员会办公室并入市容管理委员会，在市容管理委员会加挂爱国卫生运动委员会办公室的牌子。

9. 设立安全生产监督管理局，与安全生产委员会办公室为一个机构两块牌子，设在经济贸易委员会。

10. 物价局由发展计划委员会管理；市政工程管理局、园林管理局由建设管理委员会管理。

11. 公安局体制不变。

三、街道的机构改革

街道机构改革，要有利于加强和改革街道党工委的领导，适应城市管理体制改革和加快城市基层管理工作的需要，合理调整街道行政区划，适当扩大街道规模。要按照管理重心下移的原则，合理划分区、街的职能，理顺区、街关系，强化街道的综合管理职能。同时要加强社区建设，发展社区服务组织，发挥居民委员会的作用。通过改革，实现城市管理体制、管理机制和管理方式的进一步创新。

改革后，街道党政机构设置9个左右。街道设纪律检查工作委员会；武装部设置不变。

四、其他部门的机构改革

区人大常委会机关、政协机关及群众团体机关的机构改革，在区委的领导下，与区党政机构改革同步进行。

区人大常委会机关综合办事机构按市和市编委的有关规定设置，人员精简比例由区委研究确定。

区工会、团委、妇联机关的机构改革，要坚持有利于加强党对群众团体的领导和群众团体独立自主开展工作的原则。完善群众团体机关的领导体制，规范群众团体机关的管理方式。依据有关法律法规和各自章程确定职责的原则，调整群众团体机关的主要职责，理顺职责关系，改进运行机制，转变工作作风，克服行政化倾向。坚持精简、统一、效能的原则，精干内设机构，精简人员编制，优化人员结构，提高干部队伍素质。内设机构和人员编制精简比例由区委研究确定。

五、编制精简

按照市委、市政府关于《天津市区县、街道、乡镇机构改革实施意见》（津党【2001】47号）的规定，区级机关和街道机关（包括党委、人大、政府及工会、共青团、妇联等群众团体机关）行政编制由1688名减为1350名（含垂直管理的药品监督管理人员编制、锅炉压力容器及特种设备安全监察监督人员编制，该人员编制另行核监），减少338名，精简比例为20%。

机关工勤人员事业编制、街道居民委员会脱产干部事业编制，由市编委另行核定。

区人民法院、检察院、司法局机关专项编制由381名减为343名，减少38名，精简比例为10%。改革后，区人民法院机关行政编制169名；区人民检察院机关行政编制131名；区司法局机关（含公证处）行政编制43名。

区物价监督检查所专项行政编制由19名减为15名，减少4名，精简比例为20%。

在精简人员编制的同时，相应精简领导职数，严格按领导职数配备领导干部，不设部门领导助理。

六、组织实施

机构改革工作，按照市委、市政府的统一部署，在区委、区政府的统一领导下进行。

要认真做好“三定”工作，妥善安置分流人员。人员定岗要按照“工作需要，群众参与，综合考评、组织决定”的原则执行，实行一次性定编定岗、人员逐步分流的办法。要正确把握人员分流的各项政策，切实关心和帮助分流人员解决实际困难，使他们得到妥善安置。

要切实加强领导，把机构改革作为一项重要的工作任务，摆在议事日程，实行严格的领导责任制。要认真坚持民主集中制原则，对改革中涉及的重大问题，坚持集体讨论决定。要严格执行各项政策规定，深入细致地做好干部群众的思想政治工作，确保机构改革期间人心不散，秩序不乱，工作正常运转。要及时掌握各种动态，对改革中出现的新情况、新问题认真研究解决，重大问题及时向市委、市政府报告。

中共天津市委办公厅

红桥区人民政府机构改革方案

为深入贯彻落实党的十七大，十七届二串全会精神，根据《中共中央、国务院关于地方政府机构改革的意见》（中发〔2008〕12号）和市委、市政府《关于印发〈天津市区县政府机构改革指导意见〉的通知》（津党发〔2009〕18号），结合红桥区实际，制订本方案。

一、机构改革的指导思想和基本原则

（一）指导思想

高举中国特色社会主义伟大旗帜，以邓小平理论和“三个代表”重要思想为指导，深入贯彻落实科学发展观，深入贯彻落实胡锦涛总书记“一个排头兵”“两个走在全国前列”和“五个下功夫、见成效”的重要要求，坚持以人为本、执政为民，把维护人民群众的根本利益作为改革的出发点和落脚点，着力解决制约红桥区经济社会发展的突出矛盾和问题，着力解决人民群众最关心、最直接、最现实的利益问题，建立适应红桥区功能定位、有利于科学发展的体制机制，建设人民满意的政府。

（二）基本原则

与市政府机构改革相衔接，积极探索实行职能有机统一的大部门体制。从实际出发，根据红桥区经济社会发展需要，努力构建符合红桥区发展要求、体现红桥区特点的行政管理体制。处理好改革发展稳定的关系，积极探索，改革创新，统筹兼顾，突出重点，稳妥推进，切实解决制约红桥区经济社会发展的体制性障碍和突出问题。

二、机构改革的主要任务

（一）转变政府职能

以转变政府职能为核心，加快推进政企分开、政资分开、政事分开、政府与市场中介组织分开，全面梳理政府各部门职责，把不该由政府管理的事项转移出去。更加注重社会管理和公共服务，加强公共服务体系建设，增强处置突发公共事件和社会治安综合治理的能力。深化行政审批制度改革，进一步减少行政审批事项。加强和改进直接面向基层和群众的“窗口”机构的服务和管理，健全办事制度和程序，公开办事依据，简化办事流程，转变管理方式和工作作风，提高工作透明度和公信力。

（二）理顺职责关系

进一步理顺和明确政府部门之间、政府部门与街道之间的职责关系，切实解决职责交叉和关系不顺的问题。结合实际确定各部门的职责分工，坚持一件事情原则上由一个部门负责，对确需多个部门管理的事项，分清主办和协办关系，明确牵头部门，建立健全协调配合机制，严格执法监管。

（三）明确和强化责任

按照权责一致、有权必有责的要求，通过定职责、定机构、定编制，对政府各部门的职能进行合理界定，在赋予部门职权的同时，强化部门相应承担的责任。进一步推进政务公开、绩效考评、行政问责，强化责任追究，切实解决权责脱节问题。

（四）调整优化组织结构

适应社会发展需要，整合优化组织结构，积极探索实行职能有机统一的大部门体制。加强对市容环境和园林绿化的统筹协调，提高城市管理整体功能。加强人力资源的统一管理、合理流动和有效配置，建立健全从就业到养老的服务和保障体系。加强对文化领域的综合管理，推进文化市场统一执法。加强对内外贸的统一管理，建设和完善内外贸二体化的现代市场体系。

（五）严格控制机构编制

机构调整在规定的机构限额内进行，编制调整不突破核定的总额，领导职数严格按规定配备。严格执行机构编制审批程序和制度，建立健全机构编制管理与财政预算、组织人事管理的配合制约机制，建立完善机构编制考核、责任追究制度，积极推行机构编制实名制管理。

三、机构改革的主要内容

（一）组建商务委员会，为政府工作部门，挂中小企业发展促进局牌子。将经济贸易委员会（粮食办公室）经济贸易管理的职责、对外经济贸易委员会的职责整合划入商务委员会。不再保留经济贸易委员会、对外经济贸易委员会。

将原经济贸易委员会（粮食办公室）粮食工作的职责划入发展和改革委员会，在发展和改革委员会挂粮食办公室牌子。

（二）组建人力资源和社会保障局，为政府工作部门，挂公务员局牌子。将人事局的职责、劳动和社会保障局的职责整合划入人力资源和社会保障局。不再保留人事局、劳动和社会保障局。

区机构编制委员会办公室改为独立设置。区机构编制委员会办公室为区机构编制委员会的常设办事机构，既是区委的工作机构，也是区政府的工作机构，列入区委工作机构序列。

（三）组建市容和园林管理委员会，为政府工作部门。将市容管理委员会的职责、园林管理局的职责整合划入市容和园林管理委员会。不再保留市容管理委员会、园林管理局。

市政工程管理局由建设管理委员会管理改由市容和园林管理委员会管理。

（四）组建国有资产监督管理委员会，为政府工作部门。财政局不再挂国有资产监督管理委员会牌子。

（五）组建金融服务办公室，为政府工作部门。

（六）将环境卫生管理局由政府工作部门改为部门管理机构，由市容和园林管理委员会管理。

（七）将经济协作办公室更名为合作交流办公室，挂招商办公室牌子。

（八）将物价局的职责划入发展和改革委员会，在发展和改革委员会挂物价局牌子。不再保留物价局。

（九）将信息化办公室由设在发展和改革委员会改为在政府办公室挂牌子。

区政府机构改革后，设置工作部门28个。另设部门管理机构（规格为副处级）2个（详见附表）。

四、机构改革的组织实施

区政府机构改革在区委、区政府的领导下，由区机构编制委员会负责组织实施，区机构编制委员会办公室负责具体工作。区政府机构改革实施工作在市委、市政府批准方案后三个月内完成。

加强对机构改革工作的组织领导，做到思想不散、工作不断、秩序不乱、国有资产不流失，确保改革工作顺利进行，确保经济社会又好又快发展。

红桥区科技贸易发展区优惠政策实施办法

2006年8月28日

第一条 为鼓励国内外客商来红桥科技贸易发展区（以下简称科贸区）投办企事业，促进地区科技进步和经济发展，制订本办法。

第二条 本办法适用于科贸区注册登记的区外、市外、境外企事业单位，其他经济组织，个人以及经科贸区管委会批准进入科贸区的高新技术企业。

第三条 进入科贸区的企事业单位，除享受国家和天津市的有关扶植政策外，同时享受本办法的各项优惠及奖励政策。

第四条 科贸区每年将奖励对区做出贡献的企业和个人。

第五条 科贸区的从业人员，其个人收入所得纳税后，留区部分按年度由区政府奖励给纳税者。

第六条 计算各单位实际纳税情况，以其每年一月至十二月纳税票据为凭证，报科贸区管委会，由区财政、税务、科委核准。

第七条 从事技术交易的技术开发、技术成果转让方，凭技术合同登记机构的认定证明，从技术收入中提取40%的金额，用于奖励有关人员。

第八条 引进新技术的企事业单位，经科贸区管委会认定后，从采用新技术后增加利润之日起一年内，从新增利润中一次性提取10%，用于奖励决策者及有关人员。

第九条 科贸区企事业单位在经济贸易活动中的技术性收入，享受技术合同收入的有关优惠政策。

第十条 科贸区企事业单位支付的技术价款、报酬或使用费一次或分期摊入成本。

第十一条 科贸区企事业单位聘用的各类专业技术人员，本人要求需保留工龄工资、职称、干部身份的，执行《关于引进人才、项目、资金的奖励办法》（津红政发〔1992〕26号）的规定。

第十二条 科贸区企事业单位的经营和生产项目，经审核批准的，科贸区管委会可协助贷款，并按《红桥工商企业项目贷款享受贴息的实施办法》（津红政发〔1994〕36号）的规定予以优先贴办。

第十三条 本实施办法由科贸区管委会负责解释。

第十四条 本实施办法自一九九五年一月一日起执行。红桥区引进税源工作奖励办法。一、确定范围。1. 本办法所称的引进税源，是指经过有关单位做工作，于2007年以后迁移到我区经营并在我区纳税的各类企业。2. 引进税源工作的奖励依据为引进税源企业自转入我区后一年内实际实现的留区税收或经过合理分析、科学评估的留区税收（以下简称留区税收）。3. 引进税源工作的奖励起点为引进税源企业年实现留区税收（不含房地产开发企业交纳的营业税）累计达5万元。二、奖励标准社会力量：一律按引进税源惬意留区税收的6%的比例奖励。自2007年1月1日起执行。

红桥区吸引企业总部落户的优惠政策（试行）

第一条：为加快我区经济结构调整步伐，努力转变我区经济增长方式，推动我区现代服务业发展和特色功能区建设，确保我区财政收入稳定增长目标的实现，根据《天津市促进企业总部和金融业发展优惠政策》，制订本优惠政策。

第二条：对在我区新设立的符合《天津市促进企业总部和金融业发展优惠政策》规定条件的总部或地区总部，适用该优惠政策规定。对除上述企业以外，在我区新设立或嵌入的具有管理、服务职能，实行统一结算，汇总缴纳企业所得税的投资公司、连锁公司、集团公司等总部（含地区总部）或具备现代服务业条件的企业适用本优惠政策。

第三条：对除上述企业以外，在我区新设立或嵌入的具有管理、服务职能，实行统一结算，汇总缴纳企业所得税的投资公司、连锁公司、集团公司等总部（含地区总部）或具备现代服务业条件的企业在我区内新购置或租赁办公用房的给予资金补助。对新购置办公用房的补助办法。取得营业执照第一年，实现的留区税收在100万元以上的（含100万元），按每平方米1000元的标准给予一次性补助；实现的留区税收在500万元以上的（含500万元），按每平方米1000元的标准给予一次性补助；实现的留区税收在1000万元以上的，按每平方米1500元的标准给予一次性补助。对取得营业执照第一年留区税收达不到上述标准，但在取得营业执照三年内，留区税收平均达到上述相应标准的企业，经区计委会同区财政局共同审核后，参照上述相应补助标准执行。本项补助的收益企业在取得本项补助后，其所购置办公用房的所有权在5年内转让的，已获得的补助将被全额收回。对新租赁办公用房的补助办法。企业来我区注册、经营后的任一年度内，实现的留区税收在百万元以上的（含100万元），每年按每平方米100元的标准给予补助；实现的留区税收在千万元以上的，每年按每平方米150元的标准给予补助。符合条件的有关企业最多可享受本项补助10次。上述两项补助由区计委会同区财政局共同核定，其财政局负责发放，具体发放手续另行规定。

本政策自2007年1月1日起执行。红桥区引进区外小税种税收奖励办法本办法是对红桥区管辖内的有关单位，经过其自身努力而将区外小税种吸引到我区行为的一种专项奖励。本办法所称的小税种包括印花税，车船税，房产税等三项税收。奖励的依据为上述税种所形成的留区税收，奖励起点为年留区税收在5万元以上（半年为2.5万元）。

奖励标准：（一）印花税1. 区外大额采取代征方式推销的印花税收入，按实际入库额的25%奖励。2. 采取代售方式推销的印花税，按实际入库额的20%奖励。（二）其他税种一律按实际入库额的20%奖励。兑奖时间为每半年终了后，相关单位向区财政局提供入库一句，经中介机构认定后，区财政局在接到申报后10个工作内予以奖励兑现。

本办法自2007年1月1日起执行。由发展改革委负责解释红桥区鼓励和扶持创意产业发展的若干意见（试行）对入驻红桥区创意产业园的创意企业，自开业年度起，三个住税种年留区税收在3万元（含3万元）以上的，将三个住税种年留区税收的30%作为政府奖励予以奖励；三个主税种年留区税收在5万元（含5万元）以上的，将三个主税种年留区税收的40%作为政府奖励予以奖励。

对2007年1月1日以后在我区创办创意产业园区的红桥区政府对企业的奖励办法。

一、奖励范围

（一）自2007年1月1日以后新引到我区，并在我区注册纳税三个主税种年留区税收在5万元以上的各类企业。（二）对我区生产经营服务型企业年留区税收前三名的驻区国有企业及国有控股企业。（三）在我区注册纳税但生产经营场所在区外三个主税种年留区税收在10万元以上的企业。

二、奖励标准

(一)2007年1月1日以后新引进企业：房地产开发企业，按企业所得税留区部分的30%~50%给予政府奖励，非房地产开发企业，按三个主税种年留区税收的20%~50%给予政府奖励。(二)2006年以前(含2006年)已在我区注册并纳税，但生产经营地在外区的企业，按企业三个主税种年留区税收20%~40%的比例给予政府奖励。(三)全区年留区税收前三名的驻区国有企业及国有控股企业的税收奖励，按该企业年留区税收1%~5%比例，对企业领导成员给予政府奖励。(四)对较为规范执行"一费制"管理办法的专业市场和在我去新建的新建的建筑企业园、现代服务业远的主办单位以及在区域经济发展中有明显带动作用的重大项目和国家颁布的高薪技术产品目录的企业，给予适当的政府奖励。

三、奖励时限凡符合上述奖励范围并相应达到奖励标准的企业，将按照奖励比例享受三年政府奖励政策(2007年1月1日以后注册的企业自第一次纳税之日起计算)。

四、奖励兑现方式

(一)心注册企业需持营业执照、税务登记证原件及复印件，达到红桥区税源建设办公室办理备案登记。(二)新注册企业第一次缴纳税款后，需持税收通用缴款书原件和复印件，到红桥区税源建设办公室办理手续。(三)优惠政策的兑现，奖励期以年度为期限，年末企业提出申请后，并将税收通用缴款书复印件报送税源建设办公室，经红桥区税源建设办公室组织认定，由区财政部门负责办理兑换。(四)对新建专业园区和红钻也市场的政府奖励，建设初期由主办单位将规划和实施方案，报红桥区税源建设办公室备案，经红桥区税源建设领导小组批准后，由去财政部门奖励兑现。

五、附则

(一)三个主税种年留区税收是指营业税、增值税、企业所得税的留区部分，不包括稽查和发布收入(不含小税种及附税)。(二)本办法自2007年1月1日执行，原税收奖励政策和相关协议停止执行。(三)本办法由红桥区税源建设办公室负责解释。

索 引

图

表

照

人　名

地名　单位

学校、幼儿园

医疗机构

银行

提供资料人员名单

特约供稿：陈　克　徐华鑫　赵永强

供 稿 人(按姓氏笔画排列)：

丁华英　丁渤海　于世洁　于俊恒　于津立　于　莉　于献海　马义涛
马秀珍　马俊龙　马　骏　马　腾　马　薇　王大本　王　飞　王　月
王丹丹　王凤英　王文芳　王永旺　王秀枝　王启云　王　妍　王叔林
王国章　王　钢　王盈楠　王勇会　王振奎　王海宾　王　娟　王　萍
王盛楠　王　晨　王　琳　王　琦　王　超　王　斌　王蕴岭　井永欣
方津凤　尹晓磊　孔北平　孔令智　孔　雪　石一元　石廷如　石启砺
卢雅红　叶大洋　叶铁奎　田文明　田　佳　田学东　田炳昌　田　甜
付　磊　白　洁　冯　健　兰　图　邢　程　乔建锦　乔洪敏　庄泽林
庄瑞弋　刘玉萍　刘东红　刘　扬　刘　伟　刘华申　刘秀云　刘　昊
刘金华　刘　莉　刘　涛　刘　梅　刘　爽　刘　敏　刘喜文　刘　毅
闫　琳　江祥星　池莹娜　安景山　许　娜　孙小毅　孙玉珍　孙成龙
孙会来　孙江东　孙志静　孙　颁　孙博宇　严红海　李玉唐　李世珍
李　扬　李　军　李进庄　李志明　李丽莉　李英华　李松柏　李贤琴
李国良　李　明　李金忠　李泽荪　李　建　李春梅　李红明　李振宇
李彩君　李鸿锦　李森来　李　睿　李　慧　李惠芬　李　蕊　李　鑫
杨传勇　杨丽萍　杨　林　杨宗昌　杨美红　杨　洁　杨晓昕　杨　涛
肖永革　肖忠生　时　伟　吴春光　吴程斌　何　涛　沙　蕊　宋玉琴
宋金忠　宋学宇　宋春起　张　义　张永丽　张吉睿　张吉睿　张传真
张　欢　张志和　张　芳　张丽云　张丽华　张　钊　张　君　张金燕
张波涛　张思乐　张秋杰　张　莹　张　琪　张联昌　张　辉　张　鹏
张　静　陆志明　陈云红　陈玉莲　陈　克　陈　卓　陈润文　陈　萌
陈景庆　陈蓉蓉　陈碧寒　陈　漪　武传贵　范丽红　林　玮　罗兴军
岳晓峰　周广渝　周　玉　周金旺　周晓杰　郑东平　郑启文　郑淑梅
孟宪斌　赵云亮　赵国庆　赵海昕　赵　琪　郝爱琴　郝　靓　柳　艳
柳　彪　钟　敏　侯红宇　侯希光　姜　芸　贺俊刚　贾化生　贾　健
柴围围　徐　政　徐增辉　高　猛　高静伟　郭　杰　郭德成　唐　淼
陶艳红　曹　冉　崔国山　崔瑞彩　康国华　阎　洁　梁文明　梁志广
梁建勤　葛建华　葛剑亮　董绍强　董　浩　董　璐　韩海寰　惠蓝图
黑兰波　焦文理　曾建军　谢文焰　谢润昊　满心萍　褚丽君　褚洪海
薛向娟　薄会娟　穆　欣　穆祥颖　戴元圆　戴晓泉　戴建雄　魏进平
魏　巍

编修始末

根据市政府办公厅下发的《关于启动区县地方志第二轮编修工作的通知》要求，红桥区于2010年8月26日启动二轮修志工作。成立了由区长任主任，区委副书记和常务副区长任常务副主任，区人大、区政协有关领导任副主任，全区42个相关部门主要负责人为成员的编修委员会，在档案局设立编修委员会办公室，组建由15位编辑组成的编辑部。全区90个主修单位分别成立修志工作领导小组和工作班子，形成一支由450余人参与、百余人为编辑的修志工作队伍。全区修志工作实现了“一纳入、八到位”的工作格局。二轮修志上限为1979年，下限为2010年，经过逐个走访主修单位、召开50余次分组会和各系统座谈会，制订了《红桥区志（1979—2010）》编目。为突出时代特点和地方特色，在编修过程中反复研讨、不断修正、九易其稿，最终形成了科学合理的编章节目框架设置并分解到各主修单位。各单位按照编目，结合各自职能开展基础性工作，收集资料4900余万字，填写资料卡3200余万字，长编编辑650余万字。在全市修志工作中首创“三审一把关”工作方法，即：初审、内审、会审、领导把关，层层审核资料，把好质量关，确保真实性和完整性。经过分编编辑修改完善形成志稿初稿，约180万字。在完成初稿基础上，于2014年年初进入编纂阶段，同时成立总纂小组，明确总纂1人，分纂2人，是年底完成初稿编纂工作。2015年年初进入总纂阶段，经过反复研讨修改完善，于2016年5月形成《红桥区志（1979—2010）》复审稿，提交市地志办及专家小组审阅。2016年7月28—29日，市地志办主持召开了《红桥区志（1979—2010）》复审会，会议对《红桥区志（1979—2010）》复审稿给予了充分肯定，并顺利通过复审。复审会后，根据所提意见和建议，召开专家会议进行研讨，重点研究如何突出红桥特色并对复审稿编目再次作了调整和补充，增加了自然环境编。2017年5月，完成了区志终审稿，经市地志办终审专家组及区委、区政府主要领导审阅修订，通过终审。总纂小组根据提出的意见再次进行了修改完善，于2017年9月报送中国方志出版社验收，12月印刷出版。《红桥区志（1979—2010）》共28编147章470节112万字，力求做到主线明晰结构科学合理，全面突出地方特色。《红桥志（1979—2010）》是在区委、区政府直接领导和大力支持下，在市地志办的指导和帮助下完成的。在编纂过程中，自始至终得到了市地志办和专家学者们的支持和帮助。区委、区政府主要领导为本志撰写序言，天津市部分专家学者撰写了特色编章，编辑部对原稿进行了审校，对彩色照片进行了精心设计。本志还得到了天津市有关单位的鼎力相助。在此，谨向所有为《红桥区志（1979—2010）》编修工作做出贡献的各位领导、专家及所有有关人员表示最衷心的感谢！《红桥区志（1979—2010）》是红桥区改革开放时期的历史记载，是一部彰显新时代的志书，由于年限长，资料收集和考证难度大，以及各编纂人员能力和水平有限、经验不足，疏漏和不当之处在所难免，热忱欢迎读者批评指正。

红桥区地方志编修委员会办公室

2017年12月

2016年7月28日，《红桥区志（1979—2010）》复审会在天津市人大代表进修学校召开

（区档案局提供）